中国口岸年鉴

（2017年版）

国家口岸管理办公室指导
中 国 口 岸 协 会 主 编

中国海关出版社

图书在版编目（CIP）数据

中国口岸年鉴：2017年版／中国口岸协会主编．—北京：中国海关出版社，2018.2
ISBN 978－7－5175－0240－1

Ⅰ.①中… Ⅱ.①中… Ⅲ.①通商口岸—中国—2017—年鉴 Ⅳ.①F752.5－54

中国版本图书馆CIP数据核字（2017）第278603号

中国口岸年鉴（2017年版）

ZHONGGUO KOU'AN NIANJIAN（2017 NIAN BAN）

作　　者：中国口岸协会
责任编辑：李　多
助理编辑：杨　升　李鹏飞
出版发行：中国海关出版社
社　　址：北京市朝阳区东四环南路甲1号　　邮政编码：100023
网　　址：www.hgcbs.com.cn
编 辑 部：01065194242-7529（电话）　　01065194231（传真）
发 行 部：01065194221/4238/4246（电话）　　01065194233（传真）
社办书店：01065195616（电话）　　01065195127（传真）
www.customskb.com/book（网址）
印　　刷：北京天恒嘉业印刷有限公司　　经销：新华书店
开　　本：889mm×1194mm　1/16
印　　张：62　　字数：1680千字
版　　次：2018年2月第1版
印　　次：2018年2月第1次印刷
书　　号：ISBN 978－7－5175－0240－1
地图审图号：GS（2018）622号　　地图编制：中国地图出版社
定　　价：300.00元

《中国口岸年鉴》（2017 年版）编辑委员会

编 辑 说 明

一、《中国口岸年鉴》（2017 年版）是由国家口岸管理办公室指导，由中国口岸协会主编的一部全面、翔实记录中国口岸发展状况的编年书，是一部具有基础性、史料性、权威性的工具书。

二、本版年鉴收录了 2016 年度国家口岸管理工作概要、查验管理工作概要、全国口岸运行情况，全国 300 个一类开放口岸建设及运行情况，以及香港、澳门、台湾地区口岸运行情况和主要数据。同时，还收录了权威部门提供的全国口岸重要贸易统计数据、2016 年度各口岸主管部委新颁布实施的口岸工作法规和全国 31 个省、自治区、直辖市口岸分布示意图，香港特别行政区、澳门特别行政区及台湾省的口岸分布示意图暂缺。

三、本版年鉴引用的各类数据和资料截至 2016 年年底。全国进出口贸易统计资料由海关总署综合统计司提供。其他统计数据，分别来自海关、边检、检验检疫和各省级口岸办公室。由于各部门职能不同，数据统计口径、范围和方法亦有所不同，因此本书中有些数据不尽一致。

四、本年鉴从 2015 年版起对《全国口岸运行统计表》中的口岸分类方式进行了调整，将所有口岸分成空运口岸、海运口岸、内河口岸、公路口岸、铁路口岸五大类，不再按照区域进行分类。

五、本版年鉴的稿件资料，主要由各有关部委及各省、自治区、直辖市口岸办公室汇总提供。年鉴在编辑过程中，得到了国家口岸管理办公室，公安部出入境管理局、边防管理局，交通运输部海事局，海关总署办公厅、综合统计司，国家质检总局通关司，以及各地口岸办公室、各口岸查验单位的大力支持与配合，在此一并表示诚挚感谢！

六、本版年鉴在全书体例、资料收集等方面还有许多不尽如人意之处，加之编辑水平有限，疏漏或瑕疵在所难免，敬请广大读者予以批评指正。

《中国口岸年鉴》（2017 年版）编辑委员会

2017 年 9 月

序

口岸是国家的门户。党中央、国务院历来十分重视口岸工作。改革开放以来，为满足日益增长的对外经贸、人员往来的需要，国家投入了大量人力物力进行口岸建设，已经形成沿海沿江水运、航空和内陆边境立体化的开放口岸体系。口岸开放与全方位、宽领域、多层次的对外开放格局基本相适应，为促进对外经济贸易和国际交往的发展起到了重要的保障作用。

当前，进一步提高口岸工作效率的要求更为紧迫。经济全球化对口岸工作必然会提出更多更高的新要求，为适应参与国际竞争的需要，我国口岸工作要全面贯彻“三个代表”重要思想，落实十六大提出的“发展要有新思路，改革要有新突破，开放要有新局面，各项工作要有新举措”的要求，结合我国口岸工作的实际，紧紧围绕提高口岸工作效率，加快通关速度，处理好把关与服务的关系，为促进对外经济贸易和国际交往发展作出新贡献。为提高口岸工作效率，国务院曾在深圳进行口岸管理体制改革试点。1998年政府机构改革，对口岸管理体制作了重大调整。2001年，国务院办公厅为推广口岸电子执法系统和提高口岸工作效率相继发出了两个文件。今年5月，国务院批准海关总署等8部门在上海召开了提高口岸工作效率现场会。我国口岸要通过建立“大通关”机制，提高工作效率，改变传统管理模式，整顿和规范进出口秩序，促进口岸管理各部门转变职能、改进服务、提高管理水平，形成适应我国社会主义市场经济发展需要的新的口岸管理和运行机制，提供与发达国家相类似的口岸通关服务。

中国口岸协会从新世纪开始组织编撰《中国口岸年鉴》，是一件很有意义的工作。它不仅直接记录口岸管理运行的资料和数据，而且是在我国加入“WTO”以后，书写中国口岸深化体制改革、努力提高工作效率、为“大通关”服务的历史。

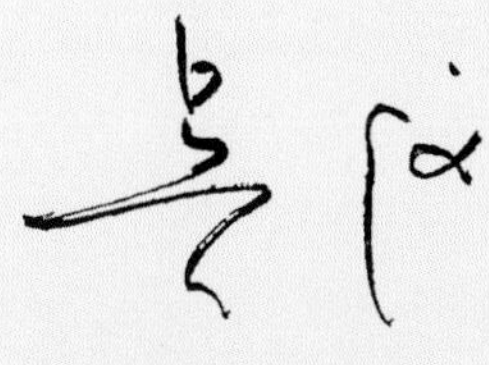

二〇〇二年十二月

改革领跑者，开放新标杆

中国(上海)自由贸易试验区管委会保税区管理局

中国（上海）自由贸易试验区保税区域作为全国较早的自由贸易试验区，范围涵盖上海外高桥保税区、上海外高桥保税物流园区、洋山保税港区和上海浦东机场综合保税区4个海关特殊监管区域，规划面积28.78平方千米。其中，1990年设立的上海外高桥保税区是中国较早的保税区，2003年设立的上海外高桥保税物流园区是中国较早的保税物流园区，2005年设立的洋山保税港区是中国较早的保税港区，2009年设立的上海机场综合保税区是率先实现区港一体化运作的空港型综合保税区。2009年，上海市决定对上述特殊监管区域实施统一的地方行政管理，设立上海综合保税区。

2013年9月29日，中国（上海）自由贸易试验区挂牌成立，承担起为全面深化改革和扩大开放探索新路径、积累新经验的重要使命。经过3年的改革试点，各项改革试点任务已在保税区域全面落地，与国际通行规则相衔接的跨境投资贸易制度框架率先建立，联动上海“四个中心”和科技创新中心建设的机制基本形成，区域法治化、国际化、便利化营商环境持续优化，在建设具有国际水准的自由贸易试验区上取得了重要的阶段性成果。

作为上海自贸试验区的先行先试区和核心区，保税区域充分发挥自贸试验区制度创新和海关特殊监管区域功能创新的叠加优势，按照开放度最高、便利化最优、叠加效应最佳的要求，聚集制度创新，全面落实《中国(上海)自由贸易试验区总体方案》和《进一步深化中国（上海）自由贸易试验区改革开放方案》。

在投资管理方面，根据准入前国民待遇、负面清单以外内外资一致等原则，建立以负面清单管理为核心的投资管理制度，提升投资便利化水平。

在贸易监管方面，充分借鉴国际经验，逐步形成“一线放开、二线安全高效管住、区内自由”的贸易监管制度架构，提高贸易便利化和监管国际化水平。

在金融改革方面，在坚持宏观审慎、风险可控的前提下，推进自贸试验区与上海国际金融中心联动建设，逐步建立以人民币资本项目可兑换、人民币跨境使用、利率市场化、外汇管理改革为重点的金融制度框架和监管体系，服务实体经济发展。

在事中事后监管方面，着眼于转变政府职能，按照市场经济和更加开放的要求，逐步建立一套由基础性制度、专业监管制度等组成的事中事后监管制度体系，高效、透明、规范地维护市场秩序，防范系统性风险。

目前，以负面清单管理为核心的投资管理制度已经建立，以贸易便利化为重点的贸易监管制度平稳运行，以资本项目可兑换和金融服务业开放为目标的金融创新制度基本确立，以政府职能转变为导向的事中事后监管制度基本形成，在建立与国际投资贸易通行规则相衔接的基本制度框架上，取得了重要的阶段性成果。随着自贸试验区制度创新红利的逐步释放，保税区域经济保持平稳运行，经济规模继续保持领先。3年来，区内企业经营总收入年均增长8.5%，其中商品销售额年均增长9.1%，工商税收年均增长11.3%，2015年商品销售额、工商税收、进出口额分别占全国全部海关特殊监管区域的59.6%、54.1%和18.7%。

2017年，保税区管理局将着眼建设“开放度高的自由贸易园区”，继续聚集制度创新，深化功能拓展，进一步提高区域的开放水平和国际竞争力，不断增强企业感知度和获得感，努力将制度创新转化为发展动力，继续为全面深化改革和扩大开放、服务上海“四个中心”和科创中心建设做贡献。

北京中铁建工物资有限公司

BEIJING ZHONG-TIE CONSTRUCT MATERIALS CO., LTD.

我们是谁

北京中铁建工物资有限公司成立于 1993 年，专注于建筑工程物资领域，是一家专业的供应链整合运营商。

公司专注于钢材贸易、建材集成、物流服务、相关多元四大主业，为客户提供采购、供应、仓储、物流等服务，服务的全球工程超过 2000 个，业务范围覆盖房建、铁路航空、轨道交通、公路桥梁、能源等领域。

公司现有员工 213 人。公司始终坚持优质的产品质量和服务，快速满足客户需求。

我们与众不同

中国铁建股份有限公司下属单位

团队成员平均年龄 32 岁，年营业收入超过 100 亿元

华北地区钢材现货市场的风向标

用全球资源做全球市场

19 个区域经营网点分布全球

业务遍布全国 100 余个城市和海外多个国家

我们的业务

钢材贸易

公司与全国67家大型钢厂直接合作，钢厂年协议量达350万吨，钢材供应能力领跑业内。

公司提供棒材、线材、板材、型材、管材、工业用材、特钢及制品。

公司现货贸易年销量150万吨，覆盖全国七大地区。

公司工程贸易年销量300万吨，覆盖全国28个省区及海外多个国家。

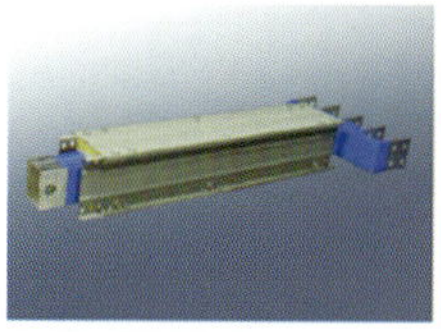

建材集成

作为中铁建设集团建材集中采购中心，公司携手全国300余家厂商，建成涵盖结构、机电、装饰、临设四大品类的建材集成平台，经营电线电缆、桥架母线、竹木胶合板、水泥、铸铁管、安全网、直螺纹套筒等50余种产品。

物流服务

公司与全国27个仓库合作，可用仓储面积525万平米、铁路专用线34条，年吞吐量800万吨。

公司提供海运、铁路运输、陆运多种物流服务，拥有合作车队100家，运输车辆1000辆，辐射运输线路超600条，年运力超500万吨。

相关多元

公司秉承多元化发展，以建筑钢材这一主打产品，带动机械设备、煤炭、铁矿石、矿粉、钢坯、石油及其化工产品的配套运营。

公司走向海外，形成了以东南亚和南亚为基础市场，中东为重要市场，不断向欧洲、南美洲、北美洲延伸的市场布局。

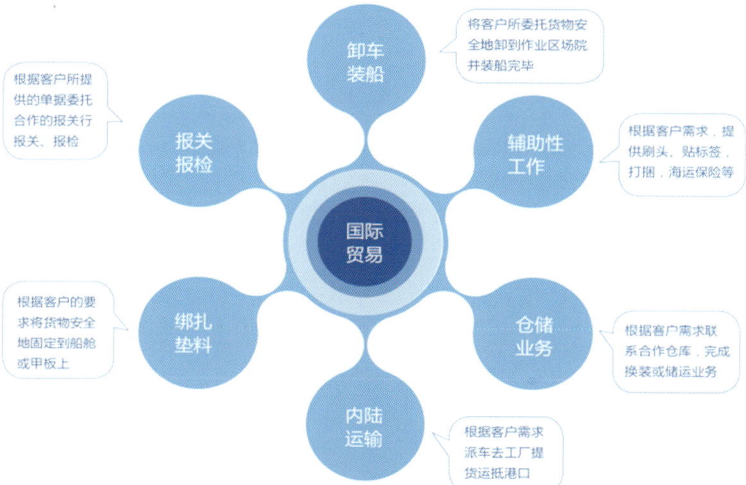

服务模式
FOB CIF CFR DDU DDP

辐射港口
天津 上海 青岛 秦皇岛
广州 日照 龙口 曹妃甸

优势航线
东南亚 非洲

中国铁建

我们的荣誉

我们的服务优势

1. 渠道成本优势

公司与 67 家大型钢厂、300 余家建材厂商合作，从厂家直接采购并发货的比例达 80%。

公司资金实力雄厚，注册资本金 3 亿元，与 40 个金融机构合作，年授信规模超 30 亿元。

公司在海关业务现场设专门窗口，优先办理货物申报、查验和放行手续，优先实行“门对门”验货。

2. 物流管理优势

拥有专业的物流管理团队，为客户提供全流程服务，确保货物安全快捷送达客户。

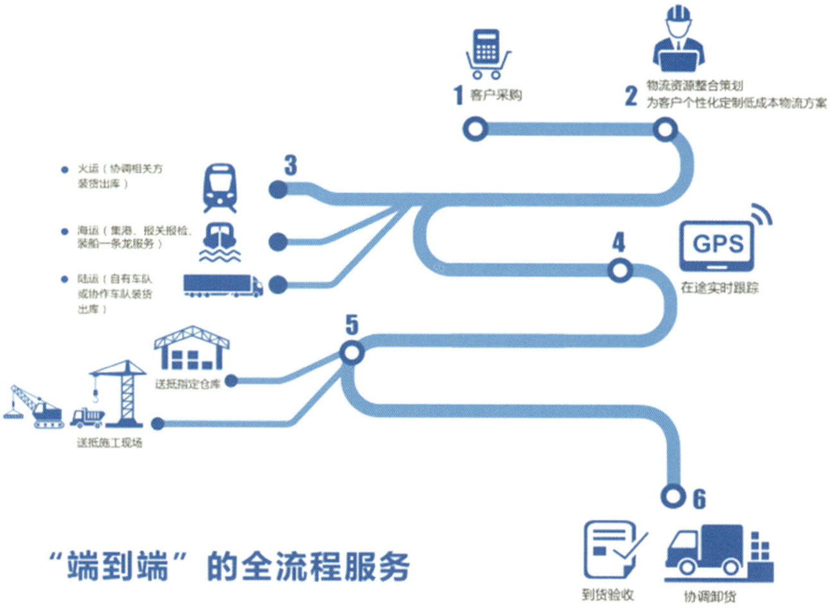

"端到端"的全流程服务

3. 信息服务优势

公司具备专业精准的市场研判能力，为客户提供低成本的供应链解决方案。自有的电商平台实现采购、销售、支付一体化管理，效率高、成本低。

4. 团队文化优势

发展理念—以人为本，打造受尊敬、有尊严企业
管理理念—注重实践、注重结果、注重领导作用
人才理念—" 人格、勇气、能力 "三位一体
廉洁理念—堂堂正正做人、规规矩矩做事，清清白白从业
我们不忘初心、奋斗进取，携手合作伙伴共创宏伟事业

公司年中总结会合影

公司舞蹈队参加"高唱红歌展职工风采，振奋精神促企业发展"文艺比赛

公司启动 2014 年度"导帅带徒"活动

公司开展新员工素质拓展

海外代表工程

吉布提港口
驻特立尼达和多巴哥共和国使馆馆舍
援格林纳达田径场恢复重建工程
刚果（布）布拉柴维尔体育场
马来西亚四季酒店
巴布亚新几内亚海景国际花园
蒙古乌兰巴托 NO.1
沙特阿美别墅
麦加轻轨铁路
澳大利亚 LUME 公寓

鲁班奖代表工程

北京大学理科教学楼群
中国科学院图书馆、档案馆
北大科技大楼
中国建设银行总行
北京市通信公司综合业务楼
海军总医院内科医疗楼
中国铁建大厦
海口乐成恭和苑老年公寓
三亚海棠湾国际购物中心
贵阳北站

中国银行
BANK OF CHINA

1912年2月，中国银行正式成立。从1912年至1949年，中国银行先后行使中央银行、国际汇兑银行和国际贸易专业银行职能，坚持以服务社会民众、振兴民族金融为己任，历经磨难，艰苦奋斗，在民族金融业中长期处于先行者地位，并在国际金融界占有一席之地。1949年以后，中国银行长期作为国家外汇外贸专业银行，统一经营管理国家外汇，开展国际贸易结算、侨汇和其他非贸易外汇业务，大力支持外贸发展和经济建设。改革开放以来，中国银行牢牢抓住国家利用国外资金和先进技术加快经济建设的历史机遇，充分发挥长期经营外汇业务的独特优势，成为国家利用外资的主渠道。1994年，中国银行改为国有独资商业银行。2004年8月，中国银行股份有限公司挂牌成立。2006年6月、7月，中国银行先后在香港联交所和上海证券交易所成功挂牌上市，成为国内“A+H”发行上市较早的中国商业银行。2015年，中国银行再次入选全球系统重要性银行，成为新兴市场经济体中连续5年入选的金融机构。

税费e付 通关无忧
中国银行B2B电子支付 报关即时通
关税支付成功
报关即时通 税费e支付
报关即时通为进出口企业提供7*24小时海关税费网上支付服务，网上报关轻松快捷，
更可享受“先通关、后缴税”的即时通关便利。
银行 BANKING | 证券 SECURITIES | 保险 INSURANCE
全球门户网站：www.boc.cn 客户热线：95566 官方微博：weibo.com/bankofchina
中国银行
BANK OF CHINA

服务简介

中银跨境e商通是集线上便捷支付、网上收单、跨境资金清算、反洗钱、国际收支申报等功能在内的跨境电商一站式综合金融服务。

产品亮点

面向境内海淘客户

◎ 客户在跨境电商平台完成注册后，只需选择中行完成签约，即可一键式便捷支付，充分满足客户的海淘支付需求。

面向海外供货商

◎ 可灵活定制跨境资金清算入账周期，跨境资金瞬间可达。

◎ 提供全球海外供应商本地金融服务。

面向跨境电商平台

◎ 提供在线人民币等多样化支付服务。

◎ 配套提供资金清算、反洗钱、国际收支申报等综合跨境结算服务。

◎ 提供后台资金自动分账清算。

◎ 提供交易明细查询，并支持对跨境资金的实时跟踪等资金管理功能。

面向第三方支付机构

◎ 第三方支付机构接入中银跨境e商通后，即可通过中行进行支付、清算等自动化服务，完成跨境国际收支还原申报、结售汇登记、人民币跨境申报及反洗钱等全流程不间断处理。

中国出口信用保险公司
CHINA EXPORT & CREDIT INSURANCE CORPORATION
SINO SURE
分担出口风险
保障收汇安全
电话：010-66582288
www.sinosure.com.cn

中国电建集团海外投资有限公司

POWERCHINA RESOURCES LTD.

中国电建
POWERCHINA

海纳百川　投创未来

中国电力建设股份有限公司（简称中国电建，POWERCHINA，股票代码 601669），是一家综合性建设集团，水利电力建设一体化能力强，业绩好，跨国经营指数和国际化水平高。2016年，资产总额为3 300亿元，营业收入2 257亿元，实现利润90亿元。

中国电建集团海外投资有限公司（POWERCHINA RESOURCES LIMITED），是中国电力建设股份有限公司重要骨干控股子公司，于2012年7月1日在北京挂牌设立，注册资金25亿元。经营范围包括：电力、石油、有色金属等矿产资源的特许经营，房地产、环境保护、重要基础设施项目的投资，工程技术与咨询服务，进出口贸易。

目前公司在亚洲、欧洲、非洲、南美洲共5个在建项目，11个前期项目和9个运营项目，锁定11个项目开发权。截至2016年8月,公司电力权益总装机13 314MW，在建及运营电力项目投资规模约55.1亿美元，矿业投资规模67.8 亿美元。

公司在投资、融资、设计、监理和建设各领域均拥有丰富经验，同时利用香港分公司、新加坡分公司等平台，创新融资模式，探索银团融资等多种方式，融资业务得到了国家开发银行、中国进出口银行、中国工商银行、中国建设银行、中国银行等银行的支持，降低了海外项目的融资成本，提高了企业竞争力，在国内公司海外投资业务中优势明显。

公司于2013年开始开展出口报关业务。主要出口地为勐腊、聂拉木、青岛、上海及北京等，目的国为老挝、尼泊尔、柬埔寨、巴基斯坦等，出口物资为工程所需物资。

柬埔寨甘再电站

巴基斯坦卡西姆港燃煤电站全景

老挝南欧江二级电站全貌

尼泊尔上马相迪A水电站坝区航拍

IKEA®

INTER IKEA SYSTEMS B.V.

英特–艾基系统有限公司　　宜家

荷兰之英特–艾基系统有限公司（INTER IKEA SYSTEMS B.V.，以下称“宜家公司”）拥有独特的IKEA经营理念。IKEA理念始于20世纪40年代初期，当时宜家公司的创办人英格瓦·坎普拉德（Ingvar Kamprad）于瑞典一个小镇成立IKEA家具公司。IKEA理念最初始于为大家提供经济实惠的家具及家居装饰产品。它将功能、质量、设计、价值结合在一起，并牢记持续发展理念。在此理念下所有商品都以“IKEA”商标销售。“IKEA”之名结合了宜家公司创始人姓名的首字母（I和K），以及其成长时居住的农场和村庄的名字（Elmtaryd和Agunnaryd）的首字母。宜家公司的商业模式以特许经营权制度运营，只有已与宜家公司签署合约的授权特许经营商可以使用IKEA理念，包括“IKEA”和 IKEA 商标，以及宜家公司在华语地区精心为IKEA选取的对应中文商标——“宜家”。

宜家公司拥有IKEA、宜家、IKEA、IKEA 及 IKEA FAMILY 等商标，这些商标在许多国家包括中国注册于不同的商品和服务上。目前，全球有接近390家IKEA（宜家）商场分布于超过40个国家和地区，以IKEA、宜家、IKEA 及 IKEA 商标出售广泛的系列家具及家居用品，并提供广泛的服务，包括经营宜家餐厅及引入“IKEA FAMILY宜家俱乐部”会员计划。在中国，首间IKEA（宜家）商场开设于1998年。截至2016年9月30日，中国内地共有24 家IKEA（宜家）商场，分别位于北京（四元桥、西红门）、上海（北蔡、宝山及徐汇）、广州、成都（成华、高新）、深圳、南京、大连、沈阳、天津、无锡、宁波、重庆、武汉、西安、杭州、苏州及佛山。这些商场的地址可在宜家公司的网站www.ikea.com/cn上找到。在中国，宜家公司并不授权在特许IKEA（宜家）商场以外的任何地方售卖附有IKEA、IKEA 及 IKEA 商标的商品，或使用IKEA、宜家、IKEA、IKEA、IKEA FAMILY等商标或商号。所有IKEA（宜家）商场都采用独特的蓝色和黄色为其装饰设计标志，IKEA（宜家）商场亦拥有多项显著的特色，例如在店内的规划及店内陈列商品的方式。

宜家公司十分重视知识产权保护。在中国，宜家公司曾对与 IKEA、宜家、IKEA 及 IKEA 商标相同或相近的商标申请提出异议，对含“IKEA”或“宜家”的域名作出投诉等。2015 年 12 月，相关部门认定“IKEA”及“宜家”商标为使用在家具上的驰名商标。近年来，各相关部门不懈地为宜家公司查验假冒货品，并及时通知宜家公司，以帮助宜家公司即时申请措施阻止假冒商品出境。

联系方式 Legal.Affairs@inter-IKEA.com

北京三未信安科技发展有限公司

北京三未信安科技发展有限公司专注于提供基于密码技术的信息安全解决方案，是商用密码产品生产定点单位和商用密码产品销售许可单位。公司是高新技术企业，通过了ISO9001、ISO27001认证。

公司核心研发团队由国内较早从事商用密码产品和技术研发的专家、资深技术人员组成。公司注重研发投入、技术创新，认为创新能力是高科技企业的核心竞争力，是企业的生命之源，有多位专家参与国内信息安全相关技术标准、规范的制定工作。

针对海关行业信息安全需求，三未信安投入了大量人力物力进行新产品研发，开发了支持虚拟化、加密速度可达14Gbps的高速密码机；云密码机/云密码平台，支持云中的身份认证、签名验签、密钥保护等应用场景；针对云存储加密的系列产品；支持可信云IaaS服务的安全服务器；以及云密钥管理系统等产品。这些产品结合起来可以构成完整的海关行业信息安全解决方案。

公司是国内主要的密码产品提供商之一，公司的密码卡、云密码机、加密存储网关、密钥管理系统等产品在国内各行业有很高的市场占有率，尤其是广泛应用于海关行业各应用系统，包括该方案满足电子口岸安全系统的要求，已被广泛应用于海关行业的多个应用系统，比如“电子口岸数据中心CA系统”“银关通”“跨境电商”“单一窗口”“海关快件”“电子保函”等，已被证明是安全的、可靠的。

海关综合业务系统加签加密云平台方案

方案概述 >>

随着云计算技术的普及与发展，越来越多的海关行业应用系统，比如跨境电商等应用，开始向云端迁移，借助云计算特有的高可靠性、高伸缩性，实现数据集中管理及高效的资源利用，可有效降低电商企业（支付企业、物流企业等）应用系统的维护难度及运维成本。

针对海关业务信息安全的特点及要求，三未信安采用云计算和虚拟化技术，推出全面满足海关行业应用需求的综合业务加签加密云平台方案（以下简称云平台）。它解决了传统密码设备在云环境下部署的一系列问题，通过密码设备集群与虚拟化技术的结合扩充密码运算能力，将密码运算能力进行细粒度划分，并通过集中的密钥管理及配套的安全策略保护用户密钥整生命周期的安全。

专注、创新、卓越

——打造优质的产品

方案部署 >>

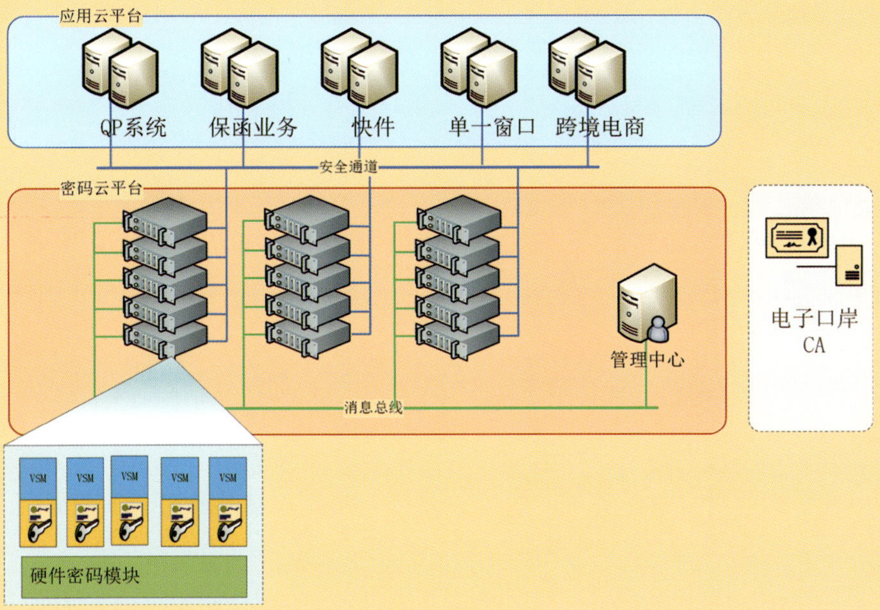

各地电子口岸、数据分中心部署综合业务系统加签加密云平台可用于QP系统、单一窗口、跨境电商、电子保函业海关快件等系统。

该云平台能够切实贴合各地电子口岸、数据分中心各业务系统的安全需求，对动态数据和静态数据通过加签加密的方式，实现数据的安全性、不可否认性、完整性和鉴别性，解决了业务系统数据的“裸奔”局面。

典型应用：跨境电商安全解决方案

传统加签方案 >>

在传统方案中，密码机作为硬件加签设备，是电商独享的，即一台密码机仅供一家电商使用。该方案适用于较大规模电商，如京东、天猫、唯品会等。该类电商业务单证量巨大，对加签密码设备的可靠性、稳定性要求高。同时，通关服务端和海关监管端使用密码机对加签数据进行验签，保证了单据的机密性、完整性、真实性和防抵赖性。

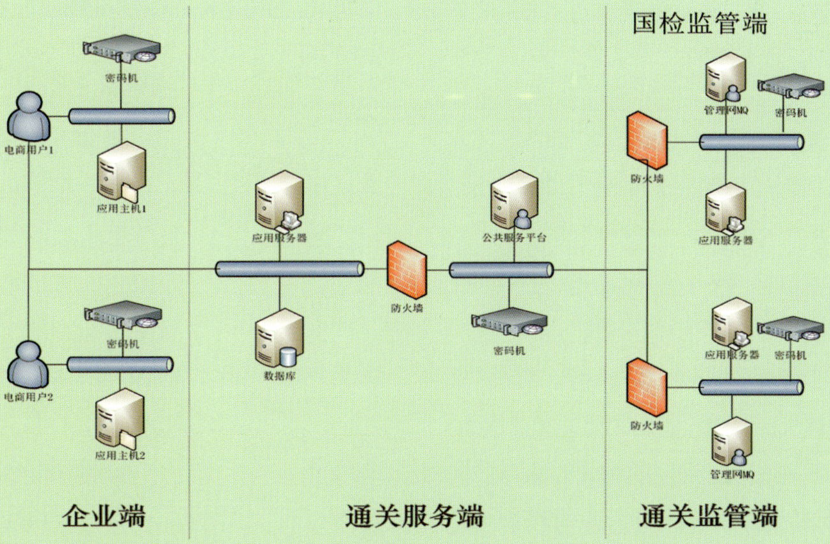

但是相对较大规模电商，数量巨大的小规模电商企业由于资金受限等问题，仍然使用IC卡或key等设备进行加签操作。由于IC卡或key性能低下、易损耗、易丢失，加签操作非常容易出错，很受小规模电商诟病。

针对这种市场需求，三未信安较早在海关跨境电商市场中推出支持多用户的云加签系统。

sansec
三未信安

海关综合业务系统加签加密云平台方案

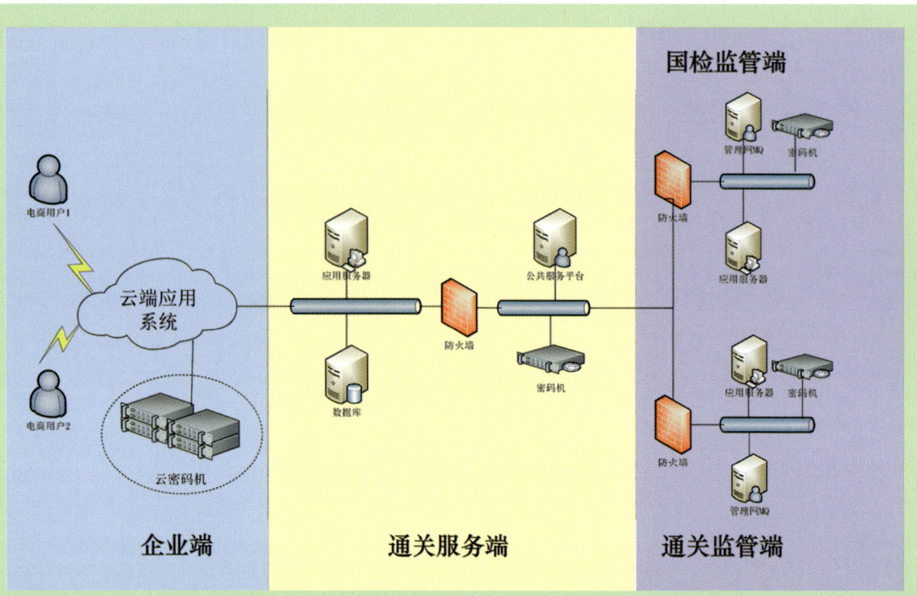

在该方案中，通关服务端和海关监管端的加签机制与传统加签方案一致。仅在特殊监管区域（自贸试验区、综合保税区、保税区等）部署加签加密云平台，将传统的密码设备转变成支持云端部署的加签加密云平台，支持多用户的加签需求。

云平台采用虚拟化技术，可支持多个虚拟密码机（VSM），每个VSM可提供定量的密码服务能力，对电商用户而言，每个VSM都相当于一台传统意义上的密码机。

各个VSM之间密钥完全隔离。密码机的虚拟化增加了密码设备资源利用率，将密码服务进行了更细致的划分，可以为应用提供高速、稳定、可靠的密码运算服务。

每个VSM均可独立申请由电子口岸数据中心CA颁发的数字证书，调用方式与传统密码机相同，安全性满足相关部门的安全要求。

方案特点 >>

■ 可完全替代Key / IC卡方案

采用加签加密云平台方案可满足上述需求，用户只需申请租用一台虚拟密码机为企业在云端部署的数据传输客户端提供加签、加密操作。虚拟密码机可提供远高于Key的密码运算性能，同时，产品维护工作无须电商企业承担。

■ 减少密码设备采购与管理成本

本方案采用云密码服务租用的方式为用户提供服务，用户不必再去购买昂贵的密码设备，仅需少量服务费用就可以使用加签加密云平台提供的各种服务。同时也降低了跨境电商参与方用户对密码设备的管理成本，将用户从繁复的设备管理中解放出来。

合规性 >>

■ 满足相关部门政策要求

产品在安全性上完全满足《跨境电子商务进口统一版信息化系统服务类密码设备技术要求》；符合电子口岸统一认证的要求，采用电子口岸CA进行身份认证；具备与相关部门跨境统一版对接能力；具备与电子口岸预录入系统的对接能力；具备与电子口岸的交换系统对接能力。

■ 国家密码政策合规性

方案采用了SM1、SM2、SM3、SM4等国产密码算法，符合相关部门指定的政策法规，算法安全强度高。此外为兼容国际应用，同时支持RSA、3DES、AES等通用算法，满足用户不同的应用需求。

专注、创新、卓越

——打造优质的产品

虚拟密码机内的密钥只有用户才有权限管理并使用，其他人包括云服务提供商也无法对密钥进行攻击，从根本上保证了用户密钥的安全性，符合《中华人民共和国电子签名法》。

产品通过相关部门的安全审查，具有商用密码产品型号证书：SJJ1601云服务器密码机。

注：产品可在 http://www.oscca.gov.cn 网站的“产品信息”栏目下查询《商用密码产品目录》

海关行业客户 >>

中国电子口岸数据中心	东方口岸	东方物通
东方支付	全国各地电子口岸	全国各地数据分中心
航通智能	上海美华	华东信息
神州数码	……	……

“跨境电商”项目用户 >>

自贸试验区、综合保税区、保税区			跨境电商用户		物流公司
郑州	福州	长春	阿里巴巴	菜鸟网络	圆通速递
银川	深圳	广州	京东	聚美优品	韵达快递
平潭	杭州	太原	唯品会	易极付	顺丰速运
天津	珠海	昆明	蜜淘网	小红书	中通速递
西安	重庆	济南	沃尔玛	网易考拉	安达信
哈尔滨	青岛	……	达令心潮	银联	申通快递

sansec
三未信安

北京三未信安科技发展有限公司

地　址：北京市朝阳区北苑路170号3号楼凯旋中心26层

网　址：www.sansec.com.cn

联系人：邢经理：18501257736　孙经理：17600372789　王经理：13522511067

Mercedes-Benz

北京奔驰汽车有限公司

BEIJING BENZ AUTOMOTIVE CO., LTD.

北京奔驰汽车有限公司（简称北京奔驰）成立于2005年8月8日，是北京汽车股份有限公司与戴姆勒股份公司、戴姆勒大中华区投资有限公司共同投资，集研发、发动机与整车生产为一体的中德合资企业。其中，北京汽车股份有限公司持股51%，戴姆勒股份公司及戴姆勒大中华区投资有限公司持股49%。

历经11年发展，北京奔驰发动机与整车累计产量均已突破一百万台，产销量连续多年实现超过20%的增长。其中，2016年实现产量33.5万辆，销量31.7万辆，约占梅赛德斯-奔驰在华销量的70%，创历史新高。也正是在这一年，北京奔驰产销量首次跃居中国豪华汽车合资品牌次席，同比分别增长32%和27%，继续领跑国内豪华汽车品牌一线阵容。同样在2016年，北京奔驰还从来自全球13

个国家的优秀参评企业中脱颖而出，成为中国荣获全球制造业权威大奖的整车制造企业。

“天时、地利、人和”这个被多次用于形容北京奔驰的描述，无疑是对这一整年星徽昂扬之势的注脚。当我们回溯其发展历程，不难看出，北京奔驰手里的三张王牌——用硬实力说话的基础建设、以软实力驱动的助推力，以及产销一体化的完美运作，早已为如今的逆势而起与高速突破埋下了伏笔。近年来，北京奔驰在此三方面狠下功夫，打出了一手高水平的好牌。

夯实基础建设 打造硬实力

精准布局

时间回到2011年6月，德国的初夏日光宜人，在柏林总理府，一项即将改变北京奔驰发展轨迹的投资框架协议正在签署之中。之后的近五年里，北汽集团与戴姆勒公司以《北京奔驰发动机工厂、研发中心和新项目投资框架协议》为起点，展开了日趋紧密的战略合作。

以合为先、平台发力——股东双方先后签订的一系列协议，描摹出了北京奔驰高速前行的发展轨道。“合”，一字道出了股东双方深入合作、兄弟公司同心共赢的发展局面；而基于平台化，北京奔驰的突围思路从“车型的被动导入”转向了“快速响应市场需求”，呈现出了剑指未来、步步为营的变化。

平台为先

在随后短短5年的时间里，戴姆勒全球产能很大的总装车间、戴姆勒公司海外质量中心、戴姆勒公司海外的梅赛德斯—奔驰汽发动机制造工厂、戴姆勒合资公司研发中心、戴姆勒前驱车工厂等诸多项目纷纷落地。成立后的仅十年时间内，北京奔驰建立起全球面积较大、综合性较强的梅赛德斯—奔驰乘用车生产制造基地，并成为戴姆勒全球同时拥有前驱车、后驱车和动力系统三大平台的合资企业。

有如预期，占据平台优势的北京奔驰，在其后的产品导入游刃有余。2010年，完成股东层面的调整后，北京奔驰推出了专为中国市场量身打造的梅赛德斯—奔驰长轴距E级轿车，产品结构调整的序幕正式拉开。随后，又接连引进了C级车、GLA SUV 和 GLC SUV，北京奔驰完成了对产品序列的拓展和更新，全面覆盖中高级轿车、行政级轿车、紧凑型SUV和中型SUV四大豪华车主流细分市场，使百万国人的星徽之梦照进现实。

Mercedes-Benz
北京奔驰汽车有限公司
BEIJING BENZ AUTOMOTIVE CO., LTD.

品质引航

产品之上，推动北京奔驰高速发展的，更是对于卓越品质“The best or nothing”的不懈追求。为此，北京奔驰在不断强化自身导入、消化和吸收梅赛德斯—奔驰尖端工艺的能力的基础上，逐步构建起智能化制造体系，并依托这一体系，打造了完善的质量管理系统，并建成了戴姆勒公司海外质量中心。

借由高科技的生产智能控制系统，北京奔驰从发动机机加工，到冲压、装焊、涂装和总装四大工艺中所使用的数千台制造机器人，均具备了识别、沟通和对工作指令进行应答的能力。在全面遵循戴姆勒的质量反馈环管理的同时，智能化制造系统与一系列智能化检测系统、监控系统的完美整合，实现了对生产制造过程的全面数据化监控和记录。在此基础上，核心数据与戴姆勒全球数据库同步并实时共享，真正意义上实现了产品品质的可追溯与全球标准化，从根本上确保驶出北京奔驰的每一辆新车都完全符合梅赛德斯—奔驰的全球统一标准。

驱动助推力 塑造软实力

在平台、产品、品质与智能制造所构建的企业硬实力的协同支撑下，北京奔驰迈入了快速发展的全盛时期。这背后的核心动能，无疑，是以“精益管理、文化重塑、人才培养”共同组成的企业软实力的持续发力。

精益为先

精益管理作为北京奔驰核心竞争力的重要组成部分，旨在通过科学有效的管理，优化生产环节，以高品质、高效率对市场需求做出快速响应。为实现这一目标，北京奔驰通过流程再造、管理改善和精益生产等方式，建立起了一套独具特色、卓有成效的经营管理模式。并依托于科学有效的管理，使“精益”二字逐步渗透到北京奔驰的生产管理各个环节之中。这一理念的好处，在北京奔驰2016年开展的全员改善活动中便可见一斑。来自各部门的5049条提案在集中优化了生产与经营流程、提升了企业运营效率的同时，更使得成本意识与精益理念形成一种文化，深植人心，为北京奔驰的快速发展注入了源源不断的动力。

文化俱进

自成立之日起，北京奔驰便将企业文化建设作为企业发展的核心竞争力。毫无疑问，企业文化已经成为企业快速发展的重要助推力，对员工来说，优良的企业文化，不仅能增强其对企业的使命感和责任心，更能赋予其无尚的荣誉感，激发员工在自身的工作岗位上发挥更大的价值和作用，追求和实现自身的成就感。2016年9月，北京奔驰企业文化重塑项目正式启动，以期打造与时俱进的文化氛围，将每一位北京奔驰人拧成一股绳，合力前行。

匠心致远

作为企业文化的践行者——人，无疑是北京奔驰高速发展历程中的根本所在。自成立以来，北京奔驰便将人才发展视为第一要务，逐步建立了以软件与硬件双平台为基础，以“课程体系、讲师体系、运营体系”为通道的培训体系，周密覆盖新员工培训、领导力培训、海外项目培训、专业技能培训等内容，全力助推人才发展。从2008年起，北京奔驰便陆续派出超过1200名员工前往辛德芬根、不莱梅等戴姆勒全球工厂参与新产品试装与工艺制定，实现了与戴姆勒全球人才体系的无缝对接。2014年和2016年，北京奔驰还分别派出精英团队前往戴姆勒南非东伦敦工厂和巴西圣保罗工厂，为新车型和新项目的落地提供技术支持，迈出了为戴姆勒全球体系输出人才的重要一步，诠释了同一团队的深层含义。

产销一体化 合力共赢

以优秀的人才、精益的理念与出众的文化，以卓越的品质追求与智能化的制造体系，铸造全面满足市场多元化需求的卓越产品——北京奔驰的快速发展，早在股东双方的谋定而后动之中，在北京奔驰人的不懈努力中，落子成局。这不可不提其产销一体化的成功运作模式。

在“北戴合”一揽子项目中诞生的北京梅赛德斯—奔驰销售服务有限公司，也正意欲为此。这步棋子的落定，理顺了国产车与进口车的销售渠道，统一各方战略目标。以此为起点，销售公司快速完成了经销商的网络布局与高效沟通体系的建立，在短时间内实现了经销商在全国范围内的拓展。产销双方在合作之中，建立起密切而高效的沟通机制、合理分配资源、产销联动、缩短供货周期等举措，很好地完成了一体化协同作战。有赖于战略意识上的不断创新，产销双方将继续以销售数量与质量齐抓共管的建设理念，加强经销商指导，提升经销商盈利能力，打造出色的客户体验。时至今日，梅赛德斯—奔驰在华销量实现连续49个月增长的成绩，足以证明销售公司与北京奔驰携手攻坚的出色表现。

可以看到，目前打得一手好牌的北京奔驰，正在以更好的态势向未来发起进击。毫无疑问，行驶在快车道上的北京奔驰，必将向中国豪华车品牌王座发起冲击的全新征程中，开创属于中国汽车工业的全新“奔驰时代”。

http://www.shpdc.com

BUSINESS CONSULTING
商务咨询：

☆ 招商引资——项目立项、招纳会员
☆ 服务内容——自贸试验区内企业投资咨询
供应链、业务模式的设计和优化服务
拟定各类合作协议
项目跟进及客户维护
企业供应链定制与优化

INTERNATIONAL TRADE
国际贸易

○ 经营内容：进口贸易、出口贸易
○ 服务内容：进口代理、出口代理、转口代理
○ 上海市相关部门进口药品现场受理点
○ 药品柔性入境管理试点企业信用群绩效系统

LOGISTICS SYSTEM
现代物流：

☆ 覆盖全国的与上药控股共享仓储运输资源
☆ 上海市相关部门指定的药品、医疗器械第三方物流服务商
☆ 保税、非保税商品的储存
☆ 商品分拨 / 商品配送
☆ 增值服务，提供区内的简单商业性加工服务

DOMESTIC TRADE
国内贸易

○ 分销：产品全国分销
○ 经销：产品全国经销
○ 代理：区域代理
○ 具有全国400多家二级分销商的分销网络优势，并能与上药控股共享商业网络覆盖
○ 专业的招投标队伍，已在全国26个省/直辖市/自治区、200多个地级市成功开展工作，并获得供应商的认可和好评

CUSTOMER SERVICE
客户服务：

☆ 会员服务——市场会员管理及开票服务
☆ 服务内容——代理公司注册及变更服务
各类经营许可证咨询代理
（医疗器械、食品卫生、酒类批发等）
产品注册咨询代理
（药品、医疗器械和营养保健品等注册）

奥凯航空有限公司
OKAY AIRWAYS COMPANY LIMITED

奥凯航空于2005年3月11日开航。总部设在北京，下设天津分公司与湖南分公司，在天津、长沙、西安设有运营基地。

2016年2月17日，奥凯航空董事长王树生与波音民用飞机集团总裁兼首席执行官雷蒙德·康纳（Ray Conner）在新加坡航展上签署12架波音737飞机订单，其中包括中国航空公司首次订购的波音737MAX-9机型，奥凯航空将成为该机型的国内启动用户。

截至2017年3月，奥凯航空拥有22架飞机（21架B737系列客机、1架B737系列货机），累计执飞100多条国内外航线，运送旅客超过2 300万人次。

目前，奥凯航空已成为总资产超过75亿元、年营业收入超过30亿元的航空运输企业，经营范围包括国内（含港澳台）航空客货运输业务及至周边国家的国际航空客货运输业务，并入选北京市重点总部企业名录。

奥凯航空一直致力于成为中国优秀的民营航空企业，遵循公司合法经营，依法纳税的宗旨。随着公司运力的不断增长，奥凯航空进出口业务规模也以每年20%~30%的幅度增长，几年来奥凯航空有限公司进出口业务严格按照有关法律法规操作，规范申报，得到了有关部门和领导的肯定。2015年，奥凯航空有限公司获得高级认证企业证书，这是对奥凯航空进出口工作的充分肯定，同时也是对今后的工作提出了更高的要求。奥凯航空会以此为契机完善进出口工作业务流程，提升业务能力，继续自觉遵守国家法律法规和相关管理规定，如实申报，依法纳税，守法经营，履行企业诚信守法的义务。

中国路桥工程有限责任公司

CHINA ROAD AND BRIDGE CORPORATION

肯尼亚蒙内铁

公司概况

中国路桥工程有限责任公司（以下简称中国路桥，英文缩写CRBC）是中国较早进入国际工程承包市场的四家大型国有企业之一，主要从事国内、国际道路、桥梁、港口、铁路、机场、隧道、水工、市政、疏浚等工程承包，兼具投资、实业、贸易、租赁、服务等业务，在亚洲、非洲、欧洲、美洲近50个国家和地区设立了分支机构，形成了高效快捷的经营开发管理网络，是中国交通建设股份有限公司海外业务的重要载体、窗口和平台。

中国路桥于1979年正式组建，进入国际工程承包市场。2005年成为重组后的中国交通建设股份有限公司的全资子公司，承建了一批有地区和国际影响力的标志性建筑，荣获了多项国内、国际大奖。“CRBC”作为国际工程承包界的知名品牌，享誉世界。

近年来，中国路桥积极响应“走出去”战略和“一带一路”倡议的号召，创新进取，培育核心竞争力，以EPC、PPP等高端方式承揽了塔乌公路、巴基斯坦喀喇昆仑公路改建工程、赤道几内亚巴塔港改扩建工程、毛里塔尼亚友谊港改扩建工程、塞尔维亚泽蒙—博尔察大桥、肯尼亚蒙内铁路、内马铁路、匈塞铁路塞尔维亚段项目、刚果（布）黑角新港等著名项目。在全力打造国际出色的全球承包商的同时，积极履行社会责任，回馈当地社会和居民。累计资助百余名驻在国学生到中国高等学府留学，并开展各种公益活动，为驻在国民众雪中送炭，受到所在国的普遍好评。

在未来的发展过程中，中国路桥将坚定不移推进“五商中交”的海外落地，努力建设成为“遵从商业伦理、卓越运营、社会尊重、员工自豪，受资本市场青睐的全球化五色企业集团”，愿与各国各界朋友携手共赢，创造更加辉煌灿烂的明天。

资质荣誉

- **公路工程施工总承包特级资质**
- **北京市出口退（免）税一类企业**
- **鲁班奖**
- **詹天佑大奖**
- **优质工程奖**
- **阿拉伯奖**
- **麦邱利金像奖**
- **全国优秀施工企业**
- **中国交建ENR2016年度全球最大225家国际工程承包商排名第三**

印度尼西亚泗水——马都拉大桥

毛里塔尼亚友谊港

塞内加尔泽蒙——博尔察大桥

巴基斯坦喀喇昆仑公路

业文化

中国路桥近40年的国际市场打拼，在世界各地兢兢业业打造精品工程，建设了诸多“连心桥”“致富路”“发展港”“宜居城”，真诚奉献驻在国国计民生，做到了尊重当地文化、坚持合规经营，与驻在国人民和谐相处，形成了积淀深厚、催人奋进的宝贵企业文化和能战斗、甘奉献、讲诚信、重感情的路桥精神。

企业使命 经济社会发展急所的责任分担者
区域经济协调发展的深度参与者
政府购买公共服务的优质提供者

企业愿景 让世界更畅通、让城市更宜居、让生活更美好

企业目标 遵从商业伦理、卓越运营、社会尊重、员工自豪，受资本市场青睐的全球化五色企业集团

企业精神 交融天下、建者无疆

核心价值观 公平、包容、务实、创新

市场理念 市场第一、客户第一

服务理念 诚信履约、用心浇注您的满意

员工价值准则 崇德崇学、向上向善

用人理念 以奋斗并创造价值者为本

目介绍

巴基斯坦喀喇昆仑公路改扩建项目

该工程是对“中巴友谊路”—喀喇昆仑公路（雷科特桥—红其拉甫口岸路段）进行扩建和改造，全长335千米。2009年3月开工建设。扩建后的喀喇昆仑公路由10米宽扩为30米宽，车辆时速可达80千米，运输能力提高3倍。

印度尼西亚泗水—马都拉海峡大桥

位于印度尼西亚爪哇岛东部，跨越马都拉海峡，连接印度尼西亚第二大城市泗水市和马都拉岛。2004年开工，2007年竣工。全长2.1千米，主桥为跨径434米斜拉桥，主塔高140米，是当时我国对外承建的较大的交通基础设施工程，获得2010年度“中国建设工程鲁班奖”（境外工程）。

塞尔维亚泽蒙—博尔察大桥

塞尔维亚泽蒙—博尔察大桥位于贝尔格莱德市规划内环线西北部，跨越多瑙河。项目全长约21.26千米，其中桥梁总长2 913米，双向4车道。2011年开工，2014年建成通车。该项目是中国企业在欧洲较早的大桥项目。

毛里塔尼亚友谊港

友谊港位于努瓦克肖特大西洋码头岸线，全长585.1米，建有3个万吨级泊位,是中国在非洲的第二大援建项目,被国际社会誉为“南南合作的典范”。1979年4月施工建设，1986年7月竣工。

友谊港4、5号泊位扩建项目工程，包括港池航道疏浚、两个总长450米的2万吨级沉箱结构深水码头以及现有油码头的迁移等。2008年1月开工建设，2014年8月竣工。建成后，友谊港的港口年吞吐能力达到600万吨。

肯尼亚蒙内铁路

肯尼亚蒙巴萨至内罗毕铁路全长485千米，沿线设置车站33个，全线采用中国标准、中国技术、中国装备制造、中国管理经验的国际干线铁路。2014年6月开工建设，预计将于2018年1月1日正式运营。

蒙内铁路是东非铁路网的第一段，建成后将承担肯尼亚、乌干达、卢旺达、布隆迪、刚果（金）和南苏丹等6国的货物运输任务，这将极大地促进东非现代化铁路网的形成以及东非地区的经济发展，能够为东非一体化进程提供坚实的基础设施保障。

蒙内铁路直接连接蒙巴萨港各泊位，实现海运和铁运转运的无缝对接；内罗毕南站有专用线连接港务局ICD，至蒙巴萨以外地方的集装箱货物均可通过铁路运输在ICD清关，减少了途中作业环节，提高了到港货物的中转效率，具有极大的运输市场竞争能力。

蒙内铁路将由中国路桥负责铁路运营，通车后将建成“旅客至上、管理一流”的客运体系和“安全有序、高效顺畅”的货物运输体系，高标定位、统筹谋划，加快建设覆盖运营全专业、全领域的综合管理体系，提供专业、优质、高效的服务，满足客货运输发展的需要。

招商银行1987年成立于中国改革开放的前沿——深圳蛇口，是中国境内较早完全由企业法人持股的股份制商业银行，也是从体制外推动银行业改革的第一家试点银行。成立30年来，招商银行坚持“因您而变”的经营理念，从一家只有1亿元资本金、1家营业网点、30余名员工的小银行起步，发展成为沪港两地上市的国内第六大商业银行，在英国《银行家》2016年“全球1000家大银行”榜单中位列第27位，在《财富》杂志2016年世界500强榜单中位列第189位。截至2016年年末，招商银行分支机构逾1700家，在中国大陆的120余个城市设立了服务网点，拥有5家境外分行和3家境外代表处，员工超过7万人。

招商银行全球交易银行

招商银行经过多年的探索和培育，借鉴金融危机时期的国际发展经验，于2015年年初手出重拳，突破传统银行架构，合并原现金管理部和贸易金融部，成立交易银行部，以客户为中心整合原有现金管理、供应链金融、跨境金融、贸易融资及互联网金融等优势业务，并自上而下快速推进组织体制改革，全面打造了集境内外、线上下、本外币、内外贸、离在岸为一体的全球交易银行（Global Transaction Banking，GTB）产品及服务体系。

招商银行全球交易银行（GTB）利用最新互联网金融技术，构建“聚焦产品，聚焦客户”的服务体系，努力实现超强的产品创新实力、专业服务能力、品牌影响力和价值创造推动力，充分发挥招商银行公司金融既有优势，搭建全面覆盖基于企业价值链的前中后台互动金融服务平台，打造中国较强的交易银行。

产品地图

对公职能定期存款
对公智能通知存款
公司一卡通
商务支付
企业手机银行
网上企业银行
联动支付
记账宝
电子商业汇票
网上支付
网上票据

交易识别
小企业收款通
银关通
网银互联
公私账户一网通
法人账号自动透支
收款通
移动支票
网贷易
网上代发代扣

1.跨境资本通：
保函境外授信
跨境履约类保函
对外融资性保函
对外担保融资租赁
境外银团贷款
境外投行业务（资本通）

2.跨境财富通：
存汇盈
跨境结汇通
期汇通
对公代客结售汇
对公代客外汇买卖
货币掉期
外汇掉期交易
外汇期权

非实时交割即期结售汇
NRA随心购

3.跨境商贸通
票据保付（跨境商票贴现）
跨境保付通
特险融资
委托开证及融资
跨境贸易融资直通车
跨境人民币结算
国际信用证开证
进口代付
进口押汇
提货担保
远证即付
跨境汇款
跨境账融易

出口托收
光票托收
进口代收
出口押汇
出口议付
国际保理
国际福费廷
出口买方信贷
出口协议融资
出口信保融资
打包贷款
出口退税账户质押贷款
NRA质押联动授信
内保外贷
外保内贷
GFS全球融资方案

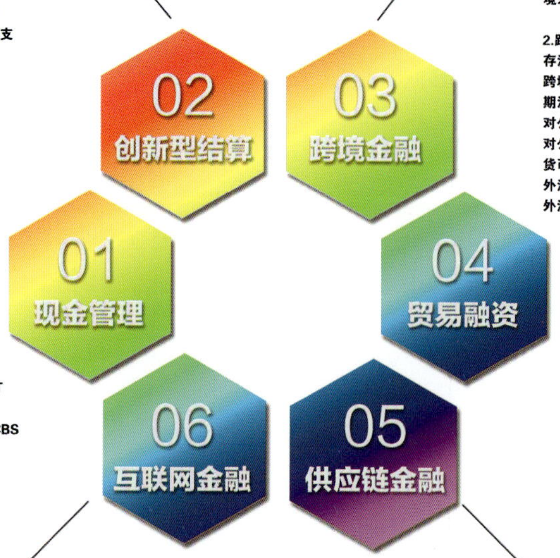

跨境外币现金池
SWIFT跨境支付与信息服务
集团人民币现金池
集团外币现金池
集团现金管理（集团账户集团支付）
集团现金管理（资金集中管理）
跨境人民币现金池
智能现金池

网上委托贷款
多维定制现金池
虚拟现金池
跨银行现金管理平台CBS
集团财资管理平台TMS
跨境资金管理系统CBS-TT
海关资金管理系统CBS
住房公积金资金管理系统CBS

国内融资性保函
国内买方信贷
银行承兑汇票
国内卖方信贷
境内履约类保函
国内福费廷

国内信用证议付
国内信保融资
内外贸信用传输
国内信用证开证
国内保理

小企业E家
互联网融资见证

订单融资
应收账款质押融资
动产抵（质）押融资
保兑仓融贷
商品提货权融资

汽车经销商融资
票据池
仓单质押融资
供应链金融行业解决方案

招商银行
CHINA MERCHANTS BANK

招商银行跨行现金管理平台CBS

随着财资管理对企业经营和战略发展的影响不断提升，构建一个能应对全球经济产业结构调整、适应全新的产业互联网时代的全球财资管理体系的重要性日益凸显。财资管理的角色和定位已经完成了从后端到前台的转变，正成为企业战略决策支持、运营治理控制、利润实现、价值创造的关键。

“跨银行现金管理平台”（Cross-Banking Solution，CBS）是招商银行针对跨国公司、集团企业、财政事业单位等各类客户综合化资金管理需要，倾力打造的专业化现金、财资及风险管理平台系统，是招商银行全球交易银行（GTB）的独门秘笈。自2007年在业界推出以来，CBS不断迭代创新，目前已升级到以财资管理“云服务”为特色的5.0版本（CBS5），涵盖交易结算、账户管理、流动性管理、内部资金转移计价、资金预算管理、内部信贷管理、内部账户管理、票据管理、资金数据报表定制、信用证管理、跨境资金管理、E+财富管理、资金监控中心等数十项核心财资管理功能模块，而且CBS5支持高端客户的定制化服务，针对不同行业客群的财资管理需求特点，推出了多个CBS行业定制版本，包括CBS标准版、CBS海关定制版、CBS公积金定制版、财务公司定制版TMS、跨国公司定制版CBS-TT等若干个版本，能够为各种类型的企业、机构客户提供个性化的财资管理服务。截至目前,CBS已经在1000多个大型集团性企业、跨国公司、行政事业单位成功应用。

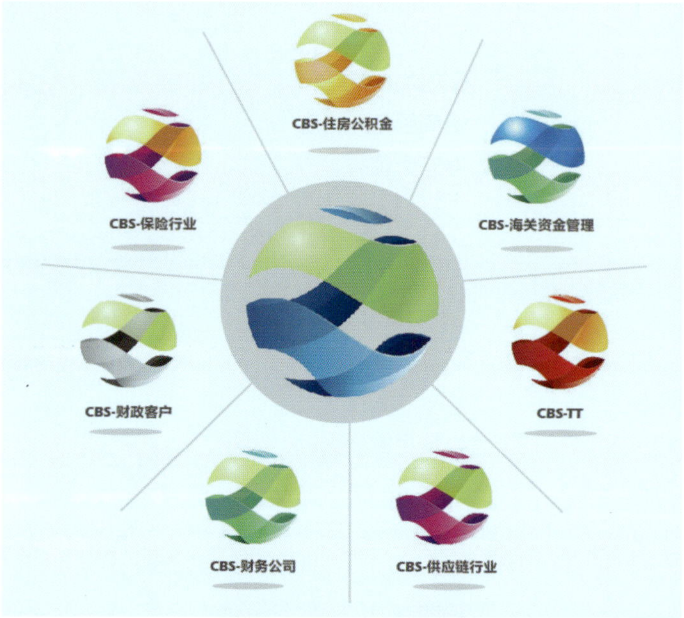

招商银行CBS产品体系

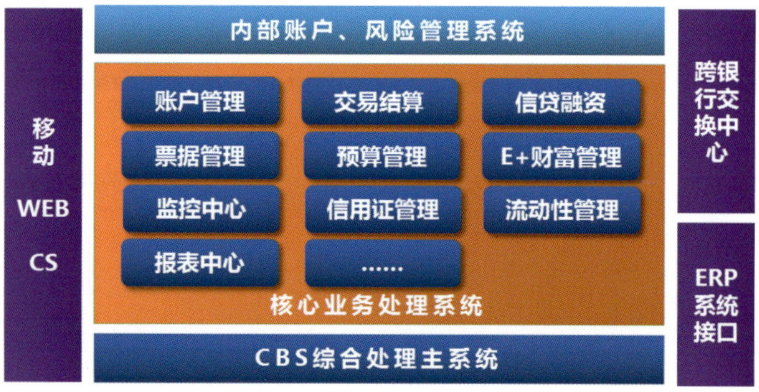

招商银行CBS功能框架

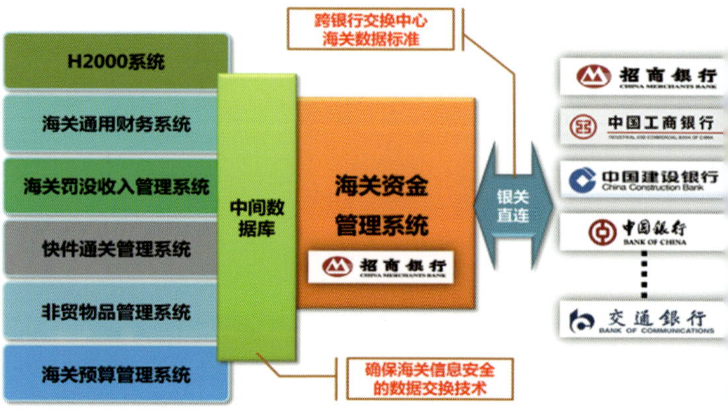

海关CBS系统架构

海关资金管理系统CBS是招商银行依靠技术和产品优势研发的综合性、专业化财政资金管理系统，有效地支持了全国600多家相关单位多维度、跨层级的管理架构，建立了符合相关部门资金内在运行规律的管理模式。同时，针对相关部门财政性资金管理特征，设计了覆盖全面的十余项子系统和功能，包括跨银行交易结算、税单电子核销、海关三金管理、财政预算管理、资金监控中心、流动性管理等。系统于2015年1月正式上线试运行，经过1年多的稳定运行及检验，最终于2016年3月验收通过。基于海关资金管理系统CBS建设过程中的良好合作，2015年5月，招商银行总行与相关部门签署全面合作备忘录，招商银行成为继五大国有银行后与相关部门签署该备忘录的股份制银行，备忘录约定双方建立长期战略合作关系，将发挥相关部门业务优势及招商银行金融服务优势，推进相关部门和招商银行事业的共同发展。

针对跨国企业，招商银行聚焦客户全球资金资源统筹管理，推出了CBS-TT（Cross-bank Solution for Trans Tech）版本，创新研发了跨境资金管理功能，助力企业跨境财资管理的转型升级。通过SWIFT与境外银行实现连接，支持全球超过212个国家和地区的10 000多家银行、证券等金融机构的数据对接，解决客户受制于单一银行代理清算网络的限制。在有效的信息安全保障下，帮助客户实现境内外资金池联动管理、境内外资金调拨,支持多币种、多语言、跨时区7×24小时的业务处理，轻松玩转跨境资金。凭借CBS5在全球金融资源整合方面的突出优势，强化了中国企业在全球范围拓展业务、统筹管理的能力，弥补了传统中资银行境外机构少、网络渠道单一的缺陷，有效提升了中国企业参与全球竞争的实力。

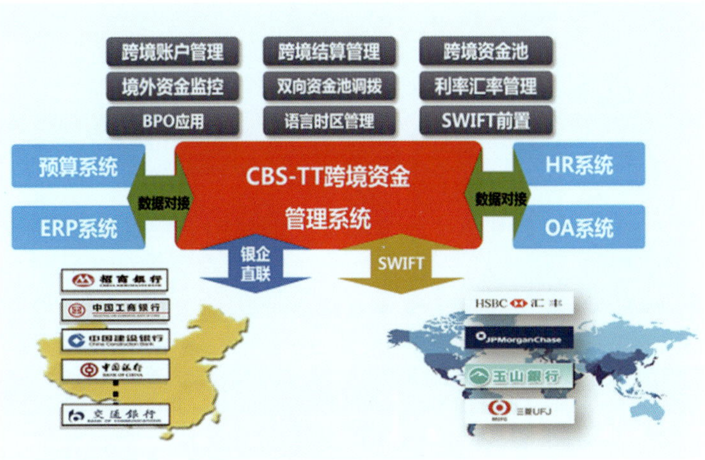

CBS-TT系统架构

随着大数据技术的深入，招商银行CBS5实现了智能分析多元化的海量数据，能在企业的全球供应链系统、物流系统、管理系统之间实现“物流、资金流、信息流”更为智能和高效的交互。在海量数据交汇和庞杂的处理模块下，得益于CBS的“云”基因，CBS5轻盈而高效。CBS5成熟运用互联网时代“云技术”的轻技术架构，在传统资金管理的基础上延伸覆盖供应链金融、互联网金融等多个领域,具备可广泛扩展应用的可能。另外，CBS5不再局限于PC端的人机交互，支持企业用户在全球任意地点实现PC与移动端实时同步、自由切换,在移动终端上实现资金实时查询、业务审批、统计分析、资金监控等关键功能。同时，招商银行联合移动安全行业的优秀合作伙伴，打造CBS移动安全定制机服务，该产品通过专门定制的手机终端与独立操作系统，从底层硬件及OS层面保护移动资金交易安全，实现用户在移动终端的全功能场景覆盖，同时实现了移动终端的全生命周期管理。

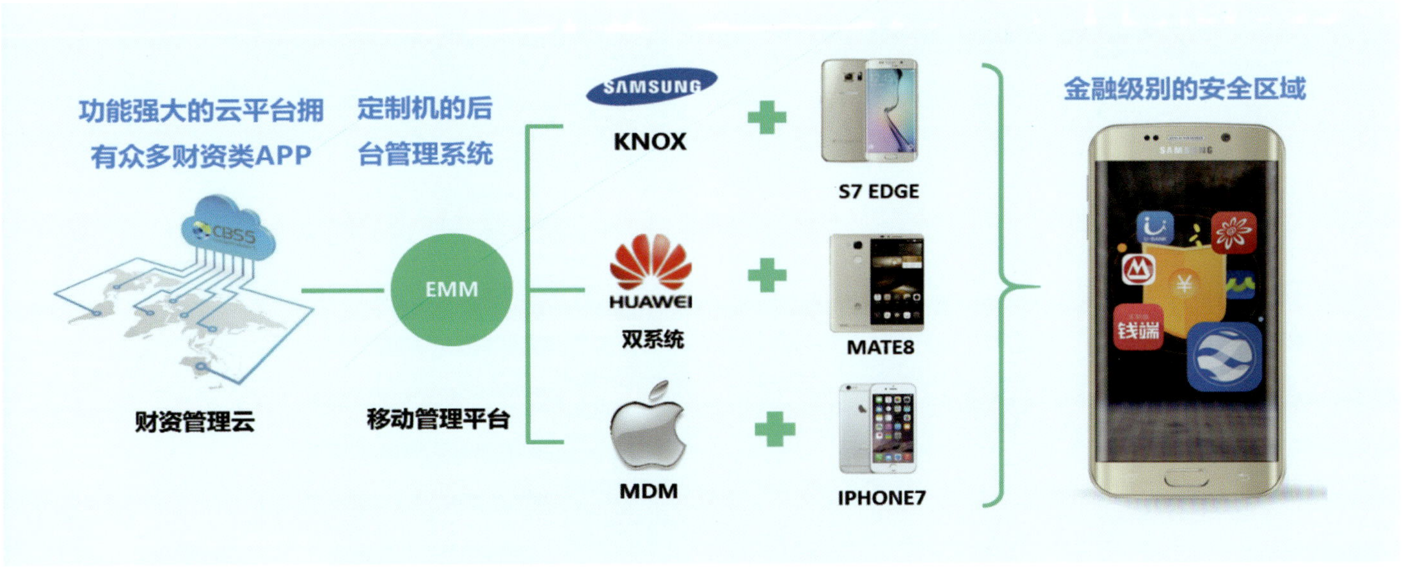

“兵马未动、粮草先行”，随着“一带一路”“中国制造2025”倡议的持续深入，中国出色的企业走出国门，在全球范围内开展竞争与合作，更需要有出色的金融战略合作伙伴及财资管理平台的支持，招商银行CBS将是企业全球财资管理服务领域良好选择！

北汽福田研发中心

德国研发中心

FOTON
福田汽车

企业简介

北汽福田汽车股份有限公司（简称福田汽车）是中国品种较全、规模较大的商用车企业。成立于1996年8月28日，1998年6月在上海证券交易所上市。现有资产300多亿元，员工近4万人，产销量位居世界商用车行业前列。2016年度，福田汽车品牌价值达1 005.65亿元，位居汽车行业第四位，商用车领域排名靠前。

北京是福田汽车的全球总部所在地，也是福田汽车的创新中心和业务管理与运营中心。此外，福田汽车在国内的北京、山东、湖南等10多个省、市拥有整车和零部件基地；在日本、德国、印度、俄罗斯等国家拥有研发分支机构；在印度、俄罗斯、泰国设立了事业部；在全球20多个国家设有KD工厂，产品出口到80多个国家和地区。

德国研发中心

黄金价值链

福田汽车在全面发展商用车及乘用车的同时，注重将商用车全系列发展构建的黄金价值链（包含技术、管理、供应链、生产制造、分销和服务等）延伸开发至相关联的产业。汽车与新能源汽车、工程机械、新能源、金融、现代物流、信息技术服务六大产业共同构成了黄金产业链。并打造企业“4×4”核心竞争力，链合戴姆勒、康明斯，集成德美中三方优势技术，接轨德国工业4.0，同步世界的中高端产品，致力于为用户提供产品全生命周期服务。

哥伦比亚工业部部长参观哥伦比亚KD工厂

绿色新能源

在节能与新能源汽车领域，福田汽车一直紧跟新能源汽车的技术潮流，不断开发出更节能环保的产品并进入商业化运营。节能与新能源汽车已经覆盖卡车、客车和多功能汽车等各个领域，产销节能与新能源汽车近万辆，成为中国新能源汽车产销量较多的企业。

社会公益活动

在企业快速发展的同时，福田汽车在社会公益方面不断耕耘，累计捐款捐物近6 000万元。此外，福田汽车联合世界冠军联合会和国内部分核心媒体共同发起成立了社会公益组织——福田汽车媒体爱心联谊会（简称FMG），并利用FMG持续贡献爱心，创新企业公益行为的实现途径。

企业荣誉

福田汽车曾先后荣获“汽车产品出口质量安全示范企业”“中国名牌产品”“全国质量管理先进企业”“中国商用车品牌”“中国制造行业内具成长力的自主品牌企业”“优秀消费者关系奖”“全国自主创新典型企业”等荣誉称号。

2020战略

在战略布局上，福田汽车正在全面实施“5+3+1”战略，在俄罗斯、印度、巴西、墨西哥、印度尼西亚五个国家分别建立年产10万辆汽车的工厂，突破北美、欧盟、日韩等三个最发达地区市场，积极实施全球化战略。

企业愿景

现在福田汽车以打造“世界级主流汽车企业”为战略目标，坚持“转型与整合增长、创新与互联互通”两个指导方针，矢志成为时尚科技与人文环保高度融合的综合性国际汽车企业，进入世界汽车企业十强，成为高科技、现代型的世界品牌。

福田汽车是中国汽车行业自主品牌和自主创新的中坚力量。自成立以来，福田汽车以令业界称奇的“福田速度”实现了快速发展，累计产销汽车近800万辆。目前，福田汽车旗下拥有AUMAN、AUMARK、VIEW、TOANO、SAUVANA 、TUNLAND、AUV、LOXA等汽车产品品牌。

AUMAN（欧曼）——重卡 福田戴姆勒

AUMAN，福田戴姆勒汽车中重卡产品品牌，致力于为第三方物流提供整体解决方案。长期坚持以产品和服务为核心竞争力，不断创新、超越，创造了重卡行业的奇迹。

AUMARK（欧马可）——世界AUMARK 福田康明斯

AUMARK，福田汽车中高端轻卡产品品牌，为满足全球用户高效、无忧的城市物流追求所设计，整合康明斯动力，以科技、人性、环保等理念，打造中高端轻卡品牌。AUMARK产品现有C/TX系列，全面满足各层次物流载货需求。

VIEW（风景）——超越大空间

VIEW，福田汽车 VAN 类产品品牌，中国轻客品牌，现旗下拥有 CS2/C2 系列。以创新技术和以人为本的设计理念，分别满足不同消费群体对高效商务、短途客运、轻载货运、休闲旅游等功能的需求。

TOANO（图雅诺）——来自德国的商务伙伴

TOANO，德国斯图加特汽车研发中心研发，秉承德国精良品质，搭载康明斯动力，引入德国质量管理体系，在无接触、自动化、零排放的智能工厂精益制造，是时尚外观、动力强劲、安全可靠、智能科技的新一代商务车，为用户提供高端商务接待和城市物流运输全方位全天候运输解决方案。

FOTON
福田汽车

SAUVANA（莎瓦纳）—— 势不可挡的自由力量

SAUVANA，传承北美SUV优秀基因，集结美国科技团队，整合美国出色的造车理念，链合全球出色的供应链体系，与发动机巨擘美国康明斯通力打造全新硬派大SUV，享受美式越野生活方式。

TUNLAND（拓陆者）—— 心无垠 驾无疆

TUNLAND，福田汽车皮卡类产品品牌，以创新之心链合全球科技，秉承欧洲设计理念，将每一位用户纵情前路的激情与成功的梦想注入车的每一个细节，其高贵典雅、大气而成的气质，注定成为穿梭在都市间的强者，其超强越野性能亦能让你在荒漠丛林里游刃有余。

AUV（欧辉）—— 科技承载价值 绿色引领未来

AUV，以中国自主研发全承载技术为核心，外形演绎尊贵经典，是集绿色理想与智慧科技于一体的新能源汽车践行者。

AUV是同步全球优势核心动力，以创新科技打造的中高端品质大中客车产品，用先进的全承载、新能源技术为客运、公交、旅游客户提供安全、可靠、环保的客运解决方案。已经形成了大中型城市客车、城间客车、专用校车三大类完整的产品系列。

LOXA（雷萨）—— 品质创造未来

LOXA，通过提供高价值的混凝土成套设备整体解决方案，成就全球中高端泵送机械用户的价值理想。LOXA是福田汽车整合全球科技，运用一体化的研发、设计、制造、服务体系，精心打造的品质可靠、服务便捷、高收益的专业设备，在标准化、人性化、智能化等方面与世界标准同行，为全球用户提供高价值泵送成套设备整体解决方案。现旗下拥有搅拌车、泵车、搅拌站、车载泵、拖泵、背罐车、干混砂浆车七大产品系列。

KONICA MINOLTA

柯尼卡美能达办公系统（中国）有限公司

Konica Minolta Business Solution (China) Co., Ltd

柯尼卡美能达办公系统（中国）有限公司是日本柯尼卡美能达株式会社在中国的全资子公司，总部设在上海，在全国共有10家分支机构。

作为全球出色的商务解决方案增值服务商，柯尼卡美能达始终凭借出色的专业化技术满足各类商务输出需求为己任，专注于商务输出领域，站在客户角度，时刻洞悉客户需求并积极应对，以创新的思路给客户提供更适合的商务增值解决方案。

柯尼卡美能达在产品品质、服务质量、管理体系及环保等方面均达到了国际标准，获得ISO 9001质量管理体系认证、ISO 14001环境管理体系认证和ISO 27001信息安全管理体系认证。柯尼卡美能达始终注重环境保护，构建低碳社会，具有强烈的质量管理和环境保护意识，将环境保护作为切实保护消费者权益的重要承诺，积极致力于不断提升客户满意度。

柯尼卡美能达解决方案
全面优化商务环境

应对国际化业务发展，减少环境负荷，强化信息安全……

随着企业要求的不断变化，柯尼卡美能达通过对办公环境的有机整合，为用户提供出色的商务解决方案及增值服务，全面满足多样化个性需求，助力企业成功。

综合提案服务

对办公设备进行合理配置，从消减成本、提高工作效率、提高安全性等方面，提高客户对办公设备使用的满意度而实施综合提案服务。

KONICA MINOLTA
OPTIMISED
PRINT SERVICES TM

MINMISE ALL. MAXIMISE ALL.

OPS: Optimised Print Service

OPS理念是基于以上三方面提出的，
即前期咨询、改善实施和后期管理。

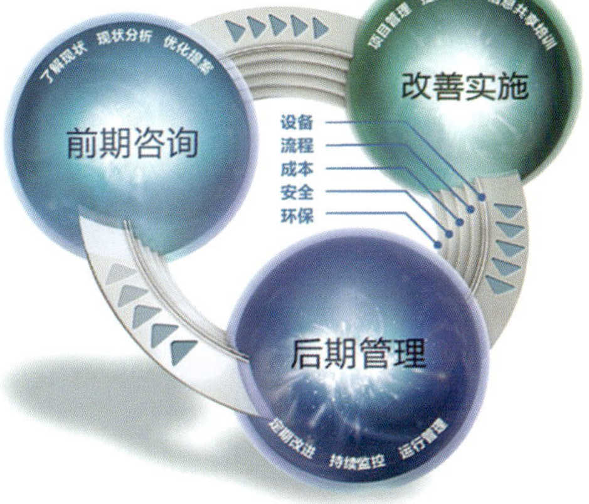

数码复合机品牌 bizhub
适应商务网络化的新潮流

bizhub 意为“Put yourself at the hub”，即通过提供一种不受时间和空间限制的新工作模式，让使用者从繁杂的办公琐事中解脱出来，真正成为业务的核心。

bizhub
改 变 您 的 商 务 模 式

数码复合机

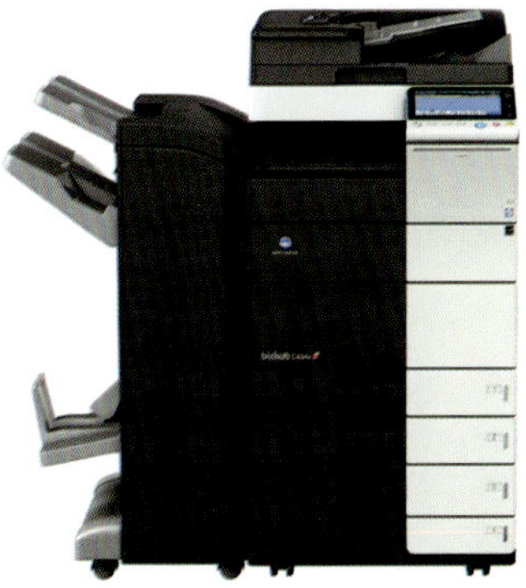

bizhub 数码复合机具有复印、打印、传真、扫描等多种功能。

激光打印机

柯尼卡美能达激光打印机系列产品具有高速、高画质、外形紧凑、高实用性的优势，能满足从SOHO到中、大型企业及政府行业等不同客户的需求。

bizhub

生产型数字印刷系统

柯尼卡美能达适应中国按需印刷市场需求的增长，通过先进技术和新型数码印刷作业流程提供高附加值的整体解决方案，满足具有个性化需求的不同客户的要求，真正实现细分化的“一对一”营销。

bizhub PRESS　bizhub PRO

以实际行动为世界环境事业作贡献

柯尼卡美能达及系列产品

立足中长远推进环境保护活动

环境经营理念

环境展望2050

环境行动纲要

柯尼卡美能达在全世界范围主动采取行动，在事业活动的所有环节，致力于降低环境负荷，减少对地球环境的负担，增加对人类的价值。

长期环境目标是到2050年度，产品生命周期全过程中二氧化碳排放量比2005年度时削减 80%。

柯尼卡美能达会评估产品在其生命周期中的各个阶段对环境造成的影响，包括从原材料/零部件采购到制造、运输/销售、使用、循环再利用和废弃的各个环节。积极采取措施降低环境负荷。

在节能环保的事业上不断努力和前进

ENERGY STAR

能源之星标志

中国环境标志低碳产品认证

中国环境标志※

中国节能认证标志

作为低碳环保的先驱者，柯尼卡美能达整个集团始终为解决环境问题付出切实可行的努力。

柯尼卡美能达集团以节能环保为基准策略，在国际上已取得“能源之星”的认证。柯尼卡美能达也积极参与节能环保的事业，并且在自己的产品上已经得到了较好的体现。

在中国，柯尼卡美能达集团的大部分办公系列产品已经取得了“中国环境标志”和“中国节能产品”两大认证(其他产品也在陆续办理中)。

现在、未来，柯尼卡美能达集团都将始终如一地在节能环保、解决环境问题上不断努力，为改善地球的环境做出自己的贡献。

※中国环境标志产品认证编号:05507P1026005R1L

柯尼卡美能达原创的植物型Simitri聚合碳粉

Simitri with Biomass

柯尼卡美能达很早便致力于通过乳液聚合技术生产环保型聚合碳粉的研发，并于十多年前开始生产植物型 Simitri 碳粉。柯尼卡美能达于2000年开始生产黑色碳粉，并于2001年开始销售，随后于 2002 年开始将植物类原料用于所有四种颜色碳粉的生产，2006 年又推出了定影温度更低的 Simitri HD 高清晰聚合碳粉，随后于 2010 年推出了新型 SimitriHD+ 超高画质聚合碳粉。柯尼卡美能达在聚合碳粉研发技术方面继续保持优势。

※ 柯尼卡美能达致力于推广原装耗材，请支持原装耗材。

柯尼卡美能达数码复合机耗材真伪鉴别操作方法

短信和电话查询

揭开防伪标签，输入该防伪标签背面的20位防伪查询密码，发送短信至106695887808（注：从2007年12月1日零点开始，原防伪查询短信代码“95887808”调整为“106695887808”）或拨打电话4006788315，并按语音提示操作。

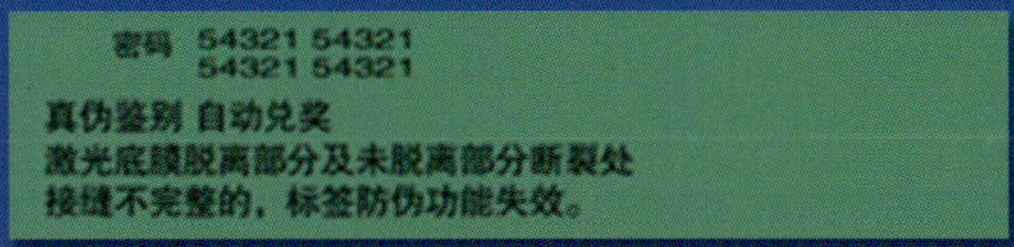

防伪标签背面

防伪标签正面＋挂卡正面

温变检验

灰黑色“揭”遇高温消失，常温后恢复灰黑色。（从2010年12月起销售的耗材，防伪标签使用温变检验方法替代微型检验卡检验法）

底层鉴别

揭开防伪封标签，下方露出 KONICA MINOLTA 全息激光底层。揭开力度不同，在碳粉瓶身与防伪标签底部会有不同程度的全息激光底层残余。

防伪标签揭开后留下全息激光底层

网上查询

登入以下链接，输入防伪标签背面20位密码查询耗材真伪：
http://www.konicaminolta.com.cn/business/products/carbonpowder/queryfw.htm

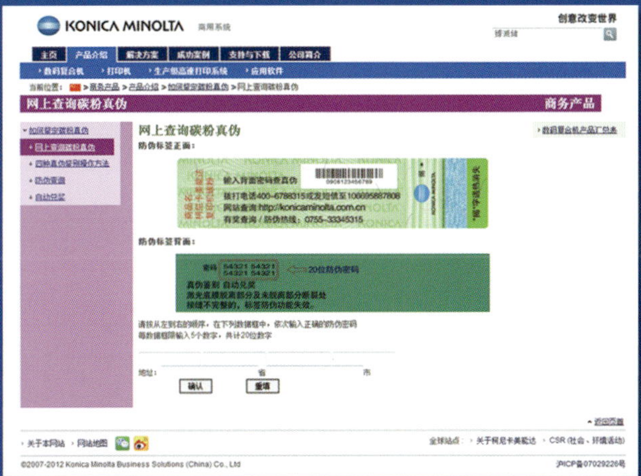

微博二维码

微信二维码

更多资讯敬请关注柯尼卡美能达官方微博、官方微信。

威视® 口岸安全信息化整体解决方案
助力口岸畅通 守护国门安全！

关于威视

同方威视技术股份有限公司（简称“威视股份”）是一家源于清华大学，以辐射成像技术为核心，以提供自主知识产权的高科技安检产品为主要特征的安检解决方案和服务供应商。

威视股份立足于自主创新、集成创新与引进消化吸收再创新，拥有全部核心技术的自主知识产权。在计算机断层扫描成像、X射线辐射成像、痕量爆炸物与毒品分析检测、放射性物质监测识别等安检技术应用领域，威视股份拥有代表世界较高水平的设计理念和品质卓越的产品。

威视股份以健康、稳定、协调和可持续发展为目标，坚持“走出去”，产品及服务已遍布五大洲，涵盖民航、海关、城市轨道交通、铁路、公路、港口和重点安防机构等行业，得到世界各国用户的广泛认可，在全球市场上占据重要地位。

THSCAN™ MT1213DE
Mobile Container/Vehicle Inspection System

威视® 综合解决方案总体概况

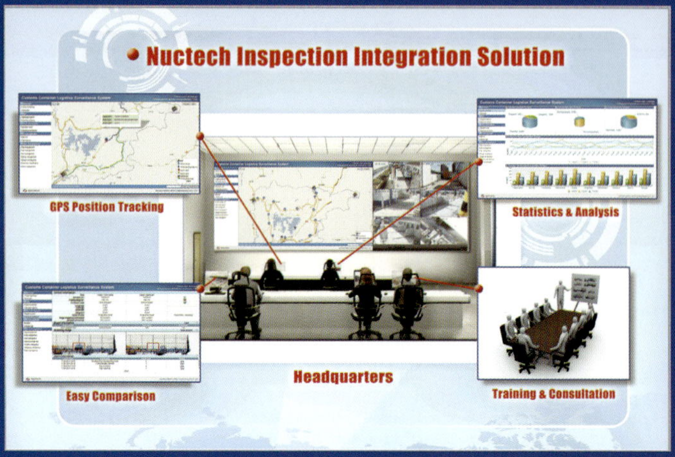

同方威视提供了一套“智慧口岸整体解决方案”，为业务管理提供包括“电子口岸和电子监管”在内的整套信息系统平台。

通过对信息系统不断地进行优化整合，现已实现三大应用体系的互联互通、信息共享、应用集成和业务协同，使口岸工作实现科学决策、高效管理、规范和改善进出口环境，达到促进贸易发展、保障安全等目的。

威视® 放射性集中监管系统

以顶层设计、试点先行、分步联网的方式，局部形成网络，再汇总到中央，形成相应的接口标准，建立三级联网系统。

基于冗余链路、负载均衡和断点续传等设计，建设高可靠性的联网系统，实现相关部门可以实时监测任何通道的集卡。

威视® 监控指挥中心

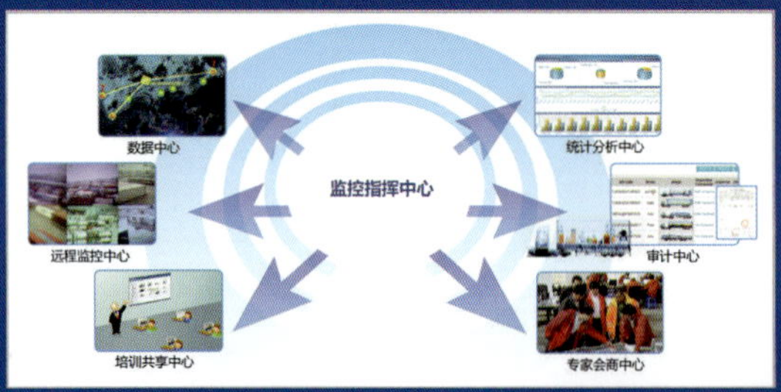

监控指挥中心整体解决方案，实现各查验现场与监管中心互联，为相关部门人员提供对各个现场、设备、人员、通关业务的监管及审计。适用于拥有多套检查设备，想实现集约化管理的用户。

同方威视技术股份有限公司
地址：北京市海淀区王庄路D座清华同方科技广场D座　　电话：18210321105
网址：www.nuctech.com

威视® 区域间物流监管

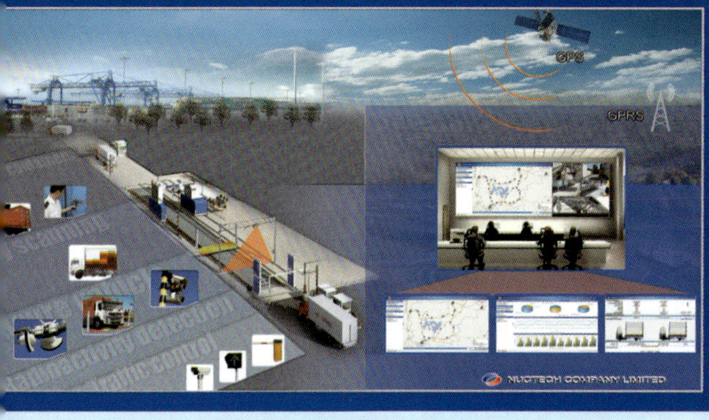

监管运输途中的集装箱/车辆的综合解决方案。系统使用电子关锁辆进行实时GPS定位跟踪，实现对监管车辆的全程监控。适用于过物运输监管、转关运输监管，也适用于港口码头，相关部门监管的园区、工厂之间的货物转移监控。

威视® 国际合作

使关键信息可以在国家之间、各个机构之间共享，实现各政府机构、贸易参与者等各方的数据互联互通，信息共享。

系统使资源、信息可以在邻近区域互联和共享。制定统一的数据交互标准，减少贸易壁垒，满足相关部门数据流、信息流的共享和互通的需求。

威视® 集中查验审像

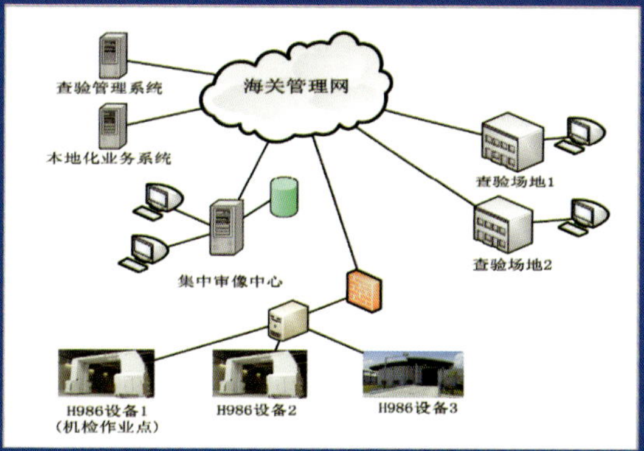

通过建立远程“集中审像中心”，将各查验现场产生的扫描图像、报关单信息等数据汇集到中心，由图检专家进行图像处理与分析，结论自动返回到相应查验现场。能够帮助客户提高查验效率，培养图像分析专家队伍，强化内控防范风险。适用于拥有多套查验设备的客户。

威视® 智能验放

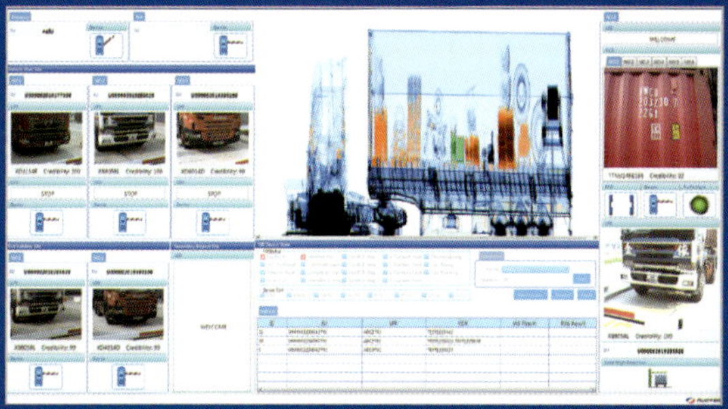

一套完整的查验场地解决方案，集成软硬件，实现高效、自动化，无人值守的查验场地规划和管理。自动引导车辆，为高效通关提供支持。

北京中检维康技术有限公司

Beijing Clovertech Limited Company

NuClover
Member of CloverTG

北京中检维康技术有限公司（Beijing Clovertech Limited Company）成立于1993年，是核辐射防护测量产品与系统方案解决供应商。专业从事销售、研发、制造核辐射防护与核测量设备，涵盖国内核工业、环境保护、医疗卫生、海关商检、国土安全、科研院校、工矿企业等众多领域。2012年通过高新技术企业认证。

经过20多年行业领域内的深耕细作，目前已拥有广泛的全球资源和强大的本土实力。拥有来自美国、德国、加拿大、芬兰等多个国家的全球领先核设备提供商近30个，销售服务网络覆盖全国。

公司通过专业的研发团队、自主创新的技术体系和持续的研发投入，能够全面提供满足客户需求的系列标准化和定制化系统解决方案。

无人机巡测系统

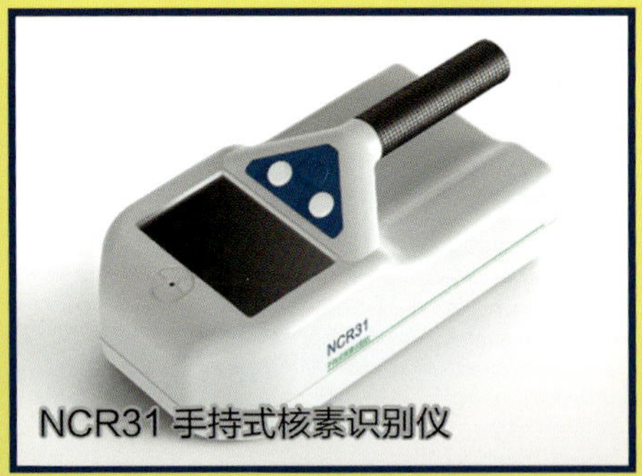

NCR31 手持式核素识别仪

移动监察指挥车

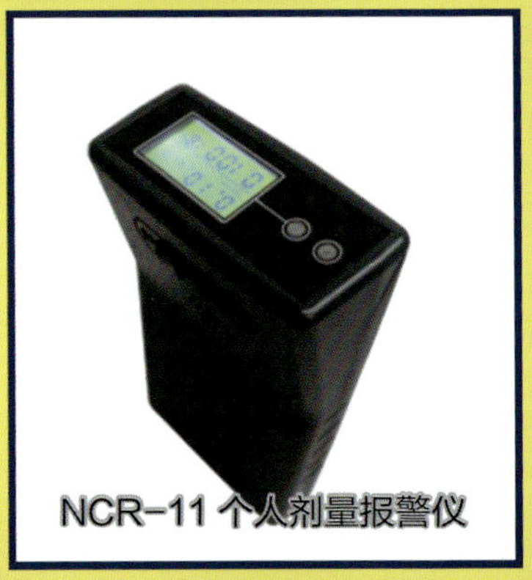

NCR-11 个人剂量报警仪

NCR81-i通道式车辆放射性监测系统

主要产品：

NCR-11个人剂量报警仪：主要用于测量人员受x、γ、β射线照射所致的个人剂量当量Hp(10)、Hp(0.07)和瞬时剂量当量率，为涉核人员实时提供个人受照剂量当量和剂量当量率信息，超过限值时发出声、光、震动报警，保护涉核人员，避免过量射线损伤，为人员剂量监控提供依据。

NCR31　手持式核素识别仪：是一款基于碘化钠（低钾）探测器，并采用先进的数字化核脉冲波形处理技术的核测量仪器。该仪器集成了碘化钠（低钾）探测器、GM探测器及中子探测器，不仅能提供环境剂量当量率探测和放射源定位功能，还能够对放射性核素进行快速识别。其功能和性能与目前国外主流的便携式核素识别仪相当，打破了长期以来同类仪器依赖进口的局面。

该仪器轻巧美观，可靠性高，配备高像素、全视角彩色触摸显示屏，人机交互简洁方便，便于工作人员随身携带并即时对目标进行检测。

NCR81-i通道式车辆放射性监测系统：是北京中检维康自主研发的一套多功能通道式车辆监测系统，探头组包括8个碘化钠NaI　(Tl)探测器和8个光电倍增管，用以进行γ射线的能谱分析，还配备8个He-3 气体正比计数器。一套通道门的控制系统与所有的探头组和外部报警器进行通讯。除此之外，还可配备有监控作用的电脑，对整个系统进行远程监控，并提供分析用数据及储存数据库。系统包括密封外箱，各模块间的连接都是防水的，还包含用以大量数据传输收集所用的探头/以太网连接，以及基于多年在工业及安防领域成熟应用的动态扫描算法。

移动监察指挥车：采用大体积闪烁体探测系统作为核心设备，并配备多功能便携式设备，可对放射源进行快速定位，确定放射源类型，测量周边环境的放射性水平，支持联网监测，适合边境安全管理。

无人机巡测系统：无人机巡测系统在大范围环境辐射巡测和应急监测领域拥有巨大的优势，高机动性结合高清摄像系统可以快速确定污染地区的具体情况，尤其是在放射性污染较为严重的地区，可减少应急救援分队人员的受照剂量。

地址：北京市海淀区中关村南大街乙56号方圆大厦1105

H3C

新IT解决方案领导者

紫光集团

控股新华三集团

紫光集团下属子公司紫光股份收购了中国网络设备及存储、服务器巨头新华三集团的股权。

从“芯”到“云”

紫光集团以“自主创新+国际合作”全面构筑从“芯”到“云”的信息产业生态系统，打造高科技领域的充满活力的企业集团。

新华三集团

新华三集团（简称新华三）是新IT解决方案先行者，致力于新IT解决方案和产品的研发、生产、咨询、销售及服务，拥有H3C®品牌的全系列服务器、存储、网络、安全、超融合系统和IT管理系统等产品，能够提供大互联、大安全、云计算、大数据和IT咨询服务在内的一站式、全方位IT解决方案。同时，新华三也是HPE®品牌的服务器、存储和技术服务的中国重要提供商。

大互联 新华三连续多年保持政务信息化建设领域市场高份额，先后承建 “十二金工程”中的9个金字工程 。

云计算 依托强大的研发实力，推出H3Cloud整体解决方案，截至目前，承建12个国家部委级政务云、17个省级政务云、100余个地市区县政务云。据计世资讯报告显示，新华三在整个国内政务云市场份额占37.2% 。

大数据 新华三在广东网上办事效能分析平台、卡口车辆图像大数据平台、地震波形深度分析平台和大连西岗区智慧城市大数据平台，提供一体化的方案，为提高相关机构治理能力和办事效能提供有力支撑。

大安全 在标准合规上，新华三深度参与《云计算综合标准化体系建设指南》《政务云安全技术要求及实施指南》和《云计算安全等级保护标准与测评要求》及《大数据等级保护标准与测评要求》的标准制定。

新ICT基础架构平台

中国船舶工业系统工程研究院
中船电子科技有限公司

中国船舶工业系统工程研究院前身船舶系统工程部成立于1970年，隶属于中国船舶工业集团公司，是较早将系统工程理论和方法应用于海军装备技术发展、较早以“系统工程”命名的军工科研单位。40余年来，研究院始终站在我国海洋装备发展的前沿，负责重大专项工程多项任务，在多领域多系统的设备研制和科研手段建设方面取得了多项突破，完成了多型舰艇千余台套系统和设备的供货。

在国家明确建设海洋强国、海军转型发展对装备提出新需求的大背景下，为贯彻落实中国船舶工业集团公司推进海洋经济建设要求，2013年6月，中国船舶工业系统工程研究院、中船电子科技有限公司正式揭牌成立，按照“做强军工、做大产业”发展战略，构建了“双轮驱动”发展构架，奠定了一体化融合发展的基石。

承载着建设强大海军、服务国家的使命，中国船舶工业系统工程研究院、中船电子科技有限公司依托位于北京的研发基地、产业基地，以及水声领域重点实验室、声隐身测试中心、软件测试中心等顶尖专业实验室，凝聚多专业研究所的科研能力和各地布局的子公司产业化力量，按照产业链上下游协调发展的经营管理新模式，形成了从研发、设计、试验到产品生产及售后的全产业链架构，覆盖体系研究和顶层规划、系统综合集成、系统核心设备研制三个层次，在航海、海洋工程、航空、防务与执法、机电、信息等方向加速推进产业发展，大力发展电子与信息高端战略新兴产业，提供定制化一揽子解决方案、一体化系统集成、一站式产品支持、一条龙服务保障，成为海军装备建设和海洋装备事业的中坚力量。

面向“十三五”发展目标，系统工程研究院、中船电科将坚定地贯彻落实“信息主导、体系建设”新时期装备建设方针，打起系统工程理论再发展的大旗，推动思维高度从平台总体向体系总体转变，设计思路从设计产品向设计需求转变，交付目标从交付装备向交付战斗力转变，坚持军民协调发展、产业链上下游协调发展、第二产业和第三产业协调发展、实体经济和虚拟经济协调发展，面向一揽子的解决方案和营销策略，面向以效能为目标、以流程为纽带的系统集成方法，戮力同心、砥砺奋进，努力成为海洋防务装备的推动者、智慧海洋产业的引领者，铸就具有全球影响力的研究院和创新品牌，为实现中华民族伟大复兴的中国梦作出更大贡献！

缉私系列产品　系统集成产品

▲ 陆上指挥系统：

系统以网络为主，模块化设计，可集成现有的装备（如无人机、执法车辆、单警），也可集成未来沿海及内河监控等设备，获取各关区、各执法舰艇、各执法车辆、各单警信息，包括走私人员、执法人员、执法车辆、走私物资、库存物资等数据库，经由北斗卫星、公网（联通、移动、电信）、互联网等，收集多方缉私信息，展示、统计、分析、决策、监督形成全区域的执法态势，部署在相关区域，可灵活指挥各关区、前出执法车及单警，调配兵力，开展缉私活动，抓捕嫌疑人、收缴物资。作为全区域缉私指挥中心，同时，也可配合其他执法部门开展缉私执法活动。

▲ 船载缉私系统：

平台以网络为中心，模块化设计，可集成舰艇上取证设备（光电取证设备、视频监控设备、雷达等），也可集成卫星、短波、超短波、数据链通信等手段，实现编队指挥、舰艇协同等模式，在保证指挥命令畅通的同时，可将获取的取证信息上报或下发，形成水面执法态势，快速调配兵力，单舰艇、单警执行缉私抓捕任务，同时可配合其他执法部门，开展缉私执法任务。

▲ 车载缉私系统：

平台以网络为中心，以车载综合信息处理终端为核心，集成快速布防设备可将车周围设定警戒区，集成行车记录仪可将缉私现场广视角的视频快速获取，经由公网接入设备及北斗可快速将取证等上报信息上传，可作为陆上指挥中心协同节点，同时作为前出指挥中心也可对车载单警进行指挥，并可获取单警信息，形成综合缉私态势，实现取证、指挥为一体的多功能移动平台。

▲ 单警缉私系统：

系统以单警综合信息处理终端为核心，集成耳机、人体监测设备、目标追踪器等，配以装备携具，电[…]充设备，保证单警安全及缉私任务的顺利进行的同[…]可与各级指挥节点交互文字、话音、视频等命令，[…]上报缉私现场视频等信息。

▲ 智能仓储系统：

系统以各关区的物资（含查缴物资及装备后[…]资）智能管理为核心，开发仓储管理系统，模块[…]计，集成智能引导机器人、智能货架、环境感知[…]器、安防管理等保证节省人力成本的同时，快速查[…]位货物，并可根据需要接入指挥中心。

▲ 沿海及内河管控系统：

系统根据关区要求，可布置多重取证监视传感[…]建立专属网络，实时获取沿海及内河监控信息，为[…]缉私提供有效支撑，同时可对区域年走私量进行统[…]分析，灵活调配部署兵力，进一步提升关区打私能[…]

缉私系列产品　软件产品

▲ 综合指挥软件：

软件采用军用指挥软件架构，采用模块化设计，分为信息获取模块，信息处理模块，信息显示模块，信息存储模块，可随时兼容外部模块，实现综合态势、综合调度、综合指挥，对缉私形式实现有效的管控。

▲ 综合管控软件：

综合管控软件构成主要分为指挥应用类软件、态势/情报处理软件、信息/资源保障类软件、基础平台软件、驱动程序和中间件软件及操作系统和数据库等基础软件。

▲ 人脸车牌识别软件：

人脸、车牌识别软件的界面包括实时视频区，警告日志区，实时抓拍[…]区，目标识别确认区。实时视频区主要接收实时视频信息，进行人像、车牌[…]和抽取。警告日志区进行实时动态识别后的警告日志记录，包括时间、识别[…]相似程度和人工确认等信息。实时抓拍和识别区实时将视频中捕获的人脸、[…]行抓拍及识别显示。目标识别确认区将被识别目标（人像、车牌）与视频中[…]识别人像比对，当操作设定警告阀值时，提醒人工确认，并显示姓名、所属[…]相关信息。

多网融合通信组网调度软件:

多网融合通信调度管理设备作为集群通信中枢，采用三大公网（移动、联通、电融合的多冗余无线网络方案，并通过三条专线分别连入中国移动、中国联通、中电信公共网络，与单警模块、车载模块实现互联。在保证指挥中心与各终端之间的高速、稳定传输的同时，还完成集群内分组通信、通信调度等功能。

▲ 智能仓库管理系统软件:

软件采用B/S结构，模块化设计，包含器材管理模块、智能引导模块，可扩展环境模块、安防模块。

缉私系列产品 特装设备

电子沙盘

电子沙盘配置在指挥中心，作为一款触控式一体化，基于人机交互、计算机系统、统计分析等技术，成缉私行动的任务规划，任务前出单元的基础信息示，任务可视化展示，记录重演和信息查询，推进实台融合应用及集群深度应用。

综合指挥台

指挥控制台作为指挥员对任务进行指挥，全面了解执行情况的核心工具，主要完成执法行动前的任务和下发、任务指挥、信息获取、任务监控及日志记功能。

多网融合通信调度管理设备

多网融合通信调度管理设备作为集群通信中枢，采大公网（移动、联通、电信）融合的多冗余无线网案，并通过三条专线分别连入中国移动、中国联中国电信公共网络，与单警模块、车载模块实现互在保证指挥中心与各终端之间的信息高速、稳定传同时，还完成集群内分组通信、通信调度等功能。

单警信息综合处理终端

单警信息综合处理终端作为单警集成化设计的核心设备，在对智能眼镜、智能手环、耳麦、GPS跟踪器等单警设备采集到的语音、视频、生命体征、目标位置等信息进行获取和信息处理的同时，作为单警信息统一出口，根据任务需求将单警综合信息上报给车辆模块或指挥中心模块，为指挥员指挥决策提供依据。

▲ 车载信息综合处理终端

车载信息综合处理终端作为车辆模块集成化设计的核心设备，在对行车记录仪、公网接入设备、快速布防设备等采集到的语音、视频、位置等信息进行获取和信息处理的同时，作为车辆信息统一出口，将信息上报到指挥中心，为指挥员指挥决策提供依据。

车载信息综合处理终端在作为车辆信息处理核心设备的同时，还具有集群内语音对讲、视频对讲、北斗/GPS定位、北斗RDSS体制下的指挥、监收、通播及短报文通信功能、导航功能。

▲ 快速布防设备

快速布防设备是针对处置突发性、临时性事件而研发的一套能够快速部署、功能完备的多路高清无线视频监视系统。该系统结合视频采集、图像处理、视频压缩、无线编码调制，无线传输，无线接收，视频解码等多种数字信号处理技术，将视频监控与通信技术完美融合，形成了一套小型的视频监控、视频存储、警告采集联动、视频管理的综合处理平台。

▲ 手持雷达生命探测仪

手持雷达生命探测仪基于人体运动在雷达回波上产生的多普勒效应进行分析，透过障碍物探测是否存在运动生命体。同时具有呼吸检测模式，可实现对静止生命体的检测。

▲ 公网接入设备

公网接入设备是车载信息综合处理终端的延伸部分，解决车载信息综合处理终端本身由于空间、接口和处理能力的限制所带来的问题，为车载信息综合处理终端提供三冗余公网通信、8端口交换机等功能。

▲ 智能导引机器人

智能仓储机器人分为搬运型、装配型、牵引型、叉式仓储机器人，主要完成货物快速定位、查找、搬运、清点，减少人为工作量。

缉私系列产品 成功案例

缉私舰艇缉私系统（1500吨3条、600吨9条、300吨30条、100吨7条）共49条

无人机人脸、车牌识别系统

无人机综合指挥系统

缉私执法特装机动平台集群系统

缉私系列产品 解决方案

陆上指挥中心

中心以网络为主，集成各功能模块，整合各前出警软硬件资源，实现资源的优化配置，获取各端的业源，建立完整信息库，大数据分析，对总体缉私分势进行总览、统计、分析，合理调配兵力，实现指一体化，同时也可获取其他部门信息，配合其他执法活动。

船载缉私指挥平台

平台以网络为中心，可集成各取证传感器，经由卫短波等通信手段，实现编队缉私指挥、单舰艇前出，保证一体化、自动化，节省人力等。

车载缉私指挥平台

平台以网络为中心，以车载综合处理设备为基础，经由公网接入设备及北斗可快速将取证等上报信息上传，同时作为前进指挥所，也可对单警进行指挥，并可获取单警信息，形成综合缉私态势，实现侦查、取证、指挥为一体的多功能移动平台。

▲ 车载缉私侦查平台

对于前出车载侦查平台以网络为主，配以车载取证设备（雷达、光电、行车记录仪等），及单警技侦设备，实时侦查目标动态，获取证据信息，支撑抓捕行动。

▲ 单警缉私系统

系统以单警终端为核心，集人体监测、目标追踪等，保证单警安全及缉私任务的顺利进行的同时，可与指挥节点交互文字、话音、视频等命令，实时上报缉私现场视频等信息。

▲ 智能仓储管理系统

系统以物资（含查缴物资及装备后勤物资）智能管理为核心，开发仓储管理系统，模块化设计，集成智能引导机器人、智能货架、环境感知传感器、安防管理等保证节省人力成本的同时，快速查找定位货物。

▲ 沿海及内河管控系统

系统根据关区要求，可布置多重取证监视传感器，建立专属网络，实时获取沿海及内河监控信息，为关区缉私提供有效支撑，同时可对区域年走私量进行统计、分析，灵活调配部署兵力，进一步提升关区打私能力。

中国船舶重工国际贸易有限公司（简称中国船贸）是中国船舶重工集团公司（简称中船重工）的全资子公司，是中船重工对外贸易与技术合作的平台。

中船重工作为造船修船集团，拥有7个大型现代化船厂、42个船舶配套企业、28个科研院所和25个控股公司，有员工15万人，总资产2 400亿元，是国内船舶行业中较早进入世界500强的企业。中国船贸依托中船重工强大的研发、设计、生产、维修和设备配套实力，为海内外客户提供及时快捷、现实可行的产品和服务解决方案。

中国船贸现有民船、海洋工程、非船产品、机电产品、技术贸易等业务板块，涉及造船、航运、轨道交通、能源、化工、冶金、建筑、烟草和医疗等诸多领域。中国船贸深入实施全球营销战略，目前在德国、希腊、俄罗斯、巴基斯坦、埃及、新加坡、南非等国家和中国香港等地区建立了分支机构，致力于提供优质的产品和良好服务，打造知名的船舶贸易公司。

China Shipbuilding & Offshore International Co., Ltd.

中国船舶重工国际贸易有限公司

中国免税品（集团）有限责任公司

CHINA DUTY FREE GROUP

三亚国际免税城

中国免税品（集团）有限责任公司（以下简称中免集团）隶属于中国旅游集团，于1984年正式成立，是一家在全国范围内开展免税业务的国有专营公司，按照“四统一”管理政策（统一经营、统一进货、统一制定零售价格、统一制定管理规定），对全国免税行业实施统一管理。

经过30余年的快速发展，中免集团先后与全球逾1 000家知名品牌建立了长期稳定的合作关系，在全国30个省、市、自治区，香港、澳门、台湾，以及柬埔寨等地设立了包括机场、机上、边境、客运站、火车站、外轮供应、外交人员供应、邮轮和市内九大类型200多家免税店，在大连、上海、青岛、深圳、广州、三亚和香港建有覆盖全国的7大海关监管物流中心，每年为近2亿人次的国内外游客提供免税商品服务。

2011年，中免集团海南离岛免税业务成功运营，开启了中国免税业的新篇章。中免集团三亚市内免税店是中国首家离岛免税店，营业后取得了良好的社会效应和经济效应，迅速成为三亚旅游的新名片。2014年9月，总投资超过50亿元的三亚国际免税城建成开业，成为中国免税发展史上的又一座里程碑。免税城以免税为主题，融商业、餐饮、娱乐、休闲、购物于一体，总建筑面积约12万平方米，汇聚了300多个知名品牌，涵盖了香水化妆品、服装服饰、皮具箱包、手表首饰、食品百货等众多品类、超10万个时尚单品。免税城旗舰店云集，包括卡地亚（Cartier）、雅诗兰黛（Estee Lauder）、迪奥（Dior）等在内的奢侈品牌都将其店面打造成亚太乃至全球范围的品牌旗舰店。三亚国际免税城的开业，标志着中国离岛免税政策正焕发着更为强大的生命力，标志着中免集团在大规模品牌招商引进、大型零售平台运营管理等方面的能力得到了极大的提升，也让中国免税行业的发展提高到一个新的高度。

北京首都机场免税店

中免集团遵照国有企业“走出去”战略方针，借鉴国际惯例，致力于开放经营，拓展海外业务。中免集团先后在香港、澳门和台湾地区成立子公司，成功开设金门离岛免税店、外轮供应业务，设立邮轮免税店。同时，成立柬埔寨中免公司，作为海外业务的拓展平台引领中免集团免税业务国际化和多样化经营。2014年12月，柬埔寨国内第一家市内免税店——吴哥免税店正式开业，这是中免集团在大中华以外地区开设的首家市内免税店。2015年12月，中免集团在柬埔寨成功开设第二家市内免税店——西哈努克港免税店，进一步推进了公司的国际化进程。2016年8月，中免集团在柬埔寨开设了第三家市内免税店——金边免税店，完成了在柬埔寨旅游零售市场的全面布局。

香港国际机场免税店

中免集团现已发展成为世界免税运营商前12强，全球免税分销商前3强，是免税店类型齐全、单一国家零售网点多、国内规模大的免税运营商。作为承载着中国免税行业做大做强使命的排头兵，近年来，中免集团积极参与国际竞争，业务发展不断取得新突破。2017年，中免集团先后成功中标香港国际机场烟酒标段和首都机场国际区免税经营权，进一步提升了中免集团的国际影响力，为公司依托国内市场继续扬帆出海奠定了更加坚实的基础。

吴哥免税店

展望未来，依托中国旅游集团独一无二的旅游产业链优势，中免集团将打造以“旅游”“免税”为核心要素的产业链协同营销新生态，充分整合内外部的优势资源，形成优势互补、产业共融、协同发展的行业发展新态势，促进免税业务的快速增长，为更多海内外旅客提供优质服务。

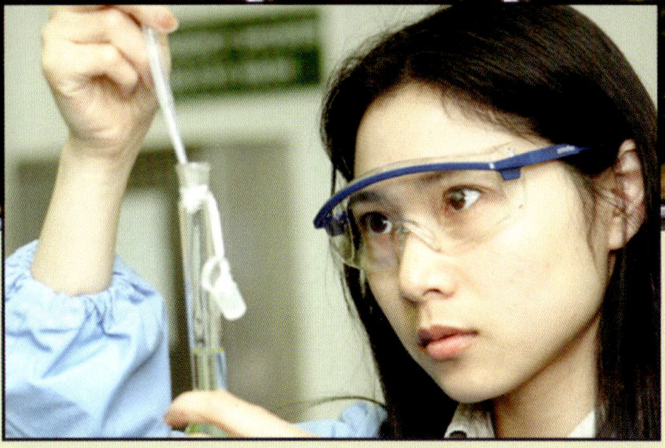

中美上海施贵宝制药有限公司

SINO-AMERICAN SHANGHAI SQUIBB PHARMACEUTICALS LTD.

中美上海施贵宝制药有限公司(英文简称SASS)，是改革开放后较早的中美合资的现代化制药企业，为上海较早建立的合资企业之一。

中美上海施贵宝制药有限公司毗邻闵行经济技术开发区，占地54 000平方米，建筑面积22 000平方米，注册资金1 844万美元，投资总额4 628万美元。

中美上海施贵宝制药有限公司自1985年10月18日开业至今20多年来，依法经营，持续发展，是中国制药行业中颇具影响力的合资企业。

中美上海施贵宝制药有限公司秉承“研发并提供创新药物，帮助患者战胜严重疾病”的企业使命和“灵活、负有企业家精神、负责任”的企业文化，重视发挥企业的社会责任，积极参与各项社会公益活动，具有良好的企业形象和品牌知名度。公司连年被评为上海市文明单位、上海较佳工业企业形象单位、全国“十佳”医药合资企业、经认定的高级认证企业。

中美上海施贵宝制药有限公司完全按照国际现代化优良药品制造规范GMP标准进行生产和管理，设施先进、工艺先进、管理先进、产品先进，先后通过美国、加拿大及新西兰的药政审计，药品获准出口；通过国家GMP及ISO14001审计。严格遵循药品特点，按照现代营销理念和商业行为准则开展市场营销活动，在行业内和社会上享有良好声誉。

中美上海施贵宝制药有限公司主要生产和销售美国百时美施贵宝公司的处方药及OTC品牌产品，包括各种剂型的心血管类药物（如开博通、蒙诺、格华止）、抗生素类药物（如泛捷复、马斯平等）、治疗乙肝类药物“博路定”、解热镇痛类药物“百服宁”系列及多种维生素系列产品（金施尔康、小施尔康）等30余个品牌。

公司地址：上海市闵行区剑川路1315号
邮政编码：200240
电话总机：021-64302740
传　　真：021-64301498
公司网站：www.bms.com.cn

主要备案商标

CHANEL

N°5

COCO

CHANEL

香奈儿股份有限公司　简介

“ 我要成为未来的一部分 ”，香奈儿女士曾如是说。这种雄心壮志与远见卓识的结合，造就了 CHANEL 这个独特的品牌。从 20 世纪初创立伊始，香奈儿品牌超越了当代的设计语言，在时尚、香水与美容产品、腕表与高级珠宝各个层面，不断发展传承，直至今日。

最初，香奈儿以一家小小的女帽店起家，然后迅速地建立起自己的时尚事业。她所提倡的，是一种全新的生活方式，既赋予女性行动的自由，又不失温柔优雅。在她的设计下，时尚进化为现代、年轻、简洁、实用与理性。斜纹软呢外套、2.55 包、山茶花、双色鞋……，香奈儿写下一个又一个传奇。

香奈儿女士的创作跨越了传统概念的时尚，她曾说：“我要一款设计过的香水。”在这个概念的引领下，香奈儿女士与俄罗斯宫廷调香师恩尼斯 · 鲍合作推出了一款抽象香调的香水，集合了 80 多种香氛——这就是传奇的 N°5 香水。香奈儿女士更以她自由、自主的生活方式，为独立的现代女性设计了实用有效的美容护肤品。

香奈儿以丰富的创意，不断拓展全新领域。1932 年“Bijoux de Diamants”钻石珠宝的设计，为未来的香奈儿腕表和高级珠宝开启无限灵感泉源。2000年，香奈儿腕表将高科技精密陶瓷与香奈儿永恒优雅的气质巧妙地融为一体，推出了黑色 J12，接着又在 2003 年发布了 J12 白色腕表。自此，J12 腕表成为引领新时代制表的现代经典。

今天，香奈儿以强大的管理及创作团队为后盾，已形成 3 个独立却相辅相成的业务领域：时装及配饰、香水与美容护肤品、腕表及高级珠宝。传承了香奈儿女士优雅的现代精神，在各个领域不断续写新的美丽篇章。

旗下主要产品

服装、手袋、各式小皮具、配饰、
鞋帽、围巾、太阳眼镜、光学眼镜、
香水、彩妆及护肤品、腕表、高级珠宝。

浙江导司律师事务所　地址：浙江省宁波市和义路168号万豪中心6楼
联系人：孔勤律师　电话：0574-87165009 传真：0574-87311996

KYB Corporation

KYB 株式会社

KYB株式会社成立于1919年，总部位于日本东京，曾用名称为株式会社萱场制作所、萱场工业株式会社。2015年10月1日，公司名称正式改为KYB株式会社。

KYB是日本规模较大的液压制造集团，也是世界上规模较大的液压设备制造商，全球年销售额超过30亿美元，KYB减震器在全球车辆减震器市场占有较大的市场份额。

KYB	KYB Premium	Excel-G	Gas-a-just
注册号：G910479	注册号：6044515	注册号：3539063	注册号：3539062

KYB关注的被假冒产品

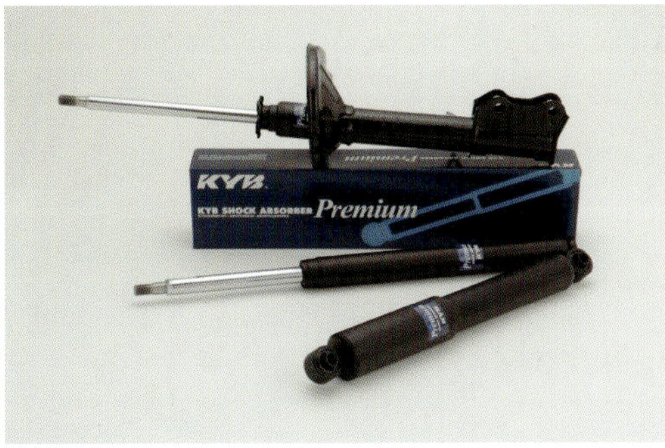

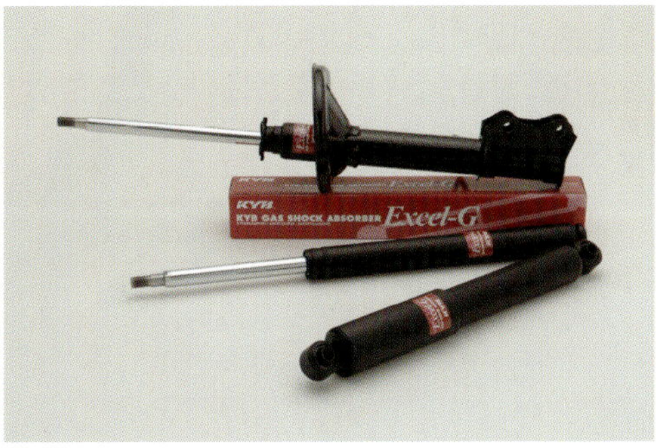

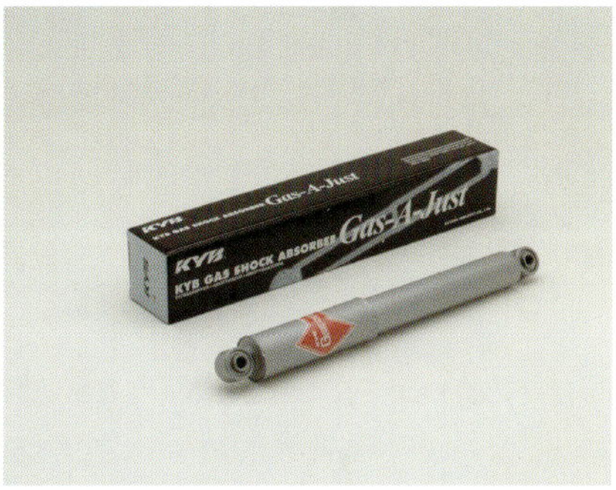

KYB株式会社非常重视知识产权海关保护，积极参加相关培训。

2012年6月，合肥
查扣KYB出口假冒产品7 006支；

2014年11月，天津
查扣KYB出口假冒产品6 020支。

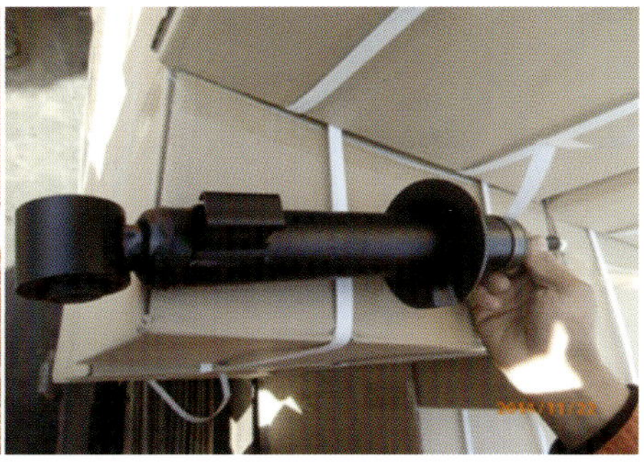

凯迩必贸易(上海)有限公司

电话：021-62119299　传真：021-52379001
邮箱：info@kybcn.com
地址：上海市仙霞路 317 号远东国际广场 B1008-1009 室
邮编：200335

代理人：广州锐正知识产权服务股份有限公司

电话：020-83652932、83652612　传真：020-83652632
邮箱：info@regentel.com
地址：广州市越秀区东风中路 418 号华以泰国际大厦 2702 室
邮编：510030

GS Yuasa Corporation
杰士汤浅株式会社

1 杰士汤浅株式会社概要

杰士汤浅株式会社（GS YUASA CORPORATION）是原汤浅株式会社和原日本电池株式会社于2004年合并而成的。公司至今有一百年的历史，长期从事蓄电池的研究、开发与生产，引导全球蓄电池的发展，其“汤浅YUASA”蓄电池享誉全球，是日本较大的电池制造商之一。截至2014年，杰士汤浅占全球汽车电池市场份额的7%（3 300万个），占全球摩托车电池市场份额的24%（5 300万个）。

杰士汤浅在全球各地设有20多家生产工厂，用铅量约占全球的18%，主要产品有阀控密封铅酸蓄电池、汽车起动性蓄电池、摩托车用蓄电池及锂电池等，产品畅销全球，并在日本国内及海外都获得了一致好评。

杰士汤浅在全球从事生产和销售活动，产品覆盖海、陆、空等领域。杰士汤浅在世界范围内与各国及地区的企业开展合作，在世界电池行业中拥有较高的知名度。

2 全球事业活动

杰士汤浅在全球17个国家及地区(中国大陆、中国台湾、越南、印度尼西亚、泰国、印度、巴基斯坦、马来西亚、澳大利亚、新西兰、美国、英国、德国、法国、意大利、西班牙、土耳其）共有38家子公司从事生产和销售活动。特别是在以中国为中心的亚洲各国生产及销售活动中，获得了很高的评价。

3 中国区事业活动

杰士汤浅在中国国内还拥有广东汤浅蓄电池有限公司、天津汤浅蓄电池有限公司、汤浅蓄电池（顺德）有限公司等子公司，主要负责在中国生产和销售汤浅蓄电池及其他电力方面的产品。

- **广东汤浅蓄电池有限公司**

广东汤浅蓄电池有限公司成立于1996年，是日本汤浅株式会社在中国大陆生产“YUASA”（汤浅）NP、NPL、UXH、UXL系列阀控式密封铅酸蓄电池的大型生产基地，全面采用日本汤浅先进的铅酸蓄电池制造技术，秉承日本汤浅将近一百年的专业开发、研究、制造铅酸电池的丰富技术经验。

广东汤浅为杰士汤浅的“YUASA”（汤浅）品牌产品在中国的生产、销售、扩大影响力发挥了重要作用。公司近五年来的产品销量非常可观，且不断攀升，还获得了慈善工作、消费者服务等各方面的荣誉证书。公司在中国拥有近30家代理商，几乎遍布中国各大省市。

- **天津汤浅蓄电池有限公司**

天津汤浅蓄电池有限公司成立于1994年，是天津市蓄电池厂和杰士汤浅株式会社共同建立的合资企业。天津汤浅蓄电池有限公司一直从事摩托车、沙滩车及摩托艇用蓄电池的生产和销售。

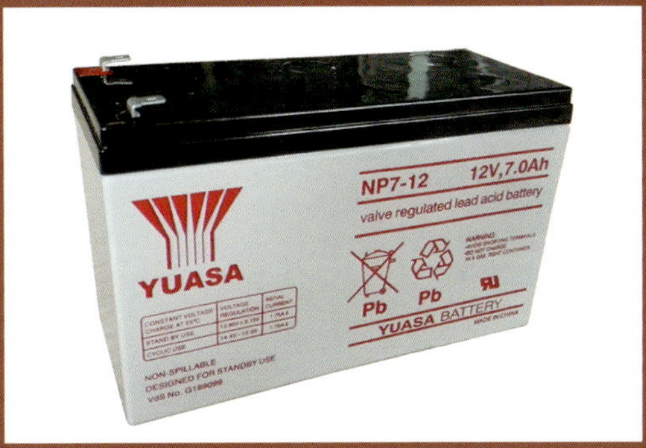

- **汤浅蓄电池（顺德）有限公司**

汤浅蓄电池（顺德）有限公司成立于2002年。公司从日本、美国、加拿大等著名的厂家引进高自动化的生产、检测设备，全面采用日本汤浅先进的铅酸蓄电池的制造技术，秉承日本汤浅将近一百年的专业研究、开发、制造的技术经验，以严密的工艺控制系统和质量保证体系、优质的原材料生产高性能铅酸蓄电池。产品使用注册商标“YUASA”，为国内汽车制造企业提供蓄电池产品服务。同时，公司生产的汽车电池遍布全国各地，并出口到日本、欧洲等国家和地区。

杰士汤浅与其在中国的分公司不断发展壮大，共同致力于开发、宣传“YUASA”（汤浅）产品，使其逐渐成为中国消费者熟知的高品质电池的代表。

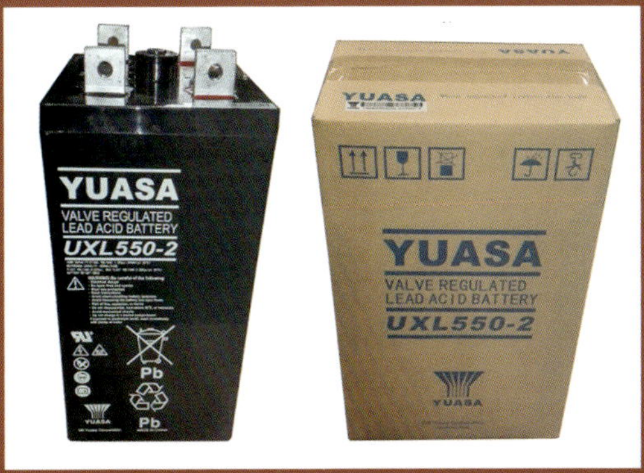

4 知识产权保护方针

“YUASA”商标很早就在世界各国注册保护，目前已在132个国家进行了注册。1978年，公司就在中国进行商标申请，并于1979年注册成功，商标号为第99684号。现在包括“YUASA”和“汤浅”在内的商标在中国已注册20多个。

广东汤浅蓄电池有限公司

联系人：梁结婷（技术部）

地址：广东省佛山市顺德区大良飞鹅岗

邮编：528300

电话：0757-22630965

传真：0757-22624441

邮箱：liangjieting@gdyuasa.com

Nikon
尼康
影像/从心
D7500
Nikon 100th anniversary
尼康100周年
看见 逐影时光
DX
4K UHD
4K超高清视频
EXPEED 5
数码影像处理器
*影像仅供参考。
约2088万
有效像素
ISO 100-51200
感光度
51点
自动对焦系统
约8幅/秒
连拍速度*
约8厘米(约3.2英寸)
可翻折液晶LCD显示屏
*每秒幅数均为假定以下设定时的数值：连续伺服AF，手动或快门优先自动曝光，1/250 秒或以上的快门速度，其他设定均为默认值。
看破界

Nikon 尼康

尼康简介

株式会社尼康创立于1917年，今年迎来创立100周年。在“信赖和创造”的企业理念引导下，积极开展以光学产品的开发和销售为主的各项事业，并以此奠定了发展基础。尼康以始终不渝的坚定决心，将主要精力投入增进品牌价值的创新活动，最终以富有创造力的高品质产品以及服务不断赢得全球客户的信任！坚守理念，继续奋进，尼康的蓝图日益宏伟。

- *为客户提供超出预期的新价值。*
- *支持企业不断发展的是对不断突破原有技术的创新力以及所有员工强烈的责任感。*
- *将尼康对光学应用的理解发挥到极致，指引尼康走向不断变革的崭新未来。*
- *保持诚信为社会繁荣作出贡献。这是尼康应有的姿态，也是尼康的未来梦想，它表明了一切：满足期待，超越期待。*

现在，尼康已把中国作为全球重要的市场之一。在不断发展的中国市场上，完善从市场运作到销售、服务的整套经营体制。在“信赖和创造”的企业方针下，尼康还将通过自身的先进技术，积极推动中国的影像事业，为中国市场带来更多魅力产品和优质服务。

事业内容、产品介绍

尼康以光利用技术和精密技术为基础，致力于发展应用广泛的先进技术、产品和服务。通过这样的方式，尼康在全球范围内为社会提供支持，推动孕育未来的前沿事业，实现各地人们的梦想。

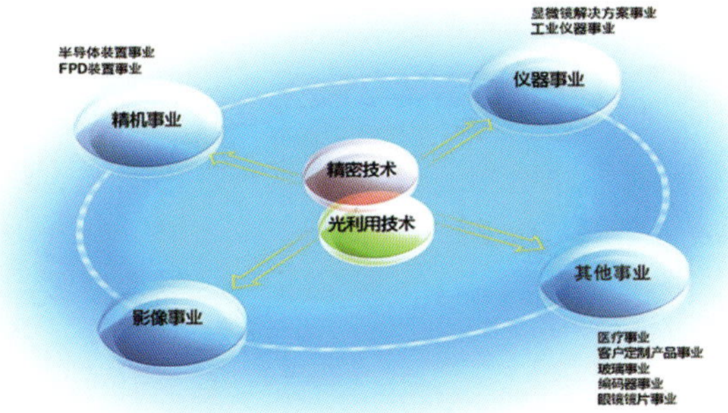

备案商标（商标权利人：尼康株式会社）

尼康	Nikon	Nikon
第09类 T2010-18445 第21类 T2011-21668	第09类 T2015-38964 第21类 T2015-38965	第09类 T2014-35132 第21类 T2014-35133

SPH 上海医药 SHANGHAI PHARMA Kyuan 北京科园信海医药经营有限公司

链通价值 传递健康

Integrating wealth, distributing health

科园信海以“诚信”之道，以“海”之包容，携手国内外著名医药企业，用专业高效与创新服务连通健康产业，传递优质产品，绘制和谐生活。

至诚于心，创新于行，打造持续发展的高效供应链服务型医药流通企业

www.kyxh.com

北京科园信海医药经营有限公司成立于1999年，注册资金33 307万元。是一家集医院药品销售、跨区域商业分销、疫苗分销、医疗耗材及器械分销、零售及患者服务、进口保税、IT解决方案、第三方物流于一体的大型综合服务性医药经营企业，2011年正式成为上药集团旗下全资子公司。

自成立以来，公司确立了“以人为本、诚信为先、追求卓越、开拓创新、团结协作、共同发展”的经营理念；把致力于医药供应链的整合和服务创新，不断提升医药产品流通和使用的高效率作为使命；以市场和客户为导向，以高素质人才队伍和优秀企业文化为根本力量，以科学规范、完善高效的运作系统为基础，不断将企业做大做强，业务区域由北京辐射到全国。

公司始终坚持将高品质的服务和产品质量作为生命线。2002年，公司成为北京市GSP认证企业。2005年，顺利通过疫苗经营范围验收，成为北京市获得疫苗经营许可企业之一。2007年，通过了ISO9001-2001认证。2010年，通过了ISO9001-2008质量管理体系认证，建立了ISO9001-2008与GSP相结合的质量管理体系。2013年，国家正式实施新版GSP，公司通过新版GSP认证。另外，先后通过了多家跨国企业的冷链管理国际质量认证。

公司拥有符合GSP管理要求的现代物流仓库及温控、报警设备，设施齐全的现代冷藏、冷冻库，在首都国际机场综合保税区设有满足进出口要求的保税仓库（含冷藏库、冷冻库），各类库房总面积近3万平方米。通过SAP-WMS系统构建的物流信息集成平台，具有高度集成性和扩展性，采用先进的IT技术，通过无线网络、手持终端、移动射频和条形码识别等技术，使仓库管理水平达到国内先进水平。通过GPS系统的构建，对所有运输车辆进行实时配送调度，并提供冷链产品配送的实时温度监控。经批准具备第三方物流资格。连续多年中标成为北京市CDC储备配送一类及应急疫苗的配送单位，并共同摸索及探讨出了一整套适合新模式下运作的储运管控体系。

2003年以来，科园信海连续获得北京市纳税A级企业、北京市地方税务系统纳税千强企业、北京市个人所得税代扣代缴先进单位、北京市质量工作优秀推进企业、北京市和谐劳动关系先进单位、丰台区突出贡献企业、丰台区精神文明单位、中关村科技园丰台园十佳企业、经济发展突出贡献企业、文化创新优秀企业、公益事业先进单位等荣誉称号，入选“北京市重点总部企业名录”。2011年，公司被评为

类企业，2014年被授予海关高级认证企业，享有较高信誉评级和多项通
更利政策；提高了进口产品的通关效率，并降低供应商运营成本和风险，
客户提供优质高效的进口服务。

心业务推荐——代理进口服务

随着进口业务的不断开拓，北京科园信海凭借丰富的专业经验、先进的
里体系为客户提供集进口、保税仓储、包装加工、物流、药检、产品定价
于一身的综合性一站式药品服务解决方案。先后与默克、默沙东、辉瑞、
生素、诺华、安斯泰来、雅培等30余家进口厂商制药企业建立了长期良好
合作关系；进口药品多达140余个品规，其中冷链产品有20余种。并与相
部门保持良好密切的合作关系，为进口环节操作打下了深厚的基础。

心业务推荐——进口保税仓储业务

为了满足日益增长的进口业务需求，于2009年初在北京市顺义区空港保
物流中心成立科园信海（北京）医疗用品贸易有限公司，北京科园信海成为
在天竺综合保税区的医药企业，在仓储、物流、政务等方面全方位实现了专
的进口保税服务。目前北京科园信海和保税区内贸易公司都成为了海关高级
E企业，享有较高信誉。为提供更好的保税仓储物流服务，保税区内贸易公
司于2016年1月成为保税区内GSP认证的企业。

心业务推荐——进口保税增值服务

药品三级监管码关联： 信息化管理，在药品的流通环节和销售环节记录药
只别码，实现药品的随时跟踪和溯源。

贴标： 特设独立工作区，按照国内医药产品流通要求，对进口产品进行重
贴标，以方便顺利配送销售。

喷码： 设定电子监管码的标准操作流程，专人专项管理。

重新包装： 公司是联合国救援项目的全球第2家物流合作伙伴，各项采购
品均在此重新包装。

代办报关报检申报文件： 全程为客户代办进口药品通关单、免税证书、特
物品出入境审批单、进出口许可证等相关文件的申报工作，省时省力。

作为一家医药经营企业，北京科园信海医药经营有限公司在经营业绩不断增长、取得良好经济效益的同时，不忘企业自身的社会责任，在追求回馈社会高质量、高品质的医疗增值服务之外，积极参与社会公益事业，尽己所能为社会的和谐发展贡献力量。

未来的科园信海还将继续秉承“诚信、责任、创新、共赢”的核心价值观，不断提升在行业内的核心竞争力，奋力拼搏，向着医药流通领域，产品经销、供应商合作、客户服务优秀的企业；向着高行业效率，引领创新领跑者的宏伟目标迈进。

中国外运北京公司

SINOTRANS & CSC BEIJING COMPANY

中国外运北京公司隶属于招商局集团有限公司旗下的中国外运长航集团有限公司，是在北京市工商行政管理局注册登记的独立企业法人。成立于1962年，目前已发展成为北京地区的大型综合物流企业。

中国外运北京公司从业人员超过700人，公司以国际货运代理、仓储运输和会展物流为业务主线，形成了由仓储、公路运输、水运货代、铁路货代、非贸货代(私人物品包装运输)、会展货代、供应链物流为主营业务的全方位、立体化、综合性的业务体系。公司拥有较多北京市内道路运输经营许可证。公司已连续多年获得北京海关颁发的认证企业证书，获得了北京出入境检验检疫部门颁发的A类信用企业证书，以及中国出入境检验检疫协会授予的“中国质量诚信企业”称号，是北京市国际货运代理行业协会会长单位、北京报关协会副会长单位、中国国际货运代理协会会员。

总经理:徐旭

北京外运非贸包装有限公司

北京外运非贸包装有限公司是一家专业从事私人品包装运输、展览会现场进出馆操作、办公室搬迁、品物流、设备搬迁与设备包装的特种物流企业。

公司前身为1986年成立的中国外运北京公司包部，专门为驻京使馆、商社外籍人员的私人行李提供装、运输、报关等服务。经过30年的经验积累与技术淀，目前拥有一支出色的私人物品操作团队。公司现主要客户为各国驻华使馆、北京奔驰汽车有限公司、国美术馆、中国文物交流中心、中国民族博物馆、亚迅国际货运代理（上海）有限公司北京分公司、北京腾国际物流有限公司等国内外客户。

北京外运非贸包装有限公司秉承“特色物流、服客户”的企业使命，坚持“服务创造价值”，专注于贸包装、展览业务的发展，不断完善覆盖北京、辐射国的服务网络，致力于为客户提供专业、便利、快捷特殊物流产品和解决方案，提升企业社会价值，与所客户共同成长。联系电话：010-84315885。

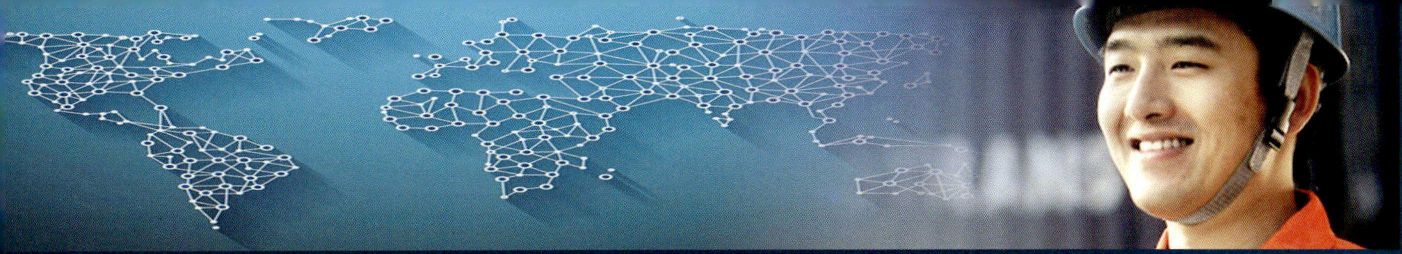

北京外运国际货运代理有限公司

北京外运国际货运代理有限公司于2015年5月注册成立，注册资金3 000万元。公司组建之初优化整合了中国外运北京公司各货代板块的优质资产，是北京地区较早从事海运进出口业务的货运代理企业。公司承继了北京外运50余年从事物流运输服务所积累的丰富经验、强大稳固的客户基础和享誉业界的品牌形象，成为中国外运北京公司发展货代业务的旗帜。

北京外运国际货运代理有限公司主要从事海运进出口货物代理报关及运输业务。公司长期服务于北京奔驰汽车有限公司、SMC（中国）有限公司等大型企业，凭借着数十年如一日的优质服务，赢得了许多客户的肯定和赞誉。公司有着一支专业化的员工队伍，积累了丰富的大客户服务经验，能够时刻为广大客户提供高品质的物流服务体验。

公司秉承“服务创造价值”的理念，以人为本、团结奋进，为客户提供“安全、迅速、准确、节省、方便、满意”的综合性服务，进而实现“融通世界、和谐发展”的目标。联系电话：010-87625044。

上海龙飞国际物流有限公司

上海龙飞国际物流有限公司是经有关部门批准的一级综合性中日合资国际货运代理企业，于2002年初获得有关部门无船承运人资格。公司可承办国际货运的全部服务项目，包括进出口货物的海运、空运、展运、铁路联运、内河联运，港口接货、订舱、中转、报关、保险、仓储、报险进口集装箱分拨等运输服务及咨询服务。公司建有集装箱储运仓库，配有专用车队，在主要港区设有办事机构并和全国各地及世界各国（地区）众多货运公司互为代理，形成了集船代、货代、仓储、贸易为一体的专业化、多功能、综合性运输企业。

上海龙飞国际物流有限公司将基于世界出色的经营管理和专业人才，竭诚为客户提供优质的服务！联系电话：021-51538000。

北京外运会展服务有限公司

北京外运会展服务有限公司自从事展品运输业务至今已有50年的历史，代理过5 000多个来华展览会、出国展览会、技术交流会等不同类型的展会物流业务。公司每年承揽近200个境内外展览会的报关运输工作，承担着北京地区80%以上展览会的报关、报检、展品运输及现场操作任务。公司在北京各大展馆都设有自己的办事机构，可以随时为主办单位和参展商提供优质、便捷的服务。

北京外运会展服务有限公司是中国较早加入国际展览物流商会（IELA）的国际货运代理公司，是目前北京地区能够承接超大型展览会展品报关运输业务的国际货运代理企业。公司拥有专业报关运输人才近50人，专业知识技术强，经验丰富，能熟练处理国际展品报关、报检及展品运输业务；同时依托于中国外运北京公司强大的物流体系支持，拥有齐全的运输车辆及装卸机械，拥有专业的海关监管仓库及监管运输车队，可为主办单位及参展商提供货物“门到门”的订舱、报关、清关、仓储运输、进出馆操作、留购退运、代办展品ATA单证册等全程优质便捷的服务。

北京外运会展服务有限公司是目前在中国举办的大规模来华展览会——中国国际机床展览会的运输总代理。自1991年开始，至今已成功完成了11届中国国际机床展的运输及现场操作任务，赢得了主办单位和广大国内外展商的认可和信任。公司还是北京工程机械展、煤炭展的运输总代理，北京国际汽车展的分代理。这些超大型展览会的成功举办，印证了我司强大的服务能力和市场地位。联系电话：010-84601638。

会展装卸

北京外运陆运公司

北京外运陆运公司成立于1972年，位于北京市丰台区五里店，北邻京港澳高速、东临西四环、西临西五环、南邻丰台西路，交通便利，总占地面积28万平方米，是国家部委批准的一级国际货运代理企业，中国仓储协会会员，中国国际货运代理协会会员，是北京市“十三五”规划的综合物流园区之一。

北京外运陆运公司拥有各类库房40栋，总面积达13万平方米，年均储存量5600万吨天；拥有封闭式货场2万平方米及铁路专用线4.5千米，可为客户提供各类货物的国际国内发运、到达、中转及相关配套服务。公司可提供国际进出口货运代理服务，业务咨询、协议签订、报关报检、装车发运等服务，由专业化团队全程操作。同时，代理各类集装箱、铁路整车经由国际铁路联运，自满洲里、阿拉山口、二连浩特、深圳北、绥芬河、丹东、凭祥等口岸出口至俄罗斯、中亚、蒙古、朝鲜等国家和地区，以及各口岸进口货物与国内铁路运输。公司可以根据客户需要开行北京至中亚、欧洲及国内指定站点的往返班列。

陆运公司铁路线

多年来，北京外运陆运公司始终是丰台货运口岸的主体运营单位，其所运营的丰台货运口岸是北京市具有陆运、海运进出口货物通关资质的综合口岸。坐落于陆运公司园区内、由政府投资建造的丰台口岸综合楼，驻有国家海关与检验检疫机构，可完成进出口货物的报关、报检，以及同空运、海运、非贸、边境口岸之间的转关手续。为配合日常的通关业务操作，公司设置了海关监管区，区内拥有近万平方米的集装箱堆场、监管仓库及海关监管车。

自2009年有关部门档案库项目正式运营以来，公司已先后与西城法院、美术家协会等10余家企业合作，发展档案库面积达1万余平方米。公司致力于高端客户的开发与维护工作，针对客户需求提供高附加值的服务，关注信息化仓储业务的改善与能力提升，逐步完成了从传统仓储管理向信息化仓储管理的转型升级。联系电话：010-63874440。

北京外运物流中心

北京外运物流中心始建于1975年1月，位于北京市朝阳区金盏乡楼主，处于朝阳、顺义、通州三区的交汇处，紧邻东五环。公司占地面330 000平方米，有3层办公楼一栋，库房102栋，其中砖混结构普通房46栋、钢结构普通库房49栋、站台库房7栋，库房建筑总面积约0 000平方米，冷冻库房面积约1 000平方米，月吞吐量约15 000吨。

北京外运物流中心业务范围覆盖面广，主要包括仓储、装卸、包、展览品海关监管仓库、国际货运代理、集装箱运输、普通货运、会现场服务、非贸物品包装、专业承包等。公司目前使用中外运MS和TMS系统，主要包含基础信息管理、入库、库内操作、库存理、出库、报表管理等功能，同时对货物流转过程采用手持RF、条与系统单据相结合的方式，做到了及时精准的管理和全面监控，整操作过程在系统中留存。

北京外运物流中心园区内24小时监控全覆盖，实施人防、技防整体结合。武警消防41中队常年驻扎，有官兵40人，进口消防灭车6台，与物流中心合建共管，是安全防范的坚实保障。北京外运流中心员工多年来始终坚持“客户至上、服务真诚、重诺守信、工优质”的经营理念，遵循“宁愿自己千难万难，不让客户一时为”的服务宗旨，竭诚为广大客户服务。经过40余年的经营和发，公司目前已成为北京地区一个面向社会服务的大型综合性物流企，为国内外客户提供高效、快捷、完整的现代物流服务。联系电：010-84314181。

宜家卖场配送服务

北京外运三间房仓库

北京外运三间房仓库始建于1964年2月，位于北京市中心东侧，地理位置优越，交通便利，距京津公路4千米、朝阳门约10千米，仓库正南1千米处便是京通快速路及地铁八通线，北临朝阳北路及地铁6号线。仓库占地面积10万平方米，有办公楼一栋、正式库房若干栋，装卸平台一处。北京外运三间房仓库是北京外贸系统综合性仓库，2013年获得北京市朝阳区安全生产标准化认证。

北京外运三间房仓库可为客户提供报关报检、公路运输、存储保管、分拨分拣、装卸劳务、城市配送、快递零担等综合性定制服务；利用信息化仓储软件系统为客户提供快捷、便利、高效的仓储服务；配有专职及义务消防队，电子监控设备分布全库区各个角落，实施24小时监控并有专人监管，保障仓库运行安全。联系电话：010-65761140。

库区消防设施

随着当今社会需求的不断变化，中国外运北京公司以市场和客户需求为导向，利用中国外运长航集团和中国外运股份有限公司的网络优势和丰富的行业经验，不断整合资源、拓展物流服务范围、提高综合性服务能力，为客户提供了出色的物流解决方案。中国外运北京公司的宗旨就是为客户提供安全、高效、及时的整体供应链物流服务。

SINOTRANS

中国外运北京公司

SINOTRANS & CSC BEIJING COMPANY

唐山燕山钢铁有限公司

TANGSHANYANSHAN IRON & STEEL CO.,LTD.

唐山燕山钢铁有限公司成立于2002年7月8日，坐落在美丽的钢城一河北省迁安市，公司占地面积约533.33万平方米，地理位置优越，交通条件便利，是集炼铁、炼钢、轧钢为一体的钢铁联合型民营股份制企业，已通过国际质量体系认证、环保认证、安全认证，通过包括英国、美国、德国、韩国、挪威、意大利等9个船级社认证。

现主营热轧中宽带、方坯、板坯、卷板等，产品销售遍及我国华北、华东、华南地区，以及韩国、东南亚、拉丁美洲、非洲、欧洲等30多个国家和地区。

公司秉承“仁、义、礼、智、信”的经营理念，团结创新，务

公司秉承“仁、义、礼、智、信”的经营理念，团结创新，务实发展，把顾客满意作为打造燕钢品牌的重点，贯穿于生产经营的全过程，使燕钢的产品以优良的性能和可靠的信誉占领市场，并实现年销售率100%。

公司自成立以来始终坚持以人为本，肩负社会责任，惠泽员工，奉献社会，追求卓越，自强不息，多次荣获全国百强民营企业、纳税明星企业、出口创汇明星企业等荣誉。

山东电力建设第三工程公司

SEPCOIII Electric Power Construction Corporation

山东电建

山东电力建设第三工程公司，1985年成立于中国山东，被行业誉为中国电建新铁军。伴随着中国电力工业发展最快的三十年，公司由小到大，由弱到强，现已成为以EPCO、EPC等方式承包燃煤、燃油、燃气、核电、水电、风电、变电站、光伏发电、光热发电、生物质发电、海水淡化、基础设施等工程建设为主的国际化工程公司，业务范围覆盖项目投资、设计咨询、设备采购监造、远洋运输、调试运行、检修维护等多个领域，能够为客户提供从电站项目可研到选址勘探、设计、采购、施工、调试、运行维护的一揽子解决方案。公司拥有行业内较专业的EPCO管控能力和雄厚的工程建设资源，在设计方案整体优化、设备成套、降低造价、节能减排、超低排放、提高机组技术性能方面具有明显优势。

公司是中国运作国际电站EPC较早、在建项目较多、市场竞争力较强的专业化电力工程公司，现已成功进入尼日利亚、印度、巴基斯坦、孟加拉、沙特、阿曼、约旦、埃及、摩洛哥、伊拉克、波黑、科威特、印尼、缅甸、新加坡等国家和地区。是较早打破欧美日韩企业垄断，进入约旦、阿曼、科威特等国家和沙特电力公司（SEC）市场的中国电站EPC总承包商，也是印度、阿曼等国家和地区较大的电站EPC总承包商。

截至2016年10月，公司国内外在建和已完工机组总容量超过71 000MW，是中国年平均装机容量较多的工程公司；先后荣获8个鲁班奖、2个国优金奖，连续8年入选美国《工程新闻记录》（ENR）“全球工程总承包商250强”，2014年位列第58位。公司的主营业务收入从2000年的3.2亿元增长到2015年的148亿元，年均增幅超过30%，是中国主营业务收入较高、增长较快的电力工程公司。2016年荣获“全国五一劳动奖状”，2014年荣获“中央企业先进集体”等荣誉称号。

“源于中国 ORIGINATE FROM CHINA
SERVE THE WORLD 服务世界

公司通过高新技术企业认证，并拥有省级企业技术中心。以国际EPC工程为依托，大力开展工程技术研究，重点对海水淡化、太阳能热发电等新技术、新能源项目的开发和执行进行了深入研究，掌握了海水处理、低碳能源等高新环保领域的核心技术。研究开发了电站自动化顺控启停即“一键启停”技术，并在沙特拉比格等海外项目成功投用，开创了国内电站自动化、智能化启动的先河。

公司承建的华电邹县四期1 000MW超超临界工程创造了从锅炉点火到168小时试运行结束仅用9天19小时的记录；灵武电厂二期工程是世界首台百万千瓦超超临界空冷机组，被业内称为中国“起点高、质量优、工期短、环保设施全”的绿色空冷示范工程；莱州电厂一期1 000MW工程1号机组被业主称赞为“在华电集团具备好的现场、好的工艺、好的技术指标”，电厂被誉为中国智能化生态电厂。

公司EPC总承包的帕帕兰多336MW燃机电站，在四个同期开工建设的项目中较早实现投产发电；印度嘉佳2台660MW超临界燃煤电站项目是印度境内较大的外资电站，获得中印两国基础设施建设领域较高奖——鲁班奖和印度杰出基础设施奖；沙特拉比格2台660MW亚临界燃油电站项目是中国承包商在沙特独立承担的较大工程，是目前中东市场单机容量较大的电站机组，也是中国电站EPC总承包商打破欧美、日韩企业垄断局面，成功进入沙特市场，引领了中国电站设备和中国融资进入沙特市场；阿曼萨拉拉445MW联合循环电站项目创造了阿曼电力市场较早按照政府合同工期发电的纪录，获得中国建设工程“鲁班奖”。

公司以EPC模式承建了全球较大容量光热电站——摩洛哥努奥二期、三期工程，在光热电站领域的建设水平处于世界前列。

公司积极融入“一带一路”国家倡议，以EPC总承包模式承建了“中巴经济走廊”能源项目——巴基斯坦卡西姆港2台660MW燃煤应急电站、世界较先进燃气轮机——巴基斯坦赫维利1230MW燃气联合循环电站、世界较大容量光热发电工程——摩洛哥努奥光热电站、中孟两国较大投资项目——孟加拉国艾萨拉姆2台660MW超临界燃煤电站等多个大型电站工程，业务规模在中东、南亚、非洲位居行业前列。

公司具有强大的全球采购和项目融资能力。与GE、B&V、西门子等国际知名企业，国内外主要设备厂家、银行等金融机构建立了战略合作伙伴关系。与中国进出口信用保险公司、中国银行、中国进出口银行、国家开发银行等一直保持密切的业务合作。

公司对标国际知名企业，建立了与国际管理接轨的组织结构和涵盖EPCO各环节的企业管理体系，形成了独特的集约化EPC项目管理模式。采用国际先进的网络设备和技术，搭建了以总部为中心，涵盖全球业务区域的广域网络信息平台。自主研发了EPC项目计划预警、国际电站EPC项目设备管理、项目成本管控、经验反馈等信息系统，做到了EPC各环节信息的纵向贯通、横向集成，实现了资源共享和各方团队一体化协同工作。

公司在多个国家建立了集营销采购和项目管理为一体的办事机构，形成覆盖全球目标市场的管控和服务支持网络。搭建了售后服务网络平台，建立了SIS/MIS系统，实现总部在线监控、远程诊断，为电站运营服务提供远程支持。

公司旗下的青岛鸿瑞电力工程咨询有限公司是专业从事国际电力工程设计和咨询的高新技术企业，全面推行三维设计，业务遍及欧洲、中东、非洲等多个国家和地区，涵盖燃煤、燃油、燃气、光热、风电、光伏等多种业务类型，能够严格按照国际标准设计、咨询，设计成果多次获得合作方及业主的高度评价。

青岛颐杰鸿运国际物流有限公司拥有亚洲较大的重吊船队，较大船吊起重能力800吨，年承运量达450万吨，是行业龙头企业，航线遍布亚洲、大洋洲、美洲、欧洲和非洲。在电站建设所需的大件及超常规物资运输方面具有明显优势，能够提供设备从出厂到现场的储运物管一条龙服务。

青岛华丰伟业电力科技工程有限公司是拥有丰富国内外工程调试试运、商业运行维护服务经验的高新技术企业，具有火电工程调试甲级资质、锅炉化学清洗A级资质和电力建设AAA级信用评价。拥有一支500余人的专业运维队伍，累计调试机组总容量达26 000MW，在逻辑编制、DCS组态、电气保护定值计算、各类型火电机组调试和性能试验方面的业绩令

人瞩目，享有良好声誉，是中国拥有较丰富海外业绩的专业调试公司

颐杰鸿泰集团是公司的多元化经营平台，产业布局涉及电力投资与附属设备制造、国际物流与贸易、房地产、休闲旅游四大业务板块，国际航运、钢结构制作、三维数字化、基础设施等业务已发展成为各自领域的知名品牌，具有良好发展前景。

公司下设专业的光伏能源公司、风电公司、电站检修公司、电厂维护公司，在光伏、光热、风电等新能源和电站检修维护领域的业绩居行业前列，业务范围遍及EPC产业链，足迹遍布国内各省市及摩洛哥、新加坡、蒙古国、孟加拉、印度尼西亚等国家和地区。

公司坚持“与您共同成长”的理念，在致力于为客户打造质量优、工期短、经济技术指标好的工程项目的同时，主动引领中国设计、制造企业找准不足，改进提高，适应国际竞争需求，连续五年举办国际电站EPC项目管理研讨会，积极推动国际产能合作，在行业内赢得良好声誉。

公司高度重视肩负的社会责任，优先选择清洁节能、超低排放项目，优化工程设计，积极节能减排，追求经济、社会和环境的综合价值最大化。公司在海外项目大力实施本土化战略，培训当地员工技能，并积极应用新技术、新工艺，促进当地资源的合理、高效利用，带动当地经济发展。公司在国内外积极开展各项社会公益活动，参与慈善事业，支持文教卫生事业，为社会发展贡献力量。2009年，公司获得中国对外承包工程企业社会责任银奖。

面向未来，公司提出要立志打造百年品牌，成为客户满意度高，市场份额、人均生产率高，竞争能力强，工程技术水平、企业综合管理水平、员工综合素质高，进而成为国际电站EPC的持续领跑者。

山东电建三公司始终坚持“缔造精品工程，成就客户愿望，带动社会发展”的企业使命，坚持“诚信、创新、高效、责任”的核心价值观，坚持“诚信合作，共赢发展”的合作理念，真诚欢迎世界各地朋友，携手合作，共赢发展。

中广核 CGN
Begood 贝谷

产业介绍

中广核贝谷科技股份有限公司专业从事辐射与环保仪器的研发、生产、销售及服务。公司致力于辐射探测与成像技术研究，与中国工程物理研究院、东华理工大学等开展了广泛合作，锻造了一支由博士、硕士为骨干的研发团队，公司技术中心被认定为“地方联合工程研实中心和博士后科研工作站”，取得了多项专利和技术成果，总体达到了国际先进水平，获得江西省科技进步一等奖和国家科技进步二等奖。公司辐射仪器及装置产业化项目被列为重大高新产业项目，产品系列化，广泛用于外贸、环保、地震、核电和金属熔炼企业。近年来，公司致力于对智慧口岸大通关信息化系统建设，承接通关服务类公共平台、智慧海关、检验检疫监管辅助管理平台及配套设施、边检系统平台及设施等项目，为相关部门及广大进出口企业提供综合性服务（软件、硬件、系统集成、解决方案）。

乘用车检查系统

集装箱/车辆辐射成像检查系统

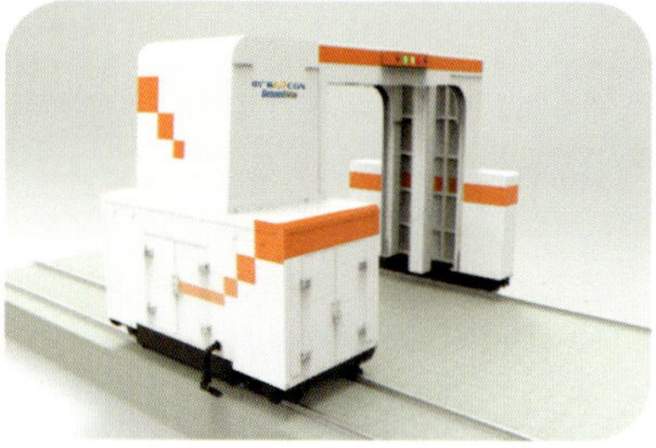
组合移动式车辆检查系统

通道式车辆放射性监测系统

通道式行人放射性监测系统

X射线安检设备

核素识别仪

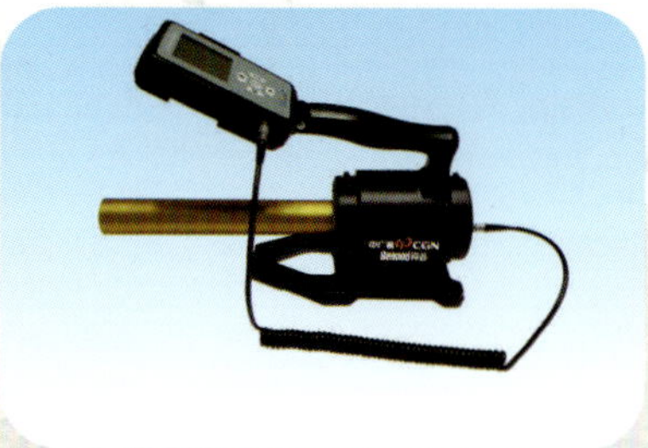
多功能辐射检测仪

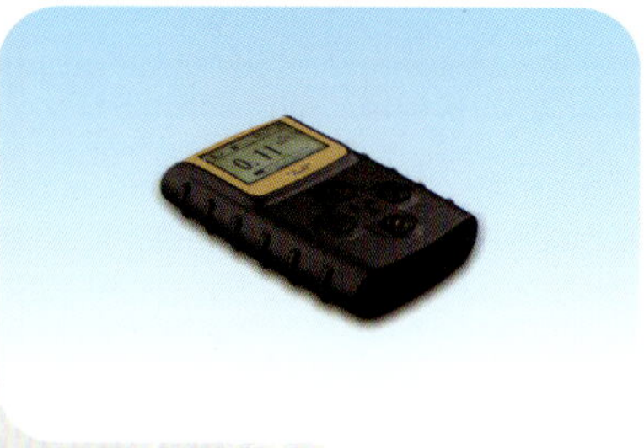
个人辐射剂量报警仪

中广核 CGN Begood 贝谷 **中广核贝谷科技股份有限公司**
CGN BEGOOD TECHNOLOGY CO.,LTD.

地址:江西省南昌市高新大道900号中广核贝谷工业园　邮编：330096　网址：www.begood.cn
电话：0791-88383081 88383034　传真：0791-88286491　服务热线：400-667-0090

●中广核贝谷科技（深圳）有限公司
地址：深圳市福田区深南大道2002号中广核大厦北座16楼　电话：0755-88619399

●中广核贝谷仪器科技（上海）有限公司
地址：上海市闵行区沪闵路7940号　电话：021-54803386　传真：021-54801870　网址：www.begood-sh.com.cn

●北京办事处 地址：北京市朝阳区德外马甸裕民路12号元辰鑫大厦E2座　电话：010－82095578

●新疆办事处 地址：乌鲁木齐市人民路325号通宝大厦 电话：0991-2839313/13807088037/18679153113

目　　录

江西省

山东省

河南省

湖北省

湖南省

广东省

广西壮族自治区

海南省

重庆市

四川省

贵州省

云南省

西藏自治区

第五篇　口岸相关法规

第六篇　全国口岸运行主要数据

第七篇　附　录

各地区开放口岸索引

北京市开放口岸

天津市开放口岸

河北省开放口岸

山西省开放口岸

内蒙古自治区开放口岸

辽宁省开放口岸

吉林省开放口岸

黑龙江省开放口岸

上海市开放口岸

江苏省开放口岸

浙江省开放口岸

安徽省开放口岸

福建省开放口岸

江西省开放口岸

山东省开放口岸

河南省开放口岸

湖北省开放口岸

湖南省开放口岸

广东省开放口岸

广西壮族自治区开放口岸

海南省开放口岸

重庆市开放口岸

第一篇

口岸综合

第一卷

[illegible]

2016年国家口岸管理工作概要

国家口岸管理办公室

2016年，国家口岸管理办公室（以下简称国家口岸办）深入贯彻落实党的十八大和十八届三中、四中、五中、六中全会精神，紧紧围绕口岸工作改革创新发展，突出重点，锐意进取。国务院口岸工作部际联席会议（以下简称部际联席会议）第二次全体会议顺利召开，国际贸易“单一窗口”（以下简称“单一窗口”）建设统筹推进，口岸法制建设积极推动，珠海口岸查验机制创新试点按期完成，口岸开放审理验收扎实进行，口岸对外合作富有成效，综合治理水平稳步提升，各项工作均取得长足进展。

一、部际联席会议第二次全体会议顺利召开

2016年9月26日，部际联席会议第二次全体会议在北京召开，部际联席会议召集人、国务院副总理汪洋主持会议并做重要讲话，部际联席会议副召集人、海关总署署长于广洲在会议上报告了口岸工作情况和下一步工作安排，对提请会议审议的《〈国家口岸查验基础设施建设标准〉编制原则》《关于国际贸易“单一窗口”建设的框架意见》《压缩货物通关时间的措施（试行）》作说明，会议审议通过了以上3个文件。会后，根据汪洋副总理讲话精神和部际联席会议的部署安排，国家口岸办会同相关部门积极谋划、加强协调，共同抓好会议议定事项的落实。

二、党的建设工作不断加强

国家口岸办坚持把抓好党建工作作为首要之责，不断增强“四个意识”，落实主体责任，着力固本强基，把全面从严治党各项要求贯穿于党建工作的各环节、全过程。重点抓好以下工作：一是有序推进“两学一做”专题学习教育活动，坚持集中学习与个人学习相结合，重点组织学习《习近平总书记系列重要讲话读本（2016年版）》《中国共产党纪律处分条例》《中国共产党问责条例》等材料，制定工作计划并按进度有序推进“两学一做”各环节活动，认真落实“三会一课”制度，党支部书记给全体党员讲授党课，适时邀请外交部专家讲授专题党课，组织开展党日活动，进一步加强爱国教育，充分发挥好党支部的战斗堡垒和党员的先锋模范作用；二是进一步加强干部队伍建设，坚持以人为本、规范管理、狠抓落实，进一步规范日常管理，加强组织纪律和作风建设，不断改进思想政治工作，利用多种途径加强交流，增进人文关怀和教育引导，积极营造风清气正、务实干事的良好氛围，进一步提升干部队伍的凝聚力、战斗力。

三、统筹推进全国“单一窗口”建设

深入贯彻落实国务院关于“单一窗口”建设的总体部署要求，重点抓好四方面工作：一是加强全国“单一窗口”建设的顶层设计，编制印发了《关于国际贸易“单一窗口”建设的框架意见》，进一步明确全国“单一窗口”建设的指导思想、建设目标、基本原则、总体布局等内容；二是加强地方“单一窗口”建设的支持与指导，开发“单一窗口”公共组件（海关），积极支持地方“单一窗口”建设，指导上海、广州上线运行“单一窗口”2.0版，基本满足企业国际贸易全流程业务办理需要，在沿海地区口岸基本建成

"单一窗口"的基础上，适时召开内陆沿边地区"单一窗口"建设试点启动会，推动重庆、陕西、贵州、江西、内蒙古、宁夏等内陆沿边地区开展"单一窗口"建设试点；三是启动"单一窗口"标准版制定工作。梳理各部门法规和监管要求，初步协调简化各部门接口标准和申报数据元项，研究制定《"单一窗口"标准版建设方案（含货物、舱单和运输工具）》，规范各地"单一窗口"基本功能建设；四是推动"单一窗口"标准体系和规范建设，重点开展数据协调和简化、统一门户、统一认证等核心标准体系建设，形成《国际贸易"单一窗口"数据元目录（货物、运输工具、舱单申报）》，完成"单一窗口"门户网站的原型设计和上线筹备工作，并在上海启动了"单一窗口"统一认证试点。

四、珠海口岸查验机制创新试点工作按期完成

重点抓好四方面工作任务落实。一是加强试点工作的指导协调，指导珠海成立全国首个市长担任主任的口岸工作委员会，协调珠海市制定《珠海口岸查验机制创新试点工作实施细则》，国家口岸办会同公安部、质检总局等单位及时跟进，开展业务协调。二是推动珠澳口岸通关便利化，赴澳门开展对接工作，积极推进"合作查验、一次放行""入境查验、出境监控"任务落实。商定在内地和澳门两地现行法律制度框架下实现"入境查验、出境监控"，通过双方边检信息共享和执法互助，在旅客边检环节由入境方边检查验，出境方边检只安排人员监控，进一步提高口岸通关效率。三是积极推动珠海口岸简化旅检查验作业环节，协调珠海查验单位对口岸旅检通道查验流程进行简化、优化，前台仅保留必需的一般性查验，未发现问题的直接放行，发现问题的转至后台处理。四是着力推动珠海口岸信息化建设，珠海市与各查验单位签订《共同加快推进珠海电子口岸平台建设合作协议》，在拱北口岸确定共享的电子监控设备类型，依托地方电子口岸建设一套共享公用的电子监控系统；优化拱北口岸客车"一站式"电子验放系统，研究在横琴口岸试点推广"一站式"电子验放系统由客车通道至货车通道及珠澳陆路口岸的客车货车通道。五是组织召开珠海口岸查验机制创新试点工作总结会，珠海市和各口岸部门对开展试点任务进行系统总结，国家口岸办负责同志出席会议并作总结讲话，中央编办、公安部、海关总署、国家质检总局、国务院港澳办相关司局及广东省口岸办、珠海市等单位负责人与会。

五、口岸法规制度建设取得积极进展

一是《口岸管理工作条例》立法工作取得阶段性进展，自2008年启动《口岸管理工作条例》立法工作以来，先后4次征求省级口岸办和国家相关部门的意见，在充分听取、吸纳各方意见，多次修改完善的基础上，按程序将《口岸管理工作条例》报请国务院审议。二是牵头编制《国家口岸查验基础设施建设标准》，经商有关部委，共同编制完成《国家口岸查验基础设施建设标准》，并将《国家口岸查验基础设施建设标准》（送审稿）报住建部审核，目前《国家口岸查验基础设施建设标准》正在履行相关手续，将由住建部审批发布。

六、编制并落实《国家口岸发展"十三五"规划》

一是会同相关部委完成《国家口岸发展"十三五"规划》以下简称《口岸规划》编制工作。列入《口岸规划》的"十三五"期间拟新开和扩大开放的项目共106个，其中新开口岸项目40个，扩大开放口岸项目66个，另有中欧国际货运班列铁路集装箱场站对外开放项目24个，列入《口岸规划》的项目约占省级政府申报开放项目总数的1/3。二是及时印发落实《口岸规划》。2016年11月，《口岸规划》经国务院审批同意后，国家口岸办于当月印发，全国各省级政府结

合实际组织实施。三是根据《口岸规划》研究制定年度口岸开放审理计划，并组织推动落实。

七、口岸开放工作有序推进

一是进一步优化口岸开放布局，做好口岸开放项目审理工作，经国家口岸办审理，全年国务院批准开放口岸10个；其中，新开放口岸5个，分别是内蒙古鄂尔多斯机场、云南芒市机场、新疆伊宁机场、内蒙古乌力吉公路口岸、山东董家口港；扩大开放口岸5个，分别是舟山港、宁德港、日照港和都拉塔公路口岸、水口公路口岸。截至2016年年底，全国共有口岸300个，其中，水运口岸136个、空运口岸73个、铁路口岸20个、公路口岸71个。二是抓好临时开放的审批工作，积极支持地方外向型经济发展，根据实际需求和轻重缓急情况，对重点项目给予大力支持，对一般项目实行区别对待，全年共牵头审批临时开放项目55个，重点支持博鳌亚洲论坛、珠海航展等重大活动和中欧国际货运班列开行涉及的铁路场站等的临时开放。三是抓好国家层面的口岸验收工作，结合实际，积极落实“简政放权、放管结合、优化服务”改革，创新工作思路，探索委托省级口岸办开展口岸开放国家验收试点工作，对国家重大工程、地方发展重点项目涉及的口岸开放仍组织开展国家验收，全年共组织口岸开放验收10个。

八、电子口岸建设取得良好进展

紧紧围绕完善电子口岸建设运维机制，建立数据元协调制度，进一步增强电子口岸的“单一窗口”和信息互换平台功能，强化执法信息资源共享共用，改善用户体验。重点抓好三方面工作：一是完善电子口岸运维机制，着眼推进电子口岸平台的公共化、平等化、单一化，力求依托中央和地方两级平台，实现国家部委间、地区间，以及部委与地区间的互联互通，打造全国一体化的“单一窗口”环境，有关内容已纳入向全国下发实施的《关于国际贸易单一窗口建设的框架意见》中加以落实；二是在确保数据安全的前提下积极推动信息互换和共享共用，加快落实《成员单位数据共享管理办法》，推动建立数据资源共享目录，建设多边交换的数据共享池，完善数据共享机制，做到数据授权使用和对外许可提供，全面推进各口岸管理部门间信息共享，此项工作已制定了建设方案，计划2017年上半年上线；三是推动电子口岸业务流程优化，在信息互换基础上，推动实现电子口岸企业入网联网资格联网审查，变“人工”为“自动”、“串联”为“并联”、“线下”为“线上”，简化企业入网资格联审流程，解决入网手续烦琐，制卡周期长、效率低，异地办理不便等问题。

九、口岸合作交流深入推进

深化我国与毗邻国家间口岸合作，探索推动我国与其他国家间口岸交流，有序推动内地与港澳口岸合作，不断拓展口岸对外合作交流舞台。重点开展以下工作：一是继续深化中俄口岸合作，国家口岸办会同俄运输部在莫斯科召开中俄运输分委会口岸工作组第十九次会议，重点研究磋商部分口岸开放、建设、运行管理等议题，并达成广泛共识；二是积极推进中越口岸合作，国家口岸办会同越南国防部边防部队在河内召开中越陆地边境口岸管理合作委员会第四次会议，重点围绕部分口岸开放、规范边境口岸管理等议题深入磋商，达成广泛共识；三是加强中哈口岸合作，在北京召开中哈合作委员会口岸和海关合作分委会第九次会议，积极推动落实双方议定的口岸合作事项；四是探索推动对非洲口岸交流，国家口岸办主要领导率团访问埃塞俄比亚、乌干达、津巴布韦，探索拓展对非洲口岸领域交流；五是积极推进对港澳口岸合作，积极配合做好港珠澳大桥口岸建设和开放、广深港高铁口岸设置和建设开放等工作。

十、口岸政策理论研究和宣传工作初见成效

一是注重结合实际加强口岸政策理论研究工作，根据工作需要，委托高等院校、中国口岸协会等单位开展专项课题研究，相关研究结果得到认可。二是加强口岸重点工作的对外宣传，结合部际联席会议全体会议召开、“单一窗口”建设向内陆沿边地区拓展、国务院批准《口岸规划》等重点工作，通过新闻媒体、门户网站、微信群等对外宣传推介口岸工作成果。三是做好“国际边境口岸法规丛书”等专业书籍的编辑出版工作，免费向全国口岸系统、直属海关、有关部门赠送，供工作中参阅。

2016年国际贸易“单一窗口”建设工作概要

国家口岸管理办公室

一、统筹推进全国“单一窗口”建设

建设“单一窗口”是落实十八届三中全会提出的实现口岸“三互”大通关，促进外贸稳增长的重要举措，也是国际上提高贸易便利化的重要途径。2016年，国家口岸办在前期试点的基础上加强顶层设计，完善工作机制，统一标准规范，组织制定单一窗口标准版。在国家口岸办的牵头推动下，“单一窗口”已在沿海口岸全部建成启用，并逐步向内陆和沿边地区拓展。有关工作开展情况如下。

（一）制订出台全国“单一窗口”建设顶层设计

2016年7月31日，汪洋副总理在全国“三互”大通关建设工作推进会上讲话提出：“要统筹全国‘单一窗口’建设，既要抓工作进度，也要抓顶层设计。制定全国‘单一窗口’标准版并推广应用，把各地的‘方言’转化为全国的‘普通话’。”为贯彻汪洋副总理讲话要求，国家口岸办研究起草《关于国际贸易“单一窗口”建设的框架意见》（简称《框架意见》），进一步明确全国“单一窗口”建设的指导思想、建设目标、基本原则、总体布局、建设内容、建设阶段和保障措施，经口岸工作部际联席会议第二次全体会议审议通过并印发实施。

（二）推动“单一窗口”标准体系建设

开展“单一窗口”申报数据协调与简化工作。编写印发《推进国际贸易“单一窗口”数据协调和简化建议书》，会同相关部门建立“单一窗口”申报数据协调和简化的工作机制，初步形成了《国际贸易“单一窗口”数据元目录（货物、运输工具、舱单申报）》，开展“单一窗口”统一认证试点工作。2016年4月，在上海“单一窗口”启动统一认证试点工作，在货物申报领域率先实现身份认证的一卡多证，同时委托专业公司进行统一认证课题研究；组织起草《国际贸易“单一窗口”统一门户项目需求报告》，中国电子口岸数据中心依此开展相关建设工作，目前已完成网站设计。

（三）开展“单一窗口”标准版制定工作

启动“单一窗口”标准版建设，组织相关人员对公安、交通、海关、检验检疫四家单位涉及“单一窗口”申报的法律法规和监管要求进行梳理，研讨“单一窗口”货物、舱单和运输工具申报业务的接口标准，初步拟定《“单一窗口”标准版建设方案（含货物、舱单和运输工具）》。

（四）加强对各地方“单一窗口”建设的支持与指导

开发“单一窗口”公共组件（海关）支持地方“单一窗口”建设，不断深化沿海地区口岸“单一窗口”功能，提高“单一窗口”企业用户数和申报量，目前已有11个地方应用公共组件。指导上海、广州上线运行“单一窗口”2.0版，将功能进一步延伸到国际贸易链条各主要环节，基本满足国际贸易全流程业务办理需要。2016年8月，国家口岸办组织召开内陆沿边地区“单一窗口”建设启动会，支持有条件的中西部省份率先开展试点。截至2016年年底，北京、内蒙古、河南、江西、贵州、湖北等地“单一窗口”已上线运行。其中，内蒙古“单一窗口”在满洲里口岸开展试点，实现货物“一次申报”和车辆自动核放2个功能模块；河南“单一窗口”建成5个功能模块，平台用户有356家，服务企业2300

余家。2016年11月22日，李克强总理在考察上海电子口岸公司时称赞“单一窗口”创造的经验在当前全球进出口贸易萎缩情形下为扩大我国进出口贸易打造了新亮点。

（五）积极参与国际间“单一窗口”交流合作

跟踪研究国际上“单一窗口”最新进展，加强与联合国欧洲经济委员会（UNECE）、联合国亚太经济与社会委员会（UNESCAP）、UNDP－GPI、新加坡、我国香港等的联系沟通，联合举办“单一窗口”与口岸通关贸易便利化研讨会。支持国家“一带一路”发展战略，选择与我国贸易关系紧密且“单一窗口”比较成熟的国家，共同探索“单一窗口”的合作对接。目前已与新加坡海关建立“单一窗口”合作机制，成立“单一窗口”联合工作组，并召开了中新海关“单一窗口”联合工作组第一次会议。

二、积极推进全国电子口岸建设

（一）全面落实《电子口岸发展“十二五”规划》

推动《电子口岸发展“十二五”规划》中央层面和地方层面重点建设任务全面完成，开展《电子口岸发展“十二五”规划》完成情况的总结和评估，有关报告已上报国务院。目前，建设任务成果在优化口岸监管、提升口岸服务、改善通关环境、支持外贸发展等方面发挥了重要作用。

（二）推动电子口岸跨部门、跨区域联网应用项目建设

先后建设完成进出口企业综合资信库、野生动植物允许进出口证明文件联网核查系统、财关库银联网税费核销系统、关检原产地证书联网核查系统，以及与香港道路货物资料系统联网信息交换等项目，进一步发挥电子口岸信息共享和成员单位综合执法的作用。

（三）开展电子口岸企业入网联审流程优化工作

协调商务部、海关总署、税务总局、国家工商总局、国家质检总局、外汇局六部委，共同推动电子口岸企业入网联审流程优化，开发电子口岸企业入网联网资格审查系统，2016年8月份，六部委联合发布《关于进一步优化电子口岸企业入网资格审查流程的通知》（署岸发〔2016〕165号），电子口岸企业入网联网资格审查系统于2016年9月1日上线运行。切实解决了电子口岸企业入网手续繁、周期长、异地办理不便等实际困难，简化了入网资格审查内容，变“人工审核”为“自动审核”，变“串行办理”为“并行办理”，进一步提高入网审查效率。

（四）积极探索电子口岸运维管理机制

根据“依托电子口岸公共平台，推进国际贸易‘单一窗口’建设，加快推进形成电子口岸跨部门共建、共管、共享机制”的要求，研究探索电子口岸运维管理机制，提出推进电子口岸公共化、平等化、单一化，将中国电子口岸平台真正建设成为各部门都认可的大通关统一公共信息平台，有关思路得到海关总署党组的认可。

（五）规范指导全国及各地方电子口岸建设

通过发放调研问卷，实地走访部分电子口岸建设单位，以及与上海、山东、福建、广东、重庆、河南、河北、陕西、新疆、青海等口岸办进行座谈交流等，了解并指导地方电子口岸建设。参考国家和国际标准，编写《电子口岸数据交换技术规范》和《电子口岸信息安全管理指南》，进一步规范电子口岸信息共享及安全管理工作。

（六）推动国务院口岸工作部际联席会议成员单位间数据交换共享

落实《国务院口岸工作部级联席会议成员单位数据共享和使用管理办法（试行）》，在确保数据安全的前提下，“以共享为原则，不共享为例外”，协调推动成员单位间数据共享。目前已建立跨部门联合工作机制，成立了项目实施工作组，根据共同编制的《国务院口岸部际联席会议成员单位数据资源共享目录》和《成员单位数据共享平台项目建设方案》，启动了数据共享平台建设工作。按照各部门任务分工和实施计划，将于2017年上半年完成建设工作。

2016年国家口岸办大事记

国家口岸管理办公室

10月14日

国务院口岸工作部际联席会议办公室关于印发《国家口岸管理办公室关于国际贸易“单一窗口”建设的框架意见》的通知（署岸函〔2016〕498号），就全国“单一窗口”建设的指导思想、建设目标、基本原则、总体布局、建设内容、建设阶段和保障措施予以进一步明确。

11月23日

经国务院批准，海关总署印发《国家口岸发展“十三五”规划》。该规划明确了“十三五”期间口岸发展的指导思想、基本原则、发展目标，部署了六大重点任务，并对组织实施提出了明确要求。

1月~12月

国际贸易“单一窗口”在沿海口岸全部建成启用，并逐步向内陆和沿边地区拓展。上海、广州国际贸易“单一窗口”2.0版正式上线运行，基本满足国际贸易全流程业务的需要。北京、内蒙古、河南、江西“单一窗口”试点上线试运行。

1月~12月

围绕服务“一带一路”等国家战略和政治外交大局需要，统筹推进口岸开放工作，着力调整优化口岸布局。全年共审结口岸开放项目14个，国务院批复10个，其中，新开放口岸5个，扩大开放口岸5个。截至2016年年底全国共有口岸300个，其中，水运口岸136个、航空口岸73个、铁路口岸20个、公路口岸71个。

1月~12月

为落实《国务院办公厅关于珠海口岸查验机制创新试点方案》的有关精神，国家口岸办会同各口岸查验主管部门和广东省、珠海市人民政府共同开展珠海口岸查验机制创新试点工作。经过为期1年的试点工作，在旅检通道前后台分离查验、珠澳口岸执法协作、电子口岸和“单一窗口”建设、“大通关”建设，以及查验人力资源释放等方面取得了成效，试点工作任务基本完成。

第二篇

口岸查验监管

2016年出入境边防检查工作概要

中华人民共和国公安部出入境管理局

2016年，全国边检机关认真贯彻落实公安部党委的工作部署，坚持提高边检服务水平不放松，以改革为动力，大力加强边检专业化、法治化、信息化建设，不断创新边检管理政策，严密口岸管控，维护口岸安全畅通和良好秩序。全年共检查出入境人员5.70亿人次，同比增长9.08%；出入境交通运输工具2 899.25万辆（架、列、艘）次，同比增长10.82%；查处非法出入境人员2 705人次，查处其他违反出入境管理法律、法规的人员6.37万人次。

一、深化边检改革创新，提升口岸服务经济社会发展的能力

【以服务国家发展战略为导向，主动优化出入境边检政策】 公安部出入境管理局以“一带一路”、自贸试验区等国家发展战略为牵引，积极开展了港珠澳大桥口岸珠澳查验模式、自贸试验区出入境人员管理、边境经济合作区政策、国际贸易“单一窗口”建设等政策的创新性研究，为提高口岸通关便利化，特别是跨境合作区的对外开放程度提供政策支持。公安部出入境管理局部署各地边检机关，认真贯彻落实《落实“三互”推进大通关建设改革方案》和《关于改进口岸工作支持外贸发展的若干意见》等改革文件，配合开展口岸发展“十三五”规划、《国家口岸查验设施建设标准》等编制工作，参与“单一窗口”相关标准化文件制定，推动全国各口岸的快速发展。各驻地边检机关从本地区、本口岸实际出发，针对制约口岸对外开放的重点难点，主动广泛听取社会意见建议，优化边检政策。广州、深圳边检总站创新游艇出入境查验监管模式，研究推进广东自贸试验区粤港澳游艇“自由行”、港澳游艇自驾游政策；珠海边检总站研究制定澳门单牌机动车入出横琴边检管理规定，确保广东省人民政府有关澳门单牌机动车入出横琴的政策顺利落地；天津边检总站建立的多方共管机制和边检警务责任区制度被纳入《天津市推进“三互”大通关建设合作备忘录》，多方共管经验被选为天津自贸试验区建设优秀案例。

【以提高口岸通关效率和服务为目标，创新边检管理措施】 公安部出入境管理局指导全国边检机关积极创新边检管理措施，简化边检查验手续，出台了多项提高口岸通关效率和服务水平的重要措施。取消边检机关查验内地居民的前往国签证手续的政策，将持电子因私普通护照出境的内地居民、持一年多次有效出入境通行证的中国公民和持外国电子护照及6个月以上居留许可的外国人三类人群纳入自助通关人员范围，使自助通关人数占全部出入境人员的比重达到40%。在南昌、昆明、重庆机场开展大陆居民持护照过境台湾试点工作，在上海、江苏、浙江施行外国人144小时过境免签政策，在上海邮轮口岸对乘坐邮轮抵达上海的外国旅游团实施15天入境免签政策，在试行24小时直接过境旅客免办边检手续政策的空运口岸实施机组人员不出机场免办边检手续措施，在北京、深圳边检总站开展空港旅客出境自助通关试点。为落实沪浙苏三地联动的144小时过境免签政策，上海边检总站研究推出了贴纸式144小时过境免签外国人临时入境许可标签，并于2016年10月15日起在上海各对外开放口岸、南京禄口机场、杭州萧山机场正式启用。

【改革边检勤务管理模式，缓解口岸疏导压

力增大与警力不足的矛盾】 2016年，全国出入境人员继续快速增长，疏导及管控压力持续增大。各级边检机关结合本口岸实际，积极探索创新勤务管理模式，加强对旅客流量与执勤警力之间的动态研判，优化岗位设置和人员配置，加强人员轮岗交流，努力在警力不足的情况下不断提高通关效率和服务水平。天津边检总站以南疆边检站为试点探索“指挥长—执勤队”的两级指挥模式，建立综合执勤队，培养复合型检查员，实现了扁平化指挥。深圳机场边检站实施以空海联勤为核心，以常态化学习制度，交叉支援制度和弹性勤务制度为保障的勤务模式，实现了警力弹性支援和灵活调配。珠海边检总站针对出入境旅客快速增长和出入境证件电子化的新趋势，在拱北、横琴口岸新增46条自助通道，提高了劳工、学生等经常往返人群的疏导效率，自助通关旅客所占比重达到67%，有效为人工通道疏导了压力，既保障了旅客顺畅通关，又节约了警力。

二、严厉打击非法出入境活动，确保口岸安全有序

【严厉打击非法出入境活动，维护正常出入境秩序】 各级边检机关以高效的科技应用手段和强有力的执法措施，加强交通运输工具检查和口岸限定区域管理，防范不法分子持用伪假证件，冒用他人证件及藏匿交通运输工具蒙混出入境。广州、深圳边检总站开展防范和打击外籍人员借道内地偷渡香港专项行动，查处藏匿货柜车偷渡和协助港方处置非法入港人员，有效遏制了外籍人员借道内地偷渡香港的势头。深圳边检总站强化自助通道监管，查处经自助通道尾随他人出入境人员170人次，并联合广东公安边防总队破获公安部督察的组织越南人偷渡国（边）境案，抓获组织偷渡的“蛇头”2人、“蛇仔”10人。珠海边检总站查获冒用双胞胎兄弟姐妹证件出入境人员29人次。浦江边检站成功查处一起由“蛇头”组织引带，企图利用邮轮免签政策在境外脱团滞留案件，查获29名企图在境外脱团的非法出入境嫌疑人员。

【周密部署，做好重大活动出入境安保工作】 2016年全国边检机关圆满完成了多项重大活动的出入境安保工作，完成了博鳌亚洲论坛、第五届中国—亚欧博览会、2016年夏季达沃斯论坛、澜沧江—湄公河合作首次领导人会议等重大活动出入境边防检查工作。特别是G20杭州峰会期间，全国边检机关抽调精干力量支援杭州边检站一线，圆满完成峰会期间出入境安保任务。期间，杭州边检站为131架次元首专机或包机、5 600余名各国代表团成员提供出入境通关便利；北京、厦门边检总站相继截获伪造以色列护照、希腊护照非法入境的格鲁吉亚籍人员。

【多管齐下，提高处置突发事件能力】 各级边检机关通过制定预案、开展演练、建立协作机制等方式，有效提升了口岸处置突发事件的能力。深圳边检总站与深圳海关协商签署《关于建立公务协作机制共同保障口岸通关安全顺畅的合作协议》；上海、天津边检总站建立口岸多警种联动机制，提升了口岸安全联防联控水平；汕头边检总站创新开展反恐处突沙盘推演，民警通过参与演练更加熟悉和掌握各岗位反恐处突的职责任务、处置流程。2016年4月30日，珠海边检总站通过合作机制，第一时间与澳门警方沟通联系，妥善处理了因澳门关闸口岸查验系统故障导致大量旅客滞留珠澳口岸缓冲区域事件；厦门边检总站编写《厦门边检总站实战演练科目安排》，邀请厦门市警校、特警支队教员开展警务技战术专项训练，年内开展各类处突演练126场次，参演警力达1 700余人次。

三、推进边检专业化建设，提高口岸法治化、信息化水平

【规范边检执法工作，确保执法严格、公正、高效】 公安部出入境管理局扎实推进《中华人民共和国出境入境边防检查条例》立法工作，组织开展规范性文件清理，修订相关规范性文件，要求边检机关认真贯彻公安部《公安机关

现场执法视音频记录工作规定》，推进边检机关执法规范化建设，提高边检机关执法公信力。北京、上海边检总站分别编写了《北京总站执法标准》《边检执勤执法案例汇编》，对非法出入境案件分类处理，规范执法办案工作。广州边检总站建立证研人员三级考评机制，完善违法违规事件处理流程，提高执法效率；深圳、珠海边检总站联系协调当地医院，就启用专用羁押病房签订合作协议，解决查获患病羁押人员无专门羁押病房、人员监管存在安全隐患的问题；天津、汕头边检总站根据各自口岸实际情况及常遇问题，编制、拍摄警情处置演示片，通过“学、督、比”的方式，提高一线执法执勤规范化水平。

【加强边检科技能力建设，提升边检信息化水平】 按照公安机关“四项建设”要求，公安部出入境管理局加强北京、上海、广州、深圳、珠海5个边检技术研发支持中心建设，明确研发中心职能定位和人员配备要求；编制《出入境边防检查自助通道查验系统技术规范》《出入境边防检查自助通道查验系统验收规范》《出入境边防检查自助通道查验系统运行维护手册》等系列规范性文件，切实提升边检技术保障和应用研发能力。2016年建成部级出入境综合数据应用平台，全面开展视频监控系统研发和梅沙系统、自助通关系统升级工作，生物识别签证、国际航班载运人员交互式预检系统等建设取得阶段性进展，初步构建起以出入境综合数据应用为平台，梅沙系统为核心的边检信息管理体系，口岸边检机关技术保障水平稳步提升。

四、提高边检服务水平，打造中国边检“国门卫士”品牌形象

【创新便民利民措施，提高口岸服务水平】 各级边检机关坚持以服务为中心的指导方针，结合各口岸特点，持续推出边检便民服务举措。北京边检总站开展外语系统提升培训，制订规范，切实提高边检人员服务外国旅客的能力。上海边检总站开展贯穿全年的执法服务突出问题隐患集中治理专项督察，通过视频实时监控和网络舆情监控机制，多渠道纠正服务不当的问题。深圳边检总站扩大往来粤港澳机动车辆驾驶人“快捷通”采集备案人员范围，实施深港跨境学童电子标签查验及信息预约采集，划定学童大巴接送专用区域，为深港车辆驾驶人、跨境学童提供安全高效的通关服务。厦门边检总站落实两岸边检窗口联系机制，核查、协助40名遗失证件大陆居民返回大陆。汕头边检总站上线汕头电台《民生热线》栏目，为群众就出入境边检问题答疑解惑。海口边检总站参加海南广播电视台直播节目，接受现场评价代表和社会公众的公开评价。

【加强服务品牌建设，展现阳光形象】 公安部出入境管理局研究制定《边检服务品牌集中推介工作三年规划》，有计划、有步骤地开展品牌宣传。组织全国边检机关开展“8·19”边检品牌集中推介活动，各级边检机关在各地分设宣传会场，张贴海报，发放宣传资料，通过微信、微博及媒体宣传报道，宣传“中国边检，阳光国门”，赢得了出入境旅客和广大民众的赞誉，树立了良好的国门卫士形象。

【加强边检国际合作，提升中国边检影响力】 2016年6月14日~15日，公安部出入境管理局在广州举办2016年国际边检论坛，来自全球30个国家和地区、4个国际组织的100余名代表参加论坛。论坛针对当前各国、各地区之间人民往来现状、发展趋势、规律特点及面临的问题与挑战，研讨建设安全有序的国际通关环境，提供便利快捷的通关服务，促进各国、各地区人员往来及经贸、文化、信息、技术等交流合作与发展。论坛期间，与会代表围绕“如何实现最优化的边检服务管理”“生物特征技术在边检领域的推广运用”等议题进行了深入交流，取得了广泛共识。作为中国口岸主要执法者的中国边检机关，工作水平得到充分展示，在国际边检领域的主导和引领作用进一步增强。

2016 年海事工作概要

中华人民共和国交通运输部海事局

2016 年，海事系统按照交通运输部党组统一部署，抓改革促转型、抓监管强服务、抓班子带队伍，保障了水上交通安全基本稳定。

【水上交通安全形势持续稳定】 全国运输船舶全年共发生水上交通事故 196 件，死亡失踪 203 人，沉船 82 艘，直接经济损失 2.4 亿元，同比分别下降 7.8%、8.6%、14.6%、30.8%。

【坚持“三化”建设统领海事事业发展】 一是面对新的形势、新的任务、新的要求，海事系统上下更加注重海事工作在实施国家战略，助力交通运输当好发展“先行官”和建设“四个交通”中重要地位和作用的把握，更加注重加强思想教育和宣传引导工作，从而更加坚定了“三化”的统领地位，深化了“三化”使命内涵的理解，强化了“三化”功能作用的发挥，进而有效地调动起广大干部职工干事创业的动力和激情，为事业的发展凝聚了思想共识和精神动力。二是瞄准“基本建成国内一流经济执法系统，基本达到海事管理国际先进水平”的总体目标，组织开展“三化”建设指标评价体系研究，分解细化目标任务，量化考核评价标准，使“三化”建设的发展目标更加明确，实践路径更加清晰具体，目标引路作用也更加有力。三是通过内部管理制度规范文件清单的建立和工作的开展，业已形成覆盖“三化”建设主要任务的 6 个大类、20 个门类，共 156 项规范性文件的制度体系框架，尤其是在“统一执法流程、统一服务标准、统一行为规范、统一视觉形象”的建设中，各项配套制度逐步健全，标准规范趋于完善，为“三化”建设夯实了制度基础，提供了实践依据。四是完成了 8 个类别 26 个示范点的建设，形成了一批可在全系统进行复制和推广的好经验、好做法。

【坚持狠抓安全监管】 一是落实交通运输部交通安全体系建设意见，部署海事系统各单位开展水路交通安全监管体系建设工作，探索建立平安船舶、平安渡口考核评价指标体系，组织开展水上交通安全风险管理试点，进一步完善了安全监管体系。二是深刻吸取“6·01”东方之星号客轮翻沉事件和“8·12”天津港特大火灾爆炸事故教训，深入隐患排查，强化隐患治理，全面开展后续整改工作，并加大了整改督查落实力度。扎实开展创建“平安船舶”专项行动，以四类重点船舶为对象，集中开展整治，通过专项活动的开展，发现了一些薄弱环节，解决了一批事故隐患。全面调整实施了宁波—舟山港核心港区、成山角、珠江口水域船舶定线制和报告制，进一步优化了重点水域的通航环境和通航秩序。三是研究分析了近五年来水上交通安全事故发生的规律，增强了安全监管的针对性。全国海事系统全力以赴对重点领域、重点环节加强安全监管，为水上交通安全形势的稳定奠定了基础。海事系统周密部署开展的全国海事系统“安全生产月”活动，得到了国务院安全生产委员会办公室的表彰。四是加强航运公司安全管理体系审核和日常监督检查，规范安全监管工作督查约谈，深化商渔船安全会商机制，加强船舶检验管理，完善了齐抓共管、综合治理的安全责任制度。五是深入开展世界海员日、环境日及中国航海日等系列活动，弘扬了航海文化，增强了社会公众的水上安全意识。六是在 G20 杭州峰会水上交通安保活动中，以最高标准、最严要求、最优作风通力协作，圆满完成安保工作任务。此外，还组织开展了南海海域巡航和渤海“碧海行动”计划，成功防御了“莫兰蒂”“妮妲”等超强台风，开展了钓鱼岛水域“天使勇气”轮与“闽晋渔05891”轮碰撞等事故的应急处置和调查工作。这一系列工作任务的圆满完成，表明海事应急反应和处置能力有了新的提升。

【坚持融入大局服务经济社会发展】 一是积极探索服务自贸试验区建设的创新举措，出台自贸试验区国际航行船舶登记制度，大力推动国际贸易“单一窗口”建设及粤港澳游艇自由行，一批服务自贸试验区建设的做法和经验得到复制，并有效推广应用。加快了南海水上安全导助航设施建设步伐，推进西南沙航标建设，5座大型灯塔全部建成，其中4座已发光投入使用，基本实现船舶自动识别系统信号覆盖西沙重点海域，有力配合了国家战略和外交大局。E航海战略有效推进实施，北斗地基增强系统建设和北斗船舶应急示位标在航海领域得以应用，中文版《北极航行指南（西北航道）》已出版发行，助推了国家航海保障能力的稳步提升。创新海事监管服务模式，主动服务自贸试验区建设。二是依法依规加强港口建设费征收管理，为水运基础设施建设和支持保障系统建设提供重要的资金支持。全面完成了船员服务“口袋工程”和AIS信息服务平台建设，这两项工作列入2016年交通运输部更贴近民生实事之中，得到了社会和服务对象的广泛认可。实施了履行《2006年海事劳工公约》配套制度标准，发布了《中国船员发展规划（2016年~2020年）》，促进了海员队伍健康发展。全面落实船舶排放控制区政策，2016年在长三角地区先行先试，建立了船舶油污损害赔偿基金使用管理制度，完成了首批两起船舶油污案件的理赔工作，海事服务绿色发展的能力又有了新的提升。三是清理和规范进出口环节收费，取得了良好的成效，推动出台的水路运输货物全过程只计征一次港口建设费优惠政策，每年能够为企业减负约2亿元。同时，调整船员适任证书、注册验船师的考试收费标准，取消航运公司安全管理体系审核收费，实行审核发证业务“网上申报”，以实实在在的举措切实减轻航运企业负担。在实施财政票据电子化改革和使用新版财政票据进程中，海事系统成为全国首家实现票据电子化改革的中央垂直管理部门。

【坚持依法行政】 一是积极配合立法推进工作，《中华人民共和国海上交通安全法》修订已列入国务院一类立法计划。持续推进实施海事法规“清单式”管理，实现了海事规范性文件目录清单动态管理，并逐步建立了现行有效的船检技术规范清单。修订完善多项船舶法定检验技术规范和行业标准，为海事执法提供了有力的法律支撑。二是进一步完善了海事权力清单，《海事现场执法工作规范》和《海事行政执法全过程记录管理办法》的实施，更进一步规范了海事行政执法流程和程序；《海事行政执法责任追究规定》的修订出台，强化了对“行政不作为”的责任追究；《海事行政执法结果信息公开管理办法》的实施，进一步增强了海事政务公开和执法的透明度。三是简政放权更加有力，全年新上报取消5项行政许可事项，累计取消和下放事项达30项，占海事全部行政许可事项总量的71.4%。认真落实“放管服”要求，优化行政审批运行机制，简化行政许可流程，减少143项申请材料，减少9项许可审批环节，压缩10项许可办结时间，审批效率显著提高。

【坚持创新驱动转型升级】 一是“十三五”规划建设布局逐步优化，印发了海事系统“十三五”发展规划和建设规划，编制完成了海事落实《国家重大海上溢油应急能力建设规划（2015年~2020年）》实施方案，开展了海事系统整体装备布局情况的专题研究，海事安全监管能力建设的重点方向更加明确。全年建设完成船舶交通管理系统4个，溢油设备库2个，码头基地工程17个，新增公务船艇31艘。二是“智慧海事”建设快速推进，信息化顶层设计正有序落地，海事协同管理平台和综合服务平台已在全系统得到了全面推广应用，集成应用系统达50余个，注册用户近30万。海事系统共享数据库主体工程建设业已完成，基本实现部分业务数据与公安部、最高人民法院、财政部等部委的共享互换，船舶报告系统上线运行，为海事“大数据”应用打下了良好的基础。三是重视加强制度“立、改、废”工作，制定出台了《直属海事系统内务管理规范》，完成了《党组工作规则》和《直属海事系统目标考评管理办法》等制度的修订，制度建设工作进一步得到加强。

【坚持以人为本能力建设】 一是直属海事系统深化基层执法机构改革已进入实施阶段，基层海事处机构改革各项任务已经部署。配合长江航运管理体制改革的工作业已完成，明确了对长江海事局水上交通安全监管实施业务领导的工作机制。组织开展了船检管理体制改革研究工作，形成了指导改革的初步意见，这都为深化海事改革的有序推进创造了良好的条件，打下了坚实的基础。二是组织直属海事系统处级以上干部深入学习党的十八届六中全会精神，深化对规范党内政治生活和党内监督的认识，提高了领导干部全面从严治党的理论水平。健全干部选拔任用机制，调整优化领导班子配备，协助部党组选任一批优秀干部走上局级干部岗位，激发了领导干部队伍活力。加强拔尖人才输出培养、专业人才实践培养、新录用人员初任培训工作，队伍建设思路更加明确、重点更加突出、力度更加增强。开展准军事化训练，强化了干部职工的服从意识、规矩意识和执行意识。加强“结对子”工作，深入开展业务交流、人员挂职和培训等深层次合作，互助共赢、协调发展取得新成效。三是国际影响力显著增强，在国际海事组织第 97 届海上安全委员会会议上作中国海事管理机制和实践活动的主题演讲，开启了60年来的先例，“中国经验”得到广泛关注。积极务实推进双边多边合作，2016年参与交流合作 14 次。更加注重参与全球海事治理，提交海事国际会议提案的数量增多，质量不断提升。连任国际海事组织集装箱和危险品运输分委会主席，选派两批次专家参加了对尼日利亚、巴布亚新几内亚的履约审核。海事国际事务工作机制不断完善，中国海事在国际海事舞台的影响力明显提升。

【政治保障更加坚强有力】 一是扎实开展“两学一做”学习教育，组织召开党建工作座谈会，推进基层党支部标准规范建设工作。二是印发“十三五”时期宣传和精神文明建设工作意见和实施方案。加强直属海事系统意识形态工作，继续深入培育海事核心价值体系，文化聚合效应显现。三是以“讲好海事故事，展示党的风采”主题宣传为主要载体，大力宣传党员的先锋模范作用和党组织的战斗堡垒作用，进一步激发广大党员的主体意识。四是印发“十三五”时期直属海事系统青年工作规划，青年成长成才平台进一步丰富完善。组织送温暖、困难帮扶和文体活动，增强了职工凝聚力和归属感。

2016年海关工作概要

中华人民共和国海关总署办公厅

2016年，在以习近平同志为核心的党中央坚强领导下，全国海关深入贯彻党的十八大和十八届三中、四中、五中、六中全会精神，认真落实党中央、国务院各项决策部署，以中国梦引领海关行动，齐心协力、扎实工作，切实把好国门、做好服务、防好风险、带好队伍，较好完成了各项工作任务。

一、突出全面从严治党，为海关工作提供坚强政治保证

海关总署党组率先垂范，把深入学习贯彻党的十八届六中全会精神和习近平总书记系列重要讲话精神作为首要政治任务，全面把握重大意义和丰富内涵，抓好学习宣传，贯彻落实各项工作。召开全国海关党的建设工作会议，制定全面从严治党实施意见，着力提升党员领导干部党建责任意识，对基层党组织设置进行集中规范，全面推进“支部建在科上”。扎实开展“两学一做”学习教育，组织“两优一先”评选表彰，引领和带动广大党员争做“四讲四有”合格党员。认真接受中央巡视，配合中央巡视组顺利完成政治巡视任务，年度整改任务已基本完成，得到中央巡视办充分肯定。通过整改，进一步强化海关系统党的领导、党的建设，推进全面从严治党，净化党内政治生态，党员干部理想信念更加坚定，“四个意识”特别是核心意识、看齐意识不断增强，自觉在思想上、政治上、行动上同以习近平同志为核心的党中央保持高度一致。

二、落实国家发展战略，服务大局成效明显

贯彻国家“十三五”规划，先后编制完成国家口岸发展和海关“十三五”规划。落实海关支持“一带一路”战略实施方案，深化与沿线国家通关协作，支持中欧班列发展，畅通国际物流大通道；服务京津冀协同发展、长江经济带建设，落实新一轮东北振兴等区域发展战略。认真落实稳增长调结构部署，全面清理规范进出口环节收费，帮助企业减负增效。创新通关监管服务，支持跨境电商、市场采购、外贸综合服务企业等发展。2016年我国外贸进出口总值24.33万亿元，同比下降0.9%，其中出口13.84万亿元，同比下降2%，进口10.49万亿元，同比增长0.6%。进出口逐季回稳，结构继续优化。一季度我国外贸进出口值明显下降，二季度企稳，三、四季度实现正增长，总体来看，全年呈现“前低后高、稳中向好”的走势，尽管外贸增速有所下滑，但降幅较2015年明显收窄6.1个百分点。加强国际海关合作，全年签署25份海关合作文件，其中11份在国家领导人见证下签署；开展AEO互认、安智贸、监管结果互认等机制化合作，参与世界海关组织、世界贸易组织、金砖国家、中国—东盟等多边和区域事务，海关国际话语权和影响力增强，口岸国际合作取得新成果。

三、着力夯实基础，强化有效监管

加强实际监管，探索实施“顺势监管”“先期机检”，无纸化通关全面推进。全年监管进出

口货运量39.8亿吨、运输工具3381.9万辆（架艘），同比分别增长0.8%、5.2%。强化行邮快件监管，加强通关监管环节反恐维稳工作。深刻吸取天津港“8·12”爆炸事故教训，严格落实各项管理制度。深入推进监管场所规范管理，开展危化品监管场所专项整治。创新加工贸易监管模式，推动加工贸易行政审批制度改革，简化内销征税模式，试点单耗自核。稳步推进“多查合一”，加大风险分析应用，构建进出口信用管理体系，全面应用社会统一信用代码。

四、深化综合治税，实现税收正增长

面对复杂严峻的外贸形势，全国海关坚定信心、攻坚克难，全年实现税收净入库15 388亿元，较上年15 000亿元的税收基数增长2.6%，其中，关税2 603.7亿元，进口环节税12 784.3亿元，同比分别增长2.3%和2.6%（较2015年15 094亿元的实际征税额增长1.95%，其中，关税和进口环节税同比分别增长1.7%和2%），超额完成调整后的税收预算目标，在进出口贸易下降的情况下实现海关税收正增长，并且做到依法依规，应收尽收，不征“过头税”。加贸、稽查等领域补税成效显著，尤其稽查补税增长11%，创历史新高。认真落实国家进口税收政策，全年减免税款约480.6亿元。加强税政研究，提出的税政建议占年度同类关税政策调整比率的60%。落实自贸协定，牵头推进中国—格鲁吉亚等自贸协定项下原产地规则谈判。

五、加强反走私综合治理，打击走私战果丰硕

深入开展“国门利剑2016”联合专项行动，围绕重点领域、重点渠道、重点商品，全面加大治理力度，侦办了一批走私大案，打掉了一批走私团伙，主要办案指标大幅增长。全年侦办走私犯罪案件2 633起，案值529.3亿元，同比分别增长17%、4%，特别是查证走私大米等粮食36.6万吨，是上年的4倍，创历史新高。查办毒品、武器弹药走私犯罪案件同比分别增长33.6%、63.6%，缴获各类毒品4.9吨。从25个国家和地区抓获外逃走私犯罪嫌疑人76名，其中红通人员3名、蓝通人员4名。缉私战区改革、“两简案件”办案模式改革落实到位。推进反走私综合治理，部际联席会议作用进一步发挥，地方政府的基础作用进一步加强。加大打私宣传，有力震慑走私违法犯罪。

六、全力推进改革攻坚，监管效能不断提升

“三互”大通关改革迈出坚实步伐，“单一窗口”在沿海口岸全部建成启用，基本实现口岸大通关核心环节信息共享，国务院发展研究中心评估认为成效比较显著。以上海和广州税收征管中心、上海和北京风险防控中心启动运行为标志，全国海关通关一体化改革落地生根，“一次申报、分步处置”、税收征管方式改革试点范围覆盖全国，隶属海关功能化改造取得初步经验。整合优化海关特殊监管区域取得新进展，自贸试验区监管创新扎实推进，新一批13项改革试点经验在全国复制推广，内销货物选择性征税、货物按状态分类监管、增值税一般纳税人资格等试点顺利开展。推进“放管服”改革，深化“双随机、一公开”，全国海关随机布控率达到94.3%，随机派员查验达到100%，应用的深度、广度逐步扩大。

七、内强素质外树形象，加强准军事化纪律部队建设

规范内务管理，开展岗位练兵和技能比武，培树一批先进典型。教育培训工作的针对性、有效性进一步加强。贯彻落实干部任用条例等规定，优化各级领导班子结构，深化重点区域干部交流。加大离任检查、选人用人检查、领导干部报告个人有关事项抽查力度。继续推进专业技术

类公务员分类管理试点，总结完善海关专家制度，开展干部平时考核试点，推动事业单位人事制度改革。全年通过深化“瘦上强下”、业务改革、简政放权及装备现代化，基层一线执法力量得到一定加强。

八、强化监督执纪问责，坚决惩治腐败

各级党组（党委）认真履行主体责任，主体责任工作制度初步建立。纪检监察机构切实履行监督责任，深化“三转”，坚持挺纪在前，查处一批违反党规党纪和中央八项规定精神的问题；以零容忍态度惩治腐败，针对中央巡视指出的执法领域窝案串案频发等问题，加大案件查办力度，坚持打私反腐“一案双查”。运用“制度+科技”手段，标本兼治推进源头反腐，制定日常监督办法，扎紧制度笼子。加大巡视力度，完成对7个单位党组的巡视。

九、坚持依法行政，扎实推进法治海关建设

推动出台《中华人民共和国海关稽查条例》，积极参与关税法等立法工作，建立规章清理长效机制。简政放权取得阶段性成效，行政审批实行“一个窗口”服务；两级内部核批目录建立，实现“目录之外无核批”。基本完成海关总署本级和海关系统权责清单编制，行政裁量权进一步规范，执法更加严格规范、公正文明。知识产权海关保护“清风行动”取得积极进展，备案申请量增长59.3%。行政复议诉讼的法律监督和救济作用充分发挥。“七五”普法宣传效果明显。

十、加大综合保障力度，着力提升运行效能

值班应急、机要保密、建议提案办理等工作得到加强。新闻宣传、新媒体渠道建设成绩显著。建成全国示范数字档案室，政务公开和海关网站在中央国家机关排名前列，12360热线品牌影响力进一步提升。督查督办工作有力，配合国务院督查组完成对海关落实国务院重大决策部署情况督查。政策研究有新进步，有的建议被中央采纳。跟踪分析外贸形势，上报一批有价值的报告和信息；及时发布外贸运行情况，推出中国外贸出口先导指数；严厉管控虚假贸易。

审计监督作用充分发挥。配合完成国家审计工作，大力推进审计发现问题的整改，年度整改任务全部落实。审计监督实现全覆盖，全年完成署级审计项目52个。开展联网审计、交叉审计，强化审计结果综合运用，审计决定和整改情况实现双公开。深入推进内控机制建设，内控节点覆盖率达80%。

金关工程二期整体进入试运行和验收阶段，一批应用项目初见成效，新一代智能信息系统建设工作启动。加大装备配备力度，新增一批监管船艇、监管装备设备，新型装备研发试用取得进展。坚持科学理财，资金使用效益进一步提高，预算管理、绩效管理、涉案财物管理更加规范。全国海关综合保障一体化改革全面推开。后勤保障工作扎实有效。

2016年出入境检验检疫工作概要

中华人民共和国质量监督检验检疫局通关司

2016年，全国出入境检验检疫系统紧密团结在以习近平同志为核心的党中央周围，全面贯彻党的十八大，十八届三中、四中、五中、六中全会和中央经济工作会议精神，深入落实习近平总书记系列重要讲话精神，围绕“五位一体”总体布局和“四个全面”战略布局，着力提升质量安全监管水平，围绕服务经济社会发展大局，实现了“十三五”检验检疫事业改革发展的良好开局。

一、不断提升质量供给水平

进一步加强和改进质量宏观管理，充分发挥企业质量主体作用，广泛动员全社会力量参与到质量管理中。一是开展消费品质量提升工作。国家监督抽查智能马桶盖等10类重点消费品，质量总体合格率达到90.3%，比2015年提升5.2个百分点。完成纺织服装等6个领域的国内外标准比对，促进消费品标准与国外先进标准并轨。开展出口食品农产品企业内外销“同线同标同质”工程，1 150家出口食品农产品企业实现“三同”，打造“三同”示范企业24家，帮助企业新增内销55.6亿元。开展14种电子商务产品质量国家监督专项抽查。二是着力提升出口商品质量。在质量调查方面，共采集进出口商品风险信息3.9万条，完成出口工业品、食品和农产品监督抽查9 410批，不合格商品检出率2.9%，完成出口退运调查2.4万次，完成境外通报调查261宗。在质量服务方面，对770家出口企业开展了技术性贸易措施调查，发布技术性贸易措施预警信息2 500多份，帮扶3 450家企业应对国外技术措施，对611家企业开展“缺陷消除”精准帮扶。在质量维权方面，对204宗进出口假冒伪劣商品案件实施了行政处罚，缴获假冒伪劣商品66万件，罚款140多万元。出口商品海外打假维权监测网新增缅甸、越南、孟加拉国和沙特阿拉伯。在质量共治方面，全系统建设完成158个国家级出口工业品、食品质量安全示范区，89个省级出口工业品、食品质量安全示范区，批准150家出口质量安全示范企业。三是持续提升服务业质量。在公共服务、物流服务、质量技术基础服务等9个领域，不断健全服务业质量评价指标，完善服务业标准体系，深化服务业质量监测机制。四是加强品牌建设。积极参与品牌评价国际标准制定，申请立项7项国家标准。发布2015年度768个品牌价值评价结果，开展2016年度974个品牌价值评价。对120个区域品牌开展价值评价，发布2015年区域品牌价值评价结果，累计批准筹建225个“全国知名品牌创建示范区”。新批准国家地理标志保护产品180个，累计达2 151个。

二、确保质量安全监管有效

聚焦消费品安全、国门安全，保持质量安全监管的高压态势，确保2016年未发生重大质量安全事件。一是加强消费品安全监管。深入开展“筑篱”专项行动，完成55项重点领域重大国家标准审批发布，开展首批消费品比对国际技术法规和标准770余项。加大消费品质量国家监督抽查力度，涉及120种产品、1.5万余家企业生产的1.6万批次消费品，其中检出不合格消费品1 465批次，不合格产品检出率为8.9%。深入开展“质检利剑”行动，开展重点消费品执法打假，共检查生产企业1.3万余家（次），查处质量违法案件2 573余起，涉案货值6 000多万元。加大缺陷产品召回力度，共召回缺陷消费品236次、618.4万件，同比分别增长131%和823%；召回缺陷汽车1 133.5万辆，同比增长103%；召回缺陷进口消费品114.3万件。开展跨境电商进口消费品质量安全专项监督抽查，共抽查1 013批，不合格率达40.9%。开展进口电子坐便器、汽车用制动器衬片等消费品质量安全监督抽查，不合格率26.49%。二是严密防护国门安全。完善国境口岸公共卫生体系建设，268个对外开放口岸通过核心能力标准验收。全国口岸妥善处置核生化有害因子7 459起。发现输入性寨卡病毒病12例、输入性黄热病6例、裂谷热1例、霍乱1例。截获输入性病媒生物12大类、335余万只，发现5种入侵新物种，检出各类病原体476批次。健全国门生物安全机制，国门生物安全纳入国家总体安全框架。推进口岸动植检规范化建设，推动旅邮检规范化示范口岸建设，全面推广“检疫官—查验CT机/X光机—检疫犬”（QCD）综合查验模式，全年共截获外来有害生物6 305种、122万种次，同比分别增长1.8%和15.97%。开展“绿蕾”专项行动，2016年1月~11月截获非法携带、邮寄进境的植物种子种苗2.05万批次、7.68万公斤，从中检出有害生物21 249批次，检出不合格饲料样品636个。严把进出口食品安全关，开展进口食品安全治理体系顶层设计，提出3个环节21项制度的基本框架。严格实施进口食品境外企业注册，将89个国家和地区的1.6万余家食品生产企业纳入注册管理。完善进口食品化妆品进出口商备案系统，实施输华食品随附官方证书制度，与84个国家和地区确认输华水产品卫生证书要求。研究高风险食品进口指定口岸监督管理办法，验收3个进口肉类指定口岸、3个进口肉类指定查验场、14个进口冰鲜水产品口岸。通过注册登记现场检查，淘汰境外输华大米生产企业28家。开展进出口食品安全监督抽检和风险监测，抽检24.9万批，覆盖全部食品种类。确定出口国体系评估等11项进口食品合格评定活动，前11个月出口食品合格率达99.98%。同时，检出并未予准入不合格食品2 596批。加强进出口商品质量安全监管，对进口煤炭实施批批放射性、外来夹杂物和8项环保项目的检验监管，共检出环保项目不合格商品284批、149.6万吨；对进口铁矿开展环保项目监测，监测进口铁矿石1.4万批、5.55亿吨。检出港珠澳大桥建设用进口钢筋安全项目不合格，实施退运，保证了重点工程用钢质量安全。组织2016年目录外进出口商品监督抽查，对电动平衡车、空气净化器、童鞋等15类进出口商品实施监督抽查，共抽查6 907批，检出不合格1 906批，不合格率为27.6%，其中进口不合格率为28.4%，出口商品不合格率为24.3%。持续开展“口岸天平行动”，对外索赔、行政处罚和预警通报案例326宗，为进口企业挽回直接损失1 933.42万美元。

三、深化检验检疫改革创新

进一步加大改革力度，深化检验检疫监管体制改革，推进简政放权，创新监管模式，提出系列改革创新举措。一是加速推进检验检疫一体化改革。全面推进e－CIQ主干系统全国上线，全面推进原产地业务一体化。全面推进检验检疫无纸化，无纸化报检企业覆盖率达98%，无纸化报检批次覆盖率达到80%。二是积极落实“三互”大通关建设。推进国际贸易“单一窗口”建设，厦门、福建、山东、宁波等地“单一窗口”已与检验检疫数据平台对接，上海、江苏、广东、深圳、珠海、河北等地也启动对接，便利企业办理申报手续。依托公共信息平台，推动口岸管理部门信息互联互通和共享。三是稳步开展法检目录管理改革。研究制定检验检疫法检目录管理改革方案和调整工作规程，将出口玩具等15个出口商品调出目录。四是不断提升口岸通关便利水平。全面做好世界贸易组织《贸易便利化协定》实施准备，开展口岸平均放行时间测算工作，出入境货物检验检疫平均放行时长7.5天，同比缩短32.53%。推进珠海查验机制创新试点，参与推进珠海口岸出入境旅客信息通报共享机制，协调解决粤澳新通道澳方一侧前端设置卫生检疫设备事宜，牵头研究港珠澳大桥珠澳通道检验检疫通关新模式。

四、全力服务国家战略布局

找准定位，充分发挥检验检疫职能优势，全力服务国家对外开放布局。一是推进“一带一路”战略实施。推进沿边重点地区开发开放，中欧班列扩量增效，以福建为核心区的“21世纪海上丝绸之路”建设，以新疆为核心区的丝绸之路经济带建设，与中国铁路总公司、广西壮族自治区政府签署合作备忘录，研发中欧班列检验检疫监管系统。二是支持自由贸易试验区建设。深入推进检验检疫制度的改革创新，配合商务部、国务院发展研究中心对自贸试验区创新事项进行评估，确定5项拟在全国复制推广的检验检疫改革事项，积极开展新设自贸试验区筹建工作。三是服务自由贸易协定战略。扎实做好已生效的13个自由贸易协定的实施工作，帮扶企业减免海外关税服务“优进优出”战略，选取230家龙头出口企业开展“一对一”帮扶，加大原产地优惠政策宣传，对出口企业、地方政府专题宣贯700场次，向各省政府报送协定实施分析报告65份，充分发挥原产地证书“经济国籍”作用。参与商务部应对出口巴西鞋类、出口墨西哥瓷砖反倾销工作，保护我国出口企业出口产品的合法权益。积极参加并推动中国—东盟自贸区升级谈判，参与中日韩、区域全面经济伙伴关系（RCEP）、中国—海湾国家合作委员会等自贸协定原产地规则谈判，结合重点产品的原产地构成和我国产业实际情况，研究重点产品的原产地标准，利用原产地标准制定，引导我国出口产品从低附加值向高质量、高附加值产品转变。四是支持跨境电商发展。配合财政部制定跨境电商“新政”产品清单，加强跨境电商质量安全监测，加大对外贸综合服务企业的支持力度，加强对市场采购经营主体和经营货物的监督管理，以及市场采购主要出口市场国际贸易技术措施研究。

五、稳步推进“互联网+质检”行动

围绕“互联网+质检”行动计划，强化顶层设计，注重统筹协调，整合共享质检信息资源，促进质检业务与信息化的深度融合，为有效促进质检事业改革与发展，建设“质量强国”发挥信息化支撑保障作用。一是全面上线试运行中国电子检验检疫主干系统，覆盖全国35个直属检验检疫局，主干系统全面整合CIQ2000、集中审单、电子监管等18个业务系统，有效对接39个专项系统，建成业务覆盖全面、应用集中整合的信息化平台，实现集中统一、互联互通，形成“多局如一局”的工作新机制，实现了业务信息的互联互通和内外交换，为“三互”大通关奠定了基础。二是加快推进国际贸易“单一窗口”建设，在国务院口岸工作部际联席会议机制下，会同有关部门制定国际贸易“单一窗口”建设框架意见和数据协调与简化建议书。开展检验检疫申报数据与国际标准（UN/CEFACT标准）对标工作，组织制定检验检疫申报数据元集，建立与国际标准的对照关系。主动开放检验检疫数据接口，总结并复制推广厦门出入境检验检疫局经验，实现检验检疫数据平台与各地单一窗口的对接和互联互通。三是加快推进检验检疫无纸化，实施范围覆盖所有检验检疫信用为B级以上的进出口企业，覆盖率达98%以上。实施无纸化通关平均每批次商品能够节省通关时间4~5小时，节省费用10元~20元。报检无纸化批次覆盖率达到60%以上。积极试点全业务流程无纸化，试点受理报检、检验检疫、出证放行等各环节、全流程数据传输电子化作业。

六、积极开展质检对外合作

加强质检对外合作，学习借鉴国际先进经验和做法，深入推进兼顾国际惯例和中国特色的质检事业改革，服务国家战略，促进外贸发展，在国际上发出中国质检声音。一是积极配合高层出访。参加党和国家领导人重要外事会谈6次，12次配合接待外国元首来访，将35项质检协议纳入高访成果；与重点国家、G20国家、“一带一路”沿线国家建立和开展部级质检磋商，接待国外副部级以上代表团或驻华大使102批次，对外签署合作协议95项，标准化内容首次写入G20成果文件。二是支持“一带一路”沿线口岸建设。指导国内沿线地区建设进口肉类指定口岸10个，进口冰鲜水产品口岸9个，新增进口水果指定口岸4个。三是大力实施技术性贸易措施能力提升工程。出台加强技术性贸易措施工作的意见，继续开展出口企业遭遇国外技术性贸易措施影响调查，首次开展钢铁、玩具、通信设备、水海产品和宠物食品专项调查，实施技术性贸易措施专题研究项目16项，在特色产业集聚地合作建立13个研究评议基地，加强了对国外技术性贸易措施的评议工作，评议率提高7%。

第 三 篇

全国口岸运行情况

2016 年全国空运口岸运行情况统计表

序号	省份	口岸名称	出入境人员（人次）	排名	进出口货运量（吨）	排名	出入境运输工具（架次）	排名
1	上海	上海机场	37 927 468	1	4 746 330	1	234 047	1
2	北京	首都机场	24 252 289	2	1 853 736	2	131 483	2
3	广东	广州机场	13 219 779	3	1 631 938	3	93 616	3
4	四川	成都机场	4 947 294	4	170 374	7	28 347	5
5	浙江	杭州机场	4 442 818	5	95 822	12	28 164	6
6	福建	厦门机场	3 314 438	6	227 548	5	24 350	7
7	山东	青岛机场	3 313 044	7	126 384	11	23 750	8
8	广东	深圳机场	3 096 177	8	167 826	8	28 507	4
9	天津	天津机场	2 788 967	9	193 116	6	20 899	9
10	江苏	南京机场	2 735 210	10	141 900	9	15 709	13
11	重庆	重庆机场	2 712 747	11	140 209	10	18 395	11
12	云南	昆明机场	2 655 731	12	29 273	15	20 438	10
13	湖北	武汉机场	2 516 746	13	71 925	13	17 543	12
14	湖南	长沙机场	2 148 364	14	11 841	22	13 888	14
15	陕西	西安机场	2 003 596	15	24 743	17	12 303	18
16	福建	福州机场	1 860 255	16	14 000	20	12 800	16
17	辽宁	沈阳机场	1 762 274	17	12 936	21	10 793	19
18	辽宁	大连机场	1 679 373	18	52 909	14	12 976	15
19	河南	郑州机场	1 253 234	19	251 260	4	12 316	17
20	浙江	宁波机场	1 168 838	20	26 109	16	9 278	20
21	广西	南宁机场	1 091 707	21	244	47	8 638	22
22	新疆	乌鲁木齐机场	947 599	22	15 857	18	8 662	21
23	山东	济南机场	898 365	23	8 261	24	6 919	23
24	黑龙江	哈尔滨机场	838 645	24	2 693	30	6 598	25
25	吉林	延吉机场	734 463	25	114	51	4 653	29
26	海南	海口机场	720 498	26	8 174	25	5 398	26
27	江苏	无锡机场	693 298	27	1 615	34	5 340	27
28	山东	烟台机场	663 884	28	14 213	19	6 705	24
29	吉林	长春机场	614 303	29	6 106	27	4 331	30
30	江西	南昌机场	587 799	30	3 889	28	3 934	32
31	福建	泉州机场	566 719	31	296	44	4 675	28

续表 1

序号	省份	口岸名称	出入境人员（人次）	排名	进出口货运量（吨）	排名	出入境运输工具（架次）	排名
32	山东	威海机场	521 028	32	2 332	31	3 330	35
33	贵州	贵阳机场	509 207	33	574	41	4 326	31
34	安徽	合肥机场	461 287	34	6 238	26	3 602	33
35	广西	桂林机场	441 201	35	120	50	3 118	37
36	浙江	温州机场	406 629	36	1 031	35	3 284	36
37	河北	石家庄机场	391 350	37	964	37	2 446	40
38	山西	太原机场	386 061	38	869	38	2 865	38
39	广东	揭阳机场	335 712	39	720	40	2 640	39
40	湖南	张家界机场	315 863	40	14	60	2 246	41
41	江苏	扬泰机场	219 397	41	1 905	33	1 543	42
42	宁夏	银川机场	179 258	42	285	45	1 089	47
43	江苏	徐州机场	168 823	43	485	42	1 485	43
44	甘肃	兰州机场	167 833	44	773	39	1 234	45
45	内蒙古	呼和浩特机场	154 734	45	431	43	1 275	44
46	江苏	常州机场	145 436	46	2 885	29	1 161	46
47	黑龙江	牡丹江机场	124 064	47	1	62	954	51
48	江苏	盐城机场	123 396	48	248	46	1 061	48
49	海南	三亚机场	111 578	49	8 941	23	3 546	34
50	江苏	南通机场	110 931	50	2 187	32	972	49
51	安徽	黄山机场	101 275	51	49	54	853	53
52	河南	#洛阳机场	85 692	52	25	56	522	55
53	广东	#湛江机场	75 025	53	32	55	876	52
54	西藏	拉萨机场	64 180	54	172	49	544	54
55	内蒙古	满洲里机场	37 916	55	24	57	957	50
56	青海	西宁机场	37 209	56	83	52	253	61
57	江苏	淮安机场	35 238	57	1 024	36	270	59
58	广西	#北海机场	33 876	58	0	63	228	63
59	湖北	#宜昌机场	33 508	59	79	53	226	64
60	云南	丽江机场	30 230	60	0	63	275	58
61	黑龙江	佳木斯机场	29 656	61	0	63	308	57
62	广东	#梅州机场	27 327	62	16	59	452	56
63	福建	#武夷山机场	12 223	63	4	61	206	65
64	内蒙古	海拉尔机场	9 525	64	17	58	243	62

续表 2

序号	省份	口岸名称	出入境人员（人次）	排名	进出口货运量（吨）	排名	出入境运输工具（架次）	排名
65	新疆	喀什机场	8 955	65	176	48	162	66
66	云南	西双版纳机场	8 835	66	0	63	255	60
67	黑龙江	齐齐哈尔机场	7 072	67	0	63	48	67
68	浙江	义乌机场	43 662		开放未满 3 年		350	
69	江苏	连云港机场	开放未满 3 年					
70	甘肃	敦煌机场						
71	内蒙古	鄂尔多斯机场						
72	新疆	伊宁机场						
73	云南	芒市机场						

表注：口岸名称前有“#”标志的为限制性航空口岸。

2016年全国海运口岸运行情况统计表

序号	省份	口岸名称	进出口货运量（吨）	排名	出入境人员（人次）	排名	出入境运输工具（艘次）	排名
1	山东	青岛	298 370 511	1	453 173	7	11 766	10
2	河北	唐山	294 365 760	2	113 152	25	5 453	16
3	上海	上海	276 327 246	3	4 382 056	1	25 551	2
4	天津	天津	239 801 426	4	1 238 193	5	10 840	11
5	山东	石臼	223 919 471	5	179 317	19	2 903	24
6	浙江	宁波	202 727 515	6	236 991	13	11 998	9
7	浙江	舟山	132 528 096	7	152 257	21	6 232	15
8	辽宁	大连	125 094 658	8	351 916	11	9 179	12
9	山东	岚山	122 997 915	9	71 617	29	3 508	22
10	江苏	连云港	110 001 072	10	160 458	20	5 381	17
11	广东	湛江	78 657 542	11	48 590	32	2 663	27
12	广西	防城	66 834 551	12	49 836	31	2 274	29
13	山东	烟台	60 646 883	13	336 135	12	3 605	20
14	福建	厦门	60 359 475	14	2 251 615	3	21 677	3
15	山东	龙口	46 977 598	15	49 902	30	2 709	26
16	广东	盐田	41 039 863	16	195 649	15	12 707	8
17	福建	泉州	39 245 871	17	231 020	14	4 867	19
18	广东	蛇口	38 887 312	18	3 222 543	2	60 023	1
19	广东	南沙	36 482 895	19	928 780	6	14 305	6
20	福建	福州	34 267 033	20	139 782	22	5 357	18
21	广西	钦州	32 798 435	21	25 845	39	1 273	39
22	河北	黄骅	32 468 913	22	11 919	48	559	49
23	海南	洋浦	26 621 897	23	35 758	35	2 398	28
24	广东	珠海	24 063 775	24	47 012	33	3 074	23
25	广东	湾仔	23 476 817	25	190 548	16	18 771	4
26	广东	惠州	22 611 301	26	29 787	37	2 194	31
27	广东	水东	15 504 596	27	15 056	43	900	42
28	河北	秦皇岛	14 451 772	28	89 531	27	1 702	33
29	山东	莱州	13 713 018	29	12 281	47	688	45
30	辽宁	丹东	13 491 603	30	180 865	18	1 346	37
31	浙江	乍浦	11 539 936	31	26 946	38	1 487	35

续表 1

序号	省份	口岸名称	进出口货运量（吨）	排名	出入境人员（人次）	排名	出入境运输工具（艘次）	排名
32	福建	宁德	11 408 987	32	15 028	44	892	43
33	山东	东营	11 270 977	33	11 260	50	636	47
34	广西	北海	10 958 863	34	20 172	42	1 289	38
35	福建	漳州	10 342 651	35	13 023	46	685	46
36	辽宁	营口	9 594 813	36	113 638	24	3 578	21
37	福建	秀屿	9 443 075	37	7 581	55	304	58
38	广东	阳江	9 322 177	38	7 594	54	365	55
39	江苏	大丰	9 199 180	39	14 891	45	820	44
40	山东	威海	8 828 110	40	365 104	9	2 009	32
41	辽宁	锦州	7 997 875	41	7 932	53	432	52
42	广东	潮阳	6 241 626	42	8 913	52	491	50
43	广东	潮州	4 824 146	43	6 172	57	308	57
44	广东	汕头	4 744 562	44	32 768	36	2 748	25
45	浙江	温州	3 833 224	45	4 783	59	232	59
46	山东	蓬莱	3 502 262	46	9 485	51	483	51
47	海南	八所	3 307 830	47	3 585	60	173	60
48	海南	海口	3 041 202	48	134 411	23	948	41
49	浙江	台州	3 005 059	49	36 589	34	2 226	30
50	广东	汕尾	2 251 010	50	4 877	58	319	56
51	广东	深圳	2 105 890	51	24 759	40	1 574	34
52	山东	石岛	1 714 031	52	363 692	10	1 424	36
53	山东	龙眼	741 787	53	23 290	41	1 034	40
54	海南	三亚	557 175	54	11 578	49	143	61
55	广东	广海	529 424	55	72 814	28	7 234	14
56	广东	万山	473 413	56	2 908	61	618	48
57	辽宁	葫芦岛	185 583	57	143	63	7	63
58	广东	广州	131 009	58	185 900	17	18 716	5
59	广东	莲花山	117 715	59	402 122	8	8 089	13
60	海南	清澜	116 113	60	572	62	65	62
61	广东	揭阳	89 449	61	0	64	0	64
62	福建	平潭	70 996	62	96 767	26	397	53
63	广东	九州	18	63	2 240 098	4	13 267	7
64	山东	潍坊	0	64	6 346	56	391	54

续表 2

序号	省份	口岸名称	进出口货运量（吨）	排名	出入境人员（人次）	排名	出入境运输工具（艘次）	排名
65	广东	大亚湾	0	64	0	64	0	64
66	广东	南澳	0	64	0	64	0	64
67	广东	西冲	0	64	0	64	0	64
68	江苏	如东	开放未满 3 年					
69	江苏	启东						
70	辽宁	盘锦						
71	广西	江山	（同防城一并统计）					
72	广西	企沙						
73	广西	石头埠	（同北海一并统计）					
74	天津	渤中	（同天津一并统计）					
75	辽宁	旅顺新港	（同大连一并统计）					
76	辽宁	庄河						
77	辽宁	长兴岛						
78	广东	赤湾	（同蛇口一并统计）					
79	广东	妈湾						
80	广东	东角头						
81	广东	梅沙	（同盐田一并统计）					

2016 年全国内河口岸运行情况统计表

序号	省份	口岸名称	进出口货运量（吨）	排名	出入境人员（人次）	排名	出入境运输工具（艘次）	排名
1	江苏	张家港	76 256 569	1	79 282	7	4 362	8
2	江苏	太仓	62 180 070	2	71 340	8	3 763	10
3	江苏	南通	51 403 683	3	53 265	12	2 789	12
4	江苏	江阴	32 234 602	4	47 979	14	2 612	13
5	江苏	镇江	28 186 806	5	34 795	18	1 860	17
6	江苏	南京	24 828 370	6	36 353	17	1 809	18
7	安徽	马鞍山	20 170 210	7	933	35	76	34
8	江苏	常熟	17 308 463	8	27 227	20	1 594	19
9	黑龙江	漠河	16 167 251	9	24	41	6	40
10	湖北	武汉	14 144 996	10	0	43	0	43
11	江苏	靖江	12 352 128	11	25 053	24	1 226	21
12	江苏	泰州	12 148 896	12	25 201	23	1 415	20
13	江苏	如皋	9 586 299	13	14 402	26	747	27
14	江苏	扬州	9 531 840	14	12 919	27	769	26
15	江苏	常州	5 794 891	15	6 985	28	373	32
16	重庆	重庆	5 710 629	16	0	43	0	43
17	广东	高明	4 397 233	17	64 103	10	3 801	9
18	安徽	铜陵	4 359 081	18	262	38	19	38
19	广东	中山	3 976 867	19	1 339 634	1	20 071	1
20	安徽	芜湖	3 798 151	20	3 430	31	270	33
21	广东	肇庆	3 272 822	21	36 549	16	4 566	7
22	广东	江门	2 944 589	22	107 274	5	5 709	5
23	广西	柳州	2 410 955	23	263	37	33	37
24	湖北	黄石	2 376 480	24	0	43	0	43
25	广东	南海	1 998 761	25	42 287	15	5 540	6
26	广东	新会	1 805 698	26	15 968	25	1 901	16
27	广西	贵港	1 779 732	27	2 844	34	379	31
28	江西	九江	1 376 219	28	75	40	5	41
29	安徽	池州	1 351 839	29	508	36	39	36
30	湖南	城陵矶	1 059 326	30	130	39	10	39
31	广东	鹤山	865 408	31	62 358	11	2 348	15

续表

序号	省份	口岸名称	进出口货运量（吨）	排名	出入境人员（人次）	排名	出入境运输工具（艘次）	排名
32	安徽	安庆	700 553	32	14	42	1	42
33	广东	三埠	682 721	33	6 683	29	843	24
34	广西	梧州	549 846	34	6 534	30	793	25
35	广东	新塘	515 380	35	2 978	33	419	30
36	广东	虎门	452 425	36	402 224	4	12 932	2
37	黑龙江	同江	407 974	37	67 187	9	1 145（+7 987）	22
38	广东	斗门	373 973	38	30 039	19	732	28
39	黑龙江	黑河	322 480	39	718 521	2	8 523（+31 959）	4
40	广东	容奇	166 079	40	632 295	3	10 819	3
41	黑龙江	抚远	102 595	41	101 088	6	2 590	14
42	黑龙江	萝北	75 943	42	48 211	13	945（+3 428）	23
43	黑龙江	佳木斯	24 628	43	0	43	0	43
44	黑龙江	呼玛	22 722	44	0	43	0	43
45	黑龙江	饶河	7 395	45	26 609	22	662（+1 894）	29
46	黑龙江	嘉荫	2 822	46	0	43	0	43
47	黑龙江	哈尔滨	1 567	47	0	43	0	43
48	云南	景洪	4	48	27 106	21	3 669	11
49	黑龙江	逊克	0	49	3 292	32	57（+2 739）	35
50	黑龙江	富锦	0	49	0	43	0	43
51	黑龙江	孙吴	0	49	0	43	0	43
52	吉林	大安	0	49	0	43	0	43
53	云南	思茅	0	49	0	43	0	43
54	黑龙江	绥滨	与富锦一并统计					
55	黑龙江	桦川	与佳木斯一并统计					

表注：括号内数字为该口岸冬季汽车出入境辆次。

2016 年全国公路口岸运行情况统计表

序号	省份	口岸名称	进出口货运量（吨）	排名	出入境人员（人次）	排名	出入境运输工具（辆次）	排名
1	新疆	霍尔果斯	25 575 568	1	411 700	23	51 668	25
2	内蒙古	#甘其毛都	15 535 196	2	563 118	20	463 185	9
3	广东	皇岗	13 522 881	3	35 436 735	4	8 452 162	1
4	内蒙古	#策克	11 977 688	4	299 415	27	253 496	13
5	广东	文锦渡	6 167 883	5	5 707 516	8	1 796 318	5
6	云南	瑞丽	4 143 674	6	15 756 480	5	3 975 104	3
7	广西	友谊关	3 197 590	7	1 312 630	14	109 975	20
8	云南	河口	2 650 512	8	3 148 742	10	201 809	16
9	新疆	#老爷庙	2 289 251	9	17 211	49	16 562	41
10	广东	深圳湾	1 858 894	10	42 831 754	3	4 388 461	2
11	广东	横琴	1 779 341	11	8 513 992	6	1 002 789	6
12	辽宁	丹东	1 665 656	12	251 500	28	154 127	18
13	云南	#腾冲	1 585 176	13	382 918	26	104 674	21
14	云南	磨憨	1 585 044	14	1 193 977	15	369 660	10
15	广东	福田	1 162 310	15	2 177 873	11	267 184	12
16	吉林	#南坪	1 081 543	16	14 459	52	48 049	27
17	内蒙古	二连浩特	795 850	17	1 774 000	13	480 158	8
18	内蒙古	#额布都格	679 736	18	71 261	43	50 303	26
19	黑龙江	绥芬河	635 469	19	814 000	18	66 493	23
20	内蒙古	满洲里	621 151	20	150 400	34	168 478	17
21	内蒙古	珠恩嘎达布其	617 086	21	92 611	40	57 861	24
22	广西	东兴	575 856	22	6 638 751	7	31 187	33
23	广东	珠澳工业区	525 380	23	1 838 532	12	39 771	28
24	云南	#孟定	464 643	24	393 731	24	235 843	14
25	广东	沙头角	454 779	25	3 537 369	9	815 727	7
26	新疆	伊尔克什坦	427 113	26	40 045	46	25 608	36
27	新疆	吐尔尕特	422 906	27	45 073	45	35 607	30
28	吉林	珲春	416 642	28	391 200	25	20 872	39
29	吉林	圈河	384 700	29	440 068	22	142 507	19
30	新疆	塔克什肯	382 702	30	168 461	32	13 597	43
31	内蒙古	#满都拉	380 014	31	97 194	38	31 984	31

续表 1

序号	省份	口岸名称	进出口货运量（吨）	排名	出入境人员（人次）	排名	出入境运输工具（辆次）	排名
32	新疆	吉木乃	350 844	32	88 427	41	5 879	48
33	云南	天保	332 538	33	1143 094	16	83 084	22
34	新疆	#都拉塔	305 028	34	27 598	48	21 097	38
35	黑龙江	#东宁	277 660	35	235 645	29	31631	32
36	新疆	卡拉苏	223 917	36	14 681	51	12 242	45
37	云南	#畹町	194 988	37	718 781	19	229 570	15
38	吉林	#长白	179 220	38	29 542	47	12 642	44
39	广东	拱北	147 113	39	123 576 659	1	2 958 157	4
40	新疆	巴克图	138 724	40	109 276	37	15 527	42
41	云南	打洛	110 822	41	1 028 939	17	291 551	11
42	西藏	#吉隆	104 704	42	76 192	42	27 505	35
43	云南	#勐康	100 636	43	58 430	44	38 412	29
44	吉林	#三合	73 239	44	8 512	55	5 868	49
45	吉林	#古城里	61 144	45	7 947	56	3 726	55
46	新疆	红其拉甫	57 530	46	13 117	53	5 162	50
47	内蒙古	#室韦	48 686	47	4 599	59	4 441	53
48	吉林	#临江	45 117	48	9 529	54	4 652	51
49	内蒙古	#黑山头	42 513	49	14 843	50	6144	47
50	广西	#龙邦	36 952	50	145 877	36	3 282	56
51	黑龙江	#虎林	35 686	51	224 773	30	4 166	54
52	吉林	#开山屯	33 116	52	7 009	57	4531	52
53	吉林	#沙坨子	29 853	53	3 440	60	2478	57
54	广西	#水口	23 585	54	160795	33	21 828	37
55	云南	#金水河	17 782	55	442 880	21	30 538	34
56	黑龙江	#密山	15 559	56	150 177	35	6 509	46
57	内蒙古	#阿日哈沙特	4 840	57	96 224	39	17547	40
58	西藏	#樟木	3 110	58	6586	58	842	58
59	新疆	#乌拉斯台	206	59	225	63	52	61
60	新疆	#红山嘴	162	60	946	62	248	60
61	广东	罗湖	123	61	81 231 123	2	0	62
62	内蒙古	阿尔山	19	62	1 088	61	350	59
64	广西	#平孟	0	63	217117	31	0	62
63	甘肃	#马鬃山	0	63	0	64	0	62

续表 2

序号	省份	口岸名称	进出口货运量（吨）	排名	出入境人员（人次）	排名	出入境运输工具（辆次）	排名
65	吉林	*集安	0	63	0	64	0	62
66	西藏	#普兰	0	63	0	64	0	62
67	新疆	#木扎尔特	0	63	0	64	0	62
68	新疆	#阿黑土别克	0	63	0	64	0	62
69	云南	都龙	开放未满 3 年					
70	广西	#爱店						
71	内蒙古	乌力吉						

表注：口岸名称前有“#”标志的为双边口岸。

2016 年全国铁路口岸运行情况统计表

序号	省份	口岸名称	进出口货运量（吨）	排名	出入境人员（人次）	排名	出入境运输工具（列次）	排名
1	内蒙古	满洲里	13 957 721	1	30 000	12	8 869	1
2	内蒙古	二连浩特	9 703 068	2	151 800	4	8 688	2
3	黑龙江	绥芬河	8 875 453	3	184 700	3	7 097	5
4	新疆	阿拉山口	6 512 344	4	39 500	10	8 379	3
5	吉林	珲春	1 957 069	5	4 200	15	1 330	8
6	新疆	霍尔果斯	567 434	6	32 400	11	2 032	6
7	广西	凭祥	407 917	7	73 275	7	1 667	7
8	云南	河口	390 524	8	7 300	14	1 227	10
9	吉林	图们	161 085	9	1 000	16	282	15
10	辽宁	丹东	134 376	10	144 900	5	1 263	9
11	河南	郑州	128 280	11	0	18	0	16
12	黑龙江	哈尔滨	86 801	12	0	18	0	16
13	吉林	集安	30 672	13	25 389	13	684	12
14	上海	上海站	23 790	14	109 675	6	362	14
15	北京	北京西站	15 188	15	53 787	8	365	13
16	广东	广州	3 836	16	3 362 499	1	7 985	4
17	广东	肇庆	175	17	50 914	9	726	11
18	广东	佛山	69	18	0	18	0	16
19	广东	东莞	12	19	390 043	2	0	16
20	广东	深圳	0	20	496	17	0	16

第四篇

各地口岸运行管理

北 京 市

北京市口岸分布示意图

口岸名称	批准开放时间	开放状态
首都国际机场空运口岸	1958.3	国际常年
北京西站铁路口岸	2009.11	国际常年

口岸数量及分布

截至2016年年底，北京市有经国务院批准的对外开放口岸2个，分别为北京空运口岸（北京首都国际机场）和北京陆路（铁路）口岸（北京西客站铁路口岸）。

口岸运行数据

2016年，北京口岸出入境人员2 430.60万人次，同比增长4.33%。其中，入境1 221.70万人次，同比增长4.42%；出境1 208.90万人次，同比增长4.25%。北京空运口岸出入境人员2 425.20万人次，同比增长4.40%；出入境飞机131 482架次，同比增长6.90%，其中入境66 171架次，同比增长6.90%，出境65 311架次，同比增长6.90%。北京陆路（铁路）口岸出入境人员5.40万人次，同比下降19.20%；72小时过境免签旅客达26 319人次，同比增长32.20%。

北京口岸海关监管进出境货物5 870.80万吨，同比增长37.35%。其中，进口货物5 730.80万吨，同比增长38.60%；出口货物140.00万吨，同比增长0.21%。海关征收关税610.40亿元，同比增长30.51%。

口岸综合管理

【努力做好大通关建设改革工作】 为贯彻落实《国务院关于印发落实“三互”推进大通关建设改革方案的通知》和《国务院关于改进口岸工作支持外贸发展的若干意见》，进一步推动大通关建设，加强和改进口岸工作，促进贸易便利化，北京市政府制定出台了《北京市落实“三互”推进口岸工作促进外贸发展的实施方案》，北京市口岸办与北京海关、北京出入境检验检疫局、北京边检总站等部门共同努力，着力推进“单一窗口”建设和“一站式作业”，打造更加高效的口岸通关模式；配合筹建北京市大通关建设改革协调推进机制，立足更加积极主动的对外开放战略；改善大通关整体环境，优化跨部门、跨区域通关协作，实现口岸管理部门信息互换、监管互认、执法互助，提高通关效率。到2020年将建成与北京市口岸和对外贸易发展相适应的通关管理体制机制和布局合理、功能齐全、运行高效的综合口岸体系。

【北京电子口岸升级改造项目进展顺利】 2016年11月17日举行了北京电子口岸升级改造暨中国（北京）国际贸易“单一窗口”上线试运行发布会。北京“单一窗口”内联全市各口岸，外联津冀及全国口岸，提供货物进出口申报、运输工具申报、资质办理、金融物流、政企大家庭、业务查询6项服务内容，覆盖进出口物流通关主要业务领域。北京“单一窗口”的突出特色集中体现在以下4个方面：一是服务总部经济发展模式，着眼北京地区企业总部聚集特点，帮助企业打破区域限制，建立国际贸易全国运营中心，一点接入单一窗口办理全国口岸业务，实现国际贸易业务的整合管理；二是助推京津冀物流协同，贯彻落实京津冀协同发展战略，与津冀口岸办已达成共识，推动三地电子口岸的互联互通，以“京津冀物流协同系统”为依托，打通三地的信息对接渠道，实现信息共享共用和业务联动发展；三是提升供应链管理水平，充分发挥“单一窗口”的资源平台优势，帮助企业进行数据简化、流程优化和应用整合，探索实现与口岸各部门和国际供应链上下游合作伙伴的数据无缝对接，打通B2B2C的“最后1公里”；四是注重全链条信用管理，通过整合、共享进出口环节各监管部门的处罚信息、评级信息等信用信息，一方面实现各部门对进出口企业全链条的联动监管，另一方面方便企业自身及时掌握信用情况，有效约束自身行为。

【“两线并行”推动北京新机场口岸建设】 围绕北京新机场口岸开放申报和口岸非现场设施建设两条主线，积极推进各项工作。一方面北京市口岸办与民航、海关、国检、边检等部门多轮沟通并广泛征求意见，北京市政府于2016年7月27日与河北省政府向国务院联合上报了《北京市人民政府、河北省人民政府关于申请北京新机场航空口岸对外开放的请示》，申请设立新机场口岸，核定口岸监管单位机构编制和口岸设施投资。另一方面，北京市口岸办与北京市协调推进新机场建设工作办公室共同谋划、提前介入，在新机场口岸开放批复以前，积极组织口岸查验单位与北京新机场建设指挥部就口岸非现场设施建设内容、建设用地、建筑形式及建设方式等进行多轮对接。

【通州口岸项目进入实质建设阶段】 2016年9月19日，通州口岸经济区项目举行奠基仪式，该项目总投资40亿元，是具有通关通检、仓储、配送、保税、加工、展示、销售等多种功能，涵盖国际物流、区域物流及城市物流的“三流一体”的现代化、集约化、国际化的绿色创新型口岸区域经济区。通州口岸项目共分5期建设，全部建成共计64万平方米，共建设各类口岸设施及配套写字楼16.70万平方米，于2017年年底前建成，已成功吸引了阿里巴巴、菜鸟网络投资的百世集团及百胜餐饮重要供应商三惠供应链等众多企业入驻。

口岸监管与服务

【北京边检总站开展“砺剑行动”打击非法出入境活动】 为坚决遏制和打击不法人员在北京口岸非法出入境，严密防范涉恐人员潜入潜出，北京边检总站自2016年1月1日开始，部署开展了为期3个月的“砺剑行动”，打击重点国家地区人员非法出入境活动专项行动，此次专项行动的重点是打击重点国家地区人员持用伪假护照、他人护照及非法获取证件非法出入境活动。行动期间，共查获非法出入境人员129人次，其中变换身份换持真实有效护照非法入境外国人25人次，同比上升108.00%。

【北京边检总站举行2016年边检服务品牌集中推介活动暨出境自助查验通道启用仪式】 2016年8月19日，北京边检总站以“顺畅国门，天天有你”为主题，在北京首都国际机场T2航站楼出境现场举办了中国边检服务品牌集中推介活动暨出境自助查验通道启用仪式。北京市副市长程红、公安部出入境管理局副局长陈斌出席活动并致辞，市旅游委、市商务委、市口岸办、首都机场集团公司和股份公司，以及相关驻场单位代表应邀出席活动。活动中，北京市、公安部出入境管理局、首都机场集团公司、北京边检总站领导共同为出境自助查验通道揭幕。自2016年8月19日起，首都机场作为全国首批两个试点空港口岸之一，在T2航站楼开启出境边检自助通关服务，符合条件的中外旅客和机组员工可选择出境自助通关，平均每人只需6秒~10秒即可快速通关，比人工查验快了近3倍。首都机场出境自助查验通道的启用，将有效提升首都机场和北京口岸整体服务水平，进一步提升北京作为国际交往中心的竞争力和吸引力。2016年，出境自助查验通道已累计验放出境人员59 546人次，全年使用自助查验通道入境人员已达2 669 958人次，占入境人员总数的21.90%，入境中国人自助通关比率已达31.10%。

【北京边检总站牵头研发的部级出入境综合数据应用平台和出入境证件样本数据库系统上线运行】 部级出入境综合数据应用平台集合了全国出入境系统近100亿条数据，并连通了民航、铁路等多个外部数据接口，使用了大数据计算等前沿技术，实现了海量数据的快速检索和关联分析，是推进公安信息化建设的最新成果，对于推

动边检查验模式转型升级具有十分重要的意义。出入境证件样本数据库系统是我国研发的第一个具有自主知识产权的大型出入境证件样本数据库系统，样本库内共收录205个国家和地区的2 285本（份）证件样本、2万余张图片数据，各边检站可实时采集上传最新样本数据，证件样本内容包括各国护照、签证、居留证、印章等，为执勤人员辨真识假提供有力技术支撑。

【北京边检总站不断深化改革提高管控服务水平】 2016年，北京边检总站以正规化、专业化为方向，不断深化各项公安改革措施，进一步提高维护口岸安全稳定的能力水平。作为公安部直属机关唯一试点单位，率先开展了执法勤务警员职务序列改革试点工作，拓宽了民警的职业发展空间。通过理顺指挥关系，调整查控工作流程，实施检查队勤务调整，推动转型升级和科学管理，达到明确各级职责定位，充实基层权力，压实基层责任，提高队伍整体履职能力，提高用警效率的目标。

【北京海关从区域通关一体化走向全国通关一体化】 一是巩固区域通关一体化改革成果，以提质增效为重点，拓展改革的深度和广度，大力推动区域通关一体化改革区区联动工作。二是围绕改革的目标、原则，不断深化思想认识，优化监管通关模式和协调配合机制，稳固建立一体化思维，不断优化监管通关模式和协调配合机制，着重在风险防控、监管通关、税收征管、专业审单、法规协作等方面夯实基础。三是完善跨区域通关一体化应急协调保障机制，保持和完善区域通关应急协调中心实体运行机制，提高跨区域通关应急事项处理效能。四是率先参与全国通关一体化改革试点。2016年京津冀区域通关一体化跨关区报关单共有14.70万票，同比增长16.90%。

【北京海关“三互”大通关建设有序推进】 2016年北京海关积极推动落实《关检合作“三个一”操作规程》，积极配合北京电子口岸的升级改造，推广海关总署统一版“一次申报”系统。“三互”大通关模式已推广至关区所有通关现场、所有依法需要报关报检的货物，实现了“三个所有”的工作目标，全年关检合作“一次申报”共计163.50万票。

【北京海关大力推进跨境电商监管改革】 积极营造良好的发展环境，建立健全以首都国际机场为进口枢纽，北京站邮政处理中心为出口枢纽的通关格局，先后开辟国门商务区、首都机场快件库、首都机场国航库和北京站邮政处理中心4个跨境电商通关现场，为现场通关提供有力保障。着重提供制度支持，按照财政部等三部门下发的18号文及海关总署26号公告要求，制定了《北京海关跨境电子商务零售进出口业务操作规程》。2016年共验放进口跨境电商商品242.50万件，同比增长6.80倍；价值3.40亿元，同比增长8.30倍。并且将电商邮政小包业务纳入一般出口通关模式，全年共验放跨境电商零售出口商品4 637.40万件，价值8.40亿美元。

【北京海关发挥离境退税政策作用，推动“旅游购物”发展】 北京海关加快推进离境退税工作的深入开展，支持北京市地方旅游业发展，进一步加强与国税部门的联系沟通，同时全力做好异地离境退税业务软硬件设施保障、设备安装与调试、现场关员培训等工作，保证了2016年7月1日京津冀地区异地离境退税工作顺利展开。2016年全年共办理离境退税业务2 892票，验核商品总金额约1亿元。

【北京海关进一步优化监管查验机制】 全面落实“双随机”工作部署，在关区所有监管查验现场使用查验自动派单系统，执行查验自动派场、查验人员随机组合及查验随机派单制度；严格实施“选查分离”和“查处分离”，布控、查验、放行及针对查验异常情况的后续移交处置均由不同部门承担完成。优化查验方式，进一步提高非侵入式查验比率。积极开展移动查验单兵作业系统试点工作，自主研发查验工作站及移动查验辅助系统。加强监管风险信息的提炼，提高查验的针对性和有效性。全面落实运输工具、货物、物品查验（检查）制度，对进出境航空器实施登临检查，对重点航班实施100%登临检查，对转关查验货物实施100%转关车辆箱体检查、施封锁检查。积极开展监管查验复查复验，以黑名单和计算机随机抽查为手段，在卡口管理环节全面开展复查复验工作。

【北京海关创新旅检现场作业模式】 2016年北京海关认真贯彻落实国务院及海关总署有关工作部署，加强行邮物品实际监管，严格税款征收，取得显著成效。空港旅检现场全年共监管进出境人员2 425.20万人次。在人力、设备等监管资源投入没有增长的情况下，对作业模式和程序进行大胆改革，有效提升执法效能，征收行邮税1.03亿元，同比增长3.50倍，实现历史性突破。

【北京出入境检验检疫局推进出入境物品质量安全追溯监管工作】 北京检验检疫局与浙江大学签署合作备忘录，共同开发建设“出入境物品质量安全追溯监管系统”，并依托该系统实施质量安全追溯监督管理工作，引导企业自愿加入追溯监管体系。优先将涉及安全、卫生、环保项目监管要求的出入境物品纳入追溯监管，制定实施了低比率抽检和低频次日常监管等首批8项监管便利措施。起草编制《检验检疫货物追溯编码编写规程》和《进出口产品追溯监管业务规程》两项检验检疫行业标准。2016年，北京地区的小笨鸟、国药集团、京东国际、蒙牛集团等69家企业加入追溯监管体系，产品覆盖预包装食品、医疗器械、生态原产地保护产品和跨境电商进出口商品等9大类、3 788种，追溯产品628万件，消费者扫码查询53万次。

【北京出入境检验检疫局构筑传染病疫情防控立体化防线】 北京出入境检验检疫局加强黄热病、寨卡病毒病、裂谷热等传染病疫情防控，全面投入使用“四秒通”入境人员检验检疫信息采集系统，构筑了涵盖境外、空中、口岸和境内的输入性传染病疫情立体化防线。首都机场口岸落实疫区航班重点监管、指定停靠，疫区旅客严密排查的工作要求，加强与北京市属医疗单位合作，并首次在口岸现场开展PCR快速核酸检测，实现了高效防控和科学监管。北京西站口岸通过完善传染病快速检测工作站，加大旅客入境现场医学巡查，与列车组协作等措施，建立了“三合作四检查”的防控机制。2016年共完成出入境人员监测体检6.90万人次，检出HIV抗体阳性53例、肝炎421例、梅毒血清抗体阳性186例、肺结核337例。在口岸入境旅客中共检出入境传染病365例，其中寨卡病毒病3例、黄热病4例、裂谷热1例，裂谷热病例为全国首次检出，黄热病病例为质检系统内首次检出，寨卡病毒病例为北京口岸首例。

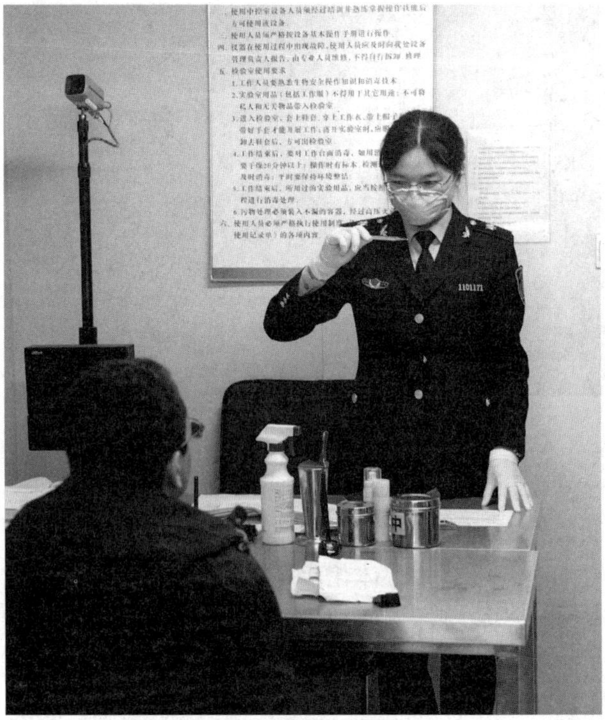

【北京出入境检验检疫局加强口岸有害生物防控】 北京出入境检验检疫局研发并应用红外低温监测技术，在质检系统内首次实现“人物合

一”的进境旅客查验模式。对进口食用水生动物、水果、饲料等农产品开展风险监控，完善了抽批检验模式，既实现了鲜活农产品的快速验放，又防止了有害生物入侵。2016 年共检出植物检疫性有害生物 17 种、270 种次，植物一般性有害生物 228 种、2 700多种次，不合格进境食用水生动物 59 批次，销毁处理阳性动物 22 头，销毁阳性观赏鱼 5 000 尾，检出进境不合格食用水生动物 62 批次。口岸截获禁止携带、邮寄进境物 3.60 万批次，截获有害生物 2 100 多批次。

开放口岸

【北京空运口岸（北京首都国际机场）】 北京空运口岸是中国地理位置最重要、规模最大、设备最齐全、运输生产最繁忙的大型国际航空港，为全球第二大机场，它不仅是中国首都北京的空中门户和对外交往的窗口，还是中国民航最重要的航空枢纽，也是中国民用航空网络的辐射中心。北京首都国际机场地处东经 116°35.7′，北纬 40°04.4′，位于北京市区东北方向顺义区境内，距离天安门广场 25.35 千米。北京首都国际机场于 1958 年 3 月 2 日投入使用，是国内首个投入使用的民用机场，也是中国历史上第 4 个开通国际航班的机场。北京首都国际机场共有 3 座航站楼：1 号航站楼于 1980 年 1 月 1 日启用，现有 13 个近机位登机口；2 号航站楼于 1999 年 11 月 1 日投入使用，现有 34 个近机位登机口；3 号航站楼于2008 年2 月29 日投入使用，现有87 个近机位登机口。北京首都国际机场是中国第一个拥有 3 座航站楼，双塔台、3 条跑道同时运营的机场。此外，还有位于 3 号航站楼西侧的北京首都国际机场专机候机楼，以及位于专机候机楼西南侧的北京首都国际机场公务机候机楼。

北京首都国际机场拥有远近机位 363 个，2 条 4E 级跑道、1 条 4F 级跑道，是中国国内仅有的两座拥有 3 条跑道的国际机场之一。截至 2016 年年底，北京首都国际机场拥有覆盖最广的国内航线网络和日益强大的国际及地区航线网络，总计 103 家航空公司入驻机场运行，其中国内航空公司 28 家，国外（地区）航空公司 75 家。联通全世界 66 个国家（地区），包括国内通航点 147 个、国际通航点 132 个。2013 年 1 月 1 日，北京首都国际机场成为国内首个实行 72 小时过境免签政策的机场；2015 年 4 月 15 日，正式实施 24 小时过境旅客免办边检手续。2015 年 7 月 1 日起，北京首都国际机场开始实施境外旅客购物离境退税政策。2016 年，北京首都国际机场 ACI 旅客满意度达到 4.98，连续 8 年荣获旅客吞吐量 4 000 万级以上最佳机场荣誉，连续 5 年获得“亚太区最佳机场”荣誉。

2008 年 7 月 23 日，北京天竺综合保税区（综合保税区以下简称综保区）获得国务院批复（国函〔2008〕64 号），总体规划面积 5.94 平方千米，成为全国首家依托空港口岸设立的综合保税区。2010 年 12 月，天竺综保区港区一体化功能启动，首都机场货物流转效率全面提高。天竺综保区内一级货站总占地面积 28 万平方米，相比旧货站面积扩展近60%，年设计吞吐量由原来的34万吨扩展到超过100万吨；进口二级监管库从原有的1.20万平方米扩展至4.60万平方米，出口拼装区面积从1万平方米扩展到1.50万平方米，收货场地宽度从60米扩展到150米，极大地提高了出口拼装区同时接收货物的能力。

2016年，北京空运口岸出入境旅客2 425.20万人次，同比增加4.40%。其中，出境旅客1 206.20万次，同比增加4.33%；入境旅客1 219.00万人次，同比增加4.47%。

【北京陆路（铁路）口岸】 位于北京市西三环莲花桥以东的莲花池东路上，南邻莲花池公园，北接中华世纪坛，地处北京西部的交通枢纽位置。北京西站铁路口岸经国务院批准于2003年10月1日起临时开放。该口岸运行北京直通香港列车（T97次、T98次），隔日到发各一对，运行时间不到24小时。北京西站铁路口岸拥有1 160平方米的联检大厅，由原来的软卧候车室临时改造而成，内驻有海关、检验检疫和边防检查3家联检单位。

2009年11月24日，国务院正式批复同意北京西站铁路口岸正式对外开放。2012年11月，北京市人民政府口岸办公室上报北京市人民政府的《北京西站铁路口岸正式开放实施方案》获批。

2016年，北京西站铁路口岸出入境旅客5.38万人次，同比下降19.10%。其中，出境旅客2.70万人次，入境旅客2.68万人次。

原二类口岸

【北京朝阳口岸】 位于北京东南东四环路与京津塘高速公路交汇处，毗邻北京经济技术开发区，通过京津塘高速公路与天津港相连。1994年10月朝阳口岸经北京市政府批准正式开放，专门服务于北京地区企业的海运进出口贸易，主要承担北京地区海运集装箱货物进出口通关查验及相关业务，是海关总署和国家质检总局批准的北京地区海运进出口货物监管通道，同时也是交通运输部批准的海运集装箱中转站。

朝阳口岸占地78.20万平方米，进出口监管仓库1.69万平方米，公共保税库0.31万平方米，冷藏库0.09万平方米，监管装卸平台0.36万平方米，集装箱堆场3.20万平方米；设有海关H986集装箱检测系统、检验检疫隔离区及熏蒸处理系统、海关电子闸口及朝阳口岸物流通关服务电子信息平台等。

2009年9月，北京市政府召开专题会议同意朝阳口岸外移至通州马驹桥物流基地。2015年11月3日，通州口岸项目首期两块建设用地已被口岸建设主体北建通成国际物流有限公司摘取。同时，北控集团和天津港就合作开发北京通州口岸和天津港北京进出口专用堆场、仓储设施项目正式签约，实现京津两市口岸运营企业互相投资口岸项目，利用经济纽带促进口岸合作发展。2016年9月19日，通州口岸经济区项目举行奠基仪式，该口岸具有通关通检、仓储、配送、保税、加工、展示、销售等多种功能，是涵盖国际物流、区域物流及城市物流的“三流一体”的现代化、集约化、国际化的绿色创新型口岸区域经济区。通州口岸经济区将会创立流通产业创新平台，主要针对汽车后产业、生鲜酒饮、国际主流消费品、智能家居产品及创新型生活服务业，提供跨国大宗采购、大型渠道分销、产业基金、仓储保税、物流配送等服务。

2016年，朝阳口岸监管货物100.70万吨，同比增长7.40%。

【北京丰台货运口岸】 北京丰台货运口岸是经北京市人民政府批准于1994年5月12日正式对外开放的内陆铁路货运口岸，地处北京西南丰台区内，东距广安门9千米，西离卢沟桥2千米，南傍京广铁路线，北邻京石高速公路，距离北京西客站5千米，口岸内有4.5千米铁路专用线与丰台火车站联通，2010年因丰台火车站改造，改为与石景山南站联通。

丰台货运口岸总占地面积0.37平方千米，基础设施比较完备，拥有包括海关监管库在内的各类库房40栋，其中35栋平库、3栋站台库、2栋楼仓，总面积达13万平方米，年均储存量5 600万吨。

口岸内驻有市政府口岸办西站铁路口岸处、北京海关驻车站办事处、丰台国检局等口岸管理和查验机构，口岸同时具有陆运和海运进出口货物通关资质。口岸可一站式完成进出口货物的报关报检及同空运、海运、非贸、边境口岸之间的转关手续，可实现各类货物的存放与报关前的集货，还可使进出口及国内发运、到达货物直接完成装车发运和卸车拆箱。口岸货物可经满洲里、阿拉山口、二连浩特、深圳北、绥芬河、丹东、凭祥等口岸，出口至俄罗斯、蒙古、朝鲜等国家和我国香港等地区，也可经以上口岸进口抵达北京，进口货物可分拨至我国大部分地区。可以根据客户需要开行北京至中亚、欧洲及国内指定站点的往返班列。

2016年，丰台货运口岸监管货物1.60万吨，同比减少12.50%。

【北京平谷国际陆港】 位于京津冀交界处，海陆空铁交通条件便利，便于实现多式联运。其所在的马坊物流基地是北京市重要的海运通道，是北京市“十一五”“十二五”规划重点规划建设的物流基地之一，也是北京市唯一正式纳入中关村国家自主创新示范区的物流基地。

2010年3月，平谷国际陆港正式开关运营，主要服务于北京及天津、河北、内蒙古、山西等地区，一直以打造成为服务首都的主要海运口岸、服务首都的展示交易平台、服务首都的物流配送基地、首都现代物流产业集聚区目标而建设发展。平谷国际陆港已建成1.80万吨全自动立体冷库、1.20万平方米电子商务大厦、2万平方米联检大楼、0.20万平方米查验楼、1.80万平方米监管仓库和查验平台、5.10万平方米监管堆

场、H986 海关查验设施、检验检疫无害化处理设施。截至 2014 年 12 月，还有 14.40 万吨全自动立体冷库、5.20 万平方米展示交易中心、9 万平方米标准化仓库、5 万平方米办公设施、10 万平方米标准化仓库正在建设。2014 年 11 月 3 日，国家质检总局正式批复了平谷国际陆港的肉类指定口岸资质。2014 年 11 月 17 日，国家口岸管理办公室正式批复平谷国际陆港为临时口岸对外开放。2015 年 1 月，又获批进口水产品指定口岸，进一步完善了平谷国际陆港的口岸功能。随着特色口岸功能进一步突出，平谷国际陆港加强了食品流通加工和冷链基础设施建设，努力构建布局合理、设施设备先进、功能完善的冷链物流城市共配平台，打造中央大厨房，实现多方位、门到门的冷链配送服务，努力解决冷链物流“最后 1 公里”问题，提高冷链配送效率和质量。

2016 年，平谷国际陆港监管货物 18.50 万吨，同比下降 2.70%。

2016 年北京市口岸大事记

1 月 20 日

北京首都国际机场 3 号航站楼国航 I－D（国际转国内）通程航班 X 光机顺利移位至 T3C T04 上包台，正式投入使用，实现了联检单位“远程一键拍停行李皮带”功能。

1 月 27 日

中共中央政治局委员、国务院副总理马凯到首都机场视察民航春运保障工作，慰问北京首都国际机场春运一线保障人员。

4 月 8 日

国家口岸管理办公室主任黄胜强在海关总署会见北京市新机场建设指挥部总指挥长洪峰，就拓展北京新机场口岸功能，整合口岸资源，优化人力资源及监管设施配置等问题深入交换了意见。

4 月 13 日

来自国际移民组织驻华联络处、欧盟代表团及部分欧盟国家驻华使馆的 16 名代表来北京边检总站，就出入境证件研究和移民管理工作进行了座谈交流。

4 月 21 日

中共中央政治局委员、北京市委书记郭金龙，北京市市长王安顺与海关总署署长于广洲在北京座谈，共商推动北京外贸创新发展。

5 月 4 日

北京首都国际机场 2 号航站楼正式开通国际转国内通程值机业务，标志着 2 号航站楼正式开通了“国际转国内通程值机行李免提”运行流程。

5 月 4 日

首都机场出入境检验检疫局配合使用“检验检疫业务主干系统”（e－CIQ）和“北京口岸物流监管平台”电子放行了一票北京经济技术开发区出入境检验检疫局受理的法检货物，货物从报检到空运舱单信息比对，再到电子放行仅用时 11 秒。标志着北京首都国际机场真正实现“通报、通检、通放”电子化运作和口岸“进口直通”货物的“秒级”通关。

5 月 26 日

中央纪委驻工商总局、国家质检总局纪检组组长刘实一行前往北京出入境检验检疫局调研指导工作，现场观摩北京出入境检验检疫局自主研发的国境口岸入境人员信息采集“四秒通”系统。

6 月 17 日

海关总署副署长鲁培军、国家税务总局副局长汪康、北京市副市长程红、天津市副市长赵海山在北京出席京津离境退税互联互通启动仪式，共同启动境外旅客京津异地购物离境退税互联互通合作机制。

6 月 18 日

北京市委副书记、市长王安顺到北京海关调研跨境电商业务，实地视察首都机场海关快件口岸跨境电商库，详细了解跨境电商业务开展情况及现场海关监管设施，听取了专题工作汇报。

7 月 27 日

北京市政府与河北省政府向国务院联合上报

《北京市人民政府、河北省人民政府关于申请北京新机场对外开放的请示》，申请设立新机场口岸，核定口岸监管单位机构编制和口岸设施投资。

8月1日

首都机场出入境检验检疫局与首都机场海关对114批直邮模式跨境电商快件首次实施共同机检线查验，标志着“共线、双屏、双控”的关检合作跨境电商监管模式的形成。

8月19日

北京边检总站以“顺畅国门，天天有你”为主题，在北京首都国际机场2号航站楼出境现场举行了中国边检服务品牌集中推介活动暨出境自助查验通道启用仪式。

8月23日

中央政治局委员、国务院副总理刘延东在北京首都国际机场迎接参加里约奥运会中国代表团凯旋。

9月6日

海关总署副署长鲁培军、邹志武赴北京海关调研，实地调研该关指挥中心、首都机场海关物流查验中心、天竺海关报关大厅、朝阳口岸查验现场等海关现场。

10月9日

北京市口岸办与内蒙古自治区口岸办签署了《京蒙口岸合作备忘录》。

11月11日

国务院发展研究中心会同海关总署到北京海关现场调研“三互”大通关改革落实情况。

11月17日

北京电子口岸升级改造暨中国（北京）国际贸易单一窗口上线试运行。

11月21日

北京市委副书记、代市长蔡奇到首都机场海关对快件中心跨境电商监管现场进行调研。

11月21日

国务院法制办到北京边检总站就《中华人民共和国出境入境边防检查条例》中涉及的边检限定区域管理、口岸安全管控及自助通道应用等内容进行实地调研。

11月25日

国家质检总局局长支树平一行到北京出入境检验检疫局进行调研。

12月1日

经过3个月的试运行，北京边检总站正式在北京首都国际机场2号、3号航站楼启用出境自助查验通道。

12月14日

北京首都国际机场2016年度旅客吞吐量突破9 000万人次，连续7年位居世界第二。

12月26日

丰台货运口岸整列搭载回程中欧班列的38个40英尺集装箱顺利运抵北京百子湾海关监管场所。

（撰稿人：谭峰、徐戈、庞柯、唐茜茜、朱明源、方蕾、汪晓祎、王海红、夏倩倩）

2016年北京市口岸流量统计表

口岸类型		口岸名称	货运量（万吨）				集装箱量（万标箱）				人员（万人次）				交通工具（辆、艘、架、列次）			
			出口	进口	合计	同比（%）	出口	进口	合计	同比（%）	出境	入境	合计	同比（%）	出境	入境	合计	同比（%）
空运口岸		北京首都机场口岸	13 699	5 613. 04	5 750. 03	38. 23					1 206. 19	1 219. 03	2 425. 22	4. 40	70 238	69 735	139 973	5. 54
		分计	13 699	5 613. 04	5 750. 03	38. 23					1 206. 19	1 219. 03	2 425. 22	4. 40	70 238	69 735	139 973	5. 54
陆运口岸	公路口岸	北京平谷口岸	0. 38	18. 12	18. 50	－2. 63							0				0	
		北京朝阳口岸	2. 28	98. 46	100. 74	7. 41							0				0	
		分计	2. 66	116. 58	119. 24	5. 72							0				0	
	铁路口岸	北京丰台铁路口岸	0. 38	1. 17	1. 55	－12. 50							0				0	
		北京西站铁路口岸									2. 69	2. 68	5. 38	－19. 20	0			
		分计	0. 38	1. 17	1. 55	－12. 50					2. 69	2. 68	5. 38	－19. 20	0			

续表

口岸类型		口岸名称	货运量（万吨）				集装箱量（万标箱）				人员（万人次）				交通工具（辆、艘、架、列次）			
			出口	进口	合计	同比（%）	出口	进口	合计	同比（%）	出境	入境	合计	同比（%）	出境	入境	合计	同比（%）
水运口岸	海港口岸				0								0				0	
		分计			0								0				0	
	河港口岸				0								0				0	
		分计			0								0				0	
合计			140.03	5 730.79	5 870.82	37.45					1 208.88	1 221.71	2 430.60	4.30	70 238	69 735	139 973	5.54
同比（%）			0.21	38.61							4.24	4.42			6.40	4.70		

（北京市口岸办提供）

2016 年北京市口岸出入境主要数据表

<table>
<tr><th colspan="3">项目</th><th>2016 年</th><th>2015 年</th><th>同比（%）</th></tr>
<tr><td rowspan="14">出入境人员
（人次）</td><td colspan="2">出入境人员总数</td><td>24 306 000</td><td>23 296 875</td><td>4.33</td></tr>
<tr><td colspan="2">入境人员</td><td>12 217 109</td><td>11 700 410</td><td>4.42</td></tr>
<tr><td colspan="2">出境人员</td><td>12 088 891</td><td>11 596 465</td><td>4.25</td></tr>
<tr><td colspan="2">出入境旅客</td><td>22 721 616</td><td>21 717 139</td><td>4.63</td></tr>
<tr><td colspan="2">出入境员工</td><td>1 584 384</td><td>1 579 736</td><td>0.29</td></tr>
<tr><td rowspan="5">中国公民</td><td>小计</td><td>17 304 474</td><td>16 174 087</td><td>6.99</td></tr>
<tr><td>大陆（因公）</td><td rowspan="2">16 029 667</td><td rowspan="2">14 881 230</td><td rowspan="2">7.72</td></tr>
<tr><td>大陆（因私）</td></tr>
<tr><td>港澳居民</td><td>756 453</td><td>785 512</td><td>-3.70</td></tr>
<tr><td>台湾同胞</td><td>518 354</td><td>507 345</td><td>-2.17</td></tr>
<tr><td colspan="2">外籍人员</td><td>7 001 526</td><td>7 122 788</td><td>-1.70</td></tr>
<tr><td colspan="2">从海港出入境人数</td><td></td><td></td><td></td></tr>
<tr><td colspan="2">从陆港出入境人数</td><td>53 787</td><td>66 548</td><td>-19.18</td></tr>
<tr><td colspan="2">从空港出入境人数</td><td>24 252 213</td><td>23 230 327</td><td>4.40</td></tr>
<tr><td rowspan="5">交通运输工具
（辆、艘、架、列次）</td><td colspan="2">总计</td><td>131 848</td><td>123 381</td><td>6.86</td></tr>
<tr><td colspan="2">船舶</td><td></td><td></td><td></td></tr>
<tr><td colspan="2">飞机</td><td>131 482</td><td>123 017</td><td>6.88</td></tr>
<tr><td colspan="2">火车</td><td>366</td><td>364</td><td>0.5</td></tr>
<tr><td colspan="2">机动车辆</td><td></td><td></td><td></td></tr>
</table>

表注：根据公境检〔2012〕25 号文件，对外提供数据出入境内地居民人数（不分因公、因私，不提供前往某一国家、地区人数）。

（北京出入境边防检查总站提供）

2016 年北京海关主要数据统计表

项目		2016 年	同比（%）
进出口货运量（万吨）	合计	5 870. 82	37. 35
	进口	5 730. 80	38. 61
	出口	140. 02	0. 20
进出口贸易总值（万美元）	合计		
	进口		
	其中：江、海运输		
	铁路运输		
	汽车运输		
	航空运输		
	邮件运输		
	其他运输		
	出口		
	其中：江、海运输		
	铁路运输		
	汽车运输		
	航空运输		
	邮件运输		
	其他运输		
税收（亿元）	两税合计		
	关税入库	610. 40	-
	进口环节税入库		

（北京海关提供）

2016 年北京市出入境检验检疫业务统计表

项目		货物检验检疫				交通工具				集装箱量（标箱）		发现动植物疫情		货物通关		出入境人员查验（人次）	健康检查及预防接种（人次）			
		批次	金额（万美元）	检验检疫不合格																
				批次	金额（万美元）	船舶（艘）	飞机（架）	火车（列）	汽车（辆）	合计	检出问题	种类数	种次	批次	金额（万美元）		健康检查	艾滋病监测	发现病例	预防接种
本年累计		184 999	1 360 239	4 415	12 626.02	0	130 919	4 392	0	131 194	2	247	2 422	208 930	1 163 436.89	25 897 457	69 272	69 874	4 282	131 032
其中	出境	15 195	91 526	18	44.08	0	65 098	2196	0	0	0	0	0	21 296	93 195.89	12 936 622	47 885	46 400	3 040	131 032
	入境	169 804	1 268 712	4 397	12 581.94	0	65 821	2 196	0	131 194	2	247	2 422	187 634	1 070 241	12 960 835	21 387	23 474	1 242	0
同比（%）		-2.46	10.56	21.42	-0.17	-	7.27	2.91	-	-11.46	-33.3	-2.76	12.8	5.93	-25.72	7.86	-0.31	-0.66	-15.09	4.56
其中	出境	-8.93	-15.25	-45.5	-84.34	-	7.09	2.91	-	-	-	-100	-100	-11.02	-31.46	7.66	-2.98	-2.06	-19.77	4.56
	入境	-1.83	13.04	22.04	1.74	-	7.45	2.91	-	-11.46	-33.3	-2.37	12.9	8.27	-25.18	8.05	6.24	2.23	-0.96	-

（北京出入境检验检疫局提供）

天 津 市

天津市口岸分布示意图

口岸名称	批准开放时间	开放状态
天津水运口岸	历史延续(1860)	国际常年
天津空运口岸	1995.10	国际常年
天津渤中水运口岸 (海面油田交货点口岸—渤中28-1) (海面油田交货点口岸—渤中34-2/4) (海面油田交货点口岸—渤中25-1-1/25-1S)	1988.07	国际常年

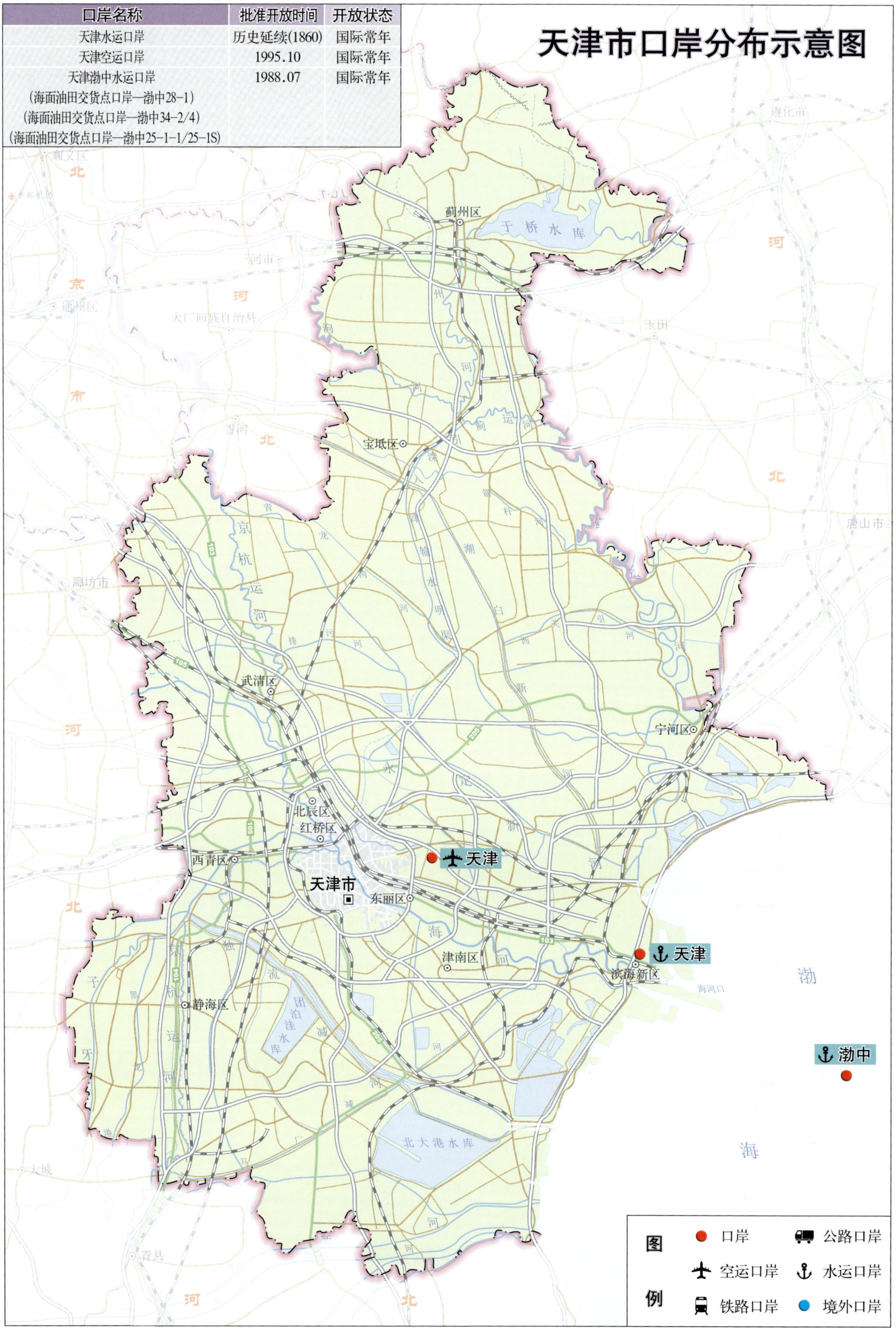

口岸数量及分布

截至2016年年底，天津市有经国务院批准对外开放的口岸3个，分别是天津水运（海港）口岸、天津空运口岸（天津滨海国际机场）、渤中水运（海上石油交货点）口岸。

口岸运行数据

天津口岸是中国北方最大的综合性口岸，陆域面积132平方千米，拥有集装箱、矿石、煤炭、焦炭、石油及制品、钢材、大型设备、滚装汽车、液体化工、液化天然气、散粮、国际邮轮等专业化生产性泊位157个，其中，万吨级以上泊位113个。

2016年，天津口岸进出口贸易值为1 702.35亿美元，同比减少9.1%。其中，进口828.68亿美元，同比减少5.8%；出口873.68亿美元，同比减少12.1%。

天津港货物吞吐量为5.5亿吨，同比增长1.9%；集装箱吞吐量为1 451.9万标箱，同比增长2.9%。其中，外贸货物吞吐量为2.97亿吨，同比减少0.5%；外贸集装箱为763.02万标箱，同比增长3.5%。天津机场货邮吞吐量为23.71万吨，同比增长9.1%，其中，进出境货邮吞吐量12.77万吨，同比增长1.6%。

天津口岸出入境人员共404.03万人次，同比增长31.4%。其中，空运口岸出入境旅客262.07万人次，同比增长28.0%；海运口岸出入境旅客77.50万人次，同比增长58.3%。空运口岸出入境飞机共26 413架次，同比增长12.7%。水运（海港）口岸进出境船舶共18 010艘次，同比增长3.9%。2016年，天津国际邮轮母港累计接待国际邮轮142艘次，比去年同期增加46艘次。

口岸综合管理

【口岸服务京津冀协同发展取得新成效】 京津冀区域通关一体化改革进一步深化，实现多地通关如一地通关。2016年，天津关区共申报一体化报关单239.8万票，京津冀区域通关报关单4.1万票。京津冀检验检疫一体化改革进一步深化，在京津冀区域率先完成中国电子检验检疫e－CIQ主干系统测试并正式上线运行，为全国检验检疫业务通关一体化改革提供了可复制推广的成功经验。2016年，京津冀区域共实施进口直通、出口直放货物17.88万批次，货值140.90亿美元；通关时间较改革前平均每批货物节省0.5天，每标准箱节约通关物流成本约100元。

京冀两地无水港实现扩能升级，石家庄无水港进口毛皮实现海关直通放行，衡水无水港检验检疫和港口服务功能进一步完善。推动内蒙古呼和浩特沙良铁路口岸转型升级，建设具有口岸服务功能的多式联运物流基地。2016年，天津口岸20个无水港投入运营，运营总量33万标箱，同比增长3.1%。

天津静海口岸服务区进口第六、七类固体废物监管模式及宁河口岸服务区检验检疫功能进一步调整完善。中铁天津集装箱中心站开通运营，口岸查验配套设施建设积极推进，为天津口岸打造海铁联运升级版奠定了基础。

【口岸服务机制创新取得新进展】 天津国际贸易单一窗口平稳运行。建成涉及11个单位的8项通关服务功能、9项港口服务功能和130多项在线查询和办事服务功能，为京津冀及全国各地企业在天津口岸便捷通关提供通关、通检、港口服务等一体化口岸通关信息化服务。国务院自贸试验区工作部际联席会将天津单一窗口实施的“互联网＋企业免费报关和港口服务”列为在全国范围复制推广的改革试点经验。截至2016年12月底，单一窗口报关应用企业464家，直接服务企业数量为4 000余家，间接服务企业10 000余家，报关单296.25万票，联检核放出入境船舶3.56万艘次，有效降低了企业通关成本，提高了口岸通关效率。建立天津口岸共享共用机制，推出第一批共13项口岸信息共享共用目录，信息交换1 500万条，其中，关检放行、查验及船舶动态等信息交换 1 200 万条，为单一窗口服务机制高效运行提供了保障。

天津跨境电商信息平台为产业发展提供支撑保障。2016 年 3 月 1 日，跨境电商保税进口系统成功运行。4 月，根据国家跨境电商新政和海关总署要求，对现有平台提升完善。6 月 30 日，跨境电商平台对接海关总署统一版系统上线运行，成为全国第一个在推广阶段与海关总署进口统一版系统对接并上线运行的地方平台。“双十一”当日，平台申报订单达到 4.4 万单，为天津市跨境电商产业加速发展提供支撑保障。截至 2016 年 12 月 31 日，平台备案企业 80 家，对接企业 50 家，备案商品 3 704 种，清单申报 22.23 万单。

天津口岸监管服务模式不断出新。实行人员、交通工具进出境 7×24 小时通关，进出口货物网上通关、工作日延时通关和节假日加班通关。天津海关率先实行平行进口汽车保税仓储政策，“双随机、一公开”改革范围逐步扩大；天津出入境检验检疫局深入推进无纸化改革，实施业务提速增效创新举措；天津海事局优化口岸通航环境，加强“智慧海事”等信息化平台建设；天津边检总站深化多方共管机制，提高口岸管控能力。全面实施天津口岸邮轮旅客散客式验放通关模式，旅客出境通关效率提高 60%。

天津口岸全面推进“一站式作业”改革。按照《天津口岸全面推行“一站式作业”改革工作方案》和《天津口岸实施集装箱货物“联合查验、一次放行”通关模式工作方案》，在东疆、北疆两港区设置“一站式作业”查验场所，按照统筹规划、分步实施的原则，在东疆实现冻品、冰鲜、食品等货类的联合查验，空港口岸在华宇和 TCS 货站实现快件、个人物品联合查验。制定《天津口岸国际航行船舶联合登临检查工作机制配合办法》，为开展国际航行船舶联合登临检查试点打好基础。东疆国际邮轮母港入境旅检通道“一机一台”设施改造完成，入境旅检通道“一机一台”通关模式正式实施。

开展免除港口查验作业费试点，显著降低通关成本。自 2016 年 3 月 1 日起，在天津海港口岸开展免除外贸集装箱查验作业服务费试点，对查验没有问题的外贸企业，免除其因海关查验引起的进出口集装箱重箱吊装、移位、仓储等费用。2016 年 4 月 1 日起全面试点。截至 2016 年 12 月底，共为 9.47 万标准集装箱减免费用 6 050 万元，有效降低了企业成本。

天津国际贸易与航运服务中心“一站式”通关服务质量不断提升。各窗口单位进一步加强作风建设，通关环境满意度达 99.8%。2016 年，航运服务中心受理进出口报关单 117.17 万票，贸易值 990.10 亿美元，占天津口岸的 57.8%；受理出入境报检 38.61 万批次、进出境通关单 18.21 万票、海事行政项目审批业务总量 4.64 万件，办理集装箱手续 1 451.89 万标箱。

【口岸扩大开放取得新成果】 天津海港口岸承载能力进一步提升。实现了大沽口港区口岸太原重工、临港港务和博迈科码头共 9 个泊位正式对外开放，新增货物通过能力 698 万吨，提升了口岸承载能力，丰富了服务功能。大港、高沙岭、北塘等新建港区相关码头泊位、监管场所、办公场所等设施建设大力提升，口岸对外开放基本具备市级预验收条件。进一步优化天津口岸开放服务保障企业机制，为天津港石化、临港博迈科、临港港务、中海油 LNG、中船重工等企业新建码头办理国际航行船舶临时停靠 79 艘次，进出口货物 206 万吨，货值约 10.5 亿美元，直接服务保障企业生产经营，有力地支持了临港经济和产业发展。

天津空港口岸服务功能进一步丰富。国家质检总局对天津空港国家进境水果指定口岸项目开展了正式验收。天津机场国际公务机楼口岸设施改造及通关流程进一步优化，公务机旅客、机组的服务品质大力提升。为天津夏季达沃斯论坛等重大活动提供口岸通关服务保障。

【健全协同高效的口岸工作运行机制】 天津口岸大通关协调工作机制进一步完善。成立由天津市口岸办、天津海关、天津出入境检验检疫局、天津海事局、天津边检总站、天津港（集团）有限公司、天津滨海国际机场等部门组成的大通关工作推动组。立足改善口岸环境，提高通关效率，降低企业通关成本，提升天津口岸综合服务水平，重点研究通关难题，调研收集企业意见，协调处理通关问题，推动天津口岸服务水平进一步提升。

为进一步推进滨海新区开发开放，成立了口岸及开放部门，服务滨海新区开发开放工作，天津市口岸办、滨海新区政府、口岸各查验部门及市有关开放部门和滨海新区各功能区管委会、相关委办局、口岸运营主体单位形成合力，共同推进滨海新区开发开放和天津口岸建设发展。

成立了天津空港口岸大通关建设推动组，建立空港口岸大通关协作机制，大力推进空港口岸通关模式创新。

建立了服务区县共同促进外贸持续稳定增长工作机制，向天津市全部区县政府发放“服务函”，征求口岸服务需求，为各区县量身定制口岸服务措施。

口岸监管与服务

【天津边检总站】 2016 年，共检查出入境人员 4 040 259 人次，同比增长 31.4%；检查出入境交通运输工具 31 761 架（艘）次，同比增长 9.2%；检查大型邮轮 278 艘次，同比增长 56.2%；接布控 5 568 人次，同比增长 32.1%；查获在控人员 292 人次，同比增长 24.8%；查获违法违规人员 290 人次，同比增长 30%；查获网上在逃人员 41 人次，同比增长 215.3%。

大力加强反恐维稳工作，圆满完成重点安保任务。一是严密查布控工作。严密查布控措施，编制查布控工作指引，定期会晤、约谈交控单位，实现了布控信息录入零差错。认真做好网上追逃人员变换身份信息核查工作，全年核查天津市、河北省人员 5 072 名，发现疑似变换身份人员 42 名。二是完善反恐处突体系。健全工作机制，修订了反恐基本预案和反恐工作常态化管理规定，建立了重要活动、敏感时期反恐处突小分队战备巡逻机制，开展反恐处突演练 82 次。与天津市应急、外事管理、反恐、国家安全、边防、海警等部门建立协作机制，共享情报线索 30 余条，对外移交管辖案件 12 起。强化证研工作，加快证研室建设和专家型人才培养。三是加大重点查验力度。强化重点人员审查，设置了专门的后台核查小组和核查岗位，引入了“重点人员前台采集质量复核系统”和“入境航班舱单比对平台”，组织了后台模拟演练，编发了各类信息平台操作指引，加大了过境人员、离船入境船员核查比对力度。建立管控措施动态跟踪增补机制，实施了要情通报制度，动态更新了重点人员查验指引。

深入推进多方共管机制建设，海港边检管理改革试点初见成效。一是深化改革试点工作。把南疆站作为改革试点，强化顶层设计、统筹研究部署、重点督导推进。着力缩减勤务指挥层级，做强勤务指挥室，建立“指挥长——执勤队”的两级指挥模式，实现了扁平化指挥。着力改革勤务运行模式，优化警力资源配置，按照“小单元执勤”和“横向合成作战”的思路，试行综合执勤队，培养复合型检查员，实现了警力无增长改善。着力创新管理模式，划定警务责任区，设立警务室，直接对接辖区企业、船方和办事群众，实现了网格化管理和服务窗口前置。改革试运行 5 个月以来，南疆站具备持章验证能力的复合型检查员比重由 20% 提升至 85%，一线警力占总警力比重由 76% 提升至 89%。累计为企业节省时间 2 300 小时，降低成本 690 万美元，在警务评议中辖区企业“满意”以上评价率达 100%。二是深化多方共管成果。强化责任共担，与天津港集团签署合作备忘录，对天津港 40 个港务公司的港区基础设施和内部管理情况进行专项检查，发现问题 68 个，并及时通报，督促整改。强化港区协管，协管员数量由 532 人增至 738 人，专职协管员达 336 人。目前，口岸多方共管工作机制和边检警务责任区制度被纳入《天津市推进“三互”大通关建设合作备忘录》，多方共管经验被选为天津自贸试验区建设优秀案例。

不断优化边检服务措施，口岸通关便利性明显提升。一是服务口岸大通关。在严格落实上级各项服务措施的基础上，积极参与国际航行船舶口岸联合登临检查机制的研究讨论和框架设计，助力天津口岸“一站式作业”改革。加快自助通关系统建设，建成9条能够实现分时段出入境查验的自助通道，用于邮轮旅客验放。面对多艘邮轮同时停靠的通关压力，派民警赴境外随船验证，确保了邮轮旅客到港即可登陆。设计制作东疆边检二维码贴，推行扫码查验，实现了对团体旅客和零散旅客的区分查验。二是服务滨海新区开发开放。主动跟进天津公务机楼边检设施建设，并专门从海港站抽调整建制科队，建立公务机执勤队。加快筹建大港、北塘边检站，办公用房建设全面竣工，基础设施设备安装调试全部完成，已基本达到入驻条件。积极跟进新建码头边检查验设施建设，促成临港港区12个泊位正式对外开放。

着力加强执法规范化建设，边检执法公信力明显提升。一是加强执法制度建设。完善执法制度体系，及时更新了《天津边检总站工作法律法规和规章制度汇编》，修订了《行政案件办理指南》，编制了《执勤执法常遇问题参考案例及处理要领》，拍摄了警情处置示范片。规范执法办案场所，制定了建设标准，天津站规范化场所建设基本完成。建立法律顾问制度，聘请朗文律师事务所担任天津边检总站法律顾问。二是完善执勤执法管理机制。2016年共通报业务问题差错104起，发布业务规定14条，通报典型案例12起。梳理违法犯罪人员临时羁押和行政拘留工作流程，与天津市公安局预审监所管理总队建立了移交监管协作机制。改善行政管理服务，明确了执勤执法过程中居民身份证的使用管理。三是强化执法监督。加大执法审核考评力度，组织开展了年度执法质量考评、案卷考评。加大视音频管理应用力度，出台《天津边检总站执法视音频记录工作规范》，制作视音频记录示范片，并充分利用实时监控、录像倒查等措施，实现了对执法行为的动态化管理和回溯式监督。

【天津海事局】 2016年，共计办理口岸查验18 217艘次，比2015年的18 374艘次减少157艘次，总艘次数降低0.8%。其中进港9 128艘次，比2015年的9 110艘次增加18艘次，增长0.2%；出港9 089艘次，比2015年的9 264艘次减少175艘次，降低1.9%。

优化口岸通航环境。一是优化港口功能水域布局，保障天津海上丝绸之路畅通。推动渤海中西部水域锚地扩容工作，缓解天津港锚地不能满足船舶锚泊需求的矛盾。积极参与交通运输部海事局开展渤海中西部水域新的船舶定线制研究建设工作，提高通航资源的综合利用效率。跟踪京津冀协同发展海上建设项目进程，深入研究海上航道、锚地、倾倒区、定线制等用海功能水域项目对通航环境及天津“海上丝绸之路”的影响。二是修订《天津海事局船舶交通管理系统安全监督管理规则》，统一天津港各港区的VTS中心交通组织与服务标准，合理疏导日益复杂的交通流。三是开展交通组织模式优化研究，利用模拟器开展复杂交通流情况下“三出一进”和“三进一出”交通组织方式，尝试性提出复式航道通航安全评价指标体系。优化天津港交通组织模式，保障复式航道通航效率，船舶航行计划兑现率达到98%以上。

提高口岸通关效率。一是加强与海关、检验检疫、边检等口岸查验单位的业务沟通和交流，努力实现信息共享和信息互换。开展了国际航行船舶口岸查验联合登临检查机制研究，积极探索在保证查验效果的同时尽量减少登轮频次的监管新模式。二是按照国家“一带一路”和京津冀协同发展战略，积极推进津冀海事监管的协同发展。与河北海事局开展跨省域海事安全监管合作，强化船舶安全监管和应急能力建设，紧密围绕中央对津冀地区的功能定位，在充分认识渤海湾水域海上交通特征、功能水域共享共用基础上，通过整合资源、再造流程实现津冀海事执法和应急保障资源的一体化。目前与河北海事局已经在海上搜救和防污染资源共享、锚地共享、船舶安全监管等方面开展合作，津冀周边水域海事安全监管效能得到提升。

提升口岸服务能力。一是开展政务服务一体化建设，制定“一体化”建设服务标准，明确两级政务中心职责与运行关系，推进政务统一受理平台建设，开展政务队伍职业化建设等重点任务分工及进度安排，在完成两级政务中心视觉形象、审批业务信息化、政务服务规范、人员岗位设置标准基础上，开展部分审批业务统一受理、送达的试运行工作。理清了运行关系，明确了建设标准和重点任务，政务服务的方式更加多样、便捷。编制了《海事公共服务事项办事指南》及《海事公共服务事项目录》，海事公共服务内容和流程更加清晰。二是深化行政审批改革，继续推进“三个清单”制度建设，跟进行政审批项目取消、下放和海事执法事权调整情况，适时出台责任清单和负面清单，落实清单动态调整机制。结合分支机构运行模式改革工作，不断优化执法资源配置，推动执法重心下移，明晰职责，理顺业务运行关系，落实企业主体责任，推动行业自治，强化事中事后监管。三是推出了6项具体举措，推动实施了船舶使用岸电试点补贴等3个方案。开展港口贸易便利化研究，主动提供海事专业建议，为推进天津港口贸易便利化工作出谋划策。

完善海事两平台，夯实“智慧海事”基础，强化口岸信息化建设。一是推进海事协同管理平台建设。全面推进电子巡航，开展“天津海事局水上动态监管平台”和“水上智能管理系统”建设。协调解决了水文、气象、潮汐和港域环境监测系统等信息数据资源与水上动态监管平台的融合，为实现天津口岸水上动态业务执法提供了良好的信息化平台。二是加快综合服务平台建设。完善天津海事局行政审批业务统一受理平台功能，打造“一站式”行政审批服务大厅，满足分支局政务中心、局政务中心对海事行政审批事项的统一受理、协同审批，提升了天津海事对外综合服务效率与水平。

继续深化电子口岸建设，开展口岸查验信息共享具体事项的研究，推动天津口岸的信息共享。目前，通过与天津市口岸办和其他口岸查验单位的沟通协调，与天津海关、天津出入境检验检疫局、天津边检总站签署了“三互”推进大通关建设合作备忘录，建立天津口岸信息共享工作机制。目前，天津市地方政府已经以正式文件形式印发《天津口岸信息共享机制》，公布了第一批《天津口岸信息共享共用目录》。天津口岸实现了舱单、海关和检验检疫查验信息、海关和检验检疫放行信息、船舶申报信息、船舶动态信息等信息的共享共用。

【天津海关】 服务发展有力有为。一是加强各领域合作发展。协调签署《署市合作备忘录》，推动海关与天津市的合作进入新阶段，与天津特派办，北京、石家庄、太原、乌鲁木齐、兰州等海关签署协作意见，与意大利热那亚大区海关关际合作进一步深化。二是全力支持重大项目。与地方部门共同制定《促进航空产业链向两端延伸的工作方案》。出台8项措施支持企业发展。率先施行平行进口汽车保税仓储政策。全面规范涉企收费，做好免除查验无问题企业吊装移位仓储费试点工作。实行24小时预约通关，对重点企业和税收大户，派出20名处科长担任企业协调员。在关区广泛进行政策宣讲和预归类服务。对捷豹路虎“8·12”事故受损车辆，比照无代价抵偿方式免征相应税款，为解决其他受损车企困难提供了成功案例。实现中铁集装箱中心站首列出境铁路班列业务顺利通关。三是建言献策提升服务层次。围绕中央要求天津建设北方国际航运核心区的任务，提出构建天津口岸大物流体系，优化改造天津港货物监管格局，积极推动天津空运口岸发展，提高口岸通关效率等合理化建议。

执法效能明显提升。一是实际监管得到加强。接受并审核进出口报关单240.3万份，同比下降6.1%；监管货运量1.98亿吨，与去年持平；货值1.12万亿元，同比下降3.3%。开展实际物流监管调研，编纂《天津海关实际物流总典》，首次实现对实际监管现状的全面摸底。保持严打严控虚假贸易高压态势，涉及进出口货值25.2亿元。实现主要货运查验现场移动查验单兵系统全覆盖。大型生产设备行业性专项稽查经验被推广至全国海关。二是综合治税质效并举。实征税收1 376.36亿元，位居全国第三，降幅由年初的30%收窄到1.49%；稽查补税7.2亿元，排名全国前列；归类补税7 506万元，同比增加58%。年内审批减免税款6.12亿元。汇总征税进口货值21.8亿美元，征税70.2亿元。参与中日韩自贸区谈判，为全国原产地工作作出贡献。三是打私工作成果丰硕。刑事立案121起，行政立案2 258起，涉税额同比上升41.6%，其中案值千万以上大要案有30起，创历史新高。严厉打击行业性低报价格走私，“9·10”打击大理石走私专项行动，累计案值16.8亿元，涉嫌偷逃税款1.7亿元；“12·28”打击走私进口酒类专项行动，案值约4.3亿元，涉嫌偷逃税款约1亿元，涉案洋酒等商品7 000余吨，查扣货物货值约5 000万元，扣押违法所得246万元。“两简”案件业务现场办理全面推开，共办理案件1 192起。四是法治建设成效显著。“送法下基层”“送法到职能”活动成效明显，建立关区案件事例分析通报机制，依法行政水平进一步提高。强化知识产权保护，查扣侵权嫌疑货物195.3万件，同比增长3.6倍，列全国第四。“出口轮胎侵权系列案”获选中国海关知识产权保护典型案例。

改革创新坚实前行。一是支持自贸试验区精准发力。实行批次进出、集中申报制度。办理200架飞机和3台飞机发动机的租赁贸易通关手续，货值100.6亿美元，份额保持在占全国90%以上。统一备案清单格式，申报要素减少12项。加工贸易“自主核销”试点拓展至3家。推行保税货物自行运输制度，取得较好效果。在自贸试验区一周年运行情况第三方评估中，天津海关6项创新举措被评为全国首创，占全部举措的23.1%。二是“双随机、一公开”改革不断深化。将“双随机、一公开”机制进一步延伸到各个领域。自主开发查验信息公开系统，确保各节点信息实时公开。自主开发空港快件监管查验“双随机”系统。三是跨境电商稳步发展。在全国率先切换统一版系统，“双十一”“双十二”顺利实现通关上量，年内统一版清单总数突破20万单。四是“三互”大通关全面推进。和天津出入境检验检疫局签订《全面加强关检协作合作备忘录》。实现海运旅检现场关检监管由“一机两屏”向“一机一台”转变。一次查验1 375票，一次查验率98.5%，一次放行涉及通关单的报关单39.7万票。为464家企业安装报关客户端676台，覆盖率100%，通过“单一窗口”申报的报关单量达270余万票，处于全国领先水平。

【天津出入境检验检疫局】 2016年，天津出入境检验检疫局全面贯彻“抓质量、保安全、促发展、强质检”的工作方针，认真履行职责，不断提高执法把关与服务保障能力，全力助推天津经济发展。

推进新业务系统上线，保障口岸工作顺利开展。国家质检总局e－CIQ系统上线，为确保检验检疫业务及外贸秩序，天津出入境检验检疫局制订工作方案，开展全业务类型、全机构、全流程的演练工作，验证225种业务类型，发现248个问题并做好相应的处置，做好软硬件环境准备。为确保系统上线期间通关顺畅，抽调专家人员派驻现场办公，重点关注集中报检窗口，建立沟通联系机制、问题处置机制及专题通报制度，及时发布专题解决方案通报指导各部门上线工作，累计发布方案通报18个。

支持自贸试验区建设，以制度创新及制度落地促进口岸发展。持续进行自贸试验区检验检疫制度创新，三月份发布第三批18项创新制度，七月份发布第四批8项创新制度，自贸试验区累计创新制度48项；印发入境空运C类快件检验检疫作业指导书等4个作业指导书。报送了新一批8项可复制推广的改革试点经验和4个最佳实践案例；对标《贸易便利化协定》，提出8项便利化措施；以问题为导向开展政策研究，申报7项检验检疫行业标准制订及修订需求。

支持跨境电商业务开展，促进口岸新兴业态发展。实施“事前备案管理、入区实施检疫、事中风险监测、出区核查放行、全程质量追溯”的监管模式；印发天津跨境电商入境网购保税模式检验检疫管理办法；印发天津跨境电商入境网购保税模式特殊物品、动植物产品、进口食品、工业产品4个工作规范；根据国家关于跨境电商新政要求，出台15条优化监管模式促进电商发展的支持措施。

加强流程管理，促进口岸通关提速增效。印发天津出入境检验检疫局流程时长测算及提速增效工作方案，明确7项工作措施，以流程测算、时限管理、便利化措施等为抓手，以监督管理、诚信管理等为保障，分近期、中期、远期分步实现天津出入境检验检疫局工作的提速增效。为实现天津出入境检验检疫局内“通报、通检、通放”，解决单证流转、流程采集、档案管理等问题，大力推进“单证流转管理系统”研发；深入推进检务模式改革，优化局内单证流转无纸化工作机制，推进集中审单、辅助审单改革创新。

开放口岸

【天津水运（海港）口岸】 天津港是中国北方对外开放门户，位于渤海湾海河入海口，地处京津城市带和环渤海经济圈交汇点，是我国北方最大的人工深水港。

天津港口岸对外开放水域面积1 590平方千米，国家批准对外开放码头岸线长148千米。天津港口岸分为一港八区及中心渔港。目前，东疆港区、南疆港区、北疆港区、大沽口港区、海河港区5个港区口岸正式对外开放。天津港有生产性泊位157个，规划设计货物通过能力4.3亿吨，集装箱吞吐能力1 125万标箱，2016年实际运营规模超过5亿吨、1 400万标箱。

【天津空运口岸（天津滨海国际机场）】 位于天津市东丽区，距天津市中心13千米，距天津港30千米，距北京134千米。天津滨海国际机场是我国区域枢纽机场和国际航空物流中心，是国家一类航空口岸，是滨海新区开发开放的重要组成部分。

2016年，天津滨海国际机场航线航班营销成效显著，正班航线共167条、11 069班次，通航城市126个，全年实现旅客吞吐量1 687.19万人次。天津滨海国际机场T1航站楼有进出境人员边检查验通道28条，海关出入境申报通道8条，检验检疫出境查验通道1条、入境查验通道2条，设有出入境口岸签证处；新增1条公务机楼出入境查验通道。天津滨海国际机场飞行区等级为4E级，有跑道2条，高峰期航班架次为每小时28架次，可满足各类飞机起降。天津空港口岸现有一级货站3家，库房面积合计7万平方米，年货运处理能力73万吨。天津空港口岸货物出入境查验监管区域共有7个，其中海关5个、检验检疫2个。

【渤中水运（海上石油交货点）口岸】 中国海洋石油渤海公司海面交货点可停靠国际航线船舶，直接出口海面交货点生产的原油。中国海洋石油渤海公司是我国最早从事海上油气田开发、生产的国有大型工业企业。该企业成立于1966年1月7日，是中国海洋石油总公司下属历史最长、规模最大的地区公司。该公司主要负责渤海海域石油天然气资源的勘探、开发、生产、运输与产品销售，并提供基地设施、工程技术和劳务服务。从1980年开始实行对外合作以来，成功地坚持合作与自营方针，建立了具有渤海特色的现代油公司管理体制，能够按照国际惯例组织各类油气田的开发和生产作业。

2016年天津市口岸大事记

1月1日

天津边检总站正式实施简化船舶边检手续和停靠修造船厂、石化码头期间的管理措施。

2月28日

天津跨境电商信息化平台正式运行，天津东疆保税港区与保税区的11家企业、14种商品成功备案。

3月1日

在天津海港口岸开展免除外贸集装箱查验作业服务费试点，对查验没有问题的外贸企业，免除其因海关查验引起的进出口集装箱重箱吊装、移位、仓储等费用。

3 月 31 日

天津港南疆 27 号通用码头工程开工。

4 月 28 日

天津口岸文明共建活动领导小组召开全体会议，审议《关于进一步深化天津口岸文明共建活动的意见》（征求意见稿）。

6 月 30 日

天津跨境电商平台对接海关总署统一版系统上线运行，成为全国第一个在推广阶段与海关总署进口统一版系统对接并上线运行的地方平台。

8 月 12 日

天津市人民政府批复同意天津港口岸大沽口港区临港博迈科码头 2 号泊位正式对外开放。

11 月 11 日

天津跨境电商平台申报订单达到 4.4 万单，为天津市跨境电商产业加速发展提供支撑保障。

11 月 24 日

天津市人民政府批复同意天津港口岸大沽口港区太重（天津）滨海重型机械有限公司 4 号、5 号泊位正式对外开放。

（撰稿人：赵倩）

2016 年天津市口岸流量统计表

口岸类型		口岸名称	货运量（万吨）				集装箱量（万标箱）				人员（万人次）				交通工具（辆、艘、架、列次）			
			出口	进口	合计	同比（%）	出口	进口	合计	同比（%）	出境	入境	合计	同比（%）	出境	入境	合计	同比（%）
空运口岸			4.59	8.18	12.77	1.60			0		139.09	139.81	278.90	27.30	13 227	13 186	26 413	12.70
		分计	4.59	8.18	12.77	1.60			0		139.09	139.81	278.90	27.30	13 227	13 186	26 413	12.70
陆运口岸	公路口岸				0				0				0				0	
		分计			0				0				0				0	
	铁路口岸				0				0				0				0	
		分计			0				0				0				0	
水运口岸	海港口岸		1.04	1.93	2.97	−0.50	388.84	374.18	763.02	3.50	62.21	62.92	125.13	41.60	9 011	8 999	18 010	3.90
		分计	1.04	1.93	2.97	−0.50	388.84	374.18	763.02	3.50	62.21	62.92	125.13	41.60	9 011	8 999	18 010	3.90
	河港口岸				0				0				0				0	
		分计			0				0				0				0	
合计			5.63	10.11	15.74		388.84	374.18	763.02		201.30	202.73	404.03		22 238	22 185	44 423	
同比（%）			−2.90	3.70	−1.20		6.70	0.40	3.50		31.30	17.40	31.40		10.10	7.90	7.20	

（天津市口岸办提供）

2016年天津市口岸出入境主要数据表

<table>
<tr><th colspan="3">项目</th><th>2016年</th><th>2015年</th><th>同比（%）</th></tr>
<tr><td rowspan="14">出入境人员（万人次）</td><td colspan="2">出入境人员总数</td><td>404.0</td><td>307.5</td><td>31.4</td></tr>
<tr><td colspan="2">入境人员</td><td>202.7</td><td>154.2</td><td>31.5</td></tr>
<tr><td colspan="2">出境人员</td><td>201.3</td><td>153.3</td><td>31.3</td></tr>
<tr><td colspan="2">出入境旅客</td><td>339.5</td><td>253.7</td><td>33.8</td></tr>
<tr><td colspan="2">出入境员工</td><td>64.5</td><td>53.8</td><td>19.9</td></tr>
<tr><td rowspan="5">中国公民</td><td>小计</td><td>323.6</td><td>242.1</td><td>33.7</td></tr>
<tr><td>内地居民（因公）</td><td>20.0</td><td>18.6</td><td>7.5</td></tr>
<tr><td>内地居民（因私）</td><td>293.0</td><td>213.7</td><td>37.1</td></tr>
<tr><td>港澳居民</td><td>4.0</td><td>3.0</td><td>33.3</td></tr>
<tr><td>台湾同胞</td><td>6.6</td><td>6.8</td><td>-2.9</td></tr>
<tr><td colspan="2">外籍人员</td><td>81.4</td><td>65.4</td><td>24.5</td></tr>
<tr><td colspan="2">从海港出入境人数</td><td>125.1</td><td>88.3</td><td>41.7</td></tr>
<tr><td colspan="2">从陆港出入境人数</td><td></td><td></td><td></td></tr>
<tr><td colspan="2">从空港出入境人数</td><td>278.9</td><td>219.2</td><td>27.2</td></tr>
<tr><td rowspan="5">交通运输工具（辆、艘、架、列次）</td><td colspan="2">总计</td><td>3.2</td><td>2.9</td><td>10.3</td></tr>
<tr><td colspan="2">船舶</td><td>1.1</td><td>1.1</td><td>0.0</td></tr>
<tr><td colspan="2">飞机</td><td>2.1</td><td>1.8</td><td>16.7</td></tr>
<tr><td colspan="2">火车</td><td></td><td></td><td></td></tr>
<tr><td colspan="2">机动车辆</td><td></td><td></td><td></td></tr>
</table>

（天津出入境边防检查总站提供）

2016 年天津海关主要数据统计表

项目		2016 年	同比（%）
进出口货运量（万吨）	合计	29 700.00	-0.50
	进口	19 300.00	-3.80
	出口	10 400.00	6.20
进出口贸易总值（万美元）	合计	17 023 500.00	-9.10
	进口	8 286 800.00	-5.80
	其中：江、海运输		
	铁路运输		
	汽车运输		
	航空运输		
	邮件运输		
	其他运输		
	出口	8 736 700.00	-12.10
	其中：江、海运输		
	铁路运输		
	汽车运输		
	航空运输		
	邮件运输		
	其他运输		
税收（万元）	两税合计		
	关税入库		
	进口环节税入库		

（天津市口岸办提供）

2016 年天津市出入境检验检疫业务统计表

项目		货物检验检疫				交通工具				集装箱（标箱）		发现动植物疫情		货物通关		出入境人员查验（人次）	健康检查及预防接种（人次）			
		批次	金额（万美元）	检验检疫不合格																
				批次	金额（万美元）	船舶（艘）	飞机（架）	火车（列）	汽车（辆）	合计	检出问题	种类数	种次	批次	金额（万美元）		健康检查	艾滋病监测	发现病例	预防接种
本年累计		302 109	4 282 451	25 311	608 161	10 403	23 052	434	0	2 646 143	25 324	502	22 359	354 201	5 125 576	3 988 298	10 126	9 056	342	17 018
其中	出境	63 131	334 119	500	4 374	5 214	11 240	434	0	166 363	0	0	0	82 550	397 452	1 981 094	4 380	4 218	258	17 018
	入境	238 978	3 948 332	24 811	603 787	5 189	11 812	0	0	2 479 780	25 324	502	22 359	271 651	4 728 124	2 007 204	5 746	4 838	84	0
同比（%）		4.71	-9.00	30.35	-20.98	0.25	9.93		0.00	10.39	51.76	14.25	0.63	-11.48	-19.13	40.34	-51.24	-54.27	-94.29	-18.60
其中	出境	-1.69	-13.58	2.46	-30.40	4.74	12.84		0.00	-20.14	0.00	0.00	0.00	-39.13	-50.74	44.11	-72.18	-71.15	-95.09	-18.47
	入境	6.54	-8.59	31.07	-20.90	-3.89	7.29		0.00	13.30	51.76	14.25	0.63	2.69	-14.52	36.81	14.39	-6.66	-88.54	-100.00

（天津出入境检验检疫局提供）

2016 年天津海事局进出港船舶统计汇总表

船舶类别	进港船舶							出港船舶						
	艘数（艘）	总吨（吨位）	总载重量（吨）	载客量（客位）	船员人数（人次）	货物到达量（吨）	旅客到达量（人）	艘数（艘）	总吨（吨位）	总载重量（吨）	载客量（客位）	船员人数（人次）	货物发送量（吨）	旅客发送量（人）
总　计	155 273	55 990 039	270 642 043	431 701	591 832	219 962 035	377 826	155 999	567 039 247	311 666 793	401 675	599 328	265 396 000	380 425
中国籍船舶	146 473	22 856 349	56 801 490	40 781	289 310	48 792 122	19 264	147 179	235 449 555	189 729 529	20 065	290 114	182 811 953	19 792
其中外贸船	9 132	33 695 100	218 753 988	390 920	309 107	175 621 297	358 562	9 089	335 275 759	123 853 549	381 610	314 351	84 198 540	360 633

（天津海事局提供）

河　北　省

河北省口岸分布示意图

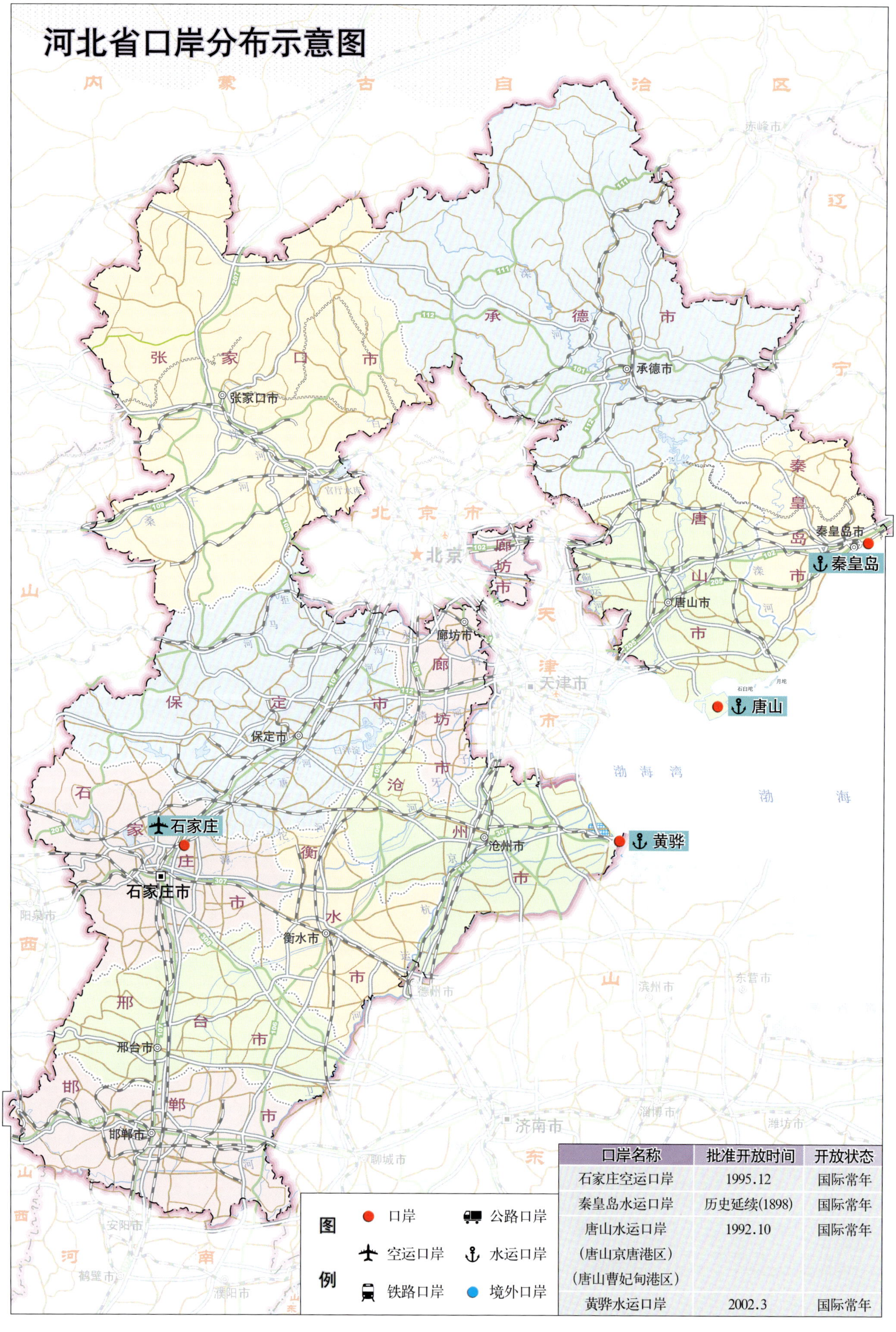

口岸名称	批准开放时间	开放状态
石家庄空运口岸	1995.12	国际常年
秦皇岛水运口岸	历史延续(1898)	国际常年
唐山水运口岸 （唐山京唐港区） （唐山曹妃甸港区）	1992.10	国际常年
黄骅水运口岸	2002.3	国际常年

口岸数量及分布

截至2016年年底，河北省有经国务院批准的对外开放口岸4个。其中，航空口岸1个，为石家庄空运口岸（石家庄正定国际机场）；水运（海港）口岸3个，分别为秦皇岛港、唐山港、黄骅港海港口岸。

口岸运行数据

【进出口货物总值下降】 2016年，河北省进出口货物总值3 074.80亿元，同比下降3.70%。其中，出口总值2 014.50亿元，同比下降1.30%；进口总值1 060.20亿元，同比下降8.00%。

【水运（海港）口岸外贸货运量稳步增长】 2016年，河北省水运（海港）口岸货运量为9.34亿吨，同比增长2.60%。其中，秦皇岛港1.68亿吨，同比下降25.70%；唐山港5.21亿吨，同比增长5.60%；黄骅港2.45亿吨，同比增长46.90%，增速位居全国各大港口首位。外贸货运量为3.40亿吨，同比增长10.90%。其中，秦皇岛港1 500.50万吨，同比下降2.50%；唐山港2.93亿吨，同比增长6.60%；黄骅港3 230.60万吨，同比增长90.10%。

2016年，随着海关报关点前移、无纸化通关、海事取消夜航、边检“勤务改革”及20万吨级航道满载进港等几项促进外贸运输措施影响逐步深化，并且受黄骅港口岸综合港区对外扩大开放的重大影响，黄骅港口岸外贸货物运输呈现出强劲增长态势，全年黄骅港口岸共完成外贸货物运输3 230.57万吨，同比增长90.07%，仅用7个月的时间就达到去年全年外贸总量，占黄骅港综合港区、散货港区吞吐量的53.45%，外贸依存度快速增加。

【水运（海港）口岸集装箱运量高速增长】 2016年，河北省水运（海港）口岸集装箱吞吐量为305.10万标箱，同比增长23.30%。其中，秦皇岛港为51.40万标箱，同比增长14.20%；唐山港为193.60万标箱，同比增长27.10%；黄骅港为60.10万标箱，同比增长19.80%。外贸集装箱为30.10万标箱，同比增长33.90%。其中，秦皇岛港为26.70万标箱，同比增长34.30%；唐山港为3.27万标箱，同比增长29.90%；黄骅港为1 090标箱，同比增长332.50%。

【石家庄空运口岸出入境人员平稳增长】 2016年，石家庄空运口岸累计开通国际（地区）客运航线17条，开通货运航线3条。进出港航班2 882架次，同比增长1.10%；出入境旅客39.80万人次，同比增长13.40%。2016年石家庄空运口岸出入境人员增长的主要因素一是有效解决了查验部门人员编制不足的问题，提高了查验服务能力，为航空口岸运量增加提供了保障；二是北京与石家庄基本实现同城化，机场、高铁互成配套，快捷高效运送旅客，石家庄机场成为首都机场的主要分流机场，输送首都机场过剩客流；三是随着石家庄经济条件逐步提高，大众乘机旅行需求增加。这些因素不仅促使河北省航空口岸运量大幅增加，口岸运载能力、服务水平也得到了较大提升，空运口岸未来发展前景可观。

口岸综合管理

【口岸开放进一步深化】 2016年7月8日，黄骅港综合港区通过了国家验收，正式对外开放。综合港区口岸开放范围达956.60平方千米，岸线38.30千米，泊位29个，基本上涵盖了黄骅港现有码头和可利用岸线，完全可满足港区中长期发展的需要。

【唐山水运（海港）口岸功能进一步完善】 唐山水运口岸曹妃甸港区2个集装箱泊位通过了省级验收，已对外启用，秦皇岛市渤海船务工程有限公司3号、4号生产泊位对外开放通过市级预验收，省级验收即将启动。新建泊位的开放，使河北省水运（海港）口岸功能进一步完善，通过能力进一步提升。

【山海关机场成功转场至北戴河机场】 山海关机场成功转场至北戴河机场，并经国家口岸办批准临时对外开放，开通了至韩国清州的旅游包机航线，实现了当年竣工验收、当年获准开放、当年开通航线的突破。至此，北戴河、山海关机场成为国内唯一连续10年实现季节性临时开放的机场，和秦皇岛到韩国仁川的海上班轮共同构架起至韩国的海、空立体式大通道。

【口岸管理成效显著】 唐山水运（海港）口岸相关管理部门和码头业主单位密切配合，优化口岸现场环境，不断提升作业和管理水平，实现了唐山港40万吨级超大船舶靠泊的常态化；秦皇岛港进境水果指定口岸顺利通过考核验收，时隔10年重新开始正式运行；曹妃甸港区整车进口指定口岸已完成部委会签，上报国务院待批；曹妃甸综合保税区申请建设肉类、水果指定口岸的前期工作正在有序推进；黄骅港申请建设进口粮食指定口岸工作进入关键阶段，目前正在进行码头竣工验收和植检实验室建设；石家庄机场国际快件定期航班正式通航，填补了河北省没有国际快件通关渠道的空白，为跨境电子商务的开展搭建了物流服务平台，对促进河北省航空物流业发展奠定了坚实的基础。

【电子口岸建设】 2016年电子口岸单一窗口上线运行。在年初电子口岸平台上线运行的基础上，按照河北省政府的工作部署，以企业需求为导向，以服务企业为宗旨，以提升国际贸易综合竞争力为目标，在查验部门和相关部门的大力支持下，经过艰苦的努力，在电子口岸平台实现了国际贸易“单一窗口”的主要功能，新增报关报检、舱单申报、船舶统一申报、危险品申报、原产地证申报5个子系统和23项功能，涵盖了进出口企业办理通关业务的主要功能。届时，进出口企业办理报关报检和跨境电商等业务将更加通畅快捷，这将是河北省提高贸易便利化水平，增强外贸新动能的又一有效途径。

河北省电子口岸平台上线运行后，将进一步促进口岸相关管理部门间的“信息互换、监管互认、执法互助”，优化通关流程，大幅提高进出口企业通关效率，为支持河北省外贸发展，落实京津冀协同发展，为国家“一带一路”战略奠定良好基础。在未来的发展中，河北省电子口岸将加快跨境电商、多式联运和金融服务等后期项目的开发建设，尽快建设成为集口岸通关执法管理和相关物流商务服务为一体的大通关、大物流、大外贸统一公共信息平台，为建设经济强省、美丽河北做出更大的贡献。

口岸监管与服务

【河北省公安边防总队推进“小前台、大后台”勤务模式运行】 在石家庄边检站组建了特别检查队，切实把重点人员管控和各类风险隐患排查在勤务之前，实现了前台查验和后台核查的无缝对接，并肩负起全省数据核查中心职能。同时加快推进各海港边检站核查队伍建设，规范后台核查流程，“小前台、大后台”的勤务模式得到了实体化运作。

【河北省公安边防总队着力提高口岸智能化、信息化水平】 进一步加大科技投入，完善边检基础设施建设，不断提升各口岸信息化水平，秦皇岛边检站、石家庄边检站相继完成智能验证台建设，黄骅边检站自主研发码头低杆监控和船舶外舷监控等智能管控手段，实现了对在港船舶全方位无死角监控。唐山边检站边检电子围栏、智能卡口等信息化管控服务手段不断丰富，各口岸智能化、信息化水平不断提高，有效缓解了勤务量快速增长和警力不足间的矛盾，得到地方党委政府和企业的一致称赞。

【河北省公安边防总队全面推进港口边检管理改革】 一是进一步简化船舶出入港手续。按照《关于简化船舶出入港手续和停靠特定类型码头期间管理措施的通知》要求，加强海港信息综合查询系统应用，进一步简化船舶出入港手续办理流程，对于未有船员变更的出入港船舶不再收取任何单证，对能在梅沙系统中查询到的资料信息不再打印归档，研究试行无纸化船舶档案。二是改变特定类型码头边检执勤管控模式。特定类型码头主要以港区企业、出入境船舶自管为主，边检机关可不采取人工巡查监管措施，通过加强抽查监管进行管理，实现从管理角色到监督角色的转变。各海港边检站要建立《港区作业人员批量审查制度》和《企业诚信等级制度》，与有关企业共同制定《特定类型码头企业自我管理办法》，签订管理协议，明确职责，根据企业诚信等级变更执勤模式，各单位相关协议制度报总队进行备案。三是根据风险评估结果确定非特定类型码头管控模式。2016年年初对全省海港口岸进行调研，研究确定国际航行船舶、码头风险评估标准的指标评分系数，根据风险评估结果及码头企业诚信等级对全省非特定类型码头进行划分，确定码头差异化管理措施；各边检站对不同码头停靠的出入境（港）船舶预先进行风险评估，根据结果确定船舶管控模式，对于高风险船舶及来自重点国家（地区）或载有重点国家（地区）人员的船舶，要采取梯口监护或驻船监护等执勤模式。四是依托科技信息化技术加强管控效果。深化应用海港边检勤务综合指挥系统，着力解决系统运行中存在的软硬件问题，充分发挥系统综合管控效能。开发建设电子巡查抽检移动终端，实现对登轮、进出口岸限定区域人员纯查控，确定是否为在逃在控人员，真正做到底数清、情况明，确保口岸安全。

【河北海事局“四全面系统”建设取得新突破】 通过建设需求分析，完成总体框架设计，全面铺开“四全四系统”建设工作；以“四全四系统”建设为核心，编制《河北海事局“十三五”发展战略目标实施手册》，明确“十三五”规划实施时间表、实施路径和验证标准；指挥中心改造完成硬件设施建设，实现AIS、VTS、CCTV、VHF等资源的有效整合；开发并试运行“航行管理与信息查询系统”“溢油模拟演练系统”，建设预警信息发布平台，实现预警信息发布及时准确；启动无人机巡航，实现辖区沿海水域全覆盖。此外，各分支局辖区相关监管设施也向“全方位覆盖”目标迈进，秦皇岛增设一台AIS基站，唐山率先实现VTS、AIS、CCTV信息与基层一线执法船艇、海事处共享；沧州神华煤炭港区雷达站完成改造，曹妃甸自主研发应用了智能交通管理服务系统，完成了AIS基站改造。

【河北海事局“四大体系”建设成效显著】 编制了《港口国监督检查要点》《船舶现场监督检查指南》，建立了散货船安全监管评价指标体系；召开涉水工程建设海事监管大会，进一步丰富涉水工程安全监管体系内容；推动《河北省海上搜救应急预案》《河北省船舶污染事故应急预案》修订，制定《危化品应急处置能力建设方案》，建立了北太平洋有毒有害物质事故应急防备和反应数据库，参加2016年西北太平洋行动计划中韩海上溢油应急联合演习，组织配发搜救志愿者专用搜救装备，发放专项搜救奖励，组织搜救协调员和搜救志愿者培训班，壮大搜救志愿者队伍；创建《河北省海上应急处置联席会议工作制度》，制定海上搜救成员单位深度融合工作方案，签署搜救联动协议；建立海冰信息沟通机制和溢油应急驰援机制，区域联动能力得到提升；综合管理体系3.0版正式运行，综合管理体系信息化系统正式应用，通过美国船级社的外审并获推荐发证资格。

【河北海事局完善安全监管方式】 制定《河北海事局船舶动态监管督查程序和须知》《电子巡航指南》，实现船舶动态监管闭环管理；开展旅游船艇重点检查，深化“四方联动机制”，连续11年保持旅游船艇安全监管零事故；实施“蓝海卫士”船舶非法排污监管工程，促成一起上岸沉潜油污染案件成功获得中国船舶油污损害赔偿基金赔付，成为全国首例获赔案例，实现上岸沉潜油防、治、赔全过程管理；推进“碧海行动”，进行了阶段性评估，2017年争取到4艘打捞额度；开展船公司安全管理约谈，约谈公司4家；实施公司监督检查176次，船员服务机构检查22次，各分支机构和直管派出机构加强与政府部门沟通，建立信息共享，开展执法联动，曹妃甸海事处率先引入了专业气象信息综合分析系统。

【河北海事局不走过场，抓实专项整治活动】

深化“平安交通”“平安船舶”创建，河北海事局领导深入基层督导，完成未持有有效国籍证书船舶专项清理工作，实施船舶专项检查432艘次，开展船检质量监督专项检查，发现船检质量问题30起；开展“四防双降抗寒潮百日专项行动”，综合运用VTS监控、现场巡视、安全检查、许可审批等方式，有效应对秋冬季安全管理和应急需求；开展危化品安全专项整治和船舶污染防治专项活动，启动集装箱质量验证工作；开展了内河船舶非法参与海上运输专项整治活动，组织联合执法，有效遏制了内河船非法参与海上运输行为；开展了危险货物监管违法违规备案审批和挂牌广告事项清理工作；完成暑期、G20峰会、唐山世园会等系列重大活动期间水上安保，以及安全生产月、法定节假日等重点时段、重点任务的专项安全保障工作。

【河北海事局助推河北港口突破升级】 积极组织协调黄骅港20万吨级船舶满载进港，推动20万吨级航道通航工作；推进40万吨级散货船满载进出曹妃甸港区的通航适应性研究，建立“246”监管模式，全年保障9艘次40万吨级船舶安全靠泊；完成“三互”大通关和国际贸易“单一窗口”建设相关工作，开通临时数据共享通道，推动国际航行船舶进口岸申报、放行无纸化。

【石家庄海关全面深化改革，提高通关服务和效率】 石家庄海关继续深化京津冀区域海关通关一体化改革，服务京津冀协同发展，区区联动改革稳步实施，通关效能进一步提高，继续加强同口岸海关的协调配合，进一步完善疑难问题推进解决机制。积极推进关检合作“三个一”，主动加强与河北出入境检验检疫局的联系沟通，不断完善配套制度措施，稳步扎实推进“一次查验”“一次放行”工作，推广“一站式”作业。目前河北省内所有派驻机构、隶属海关已与当地检验检疫分支机构签订了联系配合办法，稳步推进“三个一”工作模式，系统目前运行情况良好。进一步提升通关作业无纸化水平，报关单无纸化率达到96%以上。推动白沟市场采购贸易方式试点成功上线，2016年12月1日，石家庄海关发布公告，白沟箱包市场采购贸易试点业务正式实施。

【石家庄海关进一步优化服务水平】 石家庄海关积极支持河北省电子口岸建设，配合地方电子口岸进行了一期建设项目系统性能及压力测试，主动沟通相关部门进行业务功能测试，圆满完成电子口岸统一认证、数据交换等一期建设项目验收配合工作，正式向公众提供平台服务。完善河北国际贸易“单一窗口”建设，完成“单一窗口”报关申报、舱单运输工具申报等系统测试、切换工作。继续推动海关特殊监管区域等信息化项目建设，完成石家庄综合保税区、武安保税物流中心（B型）辅助管理信息化系统建设指导及验收配合工作。完成电子口岸跨境电子商务通关服务平台项目建设方案审核、建设环境申请、数据交换平台三级节点申请及部署测试等工作，2016年1月～11月共办理电子口岸新入网企业3 607家，同比增长8.00%；变更6 897家，同比增长112.00%；延期6 445家，同比下降2.00%；增换卡、解锁、注销1 343张，同比下降12.00%；分配、重置激活码378次，同比增长15.00%；完成41家账册企业IDC续费工作。

【河北出入境检验检疫局推动质量诚信体系建设】 河北出入境检验检疫局立足质量宏观管理，着力构建齐抓共管的质量共治格局，与河北省质监局签订了《质检合作框架协议》，密切了与各质量管理部门的工作联系；推动质量诚信体系建设，推荐上报信用管理AA级企业21家，18家企业获得“中国质量诚信企业”称号；通过检验、检测、通报、投诉、舆情等多种途径，广泛采集出口商品不良信息，调查出口退运工业品96批次，发现因质量原因退运30批，货值约608.10万美元。着力优化供给结构，推动内外销企业“同线同标同质”，筛选出有扩大内销需求的100家出口食品企业建立需求清单和档案，70家企业在“同线同标同质”公共服务平台上线，在全国检验检疫系统率先实现了“三同”产品进商超。

【河北出入境检验检疫局严格监管保安全】 牢固树立总体国家安全观，有效履行把关职能，更加注重维护河北省生态安全、社会安全、经济安全。围绕生态安全，严格大宗资源性商品的检验监管，检出重金属含量超标不合格煤炭 67 批、34.85 万吨，全部作了退运处理，调控减少 18.07%煤炭进口，推进了大气污染防治。严格落实“检疫截获全覆盖”工作机制，实现了“检疫官—CT/X 光机—检疫犬”综合查验模式，深入开展“美丽中国、绿蕾护航”专项行动，截获检疫性有害生物 55 种、1 183 种次，同比分别提高 52.78%、10.66%，全国首次截获检疫性有害生物混点毛小蠹。围绕社会安全，打牢口岸核心能力基础，全省 5 个口岸全部以高于 91 分的优异成绩顺利通过复核；严防寨卡病毒病和黄热病等疫情传入，相关工作情况得到省主要领导批示肯定；深入实施进口食品“清源”行动计划，在口岸成功创建食品安全“A 级餐饮示范区”；对危险化学品和易燃易爆物品风险排查实施常态化管理，对排查中发现的无安全生产资质、环保资质的 8 家危化品生产企业暂停报检及出口。围绕经济安全，积极开展口岸“天平行动”，发现重大短重案例 16 起，帮助辖区进口企业成功索赔 350 多万元。开展输非工业品监管和打击假冒伪劣“清风行动”，督办打假执法 5 起，维护河北制造形象。

【河北出入境检验检疫局大力推进通关便利化】 大力推进通关便利化，深度融入全国检验检疫业务一体化进程，不断扩大京津冀检验检疫一体化通关模式实施范围和比重，经全国 21 个省份的口岸出口的所有河北货物均实施了出口直放，共计直放货物 78 116 批次，惠及企业 3 136 家，货值 28.40 亿美元，同比分别增长 93.30%、170.81%和 60.25%。积极推进河北电子口岸建设，在口岸执法部门中率先实现进出口企业使用“单一窗口”开展申报。积极推进品牌建设，2016 年新增国家级示范区 3 个，5 种产品获准成为生态原产地保护产品，支持品牌输出，指导君乐宝婴幼儿配方乳粉首次成功投放香港市场，推动国家质检总局加入《部（局）省共建中国奶业振兴示范省战略合作协议》签订，恢复鲜梨对印度尼西亚出口，启动加拿大食品检验署对我国出口粮食制品检查评估，为河北省速冻熟制肉馅包点打开加拿大市场奠定了坚实的基础。充分发挥技术优势，完成了对河北省 7 大外贸行业的 119 家外贸企业的国外技术性贸易措施影响调查工作，一些分支机构在帮助企业破解国外技术措施方面进行了有益探索。积极引导企业用足政策利好，通过签发各类原产地证书，帮助企业减免关税 2.07 亿美元。按照“建在产区、服务产业”的原则，做强保定中药材、承德食用菌等特色检验检测力量，仅河北安国中药材市场的产品的出口额实现同比增加 222.43%。强化口岸建设，积极协调指导秦皇岛、曹妃甸、黄骅港、京唐港建设进境水果、肉牛、粮食等指定口岸，有效保障了石家庄综保区通过十部委联合验收顺利封关运行，促进了保定冀欧国际货运班列和黄骅港黄新欧国际班列、邢台中亚班列顺利开通。以新模式助推新业态，全力保障了石家庄机场国际快件中心成功运营，填补了河北国际快件通关渠道空白；针对保定白沟箱包市场采购贸易方式试点，以信息化系统为依托，开创性地提出优化市场采购的流程设计；为阿里巴巴一达通综合服务平台落地河北提供了最大程度的政策支持，助力外贸综合服务企业做大做强。

开放口岸

【石家庄空运口岸（石家庄正定国际机场）】 石家庄空运口岸于 1995 年 2 月建成，当年实现国际通航，1996 年 3 月正式对外开放。2010 年 6 月，国家民航局与河北省签署的《关于加快推进河北民航发展的会谈纪要》，确定石家庄机场为国内唯一一个航空大众化试点机场，是首都机场的备降机场和分流机场，是中国联合航空河北分公司、河北航空有限公司、春秋航空公司、中国货运邮政航空公司基地，是河北省重要的空中交通门户和对外开放窗口，现已发展成中国北方重要的国际航空货运中转基地。

石家庄正定国际机场飞行区等级为4E级，跑道全长3 400米，可保障世界各类大型飞机起降，世界最大货运飞机安-225、最大客机A380曾多次飞抵石家庄机场运送货物和进行飞行展示。石家庄机场T1候机楼面积5.50万平方米，停机坪总面积21万平方米，有停机位31个，消防等级达到8级，可满足年旅客吞吐量500万人次需要。即将投入使用的T2候机楼面积15.40万平方米，停机坪面积40多万平方米，停机位38个，货运区面积2.50万平方米，届时石家庄机场年旅客吞吐能力将达到2 000万人次，货邮吞吐能力达到25万吨，综合保障能力大幅提升。

“十一五”期间，石家庄机场客流量年均增长45%，居全国省会机场第一，2010年客流量同比翻一番，创造了中国民航业内独有的“石家庄机场发展模式”，2013年石家庄机场客流量突破500万人次。

为适应河北省与东亚、东南亚地区的交流需求，石家庄机场进一步加大了国际和地区航线的开发力度，先后引进了韩国济州航空、釜山航空、真航空、德威航空，以及捷特亚洲航空公司，开通了石家庄—首尔、石家庄—济州、石家庄—釜山、石家庄—襄阳、石家庄—普吉岛、石家庄—曼谷等17条国际和地区客运旅游包机航线。

按照“零距离换乘”“无缝隙衔接”的综合交通枢纽要求，石家庄机场不断拓宽航空服务范围，构建便捷、畅通、高效的地面交通网络体系，在保定、衡水、邢台、沧州等冀中南8个城市（县区）建立了异地城市候机楼，营业部覆盖全省9个城市及北京市，开通直达冀中南7个地（市）的旅客直通班车，免费接送北京、山西等地的团队旅客，2013年运送京晋团队旅客人数达到20万人次。

2012年12月26日，纵贯南北的京广高铁全线贯通，石家庄机场推出国内第一家由机场主导的空铁联运产品——石家庄机场空铁快线。一年间运送空铁换乘旅客突破15万人次。在这里，旅客不用出站即可办理值机、安检、候机、行李托运等乘机手续，搭乘机场免费摆渡车3分钟就可到达候机楼。石家庄机场正在成为航空旅客进出北京的第二通道。

“十二五”期间，石家庄机场全力拓展国际货运市场，大力发展独联体国家、欧洲、中东地区国家货运业务，逐步建立覆盖欧洲、俄罗斯、独联体、东亚、东南亚、中东及我国台湾和香港地区的国际和地区货运航线，年货邮吞吐量力争突破12万吨。

2016年，石家庄机场年客流量突破700万人次，同比增长0.05%，保持了持续稳定增长态势。2016年石家庄机场共保障国际和地区客运航班2 882架次，同比增长1.05%；国际和地区旅客吞吐量39.81万人次，同比增长13.40%；国际（地区）货邮吞吐量1 488吨，同比减少76.10%。

【秦皇岛水运（海港）口岸】 秦皇岛口岸开通于1898年，至今已有100多年历史，是以能源运输为主的综合性国际贸易港口，也是当今世界最大的煤炭输出港和干散货港。共有海岸线11.70千米，水域面积222平方千米，陆域面积10.8平方千米。辖秦皇岛港、新开河港、秦山化工港、山海关船厂港4大港区。

秦皇岛港是全国第一家煤炭现货交易市场，集煤炭现货交易服务、信息服务、物流服务于一体，涵盖国内外的煤炭价格指数，煤炭枢纽港的地位得到了巩固。

秦皇岛港东港区以能源（煤炭、油品）运输及金融服务于一体，西港区以杂货、集装箱装卸运输为主。现有泊位55个，可停靠15万吨级船舶。库场面积130多万平方米，专业化的港口设施、高效的装卸机械、先进的生产工艺，可承运各类件散杂货。集装箱码头拥有5万吨级专用泊位3个，可接卸第六代集装箱船，码头堆场宽敞，年设计通过能力达65万标箱；2条总长2 000米的铁路装卸线，可直达码头和场站，货运成本低廉，具备危险品货物作业资质。有集装箱外贸、内贸航线10条。外贸航线有日本和韩国两条直达航线，同时有外贸公共内支线中转到达世界主要港口。内贸航线覆盖全国主要沿海港口，形成了秦皇岛口岸液体、散杂货、集装箱运输的竞争优势。口岸集疏港条件优越，各港区均可与京沈高速，102、205 国道及秦承公路相接。秦山、京山、京秦、京沈、大秦铁路集疏港货物可直达港内堆场、仓库、码头泊位船前，最大限度地减少物流环节，降低物流成本。经济腹地包括东北、华北和西北各省、自治区。

2016 年，秦皇岛口岸货物吞吐量 1.86 亿吨，同比下降 25.70%；外贸进出口 1 501.50 万吨，同比下降 1.80%。集装箱 51.55 万标箱，同比增长 14.40%。进出境旅客 8.96 万人次，同比增长 4.40%。

【黄骅水运（海港）口岸】 位于沧州市以东约 90 千米，东经 117°48′、北纬 38°17′，是河北省沿海地区的重要港口，是我国北方主要的煤炭装船港之一。黄骅港规划 2 万～20 万吨级以上泊位 120 多个，远期形成 5 亿吨的吞吐能力。目前，黄骅港已建成生产性泊位 33 个，最大靠泊能力 20 万吨。黄骅港由煤炭港区、综合港区、散货港区和河口港区 4 个港区组成。

黄骅港煤炭港区工程是神华集团投资建设的国家重点建设工程，现有专业化煤炭装船泊位 17 个、杂货泊位 2 个、液体化学品泊位 1 个。目前航道水深已达 14 米，航道底宽 270 米，满足 5 万吨级船舶重载双向通航的要求。煤炭港区杂货码头于 2000 年 7 月开工建设，2003 年年底建成，2004 年 6 月投入运营。规模为 2 个 1.50 万吨级泊位，设计年吞吐量 90 万吨。煤炭港区油品码头由原化学品码头改造而成，规模为一个 2 万吨级泊位，设计年吞吐量 300 万吨。

黄骅港综合港区共规划建设 29 个泊位，起步工程 2009 年 3 月开工建设，主要包括 44 千米 10 万吨级航道、8 个 10 万吨级的散杂和多用途泊位，总投资 127 亿元，2010 年 8 月建成通航。

黄骅港综合港区二期工程于 2011 年 3 月 30 日开工建设。主要包括 20 万吨级航道及防波堤延长工程、4 个 15 万～20 万吨级矿石泊位、2 个 5 万～10 万吨级集装箱泊位、5 个 5 万～10 万吨级煤炭泊位、2 个 10 万吨级原油泊位及储备、2 个 5 万吨级液体化学品专业泊位、1 个 10 万吨级粮油泊位。目前，河北港口集团 2 个 20 万吨级矿石泊位已经建成运营；总投资 14 亿元的河北钢铁集团 2 个 5 万吨级通用散杂泊位于 2012 年 11 月 22 日正式开工建设，2015 年开始运营；总投资 7 亿元的美国嘉吉集团 1 个 10 万吨级通用散杂货泊位已建成；总投资 18 亿元的浙江泰地石化集团 2 个 5 万吨级液化泊位于 2012 年 11 月 22 日正式开工建设，配套工程同步推进；20 万吨级航道工程已完成，邯黄铁路已通车；黄骅港综合港区 1、2 港池封闭区吹填工程基本完工；黄骅港综合保税区正在加快建设，已正式签约入区项目 6 个，总占地面积约 39.13 万平方米，总投资超 9.20 亿元。

2011 年以来，黄骅港吞吐量已连续 5 年突破亿吨。2011 年综合港区 4 个通用散杂货泊位投运当年吞吐量突破千万吨，刷新了国内新建港口首年吞吐量的最高纪录。2012 年两个多用途码头集装箱泊位一举突破 10 万标箱，创国内港口集装箱码头当年投运新纪录。特别是 2014 年以来集装箱吞吐量迅猛增长，连续突破 30 万、50 万、60 万标箱大关，创造了开通 5 年来，一年一个新台阶的骄人业绩。2016 年共接卸外轮 842 艘次，外贸货物 3 230.69 万吨，同比增长 90.08%。

【唐山水运（海港）口岸】 唐山港位于唐山南部沿海，下设京唐港区和曹妃甸港区，是我国北方新兴的极具活力和发展潜力的现代化国际港口。2013 年唐山港在全国港口排名第 8 位，全球港口排名第 10 位。

唐山港京唐港区位于唐山市东南部，距市区 80 千米，规划面积 88 平方千米，规划建设 6 个港池。于 1989 年启动开发建设，1992 年 10 月经国务院批准为开放口岸，1993 年正式对外国籍船舶通航。目前已建成 1 号、2 号两个港池，3 号、4 号、5 号港池部分完工。现有件杂、散杂、多用途等 1.5 万～2 万吨级泊位 35 个，航线通达国内 120 多个港口，与 50 多个国家和地区的港口建立了业务往来关系。运营货种涵盖煤炭、钢铁、矿石、水泥、原盐、粮食、纯碱和集装箱等。

2016 年完成货物吞吐量 1.70 亿吨，同比增长 23.60%。其中完成集装箱吞吐量 35.50 万标箱，同比增长 32.00%，在河北港口中增幅最大。

曹妃甸港区东距京唐港区 33 海里，北距唐山市区 80 千米，是渤海沿岸唯一不需开挖航道和港池即可建设 30 万吨级大型泊位的天然港址。曹妃甸港区于 2003 年启动开发建设，2005 年试通航，2009 年 1 月获得国务院批准扩大开放口岸，2012 年 8 月正式对外开放。依据规划，曹妃甸港区重点建设进口矿石、原油、天然气和煤炭等专业泊化、大型化码头，最终可建成生产性泊位 260 余个，形成 5 亿吨以上的综合通过能力，建成中国北方最大的能源原材料集疏港。2013 年，4 个 25 万吨级矿石泊位、1 个 30 万吨级原油泊位及 22 个 4 万～10 万吨级干散货泊位建成并投入试运营。

唐山水运（海港）口岸规划将形成以曹妃甸港区、京唐港区为核心，丰南港区为补充，分工合作、协调互动、共同发展的总体发展格局。曹妃甸港区规划港口岸线长 122.60 千米，可建设各类泊位 428 个；京唐港区规划港口岸线长 44.50 千米，可建设各类泊位 140 余个；丰南港区规划港口岸线长 25 千米，可建设各类泊位 66 个。预测到 2020 年和 2030 年，唐山港的吞吐量将分别达到 5.80 亿吨、7.10 亿吨。

2016 年，唐山港货物吞吐量 52 051 万吨，同比增长 5.61%。其中外贸货物吞吐量 29 307 万吨，同比增长 6.63%；集装箱吞吐量 193.57 万标箱，同比增长 27.14%。

原二类口岸

【石家庄内陆港】 石家庄内陆港是河北省政府批准建立的内陆港口，河北省第一批物流示范项目。石家庄内陆港一期工程占地面积 27.20 万平方米，仓储面积 19 322 平方米，保税监管区 14 400平方米，堆场、道路总面积 94 744 平方米，铁路堆场 35 000 平方米，海关联检大楼 9 585平方米。目前，石家庄内陆港已基本具备港口口岸功能、现代物流功能、多式联运功能、管理信息系统应用功能和生产生活服务功能，通过联检大楼一站式服务，开展报关、报检、通关、查验、仓储、堆存、订舱、配货、运输等业务。石家庄内陆港是冀中能源峰峰集团控股的由 4 家股东组成的股份制公司，公司下设河北冀津国际物流有限公司、河北四诚贸易有限公司、报关行公司 3 个子公司。石家庄内陆港具有突出的资源优势和发展优势。医药、纺织、粮油、钢铁等支柱产业优势明显，可为内陆港提供丰富的物流资源。石家庄内陆港位于石家庄经济技术开发区，区位优势明显，北临石德线、307 国道和石黄高速，西临京珠高速和石环线，南临青银高速，距机场 25 千米，地理位置优越，交通便利。2016 年，石家庄内陆港集装箱运量 57 987 标箱，外贸集装箱 31 864 标箱。

2016 年河北省口岸大事记

1 月 26 日

利用海事直升机对黄骅港、京唐港、曹妃甸港进行全方位冰情巡视，中央和地方多家新闻媒体进行了专题报道。2016 年共开展海事直升机巡航 5 架次，其中海事直升机参与海上搜救应急行动 3 次，成功救助 21 人。

2 月 14 日

石家庄机场办事处从越南入境旅客携带物中截获一袋青枣，实验室培养后剖果检疫，发现两头活体鳞翅目幼虫，经省局外来有害生物检验鉴定中心鉴定，此为蛀果蛾科种类，经中国检科院确认，为全国首次截获。

3 月 2 日

河北省口岸办向国家口岸管理办公室上报《关于北戴河机场临时对外开放的请示》（冀政口岸〔2016〕2 号）。国口办于 5 月 29 日批复《同意北戴河机场 2016 年临时对外开放》（国岸〔2016〕35 号）。

3 月 11 日

马来西亚农产品产地考察团一行到河北出入境检验检疫局调研交流工作。

3 月 28 日

河北出入境检验检疫局燕郊办事处在对一批原产国为意大利，启运地为德国的集装箱实施现场检疫查验时截获德国黄胡峰尸体，经河北外来有害生物检测鉴定中心鉴定，为全国首次截获。

4 月 1 日

落实《财政部、交通运输部关于完善港口建设费征收政策有关问题的通知》（财税〔2015〕131 号），河北海事局调整水转水运输货物等港口建设费征收政策。

4 月 5 日

国家质检总局在沧州举行“保障国门生物安全暨服务农产品优进优出新闻发布会及《关于促进农产品进出口合作服务地经济发展会谈纪要》签约仪式。

4 月 14 日

与 DNV－GL 召开业务交流研讨会，了解 DNV 船舶检验流程及港口国监督检查应对程序，同时对港口国监督检查相关争议性案例进行讨论。

4 月 15 日

召开第 7 届港口国监督论坛，对最新国际公约进行介绍，并对相关工作热点和检查案例进行讨论。

4 月 28 日

河北出入境检验检疫局保定局在西班牙进口盐渍猪肠衣集装箱内截获举腹蚁属成虫，经河北外来有害生物检测鉴定中心鉴定，为河北省首次截获。

5 月 18 日～19 日

参与开展中韩客货班轮专项联合检查活动，对辽宁辖区“飞龙”和“紫丁香”轮进行了联合检查。

5 月 30 日

京唐港办事处在对南非发航的“福神”轮进行卫生监督检查时截获东方芒蝇幼虫，经河北外来有害生物检验鉴定中心鉴定，为河北口岸首次截获。

6 月 28 日～29 日

国家质检总局考核组对曹妃甸国家级出口食品农产品质量安全示范区进行现场考核。

6 月 30 日

河北出入境检验检疫局在一批进境加拿大英格曼云杉单板中截获 27 种有害生物。

7 月 14 日

受交通运输部海事局指派，河北海事局参加了在山东威海举行的“2016 西北太平洋行动计划中韩海上溢油应急联合演习”并顺利完成演习任务。

7 月 20 日～21 日

成功处置山海关环海寺地咀水域两艘渔船险情、山海关海域“浙海 966”沉没险情、山海关海域三艘渔船失踪险情，共 10 人获救。

7 月 21 日

国际海事研究委员会 ISM 分委会 2016 年度工作会议在秦皇岛顺利召开。

7 月 25 日

河北出入境检验检疫局曹妃甸办事处在对“阿拉斯加”轮进口加拿大未处理带皮原木中截获两种有害生物。

8 月 2 日

香港食环署检查组一行到君乐宝太行乳业有限公司检查婴幼儿奶粉出口香港有关情况。

8 月 25 日

2016 中国奶业 20 强峰会暨奶业振兴大会在石家庄召开，国家质检总局、农业部、工信部、食药监总局有关领导与河北省副省长沈小平共同签署了《共建中国奶业振兴示范省战略合作协议》。

8 月 26 日

黄骅港局在对来自马来西亚的“华衡 166”号货轮进行入境检疫时，截获旱柳原野螟、黑丽翅蜻、卷裳目夜蛾，经河北外来有害生物检验鉴定中心鉴定，为全国首次截获。

9 月 26 日～28 日

国家质检总局口岸核生化监测设备管理研讨会及参加《呼和浩特—石家庄—名古屋国际中转航班检验检疫工作合作备录》签字仪式。

9 月 29 日

河北出入境检验检疫局对来自瑞典的进口设备现场查验时截获绒毛草属小穗。

10 月 20 日

2016 年度河北省海上应急处置成员单位联席会议在秦皇岛召开，会议研究制定了《河北省海上应急处置联席会议工作制度》和《河北省海上应急处置联席会议联络员工作制度》。

11 月 22 日

按照《交通运输部海事局关于实施国内航行海船进出港报告制度有关事项的通知》要求，全面实施国内航行海船进出港报告制，取消船舶进出港签证。

12 月 6 日

河北海事局与新组建的中远海运散货运输有限公司在广州市举行了 2016 年共建“安全畅通文明”航区会议暨双方合作签字仪式。

12 月 9 日

河北海事局与中国石油海上应急救援响应中心签订防抗海冰合作协议。

12 月 9 日

河北海事局向交通部海事局提交了《关于对ISM 规则的修改建议》的提案。

12 月 21 日

河北海事局承担交通运输部海事局委派的《船舶油气回收操作规程》编制研究通过专家评审会。

（撰稿人：张栋、杨朝晖、董艳鸽、段龙飞）

2016年河北省口岸流量统计表

口岸类型		口岸名称	货运量（万吨）				集装箱量（万标箱）				人员（万人次）				交通工具（辆、艘、架、列次）			
			出口	进口	合计	同比（%）	出口	进口	合计	同比（%）	出境	入境	合计	同比（%）	出境	入境	合计	同比（%）
空运口岸		石家庄机场	0.09	0.06	0.15	-76.10					20.79	19.03	39.82	13.40	1 433	1 449	2 882	1.05
		分计	0.09	0.06	0.15	-76.10					20.79	19.03	39.82	13.40	1 433	1 449	2 882	1.05
陆运口岸	公路口岸																	
		分计																
	铁路口岸																	
		分计																
水运口岸	海港口岸	秦皇岛港	1 100.00	400.50	1 500.50	-2.50	25.94	25.61	51.55	14.40	4.53	4.43	8.96	4.40	882	822	1 704	-6.90
		唐山港	1 911.37	27 395.80	29 307.17	6.63	3.02	0.24	3.26	29.58	5.51	5.81	11.32	11.31	2 660	2 793	5 453	12.22
		黄骅港	9.60	3 221.08	3 230.68	0.90	0.05	0.06	0.11	3.33	0.88	0.94	1.82	0.42	411	431	842	0.46
	河港口岸																	
		分计	3 020.98	31 017.38	34 038.35		29.01	25.91	54.92		10.91	11.18	22.10		3 953	4 046	7 999	
合计			3 031.07	31 017.44	34 038.50		29.01	25.91	54.92		31.70	30.21	61.92		5 386	5 495	10 881	
同比（%）			-89.10	-2.40	-42.94		15.62	-4.00	5.06		13.27	11.72	12.53		1.60	1.30	2.40	

（河北省口岸办提供）

2016 年河北省出入境主要数据表

项目			2016 年	2015 年	同比（%）
出入境人员（人次）	出入境人员总数		605 952	559 201	8.36
	入境人员		301 493	278 509	8.25
	出境人员		304 459	280 692	8.47
	出入境旅客		425 803	389 616	9.29
	出入境员工		180 149	169 585	6.23
	中国公民	小计	464 998	434 363	7.05
		内地居民（因公）	58 172	55 238	5.31
		内地居民（因私）	399 371	370 878	7.68
		港澳居民	175	832	-78.97
		台湾同胞	7 280	7 415	-1.80
	外籍人员		140 954	124 838	12.91
	从海港出入境人数		214 381	196 299	9.21
	从陆港出入境人数		0	0	
	从空港出入境人数		391 571	362 902	7.90
交通运输工具（辆、艘、架、列次）	总计		10 164	9 615	5.71
	船舶		7 714	7 075	9.03
	飞机		2 450	2 540	-3.54
	火车		0	0	
	机动车辆				

（河北省公安边防总队提供）

2016 年石家庄海关主要数据统计表

项目		2016 年	同比（%）
进出口货运量（万吨）	合计	38 707.60	7.58
	进口	36 304.60	8.50
	出口	2 403.00	-5.20
进出口贸易总值（万美元）	合计	3 540 520.10	-13.10
	进口	2 729 262.40	-7.70
	其中：江、海运输	2 711 172.60	-7.70
	铁路运输	824.20	331.00
	汽车运输	383.60	-50.20
	航空运输	16 864.90	-10.00
	邮件运输	0.00	0.00
	其他运输	17.10	-20.20
	出口	811 257.70	-27.30
	其中：江、海运输	790 642.10	-21.70
	铁路运输	69.80	-24.60
	汽车运输	508.10	-0.60
	航空运输	11 403.10	-87.60
	邮件运输	0.00	0.00
	其他运输	8 634.60	-34.80
税收（万元）	两税合计	299.64	0.02
	关税入库	13.50	-0.11
	进口环节税入库	286.14	0.02

（石家庄海关提供）

2016年河北省出入境检验检疫业务统计表

项目		货物检验检疫				交通工具				集装箱（标箱）		发现动植物疫情		货物通关		出入境人员查验（人次）	健康检查及预防接种（人次）			
		批次	金额（万美元）	检验检疫不合格		船舶（艘）	飞机（架）	火车（列）	汽车（辆）	合计	检出问题	种类数	种次	批次	金额（万美元）		健康检查	艾滋病监测	发现病例	预防接种
				批次	金额（万美元）															
本年累计		120 824	2 468 285.68	3 060	348 764.86	6 897	2 559	0	0	67 668	1 026	313	1 473	89 719	2 548 039.42	584 247	31 263	30 623	19 593	28 927
其中	出境	97 788	433 867.22	456	1 552.81	3 428	1 270	0	0	17 083	0	0	0	78 415	285 515.75	292 988	27 067	26 614	17 042	28 897
	入境	23 036	2 034 418.46	2 604	347 212.05	3 469	1 289	0	0	50 585	1 026	313	1 473	11 304	2 262 523.67	291 259	4 196	4 009	2 551	30
同比（%）		14.48	-17.2	-2.58	-42.68	12.75	-4.98	0	0	14.79	58.1	-26	-59.3	74.68	-0.53	8.62	-4.81	-5.76	-9.35	-6.11
其中	出境	17.27	3.27	-10.24	-33.86	16.12	-5.08	0	0	6.31	0	-100	0	91.37	59.13	8.83	-6.69	-8.27	-11.6	-6.15
	入境	3.97	-20.56	-1.10	-42.72	9.61	-4.87	0	0	17.97	58.1	-24.6	-59.3	8.83	-5.03	8.41	9.44	15.1	8.83	76.47

（河北出入境检验检疫局提供）

2016 年河北海事局进出港船舶统计汇总表

船舶类别	进港船舶							出港船舶						
	艘数（艘）	总吨（吨位）	总载重量（吨）	载客量（客位）	船员人数（人次）	货物到达量（吨）	旅客到达量（人）	艘数（艘）	总吨（吨位）	总载重量（吨）	载客量（客位）	船员人数（人次）	货物发送量（吨）	旅客发送量（人）
总计	76 292	679 816 897	1 182 992 534	218 242	1 048 738	360 101 151	42 709	74 721	682 750 412	1 187 000 000	217 932	1 055 731	625 630 616	39 504
中国籍船舶	71 428	441 376 264	739 747 353	218 242	951 860	51 222 138. 90	42 709	69 893	446 064 625	747 266 450	217 932	959 448	604 312 667	39 504
其中外贸船	283	7 433 264	14 576 791	37 600	13 380	7 088 166. 78	11 699	221	5 275 565	8 002 713	37 600	7 183	1 175 181. 10	9 552

（河北海事局提供）

山 西 省

山西省口岸分布示意图

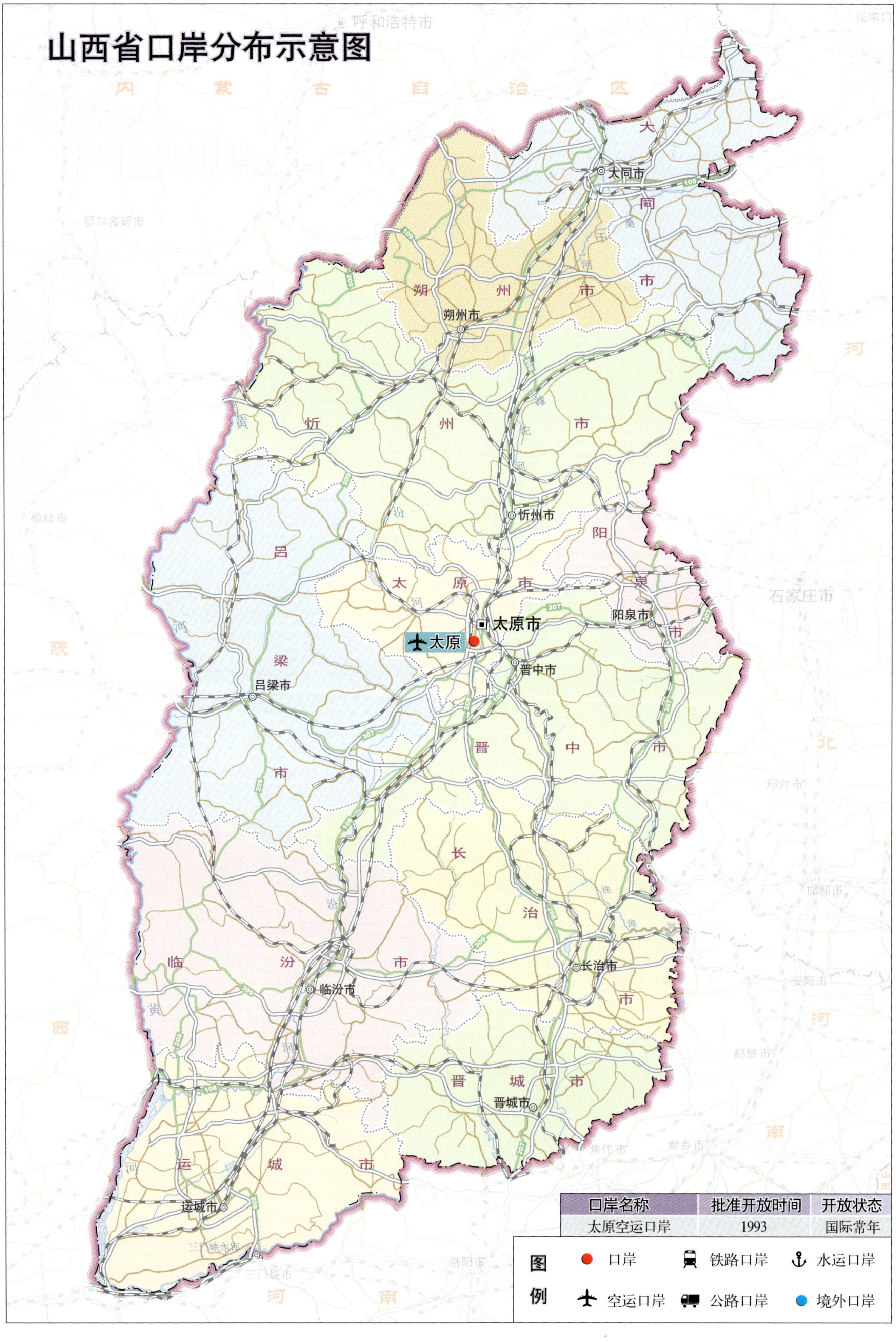

口岸名称	批准开放时间	开放状态
太原空运口岸	1993	国际常年

图例
- 口岸
- 铁路口岸
- 水运口岸
- 空运口岸
- 公路口岸
- 境外口岸

口岸数量及分布

截至2016年年底，山西省有经国务院批准的对外开放口岸1个，即太原空运口岸（太原武宿国际机场）。

口岸运行数据

2016年，山西省空运口岸出入境人员共386 061人次，同比减少4.14%，进出境航班2 865架次，同比减少2.78%。其中，太原空运口岸出入境人员372 297人次，出入境飞机2 747架次；进出口货运量263.1吨，同比减少55.4%；大同空运口岸（临时开放）进出境人员13 764人次，进出境飞机118架次。

口岸综合管理

【山西口岸发展规划取得重大突破】 经国务院批复同意，2016年11月23日，海关总署（国家口岸办）印发了《国家口岸发展“十三五”规划》（署岸函字〔2016〕111号），山西省三个空运口岸（大同、运城、五台山机场空运口岸）及一个铁路口岸（太原铁路口岸）列入了国家口岸发展“十三五”规划，标志着山西省口岸开放取得了历史性重大突破。

【太原空运口岸开通韩国务安航班】 2016年3月22日，太原至韩国全罗南道务安航班正式开通，这是太原武宿国际机场继开通至韩国仁川、济州、江原道、釜山和清州之后的第6条直达韩国的国际航班。

【山西—青岛口岸签署跨区域口岸合作协议】 为进一步加强山西口岸与青岛口岸跨区域合作，推动两地口岸经济联动发展，实现双方口岸互利共赢，2016年6月6日，山西—青岛口岸在太原举行了跨区域合作签约仪式。合作协议由山西省口岸办主任韩仲平和青岛市口岸办主任吴海川签署。

在口岸战略合作协议中，双方将在加强口岸合作、推动多式联运合作、深化口岸大通关、探索电子口岸信息共享，以及促进对外贸易和口岸物流发展等方面加强合作交流。两地口岸将按照协议内容展开全方位合作，共同推动两地海关、检验检疫、铁路等部门和单位实施对口沟通与合作，实现口岸执法互助合作，助力“一带一路”沿线省区开放型经济发展，全面提升两地口岸物流发展水平。

【山西首条直飞俄罗斯航班开通】 2016年6月22日，太原至俄罗斯莫斯科定期直飞航班开通。该航班的开通，不仅在山西与俄罗斯之间架起了一座空中桥梁，也对促进两地间经贸、旅游和文化方面的往来，对带动山西经济健康可持续发展发挥了重要的作用。

【太原武宿国际机场开通口岸签证业务】 2016年7月1日，太原武宿国际机场正式开通口岸签证业务。这意味着外国人来山西旅游、投资、洽谈贸易等，都可享受“落地签”待遇。口岸签证是使（领）馆签证的重要补充，也是国际社会的通行做法。业务开通后，太原武宿国际机场口岸可应外国人紧急入境需要，签发乘务、访问、团体旅游、商务、探亲、人才、私人事务7类口岸签证，也可为未持有效出入境证件直抵太原武宿国际机场口岸的台胞签发一次性台胞证，还可为符合条件的港、澳、台居民签发一次有效的出入境通行证（单页）。这一重要举措，将为境外人士来晋交流、旅游、创业提供极大便利。

【山西省首家跨境贸易电商平台太原启动】 2016年8月19日，山西省首家跨境贸易电子商务平台在太原武宿综合保税区正式上线运行。该平台的上线运行，标志着跨境贸易电子商务这一新生外贸模式在山西省落地开花，使山西真正意义能够实现“买全球、卖全球”，山西人民在家门口就能购买到物美价廉的进口商品。同时，将帮助山西的企业拓展海外市场，使山西的名特优产品走出国门，走向世界，有力促进山西“大通关、大物流、大外贸”格局的形成。

口岸监管与服务

【山西省公安边防总队拓展服务内涵 提高边检服务质效】 大力支持太原空运口岸加开国际航线，主动跟进服务大同、运城机场对外开放工作。针对运城临时开放口岸无口岸代码的实际，总队经过认真研究和反复论证，利用 VPN 技术创新性地采用了太原口岸梅沙网地址分段技术，开通了“太原—运城”梅沙专网，实现了无须单独架设服务器即可进行验放的保障目标，以口岸基础信息化建设为切入点和着眼点积极配合推进运城机场临时开放，有力地支持了全省口岸扩大开放的发展战略。

山西省公安边防总队积极推动“边检自助查验通道便捷通关”作为全省 24 条便民服务举措之一向社会公布，有效提升了边检工作的整体影响力。开设了“预约通关、便捷通关”的绿色通道，方便“急、病、伤、残”旅客，实施公务机“零等待、零距离”快速查验模式，增强了边检服务的针对性。2016 年，总队边检工作赢得了省领导的高度重视，上报的边检工作简报受到了山西省副省长王一新、刘杰等省领导的 4 次批示肯定。

【山西省公安边防总队优化勤务模式 提升勤务规范化水平】 全面推行“科队联勤”模式，根据业务量弹性调整警力配置，将一线执勤警力“拆科化组”，通过整合警力资源，灵活应对客流高峰，有效避免了警力虚耗，提高了警力保障灵活度，勤务组织更加顺畅平稳。按照“职权法定、简政放权、便民高效、全面真实、公开透明”的工作原则，形成了山西边检“行政权力清单”“责任清单”“行政职权运行流程图”“行政职权廉政风险防控图”，为进一步推进总队执法规范化建设奠定了扎实的基础。为扎实推进边检信息化建设，总队加大边检自助查验通道和智能验证台、勤务督导台建设，2016 年，在太原空运口岸建成了 14 个智能验证台、3 条自助查验通道和 2 套勤务督导台。在执勤现场配齐了处突警用器材装备，完成了梅沙系统升级工作，优化了布控、重点人员核查等功能，提高了系统安全性，进一步提升了部队执法执勤工作的科技含量。

【山西省公安边防总队严密管控措施 筑牢口岸安全防线】 定期开展形势教育，将口岸形势分析和风险评估作为重要内容纳入到勤务研讨会、周交班会、月首长办公会中，对重要敏感节点和重大勤务工作实行专项分析评估，充分利用空港 API 系统，主动加强情报信息搜集研判，有效提升了口岸管控预警能力。部署开展了边检执法执勤隐患专项排查整治活动，有效消除了口岸管控工作中的安全隐患。全面推行“小前台、大后台”勤务模式，严格落实查控工作 24 小时值班制度，收集整理了重点国家证件信息资料及伪假证件识别要点。健全完善口岸应急处突预案，深化开展警务实战化训练，定期组织执勤官兵在太原、大同口岸开展口岸处突演练。进一步密切了与口岸各部门的协作配合，签订了相关协作机制，构建起了太原、大同空运口岸突发事件应急联动防控体系。

【太原机场海关不断规范监管场所管理】 一是继续做好监管场所清理整顿工作，暂停东航监管仓库业务，跟进民航监管仓库迁址重建工作，过渡期内履行好海关监管职能。二是积极做好金关二期监管场所管理系统和舱单管理系统升级的上线运行和推广各项工作。三是开展监管场所隐患大排查工作，并组织现场进行整改。四是加强监管现场反恐防范工作，建立反恐联络员机制，加强业务现场与职能部门的联系配合。

【太原海关继续深化海关业务改革，提高贸易便利化水平】 一是继续推进区域通关一体化改革工作，2016 年接受申报一体化报关单 17 195 份，货值 526.2 亿元。二是深入推进“三互”大通关建设，加大为企业安装“一次申报”系统的推广力度，优化关检合作“三个一”，累计为 26 家企业安装了全国统一版“一次申报”系统客户端，接受“一次申报”报关单 17 265 份。三是全面推进通关无纸化作业改革，实现所有业务现场通关作业无纸化全覆盖。四是积极推进国际贸易“单一窗口”建设，成立项目工作组，协助山西省口岸办制定建设方案。五是大力支持山西省经贸、旅游事业发展，为各类展会、赛事、演出活动等提供优质通关服务。

【山西出入境检验检疫局首次保障国外角膜入境并移植成功】 2016年7月7日，山西出入境检验检疫局对山西首次入境的三只美国捐赠眼角膜实施后续监管。当天，来自山西运城的三位因角膜病变而失明的患者成功接受了美国捐赠角膜的移植手术，重见光明。此次捐赠角膜成功移植，为山西出入境检验检疫局在监管人体器官入境方面积累了宝贵经验，也为山西开展海外医学交流奠定了良好基础。

【太原机场出入境检验检疫局与大连机场出入境检验检疫局签署合作备忘录】 2016年9月28日，太原机场出入境检验检疫局与大连机场出入境检验检疫局在辽宁大连签署了《关于服务国家发展战略，维护国门安全，共筑健康空港合作备忘录》。按照备忘录，双方以“服务国家战略、维护国门安全、建设健康空港、促进经济发展”为目标，按照互联互通、优势互补、合作共赢、协同发展的原则，立足空港特色，共同构建符合健康中国新目标、经济发展新常态、国门质量安全新要求的口岸工作格局，围绕强化口岸核心能力建设、构建空港公共卫生工作体系等10个方面开展合作。

【山西出入境检验检疫局开展第29个世界艾滋病日宣传活动】 2016年12月1日是第29个世界艾滋病日。按照国家质检总局和山西省防艾办的统一部署，山西出入境检验检疫局精心组织开展了以“携手抗艾重在预防”为主题的艾滋病日宣传活动。围绕口岸传染病防控这一职责，分别在太原空运口岸、山西国际旅行卫生保健中心等出入境人员密集场所设立宣传咨询台，摆放图文并茂的艾滋病知识宣传展板，在大型电子显示屏上播放艾滋病相关宣传知识，工作人员在现场向旅客和过往群众发放了6 000余份宣传册及其他宣传品等，并向全省出入境人员呼吁，加强艾滋病知识了解，出入境前积极主动咨询传染病相关信息，做好国际旅行卫生保健。

【山西出入境检验检疫局加强太原空运口岸疫情疫病防控】 由于海地、中非共和国、尼泊尔等国发生霍乱疫情，马尔代夫和新喀里多尼发生寨卡病毒病疫情，山西出入境检验检疫局按照国家质检总局统一部署，在太原空运口岸采取多项措施，防止疫情传入。一是加强对来自香港的航班、人员的检疫查验，做好医学巡查和体温检测，及时发现经香港转机入境的染疫人员。二是要求航空公司机组人员关注旅客精神状态，在飞行途中发现有呕吐、腹泻、发热、皮疹等症状的旅客时，及时向检验检疫部门通报。三是做好宣教工作，要求有呕吐、腹泻症状和去过寨卡病毒疫区且被蚊虫叮咬的旅客，出现发热、皮疹等症状时，在入境时主动向检验检疫部门申报。四是做好国际卫生保健咨询服务，在出入境通道利用LED显示屏播放国家质检总局公告，提醒出境游特别是去疫区旅游的旅客做好个人卫生，防止蚊虫叮咬。

开放口岸

【太原空运口岸（太原武宿国际机场）】 太原武宿国际机场位于太原市真方位156度，距市区13.2千米。太原空运口岸于2004年经国务院批复同意扩大对外国籍飞机开放，并于2005年1月通过国家正式验收。2007年11月太原武宿机场更名为太原武宿国际机场，为国内省会级干线机场，是北京首都国际机场的备降机场。太原武宿国际机场场区占地面积为588.7万平方米，飞行区等级指标为4E级，跑道长3 600米，宽75米，站坪34万平方米，机位43个，可起降B747机型，同时满足F类A380备降需要。新建的T2航站楼于2008年7月投入使用，面积为5.5万平方米，其中国际厅面积1.8万平方米。T1航站楼经过改造，面积为2.6万平方米，并于2014年1月1日启用。新货运楼于2010年4月投入使用，总建筑面积12 417平方米，其中海关监管货运库约2 000平方米。截至2016年12月，太原空运口岸开通了23条固定及临时国际和地区航线，可直达韩国、泰国、日本、印度尼西亚、越南、中国港澳台等8个国家和地区，通航城市19个。

【大同空运口岸（临时开放）】 大同空运口岸（大同云岗机场）于2013年7月31日获国家口岸管理办公室批准临时开放，截至2016年年底，已连续8次获批继续临时开放。目前开通大同至中国香港、韩国仁川航线。

大同云冈机场于2006年1月正式通航，占地面积144万平方米，飞行区等级指标为4C级，可起降B737－300及以下机型，跑道长3 000米，宽45米，站坪2.4万平方米。2013年对T1航站楼进行了全面改造，为联检单位配置了必要的查验设备。改造后的航站楼室内面积4 255平方米，调整了航站楼的室内布局，修建了边检、海关、检验检疫的业务通道和办公用房。

海关特殊监管区域

【太原武宿综合保税区】 太原武宿综合保税区于2012年8月26日经国务院批准设立，是具有口岸、物流、加工等功能的实行封闭管理的海关特殊监管区域，属国家级特定功能区。该区位于山西太原经济技术开发区东、武宿国际机场西，规划面积2.94平方千米。

太原武宿综合保税区一期开发建设面积约1.75平方千米，围网面积约1.46平方千米。2013年9月16日，一期开发建设面积为1.75平方千米的基础和监管设施建设项目顺利通过国家十部委联合验收组验收。同年12月，开始封关运行。

太原武宿综合保税区主要开展保税加工、保税物流、保税服务等业务，定位为生产中心、销售中心、结算中心、物流配送中心、检测和售后服务维修中心及研发中心6大中心。可以开展的主要业务内容为：存储进出口货物和其他未办结海关手续的货物，国际转口贸易，国际采购、分销和配送，国际中转，检测和售后服务维修，商品展示，研发、加工、制造，经海关批准的其他业务等。

【山西方略保税物流中心】 山西方略保税物流中心，是2008年12月26日经国务院授权，海关总署、财政部、国家税务总局、国家外汇管理局“四部委”联合审批的全国首批17家扩大试点的保税物流中心之一，也是山西省首家保税物流中心（且具有民营特色的保税物流中心）。2009年6月16日，山西方略保税物流中心通过国务院验收并封关运营。中心内建有联检服务大厅、口岸作业区、承载万吨装卸大列的铁路站台、钢材交易区、融资监管区、露天物料堆场和高标准的现代化加工车间，能为进出口企业和现代物流企业提供进口保税、出口监管、海铁陆多式联运、物流融资、信息咨询和流通性简单加工等政策性功能服务。

2016年，方略保税物流中心综合平台累计办理报关报检业务近400票，与2015年同期相比，同比下降44.83%；监管进出口货物总值1 323万美元，同比下降85.73%；监管货物总量4 202吨，同比下降34.34%。物流服务方面，共实现散货吞吐量280万吨，同比上升42.86%；集装箱吞吐量12.76万标箱，同比上升3.3倍。该中心业务已发展到中国香港、中国台湾地区，以及欧洲、美国、澳大利亚、南非、新加坡、哈萨克斯坦、蒙古等11个国家和地区，货物涉及铁、铜、铬、镍等有色金属矿，石油钻探设备，各类机械电子设备，食品及添加剂，聚苯醚等化工产品，铸管铸件，镁铝合金，果汁，芦笋，菜椒等27个品种。

方略保税物流中心二期工程已建成山西最大、全国为数不多的多功能、复合型物流场站。其中，1 050米铁路专用线6条，高标准堆垛站台8个，高标准仓库14万平方米已部分投入使用；综合应用网络信息平台已上线运行，保税物流中心的卡口已竣工；园区路网建设已结束。与此同时，购置了正面吊、龙门吊、装载机、挖掘机等先进的专业物流设备，组建了公路运输和海关监管运输车队。其他开工项目，如“集装箱物流中心站”改扩建工程、保税物流中心基础工程、液态物流中心站工程等，也正在稳步推进。截至2015年年底，方略保税物流中心已开通了至连云港的“五定班列”和至二连浩特边境口岸的货运专列，成为山西省晋南、晋东南地区最大、最集中的陆路运输场站。

2016年山西省口岸大事记

3月22日

太原空运口岸开通了太原—韩国务安航线。

3月31日

山西运城海关正式开关，这是山西继太原、大同、侯马开通的第四个海关。

4月3日

大同至韩国仁川航线正式开通。

6月6日

山西—青岛口岸在太原举行了跨区域合作签约仪式。山西省经信委陈官虎副主任出席仪式并讲话。山西省口岸办韩仲平主任和青岛市口岸办吴海川主任签署合作协议。

6月22日

山西首条直飞莫斯科航线开通，该航线的开通实现了山西省洲际客运航线零的突破。

6月28日

太原武宿国际机场开通口岸签证业务新闻发布和揭牌仪式在省民航机场集团会议大厅举行，刘杰副省长出席并讲话。省委宣传部、省公安厅、省民航机场管理局、省外侨办、省台办、省旅游局、省商务厅、山西出入境检验检疫局、太原海关、省口岸办等单位的负责同志参加了会议。

7月1日

太原武宿国际机场正式开通口岸签证业务。

8月19日

山西省首家跨境贸易电子商务平台在太原武宿综合保税区正式上线运行。

10月9日

山西晋城海关正式开关。

11月22日

山西省委常委、常务副省长高建民赴太原空运口岸调研。山西出入境检验检疫局、太原海关、山西省公安边防总队、省民航机场管理局、省口岸办等单位负责人参加。

11月22日

从澳大利亚引进的221头种牛从太原空运口岸成功入境。这是2016年国内较大规模的一次种牛空运入境，也是山西省连续三年大规模活体动物进境。

11月23日

经国务院批复同意，海关总署（国家口岸办）印发了《国家口岸发展“十三五”规划》（署岸函字〔2016〕111号），山西省三个空运口岸（大同、运城、五台山机场空运口岸）及一个铁路口岸（太原铁路口岸）列入了国家口岸发展“十三五”规划。

（撰稿人：宋晓徽、王子临、牛煜、武鑫）

2016年山西省口岸流量统计表

口岸类型		口岸名称	货运量（吨）				集装箱量（万标箱）				人员（人次）				交通工具（辆、艘、架、列次）			
			出口	进口	合计	同比（%）	出口	进口	合计	同比（%）	出境	入境	合计	同比（%）	出境	入境	合计	同比（%）
空运口岸		太原空运口岸	4.7	258.4	263.1	-55.4					185 579	186 718	372 297	-4.8	1 372	1 375	2 747	-3
空运口岸		大同空运口岸（临时开放）									7 112	6 652	13 764	20	59	59	118	0.85
空运口岸		分计									192 691	193 370	386 061	-4	1 431	1 434	2 865	-2.8
陆运口岸	公路口岸																	
陆运口岸	公路口岸	分计																
陆运口岸	铁路口岸																	
陆运口岸	铁路口岸	分计																
水运口岸	海港口岸																	
水运口岸	海港口岸	分计																
水运口岸	河港口岸																	
水运口岸	河港口岸	分计																
合计																		
同比（%）																		

（山西省口岸办提供）

2016 年山西省口岸出入境主要数据表

项目			2016 年	2015 年	同比（%）
出入境人员（人次）	出入境人员总数		386 061	402 501	-4.08
	入境人员		193 370	201 610	-4.09
	出境人员		192 691	200 891	-4.08
	出入境旅客		361 839	377 986	-4.27
	出入境员工		24 222	24 515	-1.20
	中国公民	小计	354 090	367 206	-3.57
		内地居民（因公）	490	483	1.45
		内地居民（因私）	301 995	322 897	-6.47
		港澳居民	9 549	11 875	-19.59
		台湾同胞	42 056	31 951	31.63
	外籍人员		7 749	10 780	-30.00
	从海港出入境人数				
	从陆港出入境人数				
	从空港出入境人数		386 061	402 501	-4.08
交通运输工具（辆、艘、架、列次）	总计		2 865	2 947	-2.78
	船舶				
	飞机		2 865	2 947	-2.78
	火车				
	机动车辆				

（山西省公安边防总队提供）

2016 年太原海关主要数据统计表

项目		2016 年	同比（%）
进出口货运量（万吨）	合计	263.10	-55.4
	进口	258.40	-54.8
	出口	4.70	-73.6
进出口贸易总值（亿元）	合计	1 098.90	20.5
	进口	443.60	14.2
	其中：江、海运输		
	铁路运输		
	汽车运输		
	航空运输		
	邮件运输		
	其他运输		
	出口	655.30	25.2
	其中：江、海运输		
	铁路运输		
	汽车运输		
	航空运输		
	邮件运输		
	其他运输		
税收（亿元）	两税合计	15.02	32.92
	关税入库	1.17	-30.37
	进口环节税入库	13.85	43.93

（太原海关提供）

2016 年山西省出入境检验检疫业务统计表

项目		货物检验检疫				交通工具				集装箱（标箱）		发现动植物疫情		货物通关		出入境人员查验（人次）	健康检查及预防接种（人次）			
		批次	金额（万美元）	检验检疫不合格																
				批次	金额（万美元）	船舶（艘）	飞机（架）	火车（列）	汽车（辆）	合计	检出问题	种类数	种次	批次	金额（万美元）		健康检查	艾滋病监测	发现病例	预防接种
本年累计		17 952	129 754	142	2 510		2 865			4 137	34	37	94	11 555	64 854	386 061	6 539	6 521	2 668	8 593
其中	出境	15 205	64 697	75	322		1 431			538				10 152	39 147	192 691	6 168	6 150	2 483	8 578
	入境	2 747	65 057	67	2 188		1 434			3 599	34	37	94	1 403	25 707	193 370	371	371	185	15
同比（%）		40.81	-20.04	43.43	-15.15		-2.78			18.98	-52.78	-61.86	-54.36	147.85	-20.92	-4.08	-3.41	-5.04	-10.89	-19.25
其中	出境	43.73	10.98	257.14	1 152.43		-2.98			21.17				176.02	95.81	-4.42	0.72	-1.22	-7.25	-19.35
	入境	26.59	-37.43	-14.10	-25.4		-2.58			18.66	-52.78	-61.86	-54.36	42.58	-58.55	-3.74	-42.57	-42.12	-41.64	200

（山西出入境检验检疫局提供）

口岸数量及分布

截至2016年年底，内蒙古自治区共有经国务院批准的对外开放口岸18个。其中，空运口岸4个，分别是呼和浩特、海拉尔、满洲里、鄂尔多斯；陆路（铁路）口岸2个，分别是二连浩特、满洲里；陆路（公路）口岸12个，分别是满洲里、二连浩特、策克、甘其毛都、珠恩嘎达布其、满都拉、额布都格、阿日哈沙特、黑山头、室韦、阿尔山、乌力吉。其中，对俄罗斯口岸有4个，对蒙古国口岸有10个。

口岸运行数据

2016年，全区口岸进出境货运量为7 887.44万吨，同比增长19.8%。其中，进境货运量5 552.87万吨，同比增长35.4%；出境货运量941.43万吨，同比下降2.9%；转口货运量1 393.14万吨，同比下降7.8%。

全区口岸进出境客运量532.2万人次，同比增长23.6%。其中，进境客运量265.87万人次，同比增长24.0%；出境客运量266.33万人次，同比增长24.5%。

全区口岸进出境交通工具164.27万列（辆、架）次，同比增长29.6%。其中，进境交通工具81.91万列（辆、架）次，同比增长29.4%；出境交通工具81.99万列辆架次，同比增长29.7%；转口交通工具3 744列次，同比增长14.7%。

2016年，全区口岸货运量同比实现大幅增长，主要是受煤炭进口量增加影响，在去产能政策和煤炭限产的影响下，国内煤炭供给偏紧，我国电力、冶金等耗煤大户拉动进口煤大幅增加。进口蒙煤主要口岸甘其毛都和策克，2016年货运量分别为1 388.69万吨和1 257.67万吨，同比分别增长91.5%和65.0%。此外，锯材、原木、原油、铅矿砂及其精矿、纸浆、铜矿砂及其精矿、粮食、汽车、纸及纸板等商品进口量普遍增长。随着口岸区域合作不断扩大，口岸跨境班列开通量大幅增长，为口岸货运量增长提供了有力支撑。

2015年内蒙古自治区各盟市进出口统计表

盟、市	进出口额（亿美元）	出口额（亿美元）	进口额（亿美元）	累计比去年同期增减（%）		
				进出口	出口	进口
总　值	149.15	52.82	96.34	-8.1	-20.9	2.1
呼伦贝尔市	26.52	7.43	19.08	-11.3	-39.4	8.2
满洲里市	23.69	5.45	18.24	-14.6	-49.6	7.7
巴彦淖尔市	19.94	3.81	16.13	-22.4	-10.1	-24.8
包头市	17.21	12.31	4.90	10.9	38.7	-26.1
呼和浩特市	13.09	6.82	6.27	-36.7	-45.2	-23.8
鄂尔多斯市	12.77	4.42	8.35	79.4	-24.3	549.4
锡林郭勒盟	8.80	2.75	6.06	-23.5	-49.5	0
二连浩特市	8.44	2.65	5.80	-25.5	-50.3	-3.4
赤峰市	8.56	2.11	6.45	11.3	16.1	9.8
阿拉善盟	4.23	0.84	3.38	58.8	31.8	67.3
通辽市	4.13	2.95	1.18	-5.2	-14.4	29.8
乌海市	0.89	0.89	0.01	95.8	97.1	-6.1
乌兰察布市	0.77	0.32	0.45	3.6	-9.1	15.3
兴安盟	0.11	0.07	0.04	-89.5	-90.0	-88.5

表注：按出口额排序。

口岸综合管理

【口岸规划和建设水平显著提升】 组织编制《内蒙古自治区“十三五”口岸发展规划》，并上报自治区政府审定。编制了2016年口岸基础设施建设补助资金建议分配方案，并聘请第三方机构和有关专家对项目进行了评审。争取自治区政府将全区口岸地方政府债券资金增加到5.5亿元，较上年度增加5 000万元。进一步完善全区口岸基础设施建设项目库，保证资金合理有效使用。

【口岸开放取得重大突破】 国务院批复同意鄂尔多斯航空口岸、乌力吉双边公路口岸对外开放，鄂尔多斯航空口岸通过国家验收组验收，乌力吉公路口岸顺利开工建设。协调国家口岸办批准同意阿日哈沙特、额布都格口岸继续全年临时开放，策克、甘其毛都口岸延长开放时间，二连浩特和阿尔山机场继续临时开放，实现包头机场临时开放。配合中蒙联合工作组，确定了策克、珠恩嘎达布其铁路口岸及乌力吉公路口岸过境通道位置。就策克铁路口岸规划设计方案组织相关部门进行论证和研究。

【加快电子口岸“单一窗口”建设】 开展内蒙古口岸视频监控指挥中心建设。协调呼和浩特海关、满洲里海关将所属关区可共享的视频信号接入到内蒙古电子口岸视频指挥中心。在满洲里口岸率先启动“单一窗口”建设试点并投入运

行，成为沿边地区首个建成“单一窗口”的口岸。启动了呼和浩特国际贸易“单一窗口”建设项目，完成呼和浩特白塔机场国际快件一体化系统测试，并开展跨境电子商务通关公共服务平台建设。

【指定口岸和海关特殊监管区域建设进展迅速】 推进呼和浩特航空口岸开展进境水果、进口冷鲜水产品指定口岸申建工作。策克、满都拉口岸获批肉类进口指定口岸。加快二连浩特肉类指定口岸冷链建设。配合国家质检总局对珠恩嘎达布其、额布都格、二连浩特饲草进口熏蒸库项目进行现场考核验收。统筹协调有关单位和部门，保证满洲里综合保税区顺利通过国家验收。对呼和浩特出口加工区部分土地调整进行审核确认。为巴彦淖尔市申请设立保税物流中心（B型）。

【全面推进“三互”大通关建设改革】 确定甘其毛都、策克口岸为自治区“三互”大通关第二批试点口岸。会同联检单位对全区各口岸“三互”落实工作进行专项督查。自治区分管副主席在二连浩特主持召开全区“三互”大通关建设工作推进会。以自治区政府名义向海关总署上报了《内蒙古自治区人民政府关于推进“三互”大通关建设工作情况的报告》。会同各联检部门下发《关于加快落实自治区“三互”大通关建设工作任务的通知》。支持呼和浩特海关关区开展中蒙海关联合监管。

【改善口岸收费及通关环境】 对全区口岸进出口环节行政事业性收费、政府性基金及实施政府定价或指导价的经营服务性收费进行规范。落实免除查验环节没有问题外贸企业吊装移位仓储费用全面试点工作。变更口岸物业服务费名称，规范收费标准。对企业反映的饲草通关，运煤车辆通关受阻等问题，及时协调相关部门处理解决。加强口岸安全生产监督管理，制定了监督检查措施、专项整治方案。

【不断提升口岸国际和区域合作水平】

国际合作方面。与蒙古国海关总署等部门负责人就推进互联互通及口岸基础设施建设进行沟通。配合国家口岸办于2016年11月6日在甘其毛都口岸举行了“中蒙口岸合作委员会工作会

晤”。协助国家口岸办在京筹备中俄蒙三方口岸领导人第一次会议，在乌兰巴托举行中蒙口岸工作会谈。

区域合作方面。与广东省口岸办签署《关于合力保障“粤蒙俄”跨境班列通关便利化服务协议》。与北京口岸办签署了《京蒙口岸工作合作备忘录》。协调推动天津港入驻呼和浩特沙良物流园区并挂牌运营。与盘锦港探讨签署口岸战略合作。2016 年，经满洲里铁路口岸进出境“中欧”班列共 1 036 列，7.29 万标箱，班列线路 25 条。二连浩特口岸中欧班列运行线路增至 7 条，运行中欧班列 166 列、7 734 箱。包头、乌兰察布开行中亚班列。

【积极开展对外宣传】 联合自治区党委外宣办组织了“一带一路”口岸行中蒙媒体联合采访活动。组织中蒙媒体记者开展了“中蒙媒体口岸行”活动。与满洲里日报社合作，出版《草原新丝路》期刊。发挥互联网宣传效果，建立“内蒙古口岸”微信公众平台。

口岸监管与服务

【内蒙古自治区公安边防总队主动融入大局，全力服务地方经济社会发展】 一是支持沿边地区开发开放。积极响应国家支持沿边重点地区开发开放相关政策，本着“整合资源、突出重点、创新机制”的原则，制定了包括服务群众保障民生、助推边境区域合作、推进“三互”便利通关、深化对外警务合作、创新边境社会管理等 20 项具体措施。二是跟进全区口岸布局建设。主动服务自治区“十三五”口岸扩能改造、国际航线开通加密等口岸长远建设项目，在边检执勤警力调配、加强勤务组织保障、完善口岸基础设施等方面超前谋划、及时跟进。高效完成包头、二连浩特等 4 个机场口岸临时开放，甘其毛都、策克等 4 个公路口岸扩大开放的申报审核、调研论证、验收报批工作，积极推动鄂尔多斯航空口岸顺利通过国家验收，有序推进乌力吉口岸边检各项筹备工作。三是加强口岸通关能力建设。编制了总队《服务口岸发展建设两年规划（2016—2017 年）》。积极与自治区向北开放领导小组请示对接，协调年度 17 个口岸边防检查重点建设项目落地，及时跟进二连浩特、阿尔山、锡林浩特、包头机场等临时开放口岸基础设施建设。指导各边检站主动介入、积极参与地方口岸基础设施和边检配套设施建设，优化完善查验环境，协调升级查缉装备，确保服务保障能力与口岸建设发展同频共振。

【内蒙古自治区公安边防总队创新边检管理，全力构建和谐顺畅通关模式】 一是着力提升边检信息化应用水平。自主研发“执勤人员绩效管理系统”并试运行。积极向公安部申请将 4 类人员纳入自助通关范围，开展部局边检重点课题“陆地口岸货运车辆司机生物信息识别研究”。完成满洲里、二连浩特、呼和浩特 3 个口岸 14 条旅客自助查验通道建设和验收任务，策克、包头等 7 个口岸 14 条旅客自助查验通道启动立项建设。全区 7 个边检站共建成智能验证台 24 个，指纹验讫章柜、高清面相采集、梅沙系统指纹验证登录等边检智能验证设施建设步伐不断加快。二是推动跨境能源运输便捷通关。在铁路货运口岸推行诚信查验模式和风险评估综合管理机制，在重点公路货运口岸推行预报预检、会晤磋商、饱和验放、差别查验、快捷通关的“星级”车辆检查模式，直接服务于大宗原煤、铁矿石、铜精粉、原油等物资进口，累计延长通关时间 1 500 余小时，增加查验能源运输车辆 15 万辆次以上。三是全面提升口岸通关效能。加强与对应俄蒙边防部门联系，共同就优化口岸管理、加快通关速度、促进边贸旅游产业发展等磋商交流，促进口岸“双向提速”。深化与海关、检验检疫等部门联勤协作，积极推进“联合查验、一次放行”通关模式，满洲里公路口岸实现了出境车辆“并联式”服务和“一站式”查验，二连浩特公路口岸通关现场“三互”改造稳步推进。完善重大勤务保障机制，圆满完成了“丝绸之路”国际汽车拉力赛、“和平使命”军演等 50 余个重大勤务通关保障任务，为自治区政府、经贸、文化、体育等

300余个团组2 300余人次提供集中查验、快捷验放等便利服务，救助中外籍病重旅客180余人，为“苏满欧”等26条国际货运班列提供便捷化通关服务。

【内蒙古自治区公安边防总队坚持精准防控，全面提升口岸稳控水平】 一是全力加强口岸应急处突。以维护国家安全、政治安全和政权安全为第一责任，强化“北疆安全屏障”和环京环疆“护城河”使命意识，组织开展了“反恐查缉会战”“铁篱”反恐等系列专项行动，圆满完成G20峰会、党的十八届六中全会、自治区第十次党代会等重大安保任务。二是强化口岸联勤联控能力。构建了横向联动、纵向呼应、境内境外的口岸立体管控体系，与俄蒙对应边防部门分别举行了“团结—2016”联合处突演练和“共建平安边境、共创黄金通道”等共建活动，国际执法合作水平不断迈上新台阶。

【呼和浩特海关拓展政策平台，释放外贸发展新活力】 一是优化海关特殊监管区域发展。加快推动鄂尔多斯综合保税区申建工作，督促呼和浩特出口加工区完成未利用土地整改工作。巴彦淖尔保税物流中心（B型）材料完成初审上报审批，支持包头市增设保税物流中心（B型）。二是支持内蒙古开通中亚、蒙欧班列并扩大运营。2016年下半年以来，支持内蒙古始发开通中亚货运班列，监管包头至哈萨克斯坦阿斯塔纳5列、集宁至哈萨克斯坦阿拉木图1列。全年监管中欧班列166列、货物8.65万吨，同比分别增长115.58%、181.54%。三是全力支持二连浩特国家重点开发开放试验区建设。推动二连浩特边民互市贸易区封关投运行，区内启用关检合作“一站式作业”模式。支持在口岸设立进境免税商店。支持整车进口口岸申报和口岸危化品场所建设。就二连跨境经济合作区发展模式提出具体建议，探索在该区域内推广复制自由贸易试验区监管创新制度。

【呼和浩特海关着眼发展优势，注入外贸转型新动力】 一是加快推动加工贸易转型升级。深入落实《自治区关于促进加工贸易健康发展若干意见》，助推自治区承接加工贸易转移，推动加工贸易由传统原油、羊绒等产品加工向附加值和科技含量较高的电子产品加工贸易转变。二是扩大内蒙古自治区特色农产品出口。巴彦淖尔陆港开通一年来，即出口农产品1万吨、货值1.3亿元。在二连浩特等对蒙重点口岸通关现场设立果蔬绿色审核通道加快放行，在白塔航空口岸对鲜活农产品提供24小时通关便利。三是国际快件业务迅猛增长。自2015年初呼和浩特市白塔机场国际空港快件业务开通以来，以月均21%的速度攀升，全年监管进出境快件127.5万件，同比增长4.2倍。四是支持综合性国际经贸交易会、合作论坛等活动，通过设立专门报关窗口、驻地实施监管、开通进境绿色通道、简化报关手续等措施。

【呼和浩特海关深化改革，提升海关监管能力】 一是深入推进通关一体化改革。实现关区所有口岸、业务现场与全国各地通关一体化，外贸企业在全国任一海关即可完成申报、审接单、缴税、放行等一系列通关手续，实现“全国如一关”，全年关区通过一体化平台共申报报关单10.25万余票。二是认真落实“三互”推进大通关建设。关检“一站式作业”试点推广至关区所有旅检、邮递监管现场，在二连浩特口岸货运通道启动试点。探索在新开放的乌力吉口岸按照“三合一”设计口岸管理布局。继续深化关检合作“三个一”试点工作，实现了所有报关单100%通过“一次申报”系统申报。主动参与地方国际贸易“单一窗口”论证和设计工作，做好电子口岸平台海关内部技术基础搭建工作。三是积极探索国际“三互”合作，依托中蒙海关合作平台，关区对蒙常年开放口岸实现统一载货清单全覆盖。中蒙边境地海关统计数据互换工作在二连口岸启动试点。

【呼和浩特海关优化服务，切实为企业减负增效】 一是简政放权便利企业。取消下放行政审批事项8项，内部核批事项26项。在所有业务现场启动行政审批“一个窗口”改革，全面实行行政审批受理单制度，企业只需要在窗口一次性提交材料即可完成全部审批流程。二是全面清理进出口环节收费。在2015年基础上，2016年又取消了新企业备案收费，年均共计为外贸企业减负1 000余万元。三是密集开展政策宣讲。按照企业规模、地域产业集中度等灵活确定宣讲形式和内容，开展定向宣讲培训，将政策精准送上门，让企业切实解疑难。2016年以来，举办各类企业培训班、政策宣讲会30余次，送政策上门150多次。四是积极落实减免税政策。针对“十二五”税收优惠政策陆续到期、“十三五”后续政策尚未出台的过渡期，及时为种畜种源、新型显示器件生产等企业出具担保证明，保证企业正常生产运行。全年审批减免税货物总值6.12亿美元，审批减免关税1 969.97万元、增值税3 656.66万元。五是积极推进商事制度和信用管理改革。推进辖区进出口企业“三证合一”注册登记改革，时限缩短35%。加快企业信用管理改革步伐，开展“一对一”认证辅导70余次，5家高级认证企业全部配备海关协调员。

【呼和浩特海关简化流程，缩短企业通关作业时间】 一是推进进出口环节公平作业。积极推进查验作业改革，大型集装箱检查设备集中审图作业在二连海关推开，出口货物平均查验率降至2%以下。二是全面推广“两个随机”改革。依托计算机信息系统，实现了随机抽取检查对象，随机选派执法检查人员，减少人为干预，关区随机布控率保持在90%以上。三是继续深化通关作业无纸化改革，简化随附单证上传手续，大力推进海关内部作业无纸化，报关单全程无纸化率达到91.88%。四是增加科技手段应用，助力便捷通关。增配大型监管查验设备H986、自主研发卡口自动核放系统，中蒙口岸矿能产品监管实现了“无人值守、无单据传递、远程监控、自动检斤”通关模式。

【呼和浩特海关推进综合治理，为外贸健康发展保驾护航】 开展6个系列专项行动，破获刑事案件19起，案值2.84亿元，涉税1.52亿元，同比分别增长11.76%、121倍和205倍。调查行政案件427起，案值3 831.7万元。与公安机关联合侦办“7·30”走私和非法经营香烟大案，单案达到2.45亿元。破获“12·27”网络走私武器弹药案，缴获气步枪3支、子弹900余发、弓弩等管制器具5套。推动自治区打私办调整至政府办公厅。深入落实自治区打击走私综合治理领导小组会议部署，与成员单位密切配合、协同推进全区打击走私综合治理工作和“国门利剑2016”联合专项行动。

【满洲里海关深化改革取得新突破，充分释放改革红利】 一是以“降成本”为核心，全面推进供给侧结构改革。实施“三互”大通关改革、降低人员通关成本，组织推动满洲里航空口岸先行实现了海关、检验检疫、空港“一机三屏”。实施了满洲里公路口岸旅检领域车辆“一站式检查”和旅客“并联式通关”。协调口岸部门和联检单位，实施了公路口岸客车、货车自动核放项目和“单一窗口”建设试点；推动监管模式创新、降低货物通关成本，进一步优化作业流程、加大非侵入式检查力度，货物进口平均通关时间缩短至7.3小时，较全国平均水平快17.8小时；深化“放管服”改革、降低制度性成本，从进一步降低企业制度性成本入手，清理执法领域的内部审批和内部核批事项，取消暂时进出境核准等行政审批事项10项，优化内部核批62项。行政审批事项“一个窗口”得到进一步规范和完善，行政审批网上受理平台启动运行，行政审批事项公示机制初步建立。“两简”案件的办理权限下放到业务现场，简单案件实现了“即发即办、即时解决”。二是“双随机”改革向纵深发展。在关区货物查验环节全面推进“双随机”改革，将“查验谁”“谁来查”等关键自由裁量权交给计算机系统随机分派，随机布控查验比例达到94.11%。在稽查领域实现了“计算机+参数”的稽查对象筛选机制和稽查人员随机选派制度，在部分旅检领域实施了“随机派岗”“随机调岗”“随机时段重点查验”的“三个随机”制度。

【满洲里海关强化一线监管、加强综合治理、提高质量和效能】 一是实际监管进一步增强。

以监控指挥中心实战应用为核心，构建完善了集舱单管理、运输工具监管、监管场所管理、一线实货监管为一体的大监控体系。全面加强一线监管设施设备的实战应用，启动了铁路信息平台、公路客车管理系统等信息化系统的升级换代工作。以严密监管、规制自由裁量权为导向，部分旅检领域建立了执法过程“一线全程记录、二线全面复核”的工作机制。以打击虚假贸易为重点，全面加强实际贸易监控和数据分析，关区虚假贸易风险得到有效管控。二是税收质量进一步提高。科学安排各业务现场、隶属机构税收任务和税收进度，整体掌控能力进一步增强。完善海关、国库、银行之间的联系配合机制，确保了税款及时入库。以满洲里铁路口岸为主的传统税源口岸税收稳步增长，满洲里公路口岸、额布都格口岸及赤峰、通辽等地增速迅猛，成为关区新的税收增长点。三是打私合力进一步发挥。成功侦破首起毒品走私犯罪案。查获关区历史上最大的车体夹藏黄金走私案和麝香走私案，其中麝香走私案被海关总署缉私局列为二级挂牌督办案件。成功侦办的“6·12”加工贸易企业走私木材系列案件。全年查获刑事案件14起，查获行政案件116起，缉私罚没入库2.93亿元，居全国海关前列。

【满洲里海关服务大局展现新作为，全力支持地方发展】 一是巩固“一带一路”建设的着力点。继续以促进互联互通为核心，推动经满洲里口岸的“中欧班列”增速、提质、扩容。积极协调铁路部门及总署相关司局，成功将铁路信息平台纳入铁路新舱单系统一并开发。进一步优化班列监管，为班列提供“绿色通道”、专人专岗、24小时预约通关等服务。在业务辖区内，主动与政府部门及企业进行对接协调，成功推动了“通满欧”“赤满欧”“满俄欧”等内蒙古本地班列开通。二是搭建开放升级的新平台。指导和支持满洲里综合保税区建设。指导赤峰市保税物流中心（B型）复制上海自贸区经验，开展了保税展示交易，全年已有14家企业依托中心开展进出口业务，实现贸易值9 475.1万元，同比增长10.2倍。推动支持满洲里市国际邮件互换局的设立，为跨境电商发展搭建了必要平台。三是畅通关企沟通渠道。开展实地调研走访20余次，深入辖区重点企业40余家，了解企业困难与需求，并组织召开海关政策宣讲会，为地方政府讲解海关政策的具体应用。推动从加工贸易禁止目录中剔除“谷氨酸钠”，破除了玉米深加工产业发展的障碍。推动对木材价格实行动态调控，实现将木材价格参数每立方米下调10～22美元，为进口木材企业节省资金近3 000万元。在成功推动饲草减税的基础上，进一步加强内外协调，优化通关模式，加大对天然牧草进口的支持力度，推动进口牧草1.6万吨，有效提高了牧业生产的防灾减灾能力。

【内蒙古出入境检验检疫局坚守安全底线，筑牢北疆生态安全屏障】 以口岸核心能力建设为抓手，筑牢国境口岸公共卫生防护网，创新构建以“境外防线”“边境防线”“口岸联动防线”“群防群控防线”四道防线为主要内容的国门生物安全防控体系。完善以风险管理为手段的进出口食品安全治理体系，打造事中事后监管的消费品安全和国门环境安全防控体系，夯实国门安全基础。加强口岸核心能力建设动态管理，在出入境人员集中口岸推进核与辐射监测网络监管系统和传染病电子监管系统建设，打造口岸公共卫生风险监测预警决策系统，卫生检疫传染病发现率大幅度提高。推进动植检口岸规范化建设，圆满完成全国进境口岸非洲猪瘟应急处置演练。推动自治区政府首次就邮检事项进行专题研究，入驻呼和浩特邮政口岸施检。强化中蒙边境鼠疫疫情监测。深入开展“绿蕾行动”，完善人—机—犬查验模式，截获检疫性有害生物24种、3 639次，同比分别增长71.43%和37.68%。

【内蒙古出入境检验检疫局持续精准发力，助推内蒙古开放发展】 主动对接国家发展战略。围绕满洲里、二连浩特国家重点开发开放试验区建设，主动申请开展政研课题《重点开发开放试验区检验检疫制度创新研究》，切实增强促进发展的针对性和前瞻性。积极推动政研课题《中蒙俄经济走廊之检验检疫发展战略研究》的成果转化，部分成果已纳入自治区“十三五”规划。推出“前置”查验等工作机制，形成了中欧班列检验检疫监管系列创新制度，吸引了26条中欧班列经内蒙古出入境，着力培育外贸新增长点。配合做好总局与蒙方签署4份合作文件的辅助工作，促进中蒙农畜产品贸易扩品种增数量，蒙古国熟制牛羊肉实现首次输华，进口蒙古国马肉、绒毛皮张等动物产品1.3万余吨。协调国家质检总局出台支持内蒙古进口粮食、饲草的多个文件，保障了俄罗斯亚麻籽、荞麦等4种农作物临时进口，扩大了农业“走出去”企业返销粮食品种，协调各方建成饲草检疫处理设施，实现进口饲草的历史性突破，全年进口饲草7.8万吨。畅通俄蒙资源大通道，促进资源性矿产品进口量同比增长40.09%，全力促进“大口岸”建设。推进满洲里、二连浩特国家重点开发开放试验区等特殊监管区建设，保障满洲里综合保税区、中俄中蒙边民互贸区如期运营、深度开放。全力争取和支持指定口岸建设，粮食、整车进口指定口岸配套设施建设不断完善，实现了常态化规模化进口。二连浩特等3个肉类进口指定口岸通过验收或获批建设，珠恩嘎达布其等2个口岸饲草进口检疫处理设施通过验收。进口指定口岸达到9个。

【内蒙古出入境检验检疫局着力改革创新，提升监管服务效能】 探索流程再造，提高通检效率。创新“三互”“单一窗口”工作机制，率先推出关检“场地共用、设备共享、查验协同、依法处置”和“一机一台双屏”旅客查验新模式，出入境旅客和车辆通关时间缩短40%以上。率先开展检铁协作，与呼和浩特铁路局、哈尔滨铁路局等铁路部门签署了“三互”合作协议，开辟了信息共享、执法互助新路径；优化监管模式，构建宏观管理机制。推进“区域管理分线、产品管理分类、风险管理分级”的差别化管理模式，突出口岸、安全、执法三要素，完善前伸后延的进出口闭环监管模式，打造复制推广自贸区检验检疫制度创新升级版。在进口木材、出口食品中试点采信第三方检测结果。加快推进风险预警能力和预警机制建设，加强风险信息采集、研判、处置；实施简政放权，推进扁平化管理。实施口岸卫生许可“三证合一”，将口岸卫生许可审批权、“小批量”进口汽车行政审批受理和初审权下放分支局。推进窗口标准化建设，23个窗口全部通过验收，建成“一站式”办事大厅。深化“无纸化”改革，无纸化报检率达到80%以上；推进“智检内蒙古”建设，提升软实力。自主开发出入境车辆智能监管平台，全国首次实现对斯拉夫文车牌号码的自动识别，集成全流程无纸化通检、全区域可视化监控、全过程移动化执法等手段，实现诚信车辆不停车通检。完善木材检尺和中欧班列等业务管理系统，实现数据自动归集、运算、传送，加快信息化建设步伐。e－CIQ主干系统顺利上线运行，启动了“智检内蒙古”建设。

开放口岸

【呼和浩特空运口岸（呼和浩特白塔国际机场）】 呼和浩特白塔国际机场位于内蒙古自治区首府呼和浩特，距市中心14千米，1958年10月1日建成通航，1991年12月，国务院以国函〔1991〕80号文件批准对外开放，1992年3月开通至蒙古国首都乌兰巴托的航线，成为我国起降国际定期航班的机场之一。2004年呼和浩特白塔国际机场进行扩建，新建机场建筑面积37.4万平方米，可供35架飞机同时停放；航站区新建航站楼 5.45 万平方米，设计年吞吐量为 300 万人次，新站坪机位达 32 个，机场飞行区等级为 4E 级。

截至 2016 年年底，呼和浩特空运口岸开通国际、地区航线 19 条。其中，固定航线 7 条，分别为呼和浩特—仁川、呼和浩特—石家庄—名古屋、呼和浩特—乌兰巴托、呼和浩特—普吉岛、呼和浩特—芽庄、呼和浩特—香港、呼和浩特—台中。季节性航线 12 条，分别为呼和浩特—首尔、呼和浩特—清州、呼和浩特—济州岛、呼和浩特—襄阳、呼和浩特—釜山、呼和浩特—大邱、呼和浩特—曼谷、呼和浩特—甲米、呼和浩特—芭提雅、呼和浩特—伊尔库茨克、呼和浩特—台北、呼和浩特—高雄。

2016 年，旅检通道实现一机一屏查验模式，国际快件监管仓库实现“一机双屏”查验模式。2016 年呼和浩特空运口岸进出境客运量 20.55 万人次，同比增长 8.9%；进出境航班 1 674 架次，同比增长 5.7%。通关国际快件 2 535.4 吨、127 万单，是 2015 年的 4.99 倍，在全国 31 个开通国际快件业务城市中排名第 9 位。

呼和浩特出口加工区于 2002 年 6 月 21 日经国务院批准设立，位于呼和浩特经济技术开发区金川工业园区，规划面积 2.2 平方千米，2007 年 12 月 28 日正式封关运作。按照整体规划、分期开发的原则，一期开发建设了 1.038 平方千米土地。2015 年，呼和浩特出口加工区积极开展申建综合保税区工作。2016 年新签约和在谈项目有：内蒙古云泽阳工贸有限公司年产 3 500 吨洗衣液项目，项目总投资 1 000 万元；内蒙古中外运物流有限公司保税物流项目，项目总投资 2 000 万元。

【满洲里空运口岸（满洲里西郊国际机场）】 满洲里西郊国际机场距满洲里市区 9 千米，与中俄国界线最近距离约 7 千米。2004 年 11 月 28 日启用，2005 年 2 月正式通航并于同年实现临时开放。机场候机楼面积 2 万平方米，跑道 2 800 米，机场飞行区等级为 4D 级，3 条廊桥，可满足国内国际进出港旅客 200 万人次，高峰小时 1 400 人次的需求。

2009 年 2 月 4 日，国务院以相关文件批复同意满洲里西郊机场对外开放，2 月 24 日通过自治区验收组预验收，5 月 22 日通过国家验收组正式验收对外开放。2010 年 9 月被中俄双方正式纳入了国际航线直飞点。截至 2016 年年底，满洲里空运口岸开通国际、地区航线 9 条。其中，固定航线 8 条，分别为满洲里—赤塔、满洲里—乌兰乌德、满洲里—伊尔库斯克、满洲里—克拉斯若亚尔斯克、满洲里—阿巴坎、满洲里—新西伯利亚、满洲里—乌兰巴托、满洲里—乔巴山；季节性航线 1 条，为满洲里—仁川。2016 年，满洲里空运口岸进出境客运量 3.82 万人次，同比下降 12.4%；进出境飞机 967 架次，同比下降 4.5%。

【海拉尔空运口岸（海拉尔东山国际机场）】 海拉尔东山国际机场距市区 5 千米。1953 年 3 月，中苏间正式开通并成立了中苏航空股份公司海拉尔航空站，航线为苏联赤塔—海拉尔—朝鲜平壤。1955 年苏方将股份移交中方，由中方单独经营。1959 年该航线取消，口岸随之关闭。1988 年，呼伦贝尔盟开展经济体制改革试验区建设，恢复海拉尔空运口岸。1993 年 7 月 6 日，国务院以相关文件批复同意海拉尔航空口岸对外开放。1995 年 9 月 15 日，国家口岸办以相关文件同意海拉尔航空口岸正式对外开放。经过多年的建设，机场口岸基础设施已日趋完善。海拉尔机场已经成为内蒙古东部地区规模最大、功能最完善、业务最繁忙的机场，飞行区达到 4D 级标准，跑道达 2 800 延长米，可起降波音 767－300 以下机型的飞机。

2016 年通航国际航线两条，分别为北京—海拉尔—俄罗斯赤塔，海拉尔—蒙古乔巴山—蒙古乌兰巴托；旅游包机三条，分别为海拉尔—韩国仁川、海拉尔—韩国济州岛、海拉尔—俄罗斯伊尔库茨克。2016 年海拉尔空运口岸共进出境飞机 205 架次，同比下降 8.7 %，进出境人数 10 810 人次，同比下降 9.2%。

【鄂尔多斯空运口岸（伊金霍洛国际机场）】 伊金霍洛国际机场坐落于鄂尔多斯市康巴什新区

东南方16千米处，机场占地面积3.53平方千米，飞行区等级为4E级，跑道长度3 200米，宽60米，可满足波音747等大型客货机的起降。2005年3月25日，国务院通过批准内蒙古自治区人民政府筹建鄂尔多斯民用机场的申请，2007年7月26日正式通航。鄂尔多斯机场是内蒙古自治区唯一由地方全资建设、自主管理的机场。新航站楼工程于2013年1月30日投入使用，航站楼建筑面积10.03万平方米，可满足年1 200万人次旅客吞吐量需求。

2008年开始，伊金霍洛机场争取设立空运口岸。2012年国务院同意将鄂尔多斯伊金霍洛机场补列入国家“十二五”口岸发展规划。2016年1月18日，国务院以相关文件批复同意鄂尔多斯伊金霍洛机场作为航空口岸对外开放。2月4日，内蒙古自治区人民政府口岸办公室组织相关单位对机场对外开放进行了预验收，11月7日至8日，由国家口岸办牵头组成的国家验收组对口岸对外开放进行了验收，一致同意口岸对外开放。2016年自4月份开通临时客运包机航线以来，进出境客运量达2.63万人次，进出境航班178架次，客座率为60.5%。

【满洲里陆路（铁路）口岸】 满洲里陆路（铁路）口岸位于中俄41号界标处，与俄罗斯后贝加尔斯克铁路口岸相对应，是我国规模最大的铁路口岸，也是中俄贸易最大的通商口岸，承担了中俄贸易60%的货运量。满洲里陆路（铁路）口岸于1901年开通，距今已有一百多年的历史。2002年，满洲里铁路口岸被国务院确定为重点建设和优先发展的两个铁路口岸之一。现有宽准轨到发编组线51条，其中宽轨24条，准轨27条；口岸站换装线、专用线等线路90余条；宽轨列车会让站一个。满洲里陆路（铁路）口岸查验手段先进，通关作业信息化程度高。配有钴60火车自动检查系统，列车电子监控系统，放射性检测仪等现代化设备设施。建立了覆盖各监管场区的网络系统，实现了进出口货物远程监控和查验信息的同步传输。各货代报关企业与海关、检验检疫局、铁路车站实现了微机联网。海关与铁路车站实现了舱单的网络传输。满洲里铁路车站与俄后贝加尔车站间实现了电子数据交换。配备了多种性能先进的现代化换装设备，能够满足各种进出口货物的换装仓储需求。

满洲里陆路（铁路）口岸进口货物主要有木材、原油、化工、纸类、化肥、铁矿砂、合成橡胶等。货物流向全国29个省、市、区。出口货物以轻工产品、机电产品、矿产品、石油焦、食品、建材等为主。利用口岸优势，满洲里口岸扩大口岸跨区域合作，形成了以“苏满欧”为代表的25条中欧班列线路。2016年，满洲里成功开行“满俄欧”班列和从满洲里口岸始发到白俄罗斯明斯克的班列。2016年进出境“中欧”班列1 036列、72 972标箱，同比分别增长88.24%和52.41%，进出口贸易值为366 653.91万美元，同比增长46.55%。

2016年，满洲里铁路口岸进口货运量1 312.8万吨，同比增长8.0%；出口货运量197.5万吨，同比增长36.6%；转口货运量1 393.1万吨，同比下降7.8%。进出境客运量2.54万人次，同比下降3.7%。进出境列车达

1.26 万列次，同比增长 14.8%。

【二连浩特陆路（铁路）口岸】 二连浩特陆路（铁路）口岸位于内蒙古自治区正北部集二线终端，中蒙 815 号界标附近，与蒙古国扎门乌德市相距 9 千米，是我国与蒙古国接壤的唯一铁路口岸，对应蒙古国东戈壁省扎门乌德铁路口岸。1956 年，随着中、蒙、苏（北京—乌兰巴托—莫斯科）三国国际联运通车，口岸正式对外开放。二连浩特口岸自古就是我国内陆通往北亚、东欧最近最便捷的通道。通过京包线与天津港相连，是日本、东南亚及其他邻国开展对蒙古国、俄罗斯及东欧各国转口贸易的理想通道，是目前蒙古国走向出海口的最便捷通道，也是我国向北开放的前沿阵地和重要的进出口商品集散地。该口岸主要进出口货物有铁矿石、木材、铜矿粉、原油、水泥等，蒙古国 70% 的果蔬和日用品经由该口岸运入。

二连浩特陆路（铁路）口岸功能齐全，查验设备先进，现有宽准轨线路 169 条，建有世界上最大的散堆装货场、列车换轮库，拥有世界一流的 H986 货运列车检验系统。2006 年起口岸实行 24 小时通关，年吞吐能力 1 000 万吨。2016 年，进出境中欧班列 166 列、7 734 标箱，总重 86 509.8 吨，同比分别增长 115.58%、136.64%、181.54%，货值 79 566.55 万美元。2016 年，二连浩特铁路口岸进出境货运量 1 231.6万吨，同比增长 14.2%。进出境客运量 15.1 万人次，同比减少 20.5%；进出境列车 8 688列次，同比增长 8.6%。

【满洲里陆路（公路）口岸】 满洲里陆路（公路）口岸于 1998 年投入使用，是我国唯一实行 24 小时通关的国际公路口岸。口岸分为旅检区和货检区，旅检通关大楼共分为三层，一层为出入境人员的候检大厅、二层为出境大厅、三层为入境大厅，楼内共开设十进十出人员通道；货检区开设三进三出六条货车通道。货检区出口主要是以蔬菜水果为主，占出口总量的 85%，进口主要是以废钢和木材为主，占进口总量的 90%，目前我国有 29 个省市区的蔬菜水果经由这里出口到俄罗斯，成为我国开拓俄罗斯农产品市场的桥头堡。公路口岸主体建筑有货检大楼、旅检大楼、会晤站，以及相配套的公路口岸交易市场、海关监管区等。口岸封闭区集通关、查验、仓储运输、生活服务于一体，可一次性完成报检报关、税费征缴业务。

2016 年，满洲里公路口岸在全国沿边口岸率先建成“单一窗口”。在公路口岸旅检进出境人员和车辆通道实施“三互”通关改革。公路口岸扩能升级二期工程顺利进行，重点建设公路口岸货运场区联检查验报关楼、货运场区南北大门出入境货车通道工程等，完成后公路口岸年通关能力达到人员 1 000 万人次、车辆 100 万辆次、货物 1 000 万吨。2016 年，满洲里陆路（公路）口岸进出境货运量 147.83 万吨，同比增长 4.6%；进出境客运量 152.36 万人次，同比增长 30.4%；进出境车辆 16.65 万辆次，同比下降 6.1%。

满洲里综合保税区于 2016 年 9 月 13 日通过国家十部委联合验收，2016 年 12 月 20 日正式封关运营，是内蒙古自治区首家综合保税区，规划面积 1.44 平方千米，总投资 7 亿元人民币。2016 年共完成基础设施投资 5.3 亿元，完成 10 项基础和监管设施施工。协议引进项目 17 项，外贸公司 50 余家，总投资约 4.1 亿美元。

【二连浩特陆路（公路）口岸】 二连浩特陆路（公路）口岸位于中蒙边界 815 号界标处，与蒙古国扎门乌德隔界相望，二连浩特陆路（公路）口岸旧通道于 1992 年开通试运营，是在中蒙两国铁路员工通勤通道的基础上改建的，只有一条客货混用通道，基础设施、查验条件非常简陋。2000 年 6 月，为改变二连浩特口岸的落后面貌，经上级批准二连浩特扩建公路口岸。公路口岸新联检通道位于国门西侧，工程总投资 5 600 万元人民币，总占地面积为 34.3 万平方米。设计通过能力为货运 240 万吨，客运 300 万人次。

二连浩特公路口岸主要设施有联检大楼 3 889平方米，海关特检区货检大楼 274 平方米，货运报关楼 534 平方米，边检营房 2 100 平方米，以及相配套的口岸监管区。通道北出口与蒙古国边境相接，南出口经市区与208国道相连。东西两条次干线与友谊路相连接，新建联检区设有四进四出八通道，实现客货分流。公路口岸新联检区集通关查验、仓储运输、生活服务于体，可一次性完成报关报检和稽费征缴工作。新建公路口岸的运营，从根本上改变了老口岸功能单一，设施落后的状况，极大地提高了公路口岸的过货能力和通关效率，为二连浩特市改革开放、经济发展奠定良好的基础。

2016年，二连浩特公路口岸实现旅检进出境车辆人员的“一机双屏一台”的联合查验机制。开工建设公路口岸自助通关系统，公安部对新建的6条自助通道进行了验收。二连浩特市汇通国际物流有限责任公司建设公路口岸冷链查验存储和一体化设施，通过国家质检总局督查组的验收，列入《进口肉类指定口岸／查验场名单》。2016年，二连浩特公路口岸进出境货物204.1万吨，同比下降40%；进出境人员195.5万人次，同比增长19.8%；进出境车辆48万辆次，同比增长9.2%。

【甘其毛都陆路（公路）口岸】 甘其毛都公路口岸位于中蒙第703号界标处，距乌拉特旗政府海流图镇133千米，与蒙古国南戈壁省汉博格德县嘎顺舒苏海图口岸相对。1989年12月，自治区人民政府以相关文件批准甘其毛都为中蒙边境贸易的临时过货点，1990年2月实现了首次过货。1992年3月，国务院以相关文件批准为双边季节性一类口岸，并于同年7月正式进行首次季节性开关。2007年9月，国务院以相关文件批复同意甘其毛道口岸更名为甘其毛都口岸，并扩大为中国蒙双边常年开放的边境公路口岸。2009年6月通过了国家常年开放验收。口岸设计年过货能力为3 000万吨，年旅客通行能力100万人次，拥有完善的查验和检测设施设备。2016年12月，甘其毛都口岸被自治区政府批准为自治区级重点开发开放试验区。口岸对应的蒙古国南戈壁省总面积60%以上的地下都有煤矿资源，已探明煤储量530亿吨，铜矿储量位居世界前列。其中，塔本陶勒盖煤田探明储量64亿吨；奥云陶勒盖铜矿初步探明为亚洲最大的铜矿，名列世界第4位，该铜矿平均品位0.63%，最高品位4%。

2016年，口岸入境重载公路及公路围封、监控工程建成启用，使入境重车从卡口到海关监管仓储区的行驶时间减少20分钟。煤炭专用通道“四出四进”卡口全面启用。海关、检验检疫局X光机和人工查验岗位合并，实现“一机一屏一台”作业。建成启用通关服务中心，入驻联检单位在内的10个部门，并设有报关、报检、电子口岸平台、金融汇兑、纳税缴费等业务窗口，各项通关业务办理实现“一厅式”服务。首次实现蒙古国肉制成品进口。

2016年，甘其毛都口岸进出口货运量1 388.69万吨，同比增长91.5%；进出口贸易总值18.91亿美元，同比下降14.0%；出入境人员56.31万人次，同比增长72.63%；出入境车辆46.32万辆次，同比增长98.4%。

【策克陆路（公路）口岸】 策克公路口岸位于内蒙古阿拉善盟额济纳旗中蒙572号界标处，距额济纳旗府所在地达来呼布镇60千米，与蒙古国南戈壁省西伯库伦口岸相对。1992年3月，经自治区人民政府批准为对外开放的二类口岸。2005年6月，国务院以相关文件批准为中蒙双边性常年开放口岸。策克口岸是中蒙两国最为重要的贸易通道之一，对外辐射蒙古国南戈壁、巴音洪格尔、戈壁阿尔泰、前杭盖、后杭盖5个畜产品、矿产资源较为富集的省区，这些地区蕴藏着金、铜、铝、铅等多种贵金属矿藏资源，距蒙古国那林苏海特煤田仅46千米。

2016年，策克口岸开工建设跨境铁路通道项目（中蒙边界573界标附近），该铁路是我国通往境外的首条标轨铁路。

策克口岸对蒙定点肉类口岸获国家质检总局批复筹建。升格国际性口岸得到国家口岸办、外交部同意。2016年，策克口岸进出口货物1 257.67万吨，同比增长64.98%；进出口贸易额225 903万元人民币，同比增长70.92%；出入境人员32.11万人次，同比增长23.49%；出入境车辆26.29万辆次，同比增长42.56%。年内单日过货量首次突破10万吨，单月过货量首次突破150万吨，创策克口岸开关25年来的最高纪录。

【黑山头陆路（公路）口岸】 黑山头公路口岸位于俄罗斯赤塔州和呼伦贝尔市交界的额尔古纳河东岸，中俄边界91号界标处，与俄罗斯赤塔州旧粗鲁海图口岸相望，向南连接满洲里口岸，向北与室韦口岸相连，向东距额尔古纳市区62千米，距黑山头镇12千米，距口岸22千米的俄罗斯普里阿尔贡斯克区有公路、铁路通往俄罗斯腹地，口岸临界的俄罗斯后贝加尔边疆区拥有极其丰富的森林、石油、天然气、铅锌矿石、煤炭等资源。1989年4月，国务院以相关文件批准为双边性常年开放一类口岸。1991年正式实现双边性常年开放。根据当时贸易的需要，采取边开通边建设的办法，口岸过货经历了冰上—木桥—永久性水泥桥过货的发展过程。经过二十多年的发展，逐步形成了以进出口贸易为主，以旅游、服务业为辅的口岸经济发展模式。2009年，黑山头口岸新建口岸联检楼、货检楼，口岸年过货能力达100万吨、过人100万人次。

2016年黑山头公路口岸进出境货运量18.4万吨，同比增长6.3%；进出境人员9.9万人次，同比增长7.6%；进出境交通工具4.7万辆次，同比增长15.8%。

【室韦陆路（公路）口岸】 室韦公路口岸位于中俄界河额尔古纳河中游东岸第111号界标处，南距额尔古纳市区168千米，北距莫尔道嘎镇90千米，西隔额尔古纳河与俄罗斯奥洛契口岸相对，两口岸相距1千米，两口岸码头相距仅200米。1989年4月国务院以相关文件批准为双边性常年开放一类口岸。1991年2月1日正式对外开放。2001年10月建成室韦—奥洛契口岸界河大桥，实现了常年通关过货。2015年，口岸客货联检厅竣工。室韦口岸相对应俄罗斯赤塔州东北部9个市区，矿产资源十分丰富，以黄金开采最为发达，铅、锌、铁、铜等矿产资源也有相当储量，森林资源更为丰富，木材储积量达4.5亿立方米，该地区公路发达，离西伯利亚大铁路相距200多千米，内陆交通也十分便利。

2016年，室韦公路口岸进出口货运量14.33万吨，同比增长9.1%；进出境客运量2.60万人次，同比下降10.3%；进出境车辆1.97辆次，同比下降3.4%。

【阿日哈沙特陆路（公路）口岸】 阿日哈沙特公路口岸位于呼伦贝尔市新巴尔虎右旗阿日哈沙特镇境内，中蒙边界1495号界标处，与蒙古国东方省克尔伦县哈比日嘎口岸相对应。1990年实现了首次过货。1992年3月11日，国务院以相关文件批准为双边季节性一类口岸。2015年由原来的集中延长开关调整为临时常年开放，开关时间调整为每周一至周五8时至17时，遇两国法定节假日正常闭关。阿日哈沙特公路口岸进口货物主要是铅锌粉、铁矿石和民族工艺品服饰；出口货物主要是农蔬、建材、家电、摩托车、机械设备和日常生活用品。

2016年，进出口货运量9.60万吨，同比下降17.0%；进出境客运量10.07万人次，同比增长 38.8%；进出境交通工具 1.75 万辆次，同比增长 20.6%。

【额布都格陆路（公路）口岸】 额布都格公路口岸地处内蒙古自治区呼伦贝尔新巴尔虎左旗阿木古郎镇西南 18 千米，中蒙边界 1423 界标处，与蒙古国巴彦呼舒口岸隔河相望。1991 年 5 月经自治区批准为边境贸易二类口岸，1995 年升格为一类季节性开放口岸，2006 年 2 月海关总署正式批准额布都格口岸自当年起实行全年临时集中开关，2009 年 2 月国务院以相关文件批准为双边季节性公路客货运输口岸。2012 年 9 月，口岸通过国家验收。额布都格口岸对应的蒙古国东方省石油、盐、畜产品和水产品等资源极为丰富。口岸进口货物以饲草、水产品、煤炭、废旧金属、大庆塔木察格油田设施设备为主；出口货物以副食品、电器、建材、农机产品为主。

2016 年，在综合利用原有口岸基础设施建设的基础上，完成了额布都格口岸整体规划设计，填补了口岸没有整体规划的空白。启动货物监管场所场地硬化、消防管道和场区围封等附属工程。完成饲草查验储运加工基地项目验收工作，实现饲草进口常态化。积极推进中蒙 2 号界河桥建设。启动建设中蒙互市贸易区。与内蒙古宏业国际贸易有限责任公司签订了合作意向书建设进出境国际免税店。

2016 年，额布都格公路口岸进出口货运量 68.58 万吨，同比增长 19.9%；进出境客运量 6.99 万人次，同比增长 20.5%；进出境交通工具 4.90 万辆次，同比增长 23.4%。

【阿尔山陆路（公路）口岸】 阿尔山公路口岸位于兴安盟阿尔山市天池镇，距离阿尔山市 45 千米，在中蒙边境 1382～1383 号界碑之间，与蒙古国东方省松贝尔口岸相对应。1992 年内蒙古自治区人民政府批准开放为二类季节性口岸。2012 年 3 月，国务院批准阿尔山口岸为国际性季节开放口岸，2012 年 12 月通过国家级验收。2013 年 7 月 15 日至 10 月 1 日，阿尔山口岸实现首次临时集中开放。2016 年阿尔山口岸实现延长开放，每年 4 月 1 日至 11 月 30 日开放，比往年延长 4 个月。阿尔山口岸区位优势明显，规划建设的阿尔山—乔巴山铁路是第四条连接欧亚大陆的铁路大通道，也是连接东北亚地区的重要枢纽。阿尔山至乔巴山铁路已列入《中国铁路网中长期规划》《中国东北地区振兴规划》和蒙古国铁路重点发展规划。开通“两山”铁路，可以形成东起图们，西连蒙古、俄罗斯，贯通整个东北亚新的欧亚大陆桥。

2016 年，公路口岸基础设施二期工程顺利实施。内蒙古东部区农畜产品检验检测中心改造工程顺利实施。口岸便民综合服务大厅项目扎实推进，初步选址已确定。中蒙两国外交部联合工作组，实地考察和测定了铁路过境位置及阿尔山铁路口岸通道位置。

【珠恩嘎达布其陆路（公路）口岸】 珠恩嘎达布其公路口岸位于内蒙古自治区锡林郭勒盟东乌珠穆沁旗嘎达布其镇境内，中蒙边境 1046 号界标处，与蒙古国苏赫巴托省毕其格图口岸相对应。1992 年 3 月 11 日，国务院以相关文件批准为双边季节性一类口岸。2004 年 9 月，《中蒙边境口岸及其管理制度协定》确认为国际性常年开放口岸，2006 年 8 月国务院同意扩大为国际性常年开放的边境陆路口岸，2008 年 1 月正式实现国际性常年开放，成为内蒙古自治区继二连浩特、满洲里之后第三个实现常年开放的国际性口岸。珠恩嘎达布其口岸对内辐射东北、华北，具有连接东西、纵贯南北的地缘区位优势。对外辐射矿产和动植物资源极为丰富的蒙古国苏赫巴托省、东方省、肯特省，是蒙古国等内陆国家便捷的出海口之一，也是京、津、唐地区通往俄罗斯、蒙古国最便捷的通道。珠恩嘎达布其公路口岸进口货物主要是原油，煤炭；出口货物主要是机械设备，建筑材料。

2016 年，珠恩嘎达布其口岸续建快速检验检疫综合实验楼、口岸报关报检综合楼、口岸综合服务区和电子口岸平台系统。新建项目珠恩嘎达布其智慧口岸、活马屠宰加工厂和博尔都进口饲草检疫处理区。2016 年，口岸进出境货运量 127 万吨，同比增长 1.6%；出入境人员 11.63 万人次，同比增长 17.5%；出入境车辆 7.97 万辆次，同比增长 10.7%。

【满都拉陆路（公路）口岸】 满都拉公路口岸位于内蒙古自治区包头市达尔罕茂明安联合旗（简称达茂旗）满都拉镇，中蒙边境 757 界标处。1992 年，满都拉口岸被自治区人民政府批准为二类季节性对外开放口岸。2002 年 12 月 23 日实现首次开放。2009 年 2 月，满都拉口岸被国务院批准为双边性季节性开放公路客货运输口岸。2012 年 12 月满都拉口岸正式通过国家验收。2015 年 4 月，国务院同意满都拉公路口岸扩大对外开放，口岸性质为双边性常年开放公路客货运输口岸，8 月 28 日通过国家验收，12 月 1 日正式开放。口岸建有"五进五出"货运通道，年过货能力达到 1 500 万吨。

满都拉公路口岸处于呼（和浩特）包（头）鄂（尔多斯）经济辐射圈内，是距自治区首府呼和浩特市最近的陆路口岸，区位优势十分明显。口岸对应的蒙古国杭吉口岸位于蒙古国东戈壁省，矿产资源非常丰富，有额勒苏泰铁矿、阿嘎如特铁矿、杭格呼德尔铁矿、艾勒巴音焦煤矿。口岸主要进口商品有电煤、焦煤、原材料、铁矿石、无烟煤等；出口货物以机械设备、建材为主。

2016 年，满都拉口岸先后获批建设中蒙互市贸易区，出境免税商品店和肉类进口指定口岸。2016 年，满都拉公路口岸进出口货运量 80.11 万吨，同比增长 234.8%；进出境客运量 8.76 万人次，同比增长 22.1%；进出境车辆 3.18 万辆次，同比增长 45.8%。

【乌力吉陆路（公路）口岸】 2004 年，阿拉善左旗开始申报开放乌力吉口岸。2006 年 7 月，乌力吉口岸被列入《国家"十一五"口岸发展规划》。2014 年年初，蒙古国政府同意中蒙乌力吉—查干德勒乌拉口岸开放，并照会我国。2014 年 8 月 22 日，国家主席习近平与蒙古国总统额勒贝格道尔吉在乌兰巴托签署《中华人民共和国和蒙古国关于建立和发展全面战略伙伴关系的联合宣言》，明确提出加快推进乌力吉—查干德勒乌拉口岸开放。2015 年 4 月召开的《中蒙边境口岸及其管理制度协定》执行情况第五轮司局级会晤上，中蒙双方同意增设乌力吉—查干德勒乌拉口岸。2015 年 12 月 9 日，中蒙两国外交部门负责人在乌力吉口岸 634 界标处对口岸开放位置进行实地踏勘，并磋商和确认一致认为根据水源勘探情况确定口岸坐标。2016 年 1 月 31 日，国务院以相关文件批复同意乌力吉公路口岸对外开放，口岸性质为双边性常年开放公路客货运输口岸，目前口岸正在建设中。

2016 年内蒙古自治区口岸大事记

2 月 29 日

中国驻蒙古国大使馆特命全权大使邢海明、驻蒙古国扎门乌德总领事柴文睿等一行调研甘其毛都口岸。

3 月 8 日

内蒙古自治区人民政府在呼和浩特市组织召开了全区向北开放暨口岸工作会议。自治区政府副主席云光中出席会议并讲话。

3 月 9 日

中国驻蒙古国大使刑海明、驻蒙古国扎门乌德市领事馆总领事柴文睿等一行到二连浩特口岸调研。

3 月 18 日

内蒙古自治区口岸办与广东省口岸办在东莞签署《内蒙古自治区口岸办与广东省口岸办关于合力保障"粤蒙俄"跨境班列通关便利化服务协议》。

3 月 25 日

满洲里市举行“满俄欧”班列首发仪式。首趟班列运载40尺集装箱43个，货值为1 420万元人民币，从满洲里口岸始发，终点为俄罗斯普里沃尔日耶市，全程运距6 380千米，运行时间10天。

通辽市“通满欧”国际集装箱班列正式开通，首发班列运输的货物共计351吨，13个40英尺集装箱，货值245 700美元。

4月2日

蒙古国检验检疫总局沙日布·道尔吉局长等一行赴阿尔山口岸考察。

4月18日~19日

国家质检总局考核组在自治区出入境检验检疫局、口岸办，盟行署领导及口岸办相关人员陪同下赴东乌旗对东乌旗检验检疫局临时进口蒙古国饲草检疫熏蒸处理技术设施进行了综合考核评价。

4月24日

自治区向北开放工作领导小组副组长、自治区政府参事包广林，巴彦淖尔市委常委、政府副市长斯庆与蒙古国海关与税务总署署长策·普日布，嘎顺苏海图海关关长达瓦斯仁等对甘其毛都口岸进行联合调研中蒙双方人员参加。

5月10日~13日

内蒙古自治区口岸办与北京市口岸办在京联合举办口岸业务培训班。

5月10日~14日

由外交部牵头，国家口岸办、国家铁路局和内蒙古自治区外事办、口岸办，呼和浩特铁路局等有关单位与蒙古国外交部、交通部共同组成联合工作考察组，赴策克、乌力吉和珠恩嘎达布其口岸，对铁路、公路过境点进行实地勘察，确定策克口岸跨境铁路过境点位于573号界标附近、乌力吉口岸跨境公路过境点坐标在634号界标附近、珠恩嘎达布其口岸跨境铁路过境点位于1050号界标附近。

5月15日~16日

中蒙两国外交部联合工作组到中蒙阿尔山－松贝尔口岸，实地考察和测定“两山”铁路过境位置及口岸通道位置。

5月17日

首列“赤满欧”国际货运班列在赤峰保税物流中心发车，满载597.4吨内蒙古伊品生物科技有限公司生产的赖氨酸驶离赤峰保税物流中心铁路运输基地开往俄罗斯。该班列运行总里程9 000千米，单程运输需10天~20天。

5月22日

内蒙古自治区政府副主席云光中一行调研甘其毛都口岸。

5月23日

内蒙古自治区党委副书记、政府代主席布小林调研二连浩特口岸。

5月26日

内蒙古自治区人民政府副主席云光中参加中国·策克口岸铁路通道开工奠基仪式。

6月12日

国家口岸办印发《关于同意临时客运包机从内蒙古包头二里半机场出入境函》国岸函〔2016〕43号。同意包头机场临时开放。开放时间为2016年7月1日至12月31日。

6月14日

自治区党委常委、秘书长张院忠到阿尔山口岸视察调研，亲切看望一线执勤官兵。

7月2日

首列从南京北站始发的“宁满欧”班列经满洲里铁路口岸出境。

7月8日

国家质检总局复函内蒙古自治区政府（国质检食函〔2016〕287号），同意策克、满都拉筹建进口肉类指定口岸。

7月9日

全国人大常委会副委员长向巴平措在内蒙古自治区人大常委会副主任吴团英，以及呼伦贝尔市、满洲里市等主要领导陪同下，视察满洲里口岸。

7月9日~12日

内蒙古公安边防总队仲照明总队长率代表团与俄罗斯联邦安全局后贝加尔斯克边疆区边防局

局长施达诺夫·谢尔盖·阿纳多利耶维奇中将率领的代表团在俄罗斯赤塔市举行了工作会谈。

7月20日

全国政协常委、民盟中央副主席倪慧芳率考察组一行在全国政协委员、自治区政协副主席董恒宇等领导的陪同下深入珠恩嘎达布其口岸考察。

7月23日

全国政协副主席王正伟到满洲里口岸视察调研。

7月27日

中华慈善总会秘书长边志伟、中华慈善总会项目办主任邵家严一行，对甘其毛都学校、界碑考察调研。

包头至哈萨克斯坦首都阿斯塔纳市中亚国际集装箱货运班列开行。

8月2日

全国政协副主席陈元视察阿尔山口岸。

亚洲基础设施投资银行行长金立群，内蒙古自治区政府副主席云光中等一行赴阿尔山口岸实地考察。

8月3日

包头机场临时开放暨包头—乌兰巴托航线首航仪式在包头二里半机场举行。

8月5日

海关总署署长于广洲到海拉尔海关调研，并慰问关警员。于广洲在满洲里市会见了内蒙古自治区政府副主席云光中。

8月7日

亚洲基础设施投资银行行长金立群一行在自治区政府副主席云光中等领导的陪同下深入额布都格口岸调研。

8月25日

海关总署副署长、政治部主任胡伟出席满洲里海关关长唐庆涛任职仪式。

8月31日

内蒙古自治区党委书记李纪恒，自治区党委副书记、政府主席布小林一行，专程到内蒙古公安边防总队机关看望慰问官兵并合影留念。

9月2日

内蒙古自治区全区“三互”大通关改革推进会议在二连浩特市召开。

9月3日

内蒙古自治区党委书记李纪恒、自治区政府主席布小林视察阿尔山口岸。

二连浩特边民互市贸易区试运营举行剪彩仪式。

9月7日

宁蒙陕甘毗邻地区共同发展联席会议代表团考察甘其毛都口岸。

9月13日

满洲里综保区顺利通过以海关总署加贸司副司长胡东升为组长的国务院联合验收组的正式验收。

9月14日

自治区党委书记李纪恒深入二连浩特口岸调研，了解“三互”大通关基本情况。

9月20日

内蒙古自治区纪检委书记张力视察口岸。

9月24日

由内蒙古自治区人民政府新闻办、口岸办主办的“一带一路口岸行”中蒙媒体联合采访活动在内蒙古二连浩特市口岸启动。

9月28日

全国政协原主席贾庆林在策克口岸视察工作。

10月9日

内蒙古自治区口岸办与北京市口岸办在呼和浩特签署《京蒙口岸工作合作备忘录》。

10月18日

内蒙古自治区人大常委会副主任呼尔查调研额布都格口岸。

11月6日

蒙古国海关总署署长阿斯日乐图、蒙古国外交部国际条法局局长特木尔等一行，与中方国家口岸办副主任白石，内蒙古自治区口岸办主任郭刚，巴彦淖尔市委常委、副市长斯庆等人员，在甘其毛都口岸进行中蒙口岸工作会晤。

11月7日~8日

国家口岸管理办公室副主任白石率国家口岸办、公安部、海关总署、国家质检总局等有关部门组成的国家口岸验收工作组，对鄂尔多斯口岸进行了国家级对外开放验收。

11月28日

由二连浩特口岸始发，前往荷兰鹿特丹的中欧班列开通。

11月29日

内蒙古自治区全区国际贸易“单一窗口”建设工作推进会在满洲里举行。

12月1日

内蒙古自治区党委书记李纪恒在策克口岸调研。

内蒙古自治区发展和改革委员会，内蒙古自治区人民政府口岸办公室联合下文，变更口岸物业服务费名称，规范收费标准。

12月11日

由武汉站始发的首班“汉满欧”班列经满洲里口岸出境。

12月20日

内蒙古公安边防总队在二连浩特口岸举行边检自助查验通道启动仪式，内蒙古自治区首批10条边检自助查验通道在二连浩特口岸正式启用。

满洲里综合保税区正式封关运营。

12月24日

内蒙古自治区党委常委、统战部长王莉霞在满洲里公路口岸调研指导工作。

12月29日

内蒙古自治区发展和改革委员会下文，正式批准启动实施策克、甘其毛都和珠恩嘎达布其口岸为自治区重点开发开放试验区。

（撰稿人：崔振杰、刘婷、董素霞、张宝群、陈瑶、南东海）

2016 年内蒙古自治区口岸流量统计表

口岸类型		口岸名称	货运量（万吨）				人员（万人次）				交通工具（万辆、艘、架、列次）			
			出口	进口	合计	同比（%）	出境	入境	合计	同比（%）	出境	入境	合计	同比（%）
空运口岸		呼和浩特					10.28	10.27	20.55	8.9	0.08	0.08	0.16	8.7
		满洲里					1.99	1.83	3.82	-12.5	0.05	0.05	0.10	-11.1
		海拉尔					0.50	0.52	1.02	-54.4	0.02	0.02	0.04	-55.3
		鄂尔多斯					1.33	1.29	2.62	-	0.008	0.008	0.02	-
		二连浩特（临时开放）					0.12	0.10	0.22	-24.1	0.004	0.004	0.01	-29.4
		分计					14.22	14.01	28.23	9.55	0.16	0.16	0.33	3.23
陆运口岸	公路口岸	满洲里	124.31	23.52	147.83	4.5	76.54	75.82	152.36	30.4	8.32	8.33	16.65	-6.10
		二连浩特	198.62	5.51	204.13	-36.9	98.57	96.88	195.45	19.9	24	24.01	48.01	9.10
		甘其毛都	11.09	1 377.60	1 388.69	91.5	28.10	28.21	56.31	72.6	23.21	23.11	46.32	98.4
		策克	0.43	1 257.24	1 257.67	65	16.06	16.06	32.12	23.5	13.15	13.14	26.29	42.5
		珠恩嘎达布其	45.41	81.59	127.00	1.4	5.76	5.87	11.63	17.5	3.99	3.98	7.97	10.7
		黑山头	2.38	16.07	18.45	6.3	4.93	4.98	9.91	7.6	2.36	2.39	4.75	15.8
		室韦	1.70	12.63	14.33	9.1	1.3	1.30	2.60	-10.3	0.99	0.98	1.97	-3.4
		满都拉	0.02	80.09	80.11	234.8	4.38	4.38	8.76	22.1	1.59	1.59	3.18	45.8
		额布都格	3.13	65.45	68.58	19.9	3.49	3.50	6.99	20.5	2.45	2.45	4.90	23.1
		阿日哈沙特	6.51	3.09	9.60	-17	5.03	5.04	10.07	38.8	0.88	0.87	1.75	20.6
		阿尔山					0.06	0.07	0.13	-	0.02	0.02	0.04	-
		分计	393.60	2 922.79	3 316.39	50.67	244.22	242.11	486.33	27.69	80.96	80.87	161.83	11.90
	铁路口岸	满洲里	197.53	1 312.77	2 903.44	1.10	1.22	1.32	2.54	-3.70	0.44	0.45	1.26	14.50
		二连浩特	132.29	1 099.30	1 231.59	14.10	6.67	8.43	15.10	-20.50	0.43	0.43	0.86	7.50
		分计	329.82	2 412.07	4 135.03	4.66	7.89	9.75	17.64	-18.52	0.87	0.88	2.12	34.20

续表

口岸类型	口岸名称	货运量（万吨）				人员（万人次）				交通工具（万辆、艘、架、列次）			
		出口	进口	合计	同比（%）	出境	入境	合计	同比（%）	出境	入境	合计	同比（%）
合计		941.93	5 552.87	7887.44		266.33	265.87	532.20		81.99	81.91	163.90	
同比（%）		-2.90	35.40	19.80		24.50	24.00	24.20		29.70	29.40	29.60	

表注：1. 满洲里铁路口岸货运量 2 872.13 万吨，其中出口 144.57 万吨；进口 1216.01 万吨；转口 1 393.14 万吨和转口交通工具 3 744 列未列入分项表中。
2. 货运量合计数中包括陆港中转货运量 436.02 万吨，其不在分项统计数据中。

（内蒙古自治区口岸办提供）

2016 年内蒙古自治区口岸出入境主要数据表

项目			2016 年	2015 年	同比（%）
出入境人员（人次）	出入境人员总数		4 924 955	4 150 504	18.7
	入境人员		2 463 183	2 075 784	18.7
	出境人员		2 461 772	2 074 720	18.7
	出入境旅客		3 902 615	3 437 748	13.5
	出入境员工		1 048 925	712 756	47.2
	中国公民	小计	658 720	740 422	-11
		内地居民（因公）	103 713	110 042	-5.8
		内地居民（因私）	516 143	591 109	-12.7
		港澳居民	6 297	9 445	-33.3
		台湾同胞	32 567	29 826	9.2
	外籍人员		3 634 253	3 410 082	6.6
	边民		631 982	581 970	8.6
	从海港出入境人数				
	从陆港出入境人数		4 055 689	3 917 750	3.5
	从空港出入境人数		237 235	232 754	1.9
交通运输工具（辆、艘、架、列次）	总计		1 554 330	1 205 852	28.9
	船舶				
	飞机		2 826	2 874	-1.7
	火车		17 557	15 887	10.5
	机动车辆		1 533 947	1 187 091	29.2

（内蒙古自治区公安边防总队提供）

2016 年呼和浩特海关主要数据统计表

项目		2016 年	同比（%）
进出口货运量（万吨）	合计	1 210.5	83.5
	进口	1 184.0	86.7
	出口	26.5	4.5
进出口贸易总值（万美元）	合计	626 927.0	-5.9
	进口	516 523.0	3.1
	其中：江、海运输	238 041.0	-8.3
	铁路运输	151 589.0	1.2
	汽车运输	11 5841.0	35
	航空运输	10 781.0	83.2
	邮件运输	269.0	2 028.2
	其他运输	2.0	-27.1
	出口	110 404.0	-35.9
	其中：江、海运输	50 493.0	-45.7
	铁路运输	28 749.0	-23.1
	汽车运输	10 465.0	-13.2
	航空运输	10 197.0	-28.6
	邮件运输	10 461.0	12.3
	其他运输	39.0	47.5
税收（亿元）	两税合计	52.0	-2.26
	关税入库	4.2	26.39
	进口环节税入库	47.8	-4.18

（呼和浩特海关提供）

2016 年满洲里海关主要数据统计表

项目		2015 年	同比（%）
进出口货运量（万吨）	合计	1 500. 80	9. 20
	进口	1 381. 70	10. 10
	出口	119. 10	-0. 30
进出口贸易总值（万元人民币）	合计	3 186 939. 60	5. 8
	进口	2 063 805. 90	4. 5
	其中：江、海运输		
	铁路运输		
	汽车运输		
	航空运输		
	邮件运输		
	其他运输		
	出口	1 123 133. 60	8. 2
	其中：江、海运输		
	铁路运输		
	汽车运输		
	航空运输		
	邮件运输		
	其他运输		
税收（亿元）	两税合计	34. 96	26. 90
	关税入库	2. 12	28
	进口环节税入库	32. 84	26. 8

（满洲里海关提供）

2016 年内蒙古自治区出入境检验检疫业务统计表

项目		货物检验检疫				交通工具				集装箱（标箱）		发现动植物疫情		货物通关		出入境人员查验（人次）	健康检查及预防接种（人次）			
		批次	金额（万美元）	检验检疫不合格		船舶（艘）	飞机（架）	火车（列）	汽车（辆）	合计	检出问题	种类数	种次	批次	金额（万美元）		健康检查	艾滋病监测	发现病例	预防接种
				批次	金额（万美元）															
本年累计		266 390	914 690.2	19 456.7	60 045.99	0	2 562	500 288	1 533 904	59 565	0	146	15 538	251 235	724 858	4 882 709	17 454	20 750	2 462	10 340
其中	出境	63 365	274 955.6	1 359	991.71		1 270	183 636	758 435	32 178				52 996	134 655	2 435 346	14 629	17 714	1 834	10 339
	入境	203 025	639 734.6	18 097.7	59 054.28		1 292	316 652	775 469	27 387		146	15 538	198 239	590 203	2 447 363	2 825	3 036	628	1
同比（%）		16.5	13.3	41.8	62.9		-10.3	8.9	31.1	-29.0		-7.6	-15.8	16.4	1.9	24.4	-19.7	-4.9	-40.9	-38.7
其中	出境	2.7	25.3	14.6	-26.5		-10.4	1.7	29.7	-23.5				12.3	77.9	24.3	-23.0	-7.1	-50.8	-38.7
	入境	21.6	8.8	44.4	66.2		-10.2	13.5	32.5	-34.6		-7.6	-15.8	17.6	-7.2	24.4	3.4	9.8	41.8	100.0

（内蒙古出入境检验检疫局提供）

辽　宁　省

口岸数量及分布

截至2016年年底，辽宁省有经国务院批准的对外开放口岸13个。其中，空运口岸2个，分别是沈阳空运口岸（沈阳桃仙国际机场）、大连空运口岸（大连周水子国际机场）；水运（海港）口岸9个，分别是大连、庄河、旅顺、长兴岛、营口、丹东、锦州、葫芦岛、盘锦海港口岸；陆路（铁路）口岸1个，为丹东铁路口岸；陆路（公路）口岸1个，为丹东公路口岸。

口岸运行数据

2016年，辽宁省口岸外贸进出口货运量达24 663.80万吨，同比增长2.30%。其中，外贸进口17 706.60万吨，同比增长3.20%；出口6 957.20万吨，同比持平。出入境旅客达391.20万人次，同比增长13.60%。其中，水运口岸35.90万人次，同比增长32.50%；陆路口岸33.30万人次，同比增长30.50%；空运口岸322万人次，同比增长10.30%。集装箱运输完成1 879.60万标箱，同比增长2.30%。其中，外贸538.30万标箱，同比增长1.80%。口岸进出口货物总值为6 939.81亿元，同比减少3.10%。其中，进口3 583.41亿元，同比减少2.70%；出口3 356.40亿元，同比减少3.50%。

2016年，辽宁省进出口总值865.20亿美元，同比下降9.80%。其中，出口430.65亿美元，同比下降15.10%，进口434.55亿美元，同比下降3.90%。

口岸综合管理

【口岸开放成果显著】 2016年，辽宁口岸开放工作取得突破性进展。一是丹东港口岸扩大开放以省政府文件上报国务院审批。至此，丹东港的大东港区、海洋红港区、浪头港区和丹纸码头基本形成统一整体。丹东港作为东北地区通向韩国、朝鲜和日本最为便捷的出海口，经过20余年的发展建设，已经成为辽宁省沿海经济带开发开放的重要支点和地区综合运输体系的重要枢纽，以及东北地区经济社会发展和对外开放的重要依托，为促进辽宁省重大产业布局调整和临港工业发展提供了有力保障。二是盘锦港口岸开放通过国家验收。国家口岸办会同相关部门组成验收组，对盘锦港对外开放进行了正式验收。三是沈阳铁路东站以辽宁省政府文件向海关总署申请列入国家口岸“十三五”发展规划。沈阳铁路东站将为沈阳以装备制造业为主的汽车制造、新一代信息技术、电子装备、机械装备、农产品精深加工等五大传统优势产业提供重要支撑。四是沈阳东北冷鲜港获得国家质检总局《关于同意沈阳冷鲜港筹建进口肉类指定查验场的函》批复。

【口岸通关改革深入推进】 2016年7月31日，全国“三互”大通关建设工作会议在辽宁大连召开，汪洋副总理出席会议并讲话。国家有关部委、全国13个省区市政府分管负责同志170余人参加了会议。国务院副秘书长江泽林主持会议；海关总署署长于广洲汇报了落实“三互”推进大通关建设情况；公安部、交通部、国家质检总局等中直部门汇报了工作；辽宁省政府邴志刚副省长和广东省的分管副省长在会上做了经验交流发言。2016年8月，辽宁省政府组织召开了全省“三互”大通关建设工作会议，驻辽各相关检查检验机关和省直相关部门参加了会议，大连海关、沈阳海关、省公安边防总队、辽宁出入境检验检疫局、辽宁海事局、辽宁省口岸办公室共同签署了《落实“三互”推进辽宁省大通关建设合作备忘录》。

【国际贸易“单一窗口”建设深入推进】 按照省委、省政府的统一部署和安排，依据国家口岸办批复的《辽宁国际贸易“单一窗口”建设工作方案》，在辽宁省口岸办公室的主导下，按照“政府主导、海关牵头、联合共建、实体运作”的原则推进，于2016年12月1日正式在辽宁省水运口岸推广应用。2016年，辽宁省口岸办公室积极组织各参建单位经多次研讨论证后，辽宁省通关（电子口岸建设）工作领导小组办公室出台了《关于印发辽宁电子口岸数据共享操作细则的通知》和《关于印发辽宁国际贸易“单一窗口”运行管理考核办法的通知》文件，确保国际贸易“单一窗口”数据共享操作有理可循，运行管理工作有章可依。辽宁省“单一窗口”已实现4家监管部门共计13种业务单据的在线申报，主要包括“（海事）国际航行船舶进出口岸申请”“（海关）船舶动态和船舶单据申报”“（边检）国际航行船舶边防检查申请”“（检验检疫）国际航行船舶进口岸卫生检疫查验申请”，同时还涵盖“自备枪支弹药申请”“船员换班申请”“移泊申请”3类边检特有的监管业务，共计13套表单。

【吊装移位仓储费用免除试点工作稳步推进】为推动落实《国务院关于改进口岸工作支持外贸发展的若干意见》关于“对查验没有问题的免除企业吊装、移位、仓储等费用，此类费用由中央财政负担”等改革事项。根据财政部等六部委《关于免除查验没有问题外贸企业吊装移位仓储费用全面试点工作的通知》和辽宁省政府领导指示精神，在全省范围内开展了对进出口环节海关查验没有问题的外贸企业免除吊装、移位、仓储费用试点，免除费用由中央财政负担，同时加大了对有问题企业的处罚力度。进出口环节海关查验没有问题的外贸企业免除吊装、移位、仓储费用工作的有效开展，对优化外贸营商环境、促进外贸企业发展发挥了重要作用。

【海关特殊监管区域工作扎实推进】 辽宁省口岸暨海关特殊监管区域工作会议于2016年7月4日~5日召开。各市人民政府、大连海关、沈阳海关、辽宁出入境检验检疫局等相关部门同志参加会议。辽宁省政府郦志刚副省长出席会议并讲话。本次会议主要内容是全面贯彻国务院关于口岸工作有关政策要求、《国务院关于加快海关特殊监管区域整合优化方案》和部署辽宁省口岸、海关特殊监管区域发展、建设工作，推动辽宁省开放型经济健康有序发展。此次会议，对辽宁省进一步加大力度推进现有口岸和海关特殊监管区域优化整合，借助口岸扩大开放，功能升级，口岸与海关特殊监管区域功能联合等措施，全面提升辽宁省口岸和特殊监管区域整体效能，为新一轮东北老工业基地振兴提供了全面保障。

口岸监管与服务

【辽宁省公安边防总队服务管控双提升，助推口岸经济发展】 辽宁省公安边防总队围绕国家“一带一路”建设，主动跟进辽宁发展战略，以口岸发展需求为导向，全力服务保障重大建设项目和口岸对外开放。全力支持丹东新大桥、安民等重点口岸建设开发项目，主动克服执勤警力不足困难，承担新建中朝鸭绿江界河公路大桥正式开通前24小时警卫任务，支持沈阳、大连开放型经济发展，推动沈阳、大连部分外国人72小时过境免签政策顺利实施，为实行144小时过境免签政策提供决策参考及建议；加快推进大连长兴岛、盘锦港、营口仙人岛等口岸配套边检基础设施建设，推动盘锦港口岸通过国家验收和长兴岛港口岸通过省级预验收。继续支持丹东机场、安民、大连长兴岛、盘锦港、营口仙人岛等口岸临时开放，以及锦州港笔架山、葫芦岛绥中港扩大开放，有力推动了辽宁省新一轮口岸发展战略的顺利实施。积极加强与地方政府、机场集团等部门的协作配合，全力做好重大通关保障工作，先后圆满完成了第三批在韩志愿军烈士遗骸归国、赴马里维和部队入境、德国总理默克尔及代表团出境、韩国总理黄教安及代表团出境等重大通关保障任务。积极推动辽宁省口岸“三互”大通关建设，配合省政府举办全省“三互”大通关建设工作会议，与驻辽宁省各查验单位共同签署了《共同落实“三互”推动辽宁省大通关建设合作备忘录》；配合锦州市政府举办锦州市“三互”大通关建设工作会议，与锦州市各口岸联检单位共同签署了《“三互”推进大通关建设合作备忘录》和《“三互”推进大通关建设合作协议》；在全省各海港边检站推行启用船舶进出口岸联网核放系统，助推辽宁国际贸易“单一窗口”建设；在大连、营口、锦州等地与口岸联检部门共同落实“三互”大通关和“口岸通关便利化”工作要求，为促进辽宁省外贸稳增长目标实现做出积极贡献。把握地方经济发展脉络，全力支持口岸经济发展，沈阳、大连周水子边检站积极为新开国际航线提供支持；海港边检站主动回应服务对象新要求，简化海港口岸报检手续，推出24小时预约通关、鲜活产品绿色通道等便民服务举措；丹东边检站充分发挥边检机关职能作用，出台服务边境旅游和边境贸易的配套政策，助推辽宁省边境旅游、边境贸易快速发展。主动应对口岸管控工作形势要求，探索构建口岸边检立体化防控体系，研究出台了《关于加强口岸边检立体化防控体系建设实施意见》，制定了5方面18项工作意见和55项具体工作措施，有效提升了全省口岸管控、特别是口岸反恐维稳能力，为全面维护辽宁省口岸安全顺畅奠定了基础。创新勤务模式，优化勤务流程，简化查验环节，构建了创新型、跟进型、信息型的边检服务大格局。将丹东公路口岸车辆集中查验调整为“一车一验、实时验放”，在丹东铁路客运口岸推行“一次验证”查验模式，降低管控风险，提高口岸通关效率。加强口岸自助化、智能化查验设备建设，在大连、丹东、丹东港、鲅鱼圈边检站建设完成了16个智能验证台，大幅提升了口岸通关效率；在海港口岸扩大了“一证通”式登轮证件适用范围，便利了服务对象登轮作业，减少了企业经营成本和行政审批环节，切实满足了边检服务对象关注的通关需求。

【辽宁海事局主动作为，助推口岸发展】 辽宁海事局以“三化”建设为统领，加强水上交通安全监管，发挥海事专业优势，主动服务辽宁地方建设，助推区域经济社会发展。

推进简政放权，落实便民利企举措。取消国内航行海船进出港签证，自2016年11月22日起中国籍国内航行海船全面实施船舶进出港报告制度；优化涉水工程项目通航审批核查权限，下放涉水工程项目通航安全评估及水上水下活动许可，缩短行政审批时限。

推行海事电子政务。全面实施船员证书无纸化申办和小型海船船员考试无纸化；实现船舶载运危险货物网上申报审批、无纸化办公，优化升级改造船舶载运危险货物申报系统，对危险货物申报实行全天候审批；2016年6月1日起运行“航运公司安全管理系统”，通过信息化平台实现了审核发证，节省了行政相对人时间；2016年10月1日起符合条件的海船船员和机构，可以通过网上“船员电子申报系统”申办海船船员证书，结合推广船员证书邮寄服务，船员可以“足不出户”办理证书。

提升服务质量，促进航运经济健康发展。辽宁海事局在借鉴上海、天津、广东、福建等自贸区经验的基础上，结合辽宁实际，制定了海事助力自贸区的6项复制推广清单和4项创新清单；全面推进安全监管“全风险”预控管理机制建设，从技术、管理和执法三个方面分析海上交通风险并建设预控体系。

支持口岸开放和涉水工程建设。配合推动盘锦港实现正式对外开放，协调推进长兴岛港开放及仙人岛、金石滩、绥中港等临时开放；积极为大连港国际邮轮中心建设、大连湾海底隧道工程建设等提供海事监管安全保障和技术支持。

推进优化航运市场发展环境。建成辽宁省海上劳动关系三方协调机制，形成具有辽宁特色的“三方四家”模式，共同协商解决海上劳动关系方面相关问题，保障海员合法权益；有效开展民意沟通及法律服务工作。有序开展民意实时回访工作，2016年辽宁海事局累计进行民意实时回访7 090次，整改落实行政相对人反馈的问题17件。

持续提升搜救应急能力。完善防抗极端天气应急预案和工作程序，试点建立区县级海上搜救中心，逐步完善省、市、区三级海上搜救体系；强化应急演练，开展国际航线客船应急通信演练，综合性演习，船舶溢油事故、危化品事故应急演练等各类演习演练活动48次；提高预防预警能力，与辽宁省气象局签署合作协议，提高海上气象灾害预防能力。

服务保障民生和公共安全。深入开展中国航海日、世界海员日、世界环境日等活动，持续推进水上安全知识进校园活动常态化，2016年共走进30余所中小学校，开展各类校外宣传活动30余次，对中小学生进行水上交通安全知识教育，累计培训师生3 000余人次，免费发放教育读本1 000余册；完成第三届中国环渤海帆船拉力赛海上安保任务。保障春运、暑运、“十一”黄金周旅游高峰期运输旅客安全，未发生一起海上重大险情。

【大连海关发挥服务经济发展职能，“便、简、减、管”见成效】 深入推进区域通关一体化改革。按照海关总署部署，积极发挥牵头作用，与东北各关通力协作，密切配合，在确保改革如期启动、实现与全国互联互通的基础上，以完善区域审单中心和风险防控平台建设为重点，建立规范化的工作指引和长效配合机制，确保区域应急协调指挥中心有效运行，实现了海关执法统一和企业自主选择，自2015年5月改革启动至2016年12月，东北地区海关通过一体化平台共接受申报报关385.12万票；着力落实“三互”推进口岸大通关建设。依托政府，联合检验检疫、海事、边检等口岸部门，在全国率先建立起了口岸多部门共同推进“三互”的“4+1”合作机制，确立了信息互换、监管互认、执法互助和资源共享的“3+1”合作模式。大连海关与检验检疫部门在部分商品监管互认、信息共享方面深化合作，与税务部门在防范及打击出口骗退税和走私、联合激励惩戒方面开展协作，推进“单一窗口”建设，建立信息化口岸协同监管模式，改革取得初步成效。以大窑湾口岸关检原产地封互认一项措施为例，每年可直接为企业节省成本近400万元。于广洲署长等海关总署领导、李希书记、陈求发省长先后批示肯定大连海关“三互”改革成果，全国“三互”大通关工作会议在连召开；积极推进口岸监管模式创新。助力大连和营口建设多式联运监管中心，协助地方政府完善建设方案并推进实施。促进跨境电商新业态发展，助推东北首个跨境电商综合试验区落户大连，开展跨境电商保税备货模式运行试点，制定完善海关监管模式和管理制度。创新国际服务外包保税监管模式，引导企业向产业高端延伸。推动特殊区域优化整合及信息化系统建设，开展单耗自核试点。推动安智贸项目，年内完成2 823票出口货物监管业务，监管集装箱3 831个，货值总计金额达1.32亿美元；优化监管查验机制。发挥风险管理业务运行中枢作用，健全关区联合风险防控体系，预定式布控查获率达到15.93%。深化“双随机”改革，超额完成海关总署随机布控查验比率90.00%的目标。进一步降低出口商品查验率，深化通关作业无纸化改革，无纸化报关单比率达93.60%。巩固监管场所清理整顿专项治理成果，组织开展危险化学品仓储业务监管场所专项整治工作，消除管理风险和安全隐患；全力支持辽宁自贸试验区建设。成立了由关长任组长的自贸试验区建设领导小组和专项工作组，积极开展海关监管制度创新，研究提出25项支持和促进中国（辽宁）自由贸易试验区建设发展的措施，并单独对辽宁自贸试验区提出了支持高端装备制造业发展等6项个性化支持措施。结合实际先后复制推广了20项自贸试验区海关监管创新制度，为企业大幅度节约了运营成本，减少了通关时间。率先在全国海关开展铁矿石期货保税交割业务。在全国率先启动归类尊重先例改革，首批28家企业参与试点；积极支持特殊监管区域成为地方外向型经济增长新引擎。年内，大连关区特殊监管区域进出口总值48.18亿美元，同比增长30.48%。其中，出口加工区进出口值劲增218.16%，主要为英特尔公司投资55亿美元实施非易失性闪存项目；大连大窑湾保税港区进出口值增长40.46%，已发展成为东北地区进口水果、水产品、各种肉类制品的分拨中心；同时，大窑湾港区矿石码头率先在全国为全球最大铁矿船开展保税混矿业务；提供高效优质的统计服务。强化统计监测预警作用，及时准确地反映外贸运行状况、发展趋势和有关规律，并从海关角度提出建议，为地方政府科学决策和企业发展服务。2016年，7篇分析报告获中央领导批示；7 篇分析报告获省市领导批示。

加快推进简政放权。近两年共取消和下放了 34 项对内对外审批和备案权限，优化了 21 项工作机制；全力打造一站式通关服务中心。先后在大连、营口、丹东地区和金普新区建成了 5 个一站式通关服务中心，实现了行政审批一站式和通关服务一体化；认真做好“主动披露”试点。引导企业守法自律，如通过对大船集团启动“主动披露”制度，帮助企业免遭上亿元的处罚和近 7 000万元的出口退税损失。

继续清理和规范进出口环节经营服务性收费，公布了海关收费的正面清单，推进免除查验没有问题企业相关费用试点。自 5 月 10 日至 12 月底，大连地区免除查验没有问题集装箱 13 676 个，享受免除费用的进出口企业 8 260 家，为企业节省费用 1 235. 36 万元人民币。

坚持“破大案、打团伙、摧网络”，以“国门利剑 2016”为主线，找准“一地三港三航线”重点地区，加强专业打击和综合治理，打私工作捷报频传。2016 年，开展了 7 次“征战”系列大规模缉私行动，破获了 4 亿元加工贸易渠道木制品走私大案，成功堵截了北方海域跨境海上冻品绕关走私通道，并打掉 4 个绕关走私冻品团伙，10 地海关联手查获案值 7. 20 亿走私出口硅铁大案，摧毁一个利用中韩航线国际班轮走私的犯罪网络，联合广州海关打掉 4 个绕关走私冻品团伙，联合青岛海关、辽宁省海警总队打掉一个利用非设关地码头绕关走私成品油的犯罪网络，在中朝边境丹东地区成功查获特大绕关走私贵金属案。中央电视台等多家中央和省市媒体对大连海关打私成果进行了全方位报道。

【沈阳海关全力推动辽宁老工业基地新一轮振兴发展】 2016 年，沈阳海关以深化改革创新为动力、以促进外贸回稳向好为抓手，将中央的决策部署与辽宁实际结合起来，在重点领域和关键环节上精准发力，全力支持辽宁新一轮振兴发展。

沈阳海关主动融入、积极参与“一带一路”建设，支持国际物流大通道建设，努力构建海、陆、空物流体系。支持锦州港口岸扩大开放，H986 项目顺利完工，争取海关总署支持批准在锦州港开展过境运输业务，有力推动了中蒙铁路出海新通道建设；促进沈阳桃仙国际机场空运口岸做大做强，支持航空公司开辟国际航线、加密国际航班，丰富空港功能，支持在桃仙机场设立航油、航材保税仓库，努力构建离境退税、“72 小时过境免签”、进境口岸免税店“三位一体”的服务格局；推进和支持辽宁自由贸易试验区建设，成立沈阳海关自贸试验区建设领导小组和工作组，加强与大连海关、省市有关单位沟通联系。2016 年 12 月 27 日，沈阳海关与厦门海关共同签署了《支持促进自由贸易试验区建设发展合作备忘录》，围绕建立更加紧密的联系配合机制、共同开展监管制度创新、推进信息化系统建设、完善人才合作机制等方面进一步加强互助合作；积极支持关区综合保税区和保税物流中心建设发展，推动沈阳综合保税区新 B 区规划调整取得新进展。铁岭保税物流中心（B 型），于 2016 年 12 月 26 日通过了正式验收，佟二堡堡盛公用型保税仓库投入使用，有力推动了皮革产业的健康、长远发展；努力培育全面振兴新动力，支持企业开展研发设计业务，帮助企业提升自主创新能力和核心竞争力。运用“保税 +”模式，支持汽车、飞机、船舶等大型装备制造业转型升级，助力企业降低成本、提升效益；以葫芦岛泳装为突破口，支持辽宁跨境电子商务壮大发展。推动电商企业与包括敦豪、TNT 等国际知名物流企业的合作，为企业拓宽物流渠道，成为 2016 年辽宁外贸工作亮点。

沈阳海关努力提升海关监管效能，深入推进“放管服”改革，积极开展监管场所整改整治，完成空港口岸舱单及电子数据自动传输导入，实现空港进口货物“空中申报、落地放行”，有效提高通关效率。自主开发上线运行“12360”邮件查询系统，为收件人提供进境邮件通关状态查询服务。行邮旅检渠道正面监管不断加强，新快件系统平稳切换，该关被纳入邮递物品信息化管理系统试点海关，促成沈阳邮政企业获批东北唯一商业快件业务试点；积极推广“海关行政审批网上办理平台”，实现关区行政审批项目的“网上受理、网上办理、网上反馈”。落实“双公示”要求，公开行政审批事项目录及办理时限。深化拓展“双随机”应用及区域通关一体化改革，建立健全接单现场与区域审单中心、应急中心的联系配合机制，积极开展区域海关批量互审工作，确保区域通关一体化改革运行平稳；落实“三互”推进大通关建设，在东北及内蒙古四省区关检合作框架下，主动加强与辽宁出入境检验检疫局沟通配合，“三互”各领域改革有序推进，沈阳空港“关检三互合作示范区”平稳运行。在此基础上，与口岸联检单位及港务部门共同签署了合作备忘录、合作协议，在锦州海运口岸全面启动口岸联检部门的“三互”合作；积极推进辽宁国际贸易“单一窗口”建设，推广应用一期项目，锦州口岸试点工作平稳运行；“集报集缴”改革试点取得阶段性成果，以“模块化”的形式，陆续搭建配套基础与主体框架，以前置后移管理、简政放权等为基础配套，应用区域通关一体化申报，依托特殊监管区域“批次进出、集中申报”政策和系统功能，组合使用税收征管要素前置审核、汇总征税、担保共享，实现集中报关、集中缴税，试点企业通关时间普遍压缩70.00%，节约综合成本40.00%，有效拓展了监管时空，风险管控能力和整体效能有所提高。

【辽宁出入境检验检疫局抓质量、促振兴，提速建设沿海强局】 2016年，辽宁出入境检验检疫局认真贯彻质检总局“十二字”方针，制定发展“十三五”规划，出台“建设沿海强局”指导意见，求真务实、真抓实干、开拓进取、奋勇争先，实现了“十三五”辽宁出入境检验检疫事业的良好开局。一是加强质量管理工作，推动质量强省建设。加强质量宏观管理，协助辽宁省政府迎接国务院质量工作考核，报送的《辽宁省进出口商品质量状况分析报告》获省领导批示肯定；提升产品质量品牌，联合质监部门完成了大连瓦房店“全国轴承产业知名品牌示范区”、本溪桓仁“全国冰葡萄酒产业知名品牌示范区”的创建。组织申报“全国知名品牌示范区”12个；应对技术性贸易措施，对149家出口企业开展国外技术性贸易措施影响调查，指导企业有效应对国外技术壁垒。帮扶49家企业新获欧、美、韩等国外注册。二是提升口岸把关成效，切实维护国门安全。强化国境口岸疫情防控，共检出传染病2 827例，截获病媒生物4类19属34种38.40万只，检出放射性超标个案133批。有效防范了寨卡病毒病、登革热等疫病的传入风险。为395名归国维和官兵进行入境查验和传染病监测，受到支树平局长批示表扬。加强进出境动植物检疫，共截获有害生物968种27 357次，其中检疫性有害生物68种3 142次，检出进境活动物阳性33头，截获非法携带、邮寄进境种苗316批。保障进出口食品安全，共检出进口不合格食品4 517批，货值4.70亿美元。监督退运、销毁201批，货值1 198万美元。发布进出口食品安全动态12期、风险预警信息67条；严格进出口商品检验监管，开展召回调查17起，实施召回7起。检出不合格进出口危险化学品668批，退运不合格废物原料8个标箱。对10批、3.40万吨不合格煤炭实施了退运处理。开展“口岸天平行动”，全年短重索赔56起，为企业挽回损失328.20万美元。对进口汽车开展缺陷召回和“三包”监管329次，涉及车辆11 909台。三是确保政策落地生根，服务辽宁振兴发展。促进跨境电商新业态发展，推动东北首个跨境电商综合试验区落户大连。制定了《跨境电子商务检验检疫监管工作实施意见》，创新监管模式，营造良好发展环境。指导大连港完成监管场所改造和信息系统建设，首次开展跨境海空联运直邮直购业务。建成了全国首家“互联网+”跨境电商公共检测服务平台，10月28日正式挂牌；支持东北新一轮振兴，制定了《促进外贸回稳向好工作措施》和《关于推进全面振兴东北地区老工业基地的支持措施》。向辽宁省政府提出合理化建议，多项被列入全省重点工作。牵头东北四省区局，制定《2016年度重点合作事项推进计划》，助推东北新一轮振兴；服务辽宁自贸试验区建设，深化实施上海自贸试验区首批可复制检验检疫创新制度，并按照国务院和国家质检总局部署，复制推广新一批5项自贸试验区试点经验，参加大连市自贸试验区专项课题和总体方案的研讨、修订，成立辽宁出入境检验检疫局自贸试验区工作领导小组，组建通关业务等7个专题业务组和沈阳、大连、营口3个片区工作组，推动预检验及核销、第三方检验结果采信等创新举措在重点口岸先行先试用好原产地优惠政策。与辽宁省贸促会签署合作备忘录，出台了《加强原产地工作的指导意见》，实行“两证合一”。全年签发各类原产地证书11.80万份，同比增长24.30%，签证金额75亿美元，为企业减免关税3.20亿美元，惠及辖区4 300多家出口企业。9个产品通过国家质检总局生态原产地保护产品资格评定。四是促进口岸通关便利，优化外贸发展环境。全国率先上线e－CIQ主干系统，主干系统在8月8日顺利上线，实现全国检验检疫通关一体化，中央电视台新闻频道对此进行了专题报道。组织承办“中国电子检验检疫主干系统上线试点调研推进会”，向全国介绍辽宁推进措施和成效。12月9日，国家质检总局召开“中国电子检验检疫主干系统建设总结表彰大会”，辽宁局被评为“突出贡献集体”，相关同志获评“突出贡献个人”；打造国际化“单一窗口”，主动向省领导汇报“单一窗口”国际标准，上报《以国际标准加快“单一窗口”建设，助推辽宁外向型经济发展》的报告，得到省领导的肯定。12月1日，辽宁国际贸易“单一窗口”一期工程正式上线运行；深化关检“三互”合作，制定了《东北及内蒙古地区关检落实“三互”推进大通关建设行动计划》，深化关检合作，推进区域通关一体化建设。7月31日，汪洋副总理在大连主持召开“全国‘三互’大通关建设工作推进会议”，国家质检总局局长支树平出席，并对辽宁“三互”工作给予了充分肯定；扩大辽宁口岸开放，服务国家“一带一路”建设，支持辽宁开通6条中欧班列，打造检验检疫绿色通道，全年班列运行120余列、近万标箱，同比增长一倍。出具我国首张中转水产品原产地转口证明和卫生证书，支持大窑湾保税港打造“国际水产品中转站”。支持长兴岛、仙人岛、丹东安民等口岸临时开放。助力盘锦港通过国家1类口岸验收。指导中粮集团大连北良港、大连港集团散粮码头获批全国首个进境粮食示范港，沈阳机场获批进境水果、肉类指定口岸，沈阳东北冷鲜港获批进口肉类冷链查验和储存一体化设施，开辟了东北内陆肉类进口新模式。

开放口岸

【沈阳空运口岸（沈阳桃仙国际机场）】 沈阳空运口岸位于辽宁省沈阳市东陵区桃仙镇，距沈阳市中心22千米，为国家民用一级机场。机场于1985年开始筹建，1989年4月16日正式启用。机场跑道长3 200米，宽45米，飞行区等级为4E，现有停机位79个，其中登机桥位30个，远机位47个，公务机位2个。机场净空条件良好、功能齐全、设备先进，可保障国内外大型客、货机使用。机场现拥有3座航站楼（T1、T2航站楼停用）。T1航站楼设计年旅客吞吐量90万人次。1995年开始二期工程扩建，2001年12月T2航站楼投入使用，T2航站楼设计年旅客吞吐量606万人次。2011年开始T3航站楼施工建设，2013年8月，T3航站楼投入使用，T3航站楼设计年旅客吞吐量1 750万人次。

2016年，沈阳桃仙国际机场航线共有187条，其中国内航线148条（含加班包机），港澳台等地区航线4条，国际航线（含加班包机）35

条。全年新增航线66条，其中国内新增航线51条，国际新增航线15条。国际新开通的城市有意大利勒奥斯航空执行至罗马、印度鹰航执行至甲米、伊尔航空执行至伊尔库茨克、吴哥航空执行至金边、首都航空执行至墨尔本。

2016年，沈阳空运口岸旅客吞吐量为1 496.70万人次，其中，国际和地区出入境旅客为165.50万人次，同比增长13.20%。

【大连空运口岸（大连周水子国际机场）】 大连空运口岸位于大连市西北部，始建于1972年10月，从军民合用机场发展建设成为民用机场。1973年4月开航，1985年经国务院批准对外开放。该机场距大连市中心10千米，距沈大高速公路5千米，交通运输网络十分便利，机场占地面积345万平方米，飞行跑道长3 300米，候机楼面积13.50万平方米，停机坪面积66万平方米，符合4E级I类国际机场标准，可供除A380外各种大型飞机安全起降。2016年，大连空运口岸新引进瑞丽航空、北部湾航空、泰国酷鸟航空和新加坡航空等10家航空公司，新增泉州、池州、岘港、芽庄和静冈等10个国内外通航点，大连空运口岸已开通航线210条，国内通航城市88个，国际和地区通航城市22个，国内外42家航空公司在大连周水子国际机场运营。大连周水子国际机场已成为通往日、韩、俄的重要门户，东京、大阪、首尔3条日韩航线占其国际运量的80.00%以上。

2016年，大连空运口岸旅客吞吐量为1 525万人次，同比增长7.70%。其中，国际（地区）航线出入境旅客142.10万人次（不含港澳台），同比增长5.90%；纯货邮吞吐量14.89万吨，同比增长8.80%。

【丹东陆路（铁路）口岸】 丹东陆路（铁路）口岸通过中朝友谊大桥与朝鲜新义州口岸相连。口岸地点设在铁路丹东站，分为客运和货运两部分。1954年中朝两国签订了铁路联运协定，开通北京至平壤、平壤至莫斯科往返直通国际联运旅客列车，经停丹东站，每周星期二、星期四、星期五、星期日出境，星期一、星期三、星期四、星期六入境，现经中朝协商，每天都有丹东铁路口岸至朝鲜新义州口岸旅客列车。国际联运货物列车每天往返4对。2001年11月24日，中朝两国签订了《中朝边境口岸及其管理制度的协定》，明确规定：铁路口岸允许持有效护照及签证或边境通行证的双方公民、货物和运输工具通过；允许持有效护照及签证的第三国公民、货物和运输工具通过；铁路口岸每日的开放时间按中朝双方间有关协议中的铁路运行时刻表执行，不受双方规定的节假日和边境口岸每天开放时间的限制。2006年8月，铁路丹东站改造建设，2008年年底，铁路丹东站口岸竣工并投入使用。

2016年，丹东陆路（铁路）口岸进出口货物为13.70万吨，同比下降22.20%。其中，进口5.40万吨，出口8.30万吨。出入境旅客14.30万人次，同比增长4.90%。其中，进境7.10万人次 出境7.20万人次。

【丹东陆路（公路）口岸】 丹东陆路（公路）口岸通过中朝友谊大桥与朝鲜新义州口岸相连。口岸地点设在中朝友谊桥旁。丹东陆路（公路）口岸是于1955年经中朝双方商定批准开放的国家一类口岸，也是我国与朝鲜半岛接壤的口岸中可通行第三国人员的口岸。丹东陆路（公路）口岸分为客运和货运两部分。1966年关闭，1981年恢复通关。2004年6月公路口岸扩建改造，2005年6月20日改造后的公路口岸正式投入使用。丹东陆路（公路）口岸公路客运班车由中朝双方共同营运，每天往返两次，主要接送两国边民。公务人员、中外客商、出境游客等大多经过这个口岸进出境。

2016 年，丹东陆路（公路）口岸进出口货物为 192.70 万吨，同比增长 41.70%。其中，进口 57.60 万吨，出口 135.10 万吨。出入境旅客 41.90 万人次，同比增长 15.50%。其中，进境 21.30 万人次 出境 20.60 万人次。

【大连水运（海港）口岸】 大连港始建于 1899 年，距今已有一百余年的历史。1960 年 6 月经国务院批准正式对外开放。大连港居西北太平洋的中枢，是正在兴起的东北亚经济圈的中心，是该区域进入太平洋、面向世界的海上门户。大连港口港阔水深，不淤不冻，自然条件非常优越，是转运远东、南亚、北美、欧洲货物最便捷的港口。大连港开放水域为 346 平方千米，陆地面积为 15 平方千米，现有港内铁路专用线 150 千米、仓库 30 万平方米、货物堆场 180 万平方米；拥有 45 万吨级原油码头和 30 万吨级矿石码头。大连港与世界上 160 多个国家和地区、300 多个港口建立了海上经贸航运往来关系，开通集装箱航线 121 条，其中外贸航线 92 条，内贸航线 29 条，基本覆盖全球主要航区。大连港与美国的奥克兰港、休斯敦港，加拿大的温哥华港，日本的北九州港、横滨港、伏木富山等港结为友好港。2016 年 2 月 23 日，大连港开通海丰东南亚菲律宾航线。“三星”卡卢加班列实现周班常态化运行，全国首列莫斯科冷藏过境班列成功开行，国际物流大通道进一步畅通。以大连为中心，辐射东北、覆盖全国的冷链物流网络加速形成。2016 年，海铁联运业务增长 14.60%，过境班列业务同比增长 109.20%，海铁联运量达到 40.60 万标箱，同比增长 17.00%。

大连港按功能划分为 6 个生产作业区。一是大港区。大港区位于大连市中心区，靠近繁华的人民路地段，是大连港的发源地。拥有生产泊位 26 个，港区综合通过能力为 1 143.40 万吨/年，经营货种有杂货、内贸集装箱、邮轮、滚装等，另外还从事客运生产。二是大连湾港区。有杂货泊位 8 个、客运滚装泊位 1 个，年通过能力 645 万吨。主要经营货种为煤炭、玉米、特资、杂货和滚装货。三是大窑湾港区，是我国规划建设的四大国际深水中转港之一，是大连港运输国际集装箱的专业化港区。拥有 14 个集装箱泊位，码头年设计通过能力 420 万标箱；汽车滚装泊位 3 个，年通过能力 80 万辆。四是鲇鱼湾港区。拥有原油泊位 6 个，年通过能力 6 908 万吨，成品油泊位 26 个，年通过能力 2 966 万吨。主要经营进出口原油、出口成品油。五是大孤山南港区。拥有杂货泊位 1 个（15 万吨级）。主要从事钢铁、玻璃、汽车、矿建材料等货物的装卸，码头通过能力 1 000 万吨。六是大孤山西港区。主要是货主码头，有泊位 24 个。其中，北良企业码头有泊位 6 个，是粮食加工运输专业码头，是东北最大的大米综合利用区、粮食中转筒仓区、物流加工区、粮油食品仓储区、粮油食品加工区、物流配送区、综合物流区、配套服务区等，年通过能力 1 000 万吨；大连石化公司码头 4 个泊位，年通过能力 1 000 万吨；福佳大化石油化工有限公司 2 个泊位，年通过能力 662 万吨；逸盛大化石化有限公司 3 个泊位；大连大洋船舶工程有限公司修造船企业 7 个泊位；大连东方精工船舶配

套有限公司码头 2 个泊位。

2016 年，大连水运（海港）口岸完成货物吞吐量 4.37 亿吨，同比增长 5.30%。其中，外贸货物吞吐量 13 909.50 万吨，同比增长 6.80%。集装箱吞吐量 958.30 万标箱，同比增长 1.40%。其中，外贸集装吞吐量 520.20 万标箱，同比增长 1.90%。

【营口水运（海港）口岸】 营口水运（海港）口岸位于渤海湾东北岸、辽河的入海口。口岸包括沿辽河的营口老港区、鲅鱼圈港区和仙人岛港区 3 个港区。营口老港区于 1861 年对外开埠，至今已有 155 年的历史。鲅鱼圈港区是营口港的核心港区，以矿石、煤炭、集装箱、钢材、油品、粮食、商品汽车等运输为主，1984 年经国务院批准建设，1988 年对外开放。仙人岛港区于 2008 年经国家批准建设，主要以油品、化工品等液体散货和通用散、杂货运输为主，目前 30 万吨级原油码头已投入运营。

营口港陆域面积 3 980 万平方米，其中鲅鱼圈港区 2 360 万平方米，营口老港区 190 万平方米，仙人岛港区 1 430 万平方米。营口港现有库房 40 万平方米，堆场 830 万平方米，储罐 490 万立方米，筒仓 80 万立方米；拥有占地 65 万平方米的营口港保税物流中心，有集装箱、汽车、煤炭、粮食、矿石、钢材、大件设备、成品油及液体化工品和原油 9 大货种专用码头，其中矿石码头、原油码头分别为 30 万吨级，集装箱码头可以靠泊第 5 代集装箱船，总通过能力为15 749 万吨。

营口港码头岸线长度 17 107 米，现有泊位 76 个，其中鲅鱼圈港区 55 个，营口港区 14 个，仙人岛港区 7 个。万吨级以上泊位 57 个。鲅鱼圈港区现有深水航道宽度 270 米，底标高 22 米，长度 32 千米，可满足 15 万吨级以下船舶全天候通航，30 万吨级矿石船舶可乘潮通航，7 万吨级以下的船舶可双向通航。仙人岛港区现有 30 万吨级航道，宽度 350 米，底标高 22.5 米，长度约 27.85 千米。

营口港已经同 50 多个国家和地区的 140 多个港口建立了通航业务关系。现有印尼快航线、日本关东航线、韩国釜山航线、韩国仁川航线（国际客货班轮航线）外贸直航航线 4 条，以及通过大连、宁波等地中转世界各地的外贸内支线 3 条。集装箱内贸航线已覆盖中国沿海 30 个主要港口。散杂货内贸航线主要分布在上海、青岛、江阴、宁波、舟山、温州、泉州、钦州、厦门、深圳、湛江及广州等地。营口港现有到华东、华南的定线船。散杂货外贸航线是韩国、日本、朝鲜、中国台北、新加坡、伊朗、印度等国家和地区，以及澳大利亚、巴西、美国、荷兰、意大利、英国、加拿大等欧美国家及南北美洲部分国家和地区。内外贸航线达到每月 500 余次航班。

营口港交通便捷，沈大高速、哈大公路沿港区而行，长大铁路直通码头前沿，与港内 30 条 1 050米铁路装卸线相连。现已开通营口港至哈尔滨、大庆、长春、德惠、公主岭、四平、松原、佳木斯、牡丹江、绥芬河等 40 多条海铁联运集装箱班列和经满洲里连接欧亚大陆桥的国际集装箱班列。

2016 年，营口水运（海港）口岸完成货物吞吐量 3.50 亿吨，同比增长 4.00%。其中，外贸进出口货物吞吐量 7 955.10 万吨，同比增长 0.80%。集装箱吞吐量 608.60 万标箱，同比增长 2.80%。其中，外贸 13.40 万标箱，同比增长 1.50%。

【锦州水运（海港）口岸】 锦州水运（海港）口岸位于渤海西北部的锦州湾北岸，是渤海西北部 400 千米海岸线重要对外开放的国际商港，是辽宁省重点发展的区域性重要港口，是中蒙俄新通道最便捷的出海口。锦州港 1985 年 12 月经国务院批准建设，1986 年 10 月开工建设，1990 年 10 月正式通航，同年 12 月被国家批准为一类开放口岸，成为中国第 49 个对外开放口岸。锦州港笔架山港区现有水陆域面积 5 630 万平方米（仅规划水域，不含航道、锚地），规划陆域面积 2 400 万平方米，已建成陆域面积 1 200 万平方米，主要由石化作业区、粮食及件杂货作业区、集装箱综合作业区、油品作业区、专业化散货作业区等组成。锦州港现有主航道水深 -17.90米，为 25 万吨级航道。全港规划码头岸线总长 14 018 米，现有岸线总长 6 525 米（不含中电投 820 米），堆场总面积 310.7 万平方米。全港共有各类泊位 24 个，其中生产性泊位 23 个，万吨级以上深水泊位 21 个。目前，锦州港有外贸集装箱内支线 2 条（大连、天津），内贸航线 15 条，同世界上 80 多个国家和地区建立了通航关系。

2016 年，锦州水运（海港）口岸完成货物吞吐量 8 949.90 万吨，同比下降 2.60%。其中，外贸进出口货物吞吐量 738.70 万吨，同比下降 26.20%。集装箱吞吐量 82.50 万标箱，同比增长 0.70%。其中，外贸 0.71 万标箱，同比增长 7.60%。

【丹东水运（海港）口岸】 丹东水运（海港）口岸是中国海岸线最北端的国际贸易商港，是天然不冻良港，辖大东（海港）和浪头（河港）两个港区。现有生产性泊位 48 个，拥有粮食、矿石、煤炭、油品、集装箱、客滚、散杂、通用等专业泊位和配套的专业化、自动化装卸系统及货物存放库场，港口年综合吞吐能力达亿吨。目前已与日本、韩国、俄罗斯、美国、巴西、印度等 70 多个国家和地区的 90 多个港口开通了散杂货、集装箱、客运航线。随着 2014 年 1 月丹东港 30 万吨级矿石泊位建成并投入使用，丹东港已步入全国大型港口行列。

2016 年，丹东水运（海港）口岸完成货物吞吐量 15 788.30 万吨，同比增长 5.10%。外贸进出口货物吞吐量 1 672.20 万吨，同比减少 5.40%。完成集装箱吞吐量 191.90 万标箱，同比增长 4.90%。其中，外贸 4 万标箱，同比减少 13.00%。港口出入境旅客 16.60 万人次，同比下降 8.30%。其中，进境 8.20 万人次，出境 8.40 万人次。

【葫芦岛水运（海港）口岸】 葫芦岛水运（海港）口岸位于辽宁沿海最西端，海岸线长 261 千米。葫芦岛港始建于 1908 年，1984 年经中央军委和国务院批准，葫芦岛港开始军民合用，联合开发。2000 年 4 月经国务院批准实现了国轮外运，成为国家一类口岸。2005 年 3 月，葫芦岛港移址迁建至柳条沟港区。2010 年 11 月，葫芦岛港通过国家口岸扩大开放验收，实现了对外国籍船舶开放。

2016 年，葫芦岛水运（海港）口岸货物吞吐量为 1 496.80 万吨，同比增长 61.70%。其中，外贸运输完成 20.80 万吨，同比增长 3.00%。

在葫芦岛水运（海港）口岸柳条沟港区，葫芦岛港集团有限公司已建成投产 5 个散杂泊位（分别为 1 个 2 万吨级、1 个 3.50 万吨级和 3 个 5 万吨级），2 个油品泊位（3 万吨级成品油泊位和 5 000 吨级石化泊位）及配套罐区工程已完工并投入试运行。2016 年，完成货物吞吐量 856.10 万吨，同比增长 95.00%。

在葫芦岛水运（海港）口岸绥中港区，绥中港集团有限公司已建成投产 5 个 5 000 吨级通用泊位，2016 年完成吞吐量 147.83 万吨，同比增长 218.00%；绥中发电有限责任公司现有 2 个散货泊位（分别为1个3 000吨级、1个1万吨级），2016年完成吞吐量320.40万吨，同比增长45.30%。

在葫芦岛水运（海港）口岸北港港区，葫芦岛北龙港口有限公司现有生产泊位3个（分别为2个5 000吨级散货泊位、1个3 000吨级散货泊位），2016年完成吞吐量156.30万吨，同比下降13.00%；渤海船舶重工有限责任公司2016年完成吞吐量16.10万吨，同比下降42.60%。

【盘锦水运（海港）口岸】 盘锦水运（海港）口岸位于辽东湾湾底，地理坐标为东经121°59′，北纬40°41′，是可全年通航的现代化海港口岸，也是辽宁沿海地区性重要港口和东北及蒙东地区最近的出海口之一。盘锦港于2009年开始建设，2010年9月28日正式投产。现有5万吨级以上泊位16个，其中通用泊位10个，多用途泊位2个，油品泊位3个，化工品泊位1个。另有12个5万～10万吨级泊位正在建设。2015年6月，国务院批复同意盘锦港口岸对外开放。

盘锦港规划利用11 700米自然岸线，形成35 600米码头岸线，可布置93个万吨级泊位，通过能力达到2.56亿吨。港区码头前沿水深－14.5米，航道为5万吨级，水深－12.6米，正在开展10万吨航道前期设计认证及相关手续办理工作，2017年开工建设。

盘锦港陆域面积4 470万平方米，拥有22万立方米油品罐区，6 000米管廊带，100万平方米货物堆场，2万平方米查验仓库，6万平方米保税仓库、出口监管仓及50万平方米保税物流中心。目前，主要从事油品、散杂货、件杂货、集装箱的接卸、仓储、物流等业务，同时依托港口优势，发展多元产业，构建物流、经贸、燃供、保税、仓单质押、大宗商品电子交易等业务为一体的港口综合服务功能。其中，盘锦港大宗商品电子交易平台可为客户提供辽东湾沿海各港口的煤炭、玉米、钢材、矿石、化工品、油品等大宗商品市场行情及交易信息，可进行交易、仓储、结算业务，享受税收减免等优惠政策。

盘锦港口岸拥有便利的公路、铁路网络，火车可直接入港，是渤海湾所有港口中铁路物流成本最低的港口。目前，盘锦港已与国内主要港口建立了业务联系，国内主要船公司已在盘锦港开设航线，现已开通盘锦至宁波、上海、乍浦、潍坊、京唐、泉州、福州等多条集装箱航线，主要作业货种有粮食、化工原料及制品、化肥及农药、建材、钢铁等。已建成通辽、法库、辽中、齐齐哈尔4个陆港，并已开通盘锦港—满洲里—莫斯科集装箱国际班列，同时经内蒙古二连浩特到达欧洲的第二条中欧班列正在筹备开通中。

2016年，盘锦水运（海港）口岸完成货物吞吐量2 994.30万吨，同比减少13.10%，其中外贸进出口货物吞吐量156.60万吨，同比减少33.60%；完成集装箱吞吐量38万标箱，同比增长8.60%。

【旅顺新港水运（海港）口岸】 旅顺新港水运（海港）口岸位于辽东半岛最南端，与山东半岛隔海相望，是天然不冻港，海岸线长度169千米，是沟通辽东半岛和山东半岛的“黄金水道”。2006年8月16日获得国务院批复为一类口岸对外开放，2009年11月20日通过国家验收，2010年1月6日正式对外开放。目前，旅顺新港口岸有2个开放杂货泊位，辖区内中远川崎船舶工程有限公司、大连今冈船舶工程有限公司、大连滨海船舶修造有限公司码头实现口岸临时开放。

2016年，旅顺新港水运（海港）口岸货物吞吐量为2 527.02万吨，同比下降3.10%，其中外贸货物吞吐量125.85万吨，同比下降17.00%。

【庄河水运（海港）口岸】 庄河水运（海港）口岸位于辽东半岛东侧南部，海岸线总长235千米，是黄、渤海沿岸距日本、韩国最近的港口，滨海公路横贯东西，建设中的东北东边境铁路直达俄罗斯。目前，港口有泊位10个，分别是庄河港1万吨级杂货泊位1个、5 000吨级杂货泊位1个、1 000吨级客滚泊位1个、庄河电厂煤码头3.50万吨级泊位1个、陆岛运输码头泊位6个。庄河港口岸对外开放于2007年9月12日获得国务院批准，2009年11月18日通过国家验收。2010年1月20日，庄河港口岸正式对外开放。

2016年，庄河水运（海港）口岸完成货物吞吐量490万吨，同比持平；完成客运量43万人次，同比增长95.45%。

【长兴岛水运（海港）口岸】 长兴岛水运（海港）口岸位于辽东半岛西侧中部、渤海东岸，规划总面积502平方千米，由长兴岛、西中岛、凤鸣岛、交流岛、骆驼岛5个岛屿组成，是中国第五大岛，长江以北第一大岛。2005年11月26日，长兴岛临港工业区管委会和党工委挂牌成立。2010年4月25日，国务院批准长兴岛升级为国家级经济技术开发区。2010年6月13日，辽宁省政府决定在长兴岛设立辽宁省综合改革试验区。2011年7月30日，国务院下发《关于同意辽宁大连长兴岛港口岸对外开放的批复》。目前，长兴岛港口岸有公共港区、恒力石化、浦项板材及大连船舶重工修造船基地码头实现口岸临时开放。2016年11月30日，长兴岛港口岸开外开放通过省级预验收。

2016年，长兴岛水运（海港）口岸完成货物吞吐量2 380万吨，同比增长5.26%。其中，内贸1 432.50万吨，同比增长28.89；外贸947.50万吨，同比下降18.58%。

大连市

【口岸运行数据】 2016年，大连口岸完成进出口商品总值731.52亿美元，同比下降8.20%。其中，出口366.91亿美元，同比下降7.10%；进口364.61亿美元，同比下降9.20%。完成进出口货物吞吐量9 226.17万吨，同比增长6.50%。其中，出口2 431.28万吨，进口6 784.50万吨。出入境检验检疫货物23.45万批次，同比增长11.27%；检验检疫货值总额368.66亿美元，同比增长4.93%。

【“海洋神话号”和“抒情”号大型豪华邮轮以大连港为始发港首航日本、韩国】 自7月20日至9月12日，皇家加勒比邮轮公司“海洋神话号”和地中海邮轮公司“抒情号”两艘大型国际豪华邮轮始发大连港9个航次，进出境游客达3.60万余人，创造了大连港邮轮接待新纪录。两艘大型豪华邮轮始发大连港，标志着大连市邮轮发展迈入了新阶段。两艘邮轮始发大连港通关工作得到了大连市政府的高度重视，大连市政府先后两次召开专题会议，研究解决邮轮靠泊和通关事宜，并率有关领导亲赴辽宁省公安边防总队进行拜访。各口岸部门全力以赴做好通关工作，9个航次出入境通关效率创大连口岸新纪录，出境通关速度600～900人次/小时，入境通关900～1200人次/小时。口岸各查验单位创新运用“三互”大通关成果，在原来“一机两屏”的基础上实现了海关、检验检疫、客运安检X光机“一机三屏”联合检验方式，有效提升了通关效率。边检实施旅客“散进散出”的新政策，比原来“团进团出”的情况有效地减少了游客进出境通关等待时间，得到了邮轮公司及游客的普遍好评。

【全国“三互”大通关建设工作推进会在大连召开】 7月31日，全国“三互”大通关建设工作推进会在大连召开，国务院副总理汪洋出席会议并讲话。汪洋副总理在会上强调，推进信息互换、监管互认、执法互助大通关改革是破解制约口岸发展体制机制障碍的重要抓手，是深化“放管服”改革的重要内容，是促进外贸回稳向好的重要举措。要增强大局意识、责任意识和协同意识，持续推进“三互”大通关改革攻坚，确保如期完成各项任务，加快形成具有国际竞争力的大通关管理体制。一年多来，各地区、各有关部门按照党中央、国务院的部署，认真落实“三互”大通关改革方案确定的各项任务，取得重要阶段性进展，国际贸易“单一窗口”在沿海口岸全部建成启用，“一站式作业”在部分地区、部分领域取得突破，通关一体化、检验检疫一体化管理覆盖全国。这些改革措施减少了通关环节，降低了通关成本，赢得了企业的赞誉和群众的好评。会上，汪洋副总理对进一步推进“三互”大通关改革提出了具体要求。一是加强顶层设计，统一技术架构和标准，规范基本功能，减少重复建设。二是拓展“一站式作业”，加强口岸监管场所设施和资源整合，探索在基础较好的地方开展综合执法试点。三是大力推进信息互换，健全信息共享合作机制，坚决打破信息孤岛。四是创新通关理念和模式，探索将口岸通关现场非必要的执法作业“前推后移”，加快通关速度。五是建立常态化的口岸安全联合防控机制，提升处置突发事件的应急能力。六是强化口岸各执法部门的职责，发挥地方政府的协调和保障作用，形成“三互”大通关建设合力。

【全国首列全冷藏集装箱过境班列开通】 8月8日，我国首列全冷藏集装箱过境班列在大连港开通。国内新鲜的水果蔬菜通过该班列从大连港运往俄罗斯首都莫斯科，与以往海陆运输相比，运输时间节省35天左右的时间。此次开行的全冷集装箱过境班列从大连港始发，终点到俄罗斯的首都莫斯科，全程8 600千米，运输时间约12天。班列上装载着河北鲜梨、广东蜜柚、山东大蒜等总货值达15万美元的冷鲜货物，在山东潍坊港集结装箱，经大连港环渤海内支线运抵大连发货，货物预计两天可到达俄罗斯后贝加尔车站，然后换装至俄罗斯铁路公司提供的冷藏车组，预计再用10天运抵莫斯科。全冷藏集装箱过境班列的开行，极大地提升了冷藏产品运输的时效性，有效促进国内企业对俄罗斯冷藏产品贸易的开展，将进一步带动国内水果蔬菜、肉类产品生产加工业的发展，助力国内产业结构转型升级，同时还能够充分发挥铁路大规模、长距离、全天候运输的优势，积极推动港口、铁路及交通运输业的供给侧结构性改革，促进“一带一路”沿线国家的互联互通。

【长兴岛港口岸对外开放通过省级预验收】 2016年11月30日，辽宁省口岸办在大连长兴岛经济区组织召开了大连长兴岛港口岸对外开放省级预验收会议，辽宁省交通厅、大连海关、辽宁出入境检验检疫局、辽宁省公安边防总队、辽宁海事局、军方有关单位、大连市港口与口岸局、长兴岛管委会、驻长兴岛口岸查验单位和相关企业参加了会议。长兴岛作为国家级开发区、辽宁省综合改革试验区，肩负着辽宁乃至东北振兴的历史使命。港口是长兴岛特有的区位优势，是长兴岛发展的生命线。2011年7月30日，长兴岛港口岸对外开放取得了国务院批复。长兴岛管委会十分珍惜口岸开放带来的机遇，在经济发展遇到瓶颈的情况下，长兴岛管委会克服重重困难，投资建设了包括口岸查验单位业务技术用房、VTS（船舶交通管理系统）、长兴岛港区锚地等在内的一系列口岸查验基础设施，并为驻区各口岸查验单位提供了过渡性的办公设施，有效保障了相关口岸查验单位的业务开展。各相关企业指派专人负责，按照各口岸查验单位的规定和要求，建设了港区封闭围网、卡口、监管专区、视频监控、联网、现场办公场所、口岸核心能力等现场查验设施。

根据长兴岛各港区建设和生产经营情况，此次申请口岸开放预验收包括了长兴岛港建成的17个泊位：公共港区3个泊位（1个5万吨级杂货泊位、2个7万吨级杂货泊位）、长兴岛港30万吨级原油码头；北岸石化港区的恒力石化7个泊位（1个2万吨级杂货泊位、3个5万吨级杂货泊位；1个5 000吨级石油化工码头、2个10万吨级石油化工码头）；葫芦山湾港区的浦项板材1个5 000吨级滚装泊位、大船重工5个泊位（1个30万吨级修船坞、1个15万吨级修船坞、3个7万～30万吨级修船码头）。在验收会上，与会代表一致同意通过长兴岛港口岸对外开放省级预验收，并签署了会议纪要。

2016 年辽宁省口岸大事记

2 月 23 日

大连港口岸开通海丰东南亚菲律宾航线。

4 月 11 日

沈阳市举行泰国酷鸟航空公司开通沈阳—曼谷直飞航线仪式。

5 月 11 日

大连海关举行一站式通关服务中心（金普新区）启动仪式。

5 月 13 日

沈阳市举行北京首都航空有限公司开通沈阳—冲绳、沈阳—静冈、沈阳—大阪航线新闻发布会。

6 月 17 日

沈阳市举行“沈—满—欧”农产品铁路运输大通道启动仪式。

7 月 20 日

大连港国际邮轮中心开港仪式。

7 月 31 日

国家质检总局局长、党组书记支树平到辽宁局大连港集团“三互”联合查验区、大连局和大窑湾局等单位进行调研。

7 月 31 日

全国“三互”大通关建设工作推进会在大连召开，国务院副总理汪洋出席会议并讲话。

8 月 8 日

国内首列全冷藏集装箱过境班列在大连港开通。

8 月 11 日

辽宁出入境检验检疫局在沈阳举行了管理体系认证“双随机、一公开”监督检查抽签仪式，正式启动了 2016 年辽宁地区管理体系认证“双随机、一公开”监督检查工作。

8 月 18 日

辽宁省“三互”大通关建设工作会议在沈阳召开。辽宁省副省长邴志刚出席并讲话，辽宁省有关各市分管副市长、口岸办、省商务厅、各驻辽口岸监管部门、辽宁省通关领导小组成员单位及各市口岸查验单位等部门负责同志参加会议。

8 月 30 日

沈阳市人民政府与沈阳海关、沈阳出入境检验检疫局、沈阳边防检查站、辽宁省机场管理集团有限公司、沈阳铁路局、营口港务集团签署全面战略合作协议。

9 月 6 日

盘锦港一类口岸通过国家验收正式对外开放。

9 月 22 日

国家质检总局促进农产品出口及供给侧改革系列宣讲会分别在辽南地区（大连会场）、辽东地区（丹东会场）和辽中西地区（锦州会场）召开。辽宁 14 个地市的政府领导和有关部门负责人、近千家农产品出口企业代表和辽宁局各分支机构的 100 多名管理人员参加会议。

10 月 10 日

盘锦港保税物流中心正式通过国家验收。

10 月 24 日

国务院发展研究中心在大连召开《落实“三互”推进大通关建设改革方案》执行情况第三方评估工作座谈会。

10 月 28 日

大连“互联网＋”跨境电商公共检测服务平台启动暨大连出入境检验检疫局技术中心入驻仪式在大连局跨境电商实验楼举行。

11 月 30 日

长兴岛港口岸对外开放通过省级预验收。

12 月 26 日

盘锦港与内蒙古口岸签订战略合作协议。

12 月 26 日

铁岭保税物流中心正式通过国家验收。

12 月 28 日

国家质检总局验收组对沈阳冷鲜港进口肉类指定口岸查验场进行验收。

（撰稿人：徐雷、王立洋、吴思夷、杨威、杨敏、高杰、严柏林、徐林、赵妍、张学忠、陈京雁、李宁、冀旭）

2016 年辽宁省口岸流量统计表

口岸类型		口岸名称	货运量（万吨）				集装箱量（万标箱）				人员（万人次）				交通工具（辆、艘、架、列次）			
			出口	进口	合计	同比（%）	出口	进口	合计	同比（%）	出境	入境	合计	同比（%）	出境	入境	合计	同比（%）
空运口岸		沈阳	0.50	0.50	1.00	11.10							165.50	13.20				
		大连	2.00	1.50	3.50	9.40							156.40	7.70			2.30	
		分计	2.50	2.00	4.50	9.70							321.90	10.50				
陆运口岸	公路口岸	丹东	135.10	57.60	192.70	41.70							20.30	51.50			15.40	3.40
		分计	135.10	57.60	192.70	41.70												
	铁路口岸	丹东	8.30	5.40	13.70	−22.20							13.00	7.40			0.10	
		分计	8.30	5.40	13.70	−22.20												
水运口岸	海港口岸	大连	4 566.00	9 343.50	13 909.50	6.80			958.30	1.40								
		营口	1 718.30	6 238.80	7 955.10	0.70			608.70	2.80								
		丹东	238.90	1 433.30	1 672.20	−5.40			191.90	4.90								
		锦州	233.30	505.40	738.70	−26.20			82.50	0.70								
		葫芦岛	20.80		20.80	3.00			0.20	−80.00								
		盘锦	34.00	122.60	156.60	−33.60			38.00	8.60								
		分计	6 811.30	17 641.60	24 452.90	2.00			1 879.60	2.30			35.90	32.50			1.50	
合计			6 957.20	17 706.60	24 663.80	2.30			1 879.60	2.30			391.10	13.70			19.30	2.70

（辽宁省口岸办提供）

2016 年沈阳海关主要数据统计表

项目		2016 年	同比（%）
进出口货运量（万吨）	合计	754.94	-27.2
	进口	505.98	-20
	出口	248.96	-38.5
进出口贸易总值（万美元）	合计	746 889.24	-16.6
	进口	574 177.42	-8.6
	其中：江、海运输	442 996.17	-9.6
	铁路运输	57 724.26	-12.7
	汽车运输	0	-
	航空运输	73 211.88	2.5
	邮件运输	243.43	-27.2
	其他运输	1.68	-
	出口	172 711.82	-35.5
	其中：江、海运输	115 508.51	-41.2
	铁路运输	16 231.27	100.9
	汽车运输	32.56	15.4
	航空运输	35 372.40	-25
	邮件运输	608.93	74.7
	其他运输	4 958.15	-68.3
税收（万元）	两税合计	96.48	-3.76
	关税入库	26.82	-1.58
	进口环节税入库	69.66	-4.57

（沈阳海关提供）

2016年大连海关主要数据统计表

项目		2016年	同比（%）
进出口货运量（万吨）	合计	18 335.65	1.84
	进口	13 976.11	1.90
	出口	4 359.54	1.63
进出口贸易总值（万美元）	合计	6 381.70	-3.32
	进口	3 195.00	-2.99
	其中：江、海运输	2 897.60	-4.30
	铁路运输	2.60	-32.01
	汽车运输	45.30	-12.36
	航空运输	245.90	18.47
	邮件运输	0.50	0.06
	其他运输	3.10	46.35
	出口	3 186.70	-3.64
	其中：江、海运输	2 794.10	-6.07
	铁路运输	97.10	65.45
	汽车运输	110.70	-2.31
	航空运输	163.80	20.67
	邮件运输	7.10	-5.26
	其他运输	13.90	-19.21
税收（万元）	两税合计	506.80	2.77
	关税入库	85.70	4.74
	进口环节税入库	421.10	2.38

（大连海关提供）

2016 年辽宁省出入境检验检疫业务统计表

项目		货物检验检疫				交通工具				集装箱（标箱）		发现动植物疫情		货物通关		出入境人员查验（人次）	健康检查及预防接种（人次）			
		批次	金额（万美元）	检验检疫不合格																
				批次	金额（万美元）	船舶（艘）	飞机（架）	火车（列）	汽车（辆）	合计	检出问题	种类数	种次	批次	金额（万美元）		健康检查	艾滋病监测	发现病例	预防接种
本年累计		311 533	5 121 956.48	15 612	621 970.81	13 633	23 166	8 925	131 579	1 466 999	22 068	683	6 690	323 514	4 649 072.89	4 229 975	72 047	68 922	20 554	54 211
其中	出境	182 025	1 403 383.12	2 999	22 899.56	7 085	11 638	4 467	71 815	291 768	1 654	3	2	181 295	1 347 638.40	2 136 367	63 731	61 181	18 657	54 128
	入境	129 508	3 718 573.36	12 613	599 071.25	6 548	11 528	4 458	59 764	1 175 231	20 414	680	6 688	142 219	3 301 434.49	2 093 608	8 316	7 741	1 897	83
同比（%）		5.31	-6.59	52.16	12.83	-4.88	3.25	-4.83	9.05	-64.55	41.14	11.29	121.45	0.18	-8.67	5.40	7.50	5.49	8.49	-7.07
其中	出境	7.23	-1.27	128.23	125.83	-4.91	3.16	-3.62	12.55	-78.79	165 300	-78.57	-88.24	-5.25	-11.11	5.02	11.18	8.64	7.51	-6.98
	入境	2.71	-8.46	40.99	10.72	-4.84	3.35	-6.01	5.12	-57.45	30.57	12.96	122.64	8.08	-7.63	5.79	-14.23	-14.16	19.16	-43.15

（辽宁出入境检验检疫局提供）

2016 年辽宁海事局进出港船舶统计汇总表

船舶类别	进港船舶							出港船舶						
	艘数（艘）	总吨（吨位）	总载重量（吨）	载客量（客位）	船员人数（人次）	货物到达量（吨）	旅客到达量（人）	艘数（艘）	总吨（吨位）	总载重量（吨）	载客量（客位）	船员人数（人次）	货物发送量（吨）	旅客发送量（人）
总计	260 975	689 604 857	783 184 401	16 504 310	1 697 895	269 469 594	5 372 830	260 535	682 731 329	773 022 204	16 492 190	1 706 632	266 125 752	5 515 500
中国籍船舶		433 886 992	399 148 163	16 435 266	1 550 534	128 631 035	5 226 015	175 796	425 630 453	387 160 712	16 423 146	1 543 533	221 130 224	5 365 062
其中外贸船		7 089 941	12 772 106	69 044	8 528	5 312 216	146 815	660	5 838 300	9 282 438	69 044	9 898	1 774 426	150 438

（辽宁海事局提供）

吉　林　省

口岸数量及分布

截至2016年年底，吉林省有经国务院批准的对外开放口岸19个。其中，航空口岸2个，分别是长春、延吉；铁路口岸3个，分别是集安、图们、珲春；公路口岸11个，分别是图们、南坪、珲春、圈河、长白、临江、三合、开山屯、古城里、沙坨子、集安；公务通道1个，是双目峰；水运口岸2个，分别是大安港、老虎哨。中朝边境口岸14个，中俄边境口岸2个。

口岸运行数据

2016年，吉林省口岸进出境货运量440万吨，同比增长35.6%；吉林省口岸进出境人员255万人次，同比增长18.6%；吉林省口岸进出境交通工具27万辆（列节、架）次，同比增长9.1%。

口岸综合管理

【口岸开放取得新成绩】 集安公路国境桥开通旅游通道；双目峰公务通道临时对外开放；长春兴隆铁路集装箱场站临时对外开放，成为全国第十个内陆铁路口岸；长春航空口岸新开通运行国际定期和定期旅行包机航线8条，暑期航班量峰值达每周118班，日均17班；延吉航空口岸新开通了延吉至中国台北，俄罗斯海参崴，韩国济州、务安、大邱等国家和地区的临时航班；珲春—扎鲁比诺—釜山航线顺利运营，2016年累计运行45个航次，运送459个标箱；“长满欧”中欧班列实现常态化运营，自2015年8月31日试运行截至2016年12月月底，承运进出口实际货物合计1 982标箱，承运货值超9 340万欧元；长春兴隆综保区强化与辽宁口岸通关一体化合作，其进口肉类指定查验场顺利通过国家验收，实现了与大窑湾口岸和大连港口岸区港联动，将港口口岸功能延伸到内陆；通化国际内陆港务区与丹东港合作，探索区港联动、借港出海发展模式，12月19日封关运营，第一批货物通过丹东港运往韩国。

【推进口岸基础设施建设和改造，提高通关效率】 新建圈河国际口岸联检楼及附属设施工程，总投资9 000万元。2016年7月18日，开工新建圈河国际口岸联检楼及附属设施工程，拟于2018年建成并投入使用。珲春口岸通关中心投入使用，总投资3.4亿元，已成为吉林省口岸物流综合监管平台，为珲春市各口岸出入境提供集中、便捷、经济、高效的“一站式”通关服务。集安公路口岸建设稳步推进，该项目总投资1.85亿元，总占地面积为10.28万平方米，总建筑面积为12 138.84平方米，其中口岸国门建设项目于2016年10月25日竣工，已经具备正式投入使用的前提条件。长白公路口岸监管货场投入使用，总投资4 500万元，占地面积22 600平方米，建筑面积18 300平方米，仓库面积4 320平方米。长春、珲春、延吉、圈河边检站建成启用智能验证台，长春海关争取了大型移动查验设备，吉林出入境检验检疫局向国家争取了一批防辐射检验设备，口岸查验准确率和通关效率显著提升。

【抢抓对俄机遇，畅通对俄通道建设】 吉林省口岸办协调珲春市政府和东北亚铁路集团加快铁路口岸基础设施和查验设施建设，扩能后铁路口岸已具备400万吨/年的换装能力，口岸年过货量达204万吨。中俄省区口岸工作会晤，决定珲春—克拉斯基诺公路口岸将每周6天8小时更改为7天12小时工作制。中俄省区口岸代表团在符拉迪沃斯托克市举行工作会晤，就互通小型车辆通行范围初步达成一致意见，双方决定将各自组织10台公务车辆进行先期试通行。2015年7月开通的长春市直飞俄罗斯货运包机航线，由深圳市顺丰国际物流有限公司代理承运阿里巴巴跨境电商货物对俄罗斯出口运输，目前货物运量呈不断递增态势，2016跨境电商出口货物实现2 345.7吨。

【内贸货物跨境运输取得突破进展】 吉林省

口岸办积极协调珲春市政府和承运企业做好运输前的各项准备工作，协调联检部门和目的港为内贸货物跨境运输提供通关便利化，推动承运企业尽快开展跨境运输，在各方共同努力下，中断运行2年的吉林珲春经朝鲜罗津港到上海的内贸货物跨境运输航线于2015年6月11日实现常态化运营，协调联检单位为货物通关提供各项便利化服务，使在原集装箱运输基础上，扩展到了板材散货运输，对推动互联互通建设、落实国家“一带一路”建设具有重要意义。

【全力推进“一站式”通关模式】 在珲春圈河口岸探索开展“一站式”作业。长春海关和吉林出入境检验检疫局双方对进出境车辆进行“联合接受申报、共同实施查验、同步处置放行”，高峰期车辆通关时间缩短25%。启用集“报关、报检、查验”于“一站式”作业的“口岸通关中心”，便利企业，降低通关成本，每票货物整体通关时间缩短了2小时；在南坪口岸启用“一站式”智能通关系统。该系统时时为联检单位同步推送车辆通关信息，接到任何单位的查验需求，立即启动拦阻器，语音系统自动引导车辆进入查验区，平均每辆车通关时间由以前的至少10分钟缩短到不足30秒，极大地提高了口岸通关效能。

【中国（吉林）国际贸易“单一窗口”建设稳步推进】 吉林省口岸办组织相关部门赴浙江、福建、广西、广东等“单一窗口”建设工作开展较好的省市进行专题调研，为吉林省项目建设提供了先进建设理念和成熟经验做法。通过积极沟通、协调，吉林省财政厅给予大力支持，在2017年财政预算中安排了2 000万专项资金用于项目建设。在依照国家标准建设框架和各共建单位建设需求和意见基础上，拟定了《中国（吉林）国际贸易“单一窗口”建设工作方案》。根据调研成果，结合吉林省口岸发展实际，充分与相关部门共同研究，在国家“单一窗口”标准版的基础上，确定了符合吉林省特色的国际贸易“单一窗口”建设内容，即围绕“一个中心、五大系统”开展建设工作。“一个中心”指的是数据交换中心，“五大系统”指的是口岸政务服务系统、“一站式”通关服务系统、多式联运服务系统、口岸监管公共服务系统、跨境贸易公共服务系统。

【保税区建设成绩显著】 长春兴隆综合保税区于2011年12月经国务院批准设立，成为我国第19个综合保税区，也是吉林省唯一的综合保税区。规划面积4.89平方千米，分三期建设，一期1.536平方千米，配套区13.11平方千米。2013年10月31日一期工程通过国家验收，2014年3月封关运营，2014年5月获批跨境贸易电子商务出口业务，2015年7月开通至莫斯科跨境电商货运包机航线，2015年8月开通长春至德国施瓦茨海德“长满欧”中欧班列，2016年5月打通长春至大连海铁联运通道，2016年11月进口肉类指定查验场通过验收。自2014年3月正式运营以来，综保区应用和复制了大量上海自贸区海关、检验检疫政策，外向型开放平台功能日益完善，已经形成了两口岸、两通道、两体系、四平台的运营格局。两口岸，即一类铁路口岸和进口肉类指定口岸；两通道，即长满欧班列和对俄货运包机航线；两体系，即国际贸易和高端制造两个基本产业体系；四平台，即国际陆港物流平台、进出口商品展示交易平台、国际快件中转平台、冷链查验与仓储平台。长春兴隆综合保税区积极开展保税加工、保税物流、跨境电子商务等业务，实行24小时“通关全服务”。截至2016年年底，区内共注册企业116户，计划总投资103亿元人民币，预计年进出口额可实现22亿美元。2016年，实现报关单证10 191票，同比增长91.16%；货值43.59亿元，同比增长161.58%；“长满欧”班列承运货物1 494标箱，报关货值5 380万欧元；进出港集装箱是2015年的3倍，报关货值是2015年的1.4倍；跨境电商出口包裹2 786万件，同比增长3.1倍，货值1.09亿美元；货运量2 345.8吨，增长2.3倍；离境航班135架次。在海关正规监管系统试点城市中，长春跨境电商出口业务量位居前列。

【主动融入“一带一路”，畅通中欧班列】

由长春国际陆港发展有限公司规划并运营的“长满欧”中欧班列于 2016 年 5 月月底开通大连港方向海铁联运班列。“长满欧”班列现已实现每周出口 3 列（周二、周四对俄专列，周五对欧专列），进口 1 列以上的到发运量。“长满欧”班列自开行以来，克服了原有长春东站口岸废止、主场站搬迁等一系列困难，自 2015 年年底至 2016 年 7 月中旬无法正常整班列发运，直至 2016 年 7 月中旬之后逐步稳定运行，并在 2016 年年底搬迁至兴隆山主场站（长春兴隆国际陆港）。“长满欧”班列实现了对欧洲 6 国 18 个铁路站点的覆盖。以长春为起讫点的中欧班列干线（按箱量统计，不含大连港等海铁联运数量），2016 年 8 月份同比增长 47.5%；9 月份同比增长 342.86%；10 月份同比增长 442.11%；11 月份同比增长 187.1%；12 月份同比增长 87.16%；其中 12 月份单月完成中欧班列到发运 408 标箱。按货源地统计，吉林省货源达 39%，东三省货源合计达 56%，韩国国际转运达 18%，同时吸引了宁波、天津、上海等东南沿海货源在长春的集结，初步形成东北亚区域重要物流枢纽中心。

口岸监管与服务

【长春海关、吉林出入境检验检疫局积极推进“三互”大通关建设】 一是长春海关推进东北地区海关区域通关一体化改革。启动全国海关五大区块区区联动和海关特殊区域及保税监管场所通关一体化改革，构建区域通关快速通道。2016 年，跨关区一体化通关单 2.54 万票，约占进出口报关单总量的 21.42%。按照全国通关一体化改革步伐研究制定《长春海关业务管理优化框架方案》，通过业务流程优化牵引管理体制创新，提高口岸效能，激发口岸活力。二是深化关检合作“三个一”（即一次申报、一次查验、一次放行）。长春海关与吉林出入境检验检疫局成立由“一把手”任双组长的“三互”（即信息互换、监管互认、执法互助）工作领导小组，共同签署《进一步强化关检合作机制协议》《关于深化关检协作共同促进外贸稳定增长合作备忘录》等系列文件，就推进关检协同执法、信息互通、委托检验鉴定、打击走私、查处假冒伪劣商品、推进地方电子口岸建设、支持地方经济发展、突发事件应急处置和文化交流共建等方面达成共识。长春海关和吉林出入境检验检疫局双方建立联络员工作制度，完善高层、职能部门、业务现场多层级常态化沟通协调机制。在口岸现场将联络员对企业进行公开公示，统筹协调两单位各层级“三个一”通关模式的推进落实。2016 年，企业符合条件的报关单“一次申报”“一次查验”率均达到 100%。三是全面实施通关作业无纸化改革。目前，长春海关在陆、空、铁、邮件、转关、海关特殊监管区域等 13 个报关现场全部实现通关作业无纸化操作，各业务现场通关作业无纸化率达 98%。吉林出入境检验检疫局已全面实现全国检验检疫一体化，在全国范围实现进口直通和出口直放。2016 年，吉林省检验检疫无纸化报检覆盖率由 8% 提升至 81.2%，通关效率大幅提升。四是打造高效口岸通关模式。长春海关和吉林出入境检验检疫局双方共同推进现有口岸监管场地、特殊监管区域等监管场所及其配套设施共享共用。在长春、延吉两个空港口岸和长春邮检办通关现场实现关检“五统一”（即监管设施共用、通道合一、标志统一、政务公开同步、共同查验作业）等快速通关模式；在旅检现场全面实现 X 光机“一机两屏”或“一机双岗”；在符合条件的口岸现场设立关检联合查验区，关检双方共同使用一个查验平台，共享共用辐射安全、X 光机、电子地磅等查验设备设施，实现对所有法检货物、物品共同查验。

【长春海关认真落实“稳增长”措施】 一是促进“长满欧”国际班列稳定运行，畅通国际物流大通道。在坚持严格把关的前提下，创新服务，简化转关监管车辆手续，为“长满欧”班列顺畅、稳定运行提供高效服务，为班列运营企业提供海关政策指导和服务，帮助企业解决班列运行中遇到的困难。二是优化监管服务，助力“出境加工”业务迅猛发展。长春海关不断优化监管服务，统筹考虑出境加工内销与外销两种具体业务对企业长期发展及吉林省产业升级的比较优势，引导业务发展走向整体效益最大化，助力项目顺利开展并迅猛发展，实现业务量的新突破。2016 年，在对朝出境加工商品类别、适用企业及适用区域上进一步突破，加工范围由纺织行业拓展到水产、手工艺品加工等行业，试点企业从 4 家增到 20 家。2016 年，进出口值达 4.37 亿元。三是支持通化内陆港务区启动运营。通化港正式启动运营后，主动送服务上门，提供预约通关服务，开辟“绿色通关”快速通道，启动关检合作“三个一”等便捷优惠措施，着力提高货物通关效率，降低企业的通关成本。四是推进跨境电子商务等新兴业态发展。长春海关创新推出了大包过机查验等一系列便利措施，日处理包裹能力显著提升，着力打造跨境电商进出口双向发展格局。全年监管出口跨境电商包裹 2 786 万件，货值 1.08 亿美元。推动建立“延吉空港国际快件监管中心”并启动试运行，为沿边重点地区结合区位优势发展新兴业态提供平台支撑。五是积极支持口岸开放和基础设施建设。向海关总署申请，为沿边口岸配备 6 台大型集装箱检查设备，价值约 1.3 亿元，提升了边境口岸查验设施水平。

【长春海关保持打击走私高压态势】 深入开展“国门利剑 2016”联合专项行动，查办行政违法案件 337 起，同比增长 3.7%；侦办走私犯罪案件 30 起，同比增长 25%，其中署局二级督办“1023”走私化工产品案和“1020”走私野山参案引起社会广泛关注。一是深化缉私改革，提升打击走私专业能力。长春海关指挥中心与署局、各兄弟海关缉私局实现互联互通，顺利完成实战模拟演练，缉私指挥中心实体化运作迈出实质性步伐。完成与吉林省厅公安信息系统的授权对接，并加快电子取证室、单兵作战系统应用等信息化建设，进一步提高了信息技术手段的自主应用能力。加大“网上缉私”作战模板应用工作力度，情报经营、案件侦办、法制审查全过程初步实现模块化运作、规范化管理。“一警双权、一案到底”办案模式和“行政案件办案平台”推广应用工作按步有序推进。二是推动执法协作，持续强化综合治理效能。主动依靠各级地方政府，加强与有关职能部门的协调联动，对专项行动中发现的行业、市场监管等问题建言献策，提高地方政府和相关职能部门对打私工作的重视程度。缉私部门与吉林省高检建立执法办案联系配合机制，有效争取检察机关对打私工作的支持。联合吉林省公安厅、食药监局开展打击冻、肉品走私专项行动。同时，与吉林省国税局、公安厅、人民银行长春支行联合开展打击骗取出口退税专项行动，有效保障税收安全，维护国家宏观调控政策的有效落实。三是强化区域联动，严密防控走私案件“漂移”。对接“缉私战区”作战模式改革，加强同兄弟海关在情报线索经营、打击防范工作上的交流协作配合，提升对跨区域走私活动的深度打击能力。2016 年 1 月 ~6 月份，在大连、哈尔滨等兄弟局的大力协助下，成功破获“CC301”走私进境豪华旧机动车案，打掉以东三省为主要销赃地的走私进境旧机动车犯罪团伙 1 个。以重点走私商品为主线，从走私“源头”和市场销售环节“两头”着手，开展关区内联动执法，有效破网除链，防止走私在省内“漂移”。四是加强国际合作，加大跨境贩毒打击力度。通过情报经营，利用控制下交付方式，会同俄罗斯远东缉私海关成功破获一起由我国经荷兰向俄罗斯走私贩卖毒品的国际寄递渠道走私毒品案，该案是中俄海关开展执法合作以来，首次采取控制下交付方式查获的走私毒品案件。同时，上海、南京海关缉私局利用长春海关缉私部门同俄罗斯远东缉私海关开展案件协查和情报交换获取的线索，在上海、南京、镇江等地摧毁一个非法制造、贩卖、走私列管精神药物的跨境制贩毒网络，该案被公安部列为部级督办案件。在中俄海关合作分委会执法合作工作组第八次会议上，长春海关缉私部门国际执法合作成效，得到了署局和俄方的高度肯定。

【吉林出入境检验检疫局严密防护国门安全】 2016 年，吉林出入境检验检疫局在进境货物、旅邮检等检疫中共发现动植物疫情 643 种次。在巴西进境大豆中检出检疫性有害生物黑高粱，珲春口岸在进境旅客携带的土壤中检出有害生物矛线目线虫，长春机场办在旅客截获物中检出检疫性害虫桔小实蝇，汽车办在德国进境集装箱中截获检疫性长林小蠹，集安车站口岸在旅客携带物中截获一类检疫性有害生物菜豆象，从入境运输工具中截获二类检疫性害虫稻水象甲，延边局机场办在从韩国入境旅客携带物大麦种子中共检出麦蛾、玉米象、粘毛蓼、菊科杂草种子4种有害生物，经开区办事处在进口机电产品木质包装中检出双齿谷盗、瘤鞘薪甲、长角扁谷盗等多种仓储性活体害虫。临江办在口岸出入境货车司机携带物中检出检疫性病害苹果黑星病。此外，2016年度吉林省截获的生物制品呈现出逐渐增多趋势，数量之大、批次之多已对国内消费者构成潜在危害，在长春邮检办事处、长春机场、延吉机场等查验现场多次从来自日韩的包裹、行李中查获玻尿酸、胎盘提取物、肉毒素等非法入境特殊物品。强化疫情防控，有效应对朝鲜地区及图们江流域洪涝灾害对吉林省边境口岸的影响，做好口岸防疫工作。严防俄罗斯甲型H1N1流感、韩国甲型H3N2流感、寨卡病毒、黄热病等疫情传入。开展特殊物品风险评估9次、口岸传染病风险评估19次。口岸传染病筛查率和确诊率同比增长88.4%和91.5%。推动口岸卫生检疫工作纳入《“健康中国2030”吉林实施纲要》和《吉林省卫生与健康“十三五”规划》。为有效防止病媒生物及其传播的虫媒传染病经国境口岸传入传出，科学预警虫媒传染病的发生、发展和流行，吉林出入境检验检疫局依据国家质检总局《国境口岸病媒生物监测规定》要求，在吉林省所有口岸进行了鼠、蚊及蝇的监测及病原体检测工作，2016年全年共捕获鼠199只、蚊1 481只、蝇10 813只。在鼠肺中检测出汉坦病毒阳性11例、博卡病毒阳性1例。各口岸将监测结果及时向口岸主管部门进行通报，对病媒生物超标口岸，跟踪其杀虫灭鼠工作。

【吉林出入境检验检疫局实施规范化管理】 推进沿边近海平台建设，支持吉林省进境指定口岸建设，不断丰富口岸功能，支持吉林省扩大粮食、肉类、果蔬、水产品等民生产品进口，满足国内需求。吉林省目前共有四大类型10个口岸和1个综保区查验场获批国家进境指定口岸/查验场，分别是珲春口岸、圈河口岸和图们公路口岸3个口岸获批进口冰鲜水产品指定口岸，珲春口岸、圈河口岸和长白口岸3个口岸获批进境食用水生动物指定口岸，珲春口岸、圈河口岸、珲春铁路口岸及延边古城里口岸4个口岸获批进境粮食指定口岸，长春兴隆综保区获批进口肉类指定查验场，吉林省口岸功能不断丰富。推进口岸动植检规范化建设，制定建设规划、开展专项督导，申报长春邮检办为示范口岸，申报延吉机场、图们公路、珲春、长白、临江5个口岸为达标口岸；进一步规范进境粮食审批和检验检疫监管，以珲春为试点，推广进境粮食检疫监管系统；开展“绿蕾”专项行动，截获非法携带和邮寄进境种子苗木等禁止进境物942批、1 302株，其中检疫性有害生物31批、8种，首次截获入境转基因拟南芥种子和来自日本核辐射区贝类；开展“国门生物安全宣传周”活动及边贸生物安全、输美木制工艺品、输日稻草等专项排查整治活动。开展全省濒危野生动植物进出口管理工作，召开全省濒危野生动植物进出口管理及旅邮检业务培训，强化业务知识，加大查验力度，在长春邮检办事处，在来自美国和韩国国际邮件中分别查获《濒危野生动植物种国际贸易公约》附录内二级保护动物野生球蟒4条，以及2株该附录内的多肉植物，予以截留、移交。完成进口种苗马铃薯纺锤块茎类病毒的情况调查并制定应对技术措施。实现进口煤炭全项检测，开展“口岸天平”活动，共检出进口煤炭、棉花等货物短重87批次，为企业挽回经济损失约37.31万元。

【吉林省公安边防总队全力保障战略规划实施】 一是深入推进长吉图开发开放战略实施。研究制定《服务吉林新一轮振兴发展17项措施》。集安、南坪、图们、临江、长白、三合等边检站完成了集安公路、双目峰等多个新开扩建口岸、临时过货通道的检查监护任务。各边检站通过取消查验前往国签证、备案车辆免填入境登记卡等5类100余项创新措施，助力吉林省口岸通关流量实现历史性突破。截至目前，各单位共检查出入境人员253万人次，同比增加21%；检查交通工具27万辆（列、架）次，同比增加12%。二是积极配合珲春国际合作示范区建设。积极推进珲春口岸7天12小时通关和防川—豆满江洞旅游通道报批工作。充分发挥中俄三级代表机制作用，全力助推珲春口岸8座以下小车通行。珲春边检站先后与外贸企业、旅游单位和东北亚铁路公司建立预约服务机制，协调口岸联检单位推行延时闭关、增时服务，助力口岸外向型经济发展。三是不断推动中朝罗先经济贸易区发展。圈河边检站建立运输企业车辆和人员档案，签订通关预报协议，为中朝边贸企业进出口提供预约服务，帮助边贸企业解决通关难题。

【吉林省公安边防总队助推重点产业发展、对外通道开放】 一是积极助推跨境旅游产业发展。推广使用旅游团信息互联网报检系统，实行预检预录和旅游团分通道检查，缩短旅游团候检时间，增加旅游企业收益。二是大力支持小微企业发展。放宽青石、八道沟等临时过货通道的申报条件，方便小微企业贸易往来。实行旅行社诚信管理，对通关秩序良好、无违规问题的，给予优先验放。及时收集宣传创业就业渠道，大力宣传互市贸易区优惠政策，鼓励边民开展边境贸易、赴朝经商办企等活动。三是主动保障大型展会召开。延吉边检站跟进保障第十一届“中国延吉·图们江投资贸易洽谈会”，开设展会“特别通道”，确保参会政要和参展客商快速通关。长春边检站跟进服务“第四届两岸现代服务业合作发展研讨会”和“台企吉林行”活动，圆满完成了台企贵宾入出境边防检查和长春市区接待任务。四是保障跨境路桥建设。主动跟进圈河至元汀、图们至南阳新建跨境公路大桥，南坪至茂山跨境江桥维修工程，鸭绿江望江楼、文岳电站建设，强化工程施工期间口岸限定区域管控，全力确保施工安全。五是支持重点项目报批。积极跟进以图们江流域带、沿江公路为中心的“一带一路”边境经济合作区建设，做好集安公路口岸、安图双目峰口岸、珲春—防川水运旅游临时通道建设，跟进中朝共同开发稳城岛、柳多岛建设，主动参与通化市三源浦机场对外开放筹备工作。六是着力延长口岸通关时间。图们—南阳、圈河—元汀口岸实现了7天无休息日通关。2016年年初以来，各单位累计为晚归旅客和车辆提供延时闭关服务1 100余次，延时闭关2 900余小时，帮助地方政府创收3 500余万元。

开放口岸

【长春空运口岸（长春龙嘉国际机场）】 长春航空口岸位于吉林省长春市、吉林市之间，地处长春市九台东湖镇与龙嘉镇交汇处，距长春市区21千米，国际联检部门办公楼建筑面积为4 500平方米。

长春市龙嘉国际机场为国内干线机场，占地320万平方米，飞行等级为4D，跑道长3 200米，宽45米，可起降大中型客机。航站楼占地4万平方米，站坪近机位7个，远机位5个。航空口岸登机桥3个，出境通道10个，入境通道12个。设有海关报关大厅，监管仓库。年旅客吞吐量为320万人次，年设计起降飞机32 231架次。高峰期可吞吐旅客1 700人/小时，货邮量56 700吨。2004年10月，国务院正式批准长春航空口岸开展落地签证业务。

现有境内外7家航空公司共9条航线与7个国家（地区）通航运行。7家航空公司分别为南方、东方、春秋、华信、韩亚、香港和乌拉尔航空公司，7个国家、地区分别为韩、日、俄、泰、

新加坡、中国台湾、中国香港。

2016 年，长春航空口岸飞行72 842架次，同比增长 8.1%；机场旅客吞吐量 949.3 万人次，同比增长 11.0%，其中国际航班飞行 5 103 架次，同比增长 28.0%；人员出入境 62 万人次，同比增长 8.8%，其中港台地区人员进出同比减少21.2%。机场进出口货运量 3 679 吨，同比增长 47.4%，其中跨境电商出口货物2 345.7吨。

【延吉空运口岸（延吉朝阳川国际机场）】 位于延吉市西南郊区，距市区 5 千米，机场占地面积 3.7 公顷。

延吉朝阳川国际机场跑道长 2 600 米，道面厚 34 厘米，现已达到国际 4C 级机场标准，可飞行 MD—82，波音 737、TU—154 等大中型飞机，波音 747 等大型客机可减载飞行。空运口岸国际候机楼面积 12 187 平方米，功能齐全，查验通道设有出入境各 6 个通道，基本满足目前 70 余万人次/年的旅客出入境需求。

目前，延吉空运口岸已开通延吉至韩国仁川、青州、釜山，以及至日本大阪的定期航班。旺季开通延吉至韩国务安、济州、江原道、大邱，至俄罗斯符拉迪沃斯托克，至朝鲜平壤，至中国台湾等国家和地区的包机航班。

2016 年，延吉空运口岸出入境旅客达到 73.4 万人次，同比增长 15.0%，起降航班 4 653 架次，同比增长 10.3%。

【集安陆路（铁路）口岸】 集安陆路（铁路）口岸位于吉林省集安经济开发区，对面是朝鲜满浦铁路口岸，有铁路大桥相连，铁路桥全长 589.23 米（中方 324 米）。

集安陆路（铁路）口岸过货品种有木材、水泥、金矿粉、钢坯、钢锭、杂货等。

集安市位于鸭绿江中朝经济合作带的中心位置，东与白山市接壤，东南隔江与朝鲜“一市三郡”（满浦市、慈城郡、渭源郡、楚山郡）相望，西南与辽宁省宽甸县、桓仁县毗邻，西北与通化市、通化县以浑江为界。集安陆路（铁路）口岸与朝鲜满浦市隔江相望，距朝鲜平壤市 400 千米，是我国对朝三大铁路口岸之一。

根据铁道部及中朝铁路中央机关协议，口岸工作时间以国际联运发车时间为准，周一、周三、周五为旅客列车，周二、周四、周六为货物列车，周末停运。

【图们陆路（铁路）口岸】 图们陆路（铁路）口岸位于图们市市区内，长白山东麓，图们江下游，城市因口岸而生，临江而建，因图们江而得名，素有“图们江畔第一城”的美誉，对面是朝鲜南阳铁路口岸。

图们陆路（铁路）口岸的过货品种包括出口煤炭、粮食、机械设备、水泥等，进口钢锭、生铁、硅铁等。

图们陆路（铁路）口岸与朝鲜咸镜北道稳城郡隔江相望，距朝鲜罗津港158.8千米，距朝鲜清津港171.1千米，距中俄边境100千米，距日本海130千米，是吉林省发展对朝、对俄贸易和借港出海的主要通道。

【珲春陆路（铁路）口岸】 珲春陆路（铁路）口岸位于珲春边境经济合作区南侧，距市区7千米，对面是俄罗斯马哈林诺口岸。

珲春陆路（铁路）口岸过货品种包括进口煤炭、铁精粉、板材、木制品、面粉。

珲春陆路（铁路）口岸是吉林省唯一对俄铁路口岸。距俄罗斯卡梅绍娃亚铁路口岸23.7千米（境内8千米，境外15.7千米），距马哈林诺口岸约20千米。是继满洲里、绥芬河之后的对俄第三条大通道。

2015年12月，珲春陆路（铁路）口岸被国家质检总局批准为粮食指定进境口岸。

2016年，进出口货物203.7万吨，同比增长80.7%；出入境人员0.4万人次，同比增长24.8%；出入境车辆1 336列次，同比增长50.3%。

【图们陆路（公路）口岸】 图们陆路（公路）口岸位于图们市市区内，长白山东麓，图们江下游，城市因口岸而生，临江而建，因图们江而得名，素有“图们江畔第一城”的美誉，对面是朝鲜南阳公路口岸。

图们陆路（公路）口岸的过货品种包括出口炼焦煤、建材、生活用品、食品、药、辣椒干、日杂、化肥等，进口钢锭、生铁、硅铁等。

图们陆路（公路）口岸与朝鲜咸镜北道稳城郡隔江相望，距朝鲜罗津港158.8千米，距朝鲜清津港171.1千米，距中俄边境100千米，距日本海130千米。是吉林省发展对朝、对俄贸易和借港出海的主要通道。

【南坪陆路（公路）口岸】 南坪陆路（公路）口岸位于和龙市东南部，距市区50千米的南坪镇，对面是朝鲜茂山口岸。

南坪陆路（公路）口岸进口商品主要包括铁矿粉、淀粉，出口商品主要包括矿山设备、日杂、建材、车辆。

南坪陆路（公路）口岸距离茂山郡 12 千米，距离朝鲜北部最大港口城市清津市 84 千米。

【珲春陆路（公路）口岸】 珲春陆路（公路）口岸位于珲春市区东南部，距市区 14 千米，对面是俄罗斯克拉斯基诺口岸。

2015 年 3 月 25 日，珲春—扎鲁比诺—釜山铁海联运航线正式开通。

珲春陆路（公路）口岸过货品种包括出口服装、水果、蔬菜、日用品、机械、建材等，进口海产品、板材、日用品等。

珲春陆路（公路）口岸是吉林省唯一对俄国际公路口岸，距波谢特港 43 千米，距扎鲁比诺港 71 千米，距斯拉夫扬卡港 105 千米，距符拉迪沃斯托克（海参崴）直线距离 170 千米（公路里程 285 千米），距纳霍德卡港 340 千米，距东方港 350 千米。

2014 年 10 月，珲春陆路（公路）口岸被国家质检总局批准为我国第一批进境粮食指定口岸。2015 年 11 月，被国家质检总局批准为进口冰鲜水产品口岸。2016 年 8 月，被国家质检总局批准为全国进境食用水生动物指定口岸。

2016 年，进出口货物 16.5 万吨，同比增长 30.3%；出入境人员 39.3 万人次，同比增长 47.5%；出入境车辆 2.1 万辆次，同比增长 3.6%。

【圈河陆路（公路）口岸】 圈河陆路（公路）口岸位于珲春市区东南部，距市区 43 千米，对面是朝鲜元汀口岸。

圈河陆路（公路）口岸过货品种包括出口工业品、建材、五金、食品、服装、日用品、轿车等，进口海产品、山菜、手工艺品、假发等。

圈河陆路（公路）口岸是我国直接进、出朝鲜罗先特别市的唯一陆路通道。距图们江入海口 36 千米，距先锋港 36 千米，距罗津港 51 千米，距清津港 127 千米。

2015 年 12 月，圈河陆路（公路）口岸被国家质检总局批准为粮食指定进境口岸。2016 年 8 月，被国家质检总局批准为全国进境食用水生动物指定口岸。

【长白陆路（公路）口岸】 长白陆路（公路）口岸位于长白朝鲜族自治县长白镇，对面是朝鲜惠山口岸。

长白陆路（公路）口岸过货品种中进口商品主要包括铜、铅、锌、钼等各种矿产品，板方材等木制品，松子、蓝莓等野山果、海产品；出口商品主要包括大米、白面等粮食，电力，机器设备，机电产品、纺织服装、钢铁制品、建材、装饰材料、各种日用品等。

长白县地处鸭绿江开放带的中心地段，是吉林省对外开放的前沿，也是东北亚经济圈的优势据点，发展边境贸易的区位优势十分明显。县城

与两江道首府惠山市通过长惠国际公路大桥零公里连接，惠山市有铁路直通平壤、开城、清津和朝鲜最大的工业城市咸兴；有国家级公路直通罗津港、清津港，长白至罗津港口直线距离为196千米，距清津港口140千米，距金策港116千米，距新浦港145千米，距咸兴港口175千米，通过长白口岸与朝鲜腹地相连接，将成为吉林省借港出海的新通道。

【临江陆路（公路）口岸】 临江陆路（公路）口岸位于临江市西南部，对面是朝鲜中江郡口岸。

临江陆路（公路）口岸过货品种中主要进口货物包括盐渍刺嫩芽、盐渍山芹菜、木制雪条棒、硫酸、铜精矿、铁矿粉、其他矿产品、板材（杨木、落叶松、桦木）；主要出口货物包括日用百货、水泥、小麦细粉、精米、建筑材料、钢铁及钢铁制品、矿产机械设备、采矿设备、机电设备及其零部件。

临江市地处鸭绿江中上游的祖国边陲，是吉林省对外开放的前沿，也是东北亚经济圈的优势据点，发展边境贸易的区位优势十分明显。

【三合陆路（公路）口岸】 三合陆路（公路）口岸位于龙井市东南部，距市区48千米的三合镇，与朝鲜咸镜北道会宁市隔江相望，距朝鲜清津港86.8千米，对面是朝鲜会宁口岸。

三合陆路（公路）口岸过货品种中进口商品主要包括铁矿石、铁粉、干鱿鱼；出口商品主要包括食品、药品、瓷制品、纺织品、塑料制品、自行车、汽车及配件。

三合陆路（公路）口岸是从中国进入朝鲜东海、进出日本海和太平洋的理想通道，也是延边朝鲜族自治州与朝鲜咸镜北道进行人员交往和开展边境贸易的首选通道。

【开山屯陆路（公路）口岸】 开山屯陆路（公路）口岸位于龙井市东部，距市区37千米的开山屯镇，与朝鲜咸镜北道稳城郡三峰里隔江相望，对面是朝鲜三峰口岸。

开山屯陆路（公路）口岸进口商品主要包括干鱿鱼、松茸；出口商品主要包括食品、药品、瓷制品、纺织品、塑料制品。

开山屯镇距离罗津港96千米，距离朝鲜北部最大港口城市清津市120千米，是朝鲜华侨进出咸镜北道的首选通道，被誉为“华侨口岸”。

【古城里陆路（公路）口岸】 古城里陆路（公路）口岸位于和龙市崇善镇，距和龙市区80千米，对面是朝鲜三长口岸。

古城里陆路（公路）口岸过货品种中进口商品主要包括木材、淀粉、蓝莓、蓝靛果、松子仁、芸豆、红小豆；出口商品主要包括日杂、建材。

古城里陆路（公路）口岸距朝鲜大红丹郡24千米，距朝鲜惠山市175千米，是延边朝鲜族自治州通往朝鲜两江道的唯一陆路口岸。

【沙陀子陆路（公路）口岸】 沙陀子陆路（公路）口岸位于珲春市区西部，距珲春市区11千米，对面是朝鲜庆源口岸。

沙陀子陆路（公路）口岸过货品种包括进口海产品、酒、服装、纸、药品、白垩等；出口办公用品、日用品、服装原料、食品、杂货、建材等。

沙陀子陆路（公路）口岸是传统的民间贸易口岸，对面为朝鲜柳多岛，是一座天然封闭的图们江江心岛，岛屿地形为平原。此处交通便利，地势平坦，适宜修建市场，便于开展互市贸易及各项工作，现已开通柳多岛旅游线路。

【集安陆路（公路）口岸】 集安陆路（公路）口岸位于吉林省集安市太王镇下解放村，距离市区7千米，对面是朝鲜满浦公路口岸。

集安陆路（公路）口岸是2014年12月4日经国务院正式批准对外开放，口岸总占地面积10.28万平方米，具体分为四个区域，其中客检场地占地面积2万平方米，货检场地占地面积8平方米，营房区占地面积1.33万平方米，边境国门区占地面积1 466.67平方米；总建筑面积12 138.84平方米，其中边境国门1 623.3平方米，客检大楼4 001.54平方米，货检大楼1 583.53平方米，边检营房3 536.38平方米，次卡口、查验库房、检查用房、熏蒸房等其他部分1 394.09平方米；建设标准为年进出口货物50万吨，出入境人员20万人次。总投资1.85亿元，建设年限为2015年～2017年。集安陆路（公路）口岸国门项目于2015年9月7日正式开工建设。客检、货检和营房等建设项目于2016年8月10日正式开工建设，2017年10月末全部竣工验收并投入使用。2016年6月14日，集安公路口岸得到国家口岸办批复，开通了中朝集安—满浦公路大桥临时过客通道一日游、五日游，截至2016年12月31日，共接待旅客3 212人次。

集安市位于鸭绿江中朝经济合作带的中心位置，东与白山市接壤，东南隔江与朝鲜“一市三郡”（满浦市、慈城郡、渭源郡、楚山郡）相望，西南与辽宁省宽甸县、桓仁县毗邻，西北与通化市、通化县以浑江为界。集安陆路（铁路）口岸与朝鲜满浦市隔江相望，距朝鲜平壤市400千米。作为吉林省通化地区唯一的边境口岸城市，集安陆路（公路）口岸的建成，将使集安市成为全国拥有口岸数量、类别最多的县级市。

【双目峰公务通道】

双目峰公务通道位于吉林省延边朝鲜族自治州安图县境内，对面是朝鲜双头峰边境工作站。

双目峰公务通道与朝鲜两江道三池渊郡口岸相对，距长白山天池20千米，距安图县二道白河镇65千米，距朝鲜三池渊郡35千米，是中朝两国边界线上唯一的陆路通道，是《中华人民共和国政府和朝鲜民主主义人民共和国政府关于边境口岸及其管理制度的协定》中所列的15个边境口岸之一。

双目峰公务通道1985年被国家批准为双边公务通道，只允许中朝双方公务人员和边贸货物通行。2009年9月，双目峰公务通道被国家口岸办批准为临时口岸，通行范围扩大到允许中朝双方因私旅游人员过境，季节性开放。双目峰公务通道现建有口岸联检楼一座，建筑面积300平方米，通行道路为8米宽土质路面；临时海关监管仓库一个，建筑面积1 000平方米；过境旅客服务中心一个，建筑面积500平方米；联检单位工作人员宿舍，建筑面积450平方米；已完成23千米通信光缆、供电线路的架设；联检通道已封闭，联检楼办公设备、查验设施已安装完毕，可满足联检单位工作的需要。目前，吉林省边防总队在双目峰驻有边防大队，代行边防检查职能，待海关、检验检疫派驻人员后即可开展正常的联检业务。

2013年该通道升级为国家口岸事已被列入《国家“十二五”口岸发展规划》。

【大安水运（河港）口岸】 大安水运（河港）口岸位于大安市城区北4千米的嫩江右岸，对岸是黑龙江省的肇源县，作为水陆码头已有80多年历史，俗称“老坎子”码头。

从大安港顺流而下经嫩江、松花江、黑龙江省的同江港进入黑龙江，上可到达俄罗斯布拉戈维申斯克，下经下列宁斯科耶、哈巴罗夫斯克（伯力）、共青城、尼古拉耶夫斯克（庙街）港进入日本海。

大安水运（河港）口岸航道从每年4月15日开航，至11月5日终航，航期为200天，航期内可往返16个航次；至黑河港（俄方为布拉戈维申斯克港），全程1 800千米，一次往返加在港时间共18天，航期内可往返9个航次；至俄哈巴罗夫斯克港，全程1 300千米，一次往返加在港时间共14天，可往返12个航次。从1992年起，该口岸停止过货。

【老虎哨水运（河港）口岸】 老虎哨水运（河港）口岸位于吉林省集安市榆林镇地沟村，老虎哨电站（渭原电站）大坝下游，距集安市市区68千米，对面是朝鲜渭源河口岸。

老虎哨水运（河港）口岸过货品种有钢坯、钢锭、机电设备、钢铁制品、硅石、杂货等。

老虎哨位于集安市西南60公里处榆林镇境内，这里一面傍山，三面环水，鸭绿江绕老虎哨东、南、西面流过行程纺锤形山脉，九曲回旋鸭绿江在这里形成独特的自然景观，2002年被国家水利部列为鸭绿江国境旅游区，与辽宁省宽甸县、桓仁县毗邻，隔江是朝鲜渭源郡。中朝合资的老虎哨水电站位于老虎哨口岸上游800米处，也因此得名，电站归朝鲜运行管理，可向中朝两国供电。

2016 年吉林省口岸大事记

3 月 25 日

珲春口岸通关中心举行揭牌仪式，标志着口岸通关中心正式启动。

3 月 28 日

“友谊之旅”中俄共同纪念第一次世界大战胜利跨境自驾游活动在珲春口岸举行。

6 月 2 日

经珲春口岸首次以货运形式出境一辆印度马恒达自驾车。

7 月 15 日

图们至朝鲜七宝山旅游专列恢复运行。

7 月 29 日

国家质检总局对外公布了符合要求的进境食用水生动物指定口岸名单，吉林省的对俄珲春口岸、对朝圈河口岸正式被批准为进境食用水生动物指定口岸。

8 月 17 日

中共中央委员、吉林省委常委、省政法委书记金振吉在省公安厅韩沐恩副厅长、延边朝鲜族自治州政法委康芳书记等陪同下到三合口岸调研。

8 月 20 日

中共中央委员、中国文联主席铁凝对图们口岸进行了调研。

9 月 21 日

中央对外联络部部长宋涛到图们口岸视察。

10 月 21 日

图们公路口岸首次迎来 12 个国籍赴朝旅游团，该团由青年先锋旅游公司组织，共 26 人，团员来自澳大利亚、荷兰、波兰、新加坡、比利时、法国、意大利、乌克兰、瑞士、马来西亚、加拿大、美国等国。据了解，该团经图们公路口岸出境，赴朝鲜七宝山、平壤等地旅游。

11 月 3 日

开通延吉至台湾桃园临时航班，每周一班。

12 月 23 日

长春兴隆综合保税区进口肉类指定查验场正式获批，该查验场成为东北地区首个设立在保税区内的进口肉类指定查验场，也是吉林省唯一进口肉类指定查验场。

12 月

珲春铁路口岸自 2013 年 12 月恢复常态化运营以来过货量首次突破 200 万吨，创历史新高。

（撰稿人：马海林、周婧、张丽娜、谷杨）

2016 年吉林省口岸出入境主要数据表

项目			2016 年	2015 年	同比（%）
出入境人员（人次）	出入境人员总数		2 509 281	2 122 456	18.23
	入境人员		1 158 040	935 124	23.84
	出境人员		1 351 241	1 187 332	13.80
	出入境旅客		2 310 006	1 978 795	16.74
	出入境员工		199 275	143 661	38.71
	中国公民	小计	1 977 603	1 669 462	18.46
		大陆因公	64 511	58 039	11.15
		大陆因私	1 592 203	1 339 373	18.88
		港澳居民	252 429	187 627	34.54
		台湾同胞	42 190	61 633	-31.55
		大陆边民	26 270	22 790	15.27
	外国公民		514 169	452 994	13.50
	外国边民			17 509	
	从海港出入境人数				
	从陆港出入境人数	小计	967 384	675 737	43.16
		火车	13 641	8 015	70.19
		汽车	171 206	114 046	50.12
		徒步	782 537	553 676	41.33
	从空港出入境人数		1 541 897	1 446 719	6.58
交通运输工具（辆、艘、架、列次）	总计		269 438	240 334	12.11
	船舶				
	飞机		8 984	8 194	9.64
	火车		2 296	1 423	61.35
	机动车辆		258 158	230 717	11.89

（吉林省公安边防总队提供）

2016 年长春海关主要数据统计表

项目		2016 年	同比（%）
进出口货运量（万吨）	合计	500	32.0
	进口	420	34.1
	出口	80	22.0
进出口贸易总值（万美元）	合计	954 870	5.4
	进口	803 034	5.5
	其中：江、海运输	677 478	8.4
	铁路运输	16 082	-45.7
	汽车运输	55 215	0.3
	航空运输	53 887	5.8
	邮件运输	222	19.3
	其他运输	150	-58.5
	出口	151 836	4.8
	其中：江、海运输	34 967	3.0
	铁路运输	5 692	82.1
	汽车运输	94 900	-8.7
	航空运输	15 542	418.8
	邮件运输	240	-15.7
	其他运输	496	-9.3
税收（万元）	两税合计	1 288 455	3.58
	关税入库	385 888	1.85
	进口环节税入库	902 567	4.35

（长春海关提供）

2016年吉林省出入境检验检疫业务统计表

项目		货物检验检疫				交通工具				集装箱（标箱）		发现动植物疫情		货物通关		出入境人员查验（人次）	健康检查及预防接种（人次）			
		批次	金额（万美元）	检验检疫不合格		船舶（艘）	飞机（架）	火车（列）	汽车（辆）	合计	检出问题	种类数	种次	批次	金额（万美元）		健康检查	艾滋病监测	发现病例	预防接种
				批次	金额（万美元）															
本年累计		65 387	413 144	4 133	15 188	-	6 884	60 202	234 173	48 938	91	87	643	49 517	256 067	2 325 908	43 845	42 555	6 450	15 375
其中	出境	39 255	28 354	1 497	4 624	-	2 337	29 744	117 002	12 570				27 597	139 045	1 163 180	30 944	29 654	4 587	15 375
	入境	26 132	184 790	2 636	10 564	-	4 547	30 458	117 171	36 368	91	87	643	21 920	117 022	1 162 728	12 901	12 901	1 863	
同比（%）		10.03	0.46	17.12	36.00	-	10.21	70.19	8.35	-19.14	-87.4	-37.86	-15.28	75.37	61.25	15.54	6.31	3.12	2.19	-30.45
其中	出境	10.92	14.75	17.69	-4.08	-	9.92	67.96	8.44	166.94				149.97	277.11	14.47	-9.13	-12.98	-15.10	-30.45
	入境	8.71	-12.90	16.79	66.45	-	10.36	72.42	8.27	-34.84	-87.4	-37.86	-15.17	27.48	-4.03	16.63	79.43	79.43	105.40	-100.00

（吉林出入境检验检疫局提供）

黑 龙 江 省

口岸数量及分布

截至2016年年底，黑龙江省有经国务院批准的对外开放口岸25个。其中，空运口岸4个，分别是哈尔滨、齐齐哈尔、牡丹江、佳木斯；陆路（铁路）口岸2个，分别是哈尔滨、绥芬河；陆路（公路）口岸4个，分别是东宁、绥芬河、密山、虎林；水运（河港）口岸15个，分别是哈尔滨、佳木斯、桦川、绥滨、富锦、抚远、同江、萝北、嘉荫、逊克、孙吴、黑河、呼玛、漠河、饶河。中俄边境口岸15个。

口岸运行数据

2016年，全省口岸进出口货运量完成2 712.3万吨，同比增长4.1%，其中进口2 643万吨，同比增长4.5%；出口69.3万吨，同比下降9.5%。全省口岸客运量完成337.7万人次，同比增长5.5%，其中入境168.2万人次，同比增长9.6%；出境169.5万人次，同比增长9.4%。

口岸综合管理

【中俄口岸会谈会晤硕果累累】 近年来，黑龙江口岸办非常重视与俄方口岸主管部门的合作，与俄联邦边境建设署远东局建立了工作联络机制，保持良好的工作关系，双方经常就口岸工作制、口岸工作同步、口岸通关存在的问题及时沟通，定期通报交换口岸运行情况，解决双方在通关环节上出现的问题。2016年，省口岸办与俄边境建设署远东局共举行了3次工作会谈，会谈中就双方口岸运行需要解决的问题交换了意见，取得了一定成效。一是落实绥芬河公路口岸13小时无午休工作制度，使一直困扰双方口岸的压车压站现象得到了有效缓解，同时也探讨了调整同江、东宁、黑河口岸工作时间的可行性。二是抚远莽吉塔深水港码头实现了临时对外开放。三是哈尔滨机场实行72小时过境免签，开通东北首条第五航权航线，对俄通航城市增加到10个。四是允许两国公民自驾8座以下小汽车在绥芬河口岸通关取得积极进展，俄方已照会我方修改《中俄边境口岸协定》，以实现尽早通行。五是黑河公路口岸及黑河索道口岸有了新进展。2015年9月3日，中俄两国签署了黑河跨境大桥建桥协定，与大桥相配套的口岸建设规划、可行性研究报告也已制作完毕并纳入大桥总体建设方案。俄方外交部已就建设索道口岸照会我方，中方对此表示积极配合，全力推进。

【口岸基础设施建设跨越式发展】 经过近两年的建设，绥芬河公路口岸新国门即将投入使用，旅检大厅完成主体工程，公路口岸改造后设计运能提升为年过货550万吨、过客600万人次，口岸通关环境将大大改善；绥芬河铁路口岸新站房实现主体封闭，集装箱换装场正在建设中，口岸扩能改造完成后，绥芬河铁路口岸承载能力将大大提升，通关瓶颈将被全面突破。同江跨境大桥主体工程已经顺利竣工，与大桥相配套的口岸建设规划也已纳入大桥总体建设方案。哈尔滨航空口岸机场新建T2航站楼2119根桩基础建设工程已经竣工，T2航站楼建设也已大面积开工，整个工程预计2017年完工并投入使用，口岸查验配套设施建设作为整个工程的一部分也已纳入规划并正在建设。哈尔滨铁路口岸迁入新址工作正在全力推进，现已进入新址的场站改造和扩建阶段，预计年底前投入使用。自2007年以来，我省已陆续在同江—下列宁斯科耶口岸、饶河—波克罗夫卡口岸、黑河—布拉戈维申斯克口岸、萝北—阿穆尔泽特口岸间共计建设开通了4条跨境冬季浮箱固冰通道，这4条浮箱固冰通道的开通，不但延长了上述口岸冬季运营时间，还提高了运营安全性，同时也增加了口岸客货运量。与此同时，黑河公（铁）路大桥、黑河跨江索道、黑河地下输汽管道等建设及相关口岸设立、查验配套设施建设等工作也在稳步推进。

【口岸实现“单一窗口”推进工作已全面启动，“三互”大通关工作有序开展】 国务院口岸工作部际联席会议办公室印发了《国家口岸管理办公室关于国际贸易“单一窗口”建设的框架意见》，其主要内容为强化顶层设计，依托国家、省两级电子口岸平台，国家层面联通各部门，统一交换数据，统一数据格式、安全等，最核心的内容即是推出全国统一的“单一窗口”标准版，内容涵盖通关的全部内容，并在全国各省级电子口岸平台推广。目前，黑龙江省在学习领会框架意见内涵的同时，要求有关部门结合业务实际提出符合黑龙江省特点的业务模块需求，作为“单一窗口”标准版的扩展和补充，同时积极搞好黑龙江省电子口岸平台的运营维护工作，积累经验，为下一步“单一窗口”标准版的推广和应用打下良好的基础。

省政府第四十次协调会议后，省口岸办重点开展了以下工作：一是在征求各部门意见的基础上，向省政府报送了《关于呈报〈黑龙江省落实“三互”推进大通关建设改革方案任务分工〉的请示》，细化了各部门的任务分工、工作时限等，并经海涛副省长签批，已将《黑龙江省落实“三互”推进大通关建设改革方案任务分工》，印发各有关市（地）、县及中省直各有关部门执行；二是根据国家“三互”大通关新的要求，召集哈尔滨海关、黑龙江出入境检验检疫局 2 个部门，研究依托黑龙江省电子口岸平台，扩展电子口岸功能及与海关、检疫两部门内部系统的连接等事宜；三是会同哈尔滨海关，出入境检验检疫局，边防总队，哈尔滨、黑河、绥芬河口岸等部门组成联合调研组，在梁成军副秘书长带领下，赴广东省口岸就“三互”大通关开展情况进展考察调研，调研后形成《关于“三互”大通关建设考察学习活动的报告》已上报省政府。

【电子口岸建设取得重大突破】 为发展黑龙江省跨境电子商务、推行“三个一”通关模式、落实“三互”工作措施，按照省领导指示，省商务厅在与查验部门共同研究黑龙江省电子口岸建设规划基础上，全省电子口岸平台搭建工作已于 2015 年 12 月底前全面竣工，现正处于调试试运行阶段，为今后全省口岸开展“三互”大通关、跨境电子商务建设奠定了坚实基础。经过近 10 个月的试运行完善，目前全部功能已经正常运行，即将进入验收阶段。目前存在的主要问题是需要各中省直部门进一步做好配合工作，尽最大可能共享数据及信息，商务厅将提出各部门需提供的数据清单，征求各部门意见，待征求意见结束后报省口岸工作联席会议审定后执行。同时，将组织进行推广培训工作，以充分发挥电子口岸平台的作用。

口岸监管与服务

【黑龙江海事局服务便捷通关能力不断提升】 一是继续提高社会服务效果。充分发挥口岸查验单位召集人的作用，根据口岸特点，探索出台服务新举措，实行“无假日、无午休”工作制和船舶“报港制”，变每航次许可为每日一许可，缩短船舶在港查验时间，提高了通关效率；督促港埠部门建立旅客和民贸人员乘船功能分区；问需于民，为果蔬车辆开辟绿色通道，协调运输公司优先安排装船，缩短了船舶载运货物查验时间；创建了监管、检验、救助、服务“4S”品牌，冰河丝路”浮箱固冰通道服务品牌，“政通仁河”服务品牌，提升海事服务口岸经济发展，保障人民群众便捷出行能力。与佳木斯市气象局签署《共同深化气象信息共享与应用合作协议》，建立市、县各级气象与海事信息共享互换机制，为口岸船舶查验提供有力支撑。二是不断完善服务品牌建设。完善“北极船员驿站”“中俄船员之家”等服务品牌，不断创新服务方式，为船员提供应急医疗药品及免费休息场所。

【黑龙江海事局搜寻救助能力显著提升】 2016 年，黑龙江黑河海事局共协调参与了三次应急演练活动。一是充分发挥地域优势，与俄罗斯阿穆尔州紧急情况总局开展了工作会谈并签署了合作纪要。持续完善中俄首个界河应急报警平台建设。首次代表中国海事部门派员组队参加了该局组织的俄罗斯远东地区应急摩托艇技能比赛，应邀参加了由阿穆尔州紧急情况事务总局举办的应急救援船艇技能操作演练，达到了取长补短、提升能力的目的。二是指导五大连池风景区火山堰塞湖游览有限公司在堰塞湖开展人员搜救、游客疏散、船舶消防、弃船演练4个科目的水上应急救援演练活动。三是指导干岔子乡渡口渡船开展火灾消防单科目突发事件的应急处置水上应急演练。通过演习，有效提升了辖区国际航线客船、旅游船、渡船及乘客自救能力和海事执法人员水上应急救助技能水平，提高了海事部门与中俄两国各部门之间应急救援配合的默契程度。四是妥善处置辖区突发事件。2016年，成功处置金石砂场1艘驳船和1艘机船漂移被俄边防部门扣留和黑河港务局“龙消501”船在俄布港停泊时遭俄边防部门驱逐两起突发事件，维护了我方航行权益。成功处置了俄籍“雪豹01”气垫船因机器故障受困险情，得到中俄各界广泛赞誉。与俄罗斯哈巴罗夫斯克边疆区紧急情况总局举行了题为“跨境河流防洪”司令部演习。与俄罗斯犹太自治州紧急情况总局对界河落水人员开展联合搜救。

【黑龙江海事局服务经济发展更加有力】 一是全力服务国家重点工程。2016年，黑龙江海事局积极做好中俄黑龙江大桥、跨江索道建设前期工作；第一时间安排执法人员到中俄原油管道连崟口岸加强现场监管，切实保障俄方船舶航行、作业安全，助力中俄原油管道每日4.1万吨的原油平稳输送；开展浮箱固冰通道监管服务一体化活动；开展同江中俄铁路大桥建设的监护工作，采取的“两防一反”（防碰撞、防污染和反违章作业）措施取得了较好效果。二是担当“先行官”，主动服务地方经济社会发展。在中俄两岸共庆“胜利日”、黑河“六一中俄儿童互访”、五大连池“圣水节”、漠河“北极光节”等大型涉水活动中主动进行监护，确保活动圆满举行。

【黑龙江海事局不断深化对外合作】 国际合作方面，对外合作层次不断深化。一是深化对俄合作。黑龙江海事局今年与俄罗斯哈巴罗夫斯克边疆区紧急情况总局举行了三次会晤，并签署了会谈纪要；在中俄总理定期会晤委员会运输合作分委会及海运河运工作组第20次会议上，黑龙江海事局代表中方主持海运河运工作组会谈，就中俄界河信息化监管系统建设与俄方达成共识，并就北极航道的合理利用，进行了积极探讨；在中俄国境河流航行联合委员会第57次例会上，中俄双方就布拉戈维申斯克市至黑河航线非明水期气垫船运行及停泊问题达成了共识；开展了中俄联合检查；与俄罗斯内河船舶登记局阿穆尔分局船检业务合作机制建设召开了第5次会议，进一步深化了船舶检验合作机制，专门向交通运输部海事局许如清局长和李宏印副局长进行了汇报，引起了部海事局领导的高度重视。国内合作方面，继续与大兴安岭地区交通、安监部门开展业务沟通，持续健全完善大兴安岭地区水上安全监管机制。继续与常熟海事局加强交流与合作。通过互访、派员交流等各种形式，学习先进局“三化”建设好经验、好做法，达到了双方共同发展、共同提高的目的。继续与呼伦贝尔海事局开展“源头清流”活动，深化双方在水上交通安全与防污染方面的交流与合作。继续与黑河市环保局开展合作，共同举办世界环境日宣传活动、开展联合检查。继续落实与黑河市教育局、新生鄂伦春族乡的合作协议，广泛开展了丰富多彩的水上交通安全知识进校园和“海事开放日”活动。

【哈尔滨海关务实推动“龙江丝路带”建设】 积极推进“陆海联运”“江海联运”大通道建设，进一步扩大了内贸货物跨境运输业务，积极为黑瞎子岛保护与开发开放、中俄东线管输天然气进口、中俄同江铁路大桥和黑河公路大桥等大项目提供政策支持。助力“哈欧”国际货运班列常态化运营，支持开通了“哈俄”班列和“哈绥符釜”陆海联运；全力支持哈尔滨综合保税区建设。成立了海关工作机构筹备组，在国家尚未批准设立专司该综合保税区海关机构的情况下，克服关区人力资源紧张困难，抽调经验丰富的处级干部和业务骨干进入筹备组，对监管设施建设项目进行把关，提出指导性意见，积极做好验收前期准备工作，确保综保区按期建成封关运营；支持推进哈尔滨内陆港整体搬迁，积极推动哈尔滨国际陆港建设，研究支持国际航空货运枢纽建设；全力支持推动多式联运海关监管中心建设，积极支持大庆、牡丹江综合保税区和省内相关城市保税物流中心（B 型）的申建。

【哈尔滨海关积极支持现代服务业发展】 助力离境退税政策顺利实施，对相关业务系统进行反复测试，密切与财政、国税、银行等部门的沟通协作，完善监管流程，加强宣传引导，认真及时办理海关验核手续，有效推进了哈尔滨、黑河、绥芬河三个离境退税试点城市口岸现场离境退税业务的顺利开展。积极与海关总署相关部门沟通联系，在黑河设立了进境免税店，增加了进境国内游客的购物选择，丰富了黑龙江省服务业的内容和领域。支持对韩、俄、日、泰新航线的开通，为省内空港建设和进出境旅客提供优质服务，省内口岸进出境人员 336.8 万人次，同比增长 9%。同时，支持推动黑龙江省开展对俄小汽车跨境“自驾游”业务。

【哈尔滨海关大力支持跨境电商发展】 积极配合哈尔滨市商务局及运营企业完善海关监管场所建设，积极推进黑龙江（哈尔滨）跨境电子商务综合服务平台建设上线运行及推广应用，协助开通哈尔滨至莫斯科国际列车（K19/20 次）运输国际邮件监管业务，采取有力措施积极推动其实现常态化运营，有效解决航空运输不能运送 3C 产品、液体产品问题，同时满足大体积、低成本邮件的运输要求，进一步丰富对俄电商物流渠道。

【哈尔滨海关积极服务支持供给侧结构性改革】 实行客户协调员制度，保持与重点国有企业沟通联系，全天候为企业提供协调服务，帮助企业解决通关、监管环节疑难问题；到企业进行减免税政策宣讲，组织各种专题国家减免税政策培训，及时向企业通报国家重大技术装备政策产业目录调整情况，为企业用足用好国家减免税政策提供最及时最直接的帮助。采取有效措施解决政策衔接过程中出现的问题，并积极向海关总署反映相关情况，为企业顺利办理相关业务提供高效服务。

【哈尔滨海关支持企业“走出去”开展农业合作】 积极采取措施服务黑龙江省企业农产品回运进口，组织专题调研，多次召开企业座谈会征求相关意见建议；开通农产品回运绿色通道，合理运用估价方法审查确定完税价格计征税款，创新税款担保和农用机械设备监管模式；相关隶属海关加强与对应俄方海关的联系沟通，加快农产品通关速度，降低企业成本，为促进黑龙江省发展现代农业提供支持。

【哈尔滨海关积极向省委省政府建言献策】 充分发挥海关职能作用，加强进出口监测预警分析，加强对外贸政策执行和外需变动情况的研判，年内共向省委省政府上报海关工作情况专报 47 篇，在推动哈尔滨国际陆港、多式联运海关监管中心、东北亚国际航空货运枢纽建设、国际贸易“单一窗口”建设、哈尔滨综合保税区加快建设等方面提出了重要意见建议。

【哈尔滨海关聚焦国际合作，服务国家重大战略】 哈尔滨海关高度重视海关国际合作工作，按照海关总署于广洲署长关于“对俄合作是篇大文章，海关要服务好对俄合作”、孙毅彪副署长关于“哈尔滨海关要发挥中俄海关合作‘第三条通道’作用，要打造对俄海关合作典范”的指示要求，注重从战略高度和长远利益出发，加强海关外事工作顶层设计，成立哈尔滨海关外事工作领导小组，定期召开外事专题会议，研究谋划关区重大对外合作交往活动，明确外事工作思路，制定关区外事合作规划。重点在五个方面做好文章：一是深化合作内容，创新合作模式，在存量上做文章。我们不断挖掘与俄远东海关局合作潜力，深化双方既有合作，推动实施一系列贸易便利化合作项目，解决了诸多热点、难点问题，取得良好成效。二是不忘老朋友，广交新朋友，在增量上做文章。在继续发展与俄远东海关局友好合作的基础上，哈尔滨海关还与西伯利亚海关局、乌拉尔海关局、伏尔加河流域海关局建立了稳定的合作机制。三是主动借台唱戏，扩大合作影响，在平台上做文章。我们利用“中俄博览会”这一两国高层级交流平台，主动借台唱戏，举办各类合作研讨会和联席工作会议，增进共识互信，推动务实合作，并且扩大了海关合作的影响力。四是积极务实推动，在落实上做文章。在扩大中俄海关监管结果互认基础上，研究开展“绿色通道”等系列合作项目。与俄海关共同采取措施，对过境货物和运输工具（内贸货物跨境运输、“哈绥符釜”陆海联运、哈尔滨至符拉迪沃斯托克国际旅客列车）进一步简化监管手续，提高通关效率，打造高效顺畅的跨境通关环境。

【黑龙江出入境检验检疫局完善国境口岸公共卫生体系】 持续强化口岸核心能力建设，发挥“两国五方四联动”联防联控机制作用，成功防控了中东呼吸综合征、寨卡病毒病、黄热病、甲型H1N1流感等疫情。与黑龙江省反恐办联合举办了全省首届口岸核生化反恐专题培训班，进一步提升了口岸一线核生化反恐应急处置能力，先后在国家出入境检验检疫总局和省内相关会议上介绍工作经验。

【黑龙江出入境检验检疫局构建国门生物安全查验机制】 创新提出“六化”（设施配置标准化、执法行为规范化、人员队伍专业化、检疫工作信息化、防控体系多元化、评价体系科学化）目标，在全省系统深入开展口岸动植检规范化建设工作。加强进出口食用农产品、饲料安全风险监控，持续开展非洲猪瘟、水生动物疫病及植物有害生物监测调查，连续3年在第一时间监测发现俄罗斯马铃薯甲虫疫情。组织开展了检疫处理从业人员资格考试，规范了检疫处理单位管理。

【加强进出口食品和商品质量监管】 落实“进口食品安全放心工程”，制定并实施进出口食品安全国家和全省监督抽检计划。查获并销毁罂粟籽饼干，受到新华社、《人民日报》、中新网等国家级媒体高度关注。强化进出口消费品和危化品等重点敏感商品检验监管，建立26个进口消费品质量安全风险信息监测点、4个海外风险信息监测点，对6大类目录外进口商品实施监督抽查。对边境贸易商品实行“全申报”管理，有效防止了假冒伪劣商品出入境。对漠大线中俄管输原油实施全程电子计量监管。

【黑龙江出入境检验检疫局出台专项支持政策】 针对全省外贸下滑的不利形势，黑龙江出入境检验检疫局认真落实质检总局促发展各项工作部署，想政府之所想，急企业之所需，深入基层广泛调研，结合黑龙江实际研究出台了《黑龙江出入境检验检疫局关于发挥检验检疫职能作用促进外贸回稳向好的通知》等一系列支持措施，以落实国家出入境检验检疫总局八项重点工作任务为牵引，成立六个重点工作推进组，着力打好“技术牌”、念好“服务经”，深入推进“五大服务工程”，为全省外贸转型发展提供了有力支持。

【黑龙江出入境检验检疫局加快改革创新步伐】 落实国务院“放、管、服”要求和国家出入境检验检疫总局改革部署，加快贸易便利化进程，进一步提高了监管有效性和服务便利性。一是加强政策研究和信息报送。省局党组带头搞调研写报告，全省系统积极推进政策理论研究，年初确立研究课题49项，在省部级报刊发表政研类文章32篇。发布《龙检信息》90期，编报的政务信息被国家出入境检验检疫总局采用61篇，省委、省政府采用15篇，其中转报中办、国办12篇，政务信息工作受到省委通报表扬。二是深化行政审批改革。完成省局权力清单、责任清单和权力运行流程图编并对外公布。三是加快信息化建设。出台《“互联网+国检服务平台”建设行动计划》，完成了全省网站群改版升级，开发检验检疫信息服务平台和微信公共服务平台；全面实施检验检疫无纸化报检业务；正式启动运行e-CIQ主干系统，工作效率和监管效能大幅提升。四是深化关检合作。与哈尔滨海关签署《深化关检协作共同促进黑龙江省外贸稳定增长合作备忘录》，深化“三个一”合作，在全省范围实现通关单无纸化。五是复制推广上海等地自贸试验区检验检疫创新制度。对进出口食品实行口岸分线监管，对进口液化石油气、汽车零部件等商品加大第三方检验检测认证结果力度，对绥芬河综合保税区进口商品实施预检验制度。六是服务新业态健康发展。制定跨境电子商务检验检疫监管指导意见，落实经营主体及商品信息备案制度，实行企业信用管理和商品集中申报、分批核销。

【黑龙江出入境检验检疫局强化技贸措施研究】 充分发挥中俄检验检疫区域合作中方牵头单位作用，深入落实中俄标准计量认证和检验监管常设工作组、中俄动植物检验检疫和食品安全常设工作组有关会议纪要，推进双方在计量、标准、检验检测、认证等领域持续深化合作交流。牵头召开中俄标准计量认证和检验监管常设工作组区域合作小组第二次会议并签署了会议纪要，推动双方就高铁、危化品、输华油气等产品在标准和合格评定、认证认可、质量安全信息通报、检验监管等领域达成了多项共识。2016 年 9 月，黑龙江出入境检验检疫局与国家质检总局标法规中心、黑龙江省社科院共同建立了“中国 WTO/TBT - SPS 国家通报咨询中心欧亚经济联盟技术性贸易措施研究基地”，为强化贸易摩擦预警、提升行业应对能力，促进黑龙江外贸发展提供了有力保障。充分利用检验检疫技术、人才和信息优势，加强以对俄为主的技术性贸易措施研究及应对工作，开发应用“俄罗斯标准技术法规贸易措施风险预警信息平台”。开展大宗进出口商品标准比对分析研究、对俄出口企业技术性贸易措施损害调查，指导帮助企业有效打破了多项国外技术贸易壁垒。

【黑龙江出入境检验检疫局助推“龙江丝路带”建设】 落实国家出入境检验检疫总局《关于黑龙江省拓展内贸货物经俄罗斯过境运至我国沿海口岸检验检疫相关事宜的公告》，全面施行“进境口岸检疫、出境直接核放”监管模式，协调相关直属局将进境货物直接转关至哈尔滨施检，在绥芬河、东宁口岸货运通道实施每周 7 天 12 小时无休息工作制，保障了“哈欧”“哈俄”国际班列和中俄韩“哈绥符釜”陆海联运大通道顺利运营并扩量增效。主动参与哈尔滨新区、综合保税区、临空经济区和绥芬河—东宁重点开发开放试验区规划建设，出台了一系列检验检疫服务措施。

【黑龙江出入境检验检疫局服务现代农业发展】 支持标准化出口基地和示范区建设，累计建成 14 个国家级出口食品农产品质量安全示范区。配合国家“农业走出去”和“现代种业发展”战略，支持黑龙江省境外种植园区建设。帮助黑龙江大庄园肉业有限公司建成东北四省区首个内陆进口肉类指定查验场，使黑龙江省口岸具备了和沿海口岸相同的吞吐功能。指导东宁口岸和绥芬河公路口岸先后获得国家出入境检验检疫总局进境食用水生动物资格，黑龙江省鲜活水生动物进口实现零的突破。指导各地成功引进国外祖代鸡雏、和牛、种猪、水貂、蓝狐等多个优良动物资源品种，进一步改善了全省畜牧业种养殖结构。

开放口岸

【哈尔滨空运口岸（哈尔滨太平国际机场）】 哈尔滨太平国际机场位于哈尔滨市西郊 30 千米。1987 年 7 月 1 日经国务院批准对外开放，1989 年 9 月 22 日正式对外开放使用。机场总占地面积 332 万平方米，航站楼面积 6.70 万平方米，可满足年旅客吞吐量 666 万人次，高峰每小时 3 000人次，每日飞行 180 架次的需要。停机坪面积 33 万平方米，可满足 18 架宽体大型客机的停放和维护，可用近机位 13 个，远机位 8 个。哈尔滨太平国际机场地处东北亚中心位置，是东南亚至北美航线的最佳经停点，也是中国东北地区乃至东北亚的重要空中交通枢纽之一。

【齐齐哈尔空运口岸（齐齐哈尔民航机场）】 齐齐哈尔民航机场位于市区东南 13 千米。1987 年开始建设，2009 年 12 月 8 日通过国家验收正式对外开放。齐齐哈尔民航机场是黑龙江西部地区的航空枢纽，机场等级为 4C 级，属军民合用机场。主跑道长 2 600 米、宽 45 米，客机坪面积 2.50 万平方米，候机楼面积 7 200 平方米，分国际、国内区域，年可容纳旅客 70 万人次，货邮物 1.50 万吨。机场先后开通了北京、上海、广州、黑河、沈阳、大连、青岛、海拉尔等航线，还开通了齐齐哈尔至俄罗斯布拉戈维申斯克、克拉斯诺亚尔斯克国际包机航线。

【牡丹江空运口岸（牡丹江海浪机场）】 牡丹江海浪机场位于牡丹江市西南郊9千米处，是黑龙江省东南部地区重要交通枢纽，1985年9月2日正式运营，1996年被国务院批准为国家开放口岸。目前，飞行区等级为4C，装备有I类精密进近灯光系统、仪表着陆系统和全向信标台，主跑道为2 600米×60米×0.45米，能满足B－757以下中型客机昼夜起降。候机楼面积8 200平方米，设有国际联检厅，进出港通道各一条，配有较先进的广播系统、航班显示系统、旅客自动离港系统和录像监控系统。停机坪面积36 000平方米，设有4个停机位（D类1个，C类3个），停车场面积11 400平方米，设计年旅客吞吐量为50万人次。

【佳木斯空运口岸（佳木斯机场）】 佳木斯机场距市区9千米，是日伪时期遗留的机场。1992年经国务院批准对外开放，2009年国家验收正式对外开放的空运口岸。目前，为4C级支线机场，是黑龙江省东部地区重要机场。佳木斯空运口岸曾多次飞行俄罗斯哈巴罗夫斯克包机，并于2010年6月开通了佳木斯至韩国首尔的国际航班。在稳定飞行佳木斯至哈巴罗夫斯克、佳木斯至韩国首尔空中航线的基础上，逐步向俄腹地延伸。

【哈尔滨陆路（铁路）口岸】 哈尔滨内陆港，是国务院1996年9月24日批准的全国第一个内陆口岸试点，办理国际集装箱业务。1997年7月11日通过国家验收，同年8月1日正式对外开放使用。货场占地面积10万平方米，拥有6条铁路到发线，装卸作业便利，堆存能力充足，通关功能完善，可以办理20英尺和40英尺国际集装箱运输业务，年吞吐量10万标箱。哈尔滨内陆港于1998年11月30日延伸到满洲里、绥芬河口岸，实现了国际集装箱直通过境运输，形成了南接沿海、北连边陲的多式物流网络，成为黑龙江及其周围腹地最大的集装箱集散地。

【绥芬河陆路（铁路）口岸】 绥芬河火车站位于绥芬河—满洲里铁路与俄罗斯远东铁路的接轨处，绥芬河东与俄罗斯滨海边疆区接壤，铁路口岸地处要道，陆海联运可到达日本新潟、横滨，韩国釜山，美国西雅图等地区，处于东北亚经济区中心位置。绥芬河铁路车站现为一等站，业务性质为客、货运输站，主要办理国际联运货物运输和国际、国内旅客运输，以及自站货物的到发、装卸等作业。有南、北两个站场，管辖绥阳（为二等站）、宽沟两个中间站。绥芬河铁路口岸站年设计综运能力为1 000万吨/年。绥芬河铁路口岸实际换装能力已经达到1 300万吨略高。其中，进口能力为1 050万吨，出口能力为150万吨，地起能力为100万吨。

【东宁陆路（公路）口岸】 东宁陆路（公路）口岸为边境口岸，与俄罗斯波尔塔夫卡公路口岸相对，位于黑龙江省东南边陲三岔口朝鲜族镇。1989年12月经国家批准为开放口岸，1990年3月中苏两国政府换文确认为双边客货公路运输口岸，同年5月正式对外开放。1992年11月中俄两国政府换文开通旅客运输，陆续开通了东宁至俄罗斯近邻城市的旅游业务。1994年1月中俄两国政府再次换文确定为双边公路客货运输口岸。2006年6月开通了口岸落地签证业务，2008年8月开通了客运7天12小时无午休工作制，2009年4月开通了异地办证业务。

【绥芬河陆路（公路）口岸】 绥芬河陆路（公路）口岸为边境口岸，与俄罗斯波格拉尼奇内口岸相对，位于黑龙江省绥芬河市东部，是301国道的起点，与俄罗斯滨海边疆区毗邻，距俄对应口岸城市波格拉尼奇内区16千米。绥芬河公路口岸于2000年9月16日由国务院批准正式对外开放，现在实行12小时无间断通关工作制。口岸占地19.70万平方米，口岸设计运能为年过货100万吨，过客50万人次。

【密山陆路（公路）口岸】 密山陆路（公路）口岸为边境口岸，与俄罗斯图里洛格口岸相对，位于黑龙江省密山市当壁镇中俄界湖兴凯湖西北岸1.50千米，距密山市区38千米。密山口岸始建于1992年，1992年4月10日密山至图里洛格口岸公路桥竣工通车首批过货。1993年6月正式开通，每周开关6天。口岸设有4条进出口货物检验通道，2条出入境旅客查验通道。口岸年过货能力在50万吨以上，过客能力在30万人次以上。

【虎林陆路（公路）口岸】 虎林陆路（公路）口岸为边境口岸，与俄罗斯马尔科沃口岸相对，位于虎林市区东南58千米处。1992年10月，中俄两国外交部正式换文确认开通虎林—马尔科沃口岸。1993年5月18日虎林—马尔科沃口岸正式开通。虎林口岸处于南起绥芬河、北到同江的600千米扇状沿边开放带的中点位置，具有一岸对两区（俄滨海和哈巴罗夫斯克）、辐射半径大的特点。设计日通车能力700辆次，年过人能力100万人次，年过货能力260万吨，是一个不受流冰期限制的可全天候均衡过货的口岸。

【哈尔滨水运（河港）口岸】 哈尔滨港位于哈尔滨市区的东北部，地处松花江中游南岸，是我国八大内河港之一，也是我国东北地区内河最大的水陆换装枢纽港，年营运期平均在210天左右，封冻期约为150天，是一个典型的季节性生产港口。有人工直立码头1 454延长米，铁路专用线6股5 870延长米。哈尔滨港设有14个千吨级泊位，年吞吐能力450万吨，日通过能力2万吨。哈尔滨港是1958年3月经国家主席刘少奇批准对苏联开放的内河水运口岸。1989年7月1日经国务院批准哈尔滨港作为国家一类口岸恢复对外开放，哈尔滨港经松花江、黑龙江与俄罗斯远东地区的下列宁斯科耶、波亚尔科沃、哈巴罗夫斯克、共青城、布拉戈维申斯克、尼古拉耶夫斯克等7个大中港口城市相连。

【佳木斯水运（河港）口岸】 佳木斯港，位于市区内松花江中下游南岸，沿松花江上行可达哈尔滨港，下行可达富锦、同江，进入黑龙江后可直达俄罗斯的下列宁斯科耶、哈巴罗夫斯克、共青城等开放港口。1989年经国务院批准正式对外开放的内河口岸。目前拥有千吨级泊位15个。1992年中俄两国签订协议，中方船舶可经俄罗斯阿穆尔河下行，经尼古拉耶夫斯克港出海，开展国际江海联运业务。目前，采取冬季浮箱固冰通道和夏季轮渡两种过境方式开展汽车运输。

【桦川水运（河港）口岸】 桦川港位于佳木斯东部松花江下游南岸，松花江干流贯穿境内96.5千米，上行可至佳木斯、哈尔滨，下行可至绥滨、富锦、同江、抚远。顺流直下可东出鄂霍次克海进入太平洋沿岸各国，具有得天独厚的发展外向型经济优势。1994年经国务院批准对外开放。桦川港口岸深水区域1.5千米，明水期可泊千吨位江海联运船或内河船。天然船坞可泊千吨驳船10艘，港口内设有船站一处，年吞吐量50万吨，码头4个，即粮食杂货码头一个，航运公司码头一个，石油码头一个，煤炭码头一个。目前，该口岸尚未正式开通使用。

【绥滨水运（河港）口岸】 绥滨港位于黑龙江省东北边陲绥滨县城，地处松花江下游北岸。1995年经国务院批准对外开放开展国际客货运输。上行可通佳木斯、哈尔滨等港口，下行可达富锦、同江等港口，与富锦港隔江相距15千米。沿黑龙江继续下行经俄罗斯阿穆尔河，可通过尼古拉耶夫斯克入海，进入鞑靼海峡及日本海，江海联运的货物可直达日本、韩国等太平洋沿岸国家和地区。该口岸检查检验工作暂由富锦水运口岸检查检验单位承担，近年来由于松花江枯水，加之对外贸易规模较小，进出口货运量不大，均统计在富锦水运口岸。

【富锦水运（河港）口岸】 富锦港位于松花江下游南岸，自然条件优越，是具有千米岸线的深水良港，1989年7月经国务院批准为国家一类口岸。港区内有6个3 000吨级泊位和7.62千米的铁路专用线连接码头，集输条件较好，进口大宗货物实现了国际水铁联运一条龙。港区面积近5万平方米，日装卸能力可达3 000吨，年货运量在30万吨左右。富锦口岸检查检验机关和服务部门机构齐全，查验设施完备。联检机关还承担着鹤岗市绥滨口岸的查验任务。

【抚远水运（河港）口岸】 抚远港位于抚远县抚远镇，口岸距所对应的俄罗斯远东第一大城市—哈巴罗夫斯克市口岸航道距离仅 65 千米，乌苏镇距离俄西伯利亚大铁路在远东地区最大编组站卡杂科维茨沃只有 2.50 千米。1992 年 5 月经国务院批准对外开放。抚远口岸港区拥有各类码头泊位 28 个，码头岸线总长 2 300 延长米，275 千米的中俄界江黄金水道。

【同江水运（河港）口岸】 同江港分为东西两港。西港距俄哈巴港水上距离 272 千米，距俄下列港水上距离 35 千米，岸线总长 1 991.8 米，是松花江最末端港口，口岸陆域面积 48 万平方米。可通行 3 000 吨级船舶，通航期为 6 个月，主要功能是进出口货物运输。10 个泊位，铁路专用线 4.80 千米。东港位于同江市区东北 38 千米的哈鱼岛西北端，与俄下列港一江之隔，水上最近距离仅为 1 千米，距俄哈巴港 240 千米。规划岸线总长度为 9 157.71 米，规划口岸陆域面积为 520 万平方米。在夏季有船舶运输、汽车轮渡运输，冬季有国际汽车运输，流冰期有气垫船运输，实现了全年通关。

【萝北水运（河港）口岸】 萝北水运（河港）口岸位于黑龙江省东北部，小兴安岭和三江平原接壤处。1989 年经国务院批准对外开放。萝北口岸基础设施齐全，名山港拥有现代化煤炭专用码头、木材专用码头和滚装式轮渡码头各一座，吞吐能力 45 万吨。其中，煤炭专用码头每小时可装运原煤 400 吨，是黑龙江沿岸最大的煤炭输出港。

【嘉荫水运（河港）口岸】 嘉荫港位于黑龙江省北部边陲嘉荫县城朝阳镇，距县城中心 9.5 千米处的黑龙江南岸，与俄罗斯犹太自治州帕什科沃口岸隔江对应，航道距离 14 千米。1989 年经国务院批准对外开放。口岸港口线总长 650 延长米，设客运、木材、滚装、综合 4 个码头，对应 8 个泊位。正常水位可停靠 3 000 吨级驳船，枯水期也可停靠 1 000 吨级驳船，并配备了各种装卸设备，修建了通港道路、输变电线路和通讯线路，年吞吐量为 75 万吨。明水期开展水上船舶运输，冰封期开展冰上汽车运输。船舶沿黑龙江上行可达黑河、漠河等港口，下行可达同江、抚远等港口。2014 年进出口货运量完成 0.7 万吨。

【逊克水运（河港）口岸】 逊克港位于黑龙江中游南岸逊克县奇克镇，与俄阿穆尔州对应口岸波亚尔科沃隔江相距 12 千米。1989 年经国务院批准对外开放。旅客联检大厅 1 650 平方米，边检营房 1 500 平方米，口岸综合办公楼 2 200 平方米，建筑立壁式码头 60 延长米，边检办公楼 2 500 平方米。逊克口岸年出入境旅客能力为 5 万人，年吞吐货物能力 5 万吨。

【孙吴水运（河港）口岸】 孙吴港位于黑龙江省北部边陲孙吴县，坐落在黑龙江中游南岸的四季镇，距孙吴县城 54 千米，距俄方阿穆尔州对应口岸康斯坦丁诺夫卡 27 千米。上行可达黑河及俄方布拉戈维申斯克港，下行可抵逊克及俄方波亚尔科沃港。1993 年经国务院批准对外开放。该港口江面水丰宽阔，为天然深水港，枯水期也可停靠千吨驳船。港口岸线总长 528 延长米，建有综合性客货栈桥式码头及粮食、石油、煤炭、木材专用码头，可同时停靠 5 个千吨级驳船作业，装卸及相关设备齐全，年吞吐量 30 万吨。1998 年 12 月中俄总理定期会晤委员会运输合作分委会口岸工作组第二次会议上，俄方曾建议暂不开放康坦丁诺夫卡—孙吴口岸，该口岸目前尚未正式开通使用。

【黑河水运（河港）口岸】 黑河港位于黑龙江省北部边陲，中俄界河黑龙江上游末端南岸黑河市内，隔江与俄罗斯阿穆尔州首府布拉戈维申斯克口岸相对，双方货运码头相距 3 500 米，客运码头相距 750 米，是中俄边境水运口岸中运输距离最近的对应口岸。1982 年 1 月经国务院批准对外恢复开放，1994 年 1 月经中俄两国政府确认为国际客货运输口岸。2004 年 4 月经国务院批准开展口岸签证工作。由该口岸经布拉戈维申斯克可与俄罗斯西伯利亚大铁路和贝阿铁路连接，经其空中航线可与俄罗斯国内各大城市相通；由该口岸沿黑龙江水道下行，还可抵达中俄各开放港口直至日本海沿岸各国港口。

【呼玛水运（河港）口岸】 呼玛港位于黑

龙江省西北边陲呼玛县城呼玛镇，与俄罗斯阿穆尔州施马诺夫斯克区乌沙科沃口岸隔黑龙江相望，航道距离19千米。1993年经国务院批准对外开放，港口岸线总长410延长米，设有客运、工作船、木材、综合、简易码头，对应8个开放泊位。已实现机械化或半机械化换装，年货物吞吐能力可达50万吨，旅客通过能力可达20万人次。1998年12月中俄总理定期会晤委员会运输合作分委会口岸工作组第二次会议上，俄方曾建议暂不开放呼玛—乌沙科沃口岸。鉴于中俄经贸合作形势发展需要，2005年至2008年该工作组第八至第十次会议上，双方确认对开放该对口岸予以关注，并要根据两国现行法律予以解决。随后两国地方政府多次协商通报情况，目前我方已做好开通准备工作，俄方仍在做开通报批工作。

【漠河水运（河港）口岸】 漠河港位于黑龙江省西北边陲漠河县，黑龙江上游的连茵，为我国最北端的口岸。同俄罗斯阿穆尔州斯科沃罗季诺区对应口岸加林达隔江相望，相距只有500米。1989年4国务院批准对外开放。该口岸江段水流充沛，可停靠千吨级货轮。岸线总长842延长米，设有木材、综合、粮食码头，对应4个泊位。占地面积近万平方米，建有900平方米联检楼、1 104平方米综合楼、635平方米旅检厅、100平方货检厅，还有1 000平方米全封闭或半封闭仓库各1座，并备有100吨地中衡、8吨和20吨汽车吊各1台，年设计通过能力20万吨以上。2013年，漠河水运口岸进出口货运量135.0万吨。

【饶河水运（河港）口岸】 饶河港位于黑龙江省东部中俄界河乌苏里江中段，双鸭山市饶河县镇南7.5千米。与俄方对应口岸的波克洛夫卡口岸隔江相望，直线距离470米，距比金市35千米，距哈巴罗夫斯克市263千米。1989年经国务院批准对外开放。口岸通关能力年货运量100万吨，日过客2 000人次；联检大楼4 700平方米，双向四通道客货检通道、查验、通讯、监控设施完备。

2016年黑龙江省口岸大事记

2月2日

中央电视台以《海事小伙带着俄货回家过大年》对佳木斯海事局打造口岸浮箱固冰通道“冰河丝路”业务品牌，服务通道安全运输进行了侧面报道。

3月24日

中央纪委驻公安部纪检组组长邓卫平同志在黑龙江省副省长孙永波、黑河市委副书记曹力卓、黑河市委常委、市纪委书记于凤荣等省、市领导的陪同下，莅临黑河大黑河岛国际客运口岸调研口岸综治维稳工作情况。

4月7日

黑河海事局分别与俄罗斯布拉戈维申斯克市港务监督局、阿穆尔河流域国家海河监督管理局、阿穆尔州紧急情况事务总局国家小型船只监督局、阿穆尔州紧急情况事务总局危机情况管理中心就双方对黑龙江界河流域开江时间、界河形成碍航冰凌的时间和可能性等方面的预测交换了意见。

4月13日

中国黑河至俄罗斯布拉戈维申斯克市2016年春季气垫船旅客运输正式开通。

4月16日

黑河港与布拉戈维申斯克市货运浮箱固冰通道拆解工作顺利完成。

5月4日

2016年度黑河口岸明水期客运船舶运输正式开通。

5月10日

中俄界河黑龙江黑河口岸至俄罗斯布拉戈维申斯克口岸明水期国际航线货物运输顺利开航。

6月29日

解放军北部战区司令员宋普选上将一行深入黑河口岸现场视察指导工作，并慰问边检执勤官兵。

8 月 15 日

中国人民武装警察部队参谋长秦天中将到绥芬河公路口岸调研指导，并看望慰问边检执勤官兵。

8 月 16 日

中央军委联合参谋部副参谋长戚建国上将在中央军委战区试点指导组副组长钟志明中将等领导陪同下到绥芬河公路口岸调研，并看望慰问边检执勤官兵。

8 月 16 日

国家旅游局杜江副局长在到黑河口岸调研，并亲切慰问一线执勤官兵。

8 月 23 日

中国人民解放军北部战区空军政治委员白文奇中将一行到绥芬河公路口岸调研，看望并慰问边检执勤官兵。

8 月 29 日

国家发改委城市和小城镇改革发展中心副主任乔润令、国家开发银行规划局副局长沈继奔、国家旅游局政策法规司司长周久财等一行 20 余人深入饶河口岸开展调研。

9 月 1 日

佳木斯海事局获得“交通运输部全国交通运输行业文明单位”荣誉称号。

9 月 8 日

国务院参事刘燕华一行 6 人在黑河市常务副市长姚龙等领导的陪同下到黑河口岸调研，并亲切慰问边检一线执勤官兵。

9 月 22 日

中央 4 套电视台记者到黑河国际货运口岸进行采访。

9 月 25 日

黑龙江省军区司令员李雷少将在佳木斯、双鸭山军分区领导的陪同下到饶河口岸视察工作，并慰问边检站执勤官兵。

10 月 24 日

中国黑河与俄罗斯布拉戈维申斯克市口岸 2016 年冬季流冰期气垫船运输正式开通。

11 月 16 日

国家海事局计划基建处赵培雪调研员莅临黑河大岛办事处检查指导气垫船安全运营及新口岸大厅配套设施建设布置情况。

11 月 18 日

中国黑河至俄罗斯布拉戈维申斯克市客运浮箱固冰通道旅客运输正式开通。

11 月 28 日

黑河货运浮箱固冰通道正式开通。

12 月 6 日

同江口岸冬季浮箱固冰通道正式开通。

12 月 7 日

饶河口岸冬季浮箱固冰通道正式开通。佳木斯海事局派出检查组前往浮箱固冰通道搭建现场，进行现场检查指导，检查每一节搭建好的浮箱，确保其水密性良好。检查施工方应急设备和器材的配备情况及是否建立应急预案，并召开了浮箱固冰通道搭建安全会议进行分析研究，确保中俄浮箱固冰通道安全顺利搭建完工。

12 月 13 日

黑河海事局参加中共黑河市委口岸工委党员代表会议。

12 月 24 日

黑龙江海事局金永灿副局长参加中俄首座跨黑龙江公路桥——黑河—布拉戈维申斯克黑龙江（阿穆尔河）大桥开工仪式。

12 月 31 日

佳木斯海事局被评为全国海事系统“三化”建设好形象好品牌先进集体。

（撰稿人：张晓红）

2016 年黑龙江省口岸流量统计表

口岸类型		口岸名称	货运量（万吨）				人员（万人次）			
			出口	进口	合计	同比（%）	出境	入境	合计	同比（%）
空运口岸										
		分计	3.00	8.10	11.10	-18.40	50	50	100	18.00
陆运口岸	公路口岸									
		分计	35.60	54.60	90.20	1.80	55.50	67.30	122.80	16.60
	铁路口岸									
		分计	16.70	867.80	884.50	14.60	15.20	2.90	18.10	-3.80
水运口岸	海港口岸									
		分计								
	河港口岸									
		分计	14.00	95.80	109.80	-53.40	48.50	48.00	96.50	7.40
大庆管道				1 616.70	1 616.70	8.20				
合计			69.30	2 643.00	2 712.30	4.10	169.50	168.20	337.70	5.50
同比（%）										

（黑龙江省口岸办提供）

2016 年黑龙江省口岸出入境主要数据表

项目			2016 年	2015 年	同比（%）
出入境人员（人次）	出入境人员总数		3 385 401	3 090 759	9.53
	入境人员		1 689 179	1 541 170	9.60
	出境人员		1 696 222	1 549 589	9.46
	出入境旅客		3 058 869	2 768 032	10.51
	出入境员工		326 532	322 727	1.18
	中国公民	小计	1 790 857	1 755 492	2.01
		大陆因公	86 035	84 693	1.58
		大陆因私	1 659 958	1 627 410	2.00
		港澳居民	3 723	2 460	51.34
		台湾同胞	41 141	40 929	0.52
	外国公民		1 594 544	1 335 267	19.42
	从海港出入境人数		706 362	662 834	6.57
	从陆港出入境人数		1 674 317	1 481 539	13.01
	从空港出入境人数		1 004 722	946 386	6.16
交通运输工具（辆、艘、架、列次）	总计		186 607	18 2611	2.19
	船舶		13 928	15 324	-9.11
	飞机		7 954	7 679	3.58
	火车		7 122	7 837	-9.12
	机动车辆		157 603	151 771	3.84

（黑龙江省公安边防总队提供）

2016年哈尔滨海关主要数据统计表

项目		2016年	同比（%）
进出口货运量（万吨）	合计	2 717.40	4.1
	进口	2 647.24	4.5
	出口	70.16	-9.5
进出口贸易总值（万美元）	合计	941.085	-21
	进口	717.062	-17.3
	其中：江、海运输	17.878	-20.9
	铁路运输	109.729	16.4
	汽车运输	33.213	-12.5
	航空运输	19.297	6.1
	邮件运输	105	-23.2
	其他运输	536.841	-22.6
	出口	224.023	-30.7
	其中：江、海运输	22.221	-36.6
	铁路运输	31.629	-13
	汽车运输	160.117	-29.4
	航空运输	6.986	-70.2
	邮件运输	135	4 430.1
	其他运输	2.935	73
税收（亿元）	两税合计	72.89	-5.65
	关税入库	2.01	41.91
	进口环节税入库	70.88	-6.54

（哈尔滨海关提供）

2016 年黑龙江省出入境检验检疫业务统计表

项目		货物检验检疫				交通工具				集装箱（个）	发现动植物疫情		货物通关		出入境人员查验（人次）	健康检查及预防接种（人次）			
		批次	金额（万美元）	检验检疫不合格		船舶（艘）	飞机（架）	火车（列）	汽车（辆）	合计	种类数	种次	批次	金额（万美元）		健康检查	艾滋病监测	发现病例	预防接种
				批次	金额（万美元）														
本年累计		170 680	941 381	6 496	13 994	14 755	7 773	254 576	162 575	37 948	114	7 926	156 509	763 328	3 209 801	60 244	56 951	21 295	9 121
其中	出境	46 515	211 617	154	2 78	7 378	3 886	127 288	81 823	14 081			35 906	99 033	1 607 539	57 913	54 643	20 562	9 105
	入境	124 165	729 764	6 342	13 716	7 377	3 887	127 288	80 752	23 867	114	7 926	120 603	664 296	1 602 262	2 331	2 308	733	16
同比（%）		-9. 40	-6. 31	-66. 35	-13. 05	-8. 54	1. 90	0. 36	20. 43	29. 25	-38. 38	-38. 07	-3. 37	-12. 14	11. 80	-5. 36	-10. 41	9. 00	-19. 32
其中	出境	8. 07	35. 77	-35. 56	-41. 83	-8. 46	-1. 92	0. 36	20. 72	-5. 37			75. 89	128. 42	11. 66	-5. 97	-11. 14	7. 86	-19. 42
	入境	-14. 58	-14. 03	-66. 74	-12. 17	-8. 62	6. 03	0. 36	20. 13	64. 83	-38. 38	-38. 07	-14. 8	-19. 53	11. 94	12. 61	11. 39	55. 3	166. 67

（黑龙江出入境检验检疫局提供）

2016 年黑龙江海事局进出港船舶统计汇总表

船舶类别	进港船舶							出港船舶						
	艘数（艘）	总吨（吨位）	总载重量（吨）	载客量（客位）	船员人数（人次）	货物到达量（吨）	旅客到达量（人）	艘数（艘）	总吨（吨位）	总载重量（吨）	载客量（客位）	船员人数（人次）	货物发送量（吨）	旅客发送量（人）
总计	7 790	2 338 672	598 889. 04	317 405	27 436	598 653. 04	317 375	7 808	2 364 563	138 617. 53	314 330	27 416	136 177. 53	314 284
中国籍船舶	4 218	1 247 491	122 638. 30	181 911	15 983	122 402. 30	181 881	4 246	1 264 913	103 532. 94	187 099	16 002	103 312. 94	187 053
其中外贸船	3 572	1 091 181	476 250. 74	135 494	20 389	476 250. 74	135 494	3 562	1 099 650	35 084. 59	127 231	20 321	32 864. 59	127 231

（黑龙江海事局提供）

上 海 市

上海市口岸分布示意图

口岸名称	批准开放时间	开放状态
上海水运口岸 （罗泾港区） （吴淞港区） （外高桥港区） （洋山深水港区） （化工区港区）	历史延续 (1842)	国际常年
上海空运口岸 （虹桥国际机场） （浦东国际机场）	1963.11	国际常年
上海铁路口岸	2009.11	地区（沪港）常年

口岸数量及分布

截至2016年年底，上海市有经国务院批准的对外开放口岸3个，分别是上海水运（海港）口岸、上海空运口岸（上海虹桥国际机场、上海浦东国际机场）和上海陆路（铁路）口岸。上海水运（海港）口岸形成了包括黄浦江沿岸、长江上海段、杭州湾北岸和洋山深水港区四大开放水域、96座码头、310个泊位的开放格局；上海空运口岸形成了包括浦东、虹桥两大国际机场，共3座开放航站楼、6条跑道和一个公务机基地的开放格局；上海陆路（铁路）口岸位于铁路上海站，是连接上海与香港的陆路出入境口岸。

口岸运行数据

2016年，上海口岸进出口货物总值68 820.4亿元（占全国进出口货物总值243 344.2亿元的28.3%），同比增长1.5%。其中，出口40 699.7亿元，同比增长0.3%；进口28 120.7亿元，同比增长3.3%。上海关区进出口货物总值52 334.8亿元，同比增长3.3%，其中出口31 651.1亿元，同比增长2.1%；进口20 683.8亿元，同比增长5.1%。上海市进出口货物总值28 664.4亿元，同比增长2.7%，其中出口12 105.5亿元，同比下降0.5%；进口16 558.9亿元，同比增长5.2%。

上海口岸货物吞吐量38 315.8万吨，同比增长0.6%。其中，水运口岸货物量38 012.3万吨（占上海港货物吞吐总量7.0亿吨的54.2%），同比增长0.6%；空运口岸货邮量303.5万吨（占上海航空港货邮吞吐总量385.4万吨的78.7%），同比增长4.6%。进出口集装箱吞吐量3 188.8万标箱（占上海港集装箱吞吐总量3 713.3万标箱的85.9%），同比增长0.6%。

上海口岸出入境人员总数42 418 039人次，同比增长12.9%（出入境旅客总数38 453 008人次，同比增长12.7%）。其中，空运口岸出入境人员37 927 452人次，同比增长9.4%（出入境旅客35 476 989人次，同比增长9.6%，占上海航空港旅客吞吐总量10 643.5万人次的33.3%）；水运口岸出入境人员4 381 202人次，同比增长67.6%（出入境旅客2 875 406人次，同比增长85.1%）；铁路口岸出入境人员109 385人次，同比减少12.6%（出入境旅客100 613人次，同比减少13.2%）。

上海口岸出入境交通运输工具为260 042艘（架、列次），同比增长6.6%。其中，上海口岸出入境船舶25 633艘次，同比增加0.3%；出入境飞机234 047架次，同比增长7.3%；出入境列车362列次，同比下降1%。

口岸综合管理

【《上海口岸发展“十三五”规划》发布】《上海口岸发展“十三五”规划》，以“创新、协调、绿色、开放、共享”为发展理念，按照上海市委市政府的部署和上海“十三五”总体规划要求，坚持以开放促改革、以改革促发展，构筑便捷高效、低成本、可预期、公开透明的国际一流口岸营商环境。更加注重与上海“四个中心”和科创中心建设进一步融合和协同发展；更加注重发挥自贸试验区的引领示范效应；更加注重在“一带一路”“长江经济带”等国家战略中发挥主动服务和带动作用；更加注重积极主动落实国务院“三互”大通关改革要求；更加注重加快建立与国际高标准投资贸易规则相一致的制度体系。为实现到2020年，基本建成为具有国际先进水平的、“便捷、高效、安全、法治、透明”的国际枢纽口岸的目标，《上海口岸发展“十三五”规划》从深化自贸区贸易便利化制度创新等8大方面提出了下一步工作的具体举措。

【上海国际贸易“单一窗口”深化推进】2016年，上海“单一窗口”建设实现“单一窗口”平台扩容，功能提升。形成货物进出口、运输工具、贸易许可与资质、支付结算、自贸专区、人员旅客、快件与物品、信息共享、政务公开9大兼具监管和服务特点的功能板块，实现与22个部门对接，平台上应用项目达到33个，功能已覆盖口岸通关、贸易管理及物流等环节。按照政府主导的公共平台定位要求，形成相关运营商联合共建、协作运维的“单一窗口”机制，制订政府补贴资金管理办法和运维服务规范。上海口岸报关报检客户端用户完成整体切换到“单一窗口”平台，实行企业免费申报制度。上海平台开户企业已逾2 400家，上海口岸货物申报95%以上、船舶申报100%已通过“单一窗口”办理。货物申报手续更加便捷高效，船舶放行时间节省0.5到1天，报关报检的时间由原来的1天缩短至半小时。2016年12月30日，上海国际贸易“单一窗口”3.0版上线，基本完成3年建设方案的目标任务。

【规范和公布通关流程和作业时限】 规范和公布通关作业时限，是国务院《关于改进口岸工作支持外贸发展的若干意见》《进一步深化中国（上海）自由贸易试验区改革开放方案》中提出的要求，是推进政务公开、便利企业的一项措施。2016年，上海市口岸办会同上海海关、上海国检局、上海港务集团、上海机场集团等单位，对上海口岸通关流程与作业时限进行了梳理，并走访外贸、货代、船代、运输、报关报检代理和监管场所进行问卷印证，把各方作业环节汇集形成一个完整流程。3月份在“单一窗口”公布海运集装箱进口通关流程与作业时限，9月底又公布了海运集装箱出口和空运普货进出口通关流程与作业时限。

【实施新的过（入）境免签政策】 2016年，上海口岸推出新的过（入）境免签政策。一是1月30日起，在上海各开放口岸及江苏省南京空运口岸、浙江省杭州空运口岸，对51个国家持有效国际旅行证件和144小时内确定日期、座位前往第三国（地区）的联程客票人员，实行过境免办签证政策。过境外国人可选择从上海浦东国际机场、上海虹桥国际机场、上海火车站、上海港国际客运中心、吴淞口国际邮轮港及南京禄口国际机场、浙江杭州萧山国际机场任一口岸入境或出境，在上海市、江苏省、浙江省行政区域内免签停留144小时。二是2016年10月1日起，上海口岸正式实行“外国旅游团乘坐邮轮入境15天免签”政策。外国旅游团（2人及以上）可由上海邮轮口岸免办签证整团入境，停留15天。邮轮从上海口岸入境后，还可以在15天内继续前往我国沿海省市其他港口多点挂靠，人员可在上海市、北京市、天津市、辽宁省、河北省、天津市、山东省、江苏省、浙江省、福建省、广东省、广西壮族自治区、海南省内的邮轮靠泊港口所在的城市及其周边省内城市行政区域内活动。

【落实“三互”推进大通关建设】 充分发挥上海口岸工作领导小组机制，把落实“三互”与自贸区贸易监管制度创新紧密结合在一起，以国际贸易“单一窗口”为抓手，不断探索和推进各项改革由“单点化条线化”转向整体化和模块化，由各自分别推进为主转向联动配合协同推进，由单项环节和手续办理转向整体业务功能和全流程各环节。不断完善“三互”机制，扩展“三互”领域，深化“放管服”改革，优化口岸通关环境，提高口岸服务能力。

【推进扩大货物状态分类监管试点】 货物状态分类监管是上海自贸试验区贸易监管的一项制度创新，主要有两类业务类型，一是物流配送业务类型，二是加工贸易业务类型。上海试点范围覆盖自贸试验区所有海关特殊监管区，对所有有业务需求并符合信息监控条件的企业，都可以参与试点。截至2016年年底，物流类企业开展货物状态分类监管业务试点增加至35家。同时会同海关、税务、财政等部门积极探索推进贸易类企业开展货物状态分类监管试点，2016年全年运作12 601票、涉及货值23.96亿元，同比分别增长8.5倍和1.5倍，包括食品、汽车配件、五金、消费品等。2016年10月，税务总局、财政部、海关总署联合印发《关于开展赋予海关特殊监管区域企业增值税一般纳税人资格试点的公告》，明确了加工贸易业务类型开展货物状态分类监管试点的税收和监管政策，并把上海松江出口加工区列为试点范围。上海海关、国税等部门进一步细化和明确相应的操作流程，积极与区内企业进行对接，推进加工贸易业务类型货物状态分类监管在松江出口加工区先行先试。

【深化长三角区域大通关建设】 上海海关一体化电子担保试点扩大到长三角，长三角保税货物“区间中转”业务不断完善优化。上海海事局积极融入长三角口岸协作，深化海事部门合作。上海边检开放邮轮管控系统备案信息，实现上海备案长三角共享。长三角口岸城市群项目合作有效开展。上海铁路局增开苏州—芦潮港铁路中心站集装箱班列，“沪太通”、沪太快航等物流新模式进一步推广，芜湖、合肥等港口外贸支线班轮化继续推进。上海“单一窗口”在嘉兴、太仓等地成功试点跨区报关业务。

【继续实施政府承担查验作业服务费试点】 上海自2015年9月15日在全国率先试点政府承担查验作业服务费的基础上，2016年4月1日又根据国家六部委要求，制定“关于免除查验没有问题外贸企业吊装移位仓储费用全面试点工作方案”，继续在上海水运（海港）口岸实施对查验没有问题外贸企业吊装、移位、仓储服务费，由政府承担，相关货物放行后，企业可直接提货，进一步降低企业通过成本。截至2016年年底，海关查验进出口集装箱（重箱，不包括固废）箱量为62.3万标箱，查验没有问题的查验箱量为57.8万标箱，为企业共节约成本2.77亿元。试点政府承担查验作业服务费，一是有效降低了守法进出口企业的通关成本，二是有助于提高口岸通关效率，三是有利于优化通关环境。

【上海港崇明三岛港区长兴岛作业区扩大开放通过国家验收】 5月24日，根据《国务院关于同意上海港口岸扩大开放长兴岛作业区的批复》和《国家口岸管理办公室关于委托验收上海港口岸扩大开放长兴岛作业区的通知》精神，上海市口岸服务办公室、上海海关、上海出入境检验检疫局、上海海事局、上海出入境边防检查总站、东部战区联合参谋部作战局组成验收组，对上海港口岸扩大开放长兴岛作业区（长兴岛东岸）进行国家验收。作业区内上海横沙一级渔港码头1个200米长固定码头（2个泊位）同时对外开放。

口岸监管与服务

【上海边检总站强化口岸反恐工作】 上海边检总站以G20峰会安保为牵引，深入开展口岸反恐维稳工作，与相关部门建立管控协作、144小时过境免签外国人核查通报等工作机制，与浙江等多地的边防总队签订峰会安保合作框架协议。将大数据信息技术灵活地运用到涉恐人员信息比对排查中，年内排查发现多名涉嫌变换身份的在逃人员信息线索，查获多名涉嫌变换身份的在逃人员、外籍国际恐怖分子及外籍非法出入境人员，为维护国家安全和社会稳定做出了贡献。

【上海边检总站严打偷渡强化口岸追逃追赃】 上海边检总站加大对相关航线、航班的检查及人员人身和行李物品检查力度，严厉打击各种类型的口岸偷渡活动。2016年，上海边检总站共查获、审理非法出入境人员380余人次，接收、处理遣返人员1万人次，发现处理其他违法违规人员1万人次。严厉打击邮轮旅客境外脱团行为，先后查处40余起企图利用邮轮免签政策在境外脱团案件，查获涉案嫌疑人员100余人。全力防范和打击贪腐人员变换身份从口岸蒙混出入境，积极配合公安部“猎狐”专项行动，排查发现多名涉嫌经济犯罪人员。

【上海边检总站服务上海国际航空枢纽港建设】 2016年，上海空运口岸出入境客流持续增长，浦东机场共有140余天单日客流量突破10万人次，出入境人员数量连续13年位列全国空运口岸第一。为应对大客流考验，上海边检总站不断加大自助通关设施建设，积极施行扩大自助通关人员范围、直接过境免办边检手续等便利政策，确保口岸畅通有序。年内，浦东机场T1、T2两个航站楼27条入境边检自助查验通道全部投入使用，虹桥机场T1航站楼A楼改造工程20条边检自助查验通道建设有序推进，2017年3月将投入使用。2016年全年，利用边检自助查验通道入境的人员达到 277.3 万人次，同比增长 137.4%，边检科技化水平和查验效率进一步提高。

【上海边检总站加强边检口岸信息化建设】 在各出入境口岸边检执勤一线部署新型专用查控系统，启用144 小时过境免签逾期居留动态查询软件，在邮轮口岸启用邮轮检查信息处理程序，通过科技手段为提高查验效能、严密管控工作提供保障。同时，上海边检总站与相关单位共同研发上海口岸“单一窗口”邮轮出入境人员申报模块及数据交换程序，确保相关便利举措顺利施行。深入推进出入境人像比对技术的探索研究，扩充、完善相关国家的人像比对库，为深度、精准开展查控比对工作提供了坚强的技术支持。深入推进生物识别签证项目建设，为全面启动生物识别签证项目奠定了坚实基础。建成覆盖全上海各口岸边检执勤工作的数字化无线通讯指挥系统，完成新版视频监控系统的安装部署，为执勤执法工作提供更为可靠的监控录像资料。对邮轮管控系统进行创新升级，解决了邮轮码头多船同靠情况下，人工通道和自助通道混合验放难题，为邮轮出入境旅客量大幅增长条件下不断提升边检查验效率提供了保障。

【上海边检总站加强海港口岸管控】 上海边检总站充分发挥风险评估、三方共管、信誉管理机制作用，严密防范、严厉打击海港口岸非法出入境活动。完善对上海化工区相关口岸特类码头的出入境管控工作，打造“权责一致、六位一体”的立体管控模式。研发专用信息系统，持续跟踪船员出境动态，防止漏检失控。2016 年6 月12 日，上海边检总站建造的，目前全国边检系统最大的执法巡逻艇“边检 3166”艇正式投入使用，在 G20 峰会安保及执行锚地、外围水域巡检任务中发挥了重要作用。

【上海边检总站加强品牌服务建设】 上海边检总站开展“中国边检·阳光国门”服务品牌现场集中宣传活动，广泛宣传和展示边检服务新举措、新成效。坚持做好“互联网+”政务服务，总站门户网站、官方微博及“洋山边检”“吴淞边检”等微信公众号成为出入境旅客获取信息、咨询求助的有效渠道。从警务评议反馈情况来看，社会各界对上海边检服务的总体满意率达到 98.3%，连续3 年保持在98%以上。在国际机场协会（ACI）旅客满意度测评中，涉及上海机场边检的三项指标排名始终位居全球机场前列。

【上海海事局在自贸试验区实现中国籍国际航行船舶入级检验对外国验船公司开放重大突破】 2016 年5 月1 日起，《船舶检验管理规定》正式施行，明确允许外国验船公司“经交通运输部海事局认可，在逐步开放的范围内对自由贸易区登记的中国籍国际航行船舶实施入级检验”，打破了以往外国验船公司不能对中国籍国际航行船舶开展入级检验的限制。这有利于促进中国船检市场的对外开放与技术交流，为中国籍国际航行船舶申请入级检验提供了更加多元的选择，同时该举措将适用对象限定为在自贸试验区登记的中国籍国际航行船舶，旨在与未来即将试点探索的自贸试验区国际船舶登记制度相衔接，为在自贸试验区登记的中国籍国际航行船舶提供更多便利，增强自贸试验区国际船舶登记制度的吸引力。

【上海海事局集约登轮检查制度创新】 上海海事局对标国际先进海事监管理念，着眼解决多头执法问题，推行国际航行船舶海事集约登轮检查制度创新。整合海事执法力量，通过智能选船系统做到抽取被检查对象和选派执法人员“双随机”；推行“登轮告知单”，做到能够不登轮检查的不再登轮检查，必须登轮检查的事项，一次完成海事监管所有执法检查。该制度有效降低了海事现场检查对船舶营运可能产生的影响，大大提高了自贸试验区港口运营效率。海事集约登轮检查每次最多可为船方节约 2～3 小时检查时间，可节省成本 15 万元左右。

【上海海事局率先实施船舶排放控制措施】 上海海事局出台相应的监管规定和指南，与美国自然资源保护协会专家开展技术研讨。严格对靠港船舶进行低硫油检查，查处靠岸停泊期间未按规定使用低硫油行为 38 起，“船舶冒出明显可见黑烟”的行为20起。联合区域内质量技术监督局试点开展联合执法，加强了对燃油供应链的整体监管力度。总结归纳实操经验，开展《船舶排放控制区现场检查指导手册》的编写工作。

【上海海事局服务邮轮产业发展】 上海海事局积极支持国际邮轮产业发展战略，深化邮轮和省际客船“五优先”（一是大型邮轮与超规范船舶的需求冲突时尽量优先满足邮轮；二是优先在长江口深水航道交通管制时间给予编队时间；三是优先安排巡逻艇警戒伴航；四是邮轮有锚泊需要时优先安排优质泊位；五是疏港中优先安排开航）服务，并会同上海港引航站、吴淞口国际邮轮港、上海外代及各家大型邮轮公司召开安全共商会，建立国际邮轮“应急评估协调机制”。在遭遇“恶劣天气”情况时，根据各方提供的船舶、航道、码头和引航情况，共同评估是否适合安全进出港、各方采取的安全措施是否能够有效落实，以确保大型邮轮的进出港安全。2016年，吴淞海事局已组织或参与不同形式、不同范围的共商对话共计8次；因恶劣天气（大风、大雾、寒潮等）引航船内撤，邮轮进港需要自引航行，该局已会同引航站、相关代理公司、邮轮港等各方召开邮轮16艘次应急评估协调会，为“天海新世纪”“歌诗达赛琳娜”等多艘邮轮在引航船内撤后的槽内航行、上下引水作业等问题进行安全评估协商；保障国际邮轮及省际客船进出上海港共计1 200余艘次，运送进出港旅客累计216万余人次，同比增长30.9%，有效服务率和安全到港率均达到了100%。

【上海海事局应急搜救能力稳步提升】 2016年，辖区发生一般及以上等级水上交通事故14起，沉船10艘，死亡失踪19人，直接经济损失4 256.8万元；完成搜救行动155次，成功救助遇险人员961人次，搜救成功率达94.4%，水上交通安全形势总体稳定。成功处置“上庆3”轮集装箱落江等多起水上突发事件。与东海救助局合作建立空中巡航救助联动机制，自6月份起成功开展19次联合巡航。完成《上海海上搜救和船舶污染事故专项应急预案》修订工作。宝山海事局积极参与宝山国际邮轮港应急联动，有效保障台汛期间大型邮轮和邮轮港平稳运营。完善长江口船舶溢油应急设备库运行管理。开展船舶火灾应急处置演练、杭州湾海上人命搜救演练，取得良好实战效果。积极扶持上海海上搜救志愿者队伍发展，注册人数达到683人。

【上海海事局加强执法规范化建设】 稳步推进执法改革，理顺东海海巡执法总队与黄浦江各分支局的工作职责，调整完善总队职责定位和运行模式，充分发挥总队在海区巡航执法管理中的作用。在黄浦江各分支局及浦东海事局等单位开展综合执法改革试点，精简内设机构，加强一线执法力量，实行扁平化管理，推进现场综合执法，提升安全监管效能。闵行海事局研发应用综合执法模式配套的现场监管辅助系统，有效优化业务流程，强化执法过程控制。加强执法规范化建设，全面推行登轮工作告知单、集约登轮检查、处科级领导干部带班执法等制度，规范执法记录仪和网络视频监控系统的使用，促进执法过程透明、公开，宝山海事局开发登轮告知APP，增强登轮告知工作的便捷性与规范性。制定《上海海事局海事行政执法人员法律知识考试管理规定》，开展执法人员全员培训考试，提升依法行政能力。加大执法督察力度，开展定期督察15次，专项督察33次，不定期督察113次。该局在直属海事系统执法评议考核中获得第2名佳绩。

【上海海事局提升窗口服务水平】 局政务中心充分发挥审批权限集中的优势，组织起草中心“行政审批事项并联办理管理办法”，改变按序逐项受理、逐项审批模式，实施同时受理、同步审查的办理机制。通过并联办理，相关办证周期将由原先的（逐项办理）21个工作日缩短为7个工作日以内，行政审批效率显著提升，也得到了航运企业的一致好评。针对船舶登记种类繁多、流程复杂、材料要求高的海事业务“难题”。局政务中心组织部门业务骨干编写了《便民手册一本通（船舶登记）》，内容涵盖新建船舶、船舶买卖等各种船舶登记流程，申请人范围，办事地点等内容，指导服务对象了解船舶登记中的各类问题，尤其是针对船舶二手船买卖等较复杂的船舶登记，手册给予了详尽的指引。手册的公布使船舶登记相关信息更透明，流程更清晰，办事更便捷。局政务中心还积极推进口岸电子查验工作，根据船方和代理的要求第一时间出具电子离港证，同时加强与口岸单位之间的联动，发挥口岸“单一窗口”平台的效用。此外，政务中心还根据诚信管理规定，结合危险货物EDI申报审核工作，积极对代理单位开展诚信管理工作，定期开展纸面申报单证的抽查，2016年以来共计开展抽查110余次，通过加强事中事后监管，确保口岸查验电子化工作落到实处。

【上海海关深化自贸试验区改革创新取得丰硕成果】 上海海关坚持以制度创新为核心，立足可复制可推广，不断推进“优化、完善、升级、再创新”。对标国际贸易通行规则的通关监管制度框架基本形成，全球17个高水平自由贸易协定的60条贸易便利化核心措施中55条在上海自贸试验区实施。以信息化为依托的简政放权改革深入推进，一线进出境风险自动判别、自动验放比例超过90%。以信用管理为基础的综合监管格局初步形成，建立了涵盖企业、商品、业务领域3个维度41项指标的事中事后监控体系。在信用信息平台上主动开放的海关数据占口岸单位的81.6%。改革红利不断显现和扩大，自贸试验区一线进、出境平均通关时间分别较区外缩短79.1%和11%，企业通关成本降低10%，区内海关注册企业达2.6万家。2016年上海自贸区进出口总值1.2万亿元，增长5.8%，占同期全市进出口总值的41.1%。

【上海海关推动口岸通关时效显著提升】 大力推广进口“提前申报”模式，通过申报“前推”有效压缩通关用时。取消查验记录单纸质单证流转作业，全面启动查验单兵作业系统试点，实现人工查验“现场录入，即时审核”的无纸化操作。完善通关时效提升长效机制，从平均通关时间提升比例、超长时间未放行报关单处置效率等方面综合评价通关运行情况，深入分析关区内各现场的共性与个性问题并分类施策。进一步优化归类、审价工作机制，加快处置速度。2016年，上海口岸进、出口平均通关时间分别降至29.46小时和2.03小时，较2015年缩短4.43小时和1.29小时，降幅达13.1%和38.9%。

【上海海关优化监管服务支持上海科技创新中心建设】 为服务上海科创中心建设，上海海关建立科创重点项目海关管理人制度，设立科创企业办事专窗和全领域服务通道，为62家内设研发机构的科创型总部企业及其隶属企业提供“7×24小时”全天候通关便捷服务，涉及货值近500亿元。建立张江跨境科创监管服务中心，推动浦东国际机场货站和监管仓库功能延伸至张江园区，货物整体通关时间从3天缩短至6小时。参与“十三五”科技创新税收优惠政策调研，将集成电路测试分选设备等科创产业商品列为税则调研重点，2016年共有13项税政建议被国务院关税税则委员会及其他部委采纳实施，占全国海关的31%。对接上海市“人才政策30条”和外国专家证、外国人就业证“两证合一”试点，协调解决3类优秀人才的“非居民旅客”长期身份认定问题，为引进外籍人才的办理物品进境等海关业务提供便利。

【上海海关率先启动全国通关一体化改革试点】 2016年6月1日，全国通关一体化改革在上海率先启动试点。截至2016年年底，上海海关负责试点的范围已拓展至长江经济带12个海关，涉及2.53万家进出口企业，累计受理报关单24.3万余票。本次改革，通过建立海关总署直管的风险防控中心和税收征管中心，转变海关职能实现方式，使传统的跨关区、跨部门、多层级的指令流转模式简化为两点一线“扁平化”格局，在诸多方面取得明显成效。一是通关作业“前推后移”效果明显。通过实施“一次申报、分步处置”模式，报关单事中实际干预比例下降至7%左右，70%以上的报关单可快速放行。二是税收征管方式改革效能逐步显现。试点章节商品进口量、税收呈现稳定增长态势，全年实现贸易额9 033.9亿元，征税1 194.6亿元，分别增长2.6%和8%。三是“由企及物”管理理念得到落实。制定了属地纳税人税收管理实施办法。税管中心向稽查部门下达稽核查作业指令，涉及46家企业、1万余份报关单。四是智能化监管效能初步体现。被安全准入、税收征管参数命中的报关单处置有效率分别达24%和23%。五是通关效率显著提升。全国通关一体化报关单海运平均海关通关时间较传统模式缩短10小时，24小时放行率达72.4%，提升12个百分点。

【上海海关推进通关无纸化改革和许可证件联网核查核销】 上海海关通过加强随附单据补传功能应用，减少转有纸比例，加快转关运输无纸申报进度等举措提升通关作业无纸化比例。许可证件方面，加强自动进口许可证无纸化试点步骤，在很短的时间内实现从指定企业、指定商品的小规模尝试，到自贸试验区的大规模试点，直到关区内全面推广的“三级跳”，打通了长期以来涉许可证件报关单难以纳入无纸化范围的“瓶颈”，通关无纸化改革已覆盖上海海关所有业务现场。

【上海海关推动跨境电商业务稳步发展】 进一步严密跨境电商监管，规范企业三单申报机制，明确仅限与海关签署承诺书的企业才可代发三单信息。拓展跨境电商政策覆盖范围。指导浦东机场公共库开展直购进口业务，与邮政企业沟通，推动邮政直邮业务尽快落地。积极落实跨境电商新政相关要求，克服时间紧、任务重的难题，以最快速度完成关区跨境电商通关系统修改工作。优化跨境电商担保验放模式，将担保验放角色从原来的服务平台调整为电商平台、电商企业及物流企业等税款代收代缴义务人，进一步理顺担保验放的法理关系。2016年，共监管跨境电商进口模式订单1 131.9万单，涉及金额21.6亿元，征收税款2.2亿元，较去年同期分别激增3.96倍、4.2倍和25.5倍。

【上海海关加强知识产权口岸保护】 海关与检验检疫部门共同研究确定双方在知识产权保护方面“信息互换、执法互助”的工作原则，进一步加强知识产权保护合作。明确了统一交换数据的内容和标准，加强涉嫌侵权伪劣商品在调查、检验鉴定等方面的合作，提高打击效能。2016年，共查办侵权案件237起，与2015年基本持平。涉及侵权货物529.49万件、案值4 849.82万元，同比分别上涨8.26%和69.72%。

【上海海关深化国际合作，服务“一带一路”建设】 上海海关在海关总署统一部署下，按照“信息互换、监管互认、执法互助”的要求，加强与沿线国家、地区、港口的多领域、多层次合作。拓展AEO互认合作，除中欧互认合作项目外，配合海关总署推进与瑞士、日本等国家和中国香港等地区的AEO谈判及认证观摩，对35家关区企业开展中美C－TPAT联合验证。推进中欧“安智贸”试点，建立起上海港与德国、荷兰、法国、意大利、波兰、比利时等国多个港口的27条进口、22条出口“安智贸”试点贸易航线，累计接收和发送数据4 707批，做好浦东国际机场作为空运口岸纳入“安智贸”第三阶段试点准备。积极参与中俄海关“绿色通道”合作，推动洋山港与圣彼得堡博隆卡港海运口岸结对加入试点，进一步为中俄企业提供贸易便利。

【上海海关积极保障上海迪士尼乐园顺利开园】 上海海关与上海国际旅游度假区管委会、美国华特迪士尼公司加强沟通联系，掌握项目建设规划和业务需求，提供全天24小时预约通关，实施“门到门”查验64次。组建监管通关业务攻关小组，梳理商品归类40余项，对物资进口做好预归类、预审价和原产地预确认。针对乐园2016年5月7日试运营以来相关商品销售大幅增长的态势，加设进口通关受理专窗，为迪士尼世界商店、迪士尼商品旗舰店办理商贸通关业务331批次。加强对涉及迪士尼品牌的边境保护，严密监控和打击侵权及相关走私违法行为，累计查获侵权案件35起，查扣涉案商品47.9万件。截至开园前，共监管迪士尼项目物资进口1 620票，货值14.5亿元，共为游船、巡游花车等办理保税物流货物进口业务105票，货值2.9亿元。

【上海海关围绕“五个强化”做好口岸安全

监管工作】 一是强化安全意识，严格落实各级安全监管主体责任，结合烟花爆竹“打非”等安全监管工作部署，细化分解目标任务，做好关警员防具配备和安全教育，完善应急预案和操作指引。二是强化风险分析，重点加强对核生化爆、枪支弹药、毒品、反宣品等重点敏感货物风险信息的收集和预警，设置风险参数和布控指令，对高风险区域、渠道加大随机布控比例。三是强化实际监管，加大单证审核力度，对重点目标综合运用非侵入式探测和人工开箱彻查、径行查验等方式加强查验，按规进行可疑货物处置。四是强化安全排查，组织开展监管场所节前安全检查，严格卡口实际管控，督促监管场所经营人加大运维保障力度。五是强化协作配合，加强与检验检疫、海事、边检、消防、环保等部门的联系配合，建立健全口岸联防联控安全监管工作机制。

【不断提升关检“三个一”合作成效】 上海口岸关检合作深入推进“三个一”工作，积极拓展“一次申报”覆盖面和“一次查验”业务范围，并积极推进“三个一”与上海国际贸易“单一窗口”深度融合。上海口岸报关客户端用户整体切换至“单一窗口”平台后，“一次申报”占比已达98%，关检同步研究将“一次查验”与企业、港务等部门相关功能纳入“单一窗口”，会同市口岸办、上海电子口岸、上港集团等有关各方共同研究在“单一窗口”上优化“一次查验”功能实现方式，相关业务需求已初步形成。2016 年，共受理“一次申报”货物1 766.6万批，实施“一次查验”1.7 万批，“一次放行”1 761.7 万批。其中，“一次申报”已占上海海关报关单总量的 8 成以上，较 2015 年相比大幅增长 6.3 倍。

【上海出入境检验检疫局深入推进分线管理模式】 根据“一线最大限度予以便利，主要实施进出境检疫和重点敏感货物检验；二线在完善检验检疫便利化基础上，做好检验检疫监管工作”的要求，上海自贸试验区已全面实行“进境免于签发通关证明”、试点推行“先进区，后报检”等新制度，推进检验检疫全程无纸化，大幅简化通关手续，加快进境货物入区速度，将原有的国检、海关的串联模式改变为并联模式，上海自贸试验区国际货物贸易“先进后报”模式基本形成。

【上海出入境检验检疫局改革工作模式提升检验检疫效能】 一是修订航空器卫生检疫管理办法，引入风险评估机制，对国际航行交通工具开展分类，除高风险航线外，大幅提升电讯检疫比例。完成船舶、航空器两个系统与上海市“单一窗口”的对接，实现了数据的云管理和信息共享，口岸电子闸口基本建成。二是开展废物原料处理前风险分析，试行废物原料分类卫生处理；针对全球电子产品维修中心落户上海，进口旧电子产品增多的情况，支持研制“SJUV－2480 紫外线杀菌机”，探索利用紫外线消毒技术开展卫生处理。

【上海出入境检验检疫局以监管模式创新实现“提速”】 打破了原有“口岸查验＋实验室鉴定”的大一统模式，全面推广“口岸全科把脉，实验室专科诊断”的植物有害生物检疫鉴定新机制，现场工作室达到全覆盖，完成85%以上的疫情鉴定，通检效率提高5%以上，进境水果通检时间缩短87.5%。推行“提前报检、分单出证”制度，使进口汽车零部件、医疗器械、食品化妆品等监管流程缩短近 10 个工作日。服务上海“双自联动”建设，支持企业跨境研发活动，对科研用化学试剂及设备由事前登记改为事中抽查和事后监管，节约流程 5 个工作日。

【上海出入境检验检疫局强化进出口商品质量安全监管】 2016 年，上海口岸共受理检验检疫进出口工业品 99.5 万批，货值 825.67 亿美元，检验总批次同比下降 18.71%，检验总货值同比下降 29.42%。2016 年，上海口岸共受理进出境集装箱报检 691.97 万标箱，较 2015 年同期下降了 4.51%。2016 年，上海局共收到国家质检总局 279 项援助物资的检验通知函，涉及 138 个对外援助项目；由上海局受理援外物资检（查）验 777 批次，涉及 128 个援助项目，货物总金额为18 069.69万美元。通过检验监管，检出不合格商品8万批，货值53.6亿美元，批次数量增长89.61%，不合格货值增加83.06%；检出携带疫情及有毒有害物质等不合格集装箱19.37万标箱，不合格检出率为2.8%。

【上海出入境检验检疫局加强认证认可安全监管】 2016年，上海国检着力推动国家认监委认证认可信息共享平台“云桥”首次与地方政府电商平台开展合作。其中，在跨境电商中“引入认证认可机制”已被列入2016年上海跨境电商重点工作和中国（上海）跨境电子商务综合试验区的实施方案；推动完成认证认可“云桥”首次与上海市跨境电子商务公共服务平台顺利对接，1 371种跨境电商产品认证信息实时完成自动比对并成为认证标志，为消费者提供权威的质量信息服务。2016年，上海局助推上海市静安区成功创成、浦东新区成功创建“国家公共检验检测认证服务平台示范区”，支持静安区建立政策保障体系、公共管理体系、公共服务体系，推出“支持示范区检验检测认证制度创新”“支持自贸区试点平行进口汽车CCC认证制度改革”等六项举措支持浦东新区检验检测认证产业发展，推动成立浦东新区检验检测认证行业协会，促进平台飞跃，推动产业集聚。据2016年统计，上海地区认证机构年营业收入23.9亿元，高于全国平均增幅14个百分点，占全国的17.7%，其中外资机构数量占全国的55%；新静安区检验检测认证机构已达110家、从业人员超过6 000人、总产值52.67亿元，与创建初期相比分别增长了35.4%、70%、94%；浦东新区共有检验检测认证机构144家、从业人员13 023人，与去年同期基本持平，总产值约33.6亿元，较去年同期增长12%。

【上海出入境检验检疫局推进简政放权、放管结合】 一是制定上海局“证照分离”总体方案及18个管理文件，仅“国境卫生口岸许可证”纳入试点后就惠及企业400余家，平均办理时限缩减25%。二是推进行政审批改革，开展“放管服”改革自查，继续优化现有29项检验检疫公用服务事项，并配合做好国家出入境检验检疫总局授权上海局开展的进境食品检疫审批工作。三是规范行政许可行为，完善标准化手册，规范审批办理，清理非许可类备案，共取消4项，调整5项，保留25项。四是提升行政许可办理效能，年内上海局行政许可窗口整体进驻浦东新区行政服务中心，推进审批办理智能化，推进审批办理便捷化，制定行政许可信息化系统手机应用APP技术方案。

【上海出入境检验检疫局依托联防联控机制严防国际传染病疫情】 2016年，寨卡、黄热病疫情暴发。上海国检卫生处及时开展疫情分析，组织风险评估，形成防控方案、调整防控措施。强化宣贯和各项检疫查验、媒介控制工作，通过联防联控机制的疫区人员入境信息，提高了防控效率。截至2016年11月30日，检疫来自黄热病疫区8 899人、来自寨卡疫区1 502 484人。结合国家出入境检验检疫总局伊蚊监测专项工作，联合江浙甬皖5个直属局共同完成2016年泛长三角病媒生物联合监测。

【上海出入境检验检疫局截获全国空港口岸首例霍乱病例】 2016年5月30日，机场旅检值班室接报，在国际到达卫生间门口有一名印度籍旅客躺倒在地上。当班检疫人员立即做好个人防护赶赴现场。到场后，第一时间划定检疫隔离区域，开展医学检查及流行病学调查。结合流行病学调查、医学检查，经现场判断，不能排除消化道传染病可能。在征得病人同意后，对该旅客进行了肛拭子和呕吐物采集，所采样本及时送卫生检疫中心实验室检测。实验室收到标本后，对呕吐物及肛拭子转运液直接进行肠道细菌及病毒核酸检测，结果显示霍乱弧菌O139和大肠杆菌O157均为阳性。上海局根据中心实验室检测结果，结合医学检查和流行病学调查情况，按《霍乱诊断标准（WS 289—2008）》，将病例确诊为口岸输入性霍乱病例。此病例是全国空港口岸截获的首例霍乱病例。

【上海出入境检验检疫局减少查验作业服务费】 检验检疫查验作业服务费尚未纳入政府买单范围，因此，上海国检最大限度降低查验比例，帮助企业减少查验作业服务费支出。一是风险低的商品大力降。充分运用风险管理结果，低风险货物查验比例降低 50%，出境商品口岸查验比例降低 50%。二是信用高的企业优先降。实行“守信享便利、失信受惩戒”的差异化通关管理措施，对 AA 级企业的进境集装箱抽批率下调 50%，对 18 家信用不良企业进行加严管制。三是覆盖广的货物普遍降。2016 年，上海口岸货物木质包装查验比例平均下降 30%、抽检箱量同比减少 15 万标箱，为企业减少查验作业服务费达 750 万元。

开放口岸

【上海空运口岸（虹桥国际机场、浦东国际机场）】 上海空运口岸是中国目前最大的空运口岸，包括虹桥国际机场和浦东国际机场。目前，上海是中国大陆唯一拥有两座对外开放国际机场的城市。截至 2016 年年底，上海空运口岸形成了虹桥、浦东两大国际机场，3 座对外开放航站楼，6 条跑道和 1 个公务机基地的开放格局。

上海虹桥国际机场位于上海西郊，距市中心 13 千米。虹桥机场始建于 1921 年，1963 年 11 月，经国务院批准扩建为国际机场，次年 4 月开通上海至巴基斯坦卡拉奇国际航线，以后经过多次改扩建。虹桥国际机场拥有两座航站楼（其中 T2 航站楼为国内航班）、2 条 4E 级跑道、1 个国际公务机基地。目前，主要开通至日本、韩国等国家和中国香港、中国澳门、中国台湾等地区航线。2016 年，虹桥国际机场起降飞机 26.20 万架次，旅客吞吐量 4 045.29 万人次，货邮吞吐量 42.90 万吨。出入境公务机航班为 1 300 余架次，与 2015 年基本持平，出入境公务机旅客为 6 300 余人次，同比增长 7.9%。

上海浦东国际机场位于上海浦东长江入海口南岸滨海地带，占地面积 40 平方千米，距上海市中心约 30 千米。1999 年，上海浦东国际机场建成通航，并经国务院批准作为上海空运口岸的重要组成部分对外开放。浦东国际机场拥有两座航站楼、4 条跑道、3 个货运区，是全球首个同时引进 FedEx、UPS、DHL 三大集成商入驻建设转运中心的机场。2016 年，浦东国际机场起降飞机 48 万架次，旅客吞吐量 6 598.21 万人次，货邮吞吐量 342.53 万吨，货邮吞吐量连续第 9 年位居世界第三。

2016 年，上海空运口岸进出口货邮吞吐量 303.53 万吨（占浦东、虹桥两大机场货邮总吞吐量 385.4 万吨的 78.7%），出入境旅客 3 547.7 万人次（占两场旅客吞吐量 10 643.5 万人次的 33.3%）。出入境飞机 23.4 万余架次（占两场飞机起降 74.2 万架次的 31.5%）。上海航空枢纽在国家“一带一路”建设中，持续发挥重要作用，在 65 个“一带一路”国家中，上海已经开通了至 35 个国家的直飞航线。

【上海水运（海港）口岸】 上海水运（海港）口岸位于中国大陆海岸线中部，长江与东海交汇处，是中国最大海港和常年对外开放水运口岸。

上海水运口岸是最早形成的一批对外开放码头，主要分布在黄浦江中、下游东西两岸，改革开放以后，特别是 20 世纪 90 年代以来，伴随着浦东开发开放和上海新一轮城市发展规划，上海迈开了建设国际航运中心步伐，一些坐落在黄浦江沿岸的老码头逐步退出和外移，先后在长江上海段、杭州湾北岸和小洋山岛新建了一批新港区、码头并对外开放。1993 年 11 月，上海外高桥港区一期码头建成并对外开放，随后二至六期码头陆续建成对外开通启用。2002 年 6 月，作为上海国际航运中心建设的核心组成部分——洋山深水港区开工建设。2005 年 12 月，洋山深水港区一期工程竣工正式对外运营，从此结束了上海没有深水港的历史。接着，洋山深水港二期和三期集装箱码头又先后建成并投入运行。2014 年 12 月，洋山深水港区四期工程正式开工建设，计划于 2017 年建成。目前，洋山深水港集装箱码头总岸线长 5 600 米、共拥有 16 个深水集装箱泊位，设计吞吐能力达 930 万标准箱。截至 2016 年年底，上海水运口岸形成了包括黄浦江沿岸、长江上海段、杭州湾北岸、洋山深水港区4大开放水域、96座码头、310个泊位的对外开放格局。

2016年，上海水运口岸进出口货物吞吐量3.8亿吨（占上海港货物吞吐总量7.0亿吨的54.2%）；进出口集装箱吞吐量3 188.8万标箱（占上海港集装箱吞吐总量3713.3万标箱的85.9%）。全年进出上海口岸国际航行船舶4.16万艘次，其中进出国际邮轮1 214艘次、出入境邮轮旅客287.5万人次。自2010年起，上海港集装箱吞吐量已连续7年排名世界第一。

【上海陆路（铁路）口岸】 上海陆路（铁路）口岸位于上海火车站南端。2003年9月，根据CEPA协议，上海设立铁路上海站临时口岸。同年10月1日起，开行上海—香港（九龙）隔日往返直通式旅客列车。2009年11月，国务院批准正式设立上海铁路口岸。2013年4月27日，上海铁路口岸通过国家验收宣布对外开放。上海铁路口岸是长三角地区唯一的陆路出入境口岸。截至2016年年底，上海铁路口岸全年出入境列车362车次，出入境旅客10万人次。

海关特殊监管区域

改革开放以来，依托口岸开放，经国务院批准，上海陆续设立了一批海关特殊监管区域。1990年6月全国第一个保税区——外高桥保税区诞生；2000年4月上海松江出口加工区成为全国第一批出口加工区之一；2005年12月我国第一个保税港区——洋山保税港区封关运行；2009年7月国务院批准设立上海浦东机场综合保税区；2013年8月，国务院批准设立中国（上海）自由贸易试验区，范围包括外高桥保税区、外高桥保税物流园区、洋山保税港区和上海浦东机场综合保税区4个海关特殊监管区域，总面积28.78平方千米。2014年12月28日，全国人大常委会会议通过决定，上海自贸试验区范围扩至陆家嘴金融片区、金桥开发片区和张江高科技片区。扩容后的上海自贸区面积由28.78平方千米扩大至120.72平方千米。

截至2016年年底，上海共有5类10个海关特殊监管区域，分别为洋山保税港区、浦东机场综合保税区、外高桥保税区、外高桥保税物流园区和松江、金桥、青浦、漕河泾、闵行、嘉定6个出口加工区，封关运行面积近34平方千米。

2016年上海市口岸大事记

1月13日

国家口岸管理办公室会同国家发展改革委、海关总署来沪调研上海水运、空运口岸查验设施建设、改造及运行维护等环节上的资金来源使用和管理情况。

1月24日

上海国际贸易“单一窗口”货物申报系统2.0版正式上线运行。

1月30日

上海各开放口岸对51个国家人员实施144小时过境免签政策。

2月9日

上海检验检疫局在吴淞口国际邮轮码头入境邮轮“海洋量子号”上快速处置一起全国口岸首例母港邮轮群体性食源性事件。

2月25日

上海市政府副秘书长俞北华调研上海国际贸易“单一窗口”建设情况，听取了“单一窗口”V2.0版功能模块介绍。

3月15日

“上海市跨境电子商务示范园区”启动仪式在外高桥保税区举行，标志着上海市跨境电子商务综合改革试点进入一个新的阶段。

3月25日

国家口岸管理办公室韩坚副主任率海关总署和国家质检总局相关负责人来沪调研“单一窗口”一卡多证工作情况。

4月1日

上海港设立排放控制区，在全国率先实施船舶减排管控措施。

4月25日~26日

海关总署署长于广洲来沪调研，并出席全国

通关一体化改革试点工作推进会议。

5月6日

长江航道局和长江口航道管理局在上海举行管理关系调整交接仪式，长江口120千米航道正式交由长江航道局管理，标志着长江干线航道基本实现集中统一管理。

5月24日

受国家口岸管理办公室委托，上海市口岸服务办公室、上海海关、上海出入境检验检疫局、上海海事局、上海出入境边防检查总站、东部战区联合参谋部作战局组成验收组，对上海港口岸扩大开放长兴岛作业区（长兴岛东岸）进行国家验收。

6月1日

全国通关一体化改革在上海启动试点，海关总署风险防控中心（上海）和海关总署税收征管中心（上海）同时建立。

6月23日

上海市十四届人大常委会第三十次会议表决通过《上海市推进国际航运中心建设条例》，这是我国国内第一部关于航运中心建设的地方性法规。

8月12日

上海与中部六省口岸大通关合作第十次联席会议在岳阳举行。海关总署党组成员、国家口岸办主任黄胜强、湖南省副省长何报翔出席并讲话。

9月26日

上海航运保险指数在上海发布。此举为全球航运保险专业指数领域首次探索，也是上海自贸试验区保险制度创新的重大成果。

11月22日

李克强总理考察上海国际贸易“单一窗口”。

12月3日

上海深化国际贸易“单一窗口”建设促进贸易便利化工作，被列入国务院第三次大督查发现的典型经验做法给予通报表扬。

12月6日

长三角区域大通关建设协作第八次联席会议第3次联络员会在南京召开。

12月9日

川渝沪大通关合作第九次联席会议在四川泸州召开。

（撰稿人：韩强）

2016 年上海市口岸流量统计表

口岸类型		口岸名称	货运量（万吨）				集装箱量（万标箱）				人员（万人次）				交通工具（辆、艘、架、列次）			
			出口	进口	合计	同比（%）	出口	进口	合计	同比（%）	出境	入境	合计	同比（%）	出境	入境	合计	同比（%）
空运口岸																		
		分计			303.5	4.6							3 792.7	9.4			234 047	7.3
陆运口岸	公路口岸																	
		分计																
	铁路口岸																	
		分计											10.9	-12.6			362	-1.0
水运口岸	海港口岸																	
		分计			38 012.3	0.6	1 392.8	1 306.5	3 188.8	0.6			438.1	58.9			25 633	0.3
	河港口岸																	
		分计																
合计					38 315.8		1 392.8	1 306.5	3 188.8				4 241.8			260 042		
同比（%）					0.6				0.6				12.9			6.6		

表注：集装箱量合计数 3 188.8 万标箱包括内支线 489.5 万标箱。

（上海市口岸办提供）

2016 年上海市口岸出入境主要数据表

项目			2016 年	2015 年	同比（%）
出入境人员（万人次）	出入境人员总数		4 241. 8	3 756. 3	12. 9
	入境人员		2 114. 9	1 872. 3	13. 0
	出境人员		2 126. 9	1 884	12. 9
	出入境旅客		3 845. 3	3 411. 4	12. 7
	出入境员工		396. 5	344. 9	15. 0
	中国公民	小计	2 979. 1	2 598	14. 7
		内地居民（因公）			
		内地居民（因私）			
		港澳居民			
		台湾同胞			
	外籍人员		1 262. 7	1 158. 3	9. 0
	从海港出入境人数		438. 1	275. 8	58. 8
	从陆港出入境人数		10. 9	12. 5	-12. 6
	从空港出入境人数		3 792. 7	3 468. 0	9. 4
交通运输工具（万辆、艘、架、列次）	总计		26. 0	24. 4	6. 6
	船舶		2. 6	2. 6	-
	飞机		23. 4	21. 8	7. 3
	火车		0. 036 2	0. 036 6	-1. 0
	机动车辆				

（上海出入境边防检查总站提供）

2016 年上海海关主要数据统计表

项目		2016 年	同比（%）
进出口货运量（万吨）	合计	18 018.7	0.5
	进口	8 470.4	-3.1
	出口	9 548.4	3.9
进出口贸易总值（万美元）	合计	79 271 350.2	-2.9
	进口	31 279 414.3	-1.2
	其中：江、海运输	15 398 102.6	-4.7
	铁路运输	19 103.7	-58.1
	汽车运输	100 391.6	-9.2
	航空运输	15 748 234.4	2.7
	邮件运输	6 430.2	-9.9
	其他运输	7 151.9	-40.9
	出口	47 991 935.9	-3.9
	其中：江、海运输	36 262 333.9	-3.7
	铁路运输	13 282.6	-64.2
	汽车运输	94 486.0	-0.9
	航空运输	11 534 179.1	-3.8
	邮件运输	421.7	-39.2
	其他运输	87 232.7	-43.9
税收（万元）	两税合计	3 615.36	2.2
	关税入库	827.78	3.7
	进口环节税入库	2787.58	1.7

表注：所提供的进出口货运量为监管进出境货运量。

（上海海关提供）

2016 年上海市出入境检验检疫业务统计表

项目		货物检验检疫				交通工具				集装箱（标箱）		发现动植物疫情		货物通关		出入境人员查验（人次）	健康检查及预防接种（人次）			
		批次	金额（万美元）	检验检疫不合格																
				批次	金额（万美元）	船舶（艘）	飞机（架）	火车（列）	汽车（辆）	合计	检出问题	种类数	种次	批次	金额（万美元）		健康检查	艾滋病监测	发现病例	预防接种
本年累计		1 477 505	1 131.86	157 388	1 086 968	25 134	242 112	4 344		9 341 353	259 995	1 257	160 207	1 582 121	10 395 883	43 519 744	69 158	62 367	127 665	76 815
其中	出境	157 551	75.87	2 577	51 321	12 821	122 214	2 172		245 628				275 113	1 150 418	21 922 202	26 063	24 044	51 687	76 808
	入境	1 319 954	1 055.99	154 811	1 035 647	12 313	119 898	2 172		9 095 725	259 995	1 257	160 207	1 307 008	9 245 466	21 597 542	43 095	38 323	75 978	7
同比（%）		-12.40	-23.47	77.20	55.60	0.04	9.10	-1.09		-4.30	-2.01	14.9	5.44	-9.90	-13.76	14.99	-2.17	-3.55	-1.54	7.49
其中	出境	-3.48	1.51	106.49	827.38	-3.72	8.82	-1.09		-13.83				-48.28	-43.39	15.64	3.75	0.24	12.18	7.53
	入境	-13.36	-24.80	76.79	49.53	4.10	9.38	-1.09		-4.01	-2.01	14.9	5.44	6.77	-7.75	14.34	-5.44	-5.79	-9.11	-75.86

（上海出入境检验检疫局提供）

2016 年上海海事局进出港船舶统计汇总表

船舶类别	进港船舶							出港船舶							进出港单船艘数（艘）
	艘数（艘次）	总吨（吨位）	总载重量（吨）	载客量（客位）	船员人数（人）	货物到达量（吨）	旅客到达量（人）	艘数（艘次）	总吨（吨位）	总载重量（吨）	载客量（客位）	船员人数（人）	货物发送量（吨）	旅客发送量（人）	
总计	97 009	1 162 486 213	1 313 106 689	4 073 672	1 753 246	357 347 640. 8	2 277 089	97 738	1 154 323 656	1 298 851 462	4 072 915	1 795 355	211 130 524. 5	2 331 281	9 370
中国籍船舶	77 022	239 631 824	300 198 693	3 306 207	833 634	200 482 422. 8	1 207 781	77 730	229 796 562	284 379 607	3 301 400	874 382	69 052 556. 94	1 246 382	4 319
其中外贸船	748	14 065 672	15 702 466	33 079	18 091	7 424 291. 95	2 633	873	11 503 363	13 275 805	33 424	20 059	2 961 769. 59	3 424	272

（上海海事局提供）

江 苏 省

口岸数量及分布

截至2016年年底，江苏省有经国务院批准的对外开放口岸25个。其中，空运口岸9个，分别是南京空运口岸（南京禄口国际机场）、盐城空运口岸（盐城南洋国际机场）、无锡空运口岸（无锡硕放国际机场）、徐州空运口岸（徐州观音国际机场）、常州空运口岸（常州奔牛国际机场）、淮安空运口岸（淮安涟水国际机场）、扬泰空运口岸（扬州泰州国际机场）、南通空运口岸（南通兴东国际机场）、连云港空运口岸（连云港白塔埠机场 未验收运行）；水运（海港）口岸4个，分别是连云港、如东、启东、大丰海港口岸；水运（河港）口岸12个，分别是南通、如皋、张家港、南京、镇江、江阴、扬州、泰州、太仓、常熟、常州、靖江河港口岸。

口岸运行数据

2016年，江苏省水运（海港、河港）口岸共完成外贸运量43 734.47万吨，同比增长14.92%；集装箱运量达到735.19万标箱，同比增长2.14%。空运口岸出入境旅客3 689 030人次，同比增长16.5%；货运量136 459.26吨，同比下降3.25%。

2016年江苏省水运（海港、河港）口岸外贸运输情况表

	外贸运输量（万吨）		集装箱运输量（标箱）	
	自年初累计	同比（%）	自年初累计	同比（%）
连云港水运（海港）口岸	11 232.88	12.42	2 550 782	-3.66
南通水运（河港）口岸	4 127.25	9.80	351 364	13.30
如皋水运（河港）口岸	797.21	63.99	-	-
张家港水运（河港）口岸	6 102.6	2.00	515 817	2.60
南京水运（河港）口岸	2 166	17.20	960 000	12.30
镇江水运（河港）口岸	2 964.19	29.49	180 900	19.31
江阴水运（河港）口岸	2 379.61	54.70	55 297	-15.30
扬州水运（河港）口岸	916.76	11.10	236 342	-17.10
泰州水运（河港）口岸	1 175.16	21.30	85 105	7.70
靖江水运（河港）口岸	1 060.10	29.10	-	-
太仓水运（河港）口岸	7 472.45	12.71	1 720 919	12.10
常熟水运（河港）口岸	1 566.90	5.80	253 198	10.10
常州水运（河港）口岸	565.25	38.10	140 496	2.80
大丰水运（海港）口岸	1 207.71	25.65	301 636	49.41

2016 年江苏省空运口岸外贸运输情况表

	出入境旅客（人次）	同比（%）	货运量（吨）	同比（%）
全省合计	3 689 030	16.15	136 459.26	-3.25
南京空运口岸	2 760 000	18.80	134 000.00	-3.70
徐州空运口岸	168 900	19.03	194.73	103.30
盐城空运口岸	113 096	-39.10	308.63	-16.80
无锡空运口岸	647 034	25.30	1 955.90	0.60

口岸综合管理

【继续做好扩大口岸开放，优化通关环境】 江苏省继续实施沿海开发战略，全面扩大口岸开放，提升完善口岸功能。全省 9 个机场均实现了对外国籍飞机开放。沿海沿江有 16 个港口实现对外国籍船舶开放。2016 年，全省开放水域内共有新建码头 12 个，泊位 18 个获得江苏省政府批准对外开放。

随着口岸开放数量的增加和已开放口岸的功能不断挖掘、拓展，江苏省口岸管理工作更加规范和完善。凡设立口岸的各市地方政府均成立了口岸综合管理部门，各地口岸查验机构设立也比较健全；建立了相应的口岸管理工作机制，强化了对地方口岸工作的管理与协调，制定出台促进外贸发展的有效措施。按照国家和江苏省有关文件要求部署开展文明共建先进单位的评选工作，推动口岸单位之间的合作与互动，多层面促进全省大通关建设协作；不断改善、优化口岸通关环境。

【努力推进口岸大通关合作及特殊监管区申报】 加强省际大通关对接合作。重点推进长三角口岸城市群大通关合作，洽谈对接干支线水水中转新的合作项目。苏皖项目对接会，遴选了 17 个重点项目推介，投资总额达 31.87 亿元人民币，涉及口岸大通关协作，口岸港口基础设施建设，临港经济园区建设，航运物流，船务、船代、货代企业引进，航线航班开通等。大力推动和支持基层口岸开展文明共建活动。全面做好海关特殊监管区域申报工作，一年来，先后办理了徐州保税物流中心、南通综合保税二期等验收工作，审核申报南京、大丰汽车整车进口口岸和太仓、苏州工业园区、无锡等肉类进口口岸。

口岸监管与服务

【江苏省公安边防总队构建四级筛查处理机制】 制定出台《江苏公安边防总队边检核查工作指引（试行）》，指导江苏省边检机关逐步构建以“先期研判预警—前台精细查验—重点甄别处置—现场查获处置”为主线的四级筛查处理机制，规范核查流程、明确岗位职责、提升查缉技巧，扭转了反恐能力薄弱、经验不足的局面。按照涉恐人员管控工作要求，签订省级《口岸反恐警务协作协议》，详细明确双方总队级和支队级之间日常联络、信息通报、协助核查、移交处置等多项合作事宜，实现口岸查缉与反恐侦查的无缝对接。研究出台《江苏省公安边防总队边防检查查验设备配置基准》，通过设立最低配置标准，以强制达标方式配齐配强一线查验装备，提高整体信息化防控能力。G20 安保期间，全省共查验重点国家人员 18 044 人次，重点国家交通工具 1 120架（艘）次，检查通报赴浙船舶 19 艘次。连云港边检站圆满完成 269 名入境新疆旅客背景核查，南京边检站成功发现 1 名在涉恐国家长时间停留的嫌疑人员并予以遣返，徐州边检站成功核查发现一名在华非法务工美籍人员。

【江苏省公安边防总队助力通关一体化建设】 一是主动承担全国边检“一证通”建设推广，在部局指导下，投入专班人手高质量完成系统研发、硬件搭建和机制拟订等工作，同时，进一步延伸“一证通”服务触角，创新推行边检“多证通”服务机制，使长期“登轮证”和“搭靠证”均能实现“一地申办、全省通关”。顺应网络化时代需求，将手机自媒体和边检提服进行深度融合，积极推进边检“V通关”在江苏全省推广应用，让服务对象直观感受江苏边检与时俱进的服务品质。推进空港口岸自助通关建设，部署南京机场、扬泰机场、南通兴东机场、淮安涟水机场全部投入使用智能验证台和自助查验通道。探索研发旅客团队预申报系统，规范统一全省出境旅游团队信息申报及边检预核查工作方式，提高团队旅客通关效率。对接上海总队，指导南京边检站扎实做好贴纸式144小时过境免签临时入境许可签发工作，进一步激发长三角经济一体化发展活力。二是全面建设应用海港边检勤务综合指挥系统。海港系统由江苏省总队张家港边检站牵头研发，为海（江）港边检站勤务工作开展提供信息采集和处理手段，实现了全方位口岸动态信息的实时展示，边检勤务的全过程流转和公安平台数据的无缝对接，将海（江）港边检勤务全部纳入了信息化、规范化、刚性化管理轨道，高质量提升了海（江）港边检机关服务管控水平。全面推行海（江）港口岸边检“一证通”服务机制。依托海港系统在全省范围内推行了边检“一证通”服务机制，即省内需要跨地市在开放口岸上下国际航行船舶，经边检机关诚信记录认定，具备申办资质的口岸从业人员，可以在全省任一海（江）港边防检查站提出申办全省通用的“登轮许可证”（长期）。持证人员需前往省内异地开放口岸登国际航行船舶时，只要具备当地口岸的经营许可，便可到该开放口岸异地使用、登轮作业，无须重新申领“登轮许可证”。该举措推行以来，江苏省已有数千名服务对象体验到了全省执法互认带来的便利。江苏省公安厅将其纳入改革惠民5项措施之一，公安部边防局也正将这项举措在全国进行推广。三是深化应用船舶申报系统。在全国率先打通了电子口岸与边检业务系统“网上报检”通道，使江苏电子口岸船舶申报系统能够在江苏省海（江）港口岸全面推广。涉检企业单位申报的各类业务，依托该系统可以实现一次申报，四家联检单位同步在线审批，审批结果在线反馈，真正达到了“一次申报、一次查验、一次放行”的工作目标。同时，我总队充分发挥移动互联网便捷、高效的优势，创新研发边检“V通关”服务平台，使服务通过手机微信即可实现在线办证等服务，促进“单一窗口”行政审批模式由线下向线上、由计算机向手机的多元化转变。创新研发机场旅客团队出境申报系统。协调江苏省电子口岸公司创新研发“机场旅客团队出境申报系统”，将团队旅客资料申报方式由传统“纸质申报”变为“网上申报”，实现了对出境旅游团人员常态化的提前核查，赢取了现场处置时间，提高了旅客通关效率。目前，该系统已在江苏省内8个机场全部使用。

【江苏海事局全力做好辖区通航保障，促进航运绿色发展】 2016年，江苏汛期早、水位高、台风频、险情多，制定台汛等极端天气应对措施，有效防抗“尼伯特”“莫兰蒂”“鲇鱼”等超强台风影响。成功处置“恒裕”轮与“善时”轮碰撞、“银色小草”轮苯乙烯聚合等重大事故险情，及时发现并处置跨省运输船舶在太仓水域偷排生活垃圾事件。全年成功救助遇险船舶190艘，救助遇险人员1 851人，搜救成功率98.04%，挽回经济损失4.5亿元。优化辖区通航环境，组织实施水上交通安全生产大检查、长江干线“雷霆行动”、重大违法行为专项整治、“平安船舶”建设等专项活动，圆满完成G20峰会入浙船舶专项安全监管。修订渡船安全监督管理内部规定，推进营运渡船抗风等级核定标注。开展船舶配员和任解职专项检查，实施船员违法计分，深化内河船员管理改革。全力做好长江南京以下12.5米深水航道初通南京的各项通航保障工作，推动提升福中水道维护尺度，调整完善锚地、停泊区、水上服务区、虚拟航标设置，制定初通期航路规定，修订《长江江苏段航路指南》。参与中央环保督察、国务院安委会巡查和江苏省共抓大保护自查互查，水路危险货物运输评估、改善船舶能源结构等建议，纳入江苏省“十三五”水污染防治规划和“两减六治三提升”行动方案。推进长三角船舶排放控制区建设，支持全国首个油水气综合加注站建成，推动463个船用岸电系统投用。建立危防管理专家库，完善污染应急体系，编写《船舶污染事故应急技术手册》，促进长江航运绿色发展。推进船员“口袋工程”建设，在全国海事系统率先建成以“移动服务、自助服务、远程培训、远程考试”四个平台为支撑的船员电子公共服务体系。落实简政放权，执行好海船报告和内河船电子签证制度，下放一批行政审批事权。

【江苏海事局协同各口岸查验部门助推大通关建设】 参与落实“三互”大通关建设方案制定和相关试点工作，通过与海关、检验检疫部门沟通协商，在信息互换、监管互认、执法互助三个方面共梳理了二十余条合作内容，承诺将VTS、AIS、GIS、CCTV及船舶动态信息等管理信息均无偿提供给各查验单位，共同推进口岸大通关建设。目前，国际航行船舶进口岸申请、进出口岸预报、进出口岸确报、危险品和船舶防污染作业申报、船港动态等7个模块在江苏省电子口岸平台上运行，运行以来共实现各类船舶业务申报约120万艘次。服务船舶、港口码头及相关单位信息共享、互联互通，实现对船舶动态及载运货物的有效监控。实现船舶在申报平台一次录入申报数据，查验单位通过各自监管系统对申报数据进行审批，并将审批结果通过平台反馈至申报企业，实行各监管单位认可申报企业远程打印的“离港证”，真正实现了国际航行船舶进出口岸手续全过程办理无纸化。全年服务海轮进出港16.1万艘次，其中国际航行船舶进出口岸36 516艘次，同比分别增长7.4%和8.57%。

【南京海关围绕供给侧结构性改革推动江苏外贸优进优出】 一是以改革促进外贸新业态加快发展。主动创新监管模式、推动协同共治，促进海门叠石桥市场采购贸易与跨境电商、国际班列相互叠加，全年出口货值达169.35亿元；协助争取常熟服装城市场采购试点政策落地，并在全国第三批5个试点地区中率先实际启动。全力支持苏州跨境电商综试区成功运营，助力南京跨境产业园实际运作，推动江苏省内跨境电商合理布局，全年验放跨境电商货物43万票、出口总值657.24万美元。支持生产型服务业发展，保税维修试点进出口增长25%，成功争取南通飞机拆解再制造试点获批。落实创新驱动战略，支持江苏企业扩大先进技术设备进口，全年办理减免税货值27.14亿美元、免征税款21.32亿元；建立企业知识产权海关保护联系点制度，加大对自主知识产权企业的扶持力度。二是以改革促进传统产业和开放平台转型升级。在系统中率先开展加工贸易监管一体化改革，通过网上“集中作业模式”为企业节约业务办理时间一半以上，实现“让数据多跑，让企业少跑”；试点开展出境加工业务，同步推进单耗自核、工单核销等改革，为企业拓展市场、减负增效。主动对接南京江北新区、苏南自主创新示范区、盐城中韩产业园等载体建设，量身定制20余项支持措施。着力将江苏省海关特殊监管区域的数量优势转化为质量优势，省内90%的特殊监管区域升级为综合保税区；同时争取国家试点在省内特殊监管区域落地，昆山、苏州工业园综保区成功获批区内企业增值税一般纳税人资格试点，并在全国7个试点区域中率先运作，为区内企业开辟国内市场打开突破口，年内保税货物进出境货值已达1.69亿美元、内销货值1 151.65万美元。三是以改革打造高效、便利、公平的营商环境。全面落实“放管服”改革要求，取消、调整13项行政审批事项，优化规范202项内部核批程序；在全国海关中首个实现行政审批“一个窗口”受理，有关经验在系统内推广。深入推进“双随机”改革，关区93%的布控查验“查谁”“谁查”均随机生成。积极探索“互联网+政务服务”，“掌上物流”系统借助扫描手机二维码自动完成车辆和货物识别验放，所需时间缩短3/4；“宁关e通”微信平台实现通关信息实时查询；“关企合作平台”使企业足不出户办理海关业务。主动融入全国通关一体化改革，在 IT 等江苏主要进出口商品中探索开展“一次申报、分步处置”，企业自报自缴税款，从根本上打破通关业务集中在口岸办理的瓶颈；深入推进区域通关一体化改革，2016 年关区一体化报关单达 57.57 万份，比例提高至 8.58%，进、出口货物通关时间平均缩短 10 小时。

【南京海关多项措施服务“一带一路”建设和大通关建设】 南京海关积极支持连云港中哈物流基地、多式联运监管中心建设及机场开放；与乌鲁木齐、西安等“一带一路”沿线海关签订合作协议，以高效监管助推“苏满欧”班列，货运量位列全国第二，保障全国首条赴南亚的“南通—阿富汗海拉顿”货运班列成功首发；落实优惠贸易协定，受惠进口货值列全国海关第二位，促进江苏与“一带一路”沿线国家进出口额增长约 12%。复制推广自贸区海关监管创新制度，“19 + 11”项可复制创新中，除两项因暂无企业需求等客观原因外，其余全部在江苏省内落地；年内，“批次进出、集中申报”办理 112.18 万票、货值 451.26 亿美元，区内自行运输货值 18.87 亿美元，区内保税维修货值 29.04 亿美元，委内加工、保税展示交易、期货保税交割等新业务不断扩面。“三互”大通关建设，加强与各口岸管理部门及江苏省电子口岸合作，船舶“单一窗口”申报实现省内水运口岸全覆盖，南通、太仓、连云港等主要口岸的货物“单一窗口”加快试点，报关单量位居全国第二。关检合作“三个一”走在前列，100% 实施“一次查验”；近 80% 的海关业务现场建成关检联合查验场地，南通等 5 个口岸实现常态化船舶联合登临检查。

【南京海关优化工作机制，服务企业外贸发展】 南京海关落实中央、海关总署及江苏省委省政府各项稳增长措施，再次出台 14 项细化举措。2016 年先后取消收费 11 项、减少收费 8 825.21 万元；会同商务、财政等部门积极开展免除查验没有问题外贸企业吊装移位仓储费用试点改革，及时准确报送查验数据；自筹资金 450 万元，在 55 个业务现场部署自助通关一体机，实现企业通关费用、时间“双降”。运行出口先导指数，为预判全省外贸走势提供科学“风向标”；同时与商务、外管、国税等部门构建针对虚假贸易的协同管控机制，对 1 100 余家企业开展实地巡查，确保外贸进出口“货真价实”。优化查验工作机制，继续对高信用企业实施较低的查验率；全面运用查验单兵作业系统，加大非侵入式查验比例，查验效率提升 30%。大力推进守法便利，“贴身”指导省内新增高级认证企业，目前江苏省共有高级认证企业 219 家，占全国的 6.8%，可享受发改委、商务部等 40 个部委的联合激励“VIP 通票”；积极开展国际海关 AEO 互认合作，指导企业享受欧盟、韩国等互认国家（地区）的通关便利，助推企业“走出去”。持续强化执法为民、服务群众，开展关检服务外贸“提速、减负、增效”百千万活动，不断擦亮“12360”热线、金钥匙等服务品牌，“12360”热线第一时间答复率达 98% 以上；借助第三方测评等手段改进窗口作风，彻底整治“三难”现象。

【南京海关全方位履行监管、打私主责主业】 2016 年，共查获违禁印刷品、音像制品 4 684 件，毒品 613.4 千克，弹药 8 枚，枪支及零配件案件 17 起，象牙等濒危野生动植物及其制品 205 件。坚持依法行政，不断提升执法水平。2016 年，共征收入库税款 1 367.34 亿元，同比增长 2.94%，为国家财政增收做出贡献；监管进出口货运量 3.8 亿吨、监管进出口总值 3 018.1 亿美元，同比分别增长 14.8%、下降 8.4%；监管集装箱总数 430.1 万箱次，同比增长 6.7%；监管邮、快递总数 9 874.9 万件/票，同比增长 69.5%；验放进出境人员 519.5 万人次，同比增长 21.3%；审结报关单 671.7 万张，同比增长 1.1%；加工贸易手册备案金额 527.6 亿美元，同比下降 1.0%。切实强化反走私综合治理，全年侦办走私刑事案件 118 起、案值 28.50 亿元，继续位列全国海关第一方阵。与海警、边防、公安等部门联合作战，“国门利剑 2016”“春雷 2016”等打私专项行动战果丰硕，侦办偷逃税千万元以上重大刑事案件、海关总署挂牌督办案件均列系统首位；其中，侦办成品油走私案件36起，查获成品油36.73万吨，案值17.75亿元，打掉多个走私团伙；查获农产品走私案件7起，案值1.89亿元，协同推进食品流通领域治理，全力确保百姓“舌尖上的安全”；侦办毒品走私案件7起，查获各类毒品780.61千克，首次摧毁规模化新型毒品制毒窝点；查获涉枪案件10起，各类枪械32支，将风险隐患拒于国门之外。注重反走私法治和社会效果的统一，通过央视、《人民日报》等主流媒体广泛开展反走私宣传；做好4.2万吨固体废物退运和无害化处置工作，率先实现口岸无固废滞留；在“猎狐2016”行动中抓获外逃人员16名，列全国海关首位。

【江苏出入境检验检疫局加大技术性贸易措施服务平台和基地建设】 一是发挥认证认可、检验检测、标准的基础支撑作用，建成国家级检验检测认证公共服务平台6个、省级平台30个，南京、苏州等多个服务外包检测集聚区初具规模，无锡出入境检验检疫局公共技术质量中心荣获2016年度“质量之光”卓越技术机构称号；继续实施“优企、优品、优测”计划，推动建设检验检测认证产业园和“一带一路”国家检验检测联盟，助力江苏企业“增品种、提品质、创品牌”。二是加强对重大技术性贸易措施的跟踪、研判、预警、评议和应对，主动为进出口企业免费提供国外法律法规、贸易措施、信息预警、咨询应对及技术法规等服务，积极引导重点产业、骨干企业参与国际技术评议与标准制修订，不断增强国际竞争的话语权和主动权。三是基本建成4个国家级技术性贸易措施评议研究基地和8个省级基地，形成富有江苏特色的技贸措施工作格局。大力实施出口产品“同线同标同质”工程，在全国系统率先开展消费品“同线同标同质”活动；积极探索“厂商+电商+店商”模式，推动出口工业特色小镇建设，“三同”公共服务平台荣获全国政府网站网上办事类精品栏目奖。江苏省22家出口食品企业在国家认监委“三同”平台上线，国内销售总额同比增长20%。探索“示范区+”工作模式，集成质量共治、风险管理等创新成果，向国家出入境检验检疫总局申报4个国家级示范区，新增4个省级示范区，总数占全国系统五分之一。发挥示范区的集约管理优势和辐射带动效应，有效提升区域整体质量水平。

【江苏出入境检验检疫局多举措推进通关一体化改革】 清理行政审批项目和简化行政审批手续，共取消和下放41项行政权力事项，推行“互联网+”政务服务和“双随机一公开”，构建更加公平、规范的市场运行秩序，积极试点“一口受理”和“网上审批”模式，推行“柔性执法”“首犯不罚”，全面清理中介服务和涉企收费，在减免出口产品检验检测收费的基础上，再降10%。加强与上海、安徽、江西、山东、内蒙古等局合作，共同推进通关一体化改革，实现“三免三优化”。2016年，江苏省内检验检疫一体化4.4万批，货值28.2亿美元，省内出口转单率下降76%；跨直属局一体化19万批，货值90亿美元，直属局间出口转单率下降64%，每批货物平均缩短口岸通关时间0.75天，减少费用200元，通关效率进一步提升。形成江苏国际贸易货物“单一窗口”方案，获得江苏省电子口岸领导小组办公室的肯定和采纳。配合省电子口岸公司对江苏国际贸易船舶“单一窗口”进行升级改进。在江苏国际贸易“单一窗口”成功部署上线运行进出口货物检验检疫和原产地签证申报模块，原产地“单一窗口”获得国家质检总局通报表扬。2016年仅12月就有7 601批进出口货物、2 501份原产地证通过“单一窗口”申报。主动与海关联合，共同打造关检合作示范区，连续两年开展以为企业提速、减负、增效为主题的“百千万”活动，累计帮扶企业320家，收集整理各类意见、建议近800条，为企业解决实际问题260个。张家港口岸建成全国首个“三互”监管中心。

【江苏出入境检验检疫局持续提升口岸卫生检疫核心能力】

2016年，江苏出入境检验检疫局卫生检疫监测技术平台建设取得实质性进展，南通兴东和扬州泰州国际机场顺利通过质检总局空港口岸核心能力验收；成功应对寨卡、黄热病等突发事件和重大疫情，确保了“零输入、零疏漏、零感染”；全球首次发现新型病毒，全国首次发现2种输入性鼠种；圆满完成盐城特大龙卷风抢险救灾任务。发布实施“美丽中国 绿蕾护航”13项行动计划，组织开展“盘羊二号”行动打击野生动植物走私行为，妥善应对太湖大闸蟹在香港检出二噁英事件。全国口岸首次检出检疫性有害生物8种，疫情疫病截获综合评价连续7年位居全国系统第一名。主动服务国家宏观调控，加强进口煤炭、棉花、粮食等商品的质量安全管理，对进口不合格汽车、纸尿裤等涉及民生安全的消费品实施召回、退运和销毁处理。实施“进口食品放心工程”“清源行动”，有效保障了广大群众“舌尖上的安全”。扎实开展“中国制造”海外“清风”行动、“固垒清蚁”行动，组织质量管理体系认证“双随机”执法检查，做好出口商品质量提升打假维权，对8 897批、货值3.4亿美元的出口退运货物进行追溯调查，彰显了把关职能，维护了消费者权益。

开放口岸

【南京空运口岸（南京禄口国际机场）】 南京禄口国际机场位于南京市江宁区禄口镇，于1997年7月1日正式通航，是中国重要的干线机场。1997年11月经国务院和中央军委批准对外开放。2005年4月，南京禄口国际机场被世界卫生组织（WHO）评为国际卫生机场，2008年12月5日通过国家航空安全审计。机场T2航站楼于2014年7月12日正式启用，飞行区等级将提升至4F级，可起降包括A380在内的所有机型。2016年，南京空运口岸新开通一批国际航线，为推进中国邮政航空与中外运空运发展合作，开通亚洲区（韩国）邮件快递新的国际航线；12月20日开通南京—温哥华国际航班。2016年1月，由国务院颁布南京空港对部分外国人实行144小时过境免签政策并正式实施，全年合计约127人获得过境免签证待遇。

2016年，南京禄口国际机场全年完成入出境人员276万人次，同比增长18%；入出境飞机15 877架次，同比增长18.6%。邮运口岸国际快递总数4 359万件，同比增长98.6%。

【徐州空运口岸（徐州观音国际机场）】 徐州观音国际机场是淮海经济区中心机场，1997年正式通航，2008年经国务院批准对外开放。机场位于徐州市东南方向睢宁县双沟镇境内，距离徐州市区45千米，南临104国道，北靠盐徐高速公路，地面交通十分便利。机场目前占地面积253.3万平方米，航站楼面积2.4万平方米，跑道长3 400米，停机坪6.3万平方米，停机位9个，配备先进的双向I类盲降系统、助航灯光设施和通信导航设备，具备全天候开放条件。总投资15.5亿元观音机场二期改扩建工程已于2014年12月26日开工建设，计划新建一座3.4万平方米国内候机楼，现有候机楼改造为国际厅，新建一条平行滑行道，新建停机位8个，扩建站坪8万平方米，并完善相关配套设施建设等。2016年年底，国内候机楼已完成工程主体建设并开展内装修。

2016年，徐州观音国际机场已开通韩国、日本、泰国、越南、中国台湾、中国香港等国际（地区）航线，新开徐州—日本、徐州—越南（岘港）2条国际客运航线，12月29日开通徐州—韩国仁川国际货运包机。2016年2月29日获国务院批复开展外国人口岸签证业务，9月底“进境冰鲜水生物”指定口岸顺利通过国家质检总局验收。

2016年，徐州空运口岸进出境航班1 478架次，同比增长22.05%；出入境旅客16.89万人次，同比增长19.03%；国际货运吞吐量194.73吨，同比增长103.3%。观音机场和口岸联检单位保障国际临时公务包机56架次，同比增长194.74%。

【盐城空运口岸（盐城南洋国际机场）】 盐城南洋国际机场位于江苏省盐城市亭湖区南洋镇境内，始建于1958年，1984年经国务院和中央军委批准为军民合用机场。1996年盐城市人民政府新征土地约16.67万平方米，自筹资金1.2亿元建设盐城民航站。2000年开通民航班机，2009年正式对外开放。机场飞行区等级为4C级，跑道长2 800米，可保障波音737、空客320等中等机型起降。盐城南洋国际机场主要航班航线有至韩国首尔、中国香港、中国台湾、日本等国际（地区）和至北京、上海、广州、昆明、长沙、西安、武汉、沈阳、哈尔滨、厦门、深圳、天津、南京、成都、杭州等国内航线，是苏北地区国际和地区航线数量最多的机场。

2016年，盐城机场口岸安全保障航班12 402架次，实现旅客吞吐量120.9万人次，货邮吞吐量5 120吨，同比分别增长40.3%、41.9%、70.3%。其中，安全保障国际航班1 060架次，出入境人数123 388人次，实现外贸货运量301吨，同比分别减少36.41%、38.67%和18.9%。

【无锡空运口岸（无锡硕放国际机场）】 无锡硕放国际机场位于江苏省无锡市东南方硕放镇，距无锡市中心16千米，距苏州市区25千米。机场始建于1995年，2004年2月18日正式开通民用航班，2007年9月28日启用新航站区。机场飞行等级为4D，可满足波音757及以下机型全载起降。2009年实施跑道加厚工程，可满足波音747型飞机减载起降的要求。2015年1月19日，二期新航站楼全面投入运营。截至2016年年底，机场引进的航空公司总数达到25家，开辟了20条国际（地区）航线，通达52个国内外主要城市，暑运高峰日航班量最高达151架次，平均客座率78.4%，平均载运率77.1%。

2016年，无锡空运口岸共安全保障运输航班起降4.6万架次，完成旅客吞吐量556.3万人次、货邮吞吐量9.6万吨，同比分别增长18.6%、20.7%、7.8%。

【常州空运口岸（常州奔牛国际机场）】 常州奔牛国际机场位于常州市新北区罗溪镇，距市中心20千米，始建于1963年，1986年3月开通民航航班。2014年2月21日，国务院批准对外开放。常州机场飞行区等级为4E，可起降除空客A380以外的所有飞机；停机坪面积16万平方米，可停放飞机20架；航站楼建筑面积3.8万平方米，拥有先进、完善的民航、口岸、安全及其他配套设施，口岸通关服务环境良好，设计年旅客吞吐量490万人次、年货邮吞吐量20万吨、高峰小时起飞19架次，是长三角地区重要的客货运国际机场。

2016年，常州空运口岸旅客吞吐量195.58万人次，同比增长8.01%；货邮吞吐量1.57万吨，同比下降10.96%；起降26 121架次，同比下降0.86%；出入境人员总数14.41万人次，同比增长34.72%；出入境旅客13.50万人次，同比增长34.50%；国际起降1 152架次，同比增长33.8.%。

【淮安空运口岸（淮安涟水国际机场）】 淮安涟水国际机场位于江苏省涟水县保滩镇，距淮安市中心22千米。淮安涟水机场于2009年3月开工建设，工程按照满足年旅客吞吐量60万人次需求建设，跑道长为2 400米，飞行区近期等级为4C，兼顾D类，远期为4E。有5个停机位，机型以B737、A320系列机型为主，兼顾D328、CRJ200、ERJ145等支线飞机使用。航站楼面积14 700平方米，其中国际候机楼面积7 200平方米。淮安涟水机场于2010年9月26日正式通航，2012年11月，国家口岸办批准同意淮安空运口岸临时开放；2012年12月23日，开通了淮安至香港包机航班；2013年，淮安涟水机场列入国家口岸开放年度审理计划；2014年8月10日，国务院下发《关于同意江苏淮安涟水机场对外开放的批复》，同意淮安涟水机场对外开放；2015年1月6日，涟水空运口岸开放顺利通过国家验收。2016年，淮安涟水机场二期扩建工程初步设计正式获江苏省发改委和民航华东地区管理局联合批复，标志着项目审批手续全部完成，目前二期扩建工程正有条不紊的开展。机场陆续开通至北京、上海、广州、西安、沈阳、大连、天津、云南、厦门、哈尔滨、中国台北、中国香港、中国台湾、日本和泰国等20多条国际（地区）、国内航线，运营情况良好。

2016年，淮安空运口岸共安全保障运输航班起降23 215架次，同比增长131.04%；完成旅客吞吐量86.15万人次，同比增长70.68%；完成货邮吞吐量4 637.47吨，同比增长23.52%。出入境人员35 742人次，同比增长213.0%，其中入境17 974人次，出境17 768人次。

【扬泰空运口岸（扬州泰州国际机场）】 扬州泰州国际机场是由扬州、泰州两市按8∶2比例投资合建的民用机场，总投资20.81亿元。机场飞行区等级指标为4C，预留4D发展空间，跑道长2 400米（800米延长工程正在建设中）、宽45米，站坪机位13个，航站楼面积31 305平方米，其中国际功能区面积8 219平方米，配套建设通信、气象、医疗、消防救援等辅助设施。

2016年2月25日，经中国民航总局批复，扬州泰州机场正式更名为扬州泰州国际机场。2016年5月12日，圆满完成了马尼拉押解嫌疑犯包机任务。截至2016年12月，机场已累计开通国内外航线36条，其中国际（地区）航线10条。2016年夏秋季执行的国际（地区）航线7条，包括曼谷、大阪、普吉、济州、清州、首尔、中国台北航线。2016年全年国际地区旅客吞吐量20.7万人次，在江苏省9座机场中仅次于南京禄口国际机场、无锡硕放国际机场，位列第3位，国际（地区）航班平均客座率达到95%以上。

【南通空运口岸（南通兴东国际机场）】 南通兴东国际机场位于南通市通州区兴东街道，1993年正式通航，是江苏最早通航的民用机场。中国民航总局总体定位为“上海国际航空枢纽辅助机场”。机场跑道及平滑道长度3 400米，飞行区等级4D，兼顾E类飞机起降要求。候机楼面积1.5万平方米，站坪面积33万平方米，停机位34个，满足客运、货运、通用航空、航空会展等各类保障需求。

2015年3月11日，国务院正式下发《关于同意江苏南通兴东机场对外开放的批复》，并相继通过省级和国家级验收。2015年10月2日，机场首个国际航班正式起航飞往韩国首尔仁川机场，实现了“当年批复、当年验收、当年通航”。此后陆续开通至大阪、中国台北、曼谷、名古屋、济州岛、普吉岛、芽庄等国际（地区）航线。

近5年，机场客货吞吐量年平均增速超过40%。2016年，旅客吞吐量153.8万人次，其中国际（地区）旅客吞吐量超过10万人次，货邮吞吐量4.27万吨，保障起降21 279架次。

【连云港水运（海港）口岸】 连云港水运口岸地处我国沿海中部，江苏省东北部、黄海海州湾西南岸。港口始建于1933年，1956年对外国籍船舶开放，1973年开始大规模建设。经过多年的建设与发展，连云港现已成为全国沿海25个主要港口、12个区域性主枢纽港，长三角地区7个国家及综合运输枢纽之一。连云港依托独特的区位优势，成为苏北、鲁南及中西部地区最便捷的出海口岸，对外贸易和交通运输的重要通道，是亚欧大陆间国际集装箱水陆联运的重要中转港口。连云港口岸南联长三角，北接渤海湾，隔海东临东北亚，西连中西部地区以致中亚，是“沟通东西、连接南北”的重要战略枢纽。以郑州为起点，中西部到连云港，铁路运距比到青岛近500千米，比到日照近300千米，比到上海近480千米。从连云港经陆桥运输到欧洲，相比原有的陆上运输通道缩短了2 000千米运距，比绕道印度洋和苏伊士运河的水运距离缩短了1万千米。连云港口岸是江苏最早对外开放的口岸。目前，连云港拥有1个国家海港开放口岸、47个开放性生产泊位，赣榆、徐圩等新建港区实现临时开放。

2016年，连云港水运口岸实现港口吞吐量22 134.96万吨，同比增长5.03%。集装箱470.33万标箱，同比下降6.1%。完成外贸运量11 232.9万吨，同比增长11%，其中外贸出口完成1 769.1万吨，同比下降20.94%；外贸进口完成9 463.7万吨，同比增长22%。出入境船舶8 143艘次，同比增长2.8%，其中出境船舶4 105艘次，同比增长51%；入境船舶4 038艘次，同比下降22.3%。全年共受理出入境报检49 043批次，货物金额131.66亿美元，业务总量全省领先。截获有害生物580种、24 719种次，全国首次截获有害生物15种，其中检疫性有害生物80种、2 957种次。货物检验检疫34 452批次，同比增加了1.36%，其中出境货物检验检疫23 410批次，同比增加了4.53%；入境货物检验检疫11 042批次，同比下降了4.76%。出入境人员查验159 772人次，同比下降了19.35%，其中出境人员75 505人次，同比下降21.1%；入境人员84 267人次，同比下降了17.72%；空港完成旅客吞吐量突破85万人次，同比增长了21.4%。

【大丰水运（海港）口岸】 大丰水运口岸位于江苏1 040千米海岸线港口空白带的中心位置，利用此海域特有的潮汐通道“西洋深槽”建设深水码头，“西洋深槽”水深稳定，15米等深线宽3千米~4千米，长55千米，与外海深水贯通，可进出10万吨级船舶。大丰水运口岸区位优势明显，集疏运体系完善，是国家交通部规划填补沿海港口空白带的项目，是江苏省沿海重点建设的三大港口之一，2006年6月13日被国务院批准为国家开放口岸，2007年9月20日正式对外开放。

大丰水运口岸目前已建成并对外开放了一期码头、二期码头、大件码头、石化码头、集装箱码头、通用码头6座码头、17个万吨级泊位。2016年1月，大丰港汽车滚装码头建成试运营。目前，大丰水运口岸已开通至韩国仁川港、釜山港、光阳港、平泽港、木浦港的国际集装箱班轮航线，至日本的门司港、博多港航线，至俄罗斯的木材航线，与中国台湾基隆港直航，可经上海港、宁波港中转至世界各大港口的国际航线，并开辟了大丰港至宁波港、上海港、青岛港的外贸内支线。

2016年，大丰水运口岸完成外贸货物吞吐量1 207.71万吨、外贸集装箱运量30.2万标箱，分别增长25.65%、49.41%。

【南通如东水运（海港）口岸】 南通如东水运口岸位于江苏东部江海交汇处，地处中国经济最为发达的长三角北翼，距南京约300千米，距上海120千米，位于上海一个半小时经济圈。陆路距苏通大桥70千米，距崇启大桥84千米，海上距上海港约150千米。随着“一带一路”“长江经济带”“长三角一体化”“江苏沿海开发”四大国家战略全面实施，洋口港以独特的区位优势、强有力的发展态势开启了江苏出江入海的新通道，成为集石油化工、能源开发、装备制造、仓储物流、石材产业等为一体的多元化产业型港口。

2014年8月，国务院正式同意洋口港对外开放，开放岸线共6 910米，15个泊位，2015年11月17日通过国家验收。同时10万吨级LNG码头、万吨级重件码头正式对外开放。2016年，洋口港5 000吨级液体化工码头通过国家验收，正式对外开放。

2016年，南通如东水运口岸完成货物吞吐量245.7万吨，比上年增50.5%，其中LNG230.6万吨，液体化工品7.8万吨，钢板、石材等7.3万吨。外贸运量230.6万吨，比上年增46.6%，其中外贸货品主要为进口LNG。江苏LNG项目由中石油集团投资，一期规模接卸液化天然气350万吨/年，二期规模增至650万吨/年，槽车充装规模增至100万吨/年；远期将达到1 000万吨/年以上规模。一期工程总投资63.3亿元，于2011年5月24日投产运行。二期工程总投资10亿元，于2016年11月投产运行。截至2016年年底，江苏LNG接收站已顺利接卸LNG船139艘，接卸LNG总量1 258万吨，为保障华东地区的能源供应做出了重要贡献。

【南通启东水运（海港）口岸】 2014年8月，国务院正式同意启东港对外开放。启东水运口岸地处黄海、东海与长江“T”形结合部，由沿海吕四港区和沿江启海港区两部分组成。港区与临海高等级公路、崇启大桥、沪陕高速、336省道、宁启铁路等相连成网，是承接江海联运和水陆联运的重要枢纽，具备良好的货物集疏运条件。启东水运口岸与上海相距仅50多千米，有崇启大桥与之相连，直接纳入上海1小时经济圈。

2016年，国际航行船舶进靠启东口岸54艘/次，新造出口船舶13艘。

【南通水运（河港）口岸】 南通水运口岸地处长江和沿海“T”形经济发展带的交汇点上，是我国发展综合运输的沿海主枢纽港、上海国际航运中心北翼的重要组成部分。1982年，南通水运（河港）口岸经国务院、中央军委批准对外开放，现与世界上100多个国家和地区的300多个港口通航。作为长江北岸由海入江的第一港，长江上第一座万吨级泊位、5万吨级泊位、10万吨级泊位均在此诞生。2016年，南通港完成货物吞吐量2.26亿吨，同比增长3.6%，从主要货种来看，煤炭、金属矿石两大货种吞吐量接近总吞吐量的一半。其中，煤炭完成5 206万吨，同比增长4.79%；金属矿石完成5 791万吨，同比增长1.92%。此外，吞吐量在1 000万吨以上的还有矿建材料3 477万吨，同比下降9.16%；水泥1 849万吨，同比增长33.6%；石油及制品1 497万吨，同比增长9.75%；粮食1 030万吨，同比下降1.2%。集装箱全年箱量达到82.69万标箱，同比增长9%。

2016年，南通水运（河港）口岸新增中天科技、中远重工2座开放码头，开放码头泊位数达到42个，其中万吨级以上泊位38个，5万吨级以上泊位28个。全年完成外贸吞吐量4 127.3万吨，同比增长9.78%；进靠国际航行船舶4 371艘次，同比增长6.14%；外贸集装箱35.1万标箱，同比增长13.25%。各项指标再创历史新高。

【南京水运（河港）口岸】 南京水运口岸地处长江下游，距吴淞口360余千米，港辖区沿长江两岸分布，南岸全长104.2千米，北岸全长91千米，航道维护水深至2010年已达10.5米，可满足3万吨级海轮常年通航、5万吨级海轮乘潮通航。长江南京港是我国沿海25个主枢纽港之一。1986年3月，经全国人大常委会批准，南京港对外国籍船舶开放。2016年度，欧德油储7号码头已获江苏省政府批准正式开放；南化5号码头已通过省级验收。

2016年，南京水运口岸完成货物外贸运量2 145万吨，同比增长17.3%；外贸集装箱94万标箱，同比增长11.5%；水运口岸入出境（港）船舶数1 712艘次，同比下降34.05%。

【张家港水运（河港）口岸】 张家港水运口岸东距上海吴淞口146.5千米，西离南京港219.4千米，南与杭嘉湖地区相连，北通苏北各港。港口面江、傍河、通海，具有水水中转优势。可承接钢材、木材、化工品、粮油、煤炭、集装箱、件杂货等不同货种的中转储运。随着江苏省大交通格局的形成，港口陆路运输网络不断健全，自港口出发，1小时车程可覆盖苏州、无锡、常州、南通，2小时车程可到达上海、南京、杭州。港口岸线西起长山（与江阴交界），东至东沙（与常熟接界），全长80.4千米，其中主江岸线63.6千米、深水岸线约40千米。岸线顺通，-10米以下深水贴岸，不冻不淤，并有江心福姜沙作天然屏障，是得天独厚的避风良港。口岸年平均气温15.2℃，相对湿度76%，每秒风力3.8米，属亚热带海洋性气候。作为苏州、无锡、常州地区对外开放的重要门户，港口拥有富庶的经济腹地和区港一体的自然条件，是长江内河流域最早对外开放的口岸。

2016年，张家港水运口岸完成货物吞吐量

2.6亿吨，比2015年增长3.9%，其中金属矿石7 438.8万吨、煤炭及制品6 352.8万吨、钢铁3 066.1万吨、矿建材料1 825.7万吨、化工原料及制品1 309.9万吨、粮食825.4万吨、木材625.3万吨、化肥及农药310.4万吨、石油天然气及制品276.2万吨、水泥135.4万吨、机械设备28.2万吨。外贸运量6 102.2万吨，比2015年增长2%，其中外贸进口4 126.5万吨，依托汽车整车进口口岸、化工品交易中心、纺织原料市场、进口消费品市场、进口肉类指定口岸等特色载体，口岸汽车整车、液体化工品、羊毛、棉花、肉类、红酒等特色货种进口量持续位居江苏省同类口岸之首。集装箱运量98.3万标箱，比2015年下降2.3%。货物吞吐量全省领先，居全国县域口岸首位；外贸运量和集装箱运量在长江港口位列前茅。

【太仓水运（河港）口岸】 太仓水运口岸位于江苏省东南部、长江入海口南岸，距上海、苏州市区均约60千米。太仓港是郑和七下西洋起锚地，地处长江和沿海交汇处，拥有38.8千米长江岸线和-12.5米深水航道，是难得的天然良港，自1992年开发建设以来，先后被国家定位为上海国际航运中心重要组成部分、集装箱干

线港、江海联运中转枢纽港，被江苏省确定为重点建设的“江苏第一外贸大港”，江苏省、苏州市经济社会发展和促进苏南现代化建设的重要依托。太仓水运口岸共规划港口岸线28.20千米，分鹿河、新泾、荡茜、浮桥、茜泾5个作业区，主要功能为重点服务于长三角及长江沿线地区，以集装箱干线运输和铁矿石、煤炭中转运输为主，相应开展石油化工品中转储运，并兼顾临港产业开发。

截至2016年年底，太仓港水运口岸已建成码头泊位87个，其中万吨级以上泊位34个，集装箱泊位10个，设计吞吐能力1.45亿吨、435万标箱。2016年，全港完成集装箱吞吐量408.1万标箱、货物吞吐量2.32亿吨、外贸货物吞吐量7 472万吨，分别增长10.1%、13%和12.71%，增幅居全国主要港口前列，名列全国集装箱港口第一方阵，并成为长江集装箱运输第一大港、长江外贸第一大港、全国木材进口第一口岸、长江进口铁矿石第一大港。已开辟各类集装箱航线183条，其中近洋航线22条，挂靠日本、韩国、东南亚和中国台湾地区18个港口；内贸航线45条，覆盖沿海21个主要港口；长江（运河）航线76条，长江沿线7个省（市）48个港口集装箱集并至太仓港出海；开辟了每8小时1班至洋山港五定“太仓快航”，使太仓港至洋山港集装箱班轮航线达到每周40班并实现“公交化”运营；太仓港已基本建成近洋直达集散中心、内贸转运枢纽、远洋中转基地。争取国家发改委、财政部、交通运输部同意，执行与上海外高桥港区同等的管理措施和政策，成为全国唯一一个享受海港管理政策的内河港口。获批进口水果、粮食、肉类、食用水生动物指定口岸资质。江苏省政府批准在太仓港开展国际贸易“单一窗口”等4项试点。建成投运了口岸集中查验中心、太仓港信息中心、危险品堆场，在苏州工业园区、高新区、昆山等地建立“无水港”，与上海港实现通关通检一体化，成为启运港退税扩大试点港口，打造了与上海外高桥同等的口岸通关环境。

2016年年初，太仓港连续开辟2条东南亚航线，全港近洋直达航线增至22条，覆盖范围增加到日本、韩国、中国台湾、越南、泰国5个国家（地区）18个港口，标志着太仓港近洋航线布局基本完成，奠定了太仓港近洋枢纽港地位。到“十三五”末，太仓水运口岸计划实现年吞吐量超2.5亿吨、600万标箱，建成江苏南京以下江海联运港区核心港区，并且成为深度参与上海国际航运中心合作分工的重要北翼、辐射带动长江沿线经济发展的重要进出口门户。

【常熟水运（河港）口岸】 常熟水运口岸位于苏州市北部长江南岸，地处我国长江经济带与东部沿海经济带的两条主轴线“T”形结构的交汇处，东倚上海，南连苏州，西邻无锡，北与南通隔江相望，拥有32.1千米长江主江堤岸线，进港航道总长16.5千米，1995年10月年经国务院批准为开放口岸，1996年11月对外国籍船舶开放，是苏州港重要组成部分。常熟水运口岸以散货、件杂货、集装箱运输为主，主要为长江沿线及周边地区经济发展和对外物资交流服务，经过多年发展，常熟水运口岸已成为接轨上海、对接长江经济带建设的重要地带和重要窗口，也成为常熟市经济发展和沿江产业布局的重要支撑。

常熟水运口岸布局为4个区，即兴华作业区、金泾塘作业区、铁黄沙预留作业区及白茆小沙作业区（远景）。兴华作业区是以钢材、纸浆、木材等件杂货江海物资转运和集装箱支线、喂给运输为主，内外贸相结合的综合性作业区。金泾塘作业区主要为后方常熟经济开发区的能源、原材料和产成品运输服务。铁黄沙预留作业区将以通用散杂货和集装箱运输为主，主要为常熟市经济发展和临港工业开发服务，兼顾为长江沿线及周边地区物资转运服务，铁黄沙水域扩大开放已列入国家“十三五”口岸发展规划。

截至2016年年底，常熟水运口岸已建成码头泊位59个，其中万吨级以上泊位24个；对外开放泊位26个，其中万吨级以上泊位17个。累计完成货物吞吐量8 664.7万吨、外贸量1 566.9万吨、集装箱41.5万标箱，进出港航行国际航线船舶2 806艘次，同比分别增长1.9%、5.8%、6.3%和-4.1%。累计开辟航线66条，其中内外贸集装箱航线42条，至欧洲、美洲、中东、东南亚等地的近远洋件杂货班轮航线24条，与53个国家和地区的265个国际港口通航。

建港以来最大的木材船——
巴拿马籍“新想象”轮停靠常熟港

【镇江水运（河港）口岸】 镇江水运口岸位于长江与京杭运河两条黄金水道的十字交汇处，上距南京87千米，下距长江入海口279千米。1986年经国务院批准对外开放，是我国沿海25个主要港口和两岸海上直航大陆63个港口之一，是国家主枢纽港、长江三角洲地区重要的对外开放口岸。

镇江市规划港口岸线总长126千米，其中深水港口岸线75.10千米。截至2016年年底，已利用港口岸线42.71千米，其中深水岸线32.36千米。镇江港拥有码头泊位173个，设计吞吐能力达14 237万吨，其中集装箱通过能力达100万标箱。从泊位等级看，万吨级以上泊位55个，5万吨级以上泊位35个，最大泊位达7万吨级。从泊位性质看，公用码头泊位84个，货主码头泊位89个。

镇江水运口岸下辖高资、龙门、谏壁、大港、扬中、高桥、新民洲7个港区，主要经营煤炭、矿石、钢材、豆类、植物油、木材等散杂货及集装箱业务，是长江中上游地区大宗物资江海中转效益最佳区段，具有江海直达和海江河转运的区位优势，-12.5米水深航道已基本具备通航能力，5万吨级船舶可常年通航，具备深水码头成片规模开发建设的条件，具有持续发展的广阔空间。镇江港与沪宁城际铁路、京沪高速铁路等铁路主干线相连接，沪宁高速、扬溧高速、沿江高速、312国道、104国道等公路主干线连接各大港区，润扬大桥连接大江南北，泰州长江公路大桥穿越镇江港扬中港区，港口距南京禄口国际机场仅1小时车程，集疏运条件畅通便捷，是多种运输方式交汇的中转枢纽港和物流中心港。

镇江水运口岸共有对外开放泊位43个，已与世界上70多个国家近300个港口建立外贸运输业务，建有镇江综合保税区、中远物流保税仓库、金东纸业保税仓库、惠龙港务出口监管仓库、李长荣化工液体化学品保税罐等特殊监管区域。

2016年镇江水运（河港）口岸货物吞吐量情况

	2016年
一、港辖区货物吞吐量（万吨）	10 066.16
公用码头	5 890.28
货主码头	4 175.88
二、外贸货物吞吐量	2 946.19
公用码头	1 589.36
货主码头	1 356.83
三、集装箱（万标箱）	37.3
港务集团	37.3
货主码头	无

2016年，镇江水运口岸完成货物外贸吞吐量2 964.19万吨，同比增长29.49%；外贸集装箱18.09万标箱，同比增长19.31%。

【江阴水运（河港）口岸】 江阴水运口岸东距上海180千米，西至南京204千米，沿江深水岸线长达35千米，处于长江A、B级航道分界点，是江海河联运、水公铁换装的天然良港，也是无锡地区唯一的出海通道。1992年5月20日，经国务院批准，江阴水运口岸正式实现对外开放。2009年江阴港跨入亿吨大港行列。截至2016年年底，江阴水运口岸建有千吨级以上生产性泊位126个，其中万吨级以上泊位38个（10万吨级码头泊位5个），最大靠泊能力达15万吨级，年设计货物总吞吐能力约1.1亿吨，石化仓储能力近300万立方。目前，江阴港口岸共有40个泊位对外国籍船舶开放。

江阴水运口岸与日本、韩国、中国台湾等国家和地区开通了集装箱直达航线，与上海外高桥和洋山港开通了天天班外贸内支线。截至2016年，江阴港集装箱班轮航线达53条，航班密度每周112班；件杂货航线16条，为上百家江阴及周边规模企业打造了畅通高效的物流通道。

2016年，江阴水运口岸完成货物吞吐量1.32亿吨，集装箱吞吐量47.65万标箱，同比分别增长4.73%、4.19%。其中，外贸吞吐量完成2 379.61万吨，同比增长54.73%，主要进出口货种为化工品、金属矿石、钢铁、石油及制品、煤炭。

【扬州水运（河港）口岸】 扬州水运口岸位于江苏中部、长江下游北岸、江淮平原南端，地处长江和京杭大运河交汇处。1992年11月29日扬州水运口岸经国务院批准对外开放。

扬州境内长江岸线有81千米，其中开放岸线近70千米。沿江有仪征、广陵、江都、邗江1市3区和国家级扬州经济技术开放区。

扬州水运口岸布局为“一港三区”，主港区为六圩港区，江都港区、仪征港区分列两翼，具有广阔的经济腹地和江海河联运的区位优势，共有各类码头泊位45个，其中万吨级以上泊位31个，开放泊位22个。六圩港区现有万吨级泊位8个，以集装箱运输为主，兼顾木材、煤炭、铁矿石等大宗散货；江都港区距扬州市区36千米，现有万吨级泊位13个，将以件杂货为主；仪征港区距扬州市区29千米，现有万吨级以上泊位10个，是一个以液体化工为主的专业港区，近年来，港区后方扬州化学工业园区的迅速崛起，众多大型化工项目落户园区。

目前，扬州水运口岸已与全球50个国家和

地区的120个港口有货物中转往来，每周有30多个航班从扬州至上海外贸集装箱支线运输，40多个航班从事内贸集装箱支干线运输，通达世界50个国家120个港口，为江苏苏北、苏中地区从“运河经济”迈向“江海经济”架起了金桥。2016年，完成货物吞吐量9 300万吨，集装箱吞吐量50万标准箱；外贸运量917万吨，外贸集装箱量23.6万标准箱。

【泰州水运（河港）口岸】 泰州水运口岸地处江苏中部、长江下游北岸，是长江中上游西部地区物资中转运输的重要口岸，是江海河联运、铁公水中转、内外贸运输的节点，是上海组合港中的配套港、国际集装箱运输的支线港和喂给港。泰州水运口岸以泰州港高港、泰兴两个港区为主体，共有长江岸线44千米，已全线对外开放。泰州水运口岸常年通航靠泊万吨级海轮，与世界上60多个国家和地区的70多个港口有运输往来，可承接钢材、木材、化工品、粮油、煤炭、集装箱、件杂货等不同货种的中转储运，是全国木材、钢材、粮油、化工品等货物的重要中转港和国际贸易商港，2016年货物吞吐量达1.69亿吨。

泰州水运口岸于1992年11月经国务院批准设立，原隶属扬州口岸运行。2001年8月，随着泰州各口岸查验机构的设立，泰州水运口岸经过批准单列运行。

2016年，泰州水运口岸完成外贸货运量1 175.16万吨，同比增长21.3%；外贸集装箱运量8.5万标箱，同比增长7.7%。

【常州水运（河港）口岸】 常州水运口岸位于常州市新北区境内，长江南岸，北隔长江与泰兴相望，上距南京长江大桥167千米，下至上海吴淞口180千米。2001年4月经国务院批准对外国籍船舶开放，拥有较完善的开放配套设施和良好的口岸通关服务环境，是长江下游地区重要的集疏运进出口通道。拥有对外开放的万吨级长江深水泊位9个。其中，集装箱专用泊位2个，年可接卸集装箱30万标箱；液体化工品专用泊位3个，可接卸液体化工品种类50多个；散货及件杂货泊位4个。

2016年，常州水运口岸完成货物总吞吐量为4 031.05万吨，同比增长11.38%。其中，外贸运量565.25万吨，同比增长38.09%。全年集装箱运量21.51万标箱，同比下降0.82%。其中，外贸集装箱14.05万标箱，同比增长2.83%。国际航行船舶590艘次，同比增长11.95%。出入境人员6 985人次，同比下降37.74%。

【如皋水运（河港）口岸】 如皋水运口岸位于长江三角洲北翼，“长寿之乡”江苏省如皋市最南端，与张家港隔江相望，距上游江阴港36千米、南京港200千米，距下游南通港24千米、上海港120千米，距离入海口223千米。如皋港现有长江岸线48千米，其中深水岸线约17.56千米、人工港池岸线14.20千米。截至2016年年底，共有已开放泊位19个，其中公用泊位8个（散杂货泊位4个，集装箱、件杂货泊位4个）、化工品泊位5个、舾装泊位5个、专用材料泊位1个。

2016年实现外贸货物吞吐量797.21万吨，同比上涨63.99%；集装箱6.51万标箱，同比增长128.76%。如皋水运口岸外贸货物主要为散杂货和危化品，散货货种主要为煤炭、金属矿石等，危化品主要货种为基础油、棕榈油等。散货吞吐量主要依托于港务集团码头，该公司建有2个15万吨级公用泊位，2个5万吨级公用泊位，有4 043式门座式起重机15台，大型装载机18台，后沿堆场近70万平方米，是长江北岸重要的货物集散地，2016年度散杂货外贸吞吐量536.73万吨，同比增长44.35%；危化品吞吐量主要来源于诚晖石化等四家石化企业，2016年度危化品外贸吞吐量223.53万吨，同比增长104.32%。如皋水运口岸已经成为华东地区重要的、极具发展潜力的危险品仓储、中转基地，拥有各类大小储罐233个，具有200万立方米的储存能力和每年2 000万吨的吞吐能力。

【靖江水运（河港）口岸】 靖江水运口岸地处长江下游北岸，上海与南京中间地段，江苏沿海与沿江经济带T形交汇处，地理位置优越，拥有开放岸线47.78千米，其中宜港岸线40.1千米，分夹港、八圩、新港3个作业区，规划泊位数达110个，总通过能力达2.1亿吨。

靖江水运口岸于2012年11月经国务院批准设立，2013年8月通过国家口岸办组织的验收后正式对外开放，现有对外开放码头15个，共32个万吨级以上泊位，其中盈利港务、龙威粮油港务分别获批木材和粮食进境指定口岸，口岸形成了船舶修造、粮食、木材、石化、金属、矿石六大产业。

靖江水运口岸管理服务体系完善。靖江海事处、靖江海关、靖江出入境检验检疫局、靖江边防检查站、长江引航中心靖江引航站、长江靖江航道管理处等先后设立，全面实施了长三角区域通关一体化改革。目前，已进驻船货代企业10家、理货公司2家、外供服务企业20家、油污水接收处理企业10家、拖轮公司3家。

2016年，靖江水运口岸完成港口货物吞吐量9 700万吨，其中外贸1 060万吨，进出国际籍船舶1 707艘次，进出境人员34 081人次，分别上升36.3%、14%和10.2%。

2016年江苏省口岸大事记

1月16日

洋口港2016年进靠的第二艘LNG运输船“索哈儿”号轮完成了6万吨液化天然气的卸载任务，中石油江苏LNG接收站接卸量突破1 000万吨大关。

2月29日

《国务院关于同意在无锡常州徐州盐城4个空运口岸开展口岸签证工作的批复》，同意常州空运口岸外国人落地签证。

3月22日

中华人民共和国如东海关在洋口港口岸联检中心正式揭牌，宣布正式开关。

5月19日

中国常州检验检测论证产业园揭牌，“一带一路”国家检验检测联盟合作备忘录在常州签约。

7月29日

常州国际机场通过进境食用水生动物指定口岸建设验收。

7月8日

如东出入境检验检疫局正式开检，标志着洋口港对外开放迈上了新台阶。

8月10日

中国香港“富盛”轮载运6名在海上被救起的越南籍落水渔民靠泊镇江大港码头。

12月7日

大丰港进口木材检疫处理区通过国家质检总质、林业局、中科院等相关部门组织的正式验收，投入运营。

（撰稿人：王永忠）

2016 年江苏省口岸流量统计表

口岸类型		口岸名称	货运量（万吨）				集装箱量（万标箱）				人员（万人次）				交通工具（辆、艘、架、列次）			
			出口	进口	合计	同比（%）	出口	进口	合计	同比（%）	出境	入境	合计	同比（%）	出境	入境	合计	同比（%）
空运口岸		南京			13.4	-3.70		4 127.25					276.00	18.80				
		徐州			0.019	103.30		797.21					16.89	19.03				
		盐城			0.031	-16.80							11.31	23.48				
		无锡			0.196	0.6		2 166					64.70	25.30				
		分计			14.406	-3.25		7 090.46					368.90	16.15				
陆运口岸	公路																	
	铁路																	

续表

口岸类型		口岸名称	货运量（万吨）				集装箱量（万标箱）				人员（万人次）				交通工具（辆、艘、架、列次）			
			出口	进口	合计	同比（%）	出口	进口	合计	同比（%）	出境	入境	合计	同比（%）	出境	入境	合计	同比（%）
水运口岸	海港口岸	连云港			11 232.88	12.42			255.08	-3.66								
		大丰			1 207.71	25.65			30.16	49.41								
		分计																
	河港口岸	南通			4 127.25	9.80			35.14	13.30								
		如皋			797.21	63.99			-	-								
		张家港			6 102.60	2.00			51.58	2.60								
		南京			2 166	17.20			96.00	12.30								
		镇江			2 964.19	29.49			18.09	19.31								
		江阴			2 379.61	54.70			5.53	-15.30								
		扬州			916.76	11.10			23.63	-17.10								
		泰州			1 175.16	21.30			8.51	7.70								
		靖江			1 060.10	29.10			-	-								
		太仓			7 472.45	12.71			172.09	12.1								
		常熟			1 566.90	5.80			25.32	10.10								
		常州			565.25	38.10			14.05	2.80								
		分计																
合计					43 734.47	14.92			735.19	2.14								
同比（%）																		

（江苏省口岸办提供）

2016 年江苏省口岸出入境主要数据表

项目			2016 年	2015 年	同比（%）
出入境人员（人次）	出入境人员总数		4 703 422	3 912 100	20.23
	入境人员		2 363 238	1 967 842	20.09
	出境人员		2 340 184	1 944 258	20.36
	出入境旅客		3 932 304	3 193 168	23.15
	出入境员工		771 118	718 932	7.26
	中国公民	小计	3 944 157	3 242 918	21.62
		内地居民（因公）	295 222	295 631	-0.14
		内地居民（因私）	3 110 903	2 481 849	25.35
		港澳居民	141 788	136 122	4.16
		台湾同胞	396 244	329 316	20.32
	外籍人员		759 265	669 182	13.46
	从海港出入境人数		569 578	593 312	-4.00
	从陆港出入境人数				
	从空港出入境人数		4 133 844	3 318 788	24.56
交通运输工具（辆、艘、架、列次）	总计		54 460	48 460	12.38
	船舶		27 619	27 063	2.05
	飞机		26 841	21 397	25.44
	火车		0	0	0.00
	机动车辆		0	0	0.00

（江苏省公安边防总队提供）

2016年南京海关主要数据统计表

项目		2016年	同比（%）
进出口货运量（万吨）	合计	3.8	14.8
	进口	3.0	16.9
	出口	0.8	7.4
进出口贸易总值（万美元）	合计	3 149.8	-6.7
	进口	1 574.1	-6.9
	其中：江、海运输	935.4	-6.3
	铁路运输	4.2	3.4
	汽车运输	62.5	-28.2
	航空运输	571.7	-5.0
	邮件运输	0.2	3.5
	其他运输		
	出口	1 575.7	-6.4
	其中：江、海运输	949.4	-3.5
	铁路运输	27.3	35.6
	汽车运输	71.7	-16.9
	航空运输	526.3	-11.0
	邮件运输	0.9	-52.4
	其他运输		
税收（万元）	两税合计	1 367.3	2.9
	关税入库	192.4	2.0
	进口环节税入库	1 174.9	3.1

（南京海关提供）

2016 年江苏省出入境检验检疫业务统计表

项目		货物检验检疫				交通工具				集装箱（标箱）		发现动植物疫情		货物通关		出入境人员查验（人次）	健康检查及预防接种（人次）			
		批次	金额（万美元）	检验检疫不合格		船舶（艘）	飞机（架）	火车（列）	汽车（辆）	合计	检出问题	种类数	种次	批次	金额（万美元）		健康检查	艾滋病监测	发现病例	预防接种
				批次	金额（万美元）															
本年累计		675 473	8 415 716. 09	39 548	1 497 704. 07	30 689	26 661	0	0	3 188 523	33 404	2 709	188 715	719 892	8 326 928. 28	4 857 201	103 724	103 156	3 029	65 447
其中	出境	366 333	1 808 122. 55	7 572	43 575. 10	15 889	13 366	0	0	1 475 238	69	46	150	305 691	1 810 996. 35	2 425 450	86 657	86 148	2 647	65 008
	入境	309 140	6 607 593. 54	31 976	1 454 128. 97	14 800	13 295	0	0	1 713 285	33 335	2 663	188 565	414 201	6 515 931. 94	2 431 751	17 067	17 008	382	439
同比（%）		2. 06	-6. 98	-6. 67	-19. 33	5. 07	27. 99	0	0	0. 25	-24. 94	3. 87	-8. 90	15. 71	-6. 68	25. 88	-15. 97	-16. 1	-20. 12	-11. 15
其中	出境	-0. 57	-11. 94	-7. 76	17. 00	10. 22	28. 00	0	0	1. 40	-12. 66	-19. 30	-28. 91	37. 17	13. 54	26. 56	-16. 27	-16. 42	-17. 56	-10. 78
	入境	5. 37	-5. 52	-6. 41	-20. 08	0. 05	27. 97	0	0	-0. 71	-24. 96	4. 39	-8. 88	3. 74	-11. 08	25. 21	-14. 39	-14. 46	-34. 14	-44. 92

（江苏出入境检验检疫局提供）

2016 年江苏海事局进出港船舶统计汇总表

船舶类别	进港船舶							出港船舶						
	艘数（艘）	总 吨（吨位）	总载重量（吨）	载客量（客位）	船员人数（人次）	货物到达量（吨）	旅客到达量（人）	艘数（艘）	总 吨（吨位）	总载重量（吨）	载客量（客位）	船员人数（人次）	货物发送量（吨）	旅客发送量（人）
总 计	969 793	1 780 785 541	2 371 859 029	134 632 732	1 064 713	972 510 054	30 461 718	965 112	1 758 439 384	12 630 717 513	130 754 898	1 073 043	116 031 175	25 535 621
中国籍船舶	953 074	1 463 983 307	1 841 263 788	134 632 732	732 239	758 930 431	30 461 672	948 339	1 440 031 246	12 097 460 830	130 754 193	740 734	73 367 192	25 535 621
其中外贸船	1 526	11 696 231	16 962 809	0	30 194	8 704 782	0	1 385	11 383 350	16 684 646	0	28 230	4 856 893	0

（江苏海事局提供）

浙 江 省

浙江省口岸分布示意图

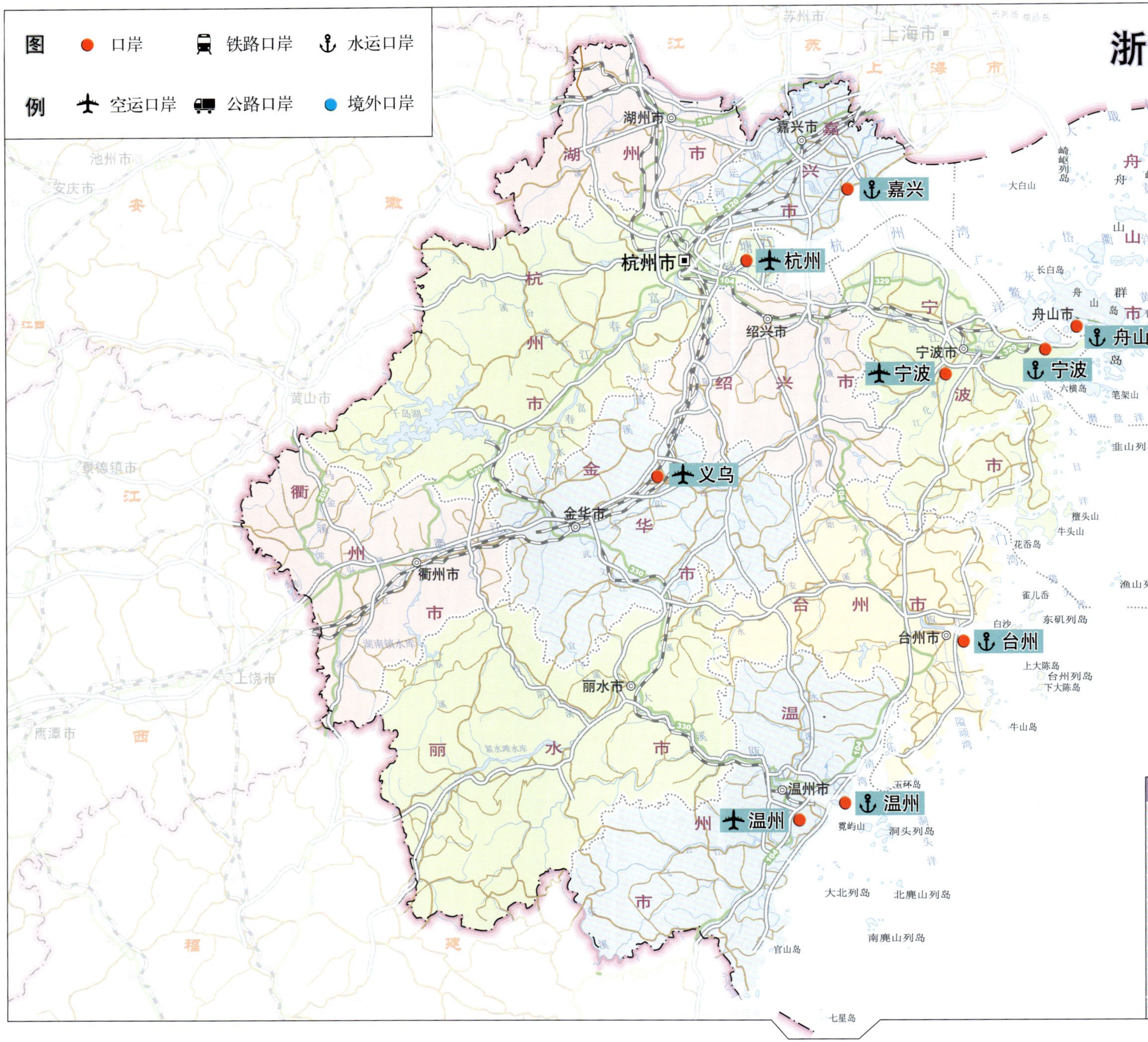

口岸名称	批准开放时间	开放状态
杭州空运口岸	1980	国际常年
宁波空运口岸	1992.7	国际常年
温州空运口岸	1994.9	国际常年
义乌空运口岸	2014.7	国际常年
宁波水运口岸	1979.6	国际常年
舟山水运口岸	1986.4	国际常年
温州水运口岸	1957	国际常年
台州水运口岸	1989.5	国际常年
嘉兴水运口岸	1996.1	国际常年

口岸数量及分布

截至2016年年底，浙江省有经国务院批准的对外开放口岸9个。其中，空运口岸4个，分别是杭州空运口岸（杭州萧山国际机场）、宁波空运口岸（宁波栎社国际机场）、温州空运口岸（温州龙湾国际机场）和义乌空运口岸（义乌国际机场）；水运（海港）口岸5个，分别是宁波、舟山、温州、台州、嘉兴海港口岸。

口岸运行数据

2016年，浙江省空运口岸共完成出入境旅客567.79万人次，同比增长12.01%；出入境飞机41 203架次，同比增长9.98%；进出口货运量15.65万吨，同比增长20.94%。其中，杭州空运口岸完成出入境旅客419.56万人次、出入境飞机28 231架次、进出口货运量13.8万吨，同比分别增长13.14%、8.74%、22%；宁波空运口岸完成出入境旅客103.13万人次、出入境飞机9 278架次、进出口货运量1.71万吨，同比分别增长8.6%、8.3%、12.5%；温州空运口岸完成出入境旅客40.52万人次、出入境飞机3 274架次、进出口货运量1 028吨，同比分别增长29.91%、26.41%、7.19%；义乌空运口岸完成出入境旅客4.58万人次、出入境飞机420架次，同比分别增长29.39%、19.66%。

2016年，浙江省水运（海港）口岸共完成进出口货运量44 241.57万吨，同比增长3.13%；进出口集装箱运量1 825.86万标箱，同比增长4.25%；入出境船舶30 113艘次，同比减少5.17%。其中，宁波水运（海港）口岸完成进出口货运量29 966.7万吨、进出口集装箱运量1 742.1万标箱、入出境船舶16 588艘次，同比分别减少0.8%，增长4.1%、0.1%；舟山水运（海港）口岸完成进出口货运量11 852.69万吨、进出口集装箱运量22.97万标箱、入出境船舶9 419艘次，同比分别增长11.7%、5.7%，减少22.1%；温州水运（海港）口岸完成进出口货运量382.79万吨、进出口集装箱运量11.94万标箱、入出境船舶953艘次，同比分别增长9.31、减少7.8%、减少1.85%；台州水运（海港）口岸完成进出口货运量873万吨、进出口集装箱运量6.22万标箱、入出境船舶2 224艘次，同比分别增长13.7%、5.6%、3.97%；嘉兴水运（海港）口岸完成进出口货运量1 166.39万吨、进出口集装箱运量42.63万标箱、入出境船舶929艘次，同比分别增长22.11%、15.38%、25.88%。

2015年浙江省进出口货值统计表

	进出口值（亿元）	出口值（亿元）	进口值（亿元）	同比（%）		
				进出口	出口	进口
全省合计	22 202.1	17 666.5	4 535.6	3.1	3.0	3.7
省级公司	375.9	294.7	81.2	-16.1	-15.1	-19.4
杭州市	4 110.0	3 019.0	1 091.0	11.7	9.5	18.3
宁波市	6 262.1	4 359.4	1 902.7	0.9	-1.4	6.5
温州市	1 192.8	1 060.4	132.4	-1.3	-0.1	-9.5
湖州市	674.1	594.4	79.7	6.5	8.2	-5.0
嘉兴市	2 068.0	1 549.9	518.1	7.2	9.0	2.4
绍兴市	1 820.9	1 686.2	134.7	-1.8	0.2	-21.4
金华市	3 186.0	3 110.7	75.4	4.7	5.1	-12.4

续表

	进出口值（亿元）	出口值（亿元）	进口值（亿元）	同比（%）		
				进出口	出口	进口
衢州市	279.8	199.9	79.9	2.8	-1.5	15.3
舟山市	696.1	413.8	282.3	-4.2	7.6	-17.5
台州市	1 310.8	1 169.4	141.4	-0.2	0.1	-2.6
丽水市	225.5	208.7	16.7	7.1	6.0	22.9

（杭州海关提供）

口岸综合管理

【口岸开放】 2016年4月，国家口岸发展“十三五”规划论证会在浙江舟山召开。2016年12月，国家口岸发展“十三五”规划出台，浙江省共有61个项目列入其中，包括宁波、舟山、温州、台州和嘉兴5个水运（海港）口岸共59个项目和舟山空运口岸（舟山普陀山机场）、义乌陆路（铁路）口岸的对外开放，这为“十三五”时期浙江省海洋港口一体化发展和口岸大开放格局的形成奠定了扎实的基础。

扎实推进口岸开放工作。一是做好口岸扩大开放工作。2016年1月，舟山水运（海港）口岸扩大开放获国务院批复同意。11月下旬，舟山水运（海港）口岸和嘉兴水运（海港）口岸扩大开放通过国家验收，标志着浙江省口岸开放格局进入了新阶段。二是做好项目启用验收工作。2016年1月，完成舟山水运（海港）口岸衢山港区鼠浪湖矿石中转码头1号泊位对外启用验收，保证了该码头顺利靠泊40万吨级铁矿石外轮。2016年8月，完成宁波水运（海港）口岸梅山港区滚装及杂货码头对外启用验收，填补了浙江省无专业汽车滚装码头的空白。三是做好口岸临时开放工作。2016年共完成宁波水运（海港）口岸石浦港区新港码头和舟山、台州、嘉兴等15个码头（场站）18批次临时开放申报工作。2016年8月，实现义乌铁路西站作为临时口岸继续对外开放，期限从半年延长到一年，有效保障了“义新欧”国际班列的顺利运营，也为义乌铁路口岸实现正式开放奠定了基础。四是做好口岸开放的基础工作。主动对接浙江省重大投资项目——波音首个海外工厂在舟山的落地，及时征求国家驻浙各查验单位和民航监管部门意见，积极推进口岸开放申报进程。

大力推进空运口岸国际航线开发步伐。2016年，浙江省4个空运口岸共新开通国际（地区）航线21条。杭州空运口岸开通杭州—茨城、杭州—芭提雅、杭州—福州—雅加达、杭州—昆明—加尔各答、杭州—素叻他尼（苏梅岛）、杭州—旧金山、成都—杭州—洛杉矶、北京—杭州—悉尼、杭州—青岛—温哥华9条国际航线。其中，旧金山航线是浙江省首条美洲客运航线；洛杉矶航线是继旧金山航线之后第2条美洲航线；悉尼航线是首条直达大洋洲的航线；温哥华航线是首条直达加拿大的航线，也是继旧金山、洛杉矶航线之后第3条北美航线。2016年是杭州空运口岸远程国际航线开辟数量最多、品质最高的一年。宁波空运口岸新增7条国际航线，分别是宁波—布达佩斯、宁波—富国岛，浦东—宁波—布拉格、宁波—昆明—普吉4条国际航线和宁波至孟加拉达卡、日本大阪、荷兰阿姆斯特丹3条全货机航线。其中，布达佩斯航线是宁波首条直达中东欧国家的包机航线；阿姆斯特丹航线是宁波首条洲际全货机航线；达卡航线是宁波首条南亚国际货运包机航线；大阪航线是宁波首条东亚国际全货机航线，也是国内首条跨境电商直达专线。温州空运口岸开辟直飞马来西亚沙巴、日本钏路（北海道）、越南海防、菲律宾宿务4条国际航线，并首次开通进口邮件业务，航程为波特兰—温哥华—北京—温州。义乌空运口岸开通义乌—台北定期航线，义乌成为继杭州、宁波、温州之后浙江省第4个可以直飞中国台湾地区的城市，也是大陆首个开通与台湾直航的县级市。

不断拓展口岸功能。杭州空运口岸经国务院批准自2016年1月30日起正式实施“过境144小时免签”。2016年，宁波空运口岸、温州空运口岸获国务院批准实行“落地签”。杭州空运口岸、宁波空运口岸、温州空运口岸和宁波水运（海港）口岸象山石浦港区入围第一批次通过国家验收的进境食用水生动物指定口岸名单。宁波水运（海港）口岸梅山保税港区进口肉类查验场正式通过国家验收，成为浙江第4个、宁波第2个进口肉类指定口岸查检场。宁波梅山保税港区获批开展汽车平行进口试点，这是国家在自贸试验区范围之外首次批准开展汽车平行进口试点。义乌铁路西站作为临时陆路（铁路）口岸获准筹建进口肉类指定查验场。

【口岸监管一体化】 制定并落实口岸监管一体化工作方案。2016年，浙江省把口岸监管一体化作为海洋港口一体化的重要支撑保障、口岸工作的重中之重。5月，按照“同港同标准，多家如一家”的总要求，出台《浙江省口岸监管一体化工作方案》，以浙江省政府办公厅名义下发。工作方案共细分为28项重点工作，主要是通过口岸监管部门“三互”，实现浙江省口岸跨部门、跨区域的一体化通关协作。在浙江省口岸办的牵头下，浙江省各查验部门积极落实工作方案，取得阶段性成果。

突出抓好宁波舟山水运（海港）口岸监管一体化试点。主要是加快船舶、货物在宁波舟山港内的口岸监管一体化改革。船舶方面，开展宁波舟山港内国际航行船舶移动按移泊处理改革，在舟山金塘码头至宁波北仑三期码头进行试点，海关已实现国际航行船舶在宁波舟山港内的移动申报手续从“两进两出”4次申报简化为“一进一出一移泊”3次申报。货物方面，海关对于采用“转关”模式申报的企业，研究实施转关自动审放、自动核销的实现方法；检验检疫部门在辖区范围内全面实现“出口直放”无纸化，并新增100多家企业实施“进口直通”，对入境冻水产品原料实施“进口直通”，实现“进口直通”品类的突破。

大力支持各查验单位推进相关举措落实。一是落实海关归类结果互认机制，杭、甬两关联合对88项商品制发归类指导意见、归类指导目录及预归类决定书，实现结果互认。二是探索检验检疫大宗资源性货物监管互认，实现浙、甬两局对大宗货物在水尺记重等领域的数据互认，对进境粮食开展联合检疫，做到“一次检疫，港内通行”。三是开展外籍船舶相关服务业在检验检疫方面的监管互认，允许宁波、舟山两地的外供、外轮代理企业突破经营地域限制，在宁波舟山港区域内开展业务。四是海事部门完成《宁波舟山港核心港区船舶交通管理系统安全监督管理规则》，实现对虾峙门航道、条帚门航道、核心港区定线制水域的统一管理。五是边检部门推广应用边检“全省一证通”，实现了互联网、公安网和梅沙网“三网融合”，使浙江省内海港边检站“一地办证，多地通行”。六是宁波舟山港集团完成宁波舟山港统一港口代码的调研，为下一步申报港口代码奠定扎实基础。

【口岸大通关建设】 加快建设国际贸易“单一窗口”。2016年6月1日，浙江国际贸易“单一窗口”门户网站正式上线。该门户集成了浙江电子口岸、宁波电子口岸相关应用，通过统一认证服务，实现平台用户单点登录，整合了浙江电子口岸平台和宁波电子口岸平台近20万家注册用户，基本覆盖浙江省主要沿海口岸外贸相关企业。在货物申报方面，通过整合升级浙江、宁波电子口岸现有系统功能，已基本实现浙江省货物物流数据化监管。在船舶申报方面，已于宁波口岸试点实现海关、检验检疫、边检、海事线上船舶申报；于舟山口岸试点实现海关、检验检疫线上船舶申报，边检申报正在对接中。在口岸监管一体化方面，杭甬两海关于2016年6月依托

“单一窗口”平台实现宁波舟山港内国际航行船舶移动按移泊处理业务实单运作。在制度建设方面，制定了《浙江国际贸易“单一窗口”平台运行管理办法（试行）》，为进一步推进“单一窗口”建设提供了有效的制度保障。此外，根据国家口岸办要求，还建立了工作进度按月报送制度，有效推进相关工作进展。

大力支持查验单位通关模式的改革和创新。一是进一步深化关检合作“三个一”。杭州关区实现关检合作“三个一”在所有海关业务现场全覆盖，运行效益位居全国海关前列。宁波关区2016年完成“一次申报”413.2万票，“一次查验”9 299票，“一次放行”12.2万票。二是继续支持口岸查验部门深化作业无纸化改革，倡导开展全流程无纸化模式。杭州海关启用行政审批网上办理平台，实现海关、检验检疫原产地证书联网，报关单修改撤销、汇总征税、非政策性退税等作业无纸化全面落地。宁波海关进一步简化无纸化审核签约手续，扩大出口集装箱电子化放行范围，全面推进通关全程无纸化，2016年报关单无纸化比例达97.1%。宁波检验检疫局全面启用查验无纸化APP，实现检验检疫全过程无纸化。2016年受理无纸化报检34.25万批，无纸化业务办理12.56万批，无纸化放行率达100%。三是加快推进“一站式”作业。杭州海关和宁波海关在旅检、邮递和快件监管等环节全面推行“一机双屏”，并共享企业信用信息，联合实施对失信企业的重点监控；浙江出入境检验检疫局在跨境电商方面开发了检验检疫信息化监管系统，通过“单一窗口”与其他监管部门和电商企业进行数据互联互通，资源共享，实现“一站式”服务。

进一步加强长三角区域大通关建设协作工作。根据“十三五”规划建议要求和国务院改进口岸工作部署，全面深化长三角区域通关一体化。一是进一步优化长三角多式联运监管政策，持续推动水水中转、空陆联运、铁海联运、保税货物流转等多式联运发展。其中，义乌积极推动“义新欧”中欧班列持续常态化运行，2016年新开通义乌至德黑兰、俄罗斯、阿富汗、里加4个方向国际货运班列。截至2016年年底，“义新欧”中欧班列共往返运行101次，8 116个标箱，同比增长283.6%，开通运输线路7条，境外到达国家33个，运行速度提升24%，运输成本下降22%；宁波不断加强长三角地区口岸城市群合作，与安徽铜陵、阜阳等地签订战略合作协议，新开发阜阳等地内外贸货源通过皖北海铁通道到达宁波舟山港出运，2016年共完成海铁联运集装箱25.05万标箱，同比增长46.9%。二是积极争取国家有关部门的支持和指导，全力推进长三角区域“单一窗口”建设工作，与上海市口岸办密切合作，在嘉兴完成实单试验，实现跨区申报试点成功。三是优化长三角区域大通关协作机制，联席会议由原来每年一次调整为每两年一次，同时适当增加联络员会议、专题会议、项目对接会等次数，进一步夯实工作基础，推动重心下移，聚焦项目合作。

【口岸基础设施、配套设施建设】 杭州空运口岸完成专用候机楼、专用机坪及滑行道、迎宾专用道路及环境提升工程3大工程和Ⅱ类盲降运行、场区安防等项目，以焕然一新的面貌和状态保障G20杭州峰会顺利召开。浙江省首个口岸自助通道查验系统在杭州空运口岸正式启用。宁波空运口岸依据构筑“智能化、全覆盖、立体式”的智慧型检验检疫模式的要求，完成口岸通道智能化改造。温州空运口岸新建207号、208号2个E类飞机停靠点，有效提升国际（地区）航班保障能力；国际货站监管仓库改造顺利完成，监管场所电子卡口实现与海关数据互通；空运口岸联检大楼建成竣工并启用。义乌空运口岸飞行区改造工程于2016年5月开工建设，包括跑道向南延长500米，总长度增至3 000米，升降带向东侧拓宽60米，新建民航平行滑行道约850米，对跑道、站坪及联络道“盖被”加厚，新建I类精密进近助航灯光系统，更新通讯导航设施及给排水、围界等工程；新临时国际货站工程于2016年12月开工建设，项目总建筑面积4 521平方米，其中临时国际货站占地面积3 867平方米。

宁波水运口岸梅山港区滚装及杂货码头对外启用，该项目总投资约7.72亿元，泊位总长450米，宽35米，设计年通过能力20万辆汽车；梅山保税港区进口肉类查验场通过验收，该项目占地33 333.33平方米，冷库容量为5 000吨，可同时满足12辆集装箱卡车停放和5辆集装箱卡车集中查验。宁波水运口岸主通道项目正式开工建设。该项目总投资167亿元，将连接舟山和岱山两岛，其主线起于富翅岛，连接甬舟高速，经舟山本岛西端、长白岛，止于岱山岛西端双合，全长约29.3千米。温州水运口岸状元岙港区国际邮轮港重要配套工程——7号泊位（5万吨级兼靠10万吨级）、4号引桥及相关附属设施建成竣工，国际旅检大厅完成外部钢架结构搭建；乐清湾进港航道建成竣工，这是浙南地区第一条人工10万吨级航道；瓯江港区七里作业区二期2个5万吨级集装箱泊位及堆场建成，具备申请启用验收条件。台州水运口岸椒江中心渔港码头海关监管场所建设已形成初步方案；海峡两岸（玉环）商品交易物流中心（新旅检大楼）建设已启动。台州大陈海事工作船码头工程获批建设，该项目码头长150米、宽15米，码头北侧50米建190米斜坡式防波堤，生活工作用房及配套设施共605平方米，总投资1.2亿元。嘉兴水运口岸通关服务中心主体工程总投资超1亿元，建筑面积2.1万平方米，共15层。截至2016年年底，土建工程已建设完毕，并于11月29日通过预验收，累计支付工程及装修款项8 602万元。嘉兴港两翼的现场查验临时过渡监管点独山和海盐现场监管点已配备必要查验设施；第二台机检设备落户上港集团平湖独山港码头有限公司码头，2016年11月开始土建。新型边检艇已于2016年5月交付并列编。海事部门获准增配一艘海事巡逻艇和一个海事雷达站，其中雷达站的土建工程已启动，海事监管基地及独山海事处（筹）选址也已明确。配套了检验检疫通道式放射性监测系统和熏蒸处理库、焚烧池、药品储存库、器械储存库等设施。

义乌陆路（铁路）口岸规划总用地约149.8万平方米，其中新规划用地107.73万平方米，口岸西区用地约14.33万平方米，传统铁路物流作业区用地约27.67万平方米，口岸配套区用地约65.73万平方米。口岸一期用地面积约11.2万平方米，总建筑面积2.28万平方米，投资约1.5亿元。2016年4月29日，口岸一期工程建设通过竣工验收，11月16日，铁路海关监管场所正式启用。

【电子口岸建设】 截至2016年12月31日，浙江电子口岸上线运行政务商务项目75项，累计注册用户总数超过17.93万个，累计传输报关单4 589.74万票，提单3 319.37万份，日均处理电子单证量18.56万笔，日均处理电子单证交换量436.13万条。门户网站“政务咨询”栏目实时回答企业咨询10.28万条。“967209”免费客服热线7×24小时为企业答疑解惑，累计回答问题60.77万个。平台各政务系统正常稳定运行时间始终保持在99.90%以上。

在政务建设方面，一是升级大通关公共服务平台，服务通关模式改革，改善口岸通关环境。建设完成温州保税物流中心（B型）、嘉兴综合保税区、金义综合保税区特殊监管区域信息化系统。二是完善区域大通关平台，开展转关物联网智能监控平台建设，实现了转关物流链可回溯、可监控，以及物流监控智能化、精细化、可视化管理。三是深入参与长三角区域通关一体化建设，服务全国通关一体化，重点就促进长三角“水水中转、空陆联运、铁海联运、铁铁联运、保税货物流转”等多式联运发展方面开展项目化、专题化的合作探索，从而推动长江经济带区域的创新发展及全国通关一体化落地实施。四是贯彻国务院关于落实“三互”推进大通关建设，在沿海各口岸建成“单一窗口”的要求，围绕浙江省委省政府部署，承担浙江省国际贸易“单一窗口”平台建设，制定了《浙江国际贸易“单一窗口”平台一期项目实施方案》和《浙江国际贸易“单一窗口”平台一期项目建设方案》。五是启动义乌市场采购贸易联网信息平台二期建设，打造公共信息服务平台系统及通关服务平台，上线外汇管理服务，降低结汇风险，推进通关便利化。截至2016年12月31日，义乌联网平台累计联网备案商户6.47万家，组货记录122.07万条，备案集装箱车队1 256家，车辆8 215辆，外贸公司1 616家，系统正常稳定运行时间保持在99.90%以上。同时，根据国务院办公厅《关于促进进出口稳定增长的若干意见》要求，实现市场采购贸易联网信息平台复制推广到海宁。六是参与舟山江海联运服务中心战略实施，服务浙江海洋经济和舟山群岛新区建设。推进浙江省港口联盟建设，集聚宁波舟山港和电子口岸的服务资源合力打造连接企业、海关、港务、船公司的全程无纸化通关物流一体化平台，实现了杭甬海关、宁波港、内陆无水港、嘉兴港等港口之间的协同作业，满足甩挂、双重等新型物流作业模式需求，降低了进出口企业物流成本。此外，开展舟山港综合保税区二期建设，建设舟山港综合保税区衢州分区一期信息化系统，顺利通过省级联合验收组验收。

在物流信息化方面，建设运维国家交通运输物流公共信息平台，承接国家重大战略项目落地。一是按照浙江省委省政府的决策部署，参与浙江省综合交通大数据中心建设，实现口岸数据与交通数据的交换和共享。二是推动国家交通运输物流公共信息平台建设，集聚了全球船舶总数97.83%的定位数据和中国籍集装箱班轮90%以上的状态数据。在此基础上集聚仓储、堆场、港口等状态节点信息，完善国家交通运输物流公共信息平台在全国的水运物流信息一体化工程。三是探索“互联网+货运+客运”新业态，打造涵盖物流产业融资、保险、车货交易、生活服务、应急救助等一站式服务。截至2016年12月31日，平台已互联中日韩三国20个港口、20个大型物流信息平台、30个物流园区、1万余个物流信息系统，服务企业40万家，年服务物流货值13.50万亿元，占全国物流总额的6.4%，年降低社会物流成本5.50亿元，节约信息化投入费用3亿元，助力浙江省货车空载率下降30%。

在电子商务方面，一是优化跨境电子商务通关服务平台，建设温州、台州、舟山、嘉兴等地跨境电子商务通关服务平台，提供可复制、可推广的经验。同时，承担贵阳综合保税区跨境电子商务通关服务平台建设，参与新疆、青岛等地跨境电子商务发展规划。截至2016年12月31日，跨境通关平台累计传输出口申报单量1.61亿票，实现出口交易额11.21亿美元，累计传输个人物品进口申报单量5 000.26万票，实现进口交易额91.57亿元人民币；已接入天猫国际、银泰网、考拉海购等电商平台599家，电商企业3 286家，银联、支付宝、连连科技等49家支付平台，中国邮政速递、顺丰速运、菜鸟网络等78家物流企业，汉达、心怡等101家仓储服务企业，融易通、浙江物产电商等65家外贸综合代理服务企业，为跨境电子商务试点规模化发展提供信息化保障。二是建设运维综试区“单一窗口”平台，助力中国（杭州）跨境电子商务综合试验区建设。浙江电子口岸作为综试区“单一窗口”平台的建设运维主体，2016年不断优化完善平台政务服务，拓展综合服务。平台已实现覆盖跨境B2C和B2B货物贸易的政务服务，上线平台移动应用，启动统计监测、电商信用、风险预警等建设，构建支撑综试区建设的“六体系两平台”信息化服务保障体系。

【舟山江海联运服务中心建设】 2016年4月19日，国务院同意批复设立舟山江海联运服务中心，范围包括舟山群岛新区全域和宁波市北仑、镇海、江东、江北等区域，陆域面积约2 500平方千米，海域面积约2.1万平方千米。

2016年，舟山江海联运服务中心建设亮点纷呈。一是舟山港域货物吞吐量首破4亿吨，达4.26亿吨，同比增长12.30%，增幅居浙江省沿海港口第一位。其中，江海联运运量突破1.6亿吨（海进江货物1.4亿吨，江进海货物2 000万吨）。二是鼠浪湖码头成功靠泊40万吨超大型矿砂船，标志着舟山港域干散货作业迈入“超级巨轮”时代，为建设亚太铁矿石分销中心奠定基础。三是保税燃油直供量首破百万吨大关，达

106万吨，同比增长13%，新突破保税燃料油海上浮仓、不同税号下混兑等政策。四是大宗商品交易体系加快构建。中国（浙江）大宗商品交易中心有限公司完成注册，已建平台2016年完成线上电子交易2.5万亿、线下现货贸易436亿。五是江海联运公共信息平台功能不断拓展，初步建成了可对货物流量、流向进行实时监测分析的江海联运大数据系统，实现了与长江航运物流公共信息平台、马鞍山等沿江物流数据互联共享。六是江海直达船型研发取得重大突破，首艘2万吨级江海直达散货船完成设计并开工建造。七是小洋山北侧集装箱中转项目开发在即。2016年12月8日，浙沪共同签署《关于共同推进小洋山区域开发等重大合作事项的框架协议》，小洋山北侧集装箱内支线泊位项目将在“四个不变”（行政隶属不变、属地财政税收不变、投资主体多元化不变、吸纳劳动力优惠政策不变）、“三个统一”（小洋山港政航政口岸管理统一、港区管理运营模式统一、洋山保税港区扩区规划建设统一）原则下加快推进。八是宁波舟山港主通道全面开工建设。2016年8月15日，舟山市政府与浙江省交投集团、浙江省海港集团正式签订投资建设合作协议，宁波舟山港主通道已全面开工建设。九是对外战略合作成效显著。先后在北京、武汉等地成功举办推介会、对接会，达成江海联运《武汉共识》，签署多项战略合作协议，签约重大项目达22个，涉及投资额超过1 400亿元。

【全国首个内河水运转型发展示范区创建】 2016年10月31日，交通运输部批复同意在浙江省湖州市创建内河水运转型发展示范区，湖州成为全国首个、也是唯一一个内河水运转型发展示范区。湖州也是国务院批准设立的首个地级市生态文明先行示范区，境内航道密布，港口岸线资源丰富，传统水路运输发达。现有四级及以上高等级航道里程316千米，占通航总里程的26.8%，里程和占比位居浙江省前列。拥有生产性泊位881个，年通过能力1.29亿吨，最大靠泊能力1 000吨级，其中专业化集装箱码头4座，年通过能力52万标箱。水路运输承担浙江省内河40%左右的货物运输总量和货物周转量。湖州港被交通运输部确定为全国28个内河主要港口之一。

2016年，湖州河海联运不断扩展。浙北地区最大内河集装箱码头之一的安吉上港国际港务公司码头已有中远等25家国际驰名公司设立集装箱异地堆场或支线，投资建成服务于外贸企业的“互联网+”物流信息平台，2016年共完成集装箱吞吐量15.87万标箱，同比略减2.2%。长兴捷通物流码头依托苏、浙、皖3省交界区位优势，实现至上海宜东集装箱码头首航，正式开辟长兴至上海外贸业务，2016年共完成集装箱吞吐量1.67万标箱，同比增长49.1%。德清多功能港区自2015年年底开港试运营以来，也与上海港开展河海联运业务，海关、商检入驻，首批入境货物完成联合查验，2016年共完成集装箱吞吐量1.13万标箱。湖州鑫达自2015年5月开通南浔至上海的内贸集装箱航线以来，2016年共完成集装箱吞吐量1.94万标箱。2016年，湖州河海联运线路由4条扩展到6条，集装箱吞吐量首次突破20万标箱，达20.6万标箱，同比增长11.5%，占浙江省内河集装箱吞吐量的56.2%以上，继续保持全国内河同类港口首位。

【浙中公铁联运港创建】 浙中公铁联运港项目是金华市唯一列入交通运输部重点工程项目，并被国家发改委、交通运输部、中国铁路总公司列为全国第一批交通物流融合发展重点项目。2016年7月29日，该项目建议书（预可研）获中国铁路总公司正式批复。可研报告也已通过中国铁路总公司初审。土地预审已获浙江省国土资源厅审查通过，国土资源部已于2016年12月27日受理报请件。浙中公铁联运港项目按照“一港三区”规划。一港，即浙中公铁联运港；三区，即铁路南站货场区块、竹马馆区块和婺城港区。除婺城港区外，项目规划用地280万平方米，其中南站区约167万平方米，竹马馆区约113万平方米，总投资24亿元。项目建成后年可处理国内货运1 000万吨、国际货运25万标箱。

【特殊监管区建设】 舟山港综合保税区衢山

分区一期于2016年11月17日通过封关验收。衢山分区规划面积3.02平方千米，分三期建设，一期规划的1.2平方千米区域范围已建设完成，此次封关验收的范围为0.96平方千米，主要包括码头、堆场等。嘉兴综合保税区于2016年9月14日通过封关验收。A区坐落在嘉兴港区（乍浦经济开发区），围网1.33平方千米；B区位于西塘经济开发区，围网0.6634平方千米。金义综合保税区（一期）于2016年12月23日通过国家10部委联合验收，成为杭州关区首个当年建设当年验收的综合保税区。金义综合保税区（一期）于2016年1月开工建设，完成计划投资10亿元、建筑体量22.6万平方米、市政道路7.9千米。

宁波镇海保税物流中心（B型）于2016年12月26日正式封关运作。这是国内唯一一家以液化品为主经营品种的保税物流中心。中心总面积0.29平方千米，由位于宁波石化经济技术开发区（Ⅰ区）和宁波舟山港镇海港区（Ⅱ区）两个区块组成，并通过化工管廊实现全封闭连接，已建成储罐32个，总容积21.44万立方米。温州保税物流中心（B型）于2016年11月2日通过海关总署、财政部、国家税务总局、国家外汇管理局等4部委联合验收。中心总规划建设面积0.21平方千米，仓储面积10.31万平方米。

宁波国际邮件互换局于2016年6月28日正式启用。截至2016年12月月底，累计进出境邮件423.6万件，其中进境邮件19万件、出境邮件404.6万件，单日峰值达5.8万件。温州国际邮件交换站于2016年2月18日正式启动进口邮件业务。首批进口邮件总计47件714.5公斤，航程为波特兰—温哥华—北京—温州。义乌国际邮件互换局于2016年6月12日正式启动进境邮件业务。截至2016年12月31日，义乌国际邮件互换局运行满一周年，累计进出境邮件4 687.7万件，单日出境量从启动初期的每天7万件左右增至13万件左右，单日峰值达34.7万件，出口主要目的国为美国、日本、澳大利亚等国家。

【中国（杭州）跨境电子商务综合试验区建设】 下沙园区加快提升园区绩效。一是招商引资做强。引入天猫国际、苏宁易购等68家平台电商，网易考拉、银泰网等111家垂直电商，及中外运、海仓科技等72家电商服务企业，备案海外商家超5 000家。2016年实现交易额48亿元；完成海关代征综合税4.3亿元；组织参加国内重大展览会6次、举办包括首届跨境电子商务论坛在内的高端论坛3次、政策宣讲会4次；完成各类接待1 080批次、调研考察10次。二是启动出口。助推区内跨境电商专业供应链服务平台——杭州乐链网络科技有限公司于2016年11月29日实现首单B2B保税出口业务。三是整合资源。整合厂房资源方面，于“双十一”前新整合3.77万平方米，累计有24.9万平方米物业（含2.1万平方米监管库房）投入使用；软件设施方面，完成信息化辅助管理系统开发并进入试运营阶段。

下城园区（下城区跨贸小镇）取得新突破。跨贸小镇于2016年2月成功入选浙江省第二批特色小镇创建名单，于3月1日正式开镇。2016年完成固定资产投资额18.1亿元，其中特色产业投资额13亿元。积极创新模式，正式开街杭州市首个跨境O2O国际街区——海彼购，引进西狗国际改造原长城五金市场，打造跨境生活综合体——西狗茂，实现老市场华丽变身，打造跨境电商线下新地标。圆满完成G20杭州峰会外媒采访点、韵味杭州参观点等400余批次接待任务、荣获杭州市电子商务示范创建工程示范基地（园区），建成中国（杭州）跨境电子商务综合试验区展示中心，并完成“十三五”发展规划、规划测绘调查、3A级旅游景区规划等工作。全面推进招商引资工作，新引进企业263家，注册资金8.58亿元。跨贸小镇2016年实现税收2.49亿元，同比增长52.76%，其中跨境园税收为1 607万元，同比大幅增长。出口4 929.57万件，出口额23.78亿元；进口83.78万件，进口额2.28亿元。

空港园区重点打造3大核心平台：一是进口

平台。已有京东全球购等200多家跨境电商企业在园区开展进口业务，备案一万余种全球热销商品。二是出口平台。依托国内跨境电商出口前三强的“有棵树”、浙江省最大的出口电商“融易通”、国内领先的互联网平台运营商“焦点科技”等企业，把机械产品、羽绒制品、户外用品等萧山特色产品销往全球上百个国家和地区。三是阿里巴巴萧山产业带。阿里巴巴产业带上线企业794家，累计交易金额4.06亿元。2016年，园区累计完成跨境电商销售额34.56亿元。其中，进口业务完成373.7万单，货值6.8亿元；出口完成3.44亿美元（折合人民币23.7亿元）；保税物流业务完成41 660.84万美元。

【金华跨境电子商务试点工作】 2016年，国内最大的电商服务平台“菜鸟金义电子商务新城”正式结顶运行，成为全国智能物流骨干网的重要节点。其中菜鸟金义物流园2016年网络销售总额超17亿元，分发快递包裹超800万个。金华海关率先改革通关模式，将个人电商零售出口商品（C2C模式），改由电子商务出口代理企业作为经营单位向海关申报出口，实现了电子商务从C2C向B2C的转变；实行动态分类管理，对经过查验验证的诚信企业，实施较低比率的机检查验率，对风险企业则加强监管；通过跟踪交易信息、远程视频监控等手段实现对电子商务出口商品的源头管理；优化跨境电子商务通关服务平台和管理平台，使信息系统在数据处理能力、功能设计、操作便利性等方面都有很大提升。2016年，金华市跨境贸易电子商务出口包裹1 692.8万个，货值1.26亿美元，同比分别增长88.7%和96.9%，出口到美国等211个国家和地区。

口岸监管与服务

【浙江省公安边防总队创新通关服务举措】 全力服务口岸“大通关”建设和浙江省海洋港口一体化发展大局，推进落实《长三角区域边检机关港口管理信息共享合作备忘录》，推广应用边检“全省一证通”，简化边检通关手续办理。全力保障沪苏浙144小时过境免签政策实施，自2016年1月30日起，杭州空运口岸正式实施外国人144小时过境免签政策；10月15日，杭州空运口岸试点启用贴纸式144小时过境免签临时入境许可。简化境外船舶移泊边检手续办理，自2016年1月1日起，对在境内港口间移泊的境外船舶，仅收取从境内港口新登轮及离船入境人员名单，不再收取其他纸质申报单证，不再制作传递边封。指导杭州边检站、宁波机场边检站完成42条智能验证通道建设升级工作，杭州空运口岸自助查验通道于10月18日正式启用。台州边检站推出简化边检勤务7项措施，进一步简政放权，落实口岸开放菜单式服务，完善边检诚信管理体系，固化“锚地提前办结服务、远洋渔船出境靠前服务、诚信经营优待服务”通关举措，推出船舶试航随船监护、航修外轮无阻碍进坞特色服务，践行“365+24+1”全天候服务承诺。大麦屿边检站以“中远之星”客货班轮为有效载体，将旅检现场作为展示边检机关优质服务的窗口，先后推出老弱病残幼优先通关、迟到免排、成立便民服务队、两岸自驾游服务队、对台直航游客“边检爱心服务站”等特色服务，建立“提前加开通道”“紧急救助通道”“出入境零等待”等保障机制，创新边检勤务管理模式，优化通关环境，建立了对台直航服务“快、稳、暖”勤务机制。

【浙江省公安边防总队全力支持浙江口岸开放】 根据中国（浙江）自由贸易试验区总体方案和改革创新任务分工，全力支持舟山自由贸易试验区建设，协调公安部出入境管理局下发《关于简化停泊锚地加注燃料船舶入出境手续有关问题的通知》，成立舟山机场边检站筹建组，积极为舟山普陀山机场向国务院申请对外开放提供政策指导和业务支持。全力支持舟山、嘉兴水运口岸扩大开放，舟山鼠浪湖矿石中转码头、梅山港区滚装及杂货码头对外启用，宁波穿山港区中宅煤炭等13个码头继续临时开放。

【浙江海事局开展G20杭州峰会水上维稳安

保工作】 坚持科学防控，落实管控之责。一是把好入浙船舶专项监管关。在交通运输部大力支持下，有效协调全国海事系统落实入浙船舶专项监管，并打出辖区内客渡船、危险品船舶专项安检，“方便旗船舶专项检查集中行动”等多项组合拳，做到入浙船舶专项安检、船舶及船员信息报送“3 个 100%”，共采集船员信息 107 088 条，船舶报告 6 219 艘次，专项安全 910 艘次；加强与公安部门协作，畅通船员信息传递及核查渠道，配合做好在船重点人员查控，配合公安核查重点人员 116 人次，协助抓捕 2 名在船嫌疑犯。二是科学实施水上交通管控。在杭州湾水域设置水上拦截线，调遣 6 艘主力巡逻艇持续 37 个昼夜 24 小时蹲点驻守；在虾峙门口、大陈岛等事故多发、交通密集的外围重点水域，安排 12 艘海巡艇进行连续巡航游弋；主动将 40 米级“海巡 0798”艇前移至核心区，加强与核心水域联控策应。三是助力峰会环境“碧海蓝天”。强化船舶排放控制区监管工作，实施专项检查 1 307艘次，发现违规船舶 30 艘次，船用燃油抽检 242 艘次，查处硫含量超标 8 艘次。同时，辖区 2 个国家溢油应急库和 5 家专业清污公司随时待命，9 艘专业清污船 24 小时值守辖区高风险水域，全力保障沿海外围水域防污处置到位。

坚持综合治理，落实稳定之责。一是深入查补水上安全短板。启动为期 100 天的“百日维稳攻坚大会战”行动，着重强化“客、危、桥、渔、砂”重点风险源管控，排查安保类安全隐患 95 个，完成治理 86 个，隐患治理率达 90. 53%。二是全力防范海上砂石生产及运输作业风险。全面推广行政处罚、司法移送、行政强制加促成拆解的“3 + 1”执法模式，对非法船舶和从业人员采取“一律扣押、一律移送”措施。期间强制扣押船舶 53 艘次，强制卸载 31 艘次，司法移送 29 人次，有效遏制了违法行为多发势头。三是全面落实水上客渡运安全监管责任。推动全省 25 条水上客运航线正式实行旅客购票实名制，联合地方政府加强休闲渔业船舶、港内交通艇等可能发生非法载客、超载行为的管控，决战阶段在辖区 207 个客运码头、渡口现场驻守“站高峰”。

G20 杭州峰会维稳安保工作开展期间，浙江海事局共出动执法人员 19 642 人次，出动船艇 1 865艘次，车辆 5 622 台次，巡航里程 52 990 海里，巡查里程 112 440 千米，组织检查 7 487 次，检查船舶 9 509 艘次，滞留船舶 49 艘，实施行政处罚 825 起。

【宁波海事局精准服务宁波“港口经济圈”建设】 全力助推港口一体化，增强港口核心竞争力。一是积极推进海事管理机制的协调统一。2016 年 8 月 1 日起实施宁波舟山港核心港区新版定线制，开通条帚门航道，突破了大型船舶进出港仅有一个通道的局限。积极向上级争取，实现核心港区船舶进出港交通组织由宁波海事局一家管理，初步完成航道、锚地使用和应急力量调用的统一管理，积极推动港口调度引航、海事业务申报和执法标准的协调统一。二是大力支持口岸对外开放。积极推动完成穿山港区中宅等 4 座码头、象山石浦新港码头的临时开放报批工作。支持保障梅山港区滚装及杂货码头正式投产。三是全力保障杭甬运河运输发展。积极落实杭甬运河宁波段 500 吨级船舶通航保障工作，2016 年杭甬运河船舶进出达 3 036 艘次、货物吞吐量达 73. 83 万吨，同比分别增长 5. 24 倍、8. 55 倍，运河逐步成为重要的集疏运支线。四是主动服务港口提质扩容。全力推进梅山集装箱码头 6 号 ~ 10 号泊位、梅山港区 20 万吨级进港航道等重点工程建设，支持 3E 级集装箱船舶靠泊作业。2016 年，1. 6 万标箱及以上集装箱船舶靠泊 238 艘次，完成集装箱装卸 110. 17 万标箱，同比增长近一倍。宁波作为全球集装箱干线港的地位进一步凸显，宁波舟山港集装箱吞吐量超过香港，跃居全球第四。

加速通关便利化，促进外贸经济发展。一是积极推进“单一窗口”建设。应用完善船舶进出口岸预查验系统及出口岸联系单联检系统，2016 年共办理国际航行船舶网上预查验审批 19 600 艘次，与海关、国检共同实施船舶出口岸联系单网上会签 10 408 艘次，累计节约船舶进出港时间近

2.5万小时。二是落实规费减免惠民政策。积极落实上级"放管服"改革举措，在正式取消船舶港务费的基础上，2016年4月1日起，落实水转水运输货物只征收一次港口建设费政策，全年可为企业节省进出口贸易流通成本6 000多万元。三是实施"7×24"小时船舶通关服务。实施全年无休、全天候船舶进出口通关手续办理，基层海事站点实行24小时通关服务，确保船舶通关手续实时办理。深化船舶雾航管理等课题成果应用，最大限度减少恶劣气象条件下集装箱船"滞港"时间。据港务集团测算，雾航课题实施年均能直接为港口减少损失约4 000万元，为来往宁波港的集装箱船公司共节约运营成本约1 008万美元。

【舟山海事局服务舟山群岛新区建设】 保障舟山江海联运服务中心建设"一号工程"——鼠浪湖40万吨级矿石中转码头常态化营运。一是抓进出港通航安全。促进该码头水域通航环境持续改善，明确了白天缓流时段进港、涨末时间窗口进港靠泊、配备8艘大马力拖轮等安全保障措施，同时牵头港航、渔政等部门开展联合扫护航，及时消除渔业张网和碍航渔船、锚泊船，并形成船舶交管中心、相关海事处监控中心和现场结合的"三位一体"联动机制。二是抓在港稳泊安全。针对性提出改进系泊绞车导缆筒布局、综合利用激光靠泊仪辅助稳泊监控等多项专业性意见和建议，并督促相关单位优化完善相关应急预案；主动对接气象部门掌握船舶靠泊期间气象变化信息，实时监控船舶靠泊状态。三是抓企业安全主体责任落实。推动企业建立和完善30多项安全管理制度，以及"船—船直驳"、引护航、船舶系缆、溢油和断缆应急处置、混配矿作业等常态化工作方案，促使装卸效率提升10%以上。四是抓现场监管。编写《鼠浪湖矿砂中转码头安全监管手册》，规范监管流程、静态审批、动态监管等各环节；实施海事执法人员轮岗驻岛驻船等监管机制，强化对到港船舶关键性设备检查和船员适任能力核查。自2016年1月26日首次成功接靠载运17.3万吨铁矿石的马绍尔群岛籍"SAVINA"轮以来，截至2016年年底，鼠浪湖矿砂中转码头共接靠外轮57艘次，其中40万吨矿砂船8艘次，国轮347艘次；累计货物吞吐量约1 525万吨，其中进口868.1万吨，出口656.9万吨；开展"船—船直装"作业52次，累计直装出口179.8万吨；混配矿91.4万吨，完成出运52.7万吨；并创下了"我国沿海港口接卸最深吃水矿砂船""7 520吨全国单笔最大规模保税燃料油加注""浙江省出口首批保税混配矿"等多个第一。

助力舟山港综合保税区2016年业务量破万单。一是保障良好通航环境。建立健全综保区水域监管机制，强化综保区码头附近水域、灌门航道水域的电子巡航游弋。针对春季综保区周围水域违规渔船违规涨网碍航情况严重，督促政府牵头组织相关部门开展非法涨网联合清理行动。二是优化口岸服务。积极贯彻"国际航行船舶进口岸办结立等可取""全年无休办理进口岸审批工作""节假日及特殊情况开通'绿色通道'"3大原则，力求以"一站式"服务提升海事服务效能；提前掌握集装箱运输船舶、冰鲜船、散货船等特殊船舶的靠泊装卸动态；合理安排到港班轮定期安检和现场检查，简化船舶在港安全作业的报备手续。三是构建安全监管新模式。针对2016年下半年综保区引进易流态货物铜精矿，采取"事前培训，事中跟踪、事后总结"的全程监管模式，保障易流态货物的安全出运；与相关口岸单位建立联动、协作机制，积极营造综保区安全、和谐和通畅的口岸通关环境。2016年，综保区业务量迎来突破式增长，累计完成进出口10 009单，同比增长23.18倍，首次突破一万单；累计完成进出口总值2.08亿美元，同比增长13.53倍，其中铜精矿、澳洲海盐等新投产大型项目完成进出口总值1 231.95万美元。

【杭州海关圆满完成G20杭州峰会服务保障工作】 坚决把好国门，实现进出境环节安全严密。一是严密实际监管，筑牢口岸防线。深入开展G20"国门勇士"集中行动，精准打击涉枪、涉暴、涉恐、涉毒及反动宣传品等走私行为。全面加强对进境旅客行李物品、邮递物品和快件的实际监管，对重点管制物品进行100%实名登记。二是落实安全管理责任，做到监管场所万无一失。先后排查海关监管场所164个次、保税监管场所76个次、危化品仓储场所91个次。三是强化应急指挥，实现系统安全平稳运行。制定实施核生化爆、消防等5方面135个应急处置预案，组织开展应急演练180场（次），实时监控计算机病毒、网络入侵和流量情况，实现决战阶段信息系统安全稳定运行。

提升专业水平，实现通关服务文明高效。一是建立“三专”服务机制。组织开展重点法律法规、机要保密、外事礼仪等专题培训11场次，在海关各现场设置G20通关专用窗口；在重点旅检现场配备英语、法语等9种外语翻译功能的咨询专线；优化进出境人员通关流程，高标准完成杭州、温州、义乌等空港口岸旅检现场G20通关专用通道改造。二是全面做好抵离迎送。坚持全天候值守、全流程服务，为专机楼、贵宾楼通关礼遇提供集中保障；主动对接杭州市委宣传等部门，完善境外记者采访器材通关流程，做到通关顺畅便捷。三是积极服务展会展品通关。主动对接浙江美术馆、中国丝绸博物馆，开辟“展览绿色通道”，为10余个国家的65件展品提供上门验放和免除税款担保通关便利。四是全力做好国际邮件分流通关。协同邮政部门做好杭州国际邮件互换局部分国际邮件的分流工作，2016年8月26日至9月6日，累计验放分流进出境邮件共计15.4万件。

从2015年9月峰会筹备至2016年9月峰会结束，杭州海关累计监管进出境人员504.17万人次，监管进出境运输工具100.33万架（艘辆）次，监管进出口货物1.50亿吨，监管邮递、快件物品8 762.08万件，查获枪支47支、铅弹1.24万发，查获各类毒品900.24千克、各类非法出版物1.36万件、“低慢小”飞行器44台。其中，在峰会决战阶段，累计保障各类专（包）机168架次，为7 674人次参会代表和相关人员提供通关礼遇服务，为264名境外记者办理所携采访器材通关手续，快速验放进境车辆28辆、国宾随身行李4 529件、外交邮袋275千克，监管进出境邮递物品、快件94.4万件。

【杭州海关大力服务浙江省海洋经济发展示范区与舟山群岛新区建设】 一是积极助推国际海事服务基地和国际船舶服务基地建设。支持同税号保税燃油混兑业务发展，试点保税油“先供船后报关”“一船多供”等便利措施；支持保税燃油跨关区供应业务，核准向8个省市开展保税油料调拨试点，促成舟山成为全国最大的保税油调拨基地。二是大力支持国家远洋渔业基地建设。用足用好国家优惠政策，2016年为舟山地区自捕鱼减免税款3.75亿元，为远洋渔船审批免税供油3.21万吨；向海关总署专题汇报并解决了舟山冰鲜鱼海上直接出口的难题。三是精准服务江海联运服务中心。入驻大宗商品交易中心，提供一站式通关服务；施行大宗商品“提前报关，货到验放”、税款电子支付等便捷通关措施，大宗散货进口24小时放行率达100%；及时批准舟山鼠浪湖矿石中转码头设立保税仓库，积极为40万吨级矿砂船靠泊接卸提供监管服务，2016年，该码头已为宁波舟山港增加货物吞吐量720万吨。

【杭州海关持续助推义乌国际贸易综合改革】 一是推动义乌国际陆港与沿海港口联动发展。完成“杭州海关大通关平台”升级改造，全面实现沿海港口、义乌国际陆港物流信息的互联互通，促成义乌国际陆港报关业务属地化，沿海口岸发展一体化的区域通关格局。建立杭甬两关转关运输物联网监控新模式，实现义乌—宁波出口转关监管全程电子化。义乌海关驻机场办事处顺利开关并对外开办业务。2016年共监管义乌市场采购贸易出口报关单51万票，集装箱88万标箱。二是推动义乌国际邮件互换局高效运行。确保邮政物流365×24小时通关顺畅；加大业务系统创新，将个人出境邮件业务与跨境电商出口业务整合于同一监管系统；促成义乌国际邮件互换局于2016年5月27日开通个人物品进口通道，6月12日启动进境邮件业务。三是推动中欧班列运行常态化。支持公铁多式联运业务开展，设立中欧班列服务专窗，实行“7×24”小时预约通关模式，积极支持义乌铁路口岸实现临时开放。2016年先后支持义乌至德黑兰、俄罗斯、阿富汗、白俄罗斯、里加、伦敦6条国际班列顺利开通，“义乌—马德里”班列实现每周1~2列、回程每月1列双向常态化运行，共监管中欧班列进出口货物10 186标箱，同比增长94.3%。

【杭州海关深入推进中国（杭州）跨境电子商务综合试验区建设】 一是着力构建适应跨境电子商务发展的通关体系。探索创新形成的“杭关经验”（十项制度措施）在全国新设的12个跨境综试区复制推广；配合杭州市制定B2B出口认定标准及申报流程并进行试点，准予B2B出口商品退货进境免缴税款。为综试区跨境电子商务进出口货物开辟“义新欧”物流通道。积极支持综试区“单一窗口”建设，实现外贸企业批量申报，并开放申报结果查询、电商信用查询等功能。二是持续提升跨境电商通关效能。促成跨境电子商务零售进口新政平稳落地，零售进口日均单量已恢复至6万单，与新政实施前基本持平。进一步推进B2B出口通关便利化，已实现跨境电子商务B2B出口通关作业无纸化、全国通关一体化，B2B出口报关单人工审核比例大幅降低至5%。2016年共验放跨境电子商务零售出口清单6 605.3万单，货值32.7亿元；验放跨境零售进口清单2 961.8万单，货值56.67亿元。三是加大跨境领域侵权打击力度。跨部门协作实现对侵权行为的全链条打击；选取优质电商平台开展数据交换和共享，形成打击互联网跨境出口侵权合力。

【杭州海关全面深化海关通关作业改革】 一是推进落实“三互”大通关建设。积极支持浙江省“单一窗口”建设，“海关预录入系统”作为浙江省首个专用于“单一窗口”的数据接口平台上线运行。全面完成“杭州海关大通关平台”的升级改造，实现与口岸相关部门、监管场所和企业对物流、放行信息的互联共享。推动实现关检合作“三个一”在所有海关业务现场全覆盖，运行效益位居全国海关前列。二是深入推进通关一体化改革。全面促成杭州海关与上海、南京等口岸海关之间的无障碍通关格局，顺利完成长江经济带海关区域通关一体化改革任务；坚持先行先试，有效实施“一地注册、全国报关”改革，完成海关特殊监管区域通关一体化改革，大力开展“一次申报、分步处置”“自主缴税通关”等改革试点。三是加快推进无纸化改革。在实现与原产地证书、检验检疫通关单等联网的基础上，正式启用海关行政审批网上办理平台，进一步实现报关单修改撤销作业、汇总征税作业、非政策性退税作业无纸化。四是切实优化查验机制。落实海关总署有关要求，做好对查验总量的动态调控，对出口货物的查验率下调至2%，其中随机布控查验比例达到90%以上，机检查验比例为50%以上。

【杭州海关支持浙江省产业转型升级】 一是认真贯彻国家税收政策。主动服务浙江省重大建设项目和重点企业，2016年共批准减免税货物11.19亿美元，减免两税人民币12.06亿元；深入开展税则调研并提出税政建议，促成碧根果等进口坚果类产品关税税率降低5~14个百分点、医药原材料类产品出口退税率增加4~13个百分点，有效提升浙江省外贸企业的市场竞争力。二是积极促进加工贸易创新发展。认真落实《浙江省人民政府关于促进加工贸易创新发展的实施意见》，自2016年11月1日起，对有关省内企业在加工贸易手册设立环节免交风险担保金。已复制推广上海自贸试验区17项海关监管创新制度。三是持续加强知识产权保护工作。2016年累计采取知识产权保护措施7 732批次，涉及货物436.01万件，积极引导浙江省内自主知识产权在海关总署备案1 710项，新增备案数量位居全国之首。与阿里巴巴集团建立战略合作，共同开展互联网侵权治理。四是着力帮助企业减负增效。全面清理优化内部核批事项，明确执法领域内部核批事项200项，实现“目录表外无核批”。进一步规范进出口环节收费，停止数据处理费、技术服务费、预录入服务费和安全产品制售费等收费项目；积极配合财政部门对查验没有问题的企业免除吊装、移位、仓储等费用的政策推广。

【宁波海关深化业务改革，提升通关效率】 提高机检查验比例。建立直属海关层面“分散过机、集中审像”的机检作业模式；继续探索机检“智能比对”项目；积极推广“企业产品信息备案系统”。截至2016年年底，共审核通过备案企业105家，录入备案商品信息1 075件；在出口环节优先实施机检查验，放行率达90%以上；主动研究口岸商品结构，科学划定过机查验货物的种类、品名数量，将机检查验品名范围由3个品名扩大至5个品名，并将单箱品名数量符合要求的自拼箱纳入机检查验范围。2016年，共机检查验45 798票、59 194个自然箱，分别占总查验量的43.93%、54.28%，大大提高整体通关效率。

推出“物流E监管”。探索出适应宁波口岸特色的海运物流全程智能化管控模式，大规模应用船舶自动识别、安全智能锁、智能卡口、移动单兵等物联网智能设备，把以往对物流的“过程管控”转化为“节点控制”，实现了从属地挂锁、施封、途中运输，到口岸自动验封、解锁的全程电子化监控，实现了“智能控制、车到起闸、即到即放”便捷式快速通关。自海运物流全程智能化管控运行以来，正常集装箱卡口通行率达到100%，进口空箱滞港时间从原先需5~6天优化为基本可当天提走，平均滞港时间减少90%，码头场地占用率由76%降至65%，每年可为相关企业节省码头堆存费、空箱租用费等费用共约2亿元。

加强通关协作。积极融入海关全国通关一体化，试通试顺“一次申报、分步处置”“自报自缴”等通关模式，审单范围从长江经济带扩展到全国，完成区域专业审单比例占区域报关单量化目标。加大关检合作“三个一”推动力度，扩大关检协作范围，切实推进“一站式作业”，2016年共接受“一次申报”413.2万票，“一次查验”9 299票，“一次放行”12.2万票。联合海事部门开发船舶出口岸手续联系系统，实现海事、海关、国检3部门对国际航行船舶出口岸联系单的网上会签一体化，简化进出境船舶出口岸手续，平均节约船舶通关时间约2小时；共同推进“单一窗口”建设，依托宁波电子口岸整合优化船舶进出境申报平台，实现“一个平台、一次录入、多方申报”，2016年共通过“单一窗口”接受申报进出境船舶24 970艘次。其中，通过宁波舟山港一体化“一船两靠”船舶申报系统接受申报船舶28艘次，共签批电子出口岸联系单9 100票，累计惠及宁波口岸48家船舶代理企业，单船申报时间节约30分钟以上，企业录入成本节约近1/3。2016年，宁波口岸出口平均通关时间0.78小时，保持全国领先，进口平均通关时间33.95小时，较上年减少17.1%。

【宁波海关紧贴地方实际，服务发展更细更实】 支持中国（宁波）跨境电子商务综合实验区建设。创新海关监管模式，探索企业分类管理模式，在业务准入、申报单自动审核、包裹查验等方面实施差异化管理；积极推进海关总署跨境电子商务进口统一版信息化系统切换工作，确保新旧系统平稳过渡；提供全程便捷通关，实现通关各环节的全程无纸化；切实落实“全年365天无休，24小时内办结海关手续”的通关服务承诺，确保“双十一”等大型电商活动顺利开展。2016年共审核跨境电子商务进口申报单2 855.81万票，货值53.71亿元，突破50亿元大关，共有全国各地1 034.6万人在宁波跨境电商平台消费，同比分别增长104.4%、83.1%和86.1%。支持宁波国际邮件交换业务开展。2016年6月28日，宁波国际邮件互换局正式运行，宁波关区首次开展进出境邮件监管业务，有力促进了宁波市跨境电子商务发展。

支持浙江省唯一一个整车进口指定口岸——梅山保税港区开展汽车平行进口试点工作。支持梅山保税港区浙江省首个专用汽车滚装船码头通过对外启用验收；第一时间落实便利政策，全力推进汽车平行进口试点业务开展，助力海运口岸形成整车进口新布局；自主研发整车监管专用系统，对拆箱、查验、仓储等实行“一体化”集中管理，降低企业时间成本；深入推进无纸化报关、税费电子支付、关检“三个一”等便利措施，进一步扩大电子担保业务覆盖面，切实解决企业“资金难”问题，实现进口整车缴税放行“零等待”。2016 年 12 月 20 日，梅山口岸迎来首批 50 辆以保税仓储模式进口的平行进口汽车。截至 2016 年年底，梅山保税港区累计进口汽车 8 065辆，货值 30.32 亿元。其中，2016 年进口汽车 4 187 辆，货值 17.54 亿元，同比分别增长 85.02% 和 1.31 倍。

推动加工贸易创新升级。推广应用宁波市加工贸易公共服务平台，深化应用“参数判别、分类审核”作业模式，打造加工贸易“一个平台，一次录入，信息共享，一口办理，全程无纸”的智能化管理模式，实现宁波关区 85% 以上的加工贸易手册业务可以在 1 个工作日内完成，企业管理成本大幅缩减。建立 3 项加工贸易手册管理机制（风险手册预警机制，到期手册催核机制，“三无企业”、破产清算企业手册处置外部联系配合机制），2016 年累计结案手册 4 890 份，除涉案手册外，实现已到期手册全部报核、已报核手册全部结案，未产生遗留手册，连续第 14 年取得加工贸易手册到期报核率和结案率双百分百的成绩。继续复制推广上海自贸试验区海关监管创新制度，2016 年顺利完成第 1 期“工单式核销”工作，处理数据近 331 万条，试点企业参与核销料件货值 35.8 亿元，核销差异率 0.47‰，相比传统核销模式降低 2/3，截至 2016 年年底，已成功复制推广 18 项上海自贸试验区海关监管创新制度。

【宁波海关全力助推企业降本减负取得明显成效】 落实简政放权要求，切实减轻企业制度性成本。一是联合杭州海关出台 4 方面 13 条促进外贸回稳向好的措施，制定 15 项宁波海关优化“放管服”的举措。二是深入推进简政放权，累计优化内部核批流程 104 项，需要行政审批的 11 个事项全部实现“一个窗口”办理。三是优化电子口岸入网资格全程电子化审批机制，企业办理注册业务时间缩减至 10 ~ 15 分钟。四是积极推进落实免除查验没有问题的外贸企业相关费用试点工作，向宁波市口岸与打私办及时提供查验没有问题的报关单清单。五是根据海关总署部署，严格控制出口查验率，自调整以来为企业节省相关费用约 5 000 万元。

深化海关业务改革，优化通关环境降低企业费用。一是全面推进通关全程无纸化，扩大出口集装箱电子化放行范围，2016 年报关单无纸化比例达 97.1%，据测算，每年为企业节约成本约 2 亿元。二是深化查验作业改革，扩大机检查验比例，机检查验集装箱量占比达 54.3%，宁波口岸出口货物准班出运率提升近 10 个百分点，每年为企业节省各项在港口环节的费用 6 000 多万元。三是深化出口货物担保放行制度，出台优化出口归类 3 项措施，使出口货物能及时装船出运，有效减少滞港换船费用，化解交货时间违约风险，2016 年宁波口岸出口平均通关时间缩短到 0.78 小时，领先全国。四是加大税费电子支付和集中汇总征税推广力度，电子支付比例提升至 87.1%，集中汇总征税企业达 47 家。五是推广应用宁波市加工贸易公共服务平台，主要监管作业实现无纸化，深化应用“参数判别、分类审核”作业模式，85% 以上的电子化手册实现低风险快速放行，自平台启用至今累计为企业减少成本约 2 亿元。

全面清理规范涉企收费，帮助减轻企业经营成本。一是取消机关服务中心的数据处理费，在收经营性收费项目缩减为技术服务费、预录入费、仓储费等 3 项，2016 年同比少收费用达 2 600多万元，减幅达 45%。二是取消电子口岸数字证书服务费、数字证书制作费、快件系统数据处理费等 3 项涉企收费，2016 年为企业减轻成本 500 万元。三是严格按照海关总署要求，进一步明晰电子政务平台与电子商务界限，为所有报关企业开放免费客户端，开发优质增值服务项目，优化“金海通”外贸服务平台，为报关企业提供数据查询、数据处理、数据预警的“一站式”服务。

【浙江检验检疫局全力保障 G20 杭州峰会】 一是保障出入境安全。全面提升口岸人员和设备水平，充实一线检验检疫力量，为浙江主会场及相关现场购置65台套，684.54万元查验设备，并对相关设备进行全面评估、维护和校验。组织开展口岸突发公共卫生事件、突发疫病疫情等检验检疫应急处置演练，提升防控能力。峰会期间，口岸卫检、旅检、航检人员实施24小时轮班。2016年8月31日至9月6日，共查验出入境航班930架，查验进出境人员135 050人次。9月1日，发现并协助有关部门劝返一名香港“严重精神障碍”病人，在杭州邮检口岸首次截获一放射性超标40倍的进境邮包。二是保障重点产品安全。全面加强供峰会进口食材、航空食品等重点产品的质量安全监管。遴选出7家供货商的210余种进口食材直供峰会，设立G20峰会食材供应总仓及报检专用窗口，进口食材经口岸检验检疫后加施封条，确保全程监管到位。峰会期间，共对204批、64吨、192个品种的进口食品进行核验入仓，对其中89批次加严检测。加强对27个国家57个航班的专包机配餐及贵宾楼食品卫生安全监管，保障约2 500人的配餐卫生安全。三是保障峰会通关礼遇。开辟G20专机楼、财经副手（四协）B20贵宾楼、国际航站楼峰会人员专用入境通道，增开一条国际航站楼旅客携带物查验通道。现场张贴标示并设立指示牌，安排专人“7×24”小时保障，引导与会人员快速通过入境检疫，并予以贵宾礼遇。截至9月6日，共礼遇航班164架次、8 431人次。

【浙江出入境检验检疫局深化通关业务改革】 明确深化检验检疫通关一体化、全力扩大“进口直通”范围等14项具体工作。在长江经济带12个直属局内率先实现“出口直放”和无纸化通关，2016年实现浙沪“出口直放”24.15万批、直放率达85.6%，浙甬“出口直放”19.08万批、直放率达87.4%；率先与上海、宁波实现“进口直通”，2016年“进口直通”范围进一步扩大，新增2批共146家浙甬“进口直通”企业，新增3批共17家沪浙“进口直通”企业，超额完成浙江省政府要求，实现“进口直通”2.15万批，22.86亿美元；率先实现辖区内“通报通签通放”，2016年共实现辖区内部“通报通签通放”3.13万批、13.1亿美元，其中进口3 122批、4.35亿美元，出口2.82万批、8.75亿美元。按每批为企业节约4小时，成本100元/批测算，累计为企业降低通关成本4 851万元，节约通关时间194万小时。根据国家质检总局部署，辖区内部于2016年10月9日至12日分期分批全面上线e－CIQ主干系统，正式步入“互联网+质检”时代。

【浙江出入境检验检疫局助力浙江外贸发展】 认真落实检验检疫费用减免政策。继续对报检的所有出境货物、运输工具、集装箱及其他法定检验检疫物免收出口商品法定检验费用，并开展计费专项检查，及时纠正政策执行中的偏差。2016年免收出境法检费用9 866万元，免收原产地证书签证费及工本费3 727万元，合计减免收费达1.36亿元，同比增长11.48%。

加强原产地签证工作。全面实现原产地证书无纸化申办、原产地签证一体化；全面推广原产地“信用签证”，2016年共授予150家企业“信用签证”资格，累计可为企业节省办证时间32 400小时；挑选85家优进优出重点帮扶企业，制定“一厂一册”原产地签证帮扶方案，助推企业利用原产地证享受关税减免；加强与贸促会、商务、海关等部门合作，共同推行原产地签证，在浙江省内部分地市试行检商贸“四证合一”，建立原产地签证备案企业部门信息共享。2016年共签发18种原产地证书92.7万份，签证金额323.5亿美元，同比分别增长23.55%和9.52%，签证量在全国排名第3，签证量和货值均创历史新高，可为浙江省出口产品在进口国获得关税减免约13.89亿美元。其中，普惠制原产地证书296 242份，111.78亿美元，签证量全国位列第一；一般原产地证书220 682份，79.95亿美元，签证量位列全国第三；自贸协定原产地证书410 359份，131.69亿美元，同比分别增长84.49%和52.24%，签证量井喷爆发，位列全国第三。

不断推进窗口标准化建设。早在2014年，现有51个检验检疫窗口全部完成窗口标准化建设，标准化率达100%，比计划时间2016年提前两年完成。2016年新增3个“全国检验检疫示范窗口”，总数增至38家，仅次于广东、江苏，位列全国第三，“全国检验检疫示范窗口”占比高达74.5%。

【浙江出入境检验检疫局助推跨境电商等新兴业态发展】 支持跨境电商发展。以跨境电子商务检验检疫产品质量安全风险国家检测中心名义发布《2016年上半年全国跨境电子商务产品质量安全报告》和《2016年全国跨境电子商务产品质量安全报告》，为跨境电子商务监管新政提供决策参考和现实依据，受到国家质检总局支树平局长的充分肯定。落实国家质检总局支持杭州综试区发展的16条新政，明确具体措施落地时间表。稳步推进跨境电子商务检验检疫产品质量安全风险国家检测中心建设，上报建设方案，获得国家质检总局高度支持和肯定。牵头参与国家质检总局统一版跨境电子商务检验检疫信息化监管系统的调研开发和业务需求制定，已通过国家质检总局专家组评审。

支持市场采购贸易发展。支持辖区内各市场、产业园，例如温州市鹿城区中国鞋都，向国家申报市场采购贸易方式试点；复制推广义乌市场采购贸易检验检疫监管模式和经验；支持海宁发展市场采购贸易2.0模式；针对义乌的市场采购货物出台《市场采购商品原产地证签证管理办法》；针对浙江首批外贸综合服务平台企业出台系列签证优惠举措，例如对浙江“一达通”简化产品备案和产品调查，创新采用“互联网+”培训模式，利用阿里巴巴集团内部培训网络，对“一达通”全国工作人员开展网络直播培训，2016年“一达通”共申领原产地证书15 197份，货值2.31亿美元，分别为2015年同期的4倍和2.5倍。

【宁波出入境检验检疫局服务宁波出口产品质量安全示范区建设】 根据2016年9月出台的《宁波市人民政府办公厅关于推进宁波市出口产品质量安全示范区建设的指导意见》，围绕宁波市主要产业集群，规划建设首批10个工业产品示范区，涉及宁波市8个县（区），涵盖家电、服装、童车等9类产业。在慈溪家用电器、象山针织服装、奉化气动元件3个示范区试点开展“同线同标同质”，在3个国家级和1个省级示范区成立4个质量技术促进委员会，统一示范区质量提升活动“五个一”标准（每年至少开展一次标杆企业质量示范、一次标准“入区进企”、一次产品检测“义诊”、一次技贸措施专题应对、一次媒体集中宣传）。推动宁波市政府将示范区建设指标纳入宁波市质量强市绩效考核。发挥行业协会力量，帮助示范区开发信息化平台与移动终端APP。助推示范区企业100%通过质量管理体系认证，100%与领导小组签署《出口产品质量安全承诺书》。帮助10个示范区设立配套检验检测公共服务平台，其中包括国家重点实验室5个，帮助9家企业实验室获得中国合格评定国家认可委员会（CNAS）认可。推动企业参与国内外技术标准和技术法规制修订，帮助示范区企业作为组长单位制修订28项国家标准，参与41项国家标准制修订；作为组长单位制修订32项行业标准，参与20项行业标准的制修订。联合地方政府在广交会等展会上共同宣传示范区品牌。截至2016年年底，示范区已拥有雅戈尔、方太、帅康、吉利、得力、妈咪宝、亚德客等商务部重点出口名牌20个、浙江省出口名牌221个、宁波市出口名牌165个；24家企业获国家质检总局“中国出口质量安全示范企业”荣誉，12家企业获“宁波市出口质量奖”。

【宁波出入境检验检疫局深化通关协作，推进“三互”机制建设】 一是推进检验检疫通关一体化改革，实施“进口直通、出口直放”。2016年共有19.34万批、货值86.76亿美元、来自浙江（宁波除外）、福建、安徽、江西等27个省市自治区的商品从宁波口岸“直放”出口，共有845批、7 262.37万美元进口商品从宁波口岸“直通”到义乌、衢州和杭州等地；联合浙江出入境检验检疫局新增“进口直通”企业150家，涵盖娃哈哈、兴业、金鹰等国内知名企业，平均每批可为企业节省通关时间2天左右，节省仓储、物流等通关成本约500元。二是加快推进“单一窗口”建设。推动宁波市政府向国家质检总局行文申请开放数据通道，最终实现“单一窗口”与检验检疫数据通道的对接；“单一窗口”货物申报占总报检批次的80.55%，注册企业579家，直接服务企业4 000余家；国际航行船舶100%实现“单一窗口”申报，共申报11 973艘次。三是深化关检合作“三个一”，推进“一站式”作业。在跨境电商、快件、国际邮件、旅客携带物等业务监管现场全部实现“一机两屏”；2016年共实施“一次查验”9 299批，“一次放行”122 353批。四是加强质检海事交通3方合作，完善信息共享共用机制。与交通、海事部门加强联合监管与执法，围绕港航企业、中介代理机构诚信管理、海铁联运协调等14个方面开展合作；与海事部门实现口岸国际航行船舶申报信息、AIS信息共享，实现“出口岸联系单”电子放行；与宁波港深化数据交换合作，共享全程物流监管链信息。

【宁波出入境检验检疫局推动检验检疫“全过程”无纸化】 健全无纸化报检管理工作机制，2016年5月30日发布第4版《出入境报检随附单证监管清单》，提升无纸化报检比例，优化无纸化报检管理系统，被国家质检总局认可推广；加大查验无纸化推广力度，在2015年大榭出入境检验检疫局开展查验无纸化试点的基础上，新增北仑、鄞州、慈溪3个出入境检验检疫局施检无纸化试点，形成《全国检验检疫施检无纸化业务需求》上报国家质检总局；深化通关单放行无纸化和提货单放行无纸化。2016年，共受理无纸化报检34.25万批，无纸化业务办理12.56万批，宁波地区通过备案无纸化报检企业818家，占宁波地区发生业务量报检企业比例达97.5%；实现查验无纸化单证上传6.46万批，签发无纸化通关单22.30万批；实施提货单无纸化放行15.37万批，放行无纸化率达100%。2016年宁波口岸检验检疫全程无纸化率达94%。检验检疫全程无纸化后，按每批平均可为企业节约成本100元、节省通关时间0.5个工作日测算，全年为进出口企业节省约3 400余万元、200余万小时。

【宁波出入境检验检疫局支持跨境电商等新兴业态发展】 完善跨境电子商务检验检疫监管“宁波模式”。优化电商能力认定制度，建立电商退出机制，实施动态管理，2016年共有18家电商降级处理；完善自营仓监管模式，简化跨境贸易电子商务检验检疫监管仓库考核程序，2016年新增跨境贸易电子商务检验检疫监管仓库20家，新增面积171 210.11平方米，对6家自营仓试点开展公共仓储业务；开展分类管理试点工作，对电商和商品实施风险评估，实施信用分级管理，鼓励电商从国外大型生产商、供货商处采购并提供商品的检测报告，对部分重点敏感商品实施样品预检测制度，采信第三方机构检测结果；实施电商备案制度，督促电商建立源头追溯、自检自控、流向跟踪、产品召回等内部管理机制，落实电商主体责任；在电商产品绿色通道、预约查验、特事特办等便利化措施的基础上，实行节假日加班制度常态化。2016年，宁波跨境电商交易单量3 020万单，金额52.5亿元，同比分别增长1.18倍和0.82倍，“双十一”期间交易量达到367.8万单，货值6.1亿元；共检验检疫不合格货物288批，货值513万元。支持宁波国际邮件互换局建设，宁波国际邮件互换局正式开展国际进出口邮包业务，试点运行跨境电子商务B2C出口业务。截至2016年年底，累计查验进出境邮件424.2万件，其中出境邮件404.1万件，进境邮件20.1万件；截获禁止邮寄进境物品709批，2 556件，1 008千克；发现有害生物40批次。

【宁波出入境检验检疫局开展疾病、病媒生物监测】 做好口岸疾病监测工作，应对寨卡病毒、黄热病等疫情。2016年完成出入境人员和口岸从业人员传染病监测体检5 335人次，同比减少6.1%；预防接种5 473人次，同比减少0.07%；检出各类阳性症状（指标）1 254例，同比增长34.1%；检出各类传染病120例，检出率为2.55%，同比增长114.3%。继续开展病媒生物联合监测。2016年在国境口岸区域共监测到鼠型动物17只、蚊类614只、蝇类1 124只；在入境船舶中未截获鼠类，截获蚊类3次（阳性率为0.05%），截获蝇类453次（阳性率为7.05%），截获蜚蠊38次（阳性率为0.59%）；在入境航空器中未截获鼠类和蚊类，截获蝇类4次（阳性率为0.08%），截获蜚蠊1次（阳性率为0.02%）；在入境重箱中截获鼠类10次（阳性率为0.004%），截获蚊类84次（阳性率为0.04%），截获蝇类5 553次（阳性率为2.41%），截获蜚蠊909次（阳性率为0.40%）；在入境空箱中截获鼠类6次（阳性率为0.003%），截获蚊类463次（阳性率为0.27%），截获蝇类1 808次（阳性率为1.04%），截获蜚蠊564次（阳性率为0.32%）。

开放口岸

【杭州空运口岸（杭州萧山国际机场）】 杭州萧山国际机场位于杭州市东部萧山区，机场面积10平方千米，距杭州市中心27千米，是我国除上海以外华东地区最大的民用机场和干线机场、国际定期航班机场。机场拥有两条跑道，长度分别为3 600米和3 400米，可起降目前世界上最大的民航客机——空客A380飞机。机场航站楼面积37万平方米，值机柜台204个、自助值机35个；机坪面积140万平方米，其中客机坪面积112万平方米，货机坪面积28万平方米，飞行区等级4F；停机位共127个，其中客机位101个（包括远机位52个，廊桥机位49个），货机位26个，能满足年旅客吞吐量3 300万人次、货邮吞吐量80.5万吨、航班起降量26万架次的保障需求。杭州萧山机场于1997年7月动工新建，2000年12月正式建成通航。2003年9月，国务院批复同意杭州空运口岸扩大对外国籍飞机开放。2004年3月，杭州空运口岸通过国家验收正式对外开放。2007年11月，二期扩建工程开工，2013年1月初完工。杭州萧山国际机场内建有独立的口岸工作园区和完善的口岸设施及功能（包括落地签证点、台胞签注点、过境144小时免签通道等），实行“5+2”工作制和24小时通关。2016年，杭州空运口岸先后开通杭州—茨城、杭州—芭提雅、杭州—福州—雅加达、杭州—昆明—加尔各答、杭州—素叻他尼（苏梅岛）、杭州—旧金山、成都—杭州—洛杉矶、北京—杭州—悉尼、杭州—青岛—温哥华9条国际航线。截至2016年年底，杭州空运口岸已有出入境定期通航点41个，其中地区6个、国际35个，覆盖全球20多个国家和地区，形成了辐射亚洲和中东地区，连接欧洲、美洲、大洋洲的国际客运航线网络；共有32家中外航空公司（不包括临时包机航空公司）运营定期国际（地区）航线，其中国内8家、地区7家、国际17家（包括新引进的美国联合航空公司）。

2016年，杭州萧山国际机场共完成航班量、客流量、货邮量分别为25.1万架次、3 159.5万人次、48.8万吨，同比分别增长8.2 %、11.4%、14.8%。杭州空运口岸出入境人员444.28万人次，同比增长12.97%，其中出入境旅客419.56万人次，同比增长13.14%；出入境飞机28 231架次，同比增长8.74%；进出口货邮量13.84万吨，同比增长22.26%；进出口快件436.38万件，同比增长4.42%；进出口货值（含快件）26.32亿美元，同比减少10.40%。

【宁波空运口岸（宁波栎社国际机场）】 宁波栎社国际机场位于浙东鄞西平原，距宁波市中心约12千米，是国内重要的干线机场。机场占地面积近2 503万平方米，现有跑道长3 200米、宽60米，可满足波音747等大型飞机起降。飞行区等级为4E级。机坪占地面积19万平方米，有20个停机位。候机楼总建筑面积4.35万平方米，按年旅客吞吐量380万人次、高峰小时1 700人次的要求建设。机场地下车库达1.34万平方米，地面停车场4.73万平方米，可同时停靠869辆小车和12辆大客车。货站临时改扩建工程新建国际货站11 965平方米；改建完成国内货站10 643平方米，临时货代业务用房1 748平方米，国内分拨棚1 000平方米，国际分拨棚960平方米；扩建卡车监管仓库至2 270平方米。2015年12月，宁波栎社国际机场三期扩建工程正式开工，该工程总投资77亿元，按照年旅客吞吐量1 200万人次、货邮吞吐量50万吨的能力设计建造。1992年7月，宁波空运口岸经国务院批准正式对外开放，宁波—香港直达航班开通；1998年11月，宁波—澳门—台北/高雄航线开通；1992年年底，国际航空货运业务开通；2005年3月1日，宁波—香港全货机航班正式开通。2005年4月1日，宁波空运口岸扩大对外国籍飞机开放获国务院批准，9月2日通过国家验收。2006年4月22日，首条定期国际航线宁波—韩国首尔航线开通。宁波栎社国际机场口岸核心体系能力也不断提升，先后获批进境食用水生动物及水果指定口岸，2016年11月10日被国家质检总局及世界卫生组织授予“国际卫生机场”牌匾，成为浙江省首个、全国第11个国际卫生机场。

2016年，宁波栎社国际机场新增匈牙利布达佩斯、越南富国岛航线，浦东—宁波—布拉格、宁波—昆明—普吉2条中转航线和孟加拉达卡、日本大阪、荷兰阿姆斯特丹3条全货机国际航线。截至2016年年底，共开通国际（地区）航线25条。2016年，宁波栎社国际机场旅客吞吐量达到779.23万人次，同比增长13.67%，增幅居浙江省内三大机场首位；货邮吞吐量突破10万吨大关，达10.7万吨，同比劲增38.89%；航班起降6.37万架次，同比增长13.46%。其中，出入境旅客103.13万人次，出入境飞机9 278架次，进出口货运量1.71万吨，同比分别增长8.6%、8.3%、12.5%。

【温州空运口岸（温州龙湾国际机场）】 温州龙湾国际机场前身是温州永强机场，位于浙江省三大中心城市之一的温州市龙湾区，地处温州东南瓯江口，濒临东海，距离温州市中心约22千米，辐射浙江温州、台州、丽水和福建宁德4个地区约16万平方千米、2 000多万人口，周边300千米范围内没有大型机场，是大陆离台湾空中航距最近的机场，航程只有50多分钟，具备打造对台湾桥头堡和“跳板城市”的时空条件，具有发展航空运输业得天独厚的区位优势。温州龙湾国际机场是国内二级民用机场，占地面积约278.80万平方米，飞行区等级为4D（兼顾4E），消防保障等级为8级，现有1条长3 200米、宽60米的跑道和1条3 200米的平行滑行道，高峰小时可起降28架次，可保障A330－200及以下机型起降，能够满足年旅客吞吐量1 500万人次的容量要求；候机楼总面积3.65万平方米，其中国内候机楼面积2.3万平方米，国际候机楼面积1.35万平方米；停机坪面积25.4万平方米，停机位36个，登机廊桥8座。温州龙湾国际机场于1987年5月开始建设，1990年7月12日建成通航。1994年9月，温州空运口岸获国务院、中央军委批准对外开放（限中国籍飞机飞港澳地区），1995年开通温州至澳门航线，1996年开通温州至香港航线。2011年6月，国务院批复同意温州机场对外国籍飞机开放。2012年7月，温州空运口岸通过国家验收正式对外国籍飞机开放。设计能力可满足年旅客吞吐量约1 300万～1 500万人次的新建T2航站楼暨温州东片综合交通枢纽正在建设中。2016年，温州空运口岸相继开辟马来西亚沙巴、日本钏路（北海道）、越南海防、菲律宾宿雾4条客运航线，并首次开通进口邮件业务，航程为“波特兰—温哥华—北京—温州”。截至2016年年底，温州龙湾国际机场累计通航城市109个，其中国际（地区）城市23个；实际营运城市70个，其中国际（地区）城市18个。2016年，温州空运口岸获准实行“落地签”，并获批进境食用水生动物指定口岸资质。

2016年，温州龙湾国际机场航班起降量6.79万架次、旅客吞吐量818.97万人次、货邮吞吐量7.77万吨，同比分别增长9.99%、11.27%、7.03%，旅客吞吐量在浙江省内机场居第2位；其中，出入境旅客40.52万人次、出入境飞机3 274架次、进出口货运量1 028吨，同比分别增长29.91%、26.41%、7.19%。

【义乌空运口岸（义乌国际机场）】 义乌国际机场位于义乌市西北，距市中心5.5千米，始建于1970年，1991年4月正式开通民用航班。

义乌机场历经四次改造和扩建。目前飞行区技术等级为4C，跑道长2 500米、宽45米，可起降波音737、麦道MD-80系列、空中客机A320等中型客机。停机坪面积6万平方米，12个中型客机机位；国际航站楼面积1.3万平方米，2个登机廊桥，设计年旅客吞吐量30万人次。从2007年开始，经国家口岸管理办公室批准，义乌机场连续6年实现临时开放，期间开通义乌至香港客运包机，每次开通时间为3个月或6个月。2014年7月31日，国务院批复同意义乌空运口岸对外开放，10月13日，义乌空运口岸通过国家验收；12月19日正式开通义乌至香港航班；2016年3月31日，开通义乌至台湾航线；12月22日，以腹舱带货形式开展国际航空货运业务。

截至2016年年底，义乌空运口岸已先后开通义乌—香港、义乌—台北的定期航线和义乌至韩国首尔、韩国务安、泰国曼谷等多个城市的不定期包机航线。2016年，义乌空运口岸出入境旅客4.58万人次、出入境飞机420架次，同比分别增长29.39%、19.66%。

【宁波水运（海港）口岸】 宁波港位于我国历史文化名城和著名沿海港口城市——宁波市，地处我国大陆海岸线中部、南北海岸线和长江“T”形结构的交汇点上，是著名的深水良港，是我国对外贸易的重要水运（海港）口岸。宁波港自然条件得天独厚，内外辐射便捷。向外直接面向东亚及整个环太平洋地区。海上至香港、高雄、釜山、大阪均在1 000海里之内；向内不仅可连接沿海各港口，而且通过江海联运，可沟通长江、京杭大运河，直接覆盖整个华东地区及经济发达的长江流域，是中国沿海向美洲、大洋洲和南美洲等港口远洋运输辐射的理想集散地。1979年6月，国务院正式批复宁波港对外开放。宁波港共有已开放港区7个，分别是甬江港区、镇海港区、北仑港区、大榭港区、梅山港区、穿山港区（临时开放）、石浦港区（临时开放）。

宁波港已与世界上100多个国家和地区的600多个港口通航，全球排名前20位的国际班轮公司都已登陆宁波水运（海港）口岸。

2016年，宁波港累计完成货物吞吐量49 618.8万吨，同比下降2.7%，其中外贸货物吞吐量29 966.7万吨，同比减少0.8%；完成集装箱吞吐量2 069.3万标箱，同比增长4.4%，其中外贸集装箱吞吐量1 742.2万标箱，同比增长4.1%；国际航线船舶入出境16 588艘次，同比增长0.1%，其中外国籍船舶13 833艘次，同比减少3.6%。主要货种完成情况：进口原油4 733万吨，同比减少7.5%；进口初级形状塑料303.5万吨，同比增加10.1%；进口废金属122.6万吨，同比减少5.9%；进口铁矿砂2 858万吨，同比减少5.3%；进口二甲苯176.9万吨，同比减少35.6%。整车进口4 187辆，同比增加85.02%，货值17.5亿元，同比增长1.3倍，征收税款12.4亿元，同比增长1.4倍。

【舟山水运（海港）口岸】 舟山港地处我国东部海岸线与长江水道的交汇处，背靠长三角经济腹地，面向太平洋，是东部地区和长江流域重要的对外开放海上门户和通道。舟山水运口岸于1986年4月经国务院、中央军委批准对外开放。2014年10月13日，舟山群岛国际邮轮港正式开港。2016年1月8日，国务院批复同意舟山水运口岸扩大开放；11月23日，舟山水运口岸扩大开放通过国家验收。舟山水运口岸共有11个已开放港区，分别是定海港区、岑港港区、马岙港区、白泉港区、金塘港区、沈家门港区、六横港区、岱山港区、衢山港区、嵊泗港区、洋山港区。

2016年，舟山港完成货物吞吐量4.26亿吨，同比增长12.3%，其中进出口货运量达1.18亿吨，同比增长11.7%；完成进出口集装箱量229 663箱，同比增长5.7%；完成进出境船舶9 419艘次，同比减少22.1%，其中外国籍船舶进出境7 650艘次，同比减少19.5%；办理进出境人员手续216 516人次，同比减少2.8%；外籍船舶修理1 469艘次，同比减少18.2%；完成保税燃油直供量106.5万吨，同比增加13%；完成保税油调拨量476.37万吨，同比增加64.33%。主要进口货种：原油2 824.64万吨，同比增长

21.7%；成品油522.77万吨，同比减少3.2%；铁矿砂6 220.4万吨，同比增长9.7%；黄大豆398.95万吨，同比增长4%；煤炭915.05万吨，同比增长13.1%。

【温州水运（海港）口岸】 温州港处于全国海岸线的中间节点，位于全国最早开放的14个口岸城市之一的温州市，由状元岙港区、乐清湾港区、大小门岛港区3个核心港区，以及瓯江港区、瑞安港区、平阳港区、苍南港区4个辅助港区组成。其中已开放港区2个，分别是状元岙港区、瓯江港区。截至2016年年底，共有已开放泊位5个，分别是状元岙港区集装箱作业区8号、9号泊位，瓯江港区七里作业区2万吨级泊位共3个。1957年，温州水运口岸经国务院批准对外开放，1964年8月27日首艘外轮日本“东宫丸”号抵达温州。“十一五”时期，温州港开始由“瓯江时代”向“东海时代”迈进，实现由河口型港向近海深水港、地区性港向沿海枢纽港、集装箱喂给型港向重要支线港发展的3大历史性转变。“十二五”期间，温州港加快重点项目建设，为温甬沪“三港”深化合作打下良好基础。2014年2月，温州水运口岸扩大开放获国务院批准，这是温州港由“瓯江时代”向“东海时代”全面跨越的重要标志。2014年12月，温州港状元岙港区扩大开放通过国家验收。经过多年的发展，温州港口岸已经逐步成为浙西南、赣东、闽北等地区对外交流的重要海港口岸，外贸集装箱航线通过直达及内支线与德国、英国、意大利、俄罗斯、美国、南非、阿联酋、日本、韩国、印度、新加坡、中国香港及中国台湾等80个国家和地区开展航运业务，内贸集装箱航线可抵达全国沿海及长江流域港口。

2016年，温州港完成货物吞吐量8 503.01万吨，同比增长0.15%，其中外贸货物吞吐量完成383万吨，同比增长6.21%；完成集装箱吞吐量56.20万标箱，同比增长0.3%，其中外贸集装箱吞吐量11.94万标箱，同比下降7.8%。主要货种完成情况：煤炭及制品2 309.69万吨，同比增长7.39%；石油、天燃气制品443.70万吨，同比下降2.65%；金属矿石157.57万吨，同比下降45.61%；钢铁226.20万吨，同比增长17.82%；矿建材料2 331.42万吨，同比下降7.8%；水泥759.95万吨，同比增长3.56%；粮食2.62万吨，同比下降26.4%。至台湾集装箱航线完成22 998标箱，同比下降18.25%。

【台州水运（海港）口岸】 台州港位于浙江中部沿海，地处我国海岸带中段，是浙中沿海的水运枢纽，海岸线745千米，占浙江省的28%。2001年交通部批准台州市港口统一更名为台州港，实现“一城一港”、港城同名的发展格局。台州港由海门、大麦屿、健跳、临海、黄岩和温岭6个港区组成，其中已开放港区3个，分别是海门港区、大麦屿港区、健跳港区（临时开放）。台州水运口岸原名海门水运口岸，海门港于1983年11月经国务院批准开展国轮外贸运输业务，1989年5月获国务院批准对外轮开放，1990年10月1日通过验收正式对外开放。此后，国务院、浙江省人民政府根据台州对外开放需要，陆续批准临海红光液化气专用码头、大陈岛海上水产品交货点两个二类口岸，现并入台州水运口岸统一管理。2008年4月18日，国务院批准浙江海门水运口岸更名为台州水运口岸及大麦屿港区扩大开放。2011年9月，大麦屿港区通过国家对外开放验收，同年12月对外开放。2014年6月30日，大麦屿港区对台湾海上直航客货滚装码头对外启用工作顺利通过验收，并于7月11日对外启用，大麦屿港区对台湾客货运直航已实现常态化运行。

2016年，台州港实现外贸货物通关量873万吨，同比增长13.7%，其中进口783.3万吨，同比增长15.2%；集装箱进出口62 229个标准箱，同比增长5.6%；入出境船舶2 224艘次，同比增长4%，其中外轮2 066艘次，同比增长1.2%；入出境旅客和船员38 599人次，同比减少22.4%。大麦屿港区对台湾客运直航船舶进出港94艘次，比上年增长3.3%；查验通关旅客7 846人次，比上年减少67.6%。

【嘉兴水运（海港）口岸】 嘉兴港（原名

乍浦港），位于浙北地区的杭州湾北岸，地处沪、杭两市中间的嘉兴市境内，是浙江北部唯一的出海门户，是全国海河联运主要港口之一，毗邻上海浦东，陆上距上海 95 千米、杭州 117 千米、嘉兴 43 千米；海上距上海 122 海里、洋山港区 53 海里、宁波港 74 海里。嘉兴港自东向西由独山、乍浦、海盐 3 大港区组成。其中，乍浦港区 1993 年 3 月经批准开办国轮外贸运输业务，1994 年 5 月获批临时接靠外国籍船舶，1996 年 1 月经国务院同意对外国籍船舶开放，2001 年 4 月正式通过国家验收对外开放。2014 年 12 月 24 日，国务院批复同意乍浦水运口岸更名为嘉兴水运口岸并扩大开放独山、海盐港区。2016 年 11 月 25 日，嘉兴水运口岸扩大开放通过国家验收，基本实现全港对外开放（除乍浦港区九龙山区域）。嘉兴港已与日本、韩国、俄罗斯、美国、沙特阿拉伯、伊朗、澳大利亚、英国、荷兰、南非等 40 多个国家和地区的近百个港口建立了运输往来，作为宁波港、上海港的喂给港，嘉兴港集装箱业务可覆盖全球运输网络。

2016 年，嘉兴港完成货物吞吐量 6 816.57 万吨，同比增长 8.66%，完成集装箱吞吐量 134.22 万标箱，同比增长 9.31%；完成外贸货物吞吐量 1 166.39 万吨，首次突破千万吨，同比增长 22.11%；完成外贸集装箱吞吐量 42.63 万标箱，同比增长 15.38%。从进出口货物情况看，嘉兴港外贸货物以进口为主，出口货物以集装箱运输为主。外贸进出口货物前三位分别为适箱货物 575.24 万吨，化工品 347.68 万吨，油品类 183.71 万吨，同比分别增长 10.72 %、40.69%、43.39 %。

宁波市

【口岸运行主要数据】 2016 年，宁波舟山港货物吞吐量 9.2 亿吨，位居世界第一；宁波港域货物吞吐量 49 618.8 万吨，同比下降 2.7%，其中外贸货物吞吐量 29 966.7 万吨，同比下降 0.8%；宁波舟山港集装箱吞吐量 2 156.5 万标箱，位居世界第四；宁波港域集装箱吞吐量 2 069.3 万标箱，同比增长 4.4%，其中外贸集装箱吞吐量 1 742.2 万标箱，同比增长 4.1%；宁波港域入出境船舶 16 588 艘次，同比增长 0.1%，其中外国籍船舶入出境 13 833 艘次，同比减少 3.6%；整车进口 4 187 辆，同比增长 85.02%，货值 17.5 亿元，同比增长 1.3 倍；征收税款 12.4 亿元，同比增长 1.4 倍。宁波空运口岸（宁波栎社国际机场）出入境飞机 9 278 架次，同比增长 8.3%；出入境旅客 103.13 万人次，同比增长 8.6%；进出口货运量 1.71 万吨，同比增长 12.5%。宁波铁路监管点累计完成集装箱吞吐量 716 标箱，同比下降 80.9%；完成海铁联运集装箱 25.05 万标箱，同比增长 46.9%。

2016 年，宁波口岸进出口总值 1.17 万亿元人民币，同比下降 2.6%。其中，出口 8 793 亿元，同比增长 0.4%；进口 2 873 亿元，同比下降 10.7%；贸易顺差 5 920 亿元，同比扩大 6.9%。异地企业经宁波口岸进出口 6 941 亿元，同比下降 4.4%，占宁波口岸进出口总值的 59.5%，所占比重同比回落 1.1 个百分点。其中，浙江省内异地企业经宁波口岸进出口 4 446 亿元，同比增长 1.5%，占异地企业进出口总值的 64.1%；浙江省外异地企业经宁波口岸进出口 2 495 亿元，同比下降 13.3%，占异地企业进出口总值的 35.9%。

2016 年，宁波市外贸进出口总值 6 262.1 亿元人民币，居全国 15 个副省级城市第 4 位，同比增长 0.9%。其中，出口 4 359.4 亿元，同比下降 1.4%；进口 1 902.7 亿元，同比增长 6.5%；贸易顺差 2 456.7 亿元，收窄 6.7%。进出口、出口、进口三项指标分别优于全国 1.8 个百分点、0.6 个百分点和 5.9 个百分点。

【口岸综合管理】 稳步推进口岸开放。2016 年，梅山保税港区滚装及杂货扩建码头通过对外启用验收。穿山港区（北）正式开放工作稳步推进。象山石浦港区国际航行船舶临时进出新港码头时限延长。宁波国际邮件互换局于 2016 年 6 月 28 日正式运营。深入推进区域通关一体化改革。全面深化关检合作“三个一”。鼓励口岸监管单位进一步简政放权，提升口岸通关效率。加快推进国际贸易“单一窗口”建设，整合口岸信息资源，进一步简化统一单证格式和数据标准。宁波“单一窗口”实现与检验检疫业务系统进行数据对接；船舶“单一窗口”已实现船舶出境业务在4家联检单位的全覆盖。深化通关无纸化改革。进一步简化无纸化审核签约手续，稳步提高无纸化申报比例。截至2016年年底，无纸化报关单率和税费电子支付比例分别为97.1%和87.1%。深入推进出口集装箱电子化放行试点，实现出口集装箱放行全程无纸化，打通货物验放“最后一公里”，减少了纸质单证传递，降低了企业的交通、人工和时间成本。实施通关单无纸化，每批货物可为企业降低通关成本200元，缩短通关时间0.5个工作日，全年可节约近4万个工作日和近千万元。深入推进口岸诚信体系建设，净化口岸中介市场。推进高资信企业培育及认证工作。截至2016年年底，宁波市共有海关高级认证企业104家，一般认证企业2 932家，符合高资信标准的认证企业占在册企业总数比重近10%；检验检疫信用AA级企业49家。动态调整企业信用等级，创新开展企业信用等级预警服务。开展第二届宁波市口岸中介服务诚信企业评选活动。2016年，对企业进行评价累计655家。其中，A级企业52家，B级企业590家，C级企业12家，D级企业1家。

【中国（宁波）跨境电子商务综合试验区建设】 2016年1月12日，国务院正式批复同意宁波等12个城市设立第二批跨境电子商务综合试验区。2016年，宁波跨境电子商务交易额达270亿元，是2015年的3.4倍。其中，进口额53.65亿元，约8.01亿美元；出口额32.31亿美元，约216.48亿元。首批7个线下产业园区授牌成立。坚持“进出口并举、多区域并发、多模式并存”的发展思路，加快“互联网+外贸”“互联网+制造”的融合发展，以海曙区服饰家纺、鄞州五金工具、余姚家电、慈溪家电、宁海家具等5个特色区域经济为试点，推动产业集群与跨境电商融合互动。探索B2B、B2C、B2B2C等跨境电商出口多模式发展。吸引了网易、京东、阿里巴巴、苏宁易购等一批知名跨境电商企业落户和开展合作。创新政府服务，宁波市政府设立每年2 000万元以上的市级跨境电商专项扶持资金。宁波海关、宁波出入境检验检疫局等监管部门管理重心下移，摸索出了一系列“进得来、管得住、放得快”的跨境电子商务创新举措。跨境电商综合信息平台上线运行、跨境电子商务学院成立，为宁波跨境电子商务产业的发展提供有力支撑。借助中东欧博览会、甬港经济合作论坛等平台，积极帮助企业拓宽渠道、拓展市场，受到中外企业广泛好评。

【成功创建国际卫生港城市】 2016年11月9日，北仑、镇海港区和栎社国际机场顺利通过世界卫生组织专家组的实地测评验收，并获得高度评价；11月10日，宁波市被正式授牌成为“全港创卫示范城市”。至此，自2008年宁波市口岸与打私办牵头启动国际卫生港创建工作以来，宁波所有对外开放的口岸全部成功创建国际卫生港。这对于宁波港口经济圈发展，打造国际强港起到积极的推动作用。国际卫生港是世界卫生组织对国际通航港口安全及卫生控制能力的一种国际认证，也是《“健康中国（2030）”规划纲要》明确提出的最新国家规划。

【推进宁波航运交易发展】 加快推进高端航运服务业集聚区建设。宁波国际航运服务中心通过了省级服务业集聚示范区的综合评价验收。《宁波国际航运物流产业集聚区5年发展规划》编制完成。强力开展招商引资，打造港口经济圈航运服务业核心功能区，推进航运交易发展。2016年，宁波航运交易所完成交易额67.45亿元，同比增长34%。其中，航运舱位交易市场完成交易量135.69万标箱，同比增长27.9%，交易额51.93亿元，同比增长34.9%；船舶交易市场完成交易额14.88亿元，同比增长31.4%；航运服务人才市场完成交易额0.64亿元，同比增长28%。境内海运费网上支付结算额达1.24亿美元。

【海上丝绸之路综合指数深入研发】 具有鲜

明特色的海上丝绸之路综合指数体系已构建完成。同时建设海上丝绸之路航运大数据中心，为海上丝绸之路指数建设提供数据源和技术支撑。深化与波罗的海交易所的合作，已合作的4条航线指数稳定、准时发布。与新加坡交易所就航运金融衍生品方面加强合作。主流媒体多渠道进行指数推广。成立航线经理人俱乐部，建立航线特约评论专家机制。围绕航运产业发展和市场服务需求，不断扩大指数的分析和应用。海上丝绸之路指数2016年正式写入国家“十三五”规划，在国际航运市场的影响力日益提高。

2016年浙江省口岸大事记

1月7日

金华至宁波海铁联运“天天班”正式首发。这是继台州、绍兴、上饶等地至宁波“天天班”之后，宁波舟山港成功开辟的又一条海铁联运“天天班”。

1月8日

国务院批复同意舟山港口岸扩大开放。这是国务院综合评估上报口岸开放的众多省市口岸贡献及外贸发展情况后，率先对舟山群岛新区给予批准，体现了党中央、国务院对舟山群岛新区建设的高度重视和大力支持。

1月12日

国务院批复同意宁波等12个城市设立跨境电子商务综合试验区。宁波成为继杭州之后，浙江省第二个获批设立跨境电子商务综合实验区的城市。

1月14日

舟山水运口岸衢山港区衢黄港口开发建设有限公司鼠浪湖矿石中转码头1号泊位通过对外启用验收。该项目是浙江舟山群岛新区建设江海联运服务中心的一号工程，对外启用后将大幅提升宁波舟山港大宗商品中转、储运、加工、交易中心地位。

1月28日

首趟义乌—德黑兰国际货运班列从义乌铁路西站发车，2月15日抵达伊朗首都德黑兰市区南部的中心火车站。该班列是全国首列开往中东的国际铁路货运班列。

市场采购贸易方式在海宁皮革城正式落地实施。海宁皮革城是浙江省内继义乌小商品市场后，第二个应用市场采购贸易方式的专业市场。

1月30日

杭州空运口岸开始实施“过境144小时免签”政策。符合条件的过境外国人可选择从上海所有口岸或南京空运口岸、杭州空运口岸入境或出境，在上海市、江苏省和浙江省行政区域内免签停留144小时。

2月17日

中国海事局与美国海岸警卫队战略合作研讨会在杭州举行。中国海事局局长陈爱平、副局长郑和平和美国海岸警卫队奥斯汀少将及战略规划部门一行7人开展了双边会谈。

2月18日

宁波梅山保税港区进口肉类查验场正式通过国家质检总局验收，成为浙江第四个、宁波第二个进口肉类指定口岸查检场。

温州国际邮件交换站进口邮件业务正式启动。当日，首批进口邮件搭载国航CA1952航班顺利到达温州机场，航程为波特兰—温哥华—北京—温州。

3月6日

由宁波前往孟加拉达卡的UW9975次全货机航班起飞出境，标志着宁波空运口岸首条南亚国际货运包机航线顺利开通。

3月14日

由阿拉贡自治区主办的“‘新丝绸之路’和‘义新欧’中欧班列中西货运的新机遇”研讨会在阿拉贡自治区首府萨拉戈萨举行。研讨会上，双方政府签署了“义新欧”战略合作协议，这是义乌市与国外政府就“义新欧”项目签署的首个合作协议，也是阿拉贡自治区与中国地方政府签署的首个协议。

3月16日

十二届全国人大四次会议上审议通过了国家

发展“十三五”规划。宁波航运交易所发布的海上丝绸之路指数被正式列入规划。

3 月 23 日

浙江省委书记、省人大常委会主任夏宝龙到杭州萧山国际机场视察 G20 杭州峰会工程建设情况。

3 月 25 日

全国政协副主席董建华一行乘坐 KA640 次航班抵达宁波，参观考察宁波、舟山两地，26 日由宁波返回香港。宁波机场边检站以优质、高效、热情的服务圆满完成了此次出入境边防检查任务。

3 月 26 日

3 辆台湾自驾游汽车从基隆港搭载“中远之星”客滚轮直抵台州大麦屿港，开展为期 7 天的大陆自驾游，标志着长三角地区和台湾之间的首条自驾车辆直通航线开通。大麦屿港成为继厦门、平潭之后，大陆第三个开通对台湾直航车渡的口岸。

3 月 27 日

由大阪飞往宁波的 Y87430 次全货机航班顺利抵达宁波栎社国际机场，标志着宁波空运口岸首条东亚全货机国际航线正式开通，这也是国内首条跨境电商直达专线。

3 月 30 日

舟山群岛新区朱家尖国际邮轮码头迎来 2016 年首艘国际邮轮——“世鹏旅居者”。该船船籍为巴哈马，该航次载 395 名游客从韩国釜山出发，依次靠泊上海港、舟山港、厦门港和香港。

3 月 31 日

义乌空运口岸开通“义乌—台北”定期往返航班，义乌成为继杭州、宁波、温州之后浙江省第四个可以直飞台湾的城市，也是大陆首个开通与台湾直航的县级市。

4 月 1 日

浙江省开展对进出口环节海关查验没有问题的外贸企业免除吊装移位仓储费用试点，免除费用由中央财政负担，同时加大对有问题企业的处罚力度，试点口岸范围：全省海运口岸。

4 月 7 日

《国家口岸发展“十三五”规划》论证会在舟山召开。

4 月 13 日

全国政协副主席王家瑞、国家邮政总局局长马军胜一行到杭州下沙跨境电商园区实地考察。

4 月 19 日

国务院批复同意设立舟山江海联运服务中心。中心范围包括舟山群岛新区全域和宁波市北仑、镇海、江东、江北等区域。批复指出，设立舟山江海联运服务中心，对于实施长江经济带发展战略，加强与 21 世纪海上丝绸之路的衔接互动，推动海洋强国建设具有重要意义。

5 月 5 日

伴随着 CK291 宁波至阿姆斯特丹航班的起飞，宁波往返阿姆斯特丹全货机航线正式开通。该航线是宁波空运口岸开通的首条洲际全货机航线。

5 月 8 日

国务委员、公安部部长郭声琨到杭州萧山国际机场视察 G20 杭州峰会工程。

5 月 13 日

厄瓜多尔大使馆参赞埃克多尔·亚格兰一行到宁波市口岸打私办进行调研考察，并就建立友好港口城市及促进两国之间港口建设和航运往来的合作进行了广泛交流。

5 月 16 日

浙江富阳口岸（东洲码头）海关监管场所正式对外办理业务。

6 月 1 日

浙江国际贸易“单一窗口”平台门户上线运行，提供了货物申报、船舶申报、综合查询等服务项目，实现了浙江、宁波两地电子口岸平台的单点登录。

6 月 6 日

宁波栎社国际机场开通宁波直飞匈牙利首都布达佩斯的往返航班。这是宁波空运口岸首次开通直达中东欧国家的包机航线。

6 月 12 日

义乌国际邮件互换局正式启动进境邮件监管

业务，最终目的地为义乌的进境邮件不必再绕道杭州办理通关手续，而是直接从杭州转关至义乌，在本地办理通关手续，在本地分发送件。

6 月 14 日

交通运输部发布我国第一批多式联运示范工程项目名单。宁波舟山港—浙赣湘（渝川）集装箱海铁多式联运示范工程入选。

6 月 14 日 ~16 日

海关总署、发改委、财政部等 8 部委组成联合调研组到舟山调研舟山自由贸易岛方案及油品全产业链规划布局。浙江省委书记夏宝龙在舟山会见调研组一行，副省长梁黎明陪同调研。

6 月 28 日

宁波市举行宁波国际邮件互换局正式运行暨中国（宁波）跨境电子商务综合试验区海曙园区开园仪式。宁波往来海外的进出境邮件可直接通过香港、台北等空运口岸进出口，不必再绕行杭州、上海国际邮件互换局。

6 月 30 日

杭州海关、宁波海关正式启用“一船两靠”船舶申报系统简化船舶移泊手续。

7 月 2 日

宁波市口岸与打私办联合市教育局、市商务委，协同在甬相关高校，在浙江万里学院挂牌成立宁波市跨境电子商务学院。

7 月 8 日

国家质检总局回函浙江省政府，同意在义乌铁路西站筹建进口肉类指定查验场。

7 月 15 日

杭州萧山国际机场正式开通浙江省首条美洲客运航线（杭州—美国旧金山），这是该机场历史上开通的第 7 条定期运营的洲际航线，为浙江省“十三五”时期国际航空市场拓展实现了开门红。

7 月 28 日

公安部边防管理局局长陈定武一行 6 人到杭州边检站检查指导 G20 杭州峰会安保工作。

浙江省委书记、省人大常委会主任夏宝龙赴义乌调研，考察口岸建设、投用及“义新欧”班列运行情况。

浙江省代省长车俊到杭州萧山国际机场调研 G20 杭州峰会保障筹备工作情况。

8 月 1 日

宁波舟山港核心港区深水航路船舶定线制、报告制正式实施。

8 月 4 日

宁波水运口岸梅山港区滚装及杂货码头通过对外启用验收，填补了浙江省无专业汽车滚装码头的空白，有效提升了梅山作为浙江省唯一汽车进口指定口岸的滚装集运能力，为下阶段开展大规模商品车滚装进出口业务、构建更高能级的汽车进出口“大物流”体系建设全面夯实了基础。

8 月 13 日

中欧班列（义乌—俄罗斯）从铁路义乌西站首发启程，驶往俄罗斯车里雅宾斯克。这是从义乌始发的第三个方向的中欧班列。

8 月 16 日

国家口岸办发文，正式同意义乌铁路西站作为临时口岸继续对外开放，开放期限延长至一年。

8 月 19 日

浙江省代省长车俊到义乌国际邮件互换局检查指导工作。车俊要求义乌市各有关部门要继续深化国际贸易综合改革，发挥好线上线下两个市场，推动市场转型升级。

8 月 20 日

国务委员杨洁篪来杭视察杭州萧山国际机场 G20 杭州峰会保障筹备冲刺阶段的工作情况。

8 月 23 日

国家民航局局长冯正霖率国家民航局综合

司、运输司、空管局、公安局、运行监控中心等G20峰会运输安全保障工作督导组成员赴浙督导检查G20杭州峰会保障筹备工作。

8月28日

“义乌—阿富汗”国际货运班列从铁路义乌西站首发启程，驶往阿富汗马扎里沙里夫。马扎里沙里夫是整个中东地区的物流枢纽，该班列的开通，将直接促进中国与中东的互联互通，有利于“一带一路”在中东的深化和落实。

8月29日

中共中央政治局委员、中央政法委书记孟建柱到杭州萧山国际机场检查指导G20杭州峰会保障筹备工作。孟建柱认为杭州机场峰会筹备工作充分，特别是专用机坪和专用候机楼达到了国际一流水平。

9月2日

宁波海关宁海办事处正式获批。

9月6日

国务委员、公安部部长郭声琨在G20杭州峰会结束后，高度肯定了杭州机场峰会保障工作，认为这是民航保障历史上的一个创举。

9月7日

浙江省委书记、省人大常委会主任夏宝龙在专用候机楼与杭州萧山机场公司班子成员进行座谈，并代表省委省政府向机场全体干部员工表示感谢和慰问。

9月14日

嘉兴综合保税区通过封关验收。

9月19日

宁波国际贸易“单一窗口”与检验检疫数据通道完成对接并上线试运行，企业可通过“单一窗口”进行出入境货物报检、包装报检及产地证申报。

9月23日

满载巴西铁矿砂的40万吨级矿砂船“远见海”靠泊宁波舟山港鼠浪湖矿石中转码头，海关共监管入库铁矿砂39.3万吨、监管该船加注保税燃料油7 500.59吨。这是浙江省首次靠泊40万吨级散货船，也是舟山水运口岸首次办理铁矿砂保税入库，同时还是全国海关审批的单批次供应量最大的供油业务。

9月26日

商务部等7部委联合发文，批复同意包括宁波梅山保税港区在内的4个非自贸试验区地区开展汽车平行进口试点。这是国家在自贸试验区范围之外首次批准开展汽车平行进口试点。

9月28日

中国（宁波）跨境电子商务综合试验区综合信息平台上线运营。

10月9日

宁波出入境检验检疫局举行中国电子检验检疫（e-CIQ）主干系统启动仪式，宣布中国电子检验检疫主干系统在宁波地区全面上线运行，标志着宁波正式迈入“互联网+质检”时代。

10月16日

装载39.1万吨铁矿砂的香港籍“ORE BRASIL”（巴西）轮顺利抵靠宁波舟山港鼠浪湖矿石中转码头。这是该码头继9月23日试靠“远见海”轮后迎来的第二艘40万吨级满载矿砂船，也是该码头接靠的首艘40万吨级保税货船。

10月17日

载有194名旅客的四川航空3U8631航班从杭州萧山国际机场起飞，标志着“成都—杭州—洛杉矶”航线正式开通，这是杭州空运口岸开通的第二条美洲航线，进一步促进了中国东部地区与美国西部的经贸往来和文化交流。

10月18日

首趟中欧班列（义乌—明斯克）启运。该班列是继中亚五国、马德里、德黑兰、俄罗斯、阿富汗之后，从义乌始发的第6条国际联运班列。

10月20日

“义乌—里加”国际货运班列从铁路义乌西站首发启程，11月5日顺利抵达拉脱维亚首都里加。该班列是国内首趟通往拉脱维亚的国际班列，标志着义乌打通了中欧班列的西通道与东通道，推动了“一带一路”在中东欧地区的深化和落实，实现了与波罗的海及东欧地区交通物流的互联互通。

10 月 28 日

美国波音公司首个海外工厂——波音 737 完工和交付中心正式落户舟山。

10 月 31 日

交通运输部正式批复同意在浙江省湖州市创建内河水运转型发展示范区，湖州成为目前全国首个、也是唯一一个内河水运转型发展示范区。

11 月 10 日

在口岸核心能力建设暨创建国际卫生港论坛上，世界卫生组织专家组组长丹尼尔博士与国家质检总局副局长陈钢向北仑、镇海和栎社国际机场 3 个港区颁发“国际卫生港”牌匾，向宁波市政府颁发“全港创卫示范城市”牌匾。宁波市历时 5 年“全港创卫”工作圆满收官，成为全国首个“全港创卫示范”城市。

11 月 15 日

杭州空运口岸正式开通“北京—杭州—悉尼”航线，该航线是杭州机场首条直达大洋洲的航线，由东方航空公司使用空客 A330 执飞。

11 月 16 日

海关总署署长于广洲到杭州调研，先后赴阿里巴巴滨江园区和海康威视集团实地了解企业生产经营情况和浙江外贸发展情况。

义乌市举行中欧班列（义乌—马德里）两周年暨铁路口岸海关监管场所启用仪式。

义乌海关驻机场办事处挂牌成立，正式对外开办业务。

11 月 22 日

舟山港综合保税区衢山分区一期正式通过封关验收。

11 月 23 日

舟山水运口岸扩大开放通过国家验收。国家远洋渔业基地、舟山港综保区本岛分区两个重点项目的配套码头、舟山武港码头有限公司、舟山亚泰船舶修造工程有限公司、舟山中天重工有限公司的码头（船坞）正式对外开放。

11 月 25 日

嘉兴水运口岸扩大开放通过国家验收。至此，嘉兴港基本实现全港对外开放（除乍浦港区九龙山区域外）。

11 月 29 日

杭州经济技术开发区海关顺利验放中国（杭州）跨境电子商务综合试验区首单跨境电子商务 B2B 保税出口货物，标志着杭州地区跨境电子商务出口业务从此前的一般贸易模式向保税贸易模式拓展。

12 月 9 日

免除查验没有问题外贸企业吊装移位仓储费用全面试点工作在宁波港口岸正式实施。宁波港口岸成为浙江省首个落实国家该项试点政策的口岸。

12 月 13 日

杭州萧山国际机场年旅客吞吐量首次突破 3 000万人次，成为中国内地第 10 个迈入“3 000 万级俱乐部”的机场，正式跻身世界繁忙机场行列，这在杭州机场和浙江省民用航空业发展进程中具有重要的里程碑意义。

12 月 15 日

航空器电讯检疫在温州空运口岸正式实施，这是温州出入境检验检疫局在通关便利化上的一项新举措，也是温州出入境检验检验局在浙江出入境检验检疫局辖区内率先启动航空器电讯检疫。

12 月 19 日

宁波舟山港年货物吞吐量突破 9 亿吨，成为全球首个 9 亿吨大港，这是浙江省海洋港口一体化发展的最新成果。

12 月 20 日

交通运输部发布第 57 号公告《交通运输部

关于浙江嘉兴港和舟山港口岸扩大开放对国际航行船舶开放的公告》，决定自本公告之日起，浙江嘉兴港和舟山港口岸正式扩大对国际航行船舶开放。

12 月 22 日

义乌空运口岸以腹舱带货形式正式启动国际（地区）航空货运业务。

12 月 23 日

金义综合保税区（一期）通过国家 10 部委联合验收。这是全国首个以跨境电子商务为特色的综合保税区。

12 月 26 日

宁波镇海保税物流中心（B 型）正式封关运作。这是国内唯一一家以液化品为主经营品种的保税物流中心。

12 月 29 日

温州跨境电商监管中心正式揭牌。温州成为杭州关区继杭州、金华、义乌之后第 4 个开展此项业务的城市，开启了温州“互联网 + 外贸”的新时代。

12 月 30 日

杭州空运口岸正式开通杭州—青岛—温哥华航线，这是杭州首条通达加拿大的航线，也是 2016 年开通的第 3 条北美航线。

（撰稿人：汪岸天、张坚、金志华、陈加恩、陈展、徐昕恺、徐谊婷、樊诚、王静、魏依琳、周燕华、姚琼、唐凤山、汤军、邱琳、周晓薇、陈燕燕、陈嘉诚、黄小茹、赵华明、程斐、王登科、范旭宇、胡晋源、翟羽佳）

2016年浙江省口岸流量统计表

口岸类型		口岸名称	货运量（万吨）				集装箱量（万标箱）				人员（万人次）				交通工具（辆、艘、架、列次）			
			出口	进口	合计	同比（%）	出口	进口	合计	同比（%）	出境	入境	合计	同比（%）	出境	入境	合计	同比（%）
空运口岸		杭州空运口岸	11.06	2.78	13.84	22.26					221.55	222.73	444.28	12.97	14 037	14 127	28 164	8.80
		宁波空运口岸	0.98	0.73	1.71	12.50					58.10	58.78	116.88	8.35	4 564	4 714	9 278	8.32
		温州空运口岸	0.08	0.02	0.10	7.19					20.53	20.13	40.66	30.37	1 641	1 643	3 284	26.14
		义乌空运口岸									2.14	2.23	4.37	12.34	171	179	350	-0.28
		分计	12.12	3.53	15.65	20.94					302.32	303.87	606.19	12.33	20 413	20 663	41 076	11.06
水运口岸	海港口岸	宁波港	11 798.80	18 167.90	29 966.70	-0.80	911.00	831.10	1 742.10	4.10	11.13	12.57	23.70	-2.89	5 539	6 459	11 998	0.46
		舟山港	617.77	11 234.92	11 852.69	11.70	1.40	21.56	22.97	5.70	7.28	7.94	15.23	-3.79	2 949	3 283	6 232	-1.69
		温州港	42.45	340.34	382.79	9.31	5.89	6.05	11.94	-7.80	0.33	0.15	0.48	-3.55	156	76	232	-4.13
		台州港	89.70	783.30	873.00	13.70	3.07	3.15	6.22	5.60	1.36	2.30	3.66	-29.21	679	1 547	2 226	3.82
		嘉兴港	277.26	889.13	1 166.39	22.11	19.93	22.70	42.63	15.38	1.39	1.30	2.69	23.68	756	731	1 487	24.12
		分计	12 825.98	31 415.59	44 241.57	3.13	941.30	884.56	1 825.86	4.25	21.49	24.26	45.76	-4.82	10 079	12 096	22 175	0.90
	河港口岸																	
		分计																
合计			12 838.10	31 419.12	44 257.22	3.17	941.30	884.56	1 825.86	4.25	323.81	328.13	651.95	12.33	30 492	32 759	63 251	7.02
同比（%）			7.92	1.30	3.17		8.11	0.43	4.25		13.05	11.63	12.33		7.69	6.40	7.02	

（浙江省口岸办、浙江省公安边防总队提供）

2016年浙江省口岸出入境主要数据表

项目			2016年	2015年	同比（%）
出入境人员（人次）	出入境人员总数		6 519 513	5 804 063	12.33
	入境人员		3 281 277	2 939 514	11.63
	出境人员		3 238 236	2 864 549	13.05
	出入境旅客		5 742 655	5 055 305	13.60
	出入境员工		776 858	748 758	3.75
	中国公民	小计	5 501 063	4 852 811	13.36
		内地居民（因公）	276 732	253 648	9.10
		内地居民（因私）	4 470 643	3 860 704	15.80
		港澳居民	302 347	283 597	6.61
		台湾同胞	451 341	454 862	-0.77
	外籍人员		1 018 450	951 250	7.06
	从海港出入境人数		457 566	480 767	-4.83
	从陆港出入境人数				
	从空港出入境人数		6 061 948	5 323 296	13.88
交通运输工具（辆、艘、架、列次）	总计		63 251	59 027	7.16
	船舶		22 175	21 977	0.90
	飞机		41 076	37 050	11.06
	火车				
	机动车辆				

（浙江省公安边防总队提供）

2016 年杭州海关主要数据统计表

项目		2016 年	同比（%）
进出口货运量（万吨）	合计	15 632.96	10.6
	进口	13 745.93	11.7
	出口	1 887.03	3.2
进出口贸易总值（万美元）	合计	8 939 315.65	-4.5
	进口	3 459 005.42	-2.2
	其中：江、海运输	3 127 291.58	-2.2
	铁路运输	2 222.23	376.3
	汽车运输	6 472.82	14.4
	航空运输	322 354.93	-3.1
	邮件运输	663.86	27.8
	其他运输		
	出口	5 480 310.23	-5.8
	其中：江、海运输	5 178 840.01	-6.4
	铁路运输	46 981.36	54.8
	汽车运输	3 409.19	281.2
	航空运输	194 257.81	-7.7
	邮件运输	56 821.86	25.6
	其他运输		
税收（万元）	两税合计	3 414 130.08	1.6
	关税入库	340 533.64	2.8
	进口环节税入库	3 073 596.44	1.4

（杭州海关提供）

2016 年宁波海关主要数据统计表

项目		2016 年	同比（%）
进出口货运量（万吨）	合计	14 855	-1.20
	进口	10 986	-3.10
	出口	3 869	4.70
进出口贸易总值（万元）	合计	116 757 609	-2.51
	进口	28 747 221	-10.70
	其中：江、海运输	27 240 502	-11.62
	铁路运输	1 291	63.19
	汽车运输	96 846	-51.77
	航空运输	1 351 863	21.69
	邮件运输	328	24 765.23
	其他运输	56 391	-1.65
	出口	88 010 388	0.50
	其中：江、海运输	87 245 201	0.86
	铁路运输	22 510	-81.45
	汽车运输	237 661	-12.65
	航空运输	342 511	-22.89
	邮件运输	7	
	其他运输	162 499	-31.55
税收（万元）	两税合计	4 481 723	-8.04
	关税入库	414 151	9.49
	进口环节税入库	4 067 572	-9.51

（宁波海关提供）

2016 年浙江省出入境检验检疫业务统计表

项目	货物检验检疫 批次	货物检验检疫 金额（万美元）	检验检疫不合格 批次	检验检疫不合格 金额（万美元）	交通工具 船舶（艘）	交通工具 飞机（架）	交通工具 火车（列）	交通工具 汽车（辆）	集装箱（标箱） 合计	集装箱（标箱） 检出问题	发现动植物疫情 种类数	发现动植物疫情 种次	货物通关 批次	货物通关 金额（万美元）	出入境人员查验（人次）	健康检查及预防接种（人次） 健康检查	健康检查及预防接种（人次） 艾滋病监测	健康检查及预防接种（人次） 发现病例	健康检查及预防接种（人次） 预防接种
本年累计	655 396	4 029 514	17 673	488 215	10 085	32 367			991 116	5 275	798	6 151	557 437	3 603 284	5 096 766	47 040	47 151	55 021	57 193
其中 出境	580 258	1 781 797	3 015	13 557	4 546	16 171			348 056	1			499 360	1 461 581	2 544 509	32 081	32 081	37 635	56 716
其中 入境	75 138	2 247 717	14 658	474 658	5 539	16 196			643 060	5 274	798	6 151	58 077	2 141 704	2 552 257	14 959	15 070	17 386	477
同比（%）	-0.89	-4.97	-11.2	-23.68	1.96	11.8			2.52	4.91	-19.96	-6.46	54.95	10.09	13.72	-6.43	-5.85	-4.75	5.74
其中 出境	-0.66	1.86	-24.83	15.11	0.04	11.74			7.11	0	-100	-100	66.64	52.47	14.29	-16.71	-16.46	-14.19	5.5
其中 入境	-2.64	-9.77	-7.76	-24.41	3.59	11.87			0.2	4.91	-19.96	-6.46	-3.35	-7.46	13.16	27.29	29.07	25.03	45.87

（浙江出入境检验检疫局提供）

2016年宁波市出入境检验检疫业务统计表

项目	货物检验检疫				交通工具				集装箱（标箱）		发现动植物疫情		货物通关		出入境人员查验（人次）	健康检查及预防接种（人次）			
	批次	金额（万美元）	检验检疫不合格																
			批次	金额（万美元）	船舶（艘）	飞机（架）	火车（列）	汽车（辆）	合计	检出问题	种类数	种次	批次	金额（万美元）		健康检查	艾滋病监测	发现病例	预防接种
本年累计	212 333	3 738 329	18 809	243 663	11 973	9 286			13 758 181	62 637	678	38 629	223 033	3 588 514	1 402 885	4 715	4 506	1 214	5 473
其中 出境	114 423	459 635	645	2 587	5 547	4 574			6 659 697	0	0	0	134 317	504 056	692 763	2 503	2 416	703	5 400
其中 入境	97 910	3 278 694	18 164	241 076	6 426	4 712			7 098 784	62 637	678	38 629	88 716	3 084 458	710 122	2 212	2 090	511	73
同比（%）	-21.16	-34.46	-7.10	-24.08	-0.46	8.56			10.91	-17.37	-10.91	-6.32	-27.52	-20.40	6.30	-9.43	-11.09	34.00	-0.07
其中 出境	-6.14	-8.04	-37.20	-59.04	4.52	7.27			32.14				-38.62	-36.70	8.05	-26.64	-28.41	13.57	0.26
其中 入境	-33.57	-37.00	-5.49	-23.37	-4.39	9.84			-3.61	-17.37	-10.91	-6.32	-0.20	-16.90	4.65	23.30	23.45	78.05	-19.78

（宁波出入境检验检疫局提供）

2016 年浙江海事局进出港船舶统计汇总表

船舶类别	进港船舶							出港船舶						
	艘数（艘）	总吨（吨位）	总载重量（吨）	载客量（客位）	船员人数（人次）	货物到达量（吨）	旅客到达量（人）	艘数（艘）	总吨（吨位）	总载重量（吨）	载客量（客位）	船员人数（人次）	货物发送量（吨）	旅客发送量（人）
总数	565 761	1 420 011 065	1 808 366 401	61 641 855	4 726 518	573 736 231	22 137 822	559 832	1 410 849 455	1 800 860 982	60 675 814	4 677 710	279 024 234	21 816 721
中国籍船舶	548 418	561 298 352	655 679 792	61 604 362	4 375 524	300 355 651	22 126 371	542 557	553 634 258	650 113 001	60 638 325	4 326 449	218 273 215	21 804 808
其中外贸船	1 190	13 572 795	21 107 198	0	22 061	8 824 331	0	1 039	13 172 396	19 542 421	0	19 464	1 208 879	0

（浙江海事局提供）

安　徽　省

安徽省口岸分布示意图

口岸名称	批准开放时间	开放状态
合肥空运口岸	1990.3	国际常年
黄山空运口岸	1992.9	国际常年
芜湖水运口岸	1980.2	国际常年
铜陵水运口岸	1993.1	国际常年
安庆水运口岸	1996.1	国际常年
池州水运口岸	2005.7	国际常年
马鞍山水运口岸	1990.10	国际常年

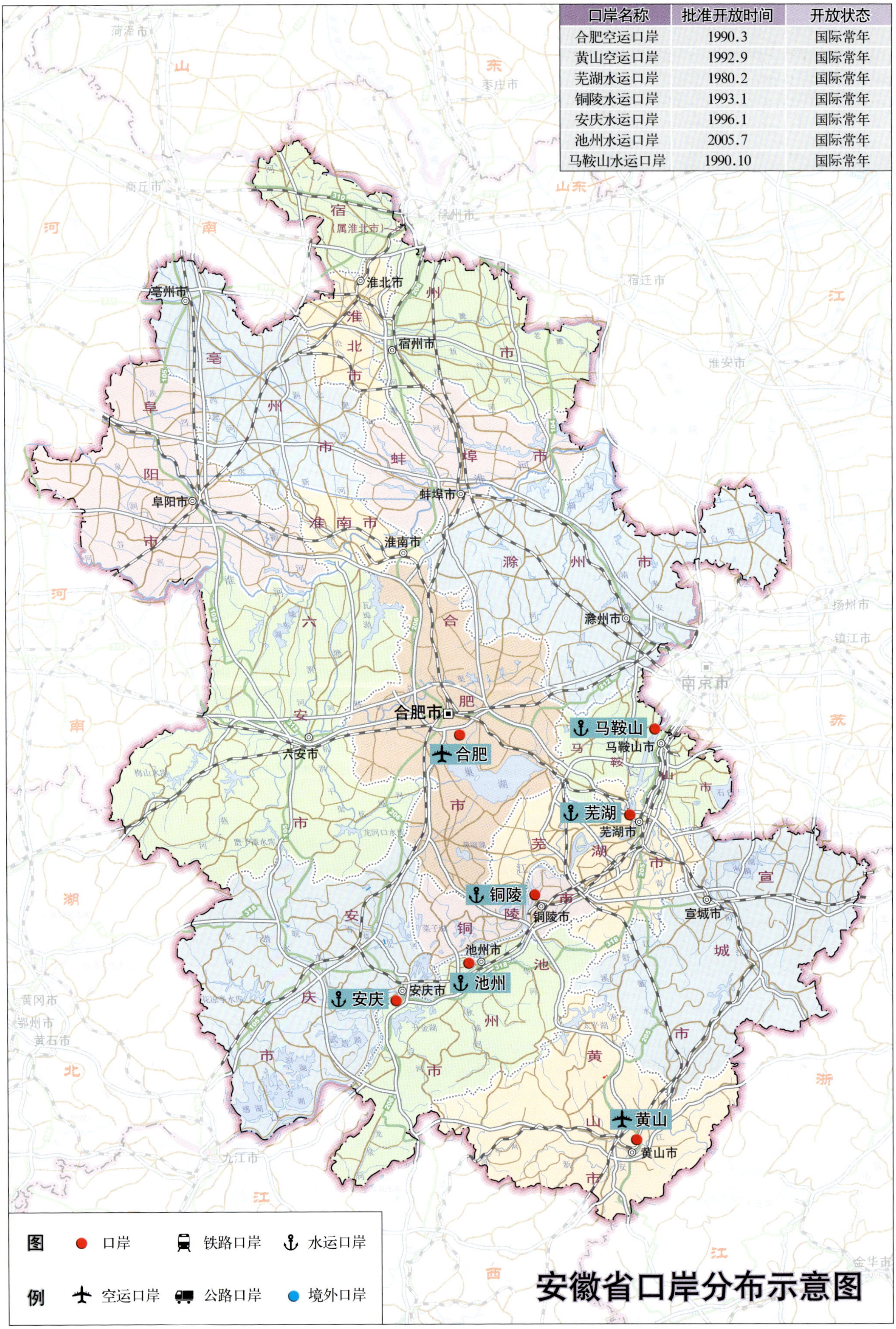

口岸数量及分布

截至2016年年底，安徽省有经国务院批准的对外开放口岸7个。其中，空运口岸2个，分别是合肥空运口岸（合肥新桥国际机场）、黄山空运口岸（黄山屯溪国际机场）；水运（河港）口岸5个，分别是芜湖、安庆、铜陵、池州、马鞍山河港口岸。

口岸运行及数据

据海关统计，2016年1月～12月安徽省口岸进出口货运量3 000.88万吨、同比增长24.3%。其中，进口2 621.91万吨、同比增长26%；出口378.97万吨、同比增长13.7%。进出口货值134.94亿美元，同比增长4.7%。其中，进口货值81.34亿美元，同比增长6%；出口货值53.6亿美元，同比增长2.9%。国际集装箱运量101.53万标箱，同比增长19.9%；到港船舶6 060艘，同比增长9.8%，其中外籍轮432艘，同比增长61.2%。据统计，全省空运口岸进出境人员56.26万人次，同比下降7.5%，进出境航班4 454架次，同比下降2%。

2016年安徽省口岸进出口（出入境）运量总统计表

类别	单位	累计运量		
		2016年	2015年	同比（%）
1. 货运量	万吨	3 000.88	2 414.26	24.3
其中：进口	万吨	2 621.91	2 080.97	26.0
出口	万吨	378.97	333.29	13.7
2. 货值	万美元	1 349 381.84	1 288 636.83	4.7
其中：进口	万美元	813 406.91	767 698.58	6.0
出口	万美元	535 974.93	520 938.25	2.9
3. 客运量	人次	562 563	607 975	-7.5
其中：入境	人次	284 136	305 813	-7.1
出境	人次	278 427	302 162	-7.9
4. 到港船舶	艘	6 060	5 517	9.8
其中：外籍轮	艘	432	268	61.2
5. 集装箱	个	1 015 348	846 966	19.9
其中：重箱	个	445 242	368 574	20.8
6. 飞机	架次	4 454	4 547	-2.0
其中：外籍飞机	架次	2 210	2 068	6.9

2016 年安徽省各口岸进出口（出入境）运量统计表

单位：万吨、人次

口岸名称	累计运量								
	2016 年	2015 年	同比（%）	其中直运			其中转关		
				2016 年	2015 年	同比（%）	2016 年	2015 年	同比（%）
马鞍山	1 995.78	1 568.90	27.2	124.68	99.80	24.9	1 871.10	1 469.10	27.4
铜陵	358.62	299	19.9	7.32	14.30	-48.8	351.30	284.70	23.4
芜湖	331.36	239.71	38.2	322.87	183.78	75.7	8.49	55.93	-84.8
池州	105.28	90.1	16.8	21.15	22.45	-5.8	84.13	67.65	24.4
安庆	69.47	56.39	23.2	69.47	56.39	23.2	0	0	0
蚌埠	102.78	140.71	-27	0	0	0	102.78	140.71	-27
阜阳	7.16	6.8	5.3	0	0	0	7.16	6.80	5.3
合肥（水运）	30.43	12.65	140.6	0	0	0	30.43	12.65	140.6
合肥（空运）	461 288	483 999	-4.7	-	-	-	-	-	-
黄山	101 275	123 976	-18.3	-	-	-	-	-	-

2016 年安徽省各口岸进出口集装箱运量统计表

单位：标箱

口岸名称	累计集装箱运量					
	2016 年	2015 年	同比（%）	其中重箱		
				2016 年	2015 年	同比（%）
合计	1 015 348	846 966	19.9	445 242	368 574	20.8
马鞍山	131 443	103 631	26.8	131 443	103 631	26.8
铜陵	18 213	24 394	-25.3	12 244	13 268	-7.7
芜湖	601 453	501 368	20.0	210 273	167 244	25.7
池州	8 942	12 255	-27.0	6 170	7 803	-20.9
安庆	37 737	41 934	-10.0	22 388	25 277	-11.4
蚌埠	10 796	11 595	-6.9	10 796	11 595	-6.9
阜阳	6 471	6 595	-1.9	6 471	6 595	-1.9
合肥	200 293	145 194	37.9	45 457	33 161	37.1

2016年安徽省各口岸出入境船舶、飞机统计表

单位：艘、架次

口岸名称	累计到港船舶、飞机					
	2016年	2015年	同比（%）	其中外籍船舶、飞机		
				2016年	2015年	同比（%）
合计（水运）	6 060	5 517	9.8	432	268	61.2
马鞍山	904	921	-1.8	65	42	54.8
铜陵	386	330	17.0	22	58	-62.1
芜湖	2 403	2 064	16.4	320	149	114.8
池州	316	314	0.6	24	18	33.3
安庆	828	747	10.8	1	1	0
合肥	1 223	1 141	7.2	0	0	0
合计（空运）	4 454	4 547	-2.0	2 210	2 068	6.9
合肥	3 602	3 548	1.5	1 358	1 129	20.3
黄山	852	999	-14.7	852	939	-9.3

2016年安徽省各口岸进出口货值统计表

单位：万美元

口岸名称	累计进出口货值					
	2016年	2015年	同比（%）	其中进口		
				2016年	2015年	同比（%）
合计	1 349 381	1 288 636	5	813 406	767 698	6
马鞍山	185 223	157 584	18	144 894	113 692	27
铜陵	411 831	418 259	-2	372 262	383 556	-3
芜湖	478 201	444 103	8	147 644	111 234	33
池州	65 382	57 320	14	57 095	51 035	12
安庆	46 851	44 289	6	22 262	19 147	16
蚌埠	65 336	70 210	-7	46 708	51 870	-10
阜阳	35 580	37 947	-6	9 109	10 349	-12
合肥	60 977	58 924	3	13 432	26 815	-50

口岸综合管理

【马鞍山、芜湖港口岸扩大开放】 2016年7月5日，马鞍山港口岸郑蒲港区扩大开放顺利通过国家验收，交通运输部已向全世界公告对外籍船舶开放，马鞍山市成为皖江城市带第一个一江两岸全部开放的城市。芜湖港口岸三山港区扩大开放，已积极协调国家各有关部门同意，争取国务院早日批准。同年12月27日，合肥港二类水运口岸验收通过对外开放。

【推动9个进境指定口岸建设】 合肥空港、马鞍山港、芜湖港、铜陵港、安庆港分别获批建设进境水果、冰鲜水产品、肉类、粮食等9个指定口岸。2016年7月11日合肥空港进境水果、冰鲜水产品指定口岸通过国家验收启用，18日安徽大世界果品公司自泰国进口的凤梨、番荔枝、番石榴、红毛丹共2吨水果，随东航航班直达合肥新桥国际机场，拉开了合肥直接开展进口水果贸易的序幕；安庆港进境粮食指定口岸已建成启用，芜湖港、马鞍山港进口肉类指定口岸已通过国家质检总局验收，芜湖港进口肉类指定口岸启用，安庆汽车整车进口口岸待批。

【深化区域通关一体化改革】 合肥海关按照全国通关一体化的部署以长江流域通关一体化改革为契机，加强区域大通关协作，建立跨部门、跨地区的通关协作机制，同步推进通关一体化。2016年，合肥关区域通关一体化进出口总值732.17亿元，同比增长20.9%，占进出口总值的52.7%；货运量2 604.38万吨，同比增长68.9%，占进出口总量的84%。安徽出入境检验检疫局按照长江经济带检验检疫通关一体化的安排，在全面实现“省内三通”“出口直放”的基础上，进一步推进“进口直通”工作。2016年，安徽省口岸实施出口直放4.32万批。

【推动口岸物流业项目合作】 2016年，合肥水运港集装箱运量达20万标箱，外贸重箱4.55万标箱，开通合肥—芜湖—上海及合肥—南京—上海两条外贸中转航线，成功引进马士基等国际知名干线船公司设立还箱点，围绕合肥港开展相关货运代理业务的物流公司多达50余家，聚集效应开始逐渐显现。合肥国际内陆港自2014年6月26日“合新欧”首趟班列从合肥北站成功开通后，现每月两列常态化运行。截至2016年年底，已开行55趟，共发运5 206个标箱；2015年6月26日，“合新欧”班列正式西延欧洲至德国汉堡，截至2016年年底，已开行38趟发运3 540个标箱。合肥航空港口岸于2016年3月30日成功开通“广州—合肥—美国洛杉矶”（往返）国际货运航线，截至2016年12月底，共飞行75航班，150架次。马鞍山港水运口岸加强与上海港、宁波港、舟山港“点与点”跨区域通关合作，实现废纸、铁矿砂从两地港口转关进口，钢材、机电产品水水中转至上海港出运，2016年完成进出口货运量1 995.78万吨，同比增长27.2%，占全省总量的67%。目前，马鞍山港正在与深圳盐田港谋划产权合作，推进“以港兴市”战略实施。芜湖港水运口岸，2016年，芜湖口岸国际集装箱运量60.1万标箱，增长20%，占全省口岸集装箱总量的59%。口岸自2015年启运港政策落地实施以来，全市涉及启运港退税企业15家，实际办理退税金额1 392万元；芜湖市积极打造全省国际集装箱枢纽港建成上海洋山港的重要喂给港。铜陵港水运口岸，进口固体废物原料在第一入境上海口岸实施检验检疫监管，卸货开箱实施检疫后整箱调往园区实施检验。2016年5月11日，铜陵市政府与宁波舟山港口集团公司正式签署了战略性合作协议，铜陵港与宁波舟山港集装箱铁水联运业务正在抓紧组织实施。池州港水运口岸，推进上海中远国际货代有限公司、中海集装箱运输上海有限公司、上海泛亚航运有限公司在池州开设航线还箱点，在强化口岸水水中转的基础上，积极推动增开安徽省水运口岸沿江挂靠定期集装箱班轮，借力发挥池州口岸的整体水运功能。安庆港水运口岸，正在加快将安庆港交予中远海运集团运营管理，借力中远海运集团的平台大、实力硬、资源优的优势，致力将安庆港打造成江海联运枢纽，实现安庆口岸转型升级发展。黄山空运口岸，正式开展外国人签证业务，对于黄山市优化旅游发展环境，促进对外交流合作，完善口岸整体功能，提升对外开放水平具有重要意义。按照要求建立口岸G20峰会安保合作机制，全面做好G20峰会期间口岸安保工作，保障口岸安全。蚌埠铁路口岸，进一步完善口岸经济区发展规划，谋划口岸功能升级，推动铁海联运发展；积极扩大本地及周边地区企业在蚌埠口岸开展通关业务，全力推动上海到蚌埠的外贸集装箱货源开展铁海联运，力争通过重进重出，降低铁海联运成本；充分利用安徽省铁路口岸联盟资源，引导皖北各市货源通过蚌埠铁路口岸进出，积极对接沿海口岸，发挥铁路口岸辐射带动和货运集聚作用。阜阳铁路口岸，阜阳市政府与上海铁路局共同建设颍南站海关监管场所，做好开行货运班列的基础工作；联系宁波港铁路有限公司，商谈合作开通阜阳—宁波货运班列。2016年7月5日，阜阳市政府与宁波舟山港已签署战略合作协议。宣城无水港，2016年启动运营，宣城海关共受理报关单1 139票，货值1.12亿美元；经由芜湖港水运口岸进出口674票，货值1.04亿美元，占比分别为59.2%、92.1%；国际集装箱2 030标箱；其中本地申报1 052票，同比增长3.4倍；进出口货值9 653万美元，同比增长4.2倍。淮北、淮南、亳州、宿州铁路及六安、滁州公路“无水港”正在加紧建设，除亳州市外，安徽省15个市均成立了口岸办，积极开展各项口岸行政管理工作。

【参与长三角区域国际贸易“单一窗口”建设】 按照长三角区域国际贸易“单一窗口”建设的初步设想，安徽省口岸办、合肥海关、安徽出入境检验检疫局、合肥市人民政府办公厅、合肥市商务局、合肥蜀山经开区管委会等单位组成学习调研组，重点围绕省级电子口岸和国际贸易“单一窗口”建设及运行主体、资金筹措等方面内容，先后赴浙江杭州、江苏南京对浙江、江苏电子口岸和国际贸易“单一窗口”建设情况进行了专题学习调研，形成调研报告。2016年12月1日，安徽省政府召开口岸工作专题会议，议定由省口岸办会同相关单位按照国家口岸办《关于国际贸易“单一窗口”建设框架的意见》，在借鉴省外先进经验的基础上提出国际贸易“单一窗口”建设方案组织实施。

【加强长三角口岸物流业联动发展】 推进长三角区域口岸城市群大通关重点合作项目和区域多式联运一体化发展，在池州召开安徽省水运口岸联盟2016年联席会议，在蚌埠召开安徽省铁路口岸联盟2016年联席会议，实现全省口岸物流业资源共享和联动发展，安徽省口岸办组织两个联盟成员分别在安徽蚌埠和江苏南京与江苏省口岸办联合举办长三角口岸城市群大通关和皖苏、苏皖两次对接会，整体开展水水中转和铁海联运项目合作。2016年长三角合作与发展共同基金项目支持的安徽大学商学院《加强长三角地区口岸物流联动发展研究》课题组论文在省口岸办及上海市、江苏省、浙江省口岸办的大力支持下完成并正式通过长三角合作与发展共同基金项目评审，在长三角区域大通关建设协作实际工作中共同运用研究成果。

【兑现口岸相关扶持政策】 2016年在外贸综合服务企业培育等综合政策中设立口岸相关扶持政策，对已建成验收并启用的指定口岸给予奖励补贴。按照国家统一部署，根据《安徽省财政厅、合肥海关、安徽出入境检验检疫局、安徽省物价局、安徽省交通运输厅、安徽省商务厅关于印发〈安徽省关于免除查验没有问题外贸企业吊装移位仓储费用试点工作实施方案〉的通知》文件要求，在安徽省沿江五个水运一类口岸开展试点，省财政厅、省商务厅（省口岸办）和合肥海关密切配合，积极推进试点工作，建立查验业务台账，保证相关数据的真实准确和政策的落实到位。

口岸监管与服务

【安徽省公安边防总队以创新边检服务助推地方经济快速发展】 一是主动服务口岸对外开放。积极加强与海关、检验检疫及兄弟边防总队的协作，全力提升通关效率，推动长三角区域大通关、中部六省与上海市口岸大通关工作实质性开展。制定《口岸开放服务管理工作规范》，全力服务地方口岸开放、空港新增航线工作。积极跟进马鞍山郑蒲港、芜湖三山港、九华山机场对外开放工作，多次派员实地调研论证，加强与三市政府部门、机场公司、港口集团的磋商协调，确保边检配套设施及信息化系统建设一步到位。全年共服务保障1个港区对外开放，新开通9条客运航线、1条货运航线。二是全力提升边检通关效率。总队创新边检勤务模式，积极跟进空港站智能验证台、自助通道建设，建成启用智能验放通道13组26条，建成自助验放通道4条。为基层配备梅沙电脑100余台、证件阅读机30台、便携式文检仪8台、快速证照检验仪5台。芜湖、铜陵站进一步完善码头执法执勤基础设施，马鞍山站在郑蒲港设置人车自助通行系统，率先实现码头内外贸物理分离，营造了良好的通关和服务环境。经测算，总队综合验放效率整体提升约10%。三是积极回应服务对象需求。在积极为省内江海联运企业解决出海边防证件办理困难基础上，主动为江西、湖北相关企业提供异地办证、免费邮寄服务，共办理“出海船舶户口簿”72本、“出海船民证”1 102份。充分利用微博、微信、QQ群加强与群众沟通，推出PC版、微信版及手机APP版总队网上便民服务平台，提供出入境记录查询、边防证件办理等3类15项网上便民服务。全年各级共组织“819”边检服务品牌推介、警营开放日及执法先进事迹宣传等活动20余次，走访航空公司、旅行社、船舶企业100余次，宣讲边检政策法规，提供伪假签证识别咨询和业务培训50余次，召开社会监督员座谈会近30次，广泛征求服务对象意见建议300余条，受理群众咨询240余次，帮助解决困难问题80余个，服务对象满意率保持在99%以上。

【芜湖海事局大力支持当地口岸开放】 芜湖海事局认真贯彻《国务院关于依托黄金水道推动长江经济带发展的指导意见》的有关精神，积极支持马鞍山口岸郑浦港、芜湖三山港口岸的建设，主动加强与地方相关部门沟通，推进口岸对外扩大开放海事监管配套建设。芜湖局数次前往现场核查港口水域通航状况、船舶进出港口安全操作、污染物接收处理设施、联检锚地、保安、船舶修理能力等方面的情况，就船舶航行安全和防止污染提出专业意见，确保马鞍山郑蒲港、三山港口岸基本具备船舶安全进出口岸的通航和作业条件，海事安全监管等配套设施基本满足海事口岸查验及监管需要。

【合肥海关扎实推进业务改革，助力安徽外贸发展】 一是全面加强实际监管。组织开展关区查验工作专项检查，全面开展复查复验工作，扎实做好监管场所清理核查，不断规范监管场所管理，有关做法得到海关总署检查组好评。稳步推进机动稽查、“多查合一”、“主动披露”和企业信用等级动态调整等工作，特许权使用费专项稽查取得初步成效；不断优化布控查验，提前达到“两个占比”调控任务；综合业务管理平台应用范围进一步扩大，风险管理实战效能不断提升。对重点加工贸易企业开展专项核查，积极深化加工贸易联网监管，初步形成规范有序、运作顺畅、前后联动的监管链条。二是全力推进综合治税。按照“七抓七促”工作思路，进一步加大综合治税力度。合肥海关相继召开税收进度推进会、重点现场分类指导会和税收工作座谈会，准确研判税收形势，务实制定征管措施。围绕安徽省外贸运行情况，及时开展税收动态监测，有效掌控税收走势，继续落实税收征管关、处、科三级响应工作机制，职能监控常抓不懈，征管质量稳步提升。三是有效提升打私效能。深入贯彻《海关总署党组关于加强新形势下打击走私工作的意见》，始终保持打击走私高压态势，积极开展“国门利剑2016”联合专项行动。2016年，合肥海关刑事立案7起，增长1.3倍；案值6 985万元，增长83.8%；涉税1 830万元，增长88.4%；罚没入库1 027万，增长21.%。四是稳步推进通关一体化改革。按照中央、海关总署和安徽省有关“供给侧”“全创改”“放管服”等重大改革部署，立足海关实际，扎实推进各项改革。围绕全国通关一体化改革要求，以长江流域通关一体化改革为契机，加强区域大通关协作，建立跨部门、跨地区的通关协作机制，有效推进通关一体化。五是深入推进关检合作“三个一”。会同安徽出入境检验检疫局，健全关检合作机制，安徽省15个通关业务现场安装运行统一版“一次申报”系统，“三个一”报关单申报数量持续增长，“一次查验、一次放行”覆盖面不断扩大。全年“一次申报”报关单26.9万票、“一次查验”报关单1 746票、“一次放行”报关单7 044票。六是不断优化查验工作机制。有效运用关区业务监控系统，实时掌控查验工作动态；严格执行“双随机”制度，全面推行查验派单系统，随机布控查验效能稳步提升。2016年12月，关区“随机布控查验占比”和“预定式布控查验占比”，分别达98.48%和82.32%，优化布控查验指标均高于全国平均水平。同期，出口货物查验率为1.99%，特殊监管区域出口货物查验率2.08%，符合海关总署规定。

【合肥海关服务经济发展成效明显】 一是促进自贸试验区监管创新制度落地生根。第一批复制推广的14项监管创新制度中，有11项已在安徽省内特殊监管区域复制推广；第二批11项海关监管创新制度中，原产地管理改革等3项制度已实际开展业务；“两单一审”改革在特殊监管区域内全面推行，启动实施特殊监管区域与口岸间一线进出口货物通关一体化改革。二是不断创新海关监管模式，主动加强与口岸单位的沟通协调，推进安徽省“陆、铁、空、水、邮”国际物流大通道建设。引导和鼓励外贸企业依托中欧班列、国际货运包机、合肥国际邮件互换局（交换站）等物流通道，开展进出口贸易；进一步发挥长江黄金水道综合优势，促成马鞍山郑蒲港顺利通过国家验收，助推落实芜湖启运港退税政策，安庆港整车进口指定口岸申建工作已进入国务院审批环节；支持皖北地市建设“无水港”，合肥港国际集装箱码头二期通过验收并投入运行；稳步实施合肥新桥机场、黄山机场离境退税政策，支持设立口岸进境免税店，提升口岸功能，引导境外消费回流。三是合理布局，深化服务。宿州海关正式开关，六安海关申建工作取得重要进展；积极支持县域经济发展，滁州海关天长通关监管中心建成并投入运行；积极推进海关特殊监管区域（场所）整合优化，芜湖出口加工区成功升级为综合保税区，马鞍山综保区和合肥空港保税物流中心（B型）相继获批，宣城（皖东南）保税物流中心（B型）申建工作进展顺利。积极支持跨境电子商务综合试验区建设，优化跨境电子商务商品进出境通关流程，全国统一版通关服务系统正式上线运行。支持合肥国际邮件互换局（交换站）开办运行。2016年全年，共监管出境邮递物品466.2万件，印刷品2.4万件。

【安徽出入境检疫检验局履职尽责，完成好“六大工程”目标任务】 一是加强风险和信用管理。突出预防为主的理念，健全质量安全风险信息管理机制，提升风险管理业务应用水平，完善了技术专业组工作机制，对经调查确实存在质量安全问题的企业实施加严监管。坚持质量问题为导向，运用风险分析方法，对机电、轻纺、资化3大类商品共计60批商品实施监督抽查，检出不合格商品11批，不合格率为18.3%。对进出口食品21大类、2010个样品实施进出口食品安全监督抽检，不合格样品数35个，不合格率1.74%。信用管理上，安徽出入境检验检疫局在全国直属检验检疫系统率先出台“出入境检验检疫信用管理AA级企业”激励措施，对AA级企业给予优先办理、即报即放、事后监管、降低查验比例、自主监装等便利措施，提高AA级企业的含金量。完善安徽全省范围内的守信激励与失信联合惩戒制度，将企业联合征信情况应用到安徽出入境检验检疫局信用管理AA级企业的评选工作中。二是出台政策支持地方外贸发展。落实国务院和国家质检总局促进外贸的工作部署，研究制定了促进外贸回稳向好八项措施。支持跨境电商发展，出台了支持中国（合肥）跨境电子商务综合试验区建设的六项举措。研究制定适合安徽辖区生态原产地产品保护推进方案、初评管理办法及操作流程，向国家质检总局推荐申报“润思”牌红茶、“佳山”牌竹制餐具等5个生态原产地产品，顺利通过评审并受保护。推动天长市建成安徽首个国家级出口工业产品质量安全示范区，推动马鞍山博望出口机床省级质量安全示范区升级打造国家级示范区，推动芜湖县成功创建全国木质包装领域的首个出口质量安全示范区，全省质量安全示范区总数达到10个。推荐铜陵有色等12家皖企入选第二批“中国出口质量安全示范企业”，示范企业总数达19家，居中西部省份首位。三是进一步优化贸易通关便利化。指导企业用足用好自贸协定优惠原产地政策，服务安徽传统优势产品和装备制造业在“一带一路”沿线国家和地区享受“零关税”。2016年签发各类证书9.4万份，同比增长了20%。其中，签发优惠原产地证书7万份，出口企业可减免进口方关税约1.7亿美元。积极推进“出口直放”“进口直通”和关检“三个一”合作，全力保障安徽首列“合新欧”国际返程班列顺利通关，初步实现了安徽与中亚、中欧沿线国家贸易的“进口直通”。加快推进检验检疫业务无纸化，无纸化报检覆盖率已达60%。四是大力支持地方指定口岸建设。指导合肥空港进境水果指定口岸和冰鲜水产品指定口岸，芜湖、马鞍山两个进境肉类指定口岸顺利通过国家级验收并获批运行。协调指导马鞍山郑蒲港扩大开放并通过国家验收。组织专家对合肥港扩大开放进行前期指导和专项验收。指导黄山、蚌埠结合产业特点和区位优势开展指定口岸申建工作。为开通安徽首条国际货运航线提供服务，为合肥国际邮件互换局正式运营提供保障，为合肥空港快件中心和芜湖综保区跨境电子商务产业园建设提供指导。引导出口食品企业积极申请加入“三同”平台。全省共有32家出口食品备案企业进驻“三同”公共信息服务平台，占省内出口食品企业总数的10.2%，在全国各省份中位列第9位，中部地区位列第2位，企业内销金额同比增长了2.25亿元。五是增强技术支撑，守住安全底线。稳步推进口岸技术查验实验室建设，合肥空港进境植物检疫初筛实验室、阜阳保健分中心传染病检测实验室已建成投入使用，安庆局等分支机构完成了植物检疫初筛实验室建设。安徽省出入境检验检疫局技术中心的技术保障能力持续提升，检测能力突破2 000项，出具的检测数据突破10万项次，经营服务性收入突破1 000万元。保健中心积极拓宽服务领域，获批6大类81项职业健康监护资质，成为全省职业健康检查最多的体检机构。实施“互联网+质检”行动计划，e-CIQ主干系统已于2016年9月成功上线运行。完成安徽出入境检验检疫局门户网站质检系统信息安全最高等级（等级保护三级）建设，顺利通过中科大测评中心测评。倾力打造“皖检云数据”平台，全力保障e-CIQ、数字化实验室、网络版财务管理等关键应用系统上线。六是建立安徽长江口岸卫生检疫联防联控机制。开展了“美丽中国 绿蕾护航”专项行动和国门生物安全活动，打造口岸疫病疫情防控网，疫情截获批次、种类及种次均增长200%以上。检出进出口危险货物及其包装不合格109批，不合格批次增长38.5%。检出进口矿产品不合格88批，对外索赔金额194万美元，不合格检出、索赔批次分别增长49.2%、48.3%。完成一起进口矿产品放射性超标、一起出口卫生用品放射性超标，以及一起出口企业假冒CE证书案件调查处置工作，以上3个案例均被国家质检总局作为质量提升典型案例向全系统发布。

开放口岸

【合肥空运口岸（合肥新桥国际机场）】 原合肥骆岗国际机场于1990年3月经国务院批准对港澳地区开放，2005年4月国务院批准扩大对外国籍飞机开放，2006年6月通过国家验收。2007年10月15日，国务院与中央军委正式批复同意合肥迁建骆岗国际机场，新建新桥国际机场，并定位机场性质为国内干线机场。2013年5月29日24时，安全运行36年的合肥骆岗国际机场永久关闭。5月30日零点，合肥新桥国际机场正式启用。

合肥新桥国际机场位于安徽省合肥市肥西县高刘镇，距合肥市中心31.8千米，是国内4E级枢纽干线机场，按照满足2020年旅客吞吐量1 100万人次、货邮吞吐量15万吨的需求设计。跑道长3 400米、宽45米；航站楼面积11万平方米；站坪面积36万平方米，共设机位27个，其中廊桥机位19个，远机位8个。航站楼外观呈现自然流畅的弧形整体造型，整个建筑地下一层，地上两层，局部夹层；布局长804米，最大进深161米，屋脊最高点30米；屋面采用金黄色的直立锁边铝镁锰合金面板，规律设置19排屋面采光天窗。俯视整个建筑，宛若金色的展翅大鹏在江淮分水岭上昂首欲飞，既是一张代表合肥形象的新“名片”，也是安徽又一标志性新景观。

2016年，合肥新桥国际机场飞行国际和地区航班3 602架次、同比增长1.5%；出入境46.1万人次、同比下降4.7%。

【黄山空运口岸（黄山屯溪国际机场）】 黄山屯溪国际机场于1992年9月经国务院批准对港澳地区开放，2009年8月经国务院批准扩大对外籍飞机开放，2010年9月通过国家验收。

黄山屯溪国际机场位于黄山市屯溪区，始建于1958年，可满足B757及其以下机型起降。机场占地面积172万平方米，国内候机楼面积10 000平方米，国际候机楼面积4 600平方米，设计年旅客吞吐量为112万人次（其中国内92万人次，国际20万人次）；新建航管楼和塔台面积为2 200平方米。飞行区等级指标为4D，跑道长2 600米、宽45米。主航方向设I类精密进近仪表着陆系统和助航灯光系统；停机坪面积为48 800平方米，可同时停放5架B－737及3架B757。

黄山屯溪国际机场地处皖浙赣三省交界地区，辐射皖南、浙西、赣东，是三省交界地区人流、物流、资金流、信息流的集散地，对发展航空运输具有得天独厚的区位优势。

2016年，黄山口岸累计飞行国际和地区航班852架次，同比减少14.7%；出入境10.1万人次，同比减少18.3%。

【芜湖水运（河港）口岸】 芜湖港于1980年2月经国务院批准为开放口岸，1991年10月经全国人大批准为对外籍轮开放港口，2008年11月被国家批准为首批对台直航内河港口。2012年5月芜湖口岸扩大开放水域获批并纳入国家口岸“十二五”规划，标志着芜湖长江水域全部纳入扩大开放范围。2014年9月1日，芜湖朱家桥港正式启动启运港退税政策，成为安徽省首个也是唯一试行启运港退税政策的皖江港口。

芜湖港是安徽省最大的货运、外贸和集装箱中转运输港，是长江溯江而上最后一个深水良港，可常年通航万吨级船舶；中水期可通航2万～3万吨级船舶，是长江干线较早开展集装箱运输的港口之一，其集装箱运量一直位居安徽省第一，占皖江“五港”总量的70%以上。

芜湖港辖长江岸线总长193.9千米，其中江北121千米、江南72.9千米，划分为7个长江干线港区和5个支流港区，拥有各类生产性码头泊位144个，其中万吨级泊位9个，年设计货物通过能力达到1.1亿吨，对外籍轮开放泊位6个。现已基本形成布局合理、能力适度、门类齐全、功能完善、设施先进的良好格局。码头泊位已向规模化、集约化、专业化发展，并形成了煤炭转运、水泥建材发运、集装箱中转、成油品转运、商品汽车滚装运输的特色和优势，已发展成为长江干线重要的能源、水泥、矿石、建材、集装箱运输大港。

对外开放30多年来，芜湖港口基础设施日趋完善，远洋货轮可直达日本、韩国、朝鲜、新加坡、马来西亚、泰国、柬埔寨、中国香港、中国台湾等46个国家和地区，口岸运量逐年攀升。

2016年，芜湖水运口岸进出口货运量为331.36万吨，同比增长38.2%；集装箱运量为60.15万标准箱，同比增长20%；到港船舶2 403艘，同比增长16.4%，其中外籍轮320艘，同比增长114.8%。

【铜陵水运（河港）口岸】 1993年1月国务院批准铜陵港对外国籍船舶开放，1994年8月通过国家验收，1997 年正式开通国际集装箱内支线航班，2009 年交通运输部确立铜陵港为海峡两岸三通直航港口。

铜陵港地处长江中下游南岸、八百里皖江中部，素有皖中南及中国古铜都对外开放桥头堡之称。这里陆域平坦，岸线顺直，航道宽阔，水深流缓，河床稳定，是交通部《长江干线航道发展规划》确立的万吨级海轮进江终点港。铜陵港地理位置优越，区位优势明显，处在上海—武汉、九江—南京、合肥—黄山，以及安徽长江五港的中心点。沿江高速、合铜黄高速、铜宣杭高速、宁铜铁路、铜九铁路和已经在建的宁宣城铁、京福高铁交汇于港区及腹地边际，水陆交通四通八达，是皖中南物流集散中心和长江干线重要港口企业。港口现有 15 座码头、17 个泊位，分布于大通、横港、兴隆、铜陵县城关四大港区，港区岸线 29.1 千米，其中对外开放码头 4 座，辟有至日本、朝鲜、韩国、中国香港、东南亚及欧美等国家和地区的直达或中转航线，常年可通航和靠泊万吨级海轮。主要从事国际、国内集装箱和件杂散货的装卸、仓储、中转，以及理货、船舶代理、水陆运输、旅游服务等物流服务等业务，是一个多功能、综合性、现代化港口。

2016 年，铜陵水运口岸进出口货运量为 358.62 万吨，同比增长 19.9%；集装箱运量为 1.82 万标准箱，同比下降 25.3%；到港船舶 386 艘，同比增长 17%。

【安庆水运（河港）口岸】 安庆港是全国内河 28 个主要港口之一。1986 年 6 月安庆港被国务院批准为国家开放口岸，1996 年 1 月对外籍轮开放，2011 年 7 月获准对台湾地区直航。

安庆港是长江干线上兼有沿海和内陆双重优势对外开放的重要港口，也是安徽省境内长江北岸唯一深水良港，被称为“皖西南咽喉”。港口岸线总长 247 千米，占皖江北岸岸线的 61%，适合建设港口岸线 105 千米，其中深水岸线 70 千米，安庆至芜湖段长江航道日常维护水深为 6 米，具有建设 5 000 ~ 10 000 吨级海轮深水泊位的优越条件。境内华阳河、皖河、菜子湖、罗昌河四大水系均为长江左岸一级支流，航道总长 724 千米，与长江干流形成“一干四支”网络水系。目前，安庆港干线港区有各类码头 173 座，泊位 214 个，其中生产性泊位 136 个，5 000 吨级以上泊位 11 个，港口年通过能力 3 864 万吨。

安庆港中心港区上自皖河农场，下至枞阳县鲟鱼嘴，岸线长 67 千米，其中港口岸线 47.6 千米。依据《安庆港总体规划》，中心港区规划有长风铁水联运综合物流基地、马窝散货物流基地、石化油品码头作业区、五里庙集装箱综合物流基地、沙漠洲港口综合作业区、皖河农场作业区。中心港区拥有港口企业 25 家，各类码头 40 座，其中公用码头 23 座，占 58%；企业自用码头 17 座，占 42%。泊位 54 个，其中生产性泊位 39 个、5 000 吨级以上泊位 9 个、3 000 吨 ~ 5 000吨级泊位 4 个、3 000 吨级以下泊位 26 个、外贸集装箱泊位 2 个。拥有公用锚地 3 处。码头前沿最大靠泊能力 10 000 吨，最大起重能力 40 吨，港口年通过能力 2 152 万吨，集装箱年设计通过能力 6.35 万标箱。港口实际年货物通过能力超过了货物吞吐量需求。长江游轮靠港实现常态化。

2016 年，安庆水运口岸进出口货运量为 69.47 万吨，同比增长 23.2%；集装箱运量为 3.77 万标准箱，同比下降 10%；到港船舶 828 艘，同比增长 10.8%。

【马鞍山水运（河港）口岸】 马鞍山水运口岸于 1990 年 10 月经国务院批准办理国轮外运业务，2007 年 9 月经国务院批准扩大对外国籍船舶开放，2009 年 7 月通过国家验收组验收。马鞍山水运口岸是首批对中国台湾地区直航的口岸。2016 年 7 月 5 日，马鞍山水运口岸扩大开放郑蒲港区集装箱码头 1 ~ 3 号泊位通过国家验收组开放验收。

马鞍山港位于长江下游南岸的马鞍山市，东经 118°279"、北纬 31°441"，地处安徽省中部东端，与江苏省交界，是“皖江”的东大门。上毗芜湖，下邻南京，逆江而上 1 959 千米至重庆，顺流而下 440 千米至上海。港辖区上起和县的西梁山，下至乌江的驻马河口，全长41千米。港辖区自采石矶翠螺山至慈湖和尚港，全长15.7千米。马鞍山港是全国内河主要港口，对外籍轮开放的口岸，是国家首批确定对台湾地区直航的港口。港口拥有生产性泊位160个，其中5 000吨级以上泊位19个，可兼靠万吨级海轮泊位13个，最大可靠20 000吨级船舶。港口以中心港区、郑蒲港区为核心，以慈湖港区、采石矶港区、太平府港区、江心洲港区、乌江港区为骨干，当涂港区、博望港区、和县港区、含山港区为补充，形成“一江两岸，双核九区”层次清晰、结构合理、功能明确的布局体系。港口规划发展成为以集装箱、矿石、钢铁、能源物资、化工品等运输为主兼顾旅游客运的现代化、多功能、综合性港口。全港拥有长江及支流港口岸线合计62.17千米，已利用港口岸线14.83千米，占比23.85%；未利用47.34千米，占比76.15%。辖区长江段航道36.2千米，常年维护水深9米以上，中洪水位期达10.5米，2万吨级江海轮可常年到港。

2016年，马鞍山水运口岸进出口货运量为1 995.78万吨，同比增长27.2%；集装箱运量为13.14万标准箱，同比增长26.8%；到港船舶904艘，同比下降1.8%，其中外籍轮65艘，同比增长54.8%。

【池州水运（河港）口岸】 池州港是国家开放口岸，全国“十佳集装箱港口”，交通运输部长江重点港口，是长江溯江而上南岸最后一个万吨级深水港。2005年7月经国务院批准对外国籍船舶开放，2009年7月通过国家验收。

池州市依江近海，水网发达，长江流经池州市158千米，岸线长162千米，长江池州段水流平稳，岸坡稳定，常年通航5 000吨级船舶，属国家一级航道，江口至梅龙段可建万吨级码头。沿江高速公路贯穿池州，东接上海、西连武汉，合黄高速公路北连合肥、南通杭州，沿江铁路大动脉铜九铁路东接上海、西达重庆，安庆长江大桥连接安庆与池州，池州九华山机场已于2013年7月29日建成通航，发展水陆联运和水铁联运前途广阔。

池州港目前拥有生产性码头泊位9座，工作泊位2座，其中10 000吨级泊位2座，5 000吨级散货泊位2座，3 000吨级件杂货泊位5座，货场总面积31万多平方米，海关监管仓储面积15 000平方米，长江深水岸线2 460米，码头前沿水深11～18米，各类装卸机械设备180余台，最大起重能力45吨，年货运综合通过能力2 000万吨，年集装箱通过能力5万标箱。池州旅游码头是安徽省唯一停靠涉外游轮的旅游码头，每年停靠涉外游轮约130航次，接待入境游客约3万人次。

2016年，池州水运口岸进出口货运量为105.28万吨，同比增长16.8%；集装箱运量为0.89万标准箱，同比下降27%；到港船舶316艘，同比增长0.6%，其中外籍轮24艘，同比增长33.3%。

原二类口岸

【蚌埠陆路（铁路）口岸】 蚌埠铁路口岸于1993年经安徽省人民政府批准设立。口岸功能相对完备，设有蚌埠海关、蚌埠出入境检验检疫局两个查验单位为进出口企业提供通关服务；设有蚌埠站南货场内海关临时监管点和公路集装箱监管点两个海关监管点。区位交通优势明显，蚌埠外贸货物装卸点连接南北、纵贯东西，具有区域中心优势和地位，可以服务淮南、淮北、宿州、凤阳等地。1996年8月蚌埠铁路国际集装箱堆场挂牌营运，堆场面积1.5万平方米，年吞吐量25万吨，最大起重能力40吨。可办理阿拉山口、满洲里、欧亚大陆桥国际联运和深圳北过轨供港运输及直通式国际集装箱铁海联运业务。目前，已开通蚌埠至上海定时定点快线和蚌埠至宁波铁海联运专线。

2016年，蚌埠铁路口岸完成口岸进出口货运量102.78万吨，同比减少27%；集装箱运量1.08万标箱，同比减少6.9%。

【阜阳陆路（铁路）口岸】 阜阳是全国重要的铁路交通枢纽。是以农业生产、加工制造、商贸物流为主的皖西北中心城市。阜阳口岸于1994年4月经安徽省人民政府批准对外开放。

2016年，阜阳铁路口岸完成进出口货运量7.16万吨，集装箱运量6 471标箱。

2016年安徽省口岸大事记

3月30日

马鞍山港口岸郑蒲港区扩大开放预验收会议召开。验收组一致同意合肥通过验收。

3月30日

合肥至美国洛杉矶的国际货运航班首航，标志着安徽省首条国际货运航线正式开通。

5月6日

安徽省政府汪莹纯副秘书长主持召开专题会议，研究全省电子口岸建设工作，明确国际贸易“单一窗口”建设工作由安徽省口岸办牵头负责。

5月18日

合肥、黄山空运口岸开始办理外国人口岸落地签证业务。

5月18日

安徽省口岸协会第二次会员代表大会暨第二届理事会一次会议在合肥召开。

7月5日

由国家口岸管理办公室组织的国家验收组对马鞍山港口岸郑蒲港区扩大开放开展验收，马鞍山港口岸扩大开放郑蒲港区集装箱码头1~3号泊位通过验收。

7月11日

合肥空港进境水果指定口岸开检运行。

7月21日

2016年长三角大通关第2联络员会议暨国际贸易“单一窗口”专项会议在安徽省蚌埠市召开。上海、江苏、浙江、安徽省口岸办相关负责人参加了会议。

11月11日

2016年安徽省铁路口岸联盟联席会议暨长三角口岸城市群大通关合作皖苏项目对接会在蚌埠召开。

11月30日

安徽省水运口岸联盟2016年联席会议在池州市召开。合肥、马鞍山、芜湖、铜陵、池州、安庆、滁州、宣城8市口岸主管部门负责人，相关省口岸运营公司和8市港口、代理公司负责人参加了会议。

12月1日

安徽省副省长张曙光主持召开口岸工作专题会议，听取对省政协“加强口岸建设，拓展提升口岸功能”对口协商会精神推进落实情况，研究部署口岸工作主要任务。

12月7日

皖苏两省口岸办在南京联合举办2016年长三角口岸城市群大通关合作苏皖项目对接会。安徽省水运口岸联盟成员的合肥、马鞍山、芜湖、铜陵、池州、安庆、宣城、滁州8个市和江苏省南京、太仓、张家港、常熟、常州、江阴、镇江、泰州、靖江、盐城10个市的口岸办和相关口岸运营企业的负责人参加会议。

12月12日

中欧（汉堡—合肥）首列回程班列接车仪式在合肥北站货运中心举行。

12月14日

国家口岸管理办公室韩坚副主任率国务院外贸督查组来皖，考察调研合肥出口加工区和芜湖港口岸，了解贸易便利化工作。

（撰稿人：肖黎）

2016 年安徽省口岸流量统计表

口岸类型		口岸名称	货运量（万吨）				集装箱量（万标箱）				人员（人次）				交通工具（辆、艘、架、列次）			
			出口	进口	合计	同比（%）	出口	进口	合计	同比（%）	出境	入境	合计	同比（%）	出境	入境	合计	同比（%）
空运口岸		合肥									228 428	232 860	461 288	-4.7			3 602	1.5
		黄山									49 999	51 276	101 275	-18.3			852	-14.7
		分计									278 427	284 136	562 563	-7.4			4 454	-2.1
陆运口岸	公路口岸																	
		分计																
	铁路口岸	蚌埠	8.01	94.77	102.78	-27.0			10 796	-6.9								
		阜阳	5.34	1.82	7.16	5.3			6 471	-1.9								
		分计	13.35	96.59	109.94	-25.5			17 267	-5.1								
水运口岸	海港口岸																	
		分计																
	河港口岸	合肥	23.09	7.34	30.43	140.6			200 293	37.9							1 223	7.2
		马鞍山	93.20	1 902.58	1 995.78	27.2			131 443	26.8							904	-1.8
		铜陵	30.12	328.50	358.62	19.9			18 213	-25.3							386	17.0
		芜湖	181.94	149.42	331.36	38.2			601 453	20.0							2 403	16.4
		池州	21.15	84.13	105.28	16.8			8 942	-27.0							316	0.6
		安庆	16.12	53.35	69.47	23.2			37 737	-10.0							828	10.8
		分计	365.62	2 525.32	2 890.94	27.5			998 081	17.8							6 060	9.8
合计			378.97	2 621.91	3 000.88	24.3			1 015 348	19.9	278 427	284 136	562 563	-7.47			10 514	4.5
同比（%）																		

（安徽省口岸办提供）

2016年安徽省口岸出入境主要数据表

项目			2016年	2015年	同比（%）
出入境人员（人次）	出入境人员总数		567 709	611 009	-7.09
	入境人员		285 915	306 568	-6.74
	出境人员		281 794	304 441	-7.44
	出入境旅客		524 714	569 020	-7.79
	出入境员工		42 995	41 989	2.40
	中国公民	小计	467 695	516 362	-9.42
		内地居民（因公）	11 519	8 663	32.97
		内地居民（因私）	385 268	423 716	-9.07
		港澳居民	729	16 601	-95.61
		台湾同胞	70 179	67 382	4.15
	外籍人员		100 014	94 647	5.67
	从海港出入境人数		5 147	3 034	69.64
	从陆港出入境人数				
	从空港出入境人数		562 562	607 975	-7.47
交通运输工具（辆、艘、架、列次）	总计		4 860	4 827	0.68
	船舶		405	283	43.11
	飞机		4 455	4 544	-1.96
	火车				
	机动车辆				

（安徽省公安边防总队提供）

2016年合肥海关主要数据统计表

项目		2016年	同比（%）
进出口货运量（万吨）	合计	3 101.65	23.80
	进口	2 729.24	26.80
	出口	372.41	5.30
进出口贸易总值（万美元）	合计	2 009 648.32	3.50
	进口	1 199 991.31	12.20
	其中：江、海运输	748 842.26	-18.38
	铁路运输	53 936.32	32 200.96
	汽车运输	64 998.55	116.42
	航空运输	87 409.55	-65.50
	邮件运输		
	其他运输	244 804.63	
	出口	809 657.01	-7.10
	其中：江、海运输	393 835.02	-51.43
	铁路运输	42 981.19	460.77
	汽车运输	24 968.16	-1.47
	航空运输	5 803.18	-95.39
	邮件运输		
	其他运输	342 069.46	
税收（万元）	两税合计	137.04	4.50
	关税入库	9.1	32.40
	进口环节税入库	127.94	2.90

（合肥海关提供）

2016年安徽省出入境检验检疫业务统计表

项目		货物检验检疫				交通工具				集装箱（标箱）		发现动植物疫情		货物通关		出入境人员查验（人次）	健康检查及预防接种（人次）			
		批次	金额（万美元）	检验检疫不合格																
				批次	金额（万美元）	船舶（艘）	飞机（架）	火车（列）	汽车（辆）	合计	检出问题	种类数	种次	批次	金额（万美元）		健康检查	艾滋病监测	发现病例	预防接种
本年累计		77 548	443 998	1 018	7 108	404	4 438			144 349	1 825	167	755	61 953	444 477	556 441	19 099	19 170	6 483	26 193
其中	出境	65 026	302 357	147	664	267	2 219			6 703	8			52 027	237 677	273 709	16 809	16 866	5 544	26 161
	入境	12 522	141 641	871	6 444	137	2 219			137 646	1 817	167	755	9 926	206 800	282 732	2 290	2 304	939	32
同比（%）		3.08	-2.93	-2.49	14.15	73.39	-1.60			20.99	38.78	54.63	10.87	110.94	12.25	-8.23	-13.86	-13.71	-1.82	-16.06
其中	出境	1.30	-3.10	-39.26	-18.80	48.33	-1.55			-30.37	300.00			144.05	116.17	-9.30	-16.95	-16.81	-5.52	-16.10
	入境	13.45	-2.56	8.60	19.14	158.49	-1.64			25.50	38.39	54.63	10.87	23.27	-27.69	-7.16	18.47	18.64	27.76	45.45

（安徽出入境检验检疫局提供）

2016 年芜湖海事局进出港船舶统计汇总表

船舶类别	进港船舶							出港船舶						
	艘数（艘）	总吨（吨位）	总载重量（吨）	载客量（客位）	船员人数（人次）	货物到达量（吨）	旅客达到量（人）	艘数（艘）	总吨（吨位）	总载重量（吨）	载客量（客位）	船员人数（人次）	货物发送量（吨）	旅客发送量（人）
总计	182 979	385 722 469	1 058 968 590	939 849 942	1 343 359	279 527 633. 2	3 070 166	183 145	346 472 255	993 070 856	984 841 701	1 165 649	266 920 975. 1	3 051 869
中国籍船舶	182 842	385 414 324	1 058 465 519	939 849 942	1 341 807	279 450 646. 7	3 070 166	183 005	346 152 125	992 55 1621	984 841 701	1 164 052	266 595 494. 4	3 051 869
其中外贸船	69	223 055	355 497	0	901	54 528. 48	0	103	336 184	522 982	0	1 367	464 182. 3	0

（芜湖海事局提供）

2016 年安庆海事局进出港船舶统计汇总表

船舶类别	进港船舶							出港船舶						
	艘数（艘）	总吨（吨位）	总载重量（吨）	载客量（客位）	船员人数（人次）	货物到达量（吨）	旅客达到量（人）	艘数（艘）	总吨（吨位）	总载重量（吨）	载客量（客位）	船员人数（人次）	货物发送量（吨）	旅客发送量（人）
总计	26 853	44 981 539	95 222 054		152 923	21 463 500	284 098	26 590	44 582 504	94 518 013		146 026	49 882 875	
中国籍船舶	26 828	44 923 207	95 141 184		152 647	21 454 807	284 098	26 565	44 524 172	94 437 143		145 750	49 810 170	
其中外贸船	6	23 714	31 058		102	0	0	6	23 714	31 058		102	29 650	

（安庆海事局提供）

[illegible]

单位：万吨、人次

口岸名称	[illegible]								
	2016 年	2015 年	同比（%）	其中：[illegible]			其中：[illegible]		
				2016 年	2015 年	同比（%）	2016 年	2015 年	同比（%）
马鞍山	1 995.78	1 568.80	27.[illegible]	124.63	99.[illegible]	[illegible]	[illegible]	[illegible]	[illegible]
铜陵	358.62	299	19.9	7.32	[illegible]	[illegible]	[illegible]	[illegible]	[illegible]
芜湖	331.36	239.71	38.[illegible]	322.87	183.78	[illegible]	8.49	55.93	[illegible]
池州	105.28	90.[illegible]	15.8	21.13	22.46	-5.9	[illegible]	[illegible]	[illegible]
安庆	69.47	56.39	23.2	59.47	56.39	[illegible]	[illegible]	0	[illegible]
蚌埠	102.78	110.71	-7.[illegible]	[illegible]		0	102.[illegible]	[illegible]	[illegible]
阜阳	7.16	6.[illegible]	[illegible]	[illegible]	[illegible]	[illegible]	[illegible]	[illegible]	[illegible]
合肥（水运）	30.42	12.65	140.6		[illegible]	0	[illegible]	[illegible]	[illegible]
合肥（空运）	461 [illegible]	[illegible]	[illegible]						
黄山	101 275	123 976	-18.3						

[illegible]

单位：标箱

口岸名称	[illegible]					
	2016 年	2015 年	同比（%）	其中重箱		
				2016 年	2015 年	同比（%）
合计	1 015 348	846 966	19.9	445 242	368 574	20.8
马鞍山	131 443	103 631	26.8	131 443	103 631	26.8
铜陵	18 213	24 394	-25.3	12 244	13 268	[illegible]
芜湖	601 453	501 368	20.0	210 273	167 244	[illegible]
池州	8 942	12 255	-27.0	6 170	7 803	-20.9
安庆	37 737	41 934	-10.0	22 388	25 277	-11.4
蚌埠	10 796	11 595	-6.9	10 796	11 595	-6.9
阜阳	6 471	6 595	-1.9	6 471	6 595	-1.9
合肥	200 293	145 194	37.9	45 457	33 161	[illegible]

福 建 省

福建省口岸分布示意图

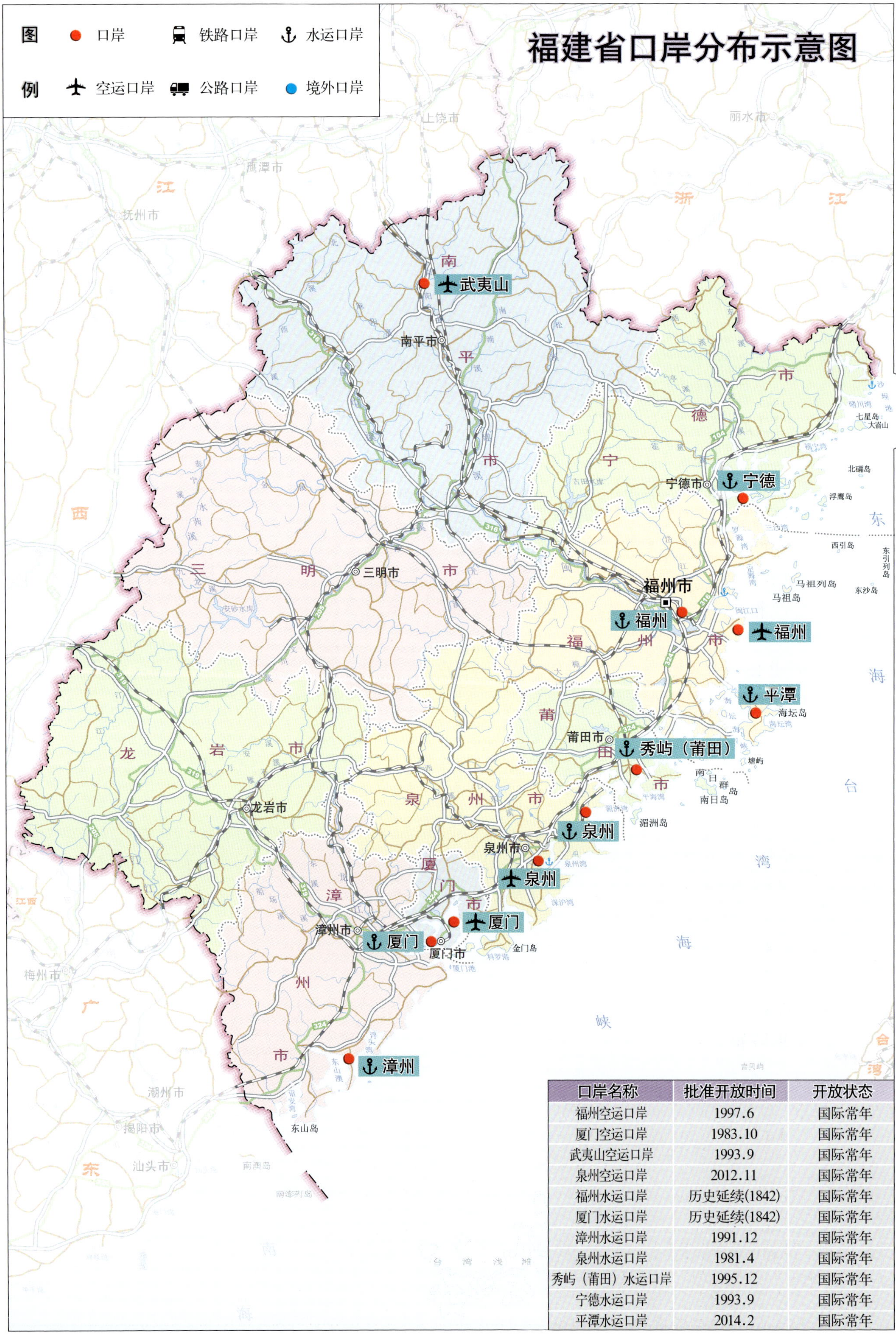

口岸名称	批准开放时间	开放状态
福州空运口岸	1997.6	国际常年
厦门空运口岸	1983.10	国际常年
武夷山空运口岸	1993.9	国际常年
泉州空运口岸	2012.11	国际常年
福州水运口岸	历史延续(1842)	国际常年
厦门水运口岸	历史延续(1842)	国际常年
漳州水运口岸	1991.12	国际常年
泉州水运口岸	1981.4	国际常年
秀屿（莆田）水运口岸	1995.12	国际常年
宁德水运口岸	1993.9	国际常年
平潭水运口岸	2014.2	国际常年

口岸数量及分布

截至2016年年底，福建省有经国务院批准的对外开放口岸11个。其中，水运（海港）口岸7个，分别是福州、厦门、漳州、泉州、莆田、宁德、平潭海港口岸；空运口岸4个，分别是福州空运口岸（长乐国际机场）、厦门空运口岸（高崎国际机场）、武夷山空运口岸（武夷山机场）和泉州空运口岸（晋江国际机场）。

口岸运行数据

2016年，福建省水运（海港）口岸累计完成外贸货运量21 201.60万吨，同比增长0.40%。其中，进口13 827.70万吨，同比减少2.76%；出口7 373.90万吨，同比增长6.77%。海运集装箱吞吐箱量累计完成872.20万标箱，同比增长3.06%。其中，进口436万标箱，同比增长1.30%；出口436.20万标箱，同比增长4.91%。累计出入境旅客210.90万人次，同比增长0.10%。其中，入境105.70万人次，与去年同期持平；出境105.20万人次，同比增长0.20%。

空港口岸累计出入境旅客531.40万人次，同比增长10.63%。其中，入境265.6万人次，同比增长10.66%；出境265.8万人次，同比增长10.56%。

对台直航方面，对台海上客运直航运送旅客191.30万人次，同比下降1.49%。水运（海港）口岸对台进出口货物2 123.30万吨，同比下降10.60%；对台集装箱吞吐量72.60万标箱，同比增长3.12%。

口岸综合管理

【推进口岸对外开放】 加快推进福州港罗源港区、泉州港石井作业区、平潭港金井港区等查验配套设施建设和国家级验收筹备工作。推动宁德港三沙港区扩大开放获国务院批准，福州港黄岐港区、莆田港东吴港区扩大开放征得国家有关部门同意。通过对泉州港口岸中化泉州石化有限公司斗尾作业区、深沪湾港区深沪国家中心渔港远洋渔业作业区新增外贸作业点的省级验收，并对外公布。按期完成宁德港三都澳港区漳湾作业区8、9号码头，福州港黄岐对台客运码头，平潭港金井港区3号泊位，莆田港东吴港区东1、东2号泊位，福州港罗源湾港区9个码头泊位等16个码头（泊位）临时进靠国际航线船舶每半年延期报批工作。

【推进“三互”大通关建设改革】 福建省政府召开专题会议，传达全国“三互”大通关建设工作推进会的会议精神和汪洋副总理重要讲话精神，研究提出贯彻全国“三互”大通关建设工作推进会的5点工作意见。2016年关检合作“三个一”通关模式深入实施，福建省各口岸现场普遍建立关检“一站式”查验场所实施联合查验，海关和检验检疫通关一体化管理深入实施。中国（福建）国际贸易“单一窗口”建设加快推进，实现全省口岸全覆盖，实现“单一窗口”覆盖国际贸易主要环节，继海关、检验检疫项目之后又上线海事、边检项目，启动二期建设，实现报关报检随附单证无纸化提交、实施进出口货物报关报检“一单两报”和船舶进出境“一单四报”，创新“客户机/服务器”模式和“浏览器/服务器”双模报检，启动依托国际贸易“单一窗口”实施对外贸易经营者备案登记和原产地证企业备案登记“两证合一”，与上海、江西、天津等省市和新加坡、中国台湾等国家和地区开展“单一窗口”合作，推动互联互通。截至2016年年底，中国（福建）国际贸易“单一窗口”直接服务企业5 000多家，间接服务企业近4万家。2016年商务部研究院等第三方机构对福建省自贸区的评估中认为，福建省国际贸易“单一窗口”是目前国内最成熟的单一窗口模式之一。受国家口岸办指定，福建省参与全国国际贸易“单一窗口”建设标准规范编写和标准版开发集中工作。

【加强和改进口岸工作】 实施境外旅客购物

离境退税政策。福州长乐国际机场等5个口岸为福建省首批离境退税口岸，福建省成为继北京市和上海市全国第二批实施境外旅客购物离境退税政策的省份；启动国家财政承担的免除查验没有问题外贸企业吊装移位仓储费用试点；扶持、引导企业从进出口福州江阴口岸危化品，解决危化原材料进口接卸受阻企业成本增加问题；深入落实福建省政府降成本减负担政策。加快推动口岸功能提升，先后推动福州长乐国际机场进境肉类指定口岸、晋江机场水产品进境指定口岸资质获得批准，启动福州空港进出境快件业务。组织开展增强口岸竞争力研究和发展福州空港口岸货运物流研究；组织开展港口包干费涨价情况调查和海运进出口货物通关时间调研。持续开展通关便利化评估，实施通关便利化奖励；持续开展口岸系统精神文明建设，推动口岸系统青年文明号和巾帼文明岗创建引向深入。

【协调推进通关作业模式改革创新】 结合福建省自贸试验区建设，加快协调口岸查验部门落实自贸试验区重点试验任务，促进新一批对标国际贸易通行规则的贸易便利化创新举措落地推广。在通关作业模式改革创新方面，主要有海关和检验检疫大宗散货“监管互认”试点、海关“互联网＋自主报关”改革试点、检验检疫“多证合一”改革、海事船舶证书“三合一”改革等，并启动两岸海关“经认证的经营者”（AEO）互认试点，启动单方采信台湾地区认证认可结果和检验检测结果，实施输大陆食品“源头管理、口岸验放”、输大陆商品快速验放、台输大陆水果“边抽样送检、边上架销售”等一批台湾地区输闽商品便利通关措施，成功实践对台小额贸易紧急个案舱单互核验等两岸执法合作项目。截至2016年年底，福建省累计共推出贸易便利化创新举措128项，其中53项属全国首创，已有48项实施效果好的试点经验分层次在全省、全国复制推广。

【服务保障发展大局】 及时争取宁德三都澳港区漳湾作业区8、9号码头临时进靠国际航线船舶获交通运输部批准，保障中铝宁德铜冶炼基地项目顺利投产；及时完成对中化泉州石化有限公司4号、5号、6号泊位验收，为企业进靠不同吨位、船型船舶和汽油、柴油机航油出口创造条件；及时做好国投湄洲湾港口有限公司4艘次运煤国际航行船舶进靠，保证企业生产需要；加快推动澳洲活牛屠宰项目落地福建省，牵头开展意向承接地项目评估，重点协调做好福州闽清、漳州华安、泉州南安等意向承接地的工作指导和对接。协调口岸查验部门推出创新举措，推动、服务福州江阴整车进口口岸、中国—东盟海产品交易所、厦门全球一站式航空维修基地、中欧（厦门）国际班列等自贸试验区功能性平台建设，推动平行汽车进口、海产品交易、跨境电商、保税展示交易等自贸试验区新兴业态加快发展。协调解决福建医科大学进口设备通关等二十几件企业通关出现问题事项，为企业挽回经济损失近亿元。

口岸监管与服务

【福建省公安边防总队深化边检服务品牌建设】 一是出台《福建边检综合便民服务机制》，内容包括“福建边检网上便民服务平台”和“首问责任制、限时办结制、即时测评制、定期评价制、专员服务制”等5项制度及10项便民服务举措。其中，福建边检网上便民服务平台系边检机关为方便服务对象网上办理边检手续而开设的手机微信公众平台。企业、代理等服务对象在向边检站备案并关注该微信号的基础上，可通过平台进行网上报检、网上办证、网上咨询、网上报警；边检站可通过该平台实时向服务对象发布边检法律法规、天气潮汐、口岸动态等信息，实现证件办理全程网络化、证件实体无纸化的目标和“让数据多跑路，让群众少跑腿”的便民要求。5项制度包括专员服务制、首问责任制、限时办结制、即时测评制、定期评价制，是对近年来边检特色服务便民措施的系统总结和提炼规范。10项便民服务举措分别是全面实行“分区域执勤、一体化服务”模式、推行省国际贸易“单一窗口”

系统、推行“移动验放”服务、设立远洋渔船优检通道、优化对台通关服务、简化船员调换手续、推行鲜活产品优先验放制度、实行海港登轮证件“一证通”、建立“团队备案通关”制度、开展信誉等级分类服务。二是深入开展边检“文明使者”评选、“服务品牌集中宣传暨警营开放日”等活动，促进官兵保持高水准服务定式。三是加快推进专用码头边检勤务试点改革，建立边检机关与码头企业密切合作、协同共管的诚信管理模式，推动海港口岸建成启用独立运作的区域勤务中心，基本形成15分钟边检服务覆盖圈。与港区重点企业定期互访，提供“边检联络员”服务。

【厦门边检总站推进作业改革】 一是简化邮轮、游艇出入境查验手续。对经过预申报审核的以厦门为母港的邮轮旅游团队全部采取“零散验放”模式，团队旅客可随到随检，候检时间较以往缩短三分之一以上；对在以厦门为母港的邮轮上服务的外国籍船员和台湾船员，为其签发年度多航次有效登陆证件，船员无须每次入境提交办证申请；对搭乘游艇、帆船出入境人员采取预先查证、录入资料在现场比对、后台提交检查、现场交还证件的直通放行模式，为海峡杯帆船赛、国际游艇展、海峡横渡等赛事活动提供最便捷通关服务。二是简化船舶出入境（港）手续。2016年1月1日起，对在境内港口间移泊的境外船舶，仅收取从境内港口新登轮及离船入境人员名单，不再收取其他纸质申报单证，不再制作传递纸质《边封》，不再收取出入境船舶《船员物品申报单》；出入港境外船舶基本实现无纸化通关，平均每艘船舶至少可为船方节省往返边检窗口提交单证、办理手续时间30分钟以上，全年可为船方节省近2 500个小时的通关时间，节省停泊费支出数千万元；简化申报手续，3月4日正式配套启用《船舶出口岸手续联系单》无纸化申报系统，船舶代理单位一次申报，系统自动向各查验单位发送数据，实现“一个窗口、一次申报、一次办结”。

【驻闽边检部门扩大自助查验服务】 自2016年8月19日起，福建省公安边防总队边检查系统将持办证时已采集指纹信息的电子普通护照出境的内地居民、持一年多次有效出入境通行证且向边检机关备案指纹面像信息的中国公民、持外国电子护照及6个月以上居留许可且向边检机关备案指纹面像信息的外国人3类人员纳入自助通关人员范围。厦门边检总站在高崎国际机场和五通客运码头两个口岸扩大应用边检自助通道查验系统，旅客只需按照系统提示对出入境证件进行自助查验和指纹、面像信息的自动比对即可完成出入境边防检查手续，平均每名旅客通关时间6至8秒钟，比人工查验快4至5倍，全年共通过自助查验通道系统验放出入境旅客35.40万余人次，同比2015年增长35%，约占全年出入境人员总数的6.40%。

【福建海事局营造航运发展环境】 一是推进对台工作先行先试。开展两岸直航客船监管与服务综合评估，制定指导性工作实施意见。为“海峡号”“丽娜”轮开辟船舶交通管理系统专窗监控，协同港口、航标等管理单位提供安全保障。组织直航船舶船岸联合应急演习。组织四期台湾船员履约过渡期适任培训，共142名台湾船员完成适任培训并通过考试和评估，此项工作已实现常态化。二是服务重点建设。积极保障厦门新机场、金门供水工程、漳州古雷炼化一体化项目配套码头等十余个省重点涉水工程项目。针对建设福建沿海风电项目，搭建交流平台，对施工建设单位容易忽视的重大件运输、恶劣天气安全防范等薄弱环节提供专业指导。创新服务举措，试点推进LNG、VLCC等特殊船舶购买社会服务、开展第三方护航。突出邮轮等新兴产业和煤电油气等关系国计民生的重点运输船舶保障，专门开辟绿色通道，确保大型集装箱船、大型邮轮等安全、便捷进出港。三是发展船员产业。实现船员证件办理“无纸化”，推出“邮寄证书”等便民服务。完成游艇驾驶员培训模式改革，通过取消开班限制、推行模块训练、俱乐部管理等手段，缩短培训时间，提高培训发证效率。目前，福建省已有5家专业的游艇培训机构，培养游艇操作员上千人次。加强邮轮、游艇、近海石油等新兴船舶船员队伍培训，全年外派船员共计18 077人次，2家海员派遣机构为全国前十强。开展47期船长、轮机长、大副、大管轮管理级职务船员培训班，完成1 323名相应职务船员的职务晋升、航区扩大和功率提高，重点培养市场紧缺的管理级船员。四是完成搜救应急任务。成功防抗超强台风“尼伯特”“鲇鱼”、中华人民共和国成立以来登陆闽南最强台风“莫兰蒂”等正面袭击，实现海上防台“不死人、少损失”。高效、妥善处理了“8·11”钓鱼岛附近希腊货船与渔船的碰撞事故。与民航华东管理局首次联合举办“2016年华东地区航空器事故海上搜救及调查联合演练”，各级搜救中心开展应急演练40余次。全年船舶交通管理系统共接受船舶报告51.9万艘次，纠正处置违法579次；交通组织13万次，避免险情430次。共组织实施海上搜救行动140次，成功救助遇险人员916人，人命救助成功率94.92%；成功救助遇险船舶107艘，船舶救助成功率82.95%，挽回直接经济损失约2.50亿元。

【驻闽海关强化实际监管】 福州海关开展关区63家监管场所达标专项治理，注销6家、暂停2家。做好G20安保等反恐怖专项行动，加大“扫黄打非”力度。全面落实“两个随机”，采取“缓步降、平稳调、实时测”的方法，优化布控结构，达到随机布控查验占比90%、预定布控查验占比70%的考核满分标准。通过管理前置、综合治理开展虚假贸易管控。查办出口骗退税案件23起，案值4.02亿元。知识产权案件查获数位居全国前列，查获案件首次获评国家品保委“年度十佳案例”。厦门海关开展天津港“8·12”特大事故警示教育和专项检查，监管场所全面纳入信息化管理，危化品监管更加规范。随机布控查验机制不断优化，“双随机”比例达92.75%，“特征索引分层处置”工作法被海关总署作为“双随机”改革经验上报国务院。移动单兵作业模式普及推开，智能化卡口平台上线运行。对台小额贸易分类监管措施持续落实，旅检寄递渠道打击毒品走私和厦金航线“水客”治理不断加强，“清源2016”专项行动查获违禁物品比增41倍。实施“多查合一”，集中式稽查、机动稽查和主动披露机制不断完善，稽核查追补税入库6 861万元，同比增长4.63%。武警部队参与海关执勤长效机制有效落实。

【福州海关推进通关监管业务改革】 一是全面落实国务院“两个随机”工作要求，实现查验随机派单“人员、场地、单证”全覆盖。二是全面推行修撤单审批无纸化，简化修撤单海关审批层级，推动实现通关全流程无纸化。三是优化保税监管，福州出口加工区进入实质性整改优化阶段，平潭综合实验区分线管理机制进一步优化，创新优化账册核销、单耗管理等加工贸易及保税监管模式，平行进口汽车保税仓储政策率先落地实施。四是进一步拓展区区联动通关一体化改革试点范围，在一体化通关模式下，办理跨关区申报验放手续无须异地转关，省去了转关车辆租赁和货场租金等费用，可为企业节省20%～30%通关成本。五是加强业务系统建设上线运行“福州海关进出境邮件通关便民服务平台”；研发物流监控散货监管系统，解决大宗散货装卸时间长与海关监管资源紧张之间的突出问题，目前该系统已获得海关总署科技司的立项批准。六是加强科技运用，加大H986等设备的使用效能，试点无人机项目，平潭海关试点“SD－10多旋翼无人机”项目，福州海关成为全国首批6家“无人机”项目海关试点单位之一。七是引入中介机构协助稽查，开展企业主动披露试点，全年稽查作业176起，查发89起，查发率50.60%。

【厦门海关推进通关监管业务改革】 一是推进“互联网＋政务服务”。启动“互联网＋自主报关”改革试点，“两统三自”思路和6大模块的设计确立定型，企业多介质身份认证、全口径业务申报、通关全流程状态发布等模块取得突破。进出境邮件通关辅助系统优化升级，全国首创“电子税单”模块，邮件实现全程无纸化通关。二是创新飞机维修“一体化”监管模式，开展航材区域流转业务，力促厦门航空维修产值突破百亿元大关，同比增长22.00%。三是推广加工贸易联网监管模式，试点“自报自核”和“企业自盘”，引导企业开展“保税+”融资租赁、期货交割、展示交易等业务。四是创新“入区加工”监管模式，支持海沧保税港区开展内贸业务。五是“三个一”合作延伸到邮快件和旅检渠道，“一站式查验”货物范围涵盖6大类产品，“监管互认”拓展到进口大宗散货，H986集中审像实现关区全覆盖，复查复验职能进一步优化，机动查验查获率达到67.40%。

【驻闽海关深化“放管服”改革】 福州海关全面推行行政审批网上办理，持续推进行政审批“一个窗口”受理工作，对现有行政审批事项所涉前置审批、中介服务、收费项目进行全面清理。全年共清理需要废止文件294份、需要宣布失效文件936份、修改文件32份。开展平行进口汽车保税仓储业务，推动福州江阴港整车进口连续四年大幅增长。研究出台促进福建外贸回稳增长十二项工作措施。提交税则修订和调整建议35项，被国务院税则委员会采纳8条，位列全国海关第一，其中仅福耀集团车用玻璃一项，每年企业就可多享受出口退税额约9 000万元。厦门海关开辟“1+7”个行政审批“一个窗口”，实现全部审批事项网上办理。继续简化优化行政执法领域内部核批，压缩审批环节41个，总体优化65项。“双随机，一公开”机制推广到8个领域13项执法和内部管理项目。全面取消涉企收费项目。积极参与外贸综合服务企业试点。

【驻闽检验检疫部门保障国门安全】 福建出入境检验检疫局在全国检出的11例输入性黄热病确诊病例中福建局占2例，派员赴安哥拉开展黄热病疫情防控荣记集体二等功。在中国—亚欧口岸卫生检疫合作论坛大会上做交流发言，并向大会展示口岸核心能力建设成果。参加全国系统蚊类监测与控制演练竞赛获团体二等奖。2016年检出植物检疫性有害生物2 529种次，同比增长55.92%，其中在全国口岸首次检出重要有害生物13种，检出进境动物二类传染病白斑综合征，获国家质检总局发布警示通报5次。全国首个实施进口原油安全环保指标监测。进出口食品化妆品连续多年保持两位数增长，经检验检疫出口的食品被境外通报不合格率维持在0.02%左右的低位，共销毁、退运不合格进口食品化妆品450批。8个短重检出典型案例均被国家出入境检验检疫总局采纳，向全国发布警示通报。

厦门出入境检验检疫局在入境人员中检出登革热5例、恶性疟疾1例，监测体检发现传染病病例3 558人次，病媒生物检测首次在鼠体上检出耶氏厉螨。构建三级反恐应急响应机制，邮轮中心、机场口岸核心能力高分通过国家出入境检验检疫总局复核检查，成功承办全国口岸核生化反恐专项演练和世界卫生组织西太区会议开展口岸规范化建设，启用进境粮食管理监管系统，检疫犬驯养基地获得国家质检总局立项。实施年度监控计划，开展检疫性实蝇等监测，完成食用农产品安全风险监控。加强检疫把关，首次截获水果杀手—地中海实蝇；在进境美国南方松中截获35批次松材线虫，占全国截获松材线虫的6成；“绿蕾”行动截获非法进境植物种苗479批近1 000公斤。推行进口食品主体全备案、信息全记录、追溯全过程，累计备案进口商1 756家，对37家不良记录的进口商实施加严监管。开展进口婴幼儿配方乳粉、食用植物油等专项检查，退运或销毁安全卫生不合格的进口食品477批171万美元，集中销毁走私畜禽冻品500吨。实施出口食品“一标两市”行动计划，提升出口食品质量竞争力，经核实的境外通报不合格出口食品6批，下降45%。检出不合格进口煤炭、废物原料等大宗资源性商品逾3亿美元；摸底排查危化品企业139家，检出不合格危化品55批116万美元；检出携带疫病疫情及有毒有害物质的集装箱5.6万标箱。保障进口消费品安全，实施专项监督抽查149批，首次启动缺陷消费品召回；开展“口岸天平”行动，发现440批超过5‰的短重；在“清风”行动中检出不合格输非商品85批134万美元。

【福建出入境检验检疫局推进业务改革创新】 一是实施企业资质管理“多证合一”。通过程序优化、流程再造和内容归并，依托“互联网+质检”模式，为企业资质管理业务专门研发信息化系统，对外打通与企业和相关监管部门的互联互通，对内解决部门间业务分隔，实现企业资质管理业务的“三互”和“多证合一”。经测算，每项资质管理业务平均办理时间可缩短约4个工作日。二是创新货物、原产地“双模式申报”。实现“单一窗口”与e-CIQ主干系统无缝对接，创新推出货物、原产地“双模式申报”，并全面建设“电子闸口”系统。三是改革和简化产地证签证管理。实施原产地业务纳入“单一窗口”建设，创新推出原产地“双模式申报”，全力推动实施原产地业务“1234”便利签证模式，推动与福建省商务厅等5家单位联合下文，促进自贸试验区优惠原产地证书签发同比大幅增长50%，为企业减免进口国关税2.35亿美元。四是创新“陆空一体，无缝对接，借道进出”空运口岸查验监管新模式，支持泉州晋江国际机场与陆地港作为联合体试点开展国际货运业务。

【厦门出入境检验检疫局推进业务改革创新】 一是与国家质检总局数据平台、e-CIQ主干系统对接，率先实现进出口货物、进出境船舶、跨境电商商品、国际邮件快件、进出境人员等100%通过“单一窗口”申报，重复申报减少30%，效率提高50%以上。二是推进e-CIQ主干系统上线，实现了全业务模式上线，实现覆盖所有分支机构，实现企业申报端并入“单一窗口”。三是推进无纸化，实现船舶通关、检疫处理全流程无纸化。四是对低风险等级的出入境航空器100%实施电讯检疫。五是建立进口食品安全员轮训制度，开发食品标签咨询服务平台，实施进口食品口岸优化查验措施，推行出口食品“即报即放”实现全覆盖。六是全面推行“三通两直”，对负面清单以外的货物实施“一次申报、一次检验检疫”，节省企业成本20%～30%，福建省范围内100%货物，以及江西省农产品在厦门口岸实现“出口直放”，入境国际邮快件100%“进口直通”晋江陆地港。

【驻闽检验检疫部门服务外贸发展】 福建出入境检验检疫局研究出台18条支持措施，推动新批4个跨境电商及快件监管中心投入运营，新获3个进境指定食品农产品口岸资质，福州空港获批筹建进境肉类指定口岸。全年批次和货值分别增长7.12%和0.37%，其中出口批次、货值分别增长7.22%、23.33%。厦门出入境检验检疫局提高优惠产地证利用率，签发各类原产地证22万份84亿美元，同比分别增长21.60%和11.80%，获海外关税减免约2亿美元。做好信息采集、信用等级评定、评级结果应用等工作，新增15家检验检疫信用管理AA级企业。支持航空维修基地、联芯电子等省市重点项目建设，服务成套设备进口31亿美元。出台18项举措促进外贸回稳向好，停止收取电子政务平台服务费、企业端软件服务费。加强出口质量安全示范区、示范企业建设，连续7年实现胡萝卜出口“零”通报。推动建成首个“同线同标同质”综合公共服务平台，推荐37家次食品企业获国外注册批准。

【驻闽海关和检验检疫部门推出新举措促进跨境电商发展】 福州海关在保税区海关实施跨境电子商务“保税进口”模式，支持优购跨境电子商务、快件中心监管场所建设。厦门海关创新“跨境电商+邮路运输”监管模式，启动跨境电子商务“直购进口”模式，实施跨境电商B2B一站式通关模式。厦门海关上线零售出口、直购进口系统，创新“前店后仓”业务管理模式，叠加“清单核放、汇总申报”“批次进出、集中征税”等便利措施，实现“供应链式”B2B监管。福建出入境检验检疫局推出“采信全国其他口岸监管检测结果、以4种合格评定方式降低抽检率、最大限度放宽市场准入和随附单证要求、允许企业及商品备案在同一窗口一并当场办理”4项创新措施。厦门出入境检验检疫局对国际快递或邮寄方式进境的个人自用物品免予检验，并通过专用通道进行申报，实施“电子申报+电子审单+同屏比对+即查即放”监管新模式，实现所有查验现场的“一机双屏双控”，合格商品6秒内快速验放。

【驻闽口岸查验部门支持福建"海上丝绸之路"核心区建设】 福州海关支持福州宏东远洋渔业在西非国家毛里塔尼亚建立毛塔渔业综合基地，促成中韩原产地电子联网，开展中韩、中澳自贸协定优惠政策巡讲，参与中国—海合会自贸协定原产地谈判，与乌鲁木齐海关合作开展"一带一路"课题研究。厦门海关加强关际合作交流，制定"海丝"沿线重点国家关际交流合作"三年规划"，成功组团赴新加坡、印尼和伊朗开展关务参访，建立联络管道并就深化关际合作达成共识；启动中欧安智贸航线试点计划，推动中欧（厦门）国际班列双向稳定运行并延伸到台湾地区；参与国际海关 AEO 合作，指导 2 家企业通过中美海关 CTPAT 联合验证。福建出入境检验检疫局代拟的《服务 21 世纪海上丝绸之路建设检验检疫工作方案》由国家质检总局印发，建立微信"海丝"工作联络群，推动组织每年度工作推进会，建立检验检疫服务"海丝"建设工作机制，牵头的服务"海丝"工作被列入 2015 年度国家质检总局通关业务十件大事。厦门出入境检验检疫局与四川、新疆出入境检验检疫局联合出台中欧（厦门）班列的检验检疫相关规定和便利化措施，制定"走出去"工作方案和重点帮扶企业名单和帮扶方案，推进装备、产能和劳动密集型产品向"一带一路"沿线的自贸伙伴国家出口。

【驻闽口岸查验部门支持福建自贸区建设】 截至 2016 年年底，福建省共推出贸易便利化创新举措 128 项，53 项属全国首创，已有 48 项实施效果好的试点经验分层次在全省、全国复制推广，创新主要集中在海关、检验检疫、商务、税务等部门，特别是口岸管理部门深入推进"信息互换、监管互认、执法互助"大通关建设改革，各部门政策措施逐步衔接配套，系统集成，有力支持了福州江阴整车进口口岸、中国—东盟海产品交易所、厦门全球一站式航空维修基地、中欧（厦门）国际班列等一批自贸试验区功能性新平台建设，推动保税展示交易、跨境电商等一批新兴业态加快发展。其中，福州海关自福建自贸试验区挂牌以来共制定 97 项试验任务和支持措施，推出自主创新举措 40 项，其中 17 项获评全国首创"简化和改革原产地管理""国际贸易单一窗口"和"福州保税区整车进口综合服务平台"等 9 项创新项目入选福建自贸试验区"十大创新举措、十大开放措施、十大功能性平台"。厦门海关全年共有 11 项举措被评为全国首创，5 项入选国务院、4 项入选海关总署复制推广试点经验，复制推广和拓展创新各类举措 22 项。福建出入境检验检疫局出全年台 10 项创新举措，累计已达 36 项，其中 14 项全国首创，4 项举措获评"福建自贸试验区 2015～2016 年度十大创新举措"。在辖区全面复制推广 18 项创新措施，1 项创新举措被国务院批准在全国复制推广。厦门出入境检验检疫局 2016 年主办的 19 项试验任务全部完成。在国务院复制推广新一批 19 项改革试点经验中，创新或全程参与的占 6 项；在福建省公布的 8 批 190 项创新举措中，创新推广的占 30 项，其中 9 项被评估为全国首创。省公安边防总队"边检服务掌上直通车""边检诚信企业'自助办证'服务"2 项举措入选福建自贸试验区创新举措，"边检服务掌上直通车"作为可复制创新成果被省政府发文推广。厦门边检总站推进以警务区管理为核心的海港边检管理改革，建立"站队合一"的联动执勤模式和扁平化、智能化指挥体系，实行"警务室 + 流动巡查"的网格化管理方式，提高应急处置能力、服务精细水平和港区整体防控能力，入选厦门市服务自贸试验区营商环境、政府供给侧改革典型示范案例。福建海事局研究提出 8 项创新服务项目，试点推广国际航行船舶进口岸和船载危险货物/污染危害性货物"同步申报同步审批"等便利性措施，相比原有审批方式，每船节省办结时间 1 小时以上，提高效率 50% 以上。"建立海事现场综合执法机制"、船舶证书"三合一"并联办理便利性措施被评为全国首创的可复制可推广创新举措。推出船检、水运、海事证书并联办理、抵押权注销及再登记双同步等措施，创新自贸试验区船舶登记流程，促进平潭外挂船舶回归 82 艘。

【驻闽口岸查验部门加快推进对台先行先试】 2016年10月1日起，福州、厦门海关启动两岸海关“经认证的经营者”（AEO）互认试点，两岸海关相互给予对方AEO企业进口货物减少进口货物单证审核、适用较低进口货物查验率、优先办理通关手续、非常时期优先处置等通关便利措施。福州海关与福建省公安厅签署“台胞证通关机制”，为台胞出入境提供便捷通关服务。福建出入境检验检疫局开展台湾食品“源头管理、口岸验放”试点，实施台湾地区输大陆食品优良供应商评定与管理制度，对符合条件的进口食品施行进口食品优化查验措施；对台湾输大陆水果等农产品采取便利化通关模式，诚信好的企业现场查验合格并抽样后即放行，对台湾输大陆水产品免于提供台湾官方的检测证书；对未获得CCC认证的小批量台湾家电产品，试点认可台湾地区认证检测结果。厦门出入境检验检疫局对台湾地区输大陆食品实施“源头管理、口岸验放”；试点采信11家境内外机构检验结果，快速核放台湾入境消费品；实现两岸直航船舶信息和电子原产地证等信息互换；推动台车入闽检疫查验常态化。福建海事局开展两岸直航客船监管与服务综合评估，制定指导性工作实施意见；组织四期台湾船员履约过渡期适任培训，共142名台湾船员完成适任培训并通过考试和评估，此项工作已实现常态化。

开放口岸

【福州水运（海港）口岸】 福州港是全国沿海25个主要港口之一，同时具备进境粮食、进境水果、冰鲜水产品、整车进口指定口岸等口岸功能。福州港分为闽江口内港区、松下港区（含牛头湾港区）、江阴港区3个开放港区和拟开放的罗源湾港区（2014年获得国务院批复），并拥有福州保税港区、福州保税区、福州出口加工区等3个特殊监管区。全港共有生产性泊位106个（包含外贸作业点30个和临时进靠国际航行船舶靠泊点7个），其中万吨级以上深水泊位44个（5万吨级以上泊位19个），最大可靠泊15万吨集装箱和30万吨级散杂货船舶。福州海港开辟了美西、非洲、西非远洋航线和日本、韩国、东南亚、越南、马尼拉、中国台湾、中国香港、内支线等36条外贸航线，以及“两马”（福州马尾—台湾马祖）、“黄岐—马祖”海上直航客运航线。

2016年，福州水运（海港）口岸共完成外贸货物吞吐量4 778.59万吨，同比增长4.34%；外贸集装箱累计吞吐量152.39万标箱，同比增长13.63%；“两马”客运出入境旅客累计19 589人次，同比下降54.99%；“黄岐—马祖”客运出入境旅客累计48 510人次；进口汽车8 311辆，同比增长114.30%。

福州水运（海港）口岸闽江口内港区青州作业区

福州水运（海港）口岸江阴港区集装箱码头

福州水运（海港）口岸江阴港区整车进口

淡头外贸货物装卸点。位于福州港罗源湾港

区，地理坐标为东经 119°33′，北纬 26°32′。1994 年批准为二类口岸，1997 年批准为台轮停泊点和对台贸易点（现无外贸作业）。目前，拥有 5 500 吨泊位 3 个。2016 年货物吞吐量 300 万吨。

下垄外贸货物装卸点。位于福清市江阴半岛东北部，地理坐标为东经 119°20′05″，北纬 25°33′18″。1991 年批准为国轮外贸运输装卸点（现无外贸作业）。目前，拥有 5 000 吨泊位 1 个。2016 年货物吞吐量 50 万吨。

【厦门水运（海港）口岸】 厦门水运（海港）口岸是全国 25 个主要港口、12 个区域性枢纽港、9 个沿海国际集装箱干线港之一和对台航运重要口岸，范围跨厦门与漳州两个地市级行政区共八港区（其中厦门东渡、海沧、嵩屿、刘五店、客运 5 个港区，漳州后石、石码、招银 3 个港区）。厦门港目前共有集装箱班轮航线 237 条，其中国际航线 165 条、内贸线 49 条、内支线 23 条，与世界 300 多个港口建立了业务联系，包括马士基、长荣、中远等世界前 20 名班轮公司在厦门港都设有分支机构和代理机构。目前，厦门海港口岸共有集装箱班轮航线 234 条，其中国际航线 165 条，内贸线 47 条，内支线 22 条。

2016 年，完成货物吞吐量 20 910.80 万吨，同比减少 0.53%；外贸货物吞吐量 9 795.35 万吨，同比减少 4.82；集装箱吞吐量完成 961.37 万标箱，同比增长 4.69%；厦金出入境旅客 162.33 万人次，同比减少 1%；靠泊国际邮轮 79 艘次，接待出入境旅客 20.01 万人次。

【漳州水运（海港）口岸】 漳州水运（海港）口岸辖有 7 个港区：石码、招银、后石、东山、古雷、云霄和诏安港区，其中一类口岸有 6 个港区，分别是石码、招银、后石、东山、古雷、云霄。已通过开放验收并开展外贸运输业务的有 4 个港区，即招银港区、后石港区、东山港区及古雷港区。石码港区和云霄港区尚未有码头通过验收对外开放。

招银港区。位于厦门湾南岸的漳州招商局经济技术开发区内，距金门岛仅 9.40 海里。2002 年 1 月 1 日正式开放，是首批对台（金门、马祖）直航口岸，也是目前漳州市进出口的最主要口岸。招银港区于 2006 年正式并入厦门港，规划建设泊位 38 个，其中深水泊位 30 个，现已建成 10 个。目前，招银港区成功培育了木材、粮食、钢材三大市场，成为全国十大木材进口港之一。招银港区以集装箱、杂货运输发展为主，兼顾散杂货和客滚运输。

后石港区。位于漳州龙海市港尾镇后石村，与招银港区水域岸线相连，2002 年 1 月 1 日正式对外开放，由著名台商王永庆独资兴建的后石电厂配套建设 10 万吨级煤炭专用码头和 5 千吨级综合码头各一座，每年从澳大利亚、印度尼西亚等国家进口动力煤均在 200 万～450 万吨。后石港区 3 号泊位是漳州开发区四区第一个公共泊位，地理坐标为东经 118°03′14″，北纬 24°24′42″，由招商局集团和厦门港务控股集团共同投资 12.7 亿元人民币建设，规模为 15 万吨级（水工主体按 20 万吨设计），码头岸线总长 422 米，陆域纵深 866 米，堆场面积约 36 万平方米，设计泊位吞吐量为 435 万吨/年。该项目已于 2014 年 5 月全面开工建设，预计将在 2017 年 3 月完工。

东山港区。位于漳州市南部的东山县，于 1992 年 12 月 28 日正式对外开放（铜陵作业区）。港区共有生产性泊位 9 个。东山港作为全省最早设立的对台小额贸易点，每年停靠的台轮有 2 000多艘次，自 2004 年以来对台小额贸易额连续名列福建省前茅，每年的贸易额达 3 000 多万美元以上。2016，进出口集装箱 11 432 标箱，同比增长 45.48%，成为漳州市最大的国际集装箱进出口岸。

古雷港区。位于漳州市漳浦县境内，东山湾东侧。古雷开发区的发展目标是“国内领先、世界一流的石化基地”。该港区以石油化工运输为主，兼顾散杂货运输，是大型深水港区。规划建设泊位 104 个，其中深水泊位 69 个，预计总通过能力达 1.55 亿吨（其中集装箱 50 万标箱）。现已建成码头泊位 18 个，其中 15 万、5 万、3

万、1万吨级泊位各1个；在建有5万吨级1个，1万吨2个。2014年8月28日，古雷港区南1、南2（含-1、-2）号4个液体化工泊位通过省级验收正式对外开放。2015年4月6日，古雷港经济开发区石化厂区PX项目发生起火事故至今，企业全面停产，自事故后至今，无外贸进出口业务。

【泉州水运（海港）口岸】 泉州港位于福建省东南部，与台湾省一水之隔，毗邻港澳，距香港357海里，距高雄港165海里，石井作业区距金门仅5.6海里。早在6世纪的南朝，泉州已开始和国外交往。唐代泉州开埠；宋元时期，泉州港海外贸易达到鼎盛阶段；公元1087年，北宋设置泉州市舶司；元代，泉州港成为国际重要的贸易港口。泉州港是中国东南沿海不可多得的天然良港之一。

泉州港石湖港区

泉州港30万吨油码头

1981年泉州港口岸恢复对外开放，1983年泉州港口岸正式对外开放。泉州海岸线长541千米，现建成生产性码头泊位91个，其中万吨级以上泊位25个（最大泊位为30万吨级专用油码头）。泉州港口岸辖区海岸线427千米，由肖厝、斗尾、泉州湾、围头湾和深沪湾五大开放港区组成，对外开放码头泊位44个。现已开通航线130多条，外贸航线30多条，其中外贸集装箱航线20多条，与中国香港、台湾等地区和菲律宾等国家通航；泉州至金门客运航线1条。

2016年，泉州港口岸外贸进出口吞吐量完成3 667.03万吨，集装箱进出口完成120 810.50标箱，泉金客运航线运送两岸旅客11.85万人次。

【莆田水运（海港）口岸】 莆田水运（海港）口岸位于福建省沿海中部，地理坐标为东经118°58′57″，北纬25°13′3″。1999年11月26日经国家批准正式对外开放。现建有20万吨级杂货码头、10万吨级杂货码头、LNG10万吨级化工专用码头、5万吨级多用途码头、4万吨级杂货码头、4万吨级木材码头、万吨级杂货码头、8 000吨级煤炭专用码头、3 000吨级集装箱杂货两用码头、3 000吨级化工专用码头、3 000吨客运码头等各一座，港内设有20万吨级、5万吨级、2万吨级、1万吨级浮筒各1座，避风避险应急锚地1座，设计年货物吞吐量达7 500万吨、客运20万人次。在建的万吨级以上深水泊位10多个，码头最大靠泊能力达40万吨，近期将形成近亿吨的吞吐能力。目前莆田水运（海港）口岸可最大适航40万吨级船舶通航。向莆铁路、沈海高速支线直通港区，可实现无转场铁海联运业务，是福建海西重要战略港口。

目前，莆田水运（海港）口岸已与美国、俄罗斯、加拿大、巴西、阿根廷、韩国、泰国、沙特、印度尼西亚、马来西亚、非洲、欧洲等世界上的28个国家和地区的50个港口建立了海上航运联系，也开通了与中国台湾的海上客货运直航业务。

莆田口岸东吴港区东1号泊位现场

莆田口岸秀屿进口木材检验检疫除害处理区现场

2016 年累计完成口岸外贸货运量 1 024.12 万吨，同比增长 1%。其中，进口货运量 1 015.89万吨，同比增长 1.00%；出口货运量 8.23 万吨，同比增长 21.00%。累计完成集装箱货柜 15 142 标箱，同比增长 41%。其中，进口货柜 8 913 标箱，同比增长 37.00%；出口货柜 6 229标箱，同比增长 47.00%。2016 年木材进口 55.50 万方，同比增长 61.00%。进出口的主要大宗货物有 LNG、木材、煤炭、转基因大豆、钢材、粮食、化石、鞋服原辅材料及成品、机器设备等。莆田口岸东吴港区东 1 号和东 2 号泊位临时进靠国际航行船舶作业 61 艘次，接卸外贸货物 400.52 万吨，完成内外贸吞吐量 743.35 万吨，并通过向莆铁路向江西及福建省闽北等地发运 389 列次货运量 104.07 万吨。

【宁德水运（海港）口岸】 宁德水运（海港）口岸位于台湾海峡西北部闽浙交界处世界闻名的深水良港三都澳内，东邻台湾海峡，西连湘赣省份，南依福建福州，北接浙江温州，距离太平洋西岸国际主航线 30 海里，是连接我国中西部地区“一带一路”的重要出海通道，港口优势、区位优势、对台优势凸显。

2016 年国务院批准宁德港口岸扩大开放三沙港区，交通运输部批准漳湾作业区 8、9 号码头临时开放，新建保税仓库 1 个，开通宁德（彰湾）至厦门外贸集装箱内支线。漳湾作业区口岸联检中心正式挂牌，白马港区口岸联检中心项目正式开工，总投资 82 亿元，年产值 200 多亿元的中铝宁德铜冶炼基地项目一期即铜精矿保税仓储贸易项目正式投入运营。口岸共开设外贸作业点 20 个，临时开放点 1 个，外贸货物装卸点 2 个，对台小额贸易点 2 个，对台货运直航点 2 个，保税仓库 1 个。对外运输航线有韩国、日本、印度尼西亚、越南、菲律宾和对台直航。进出口货物结构有煤炭、镍矿、废物原料进口，水产品、砂石、钢材设备出口和外轮维修。2016 年完成吞吐量 1 057.53 吨，同比增长 26.01%，其中进口 873.00 万吨，同比增长 32.78%；出口 184.53 万吨，同比增长 1.53%。完成对台直航运量 185.02 万吨，同比增长 7.76%；完成外国籍船舶维修 57 艘次，同比增长 83.87%。进出口岸国际航行船舶 973 艘次，同比增长 9.20%；进出口岸船员 16 770 人次，同比增长 1.74%。（附：图 8，图 9，图 10）

宁德港三都澳港区漳湾作业区出入卡口

宁德港三都澳港区漳湾作业区 8、9 号码头

宁德港三都澳港区漳湾作业区关检一站式查验平台

【平潭水运（海港）口岸】 平潭水运（海港）口岸位于我国第五大岛—平潭岛，地处台湾海峡中北部，为深水良港，航道无暗礁，水域自然条件和通航环境良好，是2014年国务院批复设立的对外开放的一类水运口岸，也是我国海峡西岸经济区对台“三通”的主要口岸和综合枢纽。2014年2月，国务院批复同意平潭设立一类水运口岸。

平潭港口岸规划建设有澳前、金井、草屿、流水4个港区。目前澳前港区已于2014年8月正式对外开放，金井港区于2015年2月获批临时进靠国际航行船舶。现拥有经营性泊位5个，在建泊位2个，其中万吨级以上泊位4个。现拥有平潭—香港航线1条，平潭—台北、台中、高雄等3条对台直航航线，以及“小三通”航线2条。月均航班80班。

平潭金井港区

2016年，平潭水运（海港）口岸岚台客运直航航线共往返360航次，出入境旅客8.71万人次，其中出境4.47万人次，入境4.25万人次。运送货物620批次，7.20万吨，18.20亿元。进出口EMS邮包13.00万袋，2 356.80吨；进出口国际快件7.54万件、143.10吨。

【福州空运口岸（长乐国际机场）】 福州长乐国际机场是我国航空干线网中的重要干线机场，也是东南沿海地区以及对台、对外重要的国际航空港，1997年6月23日正式通航。机场距离福州市区约39千米，到市区车程约40分钟。目前有国内外31家航空公司在机场运营，福州长乐国际机场是福州航空、厦门航空的基地机场，中国北方地区前往东南亚的重要中转地之一。目前已被国家民航局确定为“海上丝绸之路”门户枢纽机场。

福州长乐国际机场飞行区等级为4E，拥有一条长3 600米的跑道，30万平方米的停机坪，总面积13.70万平方米的候机楼，建筑面积1.80万平方米的航空货站，以及相应的通讯、供油、供水、供电、消防、气象、环保等设施，可起降B747—400型等大型飞机。自2010年起，投入6亿多元资金启动扩容工程，主要包括候机楼扩容和停机坪扩建，第一轮扩能建设已于2012年年底竣工，目前机场拥有36个停机位，16条登机桥，17个安检通道，5个国际出发厅和11个国内出发厅，机场年保障能力达到1 300万人次。2014年初启动第二轮扩能改造建设，总投资约19亿元，包括航站楼扩能和站坪配套工程，2016年动工新建1条跑道及新建第2航站楼。此外，福州市区至福州长乐机场还将规划建设轨道交通6号线和长乐机场城际铁路也将投入使用。届时福州长乐国际机场将满足年吞吐量2 300万人次需求。

福州长乐国际机场是中国大陆距台湾最近的省会机场，是实现海峡两岸连通的重要门户。自2008年12月18日福州—台北（松山）首次实现空中直航以来，福州长乐国际机场对台航线的快速发展成为一大亮点。目前福州机场有东京、名古屋、大阪、曼谷、甲米、吉隆坡、亚庇、新加坡、首尔、清州、济州、雅加达、巴厘岛、悉尼、纽约15条国际航线和中国香港、澳门、桃园、松山、高雄5条地区航线。2016年，福州长乐国际机场在航班量大幅度增长的同时，客流量也在不断攀升，福州机场旅客吞吐量近1 160.60万人次，其中出入境旅客吞吐量达172.90万人次，同比增长18.86%；完成出入境航班15 431架次，同比增长12.32%；进出口货运量16 555.20吨，同比增长9.57%。

【厦门空运口岸（高崎国际机场）】 厦门空运口岸（高崎国际机构）位于厦门岛的东北端，距厦门市中心10千米，地处闽南金三角的中心地带，与台湾隔海相望，三面临海，环境优美，净空条件优越，具有良好的区位优势。1982年1月10日厦门高崎国际机场破土动工兴建，1983年10月22日建成并对外开放。1992年经国家批准，投资23亿元人民币进行了大规模的扩建，扩建后的厦门空港飞行区等级为4E级，可起降B747－800等大型飞机。厦门空港口岸现为国家一类口岸，在厦门空港营运的航空公司达40家，其中国内航空公司25家，国际及地区航空公司15家，已有航线182条（境外37条），航线网络已覆盖了中国所有省会城市和主要二、三线城市，搭建了直达欧洲的客、货运航线，同时厦门机场的东南亚航线覆盖较广、航班密度较高，位居全国前列，特别是由于厦门特殊的对台区位优势，厦门两岸直航航班的密度位居大陆地区前3位。厦门机场现有国际及地区通航城市26个（东南亚9个，港澳台6个，东北亚6个，欧洲1个，澳洲2个，美洲2个），航线遍及中国港澳台地区、东南亚、东北亚、澳洲、欧洲、美洲，厦门空运口岸已成为华东地区重要的区域性航空枢纽。

2016年共保障安全飞行18.35万架次，同比增长1.91%；旅客吞吐量2 273.76万人次，同比增长4.23%，其中出入境旅客299.63万人次，同比增长10.19%；货邮吞吐量32.84万吨，同比增长5.73%，其中出入境货邮10.62万吨，同比增长18.08%。厦门进出境快件监管中心累计进出境邮政快件717.20万件，10 961.90吨，同比分别下降3.00%和增长161.50%。其中，进口42.94万件，同比下降3.00%；出口674.26万件，同比下降3.00%。

【泉州空运口岸（晋江国际机场）】 2012年11月泉州空运口岸正式对外开放。2014年10月更名为泉州晋江国际机场。机场具备全天候飞行条件，飞行区等级为4D级，能起降波音757等同类机型，可满足年旅客吞吐量400万人次、货邮吞吐量4.4万吨的保障需求。

目前，有国内外13家航空公司进场运营，开通国际（地区）、国内客货运航线40条，每周进出港航班约420班次。2016年泉州空运口岸出入境航班5 159架次，出入境旅客582 244人次。

泉州晋江国际机场候机楼

【武夷山空运口岸（武夷山机场）】 武夷山空运口岸（武夷山机构）位于武夷山市南郊，距离市区及武夷山风景区各7千米。1993年9月获国务院批准对外设立，1994年4月正式对外开放。机场飞行区等级为4C级，跑道长2 400米，停机坪46 600平方米，可供起降B737、A320和麦道82等中型飞机，具备全天候飞行条件；停机坪可同时停8架飞机。武夷山空运口岸改扩建项目已列入福建省重点项目，投资2亿多元进行改扩建，改建国际厅，新建廊桥，安装中央空调等。2016年9月13日国际旅检厅完成竣工验收。改建后，国际旅检厅面积增加近一倍。

香港航线是目前唯一的境外航线。2016年共飞行了206架次，同比增长19.08%；完成旅客吞吐量12 223人次。

厦门市

【口岸运行数据】 2016年，厦门海港口岸完成货物吞吐量20 910.80万吨，同比减少0.53%；外贸货物吞吐量9 795.35万吨，同比减少4.82；集装箱吞吐量完成961.37万标箱，同比增长4.69%；厦金出入境旅客162.33万人次，同比减少1%；靠泊国际邮轮79艘次，接待出入境旅客20.01万人次。目前厦门海港口岸共有集装箱班轮航线234条，其中国际航线165条，内贸线47条，内支线22条，进一步完善了航线网络。

厦门空运口岸共保障安全飞行18.35万架次，同比增长1.91%；旅客吞吐量2273.76万人次，同比增长4.23%，其中出入境旅客299.63万人次，同比增长10.19%；货邮吞吐量32.84万吨，同比增长5.73%，其中出入境货邮10.62万吨，同比增长18.08%。厦门进出境快件监管中心累计进出境邮政快件717.20万件，10 961.90吨，同比分别下降3.00%和增长161.50%。其中，进口42.94万件，同比下降3.00%；出口674.26万件，同比下降3.00%。

【口岸开放工作】 空运口岸推动拓展国际航线网络。2016年开通了厦门至温哥华、西雅图、墨尔本、巴厘岛、胡志明市、宿务等多条国际航线。同时，参照同类机场航线补贴标准，结合民航业发展实际情况，协同厦门市财政局出台相关民航业补贴扶持政策，并具体落实实施工作，同时筹划厦门市航线网络的规划工作。尽快完善厦蓉新欧铁路监管点等配套设施建设。推动海投集团依托海沧铁路编组站，按海关、国检等口岸部门的监管要求，加快海关监管点的建设进度。全力推进出入境邮件快件监管中心扩建项目的建设。进一步增强国际邮件和快件监管的运营能力，助推我市跨境电子商务业务的发展。

水运（海港）口岸加快邮轮母港建设，提高邮轮通关服务水平。继续做好东渡港区1至4号泊位搬迁及国际邮轮母港打造的口岸服务工作，推动查验单位出台各种便捷措施简化邮轮通关手续。配合边检做好邮轮自助查验通道改造方案并上报厦门市政府。同时督促关检部门继续完善“同机同台、联合查验、直通放行”的通关监管模式，最快可将单人次旅客携带物查验通关时间减少近一半，使旅客入出境更加便捷和顺畅。着力做好新增外贸作业点对外开放启用工作，协调相关码头口岸限定区域查验业务现场的规划确定和口岸配套设备设施的建设指导工作，年内完成了海沧港区20号、21号泊位（海隆码头）的市级口岸开放牵头组织工作。按口岸单位要求，海隆码头试运行期间单船单报，充分发挥了码头的效益。积极推动五缘湾帆船游艇码头、闽台中心渔港和刘五店南部港区（海翔码头）口岸开放相关准备工作。厦门市口岸办会同各口岸相关单位，克服困难，顺利完成了外轮穿越厦金敏感海域（刘五店航道金门水域航段），靠泊刘五店南部港区散杂货泊位（海翔码头）生产作业的首航案例。

【口岸综合管理】 推进口岸大通关建设。加快落实《厦门市落实“三互”推进大通关建设改革方案实施意见》，加快推进厦门市跨部门、跨区域通关协作，推动实现口岸管理相关部门信息互换、监管互认、执法互助。同时，充分利用“单一窗口”平台，推动口岸监管与港航物流的融合，实现协同作业和数据共享。“海关网上预约查验系统”实现了海关、码头、企业三方的业务协同和预约查验环节的电子化，全面提升查验作业效率。海关测算系统上线后，仅在东渡海关现场，每年可为企业节省查验环节人工耗时6万小时。“集装箱查验统计核销系统”在全国率先实现了集装箱查验费用补贴电子化核算，通过信息系统将海关查验数据与查验场查验数据进行精确比对，准确快速核对汇总相关查验数据，有效杜绝错漏，为政府部门发放查验费用补贴提供依据。推动完成船舶出口岸联系单无纸化，目前无纸化率已达100%，出口船舶能缩减约4小时的窗口办理时间，省掉257页的申报单证，每年约可带来数千万元的经济效益。降低企业进出口成本，积极落实国家各项收费减免措施。2016 年 3 月 26 日海关总署联合财政部、发展改革委等部门下发通知免除查验没有问题外贸企业的吊装移位仓储费用。厦门海关除认真落实海关总署要求外，主动做好进出口收费清理工作，大力推广预归类社会化服务和出口商品预化验、知识产权预确认等服务措施。通过一系列举措，切实降低企业运营成本，提高外贸竞争力。2016 年 3 月 1 日起，减免报关行申报环节代理报检 5 元/票及进出口企业申报环节自理报检 3 元/票的报检平台使用费。出台《厦门口岸减免进出口申报环节报关报检费用》政策，自 2016 年 4 月 1 日起厦门口岸减免报关行申报环节代理报关 15 元/票的数据传输费。减免申报环节报关报检费用政策，预计一年能为进出口企业节省约 4 000 万元。2015 年 10 月 1 日零时起，在中国（福建）自由贸易试验区厦门片区内试点政府承担集装箱查验服务费，对发生在海关查验环节没有问题的进出境海运集装箱（重箱）免除吊装、移位、仓储等费用。

【对台主要工作】 全力协调口岸单位共同努力，克服困难优化航线整合后五通口岸通关环境，做好厦金航线通关保障工作。督促五通码头业主着手在通关大厅外的码头岸边新增搭建玻璃候船大厅，有效缓解出境候船大厅空间不足旅客拥堵问题。推动建立两岸通关合作机制，简化两岸进出口货物、人员等通关手续。边检拟在五通码头增设旅客自助查验通道。协调查验单位建立农产品、果蔬产品“绿色通道”快速通关机制，实行“快速申报、快速查验、快速放行”，确保台湾农产品“零滞港”。同时，以“一带一路”建设为抓手，深化闽台港航合作，便利台湾（金门）货物从厦门过境，对接“中欧”国际班列，经由“一带一路”辐射中西部地区和欧洲，配合做大做强厦门港中转业务，促进厦门港口发展。4 月 21 日，首票台厦蓉欧班列运营，实现了台湾货物经由厦门港出口欧洲。

【电子口岸发展】 继续建设厦门国际贸易“单一窗口”。推动与海关总署、国家质检总局报关报检组件对接，实现关检数据落地单一窗口平台，建成了厦门口岸报关报检信息大数据平台。8 月 18 日成功对接国家质检总局的 ECIQ 主干系统，目前单一窗口报检申报率已达 100%，报关申报率正逐步上升，已占口岸一般贸易申报量的 20% 左右，主要指标稳居全国第一，国家口岸办称之为“厦门模式”。5 月 19 日，国家质检总局在厦召开业务现场会，向全系统推广厦门国际贸易单一窗口建设经验。推动完成单一窗口开展原产地证申报，7 月 15 日正式上线，有力推动“厦门制造”走出去，切实减轻出口企业负担。目前，厦门国际贸易“单一窗口”服务企业近 5 000家，国际航行船舶进口岸审批 100% 网上办理，申报效率提升 50% 以上，平台日单证处理量突破 11 万票，月近 300 万票，居全国 4 个自贸试验区首位，被商务部列入全国自贸试验区 8 个最佳实践案例之一。

2016 年福建省口岸大事记

1 月 1 日

福建省正式实施境外旅客购物离境退税政策。福州长乐国际机场、泉州晋江国际机场、平潭海峡高速客运码头、厦门五通码头作为首批离境退税口岸。

厦门口岸出入境航空器试行电讯检疫。

1 月 11 日

福建省国际贸易“单一窗口”（福建省电子口岸公共平台）与新加坡“单一窗口”成功进行了首票数据的交换和展示，标志着两个平台正式联通，福建省成为国内省级“单一窗口”第一个同新加坡“单一窗口”实现对接的省份。

1 月 14 日

厦门海关启动“跨境电商 + 邮路运输”监管模式。

1 月 21 日

福建省电子口岸管理中心与台湾关贸网路股份有限公司签署闽台口岸信息互联互通合作协议。

1月28日

莆田口岸湄洲岛宫下恢复对台小额贸易航运业务。

2月22日

厦门跨境电商公共管理平台上线运行，并入厦门自贸片区国际贸易“单一窗口”。

2月25日

厦门海关驻翔安办事处揭牌成立。

3月22日

厦门海关启动“快件出区、集中申报”试点。

3月23日

集装箱货轮“东雅号”运载国际邮件总包从福州马尾港运达台湾高雄，这是大陆开通的第二条对台海运直航邮路。

4月1日

启动国家财政承担的免除查验没有问题的外贸企业免除吊装移位仓储费用的全面试点。

4月15日

《厦门出入境检验检疫局中国（福建）自由贸易试验区厦门片区进口食品“空检海放”检验检疫监督管理规定》正式施行。

4月20日

交通运输部批复同意福州港三都澳港区漳湾作业区8、9号码头临时对外开放。

4月25日

“厦蓉欧”班列拓展成“台厦蓉欧”班列。

4月28日

宁德港口岸三都澳港区漳湾作业区口岸联检中心挂牌。

5月23日

交通运输部批复同意平潭港金井港区3号泊位临时对外开放延期半年。

6月1日

厦门海关启用“电子税单”。

6月2日

厦门海关启动联网企业自行盘仓试点。

6月3日

厦门海关荣获2016“打击野生动植物非法贸易行动”最高奖“卓越卫士奖”。

6月8日

泉州港口岸斗尾港区中化泉州石化有限公司斗尾作业区4号、5号、6号泊位新增外贸作业点通过省级验收。

6月10日

厦门口岸启动国际中转直拼业务。

6月14日

韩国驻广州总领事馆专利科负责领事朴柱渊访问福州海关。

6月15日

福州进出境快件监管服务中心正式运营。

6月20日

平潭金井码头开辟台湾籍船舶新航线，台湾籍船舶“建昌”号首航从台湾金门至平潭金井码头，该轮为定期班轮，每周一班。

6月22日

交通运输部批复同意福州港罗源湾港区福建华东船厂有限公司码头，狮岐3万吨级码头，碧里作业区4、5号泊位，可门作业区4、5、10、11号泊位和福建华电可门火电厂码头临时对外开放延期半年。

6月24日

平行进口汽车保税仓储新政策在福建自贸试验区福州片区落地实施。

6月30日

厦门—墨尔本航线开通。

7月1日

海关总署福州原产地管理办公室为主建设的中韩原产地电子信息交换系统上线运行。

7月6日

商务部、海关总署批准福清南青屿、长乐松下、莆田市秀屿和湄洲岛宫下对台小贸监管点试行更开放管理措施，2016年8月1日起执行。

7月11日

海关总署同意福保税港（3523）加入福州海关整车进口口岸代码表；福建省公安厅与福州海关签署“台胞证通关机制”。

7 月 15 日

厦门市上线“单一窗口”原产地证申报端。

7 月 20 日

厦门口岸启动大宗散货关检“监管互认”试点。

7 月 21 日

平潭启动跨境电商进口商品全程溯源体系。

7 月 25 日

厦门高崎国际机场开通厦门至加拿大温哥华航线；福建出入境检验检疫局试点上线中国电子检验检疫主干系统。

7 月 29 日

国家质检总局批准福州长乐国际机场口岸、晋江国际机场口岸、平潭口岸澳前港区、漳州口岸东山港区为进境食用水生动物指定口岸。

8 月 3 日

国务院批复同意福建宁德港口岸扩大开放三沙港区。

8 月 4 日

厦门海关监管的首票“前店后仓”货物出库。

8 月 8 日

福建出入境检验检疫局全面上线运行中国电子检验检疫主干系统；标志着福建省国际贸易“单一窗口”成为全国首个与 ECIQ 主干系统对接并实现双模式货物报检的“单一窗口”平台。

8 月 18 日

江西（宜春）—福建（江阴港）集装箱班列首发。班列由江西中远国际货运有限公司承运，由江西省樟树市张家山站始发，经福建福州江阴港发往全球。

8 月 19 日

福建和天津口岸办签署《福建、天津推进国际贸易“单一窗口”合作备忘录》。

9 月 21 日

泉州港口岸深沪湾港区深沪国家中心渔港远洋渔业作业区 1 号、2 号泊位新增外贸作业点通过省级验收，该码头成为全省首个通过口岸开放的渔业码头。

9 月 27 日

厦门跨境电商直购进口系统“三单对碰”首测成功，正式开展跨境电商直购业务。

10 月 1 日

福州、厦门海关启动两岸“经认证的经营者（AEO）”互认试点。

10 月 21 日

福建海事局漳州 VTS 工程通过竣工验收，交付使用。

11 月 9 日

泉州肖厝港区中断 16 个月的江西电煤海铁联运业务再次启动。

11 月 10 日

交通运输部批复同意福州港黄岐港区黄岐对台客运码头临时对外开放延期半年。

11 月 17 日

台北至平潭海空联运通道带件首航。该通道计划启动每周五个航次固定航班，共有三艘货轮往返于平潭和台北之间，分别是“上和鑫”号、“上和盛”号和“上和”号。航线挂靠港口为“台北港—马祖福沃港—平潭港”。

11 月 19 日

滚装船“远见者”号顺利停靠福州港江阴港区 5 号泊位卸货，这是江阴港区首次成功靠泊外贸进口滚装船作业。

12 月 1 日

宁德港口岸开通宁德（彰湾）至厦门外贸集装箱内支线。

12 月 3 日

斯里兰卡海关总署署长、副署长一行到福建考察自贸试验区建设及“一带一路”合作。

12 月 5 日

福建自贸试验区厦门片区启动“互联网 + 自主报关”系统。

12 月 22 日

厦门海关启动中欧“安智贸”项目。

（撰稿人：蔡晨雄、钟子阳、陈南、王璐、陈小斌、郑晓东、陈润禾、陈勇、蔡璐、林健、蔡路、欧阳建木、周颖杰、宋治、毛蒙恩）

2016 年福建省口岸流量统计表

口岸类型	口岸名称	货运量（万吨）				集装箱量（万标箱）				人员（万人次）				交通工具（辆、艘、架、列次）			
		出口	进口	合计	同比（%）	出口	进口	合计	同比（%）	出境	入境	合计	同比（%）	出境	入境	合计	同比（%）
空运口岸	福州机场	0.74	0.66	1.40	6.01			0.00		87.35	86.74	174.08	17.29				
	厦门机场	14.58	6.25	20.83	1.48			0.00		149.45	148.40	297.85	5.45				
	武夷山机场			0.00				0.00		0.65	0.63	1.28	-13.74				
	泉州机场			0.00				0.00		28.37	29.85	58.22	2.35			0.00	
	分计	15.32	6.91	22.23	1.76			0.00		265.82	265.62	531.44	8.62			0.00	
陆运口岸 公路口岸				0.00				0.00				0.00				0.00	
	分计			0.00				0.00				0.00				0.00	
陆运口岸 铁路口岸				0.00				0.00				0.00				0.00	
	分计			0.00				0.00				0.00				0.00	

续表

口岸类型	口岸名称	货运量（万吨）				集装箱量（万标箱）				人员（万人次）				交通工具（辆、艘、架、列次）			
		出口	进口	合计	同比（%）	出口	进口	合计	同比（%）	出境	入境	合计	同比（%）	出境	入境	合计	同比（%）
水运口岸 海港口岸	福州港	1 316.02	3 462.57	4 778.59	4.64	77.51	74.88	152.39	13.03	3.40	3.41	6.81	53.48				
	厦门港	4 917.27	4 875.45	9 792.72	-4.84	352.18	351.88	704.07	0.60	91.38	92.18	183.56	0.35				
	漳州港	461.30	397.97	859.27	-17.14	0.60	0.71	1.31	54.49			0.00					
	泉州港	415.03	3 196.19	3 611.22	6.87	4.53	6.77	11.30	24.58	5.94	5.91	11.85	-3.67				
	莆田港	8.24	1 015.87	1 024.11	1.30	0.89	0.62	1.51	41.22			0.00					
	宁德港	255.76	872.98	1 128.74	34.48			0.00				0.00					
	平潭港	0.25	6.65	6.90	157.46	0.79	0.85	1.63	145.21	4.47	4.25	8.71	-21.35			0.00	
	分计	7 373.87	13 827.68	21 201.55	0.35	436.50	435.01	872.21	1.27	105.19	105.75	210.94	0.09			0.00	
河港口岸				0.00				0.00				0.00				0.00	
	分计			0.00				0.00				0.00				0.00	
合计		7 389.19	13 834.59	21 223.78	-1.05	436.23	435.98	872.21	3.06	371.01	371.37	742.37	7.58	0.00	0.00	0.00	
同比（%）																	

（福建省口岸办提供）

2016 年福建省口岸出入境主要数据表

项目			2016 年	2015 年	同比（%）
出入境人员（人次）	出入境人员总数		2 942 398	2 658 095	10.69
	入境人员		1 480 172	1 334 356	10.93
	出境人员		1 462 226	1 323 739	10.46
	出入境旅客		2 608 532	2 339 551	11.49
	出入境员工		333 866	318 544	4.81
	中国公民	小计	2 636 369	2 399 312	9.88
		内地居民（因公）	178 075	175 317	1.57
		内地居民（因私）	1 785 486	1 537 001	16.17
		港澳居民	269 036	292 922	-8.15
		台湾同胞	403 772	394 072	2.46
	外籍人员		306 029	258 783	18.26
	从海港出入境人数		449 958	456 128	-1.35
	从陆港出入境人数		0	0	0
	从空港出入境人数		2 492 426	2 201 967	13.19
交通运输工具（辆、艘、架、列次）	总计		30 941	28 089	10.15
	船舶		12 766	11 835	7.83
	飞机		18 165	16 254	11.76
	火车		0	0	0
	机动车辆		0	0	0

（福建省公安边防总队提供）

2016 年厦门市口岸出入境主要数据表

<table>
<tr><th colspan="3">项目</th><th>2016 年</th><th>2015 年</th><th>同比（%）</th></tr>
<tr><td rowspan="14">出入境人员
（人次）</td><td colspan="2">出入境人员总数</td><td>5 567 000</td><td>5 236 000</td><td>6.32</td></tr>
<tr><td colspan="2">入境人员</td><td>2 770 000</td><td>2 613 000</td><td>6.01</td></tr>
<tr><td colspan="2">出境人员</td><td>2 797 000</td><td>2 623 000</td><td>6.63</td></tr>
<tr><td colspan="2">出入境旅客</td><td>4 936 000</td><td>4 649 000</td><td>6.17</td></tr>
<tr><td colspan="2">出入境员工</td><td>631 000</td><td>587 000</td><td>7.50</td></tr>
<tr><td rowspan="5">中国公民</td><td>小计</td><td>4 674 000</td><td>4 404 000</td><td>6.13</td></tr>
<tr><td>内地居民（因公）</td><td rowspan="2">3 013 000</td><td rowspan="2">2 766 000</td><td rowspan="2">8.93</td></tr>
<tr><td>内地居民（因私）</td></tr>
<tr><td>港澳居民</td><td>288 000</td><td>275 000</td><td>4.73</td></tr>
<tr><td>台湾同胞</td><td>1 373 000</td><td>1 363 000</td><td>0.73</td></tr>
<tr><td colspan="2">外籍人员</td><td>893 000</td><td>832 000</td><td>7.33</td></tr>
<tr><td colspan="2">从海港出入境人数</td><td></td><td></td><td></td></tr>
<tr><td colspan="2">从陆港出入境人数</td><td></td><td></td><td></td></tr>
<tr><td colspan="2">从空港出入境人数</td><td></td><td></td><td></td></tr>
<tr><td rowspan="5">交通运输工具
（辆、艘、架、列次）</td><td colspan="2">总计</td><td>46 100</td><td>44 700</td><td>3.13</td></tr>
<tr><td colspan="2">船舶</td><td>21 700</td><td>22 300</td><td>-2.69</td></tr>
<tr><td colspan="2">飞机</td><td>24 400</td><td>22 400</td><td>8.93</td></tr>
<tr><td colspan="2">火车</td><td></td><td></td><td></td></tr>
<tr><td colspan="2">机动车辆</td><td></td><td></td><td></td></tr>
</table>

（厦门边检总站提供）

2016年福州海关主要数据统计表

项目		2016年	同比（%）
进出口货运量（万吨）	合计	5 688.7	1.3
	进口	4 514.2	2.2
	出口	1 174.5	-2.1
进出口贸易总值（万美元）	合计	2 764 302.7	-5.7
	进口	1 169 628.3	4.8
	其中：江、海运输	1 037 860.4	5.9
	铁路运输	18.5	626.1
	汽车运输	12 912.6	-11.2
	航空运输	106 112.9	-10.5
	邮件运输	103.1	-51.2
	其他运输	12 620.8	325.8
	出口	1 594 674.4	-12.2
	其中：江、海运输	1 517 655.5	-11.0
	铁路运输	0.0	0.0
	汽车运输	6 393.0	-32.3
	航空运输	69 183.8	-30.3
	邮件运输	328.0	-20.3
	其他运输	1 114.1	-49.0
税收（万元）	两税合计	1 169 926.12	7.0
	关税入库	169 424.66	19.9
	进口环节税入库	1 000 501.46	5.1

（福州海关提供）

2016 年厦门海关主要数据统计表

项目		2016 年	同比（%）
进出口货运量（万吨）	合计	10 074	0.53
	进口	6 447	-3.85
	出口	3 627	9.38
进出口贸易总值（万美元）	合计	11 310 163	-4.71
	进口	3 443 309	-13.69
	其中：江、海运输	2 347 524	-19.01
	铁路运输	971	80.15
	汽车运输	123 946	-7.61
	航空运输	969 940	1.48
	邮件运输	268	-9.51
	其他运输	660	17 381.78
	出口	7 866 854	-0.17
	其中：江、海运输	6 981 355	-0.16
	铁路运输	18 611	831.88
	汽车运输	270 780	-10.98
	航空运输	589 766	2.61
	邮件运输	868	10.06
	其他运输	5 474	-7.89
税收（万元）	两税合计	3 021 510	-12.66
	关税入库	320 420	-5.60
	进口环节税入库	2 701 090	-13.43

（厦门海关提供）

2016 年福建省出入境检验检疫业务统计表

项目	货物检验检疫				交通工具				集装箱（标箱）		发现动植物疫情		货物通关		出入境人员查验（人次）	健康检查及预防接种（人次）			
	批次	金额（万美元）	检验检疫不合格																
			批次	金额（万美元）	船舶（艘）	飞机（架）	火车（列）	汽车（辆）	合计	检出问题	种类数	种次	批次	金额（万美元）		健康检查	艾滋病监测	发现病例	预防接种
本年累计	200 014	2 562 032	14 494	391 189.72	15 666	18 126	0	13	707 031	2 713	776	9 911	196 013	2 470 969.1	2 942 677	28 879	28 881	15 938	35 023
其中 出境	158 742	1 127 808	3 205	95 749.95	7 505	9 066	0	4	158 182	0	1	0	145 932	1 037 903.7	1 463 816	24038	24 040	13 558	34 686
其中 入境	41 272	1 434 224	11 289	295 439.77	8 161	9 060	0	9	548 849	2 713	776	9 911	50 081	1 433 065.4	1 478 861	4 841	4 841	2 380	337
同比（%）	7.12	0.37	-9.13	-1.02	8.10	11.70	0	-87.30	5.92	-73.78	-20.00	-46.84	10.07	-0.88	10.95	-0.80	-0.61	2.36	-4.31
其中 出境	7.22	23.33	-0.47	207.18	6.39	11.76	0	-92.20	-10.39	-100	-85.71	-100	13.48	26.83	10.95	-0.30	-0.29	2.68	-5.06
其中 入境	6.71	-12.44	-11.32	-18.84	9.72	11.63	0	-82.40	11.78	-73.31	-20.00	-46.82	1.21	-14.43	10.96	-3.20	-2.16	0.59	418.46

（福建出入境检验检疫局提供）

2016 年福建海事局进出港船舶统计汇总表

船舶类别	进港船舶							出港船舶						
	艘数（艘）	总吨（吨位）	总载重量（吨）	载客量（客位）	船员人数（人次）	货物到达量（吨）	旅客到达量（人）	艘数（艘）	总吨（吨位）	总载重量（吨）	载客量（客位）	船员人数（人次）	货物发送量（吨）	旅客发送量（人）
总　计	325 481	616 264 635	793 944 914	75 120 042	2 277 715	262 732 648	25 670 817	321 375	616 419 087	793 421 897	71 347 625	2 282 522	152 685 119	25 619 193
中国籍船舶	310 728	258 472 927	329 278 909	73 797 111	1 981 410	149 610 379	25 117 669	306 604	258 442 017	328 727 301	70 027 922	1 985 711	107 311 930	25 108 755
其中外贸船	6 103	11 366 129	13 543 152	1 286 111	65 133	6 540 799	490 538	6 006	11 371 365	13 146 657	1 286 626	64 460	2 958 619.9	520 029

（福建海事局提供）

2016 年厦门市出入境检验检疫业务统计表

项目	货物检验检疫				交通工具				集装箱（万标箱）		发现动植物疫情		货物通关		出入境人员查验（万人次）	健康检查及预防接种（人次）			
	批次	金额（万美元）	检验检疫不合格																
			批次	金额（万美元）	船舶（艘）	飞机（架）	火车（列）	汽车（辆）	合计	检出问题	种类数	种次	批次	金额（万美元）		健康检查	艾滋病监测	发现病例	预防接种
本年累计	207 785	1 258 670	21 742	251 067	22 314	24 383			681.04	5.65	689	58 813	221 722	1 186 216	556.43	10 907	10 907	3 558	8 876
其中 出境	104 633	366 470	2 861	14 873	11 606	12 168			340.80		4	4	105 413	336 610	278.78	7 621	7 621	2 740	8 695
其中 入境	103 152	892 200	18 881	236 194	10 708	12 215			340.24	5.65	688	58 809	116 309	849 606	277.65	3 286	3 286	818	181
同比（%）	-8.73	-19.92	45.11	-13.00	-3.9	8.97			5.75	6.72	-2.96	-8.81	-1.36	-14.29	6.18	-5.77	-5.79	10.50	7.00
其中 出境	-0.15	-5.18	182.71	158.35	-3.64	9.08			9.26				-5.54	-19.92	6.08	-9.99	-9.99	6.37	6.77
其中 入境	-16.04	-24.72	35.14	-16.49	-4.19	8.86			2.45	6.72	-3.10	-8.82	2.76	-11.83	6.29	5.73	5.66	27.02	19.87

（厦门出入境检验检疫局提供）

江　西　省

江西省口岸分布示意图

口岸名称	批准开放时间	开放状态
南昌空运口岸	1990.3	国际常年
九江水运口岸	1980.2	国际常年

口岸数量及分布

截至2016年年底，江西省有经国务院批准的对外开放口岸2个。其中，空运口岸1个，为南昌空运口岸（南昌昌北国际机场）；水运（河港）口岸1个，为九江水运（河港）口岸。

口岸运行数据

2016年，江西省口岸进出口货运量441.59万吨，国际集装箱27.28万标箱，同比分别下降5.57%和3.82%。

南昌空运口岸（南昌昌北国际机场）出入境人员58.78万人次，同比增长17.02%；出入境飞机3 934架次，同比增长23.40%。

江西省水运（河港）口岸进出口货运量329.65万吨，国际集装箱20.25万标箱，同比分别下降10.27%和9.19%。其中，九江水运（河港）口岸进出口货运量253.66万吨，国际集装箱14.93万标箱；南昌外贸货物装卸点进出口货运量75.99万吨，国际集装箱5.32万标箱。

江西省铁海联运共运送进出口货物71.06万吨，国际集装箱3.92万标箱，同比分别增长23.88%和20.61%。其中，上饶—宁波铁海联运共运送货物37.47万吨，同比增长25.48%。

江西省公路外贸货物装卸点进出口货物总量40.88万吨，同比下降4.75%。国际集装箱3.21万标箱，同比增长9.56%。其中南康进境木材监管区共运送货物0.55万吨。

口岸综合管理

【大力推进口岸平台规划和建设】 2016年10月，赣州铁路集装箱场站作为临时口岸获得国家口岸管理办公室批准，成为全国第八个、中部第二个国家临时开放口岸。11月底，国务院正式批复赣州黄金机场设立空运口岸对外开放，九江口岸扩大开放及南昌铁路纳入了国家“十三五”口岸发展规划。编订完成了江西省“十三五”口岸发展规划。根据规划，江西省将积极打造“一核两翼三带”的口岸开放格局，即着力打造南昌核心口岸开放经济区，着力推进九江和赣州两个区域口岸开放中心，着力沿着京九线、沪昆线和向莆线构建三条对接“长珠闽”口岸开放经济带，大力推进口岸查验区建设。根据江西省特色产业发展的需要，积极推动了江西省内口岸查验区建设，完成了8个口岸查验区的信息系统联网和改造升级。

【大力推进口岸通道拓展和发展】 大力发展国际航线航班，主动融入“一带一路”国家倡议。2016年1月26日江西航空有限公司正式开始载客飞行，公司已运营5架波音737－800飞机，通航南昌至西安、天津、哈尔滨等13个城市，16个点；2月南昌经台湾桃园机场“陆客中转”业务正式开通，成为全国首批办理此业务的三个城市之一；8月开通了江西（宜春）至福州铁海联运集装箱快速班列；10月首次开通南昌至美国洛杉矶洲际直航航班，填补了江西省洲际航线的空白；11月正式开通了南昌到韩国济州的定期航线，改变了江西省无东北亚定期航线的历史；12月南昌至香港航线将加密至每周五班。大力发展铁海联运集装箱快速班列，深度对接“长珠闽”。在维护发展好现有上饶—宁波、赣州—厦门快速班列的基础上，开通了赣州（吉安）至深圳集装箱快速班列，形成了江西省与沿海主要港口联结的铁海联运快速班列网络化格局。

【大力推进口岸通关改革创新】 积极开展国际贸易单一窗口建设，2016年5月与福建签订了《闽赣两省推进国际贸易“单一窗口”合作备忘录》。目前，江西省已经与上海、福建和宁波电子口岸实现了联网和数据共享，企业通过江西电子口岸平台即可了解货物在上海、厦门、宁波等口岸通关的情况。7月，通过电子口岸信息平台率先在内陆地区实现关检合作“三个一”和“一次查验”电子指令对碰；江西省推广实施了通关作业无纸化和检验检疫无纸化，积极开展与沿海沿边口岸大通关合作。8月，江西省正式纳入全国首批内陆沿边地区国际贸易“单一窗口”试点省。江西省在九江、鹰潭开展的江西国际贸易“单一窗口”两个试点已完成货物申报、运输工具申报和公共查询等功能，实现了口岸运行方式的转型升级。积极开展关检合作“三个一”建设。

【大力推进口岸文明共建和服务】 2016年4月会同江西省财政厅、南昌海关等有关部门，在中部地区率先执行了免除海关查验没有问题的外贸企业吊装移位仓储费用工作。2016年共为企业减免相关收费40余万元。先后召开了近20余次口岸协调及保障会议，成功保障了G20杭州峰会、泛珠9+2行政首长会议、第四届世界绿色发展投资贸易博览会、赣台会等国家和江西省重大活动。积极开展口岸基础设施建设，夯实服务基础。

口岸监管与服务

【江西省公安边防部队圆满完成了各项边防检查任务】 紧密对接江西绿色发展、中部崛起发展规划，服务驻地经济发展大局，先后完成了赣港经贸会、赣台经贸会、泛珠三角区域行政首长联席会等重大活动边防检查任务。江西省公安边防总队（以下称总队）南昌边防检查站（以下简称边检站）作为备降机场，拱卫“G20”杭州峰会，圆满遂行“环浙护城河”边防安保任务。服务口岸大通关、大开放、大发展，为各地市党政代表团等提供通关礼遇20余次，为100余名国内政要、高端商务旅客提供优质服务，助推地方开放发展不断升级。大力支持航空公司、旅行社拓展国际市场，拓宽与驻地单位间业务联系，为联检单位、各航空公司、旅行社提供上门培训和业务咨询20余次，全力深化警地互动平台创建，不断提高口岸服务水平。制定“三定”标准，把好新检查员培训入门关；启动课题调研，把好骨干人才提升关；建立弹性机制，把好日常培训落实关；开展实战演练，把好反恐处突反应关，有效提高了一线执勤人员应对涉恐突发事件的能力。依托边检岗位考核系统、边检网络学院等平台开展网上练兵考核，每周开展岗位考核系统自测，每月完成50学分的网络学习任务，不断健全“周学、月考、季赛”学习考评制度，2016年累计开展业务学习220余课时、网上考核11次，官兵专业素质显著增强。

【江西省公安边防部队执法规范化建设】 紧紧围绕“法治边防”建设总目标，坚持高起点谋篇布局，精细化推进实施，部队执法能力素质、执法服务水平和执法公信力大幅提高。严格落实《执法规范化建设三年规划方案（2015～2017）》，完善了内部执法监督工作规定和执法过错责任追究等边检执法制度，实行执法违规过问、干预执法办案记录、通报和责任追究倒查等制度，积极推行执法权力清单和责任清单制度，严格依据法定职责和权限，细化分解责任义务，使每项权力对应的责任落实到条，细化到款。2016年3月顺利通过公安部边防管理局执法规范化强制达标项目检查验收，组织人员制定、修改和完善了总队和边检站两级执法类制度规定17个；严格落实“四个一律”要求，对所有进入办案场所的涉案嫌疑人员进行人身和行李物品检查、信息采集、依法询问等，确保执法公正、规范有序。

【九江海事局积极规范口岸管理，高效服务国际航行船舶】 九江海事局高度重视国际航行船舶管理工作，多次派员参加口岸协调工作会议，与代理、港口等部门联系、沟通，提前做好船舶进港的准备。依据《国际航行船舶进出口岸检查办法》等法规规定，对来港外轮实施进出港审批管理，执法人员对船舶吃水、水面以上高度等严格把关，确保船舶枯水期不超吃水，洪水期桥区通航安全。在现场检查过程中，对船舶装载大件的配载情况进行检查，确保船舶稳性；查验船舶证书有效性，检查港口国监督检查的缺陷整改情况等，为船舶航行、作业提供安全便捷的服务。

【九江海事局规范水工管理，服务重点工程】 通过通航安全评估手段科学决策，督促各施工单位健全安全管理制度，切实落实安全生产主体责任；组织实施通航安全核查，及时开展水工设施风险排查，查找有碍航行和作业安全隐患，并在通航安全核查符合要求后督促业主单位按规定申请发布航行通告；通过下发现场监督管理通知书，要求加强现场监管，强化水上水下活动现场监督检查和维护，保障了九江长江大桥公路桥维修、东北水道航道整治工程、新建安九铁路九江特大桥和江西神华九江电厂码头施工等重点涉水工程施工与通航安全；积极配合地方政府开展非法码头专项整治工作，取缔（关停、拆除）和整合非法码头、泊位34个，非法码头、泊位拆解3个。

【九江海事局牵牢客运安全“牛鼻子”】 创新“渡船一对一帮扶”机制，选派局机关中层干部对37艘渡船实施一对一联系挂点，不定期开展渡船检查帮扶，帮助渡船解决实际困难，形成全局上下对渡船齐抓共管的格局。深化渡船“斑马线”活动，及时走访地方政府，全方位、多角度实施渡运安全执法，规范船员操作行为，充分利用渡船油贴海事签字的管理手段，提高渡船遵章守纪自觉性，提高主体责任人防风险意识。

【南昌海关支持平台建设，助力扩大开放】 南昌海关积极争取海关总署、国家口岸管理办公室支持，全力推动赣州（南康）铁路集装箱海关监管场站获批对外开放，赣州机场对外开放、九江扩大开放、南昌中欧班列铁路场站对外开放并列入国家口岸发展“十三五”规划。江西形成了从北向南贯通全省、涵盖水陆空铁的立体开放格局。江西口岸对外开放站到了新的历史高位。支持江西特殊监管区域建设，主动与南昌市政府签署合作备忘录，全力支持南昌综合保税区规划建设，力争2017年第一季度组织预验收并报请国家验收。为赣州综合保税区取得监管代码并已开办业务，积极组织推进龙南保税物流中心获国家批准设立。推动九江、井冈山出口加工区健康发展。审批验收了瑞昌码头海关监管场所、进贤保税仓库，批复设立了共青城保税仓库。成立宜春海关筹备工作组并派员进驻宜春市配合做好开关筹建工作。

【南昌海关深化“三互”大通关改革，提高通关效率】 2016年在九江、鹰潭两地开展了国际贸易“单一窗口”建设试点，6月完成了货物申报、运输工具申报和公共查询等功能，进一步简化了企业申报程序，提升了通关效率，实现了口岸运行方式的转型升级，并受到了国家口岸管理办公室的充分肯定。7月，在全国统一版“一次申报”的基础上，实现了“一次查验”“一次放行”数据对碰，在全国内陆地区率先实现关检合作“三个一”电子指令对碰。8月，江西省国际贸易“单一窗口”建设被国家口岸办列入首批内陆沿边地区国家试点。全面推广关检合作“一次申报、一次查验、一次放行”的“三个一”通关新模式。积极协调推进“全国通关一体化”和“检验检疫一体化”建设。2016年，南昌海关通关一体化率居中部六省第1位和全国第5位；无纸化率达98.57%；检验检疫无纸化报检覆盖率达到60%，口岸通关时间缩短了5天左右。

【南昌海关突出精准服务，着力降成本优环境】 南昌海关积极对接供给侧结构性改革，坚决贯彻江西省委省政府重大决策部署，持续深入推进“放管服”改革。严格执行海关总署经营性服务收费正面清单，取消所有行政性收费。下调1个百分点左右的出口商品查验率，南昌海关出口查验率1.54%，低于海关总署2%的要求。会同江西省商务厅、财政厅等在内陆省份率先实施免除海关查验正常的外贸企业吊装、移位、仓储等费用政策，全年免除费用51.8万余元，惠及企业524家。关区可复制推广自贸试验区海关监管创新制度21项，持续深化集中汇总纳税改革，每月为江铜、江铃、欧菲光等10家重点企业节省资金占用约数亿元。帮助企业用足用好国家减免税优惠政策，审批减免税2.6亿元，同比增长23.9%，增幅居中部六省第1位和全国第6位。优化税收征管方式，税费电子支付比率达92.3%，居中部六省第2位。积极参与企业信用体系建设，积极审核并报请海关总署批准江铜、新钢、江铃等27家为高级认证企业，帮助其适用较低查验率，优先办理验放手续，享受 AEO 互认国家（地区）海关提供的通关便利措施。优化海关统计监测预警和分析服务，客观反映分析外贸发展情况。

【南昌海关大力扶持“特、优”产业发展】 指导帮扶安远县成为全国首个脐橙类国家级出口质量安全示范县，降低企业商务成本约 100 元/吨，推动出口增速达 15% 以上。帮扶江铃汽车、华意压缩等 16 家企业获“中国进出口质量诚信企业”称号。积极融入美丽中国“江西样板”建设，帮助分宜“恩达”苎麻制品正式获得生态原产地产品保护证书，指导帮扶资溪县、浮梁县成为有机产品认证示范创建县，婺源县成为有机产品认证示范县，促使婺源县有机绿茶出口占到欧盟市场份额 60% 以上，面积、产量、出口量等均位居全国县级之首。服务南昌万达文化旅游城建设，为项目设施、观赏动物等便捷入境提供全天候服务保障。促进南丰蜜橘产业发展，设立出入境检验检疫现场业务办公室，缩短蜜橘放行时间 2 天，降低企业商务成本，促进蜜橘扩大出口，2016 年产季 10 月 ~ 12 月共出口南丰蜜橘 2 203批、7. 13 万吨、1. 1 亿美元，同比分别增长 99. 9%、74. 3% 和 151%。

【江西出入境检验检疫局有效保障口岸安全】 2016 年，江西出入境检验检疫局共检验检疫出入境货物63 181批、35. 5 亿美元，同比分别下降 8. 5%、27. 1%；累计签发各类原产地证书54 414 份，金额 31. 7 亿美元，同比分别下降 37. 2% 和 44. 9%；检疫出入境飞机 3 986 架次，同比增长 25. 7%；查验出入境人员 595 548 人次，同比增长 19. 5%；受理集装箱检验检疫128 466标箱，同比下降 16%。首次截获入境外来有害生物 1 540批次、3 654 种次，同比分别增长 44. 3% 和 68. 9%。其中，截获进境植物检疫性有害生物 244 批次、386 种次。严防寨卡病毒等疫情疫病传入传出，查处进出境违规 1 624 人次，同比增长 23. 7%，查处违规携带物 2 022 批，同比增长 17. 5%。检出集装箱问题标箱 10 272 标箱，不合格箱数同比下降 55. 5%。出入境人员健康体检 10 426 人次，发现病例 1 365 人次，同比下降 20. 1%；艾滋病监测 10 242 人次，同比下降 3. 4%；预防接种7 358人次，同比增长 6. 2%；首次在南昌航空口岸查处携带特殊物品案例、带土种苗案例及入境旅客、货物核辐射超标等事件。

【江西出入境检验检疫局严把进出口产品质量关】 江西出入境检验检疫局共检验检疫不合格出入境货物1 486批、6 733 万美元。严把进出口烟花爆竹、危险化学品质量安全关，对 224 家进出口危险货物企业进行摸底排查，加强对烟花爆竹等危险货物的严格监管，暂停 38 家不符合要求烟花爆竹企业的出口资质。积极稳妥应对“江西供港猪检出哮喘类药物”不实事件，挽回了江西供港产品形象。

开放口岸

【南昌空运口岸（昌北国际机场）】 1990 年 3 月 5 日国务院以《国务院关于同意开放南昌机场的批复》（国函〔1990〕19 号）批准南昌机场对外开放。南昌昌北国际机场原址在南昌向塘机场，1999 年 9 月搬迁至南昌市新建县境内。南昌昌北国际机场与昌九高速相连，距离市中心 23 千米，占地面积为 15 平方千米，跑道长达 3 400 米，可起降包括空客 A380 的所有机型，有 46 个停机位，近 2 000 个停车位。T1 航站楼为国际候机楼，面积为 2. 7 万平方米。T2 航站楼为国内候机楼，面积为 9. 66 万平方米，主楼宽 222. 4 米，进深 90 米。昌北国际机场在南昌市区设有 2 个城市候机楼，在九江、抚州、新余、景德镇、上饶等市设有异地城市候机楼，昌北国际机场地空联运网络已基本覆盖昌北国际机场东、西、北向的主要客源市场。

2016 年，南昌昌北国际机场完成旅客吞吐量 50. 23 万人次，同比增长 76. 31%；货邮吞吐量达到 467. 66 吨，同比增长 35. 63%；航班起降 3 188架次，同比增长 67. 09%。

【九江水运（河港）口岸】 1980 年 2 月 14

日经国务院批准，正式对外开放。九江水运（河港）口岸位于长江中下游结合部南岸、江西省北端的九江市，拥有长江岸线152千米，对外开放口岸线40余千米。

九江水运（河港）口岸现有已开放码头6座，锚地2个。

九江水运（河港）口岸开放码头、锚地一览表

码头名称	类别	开放状态	基本情况
214码头	一类	已开放	多用途5 000吨级泊位一个，年吞吐能力100万吨
三角线港区	一类	已开放	散货3 000吨级，2 000吨级泊位各2个，年吞吐能力220万吨
外贸码头	一类	已开放	散杂件、集装箱5 000吨级泊位3个，年吞吐能力90万吨
油品码头	一类	已开放	油品专用5 000吨级泊位3个，年吞吐能力540万吨
中建万佳码头	一类	已开放	液化气专用3 000吨级泊位一个，年吞吐能力36万吨
城西港码头	一类	已开放	5 000吨级泊位2个，年吞吐能力30万标箱（2014年12月通过国家验收）
联检锚地		已开放	姚港锚地、新港锚地

2016年，九江水运（河港）口岸完成外贸进出口运量1 696.15万吨，同比减少15.60%。其中，水运直接进口113.43万吨，同比增加0.36%；水运直接出口140.23万吨，同比减少3.38%；水运中转进口960.748万吨，同比减少25.10%；水运中转出口444.76万吨，同比减少2.58%。铁路中转外贸进出口运量36.98万吨，同比增加200.24%。集装箱船舶4 361航次，同比增加2.9%。集装箱吞吐完成273 937标箱，累计增加7.45%。

2016年九江水运（河港）口岸运行呈现如下特点：一是集装箱运输形势趋好。内贸箱大幅增长，本地外贸箱涨势高于中转外贸箱，口岸进出箱量总体差距缩小，集装箱占江西省比重稳步增长。二是口岸进出口货种保持稳定。进口货种废纸、木浆、电器位列前三位，其中，棉花、高粱、盐水增加量较多；出口货种仍保持瓷砖、石材、玻纤纱、化工品等传统排序，木制品、灯具增加量较多。三是船舶航行运行良好。九江至洋山港集装箱班轮运营情况良好，全年共计运营176班，共载货20 097重标箱。航班数较去年增加16班，载货量增加1 538重标箱。

2016年江西省口岸大事记

2月9日

国务院批复设立南昌综合保税区，为江西省第2个综合保税区，规划面积2平方千米。

2月23日

江西省委书记强卫到九江出口加工区调研。

3月30日

江西省委书记强卫到万载出口烟花监管区考察。

3月30日

江西省委书记强卫到宜春万载公路转关海关监管场所建设现场考察调研。

4月21日

江西省委书记强卫视察进贤医疗产业园和公共保税仓库。

4月21日

赣州综合保税区关区代码正式启用。

5月11日

江西省委书记强卫一行深入旅客检疫查验通道考察，了解出入境旅客疫情疫病防控作业情况。

5月28日

赣州进境木材国检监管区首趟家具专列发车仪式在南康区举行，标志着国检监管区建设进入跨越发展阶段。

6月15日

江西省省长鹿心社到赣州综合保税区调研。

听取南昌海关隶属赣州海关关于支持赣州综保区发展的情况介绍。

6月22日

江西省委书记强卫到上栗烟花国检监管区调研，考察烟花检验检疫监管仓库和查验平台。

7月24日

江西省委书记鹿心社在参观江西省“十二五”科技创新成果展时，对江西检验检疫局在加快科技成果转化、助力产业转型升级、促进江西开放型经济发展等方面所做的工作给予肯定。

8月4日

江西出入境检验检疫局与中国检验认证（集团）有限公司举行座谈会并签署《纪检监察工作互动备忘录》。

9月26日

江西出入境检验检疫局召开中国电子检验检疫主干系统上线运行新闻发布会。

10月11日

全国首个内陆国检监管试验区——中国内陆口岸（江西）国检监管试验区揭牌。

10月26日

海关总署、财政部、国家税务总局、国家外汇管理局批准设立龙南保税物流中心。

11月23日

海关总署印发《国家口岸发展“十三五”规划》，并明确将九江口岸扩大开放、赣州机场纳入国家口岸发展“十三五”规划，以及南昌作为中欧班列铁路场站对外开放纳入国家口岸发展“十三五”规划。

12月8日

瑞昌码头海关监管场所通过南昌海关验收。

12月27日

南昌海关机关和8个隶属海关单位经复查合格继续认定为全国文明单位和江西省文明单位。南昌海关机关和隶属九江、赣州、吉安、新余海关经复查合格继续认定为全国文明单位；隶属景德镇、鹰潭、上饶海关和驻龙南办事处经复查合格继续认定为江西省文明单位。

（撰稿人：江斌、李建华、吴钊、朱翌华、张璐）

2016年江西省口岸出入境主要数据表

项目			2016年	2015年	同比（%）
出入境人员（人次）	出入境人员总数		587 936	502 265	17.05
	入境人员		293 109	251 255	16.66
	出境人员		294 827	251 010	17.46
	出入境旅客		553 964	473 409	17.01
	出入境员工		33 972	28 856	17.73
	中国公民	小计	549 396	469 980	16.90
		内地居民（因公）	558	391	42.71
		内地居民（因私）	447 419	393 942	13.57
		港澳居民	14 878	8 350	78.18
		台湾同胞	86 541	67 297	28.60
	外籍人员		4 568	3 429	33.23
	从海港出入境人数		137	15	813
	从陆港出入境人数				
	从空港出入境人数		587 799	502 250	17.03
交通运输工具（辆、艘、架、列次）	总计		3 943	3 189	23.64
	船舶		9	1	800
	飞机		3 934	3 188	23.40
	火车				
	机动车辆				

（江西省公安边防总队提供）

2016 年南昌海关主要数据统计表

项目		2016 年	同比（%）
进出口货运量（万吨）	合计	1 617.9	-9.32
	进口	1 366.49	-11.73
	出口	251.45	6.45
进出口贸易总值（万美元）	合计	4 011 110	-5.4
	进口	1 024 083	10.32
	其中：江、海运输	538 019	7.52
	铁路运输	3 443	394.09
	汽车运输	247 360	8.23
	航空运输	235 193	18.44
	邮件运输	19	43.67
	其他运输	49	-30.39
	出口	2 987 027	-9.8
	其中：江、海运输	2 364 550	-9.8
	铁路运输	16 363	5.88
	汽车运输	397 571	-5.97
	航空运输	208 223	-17.22
	邮件运输	1	-90.79
	其他运输	319	-0.56
税收（万元）	两税合计	709 197	27.65
	关税入库	42 888	17.94
	进口环节税入库	666 309	28.33

（南昌海关提供）

2016 年江西省出入境检验检疫业务统计表

项目		货物检验检疫				交通工具				集装箱（标箱）		发现动植物疫情		货物通关		出入境人员查验（人次）	健康检查及预防接种（人次）			
		批次	金额（万美元）	检验检疫不合格																
				批次	金额（万美元）	船舶（艘）	飞机（架）	火车（列）	汽车（辆）	合计	检出问题	种类数	种次	批次	金额（万美元）		健康检查	艾滋病监测	发现病例	预防接种
全年累计		63 181	354 642	1 486	6 733	9	3 986	0	0	128 466	10 272	228	3 654	33 926	232 831	595 548	10 426	10 242	1 365	7 358
其中	出境	52 240	247 215	420	1 724	0	1 993	0	0	81 669	-	0	0	28 481	133 390	298 061	7 677	7 640	-	7 353
	入境	10 941	107 427	1 066	5 009	9	1 993	0	0	46 797	-	228	3 654	5 445	99 441	297 487	2 749	2 602	-	5
同比（%）		-8.5	-27.1	-2.5	12		25.7			-16	-55.5	0.9	68.9	72.5	89.8	19.5	-2.6	-3.4	-20.1	6.2
其中	出境	-18.8	-34.6	-50.1	-40.7		25.5			-22.5				77.4	97.9	19.3	-0.4	-0.4		6.2
	入境	-33.5	-57.4	44.2	50.3		25.9			-1.5		6.0	79.6	49.0	78.5	19.8	1.1	-2.3		66.7

（江西出入境检验检疫局提供）

2016 年九江海事局进出港船舶统计汇总表

船舶类别	进港船舶							出港船舶						
	艘数（艘）	总吨（吨位）	总载重量（吨）	载客量（客位）	船员人数（人次）	货物到达量（吨）	旅客到达量（人）	艘数（艘）	总吨（吨位）	总载重量（吨）	载客量（客位）	船员人数（人次）	货物发送量（吨）	旅客发送量（人）
总数	79 322	5 414 2317	54 508 499	7 936 474	466 733	2 483 338 413	1 704 557	81 244	53 821 263	53 605 359	8 533 716	478 065	31 586 165	1 796 957
中国籍船舶	79 313	54 117 559	54 467 759	7 936 474	466 598	2 483 338 413	1 704 557	81 235	53 796 505	53 564 619	8 533 716	477 930	31 571 557	1 796 957
其中外贸船	9	24 758	40 740	0	135	0	0	9	24 758	40 740	0	135	14 608	0

（九江海事局提供）

友和道通集团 UNI-TOP GROUP

友和道通集团诞生于1998年，总部设在深圳，是一家提供综合性物流解决方案和一站式物流服务的民营企业。集团现有员工1万余人，加盟兼管人员10万余人，旗下拥有友和道通航空有限公司、银河国际货运航空有限公司、深圳市友和道通物流有限公司、友和道通物流园发展有限公司、速尔快递有限公司、上海全毅快递有限公司（全一快递）、深圳市巨顺国际物流有限公司、友和道通供应链管理（深圳）有限公司等多家专业子公司及百余家分公司，构建了涵盖航空货运、快递物流、物流园、商贸四大业务板块。

10余年来，友和道通集团专注于物流服务的系统性建设，在管理、营运、商务、IT等方面不断投入、拓展、优化，已形成拥有自己的航空机队（其中4架B747及7架A300全货机）、陆运车队为核心的立体运输体系和100多个大中型仓储转运中心，覆盖国际30多个城市、国内2 000多个县市的集散配送体系，致力于打造高水准、多维立体、能满足客户多层次一站式物流服务要求的综合性物流企业。在航空货运、小件包裹速递、大宗合同物流、保税物流、跨境物流、仓配一体化、商贸、供应链等多个领域走在行业的前列。

“友至天下和，道正四海通”，友和道通集团依托各子分公司的专业平台，以市场和客户需求为导向，不断深化内部改革，提升服务标准，与国内外多家知名企业建立了稳固的战略合作伙伴关系，为众多大中型企业提供了整体、系统的物流解决方案及高标准的物流服务，倾力打造“植根中国、服务全球”的国际物流服务品牌。

集团发展

友和道通集团聚焦“B2B”市场、深耕大物流行业，以国际航空货运及快递物流为主，涵盖企业客户高、中、低物流需求。在国际空运服务、经济型零担快递服务、高端行业解决方案及整体物流服务外包、商贸服务等方面构筑了一张B2B市场产业链布局的网络，打造一站式综合物流服务。

未来友和道通集团将打造集国内速递、国际快递、集成供应链、仓储、航空，以及联合B2B、B2C、C2B、O2O的贸易计划，同时配套金融、移动互联、大数据战略，成为能够融合商流、物流、资金流、信息流、文化形态流等多要素为一体的平台型企业，形成“有形的物流、商流+无形的资金流、信息流、文化形态流”的生态系统。

集团规模

A.飞机（11架，其中3架B747-200、1架B747-400、7架A300-600）

B.车辆（速尔快递上万辆，全一快递4 000多辆，友和道通物流85辆）

C.物流园（已建成物流园及转运中心总占地130多万平方米，建筑面积数百万平方米。其中虎门占地4万平方米，烟台占地4.7万平方米，上海占地8万平方米，广州占地6.7万平方米，杭州占地6.7万平方米，无锡占地6万平方米）

D.国内网点（速尔快递5 000多网点，全一快递1 000多个网点）

E.国内转运中心（速尔快递100多个转运中心，全一快递40多个转运中心）

F.海外分公司　（日本、马来西亚）

集团愿景：服务世界　传递无限

www.cn.nsk.com

NSK中国总部
恩斯克投资有限公司概况

恩斯克投资有限公司总部大楼、研发中心实验大楼

地 址：江苏省昆山市花桥经济开发区恩斯克路8号
电 话：0512-57963000

恩斯克投资有限公司是日本精工株式会社（NSK LTD.）在中国的总部，全权负责中国大陆及香港的生产、技术、销售的营运。

公司坚持以先进的生产技术和管理经验，逐步确立并完善以市场为导向，技术为核心，生产质量为基石的三位一体的事业体制，并加快实现本地化进程，从而为中国的广大用户提供更直接、更完善的服务，为中国的现代化建设作出应有的贡献。

恩斯克投资有限公司目前在中国大陆及香港拥有研发中心1家，生产基地12家、销售子公司18家、一级经销商42家，销售网络遍及中国各地。

日本精工株式会社（NSK）成立于1916年，是日本国内较早设计生产轴承的厂商。利用生产轴承锤炼出的精密加工技术，从很早以前便已开始汽车电动助力转向器及离合器等零部件、精密机械产品、电子应用产品等多领域的发展，并取得卓越的成就。目前，NSK已在全球30个国家拥有64个生产基地，120个销售网点，14个研发中心，行业排名位居世界前列。

NSK产品融入人类生活的各个领域

产业机械用轴承

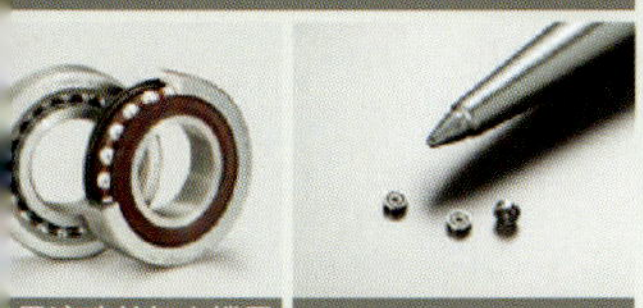

用滚珠丝杠支撑用
力角接触球轴承

微型球轴承

精密机械产品

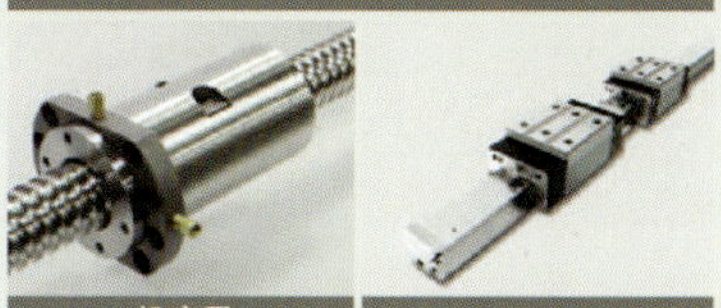

机床用
冷却滚珠丝杠

高防尘侧密封滚子导轨

汽车轴承

高密封性轮毂轴承单元

混合动力车专用
低扭矩球轴

汽车零部件

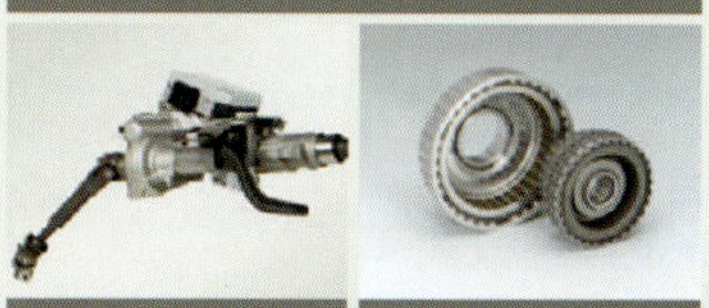

管柱型
电动助力转向装置

离合器组件

内蒙古电子口岸股份有限公司

INNER MONGOLIA ELECTRONIC PORT LIMITED BY SHARE LTD

为满足内蒙古全面对外开放的需求，根据《国务院办公厅关于加强电子口岸建设的通知》和《国务院关于印发落实“三互”推进大通关建设改革方案的通知》的要求，在相关部门的指导和支持下，于2014年筹建了内蒙古电子口岸股份有限公司，承担内蒙古电子口岸平台建设和运行维护任务。

内蒙古自治区党委常委、呼和浩特市委书记云光
内蒙古电子口岸检查调研

公司主要职责是以“统一认证、统一标准、统一品牌”的要求，负责建设和运维内蒙古电子口岸平台，主要涉及电子政务、大通关服务、智慧物流服务、跨境贸易电子商务、口岸金融综合服务和口岸企业征信六大平台的建设；同时依托电子口岸软硬件平台和海量数据，建设外贸、物流、金融大数据中心、信息平台托管中心，服务政府宏观决策，支持进出口企业发展。其建设目标是用5年时间，将电子口岸建成全国领先的共享大平台。

国家口岸办副主任白石一行对满洲里电子口岸进

中国口岸协会常务副会长金甲祚、常务副秘书长
一行调研内蒙古自治区电子口岸

天津市口岸办党组书记、主任朱振宇一行调研内
治区电子口岸，呼和浩特市常务副市长蔡裕东陪

内蒙古自治区电子口岸中心大楼（效果图）

整合资源

政企互动

注重特色

手段多样

内蒙古电子口岸股份有限公司

INNER MONGOLIA ELECTRONIC PORT LIMITED BY SHARE LTD

1 国际快件通关服务系统

国际快件通关服务系统以信息网络为基础，运用数据共享和联网交换等技术手段，以全方位数据服务和业务规范化应用为特征，国际快件通关服务系统为海关、检验检疫等监管部门获得电子底账，完善通关管理环节，实现电子审单、查验、放行，卡口自动核放，实现“有效监管、快速通关、自动放行”。

2 跨境电商公共服务平台

跨境公共服务平台以“信息流、资金流、货物流”三流合一为基础，并依托大数据，以最先进的技术对其加以分析运用，提供金融、物流等供应链综合服务。为外贸企业、跨境电商商家提供通关便利化服务，同时主动吸引优秀的贸易商、品牌商、电商企业（包括平台式或自主销售式）、通关服务企业、仓储企业、物流企业齐聚平台，共同营造良好的跨境贸易电子商务生态链。

3 云卡口系统

云卡口系统具有大数据量计算和数据存储、管理服务的能力和多元化的通信接口适配能力，可以在基本不改动原有卡口系统及其网络的前提下使复杂卡口系统间联网整合应用被实现。

云卡口系统中的所有数据储存和交换，以及无间歇进行的各类快速精密的大批量计算，都已由“云”技术完全覆盖。更好地提供“统一接入、统一部署、统一存储、统一运维、统一查询”及多元化接口适配服务，实现了相关监管单位设备共享、系统共用、数据共享。

内蒙古电子口岸的建设不仅是通关方式上的变革，也是运营体制上、社会参与上的有益尝试。它的建设和运营，将使内蒙古向建设大通关、大物流、大外贸的统一信息平台更进一步，不仅为内蒙古进出口企业和外贸加工企业提供优质、高效、便捷的通关、物流、电子商务、信贷、融资等全方位服务，也是活跃口岸经济，推动“中蒙俄经济走廊”建设，提升国际竞争力的信息和技术支撑，并将成为落实国家“一带一路”倡议，加快推进向北开放，打造丝绸之路经济带的重要推手。

智慧口岸的整体方案

运用先进的技术和管理方式，利用云计算、大数据、物联网做支撑，结合国内智慧城市的建设实践经验，形成包含智慧政务、智慧监管、智慧物流、智慧旅游、智慧金融、绿色口岸、平安口岸、数据口岸、移动口岸的智慧口岸整体解决方案，助力口岸治理体系和治理能力的现代化建设。

4 全域通服务系统

全域通服务系统对进出口货物通流程和手续的简便化和一体化，实自治区内通关“数据共享、无缝对全域通关”。系统建设主要依附信息化建设和通关作业模式创新两途径来实现，实现了“区港联动”“一点申报，多点接收”，取消了物转场多个系统，重复申报的繁杂续，从而提高通关效率，简化通关续，节约物流成本。

5 云视频系统

云视频系统是打通口岸现有视频监控系统、视频会议系统、移动手机等通讯“孤岛”，融合视频监控和视频会议资源，建立全区口岸“统一指挥、反应灵敏、协调有序、运转高效”的新型的视频通讯协作机制，在口岸融合通讯指挥、监测防控、预测预警、联动报警、辅助决策、应急处置等方面提供先进的移动通讯信息化支撑，口岸人可随时随地通过移动APP查看口岸视频监控信息及参与视频会议，为口岸管理和日常工作提供了全新的工作模式。

6 口岸外贸大数据系统

整合口岸外贸、通关、物流、旅游、金融、经济、环境等境内外数据，模型算法、机器学习、趋势预测分析等大数据先进技术，为自治区优化外贸结构、再造通关流程、降低通关成本、提高通关效率提供数据决策平台。

北京福田康明斯发动机有限公司

（以下简称福田康明斯）是全球较大的独立发动机制造商——康明斯公司与中国商用车企业——北汽福田汽车股份有限公司以50:50比例合资组建，生产轻型和重型柴油发动机的企业。福田康明斯总投资逾49亿元，年产能可达52万台，产品包括康明斯F系列2.8升和3.8升轻型，F系列4.5升中型，G系列11升、12升和X系列12升重型柴油发动机。福田康明斯是拥有全球先进的柴油发动机生产基地的公司之一。

Beijing Foton Cummins Engine Co., Ltd (BFCEC) is a 50:50 Joint Venture between Foton - the leading commercial vehicle manufacturer in China, and Cummins - a global power leader，established to produce light-duty and heavy-duty diesel engines. The total investment is over 4.9 Billion RMB with annual design capacity of 520,000 units. BFCEC is among the world-class production bases of diesel engines producing Cummins F series in 2.8L and 3.8L, F series in 4.5L and G series in 11L and 12L and X Series in 12L of displacement.

F 系列直列四缸高压直喷式柴油发动机是康明斯投入巨资研发的两款面向未来的全电控轻型柴油发动机，功率范围为46~210马力。发动机具有结构紧凑、重量轻、噪音低和排放少等特点，能够满足欧Ⅴ（国Ⅴ）和欧Ⅵ排放及全球非道路第四阶段较高标准，适用于轻中卡、VAN、轻客、皮卡、MPV多功能车，SUV等轻型车辆，以及中小型工程机械和小型发电机组等非公路设备。

The F Series, with a power range from 46 to 210hp, have been developed with high performance and low weight, specifically for light commercial applications such as trucks, vans, pick-up trucks, MPVs and SUVs, as well as small construction equipment and industrial applications. These two types of clean diesel engines will meet stringent on-highway and off-highway emission standards worldwide, including Euro Ⅴ and Euro Ⅵ as well as Tier 4f.

G 系列和 X 系列直列六缸超高压直喷式发动机是康明斯全新推出的重型发动机平台，功率为310~490马力，峰值扭矩2400牛米，采用康明斯XPI超高压燃油喷射技术，特别为满足全球多样的排放标准而设计，可满足欧Ⅴ（国Ⅴ）排放，具备欧Ⅵ排放能力储备，全球非道路第四阶段最高标准正在开发中。G系列和X系列专注于为牵引车、自卸车、平板车、专用车及公交车辆和大客车等提供理想动力解决方案。

The G and X Series are new global heavy-duty engine platforms tha Cummins has developed to complement its existing global product offering. The G and X, with power ranges from 310 to 490 hp and a peak torqu of 2400N.m, incorprates Cummins' industrial leading Xtra-High Pressure Injection (XPI) fuel system, to meet a broad variety of market requirements and emissions standards,including Euro Ⅴ, Euro Ⅵ capabl and Tier 4f. The G and X Series offer ideal power solution for heavy-dut tractors, tippers, flatbeds and vocational vehicles, as well as buses an coaches, etc.

福田康明斯 ISF和ISG工厂拥有按照先进技术标和质量控制标准设计的发动机制造系统。车间生产线包括体和缸盖机加线、装配线、试验线、喷漆线和附装线。设备动化程度高，预防性防错技术应用广泛。工厂运营严格遵康明斯运营系统（COS）。福田康明斯已通过 TS1694 ISO14000、OHSAS18001 和 ISO50001 认证。

Both ISF and ISG plants of BFCEC have installed world-class and state the art engine manufacturing systems in terms of manufacturing technolo and quality control standard, including block and head machining, asser bly, test, paint and final upfit. The systems are highly automated with exte sive use of preventive failsafing techniques. The Cummins Operat System (COS) has been introduced for plant operation. BFCEC is a cer fied engine manufacturer of TS16949, ISO14000, OHSAS18001 a ISO50001.

福田康明斯 于2008年3月26日正式成立，2009年6月现F系列批量投产，2014年第二季度实现G系列批量投产，2017第一季度实现X系列批量投产。

Officially founded on Mar 26, 2008, BFCEC has achieved F volume produ tion in June of 2009，G volume production in 2Q 2014 and X volume pr duction in 1Q 2017.

2015年6月 现任美国副总统麦克·彭斯访问福田康明斯

发动机生产基地

Engine Manufacturing Facility

Cummins FOTON 福田康明斯

山东三维油脂集团股份有限公司

山东三维油脂集团股份有限公司（以下简称三维集团）是国内大型油脂加工企业之一，始建于1988年8月，1996年完成企业改制，2000年组建股份有限公司，2002年被认定为山东省高新技术企业和山东省农业产业化龙头企业，2003年正式更名为山东三维油脂集团股份有限公司。

三维集团于2001年通过1SO9001:2000质量管理体系认证，先后被评为“食品安全诚信承诺单位”“民营企业500强”“2014年度山东民营企业100强”“油脂十强企业”“山东省十大创新品牌”“2012年度全市外经贸工作先进企业”“山东省‘三上’企业统计工作规范化五星级单位”“2012年度优秀企业”“2012年度食用油加工企业50强”“2013年度纳税特别贡献企业”等荣誉称号，三维商标被认定为“山东省著名商标”。集团总占地面积约93.33万平方米，现有总资产44亿元，员工2 300余人，日加工生产能力8 000吨，2014年实现产值84亿元，利润总额9亿元。

三维集团下设山东三维油脂股份有限公司、中美合资邦基三维油脂有限公司、山东玉林油脂有限公司、山东长润生物有限公司、山东三维大豆蛋白有限公司、临沂三维建设工程有限公司、山东中酿食品有限公司、临沂三维酒店有限公司、山东三维新能源有限公司、山东三维坚盾铝业有限公司10家子公司。

三维集团主导产品有国标一级、四级大豆油，饲料用豆粕、大豆蛋白产品、保健品等大豆精深加工产品，还经营餐饮等新兴产业。

为确保健康持续发展，三维集团于2013年斥资25亿元建设中阳生物科技项目，该项目为2013年省重点项目，项目一期工程于2014年8月建成投产，二期工程正在建设中。该项目全部建成达产后年可新增产值100亿元，利税10亿元。预计至2017年，三维集团将会成为年产值过200亿元、利税21亿元的大型企业集团，成为国内发展较好的大豆精深加工民营企业。

一直以来，三维集团以产品质量为生命，以持续发展为方针，以社会选择为荣誉，以用户满意为目标，建立了完善的市场营销体系和销售服务体系。集团拥有自营进出口权，与世界著名的粮谷贸易商。供应商及国内著名商企，尤其是跨国商社建立并保持着良好的业务台作关系，产品畅镇全国各地及美国、东南亚等国家和地区。

三维集团经过20多年的发展，由一个名不区经传的社办小厂发展成为综合性的金业集团。在20多年的发展历程上，三维集团用勤奋和努力，树起一座又一座丰碑，迈向一次又一文辉煌。今天，三维集团在董事长张增运、执行总救张玉林的领导下，正在铸就新的丰碑，迈向新的辉煌。

青岛森麒麟轮胎股份有限公司

Qingdao Sentury Tire Co., Ltd.

轮胎智能制造“排头兵”重塑智能制造新生态

2016年，智能制造新模式应用项目入选企业名单公布，森麒麟成为傲立榜单的轮胎企业。森麒麟以助推中国传统制造产业转型升级为己任，所缔造的森麒麟轮胎工业4.0智慧工厂紧密围绕智能制造新模式应用项目，研发出具有自主知识产权的“森麒麟智能管理系统”，构建出具有自动化、信息化、智能化和个性化的智慧工厂，实现了原材料仓储一密炼一部件一成型一硫化一检测一入库的自动化、信息化、智能化生产。

全球化布局持续发力，抢占世界轮胎话语权

2016年，森麒麟轮胎北美轮胎智造基地——森麒麟轮胎北美有限公司（Sentury Tire North America Inc）历经9个月的选址过程，正式落户美国佐治亚州拉格兰奇市，这是中国自主轮胎企业首次在美国投资建设工厂，是继森麒麟轮胎（泰国）有限公司建成投产后，森麒麟轮胎全球化发展战略的又一关键步骤，此次森麒麟轮胎生产制造基地进驻美国本土，也成为中国自主轮胎品牌亮剑世界轮胎舞台的重要里程碑，吹响了进军美国的号角。建成后的森麒麟美国轮胎智造基地将继续发挥工业4.0智能制造的强大生命力，持续助力森麒麟打造成为高端中国轮胎品牌。

亮点研发新品频现，为“高端中国制造”夯基垒台

森麒麟轮胎始终坚持“自主研发、持续创新、着眼未来”的研发理念。2016年，森麒麟精英研发团队持续发力，亮点研发新产品频现，森麒麟轮胎四季全天候缺气保用轮胎路航 Landsail 255/55R18 109V 正式亮相；与华高墨烯共同研发的石墨烯导静电轮胎路航245/45R18 LS588@RSC在森麒麟诞生，石墨烯导静电轮胎量产基地正式落地森麒麟；2016年11月，森麒麟防刺扎轮胎于美国市场正式亮相；森麒麟研发团队最新研发成果20寸夏季缺气保用轮胎又让森麒麟成为全球少数几家能够研发与生产这款产品的轮胎企业。

中国赛车轮胎品牌逐鹿2016赛季

2016年，公司持续发力赛车运动领域，森麒麟旗下路航轮胎、德林特轮胎剑指“中国赛车轮胎品牌”，继续逐鹿2016赛季，领跑中国自主轮胎品牌赛车轮胎新格局。

2016赛季，路航与德林特陪伴赛车手们呈现了一场场飞沙走石、酣畅淋漓、激情澎湃的精彩比赛，轮胎的超高性能也被一次次验证：COC携手众泰越野车队拿下年度总冠军；助力汪海拿下中国越野顶级赛事——2016年中国大越野冠军。

青岛制造业“新五朵金花”荣誉与肯定伴森麒麟同行

2016年，各级部门对于森麒麟的成长给予了高度关注，荣誉与肯定伴随森麒麟的成长，青岛制造业“新五朵金花”之路踏实坚定。

2016年，森麒麟实验室复审再认证顺利过审，森麒麟检测中心科学化、规范化运作再获认可；全球轮胎75强刷新排名位列第58位；再次入围青岛企业100强和青岛制造企业50强榜单。

航空轮胎研发新突破，握紧荣誉

2016年，森麒麟航空轮胎研发实现重大历史性突破，森麒麟航空轮胎于11月30在中国烟台南山机场装配新一代波音737机型飞行试验圆满成功；12月15日，正式获得中国民航局颁发的重要改装设计批准书（MDA），此证书也标志着公司正式具备航空轮胎装机使用资格，具备航空轮胎销售资质。

固邦（东莞）电器有限公司

KUPOINT (DONG GUAN) ELECTRIC CO.,LTD.

固邦（东莞）电器有限公司位于东莞虎门镇怀德工业区，交通方便、环境优雅，是一家独资企业，海关高级认证企业。公司主要生产和销售圣诞节日灯饰、灯饰配件、塑胶制品。公司占地面积20万平方米，员工2500余人。公司本着“以质量求生存，以效益求发展，以品种求繁荣”的宗旨，自1970年成立至今，已取得飞速的发展，成为灯饰行业中一颗灿烂的明珠。公司已通过ISO及CQC等认证，产品远销欧洲、美国、加拿大等国家和地区。

为了寻求更大的发展，公司于1991年投资100万人民币建立了固邦电器厂。在短短的十年中，固邦电器厂以82%的年增长率飞越式发展，从建厂时一个不到300名职工、占地面积8 000平方米、年营业额200万美元的小厂，到今天拥有近3 000名职工、占地面积5万平方米、建筑面积达23万平方米、年营业额超过4 400万美金的大型企业，一举成为虎门屈指可数的明星企业。

公司投资建设了配套完善的生产生活设施，有园林化的厂区、生活区及多种体育活动场地，较大地丰富了员工的业余生活，并吸引了大批出色的企业管理、产品开发及生产技术人才。

居安思危，才能立于不败之地，时代在前进，企业要创新，公司领导层高瞻远瞩，在“团结、务实、开拓、创新”的质量方针前提下，非常注重新产品的开发工作，现已拥有比较庞大的专业研发队伍。公司在现有的UL、GS、CSA、JAPAN等多种规格产品的基础上，

执行副总经理 吴忠志

及时顺应现代产品的多元化趋势，采用复合材料设计品。强大的研发实力成为公司持续快速发展的强大擎，保证了产品技术含量在世界上的优势地位。截至前，公司拥有圣诞灯饰、LED灯饰产品、仿真圣诞（PE、PVC）超过上万种产品。这很大程度上丰富了际灯饰产品的市场，同时也实现了公司可持续发展的略目标。

新的世纪，新的目标，公司同仁正以满腔的热情继往开来，为力争创造丰厚的企业效益而努力奋斗，抱明天那轮火热的太阳。

中万印刷（深圳）有限公司

中万印刷(深圳)有限公司是万里印刷有限公司的全资子公司，于2010年12月3日根据相关部门倡导，由原来料加工的万里印业厂原地不停产，转型升级为外商独资企业。主要产品包括科技、医疗、环保、设计、旅游等各类书籍，产品畅销世界各地。

公司连续多年被认定为“中国印刷企业100强”，于2016年亦被深圳市印刷学会评为“优秀会员单位”。连续多年通过了有关质量管理体系（ISO 9001:2008）、环境管理体系（ISO14001:2004 + Cor. 1:2009）及国际玩具工业协会（ICTI）商业实务守则的认证。

万里印刷有限公司于1992年12月23日在香港成立，在短短的23年时间里，从一间只有38人的“山寨厂”，发展成为国际一流的现代化印刷企业，公司成立伊始总部就设在香港。公司董事局把握时代脉搏，及时引进印刷业的一流设备、人才，不断创新设计理念，建造优质生产线，使中万印刷（深圳）有限公司成为具有多功能、全方位的大中型印刷厂，并以各类手工加工产品为特色。

公司管理严谨有序，机构、机能齐全，引进管理及专业人才，实行层级管理和技术质量的把关管理，确保企业健康正常发展。公司内的人文关怀为特色，奖罚分明，生产、学习、生活、娱乐兼融，文明生产，分明管理，使在良好循环中发展壮大。

公司为全面满足客户各项独特需要，特别成立专责小组，与客户共同商定印刷品的设计、颜色管理及不同样版。有良好生产系统及设备才有高质素服务保证，公司至今已投放大量资源在添置最新型号生产线，从欧洲及日本购买印刷机、折书及钉装组合，能应付特急而量大的订单。公司与市场共进，不断更新换代设备，吸纳世界精英，筑建集印刷、包装、广告制作等印刷业为主，兼营辅属业务的现代化企业集团。

公司与您共进，提供优质服务，满足各项特别需要，是您生意上理想的合适伙伴。

上海申能燃料有限公司

SHANGHAI SHENERGY FUEL CO., LTD.

上海申能燃料有限公司由申能股份有限公司、国电电力发展股份有限公司按60%和40%的比例共同投资，于2008年6月19日正式成立，为上海地区较大的电煤供应商。

公司所属申能（集团）有限公司是国有独资企业，拥有申能股份有限公司、上海燃气集团等9家控股企业，和东方证券、中国太平洋保险等15家参股企业。申能股份有限公司作为全国电力能源行业较早的上市公司，主业为电力、石油天然气的投资建设和经营管理，目前控股发电机组装机容量约占上海发电机组装机总容量的1/3，系统平均供电煤耗低于288克/千瓦时。

公司以经营煤炭为主，兼营燃料油、矿产品、金属材料等。经过多年发展，公司已经建立起了集资源采购、加工、运输、销售为一体的煤炭业务产业链，年煤炭销售量达1 300万吨以上，主要客户包括上海外高桥第三发电厂、外高桥第二发电厂、吴泾第二发电厂等高效环保、拥有国际火电技术的大型发电厂。同时，公司市场销售规模逐年稳步提升。

公司自成立以来，通过诚信、规范、高效的运作管理，与神华、伊泰、中煤等国内主要煤炭供应商，以及BHP、SUEK、ADARO等国际大型矿商建立了长期战略合作关系。供应煤炭品种丰富，包括内蒙古、陕西、山西等地烟煤、贫瘦煤，东北地区褐煤，环保煤、特低灰煤等特殊煤种，以及产自印度尼西亚、俄罗斯、澳洲等地区的进口煤炭。同时，公司在东北港口设有煤炭自加工基地，在华东、华南等区域设有专用堆场，以满足用户个性化需求，为广大客户提供质优价廉的产品。

公司与铁路、港口、海运等方面深化协作，确保供应链各环节的畅通，目前在秦皇岛港、京唐港、京唐东港共有三条准班列、准班轮航线，确保资源优先供应、运力优先保证、船舶优先靠泊。公司系统内航运企业拥有5艘散货船，总运力达20万吨，年运量逾700万吨。同时，公司与中海、中远、长航等国内大型航运集团建立了长期战略合作伙伴关系，为公司煤炭经营提供了可靠的运力保障。

公司拥有一支技术过硬、管理规范的员工队伍（中高级技术人员占比超60%），自行开发了煤炭质量实时管理软件，并在秦皇岛港设有驻外办事处，业务覆盖各主要煤炭下水港。通过建立融软、硬件于一体的燃煤管理体系，切实满足了客户煤质需求。同时，公司充分依托申能系统电厂的技术优势，为销售客户提供燃煤使用相关技术支持。

展望未来，公司将积极推进市场化经营，为广大用户提供更加稳定可靠的货源、优质贴心的服务，与各界伙伴共同开创合作共赢的美好未来！

上海申能燃料有限公司

地址：上海市杨浦区昆明路518号A座16楼

邮编：200082

电话：021-65656765

传真：021-65656755

网址：www.shsnrl.com

驻秦皇岛办事处

地址：秦皇岛市海港区河北大街西段金海湾森林逸城A区95-1

联系电话：0335-3990802　　传真：0335-3990805

浙江·杭州出口加工区

国际电子商务博览会

【浙江杭州出口加工区概况】

浙江杭州出口加工区位于杭州经济技术开发区东南部，面积2.92平方千米，首期开发2.007平方千米。2000年4月经批准成立，是全国出口加工区试点之一。2001年3月，首期封闭区域围网、卡口、海关监管等硬件建设完成；同年5月，封关运作启动。

封关运作以来，浙江杭州出口加工区以其“境内关外”的特殊政策优势、区位优势、环境优势吸引了来自日本、美国等10个国家与地区的外商投资企业，已基本形成了笔记本电脑、汽车零配件和家用电器三大主导产业。

根据“不增设机构”的原则，浙江杭州出口加工区与杭州经济技术开发区实行“一套班子、两块牌子”的管理模式，杭州经济技术开发区管理委员会增设为杭州经济技术开发区（浙江杭州出口加工区）管理委员会。同时，成立了浙江杭州出口加工区综合管理局，作为管理委员会派驻机构，负责出口加工区的日常管理。

【工业】

2016年，杭州出口加工区工业销售产值93.5亿元；进出口总值21.7亿美元，其中进口8.7亿美元、出口13亿美元；固定资产投资0.9亿元；海关税收及代征税5.5亿元。全年引进各类电商企业40家（其中外资3家、内资37家）；外商投资1078万美元、内资1.2亿元、浙商创业回归0.8亿元。

【升级综合保税区】

积极对接相关部门，拟定上报文件、规划图纸等相关说明材料，出具《杭州综保区封关利用面积情况说明》及《符合杭州土地利用规划的情况说明》，等待相关部门启动意见征询工作。

【启动肉类查验场建设工作】

2016年2月19日获批“杭州市肉类进境查验场”。围绕集约资源、高效使用的建设原则，浙江杭州出口加工区综合管理局会同相关部门赴郑州、重庆等成熟口岸专题学习，并进行市场、业务需求、建设内容的专题调研，加快启动进口肉类查验场规划设计工作。目前已规划加工区内用地约2.67万平方米，初步拟定建设方案，力争尽快启动建设工作。

【深化“两个课题”研究工作】

根据杭州经济技术开发区党工委、管委会提出的“发展破题”工作部署，浙江杭州出口加工区综合管理局于2016年6月中旬启动“推进加工区转型”和“跨境电子商务提质增效”课题研究工作。经过专题调研、企业走访、专家咨询、部门共谋，通过数轮修订，目前已完成两个课题的研究报告并出台实施意见，制定计划重点推进。同时，围绕跨境助力区域转型升级，创新监管举措，力破发展难题的目标，启动新一轮的课题深化研究。结合跨贸园区业务特点，邀请包括阿里巴巴研究院、杭州海关技术处等专业机构就如何提升产业绩效，破解园区发展瓶颈等问题进行专题对策研究，制定产业发展规划和工作方案，努力将下沙园区纳入阿里巴巴提出的EWTP全球发展战略中。

国际电子商务博览会
澳大利亚团代表

【提升跨贸产业园绩效】

一是招引做强。全年园区招引天猫国际、苏宁易购等68家平台电商，网易考拉、银泰网等111家垂直电商，以及中外运、海仓科技等72家电商服务企业入驻园区，备案海外商家超5000家，产业发展氛围浓厚。全年实现交易金额48亿元、海关代征综合税4.3亿元；组织参加国内重大展览会6次、举办包括首届跨境电子商务论坛在内的高端论坛3次、政策宣讲会4次；完成各类接待1080批次、调研考察10次。二是启动出口。做好开发区跨境电子商务B2B业务，助推区内跨境电商专业供应链服务平台——杭州乐链网络科技有限公司于2016年11月29日实现首单B2B保税出口业务运作，完成B2B保税出口模式年内启动的目标任务。

河南省进口物资公共保税中心集团有限公司

Henan Bonded Logistics Center

河南省进口物资公共保税中心集团有限公司（以下简称河南保税集团）是一家贸易集成服务平台运营商。企业总部位于河南省郑州市国家经济技术开发区，占地约56.07万平方米。企业性质是混合所有制企业，国有控股51%，香港高鹏公司控股49%；公司资产规模近60亿元，控股和相对控股企业21家，员工700余人。

业务范围

01. **保税物流及加工贸易园区服务：**拥有35万平方米满足多业态保税智能物流仓储分拣服务中心，拥有日分拨500万单的查验分拨中心，预留有40万平方米的保税生产加工中心。
02. **口岸物流服务：**拥有1.7万平方米口岸查验区及5万平方米口岸车辆等待区、5千平方米邮快监管分拣查验场所。
03. **常规物流园区服务：**拥有15万平方米一般贸易仓储中心、5万平方米CFS堆场、处理500万单的终端分拨中心。
04. **综合供应链平台服务：**保税+一般贸易O2O展示功能。

专业资质

01. 拥有“河南保税物流中心”运营资质。
    中国郑州经济技术开发区综合保税区的组成部分，享有保税加工贸易综合服务功能。
02. 中国（河南）自由贸易区核心区，享有自由贸易项下的所有优惠政策。
03. 郑州市跨境贸易电子商务服务试点承建单位，是中国跨境电子商务“1210模式”的提出者和先行者。
04. 中国（郑州）跨境电子商务综合试验区核心区。
05. 郑州跨境电子商务单一窗口关务平台，目前日处理能力已达1000万单，还在继续提升。

特色优势

01. 跨境电子商务综合物流服务
02. 多合一物流集成服务
03. O2O展销服务
04. 供应链金融服务
05. 贸易集成单一窗口服务

社会荣誉和影响

01. 中国30强物流标杆企业
02. 国家示范物流园区
03. 中国物流十大创新园区
04. 中国跨境电商协会会长单位
05. 中国经济贸易促进会副会长单位
06. 中国国际经济交流中心会员单位
07. 中国中部崛起突出贡献奖单位
08. 河南省电子商务示范基地

运营现状及需求

（一）跨境产业园生态体系国内外知名

01. 企业入驻多。目前园区入驻企业1101家。
02. 业态布局合理。交易平台：阿里巴巴、聚美优品、小红书、唯品会、网易考拉、京东、EBAY、亚马逊等。物流服务平台：UPS 、DHL、三通一达、顺丰、EMS。金融服务：支付宝、银联等。第三方货代：全速通、EHL等。O2O展示平台：中大门O2O等。
03. 业务总量位于全国前列。园区年业务增长量达65%，其中跨境电子商务进出口30万单/天，占据目前10家试点城市的50%。

（二）全球网络布局完善

01. 国内网络：在北京、上海、武汉、成都等38个城市设立分支机构和开展合作。
02. 国际网络：在仁川、莫斯科、布达佩斯、法兰克福、墨尔本、悉尼、纽约、芝加哥等地设立海外仓储中心。

（三）合作需求

01. 日用百货消费品的生产商及贸易服务商
02. 食品供应商
03. 特色创新科技产品供应商
04. 物流综合平台运营商
05. 生鲜物流服务企业
06. 仓储运营企业
07. 报关企业
08. 第三方金融服务机构
09. 跨境供应链服务企业
10. 跨境电商教育培训机构

发挥口岸功能 突出服务意识

——以创新理念推进武汉东西湖综合物流园发展

BLC

武汉东西湖综合物流园作为中部地区较早的综合保税物流园，勇于打破常规、积极转型升级，以完善基础配套设施为抓手，以发挥口岸核心功能为重点，以差异发展特色产业为突破口，打造华中地区重要的综合型示范物流园区。

一、积极提档升级，建设综合保税区

园区与阳逻港以“一区两园”的模式，打包申报武汉新港空港综合保税区，规划保税物流、出口加工两大版块。规划面积4.05平方千米，其中东西湖园区3.05平方千米，围网长14 800米。规划保税物流、出口加工、国际贸易三大功能区。一期规划面积1.4平方千米，围网面积0.83平方千米。申报建设工作在相关部门的帮助下取得突破性进展，2016年3月11日正式批准成立，2017年6月7日通过正式验收。

二、发挥口岸功能，服务外向型产业

园区所辖武汉东西湖保税物流中心封关以来，引进十余家国际货代企业，累计服务企业200余家，服务范围覆盖湖北、安徽、山西等11省市，中心自获批起截至2017年6月实现通关总票数11万票，总货值140亿美元，总货运量99万吨，征收税款29亿元，居于全国同类保税物流中心前列。

园区以中欧（武汉）班列常态化为契机，与铁路中心站（铁路口岸）深度对接，推进中欧（武汉）班列发展。中欧（武汉）班列每月开行3~5个班列，分别从新疆的阿拉山口、内蒙古的满洲里等口岸到达土库曼斯坦、俄罗斯、波兰、捷克、匈牙利等国，班列横跨湖北、河南、陕西、甘肃、新疆中西部五省，穿越哈萨克斯坦、俄罗斯、白俄罗斯、波兰、捷克五国，运行近1.1万千米。2016年，中欧（武汉）班列累计发运234列次，实际发运量21 630标箱，进出口总货运量和进口货运量的增幅均位列全国前列，形成了直达中亚、西亚、东欧，辐射西欧的“五定”国际货运双向班列。

三、寻求创新发展，大力引进项目

园区立足现有功能，重点发展国际商品展示、交易和分拨配送，建成了鑫磊、博大世贸城、中远投等进出口商品交易中心项目，2016年1月被授予湖北省跨境电商先行先试单位。2016年实现招商引资60亿元，新增市场主体162家，区域市场主体达到731家。新增建设用地申报5项，已挂牌项目4个，土地已储备项目9个。

园区被评为具投资价值的物流园区、全国示范物流园区、优秀园区前三甲，成为相关部门重点扶持的物流园区和全国物流示范基地。下一步，园区将开拓创新，锐意进取，力争到2020年，初步建成服务中部、辐射全国、影响世界的枢纽型综合物流园区，全方位提升临空港经济技术开发区国际化水平，构建武汉对外开发新高地。

联系方式

地址：湖北省武汉市东西湖区革新大道高桥南二路保税物流大楼

电话：027-83264010　　传真：027-83264010

国家对外文化贸易基地（北京）

NATIONAL BASE FOR INTERNATIONAL CULTURAL TRADE (BEIJING)

北京天竺综合保税区·文化保税园

BEIJING TIANZHU FREE TRADE ZONE CULTURE FREE PORT

国家对外文化贸易基地（北京）天竺综合保税区·文化保税园位于北京顺义区天竺综合保税区内，规划用地15.69万平方米，建筑面积45万平方米，由北京歌华文化发展集团与北京天竺综合保税区管委会合作建立，并由相关部门正式授牌“国家对外文化贸易基地”。

基地发展目标是建设成为立足北京、服务全国、在国际文化竞争与合作格局中发挥重要引领作用的综合型文化贸易服务平台和国际口岸型产品市场、要素市场。其战略定位是国家对外文化贸易的体制机制创新实验区、国家文化贸易口岸、中国文化走出去的能力培养区、首都文化创意产业保税功能区。

根据总体规划，基地由国际文化贸易企业集聚中心、国际文化产品展览展示及仓储物流中心、国际文化商品交易服务中心三个功能区组成。三个功能区相互依托，互为补充，通过有效利用综保区保税生产研发、展示交易、仓储物流及国家推进贸易便利化的政策制度优势，为文化创意企业的创意研发、生产制作、仓储物流、展示推广、鉴定评估、交易交割提供全产业链服务。

基地已完成合计19.2万平方米的一期工程——国际文化贸易企业集聚中心28栋楼宇的建设，并正式投入运营使用，为基地搭建文化贸易服务平台、引进高端文化贸易企业、为境内外文化项目提供保税服务提供了重要的物理平台。

国家对外文化贸易基地（北京）天竺综合保税区文化保税园

影视贸易

保税拍卖

文化贸易推介活动

2016年，基地针对北京文化贸易需求很强烈的影视贸易、艺术品贸易、设计贸易等方向，探索利用国家综合保税区制度设计和监管模式促进对外文化贸易便利化的实践，一方面进行政策集成，形成北京对外文化贸易保税特色；另一方面，在影视、艺术品、设计等产业方向的研究生产、展示推广、交流交易等环节进行产业链梳理，引进重要环节的服务商，以及利用实验性项目引进勇于尝试的创新型贸易企业，形成初步企业集聚，为下一步的产业发展奠定了基础条件。

基于国家提出的“一带一路”倡议，国家对外文化贸易基地（北京）的发展目标是成为“空中丝绸之路和网上丝绸之路”双丝路的起点，发挥文化保税园毗邻东北亚最大机场和地处境内关外特殊监管区的双重优势，形成全球文化贸易空中运输和网络信息传输的便利化渠道。

衡阳综合保税区

衡阳综合保税区于2012年10月25日经批复同意设立，2013年12月13日通过验收，2014年9月9日正式封关运行，是全国第30家、中部第3家、湖南省重要的综合保税区。

衡阳综合保税区位于市城区南部、白沙洲工业园区范围内，以“粤桂咽喉”为依托，借助机场、高速公路、铁路、湘江构成的综合性交通经济运输走廊，打造“西、南、云、贵”大经济圈。在已有的“1189”发达的立体交通网络建设基础上，同时打造衡阳运输门户枢纽：距衡枣高速5分钟、丁家桥千吨级码头10分钟、南岳机场15分钟、衡阳高铁东站15分钟，实现水、陆、空全方位交通网络运输。

衡阳综合保税区总体规划面积2.57平方千米，功能定位为承担进出口加工、国际贸易、保税仓储、商品展示等，按生产区、办公区、物流配送区、仓储区等功能区布局。首期规划0.845平方千米，除要求必建的7项监管设施外，已建成标准厂房19栋，总建筑面积约43万平方米，已建成保税仓库2栋，总建筑面积21 000平方米，投资13亿元。此外，综合保税区匹配湘南地区22万伏真武变电站、20万吨日供水能力的城南水厂、10万吨日处理能力的污水处理厂；光缆汇聚机房，千兆入户，百兆到桌高速光纤保证，7个3G站点、3个4G站点，全面满足企业发展需求。

衡阳综合保税区是开放层次高、政策优惠、功能齐全、手续简化的海关特殊监管区，集保税区、出口加工区、保税物流区、港口功能于一身，实行“一线放开、二线管住、区内自由”管理模式，目前除享有保税、免税、退税等优惠政策外，还享有湖南省关于湘南大开发的25条优惠政策、支持湘南三市“先行先试”的34条优惠政策，以及衡阳市“7+2”等相关优惠政策，以最有利的政策促进企业发展。

衡阳综合保税区正全力打造成湖南乃至中西部地区内陆开放型经济发展的前沿区、加工贸易的集聚区、跨区域经济合作的引领区、新产品新技术的研发区、转型发展的试验区；形成湖南乃至中西部地区的“五中心一平台”，即电子信息和现代制造业加工中心、国际货物集散中心、进口商品展示交易中心、高端电子产品检测维修中心、总部经济研发和创新中心、跨境电子商务平台。现已形成了电子书、平板电脑、手机背光板、半导体激光器、主控芯片等电子产业门类，并构筑起四通八达的物流网络，成为集IT产业和现代制造业研发、加工、贸易、检测维修为一体，上中下三条产业链齐发展的产业聚集地。

集商业居住、行政办公、科技研发和生态休闲为一体的衡阳综合保税区新城，以综合保税区工业区、白沙洲工业园、高新产业园、综合国际物流园产业群为支撑，向园区提供综合配套服务，建有员工经济型住宅公寓、大型食堂、超市，规划建设台湾风情村、高尔夫练习场、国际会议中心、商贸文体中心、科技大厦等商业配套，形成集行政、教育、商贸、休闲等功能于一体的保税区宜居生活圈。同时周边众多中高档住宅、学校、医院、商务酒店、购物中心、餐饮影院等生活配套完美匹配，共同建设宜居宜业的园区新城。

宁波梅山保税港区

宁波梅山保税港区位于宁波市北仑区东南部的梅山岛，2008年2月24日经批复设立，规划面积7.7平方千米，是我国第5个保税港区，也是浙江省重要的保税港区。一期2.5平方千米于2010年6月封关，同年8月正式运作。2010年，设立梅山物流产业集聚区，规划面积240平方千米。2015年 9月，宁波国际海洋生态科技城管委会挂牌。

围绕六大主导产业，重点打造“国际贸易岛”“财富管理岛”“科技创智岛”和“休闲旅游岛”，初步建立了现代物流商贸与金融创新服务业、高端基础装备和滨海休闲旅游产业体系。

2016年，梅山保税港区完成固定资产投资79.95亿元，同比增长19.5%；实现财政总收入62.2亿元，同比增长37.6%；实现公共财政预算收入34.9亿元，同比增长39.2%；完成限上商品销售额1947.4亿元，同比增长28.6%；完成限上服务业营业收入1891亿元，同比增长32.41%；实现外贸进出口额14.4亿美元，同比增长58.65%；完成集装箱吞吐量240.6万标箱；全年完成进口整车4590台，货值超19.22亿元，同比实现翻番；完成跨境电商业务73.4万单，货值1.4亿元。建成投用集中查验区1200平方米。实现冷链食品贸易额4820万美元，波兰PAGO等冷链项目洽谈深入推进。

截至2016年12月，梅山保税港区累计引进企业近15 000家，注册资金近9千亿元，累计引进投资规模（注册资本）5亿元以上项目80个、50亿元（含）以上项目10个。国际贸易呈现特色发展良好势头，经过几年的努力培育，进口汽车、进口木材、冷链食品、活体植物、跨境电商等一批特色贸易平台建设取得积极成效，2016年全年完成市场交易超过1 000亿元，成为第二批省级进口公共服务平台。类金融产业形成规模效应，集聚了以信达系、兴业系、五矿系和软银系等为代表的30余个股权投资集群及其全国投资运营管理中心，成为全省资本密度高、发展成效显著的区域。2015年6月，梅山海洋金融小镇入选浙江首批37个特色小镇，金融小镇一

期工程预计2017年6月建成投用。科教文化产业加快发展，宁波大学海洋学院、海运学院和宁波海洋研究院启动建设；中科院宁波城市环境观测研究站、玻璃钢船舶设计研究院、浙大开天岩土工程研究中心、南京审计大学审计大数据研究院等科研院所先后进驻；宁波中国港口博物馆及国家水下考古基地、梅山盐场纪念馆等公共文化载体建成投用。先进制造产业快速发展，引进并开工建设总投资20亿元的康达医疗器械产业园项目，泽明艾克伦眼科器材项目、沈德（上海交大）聚焦超声项目、梅傲生物与牛津大学合作建设第三方公共实验室等多家国内外顶尖技术的医疗器械制造项目和精准医疗项目启动建设。吉利汽车春晓生产基地生产的博瑞轿车和博越汽车全面上市，敏实汽车电子项目于今年正式投产，总投资约135亿元、年产30万辆的吉利CMA平台车生产项目正在积极推进。休闲旅游产业扎实起步，华东地区首家直升机5S店落户梅山，国际赛车场、万人沙滩等休闲旅游龙头项目相继开工建设，国家水上运动基地项目积极推进。省级旅游度假区申报已通过区、市两级评审。

温州保税物流中心（B型）

温州保税物流中心（B型）位于温州市东部——瓯江口新区灵霓半岛起步区东北角、瓯江入海口处，西南距龙湾国际机场9千米，距状元岙深水港不到20千米，距温州市区23千米，北有77省道东西贯穿，东紧邻滨海大道、深海高速，运输半径覆盖温州全域及玉环等周边县市。建设用地0.21平方千米，总投资6.64亿元，包括海关监管区（卡口、验货平台、监管仓库）、保税物流仓储区（其中仓库面积4.06万平方米、堆场面积6.25万平方米）、办公服务区(建设面积1.2万平方米)等。

主要功能：保税仓储、入物流中心退税、转厂服务、港口延伸内移、全球采购和国际配送、简单加工及附加值服务、国际中转和转口贸易。

通关优势：业务操作电子化（中心内物流企业、场站管理企业、报关企业等所有业务单位与相关部门信息联网，信息收发、流转全部实现电子化）；港口与物流中心之间采取“一次报关、一次查验、一次放行”；中心内企业可以实物分批进出货物、集中报关；进出口货物通关实施“提前报检、提前报关、货到验放”。

招商对象：国际、国内知名第三方物流企业、配送企业、仓储企业、运输企业，国际货运代理企业，国际贸易经营企业，加工贸易深加工结转需要出口退税的企业，为跨国制造企业承担供应商管理库存（VMI）的经营企业，从事国际分拨、国际采购、国际配送的物流企业，需要国际中转功能的跨国物流企业，承接国际著名品牌产品国内寄售维修零部件保税存储的企业。

项目建成后，有利于优化温州海洋经济结构和布局，开辟经济发展新的增长点，改善投资环境，扩大外引内联，吸引海外客商投资兴业，提高口岸居民收入，增加就业，推动全市社会经济发展目标的实现。

温州保税物流中心 （B型）促进瓯江口产业集聚区的形成，使其成为建设“大温州”的主平台，助力浙江省建设“大港口”重要基地。

温州现代保税物流有限公司

联系人：应女士　　　电 话：0577-88890063

地　址：温州市瓯江口新区雁升路1188号

邮　编：325000

广西凭祥综合保税区

GUANGXI PINGXIANG INTEGRATED FREE TRADE ZONE

广西凭祥综合保税区于2008年12月19日经相关部门批准设立，是全国获批的第四家综合保税区，是全国较早在陆路边境线上的综合保税区。广西凭祥综合保税区一期于2011年9月30日封关运营，二期（筹）已于2016年8月26日开工建设。

广西凭祥综合保税区依托友谊关口岸而建，与越南互连互通。自封关运营以来，广西凭祥综合保税区凭借“面向东盟、贴边发展”的便利条件，充分发挥境内境外两个市场和两种资源的优势，坚持“扩容提量、改革创新、跨境合作”发展方向，重点发展国际贸易、保税物流、加工贸易等口岸经济业务，形成了独具特色的产业发展格局。

凭借得天独厚的区位、交通、政策等优势和良好的投资发展环境，广西凭祥综合保税区（一期）吸引了区内外众多企业入驻，并重点发展贸易、物流、加工等主导产业，促进沿边口岸进出口产品结构升级，带动口岸经济发展。2016年，广西凭祥综合保税区（一期）共完成外贸进出口额1 233.76亿元，同比增长19.3%，是广西对外贸易超过千亿元产业的园区；保税进出口总额205.44亿元，同比增长52.4%；入区企业进出口总额221.43亿元，同比增加73.48亿元，增长49.8%，工业总产值4.52亿元；固定资产投资1.5亿元；进出境车辆17.9万辆次，同比增长2.5%；过货量223.4万吨，同比增长

4%；集装箱吞吐量10.05万标箱，首超10万标箱，同比增长86.8%。

随着国家“一带一路”倡议的实施和广西凭祥重点开发开放试验区的获批，广西凭祥综合保税区积极打造综保区—越南海防港、综保区—越南河内—胡志明、综保区—越南谅山—老挝沙湾拿吉—泰国穆达汉—马来西亚黑木山3条黄金物流线路。同时，主动融入和服务“一带一路”倡议，拓展连接凭祥综保区—苏州—满洲里—欧洲（苏满欧）、凭祥综保区—郑州—新疆霍尔果斯—欧洲（郑新欧）、凭祥综保区—重庆—新疆阿拉山口—欧洲（渝新欧）到达欧洲的保税物流线路，实现中南半岛经济走廊与丝绸之路经济带无缝对接。

此外，为增强园区的发展后劲，提升园区的综合承载能力，广西凭祥综合保税区二期（筹）建设也正稳步推进。广西凭祥综合保税区二期（筹）分为轻工产业园、机电加工产业园、东盟特色资源加工产业园、农副产品加工物流园4个产业园区。主

要功能是以保税加工为主，同时开展公路铁路保税联运、大宗货物中转配送等业务，将重点引进高端服装加工，小家电、家居产品加工，电动自行车装配，汽车配件、手机及其他数码模块装配，品牌手机入境返修，特种及重型牵引车辆入境返修，集装箱专业维修检测，变性淀粉加工，植物油脂加工，咖啡、大米、坚果加工，胶合板、红木及橡胶加工等产业。

广西凭祥综合保税区大胆创新，先行先试，经济实现平稳健康发展，推动沿边开放发展迈上新台阶。园区先后荣获“广西开放型园区创新进步奖”“广西加工贸易产业发展重点园区”“广西现代服务业聚集区自治区示范物流园区”等荣誉称号。

广西凭祥综合保税区管理委员会

地址:广西壮族自治区凭祥市友谊关口岸凭祥综合保税区大楼　电话: 0771-8587688

传真: 0771-8587766　邮箱:pxiftz@163.com　网址:www.pxftz.gov.cn

成都铁路保税物流中心（B型）

成都铁路保税物流中心（B型）占地面积约0.18平方千米，利用便利的区位优势，重点发展国际中转、国际配送、国际采购、国际转口贸易等高端服务业，主要以跨境电子商务、保税展示作为业务方向，围绕集装箱中心站、铁路口岸、蓉欧快铁等资源，重点做好机电产品、汽车零部件、重大装备、进口快速消费品的保税仓储和保税展示等业务。

一、区位优势

成都铁路保税物流中心（B型）位于四川省成都市青白江区成都国际铁路港内，项目所在位置交通非常便利。成南、成绵高速公路，成青快速通道，货运一北新干线等多条入城通道，20分钟可直达中心城区；成绵乐城际铁路客运专线在境内设青白江东站，贯通青白江；连接中心城区的地铁11号线将于2017年启动建设，2020年建成。

二、保税仓库情况

成都铁路保税物流中心（B型）共设有保税仓库三座，总建筑面积约6.5万平方米，建筑高度为11.4米，净高9米。仓库结构为钢结构，建筑性质为物流建筑。仓库建筑耐火等级为一级，并设置自动水灭火系统和火灾自动报警系统；火灾危险性等级为丙二类，3座保税仓库均按照丙二类消防等级设置喷淋、消火栓及灭火器；建筑等级二级，屋面防水等级二级，抗震设防烈度为七度设防，建筑设计使用年限为50年。保税仓库内设有消防、照明、升降平台、叉车坡道等设施设备，地面承载设计荷载3吨/平方米。

三、项目配套及政府配套

（一）项目配套

在保税物流中心旁设有办公区域；中心外设员工餐厅、小型超市、咖啡屋、电子阅览室等一系列生活、娱乐设施配套服务；设有停车区域10 000平方米，地上室外停车位共55个；为入驻企业提供“管家式”贴心物业服务，7×24小时保安巡逻，专业的保洁、绿化队伍及工程维修人员；由专人为意向企业、入驻企业提供工商、税务、报关、报检等一系列手续；引进多家银行为入驻企业提供存储、查询、转账等服务。

（二）政务配套

青白江区政务中心汇聚区内所有事业单位服务窗口，为入驻企业提供及时、快捷的政务服务。

青白江区内有多家银行、证券、融资性担保、小额贷款及保险机构，设立了促进产业发展的专项资金，能为赴区投资企业提供有效、方便、及时的金融支持。

成都铁路口岸

成都铁路口岸位于成都青白江区内的成都国际集装箱物流园区的西南角，是中国西部铁路物流中心项目的核心建设内容。依托成都国际铁路集装箱中心站，以“功能齐全、通关便利”“与铁路实现无缝对接”进行规划和设计。项目总投资约2.1亿元，占地面积60万平方米，一期工程规划为22万平方米。该项目目前为成都地区铁路运输的唯一口岸平台。2012年4月经四川省口岸办验收合格后，正式开始运营。投入运营后承担了成都范围内70%的出口货物通关，并在相关部门的支持下努力打造为开放内陆口岸。成都铁路口岸目前已具备进口肉类及整车的资质，下一步准备申报粮食口岸、水果口岸、原木口岸。直达欧洲波兰罗兹的蓉欧国际快速铁路货运直达班列将成都铁路口岸作为起始站。

重庆南彭公路保税物流中心（B型）

重庆南彭保税物流中心（B型）位于重庆市巴南区贸易物流基地重庆东盟国际物流园内，北邻内环高速，南接绕城高速，东连包茂高速（G65），西邻兰海高速（G75），能够与重庆内环、外环，包茂高速，兰海高速实现“无缝”衔接，高速直达重庆水运、航空、铁路枢纽。

建设情况

建设用地面积约13.67万平方米，总面积约10.5万平方米（已全面建设完成），包括保税物流仓库（8.5万平方米）、综合办公楼（1万平方米）、罚没库、监管仓库、待检区、查验区、公共分拣区，仓库均设有装卸平台，并配置登车桥，可满足保税货物相关查验、分拨、存放作业。周边还配套有普通库房5万平方米，办公区2万平方米。

主要功能

能够实现保税仓储、出口退税、进口保税、转口贸易、国际中转、跨境电子商务、商品展示等服务功能。

招商对象		政策优势
主要招商方向	主要招商对象	
简单及增值加工服务等加工贸易产业、转口贸易产业、一般进出口贸易产业、跨境电商产业等。	国内外物流、配送、仓储、运输企业；国际贸易经营企业；从事国际分拨、国际采购、国际配送的物流企业；国际货运代理企业为跨国制造企业承担供应商管理库存（VMI）的经营企业，以及与商贸、制造、物流相关的投资咨询、银行保险、担保、报关咨询、法律咨询等服务机构。	1. 仓库租金补贴 2. 报关费用补贴 3. 进出口额增量补贴 4. 进出口贸易额补贴 5. 出入境交易额增量补贴 6. 标箱货物进出口补贴 7. 税费补贴 8. 年销售收入补贴 9. 设立独立核算的分支机构补贴 10. 运营资金周转补贴 11. 装卸、分拣线作业、短驳等操作补贴 12. 其他优惠政策

企业简介

中国通关网（ETCN），是相关部门批准，北京东方亚港国际资讯有限公司承办，以大数据为核心，集跨境贸易通关服务、企业信息化服务、金融服务为一体的第三方跨境贸易综合服务平台。

中国通关网目前已开通中文站和国际站，注册会员已逾15万名，覆盖全球129个国家和地区，服务对象涵盖驻华使领馆、相关机构、全球顶尖咨询公司，已为境内外超过1 000万专业用户提供在线服务与咨询解决方案。

Company Profile

E-to-China.com (ETCN),operated by ETCN Interna tional Inc. upon the approval by the relevant depar ments，is a third-party comprehensive service pla form for cross-border trade focusing on big data with integration of cross-border customs clearanc service，enterprise information service and financi service.

ETCN has set up its international web portal （Er glish）and Chinese web portal,with registered mem bers beyond 150,000 from 129 countries/regions; s far，this web platform has provided services for mo than 10 million professional users in China and abroa in terms of online consulting and solutions for cham bers of commerce,embassies/consulates，goverr ment agencies，globally top consultancies and ente prises.

中国电子口岸数据中心乌鲁木齐分中心

中国电子口岸数据中心乌鲁木齐分中心遵循“服务于新疆开放型经济发展，服务于乌鲁木齐关区业务改革，服务于新疆电子口岸成员单位，服务于广大进出口企业”的指导思想，通过大力研发、推广和应用信息化项目，积极参与乌鲁木齐关区业务改革和大通关、大监管体系建设。

2016年，乌鲁木齐数据分中心围绕监管通关，优化乌鲁木齐关区物流监控系统，完善进出境运输工具安全智能锁（GPS）管理系统，加强在途监管。完成电子口岸数据交换平台分节点部署，对外开放相关数据交换接口，助力企业便利通关。成功助力新疆电子口岸平台于2016年5月25日上线运行，同时，配合新疆电子口岸完成《新疆电子口岸国际贸易“单一窗口”总体规划设计方案》的编写，为新疆电子口岸国际贸易“单一窗口”建设奠定了坚实的技术基础。积极推进新疆跨境电子商务出口和进口的首单通关业务分别于2016年6月20日和9月6日在克拉玛依和霍尔果斯上线启动，使新疆跨境电商发展向前迈出实质性的一步。

乌鲁木齐数据分中心充分发挥技术保障作用，使乌鲁木齐关区形成了较为完备的口岸通关物流体系和跨境贸易电子商务服务功能体系，进一步提高通关效率，降低贸易成本，为大通关信息化发展作出积极贡献，为促进新疆外向型经济发展发挥良好作用。

新疆易波特科技有限公司

XinJiang Eport Technology Co.,Ltd

新疆易波特科技有限公司成立于2011年1月11日，是由中国电子口岸数据中心乌鲁木齐分中心全额投资的国有独资性质的有限公司。

2016年公司以科技创新为驱动，不断提升业务改革水平，创新发展思路。继续紧紧围绕关区监管通关主线，积极做好信息化服务保障。积极推进大运维体系建设，保障系统运行，降低企业运维成本，提高企业通关效率。积极参与乌鲁木齐综合保税区信息化系统工程建设项目，并于2016年12月30日顺利通过验收。积极参与并全力推进乌鲁木齐多式联运海关监管中心信息化建设，并对信息化建设相关配套工程建设进行技术指导。在向乌鲁木齐关区派遣技术雇员试点工作的基础上，强化技术雇员队伍管理，提高服务技能和业务水平，并取得良好效果。

2017年，公司立足于“双一流”工作目标，坚持把项目开发和工程建设作为工作的着力点，切实提升服务业务改革能力；坚持把大运维体系建设作为工作的关键点，切实提升服务保障能力；坚持把党建学习落实工作作为工作的切入点，切实推进“双一流”建设。

地址：新疆维吾尔自治区乌鲁木齐市新市区北京南路295号　邮编：830011　电话：0991-3627333　传真：0991-3627771

http://www.xjeport.com

中国电子口岸数据中心福州分中心

中国电子口岸数据中心福州分中心（以下简称福州分中心）自成立以来，在相关部门的领导下，牢固树立服务意识和创新意识，不断加大中国电子口岸项目的推广力度，积极参与、主动融入福建电子口岸建设，推动电子口岸建设又好又快发展。

2016年，福州分中心紧紧围绕党的“十八大”及十八届六中全会精神，深入开展“两学一做”系列教育活动，不断加强基层党建工作，认真围绕相关部门发展战略规划，牢固树立“大科技”意识，积极贯彻落实相关部门的系列重大决策部署，扎实推动海关各项业务改革和电子口岸建设再上新台阶。

一、靠前站位、积极主动，助力海关改革发展建设。

全力推动福州关区“一号工程”自贸试验区信息化系统的建设，配合完成泛珠四省区域通关一体化改革相关工作，支持跨境电子商务发展，配合相关部门完成金关二期机房改造项目、金关二期视频监控指挥系统建设及各级联调项目等项目的建设。

二、服务地方、服务企业，参与福建口岸建设工作。

参与和推动福建电子口岸改制、“单一窗口”平台建设、关检“三个一”合作项目；停止电子口岸有关经营服务性收费，为企业减负，简化关区企业入网审批流程，优化电子口岸客户服务体系。

三、狠抓落实、有效履职，加强基础建设和日常运维工作。

进行电子口岸骨干网升级改造，完成福州分中心机房UPS改造及设备迁移，承担中国电子口岸多个应用系统的维护工作，承担相关部门管理网多项重要系统的运维工作。牢固树立服务大局意识，保障关区系统、硬件安全顺利运行。

四、优化机制、规范管理，有效防范廉政风险。

严格制定各项规章制度，不断优化工作机制，加强内部管理。夯实非执法领域内控基础，严格控制“三公经费”的使用，严格遵守财经纪律及“中央八项”规定。

福州分中心将进一步加强与地方政府及相关部门和企业的联系、沟通与合作，积极主动开展各项工作，充分发挥自身优势，推动福州关区科技创新应用实现新跨越、新发展。

福州达远电子科技开发有限公司

福州达远电子科技开发有限公司（以下简称达远公司）成立于1993年7月8日，现隶属于中国电子口岸数据中心福州分中心，主要从事与电子口岸相关的项目开发、实施、技术保障等增值业务，提供国内电子政务解决方案，进行海关行业应用软件开发。达远公司原为仅6人的集体所有制企业，2014年5月起开始了“二次创业”，转变经营思路并实现了跨越式的发展。

2014年，达远公司进行所有制改制，将集体所有制企业变更为有限公司。根据现代化IT企业的标准搭建公司的管理体制架构，建立了总经理、副总经理、部门经理、主管、组长、员工的多层级管理体系，下设综合财务部、工程技术部、软件开发部、市场部、质量管理部和口岸业务部共6个部门。

当前，达远公司参与了福州和平潭的跨境电子商务公共服务平台、福州海关自由贸易信息化平台、移动办公系统等系统项目的建设，以及相关的审单比对、财务预算、人事辅助、教育培训、四好考评、基建督审等业务应用软件的开发，还有平潭分线系统、小贸系统、政务网站、行政复议、信息安全等系统的运维外包服务。

2015年，达远公司已通过ISO9001质量管理体系、ISO20000IT服务管理体系和ISO27001信息安全管理体系、信息系统集成及服务四级认证并获得证书。达远公司还成功获取信息系统安全集成服务二级资质和信息系统安全运维服务二级两项资质，系福建省内较早荣获信息安全运维服务二级资质的企业之一。完成达远网络运维管理系统软件及达远关务联网管理系统软件产品研发及著作权登记工作。2016年上半年，通过中国信息安全认证中心对公司信息安全应急处理服务二级资质的审核。2016年7月份，顺利通过CMMI-DEV能力成熟度3级评估，标志着公司的软件研发成熟度和项目管理水平已上升到一个新的高度，实现了与国际主流模式的接轨。

达远公司坚信，通过不断的努力和追求，牢固树立“大科技”意识，开拓创新、勇于担当，一定能实现公司的经营和发展，为社会经济发展做贡献。

中国电子口岸数据中心太原分中心

中国电子口岸数据中心太原分中心（以下简称太原数据分中心）是中国电子口岸数据中心设在太原的分支机构，也是太原海关的直属事业单位，具有独立的事业单位法人资格，业务涵盖山西全省，主要负责中国电子口岸应用项目在山西地区的推广、技术支持、软件开发等业务，同时参与山西地区“单一窗口”建设，以及与山西大通关建设的信息化项目。

太原数据分中心的主要职责是负责办理所辖地区政务卡、企业卡的录入、制作等工作；负责所辖地区电子口岸信息系统运行维护与技术支持，电子口岸安全认证相关应用软件开发、操作培训，及时收集、报告项目运行情况及各方反映；设立咨询热线，负责辖区内电子口岸制卡和业务咨询，负责辖区报关预录入业务咨询与故障报修处理；承办数据中心交办的其他事项等。目前，山西地区电子口岸入网企业已经突破5 000家，并以每年新增300家的速度递增，2016年电子口岸IC卡制卡量已突破3 500张。

近年，太原数据分中心充分认识到当前外贸形势的严峻性和紧迫性，积极响应“放管服”的总体要求，大力促进各项优惠政策的贯彻落实，坚持不懈地抓好“方便办事软环境”建设，办事效率不断提升，受到广大进出口企业的广泛好评。2016年荣获“山西省巾帼文明岗”荣誉称号。

为了更好地服务山西地方经济建设，中国电子口岸数据中心太原分中心于2012年成立了山西东方物通科技有限公司，在为中国电子口岸信息化提供持续性服务的同时，积累了大量电子政务建设、运营、维护经验，培养了一支熟悉业务，具备承接信息化项目的强大队伍，在关务、口岸监管、物流管理等领域拥有丰富的项目开发、运营经验，2016年实现营业收入近200万元。

新的时代已经来临，太原数据分中心将继续贯彻落实“依法行政、为国把关、服务经济、促进发展”的方针，以振兴山西经济转型为契机，真抓实干、开拓创新，狠抓队伍建设，强化服务意识，为山西经济社会实现跨越式发展奋力拼搏。

中国电子口岸数据中心兰州分中心

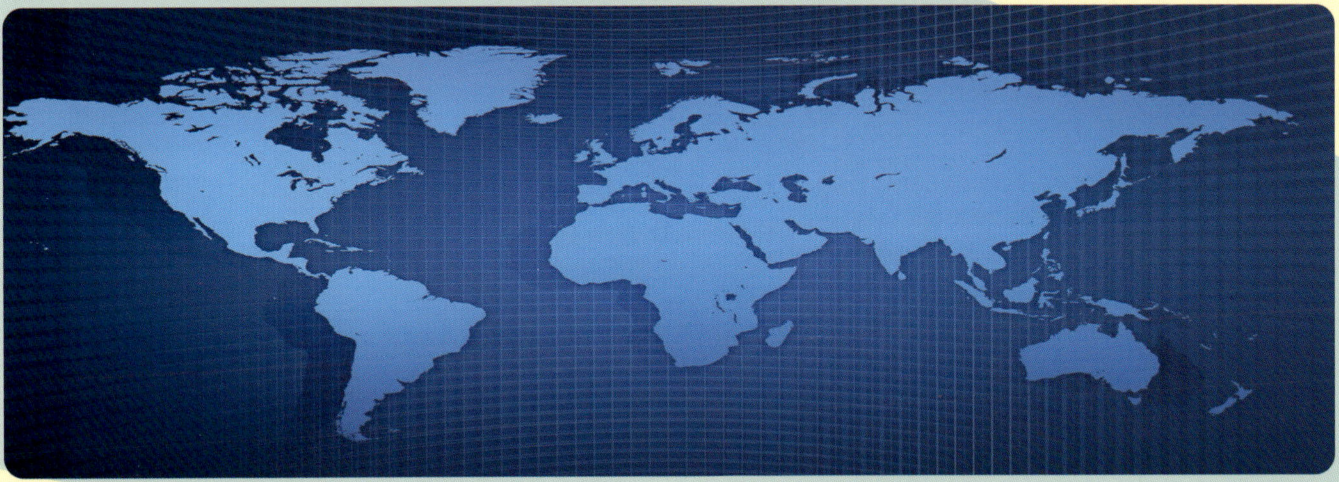

甘肃地处黄河上游，东接陕西，南临巴蜀青海，西倚新疆，北扼内蒙古、宁夏，是古丝绸之路的“锁钥”之地和黄金路段，也是中华民族和华夏文明的重要发祥地之一。甘肃是“丝绸之路经济带”上重要的物流通道、文化聚集地和生态屏障。随着国家“一带一路”规划的深入实施，甘肃开放型经济建设开始加速，成效显著。中国电子口岸数据中心兰州分中心（以下简称兰州分中心）在兰州海关和中国电子口岸数据中心的大力支持下，抢抓甘肃开放开发的机遇，认真贯彻落实“依法行政、为国把关、服务经济、促进发展”的工作方针，有效落实相关部门各项优惠政策，服务企业，提升电子口岸和相关信息化项目的建设，取得了良好效果。

兰州分中心是中国电子口岸数据中心的分支机构，也是兰州海关直属事业单位，具有独立法人资格，经费独立核算，实行兰州海关和中国电子口岸数据中心双重领导，以兰州海关领导为主，业务上接受数据中心指导、监督。业务范围覆盖甘肃省45万平方千米内12个地级市、2个自治州，主要职责如下：

一、实现兰州地区各有关部门间与大通关流程相关的数据共享和联网核查。

二、规范电子口岸数据交换标准，将大通关核心流程及相关的物流商务服务程序整合到统一的信息平台，实现全国“统一认证、统一标准、统一品牌”，为企业进出口通关提供“一卡通”“一站式”服务。

三、承担电子口岸的统一身份认证业务，推进电子口岸平台建设。

四、建立完善数据公开、使用授权和信息安全管理办法，加强系统的安全管理工作，健全应急机制，确保系统的安全稳定运行。

五、承办兰州关区政务卡、企业卡的录入和制作等项工作。

六、负责兰州地区中国电子口岸应用项目及联网企业的技术支持、操作培训、热线咨询，及时收集、报告项目运行情况及各方反映。

七、承接其他应用软件开发及技术服务工作。

八、负责兰州地区电子口岸的职能及相关承建工作。

九、承办中国电子口岸数据中心交办的其他事项。

经过几年的发展，兰州分中心在做好各类重点项目的运行保障，完成关检合作“三个一”推广、兰州新区综合保税区和武威保税物流中心信息化建设，以及甘肃地方电子口岸建设方面发挥了积极的作用，并取得了阶段性的成果。兰州分中心以提高服务意识、工作效能为核心，不断强化工作执行力和制度的约束力，强化科学管理提升创新能力，锻炼了一支素质过硬、作风过硬的技术队伍，保障能力、服务质量和服务水平得到了企业和政府相关部门的高度认可。

随着甘肃开放型经济的不断发展，分中心应用项目推广规模和业务量不断增长。为了进一步做好服务，给甘肃“一带一路”建设做好技术保障和支撑，兰州分中心将逐步完善激励体系，充分调动服务、管理和运行维护人员的积极性、主动性和创造性；加强对甘肃省外贸经济形式发展现状和需求的调研，加强顶层设计，多措并举，加强项目推广应用，为甘肃省进出口企业开拓国际市场、节省贸易成本和获取信息资源提供新的渠道，为甘肃外向型经济发展作出更大的贡献。

服务及解决方案
SERVICES AND SOLUTIONS

1. 进出口贸易信息服务

◆ **贸易资讯**

关务指南

◆ **贸易数据**

对外贸易指数个性化贸易数据定制、企业排行

◆ **信息查询**

贸易统计数据查询、贸易参数查询、通关状态查询、企业黄页、商品归类信息

◆ **进出口贸易信息应用解决方案**

中国进出口贸易分析系统——海讯通金融版、行业版、企业集团版、高教版、航贸版等系列产品

◆ **行业应用**

指数基金、海上丝绸之路贸易指数、“一带一路”贸易投资指数、汽车大数据应用

◆ **外贸大数据实验室**

探索数据应用场景与价值，服务国民经济决策、课题研究、量化投资、金融保险、授信风控、物流仓储、贸易摩擦,以及大宗商品话语权等领域和方向。

2. 国际通关产品

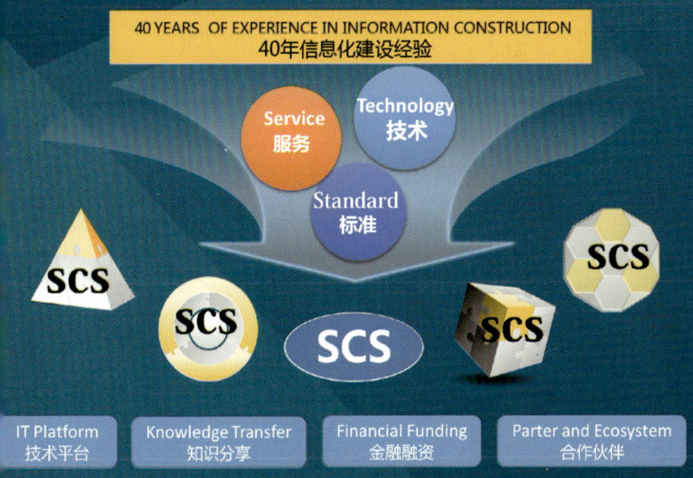

国际通关产品——智能通关系统SCS

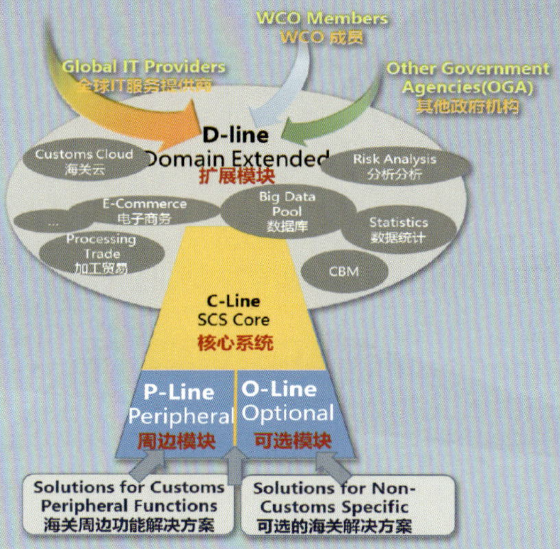

服务特点：★智能化 ★易落地 ★更安全

3. 政务信息化建设服务

中海通依托近20年的大项目实践经验、专业的交付方法论及资深的专家团队，针对不同行业需求，为客户提供解决方案咨询、定制研发与测试、信息系统集成、系统安全运维、数据挖掘与应用等在内的“一站式”信息化建设服务。

特殊监管区域政务信息化

服务特点：★ 系统全面的“一站式”服务
★ 与相关部门业务系统无缝连接
★ 模块化、易落地

成功案例：

▲ 福建平潭综合实验区分线管理、对台小额贸易市场辅助管理系统建设；

▲ 福州自贸试验区信息化平台建设。

政府政务工作信息化解决方案

◎ 智能办公系统 ◎ 信息安全系统
◎ 网站门户集群 ◎ 大数据分析平台
◎ IT运维管理系统

服务特点：★ 科学的作业模式
★ 智能的分析模式
★ 精准的服务模式

东方物通科技（北京）有限公司

① 公司介绍

东方物通科技（北京）有限公司于2011年成立，是中国电子口岸数据中心的全资子公司。

公司秉承科技创新的宗旨，以口岸信息化服务为基础，以跨境电子商务服务为核心，并承建国际贸易“单一窗口”平台、海关特殊监管区域（场所）系统，数据安全与交换系统，移动应用系统。致力于为政府部门、管委会园区、外贸进出口企业、跨境电子商务有关企业提供咨询规划设计和信息化解决方案。在口岸大通关信息化有关电子政和电子商务方面，具备丰富的系统规划、建设实施、运营维护等经验。

公司以中国电子口岸物流商务基地为依托，与全国各地42个中国电子口岸数据分中心形成战略联盟，共同服务企业。

② 资质证书

01. 国家跨境贸易电子商务服务试点指定咨询单位

02. 高新技术企业证书

03. ISO9001质量管理体系认证证书

04. 软件企业认定证书

05. CMMI3级证书

06. 商用密码产品销售许可证

07. 软件产品登记证书

（01）东方物通集成通数据交换软件V2.0
（02）东方物通智能视频安全分析系统应用软件V1.0
（03）东方物通智能视频监控管理应用软件V1.0
（04）东方物通智能指挥中心指挥管理应用软件V1.0
（05）东方物通区港联动国际物流信息系统应用软件V2.0
（06）东方物通智能单兵管理应用软件V1.0
（07）东方物通智能移动视频管理应用软件V1.0
（08）东方物通智能指挥中心职能管理应用软件V1.0
（09）东方物通指挥中心基础管理平台应用软件V1.0
（10）东方物通安速通传输软件V1.0
（11）东方物通跨境贸易电子商务服务平台V1.0

08. 计算机软件著作权登记证书

（01）集成通数据交换软件V2.0
（02）区港联动国际物流信息系统应用软件V2.0
（03）智能指挥中心职能管理应用软件V1.0
（04）智能视频安全分析系统应用软件V1.0
（05）智能移动视频管理应用软件V1.0
（06）智能指挥中心指挥管理应用软件V1.0
（07）智能单兵管理应用软件V1.0
（08）指挥中心基础管理平台应用软件V1.0
（09）智能视频监控管理应用软件V1.0
（10）海关特殊监管区域信息化辅助管理系统V2.0
（11）安速通传输软件V1.0
（12）跨境贸易电子商务服务平台V1.0
（13）跨境电子商务安全管理系统V1.0
（14）跨境电子商务物流监控辅助系统V1.0
（15）跨境电子商务海关监管系统V1.0
（16）跨境电子商务综合服务平台V1.0
（17）跨境电子商务通关服务系统V1.0
（18）跨境电子商务保税展示展销平台V1.0
（19）跨境电子商务数据交换平台V1.0
（20）“单一窗口”系统V1.0

③ 发展大事记

2011.07 承担有关部门《跨境电子商务推进策略和政策研究》项目课题，获得专家一致好评。
2012.05 有关部门授予“国家跨境贸易电子商务服务试点指定咨询单位”。
2013.08 协助为郑州、杭州、上海、重庆、宁波5个试点城市编写试点申报方案，并获得有关部门正式批复。
2013.09 完成郑州跨境电子商务服务试点平台（E贸易项目）建设并上线试运行，作为试点城市中标杆性跨境电子商务试点平台。
2014.07 承建金关工程二期重点应用软件项目即全国海关跨境电子商务通关服务平台（一期）系统，率先在广东东莞地区上线。
2014.11 承建平潭跨境电子商务服务平台项目。
2014.12 承建吉林电子口岸上线运行并完成验收。
2015.11 承建福州跨境电商公共服务平台项目。

4 产品介绍

01. 跨境电子商务通关辅助管理平台

跨境电子商务通关管理平台可以满足跨境贸易电子商务业务中的保税进口、保税出口、一般出口、直购进口四种模式需求，为四种模式通关提供灵活的参数设置，实现海关的有效监管。

02. 跨境电子商务公共服务平台

跨境电子商务公共服务平台与跨境电子商务参与企业的联网对接，将企业交易、支付、物流等数据向管理部门传输，实现信息流、资金流、物流三流信息合一，保障交易的真实性。提供企业及商品备案、四种业务模式通关申报及管理、账册管理等业务功能。为地方政府部门提供资讯门户、业务统计等管理功能。

03. 国际贸易“单一窗口”平台

基于“单一窗口”标准版实现口岸政务服务基本功能，并结合本地口岸通关业务特色需求，建设和集成本地口岸政务服务项目。提供口岸物流服务功能，促进各方物流信息共享和业务协同。整合通关物流状态和物流作业信息，形成通关物流状态综合信息库，为企业提供数据服务。以信息和用户集聚优势，在金融、保险、信息技术等方面为国际贸易供应链各参与方提供特色服务，有效支持地方口岸新型贸易业态发展。

04. 数据安全与交换系统

数据安全与交换系统遵循有关部门和中国电子口岸业务技术规范和数据标准格式。实现企业之间、企业与管理部门之间的数据安全交换、业务对接协同，实现系统互联互通、安全认证、数据共享整合等服务。

05. 海关特殊监管区域（场所）系统

海关特殊监管区域（场所）系统遵循有关部门发布的《海关特殊监管区域辅助管理信息系统基本配置》，以及有关部门金关工程二期特殊区域系统的业务和技术规范，实现保税加工、保税物流、服务贸易、新兴业务（检测、维修、研发等生产性服务业）的辅助管理；实现与有关部门金关工程二期特殊区域全国统一版系统无缝对接，为企业、海关及相关单位提供全方位、智能化服务的辅助管理系统。

5 主要客户

- ☆ 福建省国际电子商务中心
- ☆ 河南电子口岸有限公司
- ☆ 河北省电子口岸发展股份有限公司
- ☆ 河南省进口物资公共保税中心集团有限公司
- ☆ 平潭综合实验区港务发展有限公司
- ☆ 长春兴隆综合保税区投资建设有限公司
- ☆ 太原武宿综合保税区投资开发有限公司
- ☆ 深圳市南方电子口岸有限公司
- ☆ 厦门自贸试验区电子口岸有限公司
- ☆ 珠海快通达电子商务服务有限公司
- ☆ 博大世通国际物流（北京）有限公司
- ☆ 西安国际陆港保税物流投资建设有限公司
- ☆ 重庆龙工场跨境电子商务投资有限公司
- ☆ 中远渔业推广示范中心

东方口岸科技有限公司

East Port Technology Co., Ltd

公司简介

东方口岸科技有限公司（以下简称“东方口岸”）成立于2002年3月，是由中国电子口岸数据中心、中国电信集团和阿里俊（香港）科技有限公司共同出资成立的高新科技企业，注册资本7 142.857 1万元人民币，是中国口岸协会副会长单位、中国物联网用与推进联盟副理事长单位、中国轨道交通卫星应用产业联盟常务理事单位、中国报关协会理事单位。

在中国电子口岸数据中心领导下，东方口岸依托中国电子口岸事业发展，积累了大量人才和资源，为政府行政管理部门、金融构、物流行业、信息安全行业及全国50多万家进出口企业用户提供物流电子商务服务和解决方案（产品），促进物流业转型升级，持外贸经济发展。

业务及产品架构

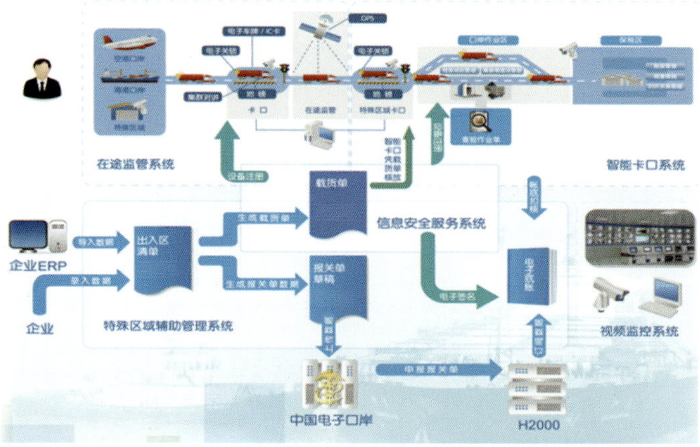

◆ 海关特殊监管区域建设解决方案

东方口岸遵照有关部门关于海关特殊区域信息化建设的导思想和标准要求，针对综合保税区、出口加工区、保税港保税物流中心等海关特殊监管区域（场所）信息化建设标准范，结合各地方政府及企业的实际需求，形成了一套能适应方海关特特殊监管区域（场所）的信息化建设方案，目前已包括上海、北京、广东、河北、内蒙古、新疆、湖北、山西甘肃、宁夏、苏州等全国30多个省市地区的海关特殊监管区部署实施，有效推动了我国加工贸易和保税业务发展和产业级，降低了生产成本、物流成本和管理成本，取得了显著的会效应。

地方电子口岸（国际贸易“单一窗口”）建设解决方案

东方口岸根据相关部门关于地方电子口岸（国际贸易“单一窗口”）建设相关政策文件要求，以地方电子口岸（国际贸易“单一窗口”）咨询规划服务为切入点，以安全认证、交换和中国电子口岸平台应用及数据为依托，整合社会资源共同推进地方电子口岸（国际贸易“单一窗口”）实体建设，提供以贸易便利化为核心的全链条服务。目前，已与全国十几个省市展开地方电子口岸（国际贸易“单一窗口”）平台建设合作。

数据交换协同解决方案

数据交换协同解决方案是东方口岸面向贸易、物流与通关领域，为企业之间、企业与管理部门之间的业务协作提供的以数据传输、标准转换、流程管理、安全支持、支付支持、辅助申报为核心功能的综合数据集成服务，从而推动企业实现与合作伙伴之间、口岸管理部门间业务协作的自动化、无纸化，帮助企业优化贸易、物流与通关的业务流程，消除进出口业务链上的数据鸿沟，增强业务可视度，提高运作效率，降低运作成本，全面提升企业在全球供应链下竞争水平。

安全产品解决方案

由东方口岸研发的安全产品解决方案及安全服务产品，符合PKI数据签名规范和中国电子口岸业务接口开放标注，满足有关部门2016年16号公告预录入数据交换接口要求、跨境电商数据传输标准要求、新快件系统数据传输标准要求，以及其他要求数字签名及XML-Signature的安全数据交换场景。

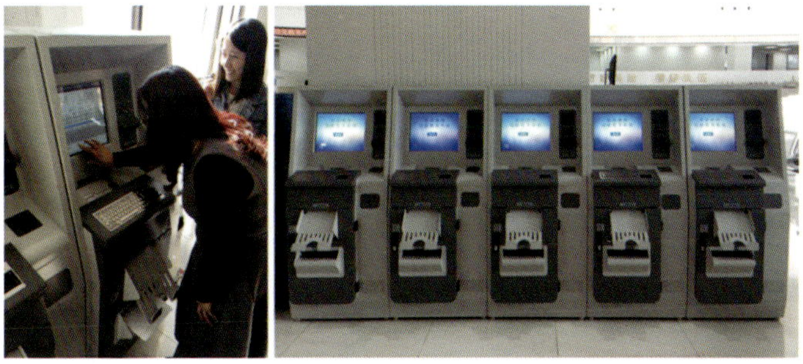

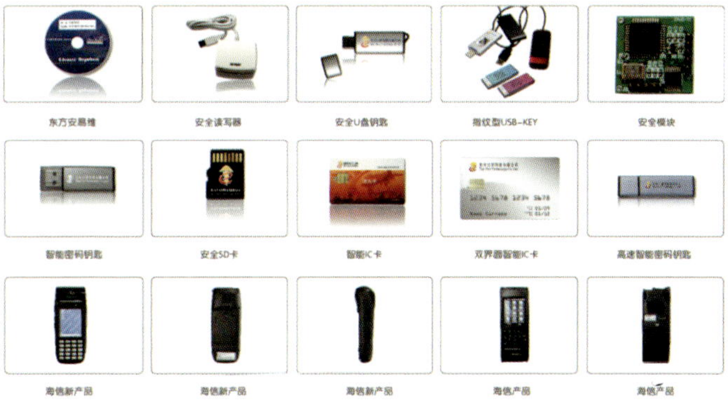

安全产品解决方案

由东方口岸开发的海关北斗物流监管服务系统通过将各关分散建立的在途监控、车船管理等系统整合起来，实现对物流链监控关键环节的可视化监管，将海关物流监控业务提升到管理流程优化再造、统筹协调的高度，现已产生良好社会效益。

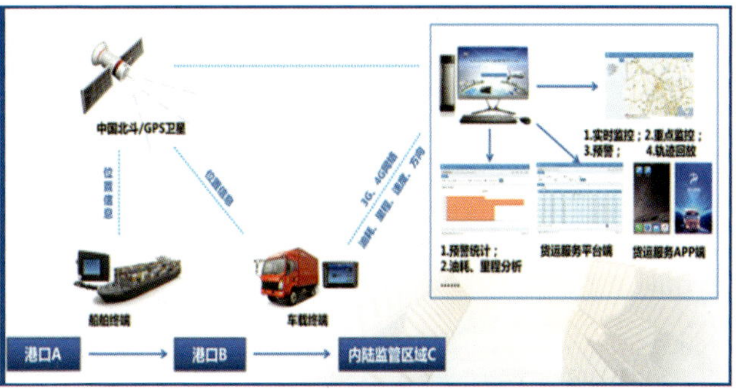

上海索广映像有限公司

上海索广映像有限公司（简称索广映像，英文简称SSV）成立于1995年12月，是由索尼（中国）有限公司与上海仪电电子（集团）公司合资设立的索尼牌视像产品制造企业。公司总投资为4.102 9亿美元，注册资金1.025 8亿美元。公司位于上海市浦东新区金桥工业南区，占地面积106 208平方米。

索广映像高度重视企业的社会责任，贯彻“给地球关爱”和“以人为本”的理念，致力于建立完善的环境和安全管理系统，生产色环保产品，创造一流的产品质量，树立一流的企业形象。先后通过ISO9001质量管理体系的认证、ISO13485：2003证书、ISO14001环境管理体系的认证、OHSMS 职业健康与安全管理系统的认证、商检一类管理企业、“产品质量免检”证书、中国对外易百强企业、全国机械工业职工技术创新优秀组织单位、全国电子信息行业优秀境外投资企业、全国信息行业标杆企业、进口3C产品信示范企业、免办CCC诚信企业、外汇服务绿色通道企业、上海市文明单位、上海市高新技术企业、上海市创新型企业、上海“快株放”便捷化监管措施企业、上海市5星诚信创建企业、上海外商投资先进技术企业、上海市外商投资双优企业、上海市外商投资销售业百强企业、上海市外商投资上缴利税百强企业、上海市平安单位、“安全生产先进”企业、上海市厂务公开民主管理工作先进单位、浦新区企业研发机构、浦东新区先进制造业突出贡献奖、浦东新区社会责任达标企业等荣誉。

21年磨砺，SSV全体员工同心协力，大展身手，用锲而不舍、善于思考、勇于探索的企业精神迎接机遇与挑战，全面增强市场竞力，为社会做出更大的贡献。

粤兴机电工程（中山）有限公司

粤兴机电工程（中山）有限公司成立于2003年，坐落在珠江三角洲中部的中山市火炬高新技术开发区，总投资近2 000万元，拥有1万平方米的厂区，是广东省属国有大型企业——广东省航运集团有限公司的外派机构香港珠江船务企业（集团）有限公司下属香港珠江集团船厂有限公司的全资子公司（实质为国有企业）。

近年来，公司致力于MTU、MWM、Volvo、Perkins、Cummins、Mercury美国水星机船用、陆用、车用发动机和发电机组，ZF、REINTJES齿轮箱，MJP及KAMEWA船用喷水推进器的专业维修及零配件供应。公司除承接自身代理的高速客轮的维修工程外，也对外承接其他船只的维修工程，主要有国内各类船艇、客渡轮等船舶的发动机、波箱、发电机组、空调等设备的维修和安装，以及陆用动力发电设备维修保养等。2014年年底，公司获得MTU新的2000/4000系列发动机大修资格。

以人为本，技术为先。公司经过多年的技术积累，已经拥有30多名持有上述设备维修资格证书的工程师及技师，大部分技师从事MTU机器维修经验达15年以上。公司具有MTU主机W6级认可指定维修工厂资格及MTU主机维修网点资格，近年来完成MTU主机W5级及以上修理工程超过300台次。

地址：广东省中山市火炬开发区十涌路16号　电话：0760-88293800　传真：0760-88287866

山　东　省

续表

市	进出口		出口		进口	
	金额（亿元）	同比（%）	金额（亿元）	同比（%）	金额（亿元）	同比（%）
德州市	211.2	7.3	150.0	9.4	61.2	2.4
聊城市	375.4	19.5	197.8	25.4	177.6	13.5
滨州市	577.1	14.8	249.4	10.9	327.6	17.9
菏泽市	351.1	30.0	164.2	20.2	186.9	39.9

表注：按行政序列排序。

口岸综合管理

【水运（海港）口岸功能进一步提升】 认真贯彻落实国家“十三五”口岸发展规划，推动加快优化全省口岸布局。依日照市申请，推动石臼和岚山水运口岸整合为日照水运口岸。2016 年 12 月 18 日，国务院批复同意并扩大开放石臼南段和岚山北段 2 个岸线 25 个泊位。根据《国务院关于同意山东石岛港口岸扩大开放的批复》组织石岛港扩大开放省级预验收。2016 年 10 月 8 日海关总署复函同意并据省级预验收通过国家验收。新增青岛港、威海港、烟台港、龙口港等邮轮母港、集装箱、原油码头等 41 个对外启用泊位。完成青岛港、烟台港液体化工、原油码头等泊位临时进靠国际航行船舶期限顺延，新增青岛董家港、烟台港等口岸泊位临时进靠国际航行船舶，办理威海、东营市申请设立进口肉类指定口岸事宜。滨州港、胶州中欧班列铁路场站等项目纳入国家“十三五”口岸发展规划，加快推进滨州港、青岛港董家口港区对外开放工作，完成国家口岸办全国一类口岸检查检验设施建设规模调查摸底工作。参照国家口岸办对石岛港口岸扩大开放并据省级预验收予以批复做法，简化青岛邮轮母港及联检大厅对外启用的省级验收，以省政府办公厅名义印发《山东省水运口岸开放范围内新增涉外作业点管理办法》，全省水运口岸开放管理更加科学规范。

【通关便利化取得新进展】 在所有旅检和邮检现场全面推行关检“一机两屏”和“前台共同查验、后台分别处置”模式，通过共享查验设施实现对旅客携带物和邮包 100% 监控。全省口岸“一次查验”7 948 票，一次查验率达 100%，“一次放行”41 674 票。青岛前湾港北港关检查验场地整合共享，变两次查验为一次查验，两次吊箱为一次吊箱，串联查验为并联查验。济南关区进口 24 小时放行率由改革之初 61.02% 提升至 75.79%；出口通关时间由改革之初 1.36 小时压缩至 0.69 小时。根据财政部等国家六部委《关于免除查验没有问题外贸企业吊装移位仓储费全面试点工作的通知》要求，在充分调研基础上，以省政府办公厅名义印发试点实施方案。4 月 6 日全面启动试点工作。9 月 7 日组织相关市和省有关部门试点工作座谈会，确定各口岸免除费用标准。截至 12 月 31 日，全省免除查验费用 5 594.98万元。提高了通关效率，降低了通关成本，提升外贸企业国际贸易中的竞争优势。

【电子口岸建设有序推进】 注重山东特色，不断拓展国际贸易“单一窗口”功能，强化试点成果运用推广和对新型贸易业态发展支撑作用。9 月改版后“通关一点通”和“QP 预录入系统”运行，实现数据分中心通关服务平台与“单一窗口”平台系统集成。参与国家“单一窗口”建设框架意见研究起草工作，与福建省共同承担运输工具数据协调和简化，分别在广东、天津参加数据协调、简化专项和建设标准规范集中编写，初步形成《国际“单一窗口”数据元目录》、国际贸易“单一窗口”标准版货物申报及运输工具、海运舱单等 3 个建设方案。2016 年开展“单一窗口”和跨境电商培训 15 批共 2 800 余人次。新开发上线 e－CIQ 报检系统、原产地证书申请系统、舱单申报系统、跨境电商通、临沂市场采购贸易综合管理系统、旅游购物贸易综合管理系统等 6 个服务平台。实现全省报检由 CIQ2000 向新报检 e－CIQ 主干系统切换，启动原产地证书申报试点，船舶申报系统联网扩大到海关、海事、检验检疫等所有港口作业系统。临沂市场采购贸易综合管理系统实现海关、检验检疫、国税、外汇及商务部门对贸易过程和申报全程监管，对市场采购贸易方式下出口货物采取便利通关措施，对市场采购贸易实行增值税免税政策，对外汇收支实施主体监管、总量核查和动态监测，允许市场采购贸易用人民币结算。11 月威海水运口岸首单旅游购物贸易方式成功通过海关申报出口。截至 12 月 31 日临沂市场采购贸易综合管理系统业务量 173 单，实现出口 2 148.48 万美元。改造升级一般贸易申报系统，实现申报数据复用，并拓展到加工贸易，连接海关、检验检疫、国税、外汇、公安等部门及电商、物流、金融机构等商业主体，为中国（青岛）跨境电商综合试验区和山东其他地区跨境电商发展提供支撑。推动海关等单位整合现有申报平台，建立“1＋N”运维机制，实现各口岸单位“共管、共建、共享”。

【空运口岸建设不断加强】 青岛空运口岸新机场建设项目胶东国际机场 2016 年实现投资 25.84 亿元。航站区完成除高铁、地铁穿越段影响区外航站楼混凝土主体结构的 80%，ITC 信息中心大楼提前封顶并通过验收。综合交通完成换乘中心（GTC）非影响区主体结构和高铁、地铁穿越段地下主体结构施工。飞行区完成除交地滞后和高铁、地铁穿越段影响区域外土石方和地基处理，6 条下穿通道全部动工。配套区 A3 地块、综合管廊动土开工。推进弱电信息系统设计，完成智慧机场和弱电信息系统施工图评审。9 月潍坊机场顺延临时对外开放和对外国籍飞机开放期限，确保了 2016 年中日韩产业博览会顺利举办。12 月 2 日烟台蓬莱国际机场启动 10 000 平方米货站扩建和 10 000 平方米货运综合服务楼建设项目。12 月济南空运口岸首次开通直飞美国洛杉矶的洲际直航航线，国际地区客运航线达到 23 条。临沂机场获批临时对外开放并实现国际航线由外籍飞机执飞，2016 年连续 2 次延长临时开放期限。

口岸监管与服务

【山东省公安边防总队积极跟进新型经济形态，不断拓展边检发展空间】 主动适应国家全方位开放新形势，紧跟“一带一路”国家倡议部署、“中日韩自贸试验区建设”及各地重点区域发展规划，坚持主动融入、主动作为，推动边检工作与服务经济融合发展。一是全力支持口岸开放大局。跟进青岛董家口港，烟台港西港、海阳港，威海石岛港、张家埠港，临沂机场对外开放及青岛胶东新机场建设规划，研究回复《全国人大代表关于加强临沂航空口岸建设的建议》，开展全省口岸边检查验基础设施建设情况调研，对《山东省水运（海港）口岸开放范围内新增涉外作业点管理办法》研提意见建议。全力支持 76 个泊位对外开放和延长临时开放期限，为 16 条固定航线加密航班，为 8 条新增客货运航线提供优质通关服务。二是不断提升边检服务保障能力。大力推行“边检先行”战略，全面落实总队《服务和促进外贸增长五项举措》，跟踪做好内地居民出境取消查验前往国签证工作，积极服务邮轮母港、外国人自驾游等新型出入境形态，有力保障外向型经济发展。认真贯彻落实全省地炼企业原油进口工作协调会精神，研究服务地炼企业原油进口工作措施，助推解决原油进口船舶“压港”问题。三是持续深化一体化通关建设。顺应贸易便利化需要，主动融入全国一体化通关改革，建立健全信息共享机制，全面推进“信息互换、监管互认、执法互助”。主动对接省政府“电子口岸”建设规划，大力推行“无纸申报、无纸监管、无纸放行”全程电子化通关作业，实现信息的高度共享、深度应用。

【山东省公安边防总队紧跟深化改革大势，稳步推进勤务改革创新】 聚焦提质增效，坚持创新驱动、科技支撑、融入大局，持续在增强勤务效能、改进用警模式、深化信息化建设上下功夫，以扎实措施提升边检管理现代化水平。一是构建精细化执勤模式，勤务运行更加高效。深入推进海港管理模式改革，完善以“船方自管、港区协管为主，边检监督抽查”管理机制，对企业实施分类管理，发挥信誉管理的约束和激励作用，充分调动各方参与边检管理积极性和主动性，切实维护安全、便捷出入境秩序。持续深化推进“小前台、大后台”机制，积极推广“大科室”、“小单元”等新型勤务模式，促进边检服务管理更加精准高效。二是构建多元化用警模式，警力部署更加合理。对全省现有边检警力分布、岗位设置及作用发挥情况专题研究，下发《关于进一步加强边检警力管理使用的通知》，准确掌握警力使用底数，科学配置现有警力，实现警力“无增长改善”。按照“提高业务能力、迅速适应一线”工作目标，着力打造政治坚定、业务精湛、作风优良、纪律严明、骨干作用突出的执法士官队伍。不断规范辅警队伍使用，充分发挥辅警作用，对执勤警力形成有效补充。三是构建智能化管理模式，优化通关环境。坚持以需求为导向、以应用为核心，将电子监控、智能验证台、自助查验通道建设以及各类基础设施、查验配套设备纳入口岸整体规划，统一设计、统一建设、统一保障，不断提升边检管理服务数字化、智能化水平。筹集资金建成25条自助查验通道、110条智能验证通道，有效提升口岸验放效率，打造更加智能、高效、便捷的边检通关环境。

【山东省公安边防总队加强执法规范化建设，不断提升边检勤务质量】 牢固树立“一切面向实战，一切为了实战”理念，扭住“标准规范、业务能力、勤务监督”三个关键，持续强化边检执法执勤建设，不断提升勤务规范化水平。一是完善标准规定，规范执法执勤工作。建强反恐、梅沙运维、后台核查“三支专业队伍”，完善证研、培训、勤务指挥“三个业务功能室”，配齐查缉、处突、执法取证“三种执勤装备”，不断提升执法执勤规范化水平。下发《关于进一步规范边检业务工作的通知》，牢牢把握“勤务组织、业务处理、勤务监管”三个勤务环节，统筹做好服务和管控工作，切实做到“严树边检工作权威，严守执法执勤规定，严防敏感事件发生”。二是提升业务素质，助力执法执勤工作。坚持围绕主业打基础，服务实战强素质，全力整合基础资源，区分层级岗位，明确内容标准，努力向提高执法能力聚焦、向增强实战本领用力。深化“边检网络学院”应用，建立完善网上业务培训、考核、准入机制，将边检网络学院打造成资源更加丰富、功能更加强大的业务大平台，“边检网络学院”被公安部边防管理局评为2016年度优秀科研成果一等奖。三是加强监督力度，推进执法执勤工作。建立总队抽查、边检站间互查、站内帮查、科队自查四级督查机制，依托梅沙系统、视频监控、现场督查等手段，部署开展全省边检勤务交叉督查活动，推行边检勤务程序管理，建立事前防范、事中控制、事后评价的勤务质量监督体系，确保边检执法执勤公开、公平、公正。

【山东海事局安全管理科学化水平进一步提升】 紧紧依靠地方党委政府，有效运行“四联”机制，扎实开展“平安船舶”、安全生产隐患“大快严”等专项行动，“平安海区”创建持续深化。探索实施客运安全“七防两禁”关键性举措，联合发布并引导辖区企业落实《山东沿海中小型客船设计与建造技术要求》，实施客运船舶“2+1”动态监控，海上客运安全管理科学化水平进一步提升。深刻汲取天津港“8·12”爆炸事故教训，完善船载危险货物“六问六控”长效机制，组织开展危险货物运输安全专项整治，查处危险货物谎报瞒报、非法排污等案件54起。着力打造海事“特种兵”，组建山东海事安检“首席工作站”，有效运行安检专家支持系统，实施船舶安全检查3 146艘次，滞留205艘次，其中PSC检查数量居全国首位。印发实施《船舶配员与船员任解职现场检查指南》，严厉打击船员服务资历造假行为。

【山东海事局服务保障安全高效港口和重大

海上活动】 深入开展VTS覆盖区零事故行动，VTS监控服务船舶94万艘次，同比增加7.2%，避免险情830起。组织海上搜救行动134起，成功救助952人、船舶64艘。积极推进山东国际贸易“单一窗口”建设，保障龙口—旅顺客滚航线开通和烟台30万吨原油码头投产运营，推动青岛董家口港区、威海石岛港口岸扩大开放正式获批，确保4.4万艘次国际航线船舶安全进出港。完成海事热线（一期）建设，办理各类政务45.2万件。积极落实减费惠民政策，减免费收约2 000万元。帮扶企业办理船舶抵押融资4.6亿元。组织交通运输部驻山东省单位与大型港航企业定期沟通，累计协调解决各类难题45件。积极开展《2016年海事劳工公约》履约宣贯，服务辖区注册船员13.2万人（居全国首位），处理船员各类咨询和维权投诉6.3万件。联合开展水上安全知识进校园活动200余次，安全教育学生5.8万人次。服务保障安全高效港口和重大海上活动赢得社会广泛赞誉。

【山东海事局海事管理信息化水平进一步提高】 11个基建项目进展顺利，董家口海事综合监管设施投入使用，岚山、东营和潍坊海事监管基地竣工验收，全局海事监管基础设施布局更加完善。通信中心组建基本完成，稳步推进公务用车、养老保险、海事非税收入票据等改革任务。科学编制2017～2019年三年支出规划，组织对21.8亿元资产进行清查核实，牵头组织开展海事系统船舶运行费绩效评价工作。发布实施局“互联网+”行动计划，局网站绩效考核连续5年保持直属海事系统第一，山东局与烟台局政务微博连续2年入选山东交通系统十佳最具影响力政务微博。《海上船舶异常行为自动监测技术的研究》作为海事系统唯一入选项目，通过2016年国家安全生产重大事故防治关键技术项目评审。

【青岛海关不断加大监管、征收力度】 对131家监管场所开展6轮次专项整治，对198个问题挂账销号、即查即改。清理滞港固废48起、5 750吨。稽查作业575起，移交缉私113起，涉及货值17.16亿元，同比增长76%，涉税2.35亿元，同比增长22%。对17个行业开展主动披露试点，追补税款1.2亿元，依法为企业减免税款滞纳金2 066万元。推进企业信用管理，调整企业信用等级140家，新增高级认证企业10家，中韩、中欧AEO认证使231家企业享受通关便利。整合运输工具、监管场所和实际货物信息链，完善物流底账，提升对货物的追踪、实体查控能力和对现场作业的留痕追溯，搭建完成关区统一的监管信息化平台。贯彻“以质为主、以质促量、量质并举”的综合治税思路，全年税收入库1 061亿元。其中审价、稽查补税分别为24.5亿元、2.35亿元，同比增长92.5%、57%。9项税则调研被采纳，占全国海关采用量的1/4。15个优惠贸易协定累计减让税款35.6亿元。汇总关区自东盟等15个优惠贸易协定项下征税改革，为64家企业降低融资成本涉及税款31.2亿元，其中中韩自贸协定项下减让税款1.2亿元、利用率达29.7%，中澳自贸协定项下减让税款2.2亿元，利用率达32.1%。联合地方商务部门以平均每月2次的频率开展自贸政策推介会，共为近2 000家企业宣讲政策。开展“国门利剑2016”联合专项行动刑事立案119起，案值24.8亿元，涉税4.59亿元，同比分别增长8.2%、34.6%、16.9%；行政立案3 076起，案值30.3亿元，涉税2.1亿元。落实“缉私战区”改革，协助战区海关成功截获海关总署督办案件涉案船舶。巩固与检法机关联合挂牌督办、定期联席会议、常态化会商机制。缉私反哺监管促进税款增收逾2亿元，推动开展全国范围行业性专项打击行动3次。刑事、行政执法考评均居全国第一，获评全国公安机关执法示范单位。

【青岛海关继续优化通关环境】 丝路一体化改革跨关区一体化报关单56万票，占区域总单量9.5%，居全国五大改革区块首位。服务全国通关一体化改革，为一级风险防控中心（上海）加载首批全部一级安全准入参数。关检“三个一”关区全覆盖，在查验量占关区60%的最大业务现场实施关检卡口、查验场地、查验设施、办公场所、作业模式“5个整合”，实现关检共同查验货物一次开箱，“一次查验”率100%，在固废、水果等商品中探索与国检实现“三互”。推动“单一窗口”建设，企业注册登记、电子口岸制卡业务入驻青岛市行政审批大厅“一站式”办理。落实“双随机、一公开”，随机布控比率保持90%以上，随机查验率达到100%。强化新技术实践应用，两级监控指挥中心实体化运作，搭建监管信息化平台。应用智能关锁、智能卡口等物联网技术和智能化技术装备，开展转关无纸化试点，节约货物通关时间约11小时。2016年青岛海关一般货物进口、出口通关时间分别为5.17小时和0.37小时，分别较全国平均时间短3.50小时和1.19小时。

【青岛海关加强关区进出口统计工作】 强化内外部联合管控，构建管控长效机制，实现“日监控、旬处置、月通报、季研讨”；在全国海关首创开发虚假贸易管控系统，应用科技手段精准打击虚假贸易。累计对95家企业进出口数据实施暂缓统计，暂缓总值达155.6亿元，虚假贸易态势总体可控。强化业务数据统筹管理，与国家外汇管理局青岛市分局和青岛市国家税务局签署合作协议，加强部门间数据交换和联合监管力度，为业务职能部门获取特许权使用费等企业监管数据提供信息渠道，深入推动“三互”口岸部门互联互助，联合管控虚假贸易，营造外贸健康发展的良好环境。加大统计调研分析和信息服务力度，开展口岸重点商品进出口分析，全年上报统计监测预警信息320余篇。围绕省领导关注的外贸进出口行业产业、外贸业绩回流、供给侧改革和外贸新业态等问题重点开展专题研究，全年上报分析报告140余篇。

【青岛海关积极支持山东开放型经济发展】 助推新兴贸易业态发展。胶州多式联运海关监管中心列入口岸发展“十三五”规划，董家口港正式获批开放，青岛跨境电商综合试验区落地，直购进口、一般出口分别为2.3亿元、6.5亿元，同比分别增长109.1%、109.7%。全国首家海运快件中心在青岛西海岸新区启用，威海出口加工区转型综合保税区获批，两批18项自贸试验区创新制度红利逐步释放，惠及1 000余家企业。市场采购在临沂落地、旅游购物在青岛、烟台、威海试点。致力企业减负增效，配合政府启动购买查验配套服务费试点，取消涉企收费，全面开放QP系统，全面退出与码头、港务等合作项目，出口查验率降至2%以下，中韩、中欧AEO认证惠及面扩大。统计监测预警作用不断强化，建立与商务、外管、国税等部门联合管控虚假贸易机制。

【济南海关不断加大监管力度】 推动签署海关、政府、监管场所三方《合作备忘录》，形成“齐抓共管”格局。实施监管场所拉网式清理，实现100%达标。监管部门现场巡视实现监管场所全覆盖。加强危化品监管场所管理，得到海关总署检查组高度评价。物流平台正式通过验收，进口转关无纸化功能启用，出口转关无纸化完成试点，实现24小时无障碍通关。优化查验作业机制，完成查验率指标。强化行邮监管，通过两期专项行动查发、移交案件线索7起。顺利完成G20安保工作。首次查发优惠原产地虚假证书情事。制定棉纺等3个重点行业保税监管规范方案。综合管控虚假贸易，对66家高风险企业采取处置措施，受到海关总署、地方政府认可。2016年，济南关区共监管进出口货物10 683.22万吨，同比增长4.2%；税收入库179.8亿元，同比增长8%；监管运输工具9 355架（艘）次、进出境人员97.6万人次，同比分别增长26.7%、46%；监管邮递物品93.1万件，同比下降51.5%；快递物品134.6万件，同比增长43.3%。

【济南海关积极推进通关业务改革】 一体化模式扩大至关区全部特殊区域及保税物流中心，企业通关成本同比降低50%。无纸化比率同比提高4.29个百分点。2016年进出口货运量10 683.22万吨，同比增长4.2%。参与丝路海关批量复审和规范申报集中互审，初步建立一体化验估作业机制，完成验估作业1 256票。报关企业申报地点限制全面取消，企业异地报关更加方便。统一版关检合作“一次申报”系统全面推广，系统报关申报率达100%。助推山东国际贸易“单一窗口”建设，参与建设的“货物进出口”等6个系统陆续投入使用。加工贸易集中作业一体化进一步深化，手册办理时间压缩一半。新一批13项改革试点已复制推广7项，引入中介机构辅助后续监管等试点顺利开展。公式定价商品纳入汇总征税改革范畴，实现“差额总担保”额度循环使用、智能恢复。23家企业获汇总征税资格，纳税6.3亿元。税收入库179.83亿元，同比增长8%，超过全国平均增幅近6个百分点，居全国海关第15位，增幅居全国海关第13位。审价补税3.78亿元，同比增长2倍；稽查补税4 548.25万元，同比增长122.09%。盯紧地炼、冶金等6大行业扩大税源，原油、混合芳烃、铜精矿等商品实现税收倍增。

【山东出入境检验检疫局主动改革，提升“放管服”水平】 在全国系统率先开发应用“双随机、一公开”监管信息化系统，率先在出口食品生产企业备案监管、口岸食品卫生监督领域实行“双随机”抽查机制。首创原产地备案检商“两证合一”改革并在全国复制推广，荣获2016年度质量之光年度质检创新奖。以进口韩国巴氏乳为切入点，建立前期认证采信的进口食品注册监管新模式，通关时间由5个工作日缩减至1个工作日。各大类进出口工矿产品实现差异化、分类化监管。聚力“三最”口岸建设，口岸验放提速明显，全年进出境报检平均流程时长同比缩短超过20%，实验室法检检测平均时长同比缩短18.64%。对进境水产品检疫审批、进境水果检疫审批、出入境特殊物品卫生检疫审批、检疫处理单位和人员核准等5项许可项目依法下放审批权限。创新目录外商品监督抽查机制，检出不合格104批，批次不合格率24.2%，实现全国首例二级经销商召回和全国首例商铺召回。科学把关，严格质量安全监管。认真做好寨卡病毒和黄热病疫情口岸防控工作，建立了“全方位、立体化、多部门、全天候”的联防联控机制，口岸核心能力建设指标纳入省政府质量工作考核办法。截获植物疫情31 886批次，截获动物疫病和有毒有害物质1 282批次，妥善处置走私牛肉、输韩蒜泥掺杂、出口蜂蜜疑似掺假等突发事件。出口食品国外不合格通报批次同比下降27.4%，通报率同比降低31.05%；进口食品农产品批次不合格检出率24.15%，同比提高0.87个百分点；食品农产品出口连续18年居全国第一，建成国家级出口食品农产品质量安全示范区49家，占全国总数的16.84%，总数位列全国第一。进口工业品检出重大不合格情况被质检总局采用数量连续7年位居全国首位；建成国家级出口工业产品质量安全示范区3个，22家企业获得国家级出口示范企业称号。

【山东出入境检验检疫局创新举措服务外经贸发展】 出台促进外贸回稳向好、支持服务自贸试验区战略实施、支持山东地炼行业健康发展等帮扶举措；与省贸促会签署合作备忘录，实现对全省原产地签证工作的统一管理，企业累计享受国外关税优惠约11.23亿美元。积极开展“同线同标同质”帮扶行动，培训辖区出口企业2 397家，232家企业登陆认监委“三同”信息服务平台，培育10家出口食品“三同”示范企业，数量均居全国第一。完成e－CIQ主干系统全机构、全模块、全流程应用，在全国率先实现“单一窗口、无纸化系统、实验室管理”三大系统与e－CIQ主干系统成功对接，被国家质检总局授予“主干系统建设突出贡献集体”称号。在全国率先实施进口铜废碎料口岸转检、进口废纸直通检验检疫，直接节省企业费用4 500余万元，为企业带来经济效益超过1亿元。在全国率先实施对进出口货物的无纸化报检和无纸化通关，进出口货物无纸通关达到100%。在全国率先推进自贸协定出口实施示范区建设，被国家质检总局确定为全国自贸协定实施工作组长单位。首次利用英国大使馆“繁荣基金”项目，邀请欧盟专家对食品出口企业开展培训。共争取国家质检总局批准进口水生动物指定口岸7个、进口冰鲜水产品指定口岸5个，数量均居全国第一，进口肉类指定口岸4个，数量位居全国第二，获批全国首个海运进境澳洲屠宰肉牛口岸。以黄岛前湾港北港查验场地整合为范本，实现“关、检、港”三方作业信息互换和共享，山东口岸共实施“一次查验”7 948 批、“一次放行”41 674 批，关检一次查验率达 100%。主动减免收费，全年累计减免收费 7.15 亿元，其中免收出境检验检疫费 5.87 亿元，减免经营服务性收费 1.28 亿元。科技和信息化支撑能力持续提升。获得国家质检总局“科技兴检”评奖 17 项，总数居全国质检部门第一。参与《国境转基因产品精准快速检测关键技术及应用》荣获国家技术发明奖二等奖；《汽车轮胎滚动阻力限值》获得中国标准创新贡献奖二等奖。新增威海、潍坊、烟台出入境检验检疫局三家技术中心为国家食品复验机构；烟台出入境检验检疫局建成除中国计量院以外的质检部门首家核与辐射监测校准实验室。牵头研发 2016 年度 NQI 专项课题《重要贸易产品多靶标高通量筛查技术研究》，成为全国质检部门首批国家 NQI 专项课题主持单位之一。成立全国首个轮胎产品国外技术性贸易措施通报评议基地。不断完善“电子内务”“电子业务”“电子政务”三大平台，建成山东检验检疫绿色安全数据中心。

【山东出入境检验检疫局“法治鲁检”建设深入推进】 制定“两个清单”动态调整和发布机制。建立法治区域协作及考核评价和动态调整机制，落实领导干部任前法律知识考试制度，成立公职律师办公室。严格行政处罚案件日常备案审查，全年共办结行政处罚案件 500 件，涉案货值共计 5 496.8 万元。清理现行有效规范性文件 168 件，废止 36 件，被中宣部、司法部、全国普法办评为“2011 年～2015 年全国法治宣传教育先进集体”。

开放口岸

【济南空运口岸（济南遥墙国际机场）】 济南空运口岸为国家一类口岸，坐落在济南市东郊遥墙，距市区 28.5 千米。1992 年 10 月经国务院批准对外开放，拥有 3 600 米、2 600 米跑道各一条，飞行等级为 4E 级。2016 年 12 月首次开通直飞美国洛杉矶的洲际直航航线，国际地区客运航线达 23 条，分别与大阪、首尔、曼谷、普吉岛、新加坡、巴利岛、甲米、芽庄、吉隆坡、静冈、海参崴、塞班、东京、洛杉矶、伊尔库茨克、平壤、暹粒、清迈、新德里、金边、香港、台北、花莲等城市通航。21 家航空公司在济南遥墙国际机场执行国际地区航线的飞行任务，分别是：山航、东航、深航、川航、首都航空、春秋航空、长荣航空、大韩航空、易斯达航空、仁川航空、韩亚航空、美国动力航空、泰国新时代航空、泰国狮子航空、高丽航空、印度尼西亚狮子航空、德威航空、越南航空、虎航、印度尼西亚鹰航、马来西亚亚航。2016 年该口岸出入境航班 6 918 架次，同比增长 30.48%，其中出境 3 456 架次，入境 3 462 架次；出入境人员 89.83 万人次，同比增长 43.29%，其中出境 44.64 万人次，入境 45.19 万人次。

【青岛空运口岸（青岛流亭国际机场）】 位于青岛市北部城阳区，离市中心约 23 千米。建于 1958 年 7 月，1992 年 9 月 4 日经国务院批准对外开放。飞行等级为 4E 级，拥有 3 400 米跑道一条，客机停机坪 44 万平方米，停机位 41 个；货机坪 3.20 万平方米，停机位 4 个；登机桥 14 部。机场候机楼分国内、国际两个航站楼，左右对称，总建筑面积 17.10 万平方米。2016 年，共有 38 家航空公司投入运营，山航青岛分公司、东航山东分公司和青岛航空公司为基地公司。国际（地区）航线通达 11 个国家和地区的 16 个城市，每周航班往返 432 架次，直达韩国首尔、釜山，日本东京、大阪、福冈、名古屋、冲绳，新加坡，泰国曼谷，德国法兰克福，美国旧金山，澳大利亚墨尔本，加拿大温哥华，以及中国香港和台湾地区，是中国面向日韩的重要区域门户枢纽。青岛至韩国、日本的航班密集，占国际（地区）航班总量的 93.06%。其中，每周往返日本航班 124 架次，往返韩国航班 278 架次。

青岛空运口岸胶东国际机场建设项目，位于青岛市所辖胶州市，距市中心约 39 千米。2015 年 5 月 15 日国家环保部批复《青岛新机场工程环境影响报告书》；6 月 2 日国家发展改革委批复《青岛新机场可行性研究报告》；6 月 26 日青岛胶东国际机场奠基；11 月 30 日《青岛新机场总体规划》获得中国民用航空局和青岛市人民政府联合批复。2016 年工程建设快速推进，年内实现投资 25.84 亿元。航站区完成除高铁、地铁影响区外航站楼混凝土主体结构的 80%，ITC 信息中心大楼提前封顶并通过验收。综合交通完成换乘中心（GTC）非影响区主体结构和高铁、地铁穿越段地下主体结构施工。飞行区完成除交地滞后和高铁、地铁穿越段影响区域外土石方和地基处理，6 条下穿通道全部动工，其中 2 条通道已完成主体结构施工。配套区，A3 地块、综合管廊动土开工。推进弱电信息系统设计，完成智慧机场和弱电信息系统施工图评审。

【烟台空运口岸（烟台莱山国际机场）】 位于烟台蓬莱市潮水镇境内，距烟台市中心约 43 千米，为面向日韩及东北亚的前沿城市口岸和山东省民用航空三大干线机场之一。截至 2016 年年底，烟台蓬莱国际机场开通并正常运行国际客运航线有 6 条，分别是烟台至韩国首尔、釜山；烟台至日本大阪、名古屋；烟台至中国香港；烟台至中国台北航线。国际货运航线 1 条，为烟台至韩国首尔航线。2016 年该口岸起降国际航班 6 785 架次，同比增长 19.90%；出入境旅客 61.12 万人次，同比增长 25.66%，其中出境旅客 30.98 万人次，同比增长 25.73%，入境旅客 30.14 万人次，同比增长 25.58%；出入境货邮吞吐量 2.38 万吨，同比增长 70%，其中出境 0.81 万吨，同比增长 30.65%，入境 1.57 万吨，同比增长 101.28%。进出口货种主要为电子元器件类、机械类、服装及辅料等产品，分别占比约 40%、15%及 15%，其他货种为中韩快件、跨境电商产品等，占比约 30%。12 月 2 日启动10 000 平方米货站扩建和 10 000 平方米货运综合服务楼建设项目，建成后机场货运综合服务保障能力将进一步提升。

【威海空运口岸（威海国际机场）】 位于文登市大水泊镇，距威海市区 45 千米。1996 年 1 月正式投入运营。2004 年 9 月经国务院批准为对外开放口岸。2005 年 3 月威海国际机场开通至韩国首尔、釜山国际航线。2010 年 7 月开通威海至俄罗斯哈巴罗夫斯克国际旅游包机航线。2011 年投资 2.5 亿元建设 12 000 平方米新国际候机楼投入使用。2013 年 12 月实现对台直航。2014 年 5 月停航进行适应性改造，同年 10 月恢复通航。截至 2016 年 12 月连续 19 年实现安全运航，成为山东省内第 4 个旅客吞吐量超过百万的机场。有国际及港澳台地区航线 2 条，每周航班 29 个。运送出入境旅客 49.3 万人次，同比增长 45.6%；飞行航班 3 330 架次，同比增长 18.2%。

【青岛水运（海港）口岸】 位于山东半岛南岸的胶州湾内，始建于1892年。青岛港是太平洋西海岸重要的国际贸易口岸和海上运输枢纽，是沿黄河流域及其腹地外贸物资、能源和原材料运输的重要口岸，是我国重要的大宗原材料进口港、集装箱运输干线港和山东半岛及其腹地重要的物流中心，主要从事集装箱、原油、铁矿石、煤炭、粮食等各类进出口货物的装卸、储存、中转、分拨等物流服务和国际客运服务。2016年该口岸货物吞吐量5亿吨、同比增长3.26%，货物运量居世界第8位；其中，外贸进出口货运量3.33亿吨，同比增长4.34%，外贸运量占货物总量的比重为66.53%。集装箱吞吐量1 805.01万标准箱、同比增长3.52%，集装箱运量居世界第5位；其中，外贸集装箱1 210.18万标准箱，同比增长14.70%，外贸运量占集装箱总量的比重为67.05%。

青岛水运（海港）口岸由青岛老港区、黄岛油港区、前湾港区等组成。青岛老港区以一般散杂货物和内贸集装箱为主，兼顾少量液体化工品和成品油运输；开通由青岛至韩国仁川的客货班轮航线；加快建设邮轮母港，建成可停靠世界最大的22.5万吨级邮轮专用码头。黄岛油港区以接卸外贸进口原油和成品油、液体化工品为主，是我国大陆沿海最大的油品运输、中转、储存基地。前湾港区以国际集装箱干线和铁矿石、煤炭等大宗散货中转运输为主，拥有可停靠1.8万标箱船舶最大集装箱码头和20万吨级矿石码头、10万吨级的煤炭码头等专业化大型码头，是青岛水运（海港）口岸目前现代化程度最高、规模最大的生产性港区，承担青岛港80%的吞吐量。青岛水运（海港）口岸开放范围内拥有码头26座，已对外开放泊位97个，其中万吨级以上泊位81个；集装箱泊位25个，通过能力1 500万标箱，与世界上180多个国家和地区的700多个港口有贸易往来。

董家口港区为正在开发建设的新港区，承载着青岛港转型升级，向“第四代”港口跨越的历史重任，以大宗散货、液体化工品及杂货运输为主，逐步发展港口现代物流及港口物流与临港产业的联动。港区位于青岛市黄岛区泊里镇，深水岸线及港口资源丰富，规划面积72平方千米，码头岸线长约35.7千米，共规划建设112个泊位。其中，琅琊台湾作业区和董家口嘴作业区规划建设79个泊位，全部建成后港口设计通过能力为3.6亿吨/年。截至2016年年底，董家口港已建成泊位26个，设计通过能力达1.2亿吨/年，年内实现9个新建泊位临时开放，港区累计14个泊位取得外贸作业资质，全年协调临时靠泊外贸船舶520艘次、货物运量5 300万吨。随着港口设施逐步完善和腹地运输需求增长，董家口港将逐步拓展服务范围，全面发展港口综合物流、专项物流、商贸、信息、综合服务等功能，成为青岛港南翼新的大型综合性港区和大宗干散货运输基地。2016年7月18日国务院下发《关于同意山东青岛董家口港口岸对外开放的批复》（国函〔2016〕125号），同意董家口港口岸对外开放。

2016 年青岛海港口岸运输货种统计表

类别	港口吞吐量（万吨）	外贸运量			
		外贸运输总量（万吨）	同比（%）	进口（万吨）	出口（万吨）
合计	50 036.32	33 288.39	4.34	23 353.07	9 935.32
煤炭	1 767.89	479.54	53.66	373.96	105.58
原油	6 939.04	5 778.88	18.64	5 573.35	205.53
成品油	620.92	239.20	-28.87	0.00	239.20
铁矿石	14 456.38	10 029.32	-1.32	9 971.01	58.31
钢铁	672.61	325.45	-2.3	36.07	289.38
水泥	18.63	6.16	52.85	0.00	6.16
木材	89.78	89.78	-23.76	89.69	0.09
非金属矿	205.19	192.8	227.22	190.39	2.41
化肥	148.87	145.68	-55.99	67.31	78.37
粮食	708.72	685.57	-29.16	668.94	16.63
食盐	0	0	0.00	0.00	0.00
其他	24 408.29	15 316.01	6.32	6 382.35	8 933.66

【烟台水运（海港）口岸】 地处山东半岛中部，与日本、韩国和朝鲜隔海相望，是我国沿海主要港口之一。由芝罘湾港区、西港区（含大宇造船码头）、海阳港区和牟平作业区等组成。截至 2016 年 12 月，共有开放泊位 58 个，临时开放泊位 17 个。与 100 多个国家和地区建立贸易往来，现有至韩国平泽客滚班轮航线、至韩国仁川客运班轮及往返日韩的国际邮轮航线各 1 条。进出口货种以矿石、油品、煤炭、铝矾土等大宗散货和集装箱为主。2016 年该口岸出入境船舶 3 605 艘次，同比下降 0.44%，其中出境1 739 艘次，同比增长 3.02%，入境 1 866 艘次，同比下降 3.47%；出入境旅客 24.41 万人次，同比增长 7.92%，其中出境 12.14 万人，同比增长 6.05%，入境 12.27 万人，同比增长 9.84%；进出口货物 5 428.70 万吨，同比增长 10.39%，其中进口 4 359.30 万吨，同比增长 13.77%，出口 1 069.40 万吨，同比下降 1.53%；进出口集装箱 45.37 万标箱，同比增长 1.16%，其中出境 22.73 万标箱，同比增长 0.61%，入境 22.64 万标箱，同比增长 1.71%。

2009 年 9 月 7 日烟台保税港区正式批复设立，是全国第 13 家、山东省第 2 家保税港区，也是按照“功能整合、政策叠加”要求，以出口加工区和邻近港口整合转型升级形成的保税港区。2011 年 1 月 12 日正式开关运作，2016 年 10 月 12 日烟台保税港区二期工程顺利通过封关验收，港区空间得到进一步拓展。继获批国家跨境电子商务出口试点、青岛关区首批跨境电商直购进口试点之后，2016 年又获批“省级跨境电子商务产业聚集区”，港区内企业奥展电子商务公司被认定为“省级跨境电子商务综合服务平台”。

【威海水运（海港）口岸】 位于山东半岛东端，北临黄海，东与朝鲜半岛、日本列岛隔海相望，扼京津咽喉。水路距大连港 93 海里，青岛港 200 海里，韩国仁川港 136 海里。港深域扩、不淤不冻，地理和自然条件十分优越。1985 年 4 月 1 日经国务院批准威海港正式对外开放。1990 年 9 月 16 日开通全国第一条对韩客货班轮航线。2010 年 12 月 21 日在全国率先试点中韩陆海联运汽车运输项目，开启了“门对门”货物直通物流运输模式。2013 年 6 月 27 日威海港整体业务搬迁到南港区（威海湾港区），于 2015 年 10 月 27 日正式通过省政府对外启用验收。2013 年 7 月威海港口岸三进船业码头作业区通过省政府开放验收，成为山东省唯一实现整体开放的外商独资企业码头。2016 年 10 月威海水运（海港）口岸张家埠港区通过省政府验收正式对外启用。2016 年，该口岸完成货物吞吐量4 902.3万吨，同比增长 1.6%，其中外贸货物2 265.8万吨，同比增长 2.8%；运输国际集装箱 71.4 万标箱，同比增长 2.7%；运送出入境旅客 31.1 万人次，同比增长 19.73%。

截至 2016 年 12 月威海水运口岸共有 13 条国际班轮航线，每周 27 班，与 80 多个国家和地区的港口建立贸易往来，基本形成直达东北亚区域、辐射世界各地的航运体系；共有开放泊位 24 个，其中万吨级以上泊位 13 个，集装箱场站 4 个，码头功能齐全，公路铁路集疏运完善。2016 年新增开放码头 1 个，5 000 吨级泊位共 2 个，年通过能力 107 万吨。

【龙口水运（海港）口岸】 龙口港始建于 1914 年，地处渤海南岸、胶东半岛西北部，与辽东半岛隔海相望，是距离黄河三角洲最近的 15 万吨级以上船舶出海口，烟台市和烟台港集团规划建设的三大核心港区和两个亿吨港区之一，中国最大的对非散杂货出口贸易口岸和铝矾土进口口岸、首批对台开放直航港口、国内首家拥有原油仓储资质的港口企业、国家规划建设的北煤外运装船港。1984 年 12 月对外开放。截至 2016 年年底龙口水运口岸辖龙口港集团、龙口胜利码头、龙口渔港码头和龙口屺母岛港。共有生产泊位 36 个，15 万吨级通用泊位 1 个。拥有 70 多条国内外航线，与世界 50 多个国家和地区的港口有贸易往来，现有集装箱航线 15 条，其中环渤海航线 6 条。主要经营煤炭、石油化工、铝矾土、铁矿砂、水泥及熟料、粮食、木材及木片、集装箱、非洲杂货班轮等业务。拥有“大包水泥效率”“中非杂货班轮”“木材全程物流服务”“港口现代物流融资支持平台”和“环渤海黄金水道集装箱运输服务”5 个山东省级服务名牌。中非杂货班轮、铝矾土、朝鲜煤炭 3 个货种市场占有率居国内首位。2016 年该口岸实现吞吐量 8 400.5万吨，同比增长 3.9%；集装箱 611 000 标箱，同比增长 10.9%。

2016 年龙口水运（海港）口岸进出口货物统计表

货种名称	吞吐量情况（万吨/标箱）
铝矾土	2 716.8
液体化工	1 193.2
煤炭	1 793.6
铁矿	484.7
木材（木片）	262.5
粮食	272.2
水泥	110.1
化肥	67.6
钢铁	19.0
其他	1 480.8
集装箱	611 000

（龙口市口岸办提供）

【日照水运（海港）口岸】 2016年12月18日，国务院批复日照口岸扩大开放范围（国函〔2016〕207号文件），原石臼港口岸和岚山港口岸合并为日照港口岸，并扩大开放石臼南作业区和岚山北作业区。日照水运口岸位于山东半岛东南侧，是国家重要的能源和原材料运输口岸、煤炭装船港和沿海集装箱运输支线港，主要从事铁矿石、煤炭、原油、粮食、集装箱等各类进出口货物的装卸、储存、中转、分拨等物流服务，是国家重点发展的沿海主要港口，新亚欧大陆桥东方桥头堡。截至2016年12月共有生产性泊位69个，核定通过能力超2亿吨，其中开放泊位54个，万吨级以上泊位59个，与世界100多个国家和地区通航。2016年，该口岸完成外贸集装箱10.95万标箱，同比增长13.92%。外贸进出口总值304.3亿美元，同比下降12.98%。其中，石臼港区原石臼（日照）水运口岸1982年正式开工建设，1986年实现一类开放，是我国重点发展的沿海20个主枢纽港之一。包括东港区、北港区、西港区，截至2016年12月，开放煤炭、通用、矿石、散杂、油品、木片、集装箱等泊位41个，开通日照至韩国平泽客箱班轮航线等20余条内外贸集装箱航线，完成货物吞吐量2.27亿吨。岚山港区原岚山水运口岸1977年作为山东省“七五”重点建设项目兴建的地方港口，1989年实现一类对外开放。包括南作业区、中作业区、北作业区，截至2016年12月，开放油品、液化、通用、散杂等泊位28个，完成货物吞吐量1.56亿吨。

2016年日照港编制完成新建港区查验设施规划建设方案，占地3 500平方米集装箱查验区投入使用。总投资2.4亿元，36个熏蒸库、年熏蒸木材能力170万方岚山港口岸2处进境木材检疫除害处理区，于12月初通过国家质检总局验收并投入使用，为目前全国最大、山东省唯一的进境木材检疫除害区。开通舟道网，实现与口岸查验单位业务数据共享，建立集大数据与云服务为一体的综合信息服务平台。开发完成日照海事微信和日照港AIS系统，完成日照海事VTS数据交换。日照企业在丝路一体化九省十关业务均可在日照海关办理，为企业节省通关成本20%～30%。12家企业获颁“AEO认证企业证书”，享受与中国签订“AEO”互认协定韩国、新加坡、欧盟、中国香港等31个国家或地区提供通关便利；落实“一地注册，全国报关”，报关企业不再受注册地和货物进出境地限制，无需设立分支机构即可在全国海关开展报关业务。无纸化通关、“三个一”通关和口岸联合执法模式不断完善，通关大厅无纸化通关率达96%以上。集装箱粮食（B类）通过国家质检总局验收，肉类指定口岸筹建获国家质检总局批复。出台实施《日照市集装箱班列和业务发展专项资金管理办法》和《日照至广州石龙集装箱货运班列专项补助资金管理细则》，设立日照市集装箱班列和业务发展专项资金1 500万元，开通日照至石龙、兖州北、菏泽南、嘉祥、阳谷等5个集装箱班列，补助物流企业专项资金665.2万元。

【石岛水运（海港）口岸】 位于山东半岛的最东端，与日本、韩国隔海相望。1988年12月经国务院批准正式对外开放。2001年8月石岛新港正式对外启用。2014年1月石岛港水运口岸扩大开放至好当家和俚岛港区获国务院批准，2016年10月正式对外启用。辖石岛新港、蜊江港、朱口港、好当家码头、三星码头、伽耶码头、荣喜码头、远通码头、和兴码头9个作业港口、码头。石岛新港码头沿线总长3 950米，对外启用泊位17个，万吨级以上泊位7个，年货物吞吐量1 000多万吨。港口码头三期扩建中，16#～18#3个泊位试运行，建成后可新增岸线2 770米，泊位12个。其中，10万吨级泊位2个，

5万吨级泊位3个。石岛新港有20万平方米集装箱堆场和散货场、3 000平方米国际候船厅。下设国际物流、船舶代理、报关报检、外轮理货、货物装卸运输等专业化服务部门。主要从事货物装卸储运、旅客运输服务、港机设备租赁、港口拖轮经营、船舶港口服务等业务。石岛新港开通石岛至韩国仁川、群山2条客货班轮航线，至韩国釜山、日本门司、博德、关东、关西及中国青岛、泉州等10余条国际国内全集装箱航线。2011年11月开通石岛港中韩陆海联运汽车货物运输通道，实现快速直达运输。2014年12月石岛港获国家质检总局批准为进口冰鲜水产品检验检疫口岸；2015年8月石岛港进境食用水生动物指定口岸通过国家质检总局验收对外启用；2015年8月石岛新港进口肉类指定口岸获国家质检总局批复，2016年9月通过验收正式对外启用；2016年10月石岛新港通过评估验收获批为进境澳牛屠宰口岸。2015年10月荣成市中韩海运跨境电商工作方案正式获青岛海关批复，11月19日对韩海运跨境电子商务出口第一单商品在石岛新港荣成海关跨境电商监管中心顺利通关。2016年1月1日率先推行查验配套服务费改革试点政策。4月6日起全面执行山东省对进出口环节海关查验没有问题的外贸企业免除吊装移位仓储费用政策。好当家港区由4个作业码头组成，开放岸线长达11 300米，由六段不相连的岸线组成。2016年10月，共26个泊位通过开放验收正式对外启用。其中，好当家老港岸线长1 800米，启用开放泊位8个。新港岸线长1 100米，在建泊位3个；荣喜码头岸线长4 600米，共5个泊位，2个船台，启用开放泊位2个；远通码头岸线长1 700米，启用开放泊位6个；和兴码头岸线长1 400米，启用开放泊位7个、船台3个。俚岛港区由三星码头和伽耶码头组成，开放岸线长7 200米，2016年10月共6个泊位通过开放验收正式对外启用。

进出口货物以煤炭、钢铁、非金属矿和散杂货为主，2016年该口岸出入境船舶2 078艘次，进出口货运量587.63万吨，进出口集装箱13.28万标箱，出入境旅客31.76万人次。

【东营水运（海港）口岸】 位于东营市北部。始建于1984年，1995年12月国务院批准为一类开放口岸，1997年12月正式对外开放，截至2016年年底东营港有建成泊位56个。其中，20个泊位实现对外开放。2016年该口岸货物吞吐量完成4 312.4万吨，进出外轮669艘次（进出入境外轮636艘次），进出口货物416.7万吨，货值107.9亿元。成为山东进口丙烯最大港口和外轮业务增长最快的港口，是环渤海地区以石油化工货物运输为主，兼顾散杂货、客货滚装、集装箱运输的区域特色港。

2016年东营港口岸大力推动查验场地、办公用房、数据网络、视频监控室等查验配套和办公设施建设，实现万通4×3 000吨液化泊位的对外启用验收；开通集装箱支线业务。主要货种为原油、燃料油、成品油、丙烯、液化气等液体化工品兼顾散杂货、客货滚装及集装箱，拥有原油、汽柴油及各类化工品罐560万立方米，保税罐区

100 万立方米。以东营港口岸为依托的东营综合保税区规划面积为 3.1 平方千米，2015 年 5 月获国务院批复建立，2016 年通过国务院正式验收，实现封关运营。

2016 年东营水运（海港）口岸进出口货物统计表

类别	港口吞吐量（万吨）	外贸			
		合计（万吨）	同比（%）	进口（万吨）	出口（万吨）
合计	4 312.4	415.00	530.22	400.92	14.08
原油	1 131.2	310.48	784.81	310.48	
成品油	647.2	14.08	-46.82		14.08
钢铁	195.2				
粮食	20.0				
其他	2 318.8	90.44	2 013.08	90.44	

（东营市口岸办提供）

【蓬莱水运（海港）口岸】 蓬莱水运口岸包括蓬莱东港区和栾家口港区两部分，对外开放泊位 21 个。2016 年口岸货物吞吐量 1 510 万吨，出入境船舶 655 艘，国际航行船舶 546 艘次，运送旅客 354.17 万人。

蓬莱东港区位于山东半岛最北端，黄海、渤海交界处。1992 年 3 月开工建设，1995 年 12 月 28 日竣工投入使用，1996 年 7 月国家批准开放，1997 年 12 月 28 日正式对外开放。港区拥有 8 个泊位，拥有码头岸线 1 445 米，库场面积 55 万平方米，港口机械设备 20 余台（辆）。年设计吞吐能力 410 万吨。主要以客滚运输和散杂货运输为主。客滚运输目前开通蓬莱—大连航线，现山东渤海轮渡有限公司的“兴鲁”“大华”“英华”三艘船舶在线营运。散杂货运输主要以煤炭、木材、水泥为主要货源，港口煤炭运输和木材运输市场逐步形成特色装卸业务。2016 年，该口岸货物吞吐量 1 318 万吨，出入境船舶 628 艘次。

栾家口港区 1998 年 5 月经山东省政府批准，由五家法人企业共同发起设立的股份制企业。前身是山东蔚阳栾家口货主专用码头，始建于 1994 年，主要从事港口装卸、仓储、船舶代理、维修等，并取得《水路运输服务许可证》、《危险货物作业许可证》。1995 年 4 月山东蔚阳集团总公司自筹资金在原渔港基础上完成栾家口港万吨级港口的建设。港口拥有万吨级泊位 2 个，5 000 吨、3 000 吨、1 000 吨、500 吨级泊位各一个，5 000 吨级滚装码头 2 个，年设计吞吐量 200 万吨。1999 年经山东省交通厅批准使用。2003 年 2 月 28 日获批正式对外开放。截至 2016 年年底港口拥有生产泊位 14 个，其中万吨级以上的 5 个，固定资产 8 亿元。年设计吞吐量 700 万吨。2016 年进出口货运量 192 万吨，出入境船舶 27 艘。

【莱州水运（海港）口岸】 位于渤海莱州湾东岸，莱州市三山岛特别工业区。1996 年 11 月经国务院批准为开放口岸，共有 12 个生产性泊位。其中，10 万吨级油品泊位 1 个、5 万吨级油品泊位 2 个、7 万吨级通用泊位 2 个，设计通过能力 1 402 万吨/年。主要进出口油化品、金属矿石、煤炭、化肥、盐等。2016 年出入境交通运输工具 412 艘次，同比增加 13.97%；进出口货运量 1 215.69 万吨，同比增加 32.19%。其中进口1 120.01万吨，同比增加 35.67%，出口 95.68 万吨，同比增加 1.67%。

莱州港处于环渤海经济圈的黄金地带，其西为黄河淤积区，不适合建设深水泊位。莱州港是黄河三角洲地区唯一适合建设 10 万吨级以上泊位的港口，也是距离鲁中、鲁西、鲁北地区陆路运距最短、综合物流成本最低的 10 万吨级深水良港。中化工储运有限公司在周边设有 5 万立方米的保税原油罐2个和5万立方米的海关监管原油罐4个。

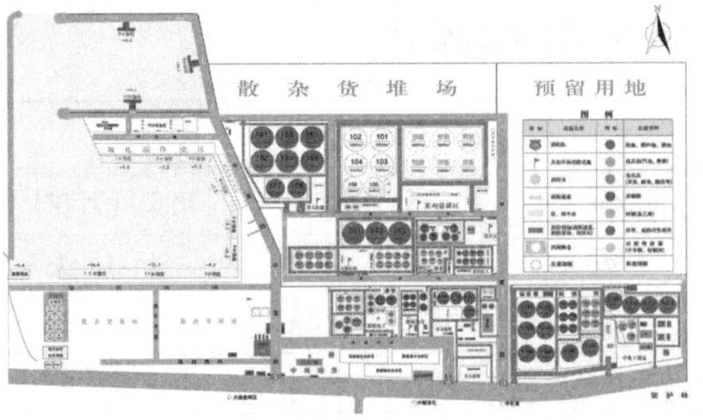

莱州港区泊位和仓储企业分布示意图

2016年，该口岸完成货物吞吐量2 389.03万吨，同比增长16.69%。其中，油、化品吞吐量1 524万吨，同比增长19.95%；散杂货吞吐量865.26万吨，同比增长11.35%。

【龙眼水运（海港）口岸】 位于山东半岛最东端，与日本、韩国隔海相望，距国际主航道仅5海里。1999年8月经国务院批准正式对外开放，是全国第一家村办一类对外开放港口，口岸对外启用泊位10个。2009年投资20亿元建设龙眼港东区，配套建设其他附属设施10万平方米，为山东省最大的修船基地之一。2011年1月，国务院正式批准开展口岸签证业务，11月开通中韩陆海联运汽车货物运输通道，可实现“门到门”直达运输。2014年12月，获国家质检总局批准为进口冰鲜水产品检验检疫口岸，2015年4月实现首单冰鲜鱼通关。2015年8月，进境食用水生动物指定口岸通过国家质检总局验收正式对外启用。2016年1月1日，率先推行查验配套服务费改革试点政策，4月6日起全面执行山东省对进出口环节海关查验没有问题的外贸企业免除吊装移位仓储费用政策。经过十多年运行，龙眼港已成为集修造船、国际航运、港口物流、成品油经营等多种功能于一体的重要人流、物流集散地。

龙眼水运（海港）口岸进出口货物以钢铁、粮食、煤炭和散杂货为主。2016年，该口岸出入境船舶1 072艘次，进出口货运量195.30万吨，进出口集装箱3.09万标箱，出入境旅客1.24万人次。

龙眼水运（海港）口岸于2001年10月开通龙眼至韩国平泽港客货海运航线（每周三班）。

【潍坊水运（海港）口岸】 潍坊港中港区是主体港区，由马来西亚森达美集团控股，与潍坊市合资组建的潍坊森达美港有限公司经营。主要建设万吨级以上泊位，是以散杂货运输为主、临港工业所需原材料及产成品运输为辅的综合性港区。进出口货物有铁矿粉、煤炭、盐、非金属矿、原油等。现有对外开放泊位13个，港区码头岸线3 011米，设计通过能力1 585万吨。2016年，该口岸货物吞吐量1 926.61万吨。其中，外贸吞吐量88.74万吨，同比增长7.92%；集装箱完成2 968标箱；出入境船舶累计391艘次，同比增长6.8%。

2016年3月30日，潍坊港东作业区海关监管电子智能卡口通过济南海关验收并正式启用，具备车辆及货物数据自动采集、自动比对、自动放行、远程控制等监管功能，并实现与海关系统、港口生产作业系统联网和数据交换联网运行。外贸运输车辆平均验放速度由启用前30秒/辆缩短至5秒/辆，口岸通关效率提高5倍。12月海关H986项目通过济南海关预验收。项目运营后进出潍坊港口岸的外贸集装箱车辆，能够在不停车、不开箱情况下一次性完成通关查验。

青岛市

【水运（海港）口岸运行数据】 2016年青岛水运（海港）口岸货物吞吐量逾5亿吨，同比增长3.26%。外贸进出口货运量3.33亿吨，同比增长4.34%。其中，进口2.34亿吨，同比增长2.98%；出口0.99亿吨，同比增长7%。外贸进出口货运量与港口吞吐量比值达到66.53%。集装箱吞吐量1 805.01万标箱，同比增长3.52%。其中，外贸集装箱1 210.18万标箱，同比增长14.7%。

2016年青岛水运口岸外贸进出口总值9 494.60亿元人民币，同比增长6%。其中，进口总值3 840.8亿元人民币，同比增长9.4%；出口总值5 653.80亿元人民币，同比增长3.8%。

2016年，青岛市进出口总值4 330.10亿元人民币，占青岛口岸年度总值的45.61%。

【空运口岸运行数据】 2016年青岛空运口岸飞机起降16.79万架次，同比增长8.62%；入出境飞机2.38万架次，同比增长9.68%；旅客总吞吐量2 050.50万人次，同比增长12.65%；入出境人员331.31万人次，同比增长14.93%。其中，入境165.57万人次，同比增长14.62%；出境165.73万人次，同比增长15.24%。2016年，青岛空运口岸货邮量23.07万吨，同比增长10.90%。

【扩大口岸开放】 2016年7月18日，国务院下发《关于同意山东青岛董家口港口岸对外开放的批复》(国函〔2016〕125号)，同意董家口港口岸对外开放。在未正式对外启用前，实现青岛实华原油有限公司30万吨级和10万吨级原油泊位等9个新建泊位临时开放，港区累计14个泊位取得外贸作业资质。青岛国际邮轮港新建码头正式对外开放启用。2016年12月14日，山东省人民政府下发《关于同意青岛港邮轮母港C1泊位及联检大厅查验配套设施对外启用的批复》(鲁政字〔2016〕289号)，批准其对外启用。试运营期间，累计保障国际邮轮125航次、旅客逾12万人次。胶州铁路口岸对外开放纳入国家“十三五”口岸发展规划，海、陆、空口岸发展格局凸显。

2016年青岛空运口岸新开通4条洲际直航航线。3月29日德国汉莎航空公司调整法兰克福—沈阳—青岛客运航线，开通青岛—法兰克福客运航线；9月29日东方航空公司开通昆明—青岛—旧金山客运航线；9月29日首都航空公司开通沈阳—青岛—墨尔本客运航线；12月30日首都航空公司开通杭州—青岛—温哥华客运航线。加快提升国际中转功能，9月19日空运口岸国际中转厅投入启用，国际中转旅客通关保障能力明显增强。入境查验流程再造，通关效率提升1倍以上。积极申报设立空港口岸指定进境水果口岸。组织做好胶东机场口岸查验流程和配套设施建设规划。

【推进口岸“大通关”建设】 加快推进“单一窗口”建设。以青岛港集团信息管理中心为平台开发电子口岸功能，推进国际船舶申报和放行、多式联运申报、危化品申报等功能模块建设，促进口岸管理部门信息互联互通，同时，做好并入山东电子口岸的技术准备。助推跨境电商业务发展，在山东省口岸办组织推动下，实现青岛跨境电商综合试验区线上“单一窗口”平台启动运行。支持多式联运海关监管中心建设，海关信息系统与铁路场站作业管理系统联通，运抵报告港、站互认，实施港站一体化运作。出入境检验检疫部门在中心站加快推进“三个一”通关模式。

深入推进关检合作“三个一”。青岛水运(海港)口岸前湾港区是山东省内最大的口岸业务现场，关、检试种试验田，实现关检卡口、查验场地、查验设施、办公场所、作业模式“5个整合”，解决企业往返海关、检验检疫查验问题，同步深化与边防、海事、港口的联动协作，推动

“三个一”向口岸“三互”延伸。关、检合作开发一次查验信息化平台，实现关、检、港三方系统关联及查验指令对碰、信息共享；关、检在全国率先共建“再生资源联合查验中心”，集申报、查验、放行于一体，实现进口废物原料“一次查验”；前湾港北港区关、检双方由串联查验变为并联查验，实现进口货物“一次调箱、一次开箱、一次查验”。

加快推进“一站式作业”。机场、大港邮轮母港的旅检、邮递和快件监管等环节全面推行关检“一机两屏”（或同机同屏）。积极推行对进境活动物、水果，邮寄物等货物一次查验，空港快件中心入境快件实现关检合作同机同屏联合查验。海关、检验检疫、边检、海事需对同一运输工具进行检查时，实施联合办公或联合登临检查；需要对同一进出口货物查验时，实施联合查验。

整合利用监管设施资源。按照“便利企业、监管高效、降低成本、经济实用”的原则，关检双方对黄岛口岸北港查验区中的查验场地合并，实现查验场地共享、查验设施统筹使用。海关通关无纸化改革覆盖所有海关业务现场和领域，检验检疫全面实施无纸化通关模式，平均每批货物为企业节省通关时间1~2天。

加快特殊监管区监管制度创新与复制推广。在保税港区、西海岸出口加工区、青岛出口加工区启动海关“统一备案清单”“批次进出、集中申报”“集中汇总纳税”“简化通关作业随附单证”“融资租赁”等创新制度试点；进境货物预检验制度和中转货物原产地签证制度在保税港区部分产品开展先行先试业务，进一步完善“一次性检验检疫+出区核销”模式，取消入、出保税港区货物在海关备案清单签字盖章环节。

按照山东省统一部署，自2016年4月6日起在青岛水运（海港）口岸和海关特殊监管区范围内，全面推行对海关查验没有问题的外贸企业免除吊装移位仓储费用试点。牵头海关、物价、口岸查验服务企业深入调研确定免除费用标准，建立免除费用拨付机制，中央财政首批预付款2 870万元已拨付到口岸服务企业，预计全年为进出口企业减免费用6 500万元。

【加强口岸跨区域合作】 强化与河南省口岸的合作，促成青岛港成为河南省进口肉类指定入境口岸，青岛至漯河冷链专列开行，2016年进口冷冻肉类达65万吨。发挥面向日韩区位优势，积极推进打通仁川—青岛—凭祥—越南运输专线，协调解决“中韩快线”（仁川—青岛—东莞）多式联运班列货物转关问题，全年海铁联运集装箱2 500标箱，同比增长420%，货值超过5亿美元。深化与山西省口岸跨区域合作，达成推行多式联运铁路班列等合作意向。

【完成重大活动保障任务】 圆满完成C20会议、国际教育信息化大会、“2016中国PPP青岛论坛”等重大活动以及“2016克利伯环球帆船赛”等重大赛事口岸保障任务。

2016年山东省口岸大事记

3月14日

印发《山东省人民政府办公厅关于印发山东省水运口岸开放范围内新增涉外作业点管理办法的通知》（鲁政办字〔2016〕30号）。

4月6日

印发《山东省人民政府办公厅关于印发山东省关于免除查验没有问题外贸企业吊装移位仓储费用全面试点工作的实施方案的通知》（鲁政办字〔2016〕47号）。

6月13日

青岛市政府举行中国（青岛）跨境电子商务综合试验区线上线下平台启动仪式。

7月18日

国务院下发《关于同意山东青岛董家口港口岸对外开放的批复》（国函〔2016〕125号），标志着董家口港口岸正式进入口岸建设和开放验收准备阶段。

7月14日

2016年中韩溢油应急联合演练在威海举行。

9月7日

查验无问题外贸企业吊装移位仓储费用免除试点工作座谈会在济南市召开。

9月27日

首份通过山东国际贸易"单一窗口"申报的原产地证书，在济南出入境检验检疫局完成签证手续，山东成为全国首个实施原产地证书"单一窗口"申报省份。

9月29日

改版后"通关一点通"和"QP预录入系统"运行，实现数据分中心通关服务平台与"单一窗口"平台系统集成。

10月8日

遵照国务院"放管服"改革精神，《海关总署关于印送山东石岛港口岸扩大开放验收纪要的函》（署岸函〔2016〕476号），同意据《山东石岛港口岸扩大开放前准备工作省级预验收会议纪要》通过国家验收。

11月上旬

省口岸办分别在广东、天津参加"单一窗口"数据协调与简化专项工作和"单一窗口"建设标准规范编写集中工作，初步形成《国际贸易"单一窗口"数据元目录》及国际贸易"单一窗口"标准版货物申报、运输工具、海运舱单等建设方案。

11月7日

首单申报出口货物在临沂港通过临沂市场采购贸易综合管理系统通关。

11月下旬

开发完成旅游购物贸易综合管理系统，11月30日威海港口岸首单旅游购物贸易方式通过海关申报出口，12月20日扩大至荣成口岸。

11月下旬

"单一窗口"船舶申报系统与检验检疫系统对接上线运行，并扩大到海关、海事、检验检疫和所有港口作业系统。

12月18日

《国务院关于同意山东日照港口岸扩大开放的批复》（国函〔2016〕207号），同意石臼港和岚山港口岸整合为日照港口岸，并扩大开放石臼南作业区和岚山北作业区。

12月28日

依托电子口岸开发上线查验无问题集装箱统计系统，为海关、检验检疫、财政、口岸办、查验服务企业及货主企业提供自动统计、快捷查询服务，实现网上自动统计、自动比对、自动核算。

（撰稿人：国恩松、刘文远、门昊、田林大、刘欣然）

2016 年山东省口岸流量统计汇总表

口岸类型	口岸名称	货运量（万吨）				集装箱量（万标箱）				人员（万人次）				交通工具（辆、艘、架、列次）			
		出口	进口	合计	同比(%)	出口	进口	合计	同比(%)	出境	入境	合计	同比(%)	出境	入境	合计	同比(%)
空运口岸	青岛	0	0	0		0	0	0		165.7	165.57	331.31	14.93	11 784	11 966	23 750	9.7
	济南	0	0	0		0	0	0		41.57	42.13	83.71	43.93	3 463	3 456	6 919	30.5
	烟台	0	0	0		0	0	0		31.01	30.13	61.14	24.71	3 355	3 350	6 705	18.5
	威海	0	0	0		0	0	0		24.78	24.59	49.38	45.02	1 666	1 664	3 330	18.3
	分计	0	0	0		0	0	0		263.06	262.43	525.53	22.36	20 268	20 436	40 704	14，9
海港口岸	青岛	9 935	23 406.54	33 341.54	4.91	914.51	890.5	1 805.01	3.52	8.81	8.19	17	58.31	5 624	6 142	11 766	1.1
	烟台	1 025.1	4 306	5 331.1	9.88	94.53	95.09	189.62	4.97	12.14	12.27	24.41	7.92	1 739	1 866	3 605	-0.4
	威海	1 110.59	1 155.28	2 265.87	2.77	36.38	35.06	71.44	2.66	15.49	15.61	31.1	19.73	967	1 045	2 012	5.5
	日照	904.43	11 397.18	12 301.61	9.76	6.02	6.09	12.11	25.98	4.89	4.77	9.66	21.61	1 391	1 512	2 903	5.3
	东营	12.3	492.61	504.91	666.87	0	0	0		0	0	0		311	325	636	115.6
	潍坊	51.88	39.13	91.01	6.64	0.66	0.76	1.41				0		224	167	391	6.8
	岚山	366.55	13 070.15	13 436.7	16.18							0		1 649	1 859	3 508	2.9
	龙口	422.8	3 370.7	3 793.5	-2.68	0	0	0	-100			0		1 339	1 370	2 709	-2.6
	石岛	285.65	301.98	587.63	0.39	6.59	6.69	13.28		15.96	15.79	31.76	26.91	721	703	1 424	-0.6
	龙眼	87.04	108.26	195.3	-33.28	1.65	1.45	3.09	-32.4	0.63	0.61	1.24	-90.48	491	543	1 034	14.3
	蓬莱	130.13	200.9	331.03	4.67	0	0	0		0	0	0		243	240	483	-8.4
	莱州	0	607.35	607.35	31.5	0	0	0		0	0	0		349	339	688	20.3
	分计	14 331.5	58 456.08	72 787.55	8.13	1 060.3	1 035.63	2 095.97	3.76	57.92	57.25	115.17	9.37	15 048	16 111	31 159	2.9

（山东省口岸办提供）

2016 年山东省口岸出入境主要数据表

项目			2016 年	2015 年	同比（%）
出入境人员（人次）	出入境人员总数		7 277 923	6 176 499	17.8
	入境人员		3 649 134	3 104 914	17.5
	出境人员		3 628 789	3 071 585	18.1
	出入境旅客		6 207 948	5 162 477	20.3
	出入境员工		1 069 975	1 014 022	5.5
	中国公民	小计	4 782 699	3 822 294	25.1
		内地居民	4 486 582	3 554 329	26.2
		港澳居民	99 926	92 855	7.6
		台湾同胞	196 191	175 110	12.0
	外籍人员		2 495 224	2 354 205	6.0
交通运输工具（辆、艘、架、列次）	总计		71 980	65 791	9.4
	船舶		31 159	30 267	2.9
	飞机		40 821	35 524	14.9
	火车				
	机动车辆				

（山东边检部门提供）

2016 年青岛海关主要业务统计表

指标	单位	累计	
		数量	同比（%）
监管			
进出口货运量	万吨	47 909	9.7
进口	万吨	38 979	10.0
出口	万吨	8 929	8.3
进出口总值	亿美元	2 591.2	-4.7
进口	亿美元	1 218.1	-2.5
出口	亿美元	1 373.1	-6.7
进出口报关单	万份	442.7	5.1
进口	万份	102.5	0.5
出口	万份	340.2	6.5
集装箱量（标箱）	万个	1 040.0	20.0
进口	万个	518.7	29.0
出口	万个	521.3	12.3
进出境运输工具	艘架次	64 464	5.2
船舶	艘次	29 858	0.1
飞机	架次	34 606	10.0
税收			
税收总流量	亿元	1 192.9	-0.7
入库税款	亿元	1 061.0	-0.7
关税	亿元	125.1	0.6
进口环节税	亿元	935.9	-0.9
罚没收入	万元	11 171.0	2.1
保税			
行邮			
进出境人员	万人次	664.9	13.4
行邮物品	万件	159.7	64.1
邮政和非邮政快件	万件	1 169.6	32.8
新兴贸易业态			
跨境电子商务	万美元	8 457.2	106.3
低值货物类快件	万美元	12 768.0	

（青岛海关提供）

2016 年济南海关主要业务统计表

项目		2016 年	同比（%）
进出口货运量（万吨）	合计	10 683.22	4.20
	进口	9 722.52	4.80
	出口	960.70	-1.60
进出口贸易总值（万元）	合计	23 430 500.00	3.80
	进口	12 304 200.00	11.90
	其中：江、海运输	11 694 800.00	12.10
	铁路运输	1 900.00	-81.20
	汽车运输	9 400.00	3.60
	航空运输	597 700.00	12.20
	邮件运输	380.00	-28.10
	其他运输	0.00	
	出口	11 126 300.00	-4.00
	其中：江、海运输	10 780 500.00	-3.50
	铁路运输	14 400.00	-80.40
	汽车运输	15 000.00	338.20
	航空运输	316 400.00	-8.20
	邮件运输	98.00	26.70
	其他运输	0.00	
税收（万元）	两税合计	179.83	8.00
	关税入库	12.44	-4.00
	进口环节税入库	167.39	9.00

（济南海关提供）

2016 年山东省出入境检验检疫业务统计表

项目		货物检验检疫				交通工具			集装箱（标箱）		发现动植物疫情		货物通关		出入境人员查验（人次）	健康检查及预防接种（人次）			
		批次	金额（万美元）	检验检疫不合格															
				批次	金额（万美元）	船舶（艘）	飞机（架）	火车（列）	合计	检出问题	种类数	种次	批次	金额（万美元）		健康检查	艾滋病监测	发现病例	预防接种
本年累计		871 882	11 316 432	55 585	1 937 249	29 999	40 845		5 665 896	95 794			926 061	11 553 589	7 062 790	16 000	16 062	12 862	64 812
其中	出境	684 696	3 154 793	20 646	63 112	14 460	20 398		1 038 086	47			692 760	3 119 922	3 528 550	13 472	13 556	11 480	64 666
	入境	187 186	8 161 638	34 939	1 874 137	15 539	20 447		4 627 810	95 747			233 301	8 433 667	3 534 240	2 528	2 506	1 382	146
同比（%）		6.47	-1.99	-9.06	-15.36	2.44	16.57		-20.55	-18.50			6.45	4.10	19.85	-76.45	-75.66	-53.34	-22.58
其中	出境	8.18	3.69	-21.26	-27.32	2.59	17.74		-67.96	-46.59			6.77	-0.02	20.33	-78.18	-77.34	-54.78	-22.09
	入境	0.65	-4.03	0.11	-14.89	2.3	15.42		18.92	-18.30			5.52	5.71	19.37	-59.23	-59.33	-36.55	-79.41

（山东出入境检验检疫局提供）

2016 年山东海事局进出港船舶统计表

船舶类别	进港船舶							出港船舶						
	艘数（艘次）	总吨（吨位）	总载重量（吨）	载客量（客位）	船员人数（人）	货物到达量（吨）	旅客到达量（人）	艘数（艘次）	总吨（吨位）	总载重量（吨）	载客量（客位）	船员人数（人）	货物发送量（吨）	旅客发送量（人）
总计	291 386	1 313 427 674	1 755 612 936	25 301 245	2 488 850	754 329 002	12 849 946	291 991	1 294 460 260	1 726 558 029	25 296 701	2 528 942	307 917 320	12 904 380
中国籍船舶	270 522	551 759 057	561 907 106	24 371 284	2 018 217	224 984 158	12 417 159	271 085	532 109 633	531 390 117	24 368 882	2 057 396	224 931 130	12 462 797
其中：外贸船	974	16 249 850	27 836 241	0	18 836	16 462 128	0	849	10 104 351	16 490 079	0	15 603	2 346 425	0
外国籍船舶	20 864	761 668 617	1 193 705 830	929 961	470 633	529 344 844	432 787	20 906	762 350 627	1 195 167 912	927 819	471 546	82 986 190	441 583

（山东海事局提供）

河　南　省

河南省口岸分布示意图

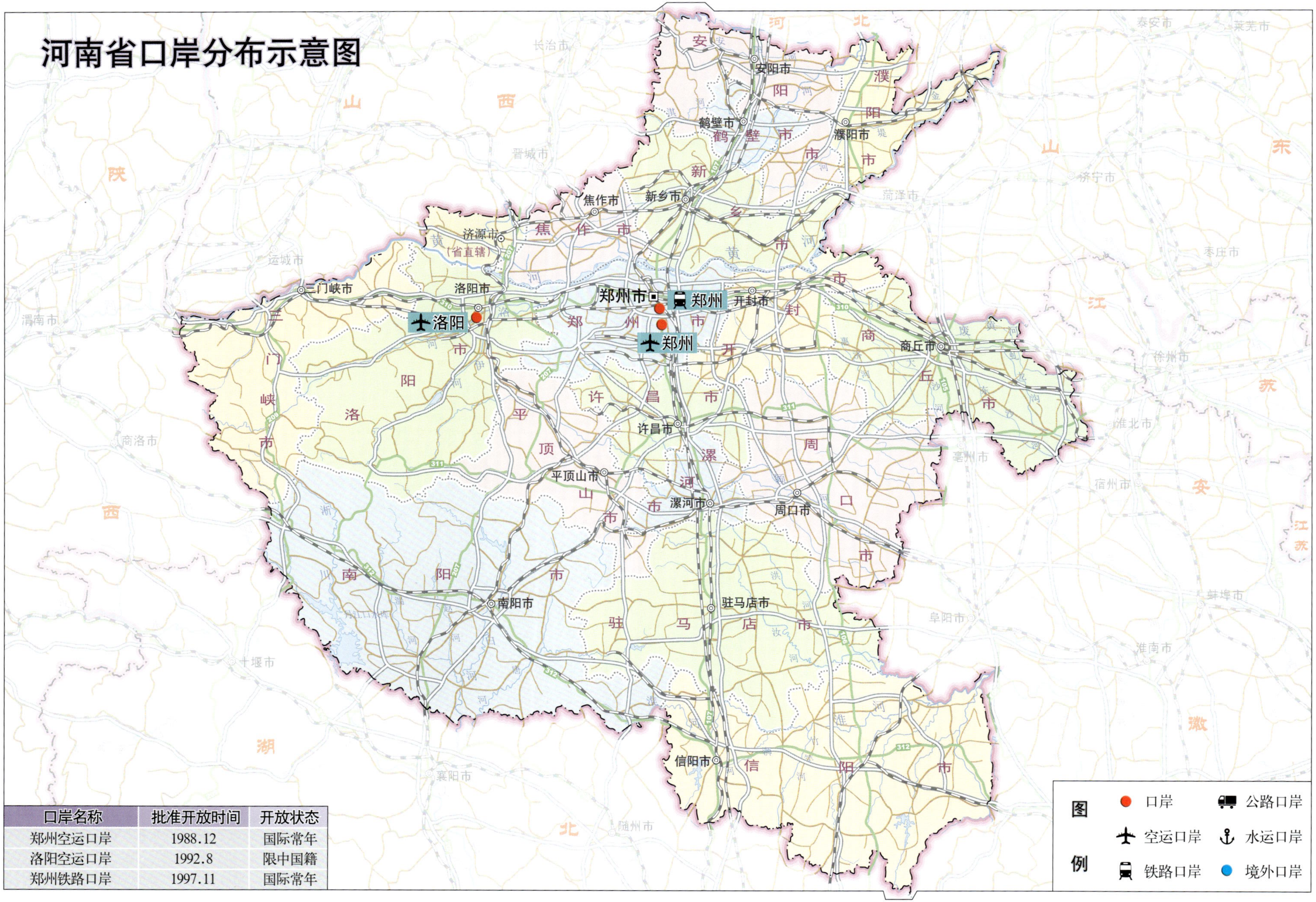

口岸名称	批准开放时间	开放状态
郑州空运口岸	1988.12	国际常年
洛阳空运口岸	1992.8	限中国籍
郑州铁路口岸	1997.11	国际常年

口岸数量及分布

截至2016年年底，河南省有经国务院批准的对外开放口岸3个。其中空运口岸2个，分别是郑州空运口岸（郑州新郑国际机场）、洛阳空运口岸（洛阳北郊机场）；陆路（铁路）口岸1个，即郑州铁路口岸。

口岸运行数据

2016年，河南省实现外贸进出口总值4 714.70亿元，首次跨入全国前十，同比增长2.60%，其中，出口2 835.30亿元，同比增长5.70%；进口1879.40亿元，同比下降1.80%。一般贸易进出口值1256.80亿元，同比增长6.80%，占河南省进出口总值的26.70%。主要出口商品包括机电产品增长13.7%、高新技术产品增长58.5%、农产品增长23.5%；进口393.8亿元，增长13.1%；主要进口商品包括机电产品增长9.8%、高新技术产品增长28.8%。

2016年，郑州空运口岸完成进出境旅客126.58万人次，同比增长5.70%，占旅客吞吐总量的6.10%；完成国际货邮吞吐量27.51万吨，同比增长20.93%，占货邮吞吐总量的60.23%。截至2016年年底，郑州空运口岸开通国际客运航线26条，通达首尔、曼谷、温哥华等20个境外城市；国际货运航线29条，通达卢森堡、东京、芝加哥等27个境外城市，基本形成横跨欧亚美三大经济区、覆盖全球主要经济体的枢纽航线网络。洛阳空运口岸常态化运行有洛阳至香港、洛阳至曼谷两条国际地区航线。2016年共执行境外航线518架次，其中洛阳至香港航线执行144架次，洛阳至曼谷航线执行374个架次，共运送旅客8.57万人次，同比增长195%。

2016年郑州陆路（铁路）口岸进出口货值15.06亿美元，货运量26.08万吨，集装箱29 859标箱。中欧班列（郑州）2016年开行251班，运载货值12.67亿美元，总货重12.89万吨。实现了每周去程3班、回程3班的常态化开行，持续在中欧班列中保持领先地位。依托中欧班列（郑州）开展汽车进口、跨境电商、国际贸易、冷链物流等业务，推出“直采直运直营，全程冷链溯源，原瓶原汁原味”的“欧亚班列进口商品”，已形成“以运促贸、以贸促运”的良性产业互补发展格局，业务覆盖长三角、珠三角、环渤海、东北老工业基地等地区，集疏半径超过1 500千米，形成了以郑州为中心的境内核心物流集疏枢纽。

口岸综合管理

【加强口岸建设战略谋划】 完成“十三五”口岸发展规划编制，起草并经省政府研究印发《河南省人民政府办公厅关于加快建设国际贸易“单一窗口”的意见》和《河南省人民政府办公厅关于印发2016年郑州航空口岸铁路口岸及全省各类功能性口岸重点工作推进方案的通知》，有力促进了河南省口岸建设工作的开展。统筹全省保税监管场所建设，研究形成《关于统筹近期河南省有关省辖市、省直管县（市）申建保税物流中心（B型）的工作意见》，并经河南省政府审定实施；制定了《关于加强郑州空运口岸查验机构协勤人员管理的意见（试行）》，规范协勤人员管理。

【扎实推进空陆“双枢纽”口岸建设】 发挥河南现代综合交通体系优势，推动空铁、空陆、铁海联运等多式联运发展，着力打造郑州航空铁路和国际国内“双枢纽”口岸。郑州空运口岸国际客货运量平稳较快增长，功能持续完善。跨境电子商务一般模式业务、冰鲜肉类、澳洲活牛进口业务顺利开展。卡车航班班次进一步加密，已覆盖北上广深等56个城市，日均开行74班。圆满完成了河南国际贸易洽谈会、黄帝故里拜祖大典、世界旅游城市市长论坛等重大活动通关礼遇。配合有关方面做好设立中国香港特别行政区政府驻河南联络处相关工作。郑州国际陆港建设加快推进，中欧班列（郑州）和“五定班列”运行良好。按照构建多枢纽、多线路、多货源的发展要求，积极拓展境内业务，目前已覆盖23个省份，从省外集聚到郑州的货物占80%，向东与沿海港口对接，并通过空运与韩日台港等亚太国家和地区实现空铁、海铁联运，形成以郑州为中心的境内枢纽；在境外向西形成以哈萨克斯坦的阿拉木图、蒙古的扎门乌德等亚洲周边国家和汉堡为枢纽，网络遍布欧盟和俄罗斯及中亚地区22个国家112个城市，中途上下货常态开展，并持续实现多点密布，推动地处内陆的河南省与境外经贸往来活动日益密切。除开展班列整柜、散货业务外，拓展了过境中转、铁海空公多式联运，以及依托特色口岸的汽车进口、跨境电商、国际贸易、国际运邮、冷链物流等特种集装箱业务。

【着力完善口岸功能】 依托郑州航空、铁路“双枢纽口岸”功能延伸，建成运行进口水果、冰鲜水产品、食用水生动物、冰鲜肉类、澳洲活牛、汽车整车、国际邮件经转7个功能性口岸，建设成效显著，业务发展迅速。进口肉类口岸漯河、郑州两个查验区超额完成年度任务，全年共进口肉类5.88万吨，业务量居内陆口岸首位。活牛口岸两个查验区通过验收开办业务，累计进口澳洲活牛342头168.69吨。国际邮件已开通直航通达17个国家（地区）的直航邮路，新开通的郑州至新西伯利亚国际航空邮路，将全国出口俄罗斯航空邮件调运到郑州出境，累计进出口邮件1 608万件，直航发运量4 048吨，同比增长4倍。郑州机场进口水果4 104.98吨，同比增长68.02%，业务量是2014年、2015年两年来进口水果总和的两倍，进口冰鲜水产品366.63吨，同比增长39.31%。食用水生动物2 224.13吨。汽车整车口岸进口396辆，同比增长64.32%。

【加快口岸经济发展】 2016年海关特殊监管区域（场所）合计实现进出口值3 239.6亿元，占河南省外贸进出口总值的68.7%。其中，郑州新郑综合保税区完成进出口总值3 161.1亿美元，占河南省进出口总额的67%，同比增长1.90%，在全国39个综合保税区中位列第一。“港内仓移”业务与先入区后报关制度有机结合，集中全球苹果手机到区内维修，助力郑州新郑综合保税区成为亚太地区维修分拨中心。南阳卧龙综合保税区一期封关运行，区内已注册企业14家，引进的两个智能手机制造项目近期将投入生产，总投资5亿元。郑州出口加工区B区通过验收。在整合郑州出口加工区A区、B区和河南保税物流中心基础上，郑州经开综合保税区获国务院批复设立，将大力发展保税加工、保税物流、保税服务。河南保税物流中心完成进出口总值64亿元，同比增长65.75%。焦作保税物流中心完成进出口总值58.75亿元，同比增长66.54%。

【持续优化通关环境】 围绕营造高效便捷一流的通关环境，区域通关一体化、通检一体化、检验检疫一体化、“三互”大通关改革、关检合作“三个一”、“双随机”查验制度等通关改革措施全面推进，已复制推广上海自贸试验区12项海关监管制度和8项检验检疫监管制度。河南省依托河南电子口岸平台，于2016年12月16日建成并正式上线运行中国（河南）国际贸易“单一窗口”（2016版）。河南省各类进出口企业通过“单一窗口”平台可以实现通关无纸化、一体化、自动化，通过一个平台登录、一次提交申报，统一办理反馈和一站式通关，平台功能基本覆盖中国（郑州）跨境电子商务综合试验区相关业务。

口岸监管与服务

【河南省公安边防总队创新高效精准服务】 积极跟进河南融入“一带一路”建设步伐，主动为河南省政府编制“十三五”口岸发展规划、推动功能性口岸建设献言献计。赴上海、浙江、福建口岸调研，加快推动国际贸易“单一窗口”建设和跨境电子商务系统上线运行。加强自助查验通道、移动查验设备的技术保障和政策宣传，简化通关流程，缩短查验时间，有效提升口岸通关智能化水平。靠前服务重大活动。定期梳理分析航空公司及代理单位、旅行社、出入境旅客违法违规问题，组建边检法律宣传小分队，深入企业和旅客之中，开展“送法上门”“法律面对面”、赠送“法律礼包”等活动，建立信息提示、情况通报、教育约谈等机制，在大河报、河南法制报等省内主流媒体刊发打击口岸非法出入境活动警示报道，推动运营企业规范经营、旅客合法出入。

【河南省公安边防总队严格公正文明执法】 规范执勤执法流程，以“把握关键、厘清脉络、明晰依据、规范流程”为主线，内外携手共同梳理完成《边检执勤执法流程》，为边检执勤执法工作、口岸突发事件处置提供了参考依据。完善检查监督、通报讲评、考评考核等机制，完善区域、功能、标志设置，落实执法全程视、音频记录制度，修订场所管理使用工作规范和应急预案，提升执法办案场所精细化、信息化建管水平。围绕口岸非法出入境活动新特点、新趋势，积极加强与公安出入境等单位的协作配合，及时通报口岸非法出入境动态、重点国家（地区）人员出入等情况，完善案件线索移交、信息核查、执法交流、联席会议等机制。

【河南省公安边防总队加强口岸反恐维稳】 建立完善实战指挥、实战练兵、实战保障体系，努力实现管控更严密、处置更高效、保障更有力的工作目标，加强反恐基础建设。修订充实总队处置突发事件预案库，规范应急响应等级、处置流程和指挥用语，加强应急处突分队建设，扎实开展反恐处突、战伤救援、口岸限定区域管控等科目训练。部署应用暴恐视、音视频查控平台、口岸重点人员“视询”系统和公安部出入境综合数据应用平台，有效强化口岸限定区域全方位管控，提升物防、技防能力。制定完善《重点出入境人员后台核查工作办法》《口岸防“回流”工作规范》，加大对重点航线、敏感人员的检查力度。加强与公安反恐、出入境、网安、技侦等部门的协作配合，推动建立反恐基础排查工作机制、边防与出入境执法协作机制，与国家安全部门建立24小时沟通联络、边控手续办理、现场核查处置等工作机制，提升口岸排查处置涉恐人员工作合力。持续深化河南口岸应急处突协作和反恐维稳联勤联动机制，完善全时联系、联席会议、核查互助、情报共享制度，不定期组织开展联合拉动演练，检验磨合各方的应急指挥、警力集结、战术部署、现场处置，提升整体反恐防袭能力，有力维护了河南口岸安全和社会治安稳定。

【郑州海关积极支持郑州空运口岸发展】 郑州海关支持DHL、UPS等大型国际航空物流企业建设转运枢纽项目，积极探索国际旅客中转进出境业务，支持郑州、洛阳机场增加国际客货运航班，做大做强国际航空枢纽；支持郑州机场开展国际邮件进出口和跨境电子商务，加快实现国际航空出口邮路的常态化运行；支持郑州设立口岸免税店、开展离境退税试点业务；实行“提前报关、简化流程、货到验放”监管模式，积极优化水果、海鲜鱼类、活牛羊等生鲜类商品的监管方案，推动航空进口货物种类不断丰富。全力支持以机场为口岸的丝绸之路一体化通关业务发展，2016年报关单36 683票，货值203.0亿元，货运量1.67万吨，有效发挥了空中丝绸之路枢纽的作用。

【郑州海关积极支持郑州铁路口岸建设发展】 积极派员参加海关总署多式联运监管开发集中工作，力争铁路舱单在郑州先行先试；支持中欧班列（郑州）拓展跨境电子商务、拆拼箱、冷链物流、商品展示体验、国际铁路运邮业务等增值服务；加强与二连浩特、天津、青岛等口岸海关协作配合，推动中欧班列（郑州）新线路、多口岸、高密度运行，实现每周四进四出常态运营，各项业务指标均处于中欧班列前列。其中进口整车384辆，征收税款1.57亿元人民币，进口整车车型涵盖了路虎、标志、奥迪、宝马、宾利等5大国际知名品牌。

【郑州海关积极推动郑州邮政发展】 加强快行邮监管信息化建设，探索启用“互联网＋关邮e通”信息系统，搭建收件人、邮政公司、海关三个端口，借助系统提供的网上申报、电子征税等功能，收件人可通过手机或电脑完成邮件的整体清关流程，海关可完成邮件审核、征税、放行等工作，业务平均办理时间缩短约50%，基本实现了线上办理、线下通关；强化河南国际邮件互换局和交换站功能，支持河南邮政开展进境邮件“一点通关、分拨全国”业务，支持邮政企业开展跨境电子商务和商业快件业务，研究制定了邮政包裹搭乘中欧班列（郑州）进出口监管方案。

【河南出入境检验检疫局持之以恒促发展】 推动出台《河南省人民政府关于扩大农业对外开放促进食品农产品出口的意见》《关于加强自由贸易协定实施和原产地签证工作的通知》和《关于建立河南省出入境人员健康管理和服务协作联席会议机制的通知》等文件。深入开展“走进企业，精准帮扶”活动，出台改革当先精准帮扶促进外贸回稳向好14项措施。支持跨境电商健康发展，探索建立“平台第一责任、电商缴保证金、保险设质量险、检验检疫结合保险深度分类管理”的质量安全监管模式。推动焦作孟州、许昌众品、河南邮政等地方和企业相继启动跨境电商业务，推动形成多区域发展格局。

【河南出入境检验检疫局持之以恒抓创新】 加强口岸查验平台建设，“三位一体”口岸核心能力提升新模式向全国复制推广；建立河南省出境人员健康管理和服务协作联席会议机制，实现了信息共享和疫情联防联控；（在全国率先与中国 WTO/TBT－SPS 通报中心）、省商务厅启动跨境电商技术规则研究与风险监测中心和技术性贸易措施研究基地（一中心一基地）建设。优化再造口岸业务和重点进出口商品流程，推动全省检验检疫一体化和丝绸之路经济带“9＋1”检验检疫一体化；围绕重点项目工程信息源，建立了进口成套设备审批机关、监管部门、地方政府、建设企业“四位一体”监管新机制；e－CIQ 主干系统顺利启用，正式迈入 e－CIQ 时代；编辑全球疫病疫情通讯，提升全社会口岸疫情防控意识。支撑保障有突破。启动首批“互联网＋技术规则及风险监测”等5个项目，初见成效；搭建“河南智慧国检”平台，整合完成全省特殊开放区域申报及监管系统，实现数据集中，执法统一。

【河南出入境检验检疫局持之以恒保安全】 认真履行“防控疫病疫情、监测有毒有害、维护食品安全、强化口岸反恐”四大职能和“五大安全”。口岸排查发现症状817人次，同比增长44.10%，确诊病例82人次，同比增长24.20%，监测体检发现病例18 752人次，检出率为43.30%。从进境动物及其产品中检出各类动物疫病76批次，从进境植物及其产品中截获检疫性有害生物32种类、786种次，共检出不合格出入境货物2 635批，货值37.2亿元，批次和货值不合格率分别为3.90%和2.90%，检出不合格进出口食品化妆品1 685批。

开放口岸

【郑州空运口岸（郑州新郑国际机场）】 郑州空运口岸于1988年12月经批准开放，当时只限中国籍飞机出入境。2002年5月经国务院批准可供中国籍和外国籍飞机出入境。1997年建成并通航的河南郑州新郑国际机场位于郑州市东南，距市区27千米，占地466.67万平方米，飞行区等级为4E，跑道长3 400米，可满足波音747机型的顺利起降，是国家一类航空口岸和中国国内干线运输机场，是国家民航局确定的全国八大区域性枢纽之一。建设有高速公路直达机场，交通条件优越。2007年T1航站楼进行了一次改扩建，扩建后航站楼建筑面积达到12.89万平方米，客机坪面积为18.25万平方米，货机坪面积为7.6万平方米，机位43个，年旅客和货邮保障能力可达1 200万人次、15万吨。2013年12月19日郑州机场二期扩建工程开工建设，2015年9月30日完成竣工，同年12月19日郑州机场T2航站楼启用并开始试运行，郑州机场正式步入“双航站楼双跑道”时代。T2航站楼建筑面积48.60万平方米，南北长约1 128米，总投资191亿元，其四角拥有4条指廊，可以增加79个机位，客运吞吐能力3 000万人次/年、货运吞吐能力达30万吨/年。其中，国际区域建筑面积为5.50万平方米，设计满足近期（2025 年）国际旅客吞吐量 320 万人次、高峰小时国际旅客吞吐量1 280 人次、远期国际旅客 400 万人次，高峰小时国际旅客吞量 1 440 人次的使用要求。国际区域主要包括四层国际办票区、国际出发联检厅，三层国际候机厅，二层国际到达联检厅、国际行李提取厅及国际到达通道，一层国际远机位候机厅等。同时国际查验通道还包括国际同程航班查验通道及国际贵宾离到港查验通道。T2 航站楼国际值机岛设置 28 个行李托运柜台及 2 个开包间。采用开放式值机，海关及检验检疫在后台对国际旅客托运行李进行监控。

【洛阳空运口岸（洛阳北郊机场）】 洛阳空运口岸于 1992 年 8 月 1 日经国务院批准为一类航空口岸。洛阳空运口岸成为河南省第二个国家一类航空口岸（只限中国籍飞机出入境）。

洛阳是中国 7 大古都之一，也是河南省的主要工业城市，具有古文化、重化工、高科技和自然资源等优势。尤其是洛阳古老的文化和悠久的历史对国外旅游者有很大的吸引力，一年一度的洛阳牡丹花会，使洛阳对外联系和交流不断扩大，先后与日本冈山市、须贺川市及法国团尔市等结为友好城市，并与 70 多个国家和地区开展了经济、技术、文化交流活动。

洛阳机场位于洛阳市北部，距市中心 9 千米。该机场净空条件优越，各种设施、设备齐全，可起降 B737、B767、MD82 等大型客机，是北京机场、郑州机场理想的备降机场。机场候机楼面积 17 000 平方米，其中国际部分 12 000 平方米。自 1993 年 2 月 4 日开通以来，运送来自 56 个国家和地区的入出境旅客近 10 多万人次。除直航洛阳到香港的包机外，还开通了洛阳至日本冈山、韩国、新加坡等国家和地区的不定期直航包机。

【郑州陆路（铁路）口岸】 郑州陆路（铁路）货运口岸位于郑州铁路东站，1991 年3 月经河南省批准为陆路（铁路）口岸，1994 年 12 月经铁道部、海关总署和河南省政府协商，开通了郑州东站至香港九龙的直达集装箱专列。1997 年 11 月 28 日，《国务院关于同意开放河南郑州东站铁路货运口岸的批复》（国函〔1997〕106 号文）批准为国家一类口岸。2014 年新建了 10 660 平方米的铁路口岸联检大楼和 50 000 平方米的监管查验场地及设施。

郑州陆路（铁路）口岸所在地郑州铁路集装箱中心站是全国规划建设的 18 个集装箱中心站之一，目前具有年办理 36 万标准集装箱的承载能力，并正在扩建铁路专用线线束，预计到 2020 年具有年处理 120 万标准集装箱的承载能力。郑州铁路口岸毗邻的郑州圃田站是全国铁路特等货运站，被铁道部确定为国际大型集装箱中转站，是国内在新亚欧大陆桥最大的铁路货运站和集装箱集散地。目前，河南依托郑州陆路（铁路）口岸，正在加快建设汽车整车进口口岸（二期工程）、进境粮食口岸等指定口岸，拓展汽车进口、粮食进口、跨境电商等业务，为郑欧班列进一步提供有效货源支撑。

2016 年河南省口岸大事记

1 月 12 日

国务院下发《关于同意在天津等 12 个城市设立跨境电子商务综合试验区的批复》（国函〔2016〕17 号），同意河南省设立中国（郑州）跨境电子商务综合试验区。

3 月 30 日

郑州空运口岸国际、地区客运航班全部转场至 T2 航站楼国际区。

5 月 24 日

河南省召开口岸工作部门联席会议，研究通过《关于加快建设国际贸易“单一窗口”的意见》和《2016 年河南省航空口岸铁路口岸及功能性口岸建设重点工作推进方案》。

8 月 18 日

商丘保税物流中心顺利通过郑州海关等部门的联合预验收。

8 月 29 日

海关总署正式批复同意设立郑州海关驻平顶

办事处，截至2016年年底河南省18个省辖市已有13个省辖市设立了海关机构。

8月31日

郑州进境粮食指定口岸一期建设项目开工建设，项目选址在郑州铁路集装箱中心站西侧郑州铁路口岸监管区内，占地27 333平方米，拟投资1 500万元。

9月6日

河南郑州出口加工区B区顺利通过郑州海关、河南出入境检验检疫局、省发改委等单位的联合正式验收。

11月11日

河南省首条定期洲际客运直飞航线郑州—温哥华航线开通运行，此航线将在河南与加拿大之间架起一道文化、旅游、交流和经贸合作的空中桥梁。

11月23日

《国家口岸发展“十三五”规划》印发，洛阳空运口岸扩大开放列入规划。

12月6日

郑州经开综合保税区获国务院批复，这是河南省继郑州新郑、南阳卧龙综合保税区之后的第三个综合保税区，由郑州出口加工区（A区、B区）和河南保税物流中心（B型）整合升级而成，规划面积3.204平方千米。

12月16日

中国（河南）国际贸易“单一窗口”（2016版）上线运行。

12月30日

南阳卧龙综合保税区封关运行。

（撰稿人：范会卿）

2016年河南省口岸出入境主要数据表

项目			2016年	2015年	同比（%）
出入境人员（人次）	出入境人员总数		1 338 926	1 265 264	5.82
	入境人员		666 922	626 377	5.18
	出境人员		672 004	638 887	6.47
	出入境旅客		1 247 732	1 182 112	5.55
	出入境员工		91 194	83 152	9.67
	中国公民	小计	1 161 766	1 099 924	5.62
		内地居民（因公）	5 618	4 238	32.56
		内地居民（因私）	1 028 868	973 600	5.68
		港澳居民	32 383	31 768	1.94
		台湾同胞	94 897	90 318	5.07
	外籍人员		85 966	82 188	4.60
	从海港出入境人数				
	从陆港出入境人数				
	从空港出入境人数				
交通运输工具（辆、艘、架、列次）	总计		12 838	12 085	6.23
	船舶				
	飞机		12 838	12 085	6.23
	火车				
	机动车辆				

（河南省公安边防总队提供）

2016 年郑州海关主要数据统计表

项目		2016 年	同比（%）
进出口货运量（万吨）	合计	1 445.40	-14.30
	进口	1 397.70	-14.80
	出口	47.70	4.30
进出口贸易总值（万美元）	合计	632.40	-0.20
	进口	264.20	-7.20
	其中：江、海运输	27.60	-11.50
	铁路运输	4.80	164.00
	汽车运输	3.70	-18.40
	航空运输	228.10	-7.70
	邮件运输	0.001	58.50
	其他运输	0.00	
	出口	368.20	5.40
	其中：江、海运输	13.70	22.10
	铁路运输	6.20	41.40
	汽车运输	8.20	204.20
	航空运输	340	2.80
	邮件运输	0.04	-19.40
	其他运输		
税收（万元）	两税合计	2 004 860	-34.10
	关税入库	72 980	31.70
	进口环节税入库	1 931 880	-35.30

（郑州海关提供）

2016年河南省出入境检验检疫业务统计表

项目		货物检验检疫				交通工具				集装箱（标箱）		发现动植物疫情		货物通关		出入境人员查验（人次）	健康检查及预防接种（人次）			
		批次	金额（万美元）	检验检疫不合格																
				批次	金额（万美元）	船舶（艘）	飞机（架）	火车（列）	汽车（辆）	合计	检出问题	种类数	种次	批次	金额（万美元）		健康检查	艾滋病监测	发现病例	预防接种
本年合计		67 639	1 831 999	2 631	53 511		12 821			30 497	78	77	49	49 753	1 504 395	1 332 894	43 272	42 953	18 752	55 745
其中	出境	46 565	327 378	355	2 931		6 558			7 237	0	1	0	33 665	249 837	669 663	40 121	39 817	17 091	55 729
	入境	22 370	1 504 621	2 276	50 580		6 263			22 368	78	76	49	16 088	1 254 558	663 231	3 151	3 136	1 661	16
同比（%）		2.01	-25.8	-46.8	-34.34		5.98			36.34		-23.8	25.64	113.8	-41.05	5.32	-11.86	-12.12	-14.71	-12.77
其中	出境	5.98	3.37	-69.8	-61.25		5.47			15.2		-80		201.4	136.74	4.77	-13.39	-13.68	-16.35	-12.78
	入境	-5.79	-30.1	-39.6	-31.59		6.53			44.6		-20.8	25.64	32.97	-48.72	5.89	13.63	14.04	6.89	128.57

（河南出入境检验检疫局提供）

湖　北　省

湖北省口岸分布示意图

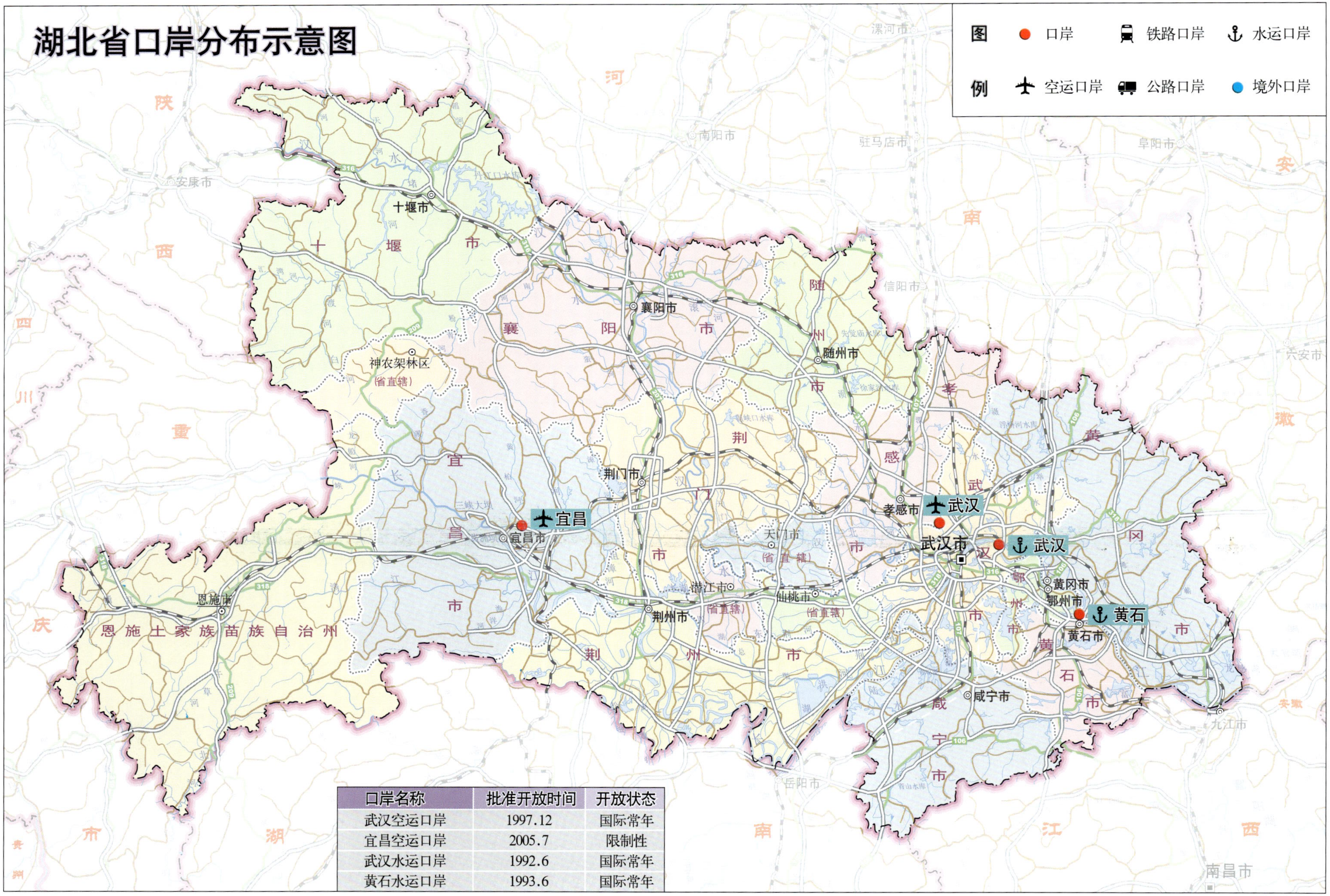

口岸名称	批准开放时间	开放状态
武汉空运口岸	1997.12	国际常年
宜昌空运口岸	2005.7	限制性
武汉水运口岸	1992.6	国际常年
黄石水运口岸	1993.6	国际常年

口岸数量及分布

截至2016年年底，湖北省有经国务院批准的对外开放口岸4个。其中，空运口岸2个，分别是武汉空运口岸（武汉天河国际机场）、宜昌空运口岸（宜昌三峡机场）；水运（河港）口岸2个，分别是武汉水运（河港）口岸、黄石水运（河港）口岸。

口岸运行数据

2016年，湖北省口岸进出口货运量2 354.80万吨，同比下降8.60%。其中，进口货运量1 834.2万吨，同比下降5.50%；出口货运量520.60万吨，同比下降18.3%。水运进出口货运量2 331.9万吨，同比下降9%；铁路进出口货运量14.20万吨，同比增长50.60%；公路进出口货运量6 597吨，同比增长64.80%；空运进出口货运量8万吨，同比增长57.70%；邮运进出口货运量29吨，同比增长52.60%。

空运口岸出入境飞机17 771架次，同比增长30.70%，其中入境8 911架次，出境8 860架次。湖北省出入境人数255万人次，同比增长34%，其中入境人数127万人次，出境人数128万人次。

口岸综合管理

【口岸开放】 2016年8月26日，国家口岸管理办公室同意韩国、日本、泰国籍临时客运包机从宜昌空运口岸进出境。2016年11月，《海关总署关于印发〈国家口岸发展“十三五”规划〉的通知》（署岸函字〔2016〕111号）下发执行，武汉水运（河港）口岸、黄石水运（河港）口岸、宜昌空运口岸扩大开放，恩施机场、荆州港以及武汉铁路集装箱中心站（在符合国家有关规定前提下有序对外开放）等7个项目列入了国家口岸发展“十三五”规划，项目数量创历史新高，夯实了口岸跨越式发展的基础。2016年5月4日，湖北省人民政府向国务院上报《关于恳请批准武汉水运（河港）口岸扩大开放的请示》，海关总署（国家口岸管理办公室）正在会商有关部门研究办理；湖北省政府致函中部战区，征求其关于黄石水运（河港）口岸扩大开放棋盘洲港区的意见。

【大平台建设】 2016年3月11日，国务院同意设立武汉新港空港综合保税区，规划面积4.05平方千米，采取“一区两园”模式，分为阳逻港园区（1平方千米）和东西湖园区（3.05平方千米）。阳逻港园区毗邻长江中上游最大集装箱核心港—武汉阳逻港，拥有多条“江海直达”及近洋航线，是中西部地区对接“海上丝绸之路”的最佳“出海口”。东西湖园区地处武汉临空港经济技术开发区，毗邻武汉天河机场，同时也是中欧（武汉）国际铁路货运班列的起点，是“丝绸之路经济带”的有机组成部分。宜昌三峡、襄阳保税物流中心顺利通过国家验收，宜昌三峡保税物流中心已经投入运营，襄阳保税物流中心即将封关运行。黄石棋盘洲保税物流中心运营情况稳中有进，进出口货值与通关票数都呈上升趋势，业务范围向湖北省内外其他城市扩展，福建三明、江苏南通、黄冈、宜昌等地外贸企业入区开展业务，2016年进出口货值2亿元，同比增长81%。武汉天河机场通过验收考核，成为全国首批进境食用水生动物指定口岸。国家质检总局批准东湖综合保税区保税物流园筹建进口肉类指定查验场，阳逻港进口肉类指定口岸以及东湖综合保税区保税物流园进口肉类指定查验场建设基本完成。湖北省获批的进境水果、粮食等指定口岸达到9个。多式联运海关监管中心建设稳步推进。

【口岸基础设施及查验配套设施】 天河机场三期扩建工程包括主体工程7大项，分别为T3航站楼、交通中心、飞行区（第二跑道）、空管、供油、汉孝城铁及地铁机场线。总投资约65亿元，建筑面积49.5万平方米，主楼最高处41.10米，是全国第四大单体航站楼，仅次于北京、昆明、重庆机场的航站楼。T3 航站楼位于机场第二跑道南侧、交通中心北侧，整个建筑由主楼，东、西各 2 条指廊及 T2 与 T3 连廊组成，其中主楼五层，包括地上四层、地下一层。T3 航站楼主体已基本完工，正在进行内部施工。黄石新港位于黄石棋盘洲港区，一期岸线长度 199.5 米，规划面积约 13.33 万平方米，5 000 吨级（兼顾1万吨级）泊位 2 个，总投资额约 5 亿元。近期新港口岸年设计集装箱吞吐能力达 30 万标箱，远期将达 100 万标箱。2 月 25 日，黄石市市委、市政府决定启动黄石新港口岸建设。黄石新港在不到十个月的时间圆满完成建设任务，实现了当年申报、当年建设、当年验收、当年开关。黄石新港正加速建设多式联运工程，建成后新港将实现公路、铁路、水路、管道等多种运输方式无缝对接。武汉港三江港区拟申请开放三江港综合码头，其正在新建的停靠 5 000 吨级（水工结构兼靠 10 000 吨级）2 个码头共有泊位 8 个（件杂泊位和多用途泊位各 4 个），年设计吞吐量为 630 万吨（含集装箱 20 万标箱）。综合码头一期工程于 2015 年 11 月开工，已经基本完成码头水工建筑物主体工程，正在进行收尾工作。宜昌三峡保税物流中心（B 型）位于宜昌市猇亭工业园区，规划用地 39.73 万平方米，分两期建设。一期总投资 5.8 亿元，配套建设了保税物流仓库、海关查验场、海关监管仓库、综合服务楼，可满足年物流作业量 160 万吨的生产需求。襄阳保税物流中心（B 型）位于襄阳高新区米庄镇王湖冲村，总用地面积 0.281 平方千米。襄阳保税物流中心（B 型）已建成保税物流仓库、海关查验场、海关监管仓库、综合服务楼、大型停车场等生产服务设施，可满足年物流作业量 160 万吨（仓储量 80 万吨）的生产经营要求。

【口岸综合管理】 开展免除三项费用试点工作，在武汉水运（河港）口岸、黄石水运（河港）口岸开展免除查验没有问题外贸企业吊装移位仓储费用试点工作，中央预拨付给湖北省的 130 万资金，已经下拨到武汉市和黄石市财政局，部分征收的费用已退给外贸企业，降低了企业的通关成本。服务地方经济发展需要。荆门市政府恳请省政府批准沙洋港为二类口岸，湖北省人民政府口岸办公室（简称湖北省口岸办）与查验部门研究提出设立监管场所、查验部门入驻开展业务的建议。为湖北省（黄石）矿物晶体奇石文化博览会展品提供通关便利，做好武汉航空口岸建设过渡期的协调服务，推动天河机场 T3 航站楼查验设施的规划设计和建设，推进汉欧公司与汉口北市场采购贸易试点单位的合作。开展口岸系统精神文明创建活动。湖北省口岸办与湖北省文明办联合发文，启动湖北省口岸系统精神文明创建工作。做好通关礼遇和业务培训，完成国家领导人、湖北省领导以及重要国内外嘉宾的通关礼遇工作，保障了中部国际产能合作论坛、第 13 届湖北武汉台湾周等 20 多次重大活动，湖北省台办等单位致函表示感谢。与武汉海关组织开展两次专题业务培训。协调推动湖北国际物流核心枢纽货运机场项目，该项目是全省重点建设项目，湖北省口岸办早了解、早介入、早服务，协调有关部门推进相关工作，召开了项目推进会，并牵头组织制定了湖北国际物流核心枢纽货运机场项目口岸建设方案。

【国际贸易“单一窗口”】 抢抓湖北省领导领衔重大改革项目的机遇，组织编制《湖北国际贸易“单一窗口”建设工作方案》及其实施方案。成立工作专班，争取建设资金，建立部门协作机制，强化了工作保障。贯彻落实国家口岸管理办公室的要求，出台了湖北省的实施意见，建成湖北国际贸易“单一窗口”门户网站和身份认证体系；围绕地方“单一窗口”拓展特色服务的功能定位，主动对接口岸查验单位和口岸作业场所，重点开发上线了电子口岸入网联合审批、两仓联网监管等应用项目，进一步优化监管执法流程，由“串联审批”转变为“并联审批”，初步实现了“单一窗口”基本功能。2017 年 1 月 5 日，中国（湖北）国际贸易“单一窗口”正式上线，湖北省的国际贸易“单一窗口”取得了阶段性的成果。加快湖北电子口岸建设，依托湖北电子口岸，促进信息互联互通，实现关检合作

"三个一"从武汉港到全省水运（河港）口岸全覆盖；与武汉新港管委会共建电子口岸水运平台取得实质性进展，开发使用船泊动态系统，服务航运物流。

【中欧班列（武汉）】 中欧班列（武汉）运行线路增多，2016年4月，武汉开通至法国里昂的铁路货运班列，是国内首条至法国的中欧货运班列。中欧班列（武汉）开通了武汉至杜伊斯堡、莫斯科等12条线路，2016年共开行234个班列，运输2.16万标箱，同比增长45%。发货量、回程货量在全国中欧班列居前三位。襄阳—宁波舟山港铁海联运班列采取客车化模式，运输时间由以前的4~5天缩短为50个小时。

【内河和近洋航线】 湖北的水运（河港）口岸对接上海国际航运中心国际航线，阳逻港至上海、台湾地区的集装箱航线实现班轮化运营，至东盟、日本、韩国集装箱快班实现提速升级，武汉港辐射力不断增强，逐步成为中西部地区的"出海口"。宜昌港、荆州港至武汉阳逻港长江内支线航线不断加密，湖北省水运（河港）口岸初步形成协同发展格局。

【航空运输网络】 天河机场新开通了武汉至迪拜、孟买等5条航线，三峡机场新开通了宜昌至韩国清州等3条包机航班，湖北省开通的国际和地区航线达到46条，其中武汉航空口岸41条，通达城市分布北美洲、欧洲、大洋洲、亚洲。2016年出入境人数255万人次，居中部地区首位。

口岸监管与服务

【湖北省公安边防总队筑牢反恐维稳防线】 围绕反恐第一需要，切实强化二线审查工作，建立外国人入境审查、重点人员核查工作机制，明确对重点人员做到护照证件、人身行李、入出目的、行程安排"4必查"；加强对重点人员审查情况进行汇总分析并逐级上报，逐步形成以前台检查快速发现问题、后台核查深入分析研判为基本思路的"小前台、大后台"勤务模式；与国家安全部门、公安各警种等26家单位建立了管控协作机制，召开协调会、联席会15次，通报各类情报信息25条，积极协助湖北省公安厅开展了"121"专项工作对象管控和"好人"专案涉恐关联人员核查工作，参与了黄石市2016年度跨警种、跨部门、党政军协同、军警民联动的反恐综合演练，搭建了与其他警种间交流沟通的平台，积累了联合反恐处突经验。2016年1月5日，湖北省公安边防总队成功处置1起2人涉恐勤务事件。2016年8月12日，湖北省公安边防总队再次成功查获1名新疆涉恐重点关注对象，并移交新疆乌鲁木齐公安局。

【湖北省公安边防总队全警动员完成重大安保任务】 建立重大活动通关保障机制，将服务窗口前移，先后为亚洲羽毛球锦标赛、首届"武汉国际马拉松"赛、俄罗斯联邦委员会访华代表团、国家网络安全宣传周等大型活动提供优质高效的通关服务。以保障G20峰会期间安保工作为"轴心"，积极配合浙江省公安边防总队跨省船舶"双向列管"工作要求，主动协调海事、公安等部门，开展湖北籍船舶长期停靠浙江情况核查、排查工作，加强峰会安保期间涉浙船舶、船员管控，全力将各类影响峰会安全稳定的风险隐患降到最低。2016年10月24日~28日，"G20峰会第五次协调人会议"在武汉召开，湖北省公安边防总队高度重视，提前谋划，主动对接，制定了《二十国集团协调人会议专项勤务工作方案》，细化勤务措施，明确人员分工，圆满完成了G20峰会第五次协调人会议勤务保障任务。11月29日，公安部工作组赴马来西亚吉隆坡执行押解74名电信诈骗犯罪嫌疑人回国包机入境，湖北省公安边防总队提前介入，认真部署，各级领导靠前指挥，圆满完成了押解包机边防检查勤务。

【湖北省公安边防总队创新方式回应服务对象需求】 部署开展"3·15"边检在行动、国际禁毒日、"8·19"品牌宣传日、无痕旅游、"警营初体验，梦想聚国门"等爱民为民主题实践活动，为服务对象送法上门30余次，开展外部评价8次，征求旅客群众的意见和建议50余条，为旅客提供出入境记录查询服务100余人次。在出入境流量激增、执勤警力紧张的情况下，不断调整优化勤务模式，大力推进提高边检服务水平和执法规范化建设，制定了总队、站两级执法单位执法权力清单，公开执法程序、执法标准、执法制度等内容，并在边检执勤现场进行了公布，提高了执法公信力，方便群众办事，主动接受监督。全力确保了口岸24小时不间断的优质、规范、高效边检服务，2016年未发生一起因边检原因导致的旅客滞留和投诉问题，武汉站荣获机场“2015年度最佳服务奖”、“2015年度南航枢纽建设最佳服务合作单位”。

【湖北省公安边防总队建用并重拓展科技保障水平】 以“互联网+”等网络建设为引领，推进“数字总队”“智能边检站”“智能口岸”等建设。围绕实战需求，升级通道查验设备，新建智能验证台2套，新增自助通道5条，整合验讫章管理系统、员工自助通关系统、3G无线验放等系统，研发了梅沙查验字符叠加模块，配置72小时过境免签服务器，口岸智能化管控能力进一步加强。大力推进边检网络学院建设应用，指导武汉站完成全国五大分中心之一的职责使命，做好全网络学院执法办案信息发布、审核推送、模拟考试等工作，受到部局好评。推进信息化在部队管理上的深度应用，建设车辆门禁、保密技防等系统，扩容视频监控集中存储，强化了部队管控能力。

【长江海事局做好口岸开放相关工作】 为促进地方经济发展，长江海事局船舶监督处积极做好口岸开放和扩大开放的审核和协调工作。对武汉新港口岸扩大开放及增设查验机构提出意见，参加马鞍山郑蒲港的预验收与验收工作。配合湖北省口岸办，做好黄石港扩大开放棋盘洲港区的申报工作。配合安徽省口岸办，做好马鞍山港郑蒲港区、三山港区扩大开放的申报与验收工作，根据《交通运输部关于安徽马鞍山港口岸扩大开放郑蒲港区对国际航行船舶开放的公告》要求，做好郑蒲港区扩大开放范围核实工作，并报长江航务管理局以便统一对外公告。并以此为契机，对长江海事局辖区内口岸扩大开放的管理工作进行梳理，拟统一规范做法。

【长江海事局大力支持口岸建设】 为实时掌握长江海事局辖区内口岸情况，长江海事局调整开放口岸基础数据库项目内容，更新2016年口岸管理数据，为今后更好地开展口岸管理工作打下基础。配合辖区沿江各省推动国际贸易“单一窗口”和自贸试验区建设。为提高口岸通关效率，降低企业贸易成本，全力配合辖区内沿江各省做好“单一窗口”建设，多次应地方政府邀请，协商“单一窗口”建设事宜，明确长江海事局参与“单一窗口”建设的业务范围，积极参与建设方案的制订与实施。配合湖北省和武汉市“单一窗口”建设，局领导带队，先后到上海、宁波、太仓、张家港等地学习调研，加强了与武汉市“单一窗口”建设专班的联系沟通，形成了武汉市“单一窗口”建设海事需求方案，为全线海事配合地方“单一窗口”建设提供了统一的指导意见。提出海事服务中国（湖北）自由贸易试验区建设的基本措施。

【长江海事局积极探索口岸联合登临检查机制】 为落实国务院提出的“三互”大通关建设工作要求，2016年12月28日，交通运输部和公安部、海关总署、国家质检总局联合印发《关于建立国际航行船舶联合登临检查工作机制的通知》（交海发〔2016〕234号），明确提出全国范围内各港口口岸查验部门建立国际航行船舶联合登临检查工作机制，提高船舶出入境查验效率、便利船舶进出口岸。长江海事局认真落实相关要求，积极探索建立以海事牵头的“信息互换、监管互认、执法互助”的国际航行船舶联合登临检查工作机制，提高船舶出入境查验效率、便利船舶进出口岸。此项措施缩减了船方接受查验以及代理往返各查验单位办理通关手续的频次，节省了船舶人力和时间成本，降低了船员劳动强度，提高船舶通关效率。

【长江海事局服务国家战略成效显著】 制定实施《长江经济带发展规划纲要》系列服务举措。全力支持湖北、重庆自贸试验区建设、沿江省市水运（河港）口岸开放和“单一窗口”建设。有力保障了重庆寸滩等24座在建大桥施工与通航安全。落实海事“放、管、服”措施。大力开展燃油质量监督检查和洗舱基地建设，着力推进长三角船舶排放控制区建设。持续为电煤、油料、农副产品开辟水上“绿色通道”。

【武汉海关服务口岸大通关】 顺利对接全国通关一体化改革。打破地域限制和关区管辖界线，构建统一的申报平台、风险防控平台、现场作业平台，全面提高贸易便利化水平，提升关区内海关执法统一性，降低企业通关成本。关区报关单无纸化率达到96%以上，高于全国海关平均水平。“三互”大通关建设有序实施。扩大关检合作“三个一”信息上传至所有水运（河港）口岸。开发建设了囊括海关所有创新业务功能、系统互联互通、数据共享共用的信息化系统工程，助推湖北“三互”大通关建设。协调各口岸执法部门，开发“电子口岸入网联合审批辅助系统”，优化审核流程，将审核时间由2~3天缩短至半天内。打造“一站式”入网服务，实现“让企业少跑腿，让数据多跑路”。

【武汉海关支持地方外贸发展】 积极推进“放、管、服”改革，取消26项海关行政执法领域内部核批事项，压缩95项核批环节。取消海关预归类服务等3项收费。对行政审批事项全面实行“一个窗口”受理，2016年关区各业务现场通过“一个窗口”受理行政审批事项846起，申请人满意率100%。为促进湖北外贸稳中向好，出台“十五项措施”，组织开展专题调研，形成的对策建议获得省领导多次批示肯定。外贸形势分析文章被省委、省政府采用37篇次。全力支持天河机场T3航站楼建设，指导恩施、襄阳机场航站楼国际厅建设。支持汉口北成为唯一获批市场采购贸易方式试点的中西部综合商品市场。促成武汉优先接入海关总署跨境电商进口统一版系统，享受到比肩跨境电商综合试验区的通关便利。

【武汉海关创新通关监管模式】 积极推进“互联网+海关”建设，推动武汉天河机场海关旅检微信公众号——“武易通关”项目从正式立项到落地仅用时40天，使天河机场成为全国第2个实现旅客移动自助缴税的机场，进一步方便进出境旅客通关，提升海关进出境监管服务水平。大力推广“自主申报、自行缴税”启动工作，加强业务全程督导，实现了全国第1票采用该模式的电子支付报关单在武汉关区顺利通关，整个过程用时仅15分钟，其中企业从申报到收到电子审结指令仅用时7秒，远低于传统模式。推进税收担保机制转型，积极引导关区企业使用海关税费电子支付系统，确保纳税大户全覆盖，2016年税费电子支付105.1亿元，占同期入库税款的89.20%，审价补税1.10亿元，同比增长16%。

【武汉海关规范进出口贸易秩序】 保持打私高压态势，查获多起毒品、武器弹药、大米、冻品等走私案，有力遏制规模性走私活动。其中，打击大米走私专项行动被中央级媒体广泛报道。毒品查缉工作经验首次被海关总署转发通报，破获了“3.22”走私枪支案和“武穴枪案”等大案要案。成功将潜逃18年的“10·7”走私毛豆油案主犯黄某押解回国，是中国从拉美地区成功引渡犯罪嫌疑人的首例，对中国开展国际执法合作影响深远。2016年立案侦办刑事案件32起，案值2.1亿元，涉税7 729.3万元。侦办的5起刑事案件被列入署级挂牌督办案件。立案查办行政案件187起，案值4亿元，涉税1 227万元。

【武汉海关支持“一带一路”标志性项目】 瞄准武汉建设长江中游航运中心的战略定位，将监管资源重点配置在全省最大的内河航运港口——阳逻港，助力其打造长江中游地区的“水运中心”。优化舱单和转关管理流程，推动中欧班列（武汉）实现跨越式发展，2016年监管进出境班列224列，监管标箱2.10万个，货运值8亿美元，班列重箱装载率位居全国中欧班列第1位。助推航空枢纽口岸发展，克服人员紧张困难，支持武汉天河机场开通国际及地区航线50多条，客运航线直达5大洲，货运航线覆盖“一带一路”沿线主要节点国家和地区。主动为湖北国际物流核心枢纽项目建设提供参考意见，支持顺丰集团在鄂州自建货运空港。助推武汉多式联运监管中心建设，协助地方政府制定完善建设方案。

【武汉海关切实加强实际监管】 建立监管作业场所规范管理综合机制，为宜昌、荆州增配大型集装箱机检设备，助力监管效能提升。启用水运、铁路出口转关电子运抵报告，实现了出口货物运抵申报、自动放行。查验管理日益增强，稳步降低出口查验率，进出口查获率超过全国海关平均水平。进一步推动海关特殊监管区域整合优化，武汉新港空港综合保税区获国务院批准设立。指导建设3家特殊监管区域和2家保税物流中心，湖北省内相对完善的保税贸易格局基本形成。2016年监管进出口货运量2 354.8万吨，同比降低8.6%；进出口货运值430.5亿美元，同比增长2.6%。

【武汉海关提升后续管理效能】 加快关区二级风险防控中心建设步伐，先行先试，组建武汉海关风险布控中心，业务处置、风险防控能力稳步提升。风险信息多方研判选查机制逐步完善，集中布控格局基本形成。“双随机”改革持续深入，随机布控查验比率超过90%。稽查后续管理作用进一步发挥，突出重点开展专项稽查，积极试点推进常规稽查“双随机”，常规稽查随机选取率达到82.9%，超过海关总署要求。作为唯一的内陆海关参与海关总署案件线索移交无纸化试点，相关工作多次得到海关总署通报表扬。

【湖北出入境检验检疫局保障质量安全】 实施“进口食品安全放心工程”，检出不合格进口食品、食品接触性材料33批、247.1吨，货值48.2万美元。实施“出口食品质量竞争力提升工程”，对出口食品采取“监管检查+抽查检验+验证放行”检管模式提升风险应对能力。探索建立进口汽车质量安全闭环监管体系，组织进口汽车制动器缺陷问题调查，排查3 278辆车型，受理处置24起进口车质量问题投诉。严格危险化工品及包装、废物原料等高风险商品和进口棉花等大宗资源性商品的检验监管。围绕湖北省内10余种重点进出口商品编制质量白皮书，为政府决策提供参考。11个质量专报获省领导批示肯定，其中打造长江中游进口农产品集散中心、“蜡菇”食品安全风险等2个专报，省政府召开专题会议组织推进。参与地方政府质量工作考核，完成17个地市州口岸检验检疫综合能力建设情况考核评分工作。推动武汉、宜昌、鄂州创建“全国质量强市示范城市”。加强对已建成的22个出口质量安全示范区管理，推进荆州、十堰和宜昌等国家级和省级质量安全示范区创建，随州出口专用车质量安全示范区获国家质检总局批准。推动企业质量诚信建设和品牌建设，全省5家企业获“中国出口工业产品质量安全示范企业”荣誉称号。

【湖北出入境检验检疫局保障国门安全】 举办“农产品优进优出暨国门生物安全”新闻发布会，组织国门生物安全进校园、在线访谈、禁止进境物集中展示与销毁等系列活动。开展“绿蕾”专项行动，打击非法携带、邮寄植物种子种苗进境行为，截获各类疫情19 322种次，同比增长256.43%，其中检疫性有害生物36种次；多次从旅客携带物中检出包括葡萄茎枯病菌、果核芒果象、新菠萝灰粉蚧、桔小实蝇等有害生物，其中果核芒果象为全省首次检出。检验检疫集装箱17.96万标箱，检疫出入境飞机1.75万架次，查验出入境人员253.36万次。预防接种3.31万人，健康检查3.54万人次，发现病例6 089例，检出9例湖北口岸输入性传染病，包括6例疟疾、1例登革热和2例甲型H3流感，其中1例卵形疟、1例登革热为湖北出入境检验检疫局首次检出。艾滋病监测3.36万人次，检出艾滋病15例。

【湖北出入境检验检疫局服务口岸大通关】 中国电子检验检疫e－CIQ主干系统在湖北上线试运行，推进“三通两直”通关便利化改革，实施报检、施检、放行全程无纸化，全省实现通关无纸化和出入境无纸化报检两个100%全覆盖。支持跨境电商新业态发展，为企业提供通关、通检、支付、物流等全流程“一站式”服务，实现电商分拣线“一机双屏双控”。对接“一带一路”“长江经济带”发展战略，制订工作方案出台16项精准服务措施。支持“汉欧”铁路国际货运班列双向常态化运行，与新疆、满洲里等口岸检验检疫机构建立“互为一二线、两局如一局”监管新机制，带动武汉辖区机电产品出口欧洲，为木材等资源性商品进口提供便捷通道。服务武汉至上海洋山港“江海直达”、“泸汉台集装箱快班”以及襄阳至宁波港“铁海联运”，部署“内河水运口岸快速查验系统”，实现集装箱网上全申报、快速查验和电子放行，每年为企业节约成本上千万元。

【湖北出入境检验检疫局创新通关监管方式】 按照“放管服”要求深化改革，探索建立“双随机”制度，开展出口食品生产企业备案日常监管项目试点工作。推动检验监管业务一体化，制定进口消费品、进口食品接触产品检验监管工作规范，完善进口汽车投诉处理工作程序。推行种植基地备案和出口企业注册登记管理，实施以产品风险分析和企业诚信为基础的企业分类管理，减少出口农产品抽查比例。调整进口油脂检验工作流程，通过查验关口前移，缩短通关时间约15天。

【湖北出入境检验检疫局支持地方外贸发展】 研究出台支持湖北自贸试验区建设27条意见，提出在湖北自贸试验区实行预检核放、通检通放、即检即放、后检先放、免检直放等“五检五放”制度及其相应业务模式创新。在特殊监管区落实一二线分线监管、进口货物预检验及核销管理、分送集报、区港联动等先行先试制度。推进进境水果、肉类指定口岸建设，支持口岸扩大对外开放。开展技术性贸易措施影响情况调查，帮助出口企业应对美国鲶鱼法案，保障湖北输美鮰鱼产品出口。发挥中国WTO/TBT国家通报咨询中心襄阳研究评议基地优势，开展美国汽车TBT专项评议，为汽车及零部件企业提供技术支持。加强生态原产地保护工作，9个产品获得生态原产地保护，3个产品正在申报中。帮助进出口企业用好用足原产地优惠政策，2016年全省签发原产地证书同比增长13.62%，为出口企业国外减免关税达1.15亿美元，提升了企业国际竞争力。

【湖北出入境检验检疫局提高口岸规范化管理】 公布湖北出入境检验检疫权责清单及权力运行流程图，规范7大类46项行政权力运行。清理规范8大类15项行政许可行为，整合行政许可流程与电子业务监管系统合并上线，网上审批项目占到行政许可项目的40%。加入湖北省信用信息公共服务平台，在该平台上对检验检疫行政许可信息、行政处罚信息进行网上公示，落实“七天双公示”制度和“一周零申报”制度。

【湖北省公安边防总队主动跟进服务口岸开放】 2016年，湖北省对外开放口岸出入境流量继续领跑中部六省，在内陆12个省份仅次于四川、重庆位居第3位，2016年共检查出入境人员2 550 415人次、交通运输工具17 771架（艘）次，同比分别增长33.98%和30.70%，查获一批在控、在逃和违法违规人员，部队持续保持零事故、零案件、零投诉复议的“三零”目标，群众满意率始终保持在99.9%以上，持续彰显了主业作为，得到地方党委政府和上级机关的高度认可。紧跟国家“中部崛起”和“长江经济带”发展规划，对接湖北“建成支点，走在前列”和武汉“建设国家中心城市”战略，跟进恩施、襄阳机场申请开放和武汉新港、黄石新港、三峡机场口岸扩大开放工作，先后6次前往襄阳、恩施、鄂州、黄石等地实地调研，就口岸配套产业规划、基础设施建设、申报审理验收等提供针对性、具体性意见建议。紧抓武汉天河机场启用T3航站楼、黄石建设启用棋盘洲新港的良好契机，多次走访地方政府职能部门沟通工作，报送请示报告20余份，积极提供政策依据和技术参考，确保口岸设施高标准建好，按期投入使用。同步规划边检基础设施建设，获批5.33万平方米边检用地，为满足边检官兵驻守需要、服务口岸长远发展打下了坚实基础。

开放口岸

【武汉空运口岸（武汉天河国际机场）】 武

汉空运口岸位于湖北省武汉市黄陂区天河街，天河国际机场被国家民航局定位为全国重要的枢纽机场，1995年4月15日投入使用，1997年8月国务院批准对外国籍飞机开放，2003年11月国务院批准航空口岸开展落地签证业务，拥有对外国人和对台湾同胞落地签证权。2015年5月1日起，武汉天河机场实施72小时过境免签政策。2016年8月实现双跑道运行，是全国少数拥有双跑道的机场之一。2016年12月28日，天河国际机场三期扩建工程T3航站楼、楼前高架桥及道路工程、停车楼工程、民航专业工程及民航专业设备工程顺利通过竣工验收。2016年，武汉空运口岸进出境飞机2.19万架次，同比增长27.9%；国际及地区出入境人数达到251.67万人次，同比增长33.4%；口岸签证人数30.59万人次，同比增长28.3%。

武汉已拥有至美国旧金山、俄罗斯莫斯科、法国巴黎、澳大利亚黄金海岸、意大利罗马等洲际航线，从武汉可直飞亚洲、欧洲、北美洲及大洋洲18个国家和地区，2016年新开通武汉至迪拜、亚庇、沙巴等多条国际客运航线，累计开通的国家及地区航线41条。2016年开通武汉至孟买（印度）、马德拉斯（印度）定期国际货运航线。货运量较上年有较大幅度增长，完成货邮吞吐量17.53万吨，同比增长13.35%，在全国机场中位居第16位；国际及地区的货邮吞吐量为2.4万吨，同比增长68.2%。

【宜昌空运口岸（宜昌三峡机场）】 宜昌空运口岸位于湖北省宜昌市猇亭区，距宜昌市中心26千米，距三峡大坝55千米，北接宜黄高速公路，南临长江黄金水道，东临焦枝铁路。宜昌三峡机场按4E级标准规划，一期工程按4D级标准建设。跑道全长2 600米，可满足B737、B757、B767、A320等同类及其以下机型起降，停机坪设有6个停机位，航站楼建筑面积14 816平方米。1996年12月28日，宜昌三峡机场正式通航，2004年6月加入海航集团。2005年7月4日，国务院正式批复同意宜昌三峡机场开放空运口岸。2007年11月25日通过国家正式验收。经过20多年的努力，宜昌三峡机场通航城市覆盖了北京、上海、广州、深圳等全国一线城市和多数省会城市，开通了中国香港、中国台湾、韩国、泰国等国家和地区航班，航线网络逐步向二、三线城市拓展，营运的航空公司近20家。宜昌三峡机场是湖北省内第二大机场，2016年旅客吞吐量突破150万人次，国内外通航城市28个（北京、上海、广州、深圳、成都、常州、昆明、宁波、厦门、杭州、贵阳、南宁、天津、青岛、海口、济南、兰州、福州、温州、西安等），航线已基本形成连接东西、通达南北的网络结构，发展规模在中部六省同等机场中位居前列。

宜昌空运口岸出入境人数成倍增长。2016年1月~12月，三峡机场空运口岸完成宜昌—韩国包机航班226架次，同比增长1.4倍，其中入境、出境各113架次，同比增长1.4倍。运送出入境人员33 510人次（其中外籍人员20 677人次），同比增长1.5倍。其中入境16 789人次（其中外籍人员10 342人次），同比增长1.5倍，出境16 721人次（外籍人员10 369人次），同比增长1.5倍。出入境航班和人次均创历史新高，这是自三峡机场空运口岸开放以来出入境航班首次突破200架次和出入境人员首次突破3万人次。

拓展国际航线新进展。4月，三峡机场空运口岸恢复了韩国航线。继开通韩国釜山航线后，还相继开通了韩国仁川、大邱、襄阳、清州的航班。全线开通直航韩国航线，取得了巨大的社会经济效益。8月，国家口岸管理办公室同意韩国、日本、泰国籍临时客运包机从宜昌空运口岸进出境，并延长韩国籍客运包机执飞时间。

口岸开放新机遇。11月，在国家口岸管理办公室和湖北省口岸办的大力支持下，在宜昌市政府和宜昌市口岸部门不懈努力下，宜昌空运口岸扩大开放和宜昌港新开口岸项目，经国务院批准列入了国家口岸发展“十三五”规划，标志着宜昌口岸开放获得国家层面的支持，将全面提升宜昌市对外经济开放和社会发展水平。

【武汉水运（河港）口岸】 武汉水运（河

港）口岸阳逻港位于天兴洲以东70千米的长江岸线上，分三期建设，一期工程（卓尔集团）2004年投入运营，建有2个5 000吨级（兼顾万吨级）集装箱泊位及配套设施，设计年吞吐能力25万标箱。2015年下半年，长江中上游承载能力最强的阳逻港通用重件码头开港试运营，给武汉水运（河港）口岸阳逻港增添了新活力。阳逻港二期工程由武汉港务集团有限公司投资，2010年投产，拥有4个5 000吨级集装箱专用泊位，设计年吞吐能力75万标箱。三期工程正在规划建设中，共规划17个5 000吨兼顾万吨级集装箱泊位及配套设施；首批开建的4个泊位，设计年吞吐能力80万标箱，已于2015年年底开港试运行。阳逻港区集装箱年吞吐能力200万标箱，进一步巩固其长江中上游最大集装箱港口地位。

2016年，武汉水运（河港）口岸完成进出口货运量1 757.3万吨，同比下降11.3%，占全省进出口货运量的74.6%。集装箱吞吐量112万标箱，同比增长5.4%。其中武汉新港阳逻一期国际集装箱公司完成40.5万标箱，阳逻二期、金口、花山等港口完成集装箱71.5万标箱。

2016年，武汉阳逻港—上海洋山港点对点“江海直达”航线保持了高效的运作，共开行航班380个班次，其中378个班次实现点对点直航、72小时内到达，航班准点到达率99.47%。

泸州—武汉—台湾航线进出口开行192个航次，运输箱量3 128标箱。其中，进口航线开行92个航次，进口箱量307标箱；出口航线开行100个航次，出口2 821标箱。

武汉—东盟四国航线共开行出口航次85个，运输集装箱4 206标箱。其中，武汉—泰国曼谷港航线开行出口航次50次，运输集装箱2 142标箱；武汉—越南胡志明港航线开行出口航次35次，运输箱量2 064标箱。

武汉—日本、武汉—韩国航线共开行100个航班，运输箱量4 310标箱。其中，日本航线开行49个航班，运输箱量2 504标箱；韩国航线开行51个航班，运输箱量1 806标箱。

【黄石水运（河港）口岸】 黄石是国务院批准的沿江对外开放城市，是全国53个重点港口城市和133个客货主枢纽城市之一。1980年9月，黄石港经国务院批准开办对外贸易运输业务，1993年6月15日经国务院批准对外国籍船舶开放的国家水运（海港）口岸，海关、检验检疫、边检、海事、国税、外汇和货代、船贷公司等口岸执法部门及口岸服务企业齐备。港口位于长江中游南岸，常年水深在8～20米之间，水陆域条件良好，河势稳定，地质条件较好，5 000吨级远洋货轮可常年自由进出，近洋航运可直达日本、韩国、香港以及东南亚地区。

黄石口岸进出口货运量保持增长态势。2016年进出口货运量205.5万吨，同比增长13.2%。其中，进口货运量189.1万吨，同比增长12.1%；出口货运量16.4万吨，同比增长28.9%。黄石口岸通关能力不断提高，通关环境更加优化，口岸基础设施建设得到加强，为促进黄石外向型经济发展发挥了积极的作用。

近年来黄石外向型经济发展迅速，坐落在城区原有的老口岸已不能满足黄石外向型经济发展需求。2016年黄石港口岸棋盘洲港区正式启动建设，黄石港口岸棋盘洲港区上距黄石市约29千米、距省会武汉市143千米，下距九江99千米、距上海982千米，水陆交通便利。棋盘洲港区常年水深7.5米，丰水季水深超10米，水陆域条件良好，河势稳定，地质条件较好，是长江中游少有的优良深水港区。黄石口岸棋盘洲港区一期岸线长度199.5米，规划面积约13.33万平方米，5 000吨级（兼顾1万吨级）泊位2个，总投资额约5亿元。近期年设计集装箱吞吐能力达30万标箱。港区配备了先进的信息化系统、集装箱装卸等大型专业化设备。

2016年12月18日，黄石口岸棋盘洲港区海关监管场所通过武汉海关验收，正式开展外贸进出口业务。黄石市政府出台多项优惠政策，吸引培育一批船代、货代、外贸企业入驻。不断加大固定班轮及国内、外航线的开辟力度，2017年黄石口岸将开通黄石至韩国的直航航线，每周开通2班黄石至洋山的“五定班轮”。

黄石口岸棋盘洲港区所在地新港物流园区正在加快建设多式联运工程，建成后口岸将实现公路、铁路、水路、管道等多种运输方式无缝对接。黄石棋盘洲保税物流中心距离棋盘洲港区口岸4千米，可以实现黄石港口、口岸和保税物流中心“三位一体”的对外开放体系，全方位提升黄石对外开放水平。

【武汉铁路集装箱中心站】 武汉铁路集装箱中心站位于武汉市东西湖区的武汉铁路集装箱中心站，地处东西湖区吴家山慈惠农场，是原铁道部批准建设的全国18个铁路集装箱中心站之一，占地134.60万平方米，设有一个线束，2条有效长为1 050米的装卸线，配有4台国际先进的龙门吊，可实现集装箱班列整列到发，设计年办理集装箱160万标箱。铁路口岸的建成，整合、利用了武汉海关现有监管资源，使海关对铁路集装箱货物、进出境集装箱和承运人的管理更加便捷，提高了口岸通关效率。2015年1月26日，国家口岸管理办公室同意武汉铁路集装箱中心站作为临时口岸对外开放。

2016年，中欧班列（武汉）开行234列、21 630标箱，其中去程122列、11 246标箱，占比51.99%；回程112列、10 384标箱，占比48.01%。总货运量同比增长45%，班列实载率达到95.48%。

中欧班列（武汉）共开通了12条通达德国、法国、俄罗斯、白俄罗斯等国家的铁路线路。2016年4月开通了全国首个至法国的货运班列，成功将武汉至德国杜伊斯堡线路延伸至法国里昂；12月在巩固拓展阿拉山口西部通道基础上，新开通经东部满洲里口岸出境，通达至俄罗斯、波兰、德国等线路，成为全国中欧班列首个拥有南、北线“双龙出关”的中欧班列运营公司，并成为华中乃至全国的木材原材料分拨转运中心。

2016年湖北省口岸大事记

1月12日

武汉天河机场开通武汉至迪拜直飞航线。

1月31日

武汉天河机场开通武汉至埃及开罗旅游包机航班。

3月4日

友和道通航空有限公司正式开通武汉至印度孟买国际货运航线，成为武汉第五个国际货运通航点。该货机满载100吨，实载70余吨，货物包括武汉本地及周边城市的高端电子产品、纺织品等。新航线飞行时间5小时50分，每周两班，成为武汉继比什凯克、德里、阿拉木图和达卡后第五个全货机国际货运通航点。

中欧（武汉）国际集装箱班列（下称汉欧班列）从武汉吴家山铁路集装箱中心站驶出，开往德国汉堡，成为汉欧班列自2014年4月常态化运营以来开通的第200列。

“襄阳—宁波舟山港号”班列开往宁波北仑港，最终货物通过轮船运往美国、越南等国家。这标志着湖北省首个铁海联运班列正式开通。

3月11日

国务院同意设立武汉新港空港综合保税区，规划面积4.05平方千米，分为阳逻港园区（1平方千米）和东西湖园区（3.05平方千米）。

3月20日

摩托罗拉（武汉）产业园二期在武汉东湖新技术开发区的武汉东湖综合保税区奠基。湖北省委常委、武汉市委书记阮成发，武汉市市长万勇出席奠基活动。项目总投资30亿元，建设摩托罗拉全球生产、运营、研发、进出口及客户服务中心。

4月2日

由韩国第二大航空公司韩亚航空执行的仁川—宜昌航班缓缓降落在三峡机场，宜昌至韩国国际航班正式开通。

4月6日

武汉至法国里昂国际集装箱班列首发。此趟班列将从阿拉山口出境，一路向西，横跨哈萨克斯坦、俄罗斯、白俄罗斯、波兰等6个欧亚大陆国家，最终到达法国第二大城市里昂，全程约11 300千米。4月21日上午10时30分（北京时间21日下午4时许），法国里昂韦尼雪（Vénissieux）车站，武汉至里昂中欧班列缓缓驶入站内股道停稳。这是武汉首次开行至法国的中欧班列，也是中国首个以法国为终点站的中欧班列，开启了武汉与法国经贸往来的新纪元。

武汉市市长万勇一行赴香炉山场站、武钢江北基地码头、阳逻电厂场站现场调研，并召开会议现场办公，督办前期市航运中心建设工作领导小组会议研究确定的近期重点工作和重大项目，推进阳逻电厂集装箱场站、香炉山场站两大铁水联运工程建设。

4月28日

武汉机场三期扩建工程第二跑道试飞成功。

5月4日

湖北省人民政府向国务院上报《关于恳请批准武汉港水运口岸扩大开放的请示》。

5月10日

湖北省委书记、省人大常委会主任李鸿忠就长江经济带保护和绿色发展调研武汉新港阳逻港区。

5月30日

武汉市副市长邵为民与德国杜伊斯堡市长林克，在杜伊斯堡市市政厅一起见证了汉欧德国公司注册，并为其揭牌。

6月2日

香港贸发局华中区代表张汶锋率香港商贸代表团一行考察武汉东湖综合保税区，了解综合保税区投资环境及保税展示交易和跨境电商发展情况，并就促进内地和香港企业间的交流合作相关事宜举行会谈。

6月8日

在武汉、重庆、义乌等7个车站，中欧班列宣布启用统一品牌，并举办了发车仪式。

6月29日

天河机场开通武汉至槟城新航线，由马印航空执飞。

6月30日

湖北省口岸办组织武汉海关、省财政厅、省国税局和国家外汇管理局湖北省分局联合对宜昌三峡保税物流中心（B型）进行预验收。经综合评审，验收组一致认为，宜昌三峡保税物流中心（B型）基础和监管设施的建设基本符合《保税物流中心基础和监管设施验收标准》，可以向海关总署申请正式验收。

7月12日

武汉电子口岸暨国际贸易“单一窗口”筹建工作专班第一次会议在武汉市召开。

7月20日

由韩国易斯达航空公司执飞的ZE3762航班，满载181名旅客从宜昌三峡机场准点飞往韩国襄阳郡，标志着宜昌至韩国襄阳郡航线正式开通，这也是2015年至今宜昌三峡机场开通的第四条韩国直达航线。

7月29日

武汉机场获批进境食用水生动物口岸。

7月31日

武汉机场三期T3航站楼南北主体结构全面贯通。

8月26日

国家口岸管理办公室同意韩国、日本、泰国籍临时客运包机从宜昌空运口岸进出境，时间为2016年9月22日~2017年3月21日。

8月31日

一对在荷兰定居的武汉籍夫妇，将家里个人用品装上铁路货柜，通过中欧（武汉）国际班列发往德国杜伊斯堡。这标志着中欧（武汉）专线的“私人订制”拼箱业务正式开通。

9月1日

党中央、国务院决定，在辽宁省、浙江省、河南省、湖北省、重庆市、四川省、陕西省新设立7个自由贸易试验区。

9月6日

湖北省委副书记、常务副省长王晓东主持召开省政府常务会议，听取中国（湖北）内陆自由贸易试验区申报工作情况汇报，研究部署湖北自贸试验区建设工作。

9月8日

湖北省委常委、武汉市委书记阮成发主持召

开市委常委会，研究部署推进湖北自贸试验区武汉片区建设试验工作。

9月9日

宜昌三峡保税物流中心（B型）正式通过国家验收，这是继武汉东西湖保税物流中心、黄石棋盘洲保税物流中心之后，湖北省通过验收的第三家保税物流中心（B型）。

9月15日

三峡机场开通宜昌至韩国清州的国际航班。至此，宜昌三峡机场已陆续开通至韩国首尔、仁川、大邱、釜山、清州五大城市的航线。

9月19日

国家质检总局同意武汉东湖综合保税区保税物流园筹建进口肉类指定查验场。

9月22日

为贯彻落实湖北省委常委会、湖北省政府常务会和商务部等四部局专题会议精神，加快推进中国（湖北）自由贸易试验区建设，湖北省政府召开湖北自贸试验区建设推进会，总结前期工作，传达有关精神，明确责任分工，部署后续任务。湖北省副省长任振鹤出席会议并作重要讲话，省商务厅、省委组织部、省编办等48个省直部门和武汉市、襄阳市、宜昌市政府负责人出席会议。

10月10日

湖北省政府向商务部函报湖北自贸试验区总体方案（征求意见稿）。

11月16日

襄阳保税物流中心（B型）通过预验收。

11月23日

武汉港、黄石港、三峡机场扩大开放，恩施机场、荆州港、宜昌港开放以及武汉铁路集装箱中心站（在符合国家有关规定前提下有序对外开放）等7个项目列入了国家口岸发展“十三五”规划。

12月5日

武汉至印度马德拉斯往返国际货运航线成功首航。该航线采用A300－600货机执飞、每周2班，去程航班号为UW9965，回程航班号为UW9966，承运货物主要以手机等高附加值电子产品为主，该航线是友和道通航空继开通武汉—孟买、武汉—德里后开通的武汉至印度第三条航线。

12月8日

中欧（武汉）班列开通首条全俄线洲际班列，第一次贯穿俄罗斯全境后直抵德国，武汉直通欧亚的跨国班列已达12条，在全国40个城市开通的中欧班列中数量居首。

12月15日

湖北自贸试验区总体方案（送审稿）由商务部和湖北省政府联合上报国务院。

中三角省际集装箱公共班轮航线正式开通，初期每月8班，穿梭于武汉阳逻港、湖南岳阳城陵矶港、江西九江港之间。新航线实行定港停靠、定线运行、定班发航、定时靠港、定价发布的“五定”班轮模式，在三大港口之间穿梭运行，还可根据港口条件及货源情况适时调整，停靠沿途的嘉鱼、纱帽、金口、花山、葛店、黄石、黄州、武穴等港口。开通初期，航线每周开行2班，每月开行8班。

12月18日

黄石新港口岸正式开关。

12月22日

由海关总署、财政部、国家税务总局、国家外汇管理局共同组成的联合验收组在襄阳宣布：襄阳保税物流中心（B型）通过验收，这标志着湖北自贸试验区襄阳片区建设迈出实质性的第一步。

12月29日

湖北省政府办公厅印发《关于成立中国（湖北）自由贸易试验区工作领导小组的通知》（鄂政办函〔2016〕126号）。

（撰稿人：乔欣荣、陈宇翔、朱艳）

2016 年湖北省口岸流量统计表

口岸类型	口岸名称	货运量（万吨）				集装箱量（万标箱）				人员（万人次）				交通工具（辆、艘、架、列次）			
		出口	进口	合计	同比（%）	出口	进口	合计	同比（%）	出境	入境	合计	同比（%）	出境	入境	合计	同比（%）
空运口岸		6.44	1.54	7.99						128.03	127.01	255.04		8 860	8 911	17 771	
	分计															0	
陆运口岸 公路口岸		0.43	0.23	0.66												0	
	分计															0	
陆运口岸 铁路口岸		5.39	8.81	14.21												0	
	分计															0	
水运口岸 海港口岸																0	
	分计															0	
水运口岸 河港口岸		508.38	1 823.57	2 331.95												0	
	分计															0	
合计		520.65	1 834.15	2 354.80						128.03	127.01	255.04		8 860	8 911	17 771	
同比（%）		-18.30	-5.50	-8.60						34.78	33.19	33.98		30.03	31.37	30.70	

（湖北省口岸办提供）

2016 年湖北省口岸出入境主要数据表

项目			2016 年	2015 年	同比（%）
出入境人员（人次）	出入境人员总数		2 550 415	1 903 555	33. 98
	入境人员		1 270 088	953 624	33. 19
	出境人员		1 280 327	949 931	34. 78
	出入境旅客		2 390 371	1 783 716	34. 01
	出入境员工		160 044	119 839	33. 55
	中国公民	小计	2 241 417	1 710 854	31. 01
		内地居民（因公）	99 392	84 053	18. 25
		内地居民（因私）	1 981 250	1 486 832	33. 25
		港澳居民	52 382	48 197	8. 68
		台湾同胞	108 393	91 772	18. 11
	外籍人员		308 998	192 701	60. 35
	从海港出入境人数			0	
	从陆港出入境人数			0	
	从空港出入境人数		2 550 415	1 903 555	33. 98
交通运输工具（辆、艘、架、列次）	总计		17 771	13 597	30. 70
	船舶			0	
	飞机		17 771	13 597	30. 70
	火车				
	机动车辆				

（湖北省公安边防总队提供）

2016 年武汉海关主要数据统计表

项目		2016 年	同比（%）
进出口货运量（万吨）	合计	23 547 994	-8.6
	进口	18 341 530	-5.5
	出口	5 206 464	-18.3
进出口贸易总值（万美元）	合计	2 293 747	-16.8
	进口	1 098 644	-17.2
	其中：江、海运输	610 899	-15.0
	铁路运输	19 426	253.3
	汽车运输	174 855	302.5
	航空运输	293 193	-47.7
	邮件运输	78	68.1
	其他运输	192	208.9
	出口	1 195 103	-16.4
	其中：江、海运输	718 397	-18.2
	铁路运输	62 135	43.0
	汽车运输	111 669	21.8
	航空运输	301 916	-27.3
	邮件运输	984	30.9
	其他运输	-	-
税收（万元）	两税合计	1 299 156	0.9
	关税入库	195 756	-6.3
	进口环节税入库	1 103 400	2.2

表注：上述进出口贸易总值仅指贸易统计项下进出口总值。

（武汉海关提供）

2016 年湖北省出入境检验检疫业务统计表

项目	货物检验检疫				交通工具				集装箱（标箱）		发现动植物疫情		货物通关		出入境人员查验（人次）	健康检查及预防接种（人次）			
	批次	金额（万美元）	检验检疫不合格		船舶（艘）	飞机（架）	火车（列）	汽车（辆）	合计	检出问题	种类数	种次	批次	金额（万美元）		健康检查	艾滋病监测	发现病例	预防接种
			批次	金额（万美元）															
本年累计	63 954	491 818	1 339	14 585.47		17 506			179 618	313	75	8	60 467	418 499.5	2 533 542	35 430	33 616	6 089	33 078
其中 出境	51 699	345 151	231	1 991.31		8 738			105 232	2			43 195	256 785.5	1 267 803	27 571	27 394	5 797	32 971
其中 入境	12 255	146 667	1 108	12 594.15		8 768			74 386	311	75	8	17 272	161 714	1 265 739	7 859	6 222	292	107
同比（%）	6.32	-14.62	-43.00	-11.55		30.70			-25.83	-31.70	-43.61		41.39	-5.02	36.41	-2.68	-2.87	43.47	-7.92
其中 出境	7.66	-14.99	-58.5	-39.15		30.42			-30.11	-88.2			67.13	16.65	37.96	-7.37	-6.96	39.49	-8.02
其中 入境	1.01	-13.74	-38.2	-4.71		30.98			-18.78	-29.5	-43.61		2.07	-26.66	34.88	18.34	20.44	231.8	40.79

（湖北出入境检验检疫局提供）

2016 年长江海事局进出港船舶统计汇总表

船舶类别	进港船舶							出港船舶						
	艘数（艘）	总吨（吨位）	总载重量（吨）	载客量（客位）	船员人数（人次）	货物到达量（吨）	旅客到达量（人）	艘数（艘）	总吨（吨位）	总载重量（吨）	载客量（客位）	船员人数（人次）	货物发送量（吨）	旅客发送量（人）
总计	7 968	26 546 657	39 540 168	388	84 974	18 141 533		8 023	26 658 501	39 741 324	388	85 616	13 398 454	
中国籍船舶	7 812	26 198 289	38 971 418	388	83 195	18 058 530		7 864	26 300 188	39 158 707	388	83 799	13 025 327	
其中外贸船	73	234 045	368 903		940	56 278. 59		108	349 737	539 556		1 432	465 753. 85	

（长江海事局提供）

湖 南 省

湖南省口岸分布示意图

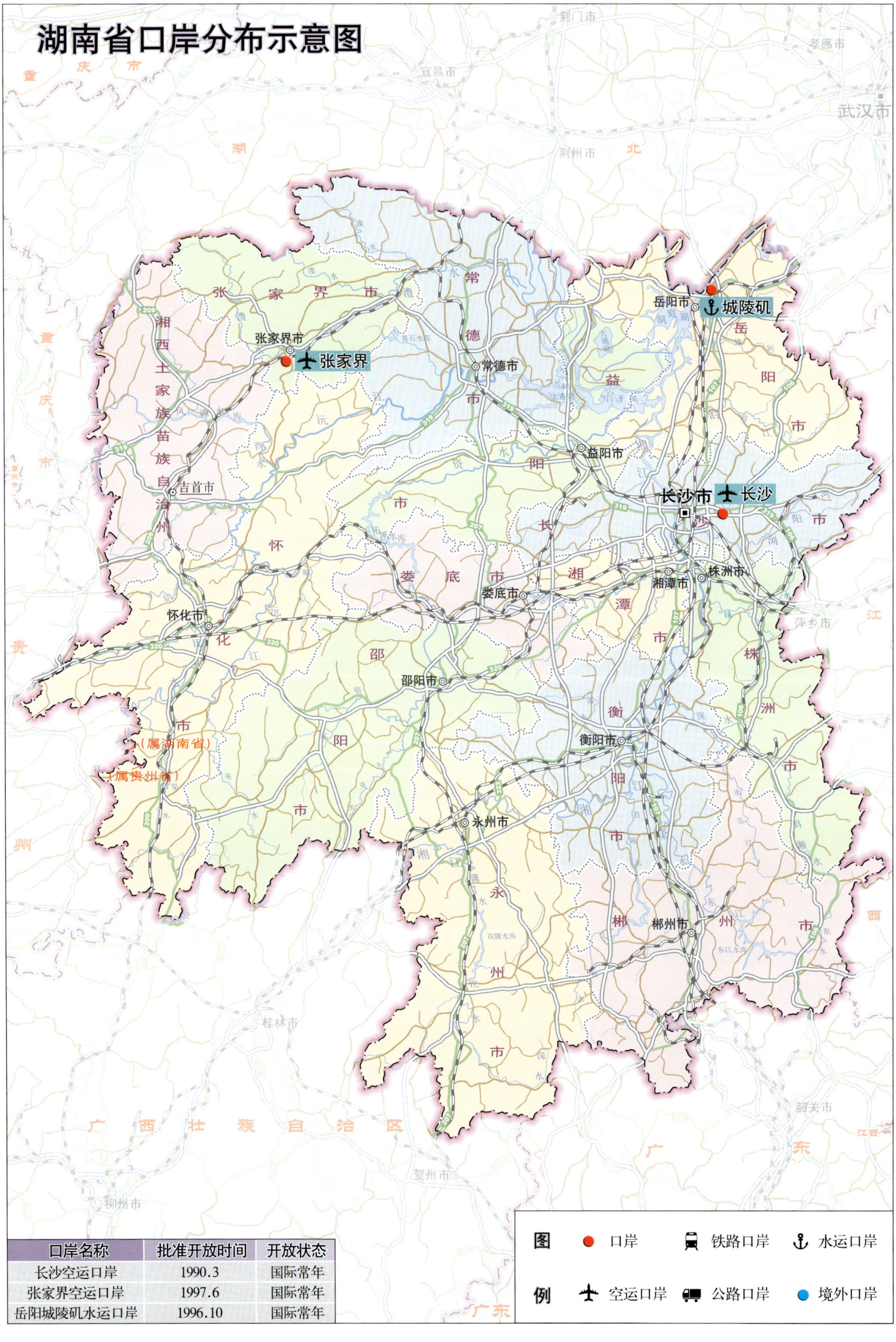

口岸名称	批准开放时间	开放状态
长沙空运口岸	1990.3	国际常年
张家界空运口岸	1997.6	国际常年
岳阳城陵矶水运口岸	1996.10	国际常年

口岸数量及分布

截至2016年年底，湖南省有经国务院批准的对外开放口岸3个，其中空运口岸2个，分别为长沙空运口岸（长沙黄花国际机场）、张家界空运口岸（张家界荷花国际机场）；水运（河港）口岸1个，即城陵矶水运口岸。

口岸运行数据

2016年，湖南省外贸进出口货值268.8亿美元，同比减少8.3%。其中，出口货值181.7亿美元，同比减少5.1%；进口货值87.1亿美元，同比减少14.3%。

按运输方式分，水路运输货值177.54亿美元，同比增长0.8%；铁路运输货值1.37亿美元，同比增长19.7%；公路运输货值63.32亿美元，同比增长1.9%；航空运输货值24.0亿美元，同比减少55.3%；邮件运输货值0.01亿美元，同比减少24.4%；其他运输方式货值2.56亿美元，同比增长4 387.19%。

2016年，长沙海关关区进出口货值114.83亿美元，同比减少9.9%。其中，出口货值54.27亿美元，同比减少6.5%；进口货值60.56亿元，同比减少12.7%。

从进出口货物情况看，2016年进口货值排前三位的商品是：铁矿砂及其精矿11.70亿美元，同比减少11.5%；汽车零配件7.04亿美元，同比增长158.9%；集成电路3.57亿美元，同比减少58.3%。进口量较大的有纸浆、铜矿砂及其精矿、计量检测分析自动仪器及器具等。出口货值排前三位的商品是：服装及衣着附件（织物制服装）11.52亿美元，同比增长41.0%；鞋类（鞋）8.07亿美元，同比增长14.1%；钢材（钢铁板材）7.51亿美元，同比减少22.8%。出口量较大的有箱包及类似容器、金属银、扬声器等。

2016年湖南省口岸出入境人员246.44万人次，同比增长30.8%。其中，空运口岸出入境人员246.42万人次，同比增长30.8%。其中，长沙空运口岸出入境人员214.84万人次，同比增长30.49%；张家界空运口岸出入境人员31.58万人次，同比增长32.62%。

湖南省口岸出入境旅客为231.70万人次，同比增长30.7%。进出境员工14.73万人次，同比增长32.2%；进出境内地居民144.70万人次，同比增长14.32%；进出境港澳居民2.35万人次，同比增长5.5%；进出境台湾居民24.05万人次，同比增长29.8%；进出境外籍居民75.33万人次，同比增长21.7%。湖南省公安厅人口与出入境管理局办理口岸落地签证11.87万人次，同比增长55.9%。

2015年湖南省各市、州进出口统计表

单位：万美元

市、州	进出口额	出口额	进口额	同比（%）		
				进出口	出口	进口
总值	2 687 970	1 817 002	870 968	-8.3	-5.1	-14.3
长沙市	1 124 060	755 610	368 449	-13.2	-12.7	-14.1
株洲市	271 186	164 310	106 876	-3.3	11.8	-19.9
湘潭市	267 271	161 551	105 720	-14.6	-19.7	-5.5
衡阳市	214 986	135 303	79 683	-2.0	20.6	-25.7
邵阳市	175 886	123 460	52 426	-29.2	-27.3	-33.4

续表

市、州	进出口额	出口额	进口额	同比（%）		
				进出口	出口	进口
岳阳市	148 655	113 589	35 066	31.1	31.7	29.2
常德市	130 511	120 798	9 713	13.9	16.1	-7.6
张家界市	102 234	89 002	13 233	16.6	18.6	4.6
益阳市	89 336	23 003	66 333	-8.2	-2.1	-10.1
娄底市	73 340	51 068	22 272	-5.5	-10.9	9.8
郴州市	63 903	54 163	9 740	5.6	4.7	10.6
永州市	12 223	11 917	306	4.6	9.9	-63.6
怀化市	7 998	7 744	254	21.2	47.3	-81.1
湘西自治州	6 381	5 485	896	43.7	56.1	-3.2

表注：按进出口额排序。

口岸综合管理

【空运口岸进出境人次实现历史性突破】 克服红眼航班多、监管力量不足、机场施工限制等困难，持续加密增开国际航线，开办72小时过境免签及口岸落地签业务，提升口岸保障能力和通关服务质量，进出境人次创历史新高。全年进出境246.42万人次，同比增长30.8%；进出境航班16 134架次，同比增长30.1%。长沙、张家界空运口岸进出境人次分别突破200万、30万，均位列全国同类口岸前列。

【岳阳城陵矶口岸开放平台联动发展初现成效】 加强肉类、粮食、固体废弃物、整车进口指定口岸运营培育，促进货运吞吐量提升和岳阳综保区业务发展。1月~12月，城陵矶口岸直接进口粮食6 215标箱、11.2万吨，进口散货类粮食39.1万吨，进口粮食类共计50.3万吨，进口固体废弃物12 144标箱、17.07万吨，肉类278标箱、3 888吨，汽车289台，货值超过1.1亿元，业绩指标在中西部指定口岸中位列前茅。城陵矶港国际货运量达到2 117万吨、集装箱吞吐量达到29.43万标箱，同比分别增长8.01%、25.5%。岳阳综合保税区重点依托粮食、肉类口岸开展业务，完成进出口8.77亿美元，占到全市外贸总额的58.98%，为该市外贸实现30%的快速增长率发挥了关键作用。

【陆路口岸作业区开放建设取得积极进展】 长沙霞凝铁路货站二期建设进程加快，口岸开放列入国家口岸发展“十三五”规划。永州公路口岸作业区暨出口农产品验放场、湘西公路口岸作业区建设竣工。娄底、怀化铁路作业区建设启动。株洲铁路口岸作业区获批动工建设。宜章高速公路口岸作业区完成前期规划论证。

【海关特殊监管区域创新发展步伐加快】 岳阳城陵矶综合保税区正式封关运营，长沙黄花综合保税区、株洲铜塘湾保税物流中心获批动工建设，郴州出口加工区获批升格为综合保税区。联合长沙海关，在上海海关学院组织举办“口岸及海关特殊监管区发展学习研讨班”，取得不错效果。按照商务厅统一部署，派员参与海关特殊监管区域发展蹲点督导，起草调研报告和政策措施，并负责牵头推进海关特殊监管区域创新发展。

【口岸信息化、智能化建设加速推进】 省电子口岸实体平台稳定运营并如期完成迁建。空港国际物流监管、危爆物品监管项目研发部署完成。国际贸易“单一窗口”建设按照国家口岸管理办公室（以下简称口岸办）部署安排加快推进，需求调研、规划设计和投资评审等前期工作完成。长沙航空口岸配置智能隔离围栏、海关监管X光机、检验检疫核辐射和红外线检测设备，新增边防自助查验通道12条，通关服务便利化、智能化水平提升。

【国际客货运输通道加快拓展】 空运口岸新增国际航线6条（长沙—洛杉矶、悉尼、墨尔本、清迈，张家界—雅加达、济州），全省洲际远程航线从1条增加到4条。湘欧快线实现常态化稳定运营，新开通经二连浩特出境的中通道，全年完成进出口货物7 574标箱，吨位17.3万吨，货值4.93美元。其中，欧洲61列5 548标箱，吨位11.38万吨；中亚608标箱，吨位1.82万吨；回程1 418标箱，吨位4.1万吨；2016年总货物发运量同比增长109.58%，欧洲发运列数同比增长117.86%，发运箱量同比增长241.63%。运量进入全国中欧班列前列，纳入国家中欧班列统一品牌管理。城陵矶至港澳直达航线2艘新购置江海轮投入运营。

【重大涉外活动通关服务保障水平不断提升】 组织协调海关、出入境检验检疫、边防等联检单位，为重大外事活动、重点经贸活动提供口岸通关服务。全年累计为省部级领导及中外贵宾提供通关礼遇40批次、480人次。为“中国食品餐饮博览会”“第三届中国国际矿博会”“中韩美丽健康产业博览会”“湘台经贸交流合作会”“东盟湖南名优产品交易会”等重大展会活动提供国际展品通关协调和人员通关便利，保障了展会活动的顺利成功举办。

【口岸国际、国内交流合作明显加强】 积极对接“一带一路”国家战略，牵头组织赴中东欧、中亚、东盟、韩国、澳大利亚等地交流访问，广泛拜会当地海关、航空、铁路及物流部门，推进国际航线、湘欧班列国际交流合作。牵头组织召开湖南—中东欧经贸合作暨湘欧快线推介会，取得丰硕成果。在岳阳牵头组织召开上海与中部六省口岸大通关合作第十次联席会议，签署《深化湘沪口岸大通关合作协议》，与上海口岸部门之间的务实合作不断深化。就烟花及农产品出口通道、港澳直通车管理等事宜，与广东、福建、上海等口岸单位积极沟通协调。

口岸监管与服务

【边防聚焦边检主业服务大通关】 长沙边检站投入1 800余万元建设新型智能查验通道和直通式自助查验通道，实际通行能力扩大约20%，旅客自助通关时间压缩80%以上。张家界边检站新建7组14条智能查验通道和2条自助查验通道，开创了内陆口岸一次性建成智能边检执勤现场的先例。岳阳边检站推广应用微信智能报检便民利民举措，创新国际内河港勤务模式。完善口岸反恐维稳安全管控体系，构建了口岸涉恐可疑人员身份背景协查的“联查研判机制”、防范暴恐和危安人员潜入潜出的“情报共享机制”、重大特殊勤务的“联勤联动机制”、暴恐突发事件的“快速响应支援机制”，以及密切联系口岸单位和群众的“群防群治机制”等五项协作机制，为口岸反恐维稳工作筑起铜墙铁壁。

【边防创新边检勤务模式】 着力打造口岸“舒畅工程”，出台“旅客口岸自助通关，船舶智能预报预检，通关企业诚信管理，方便旅游团队分团报备”等4项便民利民措施。长沙口岸实行旅客自助查验通关人数已达12万余人次，有9家组团旅行社组织的16批120余人次团队旅客，实现按简化程序分团报备后出入境。继续落实现场边检“温馨提示”紧急通关“零等待”“航班准点行动”“365+24”全天候服务承诺。积极研究重大国际会议活动通关边检服务保障工作，完善公务机、专（包）机、紧急救助等特殊勤务保障机制，不断改进服务模式，优化通关流程。配合长沙口岸实施72小时外国人免签过境政策，长沙边检站推出专用通道、专门服务、数据推送和跟踪管理等便利举措。

【长沙海关深化通关无纸化、一体化改革】 关区无纸化率96.61%、狭义一体化报关单占比23.77%，高于全国平均水平。2016年12月1日，关区企业被纳入“自主申报、自行缴税”改革试点。全面推广电子支付、汇总征税、涉税担保一体化、归类审价原产地区域互认改革，电子支付、汇总征税比例不断扩大，电子支付税单51 353份，占全部税单的86.77%，较上年同期提高2.6个百分点；汇总征税企业13家，开征税款17.25亿元，占比24.16%。

【长沙海关积极探索顺势监管】 推进“提前申报、运抵验放”通关模式，有效解决海南省鲜活农产品出口难问题。对岳阳口岸进口废纸实施转关至企业监管查验的特定监管模式，解决了通关效率低等问题。推进跨境快速通关改革，在金霞跨境电子商务监管中心、湘潭公路车检场、郴州快件中心开展试点，目前已取得积极进展。探索“互联网+通关”，推行“关邮e通”改革，取消纸质《国际邮件通关通知单》和《通关委托书》，实行短信告知、线上自助办理通关，8月运行以来90%在线支付税款，进境邮件通关时间由过去7天压缩到2天。

【长沙海关深入推进“放管服”改革】 进一步精简行政审批事项15项，10项行政审批事项实现“一个窗口”受理和网上办理；精简优化内部核批事项177项，加工贸易、简易案件等下放到各业务现场办理，企业办理海关手续时间平均缩短30%。清理规范权责事项，修订各项规章制度24份，废止149份。规范自由裁量权，探索推进涉案财物网络化、市场化拍卖形式，举行涉案财物网络拍卖5次，成交总价款1 319.8万元。打造最具竞争力的通关环境，有力吸引湘企回湘，关区通关业务指标大幅增长，全年审结报关单12.9万份，同比增长24.5%；征收税款69.78亿元，同比增长13.3%；监管进出境货运量2 201.8万吨、进出口总值114.83亿美元；监管出入境人员246.44万人次，同比增长30.8%；监管邮快件865.81万件，同比增长65.5 %。

【长沙海关严密监管保障外贸健康发展】 一是优化监管查验。全面推行“双随机一公开”改革，并探索“双随机”从货物查验向稽查、财务后勤、督察审计等领域延伸；发挥信息系统运行监控中心、二级监控指挥中心和风险防控中心作用，优化布控查验机制，关区预定式布控查验占比69.22%；分类分流查验作业，提高审单、验估效率，运用科技手段，提升海关查验效能。二是积极保持打私高压态势。坚持“专项+联合”，开展“国门利剑2016”联合专项行动、集中办理刑事案件、打击走私“秋风”行动。与省公安厅、省食品药品监督管理局联合开展打击冷冻肉品走私集中行动。全年刑事立案共23起，案值2.37亿元，涉税7 125万元，被海关总署列为二级督办案件1起；行政立案106起，案值22.21亿元，涉税1 273万元，清理行政积案17起。三是加强监测预警。深入开展统计分析，定期发布烟花爆竹、铁矿砂、轨道交通装备等湖南重点商品、重点行业进出口信息，为企业研判形势、科学决策提供依据。

【湖南出入境检验检疫局着力提升通关便利化水平】 e－CIQ主干系统全面上线，并实现报检一号到底，检验检疫实现全国一体化，每年可为在湘进出口企业节省通关成本1.2亿元。实施通关无纸化，单月无纸化报检率最高达89%。推出原产地签证清单管理制度等10项便利措施，促进检验检疫、商务和贸促“三证合一”，签发自贸协定优惠原产地证书等金额25.24亿美元、增长5.8%，出口产品获目的国关税减免9 705万美元。打通外贸通道，对出口货物实施“优先施检、口岸快放、专程联络、直通放行”，缩短准入许可时限，简化备案审批手续。支持跨境电商等外贸新业态发展。

【湖南出入境检验检疫局围绕供给侧改革提升质量水平】 推进质量安全示范区建设，新获批6个国家级出口食品农产品示范区，总数达12个，另有11个示范区完成省级验收。永州市创建全省首个出口食品农产品质量安全示范市。启动生态原产地产品保护及示范区建设。积极引入国际先进管理经验和技术手段在示范区推广，提高了质量，并带动全省出口食品农产品13.76亿美元，同比增长21.3%。推动实施“同线同标同质（三同）”工程。19家食品企业登录国家“同线同标同质”公共服务平台，新增内销商品3.28亿元，同比增长42%。促进质量管理的提升。与国家质检总局动植司、湘西自治州签署三方协议，促进民族地区农产品出口，助力湘西精准脱贫。推动质量提升，中车株机时代电气荣获中国质量奖、帮扶蓝思科技解决手机面板退运问题、帮助湖南首家接受美国 FDA 官方检查的希尔药业公司完善管理并顺利通过检查、帮助华乐公司向精深加工转型，并启动对日本注册。

【湖南出入境检验检疫局严格监管，严守安全底线】 保障卫生检疫安全，确诊登革热等传染病 197 例、增长 107.4%，处置核生化有害因子超标事件 93 起，截获 DNA 芯片、肉毒素等特殊物品，构建了全省口岸传染病联防联控机制。保障国门生物安全，截获禁止进境物 173 种 713 种次，其中检疫性有害生物 14 种，首次截获西部苋、辣椒实蝇、美洲豚草、番石榴实蝇和菜豆象；查验进出境国际邮件 776.3 万件、同比增长 61.6%，截获各类违禁进境邮件 1 276 件。“美丽中国绿蕾护航”行动截获非法携带、邮寄入境的，属于野生动植物国际贸易保护公约（CITES）管控的植物种子种苗 254 种次。保障进出口商品和食品质量安全。检验检疫出入境货物 7.48 万批、货值 41.6 亿美元，同比分别增长 14%、8%。检出不合格货物 1 111 批、货值 3 519 万美元，处置不合格进出口食品及化妆品 75 批、货值 55 万美元。开展目录外商品抽查，从 123 组样品中检出 47 组不合格样品并依法处置。支持国际矿物宝石博览会、食品餐饮博览会，矿博会受理 40 余个国家和地区进境展品报检 1 086 件，查出并妥善处置放射性超标展品 3 批。

开放口岸

【长沙空运口岸（长沙黄花国际机场）】 长沙黄花国际机场，位于长沙县黄花镇，距长沙市中心 24.2 千米，1990 年开放，目前飞行区等级为 4E，是湖南省规模最大的民用机场，也是湖南首个一类口岸。中国南方航空公司、厦门航空公司在此设立运营基地，机场每周航班执行密度超过 2 300 架次，航班可供座位数每周超过 30 万个。长沙空运口岸实行 24 小时通关，推行无纸化通关、“属地报关、口岸验放”、风险分级管理等措施及“10－5－3－1”边检服务法（10 步远时面带微笑，5 步远时主动问候，3 步远时引导提示，1 步远时热情服务）、4S（微笑 Smile、真诚 Sincerity、规范 Standard、满意 Satisfaction）服务模式。

截至 2016 年年底，长沙黄花国际机场已开通往来美国、德国、澳大利亚等国家以及中国香港、中国台湾地区的 53 条国际航线，平均每周定期出入境航班 260 余架次。其中，出入境人员占比最大的是国内居民，占 66.2%，较 2015 年增长 36.9%，前往国家排名前三位的是泰国、韩国、马来西亚，“泰国游”已成为湖南省居民境外旅游的首选；外籍人员占比 25.9%，较 2015 年增长 23.1%，来湘人数排名前三位的是韩国、泰国、马来西亚。

【张家界空运口岸（张家界荷花国际机场）】 张家界空运口岸地处湖南张家界，坐落在中国国家 5A 级景区“武陵之魂天门山”脚下。张家界地处湖南西北部，武陵山腹地，拥有第一个国家森林公园、世界自然遗产、世界地质公园、国家 5A 级旅游景区等多项桂冠，旅游资源富集，是国内外重要的游客集散地，首批国家旅游综合改革试点城市之一。1997 年经国务院批准设立张家界空运口岸，1999 年 4 月正式对外开放，1999 年 4 月 16 日实现口岸首飞。

2016 年，张家界空运口岸出入境客流量保持高位增长，通航城市 9 个，韩国方向航线更加密集、泰国曼谷航线运营常态化、印度尼西亚雅加达航线正式开通。全年出入境人员 31.6 万人次，出入境航班 2 246 架次，同比分别增长 32.6% 和 31.9%。张家界空运口岸是实现湖南东西开放、两翼齐飞航空口岸布局的重要组成部分，承载着张家界“旅游胜地梦”，架起了湖南西部和武陵山区通向世界的“桥梁”。

【城陵矶水运（河港）口岸】 岳阳城陵矶水运口岸位于岳阳城陵矶港，1996 年获国务院批准正式对外籍船舶开放，是目前湖南唯一的国家一类水运口岸。处于长江与洞庭湖交汇处的城陵矶港是“长江八大良港”之一，距岳阳市中心区 7.5 千米，主航道通航水深 4.5 米，全港岸线 22 340米，堆场总面积 45 万平方米，各类泊位 15 个，其中 3 000 吨 ~5 000 吨级深水泊位 5 个。2005 年城陵矶被交通部列为全国主要内河港口；2008 年被国家定为内河对台水运直航口岸；2009 年城陵矶松阳湖新港正式开港运营；2010 年长江干线武汉至城陵矶河段海轮航道开通；2011 年开通至宁波、上海等港口“五定”始发班轮航线，并开启宜昌、川江、重庆等地货物在城陵矶新港中转的新模式；2012 年城陵矶口岸至中国香港、中国澳门直达航线正式开通，成为长江中上游首条直达港澳航线；2013 年岳阳城陵矶进口肉类指定口岸获批建设，2014 年 11 月 3 日获准正式投入运营；2014 年 10 月 9 日岳阳城陵矶口岸的新港码头、老港码头、华粮码头 3 个查验点获批为湖南第一批进境粮食指定口岸，2015 年进口粮食实现高效运营；2014 年 7 月 5 日国务院正式批复岳阳城陵矶综合保税区建设，2015 年 12 月 22 日通过国家十部委的正式验收；2015 年 7 月 1 日国务院批准同意岳阳城陵矶港口岸为汽车整车进口口岸，2015 年 12 月 30 日首批 38 台平行进口汽车抵达城陵矶口岸，开创了我国内陆水运口岸平行进口汽车的先河；2015 年 1 月 7 日城陵矶固体废弃物进口指定口岸获批建设，2015 年 4 月 30 日通过验收投入运营；2015 年 4 月 23 日城陵矶口岸至上海洋山港直航开通，启运港退税政策正式落地实施；2015 年 5 月 23 日岳阳—东盟接力航线正式开通；打造了一条湖南与东盟国家、东南亚航运物流的“高速路”；2015 年 12 月 28 日湖南省政府批示同意在城陵矶设立岳阳航运交易所；2015 年 11 月 15 日岳港公司两艘本土江海轮“岳港 017”“岳港 018”正式下水投入港澳直航运营，开启了岳阳新的航运历史；2016 年 8 月 9 日岳阳城陵矶综合保税区正式封关运营；2016 年 9 月 20 日 130 台平行进口车由岳阳本土江海轮“岳港 017”运达城陵矶口岸。

2016 年湖南省口岸大事记

1 月 21 日

由海南航空公司开通运营的长沙至洛杉矶国际直飞航线首航仪式在长沙黄花国际机场举行。

3 月 1 日

湖南出入境检验检疫局和上海出入境检验检疫局合作开发的“沪湘通”系统开始试运行，这是我国首个出口烟花爆竹质量安全追溯电子监管平台。

3 月 14 日

哈萨克斯坦国家铁路总公司副总裁卡纳特.阿尔皮斯巴耶夫一行应邀访湘，与湘欧快线平台公司洽谈推进“南线”合作。

3 月 22 日

张家界荷花国际机场新航站楼国际厅正式启用，新航站楼国际厅顺利实现转场。

4 月 7 日

湖南—波兰经贸合作暨“湘欧快线”推介会在波兰华沙举行。中国驻波兰大使徐坚、波兰副国务秘书雅罗斯瓦夫、湖南省副省长何报翔出席并致辞，波兰议会经济委员会副主席克拉奇科夫斯基、波兰信息与外国投资局局长马伊曼、波兰国家铁路货运公司董事长利比舍夫斯基以及中波企业界代表参加推介会。双方代表签署了湘波国际铁路货运协作等项目协议，中东欧特色优质产品将通过“湘欧快线”直销湖南市场。

4 月 14 日 ~16 日

法国、德国签证中心及由意大利、芬兰、奥地利、比利时、克罗地亚、希腊、西班牙以及瑞典 8 个国家组成的联合签证申请中心正式落户长沙，可办理签证的国家数达到 10 个，其中部分国家签证属于申根签证。

4 月 19 日

长沙海关驻怀化办事处正式开始办理业务。

5 月 6 日

张家界空运口岸落地签证业务正式开办。

6 月 8 日

首列统一品牌的中欧班列（从长沙始发，至欧洲）从广铁集团长沙货运中心霞凝货场发车，标志着湘欧快线国际货运班列正式纳入国家中欧班列统一品牌。

6 月 16 日

一批来自南美洲乌拉圭的 17.95 吨冷冻牛肉顺利运抵城陵矶港，这是城陵矶进口肉类指定口岸投入运营以来，首次开展冷冻牛肉产品进口业务。

8 月 9 日

岳阳城陵矶综合保税区正式封关运营。

9 月 2 日

湖南第二家免税店在张家界荷花机场正式开业。

9 月 12 日

长沙—悉尼定期往返航班正式开通。

9 月 20 日

130 台平行进口车由岳阳本土江海轮“岳港 017”运达城陵矶口岸，这是通过制定优惠政策、提高通关效率后，吸引进口汽车商从城陵矶口岸首批进口货值约 5 000 多万元的进口汽车。

9 月 29 日

长沙黄花综合保税区正式启动开工建设。

11 月 8 日

长沙—墨尔本定期往返航班正式开通。

11 月 29 日，

长沙空运口岸全年出入境人次突破两百万大关。

12 月 6 日

国务院正式批复郴州出口加工区升格为郴州综合保税区。

（撰稿人：罗专、马显佳、段凌）

2016 年湖南省口岸流量统计表

口岸类型	口岸名称	进出口货运量（万吨）				国际集装箱运量（万标箱）				出入境人员（万人次）				出入境交通工具（辆、艘、架、列次）			
		出口	进口	合计	同比（%）	出口	进口	合计	同比（%）	出境	入境	合计	同比（%）	出境	入境	合计	同比（%）
空运口岸	长沙航空口岸									107.31	107.52	214.84	30.49	6 953	6 935	13 888	29.77
	张家界航空口岸									15.79	15.80	31.59	32.62	1 124	1 122	2 246	31.88
	分计									123.10	123.32	246.42	30.8	8 077	8 057	16 134	30.1
水运口岸	岳阳城陵矶水运口岸	458.30	1 692.7	2 150.99	11.9	12.46	12.75	25.21	22.7	0.007	0.006	0.013	100	5	5	10	100
合计		458.30	1 692.7	2 150.99	11.9	12.46	12.75	25.21	22.7	123.11	123.33	246.44	30.76	8 082	8 062	16 144	30.09

（湖南省口岸办提供）

2016 年湖南省口岸出入境主要数据表

<table>
<tr><th colspan="3">项目</th><th>2016 年</th><th>2015 年</th><th>同比（%）</th></tr>
<tr><td rowspan="15">出入境人员（人次）</td><td colspan="2">出入境人员总数</td><td>2 464 357</td><td>1 884 694</td><td>30. 8</td></tr>
<tr><td colspan="2">入境人员</td><td>1 233 270</td><td>941 452</td><td>31. 0</td></tr>
<tr><td colspan="2">出境人员</td><td>1 231 087</td><td>943 242</td><td>30. 5</td></tr>
<tr><td colspan="2">出入境旅客</td><td>2 317 037</td><td>1 773 245</td><td>30. 7</td></tr>
<tr><td colspan="2">出入境员工</td><td>147 320</td><td>111 449</td><td>32. 2</td></tr>
<tr><td rowspan="5">中国公民</td><td>小计</td><td>1 711 011</td><td>1 265 748</td><td>35. 2</td></tr>
<tr><td>内地居民（因公）</td><td>61 406</td><td>42 546</td><td>44. 3</td></tr>
<tr><td>内地居民（因私）</td><td>1 385 591</td><td>1 015 691</td><td>36. 4</td></tr>
<tr><td>港澳居民</td><td>23 483</td><td>22 250</td><td>5. 5</td></tr>
<tr><td>台湾同胞</td><td>240 531</td><td>185 261</td><td>29. 8</td></tr>
<tr><td colspan="2">外籍人员</td><td>753 346</td><td>618 946</td><td>21. 7</td></tr>
<tr><td colspan="2">从海港出入境人数</td><td>130</td><td>65</td><td>100. 0</td></tr>
<tr><td colspan="2">从陆港出入境人数</td><td>–</td><td>–</td><td>–</td></tr>
<tr><td colspan="2">从空港出入境人数</td><td>2 464 225</td><td>1 884 625</td><td>30. 8</td></tr>
<tr><td rowspan="5">交通运输工具（辆、艘、架、列次）</td><td colspan="2">总计</td><td>16 144</td><td>12 410</td><td>30. 1</td></tr>
<tr><td colspan="2">船舶</td><td>10</td><td>5</td><td>100. 0</td></tr>
<tr><td colspan="2">飞机</td><td>16 134</td><td>12 405</td><td>30. 1</td></tr>
<tr><td colspan="2">火车</td><td>–</td><td>–</td><td>–</td></tr>
<tr><td colspan="2">机动车辆</td><td>–</td><td>–</td><td>–</td></tr>
</table>

（湖南省公安边防总队提供）

2016 年长沙海关主要数据统计表

项目		2016 年	同比（%）
进出口货运量（万吨）	合计	2 210. 8	-1. 5
	进口	1 996. 4	-1. 8
	出口	205. 5	0. 9
进出口贸易总值（万美元）	合计	2 687 970	-8. 5
	进口	870 968	-14. 6
	其中：江、海运输	550 971	2. 4
	铁路运输	3 279	878. 8
	汽车运输	193 879	-5. 2
	航空运输	109 391	-60. 3
	邮件运输	15	7. 1
	其他运输	13 433	2 686. 9
	出口	1 817 002	-5. 2
	其中：江、海运输	1 224 397	-0. 1
	铁路运输	10 464	-6. 1
	汽车运输	439 336	5. 4
	航空运输	130 602	-50. 5
	邮件运输	60	-29. 4
	其他运输	12 144	16 092. 0
税收（万元）	两税合计	697 781	13. 3
	关税入库	113 186. 2	21. 8
	进口环节税入库	584 594. 8	11. 7

（长沙海关提供）

2016 年湖南省出入境检验检疫业务统计表

项目		货物检验检疫				交通工具			集装箱（标箱）		货物通关		出入境人员查验（人次）	健康检查及预防接种（人次）			
		批次	金额（万美元）	检验检疫不合格													
				批次	金额（万美元）	飞机（架）	火车（列）	汽车（辆）	合计	检出问题	批次	金额（万美元）		健康检查	艾滋病监测	发现病例	预防接种
本年累计		74 834	416 292	1 111	3 519	16 093	0	0	115 530	1 516	56 499	304 762	2 458 751	14 862	14 676	1 373	12 530
其中	入境	65 921	292 667	304	922	8 044	0	0	66 137		48 305	228 646	1 228 864	3 367	11 344	1 109	12 505
	出境	8 913	123 625	807	2 597	8 049	0	0	49 393	1 516	8 194	76 116	1 229 887	11 495	3 332	264	25
同比（%）		14.00	8.00	-4.80	-5.10	29.30			2.90	-27.15	69.20	58.90	30.80	-18.3	-11.9	8.50	-14.10
其中	入境	16.80	11.40	10.10	5.10	29.80			12.20		82.50	88.70	30.90	-20.30	-15.5	0.40	-14.10
	出境	-3.20	0.90	-9.40	-8.30	28.90			-7.40	-27.15	18.30	7.70	-18.30	-10.50	3.10	64.00	-16.70

（湖南出入境检验检疫局提供）

2016 年岳阳海事局进出港船舶统计汇总表

船舶类别	进港船舶							出港船舶						
	艘数（艘）	总吨（吨位）	总载重量（吨）	载客量（客位）	船员人数（人次）	货物到达量（吨）	旅客到达量（人）	艘数（艘）	总吨（吨位）	总载重量（吨）	载客量（客位）	船员人数（人次）	货物发送量（吨）	旅客发送量（人）
总计	24 470	53 226 538	101 375 003	677 094	171290	30 651 614	139 700	24 354	52 229 498	99 470 375	676 975	170 478	50 379 950	139 700
中国籍船舶	24 470	53 226 538	101 375 003	677 094	171 290	30 651 614	139 700	24 354	52 229 498	99 470 375	676 975	170 478	50 379 950	139 700
其中外贸船														

（岳阳海事局提供）

广　东　省

口岸数量及分布

截至2016年年底，广东省有经国务院批准的对外开放口岸58个。其中，空运口岸5个，分别是广州空运口岸（广州白云国际机场）、深圳空运口岸（深圳宝安国际机场）、梅州空运口岸（梅县机场）、湛江空运口岸（湛江机场）、揭阳空运口岸（揭阳潮汕国际机场）；陆路（铁路）口岸5个，分别是广州、佛山、东莞、肇庆、深圳铁路口岸；陆路（公路）口岸9个，分别是文锦渡、沙头角、皇岗、罗湖、深圳湾、福田、拱北、横琴、珠澳跨境工业区公路口岸；水运（海港、河港）口岸39个，其中海港口岸27个，分别是广州、南沙、莲花山、赤湾、妈湾、东角头、蛇口、盐田、深圳（机场配套客、货、油福永码头）、大铲湾、西冲、梅沙、珠海、九洲、湾仔、万山、汕头、惠州、大亚湾、汕尾、潮州、阳江、湛江、水东、潮阳、揭阳、广海海港口岸；河港口岸12个，分别是新塘、虎门、中山、斗门、江门、三埠、新会、鹤山、高明、南海、容奇、肇庆河港口岸。

2016年2月25日，湾仔水运（海港）口岸经国家口岸管理办公室批准暂停使用。

口岸运行数据

2016年，广东省口岸出入境人员3.98亿人次，同比增长1.2%，约占全国总量的69.82%。其中入境19 877.9万人次，同比增长1.2%；出境19 917万人次，同比增长1.2%。出入境交通工具2 011万辆（艘、列、架）次，同比增长1.8%，约占全国总量的69.364%。其中入境1 005.7万辆（艘、列、架）次，同比增长2.1%；出境1 005.4万辆（艘、列、架）次，同比增长1.6%。进出口货运量4.25亿吨，同比增长6.6%。其中，进口2.84亿吨，同比增长10%；出口1.41亿吨，同比下降0.9%。计入港澳供水出口7.02亿吨，进出口货运总量为11.27亿吨，约占全国进出口货物总量的28.33%。进出口集装箱总量2 746.5万标箱，同比增长0.3%。其中进口1 292.8万标箱，同比下降2.1%；出口1 453.7万标箱，同比增长2.6%。海关征收入库税款3 476.5亿元，同比增长8.6%。广东省2016年口岸运行呈以下特点。一是进出口货运量实现恢复性增长。从2014年首次突破4亿吨到2015年下降为3.99亿吨，2016年又恢复到4.25亿吨，实现恢复性增长。主因是铁矿砂、煤等大宗商品进口量增幅较大。二是出入境人员和交通工具保持稳定增长。但占全国比重已分别从2012年的77.98%、78.21%下降为2016年的69.82%及69.36%。三是空运口岸出入境客流量和出入境飞机架次两项指标连续两年保持两位数增长。四是陆路（公路）口岸出入境人员及车辆小幅增长，深圳新建陆路（公路）口岸分流作用进一步提升。

口岸综合管理

【积极落实国家“一带一路”建设】 一是积极推进东莞（石龙）、广州大朗“中欧班列”开通运行。加强与广铁集团、中外运广东公司等部门协调沟通，积极争取国家相关部门支持，促成东莞（石龙）“中欧班列”于2016年4月14日正式开通运行，班列到达目的地由俄罗斯莫斯科延伸拓展到波兰华沙、德国汉堡和杜伊斯堡，并列入全国8个“中欧班列”统一品牌。加强与内蒙古口岸部门及海关对接，共同支持“中欧班列”开通运行，明确两地海关采取“一次报关、全线通行”和在满洲里口岸转关时间不超过3小时。支持推动广州大朗广物物流中心于2016年8月28日开通“中欧班列”，2016年开行17班。广东省中欧班列“双子星”格局初步形成。2016年广东省“中欧班列”运行148班，发送集装箱8 000标箱。二是协同推进东莞（石龙）中俄贸易产业园建设。贯彻落实省政府部署，组织省广新（控股）集团、广物（控股）集团与俄罗斯开发银行、俄罗斯出口中心交流对接，协商确定中俄贸易产业园贸易先行路线图。牵头会同东莞市政府、中国外运广东公司研究制定并报省政府核准实施《推进中俄贸易产业园先行启动区建设工作方案》和《中俄贸易产业园先行区项目公司组建方案》，先行启动区项目建设已在抓紧筹备，中俄贸易产业园投资有限公司已经成立。组织赴白俄罗斯、立陶宛、俄罗斯开展口岸物流、园区建设推介交流活动，成功举办中俄贸易对接会暨俄罗斯食品推介专场活动，近300家俄罗斯和中国企业参展，签约金额1.12亿美元。三是积极支持促进重点口岸拓展国际航线。争取驻粤口岸各查验单位、口岸运营企业的参与支持，加快推进广州、深圳、珠海、汕头、湛江等重点口岸新建、扩大开放项目通过验收投入使用，为进一步拓展和加密与“一带一路”沿线国家和地区国际航线奠定基础。2016年广州白云国际机场新增国际客货运航线24条并加密部分国际航班，深圳宝安国际机场新开及加密国际客运航线19条（其中新开航线12条，加密航线7条），揭阳潮汕机场新增国际航线1条；广州水运口岸南沙港区新增国际班轮航线12条，深圳水运口岸新增及调整国际班轮航线32条。

【国际贸易“单一窗口”建设取得阶段性成果】 一是加强顶层设计，建立工作机制。报经省政府同意制定出台了《关于加快建设推广国际贸易“单一窗口”平台的工作方案》，对广东省电子口岸平台和广东“单一窗口”建设进行总体设计，确定以广州“单一窗口”模式和数据标准为基础，通过适应性调整改造，形成广东省统一的“单一窗口”模式和标准。成立广东“单一窗口”推广工作协调领导小组，协调指导各地建立相应协调工作机制，形成省市联动、部门联动，共同推进“单一窗口”在广东省建设推广。二是统筹推进门户系统、应用项目和数据通道开发建设。组织开发广东“单一窗口”门户系统，制定统一的基础运行环境、统一认证接口等相关技术标准；实现将广州“单一窗口”货物申报、运输工具申报、舱单申报等6个共性功能模块复制部署到广东“单一窗口”平台，并将来往港澳小型船舶管理服务平台、海关保税管理平台及海关查验交互平台等系统纳入广东“单一窗口”体系，作为广东省建设推广的基础应用项目；积极争取国家口岸管理办公室（以下简称国家口岸办）、国家质检总局和驻粤口岸查验单位支持，推进落实广东“单一窗口”平台与查验单位业务系统对接数据通道建设。三是确定试点城市，协同推进广东“单一窗口”落地。按照“统一平台、统一标准、一市一案、逐步推广”的原则，以集中部署为基本方式推进广东“单一窗口”在广东省建设推广。选定佛山市作为广东“单一窗口”落地上线试点城市，组织会同驻粤口岸查验单位并联合佛山市政府，共同推进实现广东国际贸易“单一窗口”于2016年12月30日在佛山率先上线运行，首期上线运行包括进出口货物申报系统等7个项目。四是积极参与国家“单一窗口”数据协调与简化及标准版方案制定工作。国家口岸办对广东落实“单一窗口”建设推广工作给予了充分肯定，邀请并安排广东省负责国家“单一窗口”舱单申报数据的协调和简化工作，参与标准版方案制定工作。

【推进完善广东电子口岸平台建设】 一是完成基础平台搭建。在省经济和信息化委的支持下，实现依托省电子政务云平台基础资源搭建广东电子口岸平台基础环境，推进落实广东电子口岸一期工程软硬件设备部署和配套软件开发，促进广东省电子口岸集约化建设和资源整合共享，为广东“单一窗口”运行提供基础平台支撑。加快推进广东电子口岸总体规划编制，积极跟进二期工程立项审批进展。二是推动广东电子口岸管理有限公司组建工作。加强业务工作组织协调和指导，支持省电子口岸公司做好广东电子口岸平台和“单一窗口”建设和运维，推进公司加快完善企业运作管理机制，促进规范化管理。三是协调驻粤口岸查验单位共同推进广东电子口岸平台建设，促进18家中央驻粤查验单位与省口岸办联合签署共建、共管、共享合作协议。已与海关广东分署开展平台共建和数据共享合作，推进建立广东省口岸通关数据信息统计和共享机制，为政府部门决策提供参考。

【口岸通关制度创新】 2014年12月26日，国务院《落实“三互”推进大通关建设改革方案》（国发〔2014〕68号）提出了在珠海开展口岸查验机制创新试点。2016年8月31日，珠海市口岸工作委员会印发了《珠海口岸查验机制创新试点工作实施细则》对试点工作提出了具体的操作指引。其中20项工作任务，中央层面负责7项，地方层面负责13项。在国家相关部委、广东省相关部门、中央驻珠海查验单位、珠海市政府的共同努力下，地方层面负责的试点工作任务已全部完成。一是执法协作更加紧密。拱北海关和珠海出入境检验检疫局在横琴口岸旅检通道首创了全国关检“一机一台、合作查验、分别处置”工作模式。在珠海的国际邮件、快件监管中心实施了关、检“一机一屏、一次查验、分别处置”工作模式。边检、海关、检验检疫部门进一步完善了出入境旅客信息通报共享机制。在拱北口岸，查验单位分别拿出了各自公共区域的视频监控镜头，通过地方电子口岸实现了监控共享共用。二是口岸通关更加便捷。针对珠澳口岸人员车辆通关难的特点，各查验单位实施了前后台分离，简化查验环节等系列举措。在人员查验方面：边检部门扩大了自助通关人员适用范围、推进了证件电子化、简化了内地、澳门两地居民遗失证件查询举证手续。海关部门在全国率先启用了“条形码扫描录入物品信息”系统、“人脸识别”系统、“智能机器人”辅助监管系统。检验检疫部门在横琴口岸全国首创实施了对入境旅客实施卫生检疫，除重大疫情外出境旅客不再实施体温监测，对出入境澳门籍司机不再查验健康证，进一步提升出入境人员通关体验。在车辆查验方面，对拱北口岸客车“一站式”电子验放系统进行了优化和升级改造。开展了车辆“一站式”电子验放推广应用到珠澳陆路（公路）口岸客车、货车通道研究，改变传统的串联式查验为并联式查验，改变人工查验为自动查验，实现查验改革质的飞跃。在货物查验方面，建成了珠海电子口岸暨国际贸易“单一窗口”，实现了海关区域通关“一体化”、检验检疫“一体化”，促进了贸易便利。三是珠澳合作实现新突破。强化珠澳口岸执法协作机制是这次试点工作的重要内容，内地与澳门边检就珠澳间口岸进一步创新实施“合作查验、一次放行”查验合作模式等议题达成了共识。海关全面实现了粤澳进出口货物、小客车车体X光机查验结果的参考互认。检验检疫实现了内地和澳门监管互认。四是人力资源使用更高效。精简人员，提高效率，节约人力资源是此次试点工作的重点。各单位通过进一步梳理机构设置，细化职责，压缩机关人员编制，用一套机构监管多个口岸和通道等多种方式，优化人力资源管理，提高人力资源使用效率。其中，海关机关部门人员比例从19.7%降到13.7%，基层综合部门人数占比降到9.3%；边检总站两级机关人数占总警力的比例从原来的12%下降至10%；检验检疫将分支机构机关工作人员调配到业务科室，严格做到各分支机构机关与一线执法岗位人员编制的比例控制在2:8，将机关人员比例下降至18%。2016年12月29日，国家口岸办在珠海市召开总结大会，对为期一年的试点工作进行了总结。

【持续深化“三互”大通关改革】 一是在广东省口岸全面推进“三互”大通关改革。对所有新建和新开放口岸，现场查验监管设施设备均按照“三互”要求进行统一规划、统一建设、统一配备，促进共享共用。同时对具备条件的老口岸进行改造。广东省所有具备条件的旅检口岸和邮递监管场所及快件监管场所均已实现关检“一机两屏”作业。二是开展检查督导，推进改革措施落地。根据分工方案要求，建立检查督导机制，组织会同驻粤有关查验单位开展自查，协同推进各项具体工作任务落地实施。2016年5月，海关总署联合公安部、交通运输部、国家质检总局组成督察调研组对广东省“三互”大通关改革情况进行督查调研，充分肯定广东省改革的做法和成效。

【统筹规划口岸建设和改造】 一是积极争取广东省重点项目纳入国家口岸“十三五”发展规

划。加强与国家口岸办和国家各有关部委的沟通，取得各方支持，广东省共有4个新开项目、9个扩大开放项目和东莞中欧班列铁路站场对外开放项目纳入国家口岸发展“十三五”规划。同时，积极争取国家质检总局和广东出入境检验检疫局支持，推进湛江港、惠州港获批准设立进境水果指定口岸，促进广东省专业化口岸稳步发展。二是协调落实重点项目的对外开放验收和临时对外开放运作。推进中山水运口岸扩大对外开放项目、深圳太子湾邮轮母港码头、湛江30万吨散货码头等共14个口岸及车检场新建或扩大开放项目通过验收正式对外开放，协调促成湛江钢铁基地成品码头、梅州机场、珠海机场等15个口岸项目临时对外开放近30批次，促进进出口业务发展。三是协调指导各地认真做好规划及在建重点项目的开放建设和申报工作。落实省政府要求，协调推进广州白云国际机场二号航站楼口岸区建设，就相关问题商定解决方案和措施；协调指导湛江、茂名、阳江、汕尾、揭阳、珠海等地加快口岸扩大开放项目申报，其中揭阳港、汕尾水运口岸扩大开放项目已经省政府审定上报国务院审批，揭阳港神泉港区已上报国务院申请对外开放验收。

【扎实推进粤港、粤澳口岸合作】 一是统筹推进规划和在建跨界重点口岸项目建设。积极跟进港珠澳大桥陆路口岸建设，加强与项目建设单位和口岸查验单位的协调沟通，同步推进口岸查验监管配套设施建设；组织会同港澳相关部门及内地相关部门，基本确定港珠澳大桥跨境车辆规管及配额制度专题研究成果及分工方案，完成了港珠澳大桥口岸申报及口岸限定区功能定位划分等工作。积极配合国家口岸办推进广深港高铁内地口岸区设置工作，组织会同相关部门研究拟定的口岸区设置方案得到了国家口岸办及有关部门的充分肯定和认同。完成莲塘/香园围口岸对外开放省内协调工作，设立口岸问题已经省政府审定上报国务院审批。会同澳门方及有关单位制定《青茂口岸建设方案》，加快青茂口岸建设进展。二是协调推进粤港、粤澳便民利民通关创新举措落地实施。根据省政府部署，协调落实供港液氯在广州港南沙港区口岸通关服务工作，保障香港民生物质供应。推进完成中山神湾游艇码头对外开放通过国家验收，2016年11月23日实现中山与澳门游艇“点对点”开通运行。会同港方协调落实2016～2017学年粤港跨境学童校巴班次安排，为跨境学童提供安全便利通关服务。协调落实中山港客运口岸至香港国际机场水上航线开通跨境客轮“南下挂港”航班，方便旅客往来出行。三是积极推进粤澳口岸通关模式改革创新。结合推进珠海口岸查验机制创新试点工作，加强与相关单位的协调沟通，在国家口岸办的指导下，积极推进粤澳口岸通关模式改革创新，并与澳门方面共同商定在港珠澳大桥陆路口岸的珠澳通道针对不同旅客实行“合作查验、一次放行”模式和“入境查验、出境监控”单向查验模式。四是香港赛马会马匹跨境运输通关试运行取得突破性进展。经协调驻粤有关口岸查验单位和省直有关部门，2016年2月29日香港赛马会马匹跨境通关试运行活动分别在深圳皇岗口岸和广州从化马匹训练基地进行，香港赛马会2匹赛马经深圳皇岗口岸查验转关直接通过公路运抵从化训练场，标志着香港赛马跨境运输涉及的各个环节有效对接，为香港赛马会马匹跨境运输通关、转关正式运行奠定了基础。

【规范口岸依法行政】 一是依法依规开展口岸审批服务工作。全年合法合规办理行政许可事项项目2个、内部审批事项项目40个。定期跟进开放项目运作情况，加强后续监督管理。在规定时限内认真高效完成行政许可标准录入工作，并通过了合规性审查，进一步规范口岸审批许可行为。既提高了口岸开放审批效率、优化审批服务，也促进口岸优化布局、提升通关效能。二是加强口岸建设事项资金审核和绩效管理。加强与省财政厅的衔接配合，认真做好项目申报、情况汇总、初审、专家评审、报批、公示、下达项目通知等关键环节工作，实现2016年度省口岸建设事项资金下达率为100%。根据省财政厅要求，认真组织完成2017年度口岸建设事项申报指南、项目库申报、专家评审和项目入库工作。定期跟进已安排资金项目建设进展情况，促进提高资金使用绩效。三是建立完善政府购买服务机制，降低企业通关成本。会同省财政厅等相关部门制定在全省实施免除查验没有问题外贸企业吊装移位仓储费用试点工作方案并全面启动试点，截至2016年年底，全省累计免除费用约1.3亿元。经省政府核准，启动建立政府购买来往港澳小型船舶管理服务平台相关服务机制，为进一步降低企业通关成本拓展新的渠道。

【加强口岸安全治理】 一是认真做好春运和重大节假日期间口岸通关安全检查。指导督促各地制定口岸春运安全疏导方案，对广州、深圳、珠海等客流量大的口岸开展春运安全检查，消除安全隐患，确保口岸安全顺畅通关。同时，按要求及时报送涉及口岸开放审批、建设管理及验收有关情况和文件依据，全力配合相关部门做好中央环保督查相关工作。二是及时协调办理珠海湾仔轮渡口岸因安全问题暂停使用工作。根据珠海市关于湾仔轮渡口岸存在严重安全隐患的情况报告，迅速协调有关部门，及时办理暂停使用的报批工作，指导督促珠海市抓紧后续处置方案的研究论证和与澳门方面加强协调沟通等工作，合理回应社会各界关切。

口岸监管与服务

【广东省公安边防总队服务保障广东经济社会转型升级和经济发展新常态】 一是跟进响应地方发展需求。积极响应“电子口岸”“单一窗口”“三互”大通关等通关模式建设，助推对外开放和“一带一路”建设大局，主动对接地方经济发展战略和规划，积极推动口岸基础设施完善。2016年广东省公安边防总队和各边检站靠前服务，保障了中山神湾港盛世游艇会码头、中山黄圃港区，惠州荃湾港区国际集装箱码头、中海油物流基地，汕尾华润电厂，湛江东海岛宝钢项目、霞山散货码头等一批大型对外开放项目落户，推动了阳江港、开平港、新会港、梅州机场、台山公益港等旧口岸执勤现场改造，助力服务地方对外开放建设。二是靠前服务经济社会发展。广东边防总队和各边检站以服务发展为己任，全力做好了边检服务保障工作。中山边检站创新游艇勤务监管模式，助力“中山—澳门”游艇自由行项目顺利启动。肇庆边检站牵头联合广西梧州、柳州、贵港边检站，建设“西江经济带粤桂边检大通关服务合作区”，服务粤桂区域经济发展。茂名、汕尾、湛江、惠州、阳江、潮州、东莞、台山、新会等边检站主动跟进中石油、中石化、中海油、广东粤电集团、广东核电集团、广东交通集团等大型国企发展需求和业务特色，制定专门服务措施，强化警企协作。湛江边检站在南海石油钻井平台设立首个边检警务室，推出“飞行边检”勤务模式，极大缩短外轮滞港时间。茂名、台山边检站坚持驻点服务，警力前移，全力保障“单点系浮”、香港惰性材料填埋工程等重点项目的开展。三是创新勤务对接精准服务。坚持“经济建设发展到哪里，边检服务就保障到哪里”的工作思路，以需求引导改革，以创新改进服务，优化勤务部署，克服警力限制，加强精细化服务，针对大型展会参展商通关、航行港澳小型船舶、直航台湾船舶、台湾居民临时包机、大型油轮、废旧船舶、军舰、游艇、海上平台等不同类型出入境业务形态和服务对象需求，分类推出服务举措，全力保障地方党委政府和出入境服务对象对边检工作的新期待、新要求。

【广东省公安边防总队增强服务对象获得感】 一是优化便民举措服务口岸通关。2016年广东省公安边防总队所辖各旅检口岸先后推出“出入境卡片自助打印”“中国公民出入境记录快速查询”“旅游团队快捷通关”“144小时免签团网上报检”“港澳旅客粤语服务”等便利措施，开通边检“绿色通道”服务需要人道救助、伤病救急对象24次，最大限度满足出入境服务对象快速、便捷通行需求。各海港口岸严格落实边检行政许可免费办理和行政告知要求，进一步简化境内移泊外籍船舶监护手续，压缩航行港澳小型船舶报检单据，对急需救助船舶和人员实施快速通关，对鲜活进出口产品优先通关，最大限度减少船舶滞港时间，节约企业船方运营成本。二是加强科技投入提升服务质量。坚持将科技强警作为创新边检勤务、优化勤务流程、提升服务效能的发力点，加大投入，求新求变，特色发展，全力打造数字边检品牌，为边检工作注入了新动力。配置智能化设施，实现服务高效化落地，主动适应出入境证件电子化的趋势，在东莞、中山、顺德、江门、肇庆、佛山、高明口岸新建、扩建自助查验通道28条，在中山、湛江机场口岸新建智能验证台16个，提高用警效能，提升口岸通关效率。在江门边检站试点研发“边检智能服务平台”，推行网络化、智能化、远程化边检报检服务，受到服务对象广泛好评，获得2项国家设计专利。三是打造服务品牌增强社会认可。打造了特色鲜明的“南粤边检”服务品牌，坚持开展“8·19”中国边检服务品牌宣传活动，通过组织拍摄反映边检站亮点宣传视频，定期开展“警营开放日”活动，出入境政策宣传宣讲，参与政风行风热线、打造微信公众政务服务平台等形式，扩大边检服务品牌宣传工作，提升边检的影响力和覆盖面，赢得了地方各级党委政府肯定。各地党政领导多次对边检工作作出批示，湛江、佛山、高明、肇庆边检站一线执勤科获评市级“青年文明号”，江门、湛江、南海边检站一线执勤科被评为市级“巾帼文明岗”，惠州、肇庆边检站被评为口岸先进单位和文明单位。香港作家徐天侠女士在其2016年出版的新书《人间有情》中，用2.6万余字的篇幅，真情述说了在肇庆端州火车站得到边检官兵贴心照顾的故事。

【广东省公安边防总队织牢口岸管控防护网】 一是忠诚履职维护社会面稳定。强化维护口岸安全稳定，有效防范和打击非法出入境和境外涉恐人员“回流”入境，着力参与打造“以地方政府为主导，以边检机关为主体，各单位协同作战”的全方位口岸立体化防控体系，针对广东省公安边防总队所辖口岸点多线长、毗邻港澳、出入境人员类型成分复杂等实际情况，加强形势分析和动态研判，有针对性细化管控措施，提高口岸管控的针对性，圆满完成了G20峰会边防安保、粤港澳边界管控等重大安保活动任务，确保了口岸的安全、稳定、畅通、高效。二是强化查缉规范口岸秩序。围绕国内外形势动态、实时查缉重点及口岸管控重点领域，排查口岸设施装备运行、管控机制和查缉措施落实情况，切实消除管控死角。定期对口岸进出的重点国家地区人员出入境轨迹进行排查跟踪，健全完善风险评估勤务预警机制，动态调整监管模式和警力配置，扎实提升口岸查缉管控能力。海港口岸突出重点国家船舶管控和风险评估，采取“见人、见证、见船、见轨迹”的核查方式实施差别化管理，同时全面加强技防手段，口岸限定区域、泊位沿线等重点部位100%视频全覆盖，有效实现对进出港口、上下船舶人员的跟踪监管。三是深化合作提升管控实力。加强和口岸有关部门的协调配合，建立健全“联合管控、信息通报、联动处置、协作配合”的工作制度机制，融合信息，统筹资源，有效形成口岸反恐防控工作合力。边防检查站、边防支队、海事、海警等部门建立联勤管控协议，明确信息共享、案件协办等联勤协作项目，开展不定期港湾联合清查，有效维护港区、锚地秩序。

【广州边检总站确保口岸通过率稳定增长】 2016年广州边检总站检查出入境人员1 800多万人次，同比增长12.75%；检查出入境交通运输工具14万多艘（架、列）次，同比增长10.3%。广州边检总站始终把维护国家安全和社会稳定置于首位，严密口岸管控措施，严格出入境人员及交通运输工具检查，严厉打击各类非法出入境活动，坚决防范不法分子从口岸潜入潜出，全力守好“国门”，有效维护了广州地区的出入境秩序。

【广州边检总站主动服务地方经济发展】 一是积极参与广州国际贸易“单一窗口”建设。选派业务骨干全程参与“单一窗口”平台建设，组织口岸经营单位开展平台操作培训，使用平台接收船舶出入境信息预报，为相关企业提供便利。

目前出入境船舶申报率为100%，联网核放率近100%。二是大力支持白云国际航空枢纽建设。积极跟进白云国际机场T1航站楼东二指廊改造和T2航站楼建设，论证落实边检查验场地、执勤设施、配套建设以及警力调剂、勤务机制等事宜。全力保障白云国际机场新增国际航线航班，在出入境流量大幅增长的情况下，坚持内部挖潜，科学组织勤务，确保了口岸管控严密安全、旅客通关高效便捷。三是服务邮轮经济发展。广州边检总站不断完善南沙邮轮码头查验场地建设，研发启用邮轮入港人员查验系统，顺利完成了“云顶梦”号、“处女星”号邮轮查验工作，为邮轮旅客提供了安全、高效、优质的服务。全年共查验邮轮入出境人员54.7万人次，查验量居全国前列。

【广州边检总站积极营造良好通关环境】 一是大力推进自助通关建设。落实扩大自助通关人员范围政策，根据各口岸旅客类型合理设置人工和自助通道比例，2016年在广州南沙、莲花山口岸改扩建自助通道39条，加大自助通关宣传引导力度，全年自助通关人员280多万人次，人员通关效率进一步提高。二是积极推出便民利民措施。开展边检服务水平外部评价工作，及时收集服务对象意见建议，研究出台便民利民措施。第119届、120届中国进出口商品交易会期间，白云、天河、番禺边检站通过开通交易会来宾通道、增加小语种民警执勤等，加强客流引导和疏通，确保通关顺畅。天河边检站与羊城交通电台连线播报周末广州火车东站出入境客流情况，方便旅客选择合适的口岸和时间通关。黄埔边检站安排专人为科考船、军舰等特殊船舶提供“一对一”的定制验放服务，确保特殊船舶快速便捷通关，赢得了服务对象的赞誉。

【深圳边检总站主动服务地方建设】 2016年深圳边检总站验放出入境人员近2.4亿人次，同比减少0.08%；查验交通运输工具1 583万余辆（艘、架）次，同比增长2.17%。2016年12月24日深圳口岸单日验放出入境人员创历史最高纪录，达92万余人次。查获偷渡人员451人次，查获其他违法违规人员2.5万余人次。罗湖边检站被公安部评为“全国公安机关执法示范单位”。深圳边检总站配合广东省、深圳市政府开展国际贸易“单一窗口”和电子口岸建设、复制推广蛇口（前海）自贸试验区改革创新措施。围绕广东省外国人144小时免签旅游团信息管理系统启用、深圳市户籍居民赴港“一周一行”、取消台湾居民签注等政策调整，制定有关业务操作指引，确保政策顺利实施。积极参与广深港高铁西九龙站内地口岸区、莲塘口岸规划建设和前海湾保税港区整改，积极支持深圳宝安国际机场新航线开通。2016年，顺利完成第十二届中国（深圳）国际文化产业博览会、第十四届中国（深圳）国际人才交流大会、国际博物馆论坛、第十届深圳国际游艇展和中国杯帆船赛等活动期间的通关服务保障工作，蛇口太子湾邮轮母港口岸转场搬迁及邮轮首航查验工作；配合完成深圳LNG码头、大亚湾核电站专用码头筹建及对外开放验收等工作。

【深圳边检总站强化口岸安全管理】 深圳边检总站立足口岸安全防范工作实际，持续开展口岸安全隐患排查，针对突出问题深入开展整改。积极配合地方政府有关部门落实口岸安防项目建设计划和聘请辅警在口岸协助执勤工作，协调推动地方公安机关在陆路口岸设立了“联勤指挥室”，地方武装力量在学童出入境时段和客流高峰期对口岸周边实施武装巡逻，初步实现联防联控与口岸开关闸时间同步。与深圳海关、深圳市公安局等执法单位签署合作协议，就打击非法出入境活动、反恐工作等达成共识，建立口岸治安工作联系通报、定期联席会商等工作机制，增强工作合力。

【深圳边检总站加大口岸管控力度】 深圳边检总站聚焦防控风险，着力提高管控工作质效，针对暴恐事件和非法出入境活动的新动向和新特点，按照“突出重点、打防并举、多管齐下、标本兼治”的工作思路，进一步严密口岸管控。根据不同时期安保工作要求，制定等级勤务工作响应办法，以及重点人员检查、外国人入境重点检查等工作指引，推行后台证件鉴别工作前置措施，全面推广应用执法记录仪。结合口岸实际，研创防范暴恐袭击警务实战技能，开展口岸反恐处突培训。加固口岸围网等隔离设施，加强对深港衔接桥头、易攀爬地段及易藏匿区域的巡查警戒，并积极协调高德地图等软件公司实地勘测和完善口岸地图路线导航指引，防范社会车辆及人员误入口岸深圳边检总站。顺利完成全国“两会”、G20 杭州峰会、十八届六中全会等重大活动边检安保工作任务。

【深圳边检总站强力打击非法出入境活动】 深圳边检总站运用“大数据”平台资源，开展变换身份人员专项排查，配合地方公安机关查获变换身份在逃人员 21 人。通过梳理分析粤港边界偷渡活动人员信息，及时发现非法出入境活动线索，配合地方公安机关开展专案侦办；联合广东省公安边防总队破获越南人偷越国（边）境案，抓获组织偷渡的“蛇头”2 人、“蛇仔”10 人。规范旅客自助通道、小（客）车通道查验及管理，加强出入境车辆车体检查，年内共查处经自助通道尾随他人出入境人员 14 人次、载客小车经空车道非法出入境 126 辆次、载客跨境巴士非法出入境 4 辆次、藏匿货柜车偷渡人员 50 人次。

【深圳边检总站推动服务创新】 深圳边检总站着力创新驱动，积极推进边检管理改革，蛇口边检站针对太子湾邮轮母港启用后的新情况，积极改革勤务模式，通过优化队伍结构设置和警力资源配置，努力打造具有多岗位适任能力的执法执勤队伍；深圳湾边检站推行实施勤务疏导“三条红线”，并在小（客）车入境查验场地施行车辆“分区查验”模式，有效提升了客（车）流疏导效率；蛇口、盐田、大铲湾边检站，针对不同类型出入境船舶及船员采取差异化管理措施，整合优化船舶检查和监护巡查等岗位职能，实现各海港边检站勤务组织模式规范统一，推进港区闸口多方共管。积极创新查验机制，在全国率先试行空港口岸旅客、邮轮旅客和通行港澳口岸持电子往来港澳通行证旅客出境自助通关，实行香港马会随车人员“掌上通”无线查验，扩大往来粤港澳机动车辆驾驶人“快捷通”采集备案人员范围，进一步提高口岸通关效率。

【深圳边检总站推进科技信息与基础工作深度融合】 深圳边检总站加大对一线执勤的技术支持力度，强力推进自助通道建设，在罗湖、皇岗、福田、蛇口等口岸增建和改造自助通道共 80 条，全年经旅客自助通关系统出入境人员 1.23 亿人次，占出入境总人数 51.2%，同比增长 5.76%。研发新版出入境车辆检查系统，增加证件强制读取、视频侦测、数字对讲和网络高清车牌识别等多项功能，更新改造皇岗、深圳湾、文锦渡口岸货检通道 36 条，有效提升系统稳定性和安全性。优化特定人群查验方式，完善“深港跨境学童专用查验系统”，目前验放 1 名跨境学童仅需约 3～4 秒，较传统模式节省 4～5 秒，该系统荣获 2016 年全国公安机关改革创新大赛铜奖。

【珠海边检总站积极推进查验机制创新、口岸筹建及政策研究】 2016 年珠海边检总站严密口岸管控，深化改革创新，狠抓责任落实，圆满完成了各项工作任务。共验放出入境人员 1.36 亿人次，同比增长 2.37%；验放交通运输工具 403.75 万辆（艘/架）次，同比增长 0.33%。全年共有 1 个集体和 1 名民警荣立二等功、17 个集体和 49 名民警荣立三等功，拱北站获评“全国公安机关执法示范单位”。一是圆满完成珠海口岸查验机制创新试点工作。认真贯彻国务院部署，成立推进查验机制创新试点工作领导机构，制定推进工作方案，落实各部门分工，明确时间节点，坚持每月开会研究和汇总通报进度两项机制，配合地方政府调研并研提意见十余次，确保了试点方案中涉及边检工作的全部完成。其中，针对方案中相关的查验模式事宜，总站通过精心研究，大胆设想，周密论证，最终由边检提出的查验模式建议被内地和澳门各方认可。该方案对于提高珠澳口岸通关效率，节省双方人力配置，体现“一国两制”优越性具有重要意义和深远影响。二是积极推进港珠澳大桥口岸开通业务研究与推进。积极配合地方政府做好港珠澳大桥主体工程及口岸基础设施建设，积极研提边检查验监管设施及执勤办公用房建设需求；重新核算大桥口岸开放初期边检查验通道数量，拟定分期建设规划，做好边检业务预算编报，制定口岸限定区域管理工作方案，协调限定区域边界及封闭监管设施需求；成立大桥口岸查验模式研究专责技术小组，配合公安部出入境管理局做好查验模式细化研究，研究上报细化实施方案，制作 3D 演示动画视频，在公安部出入境管理局组织和授权下 6 次与澳门警方对接会商，保证了该口岸查验模式的基本确定。三是积极推进青茂口岸及部分新口岸业务研究与推进。联合深圳边检总站完成青茂口岸内地方查验软件研发工作，协调社会机构完成新型自助通道样机生产工作。积极筹备万山港口岸桂山新客运码头启用，保证了桂山至香港航线的成功复航，积极配合地方做好湾仔口岸旅检业务暂停后口岸重建问题调研论证，配合地方政府在九洲港口岸顺利实施境外人员购物离境退税政策，全力支持地方经济建设。四是积极推进横琴自贸试验区创新政策研究。围绕澳门单牌车进出横琴政策落地主动开展工作，积极配合有关部门优化申请备案流程，加快边检采集备案点建设，研究制定边检备案查验管理规定，配合地方政府多次开展联调测试，保证该政策 12 月 20 日顺利实施。

【珠海边检总站边检服务水平有效提升】 一是全面深化勤务模式改革。珠海边检总站指导横琴、茂盛围边检站优化落实国务院“三项任务”勤务模式，顺利实施勤务改革；指导拱北站优化弹性勤务模式，建立警力平衡机制，赋予基层队更大灵活性和自主权；指导九洲边检站进一步释放警力到旅检岗位，积极推进综合执勤队第二阶段改革；指导高栏、万山、湾仔边检站等港口边检站在有条件的码头推广卡口综合管理系统和视频接送船模式，探索实行“一人多岗多能”港口勤务模式，大大提高了边检勤务管理水平。为主动适应客流猛增和出入境证件电子化的新趋势，总站优化升级拱北口岸主厅 70 条自助通道和两翼二层 30 条自助通道，在横琴口岸新增 16 条自助通道，提升了自助通道的稳定性、安全性，有效分流了人工通道疏导压力，保障了旅客顺畅通关。二是积极推出简化查验工作措施。年内，总站按照公安部出入境管理局部署，与澳门警方积极沟通协商，在拱北—关闸口岸顺利实施简化遗失证件内地及澳门居民返回手续工作，累计为 1 000多名失证旅客紧急返回提供帮助。指导拱北边检站与珠海市紧急医疗救援中心强化完善“绿色生命通道”协助机制，为 200 余名危急旅客提供紧急救助服务；指导高栏、万山、湾仔边检站简化境外船舶在境内港口移泊、在船厂维修等查验监管手续；指导横琴边检站“中葡论坛”期间为葡萄牙总理访问团一行办理相关出入境边防检查手续，高效的服务受到了多方好评。

【珠海边检总站处突及应急水平明显提升】 2016 年珠海边检总站立足珠海口岸实际，以春节安保为契机成功推动珠海市政府在横琴口岸实施常态化安检措施，以 G20 峰会安保为契机成功推动珠海市政府在九洲港口岸恢复常态化安检措施，实现了珠海主要旅检口岸全部建立安检机制的目标。2016 年珠海边检总站成功协调驻地武警进驻部分口岸与边检民警联合巡逻，成功协调地方公安巡警、特警进入部分口岸限定区域内巡逻，成功协调珠海市在部分口岸增加多名安保警力，在部分口岸实施边检民警和地方公安民警联合港区巡查。珠海边检总站坚持“专业化，精细化”的“联合办班培训”模式，先后主动联合珠海市公安局、大连海事大学等单位举办了多期专业处突技能培训；指导九洲、万山边检站积极参与并圆满完成珠江口海域海上突发事件大型应急救援演练，妥善处置“6·8”新加坡籍外轮海难事故协助救援处置工作，高效为遇险船员办理了边检手续。2016 年 4 月 30 日晚，珠海边检总站根据澳门警方通报，通过快速反应，果断应对，顺利完成了澳门口岸查验系统故障期间的珠澳缓冲区旅客安全疏导工作，没有发生人员拥挤踩踏和现场失控情况，确保了珠澳口岸的安全与稳定。

【汕头边检总站推动业务工作创新】 2016

年是汕头边检总站紧紧围绕“创新开路，稳中求进，质量至上”总基调和“一站一特色、一队一品牌、一警一爱好”发展思路，坚持以创新补短板，以改革破难题，以优势创品牌，以责任化风险，以制度促规范，以保障聚警心，队伍发展动力有效激发、业务工作创新成效凸显，综合保障能力不断提升，口岸持续保持安全稳定的良好态势，实现了“业务零投诉、安全零事故、队伍零案件”的三“零”目标，圆满完成了各项工作任务。针对本地口岸业务量较低，查验识别和处突技能培训长期低位运行的现状，汕头边检总站党委坚持问题导向，以证研口诀“一招制敌”和处突沙盘推演为突破口，扎实推进边检主业创新发展。成立证研口诀课题研究小组，调动基层智慧集思广益，从重点国家和本地口岸常见国家地区证件和验讫章入手，提炼出一批简洁精炼、易记易懂的证件防伪口诀，有效弥补了证件资源匮乏造成的天然“软肋”，对检查员前台查验能力的突击提升起到了积极推动作用，相关工作经验在部局简报上刊发推广。同时，针对口岸处突演练程式化严重、效果不佳的问题，突破传统模式局限，将处突预案的文字部署与沙盘模型的实物推演有机结合，实现了突发事件应急预判预演立体化。

【汕头边检总站主动作为促发展，擦亮边检服务品牌】 汕头边检总站充分发挥自身职能作用，持续深化提服工作，不断延伸服务触角，构建高效通关环境。主动参与汕头、揭阳等地的口岸项目建设，积极配合地方政府推动揭阳港口岸神泉港区和潮阳海门港2号码头对外开放，支持揭阳潮汕机场公司中转厅建设，在潮汕机场入境现场建设4条自助通道。认真做好潮汕机场新增出入境航线查验服务工作，进一步提升通关效率。牵头口岸联检单位，为汕头大学无动力划艇活动提供便捷通关服务；以传统节日为切入点，开展边检民警“送服务、送祝福、送文化”特色活动，向外籍旅客、船员传递边检服务理念和侨乡文化。上线汕头电台《民声热线》栏目，宣讲边检职能和出入境边检政策法规，为市民答疑解惑，获得良好反响。2016年，汕头边检总站集中开展“8·19”服务品牌推介活动，利用“汕头边检”微信公众号推送各类边检服务资讯120余条，进一步扩大了汕头边检服务品牌效应，切实提升了汕头边检总站社会知名度和美誉度。

【广东海事工作形势稳中向好】 2016年广东海事局上下秉持“创新、协调、绿色、开放、共享”发展理念，以“三化”建设为统领，强化风险管控，主动应对挑战，狠抓工作落实，更加奋发有为，顺利完成年度各项工作任务，实现了“十三五”良好开局。全年辖区港口货物吞吐量19.8亿吨（其中危险品3.56亿吨），集装箱吞吐量3 339万标箱，同比分别增长10.2%、4.5%；船舶进出港256万艘次，同比下降11.3%。旅客运送量8 728万人次，年度运量8 605万人次。全年列入统计的一般等级以上事故42件、死亡失踪36人、沉船10艘、直接经济损失4 039.25万元，同比分别下降19.2%、25%、52.4%、21.6%，安全监管取得新成效。一是“严管”态势持续加力。坚持“把握规律、抓住重点、关注异常、着力预防”理念，强化“六严”（严控重点水域，严查重点船舶，严守重要节点，严治重大隐患，严惩重大违章，严防重点岗位）要求，紧抓“四类重点船舶”（客船、危险品船、砂石船、易流态化固体散装货物运输船）和珠江口、琼州海峡等重点水域安全监管，扎实开展创建平安船舶、珠江口水上交通综合治理、内河船非法参与海上运输、水上旅游安全年、非法采运砂、危险化学品安全运输等各类专项行动。全年查处违法违章船舶5 948艘次，对船员实施海事行政处罚4 038件，同比分别增长3.7%、3.2%。开展船舶安全检查1.53万艘次，PSC检查824艘次，船检质量监督检查2 309艘次。二是风险防控扎实有效。梳理近十年辖区事故规律，科学制定风险管控措施，修订水上交通安全风险管理规定，定期更新安全风险数据库，定期开展水上交通安全形势评估，定期公布水上交通事故案例。强化对辖区“十大风险水域”、船员“十大危险行为”等风险源的闭环管理，建立琼州海峡“六方一链”船舶监督安全管理机制。首次对香港船舶公司实施安全管理约谈，在全国率先实施内河船员船上培训新模式。三是应急搜救再上台阶。交通运输部党组书记杨传堂以“四个首次”高度肯定珠江口国家海上搜救演习。落实中国—东盟《南海各方行为宣言》，成功承办中国—东盟国家海上联合搜救沙盘推演。推动河源、潮州、韶关、汕尾、茂名、阳江等6个地市成立搜救分中心，实现全省水上搜救应急体系全覆盖。成功防御“妮妲”等强台风，实现“零事故、零伤亡、零污染”目标。全年共组织协调救助360次，救助遇险人员2 737人，人命救助成功率达96.6%。四是保障地方基础设施建设。由广州海事局完成港珠澳大桥沉管的浮运与安装水上交通安全保障任务。

【广东海事服务富有成效】 主动对接“一带一路”和广东自贸试验区建设，牵头制订《中国（广东）自贸试验区游艇自由行实施方案》，启动中山—澳门游艇自由行试点项目。争取自贸试验区国际船舶登记政策支持，办理船舶租赁登记237艘、抵押登记620艘，助力航运企业融资37亿元。开展“单一窗口”电子口岸试点，“三互”大通关取得实质进展。全力支持中山、揭阳、汕尾、茂名、惠州等水域扩大开放，新增对外开放码头33个。深化粤港澳、粤闽琼桂海事战略合作，签署粤港海事调查合作协议、粤港澳三地搜救机构搜救互认合作安排、南海海区航海保障工作协调机制合作备忘录、粤桂海事深化服务“珠江—西江经济带”发展合作协议，协调内地航行香港高速船检验标准，与福建省地方海事局结对共建开展海船检验业务。全力做好港珠澳大桥、虎门二桥、深中通道等重点工程通航安全保障，扎实推进港珠澳大桥向营运期过渡的安全监管升级，创新涉水工程通航安全保障费用新机制。大力实施“航保南进”战略，顺利建成南沙渚碧、永暑、美济灯塔，完成中建、琛航岛等4个AIS基站建设，基本实现西沙重点海域AIS信号覆盖，为海南文昌火箭运输船开辟航保绿色通道。探索建立航标设置前端审查机制，全年批准新设专用航标183座、公用航标133座，巡查监管沿海专用航标220座次。开办内河船员远程考试示范考场，建设珠江水系内河船员适任统考题库，实现船员考试远程缴费和预约式随到随考。海事规费征缴18.73亿元，同比增长12.1%。保持打击“江盗水匪”高压态势，实现水上船舶盗抢“零报案”。在南沙自贸试验区推出“先通关后查验，船舶通关零待时”“船舶安全检查新机制”等海事创新机制并复制推广。

【广东海事“智慧海事”取得突破】 成立智慧海事工作领导小组，全面推进广东智慧海事监管服务平台有效应用，建成二级云中心，实现独立自主的SOA体系运维管控，实现与海事核心业务数据的共享，融合智慧海事监管服务平台与统一通信平台，基本实现统一通信、统一指挥、统一调度的应急监管新格局。成功承办全国智慧海事建设现场会，广东智慧海事建设成果得到交通运输部副部长何建中、交通运输部海事局局长许如清以及兄弟单位的高度肯定，并被广东省政府列为第二批可复制推广经验。完成智慧海事手机APP开发试用。海事船检管理信息系统率先在全国海事及省级船检系统推广使用。做好VTS、CCTV、VHF、AIS等系统维护管理，为“智慧海事”提供有力保障。截至2016年12月底，广东智慧海事监管服务平台已有在线用户1 286个、用户登录使用达536万余次，各单位自主编制了4 647个重点水域管理规则，标定了2 357艘重点船舶，部署了656个特殊规则，发布了预警提醒信息98万条，为管控辖区安全风险、提升现场执法效能提供了有力支撑。实现全面无纸化申报和许可文书自主打印功能，用户通过“单一窗口”无纸化提交申请资料和上传证书附件，审批通过后可通过“单一窗口”自行打印“船舶进口岸申请书”，切实为企业减负增效。

【广东海事治理能力不断提升】 推动《广东省渡口渡船安全管理办法》颁布实施，制定《广东海事局辖区船舶安全航行规定》，推进《水上交通事故调查处理和沉船沉物打捞清除管理条例》立法，代交通运输部海事局草拟《海事劳工条件检查办法》《海事电子文书和电子证据管理办法》《船检技术法规制定程序管理规定》等规范性文件，出版《海事行政执法百问解答与案例评析第三辑—国际海事公约》。正式运行广东海事局服务质量体系 3.0 版，做好规范性文件的“立、改、废、释”工作，明确有效文件257 个，建立业务流程 92 个。优化基本项目支出结构，集中财力“保刚需、保重点、保运作”，全年经济运行平稳，人员经费缺口压力缓解，依法理财水平不断提升，适应深化财政改革能力不断增强，财务信息化水平再上新台阶。顺利接受审计巡视，强化内部审计监督，充分发挥审计效能。

【深圳海事局不断强化先行先试，改革创新成果全面彰显】 一是海事服务举措不断革新。在“一带一路”战略的引领下，深圳海事局全力打造“前海蛇口自贸试验区海事监管服务平台”，有效推进有关政策和措施落地。实现国际航行船舶进出口岸网上审批，“单一窗口”建设取得实质性进展，每年为辖区船舶代理节约时间预估可达1 万小时。扎实推进船舶登记制度改革研究，促进自贸试验区航运服务功能发展升级。与前海管理局合作完成《深圳前海国际海员中心建设研究报告》，为推进自贸试验区内船员管理改革进行了理论和实践探索。与深圳国际仲裁院签署《水上交通事故争议“调解 + 仲裁”合作框架协议》，逐步构建了水上事故多元化解决机制。高质量完成全国海事非税收入票据改革试点工作，实现降低行政成本、提供优质服务的“双赢”效果。完成“港口建设费第三方数据稽核”项目，提升了规费稽查的精准性和有效性。二是参与国际事务能力不断增强。成功向 IMO（国际海事组织）提交2 项提案并获得通过，其中《综合导航系统性能标准新模块草案建议》获得广泛认可，中国首次在该领域作为协调人，实现在 IMO 会议上牵头研究制定国际海事标准“零”的突破，切实在 IMO 唱响了中国声音。目前，中国向 NCSR 分委会提交提案总数在 IMO 所有成员国中已跃升至第 5 位。

在深圳停泊 16 年之久的“明思克”航母正式离港

【深圳海事局不断强化责任落实，安全监管成效全面突显】 一是安全管理长效机制持续完善。按照“平安交通”、“安全生产月”的部署，以深圳市“城市管理治理年”为契机，持续构建水上安全监管长效机制。基于风险预警预控的月度安全分析机制持续完善并全面推广。深圳海事局与地方和中央驻深单位的协调配合机制不断深化，分别与深圳市交通委员会、应急办签署了合作备忘录，与深圳出入境检验检疫局建立了口岸查验单位危险货物联合查验机制。二是隐患排查治理能力持续增强。“六大类涉海安全隐患报告”得到市委市政府的高度重视，推动构建了“政府主导、海陆联动”的涉海安全隐患治理机制，并得到交通运输部海事局肯定。实行隐患治理“清单化”管理，三围码头非法作业、前海妈湾非法码头等安全监管难题得到有效解决。6 个大项、共 19 项隐患，已整改完成 16 项，完成率 84%。三是现场监管力度持续加大。按照“四个全面覆盖”的要求，深入开展“平安交通”等各类专项活动，始终保持现场监管的高压态势，有效保障了港珠澳大桥、深中通道、第十届“中国杯”帆船赛等重大涉海活动的安全。系统评估并优化现场监管网格化和电子巡航工作，促进安全监管模式全面升级。与中信海直建立空中巡查机制，海空立体监管模式逐步形成。与香港海事处共同完成大鹏湾水域船舶定线制方案，持续改善辖区及周边水域通航环境。大鹏 LNG 接收站进出港船舶实现安全航行 10 周年零事故。四是源头管理成效持续提升。切实加强航运公司和深圳港籍船舶综合质量管理，不断加大日常监管、安全管理约谈和审核力度，督促公司落实安全主体责任。辖区诚信企业和诚信船舶数量分别是全国平均水平的5倍和10倍。全面落实船舶检验管理模式改革要求，提升船舶检验质量。五是安全监督检查持续强化。及时将上级有关要求和季节性特点转化为实际工作部署并抓好落实督办，由深圳海事局领导和机关业务部门负责人带队，采取“四不两直”等方式赴辖区各网格站点、码头企业开展督查督办86次，常态化督查机制逐步形成。

【深圳海事局服务经济社会能力全面增强】 一是服务国家战略有新突破。服务新兴产业发展，全力保障蛇口太子湾邮轮母港顺利开港。协助交通运输部海事局建立内地与香港排放控制区协同控制机制，推动内地与香港成功签署首个船舶大气污染防治合作协议，并承担秘书处工作。积极推进供给侧结构性改革，确保国家规费征收惠民利民政策落到实处，每年为辖区港航企业减轻负担5亿多元。根据上级部署要求，认真落实河源市紫金县方湖村精准扶贫工作任务，为帮扶对象解决实际困难，工作中创造的“方湖”经验得到推广。二是政务服务水平有新提高。全面落实行政审批一站式服务，授权行政审批项目办结时限平均缩短超过50%。持续优化政务服务综合平台，推广使用政务微信平台，拓宽政务服务咨询办理渠道，行政审批网上申报率达到98%。全面启用交通运输部海事局船载客货电子申报系统和船舶防污染管理电子申报系统。开展船员网升级改造，网站服务水平不断提升。三是搜救应急工作有新进展。成功组织防抗强台风“妮妲”“海马”等8个热带气旋，确保重大气象灾害袭击深圳期间辖区水域零事故、零伤亡、零污染。完成《深圳海上危险化学品泄漏事故应急预案》编写，并经深圳市政府批准实施。建立辖区应急力量数据库，完善《应急工作手册》，持续提高应急工作标准化水平。稳步推进搜救奖励与补偿机制建设。成功举行深圳海域航空器迫降综合应急演练等各类演习26次，有效增强了应急反应的实战能力。全年共开展搜救行动109次，出动船艇224艘次，累计搜救时间808.8小时，救助遇险人员216人，人命救助成功率96.9%，救助船舶23艘，挽回直接经济损失4 980万元。

深圳太子湾邮轮母港，“处女星号”轮缓缓安全离开码头

【深圳海事局不断强化依法行政，一流法治海事建设水平全面提升】 一是海事法规体系不断完善。积极配合做好立法推进工作，《海上交通安全法》修订已列入国务院一类立法计划。全力推动《深圳经济特区海域污染防治条例》修订工作。实施规范性文件清单式管理，执法类体系文件合法性审核率100%。完成《外国籍船员在中国籍船舶任职管理办法》《深圳市休闲旅游船舶驾驶人员管理办法》编制和“海事劳工公约履约海事管理机制”研究工作。二是海事行政执法更加规范。采用多种方式、有针对性地开展法规宣传工作，探索建立执法人员随机测试制度，全面提高执法人员的法律素养，连续三年执法评议考核名列海事系统前茅。有效建立和运行船员类机构“双随机”检查机制，开具了海事系统首份船员教育培训质量体系不予通过审核报告。三是执法监督机制持续强化。完善执法监督评价指标和定期督察报告制度，加大执法监督检查发现问题的整改力度，进一步推进了执法检查的制度化、规范化和常态化。

【海关总署广东分署（以下简称广东分署）围绕大局做好服务，力促地方经济发展】 2016年，广东分署坚决贯彻落实海关总署和广东省委省政府决策部署，坚持以习近平总书记系列重要讲话精神为指引，紧紧围绕广东实现“三个定位、两个率先”的目标，把创新摆在服务广东全局的核心位置，积极采取措施促进广东外向型经济发展，努力协调推进广东省内海关各项重点工作开展，为广东发展塑造新的竞争优势和服务好口岸的开放作出努力。年内，广东分署落实国务院、海关总署和广东省政府促外贸稳增长新政策，按照国家六部委和海关总署的相关要求，广东分署会同广东省口岸办、财政厅等部门，带领广东省内海关共同推进广东省改革试点工作。广东分署牵头广东省内海关出台促进外贸稳增长16项工作的措施，并以广东省政府名义印发各地市执行。积极地促进新型贸易业态发展，支持跨境电子商务综合试验区建设，促进广东省获批市场采购模式试点。组织广东省内海关推动广东自贸试验区监管制度创新，10项措施被广东省政府纳入到第二批全省范围复制推广的改革经验中。会同广东省内海关出台“贸易便利化指数”，被广东省自贸办作为评估广东自贸试验区发展状况的三大指数之一，受到外界广泛关注。支持广东自贸试验区粤港澳游艇“自由行”工作并取得积极进展。口岸查验配套服务改革试点有序推进，一年来全省免除相关费用近1.1亿元。2016年广东省外贸进出口6.3万亿元人民币，同比下降0.8%，降幅比全国低0.1个百分点。

【广东分署全力支持口岸建设及新型业态发展】 2016年，广东分署力求做到服务好口岸的开放与顺畅运行，注重加强了与广东省有关部门及广东省内海关的联系配合，充分发挥好综合协调职能作用，在国家口岸办的指导下，配合广东省口岸办的工作，全力协调广东省内海关开展口岸规划设置和建设，及时向广东省口岸办和地方政府反映并协调督促解决广东省内海关在口岸开设中遇到的实际问题和困难。推动广东省“十三五”口岸发展规划的落实；支持东莞市石龙铁路国际物流中心对外开放；提请广东省口岸办及地方政府加快和完善口岸建设步伐，优化广东省口岸布局，配合广东省口岸办推进完成中山港口岸扩大对外开放项目、深圳蛇口太湾邮轮母港码头、湛江30万吨散货码头等共13个港口新项目通过国家和省级对外开放验收并投入使用；协调推进广州白云机场T2航站楼对外开放启用及旅检场地安排、东莞中外运石龙码头恢复口岸功能等重点口岸建设项目并取得实效。年内，办理涉及海关口岸管理的意见109份；参加口岸调研、验收会、协调会26次。办理专用码头口岸、空运口岸、车检场等正式对外开放项目13个、实施临时对外开放运作15个项目约24批次。支持广东“一带一路”建设，推动石龙铁路物流中心和中俄贸易产业园建设，大力促进“粤新欧”、“粤满俄”货运班列便捷通关。1月~12月东莞中欧班列128班次，同比增长68.4%，货值21.4亿元，同比增长72.5%。政府购买查验服务费改革一年来全省受益企业约5万家，为守法企业免除相关费用约1亿元。规范跨境电子商务发展，研发使用跨境电子商务通关管理系统，实现与相关企业系统对接，实现信息化监管；支持跨境电子商务综合试验区建设工作，积极扶持跨境电商发展，严格落实电商货物24小时验放要求，1月~12月广东跨境电子商务228亿元，同比增长53.8%。

【广东分署加快国际贸易“单一窗口”建设】 广东分署发挥广东电子口岸海关事务协调小组作用，协调广东省内海关积极参与广东“单一窗口”建设，推动来往港澳小型船舶监管系统与省平台融合，会同广东省口岸办共同研究加快广东电子口岸平台和国际贸易“单一窗口”在全省建设推广。提出依托省平台实现游艇自由行“单一窗口”的构想和框架方案，促进粤港澳游艇自由行创新业务的落地实施。开展海关对外接入平台、与广东省电子口岸对接的基础建设，并配合广东省口岸办建设信息中心广东分中心和省电子口岸之间的数据通道。落实于广洲署长提出的“全国通关一体化改革‘试在上海，意在全国’，广东不要等，能做的先做起来”相关要求，组织召开改革领导小组会议，梳理出11项工作重点，并抓好落实。广东分署主动与上海海关开展的全国通关一体化试点工作积极对接，提前做好广东融入全国通关一体化相关准备。泛珠四省一体化通关压时限、提效率措施持续用力，2016年1月~7月平均通关时间为进口16.2小时，出口1.6小时，分别比全国平均通关时间缩短42.6%和33.3%。全国通关一体化实施以来受到企业和社会各界充分认可，企业通关更便捷、物流更顺畅、海关监管更严密、流程更科学、运转更高效，对珠三角、广东省和泛珠四省开放型经济的新发展起到了极大的推动作用，成效明显。

【广东分署切实做好知识产权保护工作】 根据海关总署开展“中美海关知识产权联合执法行动”工作部署，广东省内海关开展了为期一个月的打击邮递、快件、空运渠道输美商品的专项行动。并积极开展中国制造海外形象维护“清风”行动，加大对输往拉美国家侵权货物的监管力度，强化情报分析，在重点口岸部署专项查缉行动。自“清风行动”开展以来，广东省内海关已经查扣进出口侵权货物5 059批次，查获侵权货物数量逾3 350.4万件，制止侵权货物输往104个贸易国家或地区。据统计，2016年广东省内海关共查获涉嫌侵权货物3 201批次，涉及侵权嫌疑货物1 610.7万件，案值人民币6 608.6万元；查获的侵权货物主要是通讯设备、服装、鞋类、帽类、箱包及皮革制品、手表等；所涉知识产权权利人遍及世界23个国家和地区，涉及侵权货物贸易国75个。同时，广东分署及广东省内海关积极开展与香港和澳门的知识产权保护合作，2016年共查获涉及香港、澳门的侵权货物419批次、货物20.9万件，案值超1 342万元。

【广东分署认真履行打私工作职能】 根据全国海关关长会议和全国海关缉私工作会议部署，广东分署加强统筹协调，推动广东省内海关缉私部门开展“国门利剑2016”“春雷2016”“国门雷霆”等打击冻品、烟草、水客走私等专项行动。积极实践“智慧缉私”新模式，持续保持打击走私高压态势。强化“大情报”体系建设，对海关内外部30多个“数据源”进行整合，初步构建第三战区情报中心“三位一体”的“大数据”体系，完善走私研判机制。强化执法资源整合利用，充分利用地方和境外执法资源，有效掌控区域走私态势，破获一批跨境走私大案。特别是组织参加中澳联合缉毒“火焰”行动，与美、澳、新等国家及港澳地区的缉毒执法合作进一步加强。大力推进区域执法规范化建设。加强战区侦办案件的协调统一，完善与各省级检法机关的联系配合机制，全年共通报49个一、二级挂牌督办案件。广东分署在实际工作中注重加强与有关省级执法单位的联系配合，认真协调解决海关与地方共同关注的问题，努力发挥海关在口岸中的职能作用，主动会同广东省海防打私办、海警总队筹备组等联合开展“春雷2016”打击成品油走私专项行动，联合印发《广东海关与广东省海警总队筹备组联系配合办法》，共同推进“春雷2016”专项行动的开展。2016年广东省内海关共查获走私柴油等成品油案件178起，涉案案值20.62亿元，涉嫌偷逃税3.44亿元，涉案柴油等成品油50.62万吨。同时，加强与广东省公安厅的联系配合，年内向广东省公安厅出入境部门通报走私违法重点人员400余名，有效打击重点“水客”走私活动。积极组织推进“境外追逃追赃”工作及强化与广东省公安厅禁毒局的合作，加强与广东边防总队的联系配合，及时协调广东省内海关接收边防部门移交的涉嫌走私冻品、旧服装等重特大案件；完善与外事部门的联系配合；依托广东省“打骗”平台，及时提供有关企业情况，加强案件协调，联合打击骗取出口退税违法犯罪。2016年1月~12月，广东省内海关共立案走私犯罪嫌疑案件1 096起，案值270.23亿元，涉税53.98亿元；立案调查走私行为案件17 906起，案值9.58亿元，涉税1.64亿元；立案调查违规及其他违法案件33 638起，案值100.95亿元；共对2 228名犯罪嫌疑人采取强制措施。

【广东分署推动简政放权和行政审批制度改革】 广东分署按照“放管服”改革部署要求，有效对接地方商事制度改革，“九证合一”试点项目率先在全国推行。“双随机”改革在广东省内海关稳步推进，随机布控查验占比超过9成。

并与广东省工商局签署《建立企业信息共享和联合惩戒工作合作备忘录》，联合构建了企业“一处违法、处处受限”的失信联合惩戒框架。落实“双公示”信息展示工作要求，推动广东省内海关依法依规提供行政许可和行政处罚信息，在广东省级公共信用平台对外公布。同时，广东分署加强科技、互联网与管理创新相结合，“互联网+易通关”改革深入推进，在优服务、降成本、提效率等方面成效明显。南沙自贸试验区企业的进、出口通关效率较改革前分别提高了15%、49.7%，为自贸试验区内企业每年节省约85万元系统维护费、200余万元代理申报费。广州海关在全国首创邮递物品监管“互联网+关邮e通”实行两个月后，企业在线支付比率达69%，深圳、拱北等海关也已相继实施。广东分署牵头开发泛珠通关一体化微信服务平台，面向企业等用户推送业务公告及提供业务单据等状态查询。改革已惠及广东省内企业上万家。

【广东分署整合优化特殊监管区域，促进加工贸易创新发展】 促成深圳盐田综合保税区、湛江保税物流中心封关运作及东莞清溪保税物流中心预验收；支持珠海高栏港综合保税区、梅州综合保税区、广州白云机场综合保税区申建或调规工作；推进特殊区域、场所区域通关一体化，广州南沙和深圳前海自贸试验区均已应用跨境快速通关系统和先入区后报关模式，实现货物在海关特殊监管区域与陆路口岸间通关流程的便捷式操作，为企业节约超过10%的货运成本。研究制定《广东海关推动落实〈广东省促进加工贸易创新发展实施方案〉的工作方案》和有关工作任务台账印发广东省内海关。推动促进加工贸易提质增效、加快“双转移”、协调内外资加工贸易发展、改革创新加工贸易管理等重点任务，协调广东省内海关做好落实。深入推进“保税加工手册管理全程信息化”改革，实现“手册设立、核销审核智能化”、“企业随附单证作业无纸化”和“单耗参数共享化”，该改革模式已经覆盖全省90%企业，依托省级平台累计办理手册业务5.5万票，汇集共享广东省内海关二级单耗参数4 000多项，促进加工贸易企业减负增效和创新发展。年内，广东分署指导协调广东省内相关海关开展加工贸易业务集中审核改革试点，推动保税监管模式和管理机制创新，并会同广东省商务厅制定《广东省加快海关特殊监管区域整合优化的实施方案》，督促指导广东省内部分特殊区域落实整改和完善建设。继续推进特殊区域、场所区域通关一体化，提高区间保税货物便捷流转。

【广东分署加大综合协调力度，强化综合治税】 开展税收宏观监控分析及税收入库协调通报，发挥泛珠区域税收监控牵头、协调作用，强化规范申报，促进区域通关手续规范统一，开展区域内海关税收征管新机制及税收政策执行效果评估调研。落实结构性减税政策，支持扩大先进技术设备、关键零部件等进口，支持地方落实“珠西战略”，做大做强先进装备制造业。2016年1月~12月，泛珠区域海关税收4 125.1亿，同比增长5.2%；广东省内海关税收3 476.52亿，同比增长8.61%。分别比全国增速高3.26%和6.67%。

【广东分署为广东宏观经济决策提供参考依据】 广东分署主动发挥海关统计的监测分析作用，及时对广东外贸形势进行跟踪监测。针对广东省内日益突出的虚假贸易问题，通过调研分析形成报告上报广东省委省政府，引起省领导高度重视，并充分利用粤港行政互助渠道，加强两地贸易数据对比工作，为进一步管控虚假贸易提供数据支持。2016年以广东海关要情、海关统计快报、贸易情况分析报告等多载体、多形式向广东省委省政府报送统计分析，其中获得领导批示20篇，广东分署政策研究的参谋辅助作用得到充分体现。年内，与香港政府统计处开展数据交换专题探讨；与外汇管理局等政府单位加强数据共享；与对外经贸大学公共管理学院签署科研合作备忘录。有效发挥了海关统计的职能作用，积极服务宏观经济决策，为各级领导决策提供了重要的参考依据。

【广州海关持续推进通关改革】 持续推进“互联网+易通关”改革，探索创新海关监管模式、优化现场作业流程的具体路径，实施“互联网＋关邮e通”“互联网＋易保税”等改革项目，围绕建设通关全流程“线上海关”促进贸易便利化；抢占先机发展新型贸易业态，抓住广州获批为第二批建设跨境电商综合试验区城市的机遇，促进跨境电商业务做大做强，并支持旅游购物商品出口、保税展示、融资租赁等业务健康发展，培育外贸新的增长点；发挥南沙自贸试验区辐射带动作用，加快推进“粤港跨境货栈”、南沙汽车和散货业务发展，充分释放自贸试验区各项制度和政策红利，促进南沙、机场和佛山三大引擎强劲发力。

【广州海关全面推进“一照一码”商事登记改革成效明显】 广州海关按照党中央、海关总署关于海关实施统一社会信用代码改革的决策部署，全面推进“一照一码”商事登记改革，创新监管理念，整合公共资源，下放行政权力，取得明显成效。一是抓住重要节“点”。统筹处理“一照一码”备案流程“前、中、后”重要节“点”，协调规范广州市标准研究院等工作人员事前“收件、受理”行为，畅通商务部门等工作人员事中“资料流转”渠道，解决企业取证面临的后续外汇培训、制卡等事后问题，以“二维码扫描”等“互联网＋”技术加速实现“一照一码”备案全程“无纸化”“电子化”“网络化”，打造“一照一码”的跨网、跨部门无障碍审批模式。二是把握“多证联办”主“线”。在“一照一码”备案各个节点发力的基础上，围绕“多证联办”这一主“线”，与工商、税务、质监、商务等自贸试验区部门建立“统一收件、内部流转、联合审批、限时办结、统一发证”的新型审批模式，实现企业备案24小时完成跨部门“十证三章”联办，助推南沙自贸试验区成为全国实现市场准入联办证件最多、最快的地区。自该关在自贸试验区实施“一照一码”改革以来，已对外核发加载海关备案标志的“营业执照”78张，占该地同期注册总量95.1%。三是控好关区复制推广“面”。自贸试验区“一照一码”改革取得的成果已作为广东自贸试验区首批创新制度案例在各地实施复制推广。广州海关也在这基础上，根据实际情况在广州海关辖区19个隶属关、办事处制订方案全面实施复制推广，在关区内多“线”并进，先后与广州、佛山地区等地方政府“一门式”“一口受理”等平台对接，将自贸试验区政策红利辐射至关区其他隶属关、办事处，逐步在全关区建立了企业快速备案的良好新局“面”，切实为企业谋福祉。四是服务社会信用体系建设“局”。充分利用“一照一码”改革涉及的企业信用信息资源，加强与各政府部门实施守信激励与失信惩戒机制建设，推动与广东省经信委的信息交换，为在全省范围实现“一码通”做好系统保障，联通广州海关对外服务平台、市工商商事平台以及自贸试验区公共资源、市场监管平台等多个平台，实现海关信用信息“内部多部门共享、外部多途径查询”，进一步构建事中事后“大监管”体系，努力开创企业“一处失信，处处受限”的良好格局。

【广州海关“快速验放机制”运作一周年成效显著】 2015年3月20日，广州海关为提升通关便利化水平，在南沙新港创设“快速验放机制”通关新模式，通过再造通关查验流程，运用海港智能化信息化管理系统，依托高科技查验装备，实现港口物流数据与海关验放指令实时无缝对接，使进出口货物查验放行更便利快捷。截至2016年3月“快速验放机制”运作一年来，该模式有效降低企业通关时间、费用成本，口岸通关效能大幅提升，在全国海关复制推广的普适性很高。一是再造监管查验流程提升通关效率。“快速验放机制”改变了传统货物到港进入堆场，企业理货向海关申报后，海关再逐步进行审单、查验和放行的串联作业方式，以“并联”同步运作的方式，货物到港前海关提前接受申报，并完成接审单及征税，抵港时海关查验和放行同时进行，实现进口“提前申报、船边分流验放”，出口“提前申报、卡口分流验放”，一般情况下企业办结海关税费手续、无需查验的提前申报进出口货物在卸船或进闸口后半小时内即可自动放行，无需纸本盖章，海关通关时效提高50%以上，通过港区的进出口货物物流运转时间由原来的2～3天缩短为1天以内。二是推进顺势监管降低物流费用。“快速验放机制”着眼顺势分流，对需要查验的货物优先实施快速机检，对不需查验的货物即卸即放、直通放行，避免了进出口集装箱因等待和接受监管查验，在卸船地—堆场—查验中心多次往返的重复流转，实现“进口货物船边即卸即放、出口货物即到即装”。改革后不需要查验的绝大部分货物在进入堆场后对碰数据自动放行，避免了重复运输、重复调度移箱，有效地降低了港口物流成本。三是坚持科技创新优化监管资源配置。“快速验放机制”通过运用先进的技术设备，落实以“机检为主、人工为辅”的查验模式，大幅减少装卸时长、费用和人力投入，有利于提升查验效能。利用高科技查验设备实施查验作业，发挥高科技查验设备快速查验优势，缩短查验时间，提高查验效率。同时，机检设备“非侵入式查验”的特点能够最大限度减少对货物造成损害，同步降低企业因货柜掏箱、卸柜产生的费用，提高查验效能。四是聚焦创新驱动释放改革红利。“快速验放机制”以企业需求为导向，顺应物流运转的客观规律，在管理理念和方式上大胆探索，充分发挥先进科技手段的生产力突出自贸试验区智能管控、资源整合、通关便利、安全高效等要求，得到企业充分认同，成为可复制推广的海关监管制度创新。海关效率的加快带动码头作业效率和业务量的增长，南沙新港码头创造了单日拖车量的新纪录；物流集聚效应显著提升，吸引马士基3E船舶等国际航线挂靠，南沙新港的航线数量从2015年的35条增加到2016的63条。

【广州海关深入推进简政放权，进一步释放南沙自贸试验区改革红利】 一是精简优化行政审批，转变职能实现方式。优化行政审批受理方式，在南沙自贸试验区率先推行行政审批受理“一个窗口”，建立“前台综合办理、审批限时办结、统一窗口出件”的业务模式，实现对外“一窗受理”、对内集约管理。推行行政审批“同城通办”，自贸试验区内企业可以根据需要自由选择到广州市政务服务中心或南沙区政务服务中心办理行政审批事项，方便企业就近办理业务，打破地域限制。取消区内报关企业注册登记行政许可，实行报关企业注册登记备案制，将企业提交资料由6项减少至4项，办理时限由20个工作日缩短至3个工作日，提交资料齐备的企业可当日办结，审批效率同比大幅提高50%。通过政策宣讲会、微信平台等渠道向行政相对人宣传推广海关行政审批网上办理平台，打造网上服务与实体大厅服务、线上服务与线下服务相结合的新型服务窗口。二是梳理规范内部核批，提高海关行政效能。在南沙自贸试验区先行先试内部核批分类化优化改革，对在自贸试验区实施的192项内部核批事项进行系统梳理，通过取消、压缩核批层级、规范核批条件时限、完善事中事后监管措施等方式予以优化124项，实现内部核批的整体提速增效。如取消所属南沙海关饲料、化肥减免税审核核批事项后，压缩了自贸试验区海关减免税审核近90%的业务量。压缩自设内部核批事项层级，对冗余层级应删尽删，探索实施一线关员现场“即决式”办理“权利人申请扣留侵权嫌疑货物担保”等32个事项，大幅提升内部核批效率。率先在自贸试验区试点内部核批目录化管理，将在自贸试验区实施的全部内部核批事项纳入“行政执法领域内部核批事项目录表”，实现“目录之外无核批”和“目录动态化管理”。三是简化海关业务流程，充分释放改革红利。探索建立业务流程优化常态机制，派遣法律顾问团队进驻南沙海关提供法治服务，采取“收集发现问题—研究提出建议—审议明确内容—发文优化流程”的路径，去除基层业务流程重复繁杂的沉疴，重点对担保事项初判机制、取样送检化验等17项业务流程进行简化。坚持为市场松绑、为企业减负的导向，准确把握自贸试验区的功能定位和市场需求，在深化改革过程中同步贯彻简政放权理念，将“快速验放机制”“国际货物中转”等创新业务中的管理权限应放尽放、应简尽简。如在“快速验放机制”中将企业申请高级认证内部核批权限下放到南沙海关，放宽准入条件，取消企业提前申报申请手续，使货物转驳时间由原来的1～2天缩短为3～5小时。建立多元化执法疑难问题发现机制，通过法律顾问团队轮值、信息交换、现场调研、业务问答等方式收集自贸试验区海关执法疑难问题，解决“两简”案件办理等执法疑难12项，进一步优化相关业务流程。

【广州海关“四个着力”推动南沙自贸试验区创新发展一周年成效明显】 自广东自由贸易试验区南沙新区片区（下述简称南沙自贸试验区）设立以来，广州海关以制度创新为核心，积极参与推进南沙自贸试验区建设，在实践中探索形成了一批成效明显、可复制可推广的制度创新成果。截至2016年4月20日南沙自贸试验区挂牌一周年以来，新增海关注册企业1 051家，比南沙自贸试验区挂牌前的250家增加4倍，企业总数达1 301家。一是着力推进制度创新，打造南沙发展核心竞争优势。在南沙自贸试验区率先实施“互联网＋易通关”改革，落实国家“互联网＋”行动计划，打破企业报关的时空限制，帮助企业降低经营成本，为打造“线上海关”迈出第一步。从2015年10月25日启动以来，截至2016年3月31日，南沙共有328家企业的22万票货物通过互联网办理通关业务。率先试点口岸查验配套服务费改革，落实《国务院关于改进口岸工作支持外贸发展的若干意见》，在南沙自贸试验区对查验没有问题的企业，免除吊装、移位、仓储等费用。自启动改革以来（截至2016年3月31日），为1 595家企业免除费用约757万元，有效降低企业进出口通关成本。创新国际转运自助通关模式，通过海关管理系统与南沙新港码头作业数据实时交换，实行系统自动审核、放行、核销，实现24小时全天候自助通关，货物转驳时间由原来的1～2天缩短为3～5小时。二是着力促进贸易便利化，增强南沙口岸通关软实力。推进国际贸易“单一窗口”建设，建立“一口对外、一次受理和一次操作”的口岸管理模式，实现通关贸易集约化、便利化。试点企业通过“单一窗口”报关报检货物进出口申报8 815票，货物总值约5.2亿美元。首创“快速验放机制”，对需要查验的货物优先实施快速机检，对不需查验的货物即卸即放、直通放行，为企业通关提速增效。南沙港区进出口货物物流运转效率提高50%以上，时间由自贸试验区设立之前的2～3天缩短为1天以内。率先在自贸试验区推行征免税无纸化改革，符合规定的减免税货物无须验核纸质“征免税证明”，仅凭“征免税证明”电子数据即可便利通关；在原产地管理、海关归类行政裁定全国适用等方面持续探索，优化企业申报环境、提高通关效率。三是着力扶持新兴业态发展，促进外贸稳定增长和转型升级。全力推动汽车和散货两大外贸“新引擎”发展，优化平行进口汽车监管模式，推进汽车保税业务落地，支持南沙整车进口做大做强。支持国际中转、保税业务落户散货码头，对接企业需求协助打造“堆场＋市场”“两场式”木材保税电子交易园区，推动形成华南地区最大的散杂货基地。推动保税融资租赁业务实现零突破，量身定制“入区保税、完税出区、出口退税”监管模式；制定符合货物、服务贸易综合发展的保税港区海关管理制度和具体措施，推动境内外维修、保税展示等业务发展。四是着力推进简政放权，打造自贸试验区营商环境高地。实施“企业协调员”“海关AEO互认”“企业注册登记改革”“企业信用信息公开”“引入中介机构核查”等5项创新制度，推动形成企业自律、实现多方共管的新型治理模式。实施企业管理“全城通办”“网上办理”，实现“一站式服务”“一口受理”，注册登记业务效率提升50%，办理时效体现“特区速度”。支持社会信用体系建设，加大认证企业的培育力度，对一般认证企业适用较低查验率、简化单证审核、优先办理通关手续等便利措施，鼓励企业在自贸试验区设立区域总部，建立整合物流、贸易、结算等功能的营运中心。

【广州海关全力推动广州国际贸易“单一窗口”2.0版上线运行】 广州海关在推动广州“单一窗口”于2015年6月上线运行基础上，大力支持广州市政府打造“单一窗口”2.0版。一是主动作为，充分发挥海关在“单一窗口”建设中的关键作用。广州海关负责同志多次主动与广州市政府领导进行沟通，就“单一窗口”建设方向、功能定位等核心内容提出具体意见建议，并在地方“两会”期间，以广州市政协委员身份提交关于加大力度推进“单一窗口”建设的提案。该提案已于2016年2月被确认立项并交办广州市政府相关部门。此外，该关联合黄埔海关共同研究形成《关于广州国际贸易“单一窗口”建设方案（建议稿）的研究报告》，并将报告报送广州市委，成功推动广州市有关部门正式牵头开展“单一窗口”建设工作；派出业务和技术骨干全程参与广州“单一窗口”建设，保持海关在“单一窗口”建设中的话语权，并协助广州市制定“单一窗口”实施方案、项目建设方案及信息共享管理办法等3份基础性文件。二是服务大局，全力支持“单一窗口”长远、健康发展。该关积极支持广州市政府将“单一窗口”定位为非营利性公共服务平台，面对“单一窗口”势必打破口岸管理部门利益格局的实际情况，坚持不预设条件；同时，客观、合理反映困难，联合黄埔海关促使地方政府在依法依规的前提下明确相应的长效保障机制。针对“单一窗口”初期功能不全、企业体验较差的情况，以企业需求为导向，积极向海关总署反映情况，开发QP系统组件功能并部署在“单一窗口”上，不断丰富相关功能应用，实现“录报合一”，满足企业通关需求。紧扣“广州特色、全省标准”的建设思路，联合黄埔海关同步在南沙自贸试验区、白云机场、黄埔老港3个区域开展试点，并不断扩展范围，使广州“单一窗口”覆盖两关、便于复制推广，广东省确定在省内推广应用广州“单一窗口”。三是寻求突破，积极推动“单一窗口”向“三互”目标迈进。按照“一个平台、一次递交、一个标准”的原则，将“三互”要求融入“单一窗口”，将企业原来需要分头向海关、检验检疫等5个口岸管理部门申报的数据项目整合到“单一窗口”，并通过“单一窗口”集中反馈口岸通关管理结果，以此为基础优化口岸作业流程。坚持依法与合作并重，用信息共享、互换的方式打破口岸管理部门隔阂和“信息孤岛”，通过“单一窗口”满足口岸管理部门有效掌握进出口货物、运输工具动态和舱单数据等需求。利用“单一窗口”加强与口岸管理部门在实际监管环节的合作，共享监管资源，促进实现“一次查验、联合登临、联网核放”。在率先开展“互联网+易通关”改革的基础上，将改革主动对接广州“单一窗口”，积极推动“单一窗口”成为落实“三互”推进大通关建设的重要突破口和实现方式。2016年4月21日，广州“单一窗口”2.0版正式上线运行，涵盖货物进出口、运输工具进出境、跨境电商、舱单申报、国际会展等全部业务领域，涉及申报、监管、放行等完整通关环节，联通海关、检验检疫、边检、海事、外汇、税务、商务、港务等21个部门。当日，广州市政府同时宣布使用广州“单一窗口”报关报检免费，首票通过广州国际贸易“单一窗口”2.0版申报的货物在南沙二期码头顺利接单放行。

【广州海关“规定+自选”措施相结合推进“三互”大通关改革】 一是高标准完成“规定动作”，扎实推进主要改革项目。推动建成广州“单一窗口”2.0版，利用高层交流、地方“两会”等时机为改革建言献策，选派业务和技术骨干全程参与项目攻关，协助制定3份改革基础性文件、做好顶层设计，同步在南沙自贸试验区、白云机场等区域开展改革试点。2016年4月21日，广州“单一窗口”2.0版上线运行，有效减少企业重复录入、降低企业运营成本。全面推进“一站式作业”，依托“单一窗口”与相关执法部门成功对进出境航空器、船舶实施联合登临检查，在关区货运通关现场实现依法报关报检商品“三个一”100%全覆盖，在关区全部旅检口岸实施了关检X光机“一机两屏”作业。深化关检“三互”合作，与广东出入境检验检疫局共同细化落实《2016年全面优化关检合作“三个一”工作方案》，就加强双方“三互”合作达成14项具体共识，继续依托南沙自贸试验区叠加区域通关一体化、检验检疫一体化等便利措施，促进关检跨部门、跨地区的通关合作。加快自贸试验区制度创新和复制推广，在移植上海自贸试验区创新制度基础上，立足南沙自贸试验区实际，推出企业注册登记“全城通办”等13项再创新制度，其中7项已在省内或全国推广。二是创新实施“自选动作”，连续推出自主改革举措。深化“互联网+易通关”改革，陆续推出“自助报关”“提前归类审价”“互动查验”等8项改革措施，并于5月将改革推广至全关区，通过“易平台”企业能便捷、低成本地在线办理海关手续。发挥首个试点海关作用，持续推进口岸查验配套服务费改革试点。将改革推广至关区符合条件的47个口岸，并加大改革攻坚力度，在地方政府支持下率先在空港口岸启动试点，进一步降低企业成本、优化大通关环境。与地方政府部门开展“三互”合作，依托南沙自贸试验区，积极参与市场监管和企业信用信息平台建设，贯彻“三互”改革中“建立健全信息共享共用机制”的要求，利用平台加强与工商等执法部门的信息共享，为海关事中事后监管提供更多支撑。2016年4月，广州海关按规定将南沙关区企业的2 212条基本信息、信用认证信息等推送到平台，并同步建立了信息动态维护机制。三是积极拓展改革内涵，努力扩大改革综合效应。加强与兄弟海关之间的“三互”合作，与南宁海关签署《深化合作备忘录》，从推进通关便利化、支持粤桂合作特别试验区建设等5方面开展深入合作，共同助推珠江—西江经济带发展规划实施，畅通区域物流通道；与黄埔海关围绕贯彻落实于广洲署长在穗调研期间的重要讲话精神，在通关监管合作、服务新兴业态等10个方面采取务实举措，共促广州外贸转型升级。加强与国际和地区海关的“三互”合作，积极与荷兰、澳大利亚等国海关在数据交换、互认监管结果等方面探索开展合作，促进中欧安智贸项目在关区顺利落地，参与由广州市发起的海上丝绸之路沿线国家“港口城市联盟”，加强与联盟港口的通关协作。拓展口岸执法资源，推进与更多部门的执法互助。与边检部门深化“三互”合作，探索建立基于旅客信息有限共享的风险分析研判机制；与国家濒危物种进出口管理部门建立常态联系机制，明确海关监管现场查获濒危物种的鉴定与处理方式；加强与广东省文物鉴定站的合作，建立发现可疑文物的鉴定配合模式，有效破解口岸执法难题。

【广州海关支持南沙邮轮母港建设】 南沙邮轮母港于2016年1月3日开启常态化首航，广州海关不断创新监管支持广州市邮轮母港经济和水上旅游产业发展，成效显著。一是强化组织领导，畅顺沟通协作。成立邮轮工作小组，明确职能部门和现场海关工作职责，研究制定邮轮监管指引和工作方案。主动对接地方政府，先后3次参加广州市口岸办组织的业务协调会议，从口岸运营资质、运作模式、监管方式等方面提出海关意见和建议，指导运营方对码头围栏封闭改造和监管场所建设。与联检单位和相关企业密切配合，互相通报监管方案和具体措施，研究监管场所建设、联系配合、应急处理等问题，提升监管效能。二是深入调研规划，周密高效监管。学习借鉴兄弟海关邮轮监管先进经验，先后派员到上海、海南进行邮轮监管调研，摸清邮轮监管运作模式，为该关制定监管方案奠定基础。对邮轮靠泊的实际业务量进行测算，统筹南沙海关现有行邮监管力量，成立邮轮监管工作组，制定岸上监管、船边监管、视频监控和登临监管相结合的整体监管方案。模拟真实通关环境开展压力测试和应急演练，按船舶监管、旅客行李监管要求，细化岗位设置、人力需求、设备需求、后勤保障要求等方面任务清单，推进工作落实。三是科学统筹调度，提升服务效能。专人跟进监管场所建设，根据海关总署171号令要求指导联检大厅场地布置、设备安装和调试，确保办公系统、业务系统、视频监控等符合海关监管要求。因地制宜创新监管措施，建立“提前确认，船到清关”工作机制，邮轮和船代公司按规范及时提交申报单证，提前办理邮轮吨税执照验核及进出境手续。开展政策宣讲，向旅游公司和邮轮公司宣讲海关进出境监管规定，协调旅游公司提前向旅客派发海关宣传单，为旅客提供优质通关体验，保证监管有序。

【广州海关完善“通程航班”监管，全面推动白云机场国际枢纽建设】 广州海关多次召开关企联席会议主动搭建沟通桥梁，跨部门建立海关、机场及航空企业三方联合工作组，为“通程航班”业务量身定制监管方案，并三方机动配合，分步推进，提升“通程航班”服务水平，增强白云机场国际竞争力；结合白云机场“国际流程改造”进程，对“通程航班”中转旅客通关流程进行调整，对旅客等候厅提出扩容改造建议，实现“通程航班”中转旅客“专区等候通关”“专道分类通关”“专岗监管通关”，优化旅客在白云机场的通关体验；探索运用“物联网”技术手段，从航空企业获取进出境旅客数据拓宽海关信息来源，以监管“大数据”辅助做好监管现场风险分析，结合视频监控系统实现对“通程航班”中转旅客的信息对碰和地理位置信息的实时监控，为进一步扩大“通程航班”业务规模，推动白云机场旅客中转业务发展。

【广州海关力推“粤港跨境货栈”项目，建设“一带一路”粤港物流大通道】 搭建系统框架，推行“两地一关锁”，升级改造卡口系统兼容保税、跨境快速通关等业务，货物在香港机场上锁过境无需再次查验，入区自动快速核放，物流时间节约 2 天以上，大幅降低仓储和物流成本；叠加自贸试验区贸易便利，优化制度安排，将跨境快速通关模式与“先入区、后申报”“先理货后报关”等便利措施融合对接，支持多种贸易方式货物“一站式”分拨处理，实现香港机场与南沙保税港区空、陆联运的新型物流模式畅顺运作。拓展项目范围，研究“跨境货栈”发展新方向，收集企业运作需求，探索将该模式延伸至香港葵涌码头，将其国际航运物流引入南沙，推动国际物流多式联运模式的发展。

【广州海关强化执法协作，打造粤港合作示范区】 推出“粤港跨境货栈”项目，叠加“两地一关锁”“先理货后报关”等通关模式，支持货物“一站式”分拨处理，实现香港机场与南沙保税港区空、陆联运的新型物流模式畅顺运作。拓展运用经香港输往内地葡萄酒通关征税便利措施，系统自动对碰香港端备案数据实现监管互认和货物快速验放，利用香港中转的仓储优势和物流便利扩大穗港葡萄酒商在自贸试验区的贸易往来。拓展执法合作领域，在知识产权保护、服务贸易自由化、自贸试验区建设等方面建立定期交流沟通机制，1 月 8 日与香港海关版权及商标调查科协作查发一起侵权案件，针对香港云顶集团“处女星”邮轮靠泊南沙自贸试验区项目量身定制监管服务措施，实现常态化运作。

【广州海关多措并举，支持南沙自贸试验区建设】 一是深化“互联网 +”服务创新。依托“互联网 +”改革，加入南沙自贸试验区“一照一码”改革，实现自贸试验区企业备案“网上办理”“多证联办”“全城通办”，以及 24 小时跨部门“十证三章”联办，使南沙成为全国实现市场准入联办证件最多、最快的地区；链接海关网上办理事项至自贸试验区网站，便利区内企业办理海关手续，提升服务效能；派驻“互联网 +”工作小组入驻自贸试验区，快速推进“互联网 + 快备案”项目，探索实现企业注册登记全程无纸化；对接广州市商事主体信息公示平台，实施信用信息制度一站式自助查询，向社会公示区内企业信用信息；开展“12360 自贸试验区主题咨询日”活动，通过微博、微信、热线等方式解决企业疑难问题。二是创新监管模式促进南沙自贸试验区大宗散货物流集聚。针对不同散货种类特点制定个性化监管方案，整合叠加通关和物流改革措施，开展散货码头与内陆港口进口散货不落地过驳的监管业务，支持散货“无水港”业务发展；落实提前申报、优先靠泊、船边验放、担保放行等便利举措，探索大宗散杂货“进口货物船边验放即卸即提，出口货物堆场管理集港集货”的监管模式，降低物流成本；服务出口业务发展，推动外贸堆场的功能区域划分，促成大宗散货、大型成套设备等商品就近出口，促进钢结构件、镀锌板、合金钢等商品的出口增长，建设“成套设备出口基地”。三是创新监管支持中国（广东）自由贸易试验区南沙新区片区建设国际物流中心。再造国际转运监管流程，取消纸本申报和人工审核，转运货物通关数据自动转换、对碰、审核、放行、核销，国际航行船舶“即到即卸”，实现24小时全天候自助通关，运作效率大幅提升。创设DIT（国际延迟中转）模式，将塑料粒等大宗商品的仓储链条延伸至运输途中及中转港，缩短交货周期，降低物流成本，打造大宗商品全球集散配送中心。支持保税物流创新发展，对接企业业务需求，用足用好特殊监管区域政策，研究实行“入区保税、完税出口、出口退税”的保税融资租赁监管新模式，推动保税维修、保税展示项目落地运作。自贸试验区南沙片区对外开放水平不断提升，转口贸易、全球配送、保税物流等多种新型贸易形态和物流模式融合叠加集聚发展，国际物流中心建设成效初显。四是加快复制推广释放自贸试验区创新红利。总结“互联网+易通关”、口岸查验配套服务费改革等减负提效项目经验，提炼形成涵盖改革背景、企业适用条件、重点措施、典型受惠案例等在内的“资料包”，先后报送10余条创新经验在省、市等层面推广。在针对个别企业运作模式创新监管实现项目落地基础上，深入相关口岸经营单位、龙头企业、行业协会调研收集共性需求，实现便利措施由“一企一策”向“遍地开花”转变，推动跨境电商、保税物流等行业集聚发展，溢出效应不断显现。结合自贸试验区政策特点和区位优势，在产业规划、梯度布局方面与周边地区互利互补，以粤港“跨境货栈”“无水港”等项目为抓手打造物流高速公路，拓展功能优势，支持南沙建设贯通海上丝绸之路、连接内河的航运物流新枢纽。五是针对专业特色口岸发展支持自贸试验区建设。针对粮食、干散货、件散货等不同类型货物的装卸、存放、到提等物流环节，制定针对性差别化监管方案，促进大宗资源性商品扩大进口，建设粮食、钢铁、成套设备物流中心。推动散装油气液体化工品灵活采用“先卸后报”“提前申报，运抵验放”等模式，推行公式定价、后续集中审价等差异化征管模式，在企业满足担保放行通关要求前提下“应放快放”，提高石化产品物流效率。对接协调地方政府、联检单位以及旅游公司，创新采用“提前确认，船到清关”、岸上监管、视频监控等便利措施，支持邮轮常态化运作，促进旅游产业开发和邮轮母港经济发展。目前，广州海关已支持粮食散货、石化、整车等专业特色口岸开放运营，辐射带动自贸试验区建设发展。

【深圳海关启动“二建四改”业务综合改革效果显著】 深圳海关落实海关全面深化改革总体方案，以问题、需求为导向，着力防范执法风险，启动“二建四改”业务综合改革，即推动网上办事大厅和全景业务动态监测预警平台两项建设（简称“二建”），实施通关、加贸、查验、后续监管四个集中改革（简称“四改”）：一是创新“互联网+海关服务”模式。建设网上办事大厅，实现“一网办理”海关业务，实现企业办事与海关“无中介、零成本”互联互通，开启海关服务的“线上时代”。同时，对隶属单位按照口岸型、属地型进行功能化改造，实行“银联式”的海关业务“通受通办”，与网上办事大厅形成线上线下功能互补、相辅相成的“互联网+政务服务”新模式。改革后，原来由多个部门办理的业务事项由一个部门通受通办，办事业务全程网上办理，仅减免税业务一项每年可为企业减少20万页纸质资料的递交和1.3万人次往返的成本。二是创新“互联网+海关管理”模式。建设业务运行监测平台，运用大数据对业务运行状态、进出口通关异常等问题实时监测、自动识别、及时干预和纠正查处，实现海关管理由“事后应对”向“事中管控”转变。同时，推进“管办分离”改革，从机关部门剥离“管办分离”事项至现场海关办理，坚持“瘦上强下”、人随事走，释放更多的人力投入到口岸一线监管服务岗位，让海关减压力，为通关减时间。三是创新“制度+科技”海关监管模式。实施通关业务处置集中改革，将分布在各隶属海关的无纸化接审单、验估等业务集中办理，压缩作业环节，通关验估平均作业时间可由80个小时缩减到30个小时以内。实施加贸业务审核集中改革，通过

"互联网+集中受理"，实现"就近办理，通受通办"，企业可以足不出户办理多数加贸业务。单项业务办理时间缩减70%以上，每年可为企业节省单证打印等费用约5 000余万元。实施查验监管集中改革，对查验外勤作业实施"双随机、阅卷式、双监控、全封闭"的查验模式，80%以上的查验正常货物可无需相对人到现场办理手续，查验内勤作业4个环节实现系统智能化快办。实施后续监管集中改革，落实"多查合一"部署，统一管理外勤稽核查力量，实施作业任务和结果审核集中分派，精简人工核批流转环节15个，惠及全市1.9万家进出口生产型企业，后续监管作业多头下厂问题得到彻底解决。

深圳海关开展线上访谈

【深圳海关支持外贸稳定增长，保障深圳外贸出口实现24连冠】 深圳海关围绕供给侧结构性改革和"放管服"改革，主动适应经济发展新常态，主动融入地方经济发展重点，突出"通关再提速、服务在岗位"，制定促进外贸回稳向好重点工作和改进作风服务发展重点工作，为深圳外贸出口居全国大中城市首位，实现24连冠作出了积极贡献，得到省市党政领导的充分肯定。1992年深圳市进出口总值127.9亿美元；2016年深圳市进出口总值3 982.9亿美元，较1992年增长30.14倍，年均增长15.4%。其中，深圳市出口值由1992年的66亿美元升至2016年的2 374亿美元，年均增长16.1%，已连续24年位居全国大中城市第一；进口值由1992年的61.9亿美元升至2016年的1 608.9亿美元，年均增长14.5%。主要做法有：一是支持跨境电商加速发展。围绕"扩量、扩点、扩模式"，将"先进区、后报关"创新制度从一般贸易货物推广到电商进口货物，将跨境电商试点推广至深圳市所有特殊监管区域。对跨境电商网购保税进口商品实施"提前备案、分类审核、清单验放、汇总核销"监管模式。对跨境电商特殊区域出口实施"提前备案、暂存入区、清单验放、汇总核销"监管模式。首创"供应链协同"，解决电商出口退税难、结汇难等问题。大力支持中小电商来深圳注册落地，稳步放大跨境电商业务规模。2016年深圳关区跨境电商进出口包裹3 521.93万个，同比增长2.56倍；货值27.41亿元，同比增长1.6倍；征收税款13 982.77万元，同比增长5.84倍。二是支持外贸综合服务企业发展。建立关企重大疑难问题分析会商机制，帮助一达通等10余家外贸综合服务企业建设合规管理体系，落实企业信用管理办法，采取正面清单管理、信用等级即时调整等措施，对外贸综合服务企业给予政策倾斜。三是支持创新"保税+"业务模式。试点开展"互联网+加工贸易废料内销拍卖"，探索加工贸易废料内销审价新模式。支持特殊区域企业开展保税展示交易、研发设计和服务外包、检测维修等业务。2016年11月1日，试点企业深圳精茂进口商品展示交易中心有限公司首票保税展示交易货物顺利出区展示。14家保税检测维修企业在福田保税区、盐田综合保税区驻点经营，2016年进出口货值约52亿元。针对航材、游艇、钻石毛坯等特殊商品，探索设立专业保税仓库，支持新兴产业发展。创新"港仓调拨"，采取"口岸报关、区内监管"模式，为企业搭建"先销后税"商业模式创造条件，推动平行进口汽车3个月免税仓储政策顺利实施，2016年8月22日实现了平行进口汽车保税仓储试点落地，截至2016年12月31日入仓保税车辆617辆，直接为企业减少7 500多万元资金周转压力。四是支持前海蛇口自贸试验区建设。积极复制推广海关总署两批"14+11"项监管创新制度，"8+8"项已经落地，另有5项制度纳入广东省政府第二批复制推广的创新经验。与招商局集团构建关企战略合作，携手推进自贸试验区新兴业态培育以及可落地可实施重大项目建设。截至2016年11月底，前海蛇口自贸试验区内海关注册登记企业5 207家，共计进出口668.6亿元，同比增长10.9%。五是支持国家自主创新示范区建设。先行先试、多措并举为自主创新示范区保驾护航。建立海关高级认证和国家级高新技术认定“双高”企业合规培育机制，对2 000多家企业开展专业辅导，为取得高级认证企业向地方科技部门获取培育补贴共1亿元。为产业发展、科研创新、民生建设等减免税款3.19亿元。六是支持“一带一路”建设。配合地方政府研究制定《深圳市落实“一带一路”建设经贸合作工作方案》，助力太子湾邮轮母港顺利开关运作，先后支持开通欧洲、北美等国际客货航线12条，促进“南进西出”“西进南出”等国际多式联运大通道建设，扩大转口贸易发展。七是支持海关特殊监管区域发挥创新载体作用。推动盐田综合保税区（一期）顺利通过国家验收，盐田综合保税区海关顺利开关运作，在全国海关首创虚拟卡口智能化监管模式，实现进出区货物“提前电子申报、车辆自动分流、货物智能验放”的新型监管模式，通行效率提升50%。积极推广用好特殊区域企业增值税一般纳税人资格试点、内销选择性征税、货物按状态分类监管等政策，支持企业入区发展、做大做强；八是支持香港CEPA实施。自2004年实施香港CEPA以来，深圳海关组织落实受惠货物原产地规则制定、标准磋商、通关管理等各项工作，为香港CEPA货物贸易提供了优质高效的通关服务与良好的贸易环境。2016年12月31日，《内地与香港关于建立更紧密经贸关系安排》（以下简称“香港CEPA”）成功实施13周年，全国累计受惠进口香港CEPA项下货物14.0万票，受惠货值728.6亿元人民币，关税优惠57.9亿元。

深圳海关促进“一带一路”沿线国家海关来深圳交流

【深圳海关以差别化处置提升通关效率】 一是建立查验异常货物分流快处机制，对查验异常货物留置待处，对正常货物快速放行。2016年，监管进出口货运量（不含水）10 293.8万吨，同比增长2.6%；监管进出境运输工具1 473.9万辆（艘架次），同比下降0.1%；监管进出境海运集装箱2 255.9万标箱，同比下降1.6%；监管进出境快件2 766.2万票，同比下降3.7%；监管进出境EMS邮件5 196.8万件，同比增长14.8%；监管进出境普通邮件11 611.7万件，同比增长62.0%；结进出口报关单1 159.2万份，同比增长8%。二是对企业实行差别化管理，从企业区域、类别、信用等级等角度分析，对符合条件的，可以“先予放行、事后核查、综合监管”。2016年开展企业认证作业167家，同比增长32倍；完成高级认证企业重新认证作业103家，通过68家，通过率达66.02%；实施企业信用等级调整466家，同比增长33.2%。三是推动智能旅客通道建设，实施旅客分类管理、分通道通关，依托大数据分析等信息化手段，为守法旅客提供便捷高效服务。2016年，共监管进出境旅客2.35亿人次，日均64.4万人次，同比下降1%。四是优化调整出口查验率，提高通关速度。2016年，深圳关区出口查验率由2015年的3.41%下降至1.6%，高级认证企业查验率仅为0.46%；出口24小时通关率为98.01%，与全国平均水平基本持平；进口24小时通关率为91.63%，远高于78.71%的全国平均水平；关区通关全程无纸化报关单1 130.6万票，通关无纸化率攀升至 97.33%，约 85%的报关单由系统自动放行。

深圳海关设立的“中英街”跨境学童专用通道

【深圳海关优化监管机制，增强监管效能】 一是强化实货监管，探索建立“口岸地先期机检、途中智能化监管、主管地研判跟踪”转关协同监管新模式，得到海关总署充分肯定。二是强化“三互”大通关，实现关区内一体化、省内一体化、“泛珠”一体化以及五区联动，审结区域通关一体化报关单 52.68 万票，同比增长 74.37%。三是强化关检合作“三个一”，办理“一次申报”1 143.5 万票、“一次查验”2 245 票、“一次放行”115.59 万票；“一次申报”“一次放行”率均为 100%，“一次查验”率达 97%。四是强化安全监管，深刻吸取天津港“8·12”事故教训，实行拉网式、全覆盖实地督查，关区内注销不达标监管场所 6 个，危化品货物储罐减少 106 个。五是强化行邮监管，推进快件综合监管改革，在规范申报、打击分票走私、价格管理等方面取得显著进展，单位重量进口快件对应税款同比增加 30%，2016 年共征收行邮税 9 532.2 万元，同比增长 6.98%。六是强化风险管理，深化“双随机”改革，随机布控率达到 92.58%。拓宽风险信息来源渠道，科学合理设置风险参数，加大重点商品的风险分析和处置力度，预定式布控查验有效率为 3.24%，高于全国平均水平。五是强化稽查管理，突出管控重点，积极开展行业性专项稽查，办结稽查作业 927 宗，稽查有效率达到 70.51%，同比提高 3 个百分点。七是强化虚假贸易，加强进出口异动监控，推进与外管、国税等部门内外联防联控。八是强化海关知识产权保护，助力创新发展，2016 年采取知识产权保护措施 2 558 批次，查获侵权货物 1 370 多万件。

深圳海关使用新型监管设备进行查验

【深圳海关坚持“管减简便”，释放政策红利】 一是建立对口服务机制，党组成员带队深入企业调研 35 家，解决企业诉求 82 项。联合深圳市发改委先后推荐深圳市 15 家协调员企业成功申请国家级企业技术中心。扩大主动披露改革试点至全关区，年内帮助 135 家企业解决自身历史遗留问题、盘活经营资本、提高生产效能、规范内控管理。扩大海关协调员服务企业受益范围，为重点外贸企业提供“一企一诊一方案”服务，成功解决重大诉求 4 起，涉及税款超过1 000 万元。其中，成功帮助华为公司解决出口巴基斯坦自贸协定项下货物受惠受阻问题，一年可为该公司节省约 1.3 亿元。二是取消行政审批事项 10 项和全部非行政许可审批事项，实现关区业务现场行政审批“一个窗口”全覆盖；精简内部核批 25 项，优化率达 13.5%，并定期开展审批、核批、备案事项监督检查。开展文件大清理，对与上位法不符的公告和内部文件废止4 914个、宣布失效 2.83 万个、修改 104 个。编制“进出口货物查验、进出境物品查验、加工贸易保税货物担保、稽查外勤作业”4 张规制清单，进一步厘清权力边界。三是以地方政府购买服务方式，为企业提供预录入系统安装维护、数据传输处理和IC卡信息处理零收费服务，为企业节约1.59亿元。落实查验没有问题的企业免除吊装、移位、仓储等费用改革，累计免除企业费用约6 131万元，惠及企业3.4万家。四是提升执法装备水平，首创装备设备应急保障机制，新配CT型行李物品检查系统、手持式核素识别设备、离子探测器、底盘检查机器人、缉私防爆装甲车等一批新型装备，装备现代化水平进一步提升。开发上线“深圳海关微信公众服务号”，可实时查询海关办理业务进度、状态等，累计已为社会公众提供各类查询服务37.7万人次。

【深圳海关保持高压打私，深化综合治理】 监管打私深圳海关始终将“把好国门”作为重中之重，坚持依法行政、安全监管、质效双优，坚决维护国家政治、经济、文化、社会、环境安全。2016年共立案侦办走私犯罪案件593宗、案值80亿，同比分别增长77%和141.6%，立案数占全国海关立案总数的22.5%，排名全国第1位；立案调查走私行为案件16 328宗、案值8.6亿元，同比分别增长8.4%和124.8%，立案数占全国海关立案总数的64.8%，排名全国第1位；立案调查违规案件18 294宗，案值46.7亿元，同比分别下降7.4%和21.7%，立案数占全国海关立案总数的34.1%，排名全国第1位。全力推进“国门利剑2016”联合专项行动，先后组织开展“使命”系列大规模查缉行动15次，打掉3人以上走私团伙115个，合计案值73.13亿元、涉税12.49亿元。23宗案件被列为海关总署挂牌督办案件。查获走私毒品案件325起、武器弹药案件239起、珍稀动植物及其制品案件35起，同比分别增长1.5倍、1.3倍和53%，立案量均居全国海关第1位。推进“两简”案件办理模式改革，建立查处分离、现场即查即决的“两简”案件办案模式，即决率近90%。推动深圳市政府牵头开展反走私综合治理，探索将反走私综合治理纳入社会治安综合治理考核，地方公安部门出台重点口岸综合整治方案，规范出租屋登记管理、开展“水客”窝点清理行动，与公安、市场监督、城管等地方执法部门，以及边防、边检、检验检疫等联检单位联合开展查缉行动55次，取得良好综合效果。打击走私“深圳模式”不断完善成熟，在全国海关缉私系统推广。

深圳海关福田口岸打击水客联合行动

【深圳海关扎实推进税收征管工作取得新成效】 深圳海关2016年征收税款净入库1 470.8亿元，同比增长15.0%，税收排名位列全国第2位。一是提升税收征管质量。探索以“商品”“企业”两大要素为目标的日常联动监控模式，综合运用深圳海关业务运行监测平台等监控手段，实时关注每月前50项税源商品变动情况和主要征税单位税收突增突减情况。每季度抽取基层单位涉税报关单样本，验核报关单正确率，考核基层征税单位归类、价格、原产地、征管实际执行情况，提升进口报关单整体质量，年度抽样考核总体正确率95.6%。开发延续性补税管理系统，强化特许权使用费、保修费、转移定价等多项估价技术难点问题研究，对同一企业同一认定事项实行“成长记录”式管理，及时跟踪补税进展，2016年特许权使用费估价补税12.8亿元。二是强化涉税风险治理。开展专项稽查，2016年稽查补税4.6亿，同比增长62.0%，创历史新高。针对重点税源商品开展价格分析，快速锁定进口量突增突减、涉嫌口岸转移等高风险商品，2016年审价补税21.3亿，同比增长37.9%。落实海关总署“国门利剑2016”联合专项行动部署，组建线索研判、内线分析、外线侦查3支专业队伍，与其他关区合作加大对跨关区、行业性走私活动的打击力度，对重点涉税商品开展情报经营，堵塞税源体制外循环的通道，促使应税商品以正常手段报关入境。2016 年，共查获涉税走私刑事案件260 宗、案值79.4 亿、涉税13.1 亿，同比增长28.7%、1.4 倍和1.3 倍。三是优化服务重点项目。推广汇总征税改革，对高信用企业实行保函即来即办、一对一指导，扩大改革受益面，2016 年汇总征税报关单 58.5 万票，税款625.5 亿元，占全部税款的42.6%，报关单量和税款同比分别增长3.4 倍和3.2 倍。实现整车进口业务全流程信息化管理，提升通关效率吸引车进口，将企业发送数据到车辆放行的12 个流程精简至8 个，车辆从抵港卸船到海关放行最快仅需5 天，为企业节约通关成本约60%。建立以企业为单位的服务登记档案，编制《深圳市434 家重点企业名录》《深圳市2016 年重点项目企业名单》等，支持重点大企业发展工作，建立通关诉求解决机制，及时处置通关诉求62 个，培育新的税收增长点。

【深圳海关确保盐田综合保税区开关运作】 2016 年1 月15 日，海关总署、国家发改委、财政部、国土资源部、住房城乡建设部、商务部、税务总局、工商总局、国家质检总局、外汇管理局10 部委组成的联合验收组，对深圳盐田综合保税区（一期）开展正式验收，经对海关监管相关配套设施、海关信息化管理系统、视频监控系统、办公设施等进行实地查看和会议评审，正式颁发了“深圳盐田综合保税区验收合格证书”。3 月8 日深圳海关隶属盐田综合保税区海关开关，正式对外办理海关业务，机构级别为正处级，业务管辖范围为深圳盐田综合保税区。

【黄埔海关通关一体化改革全面升级】 黄埔海关深入贯彻落实党中央和海关总署关于全面深化改革的部署，以落实通关一体化改革为核心，以深化拓展关区业务管理一体化为牵引，着力一体互通、集约高效、标准规范，全力打造智能高效、协同一体的海关业务管理新模式。初步形成了线上线下一体格局。线上按照国务院和海关总署加快“互联网+政务服务”建设的要求，全力推动“互联网+e 通关”平台建设，通关、关税、保税、企管等8 个领域、159 项业务已实现“单点登录、全网通办”。线下按照“一个窗口”办理要求，继续深化新型现场综合业务管理模式改革，企业现场办理事项“负面清单”从131 项缩减为66 项，精简比例超过50%。持续深化监管集约化改革。按照功能型海关建设的要求，深化监管场所集约化改革，着力破解分兵把守、忙闲不均、职责不清等问题，不断提高口岸监管“集约化、专业化、协同化”水平。加快推广海关总署统一版“一次申报”功能，“三互”大通关模式逐步覆盖关区陆运、水运、跨境电商等全业务领域。大力支持广州国际贸易“单一窗口”建设，QP 申报系统报关单与“单一窗口”已实现数据共享。行政办案模式改革全面推开。黄埔海关按照海关总署统一部署深化行政办案模式改革，关区现场查发的行政处罚简单案件和简易程序案件，全面实现现场即查即决。查验异常结果标准化处置理念延伸拓展至稽核查、缉私领域，稽核查异常结果标准化处置系统顺利启用。缉私办案全过程“进系统、留痕迹、可监控、可追溯”探索也已正式启动。全国通关一体化改革正式起步。按照海关总署“两中心、三制度”的改革思路，黄埔海关研究制定了10 个大项、34 个小项的具体承接方案。承担“泛珠四省”海关区域通关一体化改革区域审单职责，全力配合区域审单章节商品分工的调整，审单作业时效位居“泛珠四省”区域首位。全国通关一体化启动后，黄埔海关关区审单中心顺利承接并全面统筹所有一体化现场验估审核事项。通关一体化在提升监管的严密性、服务的有效性、资源配置的科学性等方面的成效逐步显现，企业通关时间进一步缩短，企业通关成本有效降低，海关执法的统一性逐步提升。

【黄埔海关构建新型现场综合业务管理模式】 黄埔海关构建新型现场综合业务管理模式，全面实现了海关业务“一个窗口”办理，把分布在不同地点的对外窗口统一设置在一个现场，实现了空间叠加。把以往不同科室承担的对外业务归口到一个窗口办理，实现了职能叠加。用一个平台统一受理所有对外业务的挂号，实现了系统叠加。海关作业全流程进系统、留痕迹、可追溯，打造了便民、高效、阳光的“综合性”窗口。新型现场综合业务管理模式打破了海关机构设置的全能化和职责分工的同质化，统筹整合了隶属海关、办事处大部分的现场业务。各隶属海关、办事处通过改造设置统一的综合办事大厅，将原海关统计、加工贸易监管、企业管理、通关、综合业务等科室的窗口业务都集约到新综合业务窗口办理，实现现场业务统一挂号排队、“单一窗口”有序办理。对接海关总署海关行政审批“一个窗口”管理要求，将隶属海关、办事处涉及的所有行政审批事项纳入新型现场综合业务管理模式，进行整合、集中和规范，形成了现场业务的综合性办理和“一站式服务”，海关现场作业模式得到逐步优化。全面梳理了海关现场12大类业务的操作规程，为新型现场综合业务管理模式改革后现场海关关员提供业务办理指引。单证收取实现标准化，制定格式化单证审核操作指引，明确办理业务需收取的单证资料和完成时限，减少“二次退单”的可能性，实现业务办理程序化。将海关业务分为即办业务和非即办业务两类，分流处置，提高时效，实现办事流程简约化，海关业务办事效率得到稳步提高。新型现场综合业务管理模式实现了“两个随机”，淡化科室概念，不分科室、业务种类统一对外，实现受理业务随机。窗口海关关员收取单证后，通过窗口作业系统流转到后台经办海关关员，实现系统派单随机，海关执法风险得到有效防控。各隶属海关（办事处）都通过各种形式对相关人员进行培训。组织窗口作业科室全员培训、交叉培训，强化“单一窗口”意识，对新综合业模式涉及的海关人员进行全员岗前培训和考核，逐步实现每位业务关员“一岗多能”，海关关员业务水平得到不断提升。

【黄埔海关力促外贸回稳向好】 黄埔海关按照供给侧结构性改革的要求，着力简政放权、放管结合、优化服务，全力支持地方外贸稳定增长，研究出台了15条支持广东省外贸回稳向好的政策举措，海关工作与经济社会发展的契合度和融合度不断提升。取消报关员资格核准、加工贸易备案等12项行政审批事项，明确黄埔海关承办的10项审批业务，简化了34项内部核批事项，企业注册登记行政审批事项办理时间大幅缩短，保税监管审核作业效能大幅提升。全面免费放开QP系统准入门槛，所有涉企项目实现“零收费”。配合地方政府继续做好查验配套服务费改革试点，惠及企业1.4万家。不断完善布控管理体系，优化监控分析模块，“双随机、一公开”延伸拓展至全业务领域。稽查作业全面实现了随机选择稽查企业、随机选派执法人员的作业模式。加快推进“以企业为单元”的加工贸易管理模式改革，探索实施单一账册、总耗核报、分类监管、风险可溯、适度容错的加工贸易监管模式。开展单耗自核研究和试点，完善单耗自核追溯制度，优化电子账册单耗自核实现途径。“一般贸易+保税仓储”模式不断优化。积极推进加工贸易边角料网上拍卖，实现东莞地区全覆盖。全面对接、积极融入广州跨境电商综合试验区试点工作，充分借鉴杭州等试点城市经验，出台9项重点支持举措。支持地方政府搭建跨境电子商务公共服务平台，不断完善跨境电商“单一窗口”。引入第三方理货，实现海关监管与企业理货、包装、配送同步。深入研究，将符合条件的保税进口、直购进口商品清单数据纳入贸易统计。大力支持外贸综合服务企业发展，外贸综合服务企业信用培育取得突破，广东汇富等7家企业顺利成为认证企业。支持东莞构建开放型经济新体制综合试点试验工作开展，与东莞市人民政府签订了全新的合作框架协议。加速融入“一带一路”国家建设，主动参与广东（石龙）铁路国际物流基地规划建设。组织12家企业参加中欧、中美、中新“经认证的经营者AEO”互认联合说明会或政策宣讲会，培育AEO企业358家，新增AEO企业42家，顺利完成221家认证企业的重新认证工作。加快上海、广东等4个自贸试验区共5批制度创新的复制推广，支持关区特殊监管区域和保税监管场所拓展功能、优化模式、培育增量，清溪保税物流中心（B型）通过四部委联合验收，虎门港综合保税区申建迈出关键一步。

【黄埔海关推进“互联网+e通关”建设】 黄埔海关全新打造“互联网+e通关”平台，突出“一个门户”“二维平台”“三网联通”3大特点，实现海关在线业务“一次申请、一体联办、一次反馈、一统管理”“四大功能”，初步实现了“让数据多跑路、让群众少跑腿”。通过一个门户，使在线体验更加方便、快捷。以互联网为基础，融合升级海关业务运行网、行政管理网、黄埔海关门户网站、电子口岸专网、12360微信公众号等多个网络渠道平台，对接广州、东莞国际贸易“单一窗口”，构建黄埔海关一体化“互联网+e通关”服务平台，使得社会公众和海关内部用户通过“互联网+e通关”一个门户就能实现“单点登录、一网通办”。结合深化海关“放管服”改革和建立权力清单、责任清单、负面清单工作，做到能上尽上、应上尽上、全程在线。已覆盖货物通关、物品通关、跨境电商、关税业务、保税业务、企业管理、企业稽查8个领域，26类、159项业务。对7类、25项企业必须到现场办理的业务实行“负面清单”管理。结合海关功能化改造，推动实现线下综合业务窗口与线上“互联网+e通关”平台此消彼长。通过二维平台，使在线沟通更加即时、高效。对外搭建海关交互平台，打通关企跨时空交流阻碍。企业通过“互联网+e通关”可在线办理海关业务，打破传统上企业需要到海关现场“面对面”递单申办的方式，实行在线提交、在线审核、在线沟通、在线反馈。内部搭建海关联络平台，打通内部跨层级交流壁垒。依托信息化系统，实现“一对一”或“一对多”视频、音频交互，必要时可发起座谈、协调、研讨等形式的多方会谈。打破海关业务沟通的空间限制，探索更符合全国通关一体化改革发展趋势，更适应跨地域、跨层级业务交流的交互模式。通过三网联通，使在线管理更加顺畅、有序。整合互联网、管理网、运行网的用户授权，实行“一号通行”。企业（含公民个人）用户认证统一为电子口岸企业IC卡和自行注册用户。企业在互联网端提交的事项，自动经由平台分拨转入到海关管理网、运行网，海关关员在内网即可在线审核和对外反馈，交互过程支持视频、音频、电子资料等多种方式。关税业务的验估作业、保税业务的价格磋商、稽查业务的关企沟通等，除一般电子审核外，还应用了远程视频交互手段。在线业务办理由系统自动存储，实现过程全记录、全程可追溯。企业可自助在互联网查询办理进度，还可以通过微信收到办理进度信息提醒。通过四大功能，使在线流程更加统一、规范。一次申请，减少企业反复登录。企业只需一次登录，即可根据办事指引，经自行下载、自主填报、系统录入、线上提交等，“一站式”完成线上作业，系统即时对提交的数据、资料同步完成形式审查，并即时将信息反馈企业。网上申办事项可由互联网接入后自动创建受理编号，自动分拨到内部网作业系统办理，实现互联网业务申请与管理网业务办理联动，需要与企业联系沟通的，可与企业发起远程视频磋商及会谈。在线办理的相关业务的作业状态和操作结果，经由系统平台统一对外反馈，并以微信方式向申请人企业主动推送信息，无需企业在多个部门间跟进业务进展。平台对企业申办信息和海关作业的电子化信息进行采集汇总、自动存储，为内部管理所需的各类数据分析、业务监控、集约管理等提供可循环复用数据支持。

【黄埔海关“三互”大通关模式实现关区全覆盖】 黄埔海关继续以“深化+拓展”为思路全面提升陆运、水运口岸“三互”整体合作成效，持续以“三互”为基本理念，深化合作内涵、延伸合作领域、优化合作机制，全面提升海关执法和口岸管理的整体效能。在东莞寮步车检场陆运“三互”大通关成功试点的基础上，以完善信息化系统、优化作业流程、健全查验机制、拓展合作领域的4大核心为主要内容，在全关区复制推广“三互”大通关模式。2016年关区内的新塘、广州开发区东区车检场已实现“三互”大通关，长安、凤岗车检场正在推进“三互”大通关模式的场地改造。借鉴陆运“三互”试点经验，结合广州、东莞两地口岸不同特色，因地制宜，各有侧重地推动水运“三互”向关区内各口岸现场推广。广州地区对接地方政府主导的国际贸易“单一窗口”为平台，依托货物进出口申报、运输工具申报、查询等功能，构建“一站式”船舶进出口申报。东莞地区依托虎门港信息平台，对接海关、出入境检验检疫、海事、边检等部门系统，共享信息，实现进出境船舶“一次录入、一次发送、一次申报”，口岸查验部门通过平台及时获知船舶动态信息，监管执法回执信息统一反馈申报人。“三互”合作已向跨境电商、旅检、快件、海关特殊监管区域、石龙铁路国际物流中心等领域延伸。已在广州黄埔状元谷跨境电商园区、东莞东城区跨境电商中心园区，统一实行“一单两报”，建立“一次申报、一次查验、一次放行”机制，推进“三互+跨境电商”。在东莞太平、常平两个旅检现场，强化关检“一机两屏”工作模式，减少执法作业环节，实现进出境旅客信息共享、执法互助、监管互认，推进“三互+行李物品监管”。海关、出入境检验检疫两方对进出口快件实施“联合查验、一次放行”，推进“三互+快件监管”。对广州保税区及保税物流园区进行“三互”升级，满足“三互”建设要求。对已投入运作的东莞沙田保税物流中心（B型）进行场所改造，实现联合查验“一机两屏”，清溪保税物流中心（B型）完全按照“三互”通关作业要求建设，推进“三互+海关特殊监管区域监管”。“三互”大通关模式改革后，企业通关成本大幅减少，口岸通关效率明显提升。

【黄埔海关支持石龙铁路国际物流中心“一带一路”国际货运班列业务】 黄埔海关主动对接地方构建开放型经济新体制发展要求，推动石龙铁路国际物流中心规划建设，助推石龙铁路国际物流中心成为广东“一带一路”建设合作平台、国家级综合货运枢纽和物流中心、中俄先进制造业和现代服务业合作示范区。根据石龙铁路国际物流中心整体规划和发展目标，创新海关管理模式，促进基础功能平台和配套设施建设，力促石龙铁路国际物流中心功能升级和优势叠加。加快海关通关管理领域改革创新，不断优化完善口岸开放模式，助力石龙铁路国际物流中心成为串联“一带一路”闭合回路的重要物流节点。指导企业在业务功能扩充同时考虑叠加的优化。根据企业实际情况，制定个性化监管模式，助力企业提升国际货运班列运营水平。全面提升与周边平台、资源、要素的整体联动水平，着力打造以石龙国际物流中心为中心，以与周边优质海空口岸、物流设施、功能园区整体联动为支撑，连接泛珠三角、辐射东南亚、面向中亚和欧洲的国际性先进制造业和现代服务业发展平台。大力支持石龙铁路货运口岸整合开放，积极参与铁路一类、水运二类口岸规划建设。推动石龙铁路国际物流中心申请配套建设多式联运监管中心，大力推进周边物流平台的多维联动，支持发展过境、转运等业务，打通连接东南亚、中亚以及俄罗斯的水运、铁路及江海联运大通道，助力石龙铁路国际物流中心周边形成海陆空铁立体联动的物流格局。支持企业依托中欧班列开展跨境电商零售进口，探索利用欧洲“海淘”渠道助力班列培育回程进口货源。全力支持地方政府拓展东莞邮政通道，依托即将运作的东莞国际邮件互换局兼交换站，协同地方政府探索利用国际货运班列批量运输国际邮件的可行性，通过畅通俄罗斯、中东国际邮路为中欧班列培育业务增量。加强与“泛珠”四省其他海关合作，积极推进区域通关一体化，加强与满洲里海关、乌鲁木齐海关的联系配合，与满洲里海关建立长效联系配合机制。积极报请海关总署与班列沿线国家海关组织的“三互”合作，在与俄罗斯、哈萨克斯坦、蒙古、波兰、德国等国海关已签署的合作协议框架下，增加相应合作内容，畅顺跨境通关环节，力促铁路基地信息流、资金流、货物流的安全畅通流动。

【拱北海关保障口岸通关再创新高】 2016年，拱北海关关区范围包括珠海、中山两个地级市，设有一类口岸9个、二类口岸6个、临时监管点21个，中途监管站2个。承担72%环香港水域和100%环澳门水域监管和打私任务，是业务门类齐全的综合性海关。2016年拱北海关监管进出境旅客1.369亿人次、同比增长2.76%，监管进出口货运量13 827万吨、同比减少3.09%，其中进口1 914万吨、同比增加22.4%，出口11 913万吨、同比减少6.23%，监管进出境车辆403万辆次、同比增长0.15%。

【拱北海关严守国门打击水客走私】 拱北海关加强打击治理“水客”走私，落实行李物品监管三个100%要求，陆路、水路口岸进境旅客行李物品开箱查验率分别为1.94%、5.67%；进出口货物查验率和查获率水平保持稳定，分别为2.92%、11.23%；推进关区集中审像中心建设、查获率6.46%；开展企业实地巡查1 073家，通关锁定注册信息失实企业601家，下调为失信企业150家，查发率达56%；全面推进智能卡口系统建设，持久长效规范监管场所管理，在高栏港启用监管通关信息平台，完成九洲港海关监管码头修缮改造；认真贯彻《中华人民共和国海关稽查条例》，在全关建成三个稽查外勤中心，全面深化主动披露，探索企业自主委托第三方协助稽查，38家企业参与主动披露，涉税1 400万元；开展常规稽查“双随机”试点，稽查作业有效率、常规稽查对象随机选取率等指标名列前茅，稽查追补税2.25亿元，同比增长12.09%，超额完成任务；着力防控虚假贸易，盯紧“出口价格偏高”商品、“短时间出口激增”企业、“特殊监管区域成对进出”货物，核查259家企业，通关锁定190家企业，对涉嫌虚假贸易行为立案9宗，案值6 368万元人民币。与珠海市外管局、税务局签订加强外贸出口情况联合监控合作备忘录，相互通报核查处置企业378家次。

【拱北海关加大力度支持地方外经贸发展】 着力加强支持国家和地方重点项目建设：落实李克强总理要求，力促横琴自贸试验区扩大开放。澳门机动车辆入出横琴政策如期落地；支持港珠澳大桥珠海口岸加快建设，探索海关新型通关监管模式；推进高栏综合保税区申报、珠澳跨境工业区转型升级取得新的进展；在珠海九洲港口岸成功启动离境退税；大力支持11届中国航展圆满举行；落实海关总署与澳门海关《关于自由贸易协议项下经澳门中转货物原产地管理的合作备忘录》有关安排事项实施。支持横琴申报“国际休闲旅游岛”，全年游客过1 300万人次。与澳门海关深化“监管互认”，简化ECFA货物经澳门中转手续、在横琴口岸进出耗时减少2天，开展小客车机检结果参考互认，每车节约通关时间40%；推出“知识产权海关易保护”、海关工商联合巡查机制等自主创新措施；47项重点工作和12项主打措施顺利完成，3项创新措施在全省复制推广。

【拱北海关扎实推动口岸通关改革】 拱北海关继续深化通关一体化改革，全面落实《全国通关一体化改革框架方案》，重点对接“两中心三制度”；与深化通关一体化改革以前相比，审单分中心月均审单量增加4.4倍，当日审结率由89.64%升至99.7%；关区进出口通关时间，仅为全国海关平均通关时间的64%和39%，无纸化报关单单月占比已超过99%；简政放权、减负增效，不断降低企业通关成本。落实中央免除查验没有问题外贸企业吊装、移位、仓储费用，免除1.48万家次企业费用834万元；落实信用管理和AEO制度，积极参与国家诚信体系建设，全年完成企业实地认证161家，高级认证企业占比连续9年居全国海关之冠；进一步推动关区电子支付和汇总征税工作，年内电子支付报关单占比达89.03%，53家企业在关区备案开通汇总征税模式。

【拱北海关创新通关监管模式取得新成效】 拱北海关坚决贯彻国务院和海关总署部署，顺利完成珠澳口岸查验机制创新中涉及海关工作的16项任务。如期完成口岸查验机制创新切实将这项“试在珠海、意在全国”的改革创新举措做精、做实、做到位，珠海口岸查验机制创新试点工作顺利通过国家口岸办、中央编办等6部委联合验收。大力探索“互联网+海关工作”。在拱北等

4个口岸率先启用智能机器人辅助海关监管服务，引起世界海关组织高度关注；启用“条形码扫描录入物品信息”系统，作业时间从1分钟减至10秒。试点人脸识别系统，5秒钟内识别“水客”等可疑目标，准确率达82.5%；启用移动单兵作业系统，单票报关单查验时间节省0.5小时。进驻地方政务服务中心的51项海关审批办事事项全部实现手机网上办理，接件办理满意率达百分之百、位列进驻单位第一名；试行“移动支付旅客小额税款”，启用关企通系统移动应用，向企业推送112万次报关单实时流转信息，向17.8万家次企业推送最新海关资讯。

【拱北海关提高口岸规范化管理】 加大口岸“三互”（信息互换、监管互认、执法互助）大通关建设力度，共同建立口岸联检部门新型合作机制。打破海关、出入境检验检疫部门各自建设查验场所做法，将查验平台全部设置为关检双方共用联合区域，实现查验设施共用；将船舶出入境管理等四个项目纳入“单一窗口”；开展海关与海事通关合作，将海事船舶自动识别系统数据纳入海关综合监管平台，每船节约通关时间2小时。

【拱北海关税收工作持续增长】 2016年拱北海关税收入库125.29亿元，同比增长6.07%。强化税收综合管理，推出海关支持珠海外贸稳增长10项重点工作，出台综合治税措施9项，动态跟进关区纳税额排名前50的企业进出口情况，提高关区涉税问题协调处理效能；强化“以打促税”，建立与地方打私办、公安、边防、海警、工商、国税、烟草专卖、出入境检验检疫等部门的联动打私工作机制，重点打击成品油、农产品、电子产品等涉税重点商品走私活动，2016年完成罚没收入1.22亿元，同比增长4.27%；稳固重点税源，实施“风险先行、快速验放、稽查验证”通关模式，对货值大、涉税高的大宗商品货物，采用差额担保、信用担保等多种担保放行通关模式，促进重点税源企业减负增效。坚持税收责任制、坚持税收一盘棋、坚持服务引税、坚持以打促税、坚持依法征税，在全年进口应税货值同比下降12.3%情况下，坚持奋战到最后一天，超额完成年初拱北海关党组确定的增长4%税收任务，打了一场漂亮的税收攻坚战。

【拱北海关打击走私工作成效显著】 拱北海关开展“国门利剑2016”联合专项行动，“露头就打”和查办大要案、打击团伙走私相结合，针对“水客”、货运、加工贸易、非设关地等突出走私问题“狠打、稳打、联打、协同打”，全面推广“两简案件”办案模式改革，落实“智慧缉私”要求，加强执法规范化建设，深化关警联动，推进反走私综合治理。全年共立案查办走私违法案件8 897起，案值23.19亿元，涉税3.54亿元，查获案值超千万元大要案26起，打掉较大走私团伙35个；海关总署一级挂牌督办案件4起，二级挂牌督办案件2起，多起案件的成功侦办得到海关总署领导的批示；实现罚没收入1.22亿元，同比增长3.6%；实现缉私补税4 092万元，同比增长192%，刑事和行政执法质量年度考评等级均为“优秀”。

【拱北海关法治工作不断推进】 2016年拱北海关规划“七五”普法和依法行政，取消34项、下放22项、压缩71项内部核批事项，优化率为53.36%；开展2轮执法检查，覆盖全关80%审批单位，通报整改10类问题；首次试行基层海关负责人出庭应诉，办理行政复议案件9宗、行政诉讼案件6宗、民事诉讼案件4宗；与珠海市政府签署战略合作协议，与重点自主知识产权企业签订合作备忘录，设立海关知识产权保护工作室；采取知识产权边境保护措施288批次，查获涉案侵权货物、物品31.5万件。

【江门海关卡车航班改革成效明显】 “卡车航班”是进出口空陆联运的一种方式，是将空运进出境航班与卡车内陆运输相结合，作为航空运输的延伸服务来运作的。因其通过卡车与航班的对接，并具有航班一样准时发车、准点到达的特点，故称为“卡车航班”。相比于传统的转关方式，“卡车航班”创新体现在“三大特点、三大优势”。“三大特点”：第一大特点采用了“一单到底”（全程提单）的操作模式，享有国际航线的业界航空专用代码；第二大特点作为粤港海关合作项目，与香港海关的“多模式联运转运货物便利计划”直接对接，为进出口企业提供了无缝清关服务；第三大特点“卡车航班”的高效、便捷的服务，为跨境电子商务、快件等时效性要求较高的商品提供了一个高速、便捷的通道。“三大优势”：第一大优势减少了同一货物在粤港两地的重复查验作业。以“跨境一锁，分段监管”为原则，香港、内地各自对货物进行监管，从而减少了同一批货物在粤港两地重复查验的机会，有助于加快货物运转。第二大优势节省通关时间、减低企业成本。相比于传统转关方式，该模式大大节省了物流通关时间，从香港至江门的每辆车平均节省近 2 小时，节省物流成本 300 元。第三大优势充分利用了香港国际空港的优势资源。香港三大空运服务公司已在江门设立香港机场的“航空服务分站”，使江门地区得以打破以往“无机场”的客观制约因素，为江门地区企业打开了一扇通往国际新的窗口。2016 年江门海关共验放“卡车航班”1 700 多车次，物品约 270 余万件，总值 6.5 亿元，“卡车航班”改革项目的开展，有力推动了江门市地方物流的发展。

江门至香港机场“卡车航班”出口跨境快速通关业务在江门快件分拣清关中心成功开通

【江门海关推行“先期机检”作业模式，提升监管效能】 一是研究优化机检查验作业模式工作方案，按照“分步实施、全面推广”的原则，适时将“先期机检”作业模式扩大到其他配备 H986 设备现场。二是探索实行“报检后过机、报关后审图”，对集装箱装载的进口废纸，50% 进行人工查验，50% 的集装箱进行“先期机检”，切实提升查验监管实效。三是完善协调配合机制，畅顺与口岸联检部门的沟通协调，及时通过业务研讨会、现场办公会研究解决实际难题，建立应急保障机制，确保改革工作顺利推行；四是加强对外政策宣传，积极向地方政府、码头经营企业、进出口企业等宣讲海关改革及通关便利化措施，营造良好外部环境。

【江门海关推行“一窗通”改革】 为深入贯彻落实国务院、海关总署关于推进“放管服”改革工作的部署，充分发挥“互联网 +”在提升海关公共服务水平方面的作用，江门海关按照《国务院关于加快推进“互联网 + 政务服务”工作的指导意见》和《海关全面深化改革总体方案》的总体部署，在深入研究论证的基础上，在江门海关推出“一窗通”改革。2016 年 11 月 1 日，江门海关启动“一窗通”改革试点，2017 年 1 月 5 日，江门海关在关区全面启动“一窗通”改革。“一窗通”改革是深化海关“放管服”改革的实践，建立起海关内部的“单一窗口”，通过内部的互联互通实现一站式作业，把全国通关一体化改革的理念延伸到更广的范围，进一步打破关区属地管理的界限，加快形成海关管理一体化格局。“一窗通”改革推动海关机构整合和职责调整，实现资源的统筹配置，提升海关管理的集约化程度，深化互联网创新在海关管理中的应用，提升贸易便利化水平，让改革红利惠及广大企业。“一窗通”改革包括“一窗受理、集中办结、关区通办、自助申办”4 个作业模式的叠加，企业可在江门海关各业务现场“一窗受理”窗口或登录江门海关“一窗通”服务平台办理海关服务事项。其中，“一窗受理”是指江门海关在各现场海关办公大楼、海关监管场所设立“一窗受理”窗口，并公布海关服务事项目录，企业可在统一窗口申请办理海关服务事项。业务办理范围包括关税、加贸、企管、审单、监管和统计等领域。“集中办结”是指海关对企业申请办理事务实行集中审核，企业所申请办理事项可在各业务现场实现“一站式”办结。“关区通办”是指企业可不受属地办理的限制，自主选择业务现场“一窗受理”窗口申请办理江门关区的海关服务事项。“自助申办”是指企业可通过江门海关“一窗通”服务平台，预约办理海关服务事项并在线提交资料。

2016年11月1日，江门海关“一窗通”业务改革项目启动

【汕头海关监管效能稳步提升】 一是正面监管能力不断增强。进一步优化监管查验机制，建立监管风险监控制度，加大关区复查复验和机检查验力度，深化贸易管制商品监控，监管效能得到提升。全年共监管进出口货物2 336.6万吨，货值160.39亿美元，进出口报关单298 584份。加强监管场所规范管理，以天津“8·12”事故教训专项整治为契机，积极开展监管场所安全隐患大排查；完成监管场所卡口系统和保税区信息化辅助管理系统建设，业务现场与海关总署实现视频监控实时联通。应用“电子围网”系统监管邮递物品，强化进出境旅客行李物品监管，空运口岸进出境旅客43.55万人次，同比增长15.8%；监管进出境航空器3 103架次，同比增长15.2%；监管进出境邮递物品27.72万件，同比增长9.3%。严厉打击进出境侵犯知识产权行为，共采取知识产权海关保护措施22次，查获涉嫌侵权案件15宗。加强关区加工贸易业务动态及态势预测分析，深化运用保税监控分析系统，继续试点引入中介机构参与保税核销核算，加工贸易监管水平继续提升。全年加工贸易实际进出口总值35.67亿美元。二是综合治税量质效并举。在经济下行趋势明显、外贸增长乏力的大背景下，克服困难主动作为，全力推进综合治税工作，确保应收尽收，全年税收实际入库39.57亿元，顺利完成海关总署调整后的税收预算目标。加强税政研究，积极争取异地进口企业在关区内纳税，采用“提前介入、政策指导”的管理模式，涵养优质税源，夯实税收基础。对重点涉税商品开展专项检查，运用批量复审、验估等手段进行自查自纠，提高税收质量。规范关区价格专业认定作业流程，充分发挥样品库的实物教学基地作用，提高征税执法水平。复制推广“互联网+自助缴税”，企业纳税便利化水平进一步提升。强化税款入库监控，继续保持零欠税，全年税收入库时效优于全国海关水平。三是风险管理和后续监管逐步提高。进一步推进“双随机”布控机制，实行预定式布控为主、即决式布控为辅的双向风险防控模式，关区随机布控查验占比达90.77%。着力提升风险参数有效性，海关总署风险集中度考评得分位列全国海关第1位。积极推动HZ2011系统应用。有效实施新《稽查条例》及其配套制度，优化常规稽查“双随机”选取机制，发挥专项稽查作用，继续引入中介机构协助海关稽查，共开展企业稽查作业274宗，稽查有效率70.31%，共稽核查征补税5 948.4万元。办理新注册企业770家，对27家“注册登记信息失实”企业实施通关锁定。积极开展虚假贸易防控，加强对异动数据的监测预警和异常企业的核查处置。共核查企业26家，发现问题企业13家，向地方商务部门通报25家不收汇企业出口通关情况。

【汕头海关抓改革促发展持续发力】 一是简政放权、法治建设逐步推进。深化“放管服”改革，推进简政放权，推进行政审批“一个窗口”建设，政风行风建设成效明显。深化行政审批制度改革，印发《汕头海关行政执法领域内部核批事项目录表》，进一步压缩核批层级。加快推进行政执法责任制建设，研究出台《汕头海关行政执法责任制实施办法》，明确岗位职责清单，为全面实行奠定坚实基础。集中清理非执法领域审批事项，简化内部审批流程，提升办事效率，共取消、精简审批事项40项；开展规范性文件清理，集中废止关级规范性、政策性文件54份，促进执法统一规范；规范性文件和非执法领域核批事项精简率均超过50%。完善执法公示制度，做好行政许可和行政处罚等信用信息公示。印发“七五”普法规划，做好“4·26”、“8·8”主题普法宣传，运用推广“汕头海关执法疑难问题处置平台”。发挥公职律师队伍专业作用，做好3宗行政诉讼案件和1宗行政复议案件的应诉工作。支持社会福利事业，向广东省红十字会转交侵权物资1批。二是重大业务改革稳步实施。主动融入国家和地方发展大局，把党中央、海关总署关于抓改革、稳增长、降成本等决策部署作为工作重点，加大落实推进力度。成立汕头海关业务改革领导小组，全力推动海关总署、分署全面深化改革决策部署落实。在“泛珠”四省海关通关一体化改革取得初步成效的基础上，积极对接全国通关一体化改革扩大试点。稳步推进通关作业无纸化改革，无纸化报关单比率达98.68%。加强与口岸管理相关部门的协作，继续深化关检合作“三个一”。积极复制推广广东自贸试验区两批改革创新经验，顺利完成“已放行出口货物‘先装船后改配’”等8项改革任务。主动对接地方国际贸易“单一窗口”试点。降低出口查验率，加快机检查验设备建设，提高非侵入式查验比例，切实提高通关效率。全面取消进出口环节经营服务性收费，严格落实口岸查验配套服务费改革试点工作，全年共免除7 373个标箱查验费用，惠及企业1 189家，切实减轻企业负担。三是服务地方经济发展举措得力。针对关区产业特点，因地制宜支持对外贸易发展。量身定做促进汕头市开放型经济发展18条措施，推行汕头市范围内海运现场“5+2”工作制。建立关地协调对接机制，全力支持汕头华侨经济文化合作试验区、中以（汕头）科技创新合作区、汕尾深汕特别合作区、揭阳中德金属生态城、梅州综合保税区等地方重点项目发展建设。推动汕头保税区信息化辅助管理系统正式上线运行，配合地方政府加快汕头保税物流中心（B型）配套建设。健全信息发布和政策解读机制，让企业和百姓及时了解海关政策调整和改革措施。联合粤东5市商务部门开展海关政策宣讲活动，提升宣讲的精准度和实效性，引导和帮助企业用好用足海关优惠政策，有关部门、行业协会和企业听众达900余人，宣传效果良好。引导企业用好、用足国家税收优惠政策，做好减免税宣传和服务工作，全年审批减免两税6 307.9万元；推进澳大利亚、韩国、东盟、中国台湾等自贸试验区优惠关税政策和CEPA原产地优惠政策的落地实施，全年关区企业享受原产地协定等税收优惠4.17亿元。四是决策辅助作用充分发挥。呼应地方合理发展需求，加强对新业态、新型商业模式企业的引导培植。出台《汕头海关推进跨境电子商务发展工作方案》，发挥海关应有作用，配合地方开展跨境电子商务试点准备工作。开展前伸服务，支持澄海国际玩具商贸物流城（宝奥城）试点市场采购出口模式。推动地方政府发展、引进外贸综合服务平台，为中小民营企业出口提供融资、通关等外贸综合服务。找准国家战略与地方发展的契合点，支持粤东5市主动融入国家“一带一路”建设，形成《粤东参与21世纪海上丝绸之路国家战略情况报告》，获得粤东党政主要领导肯定批示12次。持续关注宏观经济环境变化及地方经济运行态势，多种渠道及时发布粤东地区进出口数据和信息，有效发挥海关数据统计分析辅助决策功能。结合地方外贸运行热点撰写新闻稿件，被地方各级媒体采用约30篇次；统计分析被海关总署、广东分署采用97篇，部分统计分析获得省领导及粤东党政主要领导批示。五是口岸服务开放型经济发展成效显著。发挥口岸在外向型经济发展中的牵引作用。指导潮阳港口岸华能海门煤炭中转基地2号煤码头顺利通过正式对外开放验收；做好惠来电厂码头、梅县机场、华润海丰电厂码头、揭阳市源茂利鸿基物流有限公司码头等口岸的临时对外开放工作；积极推进揭阳港神泉港区对外开放验收；继续关注梅县机场扩大开放、汕尾港海丰小漠港区扩大开放等工作进度；支持地方口岸办将梅州航空口岸、汕头港口岸、揭阳港口岸三个口岸的扩大对外开放列入《国家口岸发展“十三五”规划》；办理汕头港口岸汕特海通货柜码头整体搬迁到珠池港务公司码头进行经营相关事宜；协调基层单位对码头建设提供政策指导。

【汕头海关打击走私战果丰硕】 一是深化反

走私责任制。深入贯彻《海关总署党组关于加强新形势下打击走私的工作意见》，成立由关长任组长的打私领导小组。逐级签订“反走私责任书”，突出对隶属关（办）主要负责同志履行打私第一责任人的考核评估。推动隶属关（办）与缉私分局联合开展集中巡查和查缉行动，及时通报涉案企业、走私商品等信息并提出改进监管意见建议，聘请海关业务专家集中开展分析研判，进一步强化绩效评估、联合执法、反馈应用等制度机制，不断增强责任意识，整合关区打私资源，提升全员打私整体效能。二是开展国门利剑查办大要案。组织开展打击走私“国门利剑2016”联合专项行动以及打击走私成品油、冻品、武器弹药、毒品等各类专项行动，强化破案攻坚和深挖扩线，提升区域联动效能。全年查获案件484宗，案值29.8亿元，涉税额8.48亿元，罚没收入1.53亿元，数据同比大幅上升。首次在关区查获利用加工贸易渠道走私棉花案，案值约8.3亿元，涉嫌偷逃税款约3.06亿元，被海关总署缉私局列为一级挂牌督办案件。邮递物品渠道首次查获涉毒涉枪刑事案件。“1301”专案主案完成二审判决，系列货主案刑事立案94宗，成功移诉53宗。反走私绩效评估在全国17个沿海海关中位列第9位。三是推进反走私综合治理。主动走访地方党政机关通报沟通，与汕头市政府签订“反走私综合治理工作责任书”，会同汕头市各相关执法单位出台非法运输成品油车辆协调处理意见，与粤东五市检察院、法院签订加强联系配合的意见。密切关注敏感商品动向，大力开展信息搜集和课题调研，及时掌控走私动态。加强联合整治，与粤东五市执法部门多次联合开展反走私清理整治行动，配合汕头市查获涉嫌虚开增值税发票案2宗，涉案金额7亿多元。树立“宣传就是打私”理念，推动反走私宣传提质增效，共在国家、省、市媒体刊登反走私稿件48篇（次）。四是夯实缉私基层基础建设。制定《汕头海关缉私局推进基层缉私科建设工作方案》，在9个缉私科全面推广，推进基层缉私科建设。夯实指挥中心各项基础建设，组建网上缉私小组，推进缉私数据系统平台自主研发，加强信息采集录入，推进缉私信息化建设。主动适应诉讼制度改革及证据采信的新趋势，研究制订相关指引；加强执法检查监督，提升整体执法质量，侦查二处三科被海关总署缉私局命名为“全国海关缉私部门执法示范单位”；推进完成“两简”案件办案模式改革工作，进行录证设备升级改造，完善办案场所建设，推进缉私执法管理规范化。进行实战化岗位练兵，首次成建制组织民警到公安院校开展警务技能训练。

【湛江海关着力夯实基础，强化正面监管】 2016年湛江海关全面落实党中央和海关总署党组的各项决策部署，抢抓粤西发展机遇，深化改革，优化服务，全面完成了各项工作任务，为“十三五”工作奠定了坚实基础。全年实现税收入库153.24亿元，完成年度税收预算安排；监管进出口货运总量8 194万吨，同比增长16.1%；立案99宗，案值13.20亿元，涉税8.68亿元。一是加强监管指挥中心建设。实现视频监控值守全覆盖；搭建无人机视频监控平台丰富监控指挥外延手段；创新指挥与现场联动模式，跨现场抽选人员实施机动查验、复查复验、实地巡查，全面发挥中心指挥核心作用，加强整体监管监控。二是优化监管查验机制。突出对高风险企业、敏感商品以及重点航线的布控查验力度，启动查验异常结果处置“标准化、进系统”改革，坚持守法便利原则稳步降低进出口商品查验率。三是加强后续监管力度。查发问题企业31家，稽查补税同比增长65%；推动22家企业主动披露，同比增长175%，实现特许权使用费稽查补税零的突破，主动披露工作成效明显；筹建稽查中心，推动关区后续监管集约化管理。四是强化监管场所管理。严格监管场所标准化建设，逐项排查、专项整顿、全面规范危化品监管场所管理，探索监管场所分类管理机制，成功查获“道具柜”走私案件。五是加强联防联控。完善风险监控分析等4项机制，自主研发“商品企业执法人员数据分析系统”联通9大业务系统，实现商品、企业和执法人员全覆盖，以风险管理为中心整合各职能条块风险防控工作，提升核心风险防控效能，提高通关效率，进口平均通关时间从去年的43.72小时压缩至29.05小时，出口24小时通关率提升到99.5%。

【湛江海关全面深化改革提升通关效能】 一是全面推进执法领域“双随机”改革。认真贯彻落实国务院、海关总署推行“双随机、一公开”监管工作的决策部署，率先实现“双随机”在执法领域和业务现场全覆盖，开发执法辅助系统，智能随机抽取被检查对象、随机选派检查人员，实现执法环节零人工干预，随机布控比例从去年的50%上升到93%、随机派员查验率达100%。二是开展智能化线上自助通关改革。通过“互联网+通关”模式整合业务流程，配套研发“粤西口岸通关信息服务平台”，实现通关全程电子智能化，平均通关时间较普通模式缩短36.4%，关区全年进、出口24小时通关率分别达78.8%和99.5%。三是推广通关作业无纸化改革。全面推广报关单修改撤销和随附单证无纸化、减免税作业无纸化等4项创新制度，提高通关作业无纸化覆盖面，无纸通关报关单占同期报关单总量的99.43%，排名全国第2位。四是开展“互联网+内部核批”改革。开发“内部核批事项网上办理平台”，实现执法领域内部核批事项网上申请、受理、审批动态流转，做到内部核批流程“进系统、留痕迹、可追溯”。五是建设国际贸易“单一窗口”。推动湛江成为全省“单一窗口”建设3个试点城市之一，推动建立关检联合查验中心和监控中心，打造粤西首个快件“单一窗口”；率先上线来往港澳小型船舶“单一窗口”申报系统，联合各口岸单位实施“一站式”通关服务，企业录入数据从274项减少为102项。六是联合出入境检验检疫部门开展7×24小时在线出口货物通关改革。信誉良好的企业不受时间地点限制可通过互联网办理出口通关手续并实现电子放行，减少货物码头流转作业时间节省企业经营成本。

【湛江海关精准扶持促进地方外贸发展】 一是开展外贸发展情况专题调研。全面调研粤西钢铁、石化、造纸等大型支柱产业和水海产品、家具、小家电等传统产业共85家企业的外贸发展情况，面对面听取企业意见建议，出台针对性措施定点扶持。向湛江、茂名两市提出促进外贸稳定增长工作建议，建立关地联席会议制度，2016年湛江、茂名两市出口总值同比分别增长11.8%和9%，增幅居全省第2位和第3位。二是优化港口功能，助推区域性航运中心建设。强化湛江港母港效应，推动湛江港开通3条内外贸同船运输航线、1条进出口同船运输航线，直航东南亚的集装箱班轮航线达到9条；支持建设多式联运监管中心和出口货物拼箱中心，充分发挥海铁联运优势扩大港口辐射范围；采取风险预判、船边验放等监管方式提升疏港能力，缩短进出境船舶非生产性停泊时间30%；完善“湛江—长江”铁矿联运监管模式，指导开展保税配矿业务推动华南铁矿石分销中心建设，形成铁矿石进口集聚效应。2016年湛江港货物吞吐量1.26亿吨，同比增长24.3%。三是推动完善粤西口岸功能布局。设立机构全面服务湛江保税物流中心（B型）运营，指导开展保税增值业务，全年货物入区4.61亿元；支持湛江进出境快件监管中心健康运营，建立“四位一体”的综合监管模式，年内监管快件件数增长49倍，共监管进境快件206.29万件；推动宝满集装箱码头成为进口粮食、水果的指定口岸；联合兄弟海关完善国内段监管机制，推动空港口岸拓展国际航线，监管航班同比增长58%；协调推动湛江港30万吨散货码头正式对外开放，协助湛江雷州乌石港对台小额贸易点启用，指导茂名港博贺新港区加快建设，指导北部湾农产品综合物流园区车检场建设助推湛江蔬菜直接出口香港。四是主动靠前站位提升服务水平。通过签订合作备忘录、建立常态化联系沟通机制等方式为中海油、茂湛炼化基地等大型骨干企业提供量体裁衣式服务；利用“香港—湛江海关热线”加强两地AEO互认合作；落实加贸内销便利化、外发加工集中审批和取消担保金等措施缓解企业资金压力，支持企业开展游艇等高端制造业务推动加工贸易转型升级；组织开展惠企政策巡回宣讲指导企业用好政策，全年为企业审批减免税税款逾1亿元；加强外贸宏观分析和外贸统计监测分析力度积极推进统计数据开放共享，撰写监测预警信息369篇，主动为地方经济发展提供决策参考。

【湛江海关标本兼治保持打击走私高压态势】 一是坚持严防猛打，打私工作战果丰硕。全面推进“国门利剑2016”“春雷2016”以及打击粮食、冻品等农产品走私专项行动，成功侦办“1·18”、“3·11”等重大卷烟走私案；进一步发挥“缉私战区”作战模式优势，破大案、打团伙、摧网络，“7·16”系列走私香烟案案值扩至33.2亿元；全年缉私立案99宗，案值13.2亿元，涉税8.68亿元，刑事拘留70人，取保候审33人，执行逮捕35人，移送起诉13起47人。二是深化关地合作，综合治理取得明显成效。联合打私办等部门到重点镇、村实地调研全面掌控社情、民情；采取“走村入户”等方式开展宣传教育成功督促2名涉案人员到案自首；联合湛江市基层政府共同创建反走私综合治理示范村207个，占全市229个沿海村庄总数的90%；联合相关执法部门开展“清港清湾”、沿海船舶检查、仓储场所清理、打击高速公路私开道口违法行为等专项行动；建立粤西三市21个打私职能部门点对点无缝对接模式，形成区域打私协作机制；与湛江、北海两地烟草部门建立两地四方联合打击卷烟走私工作机制，加强与湛江边防检查站合作共建，凝聚打私合力；全国沿海沿边地区基层反走私综合治理现场会在湛江召开，反走私综合治理工作经验得到全国打私办和广东省政府的高度肯定并向全国推广。三是加强基础建设，缉私执法水平显著提升。完善缉私监控指挥工作体系，打造“网络化”缉私监控指挥平台，规范情报经营电子数据采集，建立湛江海关缉私司法鉴定中心和一级电子数据试验室，不断提升“智慧缉私”保障能力；积极适应“以审判为中心”的司法改革，稳步推进执法办案场所建设，积极完善物证管理方式，解决“三无”运输工具处理等业务瓶颈规范执法行为。

【广东出入境检验检疫局全面深化业务综合改革，进一步释放改革红利】 自贸试验区改革创新工作收获新成果。全力推动检验检疫创新经验复制推广实施，围绕广东自贸试验区战略定位先行先试，不断释放“改革红利”。市场采购商品突破31万标箱，涵盖190个国家和地区，直接推动新增31条国际航线；国际航线班轮通关速度整体提速20%；南沙自贸试验区毛坯钻石监管配套工作顺利通过国家质检总局验收；等等。得到中央政治局委员、广东省委书记胡春华，国家质检总局局长支树平和广东省省长朱小丹等领导充分肯定，受到媒体高度关注。“单一窗口”和“三互”工作形成新格局。研究制定检验检疫业务系统与“单一窗口”平台数据交换标准，协调推进广州“单一窗口”2.0版上线试运行并新增进出境舱单、国际邮件快件、国际会展等8项功能。全面复制推广东莞、江门“三互”模式，与海关广东分署及各地海关就深化“三互”合作达成新共识，构建形成覆盖海陆空口岸的“三互”合作新格局。跨境电商检验检疫监管模式持续优化。进一步完善跨境电商备案、全申报、风险监测、事后追溯管理措施，积极应对跨境电商税改新政，促进广东跨境电商回稳向好发展。平均通检时间低于105秒，检疫查验进入“读秒时代”。通关便利化水平进一步提升。全面推行“电子证书”模式，升级完善检验检疫全程无纸化；创新建立进口货物中转分流监管模式，在辖区对接建立10个“无水港”，实现南沙港与西安咸阳机场的海空无缝对接，货物平均通关时间缩短2~3天，通关成本降低60%；70%的出口食品和95%的出口化妆品实现零等待。出口直放和进口直通批次和货物种类逐渐扩大，效率大幅提升，通关一体化改革得到更多企业认可。

【广东出入境检验检疫局严抓口岸疫情疫病防控】 检出全国口岸首例输入性寨卡病毒感染病例和首起家庭聚集性寨卡病毒感染病例。在国内首次从国际航行船舶中截获携带汉坦病毒活鼠。检出寨卡病毒病、登革热、疟疾和基孔肯雅热确诊病例66例。从入境人员携带物中截获检疫性有害生物859批，同比增长49.65%，并检出H5亚型禽流感病毒，为我国2005年后首次检出。成功对14万吨位的大型船舶实施了全球最大规模的全船熏蒸处理，现场检出蜚蠊等有害生物超过60万只。加强重点敏感商品检验监管。连续查获3批1.2万吨以铁矿为名进口的“洋垃圾”。检出进口宝马迷你汽车存在的发动机行驶中突然熄火风险，国家质检总局据此发出警示通报，促使宝马公司召回6 961辆迷你乘用车。通过缺陷调查等措施促成广州市某公司召回从香港进口的避孕套5万多只。在“清风行动”中，查处进出口假冒伪劣商品案件88宗，占全国直属系统进出口假冒伪劣商品案件总数的32%。其中，在白云机场一次查获假冒迪奥、香奈儿等国际品牌货值近千万元的假冒伪劣出口眼镜。保障进出口食品质量安全。CEPA食品进口数量同比大幅增长300%，口岸通检时间由15天缩短至3小时。从印尼进口的4.9万吨、货值近2亿元食用棕榈油中检出总砷超标并作退运处理，为国内首次检出，国家质检总局据此发布警示通报。在首次开展的广东省食安委相关单位食品安全工作评议考核中排名第1位。成功举办“2016年粤港深珠澳卫生检疫、动植物检疫与食品安全控制会议”。

【广东出入境检验检疫局全力推动进出口领域质量发展】 已建成1个国家级出口种苗花卉示范区、8个国家级出口食品示范区、5个国家级出口工业产品示范区和8个省级示范区，推荐美的电器、格兰仕微波炉等35家企业荣获首批“中国质量安全示范企业”称号，348家外贸企业获评“中国质量诚信企业”，数量居全国第1位，推动建成国家级中山市出口烘焙食品、连州市供港澳蔬菜示范区。“同线同标同质”工作顺利推进，辖区177家出口食品备案企业上线国家认监委“同线同标同质”平台，上线企业数超过全国六分之一，质量安全示范效应不断辐射。新华社等10多家新闻媒体对此进行专题报道。质量溯源体系实现创新升级。目前已有56家国内外知名企业主动申请加入工厂级溯源，溯源商品货值达373亿美元，超过150万人次通过手机APP进行质量溯源查询，被商务部确立为全国自贸试验区“8大最佳实践案例”，新华社瞭望智库作专题访谈，央视新闻直播间对此作专题报导。

【广东出入境检验检疫局力促地方经济转型发展】 按照国家质检总局和广东省政府主要负责同志指示精神，推动省部合作备忘录于2016年5月24日正式签署，为广东深化对外开放、建设质量强省量身定做28条措施，为出入境检验检疫争取到1个多亿的地方资金支持。有力服务“一带一路”建设。针对“一带一路”建设涉及的24个国家地区通关便利政策和技术性贸易壁垒开展专题研究，完成相关课题18项，牵头编写“一带一路”检验检疫标准化工作方案。出台便利措施保障和服务中澳新自贸协定下巴氏杀菌乳进口，推动进口企业与澳洲乳企签订1亿升订单。技术性贸易措施工作为外贸转型发展提供新动力。以4个国家TBT/SPS研究评议基地为依托，组织开展通报评议，报送的特别贸易关注促使欧盟最终放弃进一步降低六价铬限量措施，避免我国玩具出口成本增加。利用技术性贸易措施“倒逼机制”，研发技术信息公共服务“自平台”，发布外贸风险预警2 250条，惠及1.2万家外贸企业。技术性贸易措施工作溢出效应显著，广东省外贸出口额占全国外贸出口总额的28.4%，而受技术性贸易措施影响直接损失额仅占全国10%，同比下降127亿美元，降幅超过50%。“放管服”同步推进力促外贸稳定向好。调整降低出境商品查验比例，严格执行收费减免政策，重点清查涉企收费环节，积极推进第三方采信，力促出口“降成本”。主动申请承接质检总局全部266项进境食品检疫审批授权终审，授权产品审批时间缩短75%。试点原产地证企业备案和对外贸易经营者备案“两证合一”，签发全国首份海外仓自贸协定优惠原产地证书，为输墨西哥瓷砖签发全国首份出口产品价格承诺原产地证书，可减免6.76万美元反倾销税。积极利用公共技术服务平台开展免费检测3 582批次，减免金额493万元。

【深圳出入境检验检疫局防控疫情跨境传播】 一是加强口岸疫情防控。2016年深圳出入境检验检疫局在深圳口岸排查有症状旅客52 082例、确诊传染病病例8 214例，保持全国第1位，有力应对了寨卡、登革热等传染病疫情，发现了全国第3例输入性寨卡病例。二是践行“美丽中国，绿蕾护航”行动，截获植物有害生物1 654种、13.7万种次，分列全国第3位、第4位，全国口岸首次检出达14次，并截获了地中海实蝇等重大植物疫情。三是建设国内首个国际生态安全示范港。推进盐田国际生态安全示范港建设，构建了国际生态安全港指标体系，获国标立项2项，地标立项3项、行标1项，实现了创建机制、工作模式、管理规范、技术突破、理论创新和文化创意六大突破，探索了生态文明建设实践的新路径，被列入深圳市国家生态文明先行示范区及标准国际化创新型城市建设的重点项目。

深圳出入境检验检疫局与香港政府渔农自然护理署签署《关于水生动物疫病检测的合作安排》

【深圳出入境检验检疫局确保进出口产品质量安全】 一是严格进出口食品监管，严密保障供港蔬菜、食品、农产品质量安全，全年检出婴幼儿乳粉等不合格食品455批，供港食品农产品未发生质量安全事故；并妥善应对了越南酸奶、内地供港活猪、大闸蟹检出药残超标等突发事件。二是深入开展消费品质量提升行动，开展日用消费品质量整治，检出不合格消费品336批；创新目录外监督抽查机制，抽检不合格265批。三是落实行政审批制度改革，进一步简政放权，取消行政审批事项5项，推进权责清单和公共服务事项公开，促进阳光执法。开展“清风”行动，联合警方捣毁特大制售假检验检疫证书窝点3个，刑拘10人，缴获假印章87枚（涉及18个直属检验检疫局及其39个分支局）、纸质及电子假证书1.2万余份，为近年来质检系统类似案件之最，央视频道播报4条次，成功入选2016年度质检法治典型案例；深圳出入境检验检疫局获评国家质检总局年度打假维权工作成绩突出单位。

深圳出入境检验检疫局在罗湖口岸截获胎牛血清

【深圳出入境检验检疫局支持深圳外贸发展】 一是大力推动出口食品农产品“同线同标同质”，帮扶16家企业成功登陆国家认监委“三同”信息服务平台；开展“示范区+”行动，创建深圳首个“省级出口玩具质量安全示范区”，并积极推进宝安区出口小家电国家级示范区的创建工作，发挥示范带动效应，促进深圳出口产品质量整体提升。二是加强“一带一路”沿线国家技术法规与标准的研究，申报《“一带一路”构建中非传统安全技术性贸易措施体系研究》等多个国家质检总局及深圳市科研创新项目，帮助企业拓展新兴市场。坚持以区域一体化促进贸易便利化，在深圳全面实施“三通”（通报、通检、通放），在泛珠三角区域开展“两直”（出口直放、进口直通）；全面推动“区港一体化”运作，将深圳部分口岸功能延展到辖区实施，2016年为企业节约2.4万天、降低成本20%、减少吊柜等费用600万元。三是围绕“去、降、补”出台服务外贸供给侧结构性改革24项措施，获国家质检总局和广东省、深圳市主要领导批示肯定；大力推行“双随机、一公开”，货物随机处理率达88.9%；利用产地证优惠政策为企业减免关税9.4亿美元；推出生物制品改革措施，支持深圳国际生物谷建设，实现进出口生物制品批次同比递增30%以上。四是发挥技术性贸易专业优势，积极促成美国无线电子通讯产品认证新规推迟一年执行，惠及约300亿美元出口产业，获国务院领导批示7次；有效应对电动平衡车输美受阻事件，成功化解海湾国家关于家电行业的GCC认证新规；开展电子烟出口欧盟市场风险预警等多项研究，相关专报被中办国办采用9次；成功召开“2016信息通讯产业技贸措施国际研讨会”，搭建全国首个信息通讯产业技贸措施公共服务平台，与国家质检总局标法中心、深圳市场监管局、深圳市公平贸易促进署签署四方协议，建立了政府、企业、社会多元共治机制。五是进一步推进“一企一策”服务模式。在深圳市委市政府主要领导的见证下，与招商局集团有限公司签署合作备忘录，共同打造国际国内领先的公共港口建设“硬”标准和“软”环境，助力深圳西部港区通关提速10%，入境冻肉同比增长118.1%，出境食用油同比增长56.4%；与华为、深圳市农产品股份有限公司、中芯国际等签署合作协议，进一步固化完善“一企一策”模式，扩大服务成效。

国家质检总局局长支树平、时任广东省委副书记、深圳市委书记马兴瑞在深圳调研

【深圳出入境检验检疫局监管模式创新】 一是创新出台自贸试验区可复制可推广的“深圳经验”。2016年深圳出入境检验检疫局创新出台17项支持广东自贸试验区前海蛇口片区发展的举措，其中8条列入广东自贸试验区第二批推广的创新经验中，3条列入商务部全国推广的创新经验中；在广东自贸试验区前海蛇口片区106项改革创新成果及93项改革创新优秀实践案例中，深圳出入境检验检疫局分别入选19项和11项，分别占比18%和12%，荣获自贸试验区贸易便利化改革创新先进单位并作经验介绍。二是发挥全国首个跨境电商检验认证联盟作用，推进跨境电商质量安全试验区建设，获深圳市政府批准实施；开展跨境电商产品质量安全监测，对跨境电商生鲜类产品实行“全球直采、一般贸易进口、跨境电商送达”的便利通关模式，搭建了关检联合查验作业平台，打造了“便捷通关，品质电商”品牌。三是探索了“1+4”全球溯源核放模式。依托现代溯源技术，深圳出入境检验检疫局在进口红酒、香米等11类进口食品以及进口挖掘机等工业产品复制推广“1+4”全球溯源核放，相关企业仓储成本节省90%，中央电视台对此深入报道。四是积极构建深港紧密合作机制。在粤港合作会议上，在广东省原省长朱小丹和香港特别行政区行政长官梁振英的见证下，深圳出入境检验检疫局与香港卫生署签署卫生检疫联防合作安排，创新深港“一检双放”查验模式。并与香港渔护署、食环署、香港理工大学签署合作协议，探索推进深港检测结果互认，在进口泰国龙眼、出口观赏鱼等检测结果互认上取得实质性的突破。深港检验检疫合作首次写入深圳市政府工作报告。五是率先在全国实施通关流程监控与时长测算管理，连续3年开展通关时长测算工作，累计放行时长缩短53.8%，深圳经验被全国推广。

深圳出入境检验检疫局与香港卫生署签署《有关深化旅客卫生检疫联防服务深港通关便利的合作安排》

【深圳出入境检验检疫局技术标准创新】 一是“智慧口岸”建设取得多项新成果。全面启动出口活畜智能监管等16个项目，首创“智慧卫生检疫”系统被全国推广应用，人脸识别红外测温、车载式核辐射实时定位跟踪系统等取得重大突破，获国家质检总局及科技部立项；顺利完成e－CIQ系统在深收官上线，获得质检部门“突出贡献集体”表彰。二是率先建设质检部门首个标准创新示范局，开展标准“引领、破壁、筑篱、示范、提升”五个专项行动，打造“口岸设施”等5个标准化示范点。2016年深圳出入境检验检疫局荣获国家质检总局及广东省、深圳市科技标准类奖项19项；获得国标立项2项，行标立项16项，深圳市地标立项34项，约占深圳市立项总数的20%，连续2年居深圳市第1位；跨境电商、电子烟、电动平衡车等多项标准实现国内首创。作为2个直属检验检疫局之一在第39届ISO大会期间作经验交流。三是重大科研及实验室建设取得新突破。2016年获国家重点研发计划课题6项，获科研经费1 400余万元；获广东省、深圳市科技立项4项、经费660万元。大力推进智慧实验室建设，新增认可检测项目2 029个，目前已达9 596个；新申报的国家葡萄酒重点实验室获国家质检总局批准，目前国家重点实验室数量达18个。

深圳出入境检验检疫局盐田口岸第四代智能消毒机械臂

【珠海出入境检验检疫局大力推进科学监管体系实施】 珠海出入境检验检疫局立足于防范系统性、区域性和行业性安全风险事件，以风险管理为指导思想，实施了基于风险管理的检验检疫监管体系指南（2016版）、风险分级处置运行程序（2016年版）。切实转变监管理念，进一步凸显维护安全的核心职能，在各业务领域内制定风险分级标准，完善风险分级处置规则，实现风险分级处置，建立健全风险等级和分级处置措施动态调整机制，大力推进科学监管体系实施运行。逐步推进建立以e－CIQ为依托、综合利用现有系统和珠海电子口岸的珠海局“一检通”综合业务管理平台，突出互联互通、优化业务流程，为监管体系和风险处置提供信息化保障。组织召开科学监管体系推进会，开展专项督办，有力推进监管体系实施。

【珠海出入境检验检疫局深化改革要求，推进机制创新】 珠海出入境检验检疫局贯彻落实中央关于推进简政放权、放管结合、优化服务的精神，深入推进各项机制创新。全力落实国务院和国家质检总局部署，加强组织领导，细化责任分工，全面完成了珠海口岸查验机制创新试点任务，实现查验监管模式优化、口岸协作机制优化、技术支撑能力优化和人力资源配置优化。监管模式方面，实行旅检通道前后台分离查验，常态下实施旅客“入境查验、出境监控”模式，旅客通关体验和检验检疫风险应对能力明显提升，检出传染病确诊病例同比增长205.45%；实施“检疫官—X光机—检疫犬—红外探测仪”四位一体查验新模式，针对性开包检查准确率从65%提升到95%。口岸协作方面，深化了与其他联检单位、地方政府、澳门在“三互”“单一窗口”、口岸执法协作等方面的合作。技术支撑方面开发应用卫生检疫综合查验系统、红外探测仪等查验设备，提升检验检疫对冻品等低温产品的开包检查准确率。人力资源方面，精简机关人员充实口岸一线，在湾仔口岸探索一套查验机构监管多个口岸。国家口岸办和中央编办高度评价试点工作，认为取得显著成效，多项成果可向全国同类口岸复制。

【珠海出入境检验检疫局支持横琴自贸试验

区建设】 珠海出入境检验检疫局依托政策理论研究和制度创新，推动更好发挥“分线管理”作用，在细化出台“分线管理”相关制度基础上，探索进一步放开横琴与澳门间的“一线”检验检疫功能，最大限度便利横琴与澳门间人与货的流动。总结提出7项自贸试验区创新制度申报广东自贸试验区第二批改革创新经验，联合澳门中联办经济部、横琴新区管委会开展澳门工商业界对横琴自贸试验区政策创新需求调研。推进澳门单牌照车进入横琴特色监管政策落地，提出多项便捷支持措施，便利澳门及葡语系国家（地区）企业到横琴投资经商，推动横琴打造珠澳合作平台。支持横琴进口商品直销体验中心和葡语系国家商品展示展销中心建设，对横琴长隆项目实施进口野生珍稀动物、演艺动物监管便利政策。

【珠海出入境检验检疫局支持服务地方外贸健康发展】 珠海出入境检验检疫局把握地方政府、企业对检验检疫工作需求，出台发挥检验检疫职能作用，促进外贸回稳向好13项工作措施。一是服务“优进优出”战略。创新服务形式，加强国外技术性贸易措施应对，完成对22家企业的损害调查并撰写报告。服务优质稀缺资源进口，组织开展进口大宗资源性商品“口岸天平行动”，检出大宗商品短重117批，其中15批索赔成功，避免经济损失580万美元。着力提升食品质量供给水平，开展出口食品企业内外销“同线同标同质”等帮扶行动，力促4家企业上线“三同”平台，帮扶出口食品企业开拓俄罗斯、塞班岛等市场，扶持斗门水产品打入越南市场。二是营造对外贸易良好环境。全面梳理公共服务事项23项，向社会公布珠海局公共服务事项目录。完善企业信用管理，共采集企业信用信息1 254条，按规定完成对1 807家应评企业的等级评定工作。持续推进无纸化报检工作，全面推行原产地证申报一体化和无纸化，最大幅度节省企业办证时间。三是服务外贸新业态。通过建立“事前准入、事中监测、事后追溯、安全高效”的跨境电商出入境检验检疫监管机制，大力支持跨境电商、外贸综合服务体、旅游购物等外贸新业态发展，积极支持中国—巴西跨境电商与服务贸易一体化项目建设。

【珠海出入境检验检疫局保障供港澳民生用品质量安全和口岸公共卫生安全】 珠海出入境检验检疫局着力打好“技术牌”，念好“服务经”，深化珠港澳检验检疫合作，维护港澳繁荣稳定。一是继续严密检验检疫监管，保障供港澳食品农产品质量安全，维护珠澳、珠港口岸公共卫生安全，与港澳加强供港澳食品农产品监管合作和疫情防控合作。完善检验检疫监管工作机制，保障了供港澳食品农产品质量安全，维护港澳稳定繁荣。妥善应对香港、澳门从街市环境样本中检出H7亚型流感病毒阳性并暂停内地活禽供应事件，促成港澳主管部门将休市时间从21天调整为3天，珠海活禽在全国率先恢复供应港澳。出台境外冻肉经珠海特殊监管区域仓储转运澳门等物流中转监管措施。二是贯彻中央19项惠澳措施，服务澳门经济适度多元化发展，跟进澳门“三个中心”（葡语系国家食品集散中心、中葡中小企业商贸服务中心、中葡经贸合作会展中心）建设进展，研究支持措施。支持澳门单牌车入横琴政策落地实施，妥善协调处理珠澳口岸入境车辆轮胎消毒池有关问题。三是加强互访交流，进一步深化合作。通过“五地会议”平台开展技术和学术交流，与澳门民署联合开展“供澳食用水生动物安全性调查研究”、“供澳活食用动物应用电子卫生证书可行性研究”等项目，与香港环境卫生署食物安全中心人员共同开展供港澳食品安全检查。与中国检验有限公司签署技术领域战略合作备忘录，共同研究战略谋划、推动产业转型升级、打造公共技术服务平台。

开放口岸

【广州空运口岸（广州白云国际机场）】 位于广州市白云区人和镇以北、花都区新华镇以东交界处，距市中心海珠广场30.7千米。是我国首个按中枢理念规划建设的航空港，大型国际航空枢纽，国内三大枢纽机场之一，华南地区最大的航空口岸，是中国南方连接国内各省市及世界各地，特别是中国至东南亚各国的航空交通枢纽。2004 年 8 月 5 日正式投入使用，现有 3 800 米×60 米跑道两条、3 600 米×45 米跑道一条，是国内第三个拥有 3 条跑道运营的机场，飞行等级为 4F，可满足 A380 飞机在内的各类大型飞机全载起降。机场将采用两楼运作模式，一号航站楼已具备口岸功能，建筑面积为 50 万平方米。二号航站楼的建设工程正抓紧推进，计划 2018 年 2 月底正式投入使用。商务航空服务基地预计 2017 年 10 月建成运行，国际旅客设计容量为每年 2.5 万人次。按设计要求，一号航站楼、二号航站楼和商务航空服务基地具备口岸功能，可以满足约 50 万架次、8 000 万旅客量和 250 万吨货邮量的运营需求。2016 年 1 月 24 日，白云机场东二指廊从国内指廊改造为国际指廊。广州空运口岸现有国际（地区）客运航线 132 条、货运航线 57 条，遍布全球五大洲 100 多个城市，2016 年新开通、复航及加密国际航线 27 条，进出境货运量 94.34 万吨、旅客 1 380 万人次，同比增长 17.3%、17.5%。

2013 年 6 月 28 日起，白云国际机场正式试行 24 小时直接过境旅客免办边检手续。2013 年 8 月 1 日起，正式实施对部分持有第三国签证和机票的外国人实行过境 72 小时免办签证政策。2016 年，白云国际机场口岸共为 4 500 名符合条件的外国旅客提供 72 小时过境免签服务。

美国联邦快递公司亚太转运中心，2009 年 2 月在白云国际机场正式投产运营，是该公司在美国本土以外建造的最大转运中心，总投资 40 多亿，占地面积 1.63 平方千米。每周有 16 条国际货运航线 136 架次货机进出白云国际机场，往返 220 多个国家和地区。每小时可处理 2.4 万个货件，转运中心能够隔夜将货件送达亚洲 22 个主要城市。

广州白云机场综合保税区于 2010 年 7 月 3 日获国务院批准设立，批复面积 7.39 平方千米（包括中区、北区、南区三个区块），一期建设规划面积为 1.65 平方千米，已于 2014 年 4 月 17 日通过国家验收，2014 年 7 月 29 日正式封关运作。2016 年 8 月白云机场综合保税区重新拟定和报送优化整合方案。2016 年 6 月 1 日起白云机场综合保税区开展免除进口环节海关部门查验没有问题外贸企业吊装移位仓储费用工作，属全国空港范围首创。

2016 年，广州空运口岸出入境人员 1 321.98 万人次，同比增长 16.1%；飞机 9.50 万架次，同比增长 14.8%。

【深圳空运口岸（深圳宝安国际机场）】 深圳宝安国际机场是我国第一家以地方投资为主兴建的机场，一期工程于 1989 年 5 月动工兴建，1991 年 10 月正式开通国内航线。1992 年 2 月经国务院批准正式对外开放口岸。深圳宝安机场拥有中国现代化程度最高的航空货站和 24 万平方米的货运停机坪，货站内建有现代化的立体散货及集装货处理系统，启用了货物存放、存取机械化自动系统，并配备了电脑自动化语音查询系统，可提供规范、流畅、便捷的服务。2013 年 11 月 28 日，深圳机场 T3 航站楼正式投入使用，原 A、B 航站楼和临时国际候机楼停止使用。深圳机场新航站楼国际区设计总面积为 5.5 万平方米。一楼入境大厅联检查验区面积为 4 250 平方米，三楼出境大厅联检查验区面积为 2 400 平方米。T3 航站楼入境和出境大厅配置的查验监管设施基本一致，各包括海关查验通道 2 条、检验检疫查验通道 8 条、边检查验通道 16 条（含无障碍通道）。签证处位于入境大厅东侧，配备了四个办证窗口，能够有效满足航班高峰期旅客的签证需求。T3 航站楼流量设计目标到 2035 年，预计年旅客吞吐量 4 500 万人次，其中国内旅客 3 600 万人次，国际旅客 900 万人次，预计高峰小时旅客人数为 13 716 人，货邮吞吐量 240 万吨，飞机起降架次为每年 37.5 万架。2015 年 11 月 11 日，在深圳市口岸办的积极协调下，深圳机场实行 24 小时通关。

2016 年深圳机场积极拓展国际航线，全年新增国际客运航线 12 条，先后拓展洛杉矶、法兰克福、西雅图等欧美地区航线，悉尼、奥克兰等澳洲地区航线，以及雅加达、暹粒、岘港、芽庄、清迈等东南亚地区航线，此外还开通了东京、迪拜地区的国际航线。截至2016年12月，深圳机场开通客运国际航线24条、货运国际航线14条、港澳台地区航线5条。

2016年，深圳空运口岸出入境货物25.34万吨，同比增长18.4%，出入境旅客286.34万人次，同比增长25.6%。

【揭阳空运口岸（揭阳潮汕国际机场）】 揭阳潮汕国际机场根据国务院、中央军委《关于同意新建广东潮汕民用机场的批复》（国函〔1999〕16号）建设，2011年12月15日以临时开放的形式投入使用，汕头外砂机场口岸原有查验机构转入揭阳空运口岸；2013年12月16日获国务院批准对外开放；2014年7月10日通过国家验收，正式对外开放。2014年9月12日揭阳潮汕机场更名为揭阳潮汕国际机场。

揭阳潮汕国际机场位于揭阳市空港经济区登岗镇，距离揭阳、汕头、潮州市区距离分别为22千米、28.5千米、24千米，服务总面积为3万多平方千米的粤东地区，辐射闽南、赣南部分地区，与宝岛台湾隔海相望，是直飞台湾距离最近、客源较多的机场之一。机场占地339万平方米（含场外8.34万平方米），定位为国内中型机场，规划以2020年为目标年，飞行区等级指标为4E级，本期按4D级标准建设，现有长2 800米、宽45米的跑道1条，配备双向I类精密进近助航灯光系统和I类仪表着陆系统，停机坪面积16万平方米，停机位21个（其中廊桥机位12个），航站楼面积5.5万平方米（其中国际区域面积约1.25万平方米），值机柜台39个，安检通道14条，行李转盘4座，可满足B767型等级飞机的起降要求和年旅客吞吐量450万人次使用需求（其中可满足年吞吐量100万国际旅客场地需求）。截至2016年12月31日，开通国内外定期航线44条，运营航空公司16家。其中国际及地区定期航线6条（香港、台北、新加坡、曼谷、吉隆坡、大阪），另有国际及地区不定期包机航线2条（仁川、内比都）。2016年出入境旅客30.74万人次，飞机起降2 881架次，货邮496.7吨。揭阳空运口岸查验配套设施由航站楼旅客出入境查验现场、国际货运站查验设施、口岸查验综合办公楼三部分组成。

航站楼旅客出入境查验现场位于航站楼东侧，分为三层。第三层为国际出发厅，按照出境检查流程顺序，设置检验检疫、海关、边检检查区域。其中，检验检疫候检区面积约250平方米，工作用房面积约120平方米，查验通道6条；海关候检区面积约为350平方米，工作用房面积约210平方米，查验通道7条；边检候检区面积约390平方米，工作用房面积约110平方米，查验通道8条。第二层和第一层为国际到达厅，按照入境检查流程顺序，设置检验检疫、边检、海关、动植物检疫检查区域。其中，检验检疫候检区面积约330平方米，工作用房面积约150平方米，查验通道6条；边检候检区面积约380平方米，工作用房面积约390平方米，查验通道10条；海关候检区面积约1 200平方米，工作用房面积约300平方米，查验通道5条；动植物检疫工作用房面积约210平方米，查验台2个，配有检疫犬用房。

国际货运站查验设施位于揭阳潮汕机场西北侧，分为二层。首层为国际到港、国际出港查验区，设有海关、检验检疫现场业务用房。其中，海关监管仓库为独立封闭区域，面积1 400平方米，设置集中查验场地、特殊物品仓库、海关暂扣物品仓库等监管设施；安装了X光机、地磅等配套查验设备。出入境检验检疫查验现场查验用房5间93平方米，设置入境查验房、药械房、入境监管仓、出境查验房、出境监管仓等监管设施；配置查验平台2个97平方米，卫生处理区180平方米。二层为海关、检验检疫申报大厅，面积约260平方米，其中海关、检验检疫申报大厅面积各约90平方米，办公用房各约40平方米。

口岸查验综合楼及附属楼位于揭阳潮汕机场西南侧，建设用地1.44万平方米，建筑面积1.34万平方米，总投资4 929.26万元，为海关、边检、检验检疫三个查验单位的办公、业务、生活及配套场所，各查验单位面积平均约 4 472 平方米。

2016 年，揭阳空运口岸出入境飞机 2 881 架次，同比增长 10%；出入境人员 30.74 万人次，同比增长 23.65%。

【梅州空运口岸（梅县机场）】 梅州空运口岸位于梅州市梅江区三角镇境内，地处闽、粤、赣三省交界处。1985 年 6 月动工兴建，1987 年 9 月建成投入使用。

梅州空运口岸于 1989 年 3 月经国务院批准对外开放，1989 年 11 月 28 日梅州至香港直航包机航线正式通航。梅县机场占地面积 1 775 亩，停机坪面积 20 400 平方米，机场跑道长为 2 400 米，宽 45 米，飞行区等级为 4C 级，可以满足 A320、B737－800 等主力机型的起降要求，停机坪设有 5 个机位（3 个 B 型和 2 个 C 型），机场规模设计为每年旅客吞吐量 30 万人次，飞机起降 4 860 架次，货邮吞吐量 450 吨。2014 年 5 月梅县机场国内、国际航站楼全面维修改造升级，国际候机楼由原出入境单向通道改为出入境同时验放双向通道，提升了航空口岸的对外开放水平。

梅县机场已开通梅州至广州、珠海、南宁、海口、上海、郑州、天津、北京、长沙、西安、香港、台湾等航线，截至 2016 年年底，梅县机场共计有国内外航线 10 条（航点 15 个），香港航班每周两个往返，台湾航班每周两个往返。运营航空公司 6 家。2016 年，梅县机场旅客吞吐量 33.6 万人次，同比增长 48%。2016 年 12 月 2 日，梅州空运口岸扩大开放获国务院同意，批准列入了国家口岸发展“十三五”规划。

2016 年，梅州空运口岸出入境旅客 2.7 万人次，同比下降 8.5%；出入境飞机 450 架次，同比下降 7.2%。

【湛江空运口岸（湛江机场）】 位于广东、广西、海南三省的交界处，是连接广东、广西和海南的重要交通枢纽。湛江机场始建于 1936 年，系当年的法国殖民者侵占和租用“广州湾（1943 年 8 月 22 日定名湛江市）”时兴建，距今 80 年。1953 年国家民航局批准“中国民用航空湛江站”成立；1987 年 7 月 7 日国务院批准湛江机场对外开放。湛江机场飞行区等级标准为 4D 级，拥有 2 个停机坪，总面积 4 万平方米；货运中心面积 2 700 平方米，年处理货物能力 10 万吨；口岸国际联检厅面积 2 868 平方米，综合业务楼 4 616 平方米。

2016 年湛江机场新增湛江—西安、郑州、杭州、珠海等 6 条航线，与国内通航城市达 27 个，参与运营航空公司 11 家，旅客吞吐量 154.6 万人次。5 月 5 日湛江国际航线“西安—湛江—曼谷”顺利首航，湛江—曼谷航班每周 3 个航班往返。

2016 年，湛江空运口岸出入境旅客 6.5 万人次，同比增长 62.1%；货邮量 335.1 吨，同比增长 11.1%。

【广州陆路（铁路）口岸】 广州陆路（铁路）客运口岸是广州直通香港九龙的客运一类口岸。广九直通车于 1979 年经国务院批准在原流花车站开通。1991 年广州市政府和广铁集团共同投资 6.8 亿元，在天河新建广九直通车站，并于 1996 年 9 月 28 日正式启用。位于广州市天河区中心地带，有大型地铁、公交车站等公共交通配套设施，规模大、设备先进、建筑新颖，口岸日发广九线直通列车 12 对，2016 年 7 月 1 日启用软纸车票。

2016 年，广州铁路口岸出入境旅客 259.6 万人次，同比下降 29.07%。其中出境 150.4 万人次、入境 109.2 万人次。接待来自香港特区政府、港区人大代表、外宾等重点旅客 53 批 697 人。

2016 年 8 月 28 日，大朗铁路货运站顺利开通首趟中欧班列，并形成每周开行一趟的常态化运营。2016 年共开行 13 趟班列，发送出口货物 3 738 吨，货值 4 245 万美元。

【佛山陆路（铁路）口岸】 佛山铁路口岸于 1993 年经国务院批准对外开放。位于禅城区文昌路 12 号，开设的固定班次为九龙至佛山以及佛山至九龙的直通列车，是我国直通香港的第二个铁路口岸，也是佛山市唯一的铁路口岸。现由国有独资企业佛山市火车站建设经营公司负责经营。

2016 年，佛山铁路口岸出入境旅客 2.38 万人次，同比下降 13%。其中，入境旅客 1.41 万人次，同比下降 12%；出境旅客 9 715 人次，同比下降 14%。

【肇庆陆路（铁路）口岸】 位于肇庆市端州区西江北路肇庆火车站东侧，距香港 301 千米，设计年通过能力 60 万人次。1994 年 8 月 6 日经国务院批准开放（国函〔1994〕78 号文），1995 年 3 月 28 日建成并开通肇庆至香港九龙客运直通列车，途经佛山、广州、东莞口岸，每天对开一个班次，单程行车时间约 4 小时。

肇庆铁路客运口岸大楼共六层，总建筑面积 1.55 万平方米，首层为出入境联检大厅，面积 4 168.15平方米，由肇庆市商务局（肇庆市口岸局）负责管理。其中，出境大厅分别设有检验检疫查验台、医学排查室、海关询问室、边防询问室和勤务室，边防验证通道 8 条（即时视频监控连通广东省边防总队至公安部），海关行李检查 X 光机 1 台（即时视频监控连通广州海关）；入境大厅分别设有检验检疫查验台、负压医学排查室、动植物检疫处理室、海关询问室、边防勤务室和执法室，边防验证通道 8 条，海关行李检查 X 光机 1 台（即时视频监控连通广州海关，并与检验检疫实行一机双屏监管）。

按照肇庆市委市政府建设肇庆火车站综合体的工作部署，肇庆铁路客运口岸须在该综合体建设期间暂时停运。2016 年 10 月 12 日肇庆市局就肇庆铁路客运口岸在肇庆火车站综合体建设期间暂停运作一事，向广东省口岸办上报书面请示，并请广东省口岸办转报国家口岸办审批。2016 年 12 月 23 日，国家口岸办下发《国家口岸管理办公室关于同意广东肇庆铁路客运口岸暂停运行的复函》（国岸函〔2016〕152 号），同意肇庆铁路客运口岸在口岸改造期间暂停运行。

2016 年，肇庆铁路口岸出入境旅客 5.09 万人次，同比下降 10.3%。其中，入境 2.77 万人次，出境 2.32 万人次。

【东莞陆路（铁路）口岸】 位于东莞市东部的常平镇内，地处京九、广梅汕、广深准高速铁路三线交汇点，是我国南方新兴的铁路交通枢纽，是东莞市对外开放的重要通道之一。1994 年 8 月，国务院批准开设东莞常平铁路客运口岸，10 月正式对外开放。1997 年 5 月～2003 年 9 月经国务院批准，京九、沪九直通旅客列车经停东莞常平铁路客运口岸，并在此办理出入境手续。1997 年 12 月，国务院批准常平铁路客运口岸更名为东莞铁路口岸。

口岸现场设在东莞火车站新综合大楼 3 楼对开的铁路跨线桥上，总建筑面积 3 450 平方米，出境和入境查验场地的面积均为 720 平方米，出、入境旅客候车室各 240 平方米。设有进出境通道各 10 条。东莞陆路（铁路）口岸于 1994 年 10 月 28 日正式开通。开通初期每日经停广州至九龙的直通旅客列车进出境各 1 趟，每趟列车安排 1 节车厢 80 座席在常平上落；1995 年 10 月 8 日增停肇庆至九龙的直通旅客列车；1997 年 5 月 19 日北京至九龙、上海至九龙直通旅客列车在东莞陆路（铁路）口岸进行查验；2000 年 8 月再增停广九线开行的“新时速”列车；2001 年 6 月 28 日开始承担东莞至九龙假日直通旅客列车的查验和监管任务，假日直通旅客列车在周五、周六、周日和香港公众假期开行，每趟车 8 节车厢，共 586 个坐席。2012 年 6 月 7 日，铁路总公司将东莞站更名为常平站，广深线新建的石龙站命名为东莞站。目前每天停靠广九直通车“10 进 10 出”共 20 班，铁路部门提供给常平的票额每班车是 1 至 2 节车厢，每天共 2 145 个坐席。

2015 年 9 月，东莞石龙铁路国际物流中心实现临时对外开放，目前开通“粤新欧”“粤满俄”“中韩快线”等固定班列。广东省政府、东莞市政府对石龙基地项目高度重视，拟将其打造成为助推广东融入“一带一路”国家建设、构筑竞争发展新优势的重要基地。现已将此项目申请纳入国家“十三五”口岸规划。

2016 年，东莞铁路口岸出入境旅客 38.9 万人次，同比下降 4.8%。

【罗湖陆路（公路）口岸】 罗湖陆路口岸位于深圳罗湖商业中心区南侧，与香港新界一河之隔，深港两地由一座双层人行桥和一座铁路桥相连。罗湖陆路口岸是改革开放前深圳仅有的两个陆路口岸之一。1887 年九龙海关正式建立，1949 年九龙关起义，建国初期主动后撤至现在位置。现联检大楼于 1984 年 1 月开始动工兴建，1985 年 6 月 14 日竣工启用。占地面积 9 106 平方米，主楼高 12 层（含地下一层），南、北附楼各 3 层，总建筑面积共 70 623 平方米。楼内地下 B 层和一层为入境（北行）查验场地，建筑面积 18 107 平方米；二层和三层为出境（南行）查验场地，建筑面积 17 558 平方米。具体设置如下：地下 B 层设为港澳旅客入境检查通道，一层为非港澳旅客入境检查通道，二层为非港澳旅客出境检查通道，三层为港澳旅客出境检查通道。该口岸出入境验证通道共有 187 条，其中人工查验通道 108 条，自助查验通道 79 条。口岸设计通过能力由上世纪八十年代每天 20 万人次，提高到 2002 年每天 40 万人次。

2016 年，罗湖公路口岸出入境旅客 8 122.4 万人次，日均 22.19 万人次，同比减少 3.2%。

【皇岗陆路（公路）口岸】 皇岗陆路口岸位于深圳市福田区南端，与香港新界落马洲隔河相望，口岸南面的皇岗—落马洲大桥横跨深圳河连接深港两地。

皇岗陆路口岸是配合广深高速公路建设开设的口岸。1985 年 5 月，开始建设，1988 年 11 月 30 日经国务院批准对外开放，1989 年 12 月 29 日货运部分启用通车，1991 年 8 月 8 日客运部分开通使用。1994 年 11 月 3 日起，开辟两条货检通道试行 24 小时通关，并设置了空车验放专用通道。1997 年 3 月 20 日，开通了皇岗—落马洲穿梭巴士服务，为方便旅客过境开辟了一条新的途径。1999 年 10 月，实行货车自然分流通关，即除部分货物、车辆按照有关规定维持现行做法从指定口岸进出境外，其他行走文锦渡、沙头角陆路口岸的货车在原行走口岸晚上关闸以后，可行走皇岗陆路口岸 24 小时通关的货车通道。2003 年 1 月 27 日零时起，皇岗陆路口岸实行旅检通道 24 小时通关。2003 年 10 月 8 日，开始允许持有文锦渡、沙头角陆路口岸两地牌的私家车、公务车和商务车在 0：00 时至 6：30 时从皇岗陆路口岸出入境。

皇岗陆路口岸区域占地面积 101.6 万平方米，其中监管区 65.3 万平方米，生活区 6.8 万平方米，商业服务区 29.5 万平方米。监管区分东、西两个场地，东场为货检场地，西场为客车和旅检场地。货检场东侧为入境查验场，西侧为出境查验场；旅检大厅东西向排列，东侧为入境大厅，西侧为出境大厅，大厅两侧为客车通道。共设有出入境小汽车、客车检查通道 10 条（出入境各 5 条），货车检查通道 40 条（出入境各 20 条）；旅客检查通道 50 条（出入境各 25 条）。设计通过能力为每日车辆 5 万辆次（标准车）、旅客 5 万人次。

皇岗口岸改造工程项目于 2006 年立项，2007 年 3 月正式动工。2011 年 7 月，皇岗口岸出境区域“车港城”改造竣工并启用。2014 年 8 月，深圳市口岸办启动皇岗口岸重建或局部改造方案的前期研究工作，初步完成了皇岗口岸重建或局部改造方案，并征求了相关单位的意见。2015 年 9 月，深圳市发展改革委下达了皇岗口岸重建项目前期费用 400 万元。2016 年 1 月，皇岗口岸重建专项研究完成招标；2016 年 12 月，皇岗口岸重建专项研究已基本完成，重建方案正在征求各相关部门意见。同时，皇岗口岸重建项目工程可行性工作也正在推进，已完成招标。

2016 年，皇岗公路口岸出入境旅客 3 053.7 万人次，同比下降 16.91%；出入境车辆 870.7 万辆次，同比下降 1.62%。

【文锦渡陆路（公路）口岸】 文锦渡陆路口岸是以供港鲜活产品过境为特点的客、货运综合性公路口岸。位于深圳市罗湖区南面、香港新界北面，由一座公路桥与香港新界相连。

文锦渡陆路口岸是改革开放前深圳仅有的两

个陆路口岸之一。1978年经国务院批准对外开放。改革开放前，文锦渡只是供港鲜活商品的贸易口岸，1978年10月建成公路桥，1985年2月新建一座公路桥，实行出入境车辆分桥行驶。配合治理深圳河工程，原出入境桥被拆除，新建一座出入境双向桥于2005年2月正式投入使用。口岸区域占地面积13万多平方米。

2010年文锦渡陆路口岸开始进行旅检场地改造。从2010年2月22日零时起，文锦渡陆路口岸客运区域改造期间实行临时关闭。原从文锦渡陆路口岸出入境的客车（含过境巴士、私家车、公务车及商务车），按其已选择的口岸出入境。文锦渡陆路口岸客运区域改造期间，口岸货运区域正常开放。

2011年5月，文锦渡陆路口岸旅检场地改造工程正式动工，2013年5月8日完成竣工验收，8月26日客运区域恢复运行。

该项目总用地面积3.42万平方米，总建筑面积4.76万平方米，工程总造价约2.89亿元。工程主要由新建联检综合楼，停车楼及附属建筑小客车查验通道、雨棚等单体组成。其中，联检综合楼建筑高度约30.4米，地上六层，局部地下一层，建筑面积2.03万平方米（含地下室）。停车楼建筑面积约2.21万平方米，建筑高度约23.7米，地上共七层，不设地下室，功能设置一到六层为停车库，七层为协查武警驻地营房、宿舍。

旅客查验区联检楼大厅面积约为7 000平方米（一、二层各为3 500平方米），一层为入境联检大厅，二层为出境联检大厅。查验通道由原来的18条（出境8条，入境10条），增加到44条（出入境各22条，其中人工查验通道24条，自助式查验通道20条）。设计日过境旅客通过能力由3 000人次增加到3万人次。小（客）车查验区查验通道由原来2条（出入境各1条），增加到10条（出入境各5条，其中小车通道3条、客车通道2条）。设计日过境小（客）车通过能力由1 100辆次增加到3 000辆次。

2016年，文锦渡公路口岸出入境旅客410.7万人次，同比下降28.45%；出入境车辆179.1万辆次，同比下降1.81%。

【沙头角陆路（公路）口岸】 位于深圳市盐田区沙头角西面，东接沙头角保税区和盐田港，北邻梧桐山公路隧道。1984年9月，经国务院批准对外开放，1985年3月建成使用，2005年1月28日启用新的口岸跨境大桥。口岸管理区占地面积约4.2万平方米，其中出入境旅客查验场地5 700平方米，出入境货物查验场地3.6万平方米。旅检大厅设在口岸区中间，东侧是出境货检场，西侧是入境货检场。共设有出入境车辆检查通道10条（出入境各5条），查车台15个；出入境旅客检查通道22条（出入境各11条）。此外，还建有专门供香港灵柩入境的检查服务设施，为港澳同胞前往大鹏湾“华侨墓园”办理安葬和扫墓活动提供方便。设计通过能力每日车辆1 500辆次、人员1 500人次。

沙头角口岸因联检楼存在结构安全隐患，已确定以重建方式进行整体改造。2015年11月，深圳市发展改革委下达了沙头角口岸重建项目前期费用400万元；2016年，沙头角口岸重建项目已完成工程可行性研究招标，正开展工程可行性研究工作。

2016年，沙头角公路口岸出入境旅客313.1万人次，同比下降18.19%；出入境车辆81.1万辆次，同比下降0.97%。

【深圳湾陆路（公路）口岸】 2006年2月28日，《国务院关于同意广东深圳湾口岸对外开放的批复》（国函〔2006〕13号）批准深圳湾口岸对外开放。口岸位于深圳市南山区蛇口东角头，经深圳湾跨海大桥连接香港鳌勘石。深圳湾陆路口岸是国家“十五”重点建设项目，1997年12月，国家批准立项，工程于2003年8月奠基，2007年7月1日正式开通启用。是经全国人大授权、国内首个实施“一地两检”查验新模式的现代化、智能化口岸，深港双方口岸区域均在深圳境内，双方口岸查验单位均在一栋大楼内完成查验工作。口岸占地面积为117.9万平方米，其中深方为76.3万平方米，港方为41.6万平方米，口岸联检大楼建筑面积5.4万平方米。

深圳湾陆路口岸开通初期采用旅检大楼内同一层双向通行，即出入境旅客均在一层大厅内通行。随着客流量不断攀升，2011年2月18日深圳湾陆路口岸旅检大楼分层改造工程开始施工，同年4月6日完成二层出境大厅改造工程，7月15日完成一层入境大厅改造工程并投入使用。改造后，深圳湾陆路口岸旅检大楼一层为入境大厅，设人工验放通道25条，自助通道25条；二层为出境大厅，设人工验放通道27条，自助通道25条。在小（客）车检查通道上，海关、边检分别在出、入境检查通道上各设小车通道17条、客车通道2条；在货车检查通道上，货车出境通道海关设27条，边检设22条；货车入境通道海关设26条，边检设22条，另设海关二道12条。

深圳湾陆路口岸设计通过能力为每日车辆5.86万辆（其中货车4.32万辆次、小汽车1.39万辆次、大客车1 500辆次），设计旅客流量为每天6万人次。

2015年2月，深圳湾口岸综合节能改造项目竣工验收，2015年上半年深圳湾口岸用电量同比下降9.13%；2015年2月配合深圳市交通运输委员会关于深圳湾口岸交通优化改造方案实施，对深圳湾口岸对A、B、C三个停车场收费岗亭进行了迁移，完善升级各停车场收费系统；2015年5月对深圳湾口岸沿江高速隧道出口与货车出境查验场地的连接路段被命名为“内环路”，货车入境查验场地与沿江高速口岸隧道入口连接路段被命名为“东滨隧道延长线”。2015年6月，深圳湾边检站对旅检大厅出入境通道升级改造，改造后旅检入境人工通道17条、自助通道37条（其中8条设置学童查验功能）；旅检出境人工通道21条、自助通道27条（其中6条设置学童查验功能）。2015年11月初，深圳市发展改革委已同意将深圳湾口岸和福田口岸两个改造项目整合为深圳湾口岸、福田口岸基础设施和机电设备改造项目，并正式下达了前期费用200万元，用于项目建议书编制等前期工作。2016年，深圳市交通运输委员会已委托设计单位完成“深圳湾口岸交通完善改造方案”，完成出境小车道排队区域北面瓶颈道路改造工程，以共同缓解深圳湾口岸交通拥堵问题。

2016年，深圳湾公路口岸出入境旅客4 138.6万人次，同比下降0.28%；出入境车辆438.3辆次，同比增长12.82%。

【福田陆路（公路）口岸】 位于福田区裕亭路（福田保税区东侧）。福田陆路口岸工程建设于2004年12月正式开工，2007年6月1日《国务院关于同意广东深圳福田口岸对外开放的批复》（国函〔2007〕53号），批准同意福田陆路口岸对外开放。2007年8月15日开通启用。总占地面积6.30万平方米，总建筑面积8.42万平方米。口岸由人行通道桥和旅检大楼组成。人行通道桥连接福田陆路口岸联检大楼和香港九广铁路落马洲管制站，桥长240米，深方116米，港方124米，桥宽16.5米，上下两层（上层为出境，下层为入境），单向行走，桥内有自动步行梯（深圳一方每层有一部长80.5米的自动步行梯），分别供深港出入境旅客使用。旅检大厅面积约1.2万平方米，二层为入境旅检大厅，三层为出境旅检大厅。出境大厅内设有边检通道78条（自助式通道22条、人工验放通道56条），入境大厅内设有边检通道75条（自助式通道38条、人工验放通道37条），出入境通道共153条。设计日过境旅客通过能力为25万人次。

2016年，福田公路口岸出入境旅客6 342.6万人次，同比增长2.42%。

【拱北陆路（公路）口岸】 地处珠海经济特区境内，距市政府所在地香洲区9千米，北面是北岭工业区，西北面是前山镇，西南临近湾仔口岸，东临南海，南与澳门相连。1849年，葡萄牙人在拱澳之间建筑城墙设置闸口，闸口北面称为上关闸，南为下关闸。1887年4月2日，清朝政府在拱北设置海关，新中国成立后接管该关。1999年10月2日，迁建后的拱北口岸作为省政府迎澳门回归重点工程之一建成投入使用。

口岸占地面积为16.2万平方米，口岸建设总投资8.3亿元，建筑面积为12.8万平方米。其中，联检楼（三层半）面积为3.5万平方米，改扩建联检楼（四层，含负一层）面积为4.32万平方米，免税商场及走廊1.3万平方米，进境查验场5 000平方米，出口报关楼及货物查验场1万平方米，其他配套设施建筑2.18万平方米。拱北口岸设计通关能力为50万人次/日，现有口岸通关能力为35万人次/日，车辆8 000辆次/日。改扩建后联检楼二层尚未开通使用。

拱北口岸设有出入境旅客通道共202条（联检楼出境大厅设56条，其中人工通道24条，自助通道32条；联检楼入境大厅设66条，其中人工通道28条，自助通道38条；改扩建出境大厅设37条，其中人工通道16条，自助通道21条；改扩建入境大厅设40条，其中人工通道14条，自助通道26条；出境随车人员验放厅设4条，其中人工通道2条，自助通道2条；入境随车人员验放厅设3条，均为人工通道)。"一站式"客车通道共12条，其中出境通道6条（包括鲜活商品通道1条），入境通道6条。

随着澳门回归祖国，2003年国家开放自由行政策，以及在CEPA自由贸易协议的拉动下，澳门与内地经济、人员的往来联系日益紧密，拱北口岸以其优越的地理位置和便捷的通关环境，成为越来越多的中外旅客入出我国内地的首选口岸。据统计，经拱北口岸出入境旅客日均达26万人次。

2016年，拱北公路口岸出入境旅客12 357.63万人次，出入境交通工具295.82万辆次，货运量14.75万吨，进出口总值31 054万美元。

【横琴陆路（公路）口岸】 位于珠海市横琴经济开发区十字门东南侧，与珠海莲花大桥相接，与澳门路氹隔海相望。珠海横琴口岸于2000年3月建成并投入使用。口岸总建筑面积约4.4万平方米，占地25万平方米。主要建筑物有临时联检楼，内设出入境通道各16条人工验放通道和6条自助验放通道，出入境客货车查验通道共20条（其中客车10条，货车10条），出入境货检场、报关楼及附属配套设施等。三期工程过渡期口岸于2014年12月17日建成并投入使用，2014年12月18日实行24小时通关，投资为65 900万元。口岸的通关设计能力为旅客8万人次/日，车辆为2万辆次/日。目前横琴口岸的人流量日均为1.3万人次/日，车辆为2 300辆次/日，为促进珠三角地区经济发展起到了重要的桥梁纽带作用。随着中国（广东）自由贸易试验区横琴新区片区的挂牌成立，并根据国务院批准通过的《横琴总体发展规划》有关创新通关制度的规定，按口岸的总体规划，横琴口岸实行分线管理，在横琴大桥设立二线通道。广珠城际轻轨横琴站将与澳门莲花口岸对接。今后横琴口岸将建设成以货运为主，大型物流与客流相匹配的大型客货运枢纽口岸。

2016年，横琴公路口岸出入境旅客851.4万人次，出入境交通工具100.28万辆次，货运量173.95万吨，进出口总值211 490万美元。

【珠澳跨境工业区陆路（公路）口岸】 珠澳跨境工业区专用口岸地处前山水道内港，东与澳门相接，北临石角咀水闸，西临前山水道，东侧临近拱北口岸。2003年12月9日，珠澳跨境工业区正式动工建设。2005年，珠澳跨境工业区专用口岸开始建设。2006年6月25日，《国务院关于同意广东珠澳跨境工业区专用口岸对外开放的批复》（国函〔2006〕56号），批准珠澳跨境工业区专用口岸对外开放。2006年12月8日，珠澳跨境工业区及专用口岸正式开通启用。2007年4月8日，海关总署颁布的《中华人民共和国海关珠澳跨境工业区珠海园区管理办法》正式实施。珠澳跨境工业区专用口岸项目投资投入资金3 000多万元，用地面积为2.79万平方米，总建筑面积3 350平方米。2014年12月18日，跨境工业区专用口岸临时扩大开放正式通关，扩大开放项目的建筑面积约为1 579平方米，其中新扩建旅客查验厅326平方米、旧旅客查验厅改造423平方米，出入境风雨廊及配套建筑约800平方米。改造后出入境查验通道共16条，其中出境人工通道2条、自助通道6条，入境人工通道

2 条，自助通道 6 条，出入境客、货车通道各 1 条，实行 24 小时开放，跨境工业区专用口岸根据国务院规定，旅检通道每天 0 时至 7 时临时向社会开放，每天 7 时至 24 时仅对园区工作人员开放，客、货车车辆进出专用通道 7 时至 24 时仅供在跨境工业区备案的车辆进出专用。

2016 年，珠澳跨境工业区陆路（公路）口岸出入境旅客 168.62 万人次，出入境交通工具 3.66 万辆次，货运量 7.89 万吨，进出口总值 21 167万美元。

【广州水运（海港）口岸】 广州港历史悠久，早在 2 000 多年前的秦汉时期，广州古港就是中国对外贸易的重要港口，是中国古代“海上丝绸之路”的起点之一。1 300 多年前的唐宋时期，“广州通海夷道”是世界上最长的远洋航线。至清朝，广州成为中国唯一的对外通商口岸和对外贸易的最大港口。改革开放以来，社会经济飞速发展使广州港发展成为国家综合运输体系的重要枢纽和华南地区对外贸易的重要口岸。广州水运（海港）口岸地处珠江入海口和中国外向型经济最活跃的珠江三角洲地区中心地带，濒临南海，毗邻香港和澳门，东江、西江、北江在此汇流入海。通过珠江三角洲水网，广州港与珠三角各大城市以及与香港、澳门相通，由西江联系西南地区，经伶仃洋出海航道与中国沿海及世界诸港相连。广州港由内港港区、黄埔港区、新沙港区、南沙港区和珠江口水域组成。

广州港拥有各类码头泊位 870 个，万吨级以上泊位 74 个，泊位年综合通过能力 3.57 亿吨。集装箱吞吐能力 1 291 万标箱，旅客吞吐能力 3 217万人次，滚装船商品汽车吞吐能力63 万辆。在广州注册的航运公司拥有国际国内营运船舶 1 392艘，载重共 973 万吨，占全省 45%。广州港出海航道三期建成，深水航道拓宽工程、南沙港四期、南沙国际邮轮码头建设加紧推进，新增国际友好港 8 个、国际班轮航线 15 条、内陆无水港或办事处 10 个，共开设国际班轮航线 79 条、内陆港（办事处）28 个，覆盖华南地区的水上驳船支线 150 多条。2016 年，广州港货物吞吐量 5.44 亿吨，同比增长 4.5%；集装箱吞吐量 1 886万标箱，同比增长 7%，集装箱吞吐量增幅居全球主要港口首位。外贸货物吞吐量 1.27 亿吨，同比增长 6%。外贸集装箱吞吐量 746.23 万标箱，同比增长 5.87%，增速位居国内沿海主要港口前列。其中，南沙港区完成集装箱 1 262 万标准箱，同比增长 8.1%，外贸集装箱 481 万标箱，同比增长 7.2%。

2016 年 1 月 3 日起，“处女星号”邮轮顺利挂靠南沙三期码头运营“南沙—香港—南沙”“南沙—越南—南沙”“南沙—日本—南沙”3 条国际邮轮航线。11 月，亚洲顶级豪华邮轮“云顶梦号”，12 月底歌诗达邮轮公司“维多利亚号”进驻南沙三期码头。2016 年，南沙靠离泊国际邮轮 104 艘次，抵离港旅客 32.6 余万人次，邮轮旅客量在全国增长速度最快，开通首年跃居全国第 3 位。

2016 年 2 月 25 日，广州水运（海港）口岸南沙货运区二号码头正式对外开放。该码头由广州南沙货运实业有限公司（香港霍英东集团下属子公司）投资建设，有 1 个 9 000 吨级泊位（已完成 2 万吨级结构加固改造）和若干驳船泊位，设计年通过能力为 6 万标箱、60 万吨件杂货。

广州水运（海港）口岸南沙港区三期顺利完成两次临时对外开放续期工作，现有 15 万吨级集装箱泊位 6 个，开通国际航线 4 条，引进外贸驳船企业 4 家，2016 年外贸集装箱吞吐量 3.19 万标箱。

南沙保税港区于 2008 年 10 月 18 日获国务院批准设立，批复面积 7.06 平方千米（包括口岸作业、保税物流和保税加工三个区块），一期建设规划面积 3.7 平方千米，已于 2009 年 7 月 9 日通过国家验收，8 月 31 日正式封关运作；余下 3.36 平方千米为二期建设范围。2016 年，南沙汽车码头平行汽车进口 5 559 辆、整车进口 8 559 辆。2016 年，南沙保税港区认真研究原规划范围内涉及部分用海区域问题，重新拟定和报送了规划范围调整方案。

截至 2016 年年底，广州水运（海港）口岸与72个国家（地区）的232个城市通航。

【南沙水运（海港）口岸】 南沙客运口岸于1992年2月正式对外开放，2005年4月28日新客运码头投入使用。位于珠江的入海口河段西侧低岸，虎门大桥以南1.6千米，西临南沙蒲洲高新技术开发图、南沙会议展览中心，南依五星级的南沙大酒店。距香港40海里，距澳门41海里，航程70分钟，设计标准为年客运量160万人次，设计旅客聚集量1 600人，为二级国际客运港。建筑群包括主楼和副楼，基地面积6.73万平方米，主楼建筑面积1.07万平方米，设计高度21米，副楼建筑面积2 230平方米。口岸出入境检查大厅设置验证通道14条，码头设顺岸式客船泊位3个，码头岸线长292米，每天往返香港5个航班。

2016年，南沙水运（海港）口岸出入境人员58.26万人次，其中入境28.3万人次，出境29.96万人次。

【莲花山水运（海港）口岸】 莲花山客运口岸1985年6月正式对外开放，属双边性口岸（广州与香港），位于广州市番禺区石楼莲花山联围村。拥有岸线长171米，水深5米，泊位2个，码头吨位1 200吨，该口岸是广东省最早开放的粤港水陆口岸之一，距香港61海里，先进豪华、安全舒适的双体高速客轮四艘，往返香港航程只需1小时45分，每天往返7个航班，其中莲花山港至香港中港城码头4个航班、莲花山港至香港机场3个航班。

2016年，莲花山水运（海港）口岸出入境人员40.57万人次，其中入境18.92万人次，出境21.65万人次。

【盐田水运（海港）口岸】 位于深圳大鹏湾海域西北部，南与香港九龙半岛隔海相望，分为盐田港区、下洞港区和广东大鹏液化天然气（LNG）专用码头，共有32个对外开放泊位。

（1）盐田港区。盐田港区于1990年6月经国务院批准对外国籍船舶开放，1994年7月正式开港。该港区位于距深圳市区13千米，距大鹏湾口12海里。岸边水深15米~20米。由于大鹏半岛与九龙半岛天然的屏障掩护，湾内水深浪小，无淤积，大型船舶可以自由进出锚地，是少有的天然良港，并被列为中国沿海重点发展的四大国际深水港之一。盐田港区划分为西、中、东三个港区，共有20个对外开放泊位。西港区建有4个集装箱泊位，可停泊2.5万吨~15万吨级集装箱船舶。2016年1月14日，西作业区集装箱码头4号泊位通过验收并于1月19日正式对外开放。2016年6月15日，盐田港区西作业区1号、3号泊位通过了由省口岸办牵头组织的对外开放前准备工作验收，6月16日正式对外开放。中港区建有大型集装箱专用泊位16个（其中16号泊位为15万吨级集装箱泊位），中港区一期工程2个泊位于1994年7月完工并投入运营，二期工程3个泊位于2000年1月起正式投入使用，三期工程4个泊位于2004年9月陆续投产营运，2012年9月17日至18日三期扩建工程10号~15号新建泊位通过广东省口岸办组织的验收，广东省政府于同年10月17日批准上述6个集装箱专用泊位作为深圳港口岸盐田港区新增泊位正式对外开放。扩建工程16号泊位为15万吨级集装箱泊位，兼顾10万吨级、7万吨级集装箱船舶各1艘同时靠泊，新增年通过能力100万标准箱。16号泊位于2016年6月15日通过验收并于6月16日正式对外开放。

盐田港与全球近40家大型船公司紧密合作，开通每周近100班远洋国际集装箱班轮。

2016年，盐田港集装箱吞吐量1 169.6万标箱，同比下降3.86%。

（2）下洞港区。下洞港区位于大鹏湾畔，为深圳市东部石油、液化气等危险品码头专用作业区。2002年12月，国务院批准下洞港区作为盐田水运（海港）口岸危险品作业区对外开放，港区内共建有3个独立的栈桥式码头共9个对开开庭泊位。

（3）广东大鹏液化天然气（LNG）专用码头。广东大鹏液化天然气（LNG）专用码头位于深圳东部大鹏半岛秤头角，是“十一·五”期间广东省口岸发展规划中主要建设项目之一。2007

年3月，经国务院批准盐田水运口岸大鹏液化天然气专用码头对外国籍船舶开放。LNG码头建有1个靠泊能力为8万吨级的LNG船专用的栈桥式码头泊位和1个5 000吨级的工作船舶。

（4）深圳液化天然气专用码头。深圳液化天然气项目（迭福站址）是深圳市政府与中国海洋石油总公司战略合作重点内容，列入深圳市“十二五”能源基础设施重大建设项目。该项目位于深圳东部大鹏湾东北岸迭福片区，毗邻广东大鹏LNG项目，接收站占地面积约27万平方米，项目总投资规模为80.7亿元，达产后天然气年周转量为400吨，项目配套建设1座可靠泊8万立方米~26.6万立方米LNG船舶的专用码头。2016年11月18日深圳液化天然气专用码头通过了对外开放省级验收，11月21日对外开放。

【大铲湾水运（海港）口岸】 位于珠江口伶仃洋矾石水道东南部，深圳西部妈湾港区以北的大铲湾内。港区地理位置优越，水、陆路交通便捷，水路南距香港20海里，北至广州40海里；陆路通过广深高速、机荷高速、107国道以及在建的广深沿江高速公路联系腹地。大铲湾港区岸线总长为11.6千米，陆域面积为10.28平方千米，设计年吞吐能力为1 250万标箱，总投资约450亿元人民币。港区整体工程分四期建设。其中，大铲湾港区集装箱码头（一期）工程于2005年9月正式开工兴建，其建设规模为5个10万吨级集装箱专用泊位，设计年吞吐能力为250万标箱。2009年5月，经国务院批准深圳港口岸大铲湾港区对外国籍船舶开放。2011年11月，通过了国家验收，12月正式对外国籍船舶开放。

2015年6月，深圳市国际贸易“单一窗口”在大铲湾港区启动试点运行。11月，大铲湾港区通过了汽车整车进口口岸的预验收，12月31日首个汽车整车进口业务顺利进行。

2016年，大铲湾水运（海港）口岸集装箱吞吐量131.7万标箱，同比增长7.09%。

【大亚湾水运（海港）口岸】 大亚湾核电站专用码头，位于深圳市东部大亚湾畔的大坑村麻岭角，距深圳市直线距离约45千米，距香港岛约50千米。大亚湾核电站是由广东核电投资有限公司和香港核电投资有限公司合营组成的广东核电合营有限公司负责建设和经营。经国务院批准大亚湾核电站专用码头于1986年1月1日起对外国籍船舶开放。1987年3月和1989年6月，核电站专用码头和相关配套设备相继竣工投入使用，该码头建有4个泊位。

【梅沙水运（海港）口岸】 位于深圳东部梅沙旅游区内，西距深圳市区30千米。1984年7月，经国务院批准为对港、澳地区旅游专用口岸，同年8月实现对外开放。梅沙水运（海港）口岸专用码头水深4米，建有4个泊位，可靠泊高速气垫船和飞翔船。梅沙水运口岸因客源不足等原因，于1985年5月暂停使用至今。

【蛇口水运（海港）口岸】 蛇口水运（海港）口岸由招商局蛇口工业区公司投资兴建，于1981年1月经国务院批复对外开放，是我国改革开放初期第一个由企业自筹资金建设、管理和经营的国家一类口岸，目前已发展成为集铁路、公路、水路等运输方式为一体的大型综合性的客货运港口口岸。蛇口口岸共有31个对外开放泊位，其中10个集装箱专用泊位。蛇口水运（海港）口岸位于珠江口东岸、深圳市西部南头半岛南端。东临深圳湾，南与香港隔海相望，西邻珠海、澳门及深圳机场，北靠南山内陆腹地。陆路距深圳市区27千米，水路距香港22海里。陆路可与广深、广惠公路干道以及广深高速公路、平南铁路进而由广深线、广九线与国内衔接。

（1）招商港务（深圳）有限公司客货运码头。该码头拥有陆域面积75万平方米，岸线总长4 100米（其中客运岸线1 050米），是拥有35个客、货运泊位的中国沿海大型综合性港口，港口年货物通过能力2 000万吨，集装箱100万标箱，客运500万人次，成为珠三角及华南地区重要的海上门户。

（2）蛇口集装箱码头。该码头建有10个泊位，其中一期工程建设规模为2个集装箱专用泊位，年设计吞吐能力为100万标箱，于1991年8

月建成投产，蛇口集装箱码头二、三期工程项目，于2001年上半年动工兴建，共建成8个集装箱专用泊位，其中二期工程2个集装箱专用泊位，已于2003年建成并投入使用，三期工程6个集装箱专用泊位于2010年3月前建成并陆续投入使用。

（3）太子湾邮轮母港。该邮轮母港是由招商局蛇口工业区控股有限公司于2011年12月正式动工建设。邮轮码头建设22万吨级邮轮泊位1个、10万吨级邮轮泊位1个，新建800吨级客轮泊位12个（其中港澳线泊位6个），2万吨级客货滚装泊位1个，共计15个泊位，其中8个对外开放泊位。蛇口邮轮中心大楼工程占地面积约4.26万平方米，总建设面积为13.8万平方米。出境大厅位于二层，边检出入境查验通道包括16条人工查验通道（出入通道各8条）和20条自助查验通道（出入通道各10条）。邮轮母港于2016年9月项目工程建设基本完工，于2016年10月11日通过由省口岸办牵头组织的对外开放前准备工作验收，2016年10月12日正式对外开放。2016年10月31日起，蛇口客运码头搬迁至太子湾邮轮母港客运码头运作。2016年11月13日，由云顶丽星邮轮旗下的“处女星号”完成首航，深圳—越南航线于2016年开通。

（4）香港友联船坞（深圳）有限公司专用码头。该码头为中外合资公司投资建设的，可为中外客商提供30万吨级的修船业务，是深圳市西部港区唯一的修船基地，建有4个泊位（其中2个干船坞、2个浮船坞）。目前孖洲岛修船专用码头运作正常，2016年修船数量166艘（其中外国籍船舶147艘）。

2016年，蛇口水运（海港）口岸集装箱吞吐量593.11万标箱，同比下降0.92%；进出口货物69.2万吨，同比下降49.18%；蛇口客运码头开通至香港机场海天码头和中环码头航线共20个往返航班，开通至澳门外港码头和氹仔码头航线共18个往返航班，出入境旅客249.38万人次，同比下降0.31%。

【赤湾水运（海港）口岸】 位于前海蛇口自贸试验区范围内，位于珠江口东岸、深圳市西部的南头半岛西南端。东连蛇口港，位于蛇口港西侧；南面向伶仃洋，与香港、澳门、珠海隔海相望；西接妈湾电厂和妈湾港区；北靠南山半岛。陆路距深圳市中心30千米，可与广深、广惠公路干道以及广深高速公路、平南铁路衔接；水路与香港、澳门、珠海均在20余海里范围。

赤湾码头于1982年8月动工兴建，1983年10月建成一个1万吨级泊位并开港，1984年5月经国务院批准对外国籍船舶开放。赤湾港区共有13个对外开放泊位，其中6个集装箱泊位。赤湾水运口岸是中国主要的散装化肥及粮油进出口中转基地之一，是深圳西部港口群中规模仅次于蛇口港，功能集铁路、公路、水路等运输方式为一体的大型综合性口岸。

2016年，赤湾水运（海港）口岸集装箱吞吐量503.51万标箱，同比增长7.8%；进出口货物363.3万吨，同比下降12.61%。

【妈湾水运（海港）口岸】 位于前海蛇口自贸试验区范围内，地处珠江口东岸，深圳市西部的南头半岛西侧，东接赤湾港，南面向伶仃洋，与珠江口主航道对接，西邻深圳机场，北以南山半岛为腹地。陆路距深圳市区24千米，可与广深、广惠等公路干道以及广深高速公路、平南铁路衔接。水路距香港、澳门、珠海约20余海里。妈湾水运口岸于1987年开始建设，1990年7月建成第一个3.5万吨级多用途泊位，1990年2月经国务院批准对外国籍船舶开放。码头岸线总长3 877米，该港区现有泊位11个，其中集装箱专用泊位3个，煤码头专用泊位2个。

2016年，妈湾水运（海港）口岸进出口货物28.19万吨，同比下降48.65%。

【东角头水运（海港）口岸】 位于深圳市西部南头半岛东南端，于1985年3月由深圳市航运总公司与香港中华造船厂合资兴建，并由深圳市圳华港湾企业有限公司负责管理和经营。1986年，建成3个1 000吨级泊位投入使用，堆场面积为2万平方米。1987年1月，正式对外开放。根据交通运输部和广东省人民政府《关于

〈深圳港总体规划〉的批复》（交计发〔1998〕469号）的有关规定，将计划保留东角头口岸客运功能，逐步取消现有货运码头功能。已暂停运行多年。

【珠海港水运（海港）口岸】 1994年6月，经国务院批准设立，1996年7月28日正式对外开放。口岸地处珠海市西部，位于珠江三角洲西侧、黄茅海东部沿岸及高栏列岛海域，东距澳门23海里，至香港45海里。该口岸地理优势得天独厚，处于珠江出海口的虎跳门、崖门和鸡啼门之间，外临南海，靠近国际航线大西水道仅1海里，内通西江，具备发展江海联运、南北航运和近远洋运输的优越条件，主要贸易有石化、集装箱、钢铁、造船及能源业务。

口岸已启用码头10个，泊位34个，包括珠海国际货柜码头（高栏）有限公司、珠海华南联合石油有限公司、新海能源（珠海）有限公司、珠海一德石化有限公司、珠海恒基达鑫国际化工仓储有限公司、珠海碧辟液化石油气有限公司、珠海发电厂、珠海粤裕丰钢铁有限公司、中化格力港务有限公司、珠海LNG码头。口岸综合楼建设用地面积为3.64万平方米，建筑面积1.17万平方米。

2016年，珠海水运（海港）口岸出入境旅客4.72万人次，出入境交通工具3 088辆次，货运量1876.44万吨，进出口总值695 422万美元。

【九州水运（海港）口岸】 客货运综合性口岸，位于珠江口西岸，距香港36海里，距澳门4海里。1981年9月，经国务院批准对外开放，客、货运口岸分别于1982年和1984年建成通航。唐家大坞湾危险品作业区于1991年11月经国务院批准对外开放。

口岸客货运码头岸线全长1 442.58米，其中客运码头长436.7米，港池直径275米，航道长10.5海里，水深5.5米~6.5米，港区航道设有灯光等标志，日夜均可通航，可供8艘大型双体快速客船同时靠泊，设计年客运量为200万人次；货运码头长1 005.88米，港池水深5.5米~6.5米，可供2艘5 000吨货轮同时靠泊。港区东面有一条长达450米的防浪堤，西南面有呈月牙形6千米长的海岸线保护着港池，是船舶停靠的良港。

九洲港至香港每日进出航班36班（其中九洲港至香港国际机场航班每天8班），逢节假日视情况增加航班，最多一天可达60多航班。九洲口岸货运码头设有一座2 400平方米货检大楼及400平方米的货运中心，海关、边检、港监、出入境检验检疫等查验部门及国际货柜公司、外轮代理公司、外轮理货公司均在现场办公，实行一次开箱、联合查验，手续简化，运作高效。口岸查验部门与经营单位都实现电脑联网，信息资源共享，实行电脑打单、电脑记账现代化管理，货主申报查验方便快捷。九洲港口岸货运口岸已于2015年搬迁至洪湾港。

2016年，九州水运（海港）口岸出入境旅客224.51万人次，出入境交通工具1.33万艘次，货运量2吨，进出口总值1 296万美元。

【万山水运（海港）口岸】 1995年4月6日，经国务院批准对外国籍船舶开放（国函〔1995〕25号）。位于珠海市万山群岛港区，包括桂山岛、外伶仃岛和大万山岛三大作业区，万山群岛处于珠江出海口下游，是船舶由南海进出珠江三角洲的必经之地，紧临香港和澳门，多条国际航线从港区通过，港区有特殊的地域优势，适合开展大型油品储存和集装箱、大宗散货水运中转业务。

口岸的建设按“一次规划，分步实施；简易入手，逐步完善；先中心港桂山，后其他岛屿；成熟一个，开放一个”的原则进行。该港口是客货运综合性港口，货运码头建有3 000吨级泊位1个，设计年吞吐量为60万吨；客运联检楼占地面积1 164平方米，建筑面积1 785.7平方米。万山港口岸桂山十三湾第一、第二作业区客货运口岸于2003年4月正式对外开放。2015年，桂山一湾的口岸新联检楼和新码头建成投入使用。

2016年，万山水运（海港）口岸出入境旅客2 228人次，出入境交通工具554艘次，货运量44.66万吨，进出口总值3 681万美元。

【湾仔水运（海港）口岸】 湾仔水运（海港）口岸为轮渡客运口岸，位于珠海市湾仔镇西南面，与澳门一水相隔，水面距离只有几百米。1984 年 6 月 21 日，经国务院批准开设（国函〔84〕100 号），12 月 23 日正式通航。2016 年 1 月，临时关闭。

2016 年，湾仔水运（海港）口岸出入境旅客 19. 10 万人次，出入境交通工具 1. 88 万辆次，货运量2 264. 9万吨，进出口总值 1 337 524 万美元。

【斗门水运（河港）口岸】 1987 年 10 月 31 日，国务院批准设立斗门口岸（国函〔1987〕173 号）。1991 年 1 月 28 日，建成并开通了斗门至香港的客运航线。口岸占地面积 38 万平方米（含客、货运区），码头岸线长 970 米，旅客联检大楼4 700平方米，使用 252 座豪华快速双体喷射客轮。斗门港至香港每日进出航班 2 班，进出境时间为：上午，香港 08：30 开，途中约 10：20 挂靠斗门港，下客后续航江门港；下午，江门港 15：30 开，途中约 14：10 挂靠斗门港，斗门口岸 15：40 验放旅客，载客后续航香港。

1993 年，省政府批准斗门水运（海港）口岸新环装卸点对外开放，1994 年 6 月 18 日建成试航。主要从事港区内货物装卸、仓储，道路货物运输（集装箱）业务，为客户提供珠海地区到香港乃至世界各地的门到门全程陆路、水路联运服务。2005 年 10 月，货运码头由珠江船务发展有限公司独资经营。货运码头目前拥有岸线长 203 米，4 个 1 000 吨级泊位，堆场面积达 11 万平方米，进出口仓库面积 3 726 平方米，以及一大批大型的、先进的装卸、运输设备。扩建工程完成后港口的通过能力大幅度提高，集装箱年通过能力由 6 万标箱增加到 15 万标箱，货物年通过能力由 60 万吨增加到 100 万吨。

2016 年，斗门水运（海港）口岸出入境客运量 3. 02 万人次，出入境交通工具 807 辆次，货运量 30. 25 万吨，进出口总值 845 155 万美元。

【汕头水运（海港）口岸】 位于广东省东部沿海，美丽富饶潮汕平原的南部，居福州至广州黄金海岸中央，东临台湾海峡，距高雄 214 海里，西距香港 187 海里，扼韩江、榕江、练江之出海口，素有“岭东之门户，华南之要冲”的称誉。

汕头港于 1861 年开埠，是中国最早对外开放的港口城市之一，有 150 多年的悠久历史。至今已与世界 57 个国家和地区的 268 个港口有货物往来，汕头港主航道通航水深为 9. 5 米，全港岸线总长 9 444 米，堆场总面积 126 万平方米。拥有 500 吨级以上泊位 79 个，其中万吨级以上泊位 18 个，综合通过能力 2 690 万吨，集装箱吞吐能力 73 万标箱。近年来，汕头市大力发展港口物流和海运业，与香港、泰国、日本等地有集装箱定期货运班轮。

汕头港的直接经济腹地是汕头、潮州、揭阳、梅州 4 市所辖 14 县的广大地区，其间接腹地包括闽西南及赣南部分地区。腹地经本港吞吐的主要货物有煤炭、石油、钢铁、水泥、化肥、木材、粮食等。汕头市是国家最早设立的 4 个经济特区之一，随着沿海经济的开发及临海工业的发展，已形成塑料玩具、工业电子、纺织服装、塑料皮革、食品加工、医疗器械、包装机械等骨干企业，工业经济特别是外向型经济蓬勃发展。

2016 年，汕头水运（海港）口岸完成货物吞吐量3 661. 8万吨，同比下降 0. 4%。外贸进出口货运量 530. 3 万吨，同比增长 21. 2%。集装箱吞吐量 124 万标箱。

【潮阳水运（海港）口岸】 位于汕头市潮阳区海门镇，距香港 161 海里，距台湾恒春港 210 海里。1996 年 8 月，国务院批准潮阳港对外国籍船舶开放。2005 年 7 月，通过验收，同年 11 月正式对外开放。已建成码头 5 座 8 个泊位，年设计货物吞吐能力 1 460 万吨及 3 万个集装箱标箱，分别是澳内码头、佛兰克油库码头、大明液化石油气码头、华能海门煤炭中转基地一号煤码头、潮阳（海门）对台小额贸易码头。

2016 年，潮阳水运（海港）口岸货物吞吐量 1 323. 2 万吨，同比下降 11. 9%。外贸进出口货运量 628. 3 万吨，同比下降 17. 7%。

【南海水运（河港）口岸】 位于南海区三山港经济开发区，于1996年经国务院批准将南海客运港与三山装卸点合并为一类客货运口岸，港区码头岸线长420米，3 000吨级泊位7个，港区总面积42万平方米，堆场面积23万平方米。开通接驳航线有南海—香港/蛇口/赤湾/南沙/大铲等班轮；港区配备CCTV、X光机货物查验系统、闸口集装箱自动识别系统等查验设备；进出口货物种类主要为废五金、木材、家电、汽车零配件等；口岸实行“6+1”工作制（即星期一至星期六正常上班，星期天预约上班）。现由记黄埔三角洲港口与佛山市南海区交通建设投资公司共同投资设立的南海国际货柜码头有限公司负责经营。

2016年，南海水运（河港）口岸进出口货运量199.93万吨，同比下降16%。其中出口48.11万吨，进口151.82万吨；集装箱吞吐量20.18万标箱。

【顺德水运（河港）口岸】 位于顺德大良德胜河板沙尾，东经111.3°，北纬22.3°。距香港62海里，陆路距广州40千米。珠海90公路、城际轻轨经港口而过，水路、陆路交通十分便利。1986年，经国务院批准开设，1987年12月通过国家验收正式对外开放。1995年9月，经广东省政府批准（粤府口函〔1995〕114号），将容奇港搬迁至现址并易名为顺德港。港口岸线长260米，港区占地7.28万平方米，建筑面积2.93万平方米。顺德港水运（河港）口岸现建成有10条自助查验通道建设及一套信息采集系统。顺德港水运（河港）口岸是佛山市内最大的水路客运口岸，平均每天有8个以上航班往返顺德港和香港中港城码头，全年进出境航班3 038航次。

2016年，顺德水运（河港）口岸出入境人员53.08万人次，同比下降22%。其中出入境旅客45.07万人次，同比下降24%，入境旅客22.48万人次，出境旅客22.59万人次。

【高明水运（河港）口岸】 位于佛山市西翼的西江之滨，分为高明港客运口岸、高明外贸货物装卸点两部分。高明港客运口岸是国务院于1992年12月14日批准对外开放一类口岸，位于高明区荷城沿江路303号，水路距香港101海里，可辐射邻近的南海、肇庆、新兴、高要等广大地区。由佛山市高明区明珠客运联营有限公司负责经营。高明客运口岸现有直接通航航点（航线）到香港中港城。

2016年，高明水运（河港）口岸入出境人员3.56万人次，与2015年同期持平。

【惠州水运（海港）口岸】 位于南海大亚湾西北隅，地处我国华南沿海经济中心珠江三角洲东部，毗邻港澳，面对东南亚和台湾，处在以香港为核心的航运中心地带，依傍国际环球和环太平洋航线，是华南沿海便捷的海上门户和京九铁路的出海口。惠州港拥有超大型原油接卸泊位和具有可建大型干散货泊位的自然条件及丰富的土地资源，对发展石化、电力等能源型临港工业有独特优势。于1993年4月16日正式对外国籍船舶开放。

口岸包括荃湾港区、东马港区、港口碧甲作业区和亚婆角作业区，建有17座码头，其中货运码头16座，客运码头1座，共有49个泊位，其中万吨级以上泊位18个，设计年吞吐能力为9 573万吨和90万标箱。荃湾港区是惠州港的起步港区，是多功能综合性的港区，以承担大宗散货物资转运和集装箱运输为主。东马港区是惠州港的大型石化港区，建有30万吨级和15万吨级石化泊位各2个，主要承担大亚湾石化区内生产企业的原材料及产成品装卸和广石化原油接卸服务，同时也为周边地区提供石化货物运输服务以及为海上石油钻井平台提供物资输送服务。碧甲港口作业区主要为临港工业区提供港口配套服务，以承担临港工业所需的工业煤炭、矿石等大宗散货接卸任务为主。亚婆角作业区为砂石出口作业点，主要提供矿建材料和非金属矿石等装卸服务。惠州港开通有日本以及香港、台湾货运航线。2016年，惠州港中海物流基地码头和惠州港荃湾港区国际集装箱码头通过了广东省口岸办牵头组织驻广东省有关查验单位组成验收组的验收，并正式对外开放。

2016年，惠州水运（海港）口岸进出口货运量为2 145.7万吨。

【汕尾水运（海港）口岸】 位于广东省汕尾市城区，地理坐标为东经115°21′24″、北纬22°45′24″，距太平洋国际航线只有12海里，水路距香港仅81海里、澳门112海里、广州179海里，水、陆交通四通八达。汕尾港港区面积13万平方米，有5 000吨级泊位2个，年吞吐能力100万吨，集装箱处理能力2万标箱。汕尾港功能齐全、设施完善，监管机构配套完整，施行“地方电子口岸”系统，通关便捷安全。随着汕尾市经济社会的进一步发展，汕尾港口岸也在不断地扩大对外开放水域范围；汕尾港口岸红海湾港区对外开放已于2009年11月20日获得国务院批准同意，2014年10月16日，通过国家验收正式对外开放。红海湾港区已建有靠综合查验中心，口岸基础设施建设已经成型。其他口岸查验设施正在加紧配套完善建设。口岸“大通关”建设工作逐步走向制度化、现代化。

2016年，汕尾水运（海港）口岸货运量504.85万吨。

【虎门水运（海港）口岸】 位于珠江口东岸，处于广州—东莞—深圳—香港城市发展轴带的中间和珠三角经济区中心位置，拥有珠江口53千米的深水岸线，海域面积79平方千米，航道水深13米，包括虎门港（太平）客运口岸和虎门港货运口岸。客运口岸开通虎门至香港机场航线，每日“5进5出”共10个航班2 863个坐席。纳入虎门港口岸对外开放的一类货运码头有24座，泊位49个。

虎门港货运口岸1997年6月27日经国务院批准对外开放，2003年9月28日正式对外开放。虎门港口岸的开放范围自北向南分别是麻涌港区、沙田港区、沙角港区、长安港区。麻涌港区为大宗散杂货码头港区；沙田港区为虎门水运（海港）口岸的主港区，主要规划建设多功能大型集装箱码头和石化码头，配合虎门港保税物流园区和后方加工贸易区以及石化工业园的同步发展；沙角港区主要配合虎门水运（海港）口岸太平客运码头和虎门镇威远岛整体规划的发展，逐步使威远岛发展成为旅游休闲度假区；长安港区主要远期规划建设大型深水集装箱码头。2010年3月，正式开通对台航线，并从2013年5月开始，航班由原来一周一班增加一周两班。口岸已实现“区港联动”通关模式，拓展了虎门港码头的功能和范围，既节省通关成本，又提高通关效率。

太平客运码头1982年6月24日经国务院批准开通，1984年7月2日正式通航，恢复了中断20多年的太平至香港客运航线。太平客运码头位于东莞市西南部的虎门镇，地处珠江口东侧，是“广州—深圳—香港”和“广州—珠海—澳门”这两条经济走廊的交汇点，是连贯珠江三角洲、连接穗港澳的交通枢纽。港口地理位置条件优越、交通网络发达：南往深圳20千米，香港47海里，澳门48海里；北至广州90千米，距东莞市区29千米；西与番禺隔河相望。水陆交通四通八达，公路干线连接广深高速公路和107国道，港口通过虎门大桥连番禺通往珠海、广州等地。

太平客运码头是广东省最早开通的客运口岸之一，由码头和入出境客运大楼两部分组成，入出境现场总面积达2 337.14平方米。现有入出境查验通道共12条（其中入境通道6条、出境通道6条），各种检查检验仪器设备，较完备的各种标志牌、电子显示屏、告示牌和闭路电视监控系统。2010年，对口岸出入境大堂、旅客候船厅及预办登机服务大厅等场地进行重新装修升级改造，更换大厅的空调设备，增设标准化航空值机柜台11张，自动化行李处理线路9条。太平客运码头设趸船泊位2个，长38米，宽6米，面积228平方米，设计水深3米，实际水深2米。

2003年9月29日，太平客运虎门至香港国际机场航线正式开通，每日对开10个航班（五进五出），客源投送点由原来东莞虎门至香港中港城的点对点服务，扩展至全球150多个国家和地区。截至目前，国泰航空、美国联合航空、港龙航空、中华航空、华信航空、长荣航空、日航航空、印尼航空、香港快运和香港航空10家具有国际影响力的航空公司可在太平客运口岸为广大旅客办理值机服务，旅客在乘船转机之际便可直接领取登机牌和办理行李托运手续，抵达香港国际机场过安检后便可直接登机，无需再办理任何手续。

2016 年，虎门水运（海港）口岸进出境旅客 26.6 万人次，同比下降 17.9%；货运量 2 804.19万吨，同比增长 19.59%；进出境船舶 2.01 万艘次，同比增长 5.2%。

【中山水运（河港）口岸】 清康熙二十四年（1685 年）中山就已设置口岸，距今已有 300 多年的历史。1984 年，经国务院批准客运口岸对国轮开放，1986 年批准货运口岸对国轮开放。中山港地理坐标为北纬 22°34′、东经 113°28′，水路距香港 51 海里、距澳门 38 海里，向东进入伶仃洋与国际航线相通，内河接珠江水网，公路以广珠东线、京珠高速公路为骨干线；中山港平均河宽 400 米，水深 7 米～10 米，现可通航 3 000 吨级江海轮。港内设客运码头 1 个、公共货运码头 2 个。2014 年 8 月，国务院下发《国务院关于同意广东中山港口岸扩大开放的批复》，同意口岸扩大开放中山港区、神湾港区、小榄港区和黄圃港区。其中，中山港区和神湾港区对港澳台和外国籍船舶开放，小榄港区和黄圃港区仅对中国籍船舶开放。中山港的服务区域覆盖了中山市各个镇区及中山周边城市。

中山港 1985 年建成通航，经过 30 多年的发展，到 2016 年初步形成东有中山港和中山保税物流中心车检场、南有神湾港和盛世游艇码头、北有黄圃港、西北有小榄港和小榄车检场的环型码头布局，更好地服务于中山市外经贸发展。

（1）中山港港区。该港区位于中山市火炬开发区，水路距香港 54 海里、距澳门 51 海里，向东进入伶仃洋与国际航线相通，内河接珠江水网，公路以广珠东线、京珠高速公路为骨干线，中山港港区平均河宽 400 米，水深 7 米～10 米，现可通航 3 000 吨级江海轮。港区内设客运码头 1 个，经营方为中港客运联营有限公司；公共货运码头 2 个，经营方分别为中山港货运联营有限公司的中山港航运码头和中山中外运仓码有限公司的中外运码头。

中山港港区已开设的固定航线有：中山港—香港、中山港—深圳、中山港—南沙，已发展为集客货运一体、年均入出境旅客 100 多万人次、进出口货物 600 多万吨的综合性水运口岸，服务区域覆盖了全市各个镇区及中山周边城市。

2016 年，中山港港区进出口货物 393.8 万吨，其中集装箱运输 51.5 万标箱。

（2）神湾港区。该港区位于中山市南部神湾镇，陆路距中山港区 48 千米，水路距香港 52 海里，主要辐射神湾、三乡、坦洲、板芙等 4 个镇。神湾港区内设公共货运码头 1 个和游艇码头 1 个，货运码头经营方为中山市神湾港货运联营有限公司，2016 年神湾区进出口货物 40 万吨，其中集装箱运输 9.1 万标箱；游艇码头为中山吉宝盛世国际游艇码头，位于神湾镇磨刀岛磨刀门水道东岸，经营方为广东盛世游艇会有限公司。该码头拥有齐全的查验配套设施供游艇进出境查验使用，2016 年 11 月 23 日举行了游艇自由行开通仪式，标志着中山与澳门游艇自由行正式通航。

（3）小榄港区。该港区位于中山市西北部的小榄镇，陆路距中山港区 35 千米，水路距香港 75 海里，主要辐射我市小榄、南头、古镇、东凤、黄圃、阜沙、东升等 7 个镇。小榄港码头岸线长达 364 米，建有 1 000 吨级货轮泊位 8 个，经营方中山市小榄港货运联营有限公司。

2016 年，小榄港区进出口货物 100.5 万吨，其中集装箱运输 29.6 万标箱。

（4）黄圃港区。该港区位于中山市北部的黄圃镇洪奇沥水道南岸，主要服务于中山市北部五镇区，同时辐射佛山市顺德区和广州市番禺区。年设计吞吐能力 190 万吨，其中集装箱 9 万标箱、件杂货 100 万吨，经营方为中山市黄圃港货运联营有限公司。2016 年 11 月，黄圃港区通过了广东省验收组的验收，12 月 28 日黄圃港外贸业务正式开通运营。

2016 年，中山水运（河港）口岸进出口货运量 563.3 万吨，进出境人员 115.75 万人次，进出境运输工具 2.03 万艘次。

【江门水运（河港）口岸】 江门港客运码头是广东江门五邑地区具有百年悠久历史的客运口岸（通航香港澳门），1949 年 10 月起保持澳门客运航线，原位于江门北街。1982 年 5 月 12 日，广东省政府批准开行客运。1995 年 8 月 9 日，广东省口岸办，批准迁至江门外海（粤府口函〔1995〕96 号）。1997 年 6 月，迁至西江河段江门外海大桥下游 1.5 千米处新港，江门市江海区金瓯路 1 号。水路距香港 95 海里、距澳门 44 海里。口岸占地面积 8 万平方米，码头长度 133 米，500 吨泊位 3 个，设计年客运通过能力 100 万人次。查验综合大楼建筑面积 4 万平方米，大楼内出入境查验通关大厅、候船厅、免税商场、地下车库等口岸功能设施齐全，港口广场及绿化面积 6.5 万平方米。新中国成立以来，该口岸大部分时段保持通航澳门，1982 年 5 月扩大开放通航香港。口岸客运公司现有高速豪华客轮 1 艘，客位 354 个，与珠海斗门港挂港联运，日常每天 2 个航班往返于江门至香港，直航单程只需 2 小时 30 分钟左右，节假日进出境客流高峰时，每天进出航班会增开到 4 个。

2016 年，江门水运（河港）口岸出入境旅客 6 万人次，同比下降 32.7%。

【新会水运（河港）口岸】 1992 年 9 月 2 日，经国务院批准新会客运口岸对外开放（国函〔1992〕111 号）。新会水运（河港）口岸包括天马货运港区及口岸开放水域范围的双水发电厂进口煤专用码头、银湖船舶维修专用码头、宜大化工品专用码头和客运码头（2003 年暂停运行）。

天马货运港区位于潭江下游的银洲湖左岸，新会今古洲江裕路 2 号。其航道经崖门出南海，天然水深 8 米～13 米，是少有的内河优良建港水域，交通便利，水路距香港 98 海里、距澳门 47 海里，陆路紧靠广东西部沿海高速公路和广珠铁路。2001 年 12 月，该港首期全面建成并获准开放，可靠泊外国籍船舶。3 000 吨级海轮可全潮、5 000吨级海轮可乘潮进出港。待第二期航道浚深工程完工后 5 000 吨级海轮可全潮、10 000 吨级海轮可乘潮进出港。首期建成使用的港区占地面积 12.8 万平方米，基本设施建有长 323 米的码头，含 5 000 吨级泊位 2 个，500 吨级泊位 1 个，仓库 4 800 平方米，集装箱及件杂货堆场共 5 万平方米，建筑面积近 4 千平方米的综合联检办公大楼，进出港道路为 6 车道一级水泥公路。港口运作配套设施较先进、齐备，装卸运输设备主要有门座起重机 4 台（最大起重能力 45 吨），各型集装箱牵引车、叉车和运输车 50 多辆，港口作业船 1 艘。已投入使用的港区设计年货物吞吐能力 100 万吨，其中集装箱 10 万标箱。

2016 年，该港区进出口货物 111.28 万吨，同比增长 11.5%。

双水发电厂进口煤专用码头，位于天马货运港区下游斜对岸双水发电厂一侧，2006 年 4 月口岸设施建成并获准开放使用。码头长 170 米，有泊位 2 个，可靠泊 5 000 吨级煤船，年设计吞吐能力 100 万吨。2016 年，无进口煤。

银湖船舶维修专用码头，位于天马货运港区下游银洲湖出口左岸银湖船舶工程有限公司厂区岸边，2009 年 2 月口岸设施建成并获准开放使用。码头建有 5 000 吨级泊位 1 个，担负银洲湖区域修造船产业的船舶进出口查验监管。2016 年，出口船 6 艘，共 4.8 万吨。

宜大化工品专用码头，位于天马货运港区下游银洲湖崖门水道左岸、古井镇南洋围河段。码头总长275米，泊位3个，全潮可靠泊5 000吨船舶，乘潮可靠泊近万吨级船舶，年设计吞吐能力150万吨。化工库区一、二期工程已建成液体化工库容共10.5万立方米，是广东江门五邑地区具有国际水准、规模较大的石化物流基地。2012年12月，该专用码头建成并获准开放使用。2016年，该码头进口货物13.19万吨。

【广海水运（海港）口岸】 1985年10月25日，经国务院批准设立广海港口岸（国函字159号）。广海港位于台山市广海湾华侨投资开发试验区，面临南海，原址在台山广海镇海港码头，距澳门52海里、香港96海里。客运于1988年8月开通香港客运航线，年客运量曾超过10万人次；1996年11月，该口岸客运迁往公益港，2007年起暂停运行。货运于1996年规划迁建可靠泊万吨级轮船的鱼塘货运港区，目前该港区基本完成了码头泊位、堆场及进港道路等主体工程；2014年，台山市政府根据大广海湾的规划发展，拟将该港区规划调整升级为建设5万吨级泊位、规模更大的广海湾货运港区。广海港口岸开放水域范围增开的国华粤电台山电厂进口煤专用码头，于2012年12月获准正式对外开放，该码头位于台山市广海湾东侧铜鼓湾内，建有2个5万吨级泊位（水工设计为10万吨级），港口接卸能力达到1 300万吨，2016年暂无进口煤。同期，广海港口岸还通过申报临时开放等方式，为台山核电厂重大建设项目解决进口物资在本项目重件码头就地进口问题。2016年暂无进口设备物资。

【鹤山水运（河港）口岸】 1988年4月27日，经国务院（国函〔1988〕67号）批准对外开放，鹤山水运口岸位于广东省鹤山市西江河段、325国道九江大桥侧的沙坪河口与西江的汇合处（通航香港），鹤山沙坪镇口岸路，1989年1月28日开通鹤山至香港的水路客运航线。港区岸线长260米，码头长48米、泊位1个；建有旅检大楼3 000平方米，内设6条旅客进出境通道，候船厅、免税商场、停车场等设施齐备。目前由佛山高明港高速客轮挂港联运，每天一进一出共2个航班，每航次约需2小时30分钟。

2016年，鹤山水运（河港）口岸出入境旅客4.38万人次，同比下降5%。

【三埠水运（河港）口岸】 位于广东省开平市三埠镇长沙港口路七号、潭江中下游左岸，距香港146海里，澳门80海里，于1984年4月建成并开放使用，通航港澳。2007年10月起暂停运行。

【阳江水运（海港）口岸】 1993年3月9日，经国务院（国函〔1993〕13号）批准设立。阳江水运（海港）口岸位于阳江市西南方向的海陵湾。海上北距广州约181海里，东距香港约143海里，距澳门约129海里，西距湛江约125海里。公路距广州210千米，距湛江230千米，在珠三角经济圈和北部湾经济圈两大板块中间，是联结两大经济圈的桥梁和纽带，同时，也是广湛水陆交通线的中心点，在广州、湛江港两大主枢纽港之间，与主枢纽港一起构成层次分明的水运体系，成为粤西中部和内陆地区重要出海口。

口岸有对外开放泊位7个。其中，万吨级泊位2个（6、7号泊位，设计年吞吐量100万吨）；3.5万吨级泊位1个（8号泊位，设计年吞吐量195万吨）；3万吨级泊位1个（10号泊位，水工结构按靠泊5万吨级设计，设计年吞吐量180万吨）；5万吨级泊位2个（11、12号泊位，水工结构按靠泊5万吨级和预留10吨级散货船设计，设计年吞吐量380万吨）；3 000吨级油气专用泊位1个（阳江港闸坡蝴蝶洲油气专用码头，设计年吞吐量24万吨）。

阳江港主航道水深12米，港池和码头前沿

水深 8.5 米 ~14.5 米。按 5 万吨级航道进行疏浚改造，可满足载重 7 万吨船舶航行。2016 年，往来航线主要有马来西亚、菲律宾、阿拉伯联合酋长国、伊朗伊斯兰共和国、印度、印度尼西亚、美国、巴西、南非共和国、莫桑比克、马普托、俄罗斯、新喀里多尼亚、澳大利亚等 14 个国家和地区。进出口货物总类主要有镍矿、铁矿、煤炭、黄大豆等。

广东华厦阳西电厂配套码头建有 7 万吨级泊位 1 个（水工结构按 15 万吨级散货船舶设计），泊位长度为 315 米，宽度为 30 米，回旋水域直径 416 米，航道长 1.96 千米，航道有效宽度为 170 米 ~210 米。港池、航道设计底高程均为 15.5 米，码头装设 2 台 1 600 吨/小时桥式抓斗卸船机，设计年通过能力 600 万吨，由阳西海滨电力发展有限公司建设，总投资 7.5 亿元，2009 年建设竣工。交通运输部于 2015 年 12 月 18 日同意国际航行船舶临时进靠广东华厦阳西电厂配套码头，期限为 2015 年 12 月 18 日至 2016 年 6 月 15 日。

2016 年，阳江水运（海港）口岸进出口货运量 923.22 万吨，同比减少 12.6%；进出境人员 0.76 万人次，同比减少 17.9%；进出境船舶 0.04 万艘次，同比减少 17.7%。

【湛江水运（海港）口岸】 湛江水运（海港）口岸位于中国大陆最南端的雷州半岛，是汉代“海上丝绸之路”始发港，是中国大陆通往东南亚、非洲、欧洲和大洋洲海上航程最短的港口，已与世界 100 多个国家（地区）通航。自 1956 年开港以来历经 60 年的建设，已成为全国沿海 12 个战略枢纽港和原油、铁矿石物流集散中心，是西南沿海港口群的龙头港和我国中西部地区货物进出口的主通道，是广东省连接东盟自由贸易试验区的最佳海上物流平台，是国家建设“21 世纪海上丝绸之路”重要支点口岸，是我国重要的远洋门户，在亚太经济圈中具有重要的战略地位。湛江海港口岸主要包括霞山港区、调顺港区、霞海港区、宝满港区、东海岛港区、南海西部石油公司专用码头等港区和 5 个原二类口岸，拥有对外开放码头泊位 43 个，年设计吞吐能力 1.53 亿吨。

霞山港区岸线长 6 387 米，陆域纵深 1 500 米，用地面积 3.93 平方千米，生产性泊位 29 个（其中万吨级以上泊位 26 个、30 万吨级陆岸原油码头 2 个、25 万吨级陆岸铁矿石码头 1 个）。开通航线主要是原油运输航线（中东航线、非洲航线、新加坡中转航线）、铁矿石运输航线（东盟航线、南亚航线、非洲航线、美洲航线）。进出口货物有铁矿石、原油、成品油、集装箱、杂矿、化肥、粮食、钢材、木材等。

调顺港区岸线长 1 315.4 米，陆域纵深 660 米，用地面积为 79.50 万平方米，生产性泊位 6 个，开通航线主要是煤炭运输航线（东盟航线、非洲航线），进出口货物有煤炭、杂矿等。

霞海港区拥有对外开放码头泊位 5 个，开通航线主要是湛江—香港货运班轮及东盟航线，进出口货物有散货、集装箱等。

宝满港区岸线长 1.03 万米，陆域纵深 1 000 米，用地面积 67.20 万平方米。规划重点发展集装箱运输业务，已完成一期工程，建成 2 个 5 万吨级集装箱专用泊位，年设计吞吐能力 80 万标箱。开通航线主要是集装箱航线 14 条（东南亚航线、东南亚—东北亚航线、经香港和蛇口中转全球航线、日本航线），其中直达东南亚航线 6 条，2016 年新增湛江—泰国 1 条集装箱定期班轮航线。2016 年 9 月，宝满港区集装箱码头取得进境水果、粮食指定口岸资质。

东海岛港区岸线 3.41 万米、泊位 27 个，系湛江钢铁基地和中科合资广东炼化一体化项目生产配套的港区，已建成生产性泊位6个（其中30万吨级泊位、25万吨级泊位各1个，7万吨级泊位2个、5万吨级杂货泊位和1万吨级杂货泊位各1个），以大宗能源、原材料运输为主。

南海西部石油公司专用码头岸线384米，陆域纵深584米，用地面积17.5万平方米，生产性泊位5个，主要业务是进口大型海上钻井平台配件。

湛江保税物流中心（B型）项目于2016年3月通过海关总署、财政部、国家税务总局、国家外汇管理局联合验收，5月17日正式投入运营封关运作，成为粤西首家国家级保税监管场所。目前，多家企业入驻园区，并租赁仓库（堆场）开展保税业务。

2016年，湛江水运口岸进出口货运量6 890万吨，同比增长23%；集装箱进出口运量18.14万标箱，同比持平；出入境交通工具6 203艘（架）次，同比增长37%；出入境人员12.36万人次，同比增长34%；进出口贸易总额899.4亿元。湛江水运（海港）口岸货运量首次突破6 000万吨大关，出入境人员首次突破10万人次，创历史新高。

【水东水运（海港）口岸】 地处粤西地区，位于广东省茂名市的东南角，东经111°，北纬21°，是南海伸入内陆的一个面积为32万平方公里的泻湖湾。1988年10月28日，经国务院（国函〔1988〕130号）批准对国轮开放，1993年2月24日经（国函〔1993〕22号）批准对外轮开放的国家一类对外开放口岸。

茂名市水东港在清道光年间已成为粤西地区的重要商埠，在清咸丰和民国年间，曾两度对外通商贸易。1958年，省航运厅投资在水东湾建成50吨级泊位6个。八十年代开始了大规模的港口开发建设。1984年，开辟炮台港作为对港澳进出口货物起运点，后经批准成为装卸点。1988年10月，经国务院批准成为国家对外开放一类口岸，1993年6月18日经国务院批准正式对外国籍船舶开放。水东港航线可直达国内沿海各口岸，国际上与40多个国家和地区口岸建立了贸易往来。

茂名市水东港后方具备公路、铁路、管道等多种运输方式，由进港公路连接高水一级公路，与325国道、207国道相连接，横贯茂名东西南北。接上沈海高速（广湛高速）公路或包茂高速可通往全国各地；茂名市铁路运输以广茂线为东部走廊，以河茂线为西部走廊，连接黎—湛线，通过广茂线、河茂线、茂湛线及在建的深茂铁路、广东沿海铁路可接入国铁干线网络；已建的各类管道是水东港区、博贺新港区与后方炼油厂、石化园区相连接的重要通道。

茂名市水东港是中国南方重要的油品中转、集散基地和石化产品进出口基地，也是海产品和农副产品进出口基地。水东港口岸现有对外开放码头12座，其中拥有全国首创的30万吨级单点系泊原油接卸码头1座，3万吨级、1万吨级、3千吨级成品油码头各1座，3万吨级煤炭码头1座，2万吨级杂货重件码头1座，3千吨级液体化工码头1座，500吨级双泊位杂货码头1座，1万吨级通用码头1座，5千吨级囤船化工码头1座，1万吨级液化气码头1座，1万吨级综合码头1座。港口年吞吐能力1 750万吨。

2016年，水东水运（海港）口岸进出口货运量1 304.5万吨，进出境集装箱3.1万标箱，进出境船舶996艘次，出入境人员1.7万人次。

【肇庆水运（河港）口岸】 清光绪二十三年（1897年），地处西江上游的广西梧州辟为对外通商口岸，根据《中英通商专约》，肇庆、德庆被定为英国轮船停靠站。1941年，梧州海关在肇庆和禄步设立分卡，雷州海关在高要县新桥设立分卡，征收土货运销转口税、战时消费税。

1963年，广东省人民政府批准开设肇庆进出口货物装卸点。1982年6月，国务院批准肇庆客运港为一类口岸。1984年5月28日，肇庆至香港直达客轮“西江”轮正式通航。2005年10月，肇庆港客运业务经批准暂停营运，

【潮州水运（海港）口岸】 位于广东省东南部沿海，是广东省最东端的一个天然良港，它包括三百门、西澳、金狮三个港区，海岸线总长

136千米，港区规划水域面积230平方千米，1994年11月国务院同意将三百门港更名为潮州港，并列为独立对外开放口岸，2003年12月28日正式对外开放。对外开放水域115平方千米。潮州港可利用建码头、泊位岸线39千米，其中可建10万吨～30万吨级码头、泊位岸线长10.4千米，拥有对外开放码头5座，泊位8个。分别为：位于三百门港区的三百门港务码头，位于金狮湾港区的广东大唐潮州三百门电厂5万吨级专用煤码头，华丰5万吨级和2千吨级油气专用码头，亚太通用码头一期工程3万吨级、5万吨级两个泊位。

2016年，潮州水运（海港）口岸货物吞吐量910万吨，其中外贸货运量480万吨，同比增长18%；货值11亿美元，同比增长92.4%；验放船舶311艘次，同比增长44%；出入境人员6 172人次，同比增长40%。

原二类口岸

【韶关外贸货物装卸点】 位于韶关市区南郊，占地25 640平方米，内设有一座500平方米封闭式仓库、一座3 000平方米的低温仓库、300平方米的停车场，铁路专用线、站台465米，可同时停靠8个火车皮，地面仓库及附属建筑4 153平方米，年吞吐能力150万吨。主要开展铁海联运业务。2016年，韶关市“铁海联运”班列进出口集装箱4 277标箱。

【乐昌外贸货物装卸点】 位于乐昌市环城中路，距离韶关车检场65千米，占地2.17万平方米，有专线500米，年吞吐能力20万吨。

【容奇外贸货物装卸点】 地处西江下游的容桂水道，位于广珠公路容奇大桥东侧，距香港63海里，距深圳48海里。现有泊位10个，码头岸线长636米，港区面积为12万平方米，年吞吐量80万标箱，300万吨散货。每天有多班往来香港的集装箱船、件杂货船和多班往来深圳、南沙的进出口直航驳船。

2016年，进出口货运量86.81万吨。

【北滘外贸货物装卸点】 位于北江顺德水道的北岸，105国道三洪奇大桥东面，碧桂路西面的北滘工业园内。于1992年10月动工兴建，1994年12月28日通过验收投入使用。港口泊位岸线长405米，设计年吞吐能力200万吨、40万只标准箱。港区内设有进出境货运车辆查验场。

2016年，进出口货运量216.34万吨。

【勒流外贸货物装卸点】 地处顺德区北江水道南岸的稔海—黄连段，距香港70海里，距深圳55海里，距广州黄埔港68海里。1999年，经广东省人民政府口岸办公室批准为国家二类口岸。现有泊位9个，码头岸线长600米，港区面积为30万平方米，年吞吐量25万标箱，150万吨散货。港区内设有进出境货运车辆查验场。

2016年，进出口货运量219.50万吨。

【佛山新港外贸货物装卸点】 1993年，批准设立。位于禅城区港口路39号，货物年吞吐量350万吨，集装箱吞吐量28万标箱。进出口货源主要是机械产品、塑料原料、棉纱和钢材。从货源结构看，轻工医药类、制造业的产品占佛山新港进口货源的80%以上，矿建性材料及机械设备占佛山新港出口货源近80%。2016年，进出口货运量277.74万吨，同比增长4%。其中，出口货运量255.05万吨，同比增长4%，进口货运量22.69万吨，同比下降3%。进出口集装箱14.98万标箱，同比增长8%。现由佛山市航运有限公司与香港珠江船务（企业）集团有限公司合资设立的佛山新港码头有限公司负责经营。

【澜石外贸货物装卸点】 1979年批准设立。位于禅城区海滨东路17号，码头岸线长440米，有驳船装卸泊位7个，年吞吐量250万吨，集装箱30万个。进口货源以原材料（包括塑料粒、棉纱、纸等，货源占比85%）和食品（包括水果、冻品等，货源占比10%）等为主，出口货源以陶瓷（货源占比90%）和建材为主。2016年，进出口货运量200.79万吨，同比增长18%。其中，出口172.91万吨，同比增长28%，进口27.88万吨，同比下降18%。进出口集装箱9.69万标箱，同比下降1%。现由新加坡吉宝电讯与通运有限公司与广东外运公司合资成立的吉宝物流（佛山）有限公司经营。

【滘口外贸货物装卸点】 1981 年批准设立。位于滘口大街 28，码头岸线长 200 米，2 000 吨级码头泊位 3 个，设计年吞吐能力 50 万吨。出口的集装箱主要以瓷砖和中药材为主，散货以钢材、铸管、小五金茶叶等为主；进口集装箱以藤枝和花卉苗木为主，散货以少量杂货为主。现由佛山市金桥投资有限公司经营，现已暂停营业。

【九江外贸货物装卸点】 1979 年批准设立。位于南海区九江镇东南段。现有 45 吨轨道门座机 5 台，集装箱龙门吊 4 座，码头岸线长 440 米，驳船位 6 个（其中 2 个为 3 000 吨 ~5 000 吨级泊位），集装箱年吞吐量达 80 万标箱。2016 年，进出口货运量 245.51 万吨，同比增长 1%。其中，出口 180.01 万吨，进口 65.51 万吨；集装箱吞吐量 17.32 万标箱。现由佛山中外运仓码有限公司经营。

【平洲外贸货物装卸点】 1986 年批准设立。位于南海区永安路 1 号，港区码头岸线长 230 米，3 000 吨级泊位 4 个，集装箱堆场面积为 1 万平方米，散货堆场面积 2.6 万平方米，进出口货物种类主要为废五金、废塑料、木材、家电、钢材等；口岸实行“6 +1”工作制（即星期一至星期六正常上班，星期天预约上班）。

2016 年，进出口货运量 82.82 万吨，同比增长 7%；集装箱吞吐量 9.28 万标箱。现由佛山南港码头有限公司经营。

【北村外贸货物装卸点】 1986 年批准设立。位于珠江口水道广州珠江大桥上游，码头岸线长 200 米，设有 1 000 吨级的集装箱泊位 1 个，500 吨级的散货船泊位 2 个，集装箱堆场面积 8 200 平方米，仓库面积 650 平方米。由珠江内河货运码头有限公司与广东省南海食品进出口有限公司组成中外合作企业佛山北村珠江货运码头有限公司负责经营。

2016 年，进出口货运量 24.17 万吨，同比增长 54%；集装箱吞吐量 1.16 万标箱。

【高明外贸货物装卸点】 内设珠江货运码头与食出码头。珠江货运码头 1992 年批准设立。位于高明区荷城沿江路 11 号，建有 4 个 3 000 吨级泊位。由香港珠江船务发展公司全资控股的佛山高明珠江货运码头有限公司负责经营。2016 年进出口货运量 404.23 万吨，集装箱吞吐量 37.2 万标箱。食出码头 1985 年批准设立。位于高明区荷城沿江路 253 号，码头设有 1 500 吨级泊位 1 个，集装箱堆场面积为 1.6 万平方米，物流仓库面积为 4 000 平方米，保税仓出口监管仓 1 200 平方米，冷冻仓库 400 平方米。由港资企业海晏（广州）国际货运代理有限公司负责经营。

2016 年进出口货运量 31.7 万吨，集装箱吞吐量 3.77 万标箱。

【三水外贸货物装卸点】 2000 年投入使用，位于西江马口段，年外贸集装箱吞吐能力 30 万标箱，进出口货物种类主要为废金属、废塑料、陶瓷、机电、食品饮料。由佛山市三水港吉宝物流有限公司负责经营。

2016 年进出口货运量 175.9 万吨，同比增长 17.9%；进出口集装箱 20.3 万标箱，同比增长 9%。

【西南外贸货物装卸点】 1986 年批准设立，位于北江下游东平水道左岸，年集装箱吞吐量 18 万标箱。进出口货物种类主要为废金属、废塑料、陶瓷、机电、铝材、粮食。由佛山三水三港集装箱码头有限公司负责经营。

2016 年，进出口货运量 64.2 万吨，同比下降 5%；进出口集装箱 8.1 万标箱，同比下降 7%。

【韶关外贸货物装卸点】 位于市区南郊 9 千米处，占地 6.50 万平方米，300 吨船泊位 3 个，岸线长 180 米，监管仓库 500 平方米，堆场 3 万平方米，办公大楼 2 800 平方米，配备设备 40T 吊机一台，叉车一台，120 吨地磅一台，年吞吐能力 30 万吨。已纳入国家“十三五”口岸开放计划。

【博罗红外贸货物装卸点】 1985 年 11 月 5 日批准设立，1998 年 10 月经广东省人民政府、海关总署确认为继续保留运作的原二类口岸。该装卸点包含恒盛集装箱码头和宏兴码头，2005 年经国务院同意作为新开口岸项目列入国家“十一五”口岸发展规划。2010 年 6 月经广东省人民政府审核后定名为“博罗港口岸”，设红海港区和宏兴港区，并上报国务院审批。其中，恒盛集装箱码头位于博罗县石湾镇江滨路，设有500吨级泊位2个，设计年吞吐能力为60万吨，自开放以来一直保持正常运作。宏兴码头位于博罗县龙溪镇，始建于1998年10月，分两期建设。一期建设有500吨级泊位10个，设计年吞吐能力为500万吨，经组织验收合格，宏兴港区从2013年3月6日起对来往港澳国轮开放启用，仍按原二类口岸模式运作。二期计划建设占地面积40万平方米，建设目标是“港区”联动保税区。

2016年，博罗红海港外贸货物装卸点进出口货运量为2.15万吨。

【乌坎外贸货物装卸点】 位于粤东黄金海岸碣石湾顶的陆丰市东海镇乌坎管区，处于深圳和汕头两个特区之间。1992年6月23日批准设立，1997年3月3日正式启用。该装卸点建成重力空心方块500吨级码头泊位两个，岸线长124米，港池宽400米，水深3.9米，新开出海航道长750米，宽200米，水深3.6米，乘潮码头和航道水深分别达到4.9米和4.6米。货物监管场地面积为2.8平方千米，码头40吨位装卸吊机一部，设计年吐能力为25万吨。

【湛江港长桥作业区】 由霞山长桥码头、渔业公司旧码头和富多石油液化气专用码头3个码头组成。霞山长桥码头、渔业公司旧码头于1982年批准设立。霞山长桥码头为湛江口岸对台小额贸易点。

【湛江港北潭作业区】 位于雷州半岛西北部的英罗湾。1993年批准设立，1998年暂停运行进行调整，2003年恢复运行。

【湛江港营仔作业区】 位于雷州半岛北部。1993年批准设立，1998年暂停运行进行整顿，2004年恢复运行。

【湛江港流沙作业区】 位于雷州半岛西南端，1989年经广东省政府口岸办（粤府口〔1989〕95号）批准设立二类口岸装卸点。1998年广东省政府列为暂停运作行需进行整顿的口岸装卸点，2004年经广东省政府批准恢复运行。湛江港流沙作业区位于雷州半岛西南端，东经109°55.8′、北纬20°26.2′。

【湛江港海安作业区】 位于祖国大陆最南端。1981年批准设立，1995年批准为对越南小额贸易试点口岸，2008年改扩建1 000吨级件杂货综合性码头，2015年1月28日该作业区开通“湛江—海安—香港”集装箱航线，正式开展对外业务。

【揭东泰丰侨金属制品有限公司泰围码头】 2002年3月13日，经广东省对外贸易经济合作厅批准设立（粤外经贸港函〔2002〕19号），建成2 000吨级码头1座，设计年吞吐能力为货物30万吨，码头于2012年4月对外开放。

【四会外贸货物装卸点】 近年，随着肇庆市再生资源产业的发展，废金属、废塑料等进口可用作原料的固体废物成为肇庆市口岸的主要物流商品。按照相关监管规定，进口“两废”货物的所有集装箱均需由海关派员进行过磅，同时口岸经营企业为货物交接安全均对所有进口集装箱过磅，地磅作业重复且强度大，口岸经营企业反映迫切需要在非海关正常工作时间进行货柜过磅作业。为回应企业经营诉求，在全省范围内率先对四会港试行开发无人值守自动化过磅系统。经近半年测试完善，2016年6月23日，四会港无人值守自动化过磅系统正式启用，通过自动采集过磅称重数据，实现24小时（包括海关非正常工作时间）过磅作业。该系统启动后，对集装箱进行过磅称重的耗时仅约1分钟，大大提升了进口废金属、废塑料的通关时效，还可为在非海关正常工作时间到港的集装箱省下100元~200元/个的二次吊装费用，目前四会港已无塞港情况。截至2016年12月份，四会港无人值守自动化过磅系统共过磅6 189柜次，其中非工作时间过磅1 470柜次，占总过磅柜次21.3%。

【云浮新港】 云浮新港港务有限公司成立于2006年，目前是珠海港股份有限公司的控股子公司，下设云浮新港外贸作业区和六都内贸作业区两个港区。云浮新港和六都港位于西江中游南岸云安县六都镇，地处两广航运节点，且航道水深优良，水陆铁交通十分便利，是沟通沿海与内地、连接珠三角与大西南的交通要冲，是云浮建设两广（广东、广西）交通纽带的重要载体。云浮新港占地面积约22万平方米，码头使用岸线长420米，2 000吨级泊位7个，最大可停靠5 000吨级船舶，设计年处理集装箱40万标箱，年吞吐量最高可达1 000万吨。

云浮新港开通至香港、深圳蛇口、广州南沙、珠海高栏等港口的船舶往来航线，在“云浮—香港”定期航班的基础上，开通了“云浮—南沙”出口航线。开通梧州赤水—云浮新港内支航线。2016年，无新开航线。进口主要货物种类：石材、不锈钢、纸浆等；出口主要货物种类：石材、陶瓷、电池、硫铁矿等。2016年，新增的货物种类：铝锭、农产品、皮革等。

从2016年3月起，简化客户进入港区看货流程，所有客户可以直接在闸口办理看货手续。2016年2月，完成海关监管场所A类闸口的系统及视频监控的升级并试运行，7月云浮新港港区正式升级为A类海关监管场所。2016年8月，正式开展露天石材保税仓保税业务。

云浮新港口岸码头一角

【清远外贸货物装卸点】 位于北江中下游清远市市区，1993年4月设立，1998年经省人民政府、海关总署确认为继续保留运作的二类口岸（粤府〔1998〕69号），2015年被广州海关评定为A类监管场所，由清远珠江货运码头有限公司经营。码头岸线长280米，1 000吨级泊位4个，45吨和35吨集装箱岸吊及装卸设备一批，设计年吞吐能力为120万吨。现开通清远港往返香港、澳门小型船舶运输以及外贸内河中转运输航线。进出口货物种类主要为：废五金、废塑料、陶瓷、牛皮、橡胶、硼钙石、食品等。2016年，进出口货运量37.91万吨，同比下降11.65%。

【广州保税区】 1992年5月13日，获国务院正式批准设立，面积为1.4平方千米，已逐步形成了以保税加工和保税物流仓储为重点的发展格局，培育了加工、物流、商贸、展示销售4个产业集群，并逐渐发展了检测、维修业务。

【广州保税物流园区】 2007年12月3日，获国务院批准设立，2008年9月24日通过验收，正式封关。面积为0.49平方千米。运作以来各项经济指标一直保持迅猛的增长势头，主要解决了开发区大型重点企业产品和原材料的“香港一日游”问题，并逐渐发展了物流配送、国际中转、检测、维修业务。

【广州出口加工区】 2000年4月27日，经国家批准成立的首批15个出口加工区之一，2001年3月31日通过验收封关运作。位于广州开发区东区内，规划面积为3.05平方千米，首期面积为0.9平方千米。2016年，广州出口加工区上报优化整合方案。

进出境货运车辆检查场（以下简称车检场）

【河源车检场】 1992年10月4日，《国务院关于同意开放广东河源口岸并设立检查检验机构的批复》（国函〔1992〕131号）批复在河源设立口岸。1993年5月，河源市设置了河源车检场。河源车检场位于河源市高新技术开发区科技大道与205国道交汇处，即科技大道以南、205国道以东。该车检场2012年10月开始建设，2013年12月底全部完工。车检场总投资5 000多万元，占地面积5.57万平方米，总建筑面积1.13万平方米。其中办公楼建筑面积7 173.2平方米，仓库建筑面积2 548.8平方米，宿舍建筑面积1 445.07平方米。

车检场内具有独立的封闭区域，建有2.6米高的围墙并加装了红外防盗报警系统，进出口处设有门卫岗亭，24 小时有保安人员值守，场内生活区、办公区和监管区之间设有 2.6 米高的不锈钢围网分隔，保证了三个区域的相对独立和互不干扰，满足海关、出入境检验检疫部门对场地封闭性的设置标准。

2016 年 10 月 24 日，广州海关正式批准河源车检场建设跨境电子商务监管平台，预计在 2017 年 6 月建成并投入运营。

2016 年，车检场查验入出境车辆 2.7 万辆，入出境货物 17.48 万吨。

【佛山车检场】 位于禅城区五峰三路，于 1991 年投入使用，现由佛山口岸发展有限公司经营。车检场占地面积 2.53 万平方米，仓库面积 1.96 万平方米。进出口货物有电子元件、家电、家私、玩具、文具、服装等。2016 年，佛山车检场进出口货运量 5.1 万吨，同比下降 17%。其中，出口货运量 4.39 万吨，同比下降 18%，进口货运量 0.71 万吨，同比下降 5%。

【高明车检场】 设于高明珠江货运码头内。1993 年开设，2006 年通过验收，占地面积约 2 000平方米，通关的车辆以出口转关车为主。出口的货物基本为纺织品、成衣、日常用品、食品。2016 年，进出口货运量 2.57 万吨，集装箱吞吐量 0.34 万标箱。

【三水车检场】 位于城区贤兴路，1995 年批准开通使用，现由三水区口岸服务公司负责经营。车检场占地面积 1.33 万平方米，货柜车候检场 5 000 平方米，设计日检车能力 50 辆次。2016 年，车检场进出口货运量 1.64 万吨，同比下降 10%。

【南海桂江车检场】 位于南海大沥桂和路口，1992 年投入使用，场内共设有 5 个独立仓库，20 个货柜车查验车位，设计日检车能力 200 辆次。主要货物种类有服装、纺织品、皮具、铝材、五金电器、塑料制品、玻璃制品等。2016 年，进出口货运量 18.65 万吨，同比下降 1%；集装箱吞吐量 3.12 万标箱。

【南海官窑车检场】 位于南海区狮山镇官窑官和路沙墩尾，2001 年投入使用。车检场占地面积为 3.27 万平方米，设有 2 个独立仓库，16 个货柜车查验车位，设计日检车能力 200 辆次。2016 年，进出口货运量 14.83 万吨，同比下降 8%；集装箱吞吐量 3.8 万标箱。

【小榄车检场】 位于中山市小榄镇民安南路，占地面积 10.67 万平方米。2016 年，验放车辆为 1 841 车辆次。

【中山市保税物流中心车检场】 位于中山市民众镇中山保税物流中心内，占地面积 7.33 万平方米。2016 年，验放车辆为 19 410 车辆次。

【韶关车检场】 位于韶关市区南郊 6 千米的广韶公路旁，占地面积 9 500 平方米，设有建筑面积 2 400 平方米的三层报关大楼，800 平方米 19 个停靠候检车位的查验平台和 5 000 平方米的停车场，并配套设有 500 平方米的监管仓，年吞吐能力为 90 万吨。

【潮州车检场】 位于潮安县凤塘镇凤岗村，2005 年 9 月建成投入使用。车检场共占地面积 4.73 万平方米，分两期建设。第一期占地面积 3.40 万平方米，建有办公楼、生活用房及技术用房 8 800 平方米，铺设露天停车埕 22 000 平方米，可同时停放进出境货运车辆 120 部，日验放量可达 300 部，项目总投资 3 553 万元。2016 年，潮州货柜车查验场进出境交通工具 3 637 辆次，同比下降 55%。

【饶平车检场】 位于饶平县黄冈镇龙眼城，1993 年 1 月建成投入使用。车检场占地面积 4 000平方米，工程总投资 500 万元，其中车辆检查场 3 338 平方米，设计日可查验运载进出口货物车辆 30 部。2016 年，共查验进出境交通工具 1 750 辆次，同比增长 16.7%。

【肇庆大旺车检场】 引进肇庆市睿骏跨境电子商务有限公司打造肇庆首家跨境电商（B2C）直购进口与零售出口业务公共服务平台—肇庆市跨境电子商务监管中心，为肇庆市跨境电商提供通关、仓储、物流等配套服务。该监管中心项目于 2016 年 7 月获广州海关、广东出入境检验检疫局批复建设，成为粤西唯一试点，并于 2016 年 9 月初进场动工建设，“X 光机同屏比对系统自动分拣线”等硬件设施装配及阅览室、查验室、海关待查仓等功能区建设相继完成。

【揭阳市车检场】 1990年4月25日，批准设立。该场总面积为6 800平方米，配套停车场1个（面积为3 000平方米），仓库1座（面积为150平方米），查验台20个，设计年通过能力2.4万辆次。

【普宁市车检场】 1991年6月25日，批准设立。该场总面积为8 800平方米，配套停车场1个（面积为6 000平方米），仓库2座（面积为2 000平方米），查验台28个，设计年通过能力7.2万辆次。

【惠来车检场】 2001年1月，经海关总署批准设立（海关总署〔2001〕1号）。该场总面积为2 000平方米，配套停车场1个（面积为1 800平方米），仓库1座（面积为120平方米），查验台8个，设计年通过能力2万辆次。

【云浮车检场】 位于云浮市东大门腰古镇，324国道与省道S276线交汇处，距广梧高速思劳出入口5千米，是云浮公路进出的必经之地，占地面积9 840平方米，年设计通关查验车辆2万辆车次，2000年11月对外启用。驻有海关、出入境检验检疫和口岸为相关单位，是云浮市外贸进出口的重要通道。2016年3月底前，执行省开展免除查验没有问题外贸企业吊装移位仓储费用试点方案；4月起停止执行。2016年，建设了车检场安全消防系统工程，通过了监管场所改造及闸口管理从C级升为B级工程的验收。

云浮出入境货运车辆检查场

【罗定车检场】 位于罗定海关监管区内，占地面积6 000多平方米，年通关车辆能力1万辆车次。

深圳市

【口岸概述】 截至2016年年底，深圳市有经国务院批准的对外开放口岸15个。其中，陆路（公路）口岸6个，分别是罗湖、文锦渡、皇岗、沙头角、深圳湾、福田公路口岸；水运（海港）口岸8个，分别是盐田港、大亚湾、梅沙、蛇口、赤湾、妈湾、东角头、大铲湾海港口岸；空运口岸（深圳宝安国际机场）1个。经省政府批准的原二类口岸3个，即蛇口外贸货物装卸点、沙鱼涌外贸货物装卸点和莲塘起运点。

罗湖陆路（公路）口岸是我国目前客流量最大的旅客入出境陆路口岸之一；皇岗陆路（公路）口岸是我国货车入出境数量最多的客货综合性陆路口岸，也是我国率先实行24小时通关的口岸；深圳湾陆路（公路）口岸是我国第一个按照“一地两检”查验模式运作的客货综合性陆路口岸；文锦渡陆路（公路）口岸是我国最早对外开放的口岸；福田陆路（公路）口岸是我国首个内地与香港无缝接驳的地铁口岸；盐田水运（海港）口岸是我国四大国际深水港之一；蛇口水运（海港）口岸是第一个由企业自筹资金建设、管理和经营的海港口岸；赤湾水运（海港）口岸是第一个中外合资港口企业建设和经营的海港口岸；深圳宝安国际机场是我国第一家以地方投资为主兴建的机场。

【口岸运行数据】 2016年，经深圳口岸出入境人员2.39亿人次，日均65万人次，同比下降0.1%；出入境车辆1 569.2万辆次，日均4.3万辆次，同比增长2.2%。水运（海港）口岸集装箱吞吐量2 397.94万标箱，同比下降0.95%；进出口货物18 041.47万吨，同比下降1.78%。空运口岸出入境旅客286.34万人次，同比增长25.6%，国际空运货物25.34万吨，同比增长18.4%。

2016 年广东省口岸大事记

1 月 3 日

“处女星号”邮轮开始以南沙三期码头为母港开通至香港和越南的航线，标志着广州正式开通国际邮轮航线。

1 月 5 日

南沙海关成功测试首票特殊监管区域采取区域通关一体化模式一线出境货物申报业务。南沙海关指导特百惠（中国）有限公司开设广东自贸试验区南沙新区片区首本保税维修专用电子账册。

1 月 13 日

广州白云边检站十队被共青团广东省委员会评为“广东省青年文明号”。

深圳蛇口边检站一队被共青团广东省委员会命名为“2014～2015 年度广东省青年文明号”，皇岗边检站十四队和深圳湾边检站五队被共青团广东省委员会继续认定为“2014～2015 年度广东省青年文明号”。

1 月 15 日

海关总署、国家发改委、财政部、国土资源部、住房城乡建设部、商务部、税务总局、工商总局、国家质检总局、外汇管理局 10 部委组成的联合验收组，通过了对深圳盐田综合保税区（一期）的正式验收，颁发了“深圳盐田综合保税区验收合格证书”。

1 月 17 日

珠海湾仔轮渡水运（河港）口岸因建筑物安全问题暂时关闭。

1 月 19 日

深圳公路口岸办理进出境空车业务全面切换至公路舱单模式，标志着公路舱单系统在深圳海关已全面推广。

1 月 20 日

由广东省口岸办牵头组织驻省有关查验单位组成验收组对惠州港中海物流基地码头对外开放前的各项准备工作进行了验收，同意该码头正式对外开放。

1 月 24 日

白云国际机场口岸东二指廊正式启用为国际指廊，有效缓解了机场国际运营能力紧张的状况。

1 月

深圳海事局、湛江海关顺利通过广东省文明单位荣誉称号复查，继续保留广东省文明单位荣誉称号。

2 月 2 日

南沙海关获评为 2015 年全国“扫黄打非”先进集体，天河车站海关旅检一科岑婉红获评为 2015 年全国“扫黄打非”先进个人。

2 月 4 日

湛江海关关区“湛江—茂名”集装箱内外贸货物同船运输航线首航。

深圳海关行邮监管处被全国“扫黄打非”工作小组评为 2015 年全国“扫黄打非”先进集体。

2 月 12 日～15 日

广东出入境检验检疫局检出全国口岸首例输入性寨卡病毒感染病例。

2 月 23 日

深圳海关缉私局侦查二处被广东省禁毒办评为 2015 年全省禁毒工作先进集体，张笑秦、苏荣辉同志被评为 2015 年全省禁毒工作先进个人。

2 月 24 日

中共中央政治局委员、广东省委书记胡春华，省委副书记、省长朱小丹等省领导接见全省禁毒工作会议暨先进集体先进个人表彰大会代表。

2 月 25 日

广州水运（海港）口岸南沙货运区二号码头正式对外开放。

2 月 26 日

珠海机场举行临进口岸开放暨香港—珠海飞行公务机首航仪式。由香港美捷公务机公司运营的湾流五型公务机从香港国际机场内的商用航空中心飞抵珠海机场。

2 月 29 日

深圳出入境检验检疫局与香港渔农自然护理

署签署《深港水生动物检验检疫合作协议》；该协议也是落实《粤港合作框架协议》的重要内容之一。

2月29日~3月1日

香港赛马会在广州从化投资50亿建设的马匹训练中心成功开展了香港赛马会马匹首次跨境运送测试。

2月

湛江海关人教处干部科、机场办旅检科分别荣获湛江市、广东省“巾帼文明岗”称号。

3月4日

广东省口岸办公室批准湛江港口岸东海岛港区宝钢湛江钢铁基地成品码头临时对外开放。

蛇口边检站一队被广东省妇女联合会授予2015年度广东省“巾帼文明岗”称号。

3月8日

由广东省口岸办牵头组织驻省有关查验单位组成验收组对惠州港荃湾港区国际集装箱码头对外开放前的各项准备工作进行了验收，同意该码头正式对外开放。

深圳海关所属盐田综合保税区海关（正处级）正式开关运作。

3月10日

澳门特区政府民政总署管理委员会主席戴祖义率队访问广东出入境检验检疫局。

珠海出入境检验检疫局局长黎庆翔会见到访的澳门民署新任主席戴祖义一行。

3月11日

由深圳市检验检疫科学研究院承建的“国家无线网络与射频技术重点实验室”通过中国合格评定国家认可委员会（CNAS）的评审。这是检验检疫系统内首家获得无线网络与射频测试能力认证的重点实验室。

3月11日~13日

2016年，中国摩托艇公开赛在盐田大梅沙海滨公园附近水域举行。

3月16日

深圳出入境检验检疫局盐田综合保税区办事处正式挂牌成立。

首票适用免于提交“澳门海关确认书”ECFA货物经横琴陆路（公路）口岸顺利通关。

3月17日

广东省口岸办与内蒙古口岸办签署《内蒙古口岸办 广东省口岸办关于合力保障“粤蒙俄”国际班列通关服务协议》。

3月18日

中国海关代表、广州归类分中心甘露同志在世界海关组织协调制度委员会第57次会议上成功当选协调制度审议分委会主席。

3月19日

香港入境事务处处长陈国基一行到访深圳边检总站。

3月23日

湛江保税物流中心（B型）顺利通过验收，标志着粤西首家保税物流中心正式揭牌成立。

3月29日

深圳海关在皇岗口岸货运出境通道正式启用“海关、边检防冲关报警联动系统”。

“金关（二期）主题视频与智能视频管理平台建设及试点工程”中旅检人脸识别子系统现场测试前期工作在拱北陆路（公路）口岸启动。

深圳海关所属皇岗海关缉私分局侦查二科荣获“2015年全国缉枪治爆专项行动成绩突出集体称号”。

3月30日

广州海关后勤管理中心海欣阁管理处工会小组被中华全国总工会授予“2015年全国模范职工小家”荣誉称号。

广州海关工会被评为2015年“全省模范（先进）职工之家”。

4月1日

深圳市正式实施“境外旅客购物离境退税”政策。

横琴海关对仍未按照《道路危险货物运输管理规定》等法律规定，取得《道路危险货物运输许可证》等许可证件的经横琴陆路（公路）口岸陆路运输出口供澳危化品的经营企业、运输车辆暂停办理通关手续，具体恢复时间尚待地方政府明确。

4 月 6 日

澳门保安司司长办公室顾问方晓东、郑锦华一行到深圳边检总站调研新通关模式硬件设计工作。

湛江保税物流中心（B 型）封关运作。

4 月 7 日

拱北海关积极推动拱北陆路（公路）口岸客车“一站式”电子验放系统升级改造提高口岸通关效率。目前每日验放珠澳两地通关车辆近万辆次，平均通关时间仅需 20 秒，升级改造后车辆通关时间将进一步缩短。

珠海出入境检验检疫局与澳门特区政府卫生局疾病预防控制中心就口岸传染病防控、珠澳口岸信息联络通报机制等方面进行了座谈交流。

4 月 8 日

广州海关完成全国首宗无报关权跨境电子商务企业信息登记。

4 月 11 日

深圳海关保税监管场所辅助管理系统在笋岗海关正式运行。

4 月 13 日

深圳海关所属布吉海关立案调查 1 起企业涉嫌擅自外发加工保税料件违规案件，涉案企业在 2014 年 10 月至 2016 年 1 月期间，擅自外发加工 PVC 塑胶粒等保税料件，涉嫌行政违规，案值约 1.08 亿元。

4 月 15 日

国家质检总局批准在湛江港设立进境水果指定口岸。

4 月 17 日

首台持证危化品运输车辆经横琴陆路（公路）口岸顺利通关。

4 月 20 日

深圳海关所属深圳湾海关顺利验放首辆粤港“跨境一锁”车辆。

4 月 21 日

广州海关分别和霍英东集团有限公司、马士基远东班轮中心、广州港集团有限公司、广州外商投资企业协会在广州南沙签署《广州海关与商界、航运界共促南沙国际航运中心建设合作计划》。

广东自贸试验区挂牌一周年之际，广州国际贸易“单一窗口”2.0 版正式上线，并从即日起免收企业通过“单一窗口”报关、报检的口岸相关服务费用，成为南沙自贸试验区八大改革创新亮点之一。

4 月 22 日

深圳出入境检验检疫局、招商局集团有限公司在深圳签署《共同打造新常态下检企合作共赢新模式的备忘录》。

4 月 25 日

广州边检总站民警姚宇被广东省总工会授予广东省“五一”劳动奖章。

4 月 26 日

澳大利亚边境执法署副署长麦克奥特朗（Michael Outram）一行访问广州海关。

广州海关缉私局丁锐荣获“全国五一劳动奖章”。

4 月 27 日

深圳出入境检验检疫局与香港食物与环境卫生署签署《关于国外进口冻肉经深圳前海保税港区中转香港的检验检疫合作协议》。

深圳海关查获首宗消耗臭氧层物质（ODS）货物走私案件，查获涉嫌逃避出口许可证二氟一氯甲烷（英文名 R22）100 罐，共 1 360 千克。

深圳海关驻三门岛办事处荣获中华全国总工会授予的“全国工人先锋号”荣誉称号。

4 月 28 日

海关总署署长于广州到黄埔海关辖区内的京信通信系统（中国）有限公司实地调研，参观企业展厅，听取企业负责人关于经营运作、开展服务贸易等情况的汇报，了解企业实际经营困难。

4 月

海关总署正式批复湛江保税物流中心（B 型）一期封关运作。

5 月 1 日

深圳海关团委荣获共青团广东省委员会评选

的“广东省十大五四红旗团委标兵”称号。

5月4日~6日

深圳出入境检验检疫局与军事医学科学院微生物流行病研究所在深圳签署合作协议。

广州海关白云机场海关旅检处、大铲海关（缉私分局）获评2015年广东省“扫黄打非”先进集体，驻邮局办事处邓章、天河车站海关聂俊涛、佛山海关驻顺德办事处王涛、佛山海关驻三水办事处许永杰获评2015年广东省“扫黄打非”先进个人。广州海关青年党校培养项目在团中央城市青年工作部、人民网联合举办的首届机关事业单位“团建优品汇”评选活动中，获评“百佳项目”“十大精品项目”。佛山海关贾自强获评2015年度“全国优秀共青团干部”，系该年度全国海关系统唯一获奖人员；河源海关陈俊平获评“广东省百佳团支部书记”；缉私局团总支获评“广东省五四红旗团支部”。白云机场海关高凯获评“广东省优秀团干”。驻邮局办事处王晓墩获评广东省“向上向善好青年”。广州海关机场海关旅检处获评“广东省禁毒工作先进集体”，缉私局崔国宇、丁锐获评“广东省禁毒工作先进个人”。

5月5日

湛江国际航线“西安—湛江—曼谷”顺利首航，首批游客共84名。

5月8日

湛江海关联合海警、烟草部门查获1宗案值逾亿元的海上偷运走私香烟大案。抓获犯罪嫌疑人13名，该团伙涉嫌海上偷运走私香烟4次共计26 000多箱，案值约1.2亿元，涉嫌偷逃税额约6 500万元，是该关在组织开展打击走私“国门利剑2016”联合专项行动中查获的最大海上走私案件。

5月11日

深圳海关“十、百、千、万家企业扶持计划”通过广东自贸试验区制度创新项目评审。

广州海关参与撰写的《海关工作专报》（2016年第12期）获得中央政治局委员、国务院副总理汪洋批示。

5月12日

深圳海关办理广东省内首票境外旅客购物离境退税业务。

5月12日~14日

澳大利亚移民与边境保卫部昆士兰州证研中心副主任杰夫·哈瑞尔一行到深圳边检总站访问交流。

5月13日

深圳出入境检验检疫局赵新柳副局长在深圳会见香港特别行政区渔农自然护理署助理署长薛汉宗一行，双方共同明确了《关于水生动物疫病检测的合作安排》框架下的各项具体合作事宜，并就落实方案进行了深入沟通。

香港保安局局长黎栋国一行到访深圳边检总站。

5月17日

广州海关团委被中共广东省委宣传部、广东省精神文明建设委员会办公室评为第二批广东省学雷锋活动示范点。

5月18日

广州海关林绍娥、江列平家庭获评第十届“全国五好文明家庭”荣誉称号。

5月19日

由交通运输部、广东省人民政府联合举办，中国海上搜救中心、广东省海上搜救中心共同组织实施的“2016年珠江口国家海上搜救演习”在珠江口水域成功举行。

5月23日~25日

由海关总署副署长邹志武带队、由海关总署、公安部、交通运输部、国家质检总局组成的联合督察调研组一行12人，来广东省督察调研“三互”大通关建设情况。

5月24日

国家质检总局与广东省政府在广州签署省部合作备忘录。中央政治局委员、广东省委书记胡春华出席签署仪式并见证签署，国家质检总局局长支树平、广东省省长朱小丹分别代表双方签字。同日，国家质检总局局长支树平到黄埔状元谷国家电子商务示范基地调研，了解跨境电商

"三互"大通关建设情况。

拱北海关和澳门海关在横琴陆路（公路）口岸举行珠澳陆路口岸小客车检查结果参考互认启动仪式。拱北海关、澳门海关、横琴新区管委会、横琴边检、横琴出入境检验检疫局、横琴口岸分局、大横琴口岸实业有限公司有关领导及相关部门代表、各界媒体等约50人出席了仪式。

5月25日

海关总署副署长邹志武率海关总署、公安部、交通运输部、国家质检总局联合督察与调研工作组到南沙口岸调研。

5月26日

海关总署署长于广洲到珠海视察调研。

5月27日

香港入境事务处助理处长蔡裕能一行到访深圳边检总站。

5月

广州边检总站民警杨开林家庭（家属唐丽蓉）被全国妇女联合会评为全国"最美家庭"、全国"五好文明家庭"。

6月1日

白云机场综合保税区启动开展免除进口环节海关部门查验没有问题外贸企业吊装移位仓储费用工作，属全国空港范围首创。

6月2日

广州海关、边检、出入境检验检疫及海事部门开展"单一窗口"首次国际航行船舶联合登临检查

6月8日

东莞市原运行的东莞石龙—内蒙古满洲里—俄罗斯班列被确定为中欧班列品牌，统一品牌和标志的中欧班列当日从东莞等八地始发。

广州海关缉私局侦查二处任海权被国家禁毒委员会授予"2015年度全国毒品案件信息管理先进个人"。

6月12日

广东省口岸办批准设立湛江遂溪进出境货运车辆检查场。

海关总署署长于广洲在深圳调研外贸工作。

6月13日

海关总署署长于广洲在深圳会见广东省委副书记、深圳市委书记马兴瑞和深圳市委副书记、市长许勤。

6月15日

广东省口岸办和澳门保安司联合牵头组织的粤澳口岸合作专责小组会议在澳门召开。

2016年，国际边检论坛在广州召开，30多个国家（地区）以及国际组织代表近百人参会。

深圳边检总站副站长郭毅波陪同阿联酋移民局萨兰将军一行参观深圳湾边检站执勤现场。

6月21日

"2016年粤澳合作联席会议"在澳门举行，会议由广东省省长朱小丹和行政长官崔世安共同主持。

广东省口岸办牵头组成验收组，对潮阳港口岸海门港区华能煤炭中转基地2号码头对外开放前的准备工作进行验收，同意该码头对外开放。

由国家口岸办、中编办、公安部出入境管理局等部门到拱北、横琴、跨境工业区口岸考察调研珠海口岸查验机制创新试点工作，并召开珠海口岸查验机制创新试点工作业务协调会。

6月23日

湛江海关正式启动征免税证明通关无纸化改革并成功办理首票业务。

6月27日

湛江海关机关党委被广东省委评为"广东省先进基层党组织"。

6月28日

由深圳出入境检验检疫局实验室与美国政府实验室合作承担的世界动物卫生组织（OIE）造血器官坏死病结对项目在深顺利结题。该项目是质检系统首个获得OIE资助的实验室结对项目，也是我国首个水生动物疫病研究及防控领域的OIE结对项目。

6月29日

湛江海关全面启动智能化线上自助通关改革。

7月1日

广州海关所属大铲海关党委荣获“全国先进基层党组织”称号，在庆祝中国共产党成立95周年大会上，大铲海关党委负责同志作为获表彰单位代表上台领奖并接受习近平总书记等中央领导同志接见。

珠海万山水运（海港）口岸至香港航线复航，首日运行平稳。

7月5日

澳门特别行政区保安司司长黄少泽一行到珠海边检总站拜访。

7月6日

湛江雷州市乌石港对台小额贸易点被商务部、海关总署列为第四批试行更开放管理措施对台小额贸易点。

7月15日

香港入境事务处处长曾国卫一行到访深圳边检总站。

7月20日

南沙新港三期码头试运行国际班轮进出港口业务。

大铲海关（缉私分局）蒋宜辰家庭荣获由广东省委宣传部、省精神文明办、省妇联联合颁发的2016广东百户“最美家庭”荣誉称号。

湛江海关来往港澳小型船舶系统内外贸同船运输功能测试成功。

7月

广州海关所属大铲海关党委荣获“全国先进基层党组织”称号。

江门鹤山海关党总支部、现场业务一处党总支部获全国海关优秀基层党组织表彰。江门海关刘向东、江锋获全国海关优秀共产党员表彰，方冬宏获全国海关优秀党务工作者表彰。

湛江海关机关党委被广东省委评为“广东省先进基层党组织”，监管处党支部、所属霞山海关监管科党支部获“全国海关先进基层党组织”荣誉称号。

8月9日

江门至香港机场“卡车航班”出口跨境快速通关业务在江门快件分拣清关中心成功开通。

8月10日

受国家口岸办委托，广东省口岸办牵头组成验收组对中山港口岸扩大开放进行国家验收。

8月12日

全国人大代表、中国侨联副主席、澳门归侨总会会长刘艺良，全国人大代表、澳门日报社社长陆波，吉林省政协常委黄国胜，广东省政协委员杨道匡，中国银行澳门分行副行长陈晓平等珠海边检总站特邀监督员到珠海边检总站拜访。

8月16日

汕头港口岸汕特海通货柜码头口岸功能整体搬迁至原汕头市珠池港务公司码头。

8月19日

深圳机场口岸在全国率先试行空港旅客出境自助通关。

8月22日

深圳海关启动中国（广东）自由贸易试验区前海蛇口片区汽车平行进口保税仓储试点。

8月23日~25日

为落实国务院办公厅印发的《珠海口岸查验机制创新试点方案》，内地与澳门双方在澳门召开了珠澳口岸查验合作对接会议，就“合作查验、一次放行”扩大适用范围、推进“出境监控、入境查验”单向查验改革等进行交流，达成原则共识。

8月26日

国家口岸办批复同意广东省验收组签署的《广东中山港口岸扩大开放验收纪要》，标志着中山港口岸中山港区和神湾港区扩大开放正式通过验收。

何忠友副省长出席广东自贸试验区跨国公司CEO交流会圆桌会议。

8月27日

根据深圳海上搜救中心电话，深圳海关派出监管艇前往事发海域，对在北纬22°24′、东经114°29′对相撞遇险船只进行搜救，成功营救“粤惠湾14188”渔船及船员。

8 月 28 日

广州首趟中欧班列（粤满欧）在广州大朗首发，装载着 41 个 40 英尺集装箱的中欧班列驶离广州大朗火车站，后经由内蒙古满洲里口岸进入俄罗斯西伯利亚大铁路，最终抵达俄罗斯卡卢加州沃尔西诺站，全程约 15 天，标志着广州中欧班列正式开行。

9 月 1 日

深圳海关完成首票中国（广东）自由贸易试验区前海蛇口片区汽车平行进口试点保税入区业务。

9 月 2 日 ~4 日

由中国海事局和马来西亚海事局合作组织的全国海事系统第四期 LNG 船舶和油船安全管理培训班在深圳举办。

9 月 8 日

珠海空运口岸（珠海机场）临时开放获国家批复。国家口岸管理办公室印发《关于同意外籍飞机临时从广东珠海机场进出境的函》，同意外籍公务机、参加第十一届中国国际航空航天博览会的外籍航空器从广东珠海机场进出境，时间为自批准之日起至 2016 年 12 月 31 日。确保了第十一届中国国际航空航天博览会顺利举行。

湛江市被广东省政府列为全省 5 个先行启动省级国际贸易“单一窗口”试点城市之一。

9 月 12 日

全国海关首次异地销毁涉案冻品行动在湛江举行，180 多吨涉案冻品由黄埔关区运输至湛江关区的销毁企业，以安全环保的方式高效销毁冻品。全国海关涉案冻品异地销毁现场观摩及集中研讨会议在湛江海关召开。

9 月 14 日

由广东省省长朱小丹和香港特区行政长官梁振英共同主持的粤港合作联席会议第十九次会议在广州举行。深圳出入境检验检疫局与香港卫生署签署了《有关深化旅客卫生检疫联防 服务深港通关便利的合作安排》。

9 月 19 日

广东省委副书记、省长朱小丹到东莞石龙铁路国际物流中心调研。

9 月 21 日

“东南亚—湛江—贵州”集装箱海铁联运专列开通。

9 月 22 日

全国政协常委、外事委员会主任潘云鹤率考察组到黄埔区状元谷跨境电商监管中心调研。

9 月 24 日

深圳海关缉私局与国税、公安等部门联合组织开展代号为“10・15”的大规模查缉行动，一举摧毁一个通过伪报品名走私出口非合金锡骗退税的网络，案值 2 亿元、涉税逾 2 100 万元。该案作为首宗海关总署、公安部、国税总局联合挂牌督办案件，被列为 2016 年全国打击出口骗退税违法犯罪活动工作部署会议唯一典型案件。

9 月 27 日

广东省口岸办吴军主任在广州与由澳门特区政府保安司司长办公室顾问方晓东先生率领的粤澳口岸合作专责小组澳方成员会谈，双方就青茂口岸建设、港珠澳大桥口岸珠澳通道查验模式及珠澳口岸查验合作等问题进行会谈，达成多项共识。

9 月 29 日

广州南沙海关成功办理中国（广东）自由贸易试验区首单钻石保税仓储业务。

10 月 1 日

拱北海关智能机器人启用仪式在拱北陆路（公路）口岸西翼旅客入境现场举行，拱北陆路（公路）口岸与横琴陆路（公路）口岸、中山港水运（河港）口岸同步启用智能机器人在海关旅检现场上岗执勤工作。中央电视台等 20 余家媒体到现场进行了报道

10 月 8 日

国家推进“一带一路”建设工作领导小组办公室出台第 19 号文件，审议通过并印发国家发展改革委、铁路部门牵头拟定的《中欧班列建设发展规划（2016—2020 年）》，东莞市被列入中欧班列枢纽节点，东莞与哈萨克斯坦的阿拉木图市国际班列被定中欧班列直达线。“粤新欧”班列被定中欧班列直达线。

罗湖边检站被公安部命名为“全国公安机关执法示范单位”。

10 月 11 日

广州海关在南沙自贸试验区实现全国首次免费邮政速递加载海关备案标志的“一照一码”营业执照。

10 月 19 日

中国电子检验检疫主干系统（ECIQ）在韶关口岸上线运行，标志着韶关市正式纳入全国检验检疫通关一体化体系，正式迈入“互联网＋质检”时代。

广东省口岸办吴军主任在珠海召开青茂口岸建设专题会议。澳门特区政府建设发展办公室以及珠海市政府、南粤集团等部门负责人参加。

10 月 20 日

广东省口岸办吴军主任在澳门与澳门特区政府保安司司长办公室顾问方晓东、何浩瀚等相关人员就港珠澳大桥口岸、青茂口岸和珠海查验机制创新等工作进行会谈，达成多项共识。

10 月 24 日

由广东省政府徐少华常务副省长和澳门特区政府运输工务司罗立文司长共同主持的港珠澳大桥珠澳口岸建设通关工作协调会在珠海召开，粤澳双方就进一步合作推进、加快建设港珠澳大桥珠澳口岸达成共识。

10 月 30 日

第十届“中国杯”帆船赛在大亚湾水域圆满结束。

10 月 31 日

韶关市跨境电商清关服务中心顺利办理首批跨境电子商务进口商品的通关，成为广东省内陆地区首个开展跨境电商通关业务的地市。

广东省口岸办主任吴军在珠海与澳门特区政府警察总局局长马耀权共同主持召开双方口岸开放专责小组工作会议，研究加快推进港珠澳大桥口岸开放相关工作，对推进有关工作的时间节点及需研进一步究解决的问题达成高度共识。

11 月 1 日

加拿大移民难民及公民事务部助理副部长协理道恩·艾德兰德（Dawn Edlund）女士一行到罗湖口岸参观边检执勤现场。

11 月 3 日

由海关总署、财政部、国家税务总局和国家外汇管理局四部委组成的联合验收组，对东莞清溪保税物流中心（B 型）进行了正式验收。联合验收组组长胡东升与东莞市人民政府杨晓棠副市长签署了《东莞清溪保税物流中心（B 型）验收纪要》并举行揭牌仪式。

11 月 10 日 ~11 日

国家港澳办在深圳市召开广深港高铁口岸设置问题专题调研活动。

11 月 12 日

深圳市人民政府、招商局集团有限公司联合举办“内地与港澳邮轮旅游合作发展大会暨太子湾邮轮母港开港仪式”，深圳太子湾邮轮母港正式启用。

11 月 13 日

首航深圳太子湾邮轮母港“处女星号”轮安全离开靠泊码头，深圳太子湾邮轮母港开港起航。

11 月 13 日 ~15 日

经国家质检总局、世界卫生组织口岸核心能力考核组实地考核，深圳宝安机场、盐田港口岸成为国家首批通过口岸核心能力动态考核的口岸。

11 月 14 日

广东省口岸办公室批准湛江港口岸霞山港区散货码头对外开放。

11 月 15 日

珠海白石车检场停止运作，相关业务分流至珠海洪湾港办理。

11 月 15 日 ~21 日

2016 年，全国翻波板锦标赛（深圳站）在深圳东部大梅沙海域圆满落下帷幕。

11 月 16 日 ~17 日

国家质检总局和深圳市人民政府主办的“2016 信息通讯产业技术性贸易措施研讨会”在深圳召开。来自美国、欧盟、俄罗斯、日本、荷兰等国家负责ICT产业管理的15位政府官员和专家，以及国家质检总局、工业和信息化部、商务部等相关部门、企业近130位代表参会。会议期间，全国首个“信息通讯产业技术性贸易措施公共服务平台”正式揭牌落户深圳。

11月22日

海关总署印发《国家口岸发展“十三五”规划》。汕头海关关区范围内梅州航空口岸、汕头港口岸、揭阳港口岸等三个口岸的扩大对外开放列入《国家口岸发展“十三五”规划》

11月23日

珠海电子口岸暨国际贸易“单一窗口”上线仪式举行，上线运行的项目共9个，其中全国首家电子口岸接入了海关总署公路运输工具管理系统，广东省唯一一家地级市电子口岸接入了国家质检总局数据端口，电子口岸建设实现跨越式发展。

中山市成功举办了中山与澳门游艇自由行开通仪式。盛世游艇会的五艘游艇由中山首航澳门，标志着中山与澳门游艇自由行正式通航，也意味着中山成为内地首个拥有经国务院批准对外开放游艇码头的城市、内地首个与澳门特别行政区开通游艇自由行的城市。

中央编办主任张纪南、广东省委常委徐少华到珠海调研了解珠海口岸查验机制创新试点工作情况。

11月25日

广东省口岸办与澳门特区政府警察总局在珠海召开了港珠澳大桥口岸开放专责工作小组第二次会议，通报了近期粤澳双方推进港珠澳大桥口岸开放的相关工作，对第一次会议确定的重点事项进行了研究，会议达成多项共识。

11月29日

深圳海关所属蛇口海关前海湾保税港区监管综合岗、机场海关空港旅检行李物品监管岗等2个集体被海关总署广东分署、共青团广东省委员会联合命名为2015年度广东海关系统省级青年文明号；深圳海关缉私局惠州分局侦查科被公安部命名为新一轮“全国公安机关执法示范单位”。

11月29日~12月2日

应国家口岸办邀请，俄罗斯运输部边境口岸建设国家政策局局长巴博洛芙斯卡娅一行8人到深圳、珠海有关口岸考察。

11月30日

广东省口岸办牵头组成验收组，对中山港口岸黄圃港区对外开放前准备工作进行验收，验收组一致同意中山港黄圃港区通过验收

12月6日

全国沿海沿边地区基层反走私综合治理现场会在湛江召开。

12月8日

海关总署署长于广州在广州会见广东省委副书记、省长朱小丹。并到广州汽车集团股份有限公司汽车工程研究院和广州汽车集团乘用车有限公司调研。

海关总署署长于广州到深圳市腾讯计算机系统有限公司调研。

12月17日

全国首个国家级出口陶瓷产品质量安全示范区考核验收评审会在广东潮州举行。

12月19日

广州边检总站民警姚宇被公安部记个人一等功。

12月20日

珠海横琴正式实施澳门机动车入出横琴政策，横琴口岸迎来首批澳门单牌车通关。对方便澳门居民在横琴投资、就业，促进澳门与横琴协同发展、创新发展，具有里程碑式的重要意义。

交通运输部海事局与香港特别行政区环境局在深圳签署《内地与香港船舶大气污染防治合作协议》。

12月27日

中国电子口岸数据中心深圳分中心自主研发的“深圳电子口岸通用数据传输软件V1.00”获得国家版权局颁发的计算机软件著作权登记证书。

12月28日

中山市黄圃港区成功举行对外开放启动仪

式，标志着黄圃港外贸业务正式开通运营。

12 月 29 日

经国务院批准的珠海口岸查验机制创新工作总结大会召开，国家相关部委和广东省相关单位负责同志参加了会议。

12 月 30 日

中国（广东）国际贸易“单一窗口”试点推广暨佛山国际贸易“单一窗口”上线试运行启动仪式在南海港口岸三山港区举行。

12 月

湛江海关“霞光青年”服务队荣获 2015～2016 年度广东省“青年文明号”称号。另该关一同志荣获 2015～2016 年度“广东省青年岗位能手”称号。

（撰稿人：沈锐、李帆、张黔钟、杨帆、凌虹、甄文创、万海螺、彭晓燕、唐楚娇、张冰慧、刘洋、程淳、周营、房雯、卜海龙、曾运松、李新杰、李晓童、王枣、马建军、廖力）

2016 年广东省口岸数据表

类别	口岸名称	合计 人员（人次）	合计 同比（%）	合计 交通工具（辆、艘、架、列次）	合计 同比（%）	入境 人员（人次）	入境 交通工具（辆、艘、架、列次）	出境 人员（人次）	出境 交通工具（辆、艘、架、列次）
公路口岸	罗湖口岸	8 123.11	-2.3			4 044.01		4 079.10	
	皇岗口岸	3 543.67	-3.5	845.22	-1.3	1 633.94	413.54	1 909.74	431.68
	文锦渡口岸	570.73	-0.6	179.63	-1.5	270.23	90.76	300.50	88.87
	沙头角口岸	353.74	-7.6	81.57	-1.3	177.68	43.76	176.05	37.81
	深圳湾口岸	4 283.18	3.2	438.85	13.0	2 155.85	224.69	2 127.33	214.16
	福田口岸	6 340.17	2.4			3 247.32		3 092.85	
	福田保税区	27.79	-5	26.72	-5.8	13.95	13.38	13.83	13.34
	拱北口岸	12 357.63	2.3	295.82	0.8	6 283.25	144.95	6 074.38	150.87
	横琴口岸	851.40	10.7	100.28	-0.1	414.45	53.08	436.95	47.20
	珠澳跨境工业区口岸	168.62	14.6	3.66	-3.7	87.47	1.90	81.15	1.76
	合计	36 620.03	0.8	1 971.74	1.8	18 328.15	986.06	18 291.88	985.68
铁路口岸	广州客运东站	336.67	-7.7	0.80	-0.4	169.04	0.40	167.63	0.40
	笋岗铁路口岸								
	东莞常平铁路口岸	39.00	-5.0			19.28	0.00	19.73	0.00
	佛山铁路口岸	7.28	-4.9	0.64	-1.3	3.90	0.33	3.37	0.32
	肇庆端州铁路口岸	5.09	-10.3	0.07	-0.5	2.77	0.04	2.32	0.04
	合计	388.04	-7.4	1.51	-0.8	194.99	0.76	193.04	0.75
航空口岸	广州白云机场	1 321.98	16.1	9.50	14.8	659.38	4.75	662.60	4.75
	深圳机场	309.62	25.8	2.85	20.1	153.93	1.43	155.69	1.43
	揭阳潮汕机场	32.76	20.8	0.25	13.1	16.44	0.13	16.32	0.13
	梅州机场	2.73	-6.6	0.05	-7.2	1.39	0.02	1.35	0.02
	湛江机场	7.50	64.9	0.09	58.7	3.65	0.04	3.85	0.04
	合计	1 674.59	18.0	12.74	16.1	834.78	6.37	839.81	6.37

续表

口岸名称		合计				入境		出境	
		人员（人次）	同比（%）	交通工具（辆、艘、架、列次）	同比（%）	人员（人次）	交通工具（辆、艘、架、列次）	人员（人次）	交通工具（辆、艘、架、列次）
港口口岸	广州莲花山港客运口岸	40.57	-0.7	0.76	18.2	18.92	0.39	21.65	0.37
	广州南沙港客运口岸	58.26	85.5	0.65	32.9	28.30	0.33	29.96	0.32
	黄埔港口岸	8.87	-0.8	0.89	-1.8	3.03	0.28	5.84	0.61
	洲头嘴口岸	1.18	-8.8	0.16	-5.5	0.63	0.09	0.55	0.08
	新塘口岸	0.30	-17.6	0.04	-15.7	0.22	0.03	0.07	0.01
	新沙口岸	2.71	9.4	0.16	17.6	1.44	0.10	1.27	0.06
	新港口岸	6.67	-2.4	0.74	-3.2	4.49	0.50	2.18	0.23
	广州开发区口岸	34.68	221.9	0.78	-5.6	15.87	0.32	18.81	0.47
	蛇口口岸	321.85		6.00	-2.3	138.37	2.96	183.47	3.05
	（注：含蛇口码头、赤湾码头、妈湾码头、东角头码头）								
	盐田口岸	19.56	-1.4	1.27	-0.5	9.13	0.61	10.43	0.66
	（注：含盐田码头、西冲和梅沙旅游专用口岸、大亚湾核电站专用码头）								
	福永码头	74.97	-4.8	1.36	-4.7	35.06	0.69	39.91	0.67
	珠海九州港客运口岸	224.51	-4.1	1.33	-13	112.72	0.66	111.78	0.67
	珠海湾仔客运口岸	19.11	-79.1	1.88	-26.8	8.99	0.92	10.11	0.97
	珠海斗门港客运口岸	3.02	7.7	0.08	7.0	1.58	0.04	1.45	0.04
	万山口岸	0.22	-94.7	0.06	-72.1	0.12	0.03	0.11	0.03
	高栏口岸	4.72	11.2	0.31	9.6	2.28	0.15	2.44	0.16
	汕头港	1.24	-58.8	0.28	1.7	0.61	0.13	0.63	0.15
	潮阳港	0.40	-25.7	0.04	45.8	0.11	0.02	0.29	0.02
	南澳港					0.00	0.00	0.00	0.00
	惠州港	2.98	24.6	0.22	-5.9	1.25	0.09	1.73	0.13
	汕尾港	0.49	10.7	0.03	-11.9	0.25	0.02	0.24	0.02
	东莞太平口岸	32.21	-15.8	0.48	-6.2	10.60	0.25	21.61	0.24
	东莞沙田口岸	8.01	8.1	0.81	-0.2	4.21	0.42	3.80	0.39
	中山港	133.96	-1.9	2.01	1.2	65.00	0.99	68.97	1.02
	江门港	10.73	-14.1	0.57	-3.5	5.47	0.30	5.26	0.27
	三埠港	0.67	-17.8	0.08	-15.9	0.32	0.04	0.34	0.04
	台山公益港	7.28	-0.1	0.72	3.8	3.64	0.36	3.64	0.36
	鹤山港	6.24	1.6	0.23	19.9	3.17	0.13	3.07	0.11
	新会港	1.60	12.8	0.19	11.0	0.82	0.10	0.77	0.09

续表

口岸名称		合计				入境		出境	
		人员（人次）	同比（%）	交通工具（辆、艘、架、列次）	同比（%）	人员（人次）	交通工具（辆、艘、架、列次）	人员（人次）	交通工具（辆、艘、架、列次）
港口口岸	高明港	6.41	-2.3	0.38	-6.2	3.16	0.19	3.25	0.19
	南海港	4.23	2.8	0.55	3.4	2.41	0.31	1.82	0.24
	顺德港	63.19	-6.6	1.08	-2.5	31.54	0.55	31.65	0.53
	阳江港	0.76	-8.7	0.04	-6.9	0.40	0.02	0.36	0.02
	湛江港	4.86	3.4	0.30		2.62	0.14	2.24	0.12
	茂名水东港	1.50	-20.1	0.09	-23.6	0.73	0.04	0.78	0.05
	肇庆港	3.65	1.4	0.46	-0.5	2.18	0.27	1.47	0.19
	潮州港	0.62	50.7	0.03	53.2	0.31	0.02	0.31	0.02
	合计	1 112.22	-4.7	25.04	-4	519.97	12.47	592.25	12.57
总计		39 794.88		2 011.03		19 877.89	1 005.66	19 916.99	1 005.37

（广东省口岸办提供）

2016年广东省口岸货运通关数据统计表

项目		1～12月	同比（%）
1. 进出口货运量（万吨）		42 490.5	6.6
其中	进口	28 435.7	10.7
	出口	14 054.8	-0.9
2. 从水路口岸进出口货运量（万吨）		39 861.6	7.3
其中	进口	27 622.9	11.4
	出口	12 238.7	-0.9
3. 从陆路口岸进出口货运量（万吨）		2 428.1	-4.3
其中	进口	792.7	-8.5
	出口	1 635.4	-2
4. 进出口集装箱总量（万标箱）		2 746.5	0.3
其中	进口	1 292.8	-2.1
	出口	1 453.7	2.6
5. 从水路口岸进出口集装箱总量（万标箱）		2 449.7	1.0
其中	进口	1 140.3	-1.6
	出口	1 309.4	3.4
6. 从陆路口岸进出口集装箱总量（万标箱）		296.8	-5.1
其中	进口	152.5	-5.7
	出口	144.3	-4.5

（广东省口岸办提供）

2016 年广东省口岸出入境主要数据表

项目			2016 年	同比（%）
出入境人员（人次）	出入境人员总数		3 510 339	-4.79
	入境人员		1 690 876	-3.24
	出境人员		1 819 463	-6.19
	出入境旅客		2 651 399	-6.20
	出入境员工		858 940	-0.17
	中国公民	小计	3 159 629	-5.29
		内地居民（因公）	784 780	-1.34
		内地居民（因私）	1 216 071	-8.89
		港澳居民	967 119	-3.74
		台湾同胞	191 659	-4.84
	外籍人员		350 710	-0.06
	从海港出入境人数		2 943 204	-5.64
	从陆港出入境人数		464 782	-5.80
	从空港出入境人数		102 353	36.90
交通运输工具（辆、艘、架、列次）	总计		90 977	-0.96
	船舶		88 923	-1.30
	飞机		1 328	27.82
	火车		726	-0.55
	机动车辆			

（广东省公安边防总队提供）

2016 年广州市口岸出入境主要数据表

项目			2016 年	同比（%）
出入境人员（万人次）	出入境人员总数		1 811	12.75
	入境人员		901	12.29
	出境人员		910	13.21
	出入境旅客		1 635	11.41
	出入境员工		176	26.94
	中国公民	小计	1 270	14.23
		内地居民	1 091	17.35
		港澳居民	134	-3.88
		台湾同胞	45	4.72
	外籍人员		541	9.43
	从海港出入境人数		153	47.55
	从陆港出入境人数		337	-7.66
	从空港出入境人数		1 321	16.11
交通运输工具（万辆、艘、架、列次）	总计		14.4	10.3
	船舶		4.2	2.77
	飞机		9.4	15.19
	火车		0.8	-0.40
	机动车辆			

（广州边检总站提供）

2016 年深圳市口岸出入境主要数据表

项目			2016 年	同比（%）
出入境人员（万人次）	出入境人员总数		23 971.1	-0.08
	入境人员		11 880.7	0.08
	出境人员		12 090.3	-0.24
	出入境旅客		22 986.1	-0.09
	出入境员工		984.9	0.26
	中国公民	小计	23 288.0	-0.002
		内地居民（因公）	313.7	4.46
		内地居民（因私）	7 703.6	-5.00
		港澳居民	15 043.1	2.69
		台湾同胞	227.4	-1.04
	外籍人员		683.1	-2.62
	从海港出入境人数		418.9	-1.07
	从陆港出入境人数		23 242.5	-0.33
	从空港出入境人数		309.8	25.78
交通运输工具（万辆、艘、架、列次）	总计		1 583.6	2.17
	船舶		8.8	-2.53
	飞机		2.9	20.11
	火车			
	机动车辆		1 572.0	2.17

（深圳边检总站提供）

2016 年珠海市口岸出入境主要数据表

项目			2016 年	同比（%）
出入境人员（万人次）	出入境人员总数		13 645.05	2.37
	入境人员		6 919.08	2.06
	出境人员		6 725.97	2.69
	出入境旅客		13 558.55	2.41
	出入境员工		86.50	-3.76
	中国公民	小计	13 472.14	2.39
		内地居民（因公）	143.22	-4.11
		内地居民（因私）	7 977.62	3.23
		港澳居民	5 257.42	0.00
		台湾同胞	93.88	1.29
	外籍人员		172.91	0.89
	从海港出入境人数		251.57	-25.27
	从陆港出入境人数		13 393.43	3.09
	从空港出入境人数		0.05	
交通运输工具（万辆、艘、架、列次）	总计		403.75	0.33
	船舶		3.66	-21.47
	飞机		0.007	
	火车			
	机动车辆		400.09	0.58

（珠海边检总站提供）

2016年汕头市口岸出入境主要数据表

项目			2016年	同比（%）
出入境人员（万人次）	出入境人员总数		34.4	12.2
	入境人员		17.2	12.6
	出境人员		17.2	11.8
	出入境旅客		31.5	20.0
	出入境员工		2.9	-34.6
	中国公民	小计	20.9	6.6
		内地居民（因公）	0.14	-17.6
		内地居民（因私）	20.8	17.5
		港澳居民	0.96	-12.7
		台湾同胞	0.69	-1.4
	外籍人员		11.8	7.3
	从海港出入境人数		1.6	-55.6
	从陆港出入境人数			
	从空港出入境人数		32.8	21.0
交通运输工具（万辆、艘、架、列次）	总计		0.6	8.8
	船舶		0.3	5.5
	飞机		0.3	13.1
	火车			
	机动车辆			

（汕头边检总站提供）

2016 年广东省口岸主要数据统计表

项目		2016 年	同比（%）
进出口货运量（亿吨）	合计	11.21	-11.15
	进口	2.83	10.60
	出口	8.38	-16.70
进出口贸易总值（亿美元）	合计	11 157.52	-9.00
	进口	4 359.39	-6.74
	出口	6 798.13	-10.39
税收（亿元）	两税合计	3 476.53	8.61
	关税入库	514.94	-3.26
	进口环节税入库	2 961.59	10.98

（广东分署提供）

2016 年深圳海关主要数据统计表

项目		2016 年	同比（%）
进出口货运量（万吨）	合计	71 353.8	-17.67
	进口	4 877.9	7.52
	出口	66 475.9	-19.06
进出口贸易总值（万美元）	合计	63 536 512.1	-8.96
	进口	23 040 153.0	-11.90
	其中：江、海运输	2 288 374.3	-0.55
	铁路运输	198.0	-
	汽车运输	19 986 657.3	-12.50
	航空运输	369 844.4	-20.78
	邮件运输	617.8	-34.78
	其他运输	394 461.3	-27.26
	出口	40 496 359.0	-7.20
	其中：江、海运输	19 076 201.0	-5.97
	铁路运输	2 769.8	-63.23
	汽车运输	20 563 493.0	-7.97
	航空运输	397 031.8	20.82
	邮件运输	12 607.7	335 157.96
	其他运输	444 255.7	-33.55
税收（万元）	两税合计	14 708 287	15.03
	关税入库	1 119 774	5.44
	进口环节税入库	13 588 544	15.91

（深圳海关提供）

2016 年黄埔海关主要数据统计表

项目		2016 年	同比（%）
进出口货运量（万吨）	合计	7 593.6	4.8
	进口	5 787.6	5.6
	出口	1 806.0	2.5
进出口贸易总值（万美元）	合计	21 715 308.4	-9.6
	进口	10 619 746.1	7.0
	其中：江、海运输	4 485 854.2	-8.6
	铁路运输	244 279.4	102.3
	汽车运输	5 844 959.8	20.0
	航空运输	44 198.5	52.2
	邮件运输		
	其他运输	454.2	39 201.6
	出口	11 095 562.3	-21.3
	其中：江、海运输	6 018 810.6	-30.8
	铁路运输	276 692.1	101.9
	汽车运输	4 753 437.9	-8.8
	航空运输	32 112.9	23.2
	邮件运输		
	其他运输	14 508.9	-50.3
税收（万元）	两税合计	11 424 454.2	4.2
	关税入库	2 622 036.2	-11.9
	进口环节税入库	8 802 418.0	10.2

（黄埔海关提供）

2016 年拱北海关主要数据统计表

项目		2016 年	同比（%）
进出口货运量（万吨）	合计	13 827	-3.09
	进口	1 914	22.4
	出口	11 913	-6.23
进出口贸易总值（亿元）	合计	3 930.8	-11.9
	进口	1 309.8	-3.4
	其中：江、海运输	1 063.2	-4.3
	铁路运输	0	0
	汽车运输	219.4	13.1
	航空运输	26.4	-47.7
	邮件运输	0.1	22.7
	其他运输	0.8	447.2
	出口	2 621.0	-15.6
	其中：江、海运输	2 225.7	-15.5
	铁路运输	0.7	12.1
	汽车运输	355.5	-17.1
	航空运输	8.4	-10.5
	邮件运输	0.2	-4.1
	其他运输	30.6	-1.7
税收（万元）	两税合计	1 252 934	6.1
	关税入库	180 881	3.2
	进口环节税入库	1 072 053	6.6

（拱北海关提供）

2016 年江门海关主要数据统计表

项目		2016 年	同比（%）
进出口货运量（万吨）	合计	1 126.30	2.80
	进口	318.90	3.50
	出口	807.40	2.50
进出口贸易总值（万美元）	合计	1 714 967.81	-3.30
	进口	484 199.27	-2.90
	其中：江、海运输	425 249.14	-3.13
	铁路运输		
	汽车运输	51 025.26	-6.25
	航空运输	7 921.94	51.22
	邮件运输	2.93	-44.17
	其他运输		
	出口	1 230 768.54	-3.45
	其中：江、海运输	1 009 906.77	1.30
	铁路运输		
	汽车运输	190 823.33	12.66
	航空运输	630.40	574.45
	邮件运输	14 980.82	-83.41
	其他运输	14 427.22	-20.40
税收（万元）	两税合计	42.71	6.98
	关税入库	7.11	14.70
	进口环节税入库	35.60	5.56

（江门海关提供）

2016 年汕头海关主要数据统计表

项目		2016 年	同比（%）
进出口货运量（万吨）	合计	2 336. 60	5. 10
	进口	2 059. 00	5. 10
	出口	277. 60	4. 70
进出口贸易总值（万美元）	合计	1 603 863. 86	-4. 81
	进口	461 475. 06	-7. 90
	其中：江、海运输	259 535. 02	-14. 36
	铁路运输		
	汽车运输	198 784. 14	1. 63
	航空运输	2 976. 89	63. 47
	邮件运输	172. 92	-70. 26
	其他运输	3. 76	
	出口	1 142 388. 80	-3. 50
	其中：江、海运输	898 179. 60	-1. 33
	铁路运输	6. 88	-73. 22
	汽车运输	239 964. 70	-11. 37
	航空运输	4 211. 86	55. 79
	邮件运输	25. 75	129. 35
	其他运输		
税收（万元）	两税合计	395 741. 90	-5. 50
	关税入库	44 489. 50	-22. 30
	进口环节税入库	351 252. 40	-2. 90

（汕头海关提供）

2016 年湛江海关主要数据统计表

项目		2016 年	同比（%）
进出口货运量（万吨）	合计	8 194.37	16.12
	进口	7 759.72	18.19
	出口	434.65	-11.47
进出口贸易总值（万美元）	合计	1 796 643.35	-14.39
	进口	1 449 910.80	-15.85
	其中：江、海运输	1 443 438.67	-15.89
	汽车运输	4 616.59	-14.09
	航空运输	1 855.54	29.90
	出口	346 732.55	-7.66
	其中：江、海运输	341 055.41	-7.72
	汽车运输	4 491.09	-24.04
	航空运输	1 186.05	52 422.00
税收（万元）	两税合计	153.24	-9.49
	关税入库	7.99	-27.94
	进口环节税入库	145.25	-8.19

（湛江海关提供）

2016年广东省出入境检验检疫业务统计表

项目	货物检验检疫 批次	货物检验检疫 金额（万美元）	货物检验检疫 检验检疫不合格 批次	货物检验检疫 检验检疫不合格 金额（万美元）	交通工具 船舶（艘）	交通工具 飞机（架）	交通工具 火车（节）	交通工具 汽车（辆）	集装箱（标箱） 合计	集装箱（标箱） 检出问题	货物通关 批次	货物通关 金额（万美元）	出入境人员查验（人次）	健康检查及预防接种（人次） 健康检查	健康检查及预防接种（人次） 艾滋病监测	健康检查及预防接种（人次） 发现病例	健康检查及预防接种（人次） 预防接种
本年累计	1 678 557	11 237 299	112 341	1 826 913	131 184	98 356	86 423	206 307	8 807 136	90 330	1 581 362	11 294 780	23 062 791	65 330	60 999	30 515	60 056
其中 出境	1 086 789	3 310 989	12 971	47 820	64 274	49 378	43 208	159 619	4 370 407	76	931 351	3 300 311	11 712 458	46 652	41 308	20 515	58 079
其中 入境	591 768	7 926 310	99 370	1 779 093	66 910	48 978	43 215	46 688	4 436 729	90 254	650 011	7 994 469	11 350 333	18 678	19 691	10 000	1 977
同比（%）	-6.74	-9.79	-10.42	-6.69	-4.07	15.99	-0.28	-14.40	-8.50	-3.01	-7.99	-6.28	13.69	0.79	-3.90	-8.83	2.52
其中 出境	-12.14	-10.76	-57.77	-44.52	-4.73	16.36	-0.19	-15.67	-10.71	171.43	-15.48	-6.53	14.43	2.91	-3.81	-10.24	2.96
其中 入境	5.11	-9.37	4.94	-4.95	-3.42	15.63	-0.36	-9.76	-6.21	-3.06	5.37	-6.17	12.92	-4.15	-4.09	-5.79	-8.77

（广东出入境检验检疫局提供）

2016 年深圳市出入境检验检疫业务统计表

项目		货物检验检疫				交通工具			集装箱（标箱）		货物通关		出入境人员查验（人次）	健康检查及预防接种（人次）			
		批次	金额（万美元）	检验检疫不合格													
				批次	金额（万美元）	飞机（架）	火车（列）	汽车（辆）	合计	检出问题	批次	金额（万美元）		健康检查	艾滋病监测	发现病例	预防接种
本年累计		810 572	4 583 159	49 843	554 812	28 649	0	14 943 362	19 873 187	81 531	840 790	4 744 951	232 530 636	11 396	11 396	4 154	36 553
其中	出境	469 850	1 780 308	868	4 151	14 292	0	7 484 335	9 000 294	0	432 323	1 945 340	118 489 552	5 149	5 149	1 211	36 553
	入境	340 722	2 802 851	48 975	550 661	14 357	0	7 459 027	10 872 893	81 531	408 467	2 799 611	114 041 084	6 247	6 247	2 943	0
同比（%）		-9.63	-12.5	22.59	6.89	20.32		4.78	-6.93	10.00	-3.53	-11.05	0.63	-80.65	-80.65	-62.11	7.58
其中	出境	-10.29	-4.61	-66.08	-47.5	19.80		6.26	-9.39		-10.19	-21.12	2.13	-67.82	-67.82	-45.28	7.58
	入境	-8.69	-16.87	28.54	7.73	20.85		3.35	-4.80	10.00	4.70	-2.40	-0.88	-85.44	-85.44	-66.37	

（深圳出入境检验检疫局提供）

2016 年珠海市出入境检验检疫业务统计表

项目	货物检验检疫				交通工具				集装箱（标箱）		发现动植物疫情		货物通关		出入境人员查验（人次）	健康检查及预防接种（人次）			
	批次	金额（万美元）	检验检疫不合格																
			批次	金额（万美元）	船舶（艘）	飞机（架）	火车（列）	汽车（辆）	合计	检出问题	种类数	种次	批次	金额（万美元）		健康检查	艾滋病监测	发现病例	预防接种
本年累计	109 536	979 313	1 046	48 752	33 707	41		3 948 726	359 371	6	273	8 036	97 137	495 587	135 618 763	22 101	22 082	4 460	2 368
其中 出境	56 002	118 575	25	133	17 010	33		1 954 142	160 969				59 602	101 624	66 880 894	20 486	20 475	4 117	2 311
其中 入境	53 534	860 738	1 021	48 619	16 697	8		1 994 584	198 402	6	273	8 036	37 535	393 963	68 737 869	1 615	1 607	343	57
上年同期累计	120 997	1 136 480	1 419	46 734	44 202			3 969 754	383 167	24	285	4 942	109 454	510 604	132 232 283	28 969	28 814	5 938	2 073
其中 出境	60 066	129 937	27	68	22 717			1 984 532	170 556				68 963	91 018	65 271 328	23 903	23 868	4 637	2 044
其中 入境	60 931	1 006 543	1 392	46 666	21 485			1 985 222	212 611	24	285	4 942	40 491	419 586	66 960 955	5 066	4 946	1 301	29
同比（%）	-9.47	-13.83	-26.29	4.32	-23.74			-0.53	-6.21	-75.00	-4.21	62.61	-11.25	-2.94	2.56	-23.71	-23.36	-24.89	14.23
其中 出境	-6.77	-8.74	-7.41	96.61	-25.12			-1.53	-5.62				-13.57	11.65	2.47	-14.30	-14.22	-11.21	13.06
其中 入境	-12.14	-14.49	-26.65	4.18	-22.29			0.47	-6.68	-75.00	-4.21	62.61	-7.30	-6.11	2.65	-68.12	-67.51	-73.64	96.55

（珠海出入境检验检疫局提供）

2016 年广东海事局进出港船舶统计汇总表

船舶类别	进港船舶							出港船舶						
	艘数（艘次）	总吨（吨位）	总载重量（吨）	载客量（客位）	船员人数（人）	货物到达量（吨）	旅客到达量（人）	艘数（艘次）	总吨（吨位）	总载重量（吨）	载客量（客位）	船员人数（人）	货物发送量（吨）	旅客发送量（人）
总计	215 003	1 071 969 446	1 270 286 435	32 560 547	3 142 031	654 450 292	12 957 928	214 946	1 055 672 256	1 248 601 590	32 669 739	3 125 343	230 538 949	13 405 928
同比（%）	-15.23	9.45	12.97	-6.79	10.69	9.50	-3.74	-22.02	8.07	11.39	-9.54	8.84	19.18	-9.93
中国籍船舶	204 084	705 122 061	756 805 146	32 216 787	2 828 656	454 282 445	12 859 508	204 066	690 205 754	737 299 569	32 326 783	2 803 117	203 694 142	13 307 668
其中：外贸船	24 774	37 182 838	45 202 229	5 688 322	259 502	29 982 450	2 086 406	26 407	47 121 796	68 809 870	5 966 760	286 267	7 346 411	2 277 902

（广东海事局提供）

2016 年深圳海事局进出港船舶统计汇总表

船舶类别	进港船舶							出港船舶						
	艘数（艘次）	总吨（吨位）	总载重量（吨）	载客量（客位）	船员人数（人）	货物到达量（吨）	旅客到达量（人）	艘数（艘次）	总吨（吨位）	总载重量（吨）	载客量（客位）	船员人数（人）	货物发送量（吨）	旅客发送量（人）
总计	77 850	842 643 078	942 978 192	5 836 122	784 879	70 303 160. 47	1 866 725	78 661	859 633 707	962 628 472	6 122 210	832 972	64 405 040. 8	2 341 238
同比（%）	11. 20	3. 87	3. 87	6. 30	14. 10	2. 30	-44. 05	14. 59	4. 93	5. 17	5. 74	20. 87	-8. 09	-47. 02
中国籍船舶	63 207	50 384 001	61 691 071	5 640 920	485 020	22 030 041. 01	1 852 975	63 747	50 589 945	61 095 179	5 925 796	524 707	7 199 604. 27	2 325 893
其中：外贸船	21 120	17 464 474	13 433 477	4 535 359	138 363	1 857 230. 14	1 192 451	22 061	21 045 066	18 864 163	4 800 813	163 887	1 674 357. 28	1 687 480

（深圳海事局提供）

2016 年深圳海事局内河船舶进出港统计表

项目		数量（艘次）			功率（千瓦）	总吨（吨位）	总载重量（吨）	载客量（客位）	货物到达量（吨）	货物发送量（吨）	旅客到达量（人）	旅客发送量（人）
			客船	危险品船								
总计		152 867	21 637	4 618	72 826 278.95	171 736 927	224 754 242	9 738 094	28 382 392.42	27 569 585.55	1 970 136	8 812 042
进港船舶	分计	77 161	11 522	2 208	36 737 006.24	86 191 821	112 624 242	5 135 773	28 382 392.42		1 970 136	
	一等船舶	18 791		113	13 215 945.94	42 834 977	56 573 726		12 257 735.15			
	二等船舶	30 426	4 086	580	14 592 532.02	33 107 368	46 297 287	220 644	11 713 660.11		10	
	三等船舶	22 113	5 629	1 448	6 890 304.08	9 747 613	9 433 597	4 778 015	4 167 986.04		778 397	
	四等船舶	4 860	1 807	67	1 752 579.2	480 498	319 632	137 114	243 011.12		1 179 617	
	五等船舶	971			285 645	21 365					12 112	
出港船舶	分计	75 706	10 115	2 410	36 089 272.71	85 545 106	112 130 000	4 602 321		27 569 585.55		8 812 042
	一等船舶	18 646		113	13 117 408.94	42 537 278	56 122 179			9 787 812.45		
	二等船舶	30 247	3 951	577	14 511 778.6	32 928 766	46 107 737	213 354		14 712 969.65		10
	三等船舶	21 860	5 078	1 645	6 689 765.27	9 602 737	9 579 474	4 309 505		3 034 635.10		7 615 957
	四等船舶	4 740	1 086	75	1 707 697.9	471 639	320 610	79 462		34 168.35		1 185 031
	五等船舶	213			62 622	4 686						11 044

（深圳海事局提供）

广西壮族自治区

口岸数量及分布

截至2016年年底，广西壮族自治区（以下简称广西）有经国务院批准的对外开放口岸18个。其中，水运（海港）口岸5个，分别是防城港、北海（含石头埠）、钦州、江山、企沙海港口岸；水运（河港）口岸3个，分别是梧州、贵港、柳州河港口岸；空运口岸3个，分别是桂林空运口岸（桂林两江国际机场）、南宁空运口岸（南宁吴圩国际机场）、北海空运口岸（北海福成机场）；陆路（铁路）口岸1个，为凭祥铁路口岸；陆路（公路）口岸6个，分别是友谊关、东兴、水口、龙邦、平孟、爱店公路口岸。

2016年，国家批复水口陆路（公路）口岸为国际性口岸，并扩大开放至水口二桥。

口岸运行数据

2016年，广西壮族自治区口岸进出口货运量累计1.06亿吨，同比下降1.37%。其中，进口0.91亿吨，同比增长1.94%；出口0.15亿吨，同比下降17.47%。进出口货值3 455.53亿元，同比下降8.4%。其中，进口货值1 902.74亿元，同比增长5.2%；出口货值1 552.79亿元，同比下降20.8%。出入境人员数量1 101.22万人次，同比增长22.55%。其中，入境552.43万人次，同比增长22.21%；出境548.79万人次，同比增长22.89%。出入境交通工具59.46万辆（艘、架、列）次，同比增长43.20%。水运口岸集装箱吞吐量47.55万标箱，同比增长14.33%。其中，进口22.22万标箱，同比增长6.92%；出口25.33万标箱，同比增长21.72%。

口岸综合管理

【口岸开放工作全面推进】 2016年，国家批复同意水口陆路（公路）口岸扩大开放，口岸性质为国际性常年开放公路客货运输口岸并扩大开放水口二桥。国家质检总局同意在龙邦口岸、东兴口岸、钦州保税港区、水口口岸设立进境水果指定口岸，广西进境水果指定口岸增加至7个，全面覆盖了广西沿海、沿边、沿江区域。一批口岸的升格和扩大开放即将获得国家批复：峒中口岸升格为一类双边性口岸并扩大开放至里火通道；友谊关口岸扩大开放至弄尧、浦寨通道，已完成国家审理程序，即将获得国家批复；东兴北仑河二桥功能定位、硕龙口岸升格及功能定位，已与越南达成共识，口岸对外开放即将获得国家批复。组织了一批口岸验收工作：对防城港口岸渔港区4个码头进行对外开放验收；对北海口岸1号和2号泊位、LNG码头、北海电厂煤码头进行对外开放预验收；对钦州口岸勒沟作业区中粮集团码头，大榄坪南作业区12号、13号泊位对外开放验收；对新兴边民互市点的对外验收。

【口岸基础设施建设成效明显】 充分发挥“兴边富民”口岸建设资金作用，2016年安排“兴边富民”口岸建设资金7 400万元，安排建设项目16个，支持全区8个边境县（市、区）共11个口岸和边民互市点建设。重点支持爱店口岸联检楼扩建1 200万元、硕龙口岸基础设施建设1 000万元、龙邦边民互市区基础设施建设1 000万元、边境贸易国检试验区建设资金700万元。启动全面升级改造重点边境口岸基础设施，有效解决口岸拥堵问题。东兴口岸升级改造投入资金1 700万元，东兴口岸客运通道通关水平成效明显；友谊关口岸货运通道建设投入资金1 940万元，通关效率大幅提升；凭祥边境贸易货物监管中心投入运营，进一步提升边民互市贸易通关便利化水平。组织开展沿边口岸建设要素调查，与广西北部湾投资集团有限公司开展联合调研，对东兴、友谊关、水口、硕龙、龙邦5个重点边境口岸基础设施建设现状和需求进行摸底调查，按照统一规划、统一标准、统一招商、统一建设、统一管理的原则，大力开展沿边基础设施大建设，积极打造“前岸中区后城”模式。

【电子口岸网络体系不断完善】 启动贵港电

子口岸与南宁空港物流服务平台建设，进一步提升河港口岸通关物流信息化水平，并填补广西空运口岸电子口岸建设空白。确定广西电子口岸运维机制，采用政府购买服务加多方协同合同的模式，保障广西电子口岸各应用项目平稳运行，同时积极筹建广西电子口岸运维实体公司，承接负责电子口岸相关运营维护及数据管理工作，推动广西电子口岸持续健康发展。

【国际贸易“单一窗口”建设成效明显】 做好一期项目推广应用工作，截至2016年12月底，广西国际贸易“单一窗口”直接服务企业800多家。防城港、钦州（含钦州保税港）、北海口岸通过“单一窗口”办理船舶进出口岸业务总体使用率达到80%以上。其中办理舱单业务5 795票，运输工具业务14 017票，推广应用效果明显。广西国际贸易“单一窗口”二期紧紧围绕企业需求与广西口岸实际，除海关、检验检疫、边检、海事等口岸查验部门外，首次将交通运管部门纳入“单一窗口”，重点开发建设进出口货物一次申报系统、车辆进出境联检核放管理系统，同时开发船舶电子验证通关系统，提升完善一期应用系统用户体验。其中进出口货物一次申报系统，在一期已有海关货物申报组件的基础上，进一步完善了检验检疫申报功能。车辆进出境联检核放管理系统实现运输工具负责人或代理人通过“单一窗口”一次性录入申报信息，共享发送到各口岸管理部门，实施联网审批与核放，提高口岸管理部门综合执法效能。船舶电子验证通关系统，利用电子签章技术，进一步提升通关无纸化水平，船舶运输及代理企业可在线提交各类申报文档，自行下载打印“船舶进口岸手续办妥通知书”及“国际航行船舶出口岸许可证”，进一步便利企业通关。

【口岸改革工作务实推进】 2016年，广西口岸继续深入开展合作体制机制改革，通关环境进一步优化。区域通关一体化建设深入推进，在口岸物流联动系统一期成功应用基础上，继续开展二期项目建设，重点打造智能化途中监管平台，满足北部湾经济区沿海三港口岸穿梭巴士及船边监管要求，推动实现“区港联动”与“口岸互动”，进一步优化全区不同口岸监管场所之间进出口货物流转业务。目前应用系统已基本完成，并在部分试点监管场所试运行。2017年将正式在北部湾沿海三港上线运行，并逐步向全区口岸推广应用。“两国一检”通关模式取得积极进展。2016年3月28日在钦州召开中国和马来西亚“两国双园”联合理事会第三次会议期间，中国海关总署、南宁海关、广西口岸办、广西出入境检验检疫局及相关单位与马来西亚皇家海关、彭亨州海关代表举行了通关便利化专题会议。会议提出了中马“两国双园”开展通关便利化合作可供参考和借鉴的中欧“安智贸”模式，并就加强“两国双园”通关便利化合作的具体步骤和工作路线图达成初步一致。2016年7月6日，中国广西口岸代表团与越南谅山省口岸工作委员会代表团在凭祥就推动实施“两国一检”通关模式进行了专题会谈，并签署会议纪要，双方同意尽快建立口岸通关便利化合作机制，定期或不定期会晤，加快推进友谊关—友谊口岸通关查验模式创新试点工作。

口岸监管与服务

【广西壮族自治区公安边防总队跟进地方经济社会发展】 2016年，积极支持国家和自治区沿边开放、跨境合作区、开发开放试验区等重点项目建设，主动跟进做好钦州、北海、防城港口岸扩大开放、国际贸易“单一窗口”建设、中越德天·板约国际旅游合作区建设、沿边互市贸易点开放运营等工作，结合实际，提出边检设施、警力配置和边检限定区域管理建议。

【广西壮族自治区公安边防总队努力构建高效便捷通关环境】 持续推进边检勤务改革，以东兴、友谊关、南宁、桂林边检站试点开展后台审查工作为契机，推行“小前台、大后台”勤务模式，进一步强化前台验放警力保障，口岸通关效率明显提升。给予友谊关、东兴、水口口岸延时通关服务，推行分团验放、分时段错峰通关等一系列便民利民措施，口岸通关保障能力和便利化水平明显提升，极大促进了口岸和边境地区人员、贸易往来。检查出入境人员 13 025 891 人次，出入境交通运输工具 389 340 辆（艘、列、架）次，东兴边检站检查出入境人员突破 700 万大关、南宁边检站出入境人员查验量突破 100 万大关。

【广西壮族自治区公安边防总队圆满完成重大活动边检勤务】 2016 年，圆满完成了 G20 峰会、第九届泛北部湾经济合作论坛、第十二届桂台经贸文化合作论坛、中越青年大联欢、中越跨境自驾游等重大重要活动出入境边防检查勤务工作，特别是连续 13 年以严密无误的勤务组织、优质高效的通关服务成功保障中国—东盟博览会顺利召开，得到了各级领导的充分肯定，赢得了国内外宾客的高度赞誉。

【广西壮族自治区公安边防总队积极扩大边检品牌辐射效应】 全区边检机关主动走访驻地党委政府、企事业单位、口岸联检部门、服务对象和社会群众，大力宣传边检工作服务地方经济社会发展成效，增进广大人民群众对边检工作的认知和了解。特别是2016 年 8 月 19 日，全区 16 个边检站、7 个边境检查站集中开展边检服务品牌推介宣传活动，掀起一轮边检服务品牌集中推介宣传热潮，促进了边检机关与服务对象之间的良性互动，提高了边检机关社会影响力和公信度。

【广西海事局支持地方经济发展】 积极发挥海事专业优势，全力助推国家和自治区重大战略实施。一是支持广西口岸开放。指导推进防城港口岸扩大开放工作，支持百色、来宾等新增水运口岸基础设施建设，促成北部湾新增开放码头（泊位）7 处。主动参与广西国际贸易“单一窗口”建设并在沿海口岸全面运行。二是服务涉水工程建设。优质服务大藤峡水利枢纽、钦州 30 万吨级油码头工程等 20 余项国家和自治区重大水工项目建设。研究解决了北部湾港航道船舶双向通航问题。三是助推航运产业转型升级。助推北海 LNG 项目顺利安全投产，结束广西不能停靠大型 LNG 船舶的历史。主动为广西首次批量建造 28 艘内河 LNG 双燃料动力船舶提供技术支持。服务并保障钦州海上原油安全清洁过驳 666 万吨。四是帮扶航海教育发展。指导和帮扶北部湾大学筹建，支持辖区教育培训机构取得内河水上专业学历教育资质和内河 LNG 燃料动力船船员培训资质。五是壮大服务发展合力。与柳州市政府签订战略合作框架协议，加强与北海、钦州、梧州市政府合作协议的落实，与自治区有关部门及大型企业就支持地方经济建设进行座谈并达成共识，与广东海事局、交通运输部南海航海保障中心等单位签订服务珠江—西江经济带发展合作和保障南海海区航海安全协议。参加服务广西经济社会发展绩效评价试点工作，圆满完成各项任务。

【广西海事局狠抓水上交通安全监管】 围绕安全发展的要求，按照“把握规律，抓住重点，关注异常，给力预防”的思路，着力健全监管体系，抓源头防风险、抓现场除隐患、抓整治破难题。2016 年共安全监管船舶进出港 207 万艘次、货物 36 192 万吨、集装箱吞吐量 512.3 万标箱、客运 4 594 万人次；组织搜救行动 100 次，成功救助遇险船舶 96 艘次、人员 397 人，人命救助成功率达 97.07%。辖区共发生一般等级及以上水上交通事故 10 起，死亡（失踪）10 人，沉船 1 艘，直接经济损失约 317 万元，四项指标同比分别下降 40%、43.75%、80%，上升 61.74%，辖区水上交通安全形势持续稳定。

【广西海事局着力提升应急处置能力】 严格执行领导带班和周值班视频点名制度，提升了海（水）上突发事件协调处置能力。组织开展 70 余次不同科目、不同层次的应急演练，有效检验了应急预案的可操作性。协助搜救成员单位培训摩托艇、冲锋舟驾驶员 421 人。在全区推进成立 6 支、共计 410 余人的海（水）上搜救志愿者队伍，组织开展潜水、应急管理与搜救、医疗急救等专业知识与技能培训。为表现突出的社会搜救力量争取国家和地方的搜救奖励与补偿，激发参与搜救应急的积极性。不断完善应急预案，科学组织防汛防台。汛期多次协助转移受困群众，及时有效处置洪水冲走网箱、失控船舶碰撞桥梁险情。在“莎莉嘉”等4次台风影响期间成功处置各类险情，安全疏运转移涠洲岛旅客3.2万余人，保持了防台期间辖区海上船舶人员零伤亡的佳绩。

【广西海事局提升海事服务质量】 清理和修订了涉及取消和下放海事行政审批的规范性文件，在原有21项已下放权力的基础上，增加下放了国内航运公司、国内航行船舶的安全管理体系审核发证、暂扣船舶行政强制措施决定及实施等权力事项。组织完成了广西海事三级机构行政执法事权层级调整，下放和调整海事行政执法事权44项，理清了三级海事管理机构权责边界，初步形成了规范统一、分工合理、运转高效、便民利民的海事监管模式。推行权力清单制度，编制发布广西海事局权力清单，向社会公布行政审批事项及审批流程（21项）、海事行政强制及工作流程（7项）、船舶登记及工作流程（5项）共33项行政权力。印发了《广西海事管理机构收费清单》，从10月1日起，进一步取消船舶港务费、特种船舶和水上水下工程护航费、船舶临时登记费、船舶烟囱标志或公司旗注册费、船舶更名或船籍港变更费、船舶国籍证书费、废钢船登记费7项行政事业性收费，惠及辖区广大水运企业和船舶。出台了海事支持服务北部湾港集装箱“穿梭巴士”措施，妥善处置了“穿梭巴士”缴费、陆海资源有限公司煤炭中转、上海宝英航运有限责任公司货物中转等问题，切实解决了企业的困难，2016年共为广西辖区水运企业和船舶减轻负担逾2 880多万元。

【广西海事局稳步推进行政审批改革】 广西海事局稳步推进行政审批改革，落实简政放权举措，取消、下放行政审批事项42项。组织业务部门全面梳理海事监管事项清单和支持性文件，制订海事行政审批事中事后监督管理手册，海事行政审批事中事后监管体系基本建立。编印《政务窗口工作指导手册》等文件，推进窗口服务和基层海事处行政执法政务公开工作规范化、标准化。推行“四个一”行政审批模式，有效提升了行政审批效率。积极兑现十项便民服务措施，推广船员证书受理办结情况短信提醒、证书邮寄和微信办事服务，实现海船船员证书无纸化申办、内河船员证书异地申办。

【广西海事局参与国际海事事务取得突破】 向交通运输部海事局提交对《国际海运固体散货规则》（IMSBC）规则中种子饼基本不含易燃溶剂的判断标准进行统一解释的提案。参加国际海事组织《国际防止船舶造成污染公约》（MARPOL）公约及修正案地区性研讨、国际劳工组织港口健康与安全导则修订专家会议、中越海上低敏感领域合作专家工作组磋商、中国广西和越南四省联合工作委员会会晤。

【南宁海关落实改革部署增添广西开放发展新动力】

一是“放管服”改革深入开展。启动“海关行政审批网上办理平台”，进一步简化海关审批核批，受理行政审批事项按时办结率达100%。深化“双随机、一公开”，全面降低进出口海关查验率，有效落实海关总署将出口查验率降低1个百分点的要求。全面清理规范进出口环节经营性收费，协助推进广西口岸免除查验没有问题企业相关费用，并将承运海关监管货物运输工具备案担保金额从50万元降至5万～10万元，进一步减轻企业负担。启动海关税收征管方式改革，落实企业自报自缴税收征管。积极融入广西社会信用体系建设，推进“一照一码”“三证合一”工作，推动AEO互认合作，落实差别化信用管理措施，引导企业守法自律。二是“三互”大通关建设稳步推进。全力推动广西国际贸易“单一窗口”建设，一期项目在沿海口岸全面推广，二期的“沿边项目”通过验收并上线试运行。关检合作“三个一”改革实现报关单、经营企业“两个全覆盖”，“一次申报、一次查验、一次放行”比率已达100%。继续探索推进中马、中越“两国一检”通关模式创新，成功举办中越“两国四方”第三次工作会谈，中马“安智贸+AEO”模式方案获海关总署认可。三是通关一体化改革成效明显。完成泛珠四省区域通关一体化和“区区联动”改革，实现泛珠四省区域内企业足不出户即可办理进出口通关手续。深化物流监管作业制度改革，完善南宁海关物流管理平台功能，扩大“提前申报、运抵验放”模式应用范围，促进口岸物畅其流，有效缓解口岸拥堵问题。继续深入研究北部湾经济区海关通关一体化改革新举措。2016 年进口、出口海关通关时间分别为 22.98 小时、1.90 小时，明显快于上年同期平均水平。四是创新推动广西综合物流体系建设。整合优化广西海关特殊监管区，助推南宁综合保税区（一期）通过国家验收，协助自治区研究出台广西保税物流中心（B 型）规划意见，新设保税仓库 3 家、出口监管仓库 1 家。在 2015 年成功复制推广 14 项海关创新监管制度的基础上，继续复制推广 11 项海关创新监管制度。积极参与广西多式联运监管中心规划建设，助推广西打造面向东盟的国际大通道。

【南宁海关坚持精准施策，促进广西外贸回稳向好】 一是继续出台促进外贸稳增长措施。在连续两年出台稳增长措施的基础上，2016 年继续坚持问题导向，紧紧抓住促进广西外贸稳增长的关键点、发力点，精准施策、定向爆破，力求各项稳增长政策措施持续发挥效应。根据国务院关于促进外贸回稳向好的若干意见，迅速研究出台促进广西外贸回稳向好 25 项细化措施。认真贯彻落实全国外贸工作座谈会精神，继续深化提出稳增长新思路、新举措。12 月，面对广西外贸转负为正的巨大压力，南宁海关再推出“组合拳”，并派出专项工作小组开展现场督导，千方百计打赢促进外贸回稳向好攻坚战。同时，落实国家税收优惠政策，减免税款 3.27 亿元。二是继续扶持边境贸易升级发展。深入开展边境小额贸易和边民互市贸易规范执法专项整治活动，着力优化边境贸易发展环境。积极推动建立互市出口商品目录，在互市贸易领域全面推行通关无纸化改革，探索互市关检合作“三个一”改革，持续推动互市贸易转型升级。2016 年边民互市贸易进出口 666.9 亿元，同比增长 88.7%。三是深化落实加工贸易倍增计划。落实关贸联席会议机制，配合自治区加大招商引资力度。大力支持生产型企业开展加工贸易及保税业务，其中指导并协调解决了广西金川金属有限公司铜精矿手册设立和副产品外发加工遇到的困难，确保铜精矿加工贸易顺利开展。推动广西加工贸易综合服务平台投入运行，实现“数据多跑路、企业少跑腿”。2016 年加工贸易及保税物流进出口 881.1 亿元，占广西外贸进出口额的 27.8 %。四是大力支持广西新兴业态发展。顺利推行跨境电子商务出口业务，在南宁综合保税区、钦州保税港区启动“保税 + 跨境电商”零售进口业务。在“保税 + 生产型企业”方面，指导贵钢、柳钢等大型企业打好“区域通关一体化”和“保税仓储政策”的“组合拳”，促进外贸进出口回流广西。支持防城港开展“保税 + 配矿”业务试点，批准在北海加工区开展“保税 + 境内外维修”业务，在钦州保税港区开展“保税 + 展示销售”业务，钦州保税港区整车进口达 2 680 台，全力支持外贸综合服务平台建设。五是着力促进广西口岸科学规划和有序开放。认真落实广西口岸工作联席会议议定事项，积极推动解决边境口岸拥堵、口岸基础建设投入不足、查验人力资源紧张等难题。促成硕龙口岸新开和水口口岸扩大开放获国务院审批，助推北海、钦州、防城港、贵港、梧州、柳州等口岸扩大开放列入国家口岸发展“十三五”规划。推动北海口岸铁山港 1 号和 2 号泊位、LNG 码头、北海电厂煤码头通过预验收。同时，积极支持跨境经济合作区、开发开放试验区、中马“两国双园”、粤桂特别试验区、国际旅游合作区、边境经济合作区等重大平台加快建设，助推广西打造开放发展新优势。

【南宁海关强监管、改作风，创造良好营商环境】 一是着力提升海关监管效能。优化查验监管机制，加大查验设备投入。开展监管场所专项整治，安全监管基础不断夯实。制定边民互市贸易出口商品目录，开展边境小额贸易及互市贸易规范执法专项整治，边贸监管水平逐步提高。推进知识产权海关保护“清风行动”，查获知识产权侵权违法案件206起、案值1 372万元。加强虚假贸易管控，助推广西外贸提质增效。全面“扫黄打非”，查获各类违禁品765件，坚决维护国家政治安全和社会和谐稳定。深化综合治税，圆满完成海关总署调整后的167.72亿元全年税收任务。二是继续保持打私高压态势。坚持“大协同”打私工作思路，扎实开展“国门利剑2016”“南宁—昆明”行动等打私联合专项行动，侦办一批走私大要案。2016年共立案查办各类走私违法犯罪案件992起，案值33.37亿元，涉税3.65亿元。特别在打击粮食等农产品走私方面取得重大战果，查获走私大米8.71万吨，占全国走私大米查获量的四分之一。

【广西出入境检验检疫局扎实做好口岸监管与服务】 2016年，广西出入境检验检疫局检验检疫出入境货物13.82万批次、货值205.88亿美元，同比分别减少5.6%和减少15.26%；口岸检疫查验出入境人员784万人/次、交通工具140.9万辆/次，同比分别减少13.17%和增长33.8%；检出不合格商品4 325批次、货值66.89亿美元，同比分别增长4.27%和减少5.52%；截获有害生物968种、28 454次，同比分别增长4.2%和18.6%，其中26种为全国首次检出，8种检疫性有害生物为广西首次检出；检出传染病确诊830例，同比增长7.9%；签发原产地证书6.8万份、签证金额26.1亿美元，同比分别增长22.3%和15.6%；从进口矿产品中检出重金属和有害元素超标7起。

【广西出入境检验检疫局加强质量监管和口岸疫病疫情防控】 一是口岸卫生检疫方面，继续完善具有广西特色的“3+4”口岸传染病疫情防控机制，加强口岸检疫查验，加强防控监督检查，加强应急物资储备，加强健康知识宣传教育，举办寨卡病毒病输入疫情应急处置演练，开展口岸卫生监督，开展中越跨境江河水体传染病监测，有效防控了寨卡病毒病、黄热病、登革热等传染病的传入传出。加强口岸核生化反恐工作，组织开展口岸核与辐射涉恐事件应急处置演练，与自治区环保厅签署辐射安全监管合作备忘录，组建口岸监测分队，参加自治区核应急监测评价单项演习，提升口岸核生化反恐工作效能。二是动植物疫情防控方面，持续完善“316”动植物疫情防控模式，加强进出境重点敏感大宗农产品质量风险分析，组织实施安全风险监控；突出抓好进境粮食、水果、种苗、水生动物等大宗敏感农产品的口岸查验监管，加强旅客携带物和邮寄物监管，开展“美丽中国·绿蕾护航”专项行动，宣传和普及国门生物安全知识，完成790万件旅客携带物和41万件邮包的查验；积极推进口岸动植检规范化建设，完成了防城港、钦州、凭祥、水口4个试点口岸的预验收；深化与越南的动植检合作，开展实蝇监测，建立中国（广西）—越南口岸植物检疫合作新机制。三是商品检验监管方面，突出抓好进口大宗资源性商品质量安全监管和进出口危险品检验监管。严格执行国家的有关规定，对进口煤炭、铜精矿等进行环保质量指标检测；组成专项督查组，对8个分支机构和1个直属单位的进出口危险化学品及其包装检验监管工作质量进行督查，进一步规范了危险品的监管；不合格进口工业品批次检出率同比提高近3倍，有效防范了有毒有害物质经广西口岸传入传出。四是进出口食品安全监管方面，认真执行国家质检总局推出的进出口食品分级分类口岸管理制度，强化监管，进口食品不合格检出率和出口食品不合格检出率分别达到39.6%和5.7%；建立和完善边民互市贸易进出口食品的质量安全责任体系和追溯体系，强化质量安全主体责任；深入开展出口食品“同线同标同质”帮扶行动，指导帮扶17家出口食品备案企业63个品种参与“三同”，扩大内销量。推荐12家次企业获得国外注册资格，指导、帮扶5家企业顺利通过美国FDA官方检查；积极应对并有效化解越南冰酸奶未获准在广西边境地区销售问题，有效遏制越南冰酸奶非法入境，及时处理日本“核辐射”海鲜事件带来的质量安全风险隐患，在广西口岸未发生重大进出口食品安全事件。

【广西出入境检验检疫局服务地方外经贸发

展】 一是促进口岸通关便利化。推动确立了广西“单一窗口”建设原则和思路，并明确二期的检验检疫业务需求；与深圳出入境检验检疫局签署合作备忘录，积极参与和推动泛珠三角区检验检疫通关一体化，落实“三通”“两直”；认真组织实施 e－CIQ 主干系统，实现了全面上线，平稳运行；联合自治区商务厅开展自贸协定优惠原产地政策“百家走访、千企座谈、万人征询”活动，深入企业宣贯、帮扶、指导原产地证利用。二是推动进口指定口岸建设。2016 年国家质检总局支持批准了龙邦、东兴、钦州保税港区、水口 4 个口岸筹建进境水果指定口岸；积极配合、指导南宁机场进境食用水生动物指定口岸建设通过了国家质检总局考核组的现场评估，指导东兴进口冰鲜水产品口岸建设通过了国家质检总局专家组的考核验收。三是推动出口示范区建设。2016 年，平乐县出口蔬菜、荔浦县出口竹木家居用品 2 个示范区获国家质检总局批准为国家级出口食品农产品质量安全示范区；柳州市出口汽车及零部件质量安全示范区升级改造完成预验收，并向国家质检总局推荐申报国家级出口示范区；指导推动田阳县建成自治区级出口果蔬质量安全示范区；深化和运用出口食品农产品质量安全示范区创建成果，搭建供港澳果蔬“直通车”平台。积极帮扶、指导融水县获得国家质检总局批准为国家级生态原产品保护示范区，涉及 8 个生态原产地保护产品。四是全力探索建设全国首个国检试验区。广西出入境检验检疫局积极协调，促成国家质检总局与自治区政府于 2016 年 3 月份在北京签署了关于共同探索建设中国—东盟边境贸易国检试验区的合作备忘录。成立了国检试验区筹建工作领导小组，并下设 6 个专项工作组，坚持先行先试，边申报、边建设、边验收、边运行、边完善，全力以赴推进国检试验区建设。7 月国家质检总局批准国检试验区建设工作方案。9 月 2 日全国第一个国检试验区——凭祥（卡凤）国检试验区通过预验收，9 月 10 日，在第 5 届中国—东盟质检部长会议，国家质检总局局长支树平、自治区陈武主席和东盟 10 国部长见证了国检试验区揭牌试运行。五是积极推动广西口岸重点项目建设发展。指导北海铁山港、中石化北海液化天然气（LNG）项目、电厂煤码头建设并通过自治区级预验收和国家质检总局预审，支持北海口岸扩大开放；指导凭祥弄尧（浦寨）互市贸易扩区，东兴边民互市区扩建，钦州勒沟、鹰岭和大榄平作业区扩大开放；配合并指导南宁综合保税区顺利通过国家正式验收；积极协助配合国家质检总局推动马来西亚毛燕输华准入，支持中马（钦州）产业园区建设进口毛燕加工基地；指导帮助桂林两江国际机场改善卫生条件，提高卫生管理水平，创建国际卫生机场；指导和推动玉林龙潭园区加快建设，落实转检工作要求，做好验收准备；提前介入，配合推进南宁跨境电商监管仓库项目建设，规范北海入境维修/再制造产业检验监管，支持广西新兴业态发展；积极推进钦州口岸进口整车业务，完成进口整车检验 3 025 辆，与 2015 年同期相比增加了 5 倍。

开放口岸

【桂林空运口岸（桂林两江国际机场）】 位于桂林市西南方向临桂县境内，距市中心 26 千米，中心点地理方位为北纬 25°13′06″、东经 110°02′22″。2012 年桂林空运口岸被国家质检总局授予“世界卫生组织口岸核心能力建设达标单位”，成为广西首个符合《国际卫生条例》要求的空港口岸。目前已开通国际（地区）定期航班 13 条（新加坡、马来西亚吉隆坡、日本大阪、泰国曼谷、泰国廊曼、韩国首尔、韩国济州、韩国釜山、韩国大邱、韩国清州、中国台北、中国高雄、中国香港）。2016 年，桂林空运口岸出入境人员 43.04 万人次，同比下降 3.38%；出入境飞机 3 004 架次，同比增长 1.59%；进出口货物 11.65 万吨，同比增长 19.81%。

【南宁空运口岸（南宁吴圩国际机场）】 位于南宁市良庆区，距南宁市区 32 千米。目前，南宁机场已开通 21 条国际（地区）航线。2016

年，南宁空运口岸出入境人员 111 万人次，同比增长 11.95%；出入境飞机 8 792 架次，同比增长 9.5%；进出口货物 3 万吨，同比增长 48%。

【北海空运口岸（北海福成机场）】 位于北海市银海区境内，占地面积 373.34 万平方米。机场飞行区等级为 4D 标准，可全天候起降 B737、A320 等同类机型。北海福成机场新航站楼投资 3.08 亿元，面积 2.7 万平方米，三层，高度 24 米，有值机柜台 6 个、VIP 候机室 6 个、廊桥 5 个、远机位 2 个、行李传送系统 1 套，设计旅客吞吐量 270 万/年，高峰小时吞吐量 1 350 人。2016 年，北海空运口岸出入境人员 2.19 万人次，同比增长 181%；出入境飞机 234 架次，同比增长 39%。

【友谊关陆路（公路）口岸】 距离凭祥市区 18 千米，距离越南谅山 18 千米，与越南友谊口岸相对，为常年开放的国际性口岸。1951 年开通，1979 年一度关闭，1992 年 4 月经国务院批准恢复对外开放。2012 年 9 月，友谊关口岸荣获世界卫生组织口岸核心能力达标单位。2013 年，先后完成了友谊关口岸边检站的查验设施维修工程，友谊关口岸联检楼三楼会议室、卫生间的改造工程，友谊关口岸限定区域内广场部分地板砖的更新工程，友谊关口岸零公里绿化美化，极大地改善了友谊关口岸通关环境，对加快口岸的通关速度和发展口岸经济起到积极的推动作用。2016 年，友谊关口岸启动国际货运通道试运行。2016 年，友谊关口岸进出口货物 203.7 万吨，同比增长 89.66%；出入境人员 114.07 万人次，同比增长 23.85%；出入境车辆 18.45 万辆次，同比下降 7.62%。

广西凭祥综合保税区于 2008 年 12 月经国务院批准设立，规划控制面积 8.5 平方千米，位于广西凭祥市友谊关。一期于 2011 年 9 月 30 日正式封关运营。广西凭祥综合保税区是广西北部湾经济区开放开发的重要平台，是服务于中国—东盟自由贸易区贸易往来，集口岸、国际贸易、保税物流、保税加工、国际配送等功能于一体的国际经济合作区域。自封关运营以来，广西凭祥综合保税区运行情况良好。2015 年，凭祥综保区主动适应新常态，认真贯彻落实广西 48 条稳增长措施，坚持夯实基础与加快发展并重，突出抓好加工贸易倍增计划、保税物流倍增计划的实施，园区创新发展步伐进一步加快，经济整体稳健快速运行，实现“总量提质、分量加速”。据统计，凭祥综保区共有入区登记注册企业 135 家，3 家越南企业入区设立办事处，另有 200 多家企业依附凭祥综保区平台开展一般贸易、边境小额贸易、物流配送业务。2016 年，综保区共完成外贸进出口总额 1 233.76 亿元，同比增长 19.3%，是全区唯一对外贸易超过千亿元产业的园区；保税进出口总额 205.44 亿元，同比增长 52.4%；入区企业进出口总额 221.43 亿元，同比增长 49.8%，增加量和增速在全国排名前 15 位的综合保税区中均排名第一，总额在广西海关特殊监管区域中排名第一；工业总产值 4.52 亿元；固定资产投资 1.5 亿元；进出境车辆 17.9 万辆次，同比增长 2.5%；货物量 223.4 万吨，同比增长 4%；集装箱吞吐量 10.05 万标箱，首超 10 万标箱，同比增长 86.8%，实现了“十三五”良好开局。

【东兴陆路（公路）口岸】 位于东兴市繁华市区，地处我国西南陆地边境线与大陆海岸线的汇合处，在中越边境的最东端，东南濒临北部湾，北面背靠十万大山，通过北仑河大桥和越南芒街口岸连接，为常年开放的国际性口岸。1958 年经国务院批准对外开放，1978 年一度关闭，1994 年 4 月 17 日恢复对外开放。2011 年国务院批准设立东兴开发开放试验区，东兴口岸同东盟各国的贸易、旅游交流将进一步发展。2013 年 11 月，广西公安厅口岸签证处入驻东兴口岸现场，东兴口岸正式启动外国人口岸签证业务，成为广西第一个陆路口岸签证处。2016 年共安排东兴“兴边富民”口岸建设资金 900 万元，用于支持东兴口岸查验设施设备升级改造项目、东兴北仑河互市便民浮桥、广西检验检疫边境贸易管理系统建设等。2016 年，东兴口岸进出口货物 40.31 万吨，同比增长 42.99%；出入境人员

711.83 万人次，同比增长 17.47%；出入境车辆 3.59 万辆次，同比增长 56.49%。

【水口陆路（公路）口岸】 位于龙州县的西端中越边界西路中越边界 943（1）号界碑处，水口镇境内，距龙州县城 34 千米，与越南驮隆口岸仅一河之隔，为常年开放的双边性口岸，1978 年曾一度关闭，1992 年 10 月经国务院批准恢复对外开放。水口口岸主要进出口货物有冻海产品、腰果、核桃、机电配件及日用品等。2016 年，水口口岸进出口货物 19.8 万吨，同比减少 5.32%；出入境人员 49.13 万人次，同比增长 3.67%；出入境车辆 2.64 万辆次，同比增长 104.89%。

【龙邦陆路（公路）口岸】 位于百色市靖西县龙邦镇，地处中越边境 741－742 号界碑，与越南茶岭口岸对应，距靖西县城 42 千米，距越南茶岭县城 5 千米。2003 年 1 月，国务院批准龙邦口岸对外开放。2007 年 10 月，龙邦口岸通过验收正式对外开放。龙邦口岸进出口货物主要有腰果、核桃、冷冻海产品、铁矿、锰矿、钢筋、搅拌机、打谷机、电器、电子产品、照明装置等。2016 年，龙邦口岸进出口货物 8.5 万吨，同比增长 3.97%；出入境人员 16.08 万人次，同比增长 71.4%；出入境车辆 3 731 辆次，同比减少 88.97%。

【平孟陆路（公路）口岸】 位于中越边界第 647 号界碑处，与越南朔江口岸相对应，是广西最西端的陆路口岸。2011 年 10 月 9 日，国务院正式批复平孟公路口岸对外开放，口岸性质为中国和越南双边公路客货运输口岸。目前，平孟口岸尚未通过国家验收正式对外开放。平孟口岸进出口货物主要有水果、海鲜、中药材、纺织品、建材、土特产品、矿产品和小五金等。2016 年，平孟口岸进出口货物 15.38 万吨，同比增长 37.57%；出入境人员 30.03 万人次，同比增长 192.69%；出入境交通工具 20.49 辆次，同比增长 2 784%。

【爱店陆路（公路）口岸】 位于广西崇左市宁明县爱店镇，中越边境 1223 号界碑处，北距宁明县城 51 千米，东距东兴市 195 千米，西距凭祥市友谊关 92 千米，南距越南首都河内 180 千米、凉山省府 34 千米、禄平县 17 千米，与越南峙马口岸相对。爱店口岸于 1957 年作为二类口岸对越开放，1979 年一度关闭，1991 年恢复贸易往来。2009 年中越两国政府在签订的《关于中越陆地边境口岸及其管理制度的协定》中同意爱店—峙马口岸在条件具备时开放。2012 年，广西壮族自治区政府向国务院申请将爱店口岸正式开放。爱店口岸主要进出口商品有中草药材、机电产品、针织品、日常用品、水果、干杂货等。2016 年，爱店口岸进出口货运量为 84.75 万吨，同比增长 26.23%；出入境人员 20.46 万人次，同比增长 1.63%；出入境交通工具 11.8 万辆次，同比减少 19.21%。

【凭祥陆路（铁路）口岸】 位于凭祥市南区，与越南同登口岸相对应，为常年开放的国际性口岸，于 1953 年经国务院批准对外开放，是湘桂铁路的终点，也是广西唯一的一个铁路口岸。凭祥铁路口岸站区内设立 40 股道标准轨，窄轨铺轨总长 13.2 千米，站线铺轨 21.61 千米，占地 1.8 平方千米，货物站台 3 500 平方米，旅客站台 3 840 平方米，候车室 280 平方米，货仓 420 平方米，有准轨客车 1 397 辆、窄轨客车 142 辆，换装能力 111.8 万吨。2016 年，凭祥铁路口岸进出口货物 27.48 万吨，同比减少 27.55%；出入境人员 7.16 万人次，同比增长 25.39%；出入境火车 1 578 列次，同比减少 14.75%。

【防城水运（海港）口岸】 位于广西南部沿海北部湾北岸，是我国大陆海岸线最西南端的深水良港，也是我国沿海 11 个主要港口之一及西部第一大港。1983 年 7 月经国务院批准对外国籍船舶开放，为常年开放的国际性口岸。口岸地理位置和建港条件得天独厚，北靠云、贵、川，南濒北部湾，东邻粤、琼、港、澳，西接越南，地处华南经济圈、西南经济圈与东盟经济圈的结合部，是中国通往东盟、南亚、西亚、欧洲、非洲、大洋洲及南美洲海上运距最短的口岸。经过 40 多年的发展，口岸所在港口防城港已经拥有泊位41个，其中万吨级以上深水泊位26个，泊位最大靠泊能力为20万吨级，是广西港口中码头泊位最多、功能最齐全的港口。防城港20万吨级矿石码头两边均能靠船，是国内唯一的前沿吃水深、既可卸船又可装船的20万吨级码头。防城港硫磷专用码头是全国目前唯一一个现代化硫磷专用泊位。铁路、高速公路直达港口，各类仓储和装卸设备齐全，与100多个国家和地区的250多个港口有业务往来。防城港口岸进口产品主要有煤炭、铁矿石、黄豆、化工、农林产品等；出口产品主要有煤炭、铁矿石、非金属矿石、化肥及农药等。2016年，防城港口岸进出口货物5 845.26万吨，同比减少3.44%；出入境人员4.97万人次，同比减少1.39%；集装箱吞吐量5.88万标箱，同比减少33.28%；出入境船舶2 285艘次，同比减少22.91%。

【北海水运（海港）口岸】 位于广西南端、北部湾东北部的北海半岛西段北岸，东经109°4′12″，北纬21°28′5″。以环北部湾的中心城市北海为依托，水域地域宽广，背靠大西南，面向东南亚，南与我国海南省隔海相望，西濒越南，处于“一城系四南”的中枢位置，为常年开放的国际性口岸。现有9个泊位，其中2个万吨级泊位，1个2万吨级，1个3.5万吨级；设计吞吐能力215万吨。1998年4月，经广西壮族自治区政府同意，开通广西北海至越南下龙海上旅游航线业务，2013年6月，北海港客运口岸联检大楼投入使用。2016年，北海口岸进出口货物1024.13万吨，同比增长0.55%；集装箱吞吐量4.68万标箱，同比增长21.77%；出入境船舶1 107艘次，同比减少18%。

【石头埠水运（海港）边地贸口岸】 于1994年10月经国务院批准对外开放，1995年4月通过验收正式对外开放，为仅限中国籍和越南籍船舶开展运输业务的常年开放的口岸。2016年，石头埠口岸进出口货物3.7万吨，同比增长23.95%；出入境船舶70艘次，同比增长12.9%。

【钦州水运（海港）口岸】 于1994年6月经国务院批准设立，1997年6月18日通过验收正式宣布对外开放，是常年开放的国际性口岸。钦州港位于广西钦州市境内，北部湾顶端的钦州湾内，地处东经108°37′44″～108°41′29″，北纬21°36′40″～21°44′23″，处于广西南部沿海南（宁）北（海）钦（州）防（城）沿海经济区的中心位置，面向东南亚，背靠大西南，三面环山，南面向海，是天然的避风良港，水深，港池宽，潮差大，回淤少，建港条件优越，是大西南地区通向东南亚最便捷的出海口之一。钦州港口岸出口货物种类主要有化肥，碳电极，磷酸、磷酸氢钙等化工原料；进口货物种类主要有铁矿、锰矿等金属矿石，原油，煤炭，淀粉，生牛皮，机械设备等。2016年，钦州港口岸进出口货物2 992万吨，同比增长6.51%；出入境人员5.5万人次，同比增长12.28%；集装箱31.15万标箱，同比增长273.71%；出入境船舶3 067艘次，同比增长52.59%。

钦州保税港区于2008年5月29日经国务院批准设立，是我国西部沿海唯一的保税港区，规划总面积10平方千米，由码头作业区、保税物流区、出口加工区和综合服务区组成。2011年2月16日全面开港运营。2011年11月1日钦州保税港区整车进口口岸顺利通过国家验收并对外开放，汽车进口业务已正常开展。2016年，钦州保税港区港口吞吐量完成3 403万吨，同比增长26.6%。其中，外贸货物吞吐量858万吨，同比增长49.81%；集装箱吞吐量完成137万标箱、同比增长45.48%，其中外贸集装箱28.5万标箱、同比增长1.97倍（其中从防城港转移外贸集装箱6.78万标箱）。

【江山水运（海港）口岸】 于1994年10月经国务院批准对外开放，1995年2月通过验收正式对外开放，为仅限中国籍和越南籍船舶开展运输业务的常年开放的口岸。江山港口岸位于防城港市防城区江山半岛西南端，东经108°13′、北纬21°30′，其东北部是防城港，西南与越南隔海相望，海路距越南鸿基不足80海里，陆路距防城区38千米，是一个水深、避风、不淤积的天然良港。江山港边地贸口岸开放以来，凭借其距离越南较近，航道状况良好，水路便利等优势，主要进口越南的煤、菅草、木材等货物，出口产品主要有钢材等。

【企沙水运（海港）口岸】 于1994年10月经国务院批准对外开放，1995年5月通过验收正式对外开放，为仅限中国籍和越南籍船舶开展运输业务的常年开放的口岸。企沙港口岸位于防城港市港口区的企沙镇内，地处北部湾西北部的企沙半岛南端，东面和南面濒临北部湾，东北面与钦州港相邻，西面为防城港，北面背靠大西南。企沙港口岸现有5个业主码头，建有泊位37个。口岸进口货物主要是矿产品、无烟煤、原木，出口货物主要是白水泥、石膏、建筑用玻璃和机电产品。2016年，企沙港口岸进出口货物0.9万吨，同比减少97.54%；出入境人员290人次，同比减少95.18%；出入境船舶18艘次。

【梧州水运（河港）口岸】 位于广西东部，北纬23°30′，东经111°，是广西乃至西部地区毗邻粤港澳地区最近的口岸，地处珠江流域中游的桂江、浔江、西江交汇处，与粤港澳一水相连。经梧州沿江而上，可至贵港、南宁、柳州、桂林、百色等地，连接资源丰富的大西南地区；经梧州沿江而下，可达广州、深圳、珠海、香港、澳门，连接沿海经济发达地区，因而梧州口岸素有“广西水上门户”“两广咽喉”之称。梧州口岸具有百年通关历史，据《梧州市志》记载，早在1897年梧州便作为通商口岸对外开放，凭借着天然水运优势，与130多个国家和地区有经贸往来，成为广西最大的内河港口，是常年开放的限制性内河水运口岸。梧州口岸进出口货物主要包括船舶、人造宝石、电池、松香及其深加工产品、钛白粉、纺织品、服装、玩具、回收固体废料、电子设备、机电产品及配件等。2016年，梧州港口岸进出口货物45.23万吨，同比减少40.3%；出入境人员5935人次，同比减少25.01%；集装箱吞吐量4.45万标箱，同比减少42.49%；出入境船舶724艘次，同比减少25.47%。

【贵港水运（河港）口岸】 于1992年3月经国务院批准对外开放，1994年1月通过验收正式对外开放，是常年开放的限制性内河水运口岸。贵港口岸位于广西贵港市珠江干流西江中游黎湛铁路与西江航道的交汇处。目前贵港口岸罗泊湾码头作业区堆场面积16万平方米，仓库面积20 500平方米，码头岸线长900米，5股道专用线长5 000米。拥有3个2 000吨级集装箱泊位、4个1 000吨级件杂货及多用泊位，年通过集装箱20万标箱和件杂货180万吨能力。2013年3月开通贵港至香港定期班线。贵港口岸主要出口商品是胶合板、办公家具、白砂糖等，主要进口商品是柴油发动机零配件、小型挖掘机零配件、废纸等。2016年，贵港口岸进出口货物109.06万吨，同比增长132.54%；出入境人员2 794人次，同比增长减少16.12%；集装箱吞吐量1.4万标箱，同比减少19.46%；出入境船舶382艘次，同比减少18.55%。

【柳州水运（河港）口岸】 于1988年经国务院批准对外开放，1990年5月通过验收正式对外开放，是常年开放的限制性内河水运口岸。柳州港口岸位于广西柳州市区内，距离西南出海通道口约400千米，距离中越边境约450千米，交通运输十分方便。鹧鸪江码头是目前柳州口岸唯一对外开放的监管场所。由于鹧鸪江码头升级改造，该监管区从2011年年初开始拆除重建，2013年恢复通关业务，在鹧鸪江码头作业区恢复建成口岸简易通关监管设施，并按国家质检总局的标准完成口岸卫生检疫核心能力建设，顺利通过国家质检总局考核组的验收。2016年，柳州口岸进出口货物121.09万吨，同比增长25.68%。

原二类口岸

【峒中陆路（公路）口岸】 位于广西防城港市防城区峒中镇旧街，中越边境1317（1）号界碑处，处于防城区最西端，北靠十万大山，西南与越南广宁省平辽县横模关口接壤。峒中口岸于20世纪50年代就已对外开放，1979年一度关闭，1991年恢复贸易往来。2009年中越两国政府在签订的《关于中越陆地边境口岸及其管理制度的协定》中同意“峒中—横模”口岸在条件具备时开放。2013年年底，广西政府向国务院申请将峒中口岸正式开放。2014年2月峒中口岸申请开放里火通道。截至2016年年底，已完成国家审理程序。峒中口岸主要从越南进口农副产品及海产品和药材，出口日用五金百货产品和轻工机械建筑材料等产品。2016年，峒中口岸进出口货物总量35万吨，同比增长3.18%；出入境人员12.75万人次，同比减少36.14%；出入境交通工具2.28万辆次，同比增长7%。

【硕龙陆路（公路）口岸】 位于广西崇左市大新县硕龙镇，中越边境847号界碑处。距大新县县城45千米，距靖西龙邦口岸150千米，距龙州水口口岸130千米。西与越南高平省接壤，距越南高平市105千米、重庆县38千米、下琅县城30千米，对应越南里板口岸。硕龙陆路口岸于1954年作为二类口岸对越开放，1978年一度关闭，1991年恢复贸易往来。2009年中越两国政府在签订的《关于中越陆地边境口岸及其管理制度的协定》中同意“硕龙—里板”口岸在条件具备时开放。2015年4月，向国家申请口岸升格为双边性口岸并扩大开放岩应通道，截至2016年年底，国家层面审理程序已完成。硕龙口岸出境货物主要有化肥、农药、布匹、服装，以及其他生活日用品、建材、机电产品等，入境货物主要有锰矿石、林木、果类、中草药材等。2016年，硕龙口岸出入境人员3.79万人次，同比增长15.83%。

【平而关陆路（公路）口岸】 位于广西崇左市凭祥市西北端，中越边境1036（1）号界碑处，距凭祥市区23千米，西南面与越南隔河相望，与越南平宜口岸对应，平而关口岸是凭祥市唯一的公路、水路口岸，1979年一度关闭，1991年恢复贸易往来。2009年中越两国政府在签订的《关于中越陆地边境口岸及其管理制度的协定》中同意“平而关—平宜”口岸在条件具备时开放。

【科甲陆路（公路）口岸】 位于广西崇左市龙州县武德乡，中越边境911号界碑处，与越南高平省下琅县山水相连，距龙州县城39千米。与科甲口岸对应的是越南的下琅口岸。科甲口岸于1953年对越开放，1978年一度关闭，1991年恢复贸易往来。2009年中越两国政府在签订的《关于中越陆地边境口岸及其管理制度的协定》中同意“科甲—下琅”口岸在条件具备时开放。科甲口岸进出口的货物主要是农产品、土特产品、日用品和药材等。2016年，科甲口岸进出口货运量0.16万吨，出入境人员1.24万人次，出入境交通工具3 080辆次。

【岳圩陆路（公路）口岸】 位于广西百色市靖西县，中越边境791号界碑处，离靖西县城28千米，与百色市相距209千米，距南宁市258千米。岳圩口岸与越南重庆县相连，对应越南坡标口岸，分别与越南重庆县城、高平市、首都河内市相距22、72、342千米。岳圩口岸于1952年10月对越开放，1979年一度关闭，1991年恢复贸易往来。2009年中越两国政府在签订的《关于中越陆地边境口岸及其管理制度的协定》中同意“岳圩—坡标”口岸在条件具备时开放。岳圩口岸进出口货物主要有水泥、饲料、锰矿、药材等50多种。2016年，岳圩口岸进出口货运量0.26万吨，同比减少75.45%；出入境人员为9.11万人次，同比增长21.20%。

【南宁内河水运外贸货物装卸点】 1987年正式对外开放，位于南宁市邕江河段。上溯左江可达龙津港，溯右江可通百色；下航可抵贵港、梧州、广州、香港、澳门等地。1992年有码头泊位23个，年吞吐能力115万吨，港口有铁路专线与南宁火车站相接。经过几十年建设，南宁港已具备了发展成为一个吞吐量达1 000万吨以上的现代化内河大型港口的基本条件。南宁水运外贸货物装卸点开通了直达香港、澳门的外贸货物运输。西江航运贵港枢纽二期工程建成通航后，千吨级船队可从南宁直达港澳，可进行散装和集装箱运输。铁路进出口运输由南宁站和南宁南站承当装卸和编组任务，验关点设在南宁南站的沙井外贸仓库专用线。随着南宁市的逐步发展，南宁内河水运外贸货物装卸点现有的软硬环境设施已逐渐不能满足南宁市水运业发展的需要，南宁港码头已于2008年下半年拆除，南宁内河水运外贸货物装卸点因为码头拆迁而暂停业务。“十三五”期间，广西申请新开南宁水运口岸，口岸新址定于南宁港六景港区八联联营厂作业区。

2016年广西壮族自治区口岸大事记

1月15日

广西壮族自治区党委书记彭清华到龙邦口岸万生隆物流园区考察工作。

2月2日

河池市首家公用型保税仓库正式揭牌启用。

2月17日

广西壮族自治区主席陈武带领相关部门及钦州市主要领导到钦州保税港区进行调研。

2月18日

广西壮族自治区主席陈武到防城港调研。

2月23日

国家应对寨卡病毒疫情联防联控工作机制联合督导组赴南宁空港口岸检查。

2月24日

受邀访问的越南高平省代表团到水口边民互市区参观。

2月29日

全国打击粮食走私专项督导组在广西主要口岸开展督导工作。

3月23日

广西壮族自治区党委书记彭清华陪同云南省委书记李纪恒、省长陈豪率领的代表团到钦州保税港区考察。

3月24日

广西海事局在南宁召开干部大会，宣布黄军根同志任广西海事局党组书记、局长；交通运输部副部长何建中出席会议并作讲话，交通运输部海事局党组书记许如清主持会议，广西壮族自治区党委组织部纪检组组长符燕到会指导。

3月30日

平孟口岸正式升格为国家一类口岸。

4月20日

北海市政府应急办和北海海上搜救中心筹建的北海海上搜救志愿者基地挂牌成立。

4月21日

广西壮族自治区主席陈武在龙邦口岸检查指导工作。

4月25日

广西壮族自治区党委书记彭清华率代表团从水口口岸出境赴越南访问。

4月28日~29日

泰国商务部门代表团到凭祥口岸、防城口岸考察。

5月5日

广东海事局局长梁建伟率南海航海保障中心主要领导及相关人员到广西海事局开展工作交流，双方就优化海事服务“珠江—西江”经济带建设，加强桂粤海事合作进行座谈。广西海事局局长、党组书记黄军根，副局长吕文伟参加座谈。

5 月 5 日 ~6 日

广西壮族自治区副主席张晓钦陪同国家发改委副主任胡祖才到凭祥、硕龙口岸调研。

5 月 11 日

全国人大常委会副委员长、民建中央主席陈昌智到东兴口岸视察。

5 月 18 日 ~19 日

2016 年全国海事系统危管防污工作会议在南宁召开，各直属海事局、地方海事局等 70 余人参加了会议。交通运输部海事局副局长李世新出席会议并作了重要讲话。

5 月 23 日 ~24 日

财政部口岸免税店工作调研组到东兴调研。

防城港口岸渔澫港区 4 个新建码头正式获批对外开放。

5 月 26 日

第九届泛北部湾经济合作论坛暨中国—中南半岛经济走廊发展论坛开幕大会、中国—中南半岛经济走廊发展论坛在南宁召开。

5 月 26 日

厦门港口管理局党组书记、局长吴顺彬一行到广西海事局调研电子口岸工作，双方就电子口岸、国际贸易“单一窗口”建设等方面情况进行了座谈交流。

6 月 3 日

中央书记处书记、全国政协副主席杜青林视察东兴口岸及东兴边民互市贸易区。

6 月 16 日

广西壮族自治区党委书记彭清华到广西壮族自治区口岸办，就全区口岸开放发展和国际贸易“单一窗口”建设情况进行调研。

6 月 19 日

龙邦口岸迎来广西百色至越南高平国际客运线路恢复开通后首辆班次。

7 月 11 日

国务院批复同意广西水口公路口岸扩大开放。

7 月 14 日

全国人大常委会委员、全国人大法律委员会副主任委员李连宁，全国人大常委会委员、全国人大教育科学文化卫生委员会副主任委员吴恒率领驻广西全国人大代表、驻梧自治区人大代表和部分市人大代表一行 50 余人，乘坐梧州海事局海巡艇视察西江黄金水道，开展 2016 年年中专题调研。

7 月 21 日

广西壮族自治区副主席张晓钦会见中越第三次边境互访的越方海关代表团全体成员。

南宁海关与越南广宁、谅山、高平三省海关局在南宁举行第三次边境互访工作会谈。

8 月 2 日

广西海事局、广东海事局在广州签署《粤桂海事深化服务“珠江—西江经济带”发展合作协议》。

8月12日

国务院批复同意设立广西凭祥重点开发开放试验区。

8月24日

广西壮族自治区主席陈武与越南谅山省人大常委会主席范玉赏在南宁进行工作会谈。

9月1日

广西海事局与广东海事局、海南海事局、南海航海保障中心在海口签署《南海海区航海保障工作协调机制合作备忘录》。

9月8日

国家质检总局局长支树平在广西南宁会见广西壮族自治区党委书记、人大常委会主任彭清华。双方就促进广西扩大开放，实施质量兴桂战略，提升质检工作水平深入交换了意见。

9月9日

国家质检总局局长支树平赴凭祥考察国检试验区建设。

9月10日

第五届中国—东盟质检部长会议（SPS合作）在广西南宁召开，来自东盟10国、东盟秘书处和中国的80余名代表出席会议，其中部级代表14名。国家质检总局局长支树平和东盟农林部长会议主席、菲律宾农业部副部长塞瑞诺共同主持会议并致开、闭幕辞。广西壮族自治区主席陈武、副主席张晓钦出席开幕式，陈武主席代表广西壮族自治区政府致辞。会议主题是“推进中国—东盟SPS（卫生与植物卫生协议）互联互通打造质量安全命运共同体”。会议发表了《第五届中国—东盟质检部长会议（SPS合作）联合声明》，审议通过了中国—东盟SPS合作备忘录《2017—2018行动计划》，通过了《联合新闻声明》，举行了联合新闻发布会。会议开幕式上举行了中国—东盟边境贸易国检试验区揭牌仪式，国家质检总局局长支树平、广西壮族自治区主席陈武、东盟秘书处秘书长黎良明、菲律宾农业部副部长塞瑞诺共同为中国首个国检试验区——凭祥（卡凤）国检试验区揭牌。

9月10日

国家质检总局局长支树平深入中国—东盟检验检测认证高技术服务集聚区和广西出入境检验检疫局技术业务用房建设工地现场调研，要求广西质检部门积极为广西建设面向东盟的国际大通道、中南西南开放发展新的战略支点和“一带一路”有机衔接的重要门户服务。

9月20日~22日

广西壮族自治区副主席张晓钦在新疆参加第5届中国—亚欧博览会相关活动，考察中哈霍尔果斯跨境经济合作区、阿拉山口综合保税区和整车进口口岸建设及管理情况。

9月21日

国家濒危办一行到凭祥海关调研边境口岸进出口木材贸易情况。

9月28日

北海港口岸扩大开放通过预验收。

10月10日

交通运输部海事局在南宁组织召开了2016年全国内河海事调查座谈会，交通运输部海事局副局长李世新到会指导并做重要讲话。

10月18日

南宁综合保税区（一期）顺利通过国务院联合验收组验收。

10月24日

广西壮族自治区副主席张晓钦在东兴调研，并参加广西壮族自治区口岸联席会议。

10月24日~25日

广西壮族自治区政协主席陈际瓦率特邀常委视察团就“深化广西北部湾经济区改革”到钦州、防城港调研。

10月26日

2016年华南四省（区）海上搜救工作联席会议在南宁召开。

11月4日

海关总署“加工贸易向中西部及跨境产能转移”联合调研组在北海口岸开展专题调研。

东兴口岸与越南芒街口岸开展中越联合处置突发事件演练。

11月8日

广西边民互市“一指通”系统正式开通仪式在东兴举行。

11月9日

中国东兴—越南芒街跨境自驾游常态化正式开通。

11月11日~12日

国家督察组在凭祥、东兴实地调研《关于支持沿边重点地区开发开放若干政策措施的意见》（国发〔2015〕72号）贯彻落实情况。

11月16日

广贸通暨广西边境贸易综合服务平台上线启动仪式在凭祥举行。

11月21日

南宁空港口岸进出境人员突破百万大关。

11月22日

广西海事局派出两名海事执法人员，加入正在北海—涠洲岛航线上航行的海事、救助、航保特混编队，共同执行北部湾空中巡航救助联动机制首次联合行动。

11月22日~23日

国务院法制办“反走私综合治理条例”立法调研组在东兴调研。

11月24日

广西钦州保税港区进境水果指定口岸通过正式考核验收。

11月28日

中央第三巡视组副组长曹毅到东兴口岸调研。

12月1日

广西壮族自治区副主席张晓钦出席钦州保税港区跨境电子商务业务运行启动仪式。

12月1日

钦州港口岸勒沟作业区中粮集团码头、大榄坪南作业区12号、13号泊位对外开放完成验收。

12月2日

岳圩边民互市点对外开放完成验收。

12月7日

全国内陆沿边海关特殊监管区域创新发展情况交流会在凭祥举行。

12月8日

广西壮族自治区副主席、公安厅厅长胡焯出席中越边境五省（区）警务执法合作第一次会议。

12月11日

贵港口岸进出口货运量首破百万吨创历史新高。

中越友谊关—友谊口岸国际货物运输专用通道试运行。

12 月 20 日

广西国际贸易“单一窗口”二期项目顺利通过验收。

12 月 22 日

广西电子口岸空港物流服务平台和贵港电子口岸应用项目通过验收。

（撰稿人：方中群、韦思维、梁力丰、谭青青）

2016 年广西壮族自治区口岸流量统计表

口岸类型		口岸名称	货运量（万吨）				集装箱量（万标箱）				人员（万人次）				交通工具（辆、艘、架、列次）			
			出口	进口	合计	同比（%）	出口	进口	合计	同比（%）	出境	入境	合计	同比（%）	出境	入境	合计	同比（%）
空运口岸		桂林港	11.36	0.29	11.65	19.81					21.75	21.29	43.04	-3.38	1 504	1 500	3 004	1.59 0
		南宁港	0.39	2.65	3.04	48.09					55.80	55.60	111.40	11.95	4 388	4 404	8 792	9.50
		北海港									0.58	1.61	2.19	181.05	117	117	234	39.29
		分计	11.75	2.94	14.69	18.37					78.13	78.50	156.63	8.55	6 009	6 021	12 030	7.85
陆运口岸	公路口岸	友谊关	135.76	67.94	203.70	89.66					62.90	51.17	114.07	23.85	92 243	92 243	184 486	-7.62
		东兴	25.22	15.09	40.31	42.99					358.32	353.51	711.83	17.47	17 875	18 020	35 895	56.49
		水口	17.50	2.30	19.80	-5.32					24.42	24.71	49.13	3.67	13 181	13 239	26 420	104.89
		龙邦	2.87	5.69	8.56	3.97					8.12	7.96	16.08	71.40	1 808	1 923	3 731	-88.97
		平孟	4.60	10.78	15.38	37.57					15.01	15.01	30.02	192.69	102 426	102 426	204 852	2 784.43
		爱店	60.65	24.10	84.75	26.23					8.22	12.24	20.46	-1.63	58 994	58 994	117 988.00	19.21
		分计	246.60	125.90	372.50	-8.87					476.99	464.60	941.59	18.24	286 527.00	286 845.00	573 372	31.74
	铁路口岸	凭祥	24.48	3.00	27.48	-27.55					3.51	3.38	6.89	25.39	779	799	1 578	-14.75
		分计	24.48	3.00	27.48	-39.95					3.51	3.38	6.89	87.83	779	799	1 578	-14.75

续表

口岸类型		口岸名称	货运量（万吨）				集装箱量（万标箱）				人员（万人次）				交通工具（辆、艘、架、列次）			
			出口	进口	合计	同比（%）	出口	进口	合计	同比（%）	出境	入境	合计	同比（%）	出境	入境	合计	同比（%）
水运口岸	海港口岸	防城港	503.28	5 341.98	5 845.26	-3.44	2.84	3.04	5.88	-33.28	2.37	2.60	4.97	-1.39	1 085	1 200	2 285	-22.91
		北海港	204.52	819.61	1 024.13	0.55	2.12	2.56	4.68	21.77				-39.64	526	581	1 107	-18.00
		钦州港	461.10	2 531.00	2 992.10	6.51	17.02	14.13	31.15	-12.17	2.54	2.96	5.50	12.28	1 421	1 646	3 067	52.59
		江山港												-86.44				-97.99
		石头埠港													35	35	70	12.90
		企沙港																
		分计	1 168.90	8 692.59	9 861.49	-3.64	21.98	19.73	41.71	-13.95	4.91	5.56	10.47	-10.97	3 067	3 462	6 529	0.00
	河港口岸	梧州港	28.82	16.41	45.23	-40.30	2.35	2.09	4.44	-42.49	0.30	0.29	0.59	8.93	361	363	724	-25.47
		贵港港	18.17	90.88	109.05	132.54	1.00	0.40	1.40	-18.12	0.18	0.10	0.28	4.47	248	134	382	-18.55
		柳州港	0.33	120.76	121.09	25.68									4	1	5	0.00
		分计	47.32	228.05	275.37	33.07	3.35	2.49	5.84	40.29	0.48	0.39	0.87	7.34	613	498	1 111	-20.81
合计			1 499.05	9 052.48	10 551.53	-1.37	25.33	22.22	47.55	14.33	548.79	552.43	1 101.22	22.55	296 995	297 625	594 620.00	43.20
同比（%）			-17.47	1.94	-1.37		21.72	6.92	14.33		22.89	22.21	22.55		43.11	43.29	43.20	

（广西壮族自治区口岸办提供）

2016 年广西壮族自治区口岸出入境主要数据表

项目			2016 年	2015 年	同比（%）
出入境人员（人次）	出入境人员总数		13 642 811	10 739 480	27.03
	入境人员		6 938 124	5 376 145	29.05
	出境人员		6 704 687	5 363 335	25.01
	出入境旅客		7 591 123	6 348 648	19.57
	出入境员工		370 382	245 054	51.14
	中国公民	小计	4 329 584	3 424 623	26.43
		内地居民	4 090 499	3 138 888	30.32
		港澳居民	48 946	46 043	6.30
		台湾同胞	190 139	239 692	-20.67
	外籍人员		3 261 539	2 924 025	11.54
交通运输工具（辆、艘、架、列次）	总计		547 345	1 017 551	-46.21
	船舶		7 454	7 550	-1.27
	飞机		12 138	11 277	7.64
	火车		1 667	1 809	-7.85
	机动车辆		526 086	996 915	-47.23

（广西壮族自治区公安边防总队提供）

2016 年南宁海关主要数据统计表①

项目		2016 年	同比（%）
进出口货运量（万吨）	合计	10 023.6	-1.4
	进口	8 371.4	0.0
	出口	1 652.1	-7.8
进出口贸易总值（亿元）	合计	2 763.0	-19.8
	进口	1 296.6	-12.6
	其中：江、海运输	1 006.3	-16.2
	铁路运输	0.0	-67.9
	汽车运输	259.8	12.8
	航空运输	12.6	-69.0
	邮件运输	0.0	-34.7
	其他运输	17.8	45.6
	出口	1 466.4	-25.2
	其中：江、海运输	401.7	-30.3
	铁路运输	59.4	6.2
	汽车运输	998.1	-23.9
	航空运输	6.8	-58.2
	邮件运输	0.3	7.0
	其他运输	0.1	-88.6
税收（亿元）	两税合计	173.2	-11.5
	关税入库	20.4	-20.9
	进口环节税入库	152.8	-10

（南宁海关提供）

① 不含边民互市贸易。

2016 年广西壮族自治区出入境检验检疫业务统计表

项目	货物检验检疫				交通工具				集装箱（标箱）		发现动植物疫情		货物通关		出入境人员查验（人次）	健康检查及预防接种（人次）			
	批次	金额（万美元）	检验检疫不合格																
			批次	金额（万美元）	船舶（艘）	飞机（架）	火车（列）	汽车（辆）	合计	检出问题	种类数	种次	批次	金额（万美元）		健康检查	艾滋病监测	发现病例	预防接种
本年累计	138 242	2 058 809	4 325	668 882	11 093	12 263	15 596	1 370 072	379 289	275	620	329	131 638	2 016 161	7 847 770	19 026	18 752	4 239	10 178
其中 出境	81 138	539 036	1 161	4 599	5 381	6 124	7 798	685 140	196 434	0	12	1	74 486	507 513	3 905 601	15 400	15 276	3 817	10 093
其中 入境	57 104	1 519 773	3 164	664 283	5 712	6 139	7 798	684 932	182 855	275	619	328	57 152	1 508 648	3 942 169	3 626	3 476	422	85
同比（%）	-5.6	-15.26	4.27	-5.52	18.25	2.25	-4.74	34.81	0.81	-23.6	-0.8	27.03	6.38	-12.29	-13.17	12.78	13.56	15	22.41
其中 出境	3.81	-12.82	-5.07	16.94	17.39	-0.57	-4.74	34.77	-0.24	-100	-52	0	31.63	-10.02	-13.47	8.98	10.34	13.84	21.59
其中 入境	-16.38	-16.09	8.17	-5.64	19.07	5.23	-4.74	34.85	1.96	-23.4	0.32	27.13	-14.89	-13.02	-12.87	32.38	30.28	26.73	507.1

（广西出入境检验检疫局提供）

2016 年广西海事局进出港船舶统计汇总表

船舶类别	进港船舶							出港船舶						
	艘数（艘）	总吨（吨位）	总载重量（吨）	载客量（客位）	船员人数（人次）	货物到达量（吨）	旅客到达量（人）	艘数（艘）	总吨（吨位）	总载重量（吨）	载客量（客位）	船员人数（人次）	货物发送量（吨）	旅客发送量（人）
总计	28 212	159 549 425	242 411 882	3 944 757	353 594	133 660 749	2 000 000	31 580	164 234 072	247 126 444	3 957 851	386 862	80 473 000	2 493 150
中国籍船舶	25 183	80 267 322	105 910 456	3 944 757	299 490	52 238 156	2 000 000	28 582	86 213 344	112 877 740	3 957 851	332 614	69 230 138	2 493 150
其中外贸船	716	3 625 770	6 232 570	12 880	8 672	7 397 899.3	2 495	667	3 701 854	6 374 738	12 880	8 595	4 023 097.9	3 060

（广西海事局提供）

海　南　省

海南省口岸分布示意图

口岸名称	批准开放时间	开放状态
海口空运口岸	2003	国际常年
三亚空运口岸	1995	国际常年
海口水运口岸	1962	国际常年
三亚水运口岸	1984.7	国际常年
洋浦水运口岸	1991	国际常年
八所水运口岸	1988.9	国际常年
清澜水运口岸	1996	国际常年

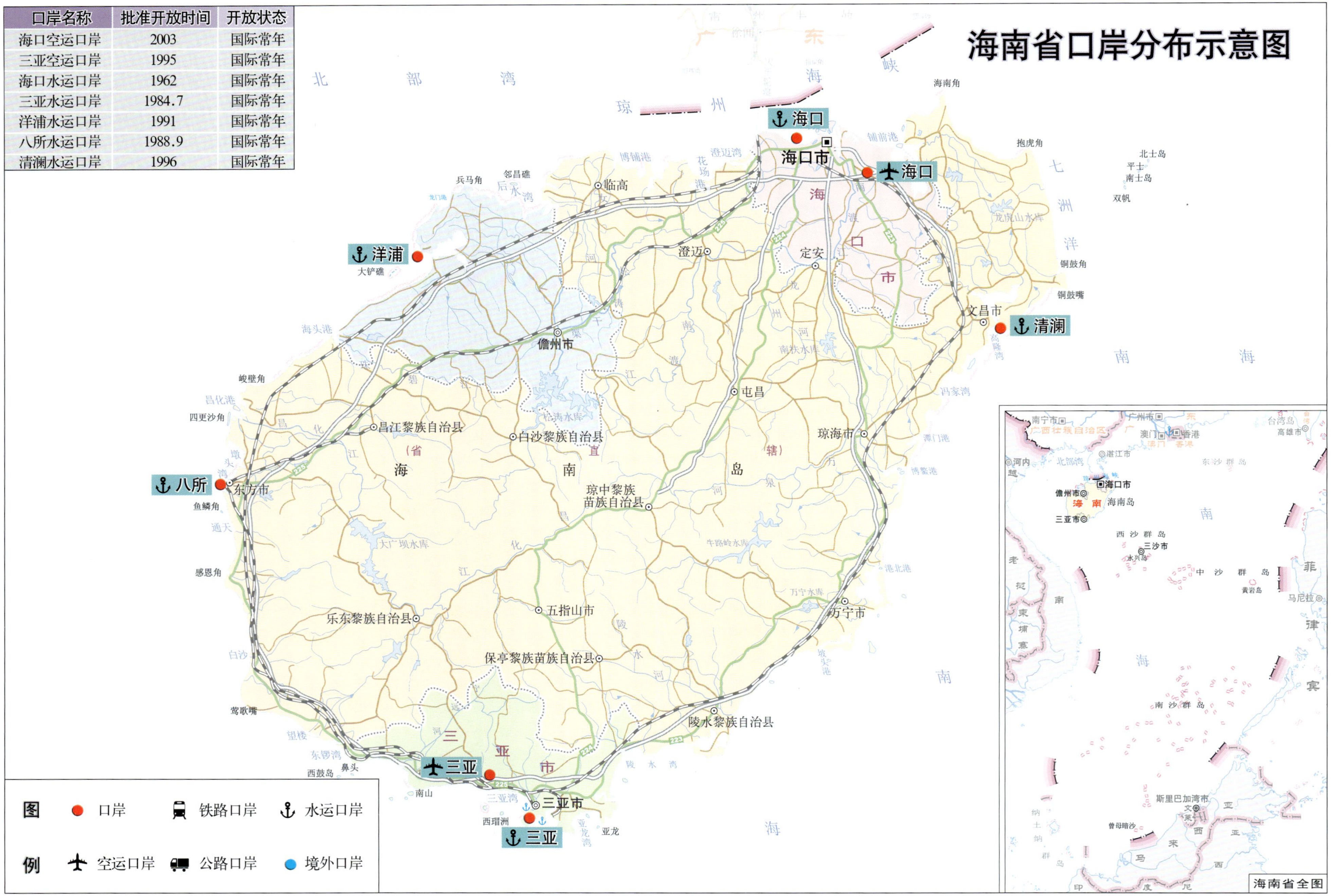

口岸数量及分布

截至2016年年底，海南省有经国务院批准对外开放的口岸7个。其中，空运口岸2个，分别为海口空运口岸（美兰国际机场）、三亚空运口岸（凤凰国际机场）；水运（海港）口岸5个，分别为海口、三亚、洋浦、清澜、八所海港口岸。

口岸运行数据

2016年，海南口岸共有出入境人员121.25万人次，同比增长37.94%，出入境人数首次突破百万大关。其中，出境59.33万人次，同比增长37.21%；入境61.92万人次，同比增长38.65%。出入境船舶3 182艘次，同比下降13.9 %；出入境飞机8 896架次，同比增长39.20 %。进出口货物2 705.07万吨，同比下降4.20%。其中，进口货物2 161.2万吨，同比下降7.95%；出口货物543.87万吨，同比增长14.20%。集装箱吞吐数量118 418.75标箱，同比下降5.50%。其中，进口54 979.5标箱，同比下降10.90%；出口63 439.25标箱，同比下降0.20%。出入境邮轮107艘次，同比增长0.90%；出入境游艇67艘次，同比下降24.70%。离岛免税购物60.70亿元，销售离岛免税品740.60件，购买人数173.10人次，同比分别增长14.10 %、9.60%和5.60 %。

口岸综合管理

【口岸开放继续扩大】 2016年1月15日，海南省人民政府发文（琼府函〔2016〕10号）批复同意海口水运（海港）口岸马村港区海南中油深南能源有限公司LNG储备库专用码头对外启用。1月18日，洋浦水运（海港）口岸获得散装粮食与集装箱粮食进境资质，成为海南首个获批的进境粮食指定口岸。1月29日，海南省人民政府发文（琼府〔2016〕15号）向国务院请示海口水运（海港）口岸马村港区二期扩大开放，目前已完成国家部委征求意见环节，待国务院批准。3月，博鳌机场临时开放申请获批；海南省东营、博鳌、石梅湾神州半岛、海棠湾、南山、龙沐湾、棋子湾、临高角8个海上游览景区获交通运输部第5次批准临时对境外游艇开放，期限至2017年1月15日。2016年11月23日，经国务院同意，海关总署印发了《国家口岸发展“十三五”规划》的通知（署岸函字〔2016〕111号）明确将海口、三亚、洋浦、八所4个水运（海港）口岸扩大开放，博鳌机场开放纳入国家“十三五”口岸发展规划。

【口岸设施建设力度加大】 2016年3月，琼海博鳌机场口岸配套建设提前，与机场主体工程同步验收、交付使用；清澜水运（海港）口岸3号综合业务楼工程项目建设顺利推进，6号业务楼项目工程正在建设；八所水运（海港）口岸联检业务楼主体建设已完工；三亚凤凰岛邮轮港二期、马村港区二期、乐东国电西部电厂等口岸配套设施正如期推进；博鳌机场国际航站楼、联检办公楼及生活用房项目建设启动；美兰机场二期扩建、儋州海花岛、海口南海明珠等项目口岸设施建设正按程序申报。海南省地方政府支持口岸建设力度加大，积极解决口岸现场查验人员不足、交通困等问题；三亚市政府为凤凰岛二期邮轮码头临时联检楼查验设施落实经费；东方市政府投入资金建设八所水运（海港）口岸边检站视频监控系统；文昌市政府拨付资金为清澜水运（海港）口岸采购口岸通关查验设备，核心能力建设通过国家验收；洋浦管委会为驻地口岸查验单位增配协管员、协检员及配备生活设施等。

【口岸区域合作逐步深化】 认真落实国家和澳大利亚签署的自贸协定，澳洲活牛进口项目在海南迈县落户并扎实推进；落实《粤桂闽琼口岸主管部门推进入出境邮轮游艇旅游休闲产业发展合作框架协议书》《琼粤口岸加强直通车管理合作备忘录》《环北部湾口岸部门及港口企业深化合作备忘录》等有关协议；建立完善海南空运岸执行“中途分程权”航线航班联系合作机制，确保“中途分程权”航线航班正常运行。先后协调开通了琼台两岸直航常态化定期航班，开辟海口—清州、海口—南昌—大阪、三亚—马来西亚、三亚—北京—法兰克福等欧洲和东南亚国家的国际航线25条，区域合作取得明显成效。

【口岸通关服务保障有力】 圆满完成2016博鳌亚洲论坛年会、2016澜湄国家旅游城市合作论坛、第七届环海南岛国际大帆船赛、阿罗哈大帆船赛、司南杯游艇赛、观澜湖国际高尔夫赛等国际会议、赛事和会展活动的通关服务保障工作。积极协调有关部门做好外籍船舶临时进入三亚、陵水、万宁、文昌等非开放水域装运鱼苗出口日本，出口鱼苗764.8万尾，创汇2 900多万美元，较好地解决了海南省部分渔民的就业和生活问题。2016年，海口水运（海港）口岸共入境路虎揽胜、奔驰、丰田普拉多、福特野马等品牌汽车278辆，货值997万美元，缴纳关税5 558万元。

【口岸通关改革有序推进】 贯彻落实国务院《落实“三互”推进大通关建设改革实施方案》《关于改进口岸工作支持外贸发展的实施意见》，有效改善海南省口岸通关环境，提高通关服务水平，创新通关机制，海南省口岸国际贸易“单一窗口”（一期）建设完成并开始试运行。经海南省政府同意，《海南省关于免除查验没有问题外贸企业吊装移位仓储费用全面试点工作实施方案》于2016年6月23日印发并实施，2016年，免除158家外贸企业、248个查验没有问题集装箱的吊装移位仓储费用6.89万元，切实减轻了外贸企业负担。牵头协调海口海关等单位研究推进落实《海南省服务贸易创新发展试点工作方案》。

【口岸信息化建设进展顺利】 推广应用海南口岸关检合作“三个一”通关模式信息化系统，该系统在海口空运口岸、三亚空运口岸推进实施无纸化放行。启动海南省跨境电子商务公共服务及监管平台建设。为配合海南离岛旅客免税购物政策的调整，顺利实施“网上购物、机场提货”和“铁路旅客离岛购物”提供数据支持，启动离岛免税购物公共服务平台电商接入升级改造项目建设，“网上购物、机场提货”系统于2016年2月1日正式上线，系统全天候正常运行；“铁路旅客离岛购物”系统于2017年1月1日上线运行。海南省出入境邮轮管理信息系统项目建设完成，并于2016年11月完成初验，其中邮轮母港智能管控系统已于2016年1月投入使用，顺利保障三亚凤凰岛国际邮轮母港的邮轮靠泊工作。境外游艇管理信息系统中的游艇动态监控子系统在司南杯大帆船赛首次实施并取得圆满成功。

【邮轮游艇产业稳步推进】 2016年4月，组织参加海南省赴香港经贸交流活动，承办了海洋经济与邮轮游艇产业推介会，向大会推介项目68个，签约项目10个、金额44.7亿元。指导出台海航南海明珠邮轮港项目及恒大海花岛邮轮游艇项目建设规划意见，报海南省政府批准同意。牵头做好《海南省鼓励邮轮业发展奖励办法》实施工作；修改完成海南省邮轮游艇产业发展“十三五”规划指导意见；修改完善了《海南省游艇管理办法》，并于2016年2月5日经海南省政府审批后公布实施，为游艇产业加快发展提供有力支撑和保障。

口岸监管与服务

【海口出入境边防检查总站多措并举加强锚地监管】 海口出入境边防检查总站加强对海口港锚地境外船舶进行有效管控。根据锚地船舶的风险等级，实施差别化检查监管措施。对高风险船舶，一律采取接（送）船登轮检查、船员集中人证对照、船体检查和驻船监护等措施。对一般风险船舶，主要采取窗口检查、移泊送船、船讯网定位监控及督促船舶加强自管等措施；采用远程视频监控系统、船舶外舷监控系统等对船舶进行视频监控，适时掌握船舶具体动态；在敏感时期与驻地海事等部门组织联合登船抽查，对锚地进行不定期巡查巡视，并视情对船舶进行登轮检查；加强与代理、码头、港航拖轮、港区公安等协作单位的信息沟通，收集锚地船舶动态信息和预警性信息，及时采取应对措施，确保锚地船舶在港管控安全。公安部加强对海口港边检锚地监管，海口边检总站购置450吨位级别的边检巡逻艇项目已列入公安出入境装备建设“十三五”重点项目。

【海口出入境美兰边检站建立口岸“大安保”联动机制】 2016年8月，由海口美兰边检站牵头，美兰机场公安分局、美兰机场安检及其他联检单位会签了《美兰国际机场口岸突发事件联动处置工作机制》，研究制定了“大安保”联动机制建设方案，在出境、入境执勤现场及检查台安装按键式触发口岸警示装置，采取控制器或遥控器警报撤防。在此机制下，各口岸单位本着口岸工作“一盘棋”思想，坚持“一体联动、互通共赢”原则，针对影响口岸安全、通关秩序及其他违法违规事件，海口美兰边检站牵头组织开展了联合演练、单点警示，全口岸迅速投入协作处置，正式启用“大安保”联动机制，确保突发事件处置及时、有效。

【海南省公安边防总队进行勤务模式改革】 自主研发游艇定位系统和掌上服务平台，试行“境外游艇省内自由行”。优化完善“公务机一站式”通关，真正实现一个科室负责、一个流程到底，被海南省公安厅推荐参加公安部“警务改革创新大赛”。推进邮轮快速通关，在随船办检基础上又相继推出梯口验放、甲板验放等快速验放模式，助推凤凰岛邮轮港获评“全国最佳出入境效率奖”。在洋浦、八所等8个码头推行企业自管、边检视频监管的警企联动勤务模式，提升了码头服务管理效能。推广应用海港边检勤务综合指挥系统，实现了边检服务就近化、精准化和便利化。升级免签团速验系统实现所有旅游团旅客免排队通关，返程旅客免申报免排队通关。主动服务口岸开放，投入建设资金405万元，按标准规范建设博鳌机场执勤现场，建成了监控室、勤务指挥室和礼遇查验室等固定执勤用房7间、智能验证台5个、督导台2个，开通查验通道10条，率先进驻执勤，工作效率和建设成果得到了海南省人民政府的认可。推动建立大型邮轮进靠凤凰岛非开放二期码头，以及游艇、鱼苗船等进出临时开放水域的批量申报和审批制度，极大提高了工作效率。2016年，先后检查入出境交通工具5 645架（艘）次，检查入出境人员51.4万人次，同比分别增长了12.2%和25.3%。圆满完成2016年博鳌亚洲论坛年会、“阿罗哈杯”环岛帆船赛等重大会议、赛事活动出入境边检勤务保障任务，被海南省海防与口岸办公室评为“2016年度博鳌论坛年会服务保障先进单位”，被赛事组委会评为“阿罗哈杯环岛大帆船赛卓越贡献奖单位”。长效机制建设逐步完善，制定了《海南省公安边防总队边检业务绩效考评工作实施办法》，每季度对各边检站业务进行考评，进一步强化边检业务检查督导和考评效能。不断加强公共关系建设，认真策划开展“8·19”服务品牌推介活动，配套策划了“海南边检国门巡礼”专题宣传活动，邀请了10家媒体进行集中报道，共在各级报刊、电台、电视台刊发稿件28篇，各级网络媒体转载160余次，营造了良好的舆论氛围，提升了各级边检机关的社会知名度和影响力。

【海南海事局加强监管，辖区水上交通安全保障能力有效提升】 2016年，海南海事局辖区四项事故指标大幅下降，为海南航运经济发展提供优质海事服务和安全保障。海口海事局强化公司安全体系审核，组织开展客滚船船员安全教育培训、琼州海峡安全文明示范客滚船创建活动。三亚海事局探索建立旅游船舶安全检查“131”模式，推动辖区船舶公司各项安全管理制度不断完善。八所海事局与地方政府建立“三联合一制度”，形成联合监管合力。建立水上安全形势分析例会制度，认真查找通航安全隐患，开展重点通航水域巡查，2016年全年开展水域巡查2 761次，其中南海水域巡航7次、无人机海空巡航1次，清理碍航渔网37次。成功组织防抗“莎莉嘉”等5个热带气旋，圆满完成“2016年三沙海上应急演习”，建立三沙渔船海上救援预案，全年共处置海上险情125起，涉及遇险人数524

人，成功获救 493 人，海上搜救成功率 94.08%。在国内潜水器操作人员适任管理方面制定了全国首例规范性文件《海南海事局载客潜水器操作员适任考试和发证办法（试行）》和《“寰岛蛟龙”型载客潜水器操作员适任考试大纲》；起草《海南省海（水）上搜救奖励专项资金管理办法》并推动实施，协助省政府下发《关于加强渡口渡船安全管理工作的通知》，协助完成《海南经济特区渡口渡船安全管理规定》立法工作；建立清晰的责任清单，共清理确认海事规范性文件 31 件，涉及海事管理职责的地方性法规、规章 20 件，海事内部规范性文件 76 件。做好“澜湄合作”首次领导人会议、博鳌亚洲论坛年会、火箭发射相关物资运输和文昌卫星发射期间的水上交通安全管控，以及环岛国际大帆船赛、VOLVO 国际大帆船赛等活动的海上安保工作；推动交通运输部同意海口水运（海港）口岸马村港二期、三亚水运（海港）口岸乐东国电码头、鱼苗船临时出口、8 个境外游艇临时进出海南省部分水域的继续临时开放工作；推广使用新版政府非税征管信息系统；开通政务办理“绿色通道”；在海南辖区首次推广海船船员考试新系统应用，实现船员实操评估无纸化新突破；开通船员证书无纸化远程网上申办方式；首次引入先进设备对考生身份进行精准识别；开展“世界海员日”宣传活动，及时宣传贯彻海事便民措施。2016 年，运送旅客 2 580.26 万人次，港口货物吞吐量 1.61 亿吨，同比分别增长 13%、5.23%；发生事故 36 起（其中一般等级事故 9 起），死亡失踪 4 人，直接经济损失 1393 万元，沉船 2 艘，同比分别下降 43.75%、42.86%、85.40%、66.67%。

【海南海事局深化改革，创新口岸服务】 全面启用海船船员考试新系统（V7.0 版），实现船员证书无纸化远程网上申办，减少纸质材料的提供，便捷船员证书申报；先后在中国科学院声学研究所南海研究站、海南安盛船务、海南海盛单位等政务办理过程中开通“绿色通道”，在短时间快捷办理船舶登记等证书，保证了船舶正常营运；全面推广网上申报系统，进一步提升海事政务服务水平，方便行政相对人办理海事政务；推进海南政务信息共享平台建设。实现海事政务非涉密信息数据与海南省电子政务公共服务平台共享；开展海事政务办理效能提升和窗口建设工作服务指导，推动“一个窗口受理、一站式办理”工作机制、窗口服务标准化工作建设；深入开展“五零服务”品牌建设，形成了《海南海事局政务窗口“五零服务”理念内涵表述语》并印发。

【海口海关深化改革创新】 海口海关 2016 年税收入库 56.21 亿元，报关单规范申报率、减免税抽核正确率等指标均达到 100；进出口平均通关时间进一步降低，出口通关时间居全国第三位。国际贸易“单一窗口”“自主申报、自行缴税”、企业主动披露等一批改革项目进展顺利，关区监控指挥暨风险情报信息监控中心进入实体运作，三亚、洋浦两个三级监控指挥中心初步建成；成功再造离岛免税监管流程，上线运行邮政代征税系统，推动三亚、美兰两个空港口岸向旅客“云缴税”时代迈进，推动“双随机”改革向关区 8 个领域拓展。实现关区监管场所“全覆盖”规范整改，年内整改规范监管场所 15 个、注销 3 个、暂停 3 个。强化虚假贸易管控，查发涉嫌虚假贸易情事 3 起，涉及金额 7.5 亿元。在全省范围内率先启动“七五”普法工作，继“五五”普法后再次荣获“六五”普法全国先进单位；全面清理 1980 年以来制发的各类规范性文件，探索运用“互联网 +”模式搭建海关行政审批网上办理平台，行政审批事项平均提速 57%，驻省政务服务中心审批办连续 8 年被评为“行政审批优质服务单位”。

【海口海关服务海南经济社会发展成效显著】 推动三沙、博鳌机场等重点口岸加快开放，高效服务博鳌亚洲论坛年会、“澜湄合作”首次领导人会议等国家重大外事活动，出台支持意见，细化操作规程，助推博鳌乐城国际医疗旅游先行区进入实质运作。成功保障离岛免税实施第三次政策调整，推行“网上购物、机场提货”模式，支持铁路离岛免税政策获批，全年监管销售离岛免税品 740.6 万件，销售金额 60.7 亿元，购买人数 173.1 万人次，同比分别增长 14.1%、9.6% 和 5.6%。完善海口、湛江、南宁“三地七方”合作协调机制，实现海口—厦门、海口—虎门内外贸同船运输集装箱通航。顺利推动试点实施免除查验没有问题外贸企业吊装移位仓储费用改革，2016 年免除 158 家外贸企业的 248 个查验没有问题集装箱的吊装移位仓储费用 6.89 万元。深化支持外贸稳增长的 21 项措施和《海关政策指引》，全年为海南企业实际减免税 10.08 亿元，成功培育海南航空等 27 家企业成为 AEO 企业。

【海口海关特殊监管区整合优化取得阶段成果】 推动海南省内出台《促进加工贸易创新发展意见》，复制推广“保税展示”等 6 项自贸试验区海关监管创新制度，全力支持海南申报建设美兰空港综合保税区。积极培育外贸发展新动能，支持海口综合保税区开展保税仓储转离岛免税、保税展示交易等业务，推动境外飞机进境维修业务落户海口美兰机场，批复设立海南省首个集原油和成品油于一体的保税仓库。助推海口港区整车进口业务加快发展，自 2015 年 6 月口岸运作以来，已累计进口各类品牌汽车 322 辆，其中 2016 年进口 278 辆。力促海南省政府出台《推进海关特殊监管区域整合优化的实施意见》，督促洋浦保税港区按期开展一期整改和二、三期核减面积，一期土地使用比重达到 64.22%。

【海南出入境检验检疫局创新“四种机制”，全力保障质量安全】 海南出入境检验检疫局着力创新“四种机制”（质量共治机制、风险管理机制、职能作用机制、实力提升机制），全力促进“四大再提升”，实现了抓质量变得更有广度，保安全变得更有力度，促发展变得更有精度，强质检变得更有厚度。全年完成出入境货物检验检疫 15 472 批、75.22 亿美元，同比分别下降 0.19%、18.39%；查验出入境人员 145.04 万人次，同比上升 30.79%；查验出入境交通工具 12 700艘/架次，同比上升 16.35%。检出进出口不合格产品 1 458 批、1.50 亿美元，同比分别上升 259.11% 和 69.54%，批次不合格率同比上升 6.80 个百分点；发现出入境人员有传染病症状者共 355 例，同比增加 68.25%，确诊传染病例 86 例，同比增加 36.51%，其中首次检出 3 种传染病；截获入境植物有害生物 1 865 批次、342 种类、5 971 种次，同比分别增加 7.18%、3.95% 和 18.90%，其中海南口岸首次截获检疫性有害生物 4 种，23 种非检疫性有害生物属全国口岸首次截获，同比增加 53.33%；检出 2 种二类进境动物疫病，其中 1 种为海南口岸首次检出。

【海南出入境检验检疫局开展口岸把关专项行动】 海南出入境检验检疫局大力开展“绿蕾”专项行动、“口岸天平行动”。三亚检验检疫局检出进口离岛免税商品安全、卫生、环境不合格 15 批、43 万美元，同比分别上升 87.5%、467.30%；检出标签不合格商品 696 批、4 481 万美元，占进口总批次的 50.8%；检出放射性超标饰品 1 批。八所检验检疫局检出进口煤炭不合格 5 批，批次不合格率 12.2%。洋浦检验检疫局检出多批原油短重，切实维护国家和国内收货人的经济利益，受到企业高度赞扬。海口机场检验检疫局监督 52 种食品退出美兰机场，检验发现化妆品标签不合格、食品超范围使用添加剂、电器无 CCC 认证标志等问题产品 587 种；发现有传染病症状者 173 人次，比上年同期增长了 41.80%，其中冠状病毒 229E、呼吸道合胞病毒 A 型、呼吸道合胞病毒 B 型为海南口岸首次检出。海口地区办事处首次在出入境船舶上捕获活鼠两批 3 只，获国家质检总局通报表扬；实施核辐射监测出入境船舶 5 艘次、集装箱 66 321 标箱、煤炭 31 批次、邮寄物 40 批次，检出 1 批锆毛矿放射性超标并作出退运处理；截获禁止进境物 397 批次，其中在 1 批非法邮寄进境种苗中首次检出黑线炭菌；连续截获人体胎盘素针剂两批，属海南口岸首次发现。

【海南出入境检验检疫局多措并举，促进海南开放型经济发展】 2016 年 12 月 16 日，海南出入境检验检疫局和海南省贸促会签署“共同促进原产地签证服务‘走出去’战略”合作备忘录。2016 年，海南共签发各类原产地证书 8 431 份，签证金额 5.63 亿美元，同比分别增长

3.40%和减少23.70%，其中，中国—东盟、中国—瑞士等12种自由贸易协定原产地证书2 572份，签证金额1.94亿美元，同比分别增长55.69%和减少30.55%，共为企业出口产品减免进口国关税约1 555万美元。2016年12月22日，海南出入境检验检疫局创新对出口工业品、动植物及其产品、离岛免税进口化妆品、入境特殊物品和出入境集装箱5个业务板块推行“六检六放”机制（即检即放、快检快放、边检边放、少检多放、他检我放、不检就放）。同时实行全国检验检疫通关一体化、通关单无纸化、信用管理等便利措施，大力支持海南水产企业开拓新兴市场。2016年，促进水产品出口6 739批、14.36万吨、37.44亿元，同比分别增长11.13%、11.29%和5.96%，产品出口市场共50多个国家（地区），其中出口伊朗、马来西亚、以色列等16个“一带一路”沿线国家达3.7万吨、9.76亿元，同比分别增长36.89%和49.60%，罗非鱼制品出口位列全国第二。实施预检验制度帮促离岛免税进口工业品通关实现“零等待”，服务保障离岛免税品进口2 622批次，货值2.81亿美元，货值同比增长8.50%。多项措施助推洋浦港口岸成为“能源大港”，2016年服务海南出口成品油达315批、316.85万吨，同比分别增长61.52%、21.05%。航空煤油、汽油、柴油、液化石油气等产品输往新加坡、马来西亚、菲律宾、印度尼西亚等10多个国家（地区）。采取“点对点、一对一”帮扶措施，扶持观赏龟新增出口捷克、葡萄牙等4个国家，指导海南白切文昌鸡时隔两年后重返新加坡市场，促进诺丽果汁等多个特色产品顺利打入国际市场。优化口岸功能布局，为支持海南构建开放型经济新体制，推动海南2016年获批粮食、肉类、食用水生动物3个国家进口肉类指定口岸获批。2016年，三亚机场进口食用水生动物指定口岸实现进口野生龙虾等食用水生动物量、值同比分别增长9.9%和23.8%；海口机场进境种子种苗指定口岸累计进口20多个国家的种苗花卉、种子，促进国家优质种质资源供给；洋浦进口肉类指定口岸（含临时获准阶段）获批以来，累计进口肉类产品49批、1 304.24吨，货值331.51万美元。为贯彻落实国家关于三沙开发开放重大战略和海南省委省政府加快建设海洋强省部署，2016年9月16日，海南出入境检验检疫局与三沙市政府签署《共同促进三沙海洋经济发展备忘录》，围绕南海资源开发服务保障基地和海上救援基地的两大国家定位，全面促进三沙现代海洋渔业、海洋油气开发、海洋旅游开发、海洋新兴产业建设发展，多措并举帮扶三沙水产品出口实现零的突破。

【海南出入境检验检疫局加强基层基础建设】 海南三亚热带植物隔离检疫苗圃已完成规划工程总量的70%。保健中心三亚分中心实验室通过CNAS认可和CMA资质认定。海南清澜水运（海港）口岸卫生检疫核心能力建设高分通过国家质检总局考核验收。在洋浦水运（海港）口岸组织海南出入境检验检疫局系统公共卫生安全联防联控演练，提升防控应对处置能力。海口空运口岸卫生检疫核心能力通过第一批复核。国家热带虫媒传染病监测重点实验室（海南）项目获批筹建。隔检中心标本馆扩建基本完工，实验楼及附属设施项目加快推进，项目建设得到文昌市政府支持。2016年，海南出入境检验检疫局将口岸动植检规范化建设工作纳入十大重点工作抓紧抓好，从各口岸抽调专业骨干成立“别动队”进驻海口机场集中工作，加快推进海口空运口岸动植检规范化建设工作。全年制定了“携带物检疫监管工作规范”“口岸动植物检验检疫设施基本要求”“提升检出率水平工作机制指导意见”等规范性文件5个，作业指导书28个，修订行政许可工作指南5个，进一步提升了业务指导和管理执行能力。

【海南出入境检验检疫局实施科技兴检工程】 2016年10月17日，海南出入境检验检疫局在海口港举行中国电子检验检疫主干系统（e－CIQ）上线启动仪式暨新闻发布会。e－CIQ系统上线后，实行“一号到底”模式，各检验检疫机构之间实现申报和监管信息的共享共用，进出口货物的通检通放等更加规范、高效，检验检疫周期进一步缩短；企业可在企业端全流程办理进出口货物申报、查询等相关检验检疫手续，进出口业务办理更加便利；企业无须缴纳平台使用费、企业端申报软件等费用，企业的通关成本更加节省。2016年，海南出入境检验检疫局技术中心新增检测项目313个，如数通过CNAS扩项评审；微生物领域国际能力验证实现零的突破；技术中心本部认可检测范围扩大到47类检测对象、1 670个检测项目、706个检测标准；获得海南省农业厅GATL合格证书。隔检中心检测项目扩项认可38项。海南保健中心获《病媒昆虫孵化箱》国家专利。获海南省部级科研项目立项12项，获批标准制（修）订8项，1人入选国家质检总局科技计划项目评审专家，2人入选检验检疫行业标准化专业委员。完成制（修）订行业标准5项、科研项目2项。隔检中心获国家质检总局科技兴检三等奖2项、海南省科技进步三等奖1项、国家实用新型专利授权2项，申请国家发明专利2项，隔检中心被选为国家质检科技成果转化推广基地。全省“5+5+3”（国家重点实验室5个、区域性中心实验室5个、常规实验室3个）实验室规划布局基本建成。

开放口岸

【海口空运口岸（海口美兰国际机场）】 海口美兰国际机场位于海口市美兰区演丰镇，占地面积583万平方米。1999年建成使用，2003年正式对外开放。为国际航空4E级标准园林式机场，跑道长3 600米、宽45米，可满足波音747－400等大型飞机全载起降要求，设计年客运能力930万人次、货物15万吨。机场航站楼总面积9.93万平方米，站坪总面积38.40万平方米，站坪机位33个，已启用的新国际航站楼占地面积1.32万平方米，可满足年出入境旅客吞吐量105万人次。2016年全年开通航线239条，其中国内航线214条、国际和地区航线25条。2016年，海口空运口岸出入境人员679 090人次，同比增长29.30%；进出境飞机5 350架次，同比增长25.80%。

海口美兰国际机场于2005年4月1日顺利通过世界卫生组织（WHO）检验，成为我国第4家“国际卫生机场”；2010年荣获ACI全球总干事杰出贡献奖；2011年3月份荣膺SKYTRAX区域最佳机场（中国区）；2012年9月，成为我国首批通过口岸核心能力验收的口岸；2014年6月，新国际航站楼荣膺SKYTRAX“五星航站楼”；2015年3月，被SKYTRAX授予中国区“最佳机场员工奖”，成为国内首家荣获此奖的机场，同时斩获ASQ同规模“最佳机场”旅客满意度全球第一名及“2014年海南省用户满意企业”。

【三亚空运口岸（三亚凤凰国际机场）】 三亚凤凰国际机场位于三亚市凤凰镇，占地面积466.67万平方米，航站楼总面积8.5万平方米（其中，T1航站楼4.2万平方米、T2航站楼2万平方米、贵宾航站楼1.3万平方米）。1994年建成使用，1995年正式对外开放。三亚凤凰国际机场为国际航空4E级标准热带海岛滨海花园式机场，跑道长3 400米、宽45米，可满足波音747、空客340等大型飞机全载起降的要求，停机坪可同时停放66架大中型客机。2016年全年开通航线162条，其中国内航线136条、国际航线23条、地区航线3条。2016年，三亚空运口岸出入境人员403 308万人次，同比增长83.10%；进出境飞机3 546架次，同比增长65.90%。

三亚凤凰国际机场获评2015年全国服务业优秀十佳创新案例、“2015年最美中国服务榜样·最美服务品牌”、2015全国优秀质量管理（QC）小组、“最佳机场非航业务杰出奖”、2015年度全国用户满意企业、2015年度ACL全球500万～1 500万机场ASQ旅客满意度第一名、全球最佳区域机场亚太区域第二名、“全球最佳机场（同区域和规模）”、2015年3.15维护消费者权益—诚信服务满意单位、2015年全国民航五一巾帼标兵岗、“金典奖·全国服务业优秀十佳创新案例”；2014年、2015年、2016年连续三年荣获SKYTRAX全球最佳贵宾航站楼；2016年荣获全球1 500万～2 500万吞吐量机场ASQ旅客满意度第二名。

【海口水运（海港）口岸】 海口水运（海港）口岸位于海南省海口市北部，地处南海航运中枢，是交通运输部规划的25个沿海主枢纽港之一，由海口港区和马村港区组成。其中，海口港区1957年对外开放，是海南进出货物的重要集散地，素有琼州门户之称，主要经营大宗散杂货、集装箱、车客滚装运输等。海口港现有码头泊位20个。其中，3万吨级集装箱泊位2个、万吨级散杂泊位3个、5 000吨级以下杂货泊位5个、客货泊位1个、车客滚装泊位9个。海口港现与东亚、东南亚、西亚等20多个国家和地区有贸易运输往来；开通至越南邮轮旅游航线；国内主要开通至海安、北海、广州等车客滚装运输航班，以及至广州、湛江、北海等集装箱航线。马村港区位于海南岛西北部，琼州海峡澄迈湾之西，在省级开发区——海南澄迈县老城经济开发区内，2005年对外开放，马村港水深浪平，拥有得天独厚的自然条件。马村港区现有4个锚地，13个泊位，3.5万吨级泊位2个、2万吨级泊位5个，5 000吨级泊位5个，500吨级泊位1个。2016年，海口港水运口岸出入境旅客62 710人次，同比增长59.10%；集装箱吞吐量85 825.75标箱，同比下降5.40；出入境船舶315艘次，同比下降0.9%；出入境货物314.10万吨，同比增长15.9%。

海口综合保税区位于海南老城经济开发区内，占地面积1.93平方千米，2008年12月22日经国务院批准设立，海口综合保税区是海口保税区转型发展、区位调整升格获国务院批准设立的开放层次更高的海关特殊监管区域。海口综合保税区依托省会城市海口、海南老城开发区、马村等地理区位优势明显，重点发展具有海南特色的外向型加工业、物流业，为海南旅游业、航空航天产业、热带高效农业、水（海）产品出口加工业服务配套的专业园区，形成以口岸为依托的高度开放的加工贸易和现代物流园区。2016年，海口综合保税区作为海南省跨境电子商务综合示范区，加快跨境电商公共服务平台建设进度，推动跨境电子商务线上平台与线下园区联动发展；积极推进特殊监管区域间钻石通关业务试点工作，效应不断扩大；助推海口水运口岸整车进口业务扩展；开展保税仓储转离免税、保税展示交易等业务；推动海关电子商务通关监管平台、综保区跨境电商分拣检验中心建设。2016年，海口综合保税区有企业73家，进出口货运量7 381.5吨；进出口贸易值16.7亿元。

【三亚水运（海港）口岸】 三亚水运（海港）口岸位于海南岛南端三亚市内，以国际客运为主、货运为辅，自古以来是著名的盐海港口，1953年改为商港，1984年对外开放，是海南省东南部对外贸易和游客往来的主要口岸，与世界30多个国家和地区通航。三亚水运（海港）口岸现有9个客货运泊位：8万吨级和15万吨级邮轮泊位各1个，2个5 000吨级泊位，2个3 000吨级泊位，1个1 500吨级泊位，2个500吨级泊位，游艇泊位672个。三亚凤凰岛国际邮轮港二期工程已开工，项目总投资约180亿元，再建1座47.9万平方米人工岛，建设1个10万吨泊位、1个15万吨泊位和1个22.5万吨泊位，2014年、2015年三亚凤凰岛国际邮轮港分别获得全国邮轮口岸最佳通关效率港口。南山港区已建有1个2万吨级的货运码头。2016年，三亚水运（海港）口岸出入境旅客67 432人次，同比下降28.40%；出入境船舶124艘次，同比下降31.0%；出入境游艇67艘次，同比下降24.7%。

【清澜水运（海港）口岸】 清澜水运（海港）口岸位于海南省东岸北部，文昌市清澜镇内，1996年对外开放，是海南省东北部唯一的对外开放窗口。主要经营矿产、天然气、海产品、航天发射、文昌鸡及椰子产品进出口等，也是三沙市主要的保障基地。清澜港拥有渔业码头1座、5 000吨级泊位1个和500吨级泊位2个，年设计吞吐能力50万吨，开通航线8条，主要通往内地、香港、台湾、澳门及东南亚等地区。按照文昌市清澜港总体规划，清澜水运（海港）口岸占地面积为142.40万平方米，其中清澜新港首期建设用地 27.68 万平方米，码头岸线长 942 米，已建 5 个 5 000 吨级码头（油气码头 1 个，通用码头 2 个，通用码头兼火箭发射场设备运载码头 1 个，旅游码头 1 个）。为更好保障航天发射任务，将火箭发射场设备运载码头由原先的 5 000 吨级改扩建为 1.5 万吨。2016 年，清澜水运（海港）口岸出入境船舶 73 艘次，同比增长 12.30%；出入境货物 5.73 万吨，同比下降 59.04%。

【洋浦水运（海港）口岸】 洋浦水运（海港）口岸位于海南岛西北部洋浦经济开发区境内，是规划与建设中的区域国际航运枢纽和物流中心，由洋浦、神头两大港区组成，港口年吞吐量突破 9 474 万吨，开放海域面积扩大到 55 平方海里，开通国内外航线 20 多条。其中，洋浦港区 1991 年对外开放，素有“天然深水良港”之称，以集装箱和通用件杂货为主，现拥有 2 万吨级至 5 万吨级码头泊位 8 个；小铲滩码头作业区有 3 个 5 万吨级多用途泊位（可兼靠两艘 10 万吨级集装箱船，结构按 15 万吨级预留）。神头港区 2012 年正式对外开放，以服务临港工业的能源、原材料等大宗散货为主，现有 3 000 吨级至 30 万吨级码头泊位共 25 个，在建 5 000 吨级至 10 万吨级码头泊位 9 个。2016 年，洋浦水运（海港）口岸出入境船舶 2 498 艘次，同比减少 13.90%；集装箱 32 593 万标箱，同比减少 5.80%；出入境货物 2 097.11 万吨，同比减少 2.30%。

洋浦保税港区位于海南省洋浦经济开发区内，占地面积 9.21 平方千米，2007 年 9 月 24 日经国务院批准对外开放，是我国在华南地区设立的首个保税港区。主要规划为 4 个区：港口作业区、仓储物流中转区、出口加工区、研发加工制造区，具有口岸、物流、加工三大功能。港区充分发挥区域、资源和政策优势，面向东南亚，建成环北部湾地区开放的航运中心；建成以石油、天然气、化工原料等保税仓储、中转交易为主的物流中心；全国重要的化工产品加工出口基地。2016 年，海口综合保税区作为“海南省跨境电子商务综合示范区”加快跨境电商公共服务平台建设进度，推动跨境电子商务线上平台与线下园区联动发展。2016 年，洋浦保税港区有企业 52 家，进出口货运量 1 029.5 万吨，进出口贸易值 254 亿元。

【八所水运（海港）口岸】 八所水运（海港）口岸位于海南省西部东方市八所镇境内，北黎湾的西南部，1958 年对外开放。八所港是海南省重要的工业港，是集装卸、仓储、运输、配送、贸易为一体、功能齐全的综合性深水良港，也是环北部湾经济圈主要的贸易港口，主要输出海南铁矿石。现有 2 个港区共 11 个泊位，万吨级以上泊位 9 个，千吨级以上 2 个，年设计综合吞吐能力 1 849 万吨。开通国内、国际、港澳台航线，与国内沿海各港口及 20 多个国家和地区通航。2016 年，八所水运（海港）口岸出入境船舶 172 艘次，同比下降 25.20%；出入境货物 339.5 万吨，同比下降 4.90%。

2016 年海南省口岸大事记

1 月 11 日

国务院原副总理、博鳌亚洲论坛理事会副理事长曾培炎到三亚海棠湾国际免税城视察，专题调研海南离岛免税政策实施情况，听取海口海关离岛免税监管情况介绍，并考察海关监管现场和监管设施。

1 月 15 日

海南省人民政府发文（琼府函〔2016〕10 号）批复同意海南中油深南能源有限公司 LNG 储备库专用码头对外启用。

1 月 18 日

洋浦水运（海港）口岸进境粮食指定口岸顺利通过国家质检总局考核验收，同时获得散装粮食与集装箱粮食进境资质，成为海南首个获批的进境粮食指定口岸。

1 月 26 日

海南省委书记罗保铭听取海口海关主要负责同志工作汇报。

1 月 29 日

海口海关成功破获一起低报价格、闯关走私进口蟒蛇皮重大案件，抓获 16 名犯罪嫌疑人。

2 月 1 日

海南离岛免税政策第三次调整正式实施，岛外居民取消次数限制和新增“网上购物、机场提货”模式。

2 月 1 日

海南省委副书记、省长刘赐贵到海口海关所属三亚海关考察调研海南离岛旅客免税购物政策第三次调整首日运行情况，到三亚国际免税城海关监管场所详细了解海关监管工作情况。

2 月 2 日

海南海事局对海船船员考试新系统（V7.0 版）使用进行了推广学习，该系统实现实操评估无纸化的新突破，标志着海南辖区船员实操评估逐步向计算机智能化推进。

3 月 21 日

海南省委副书记、省长刘赐贵深入博鳌机场，实地视察博鳌论坛年会口岸通关服务保障工作。

海南省委副书记、省长刘赐贵（中）视察 2016 博鳌论坛年会检验检疫保障工作

3 月 22 日 ~25 日

以“亚洲新未来：新活力与新愿景”为主题的博鳌亚洲论坛 2016 年年会在海南博鳌举行。海南省海防与口岸办协调各查验单位，提供高效便捷服务，确保论坛嘉宾代表和境外新闻媒体顺畅通关。

3 月 23 日

海关总署署长于广洲在海南实地调研海航集团及博鳌机场，会见海航集团有限公司董事局主席陈峰，听取企业发展情况介绍和对海关工作的意见和建议。

3 月 24 日

海关总署署长于广洲在海南博鳌会见海南省省长刘赐贵，双方就继续深化改革，优化监管和服务，全力支持海南省实现“科学发展、绿色崛起”进行深入探讨。

6 月 23 日

海南省政府同意《海南省关于免除查验没有问题外贸企业吊装移位仓储费用全面试点工作实施方案》印发实施。

7 月 25 日

海南省委副书记、省长刘赐贵听取海口海关上半年工作情况和海南外贸情况汇报，以及促进海南外贸稳定增长的意见措施工作汇报。

7 月 27 日

海南省政协主席于迅到海口海关隶属现场业务处邮检现场调研，实地视察邮检业务现场，了解海关对进出境邮递物品的监管流程，并慰问现场关员。

7 月 27 日

海南出入境检验检疫局从日本入境邮件中首次截获人体胎盘提取液针剂。

8 月 8 日

海南省政协主席于迅听取海口海关主要负责同志工作汇报。

9 月 1 日

根据《中共海南省委、海南省人民政府关于表彰第三届海南省“人民满意的公务员”和“人民满意的公务员集体”的决定》（琼委〔2016〕45 号），美兰边检站荣获“人民满意的公务员集体”荣誉称号。

9 月 1 日

广东海事局、广西海事局、海南海事局和南海航海保障中心在海口正式签订《南海海区航海保障工作协调机制合作备忘录》。

9月12日

海口出入境边检总站民警李莉家庭当选2016海南十大最美家庭。

9月6日

三亚出入境检验检疫局在入境邮轮上截获9种有害杂草，其中有害杂草琉璃繁缕为国内首次截获。

9月20日

中共十八届中央委员、国务委员、国务院党组成员王勇一行赴三亚出入境检验检疫局视察调研，海南省省长刘赐贵，国家工商总局局长张茅，国家质检总局副局长梅克保，海南省委常委、三亚市市委书记张琦，海南省副省长李国梁等陪同调研。

9月23日

海南出入境检验检疫局技术中心主持的《进出境实验猴隔离场建设规范》一项行业标准顺利通过认监委组织的专业行业标准审定；该中心主持的国家质检总局科技计划项目《出口椰子食品质量评价体系的建立及风险评估》顺利通过国家质检总局专家组验收。

10月17日

海南检验检疫局推进e－CIQ系统在海南上线运行。

10月18日

洋浦水运（海港）口岸获批海南省首个进口肉类指定口岸。

10月24日

由全国人大常委会副委员长向巴平措带队，全国人大常委会委员乌日图任组长的执法检查组莅临海口粤海南港及新海港开展《中华人民共和国安全生产法》执法检查。

11月18日

海口出入境边检总站民警何红方于2015年2月至2016年7月参加中央直属机关第17批对口援藏工作中表现出色，荣获公安部二等功（公境政〔2016〕4509号《关于给何红方同志记个人二等功的命令》）。

11月23日

经国务院同意，海关总署印发了《国家口岸发展“十三五”规划》的通知（署岸函字〔2016〕111号），明确将博鳌机场和海口、三亚、洋浦、八所4个海港口岸扩大开放纳入国家“十三五”口岸发展规划。

12月2日

国家质检总局印发《关于批准筹建“国家肠道传染病检测重点实验室（丹东）”等15个国家检测重点实验室的通知》（国质检科〔2016〕567号），批准海南出入境检验检疫局筹建国家热带虫媒传染病检测重点实验室（海南）。

2016年12月23日，海南出入境检验检疫局举行推行“六检六放”工作新机制新闻发布会

（撰稿人：罗贵生、张健、徐文华、胡明、梁文辉、周青瑜）

2016 年海南省口岸流量统计表

口岸类型		口岸名称	货运量（万吨）				集装箱量（万标箱）				人员（万人次）				交通工具（辆、艘、架、列次）			
			出口	进口	合计	同比（%）	出口	进口	合计	同比（%）	出境	入境	合计	同比（%）	出境	入境	合计	同比（%）
空运口岸		海口									33.96	33.95	67.91	29.30	2 675	2 675	5 350	25.80
		三亚									20.07	20.26	40.33	83.10	1 788	1 758	3 546	65.90
		分计									54.03	54.21	108.24	45.20	4 463	4 433	8 896	39.20
陆运口岸	公路口岸																	
		分计																
	铁路口岸																	
		分计																
水运口岸	海港口岸	海口	47.6	216.7	264.30	-15.9	4.37	4.22	8.59	-5.40	3.09	3.18	6.27	59.10	155	160	315	-0.90
		八所	53.19	286.31	339.50	-4.9									93	79	172	-25.20
		三亚	0	0	0.00	-					2.21	4.53	6.74	-28.40	54	70	124	-31.00
		洋浦	439.42	1 657.7	2 097.11	-2.3	1.98	1.28	3.26	-5.78					1 179	1 319	2 498	-13.90
		清澜	3.66	0.5	4.16	-36.1									38	35	73	12.30
		分计	543.87	2 161.21	2 705.07	-4.2	6.35	5.50	11.85	-5.50	5.30	7.71	13.01	-2.62	340	344	684	-13.90
	河港口岸																	
		分计																
合计			543.87	2 161.20	2 705.07	-4.21	6.35	5.50	11.85	-5.50	59.33	61.92	121.25	37.94	4 803	4 777	9 580	19.78
同比（%）			14.23	-7.95	-4.21		-0.20	-10.90	-5.50		37.21	38.65	37.94		20.20	17.69	19.78	

（海南省海防与口岸办公室提供）

2016年海南省口岸出入境主要数据表

<table>
<tr><th colspan="3">项目</th><th>2016年</th><th>2015年</th><th>同比（%）</th></tr>
<tr><td rowspan="14">出入境人员
（人次）</td><td colspan="2">出入境人员总数</td><td>1 437 641</td><td>1 100 276</td><td>30.66</td></tr>
<tr><td colspan="2">入境人员</td><td>742 897</td><td>547 631</td><td>35.66</td></tr>
<tr><td colspan="2">出境人员</td><td>694 744</td><td>552 645</td><td>25.71</td></tr>
<tr><td colspan="2">出入境旅客</td><td>1 211 325</td><td>888 416</td><td>36.35</td></tr>
<tr><td colspan="2">出入境员工</td><td>226 316</td><td>211 860</td><td>6.82</td></tr>
<tr><td rowspan="5">中国公民</td><td>小计</td><td>791 938</td><td>758 962</td><td>4.43</td></tr>
<tr><td>内地居民（因公）</td><td rowspan="2">654 566</td><td rowspan="2">469 451</td><td rowspan="2">39.43</td></tr>
<tr><td>内地居民（因私）</td></tr>
<tr><td>港澳居民</td><td>204 082</td><td>180 947</td><td>12.79</td></tr>
<tr><td>台湾同胞</td><td>133 290</td><td>108 564</td><td>22.78</td></tr>
<tr><td colspan="2">外籍人员</td><td>445 703</td><td>341 907</td><td>30.36</td></tr>
<tr><td colspan="2">从海港出入境人数</td><td>285 563</td><td>296 794</td><td>-3.78</td></tr>
<tr><td colspan="2">从陆港出入境人数</td><td>0</td><td>0</td><td></td></tr>
<tr><td colspan="2">从空港出入境人数</td><td>1 152 078</td><td>803 482</td><td>43.39</td></tr>
<tr><td rowspan="5">交通运输工具
（辆、艘、架、列次）</td><td colspan="2">总计</td><td>12 647</td><td>10 701</td><td>18.19</td></tr>
<tr><td colspan="2">船舶</td><td>3 711</td><td>4 360</td><td>-14.89</td></tr>
<tr><td colspan="2">飞机</td><td>8 936</td><td>6 341</td><td>40.92</td></tr>
<tr><td colspan="2">火车</td><td>0</td><td>0</td><td></td></tr>
<tr><td colspan="2">机动车辆</td><td>0</td><td>0</td><td></td></tr>
</table>

（海南省公安边防总队提供、海口边检总站）

2016年海口海关主要数据统计表

项目		2016年	同比（%）
进出口货运量（万吨）	合计	3 110. 54	3. 3
	进口	2 456. 97	-1. 8
	出口	653. 57	28. 1
进出口贸易总值（万美元）	合计	1 135 555. 67	-18. 7
	进口	923 363. 98	-9. 7
	其中：江、海运输	613 772. 23	-13. 9
	铁路运输	13. 37	-93. 6
	汽车运输	6 258. 87	75. 2
	航空运输	299 070. 45	-2. 0
	邮件运输	6. 85	-15. 4
	其他运输	4 242. 20	1091. 4
	出口	212 191. 69	-43. 3
	其中：江、海运输	201 058. 12	-43. 9
	铁路运输	82. 39	-51. 6
	汽车运输	1 680. 08	-46. 9
	航空运输	3 448. 24	-5. 4
	邮件运输	0. 00	0. 0
	其他运输	5 922. 86	-33. 3
税收（万元）	两税合计	562 059. 78	-18. 9
	关税入库	78 244. 96	-5. 8
	进口环节税入库	483 814. 82	-20. 7

（海口海关提供）

2016 年海南省出入境检验检疫业务统计表

项目		货物检验检疫				交通工具				集装箱（标箱）		发现动植物疫情		货物通关		出入境人员查验（人次）	健康检查及预防接种（人次）			
		批次	金额（亿美元）	检验检疫不合格																
				批次	金额（万美元）	船舶（艘）	飞机（架）	火车（列）	汽车（辆）	合计	检出问题	种类数	种次	批次	金额（万美元）		健康检查	艾滋病监测	发现病例	预防接种
本年累计		15 472	75. 22	1 458	14 958. 5	3 734	8 966			100 577	52	342	59 71	15 232	704 062	145. 04	4 586	4 583	979	1 884
其中	出境	8 454	22. 47	16	112. 5	1 865	4 488			52 589	2			7 869	226 845	70. 1	1 943	1 941	470	1 871
	入境	7 018	52. 75	1 442	14 846	1 869	4 478			47 988	50	342	5 971	7 363	477 217	74. 94	2 643	2 642	509	13
同比（%）		-0. 19	-18. 39	259. 11	69. 54	-18. 15	41. 13			-19. 40	-22. 39	3. 95	18. 90	4. 61	-18. 59	30. 79	11. 50	11. 64	-0. 91	-32. 30
其中	出境	10. 99	-10. 57	14. 29	-46. 50	-16. 67	42. 21			-17. 81	-83. 33			10. 68	-11. 26	25. 94	4. 01	4. 64	-3. 29	-32. 65
	入境	-10. 98	-21. 33	267. 86	72. 37	-19. 58	40. 07			-21. 07	-9. 09	3. 95	18. 90	-1. 18	-21. 67	35. 68	17. 73	17. 42	1. 39	160

（海南出入境检验检疫局提供）

2016 年海南海事局进出港船舶统计汇总表

船舶类别	进港船舶							出港船舶						
	艘数（艘）	总吨（吨位）	总载重量（吨）	载客量（客位）	船员人数（人次）	货物到达量（吨）	旅客到达量（人）	艘数（艘）	总吨（吨位）	总载重量（吨）	载客量（客位）	船员人数（人次）	货物发送量（吨）	旅客发送量（人）
总计	116 930	327 834 898	190 474 083	25 516 703	1 686 325	96 846 136. 15	10 401 770	115 061	326 841 096	189 057 953	25 413 183	1 674 890	64 036 332. 16	10 250 261
中国籍船舶	115 358	298 535 517	147 158 722	25 298 703	1 603 137	73 561 977. 89	10 326 615	113 487	297 700 042	146 064 811	25 193 382	1 591 504	57 843 326. 08	10 176 326
其中外贸船	344	1 451 233	2 109 728		4 178	1 136 380. 52		399	2 296 760	3 598 288		6 662	528 686. 18	

（海南海事局提供）

重 庆 市

重庆市口岸分布示意图

口岸名称	批准开放时间	开放状态
重庆空运口岸	1994	国际常年
重庆水运口岸	2010	国际常年

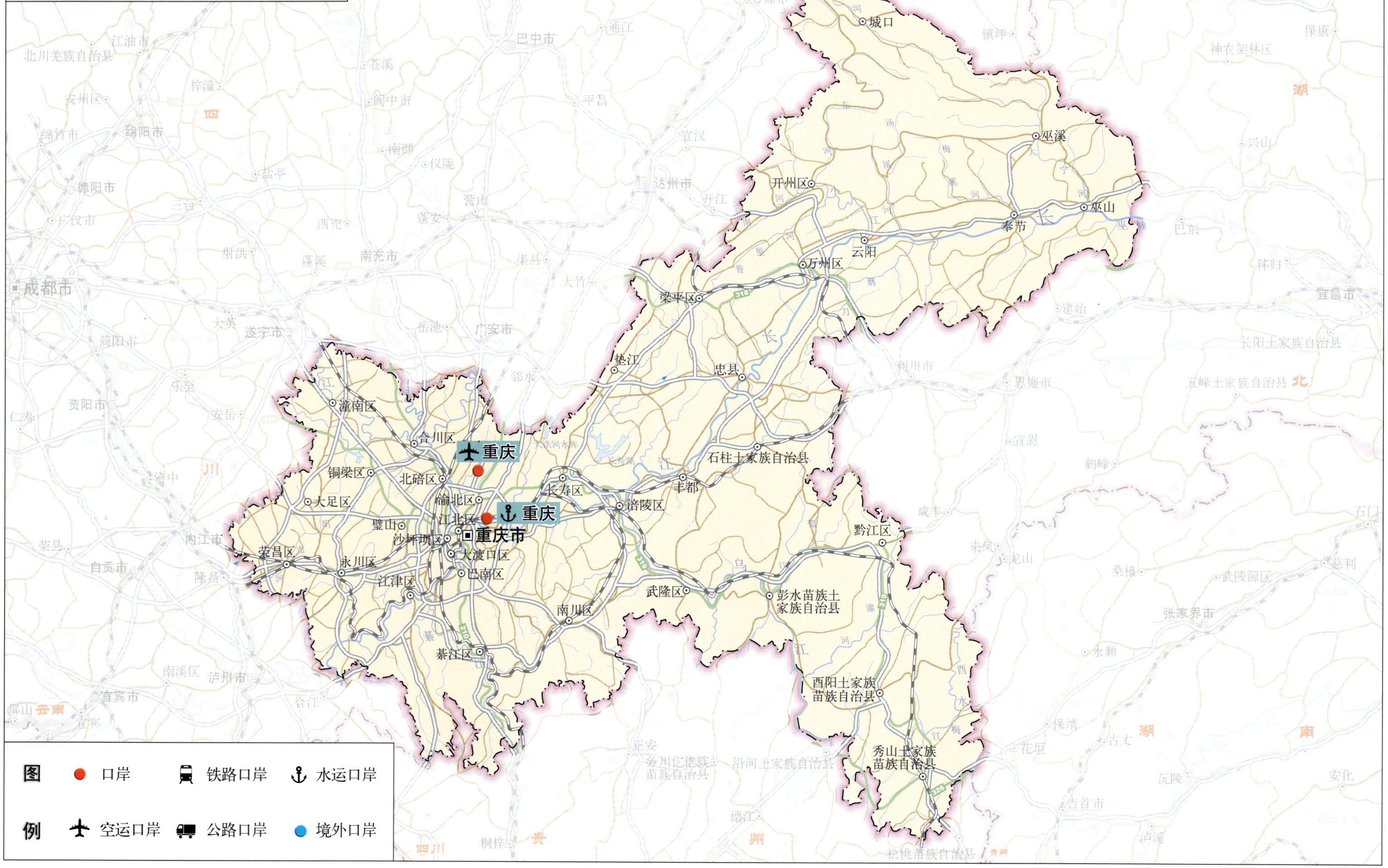

图例
- 口岸
- 铁路口岸
- 水运口岸
- 空运口岸
- 公路口岸
- 境外口岸

口岸数量及分布

截至2016年年底，重庆市有经国务院批准的对外开放口岸2个，分别是重庆空运口岸（重庆江北国际机场）、重庆水运（河港）口岸。

口岸运行数据

重庆空运口岸（重庆江北国际机场）2016年国际（地区）客货运航线59条（其中客运航线47条，货运航线12条），每周执飞的航班数超过280班；出入境客运航班起降18 395架次，同比增长18.79%；出入境人员271.27万人次，同比增长21.96%（其中旅客255万人次，同比增长21.86%；机组人员16.27万人次，同比增长23.68%）；江北国际机场整体出入境流量比重由2015年的7.10%提高到7.55%；国际货邮量12万吨，同比增长20.5%；出入境货运航班1 406架次，进出口总值4 115.10亿元。

重庆陆路（铁路）口岸临时开放以来，2016年外贸集装箱运输5.93万标箱，同比增长13.6%。开行“渝新欧”班列420班（去程278班、回程142班），发送集装箱3.64万标箱；整车进口口岸进口整车2 023辆。

重庆水运（河港）口岸完成外贸集装箱运输60.7万标箱，同比增长16.3%，其中寸滩完成41.9万标箱，同比增加13.6%。

口岸综合管理

【推动口岸开放】 2016年重庆空运口岸（重庆江北国际机场）新开通至东京、迪拜、伦敦等14条国际客运航线，亚洲国际航线网络得到进一步巩固，重庆直飞欧洲远程国际航线达到3条；重庆至新加坡航班由每周5班加密至17班，为中新示范项目的实施提供了更加便捷的空中通道。重庆至洛杉矶、纽约直航航线，至加拿大、美国2条经停航线已签署合作协议。

按照打造重庆主城枢纽口岸带动沿江口岸集群发展的思路，推进重庆水运（河港）口岸开放功能向果园港拓展。已启动开放可行性研究报告编制工作，完成“大围网”方案的编制和联检大楼主体工程；升级改造万州港等沿江区域，已启动万州码头海关监管场所改造升级工程；编制完成《丰都港水运口岸开放可行性研究》并通过专家评审。

重庆陆路（铁路）口岸依托“渝新欧”铁路大通道，最大限度发挥内陆铁路口岸的带动作用。不断完善铁路口岸平台，做强做大整车进口口岸，开工建设重庆进口植物种苗指定口岸，积极推进重庆铁路口岸国际邮件互换局项目，成功开展“渝新欧”班列全程运邮测试工作。

【助推贸易通道建设】 积极依托航空、铁路、内河港三个国家级交通枢纽、三个对外开放口岸、三个保税监管区的“三个三合一”开放格局，推进转口贸易和总部贸易发展，不断完善重庆口岸体系和多式联运体系。在水运、铁路、航空贸易通道基础上，加快南向物流通道建设，积极推进公路口岸申报前期工作，获批并启动建设公路车检场和重庆南彭公路保税物流中心（B型）。常态化运行重庆至河内“重庆—东盟国际公路班车”，开行56车次、运输货物1 308吨、货值1 736万元。正式运行重庆经凭祥至越南河内、海防、胡志明市等国际公路运输线（东线），试运行重庆经钦州至越南海防、胡志明市的公海联运国际运输线（东线复线）。

【进一步完善口岸功能】 全面梳理分析已获批的指定口岸运行情况，为提升口岸功能提供重要参考。推进指定口岸建设，启动巴南佛耳岩进境木材监管区、永川进境木材监管区建设前期工作，开工建设万州、寸滩进口粮食指定口岸。完善进口水果、肉类、冰鲜水产品等指定口岸功能，向重庆西部物流园、双福农贸城延伸。完成西部物流园保冻库施工图设计、双福农贸城进口水果存储监管库区备案。对需要进一步争取的指定口岸，加强与相关单位衔接沟通。

【深化口岸区域协作】 推进川渝沪区域大通

关，加强重庆与周边省市的交流合作，积极学习借鉴上海自贸试验区和国际贸易“单一窗口”建设等方面的经验做法。组织重庆关检机构、相关口岸经营单位与四川、上海有关方面进行对接，促进区域大通关和长江经济带通关一体化。助推有关航运企业在水水中转、江海直运、铁海联运、联程中转等方面的合作。

【提升电子口岸服务能力】 做好重庆口岸大数据系统（一期）口岸互联网专题大数据平台、重庆移动互联通关综合服务平台、重庆跨境贸易电子商务公共服务平台等新增项目、在建项目和已上线运行项目的管理工作。抓住全国内陆沿边地区国际贸易“单一窗口”试点启动会在重庆市召开，明确重庆等六省市作为内陆沿边地区贸易“单一窗口”首批试点省市的契机，按照国家口岸办要求积极参与国家标准版建设，推进重庆市国际贸易“单一窗口”建设。2016 年跨境电商平台共完成交易 809.42 万单，同比增长 132.8%；交易额 21.7 亿元，同比增长 164.46%；征收税款 1.7 亿元，同比增长 2 493.75%

【落实降低物流成本减轻企业负担政策】 按照财政部等六部委《关于免除查验没有问题外贸企业吊装移位仓储费用全面试点工作的通知》要求，印发《重庆市免除查验没有问题外贸企业吊装移位仓储费用试点工作实施方案》，制定了操作办法，免除重庆内河口岸进出口环节海关查验没有问题外贸企业吊装移位仓储费用。2016 年 4 月～12 月，共确认查验无问题集装箱 2 579 个，共为 1 000 余家外贸企业免除费用近 200 万元。

口岸监管与服务

【重庆市公安边防总队推行勤务改革】 本着“大胆探索、勇于创新、先行先试、稳步推行”的原则，重庆市公安边防总队进一步解放思想，迎难而上，大胆推行勤务改革。以“小班多倒”“先上后帮”的方式，将 3 天一个工作周期变为 6 天为一个工作周期，执勤人员由平均 3 天上一次夜班变为平均 4.5 天上一次夜班，连续执勤时间由 24 小时缩短为 12 小时，用警效能和科学化水平提升明显，有效提高了口岸通关效率和服务水平，为重庆市地方经济社会发展提供了坚强保障。2016 年，在国际机场协会公共服务 ASQ 认证中，涉及重庆机场边检工作的三项指标在全球主要国家和地区的 246 家机场中排名一直保持在前 5 位，在 22 个 2 500 万到 4 000 万同层级参评机场中稳居第 1 位。

【重庆海事局确保运输安全】 2016 年重庆海事局共办理集装箱船舶签证 5 760 艘次；安全运送集装箱 117.9 万标箱，同比增长 21.8%；对集装箱船舶开展安全检查 212 艘次，查出并督促整改缺陷 1 230 项；安全运送载运危险货物的集装箱 3 329 标箱，载运包装（集装箱）危险货物船舶申报 77 艘次，现场检查 5 艘次，检查率 6.5%，确保了集装箱危险货物的运输安全。

【重庆海关深度融入通关一体化改革】 按照海关总署的统一部署，重庆海关从 2016 年 11 月 1 日起，将《中华人民共和国海关进出口税则》第 80 章、第 81 章、第 82 章所列的进口商品正式纳入全国通关一体化改革；2016 年 12 月 1 日起，将《中华人民共和国海关进出口税则》第 84 章、第 85 章、第 90 章所列的进口商品纳入全国通关一体化，对相关报关单开展了“一次申报、分步处置”，即报关单放行后税收征管要素后置。

【重庆海关、重庆出入境检验检疫局协同推进“三互”大通关建设】 重庆海关与重庆出入境检验检疫局围绕“三互”重点任务，联合下发《重庆海关、重庆出入境检验检疫局关于深入推进关检合作“三个一”的通知》，制定《关检“一次查验”联系配合办法》，优化协作配合机制。一是实现统一版“一次申报”系统关区范围内全覆盖——企业一次递交数据，分别报关报检，企业申报数据项减少了 40%。二是探索实现了关检电商数据共享，对电商货物开展了关检“一次申报、一次查验、一次放行”联合作业——对双方共同决定查验的实施“一站式作业”，一次开箱开包，分别实施查验和检验检疫；对双方均有布控查验指令的汽车整车、生鲜产品等进口商品，实施原则上100%“一次查验”。三是在关区各口岸查验区均设置了关检联合查验场地，大力推行“一机双屏”作业模式。

【重庆出入境检验检疫局助推口岸功能建设】 开展有重庆特色的高端饰品产业检验检疫监管创新研究，完成查验设施设备建设，建立金伯利制度实施场所现场安全管理制度及工厂安全及内控制度，指导重庆宝玉石协会建立起行业自律体系，全面落实了毛坯钻石加工贸易安全监管工作，目前获国家质检总局原则上批复同意开展金伯利进程相关业务。对中欧班列实行全天候服务，将口岸监管“前推后移”，实现口岸验放“零等待”。优化进口汽车监管流程，单台汽车检验时间缩短至6分钟，平均通关时间缩短至3天，重庆整车进口量居同期获批口岸之首。创新进口摩托车监管措施，为企业减免费用50%，实现重庆进口摩托车从无到有。推动“渝新欧”开展国际运邮试点，成功实现国际邮件在全国率先通过中欧班列发往欧洲。

【重庆出入境检验检疫局推进口岸信息化系统建设】 全面部署e－CIQ系统，实现全国检验检疫系统“一号到底”的运作。对特殊监管区检验检疫辅助管理系统、无纸化报检系统和检疫处理综合管理系统进行改造及联调，实现与e－CIQ系统互联互通。加强与重庆市电子口岸合作，丰富完善检验检疫口岸信息化建设体系，推进铁路口岸“三合一”及国际快件检验检疫辅助管理系统、航空货物检验检疫辅助管理系统等系统的开发建设，全力建成检验检疫电子闸口。

【重庆出入境检验检疫局大力保障国门安全】 保障口岸公共卫生安全，共对46条客货运航线、1.83万架次航班、265万人次旅客实施检疫查验。发现有症状体征者740人次，确诊传染病79人次，分别较上年增长1.9倍和1.4倍。首次从重庆口岸入境人员中检出输入性疟疾、细菌性痢疾和H3亚型流感合并鼻病毒感染病例。对1.8万余名出入境人员进行监测体检，检出HIV感染、结核、性病等传染病211例。在入境寄递物中截获肉毒毒素、人体胎盘素、人体组织等178批次、1 974支未审批的违法入境特殊物品。严格贯彻落实防控寨卡病毒病疫情工作要求，加强口岸检疫查验，对来自寨卡流行区的1 908架次航空器、集装箱20 214标箱、1 967批次货物实施检疫查验。保护生态和生物安全方面，累计检疫进出境动植物及其产品3 135批，截获有害生物555种、2 268次，其中检疫性有害生物29种、75次。全国首次在进境大豆中截获苹果壳色单隔孢溃疡病菌，首次截获独行菜黑胫病菌。完成入境企鹅、观赏金龙鱼等多种活动物入境检疫及检疫处理工作。开展“国门生物安全进校园”活动和“绿蕾”专项行动，“绿蕾”专项行动截获各类植物繁殖材料157批次，同比增长149.20%，截获疫情199种次，同比增长306.12%。确保进出口产品质量安全方面，共检出不合格货物1 378批，货值1.34亿美元。其中，检出不合格消费品等重点敏感商品220批，同比增长2.8%；检出不合格大宗资源性商品257批，同比增长27.9%。退运和销毁不合格进口产品101批，同比增长6.3%。重庆辖区出口工业与消费品质量连续三年保持国外政府零召回。

开放口岸

【重庆空运口岸（重庆江北国际机场）】 重庆江北国际机场位于重庆市渝北区两路街道，距离市中心19千米，拥有T1（国际及港澳台）航站楼和T2（国内）航站楼共2座，共计20万平方米；有跑道2条，长度分别为3 200米和3 600米，为4E级民用国际机场，2013年成为中国第五个实行72小时过境免签政策的机场。2005年10月完成二期扩建工程；2010年12月完成三期扩建工程；四期扩建工程计划建设一座T3A航站楼（50万平方米）和一条4F级跑道（3 800米），预计于2017年6月投入使用。重庆江北国际机场于1990年1月22日正式建成通航；1987年开通香港包机航班；1995年，国务院批准对外国籍飞机开放，标志着重庆空运口岸（重庆江北国际机场）正式开放。

万州五桥机场位于重庆市万州区长江南岸毡帽山顶，距万州城区直线距离约 5 千米，公路距离约 15 千米。万州机场于 1997 年 11 月由国务院、中央军委批准立项，2000 年年初正式开工建设，2003 年 5 月 29 日建成通航，2015 年 3 月 1 日首次获批临时对外开放。万州机场按 4D 级规划，按 4C 级建设。海拔高程为 567 米，属高挖高填类机场，飞行区长 3 000 米，宽 300 米。机场跑道全长 2 400 米，宽 45 米，停机坪 19 200 平方米，停机位 5 个，可满足 A320、B737 同类及其以下机型的起降，航站楼面积 5 780 平方米，设计年吞吐旅客 50 万人次。

【重庆水运（河港）口岸】 寸滩地处长江上游，位于重庆市江北区寸滩镇，重庆朝天门下游约 6 千米的长江北岸。港区水域条件优越，陆域开阔，通过重庆内环快速干道与成渝、渝黔、渝遂、渝临、渝宜、渝武等多条高速公路相连，紧邻渝怀铁路唐家沱铁路货运站，距重庆江北国际机场约 16 千米，是长江上游内河深水港区。重庆水运（河港）口岸始建于 2003 年，2010 年获批对外开放。

2016 年重庆市口岸大事记

1 月 4 日

习近平总书记视察重庆两江新区果园港。

2 月 14 日

春秋航空公司开通每周 4 班重庆—东京客运直飞航线。

3 月 1 日

时任重庆市长黄奇帆率有关部门负责人到重庆西部物流园考察。

4 月 1 日

重庆水运（河港）口岸区域试点实施免除查验没有问题外贸企业吊装移位仓储费用。

4 月 2 日

中国国际航空公司开通每周 3 班重庆—迪拜客运直飞航线。

4 月 28 日

首次重庆—东盟国际公路班车于重庆市巴南区重庆东盟国际物流园发车。

6 月 3 日

南方航空公司开通每周 1 班重庆—法兰克福货运直飞航线。

6 月 25 日

天津航空公司开通每周 2 班重庆—伦敦客运直飞航线。

8 月 2 日

国家口岸办在重庆召开“内陆沿边地区国际贸易单一窗口建设工作启动会”。

12 月 5 日

时任重庆市长黄奇帆率有关部门负责人调研西永综合保税区和西部物流园。

12 月 22 日

天津航空公司开通每周 3 班重庆—奥克兰客运直飞航线。

（撰稿人：王胜、邓诗、许理想、彭宇、沈珈羽、汪宏达）

2016 年重庆市口岸流量统计表

口岸类型		口岸名称	货运量（万吨）				集装箱量（万标箱）				人员（万人次）				交通工具（辆、艘、架、列次）			
			出口	进口	合计	同比（%）	出口	进口	合计	同比（%）	出境	入境	合计	同比（%）	出境	入境	合计	同比（%）
空运口岸			12.80	2.80	15.60	4.00					1 367 551	1 345 196	2 712 747	21.96	9 211	9 184	18 395	18.79
		分计	12.80	2.80	15.60	4.00					1 367 551	1 345 196	2 712 747	21.96	9 211	9 184	18 395	18.79
陆运口岸	公路口岸		2.20	2.10	4.30	-2.30							0				0	
		分计	2.20	2.10	4.30	-2.30							0				0	
	铁路口岸		7.90	3.10	11.00	34.10	1.45	1.05	2.50	71.16			0		279	142	420	63.42
		分计	7.90	3.10	11.00	34.10	1.45	1.05	2.50	71.16			0		279	142	420	63.42
水运口岸	海港口岸												0				0	
		分计											0				0	
	河港口岸		263.20	417.60	680.80	-24.00	27.47	17.03	44.50	5.31			0		69 459	69 697	139 156	-2.47
		分计	263.20	417.60	680.80	-24.00	27.47	17.03	44.50	5.31			0		69 459	69 697	139 156	-2.47
合计			572.20	851.20	1423.40		28.92	18.08	47.28	7.48	1 367 551	1 345 196	2 712 747	21.96	78 949	79 023	157 971	
同比（%）							21.86	16.91	7.48		22.62	21.31	21.96		-0.75	0.21	-0.27	

2016 年重庆市口岸出入境主要数据表

项目			2016 年	2015 年	同比（%）
出入境人员（人次）	出入境人员总数		2 712 747	2 224 218	21.96
	入境人员		1 345 196	1 108 916	21.31
	出境人员		1 367 551	1 115 302	22.62
	出入境旅客		2 550 013	2 092 643	21.86
	出入境员工		162 734	131 575	23.68
	中国公民	小计	2 423 518	1 974 524	22.74
		内地居民（因公）	74 301	45 066	64.87
		内地居民（因私）	2 150 548	1 761 480	22.09
		港澳居民	71 953	55 618	29.37
		台湾同胞	126 716	112 360	12.78
	外籍人员		289 229	249 694	15.83
	从海港出入境人数		0	0	
	从陆港出入境人数		0	0	
	从空港出入境人数		2 712 747	2 224 218	21.96
交通运输工具（辆、艘、架、列次）	总计		18 395	15 486	18.79
	船舶		0	0	
	飞机		18 395	15 486	18.79
	火车		0	0	
	机动车辆		0	0	

（重庆市公安边防总队提供）

2016年重庆海关主要数据统计表

项目		2016年	同比（%）
进出口货运量（万吨）	合计	711.7	-22.9
	进口	425.6	-32.5
	出口	296.1	-2.1
进出口贸易总值（万美元）	合计	6 277 125.13	-15.71
	进口	2 207 710.15	14.51
	其中：江、海运输	874 813.21	22.48
	铁路运输	24 942.63	53.15
	汽车运输	264 267.65	48.84
	航空运输	1 041 558.30	2.44
	邮件运输	51.36	44.40
	其他运输	2 077.01	-34.06
	出口	4 069 414.98	-26.26
	其中：江、海运输	2 314 538.71	-35.26
	铁路运输	172 799.98	10.50
	汽车运输	360 998.21	-4.39
	航空运输	1 220 433.03	-13.35
	邮件运输	399.91	-43.84
	其他运输	245.14	87.05
税收（万元）	两税合计	1 290 424.7	14.8
	关税入库	194 645	6.9
	进口环节税入库	1 095 779.7	16.3

（重庆海关提供）

2016 年重庆市出入境检验检疫业务统计表

项目	货物检验检疫				交通工具				集装箱（标箱）		发现动植物疫情		货物通关		出入境人员查验（人次）	健康检查及预防接种（人次）			
	批次	金额（万美元）	检验检疫不合格																
			批次	金额（万美元）	船舶（艘）	飞机（架）	火车（列）	汽车（辆）	合计	检出问题	种类数	种次	批次	金额（万美元）		健康检查	艾滋病监测	发现病例	预防接种
本年累计	23 451	2 270 165 537	1 378	134 394 170		18 342			472 809	763	555	2 268	31 462	3 741 000 498	2 650 370	18 903	17 946	12 348	20 932
其中 出境	8 040	516 211 464	143	8 260 084		9 191			289 224	12	0	0	6 172	43 137 0347	1 332 602	15 577	15 108	10 479	20 841
其中 入境	15 411	1 753 954 073	1 235	126 134 086		9 151			183 585	751	555	2 268	25 290	3 309 630 151	1 317 768	3 326	2 838	1 869	91
同比（%）	-3.78	-8.68	-25.87	-33.92		18.8			7.48	55.1	22.5	-23.4	-3.21	-17.5	19.38	5.76	4.71	-7.96	-19.5
其中 出境	-2.28	-8.39	-81.18	-84.26		19.26			3.35	0	0	0	-17.8	-29.61	18.99	5.52	3.54	-7.98	-19.7
其中 入境	-4.54	-8.77	12.37	-16.42		18.35			14.7	52.6	22.5	-23.4	1.19	-15.61	19.76	6.91	11.47	-7.84	133.3

（重庆市出入境检验检疫局提供）

2016 年重庆海事局进出港船舶统计汇总表

船舶类别	进港船舶							出港船舶						
	艘数（艘）	总吨（吨位）	总载重量（吨）	载客量（客位）	船员人数（人次）	货物到达量（吨）	旅客到达量（人）	艘数（艘）	总吨（吨位）	总载重量（吨）	载客量（客位）	船员人数（人次）	货物发送量（吨）	旅客发送量（人）
总计	69 697	229 502 934	126 598 961.6	6 316 946	766 667	98 510 454.69	4 046 678	69 459	227 922 269	112 412 429.50	5 919 743	764 049	80 680 700.59	3 717 280
中国籍船舶	69 697	229 502 934	126 598 961.6	6 316 946	766 667	98 510 454.69	4 046 678	69 459	227 922 269	112 412 429.50	5 919 743	764 049	80 680 700.59	3 717 280
其中外贸船														

表注：重庆海事局船舶管理系统不具备统计外贸船的功能。

（重庆海事局提供）

四　川　省

四川省口岸分布示意图

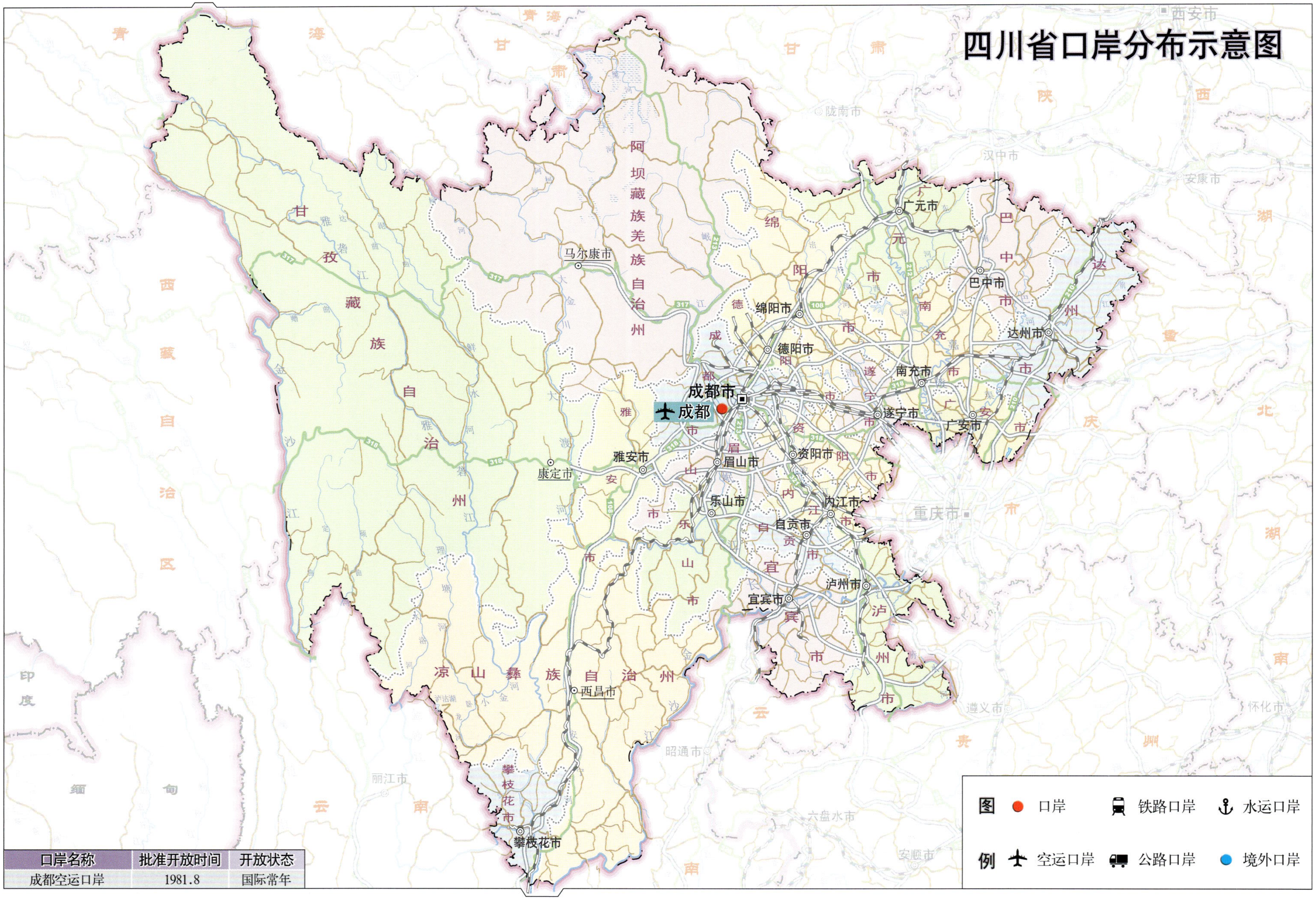

口岸名称	批准开放时间	开放状态
成都空运口岸	1981.8	国际常年

口岸数量及分布

截至2016年年底，四川省有经国务院批准的对外开放口岸1个，为成都空运口岸（成都双流国际机场）。

口岸运行数据

【空运口岸】 2016年，成都空运口岸共验放出入境飞机及国际航班28 459架次，同比增长24.3%；进出境人员496.48万人次，同比增长21.05%；进出口货物33.52万吨（含转关2万吨、航油22.51万吨），同比增长16.92%。为外国籍人士办理口岸签证6 800人次，同比增长232.51%；为台湾同胞办理一次有效台胞证536人次，同比减少83.81%；为外国人办理72小时过境免签507人次，同比增长55.04%。为进出境的重要客人585批次、2 450人次及所乘专（包）机、班机提供了口岸礼遇和服务保障。

【陆路口岸（含临时开放的成都铁路口岸和外贸货物装卸点）】 2016年共验放进出口货物260.46万吨，同比增长185.69%；国际集装箱5.56万标箱，同比增长116.33%。其中，成都铁路口岸共验放进出口货物126.88万吨，同比增长123.45%；国际集装箱5.28万标箱，同比增长123.72%。

【水运外贸货物装卸点】 2016年共验放进出口货物63.92万吨，同比增长20.19%；国际集装箱4.28万标箱，同比增长20.56%。

【成都国际邮件互换局（成都双流国际快件中心）】 2016年共查验、交换国际邮件767.37万件，同比增长32.99%；非邮快件0.58万吨，同比增长11.53%。

口岸综合管理

【扩大口岸开放】 《国家口岸发展“十三五”规划》确定，九寨黄龙机场和泸州港列入新开口岸开放规划，成都空运口岸列入扩大口岸开放规划，成都列入中欧班列铁路场站对外开放项目表。成都公路口岸（新址）建设竣工，顺利通过省政府验收，并对外运行。

【拓展口岸功能】 成都铁路口岸肉类进口指定口岸和成都空运口岸进口水果指定口岸分别于2016年3月和10月通过国家质检总局的验收。推进成都空运口岸设立进口肉类指定口岸、成都铁路口岸设立进境粮食指定口岸有关工作。

【申建海关特殊监管区域和保税场所】 宜宾港和成都铁路保税物流中心（B型）分别于2016年7月和9月通过验收。四川省申建的4个保税物流中心（B型）已全部通过验收，封关运行。推进绵阳海关特殊监管区域整改申建和德阳综合保税区申建工作，省政府于2016年10月分别将《绵阳出口加工区整改情况的函》和《调整拟设立的德阳综合保税区规划面积的函》报海关总署。

【加强口岸建设】 对成都双流国际机场T1航站楼国际区域进行了扩容改造、流程优化。依据国家对航空口岸出入境人员、货物的查验标准和要求，积极参与成都天府国际机场旅客、货物出入境流程规划和设计。完成成都公路口岸建设，完善监管查验基础设施，通过省政府正式验收，并对外运行。加快铁路口岸整车进口、肉类进口指定口岸建设，进一步完善相关设施、设备。支持、推进绵阳铁路口岸和攀枝花铁路口岸迁建工作。支持、推进中欧班列“蓉欧快铁”“中亚货运班列”“五定班列”正常运行。

【巩固、开通新的国际（地区）航线】 在省级相关单位和驻川查验单位的大力支持下，2016年中国西南航空公司、四川航空公司、春秋航空公司、老挝航空公司等中外航空公司新开通成都至布拉格、悉尼、迪拜、马德里、茨城、马尼拉等10条国际（地区）航线。成都航空口岸已开通国际（地区）客、货运航线95条，通航城市78个，居中西部之首。

【圆满完成重大会议（活动）的口岸服务保障任务】 为进出成都空运口岸的中共中央政治

局常委、全国人大常委会委员长张德江率领的人大出访团提供口岸服务保障；为来川访问、参加重大活动的尼泊尔总理奥利、泰国副总理塔纳萨、德国前副总理菲舍尔、荷兰前副首相兼经济部部长马克西姆·费尔哈亨等外国元首、政府首脑提供口岸服务保障；为参加2016年G20财长和央行行长会议、第22届世界航线发展大会、第十六届西部国际博览会、“中外知名企业四川行”等20多个重大会议、活动的重要客人、嘉宾，维和、参演部队进出境提供口岸服务保障。全年为585批次3 458人次重要客人、嘉宾及所乘专（包）机提供口岸服务保障。

【组织学习考察，深入基层调研】 2016年，四川省口岸管理单位组织多批次查验执法部门、省机场集团、运输服务部门（企业）同志赴上海、广州、郑州、赣州、深圳学习考察开设航空口岸进口肉类指定口岸和进口水果、粮食、原木指定口岸情况。经常深入省级相关单位，航空、铁路、水运、公路口岸，相关企业调研，听取口岸建设、管理的意见建议，协调解决问题。

【确保国门安全，加强口岸应急管理】 口岸管理和查验执法单位、运输服务部门（企业），高度重视口岸安全和应急管理工作。四川出入境检验检疫局重视口岸疫情防控工作，组织口岸防控疫情应急演练，制定多条防控措施，严控寨卡病毒、黄热病等疫情输入四川省，截获植物有害生物267种、检疫性有害生物14种。成都海关保持打击走私高压态势，严厉打击口岸走私和毒品犯罪，查获走私毒品11起，重23.3公斤；查获13起大米走私案，重2.5万吨，案值1.1亿元；四川省公安边防总队严控偷渡、潜逃人员进出境，查获查处违法违规人员659人次，查获在控在逃人员626人次。妥善处置、安抚国际厅旅检现场电脑故障旅客滞留问题，有效避免口岸现场纠纷事件发生；省机场集团加强机场安保工作，加强安全检查和空域管控。口岸管理和查验单位、运输服务部门（企业），制定口岸值班制度、应急方案，确保口岸安全运行。

口岸监管与服务

【四川省公安边防总队坚持改革创新全面貌提升口岸服务管控水平】 2016年检查出入境航班28 459架次、人员4 964 757人次，同比分别增长24.3%、21.1%，出入境人员流量仅次于上海浦东国际机场、北京首都国际机场、广州白云国际机场，居全国对外开放航空口岸第四位。

一是主动跟进国家区域发展战略。坚持将边检勤务改革创新与四川“一带一路”战略、“国家级航空枢纽”建设等决策部署相结合，确保边检服务工作与地方经济社会发展规划“同心、同向、同调、同力”。定期编报分析报告，在科学研判中把握经济发展趋势，跟进保障服务。研究制定出台各项便利通关措施，进一步健全重大专项勤务服务保障工作机制，确保了日常勤务与重大勤务安全有序。特别是在G20财长和央行行长会议在蓉召开期间，总队以“最高规格、最强部署、最严措施、最佳形象、最好效果”为标准，提前谋划、周密组织，全警动员、全力以赴做好边防检查工作，为参会代表提供了优质高效的出入境通关服务，确保了口岸和谐安全畅通，为G20财长和央行行长会议圆满成功举办作出了积极贡献。

二是主动跟进保障口岸提速发展需求。面对口岸提速发展、“7×24小时”通关常态、边检警力编制紧缺的实际，总队坚持内部挖潜，建立了“小机关、大基层”的警力配置格局和弹性用警的“小单元”执勤模式，实现了现有警力资源的最佳配置；深入各航空公司举办边检政策法规宣讲培训班，有效降低了航空公司的载运风险和旅行社、外资企业的运营成本；主动加强与外国移民机关和航空公司的沟通交流，为信誉良好的企业提供“优先查验、优先放行”等便利服务，有效提高了通关速度，打造了边检窗口印象。

三是主动跟进保障服务对象舒适通关。坚持把服务对象满意作为检验标准，进一步细化窗口服务定势养成和标准，积极推动边检服务向专业型、亲和型、阳光型、温馨型迈进升级。同时，主动走访外事、外经贸、旅游、航空公司和旅行社等政企单位，听取服务对象的意见和建议，全面了解和客观分析社会各界对边检工作的新需求和新期待；开通集巡逻、录音录像、救助等功能于一体的限定区域巡检服务车，直接为过往旅客提供日常便利服务，切实让服务对象便捷通关；依托成都双流国际机场T1航站楼扩建改造工程，促进查验场地升级改造，实现入、出、过境分离，确保通关更科学，管控更安全；积极向地方政府协调，为执勤现场建设了4条最新版自助查验通道和6条人工智能查验通道，进一步提升了口岸服务保障水平，提高了整体通关效率。

四是全力打造四川反恐维稳国门屏障。切实担负起守土有责、守土负责、守土尽责的政治责任，积极顺应口岸形势任务发展需要，投资建成了实体化运作的现场勤务指挥室，负责查控甄别、入境审查、案件办理、遣返接收、证件鉴定、技术维护等后台工作，“前台检查询问、后台审查处理”的双线工作模式日臻成熟，勤务的组织指挥更加灵活顺畅。针对口岸反偷渡形势复杂，涉恐防“回流”压力巨大的实际，及时将管控重心由出境检查转为入境审查，由注重边检手续查验转向打击以防暴恐分子“回流”为重点的非法出入境活动；强化制度建设，编印一系列制度规范，统一了查验程序、处罚标准；搭建重点人员视讯系统、暴恐音视频查控平台、边检反恐数据核查平台等软件体系，进一步提升了对重点人员的讯问和审查水平。加强与公安反恐和相关单位的沟通协调，建立了与机场公安局的执法协同作战机制和响应流程。2016年，共查获违法违规人员659人次，查处违法违规交通工具案件6起，接收审查境外遣返348人次，对21名“三非”人员作出不准入境处理。

【成都海关监管与服务】 2016年，全年四川外贸进出口总值3 263亿元，同比增长2.8%，成功实现“由负转正”。同期，成都海关共办理报关单67.6万份，同比增长9.6 %；监管进出口货值2 581.7亿元，同比增长21.8%；监管进出口货运量320.2万吨，同比增长55.6%；监管进出境人员501.7万人次，同比增长20.9%；监管进出境快件393.7万件，同比增长23 %；征收“两税”112.4亿元，同比增长8.4%。

【成都海关助推四川对外开放取得新发展】 一是全力做好政策支持。认真落实中央和海关总署党组推进“放管服”改革和国务院促进外贸回稳向好有关精神，结合四川外贸发展形势和海关工作实际，细化出台了成都海关支持四川外贸回稳向好的实施办法，得到四川省委省政府领导的高度关注和充分肯定。关区各部门单位细化措施，积极落实；关党组班子密集到各隶属机构督导，带队调研走访了占关区进出口货值80%以上的企业，对重点企业分类施策，对搜集的问题及时加以解决，真刀真枪抓好20条措施的落实，助推四川外贸成功实现止跌回升。

二是全力支持开放通道建设。主动克服人力不足的困难，加班加点，全力服务通道发展，优先在主要业务现场开展“简化手续、优化流程”等改革，不断提升通道的通过能力和通关效率。支持成都空港建成向全球开放的“战略门户”。目前，国际（地区）航线达95条，其中直航航线55条；进出境旅客496.48万人次，在全国空港中位居第4位；关区监管进出口货值中的7成通过双流国际机场进出境，形成了连接30多个国内机场的航空辐射圈。支持青白江铁路口岸进一步发挥“战略枢纽”作用。2016年，蓉欧快铁发车460班，货值84.7亿元，货运量6.1万吨，同比分别增长3.5倍、5.3倍、6.4倍，量能同步提升。其中异地货源占比49.6%，货源地覆盖24个省份。整车进口口岸实体运作，2016年验放进口整车92辆，货值2 074.6万元。支持川南临港区初步奠定“战略支撑”地位。2016年泸州港、宜宾港外贸集装箱吞吐量达4.3万标箱，同比增长21%。

与此同时，支持天府国际机场、成都铁路口岸、泸州水运港口、九黄机场正式列入国家“十三五”口岸发展规划，支持新成都公路口岸封关运营，天府新区海关正式开关，四川的开放体系进一步完善，空运、铁路、水运、公路物流大通道多式联运基础条件进一步夯实，全年四川通过空铁、水铁、公水等多式联运方式运输货运量占关区货运总量的45%，多式联运监管中心作用初步显现。三是全力支持开放平台、载体建设和功能发挥。支持四川水陆空保税物流体系发挥作用，空港保税物流中心、泸州港保税物流中心“保税+”模式优势进一步显现，成都铁路保税物流中心、宜宾港保税物流中心正式封关运营，全年合计监管进出口货值13.4亿元，在全国60多个保税物流中心中位居前列，受到海关总署表扬。下一步随着4个保税物流中心功能效应的逐步释放，将进一步促进四川省保税业务的快速发展。支持成都综保区打造中西部最强海关特殊监管区域，实现“手续最简、功能最全、监管最优”，全年监管进出口总值1 724.6亿元，同比增长25.6%，在全国综保区中排名第3，对四川外贸增长的贡献率达11.1个百分点。同时，积极指导绵阳出口加工区完成整改，全力支持德阳、绵阳综保区申建工作。积极参与四川自贸试验区总体方案制定，重点争取海关总署对改革创新项目的支持。空、铁、水保税物流中心与综保区等开放平台的良性互动、协调发展格局进一步形成，为四川建设自贸试验区，承接产业转移和转型升级打下了坚实基础。四是全力提升窗口服务质量和水平。加大政务公开力度，依托“互联网+”完善“六位一体”的政务咨询服务格局，全方位拓展与市民和企业交流沟通的渠道。着力推进“互联网+e通关”，关区50%以上进出口报关单实现全程无人工干预电子通关，努力推动了“让数据多跑路，让企业少跑路”。持续用力抓好窗口为民服务工作，继续主动邀请成都市社情民意调查中心开展窗口行风测评，对22个窗口和17个职能部门的80项指标采集746个样本，深入查找并解决窗口单位在依法行政、高效服务、内部管理等方面存在的问题，切实打通为民服务“最后一公里”。测评结果显示，成都海关各项服务工作均处于“优秀”水平，其中窗口服务对象满意度问卷调查总体得分99分，较上年提高2.27分。

【成都海关通关便利化水平有新提升】 一是全面落实“放管服”改革；积极落实“三互”大通关建设，继续深化关检合作“三个一”；进一步融入全国海关通关一体化；继续复制推广自贸试验区海关监管创新制度；积极落实通关作业无纸化改革，全年关区无纸化率达98%；进一步推进集中汇总征税、“双随机”等改革，使企业充分享受改革红利。二是关区自主创新改革进一步深化。积极推进“全域通”2.0升级版改革，重点在空港口岸开展旅客通关智能化改造和通关流程再造，进一步提升空港监管效能，支持成都双流国际机场实现“客货并举、双轮驱动”发展。试点并推广“简化手续，优化流程”系列改革，共取消属于成都海关事权的核批事项6项，优化通关流程13项，减少作业环节26个，关区整体进口通关提速47%，出口通关提速28%。2016年本地报关率较去年大幅增加7个百分点，达到72.8%的历史高位。三是在对通关时间和物流成本“做减法”的同时，着力对防控风险和严密监管“做加法”，积极探索开展标准化建设试点工作，建立了14个试点项目的标准化手册，进一步统一执法标准，提升执法效能，优化执法环境。成都海关在海关总署执法评估系统中可以横向比较的15个指标中，有13个指标优于全国平均水平，其中，进出口通关效能、税收增长率等主要核心指标名列前茅。通关效率和监管效能的稳步提升，同步推进了企业内部管理的规范化，切实实现了海关与企业的双减压、双减负、双发展、双规范。

【成都海关进出口秩序更加规范】 强力推进“国门利剑2016”联合专项行动，2016年共查获毒品走私案11起，查获毒品23.3公斤；连续破获了13起系列走私大米案，立案数为全国海关之最，涉案走私大米2.5万吨，案值1.1亿元，被海关总署缉私局列为“破大案、打团伙、摧网络”的典型案例之一，并总结为“成都模式”予以推广。

【四川出入境检验检疫局监管与服务】 2016

年四川出入境检验检疫局共检验检疫出入境商品28 877批、货值21.65亿美元，其中出口15 169批、货值10.57亿美元，进口13 708批、货值11.08亿美元。检出不合格产品1 541批，货值1.2亿美元。签发原产地及普惠制证书24 484份，签证金额14.98亿美元。检疫、查验出入境飞机30 129架次、旅客455.85万人次、集装箱48 419箱，为出入境人员健康体检29 622人次，发现有传染病症状者574例，确诊传染病76例。

【四川出入境检验检疫局大力拓展四川口岸功能】 四川出入境检验检疫局立足职能优势，进一步拓展内陆口岸功能。成都铁路口岸进口汽车、进境肉类指定口岸，成都双流国际机场进境水果指定口岸建成并正式运营。积极争取国家质检总局支持筹建成都国际铁路港进境粮食和成都双流国际机场进境肉类指定口岸。破解欧洲食品过境俄罗斯等国运输的最后障碍，打通了“欧亚食品安全运输大通道”，全国首批通过中欧班列进口的欧洲冻猪肉直运入川，国家质检总局和四川省领导分别作出批示肯定。落实习近平总书记高访成果，全国首批进口波兰苹果通过成都双流国际机场进境水果指定口岸入境。成都国际铁路港进口整车指定口岸实现零的突破，通过中欧班列（蓉欧快铁）进口汽车92辆，为成都试点平行车进口奠定了基础；成都双流国际机场进口冰鲜水产品561批、1 858吨、货值1 806万美元，该指定口岸成为国内四大冰鲜三文鱼进口口岸之一；进口食用水生动物批次同比增长18倍；在宏观调控大背景下，泸州、宜宾粮食指定口岸进口粮食95批、6.4万吨，同比分别增长16%、38%。

【四川出入境检验检疫局全力保障国门口岸安全】 四川出入境检验检疫局强化口岸把关，建立“人—机—犬”综合查验模式，疫病疫情检出率、截获率不断提升。一是严密防控口岸疫病疫情。完善口岸疫病疫情联防联控机制，有效防控寨卡、黄热病等疫情，四川口岸未发现输入性寨卡、黄热病病例。口岸防控工作获四川省委、省政府领导两次肯定性批示和国家质检总局通报表扬。检疫查验出入境航空器3万多架次；检疫查验旅客456万人次，发现有传染病症状者574例，确诊传染病76例；监测发现处理核辐射超标43例。全国蚊类监测与控制演练竞赛中取得个人单项第一名。派员赴安哥拉完成黄热病疫情防控工作，荣立国家质检总局集体二等功。二是有效防范动植物疫情传入。开展“绿蕾行动”，有效防范外来有害生物入侵，截获植物有害生物267种、1 961次，其中，截获检疫性有害生物14种、157种次，同比分别增长16.6%，37.7%；全国首次截获检疫性有害生物1种。截获非法携带、邮寄植物种子种苗164批次，维护国门生物安全。

【四川出入境检验检疫局持续提升口岸通关便利化水平】 一是全力确保e－CIQ系统顺利上线运行。制定四川出入境检验检疫局e－CIQ系统上线运行实施方案，及时做好动员部署，对全省所有一线业务人员150余人开展集中培训，扎实开展e－CIQ系统全流程演练，配合做好系统部署和人员角色配置，切实e－CIQ系统上线运行各项准备工作。2016年9月初，全省15个分支机构全面上线运行e－CIQ系统，是西部地区首个全面上线局，真正实现四川辖区与全国任一上线检验检疫机构点对点一体化通关。截至2016年12月，四川出入境检验检疫局e－CIQ系统共受理报检24 437批，签发通关单17 729份，其中受理入境报检17 385批，签发通关单13 176份；受理出境报检5 925批，签发通关单4 553份；受理出境包装报检1 070批；受理集装箱适载报检52批，尸体棺柩5批。加快推进检验检疫无纸化，进一步优化工作流程，简化无纸化报检的单证，制定无纸化工作手册，及时上线运行e－CIQ版无纸化报检系统，全面实施通关单无纸化。截至2016年12月，已实施无纸化报检37 308批，12月无纸化报检覆盖率达98.32%。二是复制推广上海自贸试验区经验。四川出入境检验检疫局将复制推广上海自贸试验区经验作为工作的重中之重，促进上海自贸试验区经验在四川开花结果。以复制上海自贸试验区经验为抓手，深入借鉴，举一反三，大胆探索创新监管模式，有效服务重点项目重点企业，加强检验检疫监管，严守国门安全，把关服务取得新成效。支持开放平台建设，在复制推广上海自贸试验区检验检疫改革制度的同时，出台20余项检验检疫创新举措，服务四川自贸试验区建设。复制推广《入境维修用途旧机电产品检验监管工作规定（试行）》等10项自贸试验区检验检疫改革制度，帮助企业用好政策红利。2016年共查验入境维修平板电脑93.1万台，对28批次、货值11 869.9万美元的后盖、液晶显示屏等废弃物实施监督出区，平均每批货物节约时间4天。对73批次、货值69万美元，共计10万余瓶的酒类商品采用“进口货物预检验制度”，进口酒类通关时间从15个工作日缩短至3个工作日以内。三是积极推动“单一窗口”建设和关检合作“三个一”。坚持关检定期联席会议制度，建立关检“三个一”数据共享机制。继续推广应用“智检系统”和“关检合作‘三个一’服务平台”，建立电话预约、口头沟通等共同查验机制，建立关检联合查验记录和“一次查验”台账，提高“一次查验”比率，做好“一次查验”登记和统计工作。向四川省人民政府报送了《四川出入境检验检疫局关于加快推进四川“单一窗口”建设的报告》，提出采用国际标准实现“单一窗口”数据标准化等建议，推动政府加快“单一窗口”建设步伐。

【四川出入境检验检疫局主动服务地方外向型经济发展】 一是支持跨境电商等新业态发展。先后到成都航空口岸、综合保税区开展跨境电商检验检疫新政宣讲，指导电商企业和政府建设跨境电子商务检验检疫监管场所，配合省、市政府搭建跨境电商公共服务平台，全力支持四川跨境电商发展。2016年四川出入境检验检疫局共查验进出境快件252.1万件，查验进境邮件115.57万件。两批312件服装通过绵阳跨境电商通关平台实现首次出口。两批洗衣液、清洁剂、衣物柔顺剂分别从成都高新综合保税区双流园区、成都空港口岸保税物流中心实现跨境电商保税进口。支持四川会展经济发展，制定了《四川检验检疫国际展会监管管理办法》送审稿。做好重大展会的保障工作，保证入境参展人员和物品在四川各口岸零障碍快速通关。圆满完成G20财长会、第94届全国糖酒会、第16届中国西部博览会等重大国内外赛事的展品通关和后续监管相关工作。二是支持中欧班列（蓉欧快铁）扩能增效。支持成都市政府加快实施“蓉欧班列+”战略，持续推进班列沿线通关一体化进程，积极参与国家质检总局中欧班列信息化系统开发。加强与“一带一路”和长江经济带沿线国家（地区）及兄弟省区市检验检疫机构的衔接，与厦门出入境检验检疫局合作促进厦蓉欧班列稳定开行，为台湾货物经厦门接续蓉欧班列到达欧洲提供了重要通道。与云南出入境检验检疫局、广西出入境检验检疫局加大合作力度，打通越南经河口、凭祥对接蓉欧快铁的陆路通道。“昆蓉欧”已实现17车到达欧洲，“桂蓉欧”已于2016年7月5日首次启动测试。2016年中欧班列（蓉欧快铁）去程291列，总货值11.46亿美元，货运量5.53万吨，主要货物种类为电子产品、机械产品、汽车配件、家用电器、灯具、服装鞋类等；回程169列，总货值1.49亿美元，货运量1.56万吨，主要货物种类为汽车、冻肉、酒水、家具、汽车配件、机械产品等。三是支持企业提高优惠原产地证利用率。开展原产地证预签试点，支持绵阳局实施“三证合一”备案管理。开展“送政策进百企”活动，共组织宣传培训30余次，培训人数达300余人次。选择3家出口企业实施重点帮扶。开展自贸协定利用率调查，帮助15家企业重新获享进口国关税减免。截至2016年12月，四川出入境检验检疫局共计签发各类原产地证书24 484份，签证金额14.98亿美元，同比分别增长20.77%和11.42%。其中优惠原产地证书19 960份，签证金额12.17亿美元，同比分别增长29.49%和14.70%，为企业减免进口国关税6 087.44万美元；签发一般原产地证书4 461份，签证金额2.59亿美元；签发烟草真实性证书63份，签证金额2 210.39万美元。加强部门合作，多次与四川省贸促会沟通交流，并登门拜访洽谈合作事宜。双方就加强原产地合作、政策研究、信息共享、执法合作达成一致，并于2016年12月签订了《合作备忘录》。四是推动生态原产地产品保护。推动四川省人民政府出台对通过国家生态原产地产品保护示范区创建的地区给予资金支持的政策，在全国属首创。推动绵阳、泸州、遂宁、德阳等地政府纷纷出台支持生态原产地保护工作的政策措施。建成6个国家级生态原产地产品保护示范区（4个已获批，2个正在公示期间），51个产品获得生态原产地产品保护，获保护产品数量居全国第二。5个生态原产地保护产品在夏季达沃斯论坛上“生态原产地保护专展”中展出，1家生态原产地最佳实践企业参加APEC绿色供应链年会并做经验交流。

开放口岸

【成都空运口岸（成都双流国际机场）】 位于成都市双流县，距离成都市区16千米。成都双流国际机场是我国西部地区枢纽机场。机场建有2条跑道，一条4E级跑道、一条4F级跑道，可起降A380等大型客、货飞行器；建有2座航站楼（T1、T2），面积达50万平方米。成都空运口岸的国际旅检现场设在T1航站楼A指廊，建筑面积3.9万平方米；设有8个登机廊桥，37个国际值机柜台，14个边检入境通道，12个出境通道，4条自助查验通道，6条人工智能查验收通道；海关出入境快速通关通道、检验检疫出入境各设6个通道。成都双流国际机场已开通国内、国际（地区）航线259条，其中，国内航线164条、国际（地区）客货航线95条。95条国际（地区）客货航线中，定期直飞航线38条，直飞货运航线27条，中转和包机客运航线30条。通航城市200个，其中，国际（地区）城市78个，国内城市122个。机场建有3座航空货运站，总面积10.7万平方米，年货物处理能力150万吨，能满足航空货物较长时期的发展需要。其中建筑面积为55 000平方米的双流机场空港新货运站是中国中西部最大、功能较完善的综合货运站。2016年验放进出境货物33.52万吨。除四川货物外，通过该口岸进出口的货物可中转至国内30多个城市；可实行国际货物大通关，加快货物的通关速度，满足英特尔公司等世界500强企业高端技术密集型IT产品24小时内到达全球客户手里。

成都双流国际机场多次荣获“国际卫生机场”“全国文明机场”“全国精神文明建设工作先进单位”“全国五一劳动奖状”“全国抗震救灾英雄集体”等殊荣，并已通过质量管理体系、环境管理体系和职业健康安全管理体系认证，在安全管理、旅客服务、应急保障等方面建立了与国际接轨的管理体系，形成了为中外航空公司提供服务和保障安全的综合能力。

成都航空口岸经国务院批准，2013年9月1日起正式实施部分国家外国人过境72小时免办签证政策（51个国家）。

2014年1月29日，成都空港保税物流中心（B型）获批建设，并于同年10月23日正式通过国家验收，对外服务。

2014年12月22日，国家质检总局批准成都双流国际机场口岸为进口冰鲜水产品检验检疫口岸，正式营运。

2016年10月27日，成都双流国际机场进境水果指定口岸通过国家质检总局验收，正式营运。

2016年9月26日，由成都双流国际机场承办的“第22届世界航线发展大会”在成都召开。

成都航空港属于中国（四川）自由贸易试验区成都片区。

【成都陆路（铁路）口岸】 2014年4月21日，国家口岸管理办公室批准成都铁路口岸为国家临时开放口岸。位于成都市青白江区城厢集装箱中心站（占地140万平方米，全国18个集装箱中心站之一），距离成都市区44千米。已开通成都至上海、深圳、重庆“五定班列”和通往欧洲的“蓉欧快铁”国际货物往返班列、中亚货运列车。查验设施、设备齐备、完善，联检大厅面积0.521万平方米，查验区面积2.7万平方米，海关、检疫监管仓库面积 0.192 万平方米，监管堆场面积 2.88 万平方米，检验检疫场地 0.63 万平方米，实验楼 0.202 1 万平方米，熏蒸房 0.015 万平方米；有集装箱正面吊 4 台、叉车 6 台、集装箱卡车 19 台。

2014 年 9 月 11 日，国家质检总局批准成都铁路口岸筹建进口肉类指定口岸，2016 年 3 月 28 日批准对外营运。2015 年 1 月 26 日，国务院批准成都铁路口岸为汽车整车进口指定口岸，2015 年 11 月 17 日正式通过国家验收对外开放。2015 年 11 月 25 日，海关总署等部门批准设立成都铁路口岸保税物流中心（B 型）。

2016 年 9 月 22 日，成都铁路港保税物流中心（B 型）通过国家验收，对外开放。

成都铁路口（临时开放口岸）岸划为中国（四川）自由贸易试验区成都片区。中国（四川）自由贸容易试验区规划总面积 120 平方千米，成都片区是四川自贸区的主体部分，总面积 100 平方千米（包括天府新片区、青白江铁路港片区）；泸州片区总规划面积近 20 平方千米（位于泸州市龙马潭区）。

原二类口岸

【绵阳外贸货物装卸点】 位于四川省川西北地区绵阳市火车站（宝成复线下行线 ZK542.02 千米、上行线 YK541.43 千米处），距离成都市 93 千米，服务川西北地区外向型经济发展，是川西北地区通往世界的门户。拥有出口加工区（整改申建综合保税区）、综合监管平台、出口监管仓库和公共型保税仓库等特殊监管区 3 处。该口岸基础设施、设备完善齐全，可满足川西北地区外贸货物进出境查验、验放的需求。2014 年 4 月，四川省人民政府批准绵阳铁路口岸由绵阳火车站搬迁至涪城区新皂镇，2015 年正式动工兴建。

【攀枝花外贸货物装卸点】 位于川南地区攀枝花市渡口火车站，地处川滇结合部，是四川通往东南亚沿边、沿海口岸的最近点，为“南方丝绸之路”上重要的交通枢纽和商贸物资集散地。其独有的地域位置，凸显了在四川建设西部综合交通枢纽和发展开放型经济，建设面向东南亚“桥头堡”的重要使命。该口岸查验、监管、堆场、监管仓库等基础设施、设备完善齐全，可满足攀西地区外贸货物进出口查验、验放的需求。

【乐山外贸货物装卸点】 位于四川省川南地区，乐山市夹江县火车站，距离成都 124 千米。堆场面积 4 万平方米，普通仓库面积 0.102 6 万平方米，监管仓库面积 0.032 万平方米，有吊车 2 台、叉车 6 台。

【泸州外贸货物装卸点】 位于四川省南部地区，地处长江上游泸州市龙马潭区罗汉镇泥大坝，距成都 251 千米。可利用成渝、成自泸两条高速公路和通往港口堆场的临港铁路实现铁公水联运。港口堆场面积 40 万平方米；有轨道式 45 吨龙门吊（吊具下 35 吨）7 台、集装箱岸边桥式 45 吨起重机（吊具下 35 吨）3 台、岸边 120 吨大件吊 1 台、岸边 45 吨门座机一台、堆高机 2 台、正面吊 3 台、集装箱内转车 8 台；3 000 吨级直立框架泊位 6 个；商品车滚装泊位 1 个，已经具备集装箱 100 万标箱/年、商品滚装汽车 30 万辆/年的吞吐能力，是长江上游第一个铁路直通堆场的集装箱码头，已成为集公路、铁路、水运多式联运为一体的长江上游百万标箱大港和四川第一大港口。

2014 年 10 月 9 日，国家质检总局批准泸州水运口岸为国家进口粮食指定口岸，并通过国家验收，对外开放。2014 年 10 月 13 日，海关总署等部门批准设立泸州港保税物流中心（B 型），2015 年 11 月 19 日，正式通过国家验收，对外开放。

泸州外贸货物装卸点划为中国（四川）自由贸易试验区泸州川南临港片区。中国（四川）自由贸容易试验区规划总面积 120 平方千米，成都片区是四川自贸试验区的主体部分，总面积 100 平方千米；泸州片区总规划面积近 20 平方千米，位于泸州市龙马潭区。

【宜宾外贸货物装卸点】 位于四川省川南地区，地处四川宜宾港志城作业区，长江上游北岸，距离成都市 242 千米。宜宾港志城作业区堆场面积为 7 万平方米，其中监管仓库围网查验监管区面积为1.1万平方米。有40吨龙门吊8台、40吨岸吊4台、25吨旋转式门座机1台、堆高车2台、正面吊3台、60吨集装箱卡车20台、1 000吨（兼顾3 000吨级）集装箱泊位4个、1 000吨级重件泊位1个、重载滚装泊位1个。宜宾港一期工程已全面完成，年集装箱吞吐能力可达50万标箱。

2014年10月9日，国家质检总局批准宜宾水运口岸为国家进口粮食指定口岸，并通过国家验收，对外开放。2015年12月17日，海关总署等部门批准设立宜宾港保税物流中心（B型）。2016年7月15日，正式通过国家验收，对外开放。2016年9月19日，宜宾港保税物流中心（B型）正式投入运营。

【成都外贸货物装卸点】 2010年9月6日，四川省政府正式批准从成都市成华区建材路11号迁建至龙泉驿区成都（国家）经济开发区物流中心内，距离成都市中心20千米，2012年迁建动工，2016年6月28日竣工，并通过省政府验收，正式对外开放。占地约15.53万平方米，年集装箱吞吐量40万标箱。建有2.4万平方米内外贸集装箱堆场、0.5万平方米查验平台、3.3万平方米公共保税仓库、0.24万平方米货物服务站、3.8万平方米联检大楼、三进三出智能卡口。配置有集装箱正面吊1台、叉车3台（丰田叉车），其他设备若干。

【成都国际邮件互换局】 位于成都市双流区航空港经济开发区机场高速公路旁，距成都双流国际机场5千米，距市中心11千米。有快件监管仓库0.25万平方米、报关大厅0.04万平方米、联检单位办公及休息区0.2万平方米、快件企业办公场地0.1万平方米、停车场0.5万平方米、监控室0.015万平方米。国际邮件快件中心是独立的封闭区域，根据功能限制、流向限制和技术监控等要求，通过有限的物流隔离，划分出不同性质和功能的作业区域，实现场地分区管理，使各区域间保持相对独立，相互隔离，并实施24小时监控。成都国际邮件互换局（成都双流国际快件中心）已开通98个国家和地区特快专递业务，与200多个国家（地区）城市互通邮件，并同新加坡、韩国、日本、美国4个国家和我国香港地区建立了国际特快专递直封关系。

2016年四川省口岸大事记

2月25日

四川航空公司开通成都至布拉格国际航线。

3月18日

中共中央政治局常委、全国人大常委会委员长张德江率全国人大出访团乘坐专机从成都空运口岸出境前往非洲进行国事访问。

3月23日

成都双流国际机场出入境检验检局揭牌开检。

3月28日

国家质检总局批准成都铁路口岸进口肉类指定口岸对外营运。

3月29日

四川省省长尹力赴成都双流国际机场调研，副省长刘捷参加调研。

6月28日

成都外贸货物装卸点竣工并通过省政府验收，正式对外开放。

7月15日

宜宾港保税物流中心（B型），正式通过国家验收。

7月23日~24日

G20世界财长和央行行长会议在成都举行，成都空运口岸为参加会议的国（境）外重要客人提供口岸服务保障。

9月2日

四川省省长尹力主持召开电子商务、现代物流及自贸试验区发展推进工作汇报会。听取商务厅、省政府口岸与物流办等单位关于推进电子商务、现代物流业及自贸试验区建设的工作汇报。

9月19日

宜宾港保税物流中心（B型）正式投入运营。

9月22日

成都铁路港保税物流中心（B型）通过国家验收，对外开放。

9月23日

东方航空公司开通成都至马尼拉国际航线。

9月24日

东方航空公司开通成都至菲律宾宿务国际航线。

9月24日～27日

成都空运口岸为参加第22届世界航线发展大会的嘉宾提供优质高效的口岸服务保障。

10月27日

成都双流国际机场进境水果指定口岸通过国家质检总局验收，正式营运。

11月3日～14日

成都空运口岸为参加第16届中国西部国际博览会的重要客人、嘉宾提供优质高效的口岸服务保障。

11月11日

中国西南航空公司开通成都至悉尼国际航线。

11月30日

海关总署署长于广洲、副署长邹志武在成都会见四川省委书记王东明、省长尹力。

12月1日

海关总署署长于广洲、副署长邹志武到四川天府新区考察调研，四川省副省长朱鹤新陪同。

海关总署署长于广洲在成都海关召开企业座谈会。

12月11日

中欧班列蓉欧快铁首批进口肉类抵达成都铁路口岸，结束了地处内陆的四川进口肉类食品须从沿边沿海进口的历史。

12月16日

首都航空公司开通成都至马德里国际航线。

12月17日

四川航空公司开通志成都至迪拜国际航线。

（撰稿人：吴舸、刘礼明、吴涵、谢苏、黄涛）

2016 年四川省口岸流量统计表

口岸类型		口岸名称	货运量（万吨）				集装箱（万标箱）				人员（万人次）				交通工具（辆、艘、架、次）			
			出口	进口	合计	同比（%）	出口	进口	合计	同比（%）	出境	入境	合计	同比（%）	出境	入境	合计	同比（%）
空运口岸		成都航空口岸	6	3.01	9.01	38.4					247.73	248.75	496.48	21.05	14 138	14 321	28 459	24.3
分计			6	3.01	9.01	38.4					247.73	248.75	496.48	21.05	14 138	14 321	28 459	24.3
陆运口岸	公路口岸	成都陆路（公路）口岸	1.9	16	17.9	827.5	0.045	3.075	3.12	3 299								
	分计		1.9	16	17.9	827.5	0.045	3.075	3.12	3 299								
	铁路口岸	成都陆路（铁路）口岸	76.07	50.82	126.89	123.5	3.16	2.12	5.28	123.72								
		绵阳陆路（铁路）口岸	0.29	5.65	5.94		0.02	0.26	0.27	34.63								
		攀枝花陆路（铁路）口岸	4.03	123.6	127.63	316.8												
		乐山陆路（铁路）口岸																
	分计		80.39	180.07	260.46	185.7	3.18	2.38	5.55	116.33								
水运口岸		泸州水运（河港）口岸	23.08	26.71	49.79		1.86	1.59	3.45									
		宜宾水运（河港）口岸	3.3	10.84	14.14	106.3	0.19	0.64	0.83	107.5								
	分计		26.38	37.55	63.93	20.21	2.05	2.23	4.28	20.43								
合计			114.67	236.63	351.3		5.275	7.685	12.96		247.73	248.75	496.48		14 138	14 321	28 459	

表注：表中航空口岸进出境货物 9.01 万吨，不包括 2 万吨转关货物、22.51 万吨航油。

2016年四川省口岸出入境主要数据表

项目			2016年	2015年	同比（%）
出入境人员（人次）	出入境人员总数		4 964 757	4 101 393	21.05
	入境人员		2 487 594	2 055 173	21.04
	出境人员		2 477 163	2 046 220	21.06
	出入境旅客		4 665 715	3 851 742	21.13
	出入境员工		299 042	249 651	19.78
	中国公民	小计	4 310 734	3 540 383	21.75
		内地居民（因公）	162 949	126 749	28.56
		内地居民（因私）	3 744 362	3 053 362	22.63
		港澳居民	175 639	154 885	13.39
		台湾同胞	227 784	205 387	10.90
	外籍人员		654 023	561 010	16.57
	从海港出入境人数				
	从陆港出入境人数				
	从空港出入境人数		4 964 757	4 101 393	21.05
交通运输工具（辆、艘、架、列次）	总计		28 459	22 897	24.29
	船舶				
	飞机		28 459	22 897	24.29
	火车				
	机动车辆				

（四川省公安边防总队）

2016 年成都海关主要数据统计表

项目		2016 年	同比（%）
进出口货运量（万吨）	合计	3 201 860	55. 6
	进口	2 419 443	80. 8
	出口	782 417	8. 7
进出口贸易总值（万美元）	合计	25 817 080	21. 8
	进口	13 466 194	33. 3
	其中：江、海运输	–	–
	铁路运输	–	–
	汽车运输	–	–
	航空运输	–	–
	邮件运输	–	–
	其他运输	–	–
	出口	12 350 886	11. 4
	其中：江、海运输	–	–
	铁路运输	–	–
	汽车运输	–	–
	航空运输	–	–
	邮件运输	–	–
	其他运输	–	–
税收（万元）	两税合计	1 123 994	8. 4
	关税入库	182 511	9. 5
	进口环节税入库	941 483	8. 2

（成都海关提供）

2016 年四川省出入境检验检疫业务统计表

项目	货物检验检疫				交通工具				集装箱（标箱）		发现动植物疫情		货物通关		出入境人员查验（人次）	健康检查及预防接种（人次）			
	批次	金额（万美元）	检验检疫不合格 批次	检验检疫不合格 金额（万美元）	船舶（艘）	飞机（架）	火车（列）	汽车（辆）	合计	检出问题	种类数	种次	批次	金额（万美元）		健康检查	艾滋病监测	发现病例	预防接种
本年累计	28 877	216 722	1 541	11 967		30 129			50 387		155	952	47 002	472 444	4 558 477	29 622	28 721	26 470	36 659
其中 出境	15 169	105 751	214	1 180		15 272			32 943				11 504	78 935	2 130 952	24 569	24 414	22 354	36 549
其中 入境	13 708	110 971	1 327	10 787		14 857			17 444		155	952	35 498	393 509	2 427 525	5 053	4 307	4116	110
同比（%）	-1. 77	-12. 88	-5. 75	-8. 84		14. 49			52. 80		-40. 84	-32. 82	28. 33	-13. 95	10. 20	-9. 31	-10. 42	-15. 47	-24. 68
其中 出境	1. 95	-1. 87	-2. 73	3. 08		12. 75			8. 66		-100. 00		75. 71	27. 49	0. 04	-13. 10	-13. 42	-17. 06	-24. 79
其中 入境	-5. 57	-21. 30	-6. 22	-9. 98		16. 33			88. 85		-40. 61	-32. 82	18. 01	-19. 22	20. 98	15. 13	11. 46	-5. 68	37. 50

（四川出入境检验检疫局提供）

贵 州 省

贵州省口岸分布示意图

口岸名称	批准开放时间	开放状态
贵阳空运口岸	1992.9	国际常年

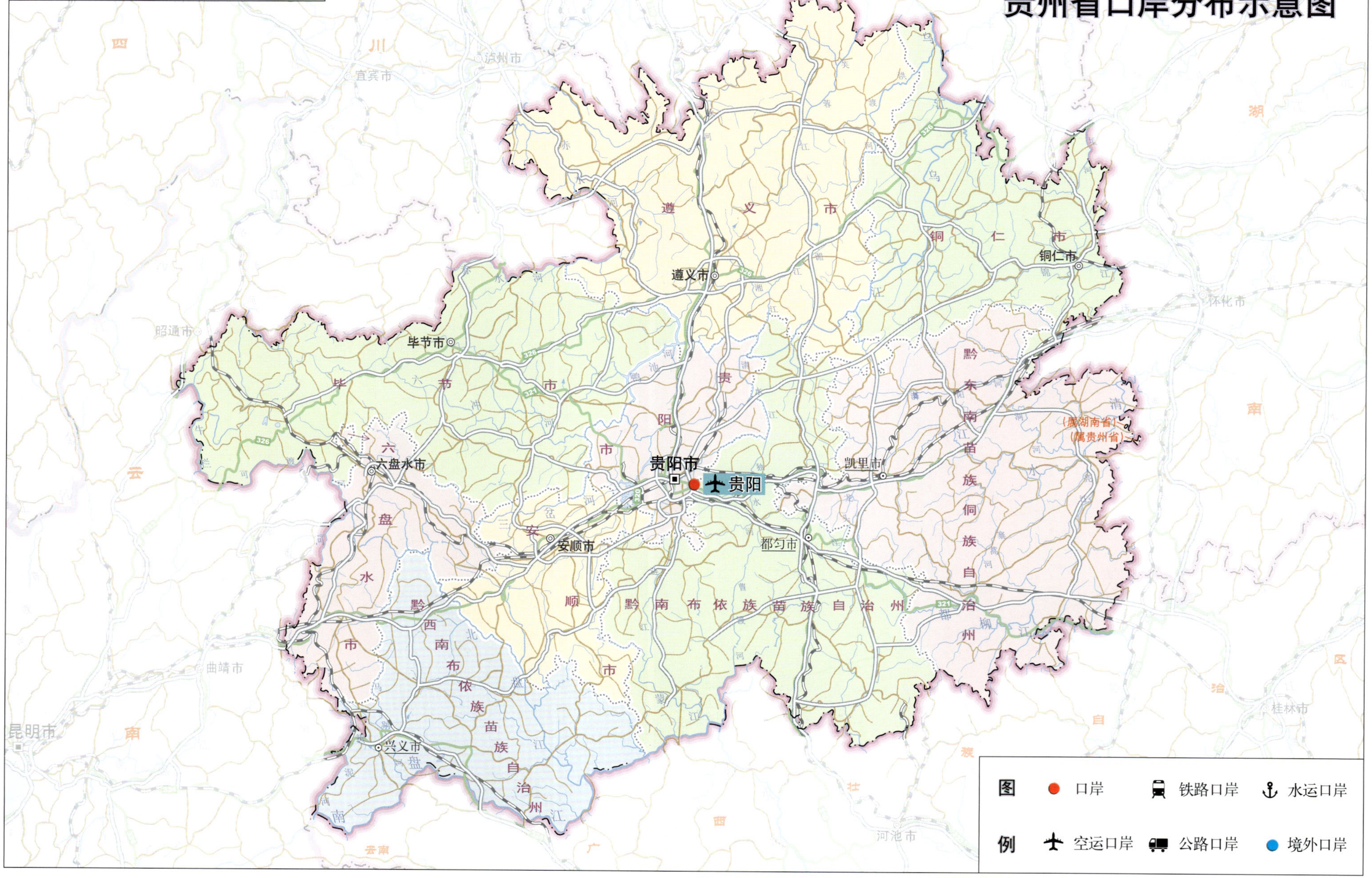

口岸数量及分布

截至2016年年底，贵州省有经国务院批准的正式对外开放的空运口岸1个，即贵阳空运口岸。

口岸运行数据

2016年，贵阳空运口岸出入境人员509 207人次，同比增长26.93%。其中，入境254 622人次，同比增长26.86%；出境254 585人次，同比增长26.99%；出入境旅客474 305人次，同比增长27.39%；出入境员工34 902人次，同比增长20.93%。

出入境航班4 274架次，同比增长20.7%。其中，入境2 144架次，同比增长20.99%；出境2 130架次，同比增长20.41%。查验旅客行李82.3万件，截留禁止进境携带物3 318批次。

海关监管进出口货物2 299吨，同比增加23.94%。其中，进口1 115吨，同比增加23.61%；出口1 184吨，同比增加24.24%。

口岸综合管理

【提高口岸开放程度】 2016年，贵阳空运口岸发展迅速，开放程度大幅提高，国际及地区航班迅速发展。出入境人员首次突破50万大关，贵阳空运口岸自2010年以来出入境人数呈两位数增长，2011年5.5万人次、2012年11.4万人次、2013年21万人次、2014年30万人次，2015年40万人次。2016年，出入境航班4 274架次，开通有韩国首尔、韩国济州、韩国仁川、韩国釜山，泰国曼谷，泰国甲米、泰国普吉、日本东京、日本大阪、日本名古屋、柬埔寨暹粒、越南河内、新加坡，以及中国台湾、中国香港、中国澳门等地航班航线。

【加大内陆口岸开放建设力度】 根据《海关总署关于请报送国家“十三五”口岸发展规划有关情况和意见的函》（署岸函〔2014〕219号）文件要求，已完成《贵州省“十三五”口岸发展规划》编制，已于2015年7月14日通过专家评审，并于2016年获得省政府正式批复印发执行。明确构建内陆开放型经济新体制的发展目标，依托多式联运，建设以空运口岸为主导，以陆路（铁路）、水运口岸为延伸，以综合保税区等口岸功能区为补充的全省口岸发展体系，打造布局合理、功能齐全、重点突出的立体化口岸系统，形成以黔中地区为重点、东西翼协调发展的全面对外开放格局。加快贵阳、遵义、毕节、兴义、铜仁凤凰机场、安顺黄果树、六盘水月照空运口岸，贵阳改貌、黔西南德卧、黔南贵定、毕节国际内陆港、黔东南州碧波陆路（铁路）口岸，遵义港漩塘码头、铜仁思南、兴义望谟蔗香水运口岸建设，完善口岸基础设施和配套服务功能。

【口岸开放平台建设取得突破性进展】 继获批贵阳、贵安综合保税区之后，在相关中央部委的支持下，遵义综保区申报建设取得突破性进展，是国务院设立贵州内陆开放型经济试验区的重要举措和现实需要，对于贵州省和遵义市构建内外联动、互利共赢的内陆开放型经济发展新模式具有重大意义。完成保税物流中心（B型）的规划。按照海关总署、财政部、税务总局、外汇总局关于印发《保税物流中心（B型）设立指导意见》和《2015年~2017年保税物流中心（B型）设立规划的通知》（署加发字〔2015〕51号）文件精神和贵州省政府工作安排，综合贵州省城市空间结构布局及产业、商贸物流和综合交通运输等发展规划，在全省范围内规划建设贵阳、六盘水、铜仁、黔南州4个市州保税物流中心（B型），形成以贵阳为核心，西部、东北部、南部三点环绕发展的空间布局，目前，贵州省政府已批复同意六盘水市、铜仁市和黔南州按流程向贵阳海关和海关总署申报建设保税物流中心（B型）。

【依托贵州电子口岸平台建设中国（贵州）国际贸易“单一窗口”】 根据国务院国发〔2015〕16号文中“2017年在全国所有口岸建成

‘单一窗口’的目标”要求，依托贵州电子口岸平台基础，在多方征求相关部门意见建议的基础上编制了《贵州省国际贸易“单一窗口”建设建设实施意见》，已获得贵州省政府批准，项目进入实施阶段。2016 年 8 月 2 日，国家口岸办在重庆召开了内陆沿边地区国际贸易“单一窗口”建设工作启动会，会上确定了将重庆市、陕西省、贵州省、江西省、内蒙古自治区及宁夏回族自治区 6 个省区市列入首批内陆沿边地区国际贸易“单一窗口”试点省区市。

【贵州省 3 个项目列入国家口岸发展“十三五”规划】 遵义新舟机场、铜仁凤凰机场、贵阳中欧班列铁路场站建设发展列入《国家口岸发展“十三五”规划》。

【强化协调，提升服务】 为充分发挥口岸协作机制的作用，切实做好口岸的建设、管理和协调工作，充分发挥口岸优势，整合口岸资源，提高通关效率和服务水平，共同推进“口岸大通关”建设，构建和谐文明口岸，贵州省口岸办认真组织贵州省公安边防总队、贵州省公安厅出入境管理局、贵阳海关、贵州出入境检验检疫局、贵州省机场集团有限公司等单位定期召开口岸现场通关协调工作例会，专题研究解决口岸建设、管理及运行中出现的各方面问题，协调、统一相关单位的意见，推动口岸建设、管理工作有效开展；同时，在贵阳空运口岸设立办公室，与口岸查验单位共同现场办公，及时协调解决相关突发性问题，有效提高口岸联检单位协同作战能力。为缓解贵阳航空口岸查验单位人员不足与航班大幅增长的突出矛盾，在上级部门的大力支持和关心下，2016 年贵州省口岸办积极牵头协调落实，为口岸联检单位解决了 270 万元的协勤聘用经费，一定程度上缓解了联检单位人员不足的问题。

口岸监管与服务

【深化海关业务改革】 2016 年，贵阳海关主动融入全国海关通关一体化管理格局，结合贵州省情，稳步推进各项业务改革。一是不断推进通关一体化改革，积极参加全国海关通关一体化改革工作，主动融入全国海关通关一体化管理格局，实现非政策性退税无纸化、汇总征税审批无纸化等改革，深入推进分类通关改革。二是扩大通关无纸化作业领域，通关无纸化率达 97.4%。三是加快转化上海自贸试验区改革成果，在特殊监管区复制推广可行性较强的制度，推动进境快件业务开展，邀请海关总署跨境电子商务专家赴贵州省商务厅对有关部门和企业进行跨境电子商务专题培训，同意贵州邮政对外开展个人物品快件业务，批准一家符合要求的个人物品快件监管场所对外开展个人物品快件业务；对有意向开展跨境电商业务的贵阳双龙航空港经济区与保利集团进行具体业务指导，为贵州跨境电子商务发展打下良好基础。四是多举措支持贵州内陆开放型经济试验区建设，推动“一带一路”沿线大通关合作机制，召开中俄海关“绿色通道”宣讲会，详细解读其中政策红利，与巴基斯坦驻成都领事馆开展企业通关便利化磋商，打造“一带一路”贵州通道。五是与贵州地方电子口岸合作，推进“三互”大通关和“单一窗口”建设，加强与检验检疫联系，全面巩固和深化关检合作“三个一”成果，取消对报关企业的限制，全面实现辖区企业“一地注册，全国报关”。

【助推海关特殊监管区和海关机构申建】 2016 年 3 月 30 日，贵安综合保税区正式封关运行，总规划面积 2.2 平方千米，是继贵阳综合保税区后，贵州省第二个获批的综合保税区。2016 年 11 月 15 日上午 10 点，六盘水海关开关仪式顺利举行。六盘水海关在 2015 年经中央编办批复同意设立后，经过 1 年来的筹备建设，正式对外办理海关业务。六盘水海关设立办公室和业务科两个科室，业务管辖范围为六盘水市、毕节市和黔西南州。六盘水海关的设立让其成为贵阳海关的第二个隶属海关，并且为六盘水市周边进出口企业就近办理海关业务，改善投资环境，扩大对外贸易提供了有利的条件。推进贵安综保区及贵阳综保区后续发展，积极复制推广上海自贸试验区的海关监管制度创新；加强与海关总署沟通，争取政策支持，贵州省保税物流中心（B型）申建工作稳步推进，支持遵义综保区申建，配合开展各地保税物流中心建设的调查研究，合理规划布局，积极协助配合地方政府在条件成熟的地方设立保税物流中心。

【打击走私违法，维护经济秩序】 2016年，贵阳海关扎实开展“国门利剑2016”专项联合行动，成功召开全省反走私综合治理会议，组织开展打击大米、冻品专项行动，确定以打击大米、枪支弹药、毒品、固体废物走私，骗取政府出口补贴案件为重点，加强组织，集中力量，持续用力，强化案件查办，取得了良好成效。2016年以来，贵阳海关缉私局共立案查办案件24宗，案值约2.07亿元，涉税2 172.4万元，同比分别大幅增长2倍、1.7倍和360倍。其中刑事立案9宗，案值约1.33亿元，涉税约2018万元；行政立案15宗，案值约7437万元，涉税约154.4万元，罚没收入37.4万元。

【贵阳海关进一步支持口岸建设】 一是主要指标再创新高。2016年，临时开放的遵义空运口岸（新舟机场）陆续开通了到韩国、泰国等国家和中国香港等地区航线。贵阳空运口岸（龙洞堡机场）增开至韩国首尔、韩国釜山、韩国清州、泰国清迈、越南河内、马来西亚吉隆坡、新加坡及中国澳门等航线，从贵阳、遵义进出境人员分别突破50万余人次和10 000余人次，两个口岸的国际航线数量、航班数量、旅客人数等主要指标均创历史新高。二是继续促进口岸开放。遵义空运口岸（新舟机场）继续对外开放，铜仁空运口岸（凤凰机场）对外开放纳入国家口岸工作“十三五”规划。贵阳海关相关部门对铜仁凤凰机场进出境旅检现场布局、通关流程进行审议，提出建设工作建议，对龙洞堡机场及遵义、铜仁机场设置进出境免税店的可行性进行研究。

【边检执法工作不断规范】 坚持以问题为导向，集中查摆纠正顽症痼疾，严格依法治警，严肃刚性问责，执法工作不断规范。积极推动执法资格认证，贵州省公安边防总队全体干部取得基本级执法资格，20人取得中级执法资格；2人顺利通过国家司法考试；积极探索法律规定与实践应用相结合的执法培训模式，年内共开展各类专题培训66期，400余人次；与川渝两地边检机关加强执法交流，形成了执法协作常态。全年未发生有效投诉和执法职务犯罪案件，检查员吴寿勇被授予为公安边防部队执法标兵。

【警务技能实战训练成绩实现突破】 贵州省公安边防总队广泛开展业务题库网上练兵、边检口岸突发事件处理实战演练、营区应急演练、手枪（微冲）实弹射击等军事业务岗位技能练兵活动，狠抓实战技能训练和基础体能训练，使训练工作紧贴执勤执法工作实际和部队实战需要。执勤业务一科被评为公安边防部队岗位练兵先进单位，执勤业务二科检查员陶文磊、聂照星被评为公安边防部队岗位技能练兵先进个人。

【贵州出入境检验检疫局口岸艾滋病防控】 2016年，贵州出入境检验检疫局共实施艾滋病监测3 947人次，其中出境2 571人次、入境1 376人次，同比分别减少8.29%、18.07%和18.01%。贵州出入境检验检疫局采取多项措施，加强机场口岸艾滋病防控和监测：一是持续加大口岸艾滋病防控知识的宣传教育力度，加强对各类重点人群的教育，进一步拓宽艾滋病防控宣传教育的渠道，目前口岸艾滋病防控知识宣传覆盖率已达100%；二是增加艾滋病防控投入力度，完善口岸艾滋病监测体系，继续完善实验室建设，加强专业队伍建设，提高检测水平；三是深化联防联控的合作机制，努力探索更加科学有效的合作模式，寻求口岸艾滋病防控在体制机制上的新突破。

【贵州出入境检验检疫局出入境人员健康体检】 2016年，贵州出入境检验检疫局共完成出入境人员健康检查3 890人次，其中出境2 516人次、入境1 374人次，同比分别减少8.6%、18.89%和18.01%；发现病例935人次，其中出境671人次、入境264人次，同比分别减少了14.69%、18.77%和2.22%；首次在贵阳机场口岸检出人博卡病毒、甲型H1N1流感、志贺氏菌

3 种传染病。全年共完成国际预防接种 3 087 剂次，其中出境 3 085 剂次，入境 2 剂次。

【贵州出入境检验检疫局卫生监督】 2016 年，贵州出入境检验检疫局机场办事处新签、换发国境口岸卫生许可证共计 44 份，同比增加了 12.8%。并在贵阳机场口岸共实施卫生监督共计 298 次，同比下降 32.7%。对航空食品、生活饮用水、餐饮服务单位餐具快速检测 125 份，同比下降 54.2%。监管航空配餐 418.5 万份，100% 确保了配餐食品的安全。完成对贵阳机场候机楼的微小气候及空气卫生质量指标监测 28 次。在贵阳空港口岸媒介生物控制工作方面，布放鼠夹 1 600 只、鼠笼 200 个，放置二氧化碳诱蚊灯 18 个、诱卵器 630 个，布放蝇笼 42 个，共捕获鼠类 15 只、蚊类 633 只、阳性诱卵器 10 个、蝇类 247 只。

【“三加强”筑牢口岸疫情防线】 2016 年 2 月，贵州出入境检验检疫局机场办事处通过“三加强”认真做好黄热病疫情防范和应对工作。一是加强黄热病预防接种证书检查。已向航空公司发出通告，要求一旦有来自安哥拉的 1 岁以上人员入境，机组要立即向口岸一线检疫人员出示有效的黄热病预防接种证书，对无证书的人员，将对其实施 6 日的留验或者居住地隔离。二是加强重点航班查验和旅客检疫。加强来自流行区人员的体温检测、医学巡查等工作，对主动申报的或现场发现的黄热病染疫人和染疫嫌疑人，按规定程序采取隔离留验等医学措施。三是加强机场口岸防蚊灭蚊工作。对来自安哥拉的交通工具、集装箱严格进行检疫查验，对没有灭蚊处理证明的，立即监督实施灭蚊处理。同时加强口岸卫生监督工作，采取有效灭蚊措施，清除蚊虫孳生地，降低口岸蚊虫密度，防止传播黄热病。

【贵州出入境检验检疫局全程监管护运省内首例国外直引活动物入境】 2016 年 5 月 27 日凌晨 2 点，从挪威引进的加州海狮顺利到达贵州龙川极地海洋世界。该海狮经过广州白云国际机场口岸查验后，由贵州出入境检验检疫局工作人员全程监管护运抵达贵阳。该加州海狮是贵州首例从国外直接引进的活动物，是贵州境外活动物成功引入的里程碑，既为下一步从境外引进大型动物提供成熟工作经验，也为贵州建立进境大中种用动物指定隔离场，引进国外优良畜牧牛羊品种奠定了成功基础。为保证海洋动物的顺利引进，贵州出入境检验检疫局制定专项工作方案、监管计划及应急程序，指导并帮助海洋世界完善动物防疫等系列管理制度。行政审批办理期间，专程赴国家质检总局汇报，在进境动物指定隔离场、进境动植物检疫审批、口岸通关放行“绿色通道”等方面为境外动物的顺利引进提供了全方位的政策支持。在后续工作中，贵州出入境检验检疫局全程跟踪和监管海狮隔离情况，30 天隔离期满后及时向省政府和国家质检总局汇报工作情况，同时不断总结，为贵州更多从境外引入科研、观赏、育种用活动物积累经验。

【贵州出入境检验检疫局机场办事处力促“三型”口岸建设取得明显成效】 2016 年以来，贵州出入境检验检疫局机场办事处以智检口岸建设为核心，通过技术练兵提升履职把关能力，通过信息化建设提高口岸通关效率，通过文明执法规范执法展示特色口岸风采，在力促“三型”口岸建设方面取得明显成效。一是“安全型口岸”建设，加强业务技能培训及演练，加大口岸执法硬件设施的投入，加大口岸防控工作的宣传力度。二是“便捷型口岸”建设，加大口岸检疫查验设施设备的信息化和智能化投入，落实各项通关便利化政策措施，不断提高通关便利化水平。三是“地方特色型口岸”建设，积极参与双龙临空经济区和贵州“国际山地旅游区”建设，在口岸检验检疫工作中融入更多的“贵州元素”。

【贵阳口岸传染病防控成效显著】 2016 年，非洲和南美洲及东南亚分别发生了黄热病及寨卡等重大传染病疫情，为防止国际疫情经口岸传入贵州，贵州出入境检验检疫局采取多种防控措施，密织口岸传染病防控网，取得明显成效。2016 年前 10 个月共检出冠状病毒感染等各类传染病近 100 例，其中 32 例属在机场口岸旅检查验中发现，创造了贵阳机场口岸传染病防控的 3

个第一次：一是第一次检出人博卡病毒感染病例，二是第一次检出甲型 H1N1 流感病例，三是第一次检出志贺氏菌感染病例。贵州出入境检验检疫局对检出的传染病病例均依法依规进行了妥善的处理，有效防止了疫情经口岸传播。下一步，贵州出入境检验检疫局将全面分析贵阳口岸传染病疫情防控的重点和难点，进一步提高口岸传染病监测和应对口岸突发公共卫生事件的能力，保障贵阳口岸公共卫生安全。

【遵义出入境检验检疫局首次在机场口岸检获有害生物】 遵义出入境检验检疫局从遵义新舟机场入境旅客行李中多次截获新鲜水果，经过培养鉴定，检出检疫性有害生物具条食蝇、南瓜食蝇共 4 批次。这是遵义新舟机场临时口岸开放以来，首次检获检疫性有害生物。2016 年，遵义出入境检验检疫局贯彻“放管服”改革精神，检疫查验出入境航班 139 架次、人员 8 146 人次，坚持疏堵结合，注重服务把关，全力抓好机场口岸动植物疫情防控工作。一是开展口岸核心能力建设，夯实一线把关基础；二是贴近群众宣传政策法规，提升一线服务水平；三是严格依法加强监管，提高一线执法能力。

【遵义出入境检验检疫局首次检出口岸传染病例】 2016 年 12 月 16 日，遵义出入境检验检疫局从泰国曼谷入境旅客中检出遵义机场口岸首例输入性传染病例，确诊为季节性流感 H3 亚型。2016 年，遵义出入境检验检疫局积极应对遵义机场国际航班增加、出入境旅客量增多、目的地疫情复杂三大突出问题，积极开展口岸核心能力建设，全力确保口岸安全开放，共查验出入境航班 168 架次、人员 10 399 人次，同比分别增加 783%、1 316%。

开放口岸

【贵阳空运口岸（贵阳龙洞堡国际机场）】 贵阳龙洞堡国际机场位于贵阳市东部，距离市区 11 千米，交通便利。机场于 1997 年 5 月 28 日正式投入空运，是西南地区的重要的航空枢纽。机场管理机构为贵州省机场集团有限公司，距贵阳市中心约 11 千米，车程约 25 分钟。该机场占地面积约 400 万平方米，机场跑道长 3 200 米、宽 45 米，三条快速脱离道和两条端联络道，是可接受波音 747、空中客车 A330 等同类及其以下机型的全重起降，具有先进导航系统和设施的 4E 级现代化机场。新航站楼满足年旅客吞吐量 1 550万人次，货邮吞吐量 22 万吨，飞机起降量 14.6 万架次，主要建设规模为新建航站楼 11 万平方米，停机坪 26 万平方米，货运站 2.1 万平方米，停车场（楼）10.5 万平方米，配套有空管、供油、供电、给排水、供冷、供热、燃气、消防救援和辅助生产设施，用地规模约 72.4 万平方米。贵阳机场以中型飞机为主、小型飞机配套、长短航线互补，目前该机场直飞航线 112 条，每周起降 2 240 余架次飞机。直飞航线和包机航线遍及国内 69 个大中城市和韩国、新加坡、泰国、柬埔寨、越南、中国香港、中国台北等 14 个国家和地区。包括 4 家基地公司在内，总共有 35 家航空公司在该机场营运。基地航空公司分别是贵州多彩航空股份有限公司、中国国际航空股份有限公司贵州分公司、中国南方航空集团贵州航空有限公司、华夏航空公司、天津航空贵州分公司。

2006 年 1 月 19 日，贵阳龙洞堡机场更名为贵阳龙洞堡国际机场，成为中国西南地区第 4 家国际机场。此前，该机场已通过国家有关部门的综合评估和验收，并获得民航总局的正式批复。2013 年启动了贵阳机场 T1 航站楼扩容改造工程，改扩建工程国际区域的投用，将使贵阳机场 T1 航站楼和 T2 航站楼连为一体，实现双楼运行，新建成的高架桥贯穿 T1 航站楼和 T2 航站楼，乘坐国际、地区航班的旅客进出港将更便捷。2015 年 2 月完成 T1 航站楼改扩建工程，总建筑面积 80 768 平方米，总投资 6.55 亿元，可满足年旅客吞吐量 600 万人次需求，其中，国际厅面积从 9 000 平方米增加到 1.8 万平方米。改造后的贵阳机场航站楼总规模达 21 万平方米，可满足年旅客吞吐量 1 850 万人次的需要，有效提升机场硬件保障水平。

2016 年 12 月 30 日，贵阳龙洞堡国际机场举行三期扩建工程奠基仪式，本次工程在现有跑道东侧中心 365 米间距平行处新建 1 条长 4 000 米、宽 45 米的跑道；将现有跑道向北延长 300 米，达到 3 500 米；新建 16.5 万平方米航站楼，62 个机位的站坪，总机位将达到 114 个，同时还将建设 0.9 万平方米的货运站，以及机务维修、航空食品、消防救援、空管塔台、供油工程等辅助生产生活设施。按照 2025 年旅客吞吐量 3 000 万人次、货邮吞吐量 25 万吨、飞机起降量 24.3 万架次的目标设计。

2016 年贵州省口岸大事记

1 月 12 日

贵阳机场口岸首次截获樱花种子、扁桃斑鸠菊带土植株。

1 月 13 日

海关总署督察组到贵阳海关开展“一地注册，全国报关”改革落实情况专项督察。

2 月 13 日

贵阳机场口岸检出首例人博卡病毒患者。

2 月 13 日

贵阳市边防检查站迎来新年假期出入境旅客历史同期最高峰，旅客流量达到 12 541 人次，航班 86 架次。

3 月 1 日

贵州省委书记陈敏尔到贵阳空运口岸现场检查指导工作。

3 月 30 日

贵安新区综合保税区正式封关运行。

5 月 27 日

贵州出入境检验检疫局全程监管护运省内首例国外直引活动物入境。

6 月 3 日

国家口岸办同意延长中外临时客运旅游包机从遵义新舟机场出入境期限，时间为 2016 年 7 月 1 日至 2016 年 12 月 31 日。

6 月 23 日

国务委员王勇一行视察贵安综合保税区，贵州省委书记陈敏尔、常务副省长秦如培陪同。

6 月 29 日

贵州出入境检验检疫局首次签发中国—哥斯达黎加原产地证书。

6 月 27 日

生态文明贵阳国际论坛 2015 年年会在贵阳召开。贵阳空运口岸以优质高效的服务，保障境外参会嘉宾顺利通关。

7 月 12 日

贵阳海关首台自助通关一体机正式启用。

8 月 4 日

贵阳口岸检出首例甲型 H1N1 流感病毒患者。

9 月 9 日

第六届中国（贵州）国际酒类博览会开幕，贵阳空运口岸以优质高效的服务，保障境外参会嘉宾及参展用酒顺利通关。

9 月 23 日

贵阳口岸检出首例志贺氏菌感染患者。

10 月 10 日

海关总署下发《海关总署关于同意六盘水海关开关的批复》（署人函〔2016〕483 号）。

10 月 27 日

遵义新舟机场开通遵义至仁川往返航线。

11 月 2 日

贵安综保区首票出口货物顺利申报出区。

11 月 15 日

六盘水海关通过验收并举行开关仪式。

12 月 2 日

遵义新舟机场开通遵义至曼谷往返航线。

12 月 27 日

贵阳市边防检查站出入境旅客流量年度首破 50 万人次大关。

（撰稿人：邓院生、陈亮、孙伟、邱宁、杨珺轶、裴超）

2016 年贵州省口岸流量统计表

口岸类型	口岸名称	货运量（万吨）				集装箱量（万标箱）				人员（万人次）				交通工具（辆、艘、架、列次）			
		出口	进口	合计	同比（%）	出口	进口	合计	同比（%）	出境	入境	合计	同比（%）	出境	入境	合计	同比（%）
空运口岸	贵阳空运	0.12	0.11	0.23	23.94					25.46	25.46	50.92	26.93	2 130	2 144	4 274	20.70
空运口岸	分计	0.12	0.11	0.23	23.94					25.46	25.46	50.92	26.93	2 130	2 144	4 274	20.70
陆运口岸 公路口岸																	
陆运口岸 公路口岸	分计																
陆运口岸 铁路口岸																	
陆运口岸 铁路口岸	分计																
水运口岸 海港口岸																	
水运口岸 海港口岸	分计																
水运口岸 河港口岸																	
水运口岸 河港口岸	分计																
合计		0.12	0.11	0.23	23.94					25.46	25.46	50.92	26.93	2 130	2 144	4 274	20.70
同比（%）		24.24	23.61	23.94						26.99	26.86	26.93		20.41	20.99	20.70	

（贵州省口岸办提供）

2016 年贵州省口岸出入境主要数据表

项目			2016 年	2015 年	同比（%）
出入境人员（人次）	出入境人员总数		509 207	401 179	26.93
	入境人员		254 622	200 705	26.86
	出境人员		254 585	200 474	26.99
	出入境旅客		474 305	372 318	27.39
	出入境员工		34 902	28 861	20.93
	中国公民	小计			
		内地居民（因公）	1 522	3 025	-49.69
		内地居民（因私）	342 415	285 723	19.84
		港澳居民	26 619	22 533	18.13
		台湾同胞	54 855	48 971	12.02
	外籍人员		48 894	12 068	305.15
	从海港出入境人数				
	从陆港出入境人数				
	从空港出入境人数				
交通运输工具（辆、艘、架、列次）	总计		4 326	3 545	22.03
	船舶				
	飞机		4 326	3 545	22.03
	火车				
	机动车辆				

（贵州省公安边防总队提供）

2016年贵阳海关主要数据统计表

项目		2016年	同比（%）
进出口货运量（万吨）	合计	442.9 379	-10.11
	进口	358.2 812	-9.47
	出口	84.6 567	-12.70
进出口贸易总值（万美元）	合计	5 722 997	-53.17
	进口	95 714	-18.31
	其中：江、海运输	56 487	-18.31
	铁路运输	95	-88.20
	汽车运输	7 337	-66.04
	航空运输	314 040	-77.13
	邮件运输	5	310.41
	其他运输	750	103.08
	出口	476 583	-52.10
	其中：江、海运输	347 745	-54.28
	铁路运输	3 870	64.61
	汽车运输	84 154	-7.93
	航空运输	40 875	-70.96
	邮件运输		
	其他运输		-100.00
税收（万元）	两税合计	49 751	-16.46
	关税入库	11 525	-19.16
	进口环节税入库	38 226	-15.60

（贵阳海关提供）

2016 年贵州省出入境检验检疫业务统计表

项目	货物检验检疫				交通工具				集装箱（标箱）		发现动植物疫情		货物通关		出入境人员查验（人次）	健康检查及预防接种（人次）			
	批次	金额（万美元）	检验检疫不合格																
			批次	金额（万美元）	船舶（艘）	飞机（架）	火车（列）	汽车（辆）	合计	检出问题	种类数	种次	批次	金额（万美元）		健康检查	艾滋病监测	发现病例	预防接种
本年累计	3 112	88 978. 1	228	2 928. 59	0	4 274	0	0	3 141		33	198	1 689	65 040. 26	506 651	3 890	3 947	935	3 087
其中 出境	2 346	74 893. 1	129	1371. 33	0	2 130	0	0	2 569				1 208	61 898. 86	253 516	2 516	2 571	671	3085
其中 入境	766	14 085	99	1 557. 26	0	2 144	0	0	572		33	198	481	3 141. 40	253 135	1 374	1 376	264	2
同比（%）	28. 82	10. 37	72. 73	-29. 46	0	20. 7	0	0	91. 67		94. 12	500	86. 63	8. 8	26. 47	-8. 6	-8. 29	-14. 69	-38. 37
其中 出境	34. 61	4. 82	65. 38	-60. 03	0	20. 41	0	0	68. 53				127. 5	6. 89	26. 61	-18. 89	-18. 07	-18. 77	-38. 35
其中 入境	13. 8	53. 7	83. 33	116. 08	0	20. 99	0	0	410. 71		94. 12	500	28. 61	68. 02	26. 33	19. 06	-18. 01	-2. 22	-60

（贵州出入境检验检疫局提供）

云 南 省

口岸数量及分布

截至2016年年底，云南省有经国务院批准的对外开放的口岸18个。其中，空运口岸4个，分别是昆明空运口岸（昆明长水国际机场）、西双版纳空运口岸（西双版纳嘎洒国际机场）、丽江空运口岸（丽江三义国际机场）、芒市空运口岸（德宏芒市国际机场）；陆路（铁路）口岸1个，即河口铁路口岸；陆路（公路）口岸11个，分别是瑞丽、畹町、孟定清水河、腾冲猴桥、打洛、磨憨、勐康、河口、天保、金水河、都龙公路口岸；水运口岸2个，分别是景洪、思茅河港口岸。

口岸运行数据

2016年，云南省口岸进出口额为138.90亿美元，同比增长0.90%，占云南省外贸进出口总额的69.50%。其中，出口71.60亿美元，同比下降5.40%；进口67.30亿美元，同比增长8.70%。云南企业在云南省口岸进出口额为116.10亿美元，占云南省口岸进出口额的83.60%。云南省口岸货运量达到1 980万吨，同比增长8.10%。其中，出口572万吨，同比下降7.0%；进口1 408万吨，同比增长15.80%。云南省口岸出入境人员3 717万人次，同比增长6.40%。其中，出境1 840万人次，同比增长8.00%；入境1 877万人次，同比增长4.80%。云南省口岸出入境交通工具782万辆（艘、架、列）次，同比增长14.30%。其中，出境396万辆（艘、架、列）次，同比增长16.50%；入境385万辆（艘、架、列）次，同比增长12.20%。①

2016年，对越南边境口岸进出口额25.50亿美元，同比增长59.50%，占云南省口岸的18.30%；口岸进出口货运量341万吨，同比增长19.80%，占云南省口岸的17.20%；出入境人员共计达到574万人次，同比增长16.20%，占云南省口岸的15.40%；出入境交通工具共计达到34万辆（列）次，同比增长43.70%，占云南省口岸的4.40%。

2016年，对老挝边境口岸出入境人员共计达到133万人次，同比增长5.10%，占云南省口岸的3.60%；出入境交通工具共计达到42万辆次，同比增长3.70%，占云南省口岸的5.30%。受市场需求疲软，大宗商品价格持续走低，老挝木材及矿产品进口政策调整等多重因素影响，中老边境口岸进出口货物指标均有所下降，口岸进出口额16.90亿美元，同比下降4.30%，占云南省口岸的12.20%；口岸进出口货运量160万吨，同比下降4.10%，占云南省口岸的8.10%。

2016年，对缅甸边境口岸进出口额70.70亿美元，同比增长9.00%，占云南省口岸的50.90%；口岸进出口货运量772万吨，同比下降0.40%，占云南省口岸的39.00%；出入境人员共计达到2 736万人次，同比增长4.00%，占云南省口岸的73.60%；出入境交通工具共计达到706万辆次，同比增长13.90%，占云南省口岸的90.00%。

口岸综合管理

【口岸规划工作】 进一步完善《云南省口岸“十三五”发展规划》，积极向国家口岸办汇报，争取纳入国家开放规划。结合云南省口岸发展现状，着力发展铁路口岸，扩展航空和水港口岸，优化陆路口岸；将大理机场、迪庆香格里拉机场、水富港、猴桥铁路、孟定清水河铁路纳入云南省“十三五”开放口岸规划，协调相关州市、有关部门做好具体规划和建设，优化口岸布局，构建更为完善的口岸集群。加强与云南省发展改

① 云南省2016年口岸进出口额，因海关对其中的边民互市贸易统计科目政策调整，导致2016年和2015年数据有出入。2016年增幅是按同比的口径测算。

革委、云南省住建厅等有关部门的协作配合，统筹瑞丽、河口、磨憨等重点口岸与沿边城市融合发展规划，着力发挥口岸在沿边经济带开放发展中的引擎作用，提升沿边城市在云南开放型经济发展中的地位和作用。

【口岸基础设施建设】 落实云南省委、省政府和国家口岸办口岸发展部署，以口岸通关便利化为抓手，严格按建设的相关程序和《云南省加强口岸工作，促进大通关建设资金奖补管理办法》和《云南省口岸建设项目管理实施办法（试行）》的规定，开展口岸建设工作。云南省口岸办积极与云南省财政厅、云南省发展改革委就口岸建设发展加强协作，突出重点口岸的辐射带动功能和口岸通关效益，加快口岸配套设施和通关便利化建设。严格按照《云南省加强口岸工作，促进大通关建设资金奖补管理办法》，开展口岸建设项目资金分配工作。协调临沧边检合作区，推进孟定清水河口岸迁建工程，协调昆明海关、云南出入境检验检疫局、云南省公安边防总队等部门，共同帮助临沧边检合作区完善迁建联检设施功能设计方案，推进联检设施建设项目进度。协调云南省发展改革委、昆明铁路局和红河州政府等部门推进河口火车北站国际联检项目实施。继续推进拟新开的田蓬、关累、勐满口岸基础设施建设。通过采取一系列扎实有效的措施，加快推进重点项目建设进度，提升口岸通关便利化水平。

【口岸开放工作】 落实国家口岸发展规划，在规划开放中进一步优化云南省口岸布局，统筹口岸发展，进一步扩大口岸开放力度，提升云南沿边开放水平。按照口岸开放的相关程序，有序推进勐康、打洛等口岸扩大开放，实现对双边和第三国持有效照护照人员和货物通行；继续推动实现畹町口岸芒满通道临时开放工作及大理机场临时开放申报工作；将国家批准新开放的都龙（公路）口岸、芒市（空运）口岸和已列入国家“十二五”口岸发展规划的勐满（公路）、关累（水运）等口岸作为重点开展工作，开展新开口岸规划、选址、勘验、建设等一系列开放前的基础工作；继续推动原二类口岸（田蓬、片马、盈江、孟连、沧源、章凤、南伞公路口岸）有序升格，向国家口岸办汇报推进。通过以上扎实有效的规划工作，进一步扩大云南省口岸开放力度，促进云南省口岸功能的发挥。

【口岸大通关建设】 加强调查研究，制定通关便利化政策措施。一是牵头编制了《云南省口岸突发事件应急处置预案》，加强对云南省口岸突发事件的预防和管控，提高云南省口岸突发事件的预防、应对和处置能力，确保云南省口岸安全稳定运行。二是研究制定《关于加强和规范云南省口岸协管（检）员管理工作的指导意见（送审稿）》，缓解口岸快速发展和口岸查验单位人力资源不足的突出矛盾。三是制定出台《中越（云南）双边口岸收费公示方案》，在中越（云南）口岸推动实施双边收费公示制度，逐步规范和降低口岸通关成本。四是在云南省商务系统范围内，面向全省外经贸企业，组织开展了“开局问需，把脉通关，助力外贸”大走访专题调研活动，以问题和需求为导向，问计问需外经贸企业，形成调研报告——《举全省之力攻坚口岸发展支撑体系，实现大通关服务体系效益最大化》。五是积极推进口岸各部门“三互”（信息互换、监管互认、执法互助）、“三个一”（一次申报、一次查验、一次放行），加快云南电子口岸大通关服务平台建设及补充项目建设，及时启动云南国际贸易“单一窗口”建设各项前期准备工作。六是积极推进瑞丽、磨憨、河口、昆明机场口岸开展通关便利化综合改革试点工作。七是配合云南省财政厅开展关于免除查验没有问题外贸企业的吊装移位仓储费用试点的有关工作，出台《云南省财政厅等六部门关于印发〈云南省关于免除查验没有问题外贸企业吊装移位仓储费用试点工作方案〉的通知》（云财外〔2016〕85号），切实降低企业在进出口环节的成本，支持外贸和口岸发展。

【口岸合作机制】 云南省与毗邻国家的口岸国际交流合作取得较大突破。一是应越南社会主义共和国老街省口岸工作组委会邀请，组织昆明海关、云南出入境检验检疫局共同出访越南，建立中国（云南）—越南（老街）联络机制，与越南有关省的口岸管理部门、边防、海关、检疫、交通运输等相关单位广泛深入地磋商，实地解决当前存在的问题。二是组织昆明海关、西双版纳傣族自治州商务局和昆明长水国际机场有限责任公司共同出访老挝、泰国、柬埔寨，加强与大湄公河次区域的国际通关便利化交流协作。三是参与筹备和陪同国家口岸办赴越南参加中越陆地边境口岸管理合作委员会第四次会议，加强对越口岸交流合作顶层设计。四是通过中国云南—老挝北部合作工作组会议、中国云南—缅甸合作论坛等平台，推动解决双边口岸通关便利化实际问题。

【电子口岸建设】 云南电子口岸在2015年正式建成并投入使用，一期项目及一期补充项目在2016年持续加快推进，逐步实现“一单三报”“一次申报、一次查验、一次放行”，海关“在途监管”、用户移动APP查询等功能。截至2016年12月，云南省商务厅、云南出入境检验检疫局和昆明海关子项目已建设完成，并上线试运行。在口岸落地运用方面，河口口岸和昆明机场口岸（东航货场）已实现与云南电子口岸数据对接，磨憨口岸、天保口岸和瑞丽口岸正在建设。随着项目推进，云南电子口岸效果初步显现。截至2016年12月31日，口岸门户访问量5万多次；发布新闻数据共18 174条，包括各个口岸资讯、政策法规等；报关申报数据410单，货值为211.75万元，报检42 908条，货值为92.29亿元，海关放行单数257条，车辆信息7 478条，河口物流数据共享共计92 001条，云南东航物流数据共享共计5 439条，磨憨物流数据共享共计6条；基础共享数据情况包括机构信息16 959个，国别代码259个，商品编码13 100多个等。

【口岸边民互市贸易增长迅速】 口岸边民互市贸易加速增长、优势明显。口岸各单位高度重视边民互市发展，进一步完善贸易政策，加快规范化场所建设，实施快速便捷通关，延长口岸通关时间，合力推进云南省口岸边民互市贸易繁荣发展。2016年，云南省口岸边民互市进出口额共计160亿元，同比增长52.40%；云南省口岸边民互市货运量共计602万吨，同比增长27.6%。云南省口岸边民互市进出口额排名前5位的口岸分别为天保、孟定、勐腊、河口、金水河。口岸边民互市进口商品主要为火龙果、香蕉、芭蕉，绿豆等农产品，出口商品主要为纸箱、水泥、瓷砖、水泥等制成品。继续推进打洛、南伞、孟定清水河口岸边民互市贸易场所规范建设等工作。通过以上工作，使口岸建取得实质性进展，实现云南省口岸又好又快发展。

【推进空运口岸国际航线开发】 云南全力推进航线开辟工作，新增温哥华、悉尼、莫斯科、新德里、西哈努克港、巴厘岛、名古屋、琅勃拉邦、胡志明、河内、达卡、釜山、济州、静冈、甲米等多个国际通航点，多家国外航空公司进入云南市场，云南民航向国际化市场迈出了重要的一步。截至2016年年底，昆明机场开通308条航线，其中国内240条、国际61条、地区7条。通航162个城市，其中国内114个、国际43个、地区5个。2016年国际及地区航线旅客吞吐量344.18万人，同比增长19.50%。2016年4月1日，昆明机场正式实施境外旅客购物离境退税政策，境外游客在境内购物可享受8%的退税。云南航空已初步形成以昆明为中心，覆盖全国大部及东南亚、南亚主要国家城市的航线网络结构，提升了昆明作为面向东南亚、南亚辐射中心的国家门户枢纽作用。

口岸监管与服务

【云南省公安边防总队紧跟开放发展战略，着力提升服务能力】 一是主动融入经济社会发展大局。主动融入云南面向南亚、东南亚辐射中心战略建设，全程参与云南电子口岸建设，制定了边检子系统建设方案，为实施“三互”“三个一”“单一窗口”新型通关模式预留了模块和接口。二是强力助推口岸建设开放。主动向云南省发展改革委、云南省口岸办等汇报边检基础及配套设施建设需求，精准研提孟定清水河口岸迁址新建，芒市机场、大理机场、腾冲机场、瑞丽口岸姐告滨江通道、畹町口岸芒满通道申报开放，以及勐康口岸扩大对外开放等意见、建议32条，确保所有新开口岸边检设施装备信息化程度高、功能完善。顺利推动德宏芒市机场获国务院批复同意对外开放，并牵头启动了芒市机场边检站筹备组建工作。三是着力打造边检服务品牌。按照“一站一品牌”的思路，坚持突出重点、以点带面，指导各边检站系统总结近年来边检提服工作经验做法，创新推动各边检机关打造特色和亮点，初步确立了昆明站“大勤务、大数据、大后台”勤务运行保障机制，河口站边检业务培训基地样板，瑞丽站边民检查勤务改革创新，以及磨憨站“三国四站”边检国际警务合作机制四大边检品牌，并给予专题指导、重点帮扶和经费倾斜。昆明站的“三大”勤务机制被公安部边防管理局推广，磨憨站“三国四站”机制被提升至部级层面予以推动。积极配合宣传处开展由省委宣传部、省文明办、新华网等10个部门联合组织的寻找“国门之星”，讲述国门故事，助推“一带一路”主题活动，河口站“国门仪仗队”成为唯一获殊荣的集体，怒江支队片马边境检查站检查员蔡佳、自治边境检查站站长彭一成、瑞丽站检查员段樱3名检查员当选“国门之星”。四是圆满完成重大边防安保任务。严格落实部局、云南省总队党委决策指示，坚持最高规格、最强部署、最严措施、最佳状态、最优效果，制定安保工作方案和专机、包机子方案，建立重大安保专班、专勤机制，圆满完成G20峰会、中国—南亚博览会、中国国际旅游交易会、朝觐包机等重大边检安保任务，先后为167个代表团、842名部级以上政要提供礼遇服务。2016年，云南省边检机关共检查出入境人员3 717.09万人次、交通运输工具809.95万辆（架、艘、列）次，同比分别增长6.81%和25.44%，检查出入境边民2535.46万人次，同比下降3.77%，出入境人员、交通运输工具和边民流量分别占全国总验放量的34.77%、71.89%、79.51%。

【云南省公安边防总队筑牢口岸防控网络，着力提升管控能力】 一是转变口岸管控理念。确立了全程查缉的管控新理念，建立了“数据预查、现场巡查、前台检查、后台核查、案件追查”五大查缉流程，出台了《关于进一步加强和改进边检机关反恐怖工作的意见》，从机制、体系上刚性明确边检机关开展口岸反恐工作的目标、措施和要求，全力确保口岸反恐工作。二是提高口岸查验管控效能。深入分析评估口岸反恐“防回流”形势，在昆明站举办了3期共90人参加的口岸反恐查缉管控技能培训班，重点对全省边检机关一线执勤人员、科队领导和业务骨干开展反恐强化培训，着力提升口岸执法执勤人员实用、实效、实战查缉方法和处置技能。三是着力加大检查指导帮扶力度。制定了《边检业务常遇问题处置指引（试行）》和《边检执法执勤言语规范（试行）》等6项工作机制；下发了《关于进一步加强和规范边防检查工作的通知》，并部署开展了边检执法执勤专项教育整顿活动，排查问题隐患234个（处），制定整改措施148项；针对天保口岸突发车辆拥堵滞留限定区域、打洛口岸境外小勐拉军火库爆炸等口岸突发事件，第一时间启动边检突发事件应急机制，指导基层有效应对，确保边检工作不断、不停和不乱。四是解决边检执法执勤重大突出问题。从法律、政策层面解决边检机关签发境外边民证件的合法性问题，有针对性地提出修改云南省政府《中缅边境地区境外边民入境出境管理规定》的建议，拟制了境外边民证的签发范围、对象、条件、程序和标准，并将境外边民证签发的依据、主体、签发机关等纳入《云南省边境管理条例》和《云南省关于新形势下同缅北特区交往有关出入境政策实施细则》的调整内容；云南省边防总队圆满完成74个一线边境检查站全国版梅沙系统建设应用工作，从机制上解决了边境检查站查控机制不健全、查验系统不统一、查缉管控有风险的根本性问题。同时，云南省公安边防总队率先提出将边民检查数据纳入全国出入境边防检查数据统计范畴的建议被采纳，成功推动公安部将沿边总队边民检查流量纳入全国出入境边防检查数据统计，解决了边民出入境检查法律地位缺失和有任务、无统计、无成绩的问题。

【云南省公安边防总队加大信息化建设力度，着力改善通关环境】 一是积极争取经费装备支持。主动加强与公安部边防管理局、云南省级职能部门汇报沟通，全力争取信息化边检建设经费和项目支持。同时，协调云南省发展改革委报请国家发展改革委修订一类口岸查验设施建设专项管理办法，首次将边检大型查验设备购置经费纳入中央预算内投资补助范围，并成功为昆明站申请专项经费购置大型文检仪。二是启动电子口岸建设项目。主动融入云南省电子口岸大通关平台建设，成功推动将边检电子口岸和智能通关项目纳入云南省公安厅环滇防控体系和云南省口岸“十三五”发展规划，拟制了《总队电子口岸建设三年规划》，并顺利启动了2016年电子口岸建设项目，在云南省6个重点口岸新建21条自助查验通道和16个智能验证台，并协调云南省口岸办投入经费360万元在磨憨口岸建立了车辆自助通关系统，在章凤口岸新建了2条边民自助通关系统。截至2016年12月，云南省公安边防总队自助通道总数达38条，改善了通关环境，提升了口岸整体形象。三是顺利完成信息化建设项目。联合专业公司研发启用了边检网上报检平台，并探索试行旅游团成员自由选择查验通道出入境通关，缩短了团队成员办理边检手续的候检时间；联合云南省公安厅出入境管理局研发了昆明机场口岸72小时过境免签外国人数据交换平台，并顺利通过公安部工作组验收启用，确保了过境数据交换实时到位、人员全程动态管控。

【昆明海关不断改革完善海关口岸管理职能】 昆明海关认真落实海关总署党组，云南省委、省政府交办的重点改革任务，加快推进关区自主性改革项目，明确14项重点改革项目，重点领域和关键环节改革取得实质进展。一是积极参与推进全国海关通关一体化改革。进一步理顺跨关区通关单证流、物流节点，一体化通关更便捷，执法更统一，2016年办理跨关区一体化通关共计2569票、货运量47.60万吨。持续深化通关作业无纸化改革，启动非政策性退税无纸化作业，2016年办理无纸化报关单共计16.52万份，无纸化占比达90.70%。密切跟踪“两中心、三制度”改革动向，初步制定昆明海关风险防控中心建设方案，积极推进关区二级风险防控中心建设工作。全面推广海关税费电子支付、汇总征税等改革措施，简化通关流程，节约通关成本，改革红利直接惠及外贸企业。二是认真落实“三互”，推进大通关建设。继续深化关检合作“三个一”，全面上线“一次申报”系统，涉检商品全部“一次申报”，关检贸易数据实现在姐告边贸区互换互认，全年关区采用“一次申报”的报关单181 941票。采取共同指挥、协同作战、联查联控等模式，积极探索完善口岸联检部门联合执法机制，不断深化与公安边防部门执法合作。2016年边相关部门向海关移交案件778起，同比增长31.64%。三是稳步推进边民互市贸易管理改革。以“场所化+信息化”管理为目标，以“监管场所改造、管理系统研发、配套制度跟进”为主要内容，在河口口岸启动边民互市贸易管理模式改革试点，互市贸易实现全程无纸化通关。在河口召开关区边民互市改革推进会，部署将试点经验推广到天保、孟定、金水河等互市规模较大的地区。实施工作进度周报制度，紧盯查验场所，卡口等硬件设施达标建设，全力推进改革建设措施落实到位。印发边民互市业务改革工作的指导意见，明确贸易监管区功能划分、进口业务流程、信息系统建设等改革要素，边民互市改革正在向管理更加规范、风险更加可控、通关更加便利方向发展。

【昆明海关全面服务云南外贸经济发展】 一是积极支持云南外贸回稳向好。积极应对云南外贸下行的不利影响，制定昆明海关支持云南外贸回稳向好17项措施。积极配合相关部门在云南省内河口岸和陆路边境口岸开展“免除查验没有问题外贸企业吊装移位仓储费用”试点工作，明确海关操作要求。围绕中央、海关总署及地方关注的热点问题开展研究，强化监测预警分析，各类专报获署、省领导批示6次。二是积极支持云南重点项目、重点产业发展。积极支持扩大花卉、蔬菜、水果等特色农产品的进出口，以及先进技术、关键装备、零部件的进口。鼓励企业用好用足减免税政策，2016年共审批减免税进口货物货值9.07亿美元，减免税款14.77亿元，同比增长17.41%。制定实施境外旅客购物离境退税业务操作规程，大力推动离境退税政策在昆明长水机场、丽江机场落地实施。积极支持中缅油气进口项目，在进口天然气报关、便利通关等方面实施专门服务措施，积极向海关总署、云南省政府反映解决中缅油气管道瑞丽输油站特殊经营许可证问题。2016年中缅油气管道进口天然气财政返税6.08亿元。全力支持中国—老挝铁路项目落地实施，与中国铁路国际有限公司签订合作备忘录，达成3项合作内容，作出6项服务承诺。积极主动服务国家“一带一路”战略，做好中欧班列海关监管工作，监管货运量708.19吨、货值117万美元。三是支持云南开放平台建设。积极支持云南口岸扩大开放，协调推进畹町口岸芒满通道延长临时开放期限，支持芒市机场口岸对外开放。

【昆明海关积极开展与周边国家口岸海关的国际合作】 昆明海关根据其与老挝、缅甸、越南三国接壤、陆路边境线绵长的特点，抓住周边合作这一重点，深入推进与周边国家在能力建设、互联互通、执法互助、通关便利等领域的合作，积极支持“一带一路”建设。一是与老挝、泰国海关之间的合作进一步向前发展。2016年6月，昆明海关主办了中国、老挝、泰国沿昆曼公路、澜沧江—湄公河海关第五次联络员会议。会上，三方回顾了2015年11月在泰国清莱召开的三方海关联络员第四次会议以来开展交流合作的情况；就各方进出口货物的海关监管制度及流程进行介绍；就中老铁路建设项目相关物资设备通关便利化问题进行磋商；就如何更好地发挥联络员作用，解决三方海关对应口岸之间通关环节遇到的问题进行交流。三方还就执法合作、能力建设、隶属海关间的交流合作、海关相关法律法规交换、联络员名单更新及三方共同关心的话题进行探讨并达成广泛共识。二是继续深化与越南海关的务实合作。2016年，昆明海关认真落实与越南老街省、河江省、奠边省、海防市海关局第九次会谈纪要内容，指导所属隶属海关与越南对应海关积极开展合作。2016年11月，昆明海关代表团赴越南参加了双方第十次会谈。昆明海关与越南“三省一市”海关局的定期会谈机制进入里程碑式的第十年。三是积极与老挝海关局建立工作会谈机制。昆明海关指导所属西双版纳海关于2016年12月在云南景洪召开首届中国—老挝边境海关工作会谈。双方海关就边境海关在支持中老铁路建设项目中的细节问题及如何提升边境口岸的通行能力与效率进行了富有成效的沟通并取得突破性进展，为今后中老铁路建设物资的高效、顺畅通关奠定了良好基础。双方还就各自边境海关基本情况、口岸工作联系机制、业务合作、磨憨—磨丁经济合作区的发展、双方海关间的合作等内容进行了探讨，一致同意进一步加强双边口岸交流学习，积极开展文体活动等方面的合作。

【云南出入境检验检疫局“疏堵结合”口岸管控模式初显成效】 云南出入境检验检疫局立足云南“开放式”特殊边境实际，倡导调查研究务实之风，积极探索“疏堵结合”边境管控模式，力求保安全与促发展协调统一，先行先试成效开始显现。推动了跨境动物疫病区域化管理试点工作纳入云南省“十三五”规划，引起云南省领导高度关注，持续开展动物疫病监测，完成风险分析报告和产业价值链研究，与老挝会谈并达成共识，试点工作迈出坚实一步。在德宏等地试点多部门联合、一站式作业的外籍人员管理模式，强化疫病防控，培育边境劳务市场，被纳入云南省的《支持沿边重点地区开发开放若干政策措施的实施意见》，为云南省推广打下基础。在河口试点建立边贸食品质量安全共治模式，规范监管取得初步进展；食品安全工作连续3年获全省目标责任考核一等奖。保障国门生物安全，2016年截获检疫性有害生物52种、3 501批次，同比分别增长13.04%和179.19%，“美丽中国、绿蕾护航”专项行动受到国家质检总局表扬。会同云南省卫计委、民族宗教委制订寨卡、中东呼吸综合征联防联控方案，有效防控寨卡、登革热等国际关注的传染病，首次检出寨卡合并登革热病例。特别是在处置“11·20”缅北战乱难民涌入事件中，第一时间组织瑞丽出入境检验检疫局、德宏出入境检验检疫局全力开展口岸检疫查验、营地防疫消毒、传染病监测和疫病防控知识宣传，强化联防联控，领导干部靠前指挥，一线同志守岗尽责，做到了上下齐心、措施到位、保障有力，确保了口岸正常秩序和边境卫生安全。

【云南出入境检验检疫局推动“优进优出”战略，力促云南外贸转型】 云南出入境检验检疫局深入贯彻国家质检总局提升质量供给工作部署，将“抓质量”融入边疆元素，推动监管区建设，多措并举，力促外贸转型升级发展。以指定口岸建设引导产业聚集，在瑞丽建立进口水果、水产品的专业化、集约化监管场所，实现口岸“零滞留”和监管区有效监管的有机结合。进口西瓜8年增长6倍，产值突破15亿元，提供上万个就业岗位，成为边贸名优品牌和支柱产业。截至2016年，累计建成指定口岸22个、专业化监管场所4个，推动边贸转型由点向面扩展。组织开展边贸输出商品质量调查，出台《加强边境贸易出口商品质量管理工作方案》，借鉴与沙特阿拉伯的合作经验，探索同缅甸签订政府间协议，保障“中国制造”更好地“走出去”。同时，以“清风”行动为抓手，开展以边贸出口商品为重点的“双打”工作，首次组织开展市场采购出口商品3C验证，2016年立案处罚28起，受到质检总局表彰。推动云南率先出台加强认证认可工作的实施意见，14家企业在“同线同标同质”平台上线后于2016年出口食品额达8.50亿元，实现内销总额达12亿元。云南省“三同”出口食品企业中，有很多高原特色产品品牌成为了知名名牌，如香格里拉松茸、后谷咖啡、龙润普洱茶等，产品涉及云南高原特色的松茸、茶叶、咖啡、速冻（脱水）蔬菜、速冻罗非鱼、果藤油等。在建水获批国家级出口蔬菜水果质量安全示范区基础上推动红河哈尼族彝族自治州创建示范区，帮助昌宁建成首个省级出口茶叶示范区，发挥质量示范引导作用；对宣威火腿开展政策引导和质量安全管理技术支持，帮扶香格里拉葡萄酒、普洱咖啡等获生态原产地保护，提升产品国际市场竞争力。对55家企业进行技术贸易措施影响调查，开展TBT－SPS培训12场次，帮扶云南花卉利用反季节优势出口澳洲，积极应对美国对锡冶炼产业“冲突矿产”管制，促成云南省卫计委发布了由云南出入境检验检疫局制定的松茸及其制品地方标准，保障了云南重点、特色产业持续健康发展。

【云南出入境检验检疫局创新通关监管模式】 云南出入境检验检疫局围绕质检总局和云南省委、省政府工作部署，立足边疆、边境、边贸的特殊情况，全面、深入贯彻各项改革措施和“促发展”要求，逐步形成了具有云南特点的新型通关模式，在破解通关效率瓶颈，提升便利化水平，促进外贸稳定增长等方面取得良好成效。联合云南省商务厅在全国率先试点推行报检企业备案、原产地证申报企业备案、对外贸易经营者备案“三证合一”改革，企业仅需到商务部门一次性提交书面材料，完成对外贸易经营者备案后即视同完成对报检企业和原产地证申报企业的备案。依托2016年10月上线运行的中国电子检验检疫（e－CIQ）主干系统，全面实施以“通报、通检、通放”和“出口直放、进口直通”为核心的全国检验检疫一体化，平均每批货物为企业节约通关时间约0.5天。改进原产地证年审和办理方式，自主研发“网上国检”平台，推行全流程无纸化作业，“三证合一”与“网上国检”被列为云南省深化改革突出亮点。相继与西南六省（区、市）、广东、深圳、珠海出入境检验检疫局签署合作备忘录，强化区域合作，全面实施检验检疫一体化建设。截至2016年，云南检验检疫系统已实现100%一体化报检，无纸化申报企业达160余家，办事流程从3个小时缩减到5分钟，每批货物可节约通关时间0.5天以上，节约成本约 300 元。原产地签证改革年受惠企业超 1 000家，为企业节约办理时间。此外，与昆明海关签署了《加强关检全面合作备忘录》，建立了升级版关检合作新机制，有力、有序推进“三个一”通关模式改革，使重复申报项目由 120 项减少为 98 项，减幅达 18.30%，进出境货物通关时间缩短 40.00%，现场查验效率明显提高，货物出入境速度加快。完善对外服务承诺，做到急事急办、随到随检、特事特办和及时办结，公开业务办理流程时限，对流程时限实施常态化管理，构建科学严密、高效便捷的检验检疫通关一体化管理机制和运作模式。优化查验机制，按照既有利于人员、货物、交通运输工具进出方便，又有利于加强查验监管的原则，进一步提高非侵入、非干扰式检查检验的比率，提高查验效率。加强口岸快检实验室建设，实现抽检样品的口岸现场实验室检测，进一步缩短口岸滞留时间，提高“物通”便利化水平。开展“一口岸多通道”检验检疫管理模式研究，优化口岸查验和通关放行模式，在风险可控的前提下降低抽检、查验比率，实行提前报检、快检快放、直通放行等措施，加快口岸通关验放速度。

【云南出入境检验检疫局保障国门卫生安全】 云南出入境检验检疫局积极推进口岸核心能力常态化建设，探索构建口岸公共卫生体系，健全联防联控工作机制，努力提升口岸卫生检疫业务能力和突发公共卫生事件应急处置能力。积极参与云南出入境检验检疫局面向南亚、东南亚辐射项目工作，积极协调相关部门为口岸一线配置必要的传染病排查和实验室检测设备，初步实现口岸核辐射监测设备基本配置到位。各口岸能对疟疾、登革热、寨卡等重点传染病开展快速检测，口岸突发事件应急处置能力得到了基本保障。推进口岸公共卫生体系建设，创新传染病防控、突发公共卫生事件应对、媒介生物控制、国际旅行健康保健等工作监管手段，不断提升口岸公共卫生安全保障能力。加强核生化反恐能力，建立和落实口岸反恐工作责任制。继续完善出入境特殊物品监管新模式，加强对病原体、血液等高风险特殊物品的后续监管，切实落实风险分析、分类管理和后续监管等措施。积极推进边境地区外籍劳务人员传染病监测检查工作。积极与地方政府沟通，德宏、瑞丽、临沧出入境检验检疫局创新工作措施，外籍劳务人员健康体检工作得到地方政府的大力支持，先后在芒市、盈江与地方政府相关部门合作建成外籍劳务人员服务中心，负责外籍劳务人员传染病监测体检工作。继续做好重大疫情和常见传染病的防控工作，制定云南传染病监测目录，为口岸配发寨卡、疟疾、登革热等热带传染病快速检测试剂，印制并发放 10 余万份传染病宣传材料。与云南省卫计委、云南省疾控中心、云南省公安厅、云南省民族宗教事务局等部门采取联防联控措施，制订寨卡、黄热病、中东呼吸综合征等重大传染病工作方案，成功应对寨卡、黄热病等国际关注的重大传染病疫情，顺利组织完成云南省 2016 年赴沙特阿拉伯朝觐人员健康体检和口岸传染病防控任务，在口岸入境旅客中检出云南省首例寨卡合并登革热感染病例。健全口岸突发公共卫生事件风险分析和应急处置能力。根据国际疫情态势，开展了黄热病、寨卡、登革热、埃博拉、中东呼吸综合征和医学媒介生物风险分析评估，完成核生化有害因子年度统计分析评估，对口岸卫生检疫业务情况进行统计分析，对发现的问题及时给予指导。

开放口岸

【昆明空运口岸（昆明长水国际机场）】 昆明空运口岸位于昆明市官渡区大板桥街道长水村，1955 年经国务院批准对外开放。昆明长水国际机场国际旅客吞吐量居西南地区第 2 位，国际航线开通数量位居全国第 7 位，是我国面向东南亚、南亚和连接欧亚的国家门户枢纽机场，也是全国继北京首都国际机场、上海浦东国际机场、广州白云国际机场之后第 4 家实现双跑道独立运营模式的机场。昆明长水国际机场建设总投资 233 亿元，工程建设规模为飞行区按照 4F 标准规划。截至 2016 年年底，开通温哥华、悉尼、莫斯科、新德里、西哈努克港、巴厘岛、名古屋、琅勃拉邦、胡志明、河内、达卡、釜山、济州、静冈、甲米等多个国际通航点，多家国外航空公司进入云南市场，云南民航向国际化市场迈出了重要一步。昆明长水国际机场航线网络开通308条航线，其中国内240条、国际61条、地区7条。通航162个城市，其中国内114个、国际43个、地区5个。2016年国际及地区航线旅客吞吐量344.18万人，同比增长19.50%。2016年4月1日，昆明长水国际机场正式实施境外旅客购物离境退税政策，境外游客在境内购物可享受8.00%的退税。昆明长水国际机场作为全国第10个获得72小时过境免签政策的空运口岸，对美国、俄罗斯等51个国家持有第三国签证和机票的外国人，在昆明长水国际机场口岸享受72小时过境免签。

【西双版纳空运口岸（西双版纳嘎洒国际机场）】 西双版纳空运口岸位于景洪市郊4千米，1990年4月建成通航，1995年12月3日经国务院批准为国家一类航空口岸，1996年12月10日通过国家验收，1997年1月1日正式对外开放。西双版纳嘎洒国际机场占地108万平方米，机坪面积2.04万平方米，航站楼面积7 859平方米，停机位4个，跑道长2 200米，设计年旅客吞吐量350万人次，货物吞吐量1.09万吨，飞行区指标为3C，可满足波音737、A300系列类型飞机，配有I类灯仪表着陆系统及夜航灯光设备。西双版纳嘎洒国际机场是国内重要的干线机场和连通东南亚、南亚的中型枢纽机场，同时也是国际著名的具有傣族民俗特点的热带雨林花园机场。先后开通了23条国内航线和泰国（曼谷、清迈）、老挝3条国际航线。

【丽江空运口岸（丽江三义国际机场）】 丽江空运口岸位于丽江市古城区七河乡，距离市区约28千米，2012年5月31日正式通航，机场占地面积120万平方米，机场飞行区等级为4D，跑道长度3 000米、宽45米，成南北向，可供波音737－700型及以下机型起降，国际候机楼建筑面积5 300平方米，有3座登机廊桥。拥有平行滑行一条、仪表着陆系统、助航灯光等通信导航设备，可保障A300/B767－300同类型及以下的机型起降。2011年11月11日，国务院正式批准丽江机场对外开放。2012年2月22日，丽江海关正式挂牌成立；3月15日，丽江边防检查站正式挂牌成立；4月26日，丽江出入境检验检疫局正式挂牌成立。目前，开通了中国香港和泰国两条航线，中国东方航空公司和四川航空公司经营这两条航线。

【芒市空运口岸（德宏芒市国际机场）】 芒市空运口岸位于德宏傣族景颇族自治州芒市坝子中部，距芒市6.60千米。2016年5月17日，国务院正式批准芒市机场对外开放。芒市机场始建于1937年，是著名的“驼峰航线”主要起降机场之一，曾起降过C46型战斗机、C47型运输机，抗日战争胜利后停飞荒废。1990年4月10日，经国家民航局批准，芒市机场正式运营通航。通航后，芒市机场于2009年年底完成第一次改扩建，机场等级由3C升格为4C级，机场占地174万平方米，机坪面积5.64万平方米，航站楼总面积达1.30万平方米。

随着西部大开发和瑞丽国家重点开发开放试验区的建设，机场航班量迅猛发展。为确保德宏芒市机场航班安全，开辟更多航线，更好地为地方经济发展服务，德宏芒市国际机场于2016年5月启动改扩建工程。

【瑞丽陆路（公路）口岸】 瑞丽公路口岸位于云南省西部，德宏傣族景颇族自治州的西南，与缅甸木姐口岸对接，边境线长 141.40 千米。距云南省省会昆明市 750 千米，距缅甸木姐 4 千米、腊戌 160 千米、仰光 900 千米，它是中缅铁路通道（昆明—大理—瑞丽—腊戌—曼德勒—印度洋）、中缅公路通道（昆明—瑞丽—仰光）和中缅陆水联运大通道（昆明—瑞丽—八莫港）上的重要口岸。瑞丽口岸还是全国唯一一个实行“境内关外”（入境：货物、车辆可入境不入关。出境：货物、车辆出关不出境）特殊管理的口岸。

瑞丽口岸是云南省较早开放的国家一类口岸，1978 年经国务院批准开放，1985 年经德宏傣族景颇族自治州政府批准为边境贸易区。1991 年 2 月，云南省政府批准瑞丽姐告设立边境贸易经济区；1992 年 6 月国务院批准为沿边开放城市；1993 年撤县设市，国务院特区办批准在瑞丽口岸设经济合作区；2000 年经国务院批准按照“境内关外”的方式设立“姐告边境贸易区”；2001 年 10 月 26 日经国务院批准，瑞丽口岸对第三国人员开放；2010 年，国务院将瑞丽批准为瑞丽开发开放试验区。

瑞丽口岸是中缅边境口岸中人员、车辆、货物流量最大的口岸，其东、南与缅甸棒赛、木姐、南坎 3 个城市相毗邻，东有畹町经济开发区国家一级口岸，西有章凤二类口岸。姐告是起于上海 320 国道的终点，是昆瑞公路与缅甸的“史迪威”公路相接点，是云南省实施国际大通道战略的试验区和示范区，是中国大西南沿边开放的主要城市，是通往南亚、东南亚的重要门户。近年来，瑞丽口岸边民互市贸易、边境小额贸易、一般贸易有了长足的发展，出口商品达 2 000 多种，进口 200 多种。不少中国商品通过缅甸转口到孟加拉国、泰国、新加坡、印度和中东国家，国外各种商品也源源不断通过瑞丽口岸进入我国内地。

【畹町陆路（公路）口岸】 畹町公路口岸位于云南省西部德宏傣族景颇族自治州南部。畹町于 1932 年设镇，1938 年滇缅公路通车，畹町成为驰名中外的军事重镇；1950 年 4 月 29 日和平解放，1952 年年初经批准设立县级镇，同年 8 月 17 日被批准为新中国首批一类口岸；1985 年 1 月，国务院批准设立县级市；1992 年 5 月国务院批准为沿边对外开放城市，1992 年 9 月国务院特区办批准设立 5 平方千米的国家级边境经济合作区；1999 年 1 月区划调整，国务院批准撤销畹町市，并入瑞丽市，设立畹町经济开发区。畹町南与缅甸相邻，西北与瑞丽隔江相望，与缅甸的九谷口岸对接，两国村寨相望，山水相连，国境线长 28.60 千米。

畹町是中国历史上较早通向东南亚、南亚的主要贸易通道，是“南方丝绸之路”的重要驿站。抗日战争时期，滇缅公路通车后，成为当时中国大后方对外联系的唯一国际陆运口岸。1993 年，畹町—九谷新桥建成，畹町口岸的优势得到进一步发挥。从畹町口岸出境，可直达缅甸中部的水、陆、空设施齐全的曼德勒市。由昆明经畹町、曼德勒至仰光和印度的加尔各答运距要比从昆明经广州绕马六甲海峡到仰光和加尔各答分别缩短 4 651 千米和 4 331 千米，是中国大西南通往东南亚、南亚和西亚的捷径。畹町口岸服务功能齐备，基础设施完善。

【河口陆路（公路）口岸】 河口公路口岸位于红河哈尼族彝族自治州河口瑶族自治县，与越南老街口岸对接，国境线长193千米。2011年7月，国务院批准河口公路口岸对外开放。河口公路口岸具有“口岸就是县城，县城就是口岸”的天然优势，是滇越铁路、昆河公路、红河航道与越南乃至东南亚地区铁路、公路、航道连接的交通枢纽，距昆明市469千米，距越南首都河内296千米，距出海口——越南北方最大的海防港416千米，是中国西南进入东南亚、南太平洋的便捷通道。

在中国—东盟自由贸易区和“昆明—河内—海防”经济走廊的规划中，河口口岸处于“咽喉”的重要地位，是我国西南地区与东南亚国家发展对外贸易的窗口，是云南省建立国际大通道中越铁路、中越公路4条出境通道上的重要口岸。目前，河口口岸联检楼、公路口岸北山配套查验场已建设完成投入使用。中国河口—越南老街跨境经济合作区、国际物流园区、河口口岸免税商品城、海产品交易市场等项目正在快速推进。

【磨憨陆路（公路）口岸】 磨憨公路口岸位于云南省西双版纳傣族自治州勐腊县城南58千米的磨憨经济开发区。1992年3月被国务院批准为国家一类口岸，是国家首批列为沿边开放的地区之一。1993年12月22日，中国、老挝两国共同宣布正式开通磨憨—磨丁国际口岸。2000年6月，云南省人民政府批准磨憨口岸为边境贸易区，并赋予优惠政策。2004年9月6日，国务院批准磨憨口岸开展口岸签证工作，并对第三国人员实行开放。

磨憨口岸与老挝磨丁口岸对接，允许中老双方人员、车辆持有效证、照出入境和第三国人员持有效证、照通行及各种贸易货物开放。磨憨口岸距老挝南塔60千米、北本码头240千米、首都万象700千米。从磨憨口岸出境经老挝可直抵泰国、越南、柬埔寨等国，是我国通往东南亚各国最大的陆路通道。目前，磨憨口岸基础设施日益完善，配套功能日益健全，产业培育初见成效。磨憨口岸国际物流客运中心、云维西双版纳大为商贸中心、西部货场、五国商贸城、新联检楼等一大批项目建成投入使用；西双版纳至老挝琅勃拉邦边境旅游环线经国家旅游局批准开通；磨憨国家级边境经济合作区或中老跨境经济合作区的建设工作正在稳步推进。

【金水河陆路（公路）口岸】 金水河公路口岸位于红河哈尼族彝族自治州金平苗族自治县城西南38千米金水河镇。金水河口岸于1954年12月17日经中越双方会谈同意正式开放为边民互市口岸，1978年12月关闭。1993年2月25日国务院批准设立国家一类口岸，1993年11月10日正式对外开放。金水河口岸与越南马鹿塘口岸对接，允许中越双方人员、车辆持有效证照通行和开展各种贸易。

金水河口岸距越南莱州省省会封土25千米、越南首都河内590千米、老挝边境230千米。金水河口岸重点开展以进口玉米、木薯、稻谷、茶叶、咖啡为主的对外贸易。从金水河口岸出境，可达越南西北部旅游重镇奠边府和沙巴，充分领略越南的异国风光，开展中越民俗旅游文化交流和品尝越南风味饮食。

【天保陆路（公路）口岸】 天保公路口岸位于云南省文山壮族苗族自治州麻栗坡县南端，距麻栗坡县城40千米，与越南河江省清水河口岸对接，口岸距越南河江省省会河江市23千米、首都河内341千米、海防港441千米。该口岸于1954年3月1日开通，1960年12月关闭。1963年3月，口岸恢复对外开放。1978年，口岸关闭。1993年2月25日，经国务院批准恢复天保口岸对外开放，为国家一类口岸。

2011年6月12日，国务院同意天保口岸扩大对外开放，口岸性质为国际公路客货运输口岸，2013年12月天保口岸扩大对外开放通过验收。天保口岸联检楼及查验货场等基础设施已建成投入使用，边防、海关、出入境检验检疫部门的办公、生活等基础设施和配套设施已完善。

【腾冲猴桥陆路（公路）口岸】 腾冲猴桥公路口岸位于腾冲县猴桥镇的槟榔江畔，距腾冲县城65千米，距中缅边界南4号界桩19千米，与缅甸甘拜地口岸对接。口岸距缅甸北部重镇密支那133千米，从该口岸经密支那到西印度雷多（里多）仅687千米。1991年8月云南省政府云政发〔1991〕140号文批准腾冲为二类口岸。

2000年4月经国务院批准为一类口岸，2003年1月正式对外开放。该口岸是历史上“南方丝绸之路”的重要通商口岸，是抗日战争时期“史迪威公路”（中印公路）的枢纽，是云南省通向南亚的大通道之一。

【孟定清水河陆路（公路）口岸】 孟定清水河公路口岸位于耿马傣族佤族自治县孟定镇人民政府所在地，与缅甸掸邦第一特区接壤。边境线长47.35千米，与缅甸清水河口岸对接，距耿马县城83千米，平均海拔510米。该口岸是我国西南地区通往缅甸和东南亚的重要陆路通道，面积350平方千米。1957年孟定口岸正式对外开展边境贸易进出口业务，1991年8月被省政府批准为二类口岸，2004年10月国务院批复同意开放为国家一类口岸。2007年11月8日经国家验收正式对外开放，允许中国和缅甸双方人员、车辆持有效证、照、签证或边境通行证通行，并对各种贸易货物开放。目前，孟定清水河口岸联检楼和配套查验货场已建成投入使用。

得天独厚的地理位置优势、热带的自然风光、古朴文雅的民俗风情、丰富的旅游资源和热带经济作物使孟定口岸有“黄金口岸”之称。孟定口岸边境贸易辐射面广，公路通往国内外，交通十分便利。从清水河到缅甸重镇户板、滚弄分别为15千米和24千米，到缅北重要商品集散地腊戌161千米，到缅甸首都仰光1 136.9千米；从盘姑公路到昆明750千米。孟定清水河口岸自建成投入使用以来，一直是国内外经济贸易活动的窗口，对缅甸边境贸易的辐射面主要是第一特区、第二特区、清水市、滚弄镇区、户板镇区、腊戌、佤城、仰光等5省1市10个镇区，经营方式也由以物易物贸易发展为边境贸易、转口贸易、一般贸易。

【打洛陆路（公路）口岸】 打洛公路口岸位于云南省西双版纳傣族自治州勐海县西南端打洛镇，距勐海县城66千米，与缅甸掸邦东部第四特区勐拉县接壤，国境线长36.5千米。由打洛出境经缅甸，可达泰国、越南、马来西亚、新加坡、印度等国家，距缅甸掸邦东部首府景栋86千米，经东枝到仰光1 270千米，到泰缅边界重镇大其力240千米，距泰国清迈550千米，是云南省国际大通道的重要口岸之一。1950年11月，成立海关打洛支关；1956年，打洛口岸正式对外开展边境小额贸易进出口业务；1991年8月10日，云南省人民政府批准打洛为二类口岸；1992年被列为国家首批沿边开放的地区之一。

1997年3月25日，中华人民共和国政府和缅甸联邦政府签订《关于中缅边境管理与合作的协定》，中国打洛—缅甸勐拉口岸被列为对第三国人员开放的口岸。2007年11月13日，经国务院批准为国家一类开放口岸。2009年8月19日，海关、检验检疫、边防检查站正式进驻口岸新联检楼。

【勐康陆路（公路）口岸】 勐康公路口岸位于云南省普洱市江城县，与老挝丰沙里省兰堆口岸对接，距约乌县城52千米，距丰沙里省186千米，距万象830千米，是云南省通往老挝及通向东南亚最便捷的陆路通道，是普洱市对外开放的重要“桥头堡”。2011年7月24日，国务院批准勐康口岸对外开放，口岸性质为双边公路客货运输口岸。2013年11月12日，勐康口岸通过国家级验收。

结合“一城连三国”的特殊区位优势，江城县提出把江城建成云南省对越南、老挝开放的黄金前沿门户，普洱市面向东盟的商贸流通基地，努力构建以江城为中心，辐射老挝、越南边境经济圈的发展战略，加快勐康口岸、龙富通道建设，实现口岸活县。目前，勐康口岸联检楼、查验货场已建设完成，口岸物流配套设施正在规划建设中，口岸正成为中老边界上一个集边境贸易、生态休闲、民俗文化为一体的边境旅游小镇。

【都龙陆路（公路）口岸】 都龙公路口岸位于马关县都龙镇茅坪村委会东南面、中越边境线二段五号界碑老国门处，距茅坪村委会近2千米，距都龙镇政府所在地23千米，距马关县城47千米，距文山州府文山97千米，距昆明市390千米。距越南箐门县城40千米，河江省省府河江市200余千米，首都河内500余千米，是马关县通往越南的重要通道。

1953年8月25日，中越两国政府在北京签订了《关于开放两国边境小额贸易的议定书》，双方同意开放中国都龙—越南箐门和漫美边境通商口岸，并于1954年3月正式开通；1974年，都龙口岸关闭。中越关系正常后，两国政府于1991年签订临时协定，决定在条件具备时逐步开放21对陆地出入境口岸，中国都龙—越南箐门口岸就是其中之一。2006年7月13日，国务院明确将都龙口岸作为新开口岸列入国家“十一五”口岸发展规划，并转入“十二五”优先开放口岸。2015年1月12日，国务院正式批准都龙口岸开放为国际性常年公路客运货运口岸。现正在推进开放前的国家验收工作。

【河口陆路（铁路）口岸】 河口铁路口岸位于云南省东南端，与越南老街省山水相邻，国境线长193千米。河口铁路口岸具有“口岸就是县城，县城就是口岸”的天然优势，是滇越铁路、昆河公路、红河航道与越南乃至东南亚地区铁路、公路、航道连接的交通枢纽，距昆明市469千米，距越南首都河内296千米，距出海口——越南北方最大的海防港416千米，是中国西南进入东南亚、南太平洋的便捷通道。在中国—东盟自由贸易区和昆明—河内—海防经济走廊的规划中，处于“咽喉”的重要地位，是西南地区与东南亚国家发展对外贸易的窗口。河口历史上就是我国与越南、东南亚各国进行经济文化交流的门户和咽喉，是“南方丝绸之路”的第二条通道。

1895年河口被辟为商埠，1910年随着滇越铁路的建成通车，云南省进出口物资有80%以上经河口口岸进出，河口成为中国西南对外商贸的最大集散地。1992年河口被国务院批准为沿边开放县，同年12月国务院特区办批准在河口设立4.02平方千米的边境经济合作区，1996年河口口岸复通，河口迎来了千载难逢的发展机遇，进出口贸易焕发出勃勃生机与活力，带动了河口经济社会事业快速发展。

【景洪水运（河港）口岸】 景洪水运口岸是澜沧江—湄公河国际航道上重要的港口口岸，是一个可以辐射3个以上国家的国际性口岸。景洪港辖景洪港区中心码头和勐罕、关累两个开放码头，景洪港区中心码头位于云南省西双版纳州政府所在地景洪市区澜沧江北岸，占地面积9.8万平方米，设计规模年货运量40万吨，客运量150万人次，共6个泊位（2个客运泊位、4个货运泊位）。关累码头是景洪港重要的货运码头，设计规模年货运量20万吨，客运量10万人次。景洪港于1993年7月24日经国务院批准为国家一类口岸，2000年4月20日中、老、缅、泰四国签署《四国商船通航协定》，2001年6月13日通过国家正式验收，2001年6月21日宣布对外开放，2001年6月交通部批准对外国籍船舶开放，港口与老挝、缅甸、泰国多个港口开通了散杂货、集装箱、客运航线。

【思茅水运（河港）口岸】 思茅水运口岸位于普洱市思茅港镇，距离普洱市区87千米，1993年7月国务院批准为一类水路口岸，2001年4月1日起正式对外国籍船舶开放。思茅港是澜沧江—湄公河国际航运中国境内的第一港，可达老挝、缅甸、泰国、柬埔寨、越南5个国家，是东南亚地区最便捷的一条黄金水道，是云南乃至大西南通往东南亚的重要通道。港口规模为年货运30万吨、客运10万人次。有大小船只43艘，国际航运船只31艘，载货能力3 000吨，客位449个，查验设施配套齐全。思茅港边防检查站、思茅海关、普洱出入境检验检疫局承担口岸的监管任务。由于修建国家重点项目——小白塔电站，从 2005 年 1 月起暂停航运。

原二类口岸

【田蓬陆路（公路）口岸】 田蓬公路口岸于 1954 年 3 月 1 日对外开放，与越南苗旺、同文两县接壤，国境线长 60 千米。对内距富宁县城 80 千米、文山壮族苗族自治州府 235 千米、昆明 680 千米、广西南宁市 480 千米、北海港 750 千米。对外距越南同文县 24 千米、苗旺县 35 千米、河江省会 110 千米、河内 451 千米。通道有公路通往国内外，交通便利。1979 年口岸关闭。1996 年 9 月 27 日经云南省政府批准对外开放。2012 年被国务院纳入"十二五"开放规划，恢复开通以来，对越边境贸易逐年活跃。

【片马陆路（公路）口岸】 片马公路口岸位于怒江傈僳族自治州泸水县正西 66 千米的片马镇人民政府所在地，地处高黎贡山西麓，属边境陆路通道，与缅甸大田坝口岸对接。边界线长 64 千米，距泸水县城 96 千米，距缅甸北部城市密支那 224 千米，通道有三条公路通向国外，交通十分便利。1991 年 8 月 10 日被云南省人民政府批准对外开放，是中缅边界北段 10 号至 47 号界碑 638 千米长的边界线唯一的通道，成为中国滇藏两省区通往南亚的重要通道。片马是中国古西南丝绸之路的重要组成部分，边境贸易源远流长。由于它在中缅边界北段具有独特的区位优势，所以，"二战"前和"二战"中曾几度被英、日两国侵占，直至 1961 年才回归祖国。

【盈江陆路（公路）口岸】 盈江公路口岸位于云南省德宏傣族景颇族自治州西部的盈江县城，与缅甸拉咱口岸对接，属边境陆路通道，与缅甸克钦邦第二特区接壤，国境线长 214.6 千米，距缅甸北部八莫 150 千米、密支那 180 千米、仰光 1 200 千米，距印度雷多 540 千米。口岸有公路通往国内外，交通十分便利，成为西南地区通往缅甸的重要通道。1991 年 8 月 10 日经云南省人民政府批准对外开放。自对外开放以来，成为国内外经济贸易活动通道，对缅甸边境贸易的辐射面逐步扩大，形成了以边境贸易、一般贸易、对外经济技术合作和转口贸易等多种贸易相结合，多渠道并举的大经贸新格局。

【章凤陆路（公路）口岸】 章凤公路口岸地处德宏傣族景颇族自治州陇川县人民政府所在地章凤正西 4 千米的拉影，与缅甸雷基（洋人街）口岸对接，距缅甸重镇八莫 80 千米。章凤自古以来就是南方丝绸之路上的重点门户之一，1991 年 8 月 10 日云南省人民政府批准对外开放。章凤通道是中缅两国重要陆路通道之一，也是缅甸政府唯一指定的进口棉纺织通道。

【南伞陆路（公路）口岸】 南伞公路口岸位于云南省临沧市镇康县南伞镇，与缅甸掸邦第一特区接壤，国境线长 47 千米。距缅甸首都内比都 750 千米、第一大城市仰光 1 142 千米、第二大商业城市曼德勒 484 千米、缅北重镇腊戍 197 千米、掸邦果敢自治区老街仅 9 千米。距昆明 784 千米、临沧 232 千米、保山市龙陵县城 238 千米。北上保山，南往普洱，公路四通八达，是通往南亚、西亚的内陆通道之一。1991 年 8 月云南省人民政府批准对外开放，1996 年列为边境经济开发实验区。2002 年开始把通道建设纳入新县城规划统筹进行建设，逐步改善了基础设施和联检部门办公条件。

【孟连陆路（公路）口岸】 孟连公路口岸位于普洱市孟连县西南部，地处南马河与南卡江的汇合处，以南卡江心为界，江东岸为中国，江西岸为缅甸。距云南省会昆明 690 千米，距普洱市 230 千米，距孟连县城 51 千米。通道与缅甸掸邦第二特区政府（佤邦）邦康市隔江相望，自然条件优越，地理位置独特，区位优势明显，从邦康市经丹阳、腊戍、曼得勒达缅甸原首都仰光约 1 300 千米。勐阿是普洱市客货吞吐量最大的通道，对缅贸易占全市的三分之二以上，是中缅两国交往的通道之一，也是我国通往东南亚各国的陆路通道之一，1991 年云南省人民政府批准其对外开放。孟连口岸具备较为完善的联检查验功能和设施，金融、通信、市政、交通等配套设施齐全，通道人流、物流通关顺序流畅。中缅双边友好往来频繁，边民互市、经贸交流与合作不断深入，孟连县对外贸易得到了迅猛发展。进口货物以木材、矿产品为主，出口货物以建材、百货、成品油、机电产品、生活用品等为主。

【沧源陆路（公路）口岸】 沧源公路口岸位于临沧市沧源县，1996年9月27日经云南省人民政府批准对外开放，有芒卡和永和两个出境通道。与缅甸掸邦第二特区接壤，国境线长达147.08千米。芒卡贸易区位于沧源县南腊乡人民政府所在地，中缅边界146号界碑处，距县城110千米，距缅甸佤邦南登特区4.07千米。永和贸易区距县城14千米，距缅甸佤邦绍帕区3千米，永和连接着班歪—龙潭—中国西盟，班歪—营盘—邦康—大其力或瓦城，班歪—勐冒—腊戍等境外公路干线，是云南省通往缅甸的通道之一。两个贸易区都有公路通往国内外，交通十分便利，是西南地区通往东南亚的一个重要通道。

2016年云南省口岸大事记

1月8日

《中国勐康口岸—老挝兰堆口岸限定区域旅游合作备忘录》签署，中国勐康口岸—老挝兰堆口岸限定区域旅游正式开通。

1月13日

国务院参事、中国出入境检验检疫协会会长葛志荣到南伞口岸调研。

1月23日

海关总署副署长孙毅彪在昆明拜会云南省省长陈豪、云南省副省长刘慧晏。双方就推进边境建设和海关特殊监管区域等开放型经济平台建设等方面进行视察。

2月17日

云南省省长陈豪到畹町口岸进行调研。

4月6日

云南省委书记李纪恒赴昆明综合保税区调研，指导海关特殊监管区域规划建设。

4月9日

全国政协常委、社会和法制委员会主任孟学农一行45人，在云南省政协副主席杨嘉武等领导的陪同下到畹町口岸调研。

4月9日

老挝人民革命党中央委员，波乔省省委书记、省长坎潘·培雅翁率代表团一行22人从磨憨口岸入境，前往景洪与中方就双边交流与合作问题进行磋商。

5月5日

老挝人民革命党中央总书记、国家主席本扬·沃拉吉一行结束对我国的友好访问，从昆明空运口岸出境返回老挝，昆明空运口岸圆满完成专机勤务保障工作。

5月11日

国家安全部部长耿惠昌一行在云南省安全厅厅长等相关领导陪同下到猴桥口岸调研。

5月11日

全国人大常委会委员、全国人大华侨委员会副主任委员陈国令一行到瑞丽口岸调研。

5月15日

国防大学校长张仕波到瑞丽、清水河、南伞口岸调研。

5月17日

国务院批复同意云南德宏芒市机场对外开放。

6月15日

国土资源部副部长库热西·买合苏提一行到瑞丽口岸调研。

6月23日

中央军委委员、国务委员兼国防部部长常万全到清水河、南伞口岸视察调研。

6月27日

国防大学政治委员刘亚洲上将到清水河、南伞口岸视察调研。

8月11日~9月22日

昆明空运口岸联检部门多措并举，圆满完成云南、青海朝觐代表团26架3133人次包机出入境任务。

9月6日

海关总署署长于广洲在昆明市与云南省副省长刘慧晏会谈。双方就落实“一带一路”战略、昆明综保区建设、口岸规范化管理、打私工作、提升通关便利化水平等问题交换意见。

9月7日

联合国副秘书长米歇尔·西迪贝到瑞丽口岸调研。

9月9日

海关总署署长于广洲在昆明与云南省委书记、省长陈豪会谈。双方就支持云南口岸发展、推进通关便利化、海关特殊监管区域建设及打私等工作交换意见。

9月24日

国家民委副主任陈改户到清水河口岸调研。

9月28日

全国政协常委、提案委员会主任孙淦到清水河口岸调研。

云南省政协主席罗正富到清水河口岸调研。

10月3日

承载着20名欧美旅客和23名中国、老挝、泰国、柬埔寨、英国五国船员的老挝“潘多占芭”号豪华游轮首航入境中国关累港。

10月13日

全国政协副主席、农工党中央常务副主席刘晓峰一行到瑞丽口岸视察调研。

11月24日~25日

云南省委书记、省长陈豪赴畹町、瑞丽口岸进行调研。

12月31日

云南省政府党组成员高树勋赴勐康口岸调研，参加勐康口岸“2016年中老越三国（普洱）边境商品交易会”。

（撰稿人：杨镇宇、李楠、杨晓霞、李媛）

2016 年云南省口岸流量统计表

口岸类型		口岸名称	货运量（万吨）				集装箱量（万标箱）				人员（万人次）				交通工具（辆、艘、架、列次）			
			出口	进口	合计	同比（%）	出口	进口	合计	同比（%）	出境	入境	合计	同比（%）	出境	入境	合计	同比（%）
空运口岸		昆明机场	1.23	0.76	1.99	-0.60					133.85	131.73	265.57	14.60	10 226	10 212	20 438	9.10
		西双版纳机场	0.00	0.00	0.00	0.00					0.42	0.46	0.88	-10.60	127	128	255	-8.90
		丽江机场	0.00	0.00	0.00	0.00					1.50	1.52	3.02	-6.40	137	138	275	-21.00
		分计	1.23	0.76	1.99	-0.60					135.77	133.71	269.47	14.25	10 490	10 478	20 968	8.34
陆运口岸	公路口岸	瑞丽	112.52	310.00	422.53	1.90					810.97	830.77	1 641.74	2.20	2 265 006	2 126 051	4 391 057	21.60
		畹町	1.69	17.80	19.50	18.60					65.12	73.68	138.80	13.60	169 117	186 293	355 410	8.30
		磨憨	64.25	85.91	150.16	-5.40					60.02	59.61	119.63	2.50	185 565	186 345	371 910	0.40
		金水河	0.42	1.41	1.83	60.40					33.87	31.95	65.82	28.90	24 746	25 607	50 353	120.70
		河口	129.77	127.94	257.71	23.10					188.23	189.15	377.38	3.90	99 774	99 773	199 547	21.80
		天保	4.43	29.43	33.85	22.20					57.40	57.49	114.89	81.10	40 236	42 848	83 084	96.80
		腾冲猴桥	7.50	150.51	158.01	2.60					35.89	37.16	73.05	-10.20	118 879	118 769	237 648	-11.60
		孟定清水河	21.12	24.71	45.83	-12.20					41.07	41.80	82.87	19.10	123 371	116 799	240 170	-16.90
		打洛	8.16	2.13	10.29	-39.90					51.65	51.24	102.89	-6.40	146 845	144 706	291 551	-10.00
		片马	0.25	3.44	3.70	-61.90					6.13	6.18	12.31	-31.50	30 117	29 923	60 040	-26.60
		盈江	0.08	0.92	1.00	-91.40					81.16	81.15	162.31	-1.90	98 444	98 442	196 886	-5.60
		章凤	4.06	14.19	18.25	-4.50					56.73	64.73	121.45	-4.00	169 585	183 066	352 651	15.30
		南伞	9.61	10.00	19.61	-20.30					95.30	96.28	191.58	39.30	201 731	202 445	404 176	38.40
		孟连	7.85	60.90	68.75	41.10					72.81	73.47	146.28	9.10	151 780	151 213	302 993	10.30
		沧源	0.63	3.52	4.16	-38.40					30.77	32.03	62.80	3.60	100 324	102 798	203 122	4.30
		田蓬	4.53	3.86	8.39	-8.60					7.29	7.28	14.57	-1.20	3 815	3 815	7 630	-0.20
		勐康	0.94	9.13	10.06	22.80					6.51	6.62	13.13	37.40	22 341	22 281	44 622	42.10
		分计	377.82	855.81	1 233.63	3.71					1 700.92	1 740.60	3 441.51	5.88	3 951 676	3 841 174	7 792 850	14.34
	铁路口岸	河口	22.89	16.09	38.99	5.20					0.74	0.74	1.47	-11.70	756	471	1 227	-11.70
		分计	22.89	16.09	38.99	5.20					0.74	0.74	1.47	-11.70	756	471	1 227	-11.70

续表

口岸类型		口岸名称	货运量（万吨）				集装箱量（万标箱）				人员（万人次）				交通工具（辆、艘、架、列次）			
			出口	进口	合计	同比（%）	出口	进口	合计	同比（%）	出境	入境	合计	同比（%）	出境	入境	合计	同比（%）
水运口岸	海港口岸																	
		分计																
	河港口岸	景洪港	4.56	5.17	9.73	31.80					2.29	2.42	4.72	-22.20	1 831	1 838	3 669	-7.30
		思茅港	0.00	0.00	0.00	0.00					0.00	0.00	0.00	0.00	0	0	0	0.00
		分计	4.56	5.17	9.73	31.80					2.29	2.42	4.72	-22.20	1 831	1 838	3 669	-7.30
合计			406.50	877.84	1 284.34	3.92					1 839.72	1 877.46	3 717.18	6.40	3 964 753	3 853 961	7 818 714	14.30
同比（%）			-2.59	7.23	3.92	3.92					8.00	4.80	6.40	6.40	16.50	12.20	14.30	14.30

表注：口岸运行数据中云南省口岸货运量与本表中货运量的差额，是其他非口岸通道的货运量。

（云南省口岸办提供）

2016 年云南省口岸出入境主要数据表

项目			2016 年	2015 年	同比（%）
出入境人员（人次）	出入境人员总数		37 170 883	34 803 001	6. 80
	入境人员		18 756 204	17 573 602	6. 73
	出境人员		18 414 679	17 229 399	6. 88
	出入境旅客		32 069 246	7 228 884	343. 63
	出入境员工		5 101 637	1 182 412	331. 46
	中国公民	小计	8 561 666	10 796 048	21. 81
		内地居民（因公）	175 309	73 994	136. 92
		内地居民（因私）	8 164 235	10 515 351	－22. 36
		港澳居民	107 604	99 392	8. 26
		台湾同胞	114 518	107 311	6. 72
	外籍人员		24 019 711	24 006 953	0. 05
	从海港出入境人数		47 165	60 585	－22. 15
	从陆港出入境人数		34 428 921	32 383 774	6. 32
	从空港出入境人数		2 694 797	2 358 642	14. 25
交通运输工具（辆、艘、架、列次）	总计		8 099 517	6 456 631	25. 44
	船舶		3 669	3 334	10. 05
	飞机		20 968	19 307	8. 60
	火车		1 227	1 392	－11. 85
	机动车辆		8 073 653	6 432 598	25. 51

表注：因全国边防检查系统升级，旅客、员工统计方法改变，统计数据内加入了边民旅客和边民员工，2016 年数据较 2015 年增长较多。

（云南省公安边防总队提供）

2016 年昆明海关主要数据统计表

项目		2016 年	同比（%）
进出口货运量（万吨）	合计	1 378	1.40
	进口	953	3.80
	出口	425	-3.60
进出口贸易总值（万美元）	合计	1 388 844	0.90
	进口	672 781	8.70
	其中：江、海运输	45 049	-2.50
	铁路运输	2 498	31.20
	汽车运输	204 472	17.00
	航空运输	77 631	-19.90
	邮件运输	12	-72.70
	其他运输	343 118	14.70
	出口	716 063	-5.40
	其中：江、海运输	11 149	-34.30
	铁路运输	7 709	-38.80
	汽车运输	543 791	-12.00
	航空运输	105 112	67.90
	邮件运输	304	51.20
	其他运输	47 999	2.30
税收（万元）	两税合计	339 337.91	9.72
	关税入库	31 431.59	-25.54
	进口环节税入库	307 906.32	15.29

（昆明海关提供）

2016 年云南省出入境检验检疫业务统计表

项目	货物检验检疫				交通工具				集装箱（标箱）		发现动植物疫情		货物通关		出入境人员查验（人次）	健康检查及预防接种（人次）			
	批次	金额（万美元）	检验检疫不合格																
			批次	金额（万美元）	船舶（艘）	飞机（架）	火车（列）	汽车（辆）	合计	检出问题	种类数	种次	批次	金额（万美元）		健康检查	艾滋病监测	发现病例	预防接种
本年累计	85 318	702 110	4 259	28 942	785	20 850	16 995	2 179 856	15 449		288	5 511	91 417	592 684	23 170 021	94 159	92 186	16 957	82 483
其中 出境	59 784	444 781	322	2 263	388	10 388	9 130	963 409	5 235		3	2	64 102	319 498	8 207 211	17 145	15 861	10 624	81 454
其中 入境	25 534	257 329	3 937	26 679	397	10 462	7 865	1 216 447	10 214		287	5 509	27 315	273 186	14 962 810	77 014	76 325	6 333	1 029
同比（%）	-0.37	-0.71	-35.52	-20.96	28.06	8.40	-53.31	1.84	1.41		-32.39	-34.10	8.70	-3.98	-18.93	33.72	49.32	32.29	-11.10
其中 出境	13.41	20.47	14.59	-14.99	25.16	7.90	-49.17	-4.79	-16.03		-70.00		21.14	14.95	-39.69	-12.48	-6.23	13.70	-11.86
其中 入境	-22.43	-23.86	-37.75	-21.42	31.02	8.90	-57.34	7.78	13.49		-31.01	-34.13	-12.42	-19.49	-0.06	51.52	70.29	82.30	174.40

（云南出入境检验检疫局提供）

西藏自治区

西藏自治区口岸分布示意图

口岸名称	批准开放时间	开放状态	国外对应口岸
拉萨空运口岸	1993.6	国际常年	
普兰公路口岸	1961	国际常年	雅犁
吉隆公路口岸	1961	国际常年	热索瓦
樟木公路口岸	1961	国际常年	科达里

图例
- 口岸
- 铁路口岸
- 水运口岸
- 空运口岸
- 公路口岸
- 境外口岸

口岸数量及分布

截至2016年年底，西藏自治区有经国务院批准的对外开放口岸4个，其中，空运口岸1个，即拉萨空运口岸（拉萨贡嘎机场）；陆路（公路）口岸3个，分别是樟木公路口岸、吉隆公路口岸、普兰公路口岸。

口岸运行数据

2016年，西藏自治区口岸进出口货运量10.80万吨，同比增长101.40%。其中，出口10.64万吨，同比增长104.50%；进口0.16万吨，同比增长0.70%。同期，西藏自治区口岸进出口额44.48亿元，同比增长9.84%。其中，出口35.50亿元，同比增长11.98%；进口8.99亿元，同比增长2.11%。西藏自治区出入境人员25.86万人次，同比减少94.98%。其中，出境人员13.63万人次，同比减少46.30%；入境人员12.23万人次，同比减少45.69%。西藏自治区口岸出入境交通运输工具3.82万辆（架）次，同比增长58.16%。其中，陆路口岸进出境交通工具（机动车辆）3.75万辆次，同比增长56.45%；空运口岸进出境交通运输工具（飞机）697架次，同比增长287.22%。

口岸综合管理

【口岸发展规划工作】 2015年3月，西藏自治区口岸办启动《西藏自治区口岸发展“十三五”规划》（以简称《规划》）的编制工作，同年组织编制组进藏开展调研，并于2015年年底完成初稿。经西藏自治区口岸办多次讨论修改后，2016年4月，《规划》通过西藏自治区口岸建设管理和边境贸易发展领导小组成员单位初审。西藏自治区商务厅于2016年6月对《规划》再次进行审议，同意该《规划》提交自西藏自治区口岸建设管理和边境贸易发展领导小组会议审议。2016年10月～12月，西藏自治区人民政府主席助理罗梅对《规划》提出修改意见，形成最终文本。

【口岸扩大开放工作顺利推进】 为加快吉隆口岸震后重建和推进扩大开放工作，西藏自治区主要领导多次亲赴口岸指导和督促灾后重建工作，相关灾后重建工作有序开展，道路、电力、通讯保障、联检楼维修加固及口岸功能性项目建设顺利实施。2016年9月，吉隆口岸扩大开放工作通过了自治区级验收，10月，西藏自治区口岸办提请国家口岸办组织相关部委对吉隆口岸扩大开放开展国家级验收工作。国家质检总局验收组于2016年10月完成内部预验收工作。

【口岸查验基础设施不断完善】 为加强口岸建设，不断完善和提升口岸功能，提高通关效率和水平，2016年，西藏自治区投资建设吉隆口岸一站式服务平台、出口货物查验场附属设施等11个项目建设，口岸基础设施不断完善。

【电子口岸建设扎实推进】 2016年年初，西藏自治区口岸办采取IDC托管模式完成电子口岸过渡期平台建设，6月开展了关检数据对碰工作并对“三个一”进口信息服务系统进行了验收，西藏自治区电子口岸建设迈出了实质性一步，目前该系统已上线，正在吉隆口岸开展试运行工作。

【部门联动助推经济社会发展】 拉萨海关主动作为，不断优化服务，助推西藏自治区申报建设拉萨经济技术开发区和日喀则市两个综合保税区工作，推进中国、尼泊尔边境经济合作区建设，助推面向南亚开放重要通道建设。西藏出入境检验检疫局立足实际，指导林芝市省级出口示范区工作，目前，该出口示范区已通过审核验收，结束了西藏自治区没有出口示范区的历史。拉萨海关、西藏自治区公安边防总队、西藏出入境检验检疫局深化改革，服务西藏经济社会发展，积极参与地震滞留货物转运、特色产业发展等方面工作，服务国家和贸易发展大局，助力中国西藏旅游文化国际博览会等国际交流合作。

口岸监管与服务

【西藏自治区公安边防总队创新工作方法，努力提高边检服务水平】 西藏自治区公安边防总队坚持以工作任务为导向，结合吉隆口岸灾后重建和扩大开放，樟木镇行政区划调整，乃堆拉边贸通道开关，印度民间香客入出境等实际情况，主动加强工作研究，积极创新工作举措，有针对性地制定各类边检勤务工作方案、预案，不断提高口岸通关效率和管控能力，为广大出入境人员提供友好、高效、专业的通关服务。一是拉萨边检站为进一步规范勤务人员服务定式养成，多次邀请外事礼仪专家为执勤人员讲解服务礼仪，传授服务技能。为切实发挥“文明使者”典型激励作用，研究制定了《拉萨边检站“文明使者”评选方案》，将检查员日常旅客验放量、岗位技能练兵考核、行政量化管理成绩、新闻宣传工作等作为“文明使者”评选的硬性指标，真正将成绩优秀、表现突出的检查员选出来，有效激发了检查员队伍的活力，提高边检服务水平。二是吉隆边检站积极协调尼泊尔军警部门推出跨境救援工作机制，救助因塌方受困、受伤人员和突发疾病人员 12 人，在联检现场安装了智能验证台、指纹验讫章柜、便民伞、医药箱及通关指南，旅客满意度达到99%。三是普兰边检站研究制定了《印度官方香客边检服务工作方案》《印度官方香客勤务实施流程规范》，从勤务组织、检查程序、服务流程等多方面对一线检查员的服务工作进行规范和改进。同时，注重从细小处着想，从细微处入手，主动向病重香客提供紧急医疗救助，搀扶香客通过危险地段，帮助香客携运行李物品上下山等服务，全年检查印度香客 23 259 人次（其中官方香客 18 批、1 410 人次），紧急救助突发高原反应香客 68 人，收到旅行社锦旗 5 面。同时，为进一步创新服务举措，普兰边检站全年开展问卷调查 20 余次，发放调查问卷 300 余份，收集各类意见建议 55 条，旅客对普兰边检服务工作满意度达 95% 以上。

【西藏自治区公安边防总队严密管控措施，全力维护口岸安全稳定】 为防止各类违法犯罪分子从口岸潜入潜出，各边检站认真落实查控数据核查制度，有效维护了口岸的正常出入境秩序和安全稳定。按照“小前台、大后台”工作模式，拉萨、吉隆边检站及时增设后台核查岗位，在综合分析研判的基础上，认真制定工作措施。

【拉萨海关严厉打击走私，履行好边境保护职责】 坚持“建铁军、办铁案、铸铁关”的缉私工作总体要求，推进“缉私战区”作战模式，开展了“国门利剑 2016”等一系列专项行动，查获被海关总署挂牌督办的“4·6”系列红木重大走私案，查获檀香紫檀 11.8 吨；查获“10·30”走私珍贵动物及其制品案，极大地打击走私分子的嚣张气焰。开展对重点口岸的边境巡查，防止不法分子“闯关”滋事，加大对非设关地偷运和利用边民互市贸易渠道走私的打击力度，切实做到以打保稳、以打安边。开展违禁藏药及其产品监管相关专题调研，相关调研报告得到西藏自治区领导批示肯定。积极开展对重点口岸和边民互市贸易点的巡查，协助地方政府和口岸管理部门强化边境防控工作。

【拉萨海关开拓创新，以深化改革为核心推进业务建设】 稳步推进“双随机、一公开”作业，关区进出口报关单随机布控占比达 90.29%。成立支持西藏航空事业发展工作领导小组，完成西藏航空公司 5 架飞机进口转关工作，助推西藏航空事业发展壮大。充分落实税收优惠政策，全年减免税款总额 2.28 亿元，同比增长 54.05%。其中，减免关税 56.65 万元，同比增长 56.49%；减免进口环节增值税 2.27 亿元，同比增长 53.38%。简化审批手续，取消“暂时进出境货物的核准”审批。审核返还“十一五”期间 12 家企业进口自用物资关税 1 018 万元，现正积极审核“十二五”期间关税返还工作，帮助企业减负增效。积极推进区域通关一体化，加强与牵头海关青岛海关的衔接及各兄弟海关的通力协作，全力以赴促进海关通关一体化向纵深推进，全年共审核区域一体化报关单 4 769 票，其中本地清关模式4 239票、异地审结报关单530票，基本实现了“十关如同一关”，企业自主选择余地变大，认证认可范围变广，通关时间变短，通关成本降低。通关作业无纸化改革取得新成效，无纸化通关比率有效提升，全年无纸化报关单数3 718份，无纸化率为87.9%。协调推进口岸“三互”大通关建设，扎实推进关检合作“三个一”，实现了与检验检疫部门的“一次申报”，2016年9月，吉隆海关与检验检疫部门完成了首票进口货物的一次申报、一次查验、一次放行。启动行邮税纳税改革，进一步简化纳税手续、拓展纳税方式，企业纳税用时由2小时缩短至20分钟，共征行邮税20.56万元。

【西藏出入境检验检疫局多措并举，强化高效便捷服务】 2016年，经过近5个月的扎实准备，不断优化完善系统运行软硬件基础环境，组织开展全系统、全员、全覆盖培训及模拟演练，建立完备的运行保障机制。中国电子检验检疫（e－CIQ）主干系统于2016年9月12日在西藏检验检疫局上线试运行，e－CIQ主干系统是国家质检总局“智慧质检”建设的重要组成部分，它开启了“互联网＋质检”模式和质量大数据时代，打破了传统口岸、产地的分工模式，提升了管理与服务效能。口岸动植物检验检疫规范化建设进一步提高，通过不断完善口岸检验检疫设施配置，完善业务管理制度，加强专业队伍建设，开展专项业务督查，进一步提高动植物检验检疫监管工作的规范性和有效性。发挥职能优势，主动作为开展自贸协定原产地政策宣传普及和推进生态原产地产品保护工作。经国家质检总局授权，组织三批评定专家对拉萨市墨竹工卡县、曲水县等8个县的10个产品进行了评定。2016年12月，国家质检总局对西藏自治区申报的10个产品进行了保护前公示，公示期满将正式获得生态原产地产品保护证书。

开放口岸

【拉萨空运口岸（拉萨贡嘎机场）】 位于西藏自治区山南市贡嘎县甲竹林镇，距西藏自治区首府拉萨市50千米，是西藏自治区唯一对外开放的机场。拉萨空运口岸以人员出入境为主，目前只开通了成都—拉萨—加德满都往返全年飞行国际航线，由中国国际航空公司和四川航空公司执飞。2016年进出口贸易总值5.6亿元，出入境人员258 585人次，进出境飞机697架次。

【樟木陆路（公路）口岸】 位于西藏自治区日喀则市聂拉木县樟木镇，与尼泊尔科达里口岸相对，距日喀则市470千米，距西藏自治区首府拉萨市780千米。新中国成立后，樟木口岸成为中尼两国政治、经济、文化交往的重要门户。2014年以前，樟木口岸是西藏自治区最重要的国际性公路口岸，对经济社会发展发挥着重要的作用。受尼泊尔2015年“4·25”地震波及，樟木口岸损毁严重，被迫中断运行，2016年仅承担了部分援尼物资通关任务。

【吉隆陆路（公路）口岸】 位于西藏自治区日喀则市吉隆县吉隆镇，距日喀则市560千米，距拉萨市830千米。吉隆口岸自古就有商道、官道、战道之称，历史上曾是西藏与尼泊尔最大的陆路通商口岸之一，是中尼双方政治、经济、文化交流的主要通道，也是中尼间的传统边贸市场。2015年国务院正式批准吉隆口岸扩大开放，但在尼泊尔“4·25”地震中，吉隆公路口岸受损严重。为保障对尼物资供应，2015年10月13日吉隆口岸恢复通关。2016年，吉隆公路口岸灾后恢复重建工作进展顺利，口岸基础设施条件有效改善。2016年进出口贸易总值33.54亿元，出入境人员12.49万人次。通关时间为北京时间10点开关，北京时间18点闭关，全年无休。

【普兰陆路（公路）口岸】 位于西藏自治区阿里地区普兰县普兰镇，县域西南与印度毗邻，南与尼泊尔接壤，普兰公路口岸与尼泊尔和印度两国接壤，对尼为正式开放的国际性口岸，对印为印度官方香客朝圣和边民互市贸易通道。近年来，随着口岸基础设施的不断完善，口岸通关环境得到极大改善。2016年进出口贸易总值

3 362万元，出入境人员 3.45 万人次。因普兰口岸对面尼方胡木拉口岸道路为骡马驿道，无具体开闭关时间，联检部门24 小时待命，全年无休。

原二类口岸

【日屋外贸货物装卸点】 位于西藏自治区日喀则市定结县日屋镇，定结县历史上有西安堂嘎、日屋、古荣堂嘎 3 个边贸互市点。1963 年 8 月，3 个边贸互市点集中到日屋，形成了民间自由发展的日屋边贸市场，进出口商品主要有羊毛、茶、粮食、牲畜、木材、日用百货等，目前日屋口岸尚未正式运行，是仅限边境居民通行的出入境口岸。

2016 年西藏自治区口岸大事记

5 月

原西藏自治区党委副书记、主席洛桑江村赴樟木口岸、吉隆口岸和日屋口岸调研南亚大陆路大通道建设和口岸建设情况。

6 月 20 日

2016 年首批印度官方香客完成手续办理，经由亚东和普兰顺利入境。

6 月 24 日

吉隆口岸联检大厅地震后正式启用。吉隆边检站监护中队党支部在中央国家机关工委表彰中荣评先进基层党组织。

7 月 13 日

“中国普兰县—尼泊尔胡木拉地区基础设施建设工作座谈会”在普兰县举行。

8 月 6 日

随着第七批印度官方香客经乃堆拉山口顺利返回印度，标志着 2016 年度印度官方香客入出境边防检查工作圆满结束。

9 月 9 日

中国普兰县—尼泊尔胡木拉地区第 9 次警务合作会晤在普兰县举行。

12 月

西藏自治区党委书记吴英杰，党委副书记、自治区常务副主席丁业现在定结县陈塘镇调研口岸基础设施的建设情况。

12 月

拉萨海关 1 个集体和 2 名个人获评全国海关“两优一先”殊荣，1 人获评全国“六五”普法先进个人。

（撰稿人：刘俊华、陈春生、郭雄、刘浩、白巍峰）

2016 年西藏自治区口岸流量统计表

口岸类型		口岸名称	货运量（万吨）				集装箱量（万标箱）				人员（万人次）				交通工具（辆、艘、架、次）			
			出口	进口	合计	同比（%）	出口	进口	合计	同比（%）	出境	入境	合计	同比（%）	出境	入境	合计	同比（%）
空运口岸		拉萨空运口岸		0.02	0.02	3.75					3.54	2.87	6.42	40.34	379	318	697	287.22
		分计		0.02	0.02	3.75					3.54	2.87	6.42	40.34	379	318	697	287.22
陆运口岸	公路口岸	樟木、普兰、吉隆、亚东口岸	10.63	0.13	10.76	109.75					9.01	8.72	17.73	-58.08	14 042	14 305	28 347	56.45
		分计									9.01	8.72	17.73	-58.08	14 042	14 305	28 347	56.45
	铁路口岸																	
		分计																
水运口岸	海港口岸																	
		分计																
	河港口岸																	
		分计																
合计			10.63	0.15	10.78						12.55	11.59	24.15	-0.95	14 421	14 623	29 044	58.16
同比（%）			111.71	25.00	109.32						47.88	52.19	50.02		114.09	93.40	103.15	

（西藏自治区口岸办提供）

2016 年西藏自治区口岸出入境主要数据表

项目			2016 年	2015 年	同比（%）
出入境人员（人次）	出入境人员总数		258 585	509 512	-94.98
	入境人员		122 255	225 126	-45.69
	出境人员		136 330	253 876	-46.30
	出入境旅客		126 708	67 282	88.32
	出入境员工		7 464	6 001	24.38
	中国公民	小计	80 872	70 675	14.43
		内地居民（因公）	1 587	1 449	9.52
		内地居民（因私）	66 876	41 471	61.26
		港澳居民	406	222	82.88
		台湾同胞	89	55	61.82
		边民	11 914	27 478	-56.64
	外籍人员		170 570	432 836	-60.59
	从海港出入境人数				
	从陆港出入境人数		194 403	463 778	-58.08
	从空港出入境人数		64 182	45 734	40.34
交通运输工具（辆、艘、架、列次）	总计		38 200	24 152	58.16
	船舶				
	飞机		697	180	287.22
	火车				
	机动车辆		37 503	23 972	56.45

（西藏自治区公安边防总队提供）

2016年拉萨海关主要数据统计表

项目		2016年	同比（%）
进出口货运量（万吨）	合计	10.80	101.4
	进口	0.16	0.7
	出口	10.64	104.5
进出口贸易总值（万元）	合计	444 803.52	9.84
	进口	89 853.26	2.11
	其中：水路运输	717.12	-43.66
	铁路运输		
	汽车运输	3 063.47	-19.84
	航空运输	85 988.82	3.75
	邮件运输	83.85	431.78
	其他运输		
	出口	354 950.26	11.98
	其中：水路运输		
	铁路运输		
	汽车运输	354 950.26	12.03
	航空运输		
	邮件运输		
	其他运输		
税收（万元）	两税合计	17 133	27.09
	关税入库	7 068	12.85
	进口环节税入库	10 065	39.44

（拉萨海关提供）

2016 年西藏自治区出入境检验检疫业务统计表

项目		货物检验检疫				交通工具				集装箱（标箱）		发现动植物疫情		货物通关		出入境人员查验（人次）	健康检查及预防接种（人次）			
		批次	金额（万美元）	检验检疫不合格																
				批次	金额（万美元）	船舶（艘）	飞机（架）	火车（列）	汽车（辆）	合计	检出问题	种类数	种次	批次	金额（万美元）		健康检查	艾滋病监测	发现病例	预防接种
本年累计		750	24 685	3	6.9		640		23 450					1 531	39 821	173 010	553	553	28	71
其中	出境	139	3 667				354		11 057					1 364	38 397	93 736	143	143	8	71
	入境	611	21 018	3	6.9		286		12 393					167	1 424	79 274	410	410	20	
同比（%）		209.92	79.96	50.00	-91.00		28.00		325.13					110.00	110.57	224.72	12.40	12.40	115.38	22.41
其中	出境	43.30	-47.44				43.90		296.73					128.48	136.69	223.28	14.40	14.40	14.29	1083.33
	入境	321.38	211.98	50.00	-91.00		12.60		354.12					26.52	47.05	226.45	11.72	11.72	233.33	-100.00

（西藏自治区出入境检验检疫局提供）

陕 西 省

陕西省口岸分布示意图

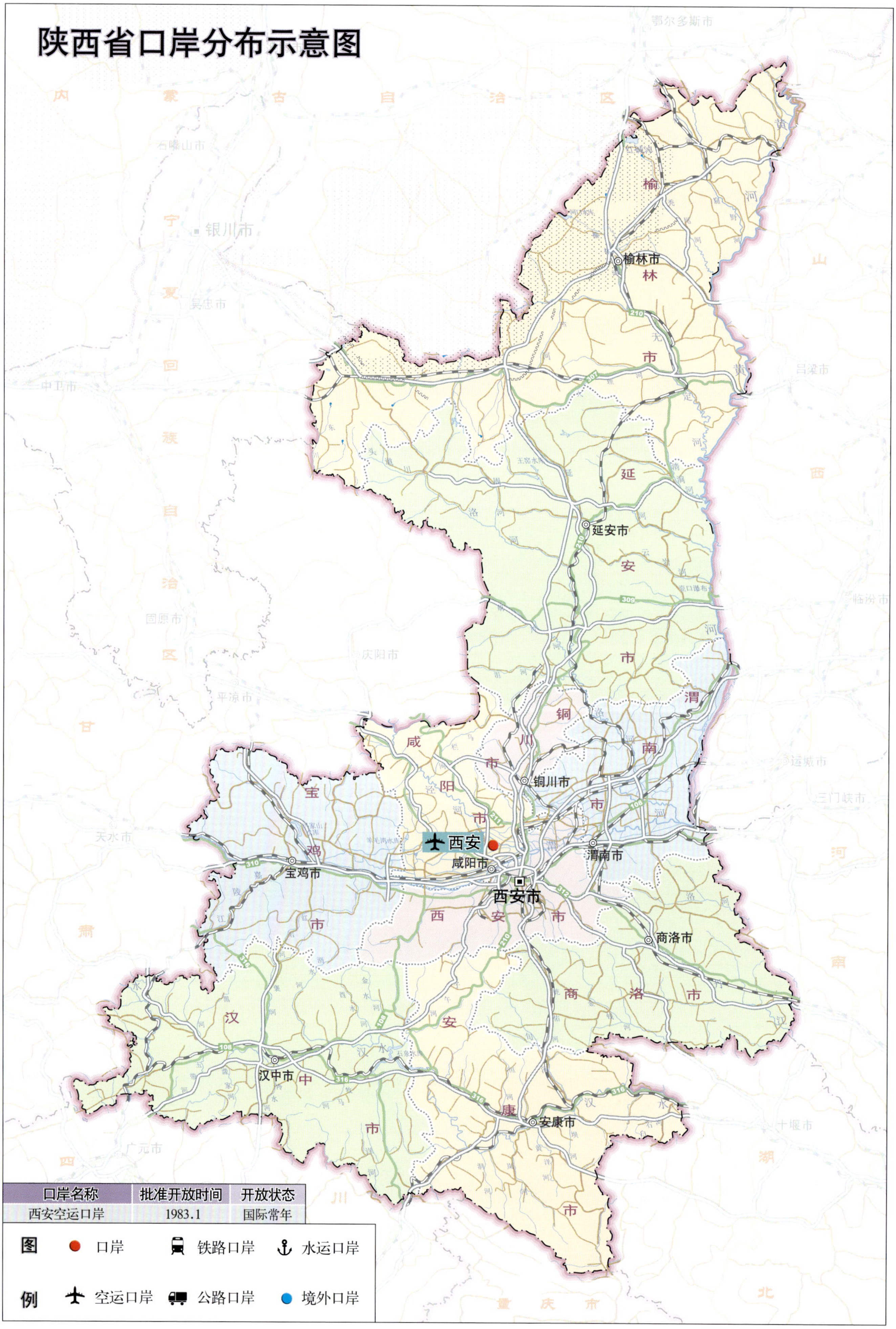

口岸名称	批准开放时间	开放状态
西安空运口岸	1983.1	国际常年

口岸数量及分布

截至2016年年底，陕西省有经国务院批准的对外开放口岸1个，即西安空运口岸（西安咸阳国际机场）。

口岸运行数据

2016年，西安空运口岸共验放出入境飞机及国际航班包机1.6万架次（海关统计数据），同比增长16.9%；共验放和运送出入境人员200.4万人次（边防统计数据），同比增长18.9%。共验放、运输进出口货物456.3万吨（海关统计数据），同比增长86.7%，货物总值1974.8亿元，同比增长4.2%。

西安陆路（铁路）口岸（临时开放）共发送集装箱138086标箱，同比增长21.2%。全年共开行中欧班列（长安号）144列，同比增长52.6%。其中，中亚方向132列、6145车，发运货物22.6万吨；欧洲方向12列、343车，发运货物近1.8万吨；载货返程3列。

口岸综合管理

【陕西成为多国首脑政要访华首站】 西安咸阳国际机场空运口岸不断拓展国际（地区）航线，2016年新开通了西安至阿拉木图、旧金山、素叻他尼、伊尔库兹克、兰卡威、西哈努克港、墨尔本、函馆的8条国际航线，进一步增强了航空口岸的国际通达能力。2016年圆满完成了几内亚总统孔戴、哈萨克斯坦前总理捷列先科等外国首脑政要访华首站到陕的口岸礼遇保障任务。

【陆路口岸功能增强】 西安铁路口岸内的进口肉类、粮食等指定口岸相继获批并运营。积极推进综保区委内加工、非保仓储等自贸试验区政策的落地，与沿边沿海口岸部门的“三互”政策措施相继落实，通关便利取得新成效。西安国际港务区利用港务区集装箱中心站、综合保税区、公路港、洋货码头、毗邻机场等既有资源优势，以西安港综合物流信息服务平台为突破口，以国际班列为主通道，加快发展多式联运，被交通运输部列为国家多式联运试点单位。首列国际货运“长安号”回程班列于2016年3月26日到达西安陆路口岸。国内首条“陆空联运”货运包机也于2016年3月28日首航，成功将跨境电商货物由荷兰阿姆斯特丹运抵西安陆路口岸。

【电子口岸建设步伐加快】 按照“做实、做强、做大”的工作要求，引入与陕西口岸建设发展密切相关的战略投资企业，对陕西电子口岸公司进行改组改造，完成《陕西省电子口岸平台项目建设方案》专家组初审，积极与省内相关部门协调沟通，申报《陕西省口岸大数据综合服务平台项目》《陕西通关一体化信息服务平台项目》，筹措电子口岸建设经费3 400万元。按照国家关于“单一窗口”建设工作的有关要求，加强构建陕西省国际贸易“单一窗口”。

【强化口岸服务保障】 口岸查验部门坚持服务为主旨，积极做好2016丝博会暨第20届中国东西部合作与投资贸易洽谈会等重大经贸活动的便利通关，以及德国总统高克、哈萨克斯坦总理萨金塔耶夫、保加利亚国民议会议长察切娃等外国元首和政要共12批次、326人次的出入境口岸礼遇保障。

【承办“一带一路”口岸经济合作论坛】 2016年5月9日，由中国口岸协会主办、陕西省口岸办承办的“一带一路”口岸经济合作与文化发展论坛在西安召开，共有400多位中外企业代表参会。论坛旨在促进“一带一路”国际经济合作，推动跨国贸易、品牌、标准服务，推进“一带一路”国家间经济战略对接与互补。

口岸监管与服务

【陕西省公安边防总队积极服务地方经济】 2016年，陕西省公安边防总队紧紧围绕陕西省委、省政府提出的追赶超越战略目标，坚决贯彻公安部边防管理局和陕西省公安厅的决策指示，全力服务陕西省丝绸之路经济带新起点、内陆改革开放新高地和西安国家航空城试验区建设。坚持以服务为中心，韩国三星电子集团、美国美光科技公司等世界500强企业来陕投资人员、参加经贸洽谈的嘉宾和知名经济人士共132人次提供了通关便利。积极服务“G20农业部长会议”“W20世界妇女峰会”“丙申年清明公祭轩辕黄帝典礼活动”“2016丝博会暨第20届中国东西部合作与投资贸易洽谈会”“第三届丝绸之路国际电影节”等商贸文化会展活动。

【陕西省公安边防总队不断提升执勤服务能力】 深入推进基础工作信息化，全力推进网上办事大厅试点工作，不断完善API系统预检预录，抓好智能验证台和自助查验通道的应用，进一步提升了部队基础信息化水平。2016年1月1日启用旅客入境自助通关查验系统，开通9条自助查验通道，26万余名旅客享受了10秒的极速通关体验服务。启用网上办事大厅提前6小时申报系统，旅行社申报由过去的航班起飞前24小时缩短为6小时，将免排队措施惠及更多旅游团团员，优化旅游团免排队通关效率。积极通过“西安边检”微博为广大出入境旅客提供政策咨询、投诉受理等服务。全年为30人次旅客提供了出入境记录查询服务，为8架次急救包机提供快速通关服务，为病人开通绿色生命通道，进一步提高通关效率。推进队伍管理正规化，严格干部日常管理，进一步提高边检执法执勤水平。

【陕西省公安边防总队规范执法，确保口岸安全】 围绕建设“法治边防”总目标，建立健全执法全程记录和权力清单制度，落实办案责任制及错案问责制。开展执法突出问题排查活动，全年进行执法检查3次，督导检查3次，审核案件30起、卷宗30卷，实现3年强制达标项目全面达标。全年共查处违法违规人员249起、264人次，有效维护了国家的安全，确保了西安空运口岸的安全畅通。2016年年初，针对空运口岸连续发生多起有组织的内地居民在韩国脱团滞留案件，陕西省公安边防总队积极分析研判，协同省公安厅、省商务厅、省人社厅、省旅游局等相关部门，在全省范围内开展了联合打击非法中介专项行动，取得了成效，有效维护了西安口岸安全及出入境秩序。

【西安海关不断加强监管执法】 西安海关2016年共监管进出口货运量456.3万吨，同比增长86.7%；货物总值1 974.8亿元，同比增长4.2%；监管进出境航班及包机1.6万架次；监管进出境旅客194.8万人，同比增长16.9%；监管进出口贸易结关报关单22.7万份，同比增长14.5%；征收关税和进口环节税34.9亿元，同比增长6.4%。全年海关专项稽查追补税款479万元，同比增长1.2倍，稽查查发问题率达到75%；刑事立案10起，同比增长11%，案值0.4亿元，涉税42万元；行政立案178起，案值6.3亿元，同比增长34%，涉税131.4万元，同比增长1.4倍。

【西安海关全力助推陕西追赶超越】 支持陕西自贸试验区建设，对自贸试验区建设涉及海关的事项逐项研究支持措施，多次对完善陕西省自贸试验区建设方案提出修改意见，及时向海关总署反映陕西省政策需求，反复沟通争取支持，出台相关措施。保障“长安号”班列平稳运行，首次实现自哈萨克斯坦载货回程，全年监管班列进出口货物10.6万吨，货值1.9亿美元，同比分别增长45.2%和15.2%。监管保障国内首条“空中丝路”货运航线西安至阿姆斯特丹往返首航。监管东航、海航等“通程航班”旅客600余人次，离境退税业务办理成功，运输工具免税店售出免税商品货值110万元。跨境电子商务稳步发展，累计监管进出口商品126.2万单，货值1.2亿元。海关特殊监管区域加速整合优化，出口加工区整改顺利完成，西安综保区整改与西安航空基地综保区申报同步推进。成功承办“大协作大通关大发展——国际海关合作与通关便利化研讨会”，16个国家驻华海关参赞与我国海关就加强合作与共同提供通关便利化进行研讨。与哈萨克斯坦阿拉木图州国家收入局签署会谈纪要，决定建立伙伴关系，并在信息互换、AEO互认、协作监管和执法互助等方面开展合作。

【西安海关进一步提升贸易便利化水平】 将关检合作“三个一”拓展到关区所有通关现场。关区通关作业无纸化率达到97%以上，加工贸易备案核销部分实现无纸化。海关通关一体化改革取得明显成效，进口平均通关时间缩短73%，出口平均通关时间缩短51%。25项自贸试验区海关监管创新制度全部落地西安关区，出口加工区试行内销选择性征收关税，减轻了参试企业税负。查验和常规稽查“双随机”改革成效明显，随机布控查验占比保持在90%以上，“双随机”开展常规稽查占比达到87%。“关库银”实现横向联网核销，税款入库及时率保持100%，税收电子支付率突破95%。与港澳台地区优惠贸易项下原产地证书实现联网管理。税收征管改革红利进一步释放，启动“一次申报、分步处置”试点，并成功办理首票“自报自缴”业务。主动服务陕西省战略产业加快发展，为航空航天、新能源汽车、集成电路、现代农业等高技术和高端装备制造企业减免税款5.4亿元。2016年开展的“国门利剑”专项行动破获涉嫌伪报品名走私进口电器案，案值3.1亿元，涉嫌偷逃税款2 152万元。连续破获4起走私大麻案，缴获大麻约3 040克；破获4起走私、运输毒品海洛因案，缴获海洛因2 601克，并首次查获人体藏匿运输毒品案件；破获6起涉枪案件，查扣一批枪械配件。行邮渠道查获各类违禁品1 078件，首次于邮件中查获活体濒危动物。“金关二期”工程建设扎实推进，两级监控指挥中心投入使用，机房改造全面竣工，关区网络完成扩容改造。语音通信系统换代升级，部署“云桌面”，大幅压减台式机数量和运维成本，移动办公启动试运行，一批新业务系统上线为改革提供新助力。特殊监管区域信息化系统部分实现升级改造，统一信息化系统逐步完成，辅助系统运维得到有力保障。严格执行企业认证标准，调升信用等级企业6家，调降信用等级企业11家，关区高级认证企业达到29家，一般认证企业515家。开通网上办理企业注册登记、年报等业务，关企合作平台上线运行，企业办事更加便捷。积极与地方社会信用管理部门建立数据交换机制，通过西安电子口岸发布海关信用信息。

【陕西出入境检验检疫局坚持严格执法】 2016年检验检疫出入境货物2.94万批，同比增长10.05%，货值28.42亿美元，同比下降27.42%。检验检疫不合格货物943批，货值1.98亿美元。查验出入境人员199.70万人次，同比增长19.51%，为2.18万人次进行了出入境健康体检，发现病例4 877例，实施预防接种3.47万人次。检疫出入境航空器12 234架次，同比增长17.78%。查验出入境集装箱6 492个标箱，货物木质包装12 838批、33.66万件。签发各类原产地证书1.90万份，签证金额11.89亿美元，同比分别增长29.14%和26.38%。

【陕西出入境检验检疫局强建设促改革，服务丝绸之路经济带建设】 陕西出入境检验检疫局积极支持“长安号”货运班列扩量增效，保障首列中欧班列发运，首批回程货物——2 000吨植物油顺利进口。指导西安陆运口岸建设进境肉类指定口岸，以及指导西安咸阳国际机场空运口岸机场筹建进口水果、进境食用水生动物指定口岸，均已获国家质检总局批准设立。抓好e-CIQ主干系统上线工作，启动“智慧陕检”建设，推进出口水果果园和加工厂电子监管和视频监控，实现检验检疫监管工作前移。部署12365系统、港务区跨境监管系统，申请自助式报检邮箱，实现企业自助报检；升级移动OA手机Icab平台，实现掌上办公。支持地方电子口岸建设，做好国际贸易“单一窗口”建设方案评审工作，为推进“三个一”“三互”和国际贸易“单一窗口”建设搭建信息平台。研究解决了空运口岸与特殊监管区的二次报检问题。落实《法治政府建设实施纲要》，创新普法途径，印发《行政应诉工作管理办法》《行政复议程序规定》《投诉举报处置程序》，落实重大行政决策合法性审查，法律顾问参与疑难案件、合同审查等工作，进一步增强法制化建设。推进生态原产地保护工作，向质检总局推荐生态原产地保护产品20个、生态原产地产品保护示范区3个，7个产品获得保护。推进出口食品“三同”工程，支持矮砧苹果等优质种苗引进，支持延安市与阿里巴巴合作开展跨境电商业务，指导榆林市以市为单位创建生态原产地保护产品示范区，服务陕西省供给侧结构性改革。配合省政府成功申报陕西自贸试验区，参与制订陕西自贸试验区总体方案，助力陕西省内陆改革开放新高地建设。与工商、口岸和港务等部门合作，探索自贸试验区“多证合一”、采信第三方检验结果等创新举措。主办丝绸之路经济带境内地区检验检疫（十局）认证监管合作联动机制第二届联席会议，协助举办丝博会计量促进产业发展国际论坛，服务丝绸之路经济带建设。

【陕西出入境检验检疫局强化安全监管】 承办首届西北片区航空口岸检验检疫业务合作交流会，强化系统内联防联控机制，严把口岸疫情防线。保健中心机场分中心开始运行，口岸医学媒介区域中心实验室通过验收，口岸送样与实验室检测无缝对接，开展口岸核和辐射应急处置演练，出台机场口岸卫生监督管理办法、食品安全事件政府联动应急预案，不断加强卫生安全监管。强化“人—机—犬”三位一体查验模式及“人—机—审核面单”的工作模式，与国安局协作截获非法进境植物种子3批，截获非法进境的植物种子和种苗79批，不断强化国门生物安全监管。实施进出口食品安全监督抽检和风险监测，严格执行食品进口和销售记录制度，抽取样品207批、389个，重点抓好出口浓缩果汁生产企业检查，出口果汁合格率达到100%。监管供港澳活牛5 264头，保证了食品安全，配合公安等部门严厉打击非法进境肉类产品，维护人民群众身体健康，确保进出口食品安全。起草出台《进口汽车消费者投诉管理办法》和《进口金属材料验证检测结果的工作规范》，规范了进口汽车闭环管理及进口金属材料检验监管机制。开展进出口危险品风险排查，查出多批次进口超声诊断仪涉嫌假冒和翻新，质检总局据此发布了警示通报。检出日本进口贱金属制首饰有害元素超标，维护了消费者健康安全，保证了进出口商品质量安全。组织开展质量月活动，质量品牌提升、质量整治、质量宣传等15项活动营造了良好质量工作氛围。指导眉县成功创建国家级出口猕猴桃质量安全示范区，对西安高新区出口半导体质量安全示范区进行审核。培育质量标杆，宝鸡忠诚机床公司获得“中国出口质量安全示范企业”称号。抓好输非和输中东商品质量提升，严厉打击制造假证书的行为，委托协检单位对出口伊朗等国的工业品实施装船前检验。发挥技术性贸易措施的倒逼作用，引导出口企业按照国外先进标准设计和生产，出口商品质量水平稳步提升。

2016年陕西省口岸大事记

3月24日

德国总统高克一行62人由西安咸阳国际机场航空口岸离境回国。

3月26日

中亚班“长安号”满载2 000吨油脂返回西安，结束了班列开行以来无回程货物的历史。

3月28日

国内首条由荷兰阿姆斯特丹直飞西安的“陆空联运”跨境电商货运包机货物抵达西安陆路（铁路）口岸。

4月21日

新西兰总理约翰·基到访西安国际港务区，充分了解了中亚班列“长安号”运营、西安综合保税区的规划建设及跨境电子商务发展等情况。

5月20日

西安港至新西兰利特尔顿港的铁海直达国际多式联运新航线正式开通。

5月27日

交通运输部部长杨传堂在西安国际港务区调研，视察了铁路集装箱中心站、西安港的建设等情况。

5月12日~19日

哈萨克斯坦前总理捷列先科一行2人由西安咸阳国际机场航空口岸入境访陕、离境回国。

7 月 1 日

保加利亚国民议会议长察切娃一行 33 人由西安咸阳国际机场航空口岸离境回国。

7 月 13 日

哈萨克斯坦总理萨金塔耶夫一行 9 人由西安咸阳国际机场航空口岸离境回国。

7 月 25 日

陕西西咸保税物流中心正式封关运营。

8 月 18 日

首趟中欧班列（西安—华沙）正式开行。这是 2013 年西安开行中亚班列“长安号”及中国铁路总公司规范国际货运班列运行以来的首次班列。

10 月 26 日

几内亚总统阿尔法·孔戴一行 6 人由西安咸阳国际机场航空口岸入境访华。

10 月 27 日

西安国际港务区铁路交通枢纽——新筑物流基地开工建设，项目总投资 48 亿元，占地 169.8 万平方米。

11 月 18 日

首趟中欧回程班列（汉堡—西安）由德国汉堡出发，于 12 月 5 日抵达西安铁路口岸。

12 月 6 日

由西安铁路口岸出发的西安至莫斯科中欧班列正式开行。

12 月 12 日

西安咸阳国际机场空运口岸首条洲际货运航线——西安至阿姆斯特丹国际货运航线首航。

12 月 29 日

西安铁路口岸进口肉类指定口岸通过国家质检总局审核验收。

12 月 31 日

陕西省副省长、公安厅厅长杜航伟到西安咸阳国际机场航空口岸现场视察，督导口岸反恐维稳工作。

（撰稿人：马东、卫晓波、杨晨）

2016 年陕西省口岸流量统计表

口岸类型		口岸名称	货运量（万吨）				集装箱量（标箱）				人员（人次）				交通工具（架次）			
			出口	进口	合计	同比（%）	出口	进口	合计	同比（%）	出境	入境	合计	同比（%）	出境	入境	合计	同比（%）
空运口岸		西安咸阳国际机场																
		分计	1.2	2.1	3.3	-15.4			0		103.7	102.5	206.2	17.1	7 809	7 791	15 600	-2.2
陆运口岸	公路口岸																	
		分计	0.07	0.02	0.09	0.0	178	18	196	75.0								
	铁路口岸																	
		分计	11.1	0.8	11.9	58.7	8 456	196	8 652	30.5					3 134	43	3 177	62.4
水运口岸	海港口岸																	
		分计	22.7	418.3	441.0	89.4	13 245	17 110	30 355	-8.0								
	河港口岸																	
		分计																
合计			35.07	421.22	456.29	86.7	21 879	17 324	39 203	-1.3	103.7	102.5	206.2		10 943	7 834	18 777	
同比（%）			32.5	93.3	86.7		10.9	-13.4	-1.3		17.0	17.1	17.1		11.2	-2.9	4.9	

（西安海关提供）

2016 年陕西省口岸出入境主要数据表

项目			2016 年	2015 年	同比（%）
出入境人员（人次）	出入境人员总数		2 003 597	1 685 459	18.87
	入境人员		999 387	844 467	18.34
	出境人员		1 004 210	840 992	19.41
	出入境旅客		1 888 887	1 590 568	18.76
	出入境员工		114 710	94 891	20.89
	中国公民	小计	1 606 949	1 347 076	19.29
		内地居民（因公）	47 583	35 962	32.30
		内地居民（因私）	1 422 964	1 193 748	19.20
		港澳居民	57 471	52 161	10.18
		台湾同胞	78 931	65 205	20.05
	外籍人员		396 648	338 383	17.22
	从海港出入境人数				
	从陆港出入境人数				
	从空港出入境人数		2 003 597	1 685 459	18.88
交通运输工具（辆、艘、架、列次）	总计		12 303	10 505	17.12
	船舶				
	飞机		12 303	10 505	17.12
	火车				
	机动车辆				

（陕西省公安边防总队提供）

2016 年西安海关主要数据统计表

项目		2016 年	同比（%）
进出口货运量（万吨）	合计	456.2	86.7
	进口	421.2	93.3
	出口	35	32.2
进出口贸易总值（万美元）	合计	2 519 363.3	-0.04
	进口	1 313 839.9	-10.8
	其中：江、海运输	210 839	-9.4
	铁路运输	604	
	汽车运输	939.4	39.7
	航空运输	1 101 034.3	-11.1
	邮件运输	104.9	-32.1
	其他运输	318.3	-70.2
	出口	1 205 523.4	15.1
	其中：江、海运输	133 039.8	86.8
	铁路运输	20 793.3	17
	汽车运输	4 873.5	-25.5
	航空运输	1 044 277	10.1
	邮件运输	2 414.2	-15.7
	其他运输	125.6	-69.9
税收（万元）	两税合计	348 865	6.5
	关税入库	61 059	22.9
	进口环节税入库	287 806	3.5

（西安海关提供）

2016年陕西省出入境检验检疫业务统计表

项目	货物检验检疫				交通工具				集装箱（标箱）		发现动植物疫情		货物通关		出入境人员查验（人次）	健康检查及预防接种（人次）			
	批次	金额（万美元）	检验检疫不合格																
			批次	金额（万美元）	船舶（艘）	飞机（架）	火车（节）	汽车（辆）	合计	检出问题	种类数	种次	批次	金额（万美元）		健康检查	艾滋病监测	发现病例	预防接种
本年累计	29 364	284 247	943	19 812		12 234			6 492						1 997 020	21 778	21 041	4 877	34 713
其中 出境	18 747	81 783	88	335		6 136			0						1 004 923				
其中 入境	10 617	202 464	855	19 477		6 098			6 492						992 097				
同比（%）	10.05	-27.42	-14.89	-58.45		17.78			-33.59						19.51	1.99	-0.96	8.57	-8.45
其中 出境	16.69	-4.35	-36.69	-75.35		18.05			-100						20.31				
其中 入境	0.01	-33.87	-11.76	-57.96		17.52			-33.26						18.7				

（陕西出入境检验检疫局提供）

甘　肃　省

甘肃省口岸分布示意图

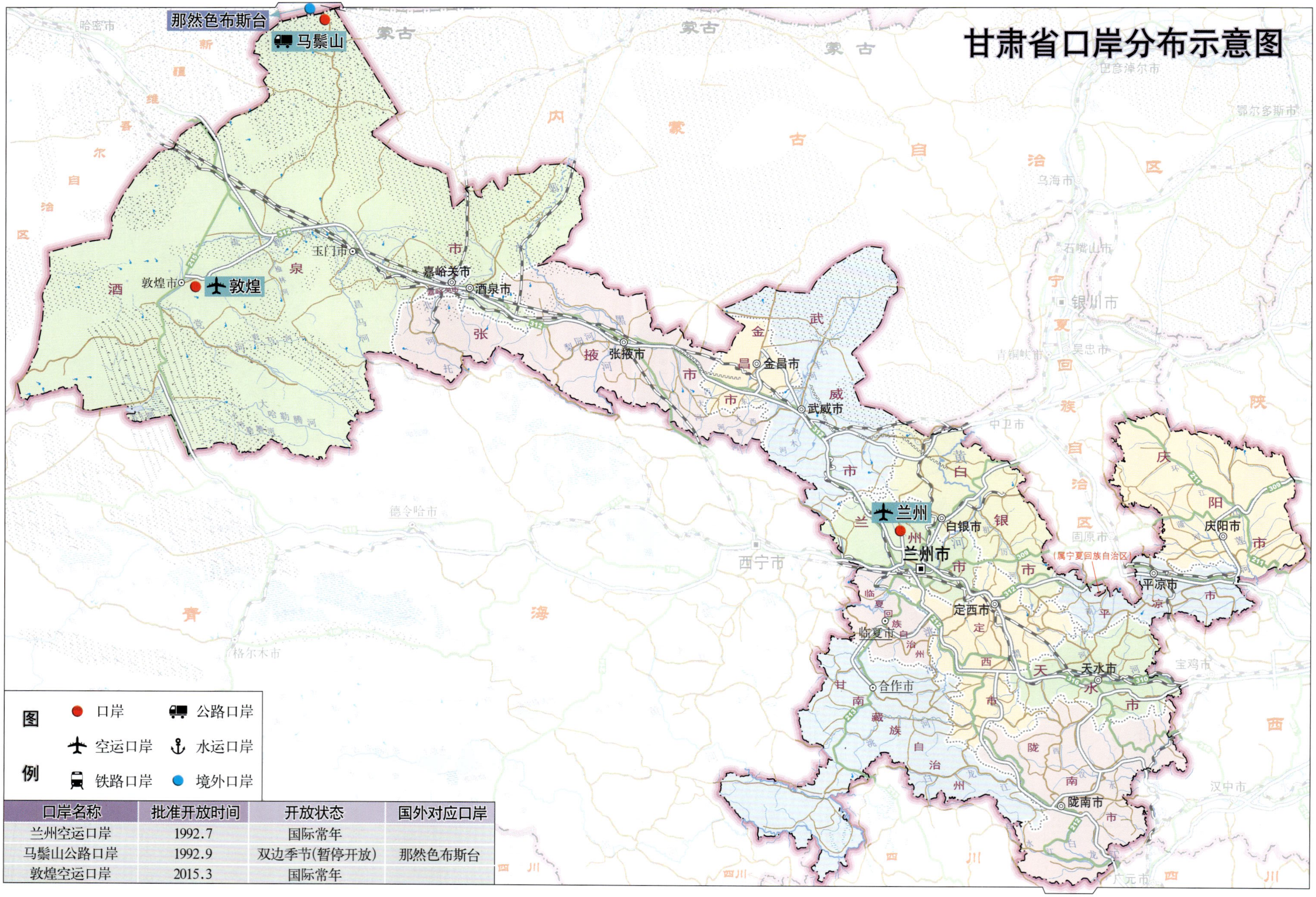

口岸名称	批准开放时间	开放状态	国外对应口岸
兰州空运口岸	1992.7	国际常年	
马鬃山公路口岸	1992.9	双边季节(暂停开放)	那然色布斯台
敦煌空运口岸	2015.3	国际常年	

口岸数量及分布

截至2016年年底，甘肃省有经国家批准的对外开放口岸3个，分别为兰州空运口岸（兰州中川国际机场）、敦煌空运口岸（敦煌机场）、马鬃山陆路（公路）口岸 。

口岸运行数据

2016年，兰州海关监管进出口货物170.80万吨，同比增长8.25%。其中，进口168万吨，同比增长9.74%；出口2.80万吨，同比下降40.59%。进出口额1 344 612万元，同比增长24.30%。其中，进口1 070 425万元，同比增长12.06%；出口274 187万元，同比增长116.80%。兰州空运口岸出入境人员167 833人次，同比增长21.48%；出入境航班1 234架次，同比增长31.28%。其中，出境人员83 526次，同比增长20.26%；出境航班616架次，同比增长31.34%；入境人员84 307人次，同比增长22.72%，入境航班618架次；同比增长31.21%。敦煌空运口岸积极组织旅游包机，培育航空市场，出入境航班36架次，同比增长100%，出入境人员4 764人次，同比增长92.56%。

口岸综合管理

【甘肃省口岸办加强口岸规划建设】 一是积极促成省署合作备忘录的签署。2016年1月21日，甘肃省政府与海关总署在北京签署合作备忘录，双方将进一步深化省署合作，加强对外开放领域合作，深入落实“一带一路”战略，共建丝绸之路经济带甘肃黄金段，努力把甘肃建设成为丝绸之路的黄金通道、向西开放的战略平台。二是编制好甘肃省口岸发展“十三五”规划。对丝绸之路经济带甘肃黄金段沿线节点予以重点考虑设计，编制《甘肃省“十三五”口岸发展规划》，有针对性地解决口岸发展中的困难和问题，逐步形成陆空立体交叉，多层次、全方位的口岸开放新格局。三是支持新型贸易业态发展。2016年9月12日，在2016“一带一路”中国（兰州）国际跨境电商物流大会上，甘肃省商务厅、兰州市人民政府、兰州海关、甘肃出入境检验检疫局、甘肃省国家税务局、国家外汇管理局甘肃分局6家单位共同签署了《兰州跨境电商公共服务平台共建框架协议》，标志着甘肃省跨境电商产业进入了一个新的发展阶段。

【加快口岸基础设施建设】 一是推动三大国际空港（兰州、敦煌、嘉峪关）建设。2016年兰州空运口岸加快机场升级改造，10月13日，兰州中川国际机场4 000米跑道顺利完成了标志线、助航灯光、导航台站的切换，并正式开放投运，标志着兰州中川国际机场二期扩建工程全面完工，满足了日益增长的进出航班需要。敦煌空运口岸加快国际联检大厅、口岸联检大楼等项目的建设工作，敦煌机场T3航站楼扩建工程于2016年年初开工，其中新建航站楼10 200平方米，跑道向东延长600米至3 400米，飞行区等级由4C提升为4D，并满足E类飞机备降，总投资达10亿元。嘉峪关机场加快现代化建设，提升机场的客运人数，力争达到国家规定的空运口岸开放标准，使嘉峪关机场空运口岸尽早获批对外开放。二是推动三大国际陆港（兰州、武威、天水）建设。兰州国际陆港在兰州铁路口岸获批临时对外开放的基础上，以发展陆港经济为核心，大力发展现代物流、现代商贸和出口加工三大主导产业，加快建设保税物流中心（B型）、多式联运中心、公路集装箱中心站、进出口展示交易中心、出口加工物流中心等34个重大项目，计划总投资约600亿元以上。武威国际陆港依托武威保税物流中心和进境木材指定检验检疫监管区的申报设立，加快口岸基础设施建设，正在积极申报设立武威铁路口岸。天水国际陆港不断优化外贸结构，拓宽装备制造业、机械电子、航空航天、自主创新等领域高附加值产品的国际市场，引领西部地区外向型经济突破发展。

【实现兰州铁路口岸获批对外开放】 2016

年12月6日，国家口岸管理办公室下发了《关于同意兰州铁路集装箱场站作为临时口岸对外开放的批复》（国岸发〔2016〕26号），批复兰州铁路口岸临时对外开放。兰州铁路口岸作为甘肃省第一个铁路口岸，拓宽了甘肃与外界经济交流的通道，将与空运口岸共同作用，构成甘肃经济全方位立体化开放格局，为甘肃经济走向欧洲，向更深层次、更高水平、更宽领域发展增添更强的动力。同时，兰州铁路口岸将与兰州新区综合保税区联动发展，进一步完善综保区物流集散功能，极大地促进甘肃省落实“一带一路”战略，构建丝绸之路经济带甘肃黄金段。目前，兰州铁路口岸正在按照国家关于新开设口岸查验基础设施应尽可能与口岸主体工程统一规划、统一设计、统一投资、统一建设的要求，加快铁路口岸基础设施建设，完善检查查验场地及监管设施，确保符合兰州海关、甘肃出入境检验检疫局等口岸联检单位的监管要求，验收并正常运行。

【加快进境指定口岸建设进程】 2016年1月14日，国家质检总局批准在兰州中川国际机场空运口岸建设进境冰鲜水产品和水果指定口岸，在兰州新区综合保税区和武威保税物流中心建设进口肉类指定查验场。2016年3月11日，国家质检总局批准在武威保税物流中心开展进境木材检验检疫监管工作，这是继江西赣州之后全国第二个国家批准的进境木材监管场所。建设指定口岸有助于甘肃延伸和拓展口岸功能，打造开放型经济发展的新平台，有效提升甘肃在国家对外开放格局中的区位重要性和影响力。甘肃省加快指定口岸基础设施建设，争取早日通过国家质检总局验收并投入运营，进一步丰富口岸功能，为进出口贸易搭建重要的平台，延长产业链，提高对外开放水平。

【提升海关特殊监管区域运营水平】 一是提升兰州新区综合保税区运营服务能力。兰州新区综合保税区自封关运营以来，重点深化出口加工功能，推动仓储物流发展，搭建跨境电商平台，拓展口岸功能，创新招商引资方式，努力推动“区区”和“区港”联动发展，吸引各类经济要素向新区加快集聚，进一步提升甘肃省外向型经济的快速发展。2016年共有206家各类企业在兰州新区综合保税区内注册，累计监管进出口货运量372吨，货运总值6.90亿美元。二是推动武威保税物流中心转型升级。2016年1月～3月，国家质检总局先后批准在武威保税物流中心设立进境肉类查验场所和进境木材监管区。武威保税物流中心进一步完善基础配套设施，加快建设肉类和木材监管场所，提升保税物流中心功能功效。2016年共有80家各类企业在武威保税物流中心内注册，累计监管进出口货运量4 703吨，货运总值1.60亿元。三是积极推动甘肃省海关监管场所建设。大力支持兰州、金昌、天水、白银申请海关监管场所，以及“两仓”项目的规划建设。2016年甘肃省批准新设保税仓库1家，出口监管仓库1家，监管场所3家，指导2家不达标监管场所开展整改并投入运营。

【加快中国（甘肃）国际贸易“单一窗口”建设】 按照国家口岸办的统一部署，甘肃省加快国际贸易“单一窗口”建设，制定了国际贸易“单一窗口”实施方案，并向省级财政汇报争取国际贸易“单一窗口”建设资金，牵头协调兰州海关、甘肃出入境检验检疫局、甘肃省公安边防总队等口岸联检单位，积极推进口岸相关部门落实“三互”（信息互换、监管互认、执法互助）大通关建设，形成“单一窗口”跨部门共建共享机制。为加快“单一窗口”建设，积极开展“单一窗口”试点，2016年兰州新区综合保税区实现了进出口货物的“联合查验、一次放行”；武威保税物流中心研发了互联网+4E综合外贸标准化信息服务平台；兰州国际港务区正在加快多式联运口岸综合服务系统的建设工作，探索将运输、码头、场站、物流等信息进行整合与优化配置，供用户从运输时间最短、运费最低等角度进行选择，为其提供个性化的物流解决方案，通过“单一窗口”由点及面的试点推广，提高了进出口货物通关便利化水平。

【大力促进口岸外向型经济发展】 一是提升空运口岸的运营水平。推动兰州空运口岸依托兰州新区综合保税区，开展与沿海沿边口岸之间的物流合作和联动发展，发展国际物流，构建集仓储、运输、加工为一体的现代物流体系。二是加快沿边地区口岸开放步伐。促进马鬃山口岸早日恢复通关，构建高层领导会晤、政府及民间交流合作机制和互访机制，争取开展边民互市贸易，支持边境地区发展特色优势产业，促进边贸与产业互动发展。注重发挥边境贸易资源能源通道作用，支持省内外贸龙头企业参与大宗资源能源产品经营。三是推动外汇管理体制改革。2016 年以来，甘肃省外汇管理局以支持涉外经济发展为重点，研究制定了支持全省对外开放的指导意见，充分发挥跨部门之间的协调机制作用，加强与甘肃省商务厅、国税局、兰州海关的信息交流共享，增强政策合力，支持丝绸之路经济带甘肃段建设。四是复制推广自贸试验区和海关特殊监管区域监管创新制度。结合兰州新区综保区业务实际及企业需求，研究提出 10 条自贸试验区海关监管创新制度复制推广项目落地，推动兰州新区综合保税区功能多元化、业务多样化健康发展。

【提升跨区域通关合作水平】 一是甘肃省协调口岸查验单位，积极落实国务院“三互”大通关建设改革和促进外贸回稳向好若干意见，梳理提出推进改革，服务甘肃省外贸发展的重大举措，推动“三互”大通关改革发展。二是加大跨区域口岸合作力度，推进丝绸之路沿线海关区域通关一体化改革，实现区域内“十关如一关”，方便进出口企业，提高通关效率，使越来越多的沿线企业享受便捷的通关服务；2016 年 1 月 ~ 11 月，兰州海关接受“一体化”报关单 6 896 票，占报关单总数的 75.6%，改革成效明显。三是继续深化分类通关、通关无纸化等改革，2016 年 1 月 ~ 11 月，兰州关区共接受无纸化报关单 9 067 票，占报关单总数的 99.90%，通关作业无纸率超过 99.00%。四是探索丝绸之路经济带检验检疫区域一体化改革模式，甘肃出入境检验检疫局积极与天津、山东、江苏、深圳、珠海和新疆等沿海、沿边检验检疫机构的合作，探索构建口岸检验检疫机构之间的信息互换、监管互认、执法互助的“三互”合作机制，推动检验检疫跨辖区协同执法监管，支持丝绸之路经济带区域经济平稳发展。

【各口岸提升现有运营服务水平】 一是实现甘肃省国际货运包机成功首航。2016 年 6 月 8 日，甘肃省兰州—迪拜国际货运包机在兰州中川国际机场首航，货运包机搭载了由兰州新区综合保税区入区企业组织的 32 吨民族饰品、纺织品、小商品等日用百货商品。2016 年 11 月 1 日，由中牧集团公司进口的澳大利亚 1 500 只种羊包机从澳大利亚墨尔本直飞兰州中川国际机场，填补了甘肃省国际货运进口空白。2016 年 12 月 30 日，兰州—达卡国际货运航班搭载 103 吨货物顺利执飞，开辟了甘肃面向南亚对外贸易的新通道。二是推动国际货运班列逐步常态化运营。甘肃省从 2014 年 12 月和 2015 年 7 月相继开通了“天马号”和“兰州号”国际货运班列，截至 2016 年年底，“天马号”中欧国际货运班列累计发送班列 40 列，监管货运量 5.50 万吨，货值约 9.50 亿元；“兰州号”中欧、中亚国际货运班列累计发送班列 111 列，海关监管货运量 11.30 万吨，货值约 15.40 亿元。2016 年 5 月 11 日，“兰州号”南亚公铁联运国际货运班列在兰州国际港务区首发，截至 2016 年年底，累计发送班列 8 列，海关监管货运量 0.54 万吨，货值约 5.60 亿元。三是全力保障敦煌文博会期间口岸通畅。2016 年文博会期间，甘肃省加快敦煌机场国际联检厅的改造，制定了《敦煌文博会期间敦煌空运口岸作业演练方案》，并于 2016 年 9 月 6 日在敦煌机场举行实地模拟演练，确保了应邀出席文博会的阿富汗代表团于 2016 年 9 月 23 日顺利乘坐 CZ6069 航班（兰州—迪拜）从兰州口岸出境返程。

口岸监管与服务

【兰州边防确保口岸安全畅通】 一是严密口岸管控，确保口岸安全畅通。定期开展口岸形势分析，以风险评估为载体，强化口岸防范能力，及时对口岸可能面临的风险结合国际国内形势变化进行动态的分析研判，开展了模拟演练，通过演练熟悉程序，查找不足，进一步完善口岸突发事件处置预案，实现了口岸突发事件演练工作实战化、程序化。二是以扩大口岸开放程度为契机，深入推进改革创新。面对出入境人员和航班数量的大幅增长，口岸边防检查工作立足实际，不断创新服务举措，优化边检勤务组织模式，积极践行便民服务承诺，先后圆满完成G20峰会、敦煌文博会、亚欧博览会等重大安保勤务任务，同时全力保障敦煌口岸临时勤务保障任务，受到了出入境旅客的一致好评。三是推进职业文化建设，打造边检品牌形象。兰州边检站通过开展“中国边检·阳光国门”服务品牌推介、“警营开放日”“法律宣传日”“边检雷锋日”“中秋特色边检服务”等活动，不断扩大边检工作的社会影响力和认知度，“丝路明珠、活力边检”的警营文化品牌全面形成。同时，通过建立新闻发言人制度，积极主动、及时准确地发布兰州边检相关新闻，向社会宣传兰州边检工作和边检队伍建设成效，正确引导舆论，自觉接受社会舆论和人民群众监督，进一步密切边检机关与社会公众联系沟通。

【兰州海关优化口岸服务能力】 一是兰州海关落实简政放权，优化行政审批事项。建立并实施“一个窗口”受理、网上预受理及预审查制度。对行政执法领域177项内部核批事项进行优化，取消18项内部核批事项，压缩40项审批环节，下放11项审批层级，优化率38.90%，取消7项行政性收费和3项经营服务性收费。二是开展制度和规范性文件清理。废止40项制度和29项政策性文件，进一步规范执法行为，提升执法统一性。三是开展税收征管方式改革试点工作。对部分商品实行企业自主申报、自行缴税，海关对税收要素审核后置。对符合条件的企业施行集中汇总纳税，进一步引导进出口企业、单位守法自律。四是按照国务院促进外贸回稳向好的有关要求，在确保监管到位基础上，调整考核方式，采取措施降低出口查验率，减轻企业负担。五是强化企业帮扶力度，广泛宣传区域通关一体化改革、企业管理业务改革、海关稽查条例等政策法规，联合检验检疫部门举办甘肃省对外开放与贸易政策宣讲会，积极主动推进集中汇总征税、关区高资信企业认证、降低出口查验率等工作，落实通关便利举措，务实服务外贸企业。

【甘肃出入境检验检疫局提高通关便利化条件】 一是优化服务，提高进出口通关效率。推进无纸化申报，在加强企业诚信管理的基础上，全面推行检验检疫电子申报，简化申报数据项目，减少随附单证种类；全面推动“通报通放”检务改革举措，以企业需求为立足点，最大限度按照企业的自主选择，实现“就近申报、就近放行、就近取证”的目标，在全省范围内实施通报通放；完善信用管理、分类管理和风险管理的基础上，为出口企业全面开通“直通放行”和“绿色通道”。二是深化关检合作“三个一”改革。甘肃出入境检验检疫局和兰州海关达成关于关检协作合作的共识，将在做好关检合作“三个一”（一次申报、一次查验、一次放行）的基础上，以甘肃（兰州）国际港务区、兰州铁路口岸项目为平台依托，试点整合监管设施资源，共享共用监管查验场地，提升关检合作水平。三是按照国务院促进外贸回稳向好的有关要求，在确保监管到位基础上，调整考核方式，采取措施降低出口查验率，减轻企业负担。

【全力保障穆斯林朝觐通关】 兰州空运口岸是我国穆斯林群众赴沙特阿拉伯朝觐出入境最重要的口岸之一。在国家宗教局和中国伊斯兰教协会及国家口岸办的指导下，甘肃省口岸办协调兰州海关、甘肃出入境检验检疫局、甘肃省公安边防总队和甘肃机场集团兰州机场公司等单位，配合甘肃省宗教局、甘肃省伊斯兰教协会连续11年先后顺利完成甘肃、青海、宁夏和西藏等省区广大穆斯林赴沙特阿拉伯朝觐的保障服务，成为全国朝觐出入境保障第一大口岸。2016年，兰州海关共监管穆斯林朝觐包机10架次，验放穆斯林群众2 971人，机组130人，行李物品3 736件。为做好朝觐返程包机安全保障工作，兰州海关本着尊重宗教信仰、维护民族团结、提供便利通关的宗旨，通过派员参与甘肃省宗教局组织的朝觐带队人员培训及提前集中办理出境托运行李物品验放的监管前移方式，热情服务、文明执法、严密监管，确保穆斯林朝觐群众有序、快速、安全通关。甘肃出入境检验检疫局编制了《穆斯林朝觐出入境保障检验检疫工作手册》，注重流程管理，用好联防联控机制，对携带物品严格查验，加强传染病口岸监测，严防疫病疫情传入国内。

开放口岸

【兰州空运口岸（兰州中川国际机场）】 兰州中川国际机场目前为西北地区主干机场之一。兰州中川国际机场相继开通了兰州至中国香港、中国台北、中国高雄等地区及韩国首尔、泰国普吉岛、沙特麦加、俄罗斯圣彼得堡、德国法兰克福共24条航线。2016年11月28日，兰州中川国际机场年旅客吞吐量突破1 000万人次。2016年，兰州中川国际机场空运口岸出入境人员达16.78万人次，同比增长21.50%。

【敦煌空运口岸（敦煌机场）】 2015年3月6日，国务院下发《国务院关于同意甘肃敦煌机场对外开放的批复》（国函〔2015〕45号）。敦煌空运口岸的获批，是继兰州空运口岸和马鬃山陆路口岸之后的甘肃省第3个国家一类口岸，成为甘肃省发展开放型经济的重要平台和支点。2015年6月29日，香港—敦煌旅游包机正式开通，出入境2 474人次，航班18架次。2016年，敦煌空运口岸出入境人员共计4 764人次，出入境航班36架次。2016年11月23日，《海关总署关于印发国家口岸发展“十三五”规划》（署岸函字〔2016〕11号），将嘉峪关航空口岸列入国家口岸发展“十三五”规划，标志着嘉峪关航空口岸对外开放迈出了关键的一步。

【马鬃山陆路（公路）口岸】 1992年9月，国务院批准马鬃山口岸正式对外开放，1993年8月，由于蒙古国单方面原因，关闭了那染色布斯台口岸，致使马鬃山口岸关闭至今。甘肃省委省政府和外交部特别重视甘肃省马鬃山口岸的复通工作，全力推动马鬃山口岸早日复通。2016年4月12日~14日，蒙古国戈壁阿尔泰省省长阿木古楞巴特尔率团对甘肃省进行了考察访问，甘肃省委常委、常务副省长咸辉会见了代表团一行，就开展经贸、教育、文化等领域的务实合作，推动马鬃山口岸复通等议题进行了深入交流，两方签署了《关于建立友好省际关系意见书》，就口岸复关达成了一致建议。为了增进两省际友好关系，2016年7月和9月，蒙古国戈壁阿尔泰省省长阿木古楞巴特尔分别派团参加中国甘肃省举办的“兰洽会”和“文博会”。2016年7月27日~8月2日，甘肃省政府副秘书长张正锋带领外事、商务、口岸、酒泉市等部门负责同志前往蒙古国进行了访问，蒙古国大呼拉尔（议会）副主席桑吉米塔·雅达姆苏仁、戈壁阿尔泰省省长阿木古楞巴特尔会、国民议会主席甘卓里克分别会见了甘肃省代表团一行，双方就马鬃山—那然色布斯台口岸复关做了进一步沟通，并就加强经贸文化交流达成了共识，为马鬃山口岸复通创造条件。

2016年甘肃省口岸大事记

1月14日

国家质检总局批准在兰州中川国际机场空运口岸建设进境冰鲜水产品和水果指定口岸，在兰州新区综合保税区和武威保税物流中心建设进口肉类指定查验场。

1月21日

海关总署署长于广洲和甘肃省省长刘伟平在京签署了《署省合作备忘录》。

2月15日

马来西亚伊斯兰发展署授权认可甘肃临夏清真食品认证中心作为在中国的清真产品国际认证机构，标志着甘肃清真食品融入“一带一路”，走向国际市场有了“快速通道”。

3月8日

兰州边检站执勤业务科女子旅检组荣获全国“三八红旗集体”。

3 月 11 日

国家质检总局批准同意甘肃出入境检验检疫局在武威保税物流中心设立进境俄罗斯板材检验检疫监管区。

4 月 18 日

甘肃出入境检验检疫局检测出 1 例继发性肺结核外籍病例，这是兰州空运口岸检出的首例外籍人士在国内感染活动性结核病例。

4 月 28 日

平湖国际进口商品城体验馆正式落户兰州新区，这是兰州新区首个国际进口商品跨境电商 O2O 项目的线下体验实体店。

5 月 11 日

“兰州号”南亚公铁联运货运列车发车仪式在兰州国际港务区举行。尼泊尔加德满都市市长鲁德拉·辛格·塔芒，甘肃省副省长李荣灿，西藏自治区、拉萨市、兰州市有关领导出席了当天的发车仪式。

5 月 18 日

兰州新区陇大农牧科技发展有限责任公司进境种羊指定隔离场通过国家质检总局专家组的现场验收评审，成为甘肃省首家通过国家质检总局验收的进境种羊隔离场。

6 月 8 日

兰州—迪拜国际货运包机首航仪式在兰州中川国际机场举行。

6 月 28 日

岷县出口当归质量安全示范区通过质检总局出口食品农产品质量安全示范区考核组考核，这是甘肃省建成的首个省级出口中药材质量安全示范区。

7 月 1 日

甘肃国税部门全面推行出口退（免）税无纸化管理试点，利用信息技术，实现申报、证明办理、审核审批、退库等出口退（免）税业务网上办理，切实方便出口企业办理退税。

8 月 15 日 ~20 日

甘肃、西藏共计 2 971 名穆斯林群众搭乘 10 架次包机从兰州中川国际机场出境前往沙特阿拉伯参加朝觐活动。

9 月 12 日

2016“一带一路”中国（兰州）国际跨境电商物流大会在兰州开幕。甘肃省商务厅、兰州市政府、兰州海关、甘肃出入境检验检疫局、甘肃省国税局和国家外汇管理局甘肃分局一起签署了《兰州跨境电商公共服务平台共建框架协议》。

9 月 14 日

海关总署批准中免集团在兰州中川国际机场设立出境免税商店。

9 月 20 日

首届丝绸之路（敦煌）国际文化博览会在敦煌隆重开幕。国务院副总理刘延东宣读了国家主席习近平的贺信并在高峰会议上作主旨演讲。

9 月 23 日

兰州—明斯克中欧国际货运班列从兰州新区北站始发。班列将途经阿拉山口，用时 10 天行程 7 200 多千米，直达白俄罗斯首都明斯克市的中白工业园。

10 月 26 日

中国首家马铃薯生态原产地保护产品认证授牌仪式在定西市举行。甘肃出入境检验检疫局为甘肃巨鹏清真食品有限公司颁发了生态原产地产品保护证书。

11 月 1 日

由中牧集团公司进口的澳大利亚 1 500 只种羊包机从澳大利亚墨尔本直飞兰州中川国际机场，填补了甘肃省国际货运进口空白。

12 月 6 日

国家口岸管理办公室批复同意兰州铁路集装箱场站作为临时口岸对外开放，具体包括兰州新区中川北站、兰州东川铁路物流中心两个作业区。

12 月 23 日

香港食物环境卫生署巡查组对甘肃省供港蔬菜基地进行检查。

12 月 30 日

兰州—达卡国际货运航班搭载 103 吨货物顺利执飞，开辟了甘肃面向南亚对外贸易的新通道。

（撰稿人：委葆业、徐莲、姜笑、甘振杰）

2016 年甘肃省口岸流量统计表

口岸类型		口岸名称	货运量(万吨)				集装箱量(万标箱)				人员(万人次)				交通工具(辆、艘、架、列次)			
			出口	进口	合计	同比(%)	出口	进口	合计	同比(%)	出境	入境	合计	同比(%)	出境	入境	合计	同比(%)
空运口岸																		
		分计									8.35	8.43	16.78				1 234	
陆运口岸	公路口岸																	
		分计																
	铁路口岸																	
		分计																
水运口岸	海港口岸																	
		分计																
	河港口岸																	
		分计																
合计			2.80	168.00	170.80						8.35	8.43	16.78				1 234	
同比(%)			-40.59	9.74	8.25						20.26	22.72	21.42				31.28	

(甘肃省口岸办提供)

2016 年甘肃省口岸出入境主要数据表

项目			2016 年	2015 年	同比（%）
出入境人员（人次）	出入境人员总数		167 833	138 156	21.48
	入境人员		84 307	68 701	22.72
	出境人员		83 526	69 455	20.26
	出入境旅客		157 377	129 644	21.39
	出入境员工		10 456	8 512	22.84
	中国公民	小计	154 805	129 254	19.77
		内地居民（因公）	88	139	-36.69
		内地居民（因私）	136 859	115 259	18.74
		港澳居民	6 724	5 603	20.01
		台湾同胞	11 134	8 253	34.91
	外籍人员		2 572	390	559.49
	从海港出入境人数				
	从陆港出入境人数				
	从空港出入境人数		167 833	138 156	21.48
交通运输工具（辆、艘、架、列次）	总计		1 234	940	31.28
	船舶				
	飞机		1 234	940	31.28
	火车				
	机动车辆				

（甘肃省公安边防总队提供）

2016 年兰州海关主要数据统计表

项目		2016 年	同比（%）
进出口货运量（万吨）	合计	170.80	8.25
	进口	168.00	9.74
	出口	2.80	-40.59
进出口贸易总值（万元人民币）	合计	1 344 610	24.30
	进口	1 070 423	12.06
	其中：江、海运输	418 058	-34.04
	铁路运输	206 350	76.32
	汽车运输	5 542	-0.48
	航空运输	360 989	330.11
	邮件运输		
	其他运输	79 484	-30.82
	出口	274 187	116.80
	其中：江、海运输	11 489	-72.11
	铁路运输	22 604	-65.83
	汽车运输		
	航空运输	240 094	1 155.97
	邮件运输		
	其他运输		
税收（万元人民币）	两税合计	128 434	9.27
	关税入库	1 621	16.33
	进口环节税入库	126 813	9.19

（兰州海关提供）

2016 年甘肃省出入境检验检疫业务统计表

项目		货物检验检疫				交通工具				集装箱（标箱）		发现动植物疫情		货物通关		出入境人员查验（人次）	健康检查及预防接种（人次）			
		批次	金额（万美元）	检验检疫不合格																
				批次	金额（万美元）	船舶（艘）	飞机（架）	火车（节）	汽车（辆）	合计	检出问题	种类数	种次	批次	金额（万美元）		健康检查	艾滋病监测	发现病例	预防接种
本年累计		9 131	123 076	115	1 403		3 639			84		30	7	7 972	67 643	209 634	5 713	5 710	220	7 794
其中	出境	7 384	39 461	44	271		1 825							6 701	33 309	103 848	4 869	4 869	202	7 786
	入境	1 747	83 615	71	1 132		1 814			84		30	7	1 271	34 334	105 786	844	841	18	8
同比（%）		33.96	0.20	85.50	157.90		38.80			-77.10		-38.80	-94.90	169.70	73.00	22.70	-14.20	-12.00	22.20	-18.80
其中	出境	28.17	-10.70	7.30	-41.20		37.00			-100.00		-100.00	0	296.50	208.20	21.20	-15.60	-15.60	23.90	-18.70
	入境	65.60	6.30	238.10	1 263.90		40.60			950.00		-37.50	-94.90	0.40	21.40	24.10	-4.50	17.30	5.90	-38.50

（甘肃出入境检验检疫局提供）

青 海 省

班边防检查等工作任务。

【西宁海关】 2016年西宁海关不断优化口岸监管机制，进一步增强口岸服务和保障功能。一是空运口岸海关监管区域通道设置不断优化，监管查验设备配置日趋完善，更新行李X光机，增装人体X光机。“先期旅检”项目建设完成并投入使用，实现了查验3个100%要求，通关效能进一步提升。二是不断加强口岸法治建设。在旅检通道增设电子大屏，播放普法宣传片，利用“夏都金钥匙”微信公众号平台，以图文并茂的形式向进出境旅客宣传相关政策、法律法规和实际案例。2016年，西宁海关征收行邮税12.4万元，查获涉嫌违禁印刷品16份册，编辑各类PPT信息53篇。

【青海出入境检验检疫局】 2016年青海出入境检验检疫局共监管航空器641架次，出入境旅客32 960人次，发现有传染病症状旅客35人，其中确诊传染病5例。查验行李携带物29 453件次，截获禁止携带物共计1 477批次。对西宁空运口岸16家食品生产经营单位开展了日常卫生监督75次，发现问题并提出整改意见70余项；实施食品卫生快速检测10余次，检测项目130余项；开展鼠类监测2次，蝇类监测6次，成蚊监测6次，伊蚊专项监测6次，并将监测数据上报国家质检总局。对青海首发至比利时的44个集装箱实施了卫生检疫。

在口岸综合管理方面，一是平稳推进中国电子检验检疫主干系统上线运行。二是与西宁海关签署关检合作备忘录，推动实现信息互换、监管互认、执法互助。三是与中国贸促会青海分会签署合作备忘录，响应质检总局倡议，与中国贸促会青海贸促分会签订合作备忘录，实现原产地签证企业备案信息、签证数据、培训合作、业务研究等领域合作共享，进一步拓展签证范围，便利出口企业原产地签证。

开放口岸

【西宁空运口岸（西宁曹家堡机场）】 西宁曹家堡机场坐落在湟水河畔，小峡之中，距市中心28千米。西宁曹家堡机场是国内4E级干线机场，通航城市已达58个，开通航线88条，运营航空公司18家，形成以西宁曹家堡机场为中心，覆盖国内重点城市、多个国家（地区）的航线网络，成为青藏地区规模最大、辐射最广、通连度最高的机场，是青藏高原重要交通枢纽和青海省主要对外口岸。

2016年西宁曹家堡机场起降4.04万架次，旅客468.11万人次，货邮2.44万吨，成功跻身国内中大型机场行列。

2016年青海省口岸大事记

3月14日

青海省民族宗教事务委员会、青海省商务厅联合下发关于印发《2016年青海省开通朝觐包机保障工作实施方案》（青民宗〔2016〕17号）。

5月30日

“西宁空运口岸联检综合楼建设项目”竣工。

6月30日

西宁海关牵头，会同青海省财政厅、青海省国家税务局、国家外汇管理局组成的联合预验收工作组，对青海曹家堡保税物流中心（B型）进行全面预验收。

9月8日

青海省副省长匡湧出席中欧班列中国青海西宁—比利时安特卫普首发仪式。

9月30日

青海省朝觐包机首次通航，保障工作圆满结束。朝觐包机是青海省2016年朝觐工作的一项开创性举措，对促进民族团结稳定，提升对外开放水平具有重要意义，得到了社会各界的广泛关注。

10月1日

西宁—吉隆坡直飞航班开通。

12月1日

西宁—西安—香港航线开通。

（撰稿人：李颖）

宁夏回族自治区

宁夏回族自治区口岸分布示意图

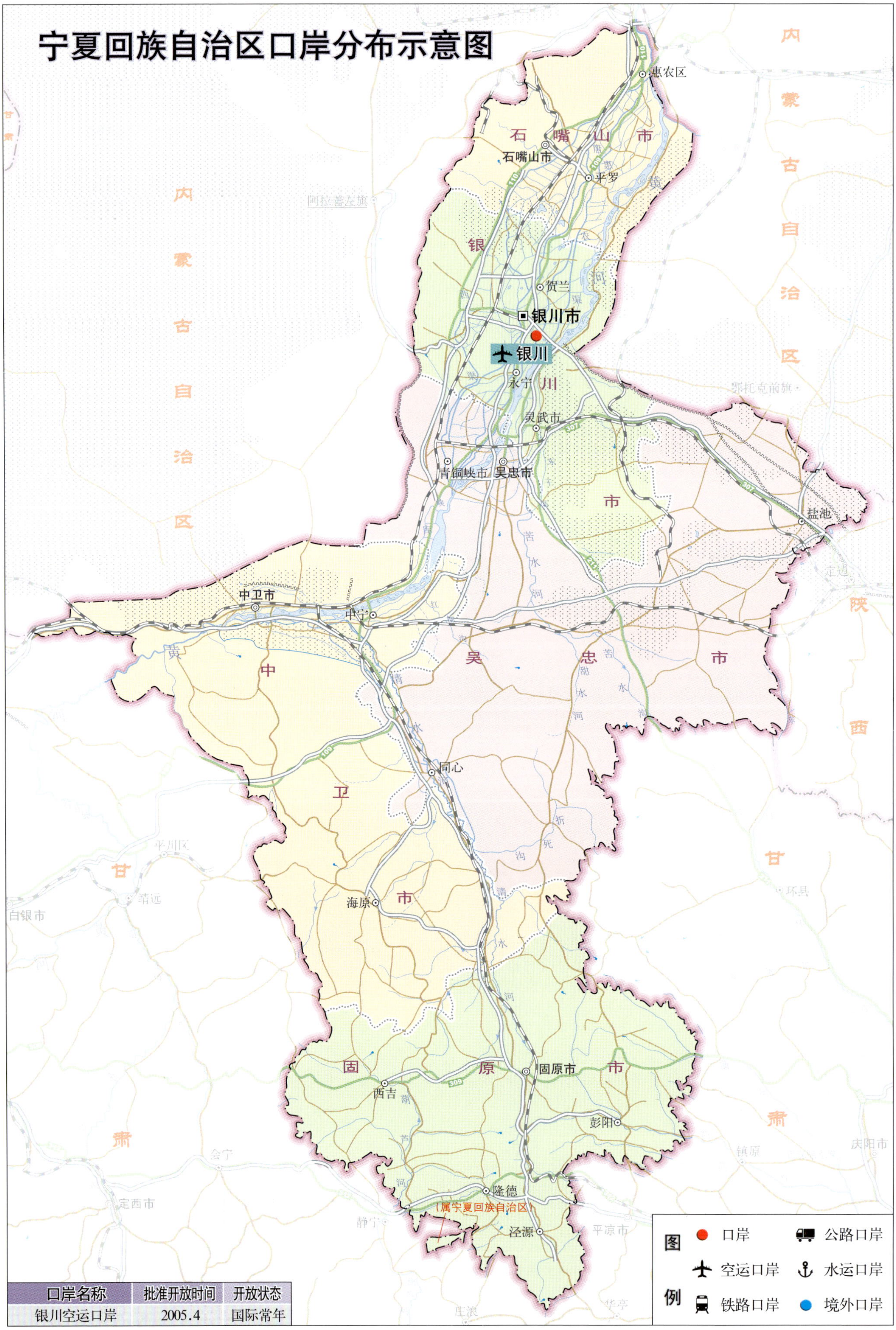

口岸名称	批准开放时间	开放状态
银川空运口岸	2005.4	国际常年

口岸数量及分布

截至2016年年底，宁夏回族自治区有经国务院批准的对外开放口岸1个，即银川空运口岸（银川河东国际机场）。

口岸运行数据

2016年，宁夏回族自治区进出口总值216.3亿元，同比下降6.4%。其中，进口50.8亿元，同比增长6.2；出口165.5亿元，同比下降9.7%，贸易顺差114.7亿元。

银川河东国际机场运输机起降5.61万架次，旅客吞吐量655.17万人次，货邮吞吐量3.72万吨，同比分别增长15.2%、18.3%和11.4%。航线总数为76条，比2015年增加了13条，加密18个城市航班，通航城市达到63个。全年国际（地区）旅客吞吐量达到16.33万人次，同比增长71.9%。

口岸综合管理

【科学规划】 国务院将银川列为国家向阿拉伯国家扩大航权安排的重点城市，国家民航局将银川河东国际机场定位为面向阿拉伯国家开放的门户机场，宁夏回族自治区党委、政府抢抓机遇，积极融入国家“一带一路”战略，提出将宁夏打造成丝绸之路经济带战略支点，建设陆上、空中、网上丝绸之路，并致力于打通西向国际物流大通道，发展以银川河东国际机场为中心的临空产业区。宁夏回族自治区口岸办在前期完成“宁夏面向阿拉伯国家和穆斯林地区航空枢纽建设战略研究”课题的基础上，编制完成了《宁夏面向阿拉伯国家的国际航空物流中心（中阿“空中丝绸之路”宁夏通道）建设战略规划》（初稿），并通过专家评审；争取将打造中转型航空枢纽，构建经银川直达国内各省区首府城市、重点旅游城市、宁夏周边主要城市的“米字形”航线网络列入《宁夏回族自治区空间发展规划》；开通银川至北京、上海、广州空中快线，将银川至国内主要城市中转航线逐步调整为直航航线；构建银川经停迪拜、多哈、伊斯坦布尔至欧洲、非洲的国际航线网络，以及银川经停我国香港地区至东南亚、东北亚、美洲、大洋洲的国际航线网络。切实提升银川至中东、中亚等丝绸之路沿线国家和地区的航空运输能力，培育和发展国际航空货运能力，发展临空经济，实现国际（地区）旅客吞吐量和货物运输量稳定增长。

【政策和资金支持】 2013年中国对阿联酋开放了银川河东国际机场第三、四、五航权，2016年5月3日阿联酋航空公司开通迪拜—银川—郑州新航线，每周四班，由波音777－200LR客机执飞，银川成为阿联酋航空继北京、上海、广州之后中国第4个目的地城市。宁夏回族自治区人民政府修订完成《宁夏航空运输发展专项资金管理办法》，设立宁夏回族自治区航空运输发展专项资金，专项用于在宁夏回族自治区内运输机场新开国际或国内通航点航线的补贴，重点引导航空公司新增驻场运力，稳定运营淡季航班并持续加大运力投入。宁夏回族自治区政府办公厅印发《宁夏关于加强口岸建设提升服务能力的实施意见》，对国际货运班列和从陆路口岸发出的非国际货运班列进行适当补贴，具体补贴措施“一事一议”；对在区内各口岸作业的集装箱运输车辆，比照《宁夏回族自治区人民政府关于支持现代物流业发展的若干政策意见》文件要求，享受优惠30次，先征后返；按照《国务院关于改进口岸工作支持外贸发展的若干意见》规定，对通关查验没有问题的企业免除吊装、移位、仓储等费用，积极争取中央财政支持。石嘴山市委、市政府出台《关于强化政策支持加快推进“三大转型”的若干意见》，将加快惠农外贸货物装卸点发展列入重大支持范围，每年安排500万元资金支持建设。

【跨区域合作】 推进与乌力吉口岸合作共建。积极推动石嘴山市与阿拉善盟行政公署就乌力吉口岸临策铁路连接线、口岸合作等事项进行了协调沟通，编制了乌力吉口岸铁路连接线预可研，正在积极争取中国铁路总公司支持，进一步融入乌力吉口岸发展建设，推进北向联通的国际货运通道建设。

推进与策克等口岸深化合作。与内蒙古自治区阿拉善盟策克口岸、阿拉善盟商务局建立口岸协作机制，推进两地口岸管理部门、海关、国检和铁路部门合作，为建设便捷、高效、经济的对外贸易通道创造必要条件。与阿拉善盟在空港方面深入合作达成共识。利用宁夏回族自治区在“一带一路”战略中的区位优势，搭建阿拉善盟至银川面向阿拉伯国家的空中航线，推动宁蒙两地的空中航线发展。以发展口岸为契机，积极促进宁蒙两地企业合作。以制造业为基础，以资源为支撑，宁夏回族自治区口岸办与发展改革委对接了宁浙特高压直流输电工程配套电源项目的相关情况，并主动联系神华国能宁夏鸳鸯湖发电公司、宁夏国华宁东发电公司、中铝宁夏能源集团、国电宁夏分公司、华能宁夏能源集团公司和宁夏枣泉发电公司6家项目业主单位，初步了解了各单位关于原煤进口方面的合作意见，正在尝试推动区内大型煤电企业与内蒙古阿拉善盟在电厂建设方面的深入合作。

【改革与创新】 不断复制推广自贸试验区监管创新制度，在已复制推广13项海关监管创新制度的基础上，2016年9月新推广加工贸易工单式核销、仓储企业联网监管、融资租赁等7项海关监管制度创新，引导银川综合保税区向贸易多元化、功能多样化方向发展。不断深化“放、管、服”改革，精简优化内部核批事项210项，全面公开审批事项、业务流程，设立一个窗口受理所有审批事项，降低企业制度性交易成本。促进加工贸易转移承接和转型升级，落实《国务院关于促进加工贸易创新发展的若干意见》和《商务部、海关总署关于取消加贸审批的联合公告》，及时调整加贸业务核批作业，促进加工贸易转移承接和转型升级。全年开展加工贸易的企业有12家，同比增长20；新设立手册53本，同比增长29.27%；进口料件备案总值3 223万美元，同比增长91.7%；出口成品备案总值7 855万美元，同比增长81.57%；内销补税65.53万元，同比增长66.7%；征收保证金448.65万元。率先推行“双随机、一公开”抽查制度，拓展西北地区认证执法监管合作机制。

【积极推进e－CIQ主干系统上线】 中国电子检验检疫主干系统（简称e－CIQ主干系统）是检验检疫部门接收企业进出境货物申报、实施检验检疫、记录查验结果、签发各类证书的综合业务平台，实现了“数据多跑腿，企业少跑路”，于2017年1月1日起正式运行。该系统的部署上线，使检验检疫业务管理正式进入“集中统一、互联互通”的新时期，实现了全国一体化。“宁检云”平台是宁夏出入境检验检疫局积极贯彻落实国家质检总局“互联网＋质检”行动计划，共享质检大数据资源，搭建质检大数据平台而构建的综合基础平台，2016年10月上线运行。该平台主要分为三类，对外服务层面有门户网站、中阿论坛、Web报检等；业务层面有CIQ2000、电子监管系统、集中审单系统等；政务层面有OA办公系统、档案系统、仪器设备管理系统等。

【银川河东国际机场三期扩建项目全面完成】 此工程按照满足2020年旅客吞吐量1 000万人次、货邮吞吐量10万吨的目标设计，主要新建了8.2万平方米T3航站楼、1.2万平方米货运库、24.88万平方米站坪，新建21个停机位，跑道加长400米至3 600米，飞行区等级提升至4E级，并新建动力、能源、停车场等配套设施，优化机场道路交通体系，新建指挥塔台和管制雷达等空管工程。工程荣获“2016年中国钢结构金奖”。对标国际一流标准，切实优化乘客通关体验。应用光伏发电、自助行李托运、自助行李分拣、双视角安检、人脸识别等多项领先技术系统，极大地改善旅客出行体验。

口岸监管与服务

【宁夏回族自治区公安边防总队】 宁夏回族

自治区公安边防总队对外开放力度不断加大，随着银川空运口岸出入境流量快速增长的趋势特点，不断创新工作方法，积极适应口岸开放新常态。根据航班实际情况，坚持每周召开勤务研讨会，每月组织考核测评，定期组织专题培训的勤务模式，确保执勤人员高质量完成口岸执勤执法任务。为了更好地服务口岸，根据银川河东国际机场实际航线，召开航空公司座谈会，通报最新出入境政策动态，完善信息交流机制，顺畅沟通协作渠道。深入宁夏回族自治区宗教事务局、伊斯兰教协会和广大朝觐穆斯林群众中，走访了解政府职能部门和出入境旅客对边检工作的意见和诉求，研提服务新举措，及时推出简化查验手续，提高通关效率的便民利民措施。针对银川空运口岸出入境旅客流量首次突破十万人进行了集中宣传报道，2016 年 8 月 18 日至 20 日在银川市区和执勤现场开展了“边检服务品牌集中推介宣传”活动。

针对国内外不断变化且复杂严峻的反恐维稳形势，不断强化管控工作措施，努力构建坚实有力的国门屏障。全年先后部署一系列核查系统和数据库，极大地丰富了查缉手段，强化对重点人员携带储存介质中音视频资料的检查，进一步加强各类数据的碰撞比对。进一步规范审查工作流程，细化了审查工作的各项标准，专门制定了登记表，及时向全体执勤人员传达落实上级各项政策要求，确保审查工作每个流程细节依法依规，使相关工作在一线查缉中真正发挥效能。紧密结合岗位技能练兵和警务实战化训练，不断完善口岸执勤现场各类处置突发事件预案，定期组织全体执勤人员开展处突演练并及时总结讲评。联系宁夏回族自治区公安厅为执勤现场增配了一批处突装备，进一步强化了应急处置能力。

着眼一线实战需要，狠抓岗位练兵，夯实业务基础。根据形势任务变化对专业能力素质提出的新要求，不断调整培训考核机制，着力夯实业务工作基础。根据相关规定，组织了新任检查员的持章资格考试和检查员等级认定考试，进一步规范专业队伍管理。开展跨单位、跨区域的业务交流学习活动，先后选派骨干力量赴兄弟单位开展出入境信息系统运维、反恐查缉、大型文检设备应用操作等培训班并及时将相关内容转化为“战斗力”，组织开展专题授课培训，促使执勤部队业务水平再上新台阶。宁夏回族自治区公安边防总队先后举办重点国家证件真伪识别、出入境信息系统应用等系列培训班 17 期，每月组织边检岗位基本业务能力考核，建立了常态化练兵考核机制，为圆满完成各项勤务工作奠定了坚实基础。

【银川海关】 银川海关紧贴宁夏回族自治区内陆开放实际，主动把握内陆开放新常态、新机遇，深入践行“四好”总体要求，扎实推进“五型”海关建设，积极服务“一带一路”和开放宁夏建设，狠抓改革项目落地生根，努力促进外贸回稳向好，不断致力于服务自治区向外向型发展，关区整体工作成绩显著。率先全部取消了进出口环节海关经营服务性收费，帮助企业减负增效。支持外贸新业态发展，主动加强与海关总署相关司局的业务衔接，2015 年 11 月，海关总署将银川市纳入全国跨境电子商务统一版首批上线城市。认真落实减免税政策，出具“征免税证明”258 份，为宁夏回族自治区企事业单位审核减免货值 6 438.27 万美元，减免税款7 298.22万元。在海关总署大力支持下，2015 年 10 月，石嘴山保税物流中心（B 型）获批设立。落实宁夏回族自治区党政领导关于支持实体经济发展有关批示，研究提出具体措施，全程跟进服务，切实帮助企业解决实际问题。

围绕中心服务内陆开放大局，支持“一带一路”建设，全力保障“中阿号”国际货运班列顺利运行，全年共发运 31 列、1 471 车，货运量 55 650吨，货值 5 300 万美元，“中阿号”成为宁夏连接中西亚和欧洲的重要通道。积极配合增开国际航线，指导海关监管场所建设，助力银川河东国际机场打造西部国际客货运枢纽，建设“一带一路”战略向西开放门户。支持外向型实体经济发展，深入走访调研，推动解决企业通关中遇到的实际问题。支持银川综合保税区建设发展，二期验收工作有序进行，快件监管中心建设稳步推进，外发加工业务顺利开展，跨境贸易电子商务监管平台全面接入统一版，银川综合保税区发展迈入新阶段。2016 年，银川综合保税区累计注册企业 272 家，开立账册 49 本，进出境备案清单 1 445 票，货运量 10 624 吨，货值 47 799 万美元，入库税款 6 750 万元；银川跨境电子商务平台共验放进境物品申报清单 5 343 票，同比增长 91.4%。

提升空运口岸旅客便利化通关水平。自觉树立窗口意识和服务意识，克服人力资源紧缺困难，充实旅检队伍，优化口岸联检单位衔接配合，简化旅客进出境通关流程，减少旅客行李开箱检查频次，提升进出境旅客便捷舒适度和满意度，穆斯林群众朝觐、维和部队通关等重大活动得到圆满保障。积极发挥海关统计服务优势，加强对外贸进出口形势的分析研判，关注外贸新业态、新模式的发展，及时反映关区进出口形势，反映相关行业进出口变化情况，并提出有针对性、可行性的建议。向宁夏回族自治区党委、政府报送外贸形势分析、农产品进出口等各类统计分析报告 50 余篇，服务领导科学决策，服务各部门统计应用，服务企业拓展业务。优化查验机制，进一步增强实际监管效能。管控虚假贸易，促进自治区对外贸易健康发展。认真贯彻执行《中华人民共和国海关稽查条例》，做好企业信息核对工作，强化注册企业属地管理。全年监管货运总值 7.9 亿美元，监管货运量 109.9 万吨，同比增长 14.4 倍；验放报关单 5 582 份，同比增长 107.4%。全年监管进出境国际航班 4 647 架次，同比增长 81.7%；监管进出境旅客及运输工具服务人员 20.7 万人次，首次突破 20 万人次，同比增长 97%。深化综合治税，依法征管，应收尽收，实现税收入库 5.1 亿元。深入开展反走私综合治理，始终保持打私高压态势，全年共立刑事案件 3 起，案值 6 027.3 万元，涉税 1 172 万元，共对 12 名犯罪嫌疑人采取强制措施。全年立行政案件 16 起，其中涉税案件 6 起，总案值 1 230.33万元，涉税 393.58 万元，有效维护进出口市场环境。加强政策分析研究，政策咨询服务绩效显著。围绕 企业“走出去”、贸易便利化、“三互”大通关、“单一窗口”等工作，开展专题调研，建言献策，有力促进了相关工作。

【宁夏出入境检验检疫局】 宁夏出入境检验检疫局着力优化检验监管模式，推进信用分类管理，扩大实施出口货物“即报即放”范围，即报即放主要基于风险评估和“合格假定”的理念，重点加强事中事后监管。推行出口食品企业备案管理改革，采信第三方认证结果，实行“先备案后整改”，进一步提升企业质量安全意识，创造快捷便利的通关环境，促进宁夏优势特色食品农产品扩大出口。拓展西北地区认证执法监管合作机制，率先推行“双随机、一公开”抽查制度。强化产业质量帮扶，宁夏首家供港澳活牛育肥场成功注册，枸杞出口实现恢复性增长，羊胎素、鲜切花、盐霉素钠、硫酸锌等产品实现首次出口，葡萄酒逆袭法国市场，国内最大的钽制品生产企业东方钽业顺利取得“非冲突矿产合格供应商”资质。新增 1 个国家级出口示范区，8 家食品企业上线“三同”交易服务平台。维护口岸公共卫生安全，与宁夏回族自治区相关部门建立出国人员健康管理、境外重大体育比赛卫生检疫合作机制，增设保健中心口岸工作部。继续做好朝觐包机、维和官兵包机、军演专机等特殊航班的出入境服务保障工作，首次完成入境尸体棺柩检疫查验任务。共检出发热及其他症状的旅客 55 例，确诊传染病 6 例，一次性在入境航班上截获德国小蠊 450 余只，引发较强社会反响。维护国门生物安全，多次组织开展国门生物安全进客舱、进校园、进社区、进军营、进旅行社等宣传活动，增强公众国门安全意识。深入推进动植检规范化建设，开展“绿蕾”专项行动，全年共截获禁止入境携带物 1 223 批次，检出 5 类、22 种次有害生物。维护重点进出口商品安全，探索并实施点线结合的风险管理工作方法，确保进出口危险化学品安全。加大对高风险目录外商品、进口 3C 产品、跨境电商产品的抽查力度，加强事中事后监管。

开放口岸

【银川空运口岸（银川河东国际机场）】 银川河东国际机场位于宁夏回族自治区银川市下辖的灵武市临河镇黄河东岸，距离银川市区 19 千米，始建于 1995 年，1997 年 9 月 6 日正式通航。银川河东国际机场占地 370.67 万平方米，跑道长 3 600 米，宽 45 米，可起降波音 747 及以下各类机型飞机。2005 年 4 月 1 日，国务院正式批准设立银川空运口岸。2008 年 4 月 1 日，银川河东国际机场正式被中国民航总局批准对外国籍飞机开放。2013 年 8 月，中国民用航空局批复同意“银川河东机场”更名为“银川河东国际机场”。2016 年，银川河东国际机场起降航班 5.61 万架次、旅客吞吐量 655.17 万人次、货邮吞吐量 3.72 万吨，同比分别增长 15.2%、18.3% 和 11.4%。截至 2016 年年底，银川河东国际机场开通国内外航线 76 条，通达国内外 63 个城市。2016 年，银川河东国际机场三期扩建工程全面竣工投产，完成了 T2 航站楼国际厅改造和综合交通枢纽建设的前期工作。

2016 年宁夏回族自治区口岸大事记

1 月 15 日

宁夏回族自治区主席刘慧、副主席王和山出席“中阿号”国际货运班列首发仪式。

1 月 20 日

银川机场悦海新天地城市候机楼正式运营。

1 月 29 日

宁夏回族自治区主席刘慧、党委副书记崔波一行，慰问宁夏回族自治区公安边防总队官兵并与总队领导座谈。

2 月 1 日 ~2 日

圆满完成国务院总理李克强的专机保障工作。

2 月 17 日

宁夏回族自治区党委书记李建华对《机场公司工作专报》作出重要批示，肯定 2015 年各项工作、“十三五”规划和 2016 年工作思路。

3 月 3 日

银川机场空港毒品查缉站挂牌成立。

4 月 10 日

保健中心口岸工作部正式运行。口岸工作部是口岸核心能力建设的重要组成部分，对提高口岸核心能力建设水平和口岸传染病防控能力发挥着重要作用。

4 月 15 日

银川机场 T3 航站楼钢结构工程荣获中国钢结构金奖。

5 月 3 日

阿联酋航空公司开通迪拜—郑州—银川航线，中阿门户枢纽建设取得新突破。

5 月 9 日

宁夏回族自治区党委书记李建华对宁夏机场公司一季度重点工作作出重要批示，提出将“银川机场建设成西部一流机场”的新要求。

5 月 14 日 ~15 日

中央政治局委员、中组部部长赵乐际来宁夏调研。

7 月 4 日

宁夏机场公司获中国国际航空公司“2015 年度航班保障杰出奖”。

7 月 18 日 ~20 日

宁夏机场公司保障国家主席习近平专机及重要航班 46 架次、要客 529 人次，抽调安检人员和专业设备，圆满完成东西部扶贫协作座谈会驻地安保任务。

7 月 26 日

银川空运口岸年出入境旅客流量首次达到 10 万人次。

8 月 1 日

宁夏回族自治区代主席咸辉对惠农外贸货物装卸点进行调研，在调研过程中视察了宁夏出入境检验检疫局惠农办事处报检大厅，并听取了宁夏出入境检验检疫局相关情况的报告。

8 月 15 日

宁夏机场公司完成了 2016 年朝觐包机出港航空运输保障。

8 月 24 日

宁夏回族自治区党委书记李建华、自治区代主席咸辉调研银川河东国际机场三期建设并参加座谈会。

8 月 26 日

银川机场盐池城市候机楼启用，成为西北首家异地城市候机楼。

9 月 26 日

银川河东国际机场顺利完成了 2016 年穆斯林朝觐包机航空运输保障，运送朝觐群众 2 672 人次。

10 月 11 日

银川河东国际机场旅客吞吐量达到 501.31 万人次，比 2015 年提前 54 天。

10 月 31 日

银川河东国际机场新建 T3 航站楼及高架桥工程顺利通过竣工验收。

12 月 9 日

银川河东国际机场举行年旅客吞吐量突破 600 万人次庆祝仪式，并与南航河南公司、幸福航空公司和南京禄口机场签订战略合作协议，自治区副主席刘可为出席。

12 月 14 日

银川河东国际机场三期扩建新建 T3 航站楼等工程顺利通过行业验收。

12 月 24 日

宁夏回族自治区党委书记李建华调研银川机场三期扩建工程竣工投运准备情况、T2 航站楼改造规划建设进展和综合交通枢纽工程规划建设工作。

12 月 27 日

宁夏机场集团举办银川河东国际机场 T3 航站楼竣工投运暨银川国际航空港综合交通枢纽工程启动仪式，银川河东国际机场 T3 航站楼正式竣工投运。宁夏回族自治区主席咸辉、副主席刘可为，人大副主任吴玉才、政协副主席张乐琴等领导出席仪式。

12 月 30 日

宁夏民用机场公安机构移交揭牌仪式在银川河东国际机场举行，宁夏回族自治区副主席、公安厅厅长许尔锋出席仪式。

（撰稿人：赵康、李巍、刘姝、关天龙、杜凯）

2016 年宁夏回族自治区口岸出入境主要数据表

项目			2016 年	2015 年	同比（%）
出入境人员（人次）	出入境人员总数		179 259	88 963	101.5
	入境人员		90 383	44 475	103.22
	出境人员		88 876	44 488	99.78
	出入境旅客		166 270	83 012	100.30
	出入境员工		12 989	5 951	118.27
	中国公民	小计	169 029	86 304	95.85
		内地居民（因公）	5 377	2 382	125.73
		内地居民（因私）	146 991	73 839	99.07
		港澳居民	69	730	-90.55
		台湾同胞	16 592	9 353	77.40
	外籍人员		10 230	2 659	284.73
	从海港出入境人数				
	从陆港出入境人数				
	从空港出入境人数		179 259	88 963	101.50
交通运输工具（辆、艘、架、列次）	总计		1 089	692	57.37
	船舶				
	飞机		1 089	692	57.37
	火车				
	机动车辆				

（宁夏回族自治区公安边防总队提供）

2016 年银川海关主要数据统计表

项目		2016 年	2015	同比（%）
进出口货运量（吨）	进出口货运量	1 099 377	60 056	1 730.6
	进口	1 009 687	50 123	1 914.4
	其中：海运	1 009 066	49 940	1 920.6
	空运	133	165	-19.4
	陆运	488	6	8 033.3
	出口	89 690	9 933	802.9
	其中：海运	47 367	9 870	379.9
	空运	159	61	160.7
	陆运	42 164	2	2 108 100.0
进出口监管货值（万美元）	进出口监管货值	98 645	125 111	-21.2
	进口	63 524	85 573	-25.8
	出口	35 121	39 538	-11.2
税收（万元）	实际入库税收	51 014	56 045	-9.0
	实际征收关税	6 307	5 211	21.0
	实际征收代征税	44 707	50 835	-12.1

（银川海关提供）

2016 年宁夏出入境检验检疫业务统计表

项目		货物检验检疫				交通工具				集装箱（标箱）		发现动植物疫情		货物通关		出入境人员查验（人次）	健康检查及预防接种（人次）			
		批次	金额（万美元）	检验检疫不合格																
				批次	金额（万美元）	船舶（艘）	飞机（架）	火车（节）	汽车（辆）	合计	检出问题	种类数	种次	批次	金额（万美元）		健康检查	艾滋病监测	发现病例	预防接种
本年累计		9 719	81 979	217	3 202.1	–	3 704	–	–	607	0	0	0	8 833	53 936	207 792	2 196	2 196	0	840
其中	出境	9 051	66 405	99	2 066.5	–	1 852	–	–	10	0	0	0	8 510	51 182	103 490	1 689	1 689	0	840
	入境	668	15 574	118	1 135.6	–	1 852	–	–	597	0	0	0	323	2 754	104 302	507	507	0	0
同比（%）		22.50	11.10	–4.40	–24.29	–	124.80	–	–	–65.69	0	0	0	301.14	51.06	84.90	18.96	18.96	0	5.40
其中	出境	20	10.80	–34.87	59.49	–	124.20	–	–	–9.09	0	0	0	366.05	362.28	85.20	16.16	16.16	0	5.40
	入境	70.40	12.40	–57.33	–61.30	–	125.30	–	–	–66.04	0	0	0	–14.10	–88.82	84.70	29.34	29.34	0	0

表注：交通工具火车（节）数的统计数据中，中阿货运班列的统计为 10 批次、2 500 万美元，与火车（节）数的统计无关。

（宁夏出入境检验检疫局提供）

新疆维吾尔自治区

口岸数量及分布

截至2016年年底，新疆维吾尔自治区（以下简称新疆）有经国务院批准的对外开放口岸18个。其中，空运口岸3个，分别是乌鲁木齐空运口岸（乌鲁木齐国际机场）、喀什空运口岸（喀什国际机场）和伊宁空运口岸（伊宁国际机场）。陆路（铁路、公路）口岸15个，其中中蒙（蒙古）边境口岸4个，分别是老爷庙、乌拉斯台、塔克什肯和红山嘴公路口岸；中哈（哈萨克斯坦）边境口岸7个，分别是阿黑土别克、吉木乃、巴克图、都拉塔、木扎尔特公路口岸和阿拉山口铁路口岸①、霍尔果斯公路、铁路口岸；中吉（吉尔吉斯斯坦）边境口岸2个，分别是吐尔尕特和伊尔克什坦公路口岸；中巴（巴基斯坦）边境口岸1个，即红其拉甫公路口岸；中塔（塔吉克斯坦）边境口岸1个，即卡拉苏公路口岸。对外开放的18个口岸中，阿黑土别克口岸和木扎尔特口岸未开通使用。

口岸运行数据

2016年，新疆维吾尔自治区口岸进出口货运量4 381.8万吨，同比增长6%。其中，进口货运量3 994.13万吨，同比增长6.8%；出口货运量387.67万吨，同比减少2.1%。进出口贸易额371.86亿美元，同比增长1.9%。其中，进口贸易额130.49亿美元，同比减少19.5%；出口贸易额241.37亿美元，同比增长19%。入出境人员1 997 445人次，同比增长4.82%。其中，入境人员991 148人次，同比减少2.76%；出境人员1 006 297人次，同比增长12.28%。入出境旅客1 648 919人次，同比增长6.19%；入出境员工348 526人次，同比减少1.7%。入出境交通工具245 307辆（列、架）次，同比减少0.47%。其中，机动车辆226 060辆次，同比减少0.18%；火车10 411列次，同比减少8.92%；飞机8 836架次，同比增长2.12%。

口岸综合管理

【口岸对外开放】 2016年新疆有5个口岸实现对外开放和扩大开放：6月7日，霍尔果斯铁路口岸正式开放通过国家验收组验收；5月16日，国务院批准都拉塔公路口岸扩大对外开放（国函〔2016〕84号），口岸性质为国际性常年开放公路客货运输口岸；8月3日，国务院批准伊宁空运口岸（伊宁国际机场）对外开放（国函〔2016〕140号）；8月12日，国家口岸管理办公室批复同意乌鲁木齐铁路西站作为临时口岸对外开放；从2016年12月1日起卡拉苏口岸常年开放。

【口岸增加临时开放及开关时间】 一是博乐机场临时开放，为落实中国俄罗斯2016年“丝绸之路国际汽车拉力赛”赛事活动，2016年7月15日至18日，10架外籍保障飞机临时从新疆博乐机场入境。二是老爷庙口岸增加临时开关时间，增加双月1至10日、3月1至30日、7月11至20日、11月1至30日对外开放。三是乌拉斯台口岸增加临时开关时间，增加4月16至30日，11月1日至15日对外开放。四是红其拉甫口岸临时增加1月20日至22日验放巴基斯坦方滞留的生鲜物品、过冬急需物资等。

【口岸通关能力得到新提升】 一是牵头与吉尔吉斯斯坦、哈萨克斯坦进行边境口岸事务磋商。2016年5月9日至12日中吉双方对毗邻口岸快速通关“绿色通道”运行情况进行评估，6月20日至24日赴哈萨克斯坦开展口岸对口会晤，主要协调解决中哈国际道路运输和口岸通关中存在的问题。二是受国家口岸管理办公室委托，2016年6月14日至20日，中国（新疆）检查组与蒙古国检查组一道完成了中蒙新疆边界段4对8个边境口岸的联合检查。三是协调帮助企

① 阿拉山口陆路口岸现为铁路口岸，公路口岸尚在审批中。

业特殊货物通关。2016 年 5 月，协调解决安徽省安庆市曙光化工股份有限公司 656.64 吨固体氰化钠从吐尔尕特口岸出口；8 月，协调解决新吉国际贸易有限公司从伊尔克什坦口岸扩大煤炭进口量。四是圆满完成“2016 年中国俄罗斯丝绸之路国际汽车拉力赛”（新疆段）口岸通关协调工作。为落实“一带一路”建设战略规划，推动体育合作与人文交流，中国与俄罗斯于 2016 年 7 月共同举办“2016 年丝绸之路国际汽车拉力赛”，6 月 27 日至 8 月 1 日，从霍尔果斯口岸入境车辆 424 辆（其中赛车 106 辆），来自 34 个国家和地区；入境 1 294 人，来自 41 个国家和地区。出境车辆 335 辆（其中，办理边境手续 246 辆，托运 89 辆），出境 459 人。博乐机场临时入境 8 架飞机（2 架波音 737 飞机、2 架固定翼飞机、4 架直升机），入境 220 人次，分别持有俄罗斯、葡萄牙、哈萨克斯坦、意大利、法国、西班牙、德国、白俄罗斯、比利时、安道尔、中国等国家和地区护照。

【口岸管理服务水平迈上新台阶】 一是主动申请取消中外籍车辆临时出入境的审批权。二是协调组织对伊尔克什坦口岸园区边民互市贸易区、塔克什肯口岸边民互市贸易区进行验收。三是认真组织落实国家免除查验没有问题的外贸企业吊装移位仓储费用全面试点工作。

【新疆电子口岸建设】 2016 年 2 月新疆电子口岸实现门户网站上线。2016 年 5 月 25 日，新疆电子口岸平台正式上线运营，自治区领导出席启动仪式。新疆电子口岸以物联网、云计算和大数据等技术运用为支撑，构建集口岸政务服务、跨境电子商务综合服务、口岸企业综合服务、口岸物流服务为一体的综合性服务平台。

【新疆国际贸易“单一窗口”建设】 2016 年 3 月，在新疆电子口岸建设规划的基础上完成新疆国际贸易“单一窗口”建设的调研；7 月，制定了《新疆国际贸易“单一窗口”总体规划设计方案》和《新疆国际贸易“单一窗口”建设工作实施方案》；8 月 22 日，自治区领导召集电子口岸建设领导小组工作会议，研究并评审通过上述两个方案。新疆国际贸易“单一窗口”平台 1.0 版本规划了 16 个业务系统，建设一个平台、两个中心。

【新疆电子口岸跨境电商综合服务平台建设】 新疆电子口岸平台部署了跨境综合服务平台。2016 年 7 月，与克拉玛依市跨境直购出口交易平台对接，首日实现 595 单跨境直购出口业务；9 月 6 日，与霍尔果斯跨境直购进口交易平台对接；10 月，实现常态化运营。

【口岸基础设施、配套设施建设】 霍尔果斯铁路口岸一期新建准轨场、驼峰场、边检场、客场、宽轨场、换装场设施。站场设计能力进出口货运量为 3 200 万吨，旅客出入境客流为 40 万人。

中国哈萨克斯坦霍尔果斯国际边境合作中心连接通道处的哈萨克斯坦霍尔果斯自由贸易园区（以下简称园区）项目破土动工，拉开了大建设的序幕。根据规划，园区项目在哈方区域设置和平广场和五星级酒店，通过“丝绸之路飘带”连接中方区域的卡特友谊广场。“丝绸之路飘带”内设艺术馆、演艺厅、音乐厅、咖啡馆、餐饮等设施，“丝绸之路飘带”两侧设有五大市场、阿拉伯风情街、五星级酒店、金融贸易办公中心及公寓等设施。

阿拉山口口岸扩建动物隔离场，占地 10 000 平方米，可容纳 600 匹大型活畜，隔离场于 2016 年 10 月竣工并通过验收，主要对进口马属动物隔离检疫。进行 5.5 万平方米棚户区，55.7 千米、39 条城市道路，城市污水处理厂，阿拉山口综合保税区综合服务区和 B 区，阿拉山口市产业园等 34 个工程项目的改造、建设。

巴克图口岸建设口岸新联检厅查验及客货检快速通关电子查验通道系统、配套设施及附属设施。

吐尔尕特口岸征收和拆除了口岸区域内 210 户土地及 59 645.86 平方米房屋；新建口岸供水系统和道路改造，对口岸区域进行了绿化。

老爷庙口岸新建查验场、活畜隔离场、冷链查验和存储一体化设施。

乌拉斯台口岸新建1 860平方米海关国检业务用房及360平方米职工餐厅和口岸防洪渠；为加强对口岸车辆、人员的管控能力，新建4.8千米孔道铁丝网。

红山嘴口岸新建口岸限定区域专用通道、外籍车辆停车场、防洪渠，实施主干道路面硬化，实施40千瓦光伏发电站二期工程。

卡拉苏口岸安装了14千米孔道监控，新建车体检查室，对边检监护货场进行地面硬化及海关H986场地硬化等。

红其拉甫口岸安装了口岸限定区域隔离护栏，新建孔道执勤室和H986查验围网等。

喀什空运口岸建设执勤现场职能查验证台、卡口翼闸门。

口岸监管与服务

【新疆维吾尔自治区公安边防总队深化边检改革创新】 一是推进关口前移、通关便利、诚信管理等一揽子工作举措，开设绿色果蔬出口专用通道和资源进口专用通道，探索出入境车辆、员工智能查验模式。二是应对口岸扩大开放、出入境检查任务大幅增长的实际，加强智能科技通关，改变“人海战术”，依托基础信息化建设，建立边检管控服务要素平台，创新适应新型边检警务模式。全区边检站完成33个智能验证台和10条自助查验通道建设。配备了爆炸物品及毒品检测仪、X射线检查系统、中型文检工作站、证照检验仪等一批高科技查缉查验设备。完善无线验入、预报预检等服务机制，实现边检通关网络化、远程化和自动化服务。三是建立边民互市贸易通关服务保障机制，将“互市贸易绿色通道”“随到随检”等服务举措形成定式进行固化。四是与大型涉外企业建立联络员机制，完善“点对点”服务体系，为涉外企业提供业务咨询、预约通关等配套服务，解决企业通关诉求。五是加强与外方边检机关沟通联系，开展边检业务联合培训交流。2016年10月份分别与吉尔吉斯斯坦、哈萨克斯坦边防部门联合开展“团结2016”联合执法系列活动，同步开展出入境政策法规宣传、涉恐人员闯关入境模拟处置演练及口岸查缉大会战活动。借助中国—亚欧博览会特殊的国际影响力，加强与毗邻国家边防部门的沟通协作，建立健全快捷有效、运转流畅的协调联动和涉外维权机制。六是统筹全区执勤警力，实现警力跨区域调配，全力保障口岸开放。

【新疆维吾尔自治区公安边防总队筑牢国门，维护口岸安全稳定】 新疆维吾尔自治区公安边防总队加强与联检单位协作，共同打击“三股势力”潜入潜出、枪毒及反动宣传品偷运渗透。一是全区边检站与联检单位签订工作协作机制，制定联勤、联动、联防工作方案，在反恐、缉毒、缉枪等方面全方位合作，确立联合开展案件线索查证、侦办案件的工作机制，明确各类案件处置原则和程序，打造“一体化查验场”，共享查验资源。二是对重大活动、敏感节点期间口岸查缉管控部署，深化口岸风险评估，开展口岸查缉专项行动，加大对重点范围人员的检查力度，强化伪假证件识别和入出境车辆车体检查工作，开展口岸联合反恐演练、反恐严打等专项行动，共同提高口岸限定区域管控和反分防渗能力。

【乌鲁木齐海关推进“三互”大通关建设】 一是乌鲁木齐海关与新疆出入境检验检疫局签订了《落实“三互”推进大通关建设合作备忘录》，成立了关检合作工作领导小组，由双方主要负责人担任双组长，商定协同推进重点工作项目建设；建立信息共享共同机制；整合监管设施资源；推进与“一带一路”沿线国家的执法合作，开展专项联合执法。双方建立了联系会议机制、重大问题协调机制、具体问题协调机制、绩效评估机制4个长效合作机制，及时沟通和解决合作中出现的问题，确保双方合作取得成效。二是乌鲁木齐海关在霍尔果斯、塔城等口岸开展联检单位监管查验“一站式”作业，实现联检单位的监管查验资源集约化使用，加速通关效率的同时提升监管实效；伊尔克什坦海关与当地边检部门共建工作微信群，通过新媒体方式快速通报进出境运输工具状态及信息，初步形成“信息互换”机制。三是乌鲁木齐海关与出入境检验检疫部门全面实施X光机“一机两屏”。

【乌鲁木齐海关深化通关改革，加大监管力度】 一是深化通关作业无纸化改革，无纸化报关单占比接近96%，出口货物平均通关时间同比下降逾20%，进口货物平均通关时间同比下降逾10%。二是搭建跨境电商海关管理和服务平台，制定跨境电商监管操作规程，批准设立了4个跨境电商和快件监管场所。6月20日，在克拉玛依市启动新疆跨境电子商务出口试点；9月6日，在霍尔果斯启动新疆跨境电子商务进口试点。完成乌鲁木齐多式联运监管中心建设并通过验收。三是加大进出境监管力度，2016年乌鲁木齐海关查获海洛因3.229千克、大麻6.3千克。

【乌鲁木齐海关积极推动外贸保税业务改革创新】 一是优化特殊监管区域布局，推动乌鲁木齐综合保税区完成正式验收。二是支持中国哈萨克斯坦霍尔果斯国际边境合作中心中方配套区完成封关运营，阿拉山口、喀什综合保税区各项业务逐步增长。三是指导伊宁保税物流中心（B型）规划与建设，在乌鲁木齐、昌吉等地批准设立4个公共型保税仓库，乌鲁木齐关区共有海关特殊监管区域5个、保税物流中心（B型）2个、公共保税仓库8个、在新疆内保税监管场所实现了“L账册”全覆盖。四是乌鲁木齐关区复制推广9项自贸试验区监管创新制度。加强政策宣传力度，多次组织业务骨干赴各地进行加工贸易保税监管及自贸试验区海关监管创新制度相关内容的宣讲。

【新疆出入境检验检疫局改善大通关环境】 一是全面推动一体化通关管理，2016年9月5日，中国电子检验检疫主干系统e-CIQ在新疆20个检验检疫机构正式上线运行，10月28日在全国35个直属检验检疫局及868个分支机构正式运行。二是优化无纸化申报系统，扩大产品范围，增加受益企业数量，将出口动植物产品、农产品、番茄酱等新疆特色及大宗出口产品纳入无纸化申报范围。三是结合各口岸进出境物流、客流实际，合理调配检验检疫监管资源，灵活采取“5+2”“7×24小时”预约制等服务模式，提升口岸服务效能，提高口岸通关效率。四是研发中欧国际货运班列检验检疫信息化平台，即“CIQ丝路通班列快速核放监管平台”，使内地及口岸检验检疫机构对中欧班列货物实现“一次申报，信息互通，执法互认，有效监管”，并在全国中欧班列沿线检验检疫机构推广使用。建立由新疆出入境检验检疫局牵头，班列发运地及沿线有关直属检验检疫局参加的中欧班列检验检疫区域合作组，实行“双向全申报”“互为一二线”工作机制和“进口直通，出口直放”的便捷通关模式。加强与丝绸之路经济带沿线国家在检验检疫、认证认可等方面的多双边合作，探索推进结果互认和跨境联合监管等。五是以企业信用评级为基础，将企业信用管理结果应用于集中审单系统规则，对企业进行差别化管理，切实简化企业办事流程。在全新疆范围内实施“无纸化报检”“通报、通检、通放”“出口直放、进口直通”。全新疆有398家符合条件的企业自主申请无纸化报检和“三通”“两直”业务。

【新疆出入境检验检疫局积极支持中欧国际货运班列和空港口岸扩量增效】 一是新疆出入境检验检疫局同乌鲁木齐铁路局于2016年4月6日签署《关于提高联运通关效率、服务“一带一路”战略合作备忘录》，确定了两部门在创新、优化中欧、中亚集装箱班列运输方式和监管模式方面的具体内容。二是新疆、陕西、甘肃、青海、宁夏出入境检验检疫部门于2016年5月24日共同签署了《西北片区空港口岸检验检疫业务合作协议》。协议重点围绕疫情防控、货物通关、卫生监督、卫生处理、航空器监管等业务方面加强互联互通，开展合作交流。在涉及西北片区空港口岸发展的重大问题、重大事项上“协同跟进、协同保障、协同服务”，在执法把关上“执法互动、信息互通、结果互认、优势互补”。

开放口岸

【乌鲁木齐空运口岸（乌鲁木齐国际机场）】

位于新疆维吾尔自治区乌鲁木齐市郊地窝堡，距市区16千米。乌鲁木齐机场原为中苏民用航空机场，1970年7月经国务院批准进行扩建。1973年建成并对外开放。乌鲁木齐空运口岸开通国际（地区）客运航线29条，主要与哈萨克斯坦阿斯塔纳、阿拉木图、奇姆肯特，巴基斯坦伊斯兰堡，吉尔吉斯斯坦比什凯克、奥什，塔吉克斯坦杜尚别、胡正特，格鲁吉亚第比利斯，伊朗德黑兰，阿塞拜疆巴库，土耳其伊斯坦布尔，土库曼斯坦阿什哈巴德，俄罗斯莫斯科、新西伯利亚、圣彼得堡，乌兹别克斯坦塔什干，韩国仁川，日本大阪，阿联酋迪拜、沙伽，以及中国台湾地区台北市通航。货运包机航线主要有阿塞拜疆巴库、土库曼斯坦阿什哈巴德、巴基斯坦伊斯兰堡。临时包机航线主要有泰国曼谷、普吉、甲米，印度尼西亚巴厘岛，哈萨克斯坦卡拉干达，巴基斯坦卡拉奇，以及中国台湾地区高雄市。出入境人员主要以旅游、购物、中转为主。进出口货物主要为百货、精密仪器、旅客随身物品等。

2016年，乌鲁木齐空运口岸进出口货运量1.29万吨，同比增长7.5%。其中，进口货运量0.31万吨，同比增长9.5%；出口货运量0.98万吨，同比增长6.8%。

进出口贸易额9.83亿美元，同比增长50.7%。其中，进口贸易额3.09亿美元，同比增长42.9%；出口贸易额6.74亿美元，同比增长54.6%。

入出境人员947 599人次，同比减少5.7%。其中，入出境旅客859 814人次，同比减少6.2%；入出境员工87 785人次，同比减少0.8%；入出境交通工具8 662架次，同比减少2%。

【喀什空运口岸（喀什国际机场）】 位于新疆维吾尔自治区喀什地区喀什市北郊，距市中心8.8千米。1993年4月23日，国务院批准喀什空运口岸对外开放（国函〔1993〕61号）；2004年4月，经批准，喀什机场临时对外开放（署办函〔2004〕141号）；2006年1月，正式对外开放，2010年12月，开通伊斯兰堡至喀什货运包机；2013年8月14日，实现喀什至伊斯兰堡直航；2013年国务院批复《霍尔果斯口岸和机场口岸开展口岸签证工作》（国函〔2013〕128号），同意在喀什机场开办口岸签证业务。2016年9月19日，开通喀什至比什凯克航线，并于同日开办口岸签证业务。喀什机场开通国际航线2条（巴基斯坦伊斯兰堡、吉尔吉斯斯坦比什凯克）。

2016年，喀什空运口岸进出口货运量0.01万吨，同比减少70%（主要为进口）。入出境人员8 955人次，同比减少28%。其中，入出境旅客7 582人次，同比减少22%；入出境员工1 373人次，同比减少53%；入出境交通工具162架次。

【伊宁空运口岸（伊宁国际机场）】 位于新疆维吾尔自治区伊宁市，距伊宁市中心5千米。伊宁机场始建于1936年，根据航空业务量不断增长，多次对机场进行改扩建。伊宁机场站坪总面积89 824平方米，跑道长2 400米，消防等级为6级，可停放4架D类和10架C类客机，拥有三座现代化廊桥，航站楼建筑面积约16 000平方米，停车场11 000平方米，货运区建筑面积约810平方米。2016年8月3日，国务院批复伊宁机场对外开放（国函〔2016〕140号）。

【老爷庙陆路（公路）口岸】 位于新疆维吾尔自治区哈密地区巴里坤哈萨克自治县境内，与蒙古国戈壁阿尔泰省毗邻。从老爷庙口岸入境至巴里坤县城172千米，至哈密市308千米，至乌鲁木齐市773千米。出境至蒙古布尔嘎斯台口岸57千米，至布格特县280千米，至戈壁阿尔泰省阿尔泰市484千米。1991年6月24日，中蒙两国政府达成协议开放老爷庙口岸。1991年12月，根据《国务院关于同意开放新疆老爷庙、乌拉斯台、塔克什肯和红山嘴口岸的批复》（国函〔1992〕17号），批准开放老爷庙口岸，为双边季节开放口岸。1992年3月，口岸正式开放，每年3月、6月、8月、11月的15日至30日开关。2005年每年双月11日至30日开放。根据新疆维吾尔自治区政府2012年2月2日批复，口岸向北迁移14千米，与三塘湖工业园区互为依托，规划总占地面积612.31万平方米，口岸开放应具备的作业区和综合服务区面积194.01万平方米。2015年8月，查验新区正式启用。2014年8月10日，国务院下发《关于同意新疆老爷庙公路口岸扩大对外开放的批复》（国函〔2014〕106号），同意老爷庙公路口岸扩大为国际性常年开放口岸。2016年1月，国家质检总局批复老爷庙口岸为进口肉类指定口岸（国质检食函〔2016〕15号）。2016年8月9日，老爷庙口岸国际性常年开放通过自治区验收组预验收。口岸主要进口铁矿石及铁精粉，开关时间：双月11日~30日，10：00~18：00。

2016年，老爷庙陆路（公路）口岸进出口货运量75.52万吨，同比减少29%，其中，进口货运量75.29万吨，出口货运量0.23万吨。进出口贸易额0.34亿美元，同比减少19%，其中，进口贸易额0.34亿美元。入出境人员17 239人次，入出境交通工具16 562辆次。

【乌拉斯台陆路（公路）口岸】 位于新疆维吾尔自治区昌吉回族自治州奇台县北塔山地区，土地使用权属新疆生产建设兵团农六师北塔山牧场。地处中蒙边界73号界标正西方4.3千米处，距边防会谈会晤站通道界线4.8千米，距奇台县城248千米，距乌鲁木齐市450千米，距昌吉市485千米，距蒙古国北塔格口岸6.5千米。1991年6月24日，中蒙两国政府达成协议批准开放乌拉斯台口岸，为双边季节开放口岸。1995年3月，随着中蒙两国边境贸易的发展和口岸开放的需要，开放时间调整为每年3月、6月、9月、12月的1日至20日。2004年9月，开关次数由4次减为3次，开关45天，即每年3月、5月、9月的16日至30日。2012年5月，开放时间调整为每年5月、7月、9月的16日至30日，开关45天。口岸进出口货物主要为钢材、模板、山羊绒、面粉、清油、煤、建材、水泥、大米等。

2016年，乌拉斯台陆路（公路）口岸进出口货运量206吨，进出口贸易额21.62万美元。入出境人员249人次，入出境交通工具52辆次。

【塔克什肯陆路（公路）口岸】 位于新疆维吾尔自治区阿勒泰地区青河县境内，与蒙古国科布多省布尔干县毗邻。距青河县城90千米，距阿勒泰市380千米，距乌鲁木齐市510千米。口岸距中蒙边界线15.5千米，距蒙古国布尔干口岸25千米，距布尔干县城65千米，距科布多省会265千米。20世纪60年代初，塔克什肯与布尔干之间贸易中断，1989年7月20日，塔克什肯口岸经国务院批准对外开放，属国家一类双边季节开放口岸。2011年1月正式成为国际性常年开放口岸。口岸进口货物主要为焦煤、木材、铅锌精粉、铁矿石、畜产品等，出口货物主要为成品油、建材、机电设备、日用百货、蔬菜瓜果、服装等。口岸开关时间：每周5天，10：00~19：00，双方法定节假日除外。

2016年，塔克什肯陆路（公路）口岸进出口货运量38.27万吨，同比减少12%。其中，进口货运量34.11万吨，同比减少6%；出口货运量4.16万吨，同比减少44%。进出口贸易额0.6亿美元，同比减少28%。其中，进口贸易额0.22亿美元，同比减少30%；出口贸易额0.38亿美元，同比减少26%。入出境人员172 362人次，其中，入出境旅客159 683人次，入出境员工12 679人次。入出境交通工具13 597辆次。

【红山嘴陆路（公路）口岸】 位于新疆维吾尔自治区阿勒泰地区福海县境内，与蒙古国巴彦乌列盖省萨格赛县毗邻。距福海县城240千米，距阿勒泰市192千米，距乌鲁木齐市896千米。距中蒙边界线2千米，距蒙古国巴彦乌列盖省乌列盖市180千米，距萨格赛县城160千米，从红山嘴出境至蒙古国大洋口岸12千米。1991年6月24日，中蒙两国政府签订协议开放红山嘴口岸。1992年2月，经国务院批准对外开放，属双边性季节开放口岸。1992年7月，红山嘴—大洋口岸正式开放，每年开关50天，即6月21日~7月5日、8月1日~20日、9月1日~15日。2014年，为适应中蒙双边贸易、旅游等发展的需要，红山嘴口岸延长开放时间，每年开关

100天，即6月1日~6月20日、6月26日~7月10日、7月15日~8月9日、8月15日~9月25日不间断开放。口岸以出口为主，出口货物主要为水泥、蔬菜水果、建材、日用百货。进口货物主要为羊毛。

2016年，红山嘴陆路（公路）口岸入出境人员946人次，同比减少46%。其中，入境人员489人次，同比减少46%；出境人员457人次，同比减少47%。入出境交通工具248辆次，同比减少44%。进出口货运量162吨（全部为出口货物），同比减少25%。进出口贸易额2.74万美元，同比减少89%。

【阿黑土别克陆路（公路）口岸】 位于新疆维吾尔自治区阿勒泰地区哈巴河县西部，与哈萨克斯坦东哈萨克斯坦州（以下简称东哈州）毗邻。距哈巴河县城117千米，距阿勒泰市284千米，距乌鲁木齐市829千米。1992年8月，中哈两国政府签订协议同意开放阿黑土别克口岸，允许中哈两国人员、交通工具和货物通行。1994年3月经国务院批准对外开放。截至2016年年底，该口岸尚未开通。

【吉木乃陆路（公路）口岸】 位于新疆维吾尔自治区阿勒泰地区吉木乃县境内，地处阿尔泰山南麓，与哈萨克斯坦东哈州毗邻。从吉木乃口岸入境至吉木乃县城24千米，至阿勒泰市198千米，至乌鲁木齐市650千米；出境至哈方迈哈布奇盖口岸0.5千米，距斋桑60千米，至东哈萨克斯坦州首府乌斯季缅约500千米。吉木乃口岸历史上就是新疆的通商口岸，1962年口岸关闭；1991年，中哈两国政府签订协议批准吉木乃口岸开通临时过货；1992年8月，中哈两国政府签署协定同意吉木乃口岸对外开放，为双边常年开放口岸；1994年3月经国务院批准对外开放；1997年11月正式通过国家验收批准对外开放；2002年3月1日批准向第三国开放。2013年6月，外交部批准吉木乃口岸对哈萨克斯坦公民进入边民互市贸易区实行三日免签政策，2014年8月12日通过公安部验收正式实施。口岸开关时间：每周6天，10：00~14：00，15：00~19：00，双方法定节假日除外。

2016年，吉木乃陆路（公路）口岸进出口货运量35.02万吨，同比增长16.9%。其中，进口货运量32.11万吨，同比增长20%；出口货运量2.91万吨，同比减少8.8%。进出口贸易额19.92亿美元，同比减少7%。其中，进口贸易额4.51亿美元，同比增长27%；出口贸易额15.41亿美元，同比减少13%。入出境人员88 427人次，同比减少10%。其中，入境旅客43 780人次，同比减少10%；出境旅客44 647人次，同比减少10%。入出境交通工具5 879辆次。

【巴克图陆路（公路）口岸】 位于新疆维吾尔自治区伊犁哈萨克自治州塔城市境内，与哈萨克斯坦东哈州毗邻。从巴克图口岸入境至塔城市17千米，至乌鲁木齐市621千米；出境至哈方巴克特口岸800米，至马坎赤市60千米，至乌尔加尔机场110千米，至阿亚库斯车站250千米，至东哈州首府乌斯季缅市800千米。巴克图口岸已有200年的通商历史，是中国西部通往中亚及欧洲的交通要道，1962年以后中断贸易和人员往来，口岸关闭。1990年10月，巴克图口岸恢复开放成为临时过货口岸，允许边境双方经贸、人员和交通工具过往。1992年8月，中哈两国政府达成协议，同意巴克图口岸向第三国开放，具有国际联运地位。1994年3月，经国务院批准对外开放。1995年5月，巴克图口岸通过国家正式验收，1995年7月1日正式向第三国公民、交通工具和货物开放。2010年12月28日，外交部（外领函〔2010〕1017号）同意巴克图边民互市贸易区对哈公民由一日免签延长至三日免签。2013年12月23日，中哈巴克图—巴克特口岸农产品快速通关“绿色通道”开通。2014年10月，巴克图口岸获得全国首批进境粮食指定口岸资质。口岸开关时间：每周6天，10：00~14：00，15：00~19：00，双方法定节假日除外。

2016年，巴克图陆路（公路）口岸进出口货运量13.82万吨，同比减少6.5%。其中，进口货运量 5.22 万吨，同比增长 78.6%；出口货运量 8.60 万吨，同比减少 27.4%。进出口贸易额 4.56 亿美元，同比减少 21.1%。其中，进口贸易额 0.24 亿美元，同比增长 22.5%；出口贸易额 4.32 亿美元，同比减少 22.6%。入出境人员 109 276 人次，其中，入出境旅客 93 858 人次，入出境员工 15 418 人次。入出境交通具 15 527辆次。

【阿拉山口陆路（公路、铁路）口岸】 位于新疆维吾尔自治区博尔塔拉蒙古自治州阿拉山口市境内，集铁路、公路、管道三种运输方式于一体，与哈萨克斯坦阿拉木图州毗邻。距博乐市 79 千米，铁路、公路分别距乌鲁木齐市 477 千米和 500 千米；距哈萨克斯坦多斯特克口岸 12 千米，距中哈两国边防会晤点即接轨点 4.4 千米，距阿拉木图 580 千米。1990 年 6 月 27 日经国务院批准阿拉山口口岸对外开放。1991 年 7 月铁路口岸临时过货运营。1992 年 12 月 1 日正式向第三国开放。1995 年 12 月公路口岸正式对外开放。2006 年 7 月中哈原油管道一期工程建成运营。2012 年 12 月国务院批准设立阿拉山口市。2011 年 5 月经国务院批准设立阿拉山口综合保税区，2014 年 6 月正式封关运营。口岸已建成集铁路口岸区［铁路站场为二级三场混合式，设有准轨场 2 个、宽轨场 1 个，共有站线 66 条（准轨 41 条、宽轨 25 条）、换装线 20 组，年换装能力 20 万标箱］、公路口岸区、边境互市贸易区、商业区、仓储区、行政办公区、生活服务区、绿化环保区和综合保税区［总规划面积 10.9 平方千米，一期围网 5.608 平方千米，已开发 4.6 平方千米，投资 11.7 亿元，二期规划面积 5.3 平方千米。综保区建成并投入使用 20 条铁路专用线（13 条宽轨和 7 条标准轨）］等功能区，建成了“九纵十五横”城市道路网，城市框架初步形成，已发展成集通关、贸易、物流、加工、仓储、金融、旅游等多功能于一体的沿边新兴口岸。阿拉山口口岸获批指定口岸种类有以下几种。（1）整车进口口岸。2014 年 7 月国务院批复阿拉山口口岸为汽车整车进口口岸，2015 年 8 月通过国家验收。（2）进境粮食指定口岸。2014 年 10 月获批进境粮食指定口岸，主要进口小麦、红花子、葵花籽、麦麸等粮谷。（3）阿拉山口国际邮件交换站。2015 年 6 月获批国际邮件交换站。2015 年 12 月 4 日由乌鲁木齐发往莫斯科的首批试运邮件在阿拉山口检验、换装并出境，邮件 1 100 总包，4 万余件，总 30 吨左右。（4）进口活畜许可口岸。2016 年 1 月阿拉山口口岸活畜进口动物隔离场经新疆出入境检验检疫局验收通过。3 月 28 日从俄罗斯首批进口的 25 匹汗血宝马，在隔离场隔离检疫后，运往湖北武汉赛马俱乐部。（5）进口肉类指定口岸。2015 年 11 月 17 日国家质检总局批准阿拉山口筹建进口肉类指定口岸。（6）进口植物种苗指定口岸。2016 年 8 月 2 日国家质检总局考核验收了阿拉山口口岸申报进境种苗指定口岸资质。经阿拉山口口岸出境的中欧、中亚班列共有 31 种，分别为“渝新欧”“汉新欧”“郑新欧”“蓉新欧”“合新欧”（中欧、中亚班列）、“义新欧”“粤新欧”“厦蓉欧”“长安”号、“昆明班列”（昆明—鹿特丹）、“临新欧”“湘新欧”乌北班列（乌鲁木齐—俄罗斯）、宁波—中亚班列、连云港中亚班列、南京—中亚班列、“天马”号、“洛新欧”“兰州”号、“青岛”号、“鲁新欧”“滨新欧”奎屯班列（奎屯—格鲁吉亚）、西行班列（乌鲁木齐—中亚）、中东班列、“中阿”号、义乌—阿富汗班列、南通—阿富汗·海拉顿班列、青海—比利时中欧班列、阿拉山口“丝绸之路”号货运专线班列。班列出口货物主要为化工产品、钢材、建材、汽车零配件、各类机械及其配件、家具及室内装饰材料、笔记本电脑、服装百货、打印机、通信设备、液晶彩电配件、玻璃制品等，进口货物主要为汽车整车及其零配件、食品、婴幼儿用品、家具、酒（德国啤酒、法国红酒）、饮品（果汁、咖啡）等。公路口岸开关时间：每周 6 天，10：00～14：00，15：00～19：00，法定节假日除外。铁路口岸常年全天开关。

2016 年，阿拉山口陆路（公路、铁路）口岸进出口货运量总计 1 775.98 万吨，同比减少

2.1%。其中，进口 1 488.52 万吨，同比减少 2%；出口 287.46 万吨，同比减少 2.9%。铁路口岸进出口货物总计 746.8 万吨，同比增长 20.6%。其中，进口货物 465.47 万吨，同比增长 40.2%；出口货物 281.33 万吨，同比减少 2%。公路口岸进出口货物 23.62 万吨，同比增长 33.2%。其中，进口货物 17.48 万吨，同比增长 98.5%；出口货物 6.14 万吨，同比减少 31.3%。中哈原油管道进口原油 1 005.56 万吨，同比减少 14.6%。进出口贸易总额 78.31 亿美元，同比减少 18.1%；其中，进口贸易额 57.97 亿美元，同比减少 18.4%；出口贸易额 20.34 亿美元，同比减少 16.9%。入出境人员 80 547 人次，同比增长 0.5%，其中，入境 40 526 人次，同比增长 1.4%；出境 40 021 人次，同比减少 0.3%。入出境交通工具 31 190 列辆次，同比增长 18.7%。其中，入境 15 627 列辆次，同比增长 18.3%；出境 15 563 列辆次，同比增长 19.1%。

【霍尔果斯陆路（公路）口岸】 位于新疆维吾尔自治区伊犁哈萨克自治州霍尔果斯市境内，与哈萨克斯坦阿拉木图州毗邻。距伊犁哈萨克自治州首府伊宁市 90 千米，距乌鲁木齐市 670 千米。联检厅（第五代公路口岸）距中哈边界线 210 米，距哈萨克斯坦霍尔果斯口岸 1.5 千米，距阿拉木图 378 千米。自 1881 年起成为中俄两国间的正式通商口岸。1950 年～1962 年中苏贸易进入兴盛时期，1962 年后由于中苏关系紧张，口岸除保持通邮外停止进出口贸易。1983 年 11 月 16 日经国务院批准口岸恢复开放。1986 年起开通地方和边境贸易。1992 年 8 月中哈两国政府同意霍尔果斯口岸向第三国开放，具有国际联运地位。1992 年 11 月正式对外开放。在中哈两国“双西公路”对接点的南部联检区（第六代公路口岸联检区），占地 58.77 万平方米，总建筑面积 5.56 万平方米，与哈方“阳光大道计划”“东大门经济特区”战略相呼应，是丝绸之路经济带陆路通道上的综合枢纽工程，项目总投资 5.59 亿元，已完成总工程量的 90%，计划 2017 年年底前投入使用。霍尔果斯口岸获批指定口岸种类有以下几种。（1）整车进口口岸。2015 年 9 月霍尔果斯口岸平行进口整车试点获批。2016 年进口整车 182 辆，主要为丰田埃尔法、路虎览胜越野车、路虎揽胜运动版 HSE、路虎览胜运动版 HST、经典览胜、拉达尼瓦 niva、英路览胜等车型。（2）进境粮食指定口岸。2015 年 12 月国家质检总局批准霍尔果斯口岸为粮食进口口岸。2016 年进口小麦 4414 吨。（3）进口活畜许可口岸。（4）肉类指定口岸。2016 年 7 月 8 日，霍尔果斯口岸获批肉类指定口岸。口岸进口货物主要为返程空集装箱、尿素、红花籽、铁矿石、棉花、红酒等，出口货物主要为重集装箱、工程机械、食品、百货、建材等。口岸开关时间：每周试行 7 天 12 小时工作制，双方法定节假日除外。

2016 年，霍尔果斯陆路（公路）口岸入出境人员 5 430 405 人次，其中，入境人员 2 713 154 人次，出境人员 2 717 251 人次。入出境交通工具 250 270 辆次，其中，公路口岸 51 668 辆次，合作中心 198 602 辆次。进出口货运量 2 523.48万吨，同比增长 14.06%。其中，进口货运量 2 484.18 万吨，同比增长 15.11%；出口货运量 39.3 万吨，同比减少 27.56%。公路口岸进出口货运量 40.74 万吨，同比减少 27.26%；进出口贸易额 136.06 亿美元，同比减少 14.48%。合作中心出口货运量 2.76 万吨，同比增长 1.47%；出口贸易额 41.83 亿美元，同比增长 56.9%。进口天然气 2 479.98 万吨，同比增长 15.15%；贸易额 406.51 亿美元，同比减少 18.51%。进出口贸易总额 584.4 亿美元，同比减减少 9.31%。其中，进口贸易总额 410.08 亿美元，同比减少 18.33%；出口贸易总额 174.32 亿美元，同比增长 22.54%。

【霍尔果斯陆路（铁路）口岸】 位于新疆维吾尔自治区伊犁哈萨克自治州霍尔果斯市境内，与哈萨克斯坦阿拉木图州毗邻。东接精伊霍铁路，西至中哈铁路接轨点。2011 年 12 月 2 日，中哈霍尔果斯—阿腾科里口岸站接轨。2012 年 12 月 22 日实现临时开放并通车过货。2014 年 2

月21日国务院下发《国务院关于同意新疆霍尔果斯铁路口岸对外开放的批复》（国函〔2014〕23号），霍尔果斯铁路口岸为国际性常年开放铁路客货运输口岸。口岸批准建设用地总面积377.78万平方米，建设投资总额19.29亿元。2016年6月7日口岸通过国家验收正式对外开放。口岸出口货物主要有汽车配件、百货、机械产品、纺织品、建材、家具、钢材、化工材料及电子产品等，抵达霍尔果斯铁路站列车始发点主要来自连云港、青岛、郑州、胶州等地。进口货物主要为返程空集装箱、尿素、红花籽、铁矿石、棉花、红酒等。口岸常年开放。

2016年，霍尔果斯陆路（铁路）口岸入出境交通工具2 032列次，同比减少8.85%；进出口集装箱33 900标箱，同比减少37.78%；进出口货运量82.2万吨，同比减少10.37%。其中，进口货运量3.25万吨，同比增长76.63%；出口货运量78.95万吨，同比减少12.15%。出口贸易额61.63亿美元，同比增长57.62%。

【都拉塔陆路（公路）口岸】 位于新疆维吾尔自治区省道313线伊犁河谷最西端，南倚乌孙山，北邻伊犁河，西与哈萨克斯坦阿拉木图州春贾区接壤。距伊宁市70千米，距哈萨克斯坦阿拉木图247千米，距哈方科里扎特口岸3.8千米。1992年8月中哈两国政府签署协议同意都拉塔口岸为双边常年开放口岸。2006年2月15日批准对外开放，同年12月底实现旅客通关。2014年8月31日中哈两国政府同意都拉塔口岸扩大为向第三国开放。2015年7月15日新疆维吾尔自治区口岸办组织验收组对都拉塔口岸扩大向第三国对外开放进行了预验收。口岸开关时间：每周6天，10：00～14：00，15：00～19：00，双方法定节假日除外。

2016年，都拉塔陆路（公路）口岸出口货运量29.97万吨，同比增长58.9%。出口贸易额31.95亿美元，同比增长85%。入出境人员28 661人次，其中，入出境旅客7 237人次，入出境员工21 424人次。入出境交通工具21 468辆次。

【木札尔特陆路（公路）口岸】 位于新疆维吾尔自治区伊犁哈萨克自治州昭苏县西南109千米处，地处天山北麓，特克斯河上游，与哈萨克斯坦阿拉木图州纳林果勒区毗邻，距伊宁市296千米。哈萨克斯坦方口岸为纳林果勒口岸，两口岸相距4千米，距阿拉木图320千米。1953年曾作为中苏两国临时过货点，一度是边民易货贸易进出口货物集散地。1962年以后中断贸易和人员往来，口岸关闭。1992年8月中哈两国政府签订协议同意开放木扎尔特口岸。1994年3月经国务院批准对外开放。截至2016年年底，该口岸尚未开通。

【吐尔尕特陆路（公路）口岸】 位于新疆维吾尔自治区克孜勒苏柯尔克孜自治州乌恰县境内，地处图噜噶尔特山口，海拔3 795米，与吉尔吉斯斯坦纳伦州毗邻。早在汉代，吐尔尕特即是"丝绸之路"上的一个重要驿站，1881年起正式与沙俄通商。中华人民共和国成立后，根据中苏两国签订的贸易协定和换货合同，1950年4月正式对苏联开放。1958年5月中苏两国间开展了边境贸易。1969年通商贸易停止。1983年12月23日口岸重新恢复通关。1995年11月经国务院批准口岸迁至现址托帕（迁后仍沿用吐尔尕特口岸原名称）。现口岸海拔2010米，地处北面的阿克塔格山和南面托帕塔格山之间的谷地上，沿S309沿线布局。北距吐尔尕特前沿国境线109千米，东距阿图什市62千米，南距喀什市57千米，西至乌恰县及伊尔克什坦口岸42千米，距吉尔吉斯斯坦首都比什凯克620多千米，距奥什440千米。2014年9月20日吐尔尕特口岸开始从吉尔吉斯斯坦进口饲草，截至2016年年底，进口饲草66车、617.60吨。2015年5月12日国家质检总局与吉尔吉斯斯坦相关部门签署了进口马属动物、鲜食樱桃的协议。2015年12月16日开通了中吉两国农产品快速通关"绿色通道"。口岸出口货物主要为百货、机械设备和轮胎、布匹及服装、肉类、建材、果蔬等；进口货物主要为皮毛、蚕茧、甘草等。口岸开关时间：每周5天。

2016年，吐尔尕特陆路（公路）口岸进出口货运量34.7万吨，同比增长0.1%。其中，进口货运量2.8万吨，同比减少13%；出口货运量31.9万吨，同比增长1.3%。进出口贸易额22.9亿美元，同比增长7.8%。其中，进口贸易额0.3亿美元，同比减少6.4%；出口贸易额22.6亿美元，同比增长8%。入出境人员45 696人次，其中，入出境旅客10 640人次，入出境员工35 056人次。入出境交通工具35 607辆次。

【伊尔克什坦陆路（公路）口岸】 位于新疆维吾尔自治区克孜勒苏柯尔克孜自治州乌恰县境内，与吉尔吉斯斯坦奥什州毗邻。距新疆阿图什市250千米，距吉尔吉斯斯坦奥什州210千米。伊尔克什坦口岸是“古丝绸之路”上重要通道和驿站，因中苏两国关系恶化口岸被迫关闭。1996年江泽民主席访问中亚五国期间，与吉尔吉斯斯坦总统达成开放伊尔克什坦口岸的协议。1997年7月21日临时开通。1998年1月26日，国务院批准开放伊尔克什坦口岸。2001年7月1日，口岸通过国家验收。2002年5月20日，正式对外开放。2011年12月9日，口岸下迁146千米至乌恰县新址运行，设计年过货量200万吨，年客流量50万人次，下迁投资3.5亿元。2011年9月，国务院出台《关于支持喀什、霍尔果斯经济开发区建设的若干意见》（国发〔2011〕33号），2013年5月国家发展改革委印发《喀什经济开发区总体发展规划》（发改地区〔2013〕914号），批准喀什特殊经济开发区规划面积50平方千米，其中伊尔克什坦口岸园区10平方千米。产业布局规划四大功能区：通关区（2.37平方千米）、进出口产品加工区（5平方千米）、进出口商品物流仓储集散中心（2.7平方千米）、金融商贸综合服务区（2.3平方千米）。伊尔克什坦口岸是一个贸易顺差口岸，出口占比达90%以上，出口货物主要为五金、日用百货、陶瓷制品、服装布匹、水泥、建材、机电产品（电视机、冰柜等）、车辆、大型机械设备等；进口货物主要为干果、煤炭、矿产品、废旧金属等。口岸开关时间：每周5天。

2016年，伊尔克什坦陆路（公路）口岸进出口货运量30.2万吨，同比减少17.1%。其中，进口货物9.3万吨，同比增长275.1%；出口货物20.9万吨，同比减少38.4%。进出口贸易额16.1亿美元，同比减少25.7%。其中，进口贸易额0.4亿美元，同比增长46.7%；出口贸易额15.7亿美元，同比减少26.6%。入出境人员40 045人次，其中，入出境旅客14 621人次，入出境员工25 424人次。入出境交通工具25 608辆次。

【红其拉甫陆路（公路）口岸】 位于新疆维吾尔自治区喀什地区塔什库尔干塔吉克自治县境内，口岸海拔4 500米，与巴基斯坦北部地区吉尔吉特毗邻。距塔什库尔干县城130千米，距喀什市420千米，距乌鲁木齐市1 890千米。从口岸出境，距巴基斯坦首都伊斯兰堡870千米，距苏斯特125千米，距吉尔吉特市270千米。1981年9月，中国和巴基斯坦政府达成协议，同意开放红其拉甫口岸，为双边季节开放口岸。1982年8月27日，红其拉甫口岸对中巴两国公民正式开放。1986年5月1日正式向第三国开放。由于红其拉甫口岸海拔较高，严重缺氧，气候恶劣，1993年口岸检查检验机构下迁至塔什库尔干县城办公，新联检区于2011年10月建成启用，联检区占地12.67万平方米。口岸开关时间：每年4月1日至11月30日开放；中方工作时间为北京时间11：00～19：00，巴方工作时间为巴基斯坦工作时间8：00～16：00，双方法定节假日除外。

2016年，红其拉甫陆路（公路）口岸进出口货运量5.35万吨，同比增长23%。其中，进口货运量0.44万吨，同比减少10%；出口货运量4.91万吨，同比增长27%。进出口贸易额2.43亿美元，同比减少17%。其中，进口贸易额0.17亿美元，同比减少34%；出口贸易额2.26亿美元，同比减少16%。入出境人员17 845人次，其中，入出境旅客14 351人次，入出境员工3 494人次。入出境交通工具5 162辆次。

【卡拉苏陆路（公路）口岸】 位于新疆维

吾尔自治区喀什地区塔什库尔干塔吉克自治县境内，在西昆仑山和萨雷阔勒岭之间，海拔4 050米，与塔吉克斯坦戈尔诺—巴达赫尚自治州毗邻。距塔什库尔干县城62千米，距喀什市225千米；距塔吉克斯坦首都杜尚别850千米，距穆尔加布市89千米。2004年5月25日临时对外开放。2007年9月12日，国务院同意卡拉苏口岸对外开放，为国际性公路客货运输口岸。

2011年12月29日，中塔两国政府签署《关于边境口岸及其管理制度的协定》，确定卡拉苏口岸为国际性常年开放口岸。由于当地自然环境和天气状况，每年开放的具体时间及工作时间由中国新疆维吾尔自治区人民政府和塔吉克斯坦戈尔诺—巴达赫尚自治州政府根据各自国内法及实际情况协商确定。2012年以来，每年4月20日至11月30日对外开放，12月1日至4月19日实行预约开关。预约开关期间，每月开关2次，每次3~4天。2016年11月，经中塔双边地方政府签订《中塔卡拉苏—阔勒买口岸冬季开放运行协议》，同意卡拉苏口岸从2016年12月1日试行常年开放。口岸开关时间：每周5天，双方法定节假日除外。

2016年，卡拉苏陆路（公路）口岸进出口货运量22.42万吨，同比减少19%。其中，进口货运量0.24万吨，同比减少59%；出口货运量22.18万吨，同比减少19%。进出口贸易额14亿美元，其中，进口贸易额0.08亿美元，同比增长38%；出口贸易额13.92亿美元，同比持平。入出境人员14 681人次，其中，入出境旅客2 453人次，入出境员工12 228人次。入出境交通工具12 242辆次。

2016年新疆维吾尔自治区口岸大事记

1月8日

国家质检总局批准老爷庙陆路（公路）口岸筹建肉类进口指定口岸。

1月20日~22日

中国与巴基斯坦两国政府会晤决定，红其拉甫口岸临时开关，2月1日~2日集中验放入境空车。

2月18日

霍尔果斯陆路（公路、铁路）口岸正式办理落地签业务。

2月28日

新疆电子口岸实现门户网站一期上线。

2月29日

“中亚五国企业家论坛”在中国哈萨克斯坦霍尔果斯国际边境合作中心东方劲秀国际会展中心举行，100余位企业家代表围绕“和平发展、开放包容、互学互鉴、互利共赢”为主题进行商洽交流。

3月29日

巴克图陆路（公路）口岸举行中国、哈萨克斯坦和俄罗斯国际道路运输开通仪式。

4月8日

中国哈萨克斯坦霍尔果斯国际边境合作中心中方配套区作为新疆第五个综合区正式封关运行。

4月28日

伊犁哈萨克族自治州首届“以展促销、合作共赢”中亚农牧机械博览会暨机电产品展销会在中国哈萨克斯坦霍尔果斯国际边境合作中心举行，200多家知名企业参展。

5月16日

国务院发布《关于同意新疆都拉塔公路口岸扩大对外开放的批复》（国函〔2016〕84号），同意中国和哈萨克斯坦边境的新疆都拉塔公路口岸扩大对外放，口岸性质为国际性常年开放公路客货运输口岸。

5月17日

霍尔果斯中国哈萨克斯坦自贸区项目（位于哈方区域）战略合作签约仪式在中国哈萨克斯坦霍尔果斯国际边境合作中心哈方区域隆重举行。

5月25日

新疆电子口岸启动仪式在乌鲁木齐经济技术开发区软件园举行。

6月1日

中国哈萨克斯坦霍尔果斯国际边境合作中心实行“7天14小时”通关模式。

6月7日

霍尔果斯陆路（铁路）口岸对外开放通过国家验收。

6月15日~20日

受国家口岸管理办公室委托，中国（新疆）与蒙古国组成口岸联合检查工作组，15日完成红山嘴陆路（公路）口岸（中）和大洋口岸（蒙）联合检查；17日完成塔克什肯陆路（公路）口岸（中）和布尔干口岸（蒙）联合检查；18日完成乌拉斯台陆路（公路）口岸（中）和北塔格口岸（蒙）联合检查；20日完成老爷庙陆路（公路）口岸（中）和布尔嘎斯台口岸（蒙）联合检查工作。

7月5日

霍尔果斯陆路（铁路、公路）口岸出入境检验检疫局天然气实验室通过荷兰IIS国际实验室能力验证机构（Institute for Interlaboratory Studies）的天然气组成分析能力验证。

7月13日

国家口岸管理办公室发布《关于同意外籍飞机临时从新疆博乐机场入境的复函》（国岸发〔2016〕16号），同意外籍保障飞机临时从新疆博乐机场入境，时间为2016年7月15日至7月18日。

7月18日

新疆人民政府同意阿拉山口口岸边民互市贸易区迁至阿拉山口综合商品展示区。

7月22日

伊尔克什坦陆路（公路）口岸园区边民互市贸易区通过验收并封关运营。

7月24日

阿拉山口综合保税区至乌兹别克斯坦塔什干市的“丝绸之路”号货运专线班列试开行。

8月3日

国务院发布《关于同意新疆伊宁机场对外开放的批复》（国函〔2016〕140号），同意伊宁空运口岸对外开放。

8月5日

老爷庙陆路（公路）口岸扩大为国际性常年开放口岸通过预验收。

霍尔果斯国际边境合作中心海关开关揭牌。

8月10日

红其拉甫陆路（公路）口岸举行物种资源查验示范点揭牌。

8月11日

中国驻蒙古国特命全权大使邢海明、蒙古国科布多省省长德·尕勒森多恩德克一行考察塔克什肯陆路（公路）口岸建设、通关情况。

8月12日

国家口岸管理办公室发布《关于同意乌鲁木齐铁路西站作为临时口岸对外开放的批复》（国岸发〔2016〕19号），同意乌鲁木齐铁路西站（集装箱场站）作为临时口岸对外开放，开放期限自批复之日起一年。

8月22日

新疆政府领导召集电子口岸建设领导小组工作会议，研究并评审通过《新疆国际贸易“单一窗口”总体规划设计方案》和《新疆国际贸易“单一窗口”建设工作实施方案》。

9月5日

e-CIQ（中国电子检验检疫主干系统）正式在新疆检验检疫系统上线运行。

9月6日

新疆跨境电商综合服务平台正式上线仪式暨霍尔果斯跨境进口首单开通。

9月19日

喀什空运口岸（喀什国际机场）开通喀什至比什凯克国际航线首行。喀什国际机场签证业务正式开办。

9月20日~21日

由国家质检总局主办，新疆出入境检验检疫局、新疆国际博览事务局承办的中国—亚欧口岸出入境卫生检疫合作论坛在乌鲁木齐市成功举办。代表来自“一带一路”沿线国家和地区及相关国际组织。

9 月 28 日

商务部、工业和信息化部、环境保护部、交通运输部、海关总署、国家质检总局、国家认证认可监督管理委员会七部委联合发文《关于四川省等地区开展汽车平行进口试点有关问题的复函》，正式批准在霍尔果斯陆路（铁路、公路）口岸和阿拉山口（铁路）口岸开展汽车平行进口试点。

10 月 13 日

中国共产党中央纪律检查委员会、中央机构编制委员会委员、办公室主任张纪南赴霍尔果斯口岸调研。

10 月 17 日

塔克什肯陆路（公路）口岸边民互市贸易区通过验收组验收并同意封关运营。

10 月 18 日

国家质检总局批准阿拉山口陆路（铁路）口岸试验进口植物种苗。

11 月 15 日

阿拉山口国门彩城文化展馆被国家民委评为全国民族团结进步教育基地。

11 月 17 日

国家质检总局批准阿拉山口陆路（铁路）口岸筹建进口肉类指定口岸。

新疆口岸办会同喀什地区行署与塔吉克斯坦戈尔诺—巴达赫尚自治州政府签署《中塔卡拉苏—阔勒买口岸冬季开放运行协议》，卡拉苏陆路（公路）口岸从 2016 年 12 月 1 日起实行常年开放。

12 月 1 日

卡拉苏陆路（公路）口岸（中国）—阔勒买口岸（塔吉克斯坦）实现常年开放。

12 月 5 日

霍尔果斯陆路（公路、铁路）口岸实现整车进口。

12 月 8 日

阿拉山口边境旅游区获国家 4A 级景区质量等级评定。

12 月 29 日

国务院组成联合验收组对乌鲁木齐综合保税区进行预正式验收。

（撰稿人：吴玲军、何锦、刘恩琪、沈宏亮、杨洋、钱梦蕾）

2016 年新疆维吾尔自治区口岸流量统计表

口岸类型		口岸名称	货运量（万吨）				集装箱量（万标箱）				人员（万人次）				交通工具（辆、艘、架、列次）			
			出口	进口	合计	同比（%）	出口	进口	合计	同比（%）	出境	入境	合计	同比（%）	出境	入境	合计	同比（%）
空运口岸		乌鲁木齐空运口岸	0.98	0.31	1.29	7.50					474 853	472 746	947 599	5.70			8 662	-2.00
		喀什空运口岸		0.01	0.01	-70.00					3 743	5 212	8 955	-28.00			162	
		分计	0.98	0.32	1.30						478 596	477 958	956 554				8 824	
陆运口岸	公路口岸	老爷庙口岸	0.23	75.29	75.52	-29.00					8 621	8 618	17 239				16 562	
		乌拉斯台口岸	0.02	0.00	0.02	-55.50					148	101	249				52	
		塔克什肯口岸	4.16	34.11	38.27	-12.00					88 136	84 226	172 362				13 597	
		红山嘴口岸	0.02		0.02	-6.40					457	489	946				248	-44.00
		吉木乃口岸	2.91	32.11	35.02	16.90					44 647	43 780	88 427	-10.00			5 879	
		巴克图口岸	8.60	5.22	13.82	-6.50					54 465	54 811	109 276				15 527	
		阿拉山口口岸	6.14	1 023.04	1 029.18	-2.10					40 021	40 526	80 547	0.50			22 821	18.70
		霍尔果斯口岸	39.30	2 484.18	2 523.48	14.06					2 717 251	2 713 154	5 430 405				51 668	
		都拉塔口岸	29.97		29.97	58.90							28 661				21 468	
		吐尔尕特口岸	31.90	2.80	34.70	0.10					23 213	22 483	45 696				35 607	
		伊尔克什坦口岸	20.90	9.30	30.20	-17.10					20 585	19 460	40 045				25 608	
		红其拉甫口岸	4.91	0.44	5.35	23.00					11 232	6 613	17 845				5 162	
		卡拉苏口岸	22.18	0.24	22.42	-19.00					7 479	7 202	14 681				12 242	
		分计	171.24	3 666.73	3 837.97						3 016 255	3 001 463	6 017 718					
	铁路口岸	阿拉山口口岸	281.33	465.47	746.80	20.60							0				8 379	
		霍尔果斯口岸	78.95	3.25	7 675.94	-10.37											2 032	
		分计	360.28	468.72	8 422.74								0				10 411	

续表

口岸类型		口岸名称	货运量（万吨）				集装箱量（万标箱）				人员（万人次）				交通工具（辆、艘、架、列次）			
			出口	进口	合计	同比（%）	出口	进口	合计	同比（%）	出境	入境	合计	同比（%）	出境	入境	合计	同比（%）
水运口岸	海港口岸				0.00								0				0	
		分计			0.00								0				0	
	河港口岸				0.00								0				0	
		分计			0.00								0				0	
合计			532.50	4 135.77	4 668.27						3 494 851	3 479 421	6 974 272		0	0		
同比（%）																		

（新疆维吾尔自治区口岸办提供）

2016 年新疆维吾尔自治区口岸出入境主要数据表

项目			2016 年	2015 年	同比（%）
出入境人员（人次）	出入境人员总数		1 997 445	2 093 644	－4.82
	入境人员		991 148	963 823	2.76
	出境人员		1 006 297	1 129 821	－12.28
	出入境旅客		1 648 919	1 751 033	－6.19
	出入境员工		348 526	342 611	1.70
	中国公民	小计	1 109 555	1 127 165	－1.56
		内地居民（因公）	162 052	170 402	－5.15
		内地居民（因私）	883 790	902 899	－2.16
		港澳居民	1 111	1 144	－2.97
		台湾同胞	62 602	52 720	15.79
	外籍人员		877 263	810 077	8.29
	从海港出入境人数		－	－	－
	从陆港出入境人数		920 001	916 571	0.37
	从空港出入境人数		1 077 444	1 177 073	－9.25
交通运输工具（辆、艘、架、列次）	总计		245 307	244 159	0.47
	船舶		－	－	－
	飞机		8 836	9 023	－2.12
	火车		10 411	9 482	8.92
	机动车辆		226 060	225 654	0.18

（新疆维吾尔自治区公安边防总队提供）

2016 年乌鲁木齐海关主要数据统计表

项目		2016 年	同比（%）
进出口货运量（万吨）	合计	4 382	6.0
	进口	3 994	6.8
	出口	388	-2.1
进出口贸易总值（万美元）	合计	3 718 559	1.9
	进口	1 304 852	-19.5
	其中：江、海运输	8 848	-48.6
	铁路运输	345 394	6.0
	汽车运输	35 229	13.5
	航空运输	36 219	64.9
	邮件运输	3	-15.7
	其他运输	879 159	-28.2
	出口	2 413 707	19.0
	其中：江、海运输	428 595	25.8
	铁路运输	282 762	-3.8
	汽车运输	1 622 355	20.5
	航空运输	73 285	66.1
	邮件运输	6 618	169.1
	其他运输	92	-80.3
税收（万元）	两税合计	1 133 630	24.9
	关税入库	40 540	26.5
	进口环节税入库	1 093 090	24.8

（乌鲁木齐海关提供）

2016 年新疆维吾尔自治区出入境检验检疫业务统计表

项目	货物检验检疫				交通工具				集装箱（标箱）		发现动植物疫情		货物通关		出入境人员查验（人次）	健康检查及预防接种（人次）			
	批次	金额（万美元）	检验检疫不合格																
			批次	金额（万美元）	船舶（艘）	飞机（架）	火车（列）	汽车（辆）	合计	检出问题	种类数	种次	批次	金额（万美元）		健康检查	艾滋病监测	发现病例	预防接种
本年累计	44 424	1 34 634	5 061	20 017		8 823	422 825	219 528	214 366	23	260	66 623	49 376	1 061 505	1 994 857	13 353	13 221	5 077	21 360
其中 出境	15 131	101 475	45	266		4 429	226 689	109 962	153 502				22 574	87 919	999 695	11 014	10 979	4 173	21 355
其中 入境	29 293	1 133 159	5 016	19 751		4 394	196 136	109 566	60 864	23	260	66 623	26 802	973 586	995 162	2 339	2 242	904	5
同比（%）	3. 37	−23. 84	55. 72	−25. 63		−1. 28	17. 84	1. 1	11. 23	−96. 6	−20. 97	111. 2	12. 41	−25. 03	−3. 37	−21. 4	−18. 52	−12. 3	−3. 05
其中 出境	−15. 7	−37. 57	−62. 5	−58. 78		−1. 4	17. 85	0. 58	16. 79		−100	−100	5. 27	9. 37	−3. 54	−25	−21. 42	−15. 8	−2. 99
其中 入境	17. 02	−22. 31	60. 26	−24. 81		−1. 15	17. 83	1. 62	−0. 70	−96. 6	−20. 97	111. 20	19. 22	−27. 1	−3. 20	1. 61	−0. 58	8. 52	−70. 59

（新疆出入境检验检疫局提供）

台 湾 地 区

2016年台湾地区口岸工作综述

交通各业多项指标成长持稳

各业施政指标		2016年		成果
		统计值	较上年增减率（%）	
铁公路	轨道及汽车客运载客量总计（1～5项）	631.6万人次	1.2%	历年新高
	1. 台铁每日载客量	62.9万人次	-1.1%	历年第三高
	2. 北捷每日载客量	202.2万人次	2.9%	历年新高
	3. 高捷每日载客量	17.2万人次	4.5%	历年新高
	4. 高铁每日载客量	15.5万人次	11.6%	历年新高
	5. 汽车客运每日载客量	333.8万人次	0.1%	近19年次高
	6. 高速公路每日通行费收入	6 363万元	3.3%	
港埠	7. 港埠货物装卸量	1 487万标箱	2.6%	历年次高
	8. 港埠货物装卸量	7.3亿计费吨	1.7%	历年次高
	9. 港埠进出港旅客人数	123.0万人次	-9.0%	历年第四高
航空	10. 各机场进出旅客人数	6 325万人次	8.8%	历年新高
	11. 各机场两岸航线客运量	1 126万人次	-4.8%	历年第三高
	12. 桃园国际机场旅客人数	4 230万人次	9.9%	历年新高
观光	13. 来台旅客人数	1 069万人次	2.4%	历年新高
	14. 来台观光目的旅客人数	756万人次	0.7%	历年新高
	15. 国人出国人数	1 459万人次	10.7%	历年新高
邮政	16. 邮政储金结存金额（12月底）	6.0兆元	3.1%	历年新高
	17. 邮政储金结存户数（12月底）	3 563万户	1.0%	历年新高

表注：本表港埠系指国际商港（基隆港、高雄港、台中港、花莲港、苏澳港、安平港及台北港）。

一、邮轮旅游持续增温，推升基隆港旅客量创新高

2016年，中国台湾地区国际商港各航线旅客量总计123.0万人次，较上年减少12.2万人次（-9.0%），其中国际（地区）航线旅客量73.7万人次，较上年增加7.0万人次（+10.5%），占旅客总量近6成。国际航线中，中国台湾基隆—日本（含琉球）航线因定期航班首度于冬季持续开航营运，旅客人数达58.4万人次，较上年大幅增加14.5万人次（+32.9%）；高雄—香港航线受“处女星号”邮轮航线调整影响，进出旅客2.2万人次，则较上年减少5.8万人次（-73.0%）。

其他航线方面，2016年进出港旅客36.4万人次（-1.6%），降幅较上年减缓；两岸航线则受陆客来台旅游降温及“海峡号”岁修停航影响，全年旅客量仅12.9万人次，较上年减少18.6万人次（-59.0%），减幅为两岸开航以来最大。

就各港旅客量观察，2016年基隆港进出旅客78.2万人次（占63.6%）最多，为历年新高纪录，其国际邮轮挂靠计439艘次（+17.7%），

国际邮轮旅客达66.3万人次（+17.8%），占该港旅客总量的84.8%（2015年为81.2%），展现基隆港作为邮轮母港的优异条件，及台湾地区致力发展邮轮产业的雄厚潜力。

近6年国际商港进出港旅客人数

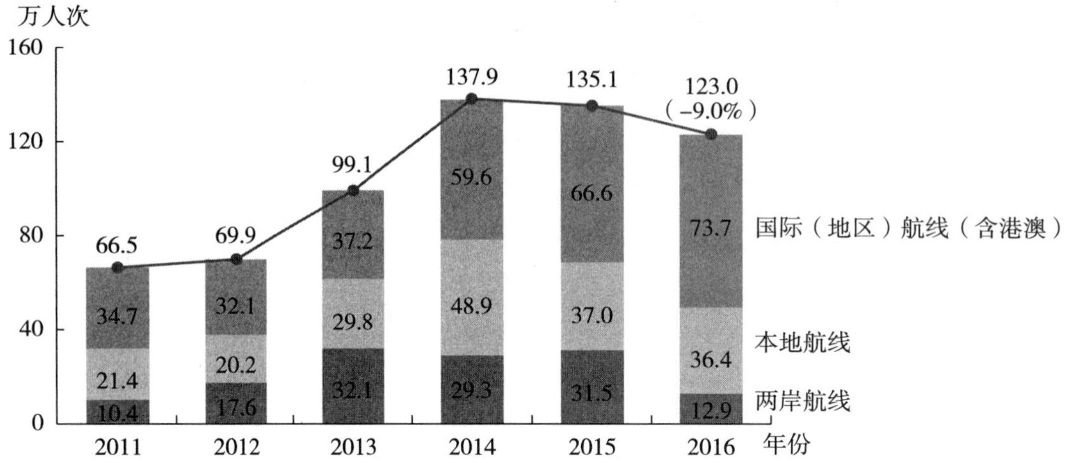

二、高雄港国际航线货柜量逆势成长，台中港自由港区营运亮眼

2016年，中国台湾地区各国际商港之国际航线货柜装卸量总计1 476万标箱，为历年次高，较上年增加27万标箱（+1.8%）。其中，台湾第一大港高雄港，在全球经济成长趋缓及国外港口高度竞争下，国际航线货柜量达1 041万标箱，逆势增长1.4%，与邻近主要国际港相较，高雄港的表现优于新加坡（-0.1%）、深圳（-1.0%）及香港（-2.5%），唯略低于上海（+1.6%）及宁波—舟山（+4.5%）。

两岸海运直航部分，2016年共装卸货柜254万标箱，为历年新高，较上年增加3万标箱（+1.3%）；各港中以高雄港136万标箱为最多，其次为基隆港55万标箱及台中港51万标箱，三港合占约95%。

另就海港自由港区之贸易量观察，2016年为1 387万公吨，较上年增长57.3%，其中以台中港1 180万公吨（+69.6%）居首，占海港总贸易量达85.1%；在贸易值方面，2016年达3 488亿元新台币，较上年增加7.9%，其中以台中港2 064亿元（+23.4%）最多，占海港总贸易值的59.2%，主要原因是该港为油品储转中心，储运量值稳定提升且产品具竞争力，整体表现相对亮眼。

近6年台湾国际商港国际航线货柜装卸量

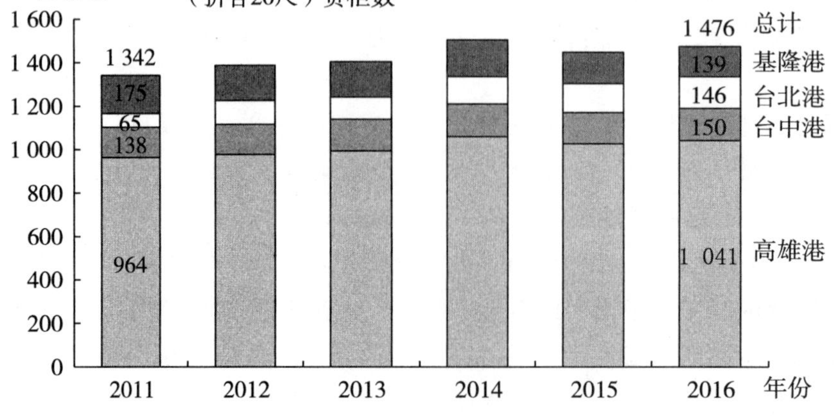

三、机场旅客人数突破6千万，至韩国航线载客数跃升第三

2016年，中国台湾地区各机场总计进出旅客突破6千万人次，达6 325万人次，较上年增长8.8%，再攀历年新高，其中国际航线（含港澳）旅客4 072万人次（+12.6%）为历年之冠；两岸航线旅客量受陆客来台缩减影响，2016年计1 126万人次，较上年减少56.5万人次（-4.8%）；其他航线及过境旅客量分别达1 084万人次（+10.7%）、43万人次（+15.1%）。

就各机场客运量观察，受惠于旅游业发展，2016年桃园国际机场进出旅客4 230万人次，创历年新高，同比增长9.9%；高雄及松山机场进出旅客分别为642万人次（+6.9%）及614万人次（+4.8%），皆为近10年最高。

在国际航线（含港澳）载客量中，2016年以往返日本航线载客1 242万人次最多，较上年增加14.1%；次为香港航线911万人次，微减0.4%；韩国航线首度突破3百万人次，达346万人次，跃居第三，同比大幅增长50.0%。在政府积极拓展多元化观光市场下，东南亚航线，如往返越南、新加坡、菲律宾、马来西亚等载客数皆逾百万人次，均为历年最佳，显示推动观光有助于带动台湾航空客运业发展。

近6年台湾主要机场进出旅客人数

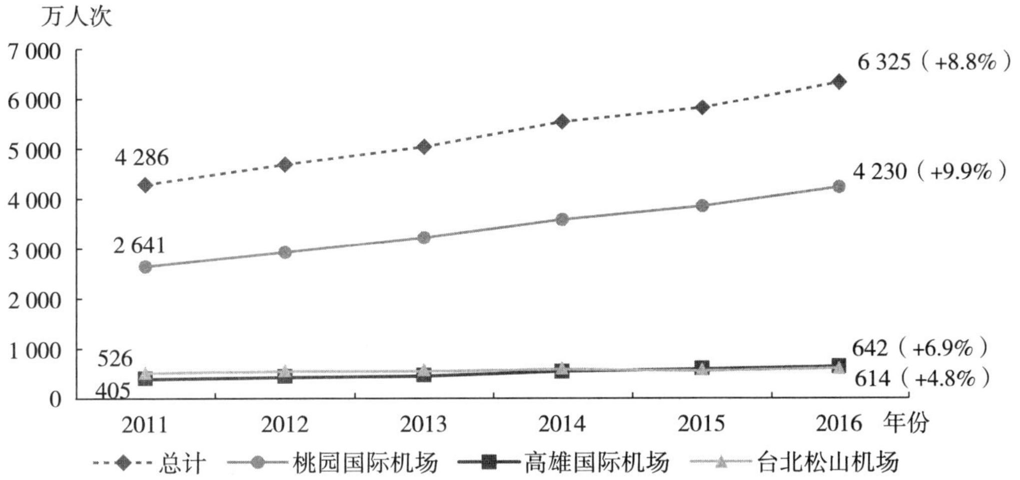

四、开拓多元观光市场，来台旅客续创新高

2016年，来台旅客1 069万人次，连续两年突破千万，较上年增加25万人次，同比增长2.4%，其中以观光目的来台756万人次（占70.7%）最多，亦为历年之最，呈现台湾开拓多元观光市场努力成果。

就主要客源市场观察，大陆旅客351万人次，较上年减少67万人次（-16.1%），为自1998年扩大开放陆客来台观光以来首度下滑，但仍居主要市场首位，其中观光目的的旅行团游客计143万人次，同比减少57万人次（-28.7%），自由行旅客计131万人次，同比减少3万人次（-2.0%）；日本旅客189万人次（+16.5%），港澳旅客161万人次（+6.7%），分居来台旅客第2、3名。另因台湾力推来台观光简化手续，泰国、马来西亚、新加坡、印度尼西亚、菲律宾等东南亚国家来客数量创新纪录；其余包括韩国、美国、加拿大、澳大利亚、英国、德国、法国、荷兰及意大利9国来台旅客数量亦为历年最高。

在观光相关产业营运情形方面，2016年年底，旅行社共有2 913家，同比增长4.8%。2016年观光旅馆营业收入590亿元新台币，同比

微幅增加 0.3%，观光旅馆平均房价为 3 830 元新台币，同比上扬 0.8%；观光旅馆住用率 66.5%，较上年减少 2.8 个百分点，因入境旅客人数成长趋缓及旅馆供给量增加所致。

近 6 年按居住地分来台旅客人数

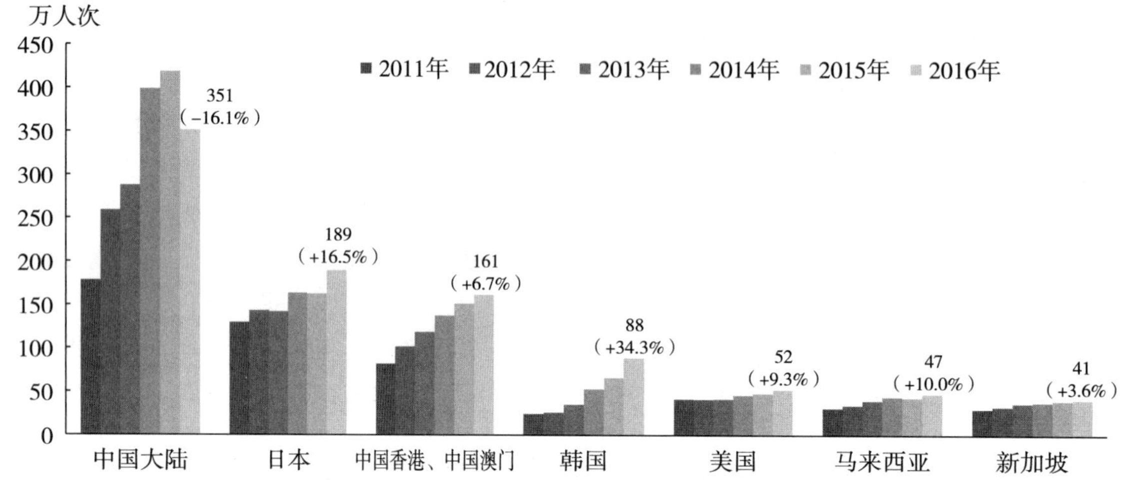

香 港 地 区

2016 年香港地区口岸工作综述

香港地区对外贸易包括香港地区的对外商品贸易及服务贸易，香港地区的对外商品贸易统计是根据进出口报关单上的资料编制。《中华人民共和国香港特别行政区基本法》说明，香港特别行政区为单独的关税地区。香港地区与中国内地之间的贸易，亦须办理进出口报关，有关的统计资料包括在香港地区的对外商品贸易统计数字内。香港地区与中国内地之间的服务贸易视作对外交易，并包括在香港地区服务贸易统计数字内。

总体商品贸易

单位：百万港元

贸易种类	2014 年	2015 年	2016 年
港产品出口	55 283	46 861	42 875
同比（%）	1.7	-15.2	-8.5
转口	3 617 468	3 558 418	3 545 372
同比（%）	3.2	-1.6	-0.4
整体出口	3 672 751	3 605 279	3 588 247
同比（%）	3.2	-1.8	-0.5
进口	4 219 046	4 046 420	4 008 384
同比（%）	3.9	-4.1	-0.9
贸易总额	7 891 798	7 651 699	7 596 631
同比（%）	3.6	-3.1	-0.7
商品贸易差额	-546 295	-441 141	-420 137

港口货物吞吐量

项目		2014 年	同比（%）	2015 年	同比（%）	2016 年	同比（%）
港口货物总吞吐量（千公吨）	合计	297 737	7.9	256 559	-13.8	256 730	0.1
	卸下	184 185	13.5	152 808	-17.0	150 774	-1.3
	装上	113 552	-0.2	103 751	-8.6	105 956	2.1
海运货物吞吐量（千公吨）	合计	197 320	7.1	168 586	-14.6	164 085	-2.7
	卸下	130 527	12.5	112 180	-14.1	110 291	-1.7
	装上	66 793	-2.0	56 406	-15.6	53 794	-4.6
河运货物吞吐量（千公吨）	合计	100 415	9.4	87 973	-12.4	92 646	5.3
	卸下	53 657	16.1	40 628	-24.3	40 483	-0.4
	装上	46 758	2.5	47 345	1.3	52 163	10.2

按用途类别划分的进口、转口货值

单位：百万港元

	用途类别	2013 年	2014 年	2015 年
食品	进口	186 696	172 366	185 592
	转口	47 442	48 695	59 021
消费品	进口	945 943	861 229	819 382
	转口	827 309	775 939	723 981
原料及半制成品	进口	1 470 195	1 417 258	1 490 384
	转口	1 237 125	1 240 114	1 309 263
燃料	进口	122 033	93 689	75 199
	转口	4 812	3 728	2 207
资本货品	进口	1 494 180	1 501 877	1 437 827
	转口	1 500 780	1 489 942	1 450 900
所有用途类别	进口	4 219 046	4 046 420	4 008 384
	转口	3 617 468	3 558 418	3 545 372

按主要国家/地区划分的商品贸易

单位：百万港元

贸易种类/主要国家/地区		2014 年	2015 年	2016 年
进口	总量	4 219 046	4 046 420	4 008 384
	同比（%）	3.9	-4.1	-0.9
中国内地		1 986 964	1 984 048	1 916 831
日本		288 891	260 294	246 698
中国台湾		300 278	274 385	292 072
新加坡		260 801	245 867	261 694
美国		219 599	210 933	206 645
韩国		175 537	172 085	196 228
马来西亚		102 191	94 084	90 584
印度		96 088	82 913	92 773
泰国		88 231	84 910	82 586
菲律宾		51 221	56 477	59 768
出口	总量	55 283	46 861	42 875
	同比（%）	1.7	-15.2	-8.5
中国内地		23 195	20 433	18 563

续表 1

贸易种类/主要国家/地区		2014 年	2015 年	2016 年
美国		4 475	3 897	3 649
新加坡		2 512	2 266	2 647
中国台湾		3 001	2 088	1 842
中国澳门		1 872	1 774	1 651
越南		2 113	1 948	1 951
泰国		1 318	1 272	1 041
日本		1 267	1 048	1 199
韩国		1 436	1 137	1 044
马来西亚		1 416	1 124	1 235
转口	总量	3 617 468	3 558 418	3 545 372
	同比（%）	3.2	-1.6	-0.4
中国内地		1 955 821	1 916 082	1 924 906
美国		336 980	338 296	320 391
日本		130 238	121 724	115 547
印度		92 462	101 284	116 215
中国台湾		76 296	62 941	72 674
德国		72 181	70 026	66 489
韩国		60 948	53 243	52 996
越南		64 690	74 665	70 221
新加坡		57 339	56 185	58 638
德国		72 181	70 026	66 489
整体出口	总量	3 672 751	3 605 279	3 588 247
	同比（%）	3.2	-1.8	-0.5
中国内地		1 979 016	1 936 515	1 943 469
美国		341 456	342 193	324 040
日本		131 505	122 772	116 746
印度		94 224	101 831	116 702
中国台湾		79 297	65 029	74 516
德国		72 588	70 269	66 717
韩国		62 384	54 380	54 040
越南		66 803	76 612	72 173
新加坡		59 850	58 451	61 285
荷兰		47 214	52 024	57 378

续表2

贸易种类/主要国家/地区		2014年	2015年	2016年
贸易总额	总量	7 891 798	7 651 699	7 596 631
	同比（%）	3.6	-3.1	-0.7
中国内地		3 965 980	3 920 564	3 860 300
美国		561 055	553 126	530 684
日本		420 396	383 067	363 444
中国台湾		379 575	339 414	366 587
新加坡		320 651	304 318	322 979
韩国		237 921	226 465	250 267
印度		190 312	184 745	209 474
马来西亚		132 074	123 283	117 857
泰国		137 270	134 003	130 535
越南		109 283	127 522	126 437

按产品所属工业划分的港产品出口统计表

单位：百万港元

主要货物类别	2013年	2014年	2015年
食品	3 080.0	3 346.5	3 503.5
饮品	717.6	757	634.9
烟草制品	3 280.0	3 452.3	3 318.5
纺织制品	820.5	597.5	562.8
成衣制品	1 390.7	878.5	524.7
纸及纸制品和印刷及已储录资料媒体的复制	3 291.0	3 070.9	2 790.6
非金属矿产制品	1 016.5	1 112.4	1 018.0
化学品及化学产品	7 003.0	5 678.6	5 154.1
药品、医药化学剂和植物药材产品	3 464.5	2 917.6	3 028.6
橡胶及塑胶制品（家具、玩具、体育用品及文具除外）	1 463.8	1 193.8	1 039.8
基本金属制品	7 989.2	5 201.2	5 126.9
金属制品（机械及设备除外）	543.1	385.3	153.0
电脑、电子及光学产品	3 996.0	3 541.7	3 373.0
电器设备制品	867.1	872.8	741.1
其他机械设备	4 413.9	3 953.3	3 474.4
珠宝首饰及相关制品	7 891.5	7 007.6	6 202.2
其他制造业	2 964.1	2 017.7	1 250.6
总计	54 192.2	45 984.8	41 896.8

商品贸易指数

指数类别	贸易种类	2014 年	2015 年	2016 年
货值	进口	104.3	100	99.1
	同比（%）	3.9	-4.1	-0.9
	港产品出口	118	100	91.5
	同比（%）	1.7	-15.2	-8.5
	转口	101.7	100	99.6
	同比（%）	3.2	-1.6	-0.4
	整体出口	101.9	100	99.5
	同比（%）	3.2	-1.8	-0.5
单位价格	进口	100.4	100	98.3
	同比（%）	1.9	0.4	-1.7
	港产品出口	103.1	100	98.6
	同比（%）	0.2	-3.0	-1.4
	转口	99.9	100	98.3
	同比（%）	2.0	0.1	-1.7
	整体出口	99.9	100	98.3
	同比（%）	2.0	0.1	-1.7
货量	进口	103.3	100	101
	同比（%）	2.3	-3.2	1.0
	港产品出口	114.7	100	93
	同比（%）	2.9	-12.8	-7.0
	转口	101.6	100	101.5
	同比（%）	1.5	-1.6	1.5
	整体出口	101.8	100	101.4
	同比（%）	1.5	-1.7	1.4
贸易价格比率		99.5	100	100
	同比（%）	0.1	0.5	0

澳 门 地 区

2016 年澳门地区口岸工作综述

2016 年，澳门经济实质收缩 2.1%，跌幅较 2015 年（-21.5%）明显收窄；上半年经济倒退 9.7%，下半年则止跌回升，增幅为 5.7%。

2016 年澳门地区经济收缩主要原因是整体需求欠佳，内部需求疲弱，全年倒退 5.8%，其中私人消费及固定资本投资同比分别减少 1.3% 及 13.3%，而政府最终消费同比上升 1.7%；外地需求在下半年有明显改善，入境旅客及旅客消费持续增长，总体服务出口减幅收窄至 2.5%，其中，博彩服务出口及其他旅游服务出口同比分别减少 4.4% 及 1.0%，而货物出口则同比下跌 21.8%。

2016 年，澳门地区本地生产总值为 3 582 亿澳门元，人均本地生产总值为 554 619 澳门元（约 69 372 美元）。另外，2016 年本地生产总值物价平减指数上升 0.9%。

澳门地区本地生产总值主要指标

年　份	2012	2013	2014	2015	2016
本地生产总值—当年价格（亿澳门元）	3.438	4.119	4.421	3.582	
本地生产总值实质增长率（%）	9.2	11.2	-1.2	-21.5	-2.1
人均本地生产总值—当年价格（澳门元）	603.525	692.501	710.895	565.301	554.619
人均本地生产总值实质增长率（%）	5.3	6.5	-5.5	-23.9	-2.8

关于各主要组成部分占本地生产总值百分比方面，2016 年澳门地区货物及服务净出口占本地生产总值的比重上升至 41.1%，较 2015 年的 39.2%增加 1.9 个百分点。相反，内部需求所占比重则减少 1.9 个百分点至 58.9%，主要是投资的比重较 2015 年减少 3.1 个百分点所致；而私人消费支出及政府最终消费支出所占比重的增长抵消部分投资的跌幅。

澳门地区本地生产总值主要组成部分结构

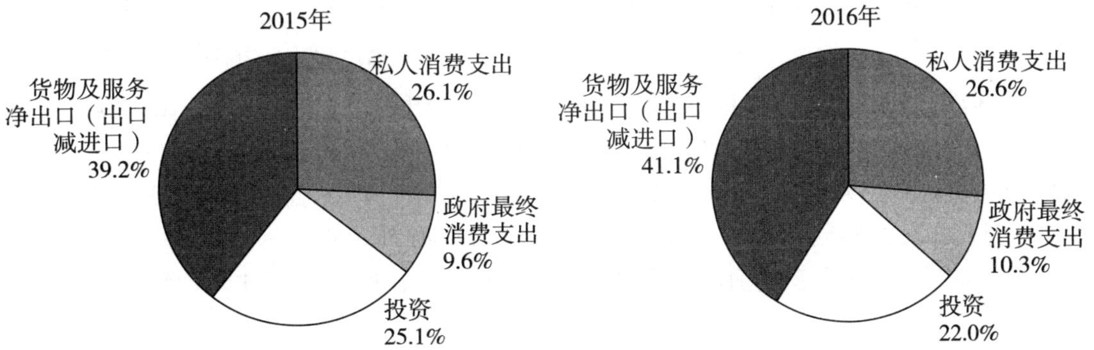

2016 年澳门地区总出口货值为 100.5 亿元，同比减少 6.0%；再出口 80.8 亿元，同比减少 8.9%，本地产品出口 19.6 亿元，同比增加 7.8%。由于小客车、手提电话及手表等货物的需求下降，导致 2016 年总进口货值同比下跌 15.7%，至 713.5 亿元。全年货物贸易逆差为 613.1 亿元。2016 年澳门地区对外商品贸易总额共 814.0 亿元，较 2015 年的 953.6 亿元减少 14.6%。

按出口目的地分析，2016 年输往中国内地货值（17.5 亿元），同比下跌 4.7%，其中泛珠三角九省（16.4 亿元），同比减少 7.4%，出口至香港（55.6 亿元），同比下跌 12.1%；此外，输往欧盟（1.7 亿元）与美国（1.6 亿元），同比分别减少 22.7% 及 20.6%，而出口往葡语系国家（579 万元）则同比大幅上升 5.9 倍。非纺织品出口为 93.6 亿元，同比减少 5.1%；机器设备与零件（8.2 亿元）同比减少 28.8%，烟酒（8.3 亿元）则同比增加 35.6%。纺织品及成衣出口为 6.9 亿元，同比下跌 16.8%。

按货物原产地统计，2016 年由中国内地（258.4 亿元）及欧盟（170.3 亿元）进口的货值同比下跌 18.9% 及 9.6%，由葡语系国家进口的（6.7 亿元）则同比上升 10.7%。按货物来源地分析，来自中国内地的（120.2 亿元）同比下跌 5.3%，其中泛珠三角九省（113.5 亿元）同比下跌 6.4%。消费品进口同比下跌 11.5%，至 447.4 亿元，其中手表（47.8 亿元）与小客车及电单车（13.3 亿元）同比分别减少 23.3% 及 53.5%；燃料及润滑油（61.1 亿元）、手提电话（47.9 亿元）和建筑材料（19.6 亿元）的进口货值亦有 11.4%、40.0% 及 37.7% 的跌幅。

2016 年澳门地区入境旅客共 30 950 336 人次，同比微增 0.8%；留宿旅客同比增加 9.8%，至 15 703 616 人次，占整体旅客总数 50.7%，不过夜旅客则同比减少 7.1%，至 15 246 720 人次。旅客的平均逗留时间为 1.2 日，较 2015 年增加 0.1 日。中国内地旅客（20 454 104 人次）同比微升 0.2%，其中 44.1% 来自广东省；全年个人游旅客共 9 579 412 人次，同比增加 0.6%。韩国（662 321 人次）及中国台湾地区旅客（1 074 525 人次）同比分别增加 19.5% 及 8.8%；中国香港旅客（6 419 839 人次）则同比减少 1.8%。另外，来自美国、澳洲、加拿大及英国的旅客均有增幅。

按入境方式统计，经陆路入境的旅客有 17 759 572 人次，同比上升 3.2%，由关闸（15 477 100 人次）及路氹城边检站入境的（2 263 777 人次）同比分别增加 2.0% 及 12.7%；由海路入境的旅客（10 777 447 人次）同比下跌 5.6%，经外港客运码头入境的旅客（6 536 508 人次）减少 6.5%，而由氹仔临时客运码头入境的（4 228 828 人次）则同比增加 3.2%；取道空路入境的旅客有 2 413 317 人次，同比增加 15.5%，当中经机场入境的有 2 404 699 人次，增加 15.8%。

2016 年，澳门地区进出班机共 53 617 班次，同比增加 2.7%；当中往来韩国、泰国及中国台湾地区的班次同比分别上升 38.3%、8.3% 及 7.7%，往来内地及越南的班次则同比下跌 4.4% 及 0.5%。澳门往来内地及香港的直升机班次全年航班则同比减少 17.0% 至 11 657 班次。

2016 年，澳门地区海路货柜货物毛重较前一年减少 28.8%，至 179 557 公吨，其中经内港进出的（94 340 公吨）占 52.5%。全年海路货柜总吞吐量为 129 416 标准货柜单位，共 89 036 柜次，同比分别下跌 13.6% 及 11.8%。

经陆路进出口的货柜货物毛重有 1 125 公吨，同比减少 69.2%。全年经陆路进出的货柜货物毛重共 20 750 公吨，同比下跌 20.3%，当中经路凼城进出的（18 251 公吨）占 88.0%。

2016 年，澳门地区全年空运货物共 32 891 公吨，较 2015 年上升 9.4%，其中进口货物（6 427公吨）减少 13.3%，出口货物（19 622 公吨）及转口货物（6 842 公吨）则同比分别上升 20.5% 及 7.4%。全年由台湾地区进口（占空运进口货物 55.9%）的下跌 21.2%，而出口往台湾地区（占空运出口货物 45.8%）的则有 26.4% 的升幅。

澳门地区对外商品贸易主要指标

单位：百万澳门元

年份	货物进口	按年变动（%）	货物出口	按年变动（%）	本地产品出口	按年变动（%）	再出口	按年变动（%）
2014	89 952.2	11	9 914.8	9	2 022.7	1	7 892.0	11
2015	84 663.2	-6	10 692.1	8	1 820.8	-10	8 871.2	12
2016	71 351.6	-16	10 046.6	-6	1 962.9	8	8 083.8	-9

澳门地区对外商品贸易指数

2011=100

年份	出口			本地产品出口			再出口			进口			贸易价格比率
	价值	单位价格	数量	价值	单位价格	数量	价值	单位价格	数量	价值	单位价格	数量	
2012	117.1	100.7	116.3	95.6	101.3	94.4	128.2	100.6	127.5	113.9	103.0	110.6	97.7
2013	130.5	100.1	130.3	84.1	103.3	81.4	154.7	99.6	155.3	130.1	102.5	126.8	97.6
2014	142.2	98.6	144.2	84.6	104.0	81.4	172.3	96.5	178.5	144.4	101.5	142.3	97.1
2015	153.4	98.0	156.5	76.2	103.9	73.4	193.7	96.0	201.8	135.9	100.1	135.8	97.9
2016	144.1	97.2	148.3	82.1	104.4	78.7	176.5	95.1	185.5	114.5	98.7	116.0	98.4

澳门地区货柜货物毛重统计表

单位：公吨

年份	总数	进口						出口					
		小计	内港	关闸	九澳港	路氹城边检站	跨境工业区	小计	内港	关闸	九澳港	路氹城边检站	跨境工业区
2014	261 153	246 220	116 518	26	110 137	19 419	121	14 933	10 462	-	3 090	1 308	73
2015	261 254	242 740	95 699	-	132 857	14 091	93	18 514	7 612	-	8 367	2 376	158
2016	191 901	170 792	83 732	-	72 856	13 969	235	21 109	9 405	17	9 361	2 180	146
年份	总数	转口入境						转口出境					
		小计	内港	关闸	九澳港	路氹城边检站	跨境工业区	小计	内港	关闸	九澳港	路氹城边检站	跨境工业区
2014	13 991	8 272	1 026	-	1 906	1 029	4 310	5 718	179	679	3 106	1 648	107
2015	16 947	9 206	950	-	1 949	1 759	4 547	7 741	132	757	4 593	2 102	157
2016	8 405	4 469	1 041	-	1 361	749	1 318	3 936	161	716	1 639	1 353	66

澳门地区陆路货柜货物毛重统计表

单位：公吨

年份	总数	进口				出口			
		小计	关闸	路氹城边检站	跨境工业区	小计	关闸	路氹城边检站	跨境工业区
2014	20 947	19 565	26	19 419	121	1 382	–	1 308	73
2015	16 717	14 183	–	14 091	93	2 534	–	2 376	158
2016	16 548	14 204	–	13 969	235	2 343	17	2 180	146
年份	总数	转口入境				转口出境			
		小计	关闸	路氹城边检站	跨境工业区	小计	关闸	路氹城边检站	跨境工业区
2014	7 772	5 339	–	1 029	4 310	2 433	679	1 648	107
2015	9 323	6 307	–	1 759	4 547	3 016	757	2 102	157
2016	4 202	2 067	–	749	1 318	2 135	716	1 353	66

澳门地区海路货柜货物毛重统计表

单位：公吨

年份	总数	进口			出口		
		小计	内港	九澳港	小计	内港	九澳港
2014	240 206	226 654	116 518	110 137	13 552	10 462	3 090
2015	244 536	228 556	95 699	132 857	15 980	7 612	8 367
2016	175 354	156 588	83 732	72 856	18 766	9 405	9 361
年份	总数	转口入境			转口出境		
		小计	内港	九澳港	小计	内港	九澳港
2014	6 218	2 933	1 026	1 906	3 285	179	3 106
2015	7 624	2 899	950	1 949	4 725	132	4 593
2016	4 203	2 402	1 041	1 361	1 801	161	1 639

澳门地区海路货柜总吞吐量统计表

单位：标准货柜单位

年份	总数	进口			出口		
		小计	内港	九澳港	小计	内港	九澳港
2014	139 470	87 545	65 133	22 412	51 925	30 825	21 100
2015	149 440	91 932	67 436	24 496	57 508	32 569	24 939
2016	129 335	80 922	63 369	17 553	48 413	29 850	18 563
年份	总数	转口入境			转口出境		
		小计	内港	九澳港	小计	内港	九澳港
2014	69	60	30	30	9 –	9	
2015	287	113	46	67	174	73	101
2016	82	52	15	37	30	3	27

澳门地区货柜流量统计表

单位：柜次

年份	总数	进口			出口		
		小计	海路	陆路	小计	海路	陆路
2014	100 662	62 707	60 336	2 371	37 955	35 982	1 973
2015	103 362	63 415	61 877	1 538	39 947	38 885	1 062
2016	91 860	56 954	54 884	2 070	34 906	34 106	800
年份	总数	转口入境			转口出境		
		小计	海路	陆路	小计	海路	陆路
2014	1 159	633	42	591	526	7	519
2015	1 736	1 091	62	1 029	645	103	542
2016	1 007	688	30	658	319	16	303

澳门地区按证件签发地及入境方式统计的旅客

单位：人次

证件签发地		经海路					经陆路					经空路			
		总数	同比（%）	外港客运码头	内港客运码头	氹仔临时客运码头	总数	同比（%）	关闸边检站	路氹城边检站	跨境工业区边检站	总数	同比（%）	机场	外港客运码头直升机坪
总数	2016	10 777 447	-5.6	6 536 508	12 111	4 228 828	17 759 572	3.2	15 477 100	2 263 777	18 695	2 413 317	15.5	2 404 699	8 618
	2015	11 413 908		6 992 837	322 177	4 098 894	17 210 946		15 176 480	2 009 551	24 915	2 089 774		2 076 926	12 848
中国内地	2016	3 665 351	-16.6	2 061 602	10 307	1 593 442	15 495 384	4.2	13 527 248	1 957 095	11 041	1 293 369	13.0	1 290 733	2 636
	2015	4 395 464		2 447 150	262 841	1 685 473	14 870 322		13 120 186	1 736 386	13 750	1 144 829		1 140 266	4 563
中国香港	2016	4 986 060	0.3	3 084 599	755	1 900 706	1 403 121	-8.5	1 272 426	123 634	7 061	30 658	6.2	27 684	2 974
	2015	4 971 874		3 128 340	18 935	1 824 599	1 533 796		1 404 386	119 392	10 018	28 873		24 669	4 204
中国台湾	2016	132 437	-11.5	75 538	421	56 478	376 395	7.4	259 932	116 061	402	565 693	15.9	565 539	154
	2015	149 625		80 732	21 266	47 627	350 519		247 778	101 915	826	487 915		487 740	175
菲律宾	2016	200 048	6.7	136 754	10	63 284	30 795	-5.2	29 820	965	10	56 182	-1.2	56 116	66
	2015	187 493		131 310	217	55 966	32 470		31 396	1 073	1	56 843		56 776	67
印度	2016	150 577	-2.1	81 978	3	68 596	10 262	8.3	9 106	1 156	-	4 439	1.9	4 394	45
	2015	153 746		92 743	215	60 788	9 477		8 786	691	-	4 355		4 303	52
印度尼西亚	2016	152 036	14.7	100 925	7	51 104	19 727	-5.5	18 512	1 213	2	10 704	7.8	10 656	48
	2015	132 544		92 079	50	40 415	20 878		19 754	1 114	10	9 931		9 853	78
日本	2016	218 542	-1.5	164 670	101	53 771	33 990	9.4	29 207	4 783	-	48 081	64.6	47 821	260
	2015	221 926		175 447	2 915	43 564	31 081		27 322	3 759	-	29 210		28 935	275
马来西亚	2016	109 818	-1.9	73 265	47	36 506	43 125	-9.4	37 179	5 933	13	69 866	0.5	69 765	101
	2015	111 937		81 556	1 412	28 969	47 613		41 820	5 721	72	69 552		69 456	96
韩国	2016	471 492	16.4	279 327	152	192 013	48 561	-6.9	37 801	10 760	-	142 268	46.6	142 044	224
	2015	405 012		266 395	4 380	134 237	52 147		42 602	9 534	11	97 018		96 750	268
新加坡	2016	83 360	-1.0	54 581	39	28 740	40 129	-7.4	35 378	4 745	6	32 274	3.1	32 170	104
	2015	84 168		61 446	586	22 136	43 357		38 311	5 032	14	31 289		31 176	113

续表 1

证件签发地		经海路					经陆路					经空路			
		总数	同比(%)	外港客运码头	内港客运码头	氹仔临时客运码头	总数	同比(%)	关闸边检站	路氹城边检站	跨境工业区边检站	总数	同比(%)	机场	外港客运码头直升机坪
泰国	2016	82 326	5.1	48 967	5	33 354	59 319	86.8	58 290	1 016	13	94 524	33.6	94 487	37
	2015	78 312		50 969	224	27 119	31 754		30 911	833	10	70 770		70 718	52
越南	2016	4 856	-42.6	2 576	-	2 280	5 044	-22.6	4 961	81	2	1 203	4.9	1 201	2
	2015	8 460		3 872	25	4 563	6 513		6 447	64	2	1 147		1 135	12
亚洲其他	2016	40 555	3.7	27 326	10	13 219	21 477	-9.1	20 012	1 465	-	8 519	14.6	8 033	486
	2015	39 111		28 525	99	10 487	23 640		22 273	1 366	1	7 436		6 801	635
巴西	2016	6 861	-5.3	5 141	6	1 714	2 409	40.7	1 988	421	-	704	36.7	687	17
	2015	7 244		5 646	119	1 479	1 712		1 414	297	1	515		507	8
加拿大	2016	38 029	-6.7	26 288	50	11 691	31 212	23.9	21 731	9 447	34	5 932	18.2	5 795	137
	2015	40 771		27 940	3 073	9 758	25 183		20 100	5 054	29	5 019		4 854	165
美国	2016	115 104	1.4	80 768	98	34 238	55 723	9.3	45 576	10 114	33	20 058	11.2	19 768	290
	2015	113 529		83 235	1 979	28 315	50 970		43 638	7 287	45	18 033		17 601	432
美洲其他	2016	11 868	-3.5	9 049	4	2 815	10 462	7.9	9 141	1 320	1	1 487	10.1	1 297	190
	2015	12 303		9 624	273	2 406	9 698		8 765	933	-	1 350		1 079	271
德国	2016	24 357	8.1	18 601	6	5 750	3 186	9.5	2 532	654	-	2 434	13.1	2 385	49
	2015	22 539		18 211	272	4 056	2 909		2 522	387	-	2 153		2 094	59
西班牙	2016	7 662	7.6	6 017	8	1 637	1 208	8.2	970	238	-	789	3.4	777	12
	2015	7 123		5 648	122	1 353	1 116		979	136	1	763		749	14
俄罗斯	2016	17 458	4.6	13 790	6	3 662	5 435	18.1	4 021	1 414	-	2 254	45.8	2 205	49
	2015	16 697		13 939	43	2 715	4 601		3 643	958	-	1 546		1 379	167
法国	2016	34 563	1.6	25 494	7	9 062	5 400	19.4	4 035	1 362	3	2 687	11.9	2 606	81
	2015	34 033		25 494	1 255	7 284	4 521		3 915	604	2	2 401		2 274	127
荷兰	2016	8 783	1.4	6 538	6	2 239	1 790	4.7	1 357	433	-	822	42.0	801	21
	2015	8 666		6 580	107	1 979	1 709		1 425	284	-	579		549	30

续表2

证件签发地		经海路					经陆路					经空路			
		总数	同比（%）	外港客运码头	内港客运码头	氹仔临时客运码头	总数	同比（%）	关闸边检站	路氹城边检站	跨境工业区边检站	总数	同比（%）	机场	外港客运码头直升机坪
意大利	2016	11 378	1.0	8 904	3	2 471	1 529	-0.5	1 196	307	26	895	1.1	860	35
	2015	11 264		9 065	86	2 113	1 537		1 300	203	34	885		837	48
葡萄牙	2016	11 025	2.1	9 106	-	1 919	2 856	10.2	2 611	239	6	1 743	-2.0	1 736	7
	2015	10 796		9 221	67	1 508	2 591		2 388	193	10	1 779		1 758	21
英国	2016	51 620	-0.7	34 445	14	17 161	6 184	27.2	4 626	1 557	1	3 497	10.9	3 380	117
	2015	51 973		35 807	311	15 855	4 860		4 051	799	10	3 152		2 997	155
瑞士	2016	6 576	2.5	5 106	1	1 469	595	42.3	429	166	-	548	0.6	522	26
	2015	6 414		5 305	16	1 093	418		373	45	-	545		509	36
欧洲其他	2016	41 987	8.6	31 092	9	10 886	8 855	16.9	7 369	1 464	22	4 317	11.4	4 111	206
	2015	38 660		29 587	379	8 694	7 578		6 574	969	35	3 876		3 582	294
澳洲	2016	71 165	0	48 594	23	22 548	16 974	8.1	12 737	4 233	4	5 147	-6.6	5 045	102
	2015	71 195		51 394	564	19 237	15 698		12 452	3 241	5	5 511		5 287	224
新西兰	2016	9 389	-3.1	6 466	9	2 914	3 528	17.1	2 655	859	14	814	-6.8	793	21
	2015	9 686		6 797	292	2 597	3 013		2 422	563	28	873		829	44
大洋洲其他	2016	790	4.9	647	2	141	479	5.5	415	64	-	103	-20.8	74	29
	2015	753		612	3	138	454		425	29	-	130		88	42
南非	2016	4 275	-7.2	2 985	1	1 289	608	-3.3	484	124	-	335	13.9	330	5
	2015	4 605		3 446	17	1 142	629		522	107	-	294		284	10
其他	2016	7 099	18.6	5 369	1	1 729	13 810	-24.0	13 355	454	1	971	-19.2	884	87
	2015	5 985		4 722	34	1 229	18 182		17 600	582	-	1 202		1 091	111

澳门地区按证件签发地统计之出境旅客

	2016 年		2015 年		同比（%）
	人次	占比（%）	人次	占比（%）	
总数	30 858 442	100.0	30 623 265	100.0	0.8
中国内地	20 391 897	66.1	20 353 116	66.5	0.2
中国香港	6 412 490	20.8	6 520 857	21.3	-1.7
中国台湾	1 070 888	3.5	985 789	3.2	8.6
菲律宾	278 878	0.9	270 328	0.9	3.2
印度	165 221	0.5	166 875	0.5	-1.0
印度尼西亚	180 578	0.6	162 226	0.5	11.3
日本	300 286	1.0	281 844	0.9	6.5
马来西亚	222 164	0.7	228 178	0.7	-2.6
韩国	661 199	2.1	553 639	1.8	19.4
新加坡	155 736	0.5	158 600	0.5	-1.8
泰国	235 766	0.8	180 152	0.6	30.9
越南	9 438	0	13 555	0	-30.4
亚洲其他	68 940	0.2	68 426	0.2	0.8
巴西	9 861	0	9 387	0	5.0
加拿大	75 010	0.2	70 838	0.2	5.9
美国	190 256	0.6	182 064	0.6	4.5
美洲其他	23 743	0.1	23 259	0.1	2.1
德国	29 963	0.1	27 549	0.1	8.8
西班牙	9 645	0	8 938	0	7.9
俄罗斯	24 928	0.1	22 709	0.1	9.8
法国	42 505	0.1	40 853	0.1	4.0
荷兰	11 378	0	10 939	0	4.0
意大利	13 793	0	13 625	0	1.2
葡萄牙	15 264	0	14 799	0	3.1
英国	61 010	0.2	59 724	0.2	2.2
瑞士	7 701	0	7 350	0	4.8
欧洲其他	54 779	0.2	49 844	0.2	9.9
澳洲	93 107	0.3	92 106	0.3	1.1
新西兰	13 681	0	13 533	0	1.1
大洋洲其他	1 365	0	1 339	0	1.9
南非	5 200	0	5 501	0	-5.5
其他	21 772	0.1	25 323	0.1	-14.0

澳门地区按贸易类别及运输方式统计之货值及毛重

单位：百万澳门元/公吨

贸易类别	2015 年				2016 年			
	总数	海运	陆运	空运	总数	海运	陆运	空运
出口	10 692.1	7 382.2	1 729.2	156.9	10 046.6	6 830.1	1 609.1	183.4
	414 802	195 753	42 305	629	418 450	209 005	33 116	801
本地产品出口	1 820.8	1 530.4	270.3	2.6	1 962.9	1 652.0	286.5	3.6
	149 402	144 628	4 754	18	171 995	166 832	5 105	56
再出口	8 871.2	5 851.8	1 459.0	154.3	8 083.8	5 178.0	1 322.6	179.8
	265 400	51 125	37 550	611	246 455	42 173	28 011	745
进口	84 663.2	73 078.1	6 053.5	1 784.5	71 351.6	60 141.1	5 824.1	1 679.0
	101 232 482	4 284 350	1 519 799	5 303	102 718 979	4 201 527	1 482 050	5 231
暂时出口	1 119.7	308.1	677.2	134.4	1 014.5	314.8	597.3	102.4
	934	184	606	144	930	313	600	17
再进口	1 114.9	467.6	619.7	27.6	596.7	200.1	393.0	3.5
	700	184	515	1	462	161	300	0
转运（进入）	11 371.5	5 378.3	3 932.2	2 061.0	11 253.0	5 257.2	4 323.4	1 672.3
	32 697	10 126	20 910	1 662	23 291	5 024	17 286	981
转运（离开）	11 371.5	2 441.8	8 172.9	756.8	11 253.0	2 079.9	7 730.5	1 442.6
	32 697	9 342	14 538	8 817	23 291	3 437	8 134	11 721

第五篇

口岸相关法规

中华人民共和国国务院

国务院关于促进外贸回稳向好的若干意见

国发〔2016〕27 号

各省、自治区、直辖市人民政府，国务院各部委、各直属机构：

外贸是国民经济重要组成部分和重要推动力量。当前，外贸形势复杂严峻，不确定不稳定因素增多，下行压力不断加大。促进外贸回稳向好，对经济平稳运行和升级发展具有重要意义。为此，提出以下意见：

一、充分发挥出口信用保险作用

进一步降低短期出口信用保险费率。对大型成套设备出口融资应保尽保，在风险可控的前提下，抓紧评估和支持一批中长期险项目。

二、大力支持外贸企业融资

通过差别准备金、利率、再贷款、再贴现等政策，引导金融机构加大对小微企业的支持力度。鼓励和支持金融机构对有订单、有效益的外贸企业贷款。加强银贸合作，鼓励和支持金融机构进一步扩大出口信用保险保单融资和出口退税账户质押融资规模。

三、进一步提高贸易便利化水平

积极改善通关便利化的技术条件，提高机检比例，进一步降低海关出口平均查验率，加强分类指导，对信用好的出口企业降低查验率，对信用差的出口企业加大查验力度。2016 年年底前将国际贸易“单一窗口”建设从沿海地区推广到有条件的中西部地区，建立标准体系，落实主体责任。全面推进通关作业无纸化。

四、调整完善出口退税政策

优化出口退税率结构，对照相机、摄影机、内燃发动机等部分机电产品按征多少退多少的原则退税，确保及时足额退税，严厉打击骗取退税。完善出口退税分类管理办法，逐步提高出口退税一类企业比例，发挥好一类企业的示范带动作用。

五、减免规范部分涉企收费

落实收费目录清单制度和《港口收费计费办法》，加快推进市场化改革，着重打破垄断，加强和创新收费监管，建立打击违规收费机制。加大对电子政务平台收费查处力度，对海关、出入境检验检疫、税务、商务等部门电子政务平台开展全面检查。合理规范港口、保险、运输、银行等收费，支持实体经济发展。加快将货物港务费并入港口建设费。电器电子产品出口符合政策条件的，可按规定免征废弃电器电子产品处理基金。

六、进一步完善加工贸易政策

综合运用财政、土地、金融政策，支持加工贸易向中西部地区转移。中西部地区要加大加工贸易产业用地保障力度，优先纳入供地计划并优先供应，东部地区加工贸易梯度转移腾退用地经批准可转变为商业、旅游、养老等用途。加工贸易企业依法取得的工业用地可按合同约定分期缴纳土地出让价款，对各省（区、市）确定的优先发展产业且用地集约的工业项目可按不低于相关标准的 70% 确定土地出让底价。鼓励转移到中西部地区的加工贸易企业参与电力直接交易。抓紧做好阶段性降低社会保险费率政策落实工作。优化财政支出结构，支持中西部地区加工贸易发展。鼓励金融机构为加工贸易梯度转移项目提供金融支持。

在全国范围内取消加工贸易业务审批，建立健全事中事后监管机制。在符合条件的海关特殊监管区域积极探索货物状态分类监管试点，在税负公平、风险可控的前提下，赋予具备条件的企业增值税一般纳税人资格。在自贸试验区的海关特殊监管区域积极推进选择性征收关税政策先行先试，及时总结评估，在公平税负原则下适时研究扩大试点。

七、支持边境贸易发展

将边贸政策与扶贫政策、民族政策相结合。加大中央财政对边境地区转移支付力度，继续支持边境小额贸易企业发展能力建设，并督促地方规范资金使用，确保将资金落实到基层一线地区，大力促进边境小额贸易企业发展。

八、实行积极的进口政策

完善进口贴息政策，调整《鼓励进口技术和产品目录》，重点支持先进设备、先进技术进口，鼓励企业引进消化吸收再创新。完善现行汽车品牌销售管理办法，切实推进汽车平行进口。赋予符合条件的原油加工企业原油使用和进口资质。降低部分日用消费品关税，引导境外消费回流。

九、加大对外贸新业态的支持力度

开展并扩大跨境电子商务、市场采购贸易方式和外贸综合服务企业试点。支持企业建设一批出口产品“海外仓”和海外运营中心。总结中国（杭州）跨境电子商务综合试验区和市场采购贸易方式的经验，扩大试点范围，对试点地区符合监管条件的出口企业，如不能提供进项税发票，按规定实行增值税免征不退政策，并在发展中逐步规范和完善。加快建立与外贸综合服务企业发展相适应的管理模式，抓紧完善外贸综合服务企业退（免）税分类管理办法。

十、加快国际营销服务体系建设

支持企业建立国际营销网络体系，建设一批境外展示中心、分拨中心、批发市场和零售网点等。鼓励企业建立境外服务保障体系，支持重点企业建设汽车、机床、工程机械、通信、轨道交通、航空、船舶和海洋工程等境外售后维修服务中心及备件生产基地和培训中心。鼓励中国出口信用保险公司、进出口银行、开发银行对企业建设国际营销和售后服务网络提供信保和融资支持。鼓励各类金融机构与企业合作，在重点市场为国际营销服务体系建设提供融资和消费信贷支持。

十一、加快培育外贸自主品牌

鼓励外贸企业创立自主品牌，提升出口质量。建立品牌商品出口统计制度。提高非商业性境外办展质量，培育一批重点行业专业性境外品牌展。加强自主品牌对外宣传，利用高层访问、国际会议、广交会等多渠道加大中国品牌推介力度。利用外经贸发展等专项资金支持品牌、专利等方面境外并购和国际营销体系建设。在风险可控前提下对外贸企业收购境外品牌、营销体系等加大信贷支持。

十二、发挥双向投资对贸易的促进作用

提高国家级经济技术开发区和各类园区的发展水平，加大招商引资力度，稳定外商投资规模和速度，提高引进外资质量。积极引导外资投向新兴产业、高新技术、节能环保等领域。进一步改善投资环境，大力引进国际人才，推动中关村国家自主创新示范区有关人才政策尽快在全国复制推广。促进引资和引智相结合，培育新的外贸经营主体。推动对外投资合作和贸易相结合。大力推进“一带一路”建设和国际产能合作，带动我国产品、技术、标准、服务出口。加大磋商协调力度，推动解决企业“走出去”面临的签证申办难点和普遍性问题。

十三、加强外贸知识产权保护

持续开展外贸领域打击侵权假冒专项行动，依法打击有关违法行为。支持企业开展商标、专利注册保护，加强境外知识产权争端解决和维权援助机制建设。健全多双边知识产权交流和执法协作机制，切实支持进出口企业应对境外知识产权纠纷，有效遏止境外恶意注册、恶意诉讼等行为。加强指导和帮助，提高外贸企业防范和应对国际技术性贸易壁垒的能力和水平。加强外贸领域诚信体系建设，探索建立外贸企业信用评价体系。

十四、加强组织实施

各地区、各部门要进一步提高认识，更加重视外贸工作，加强协调，形成合力。要加大政策落实力度，早部署、早落实，加强督促检查。各地区要提高政策的精准度，借鉴有益经验做法，根据形势需要和本地区实际，出台有针对性的配套措施。各部门要明确责任分工，抓紧制定实施细则。要多措并举，促进外贸创新发展，千方百计稳增长，坚定不移调结构，努力实现外贸回稳向好。

国务院

2016 年 5 月 5 日

国务院关于做好自由贸易试验区新一批改革试点经验复制推广工作的通知

国发〔2016〕63 号

各省、自治区、直辖市人民政府，国务院各部委、各直属机构：

设立自由贸易试验区（以下简称自贸试验区）是党中央、国务院在新形势下作出的重大决策。2015 年 4 月，中国（广东）自由贸易试验区、中国（天津）

自由贸易试验区、中国（福建）自由贸易试验区以及中国（上海）自由贸易试验区扩展区域运行。1年多来，4省市和有关部门按照党中央、国务院部署，以制度创新为核心，简政放权、放管结合、优化服务，推动自贸试验区在投资、贸易、金融、事中事后监管等多个方面进行了大胆探索，形成了新一批改革创新成果。经党中央、国务院批准，自贸试验区可复制、可推广的新一批改革试点经验将在全国范围内复制推广。现就有关事项通知如下：

一、复制推广的主要内容

（一）在全国范围内复制推广的改革事项

1. 投资管理领域："负面清单以外领域外商投资企业设立及变更审批改革""税控发票领用网上申请""企业简易注销"3项。

2. 贸易便利化领域："依托电子口岸公共平台建设国际贸易单一窗口，推进单一窗口免费申报机制""国际海关经认证的经营者（AEO）互认制度""出境加工监管""企业协调员制度""原产地签证管理改革创新""国际航行船舶检疫监管新模式""免除低风险动植物检疫证书清单制度"7项。

3. 事中事后监管措施："引入中介机构开展保税核查、核销和企业稽查""海关企业进出口信用信息公示制度"2项。

（二）在海关特殊监管区域复制推广的改革事项

包括"入境维修产品监管新模式""一次备案，多次使用""委内加工监管""仓储货物按状态分类监管""大宗商品现货保税交易""保税展示交易货物分线监管、预检验和登记核销管理模式""海关特殊监管区域间保税货物流转监管模式"7项。

二、高度重视推广工作

各地区、各部门要深刻认识复制推广自贸试验区改革试点经验的重大意义，将复制推广工作作为贯彻落实创新、协调、绿色、开放、共享的发展理念，推进供给侧结构性改革的重要举措，积极转变政府管理理念，提高政府管理水平，着力推动制度创新，深入推进简政放权、放管结合、优化服务改革，逐步构建与我国开放型经济发展要求相适应的新体制、新模式，持续释放改革红利，增强发展新动能、拓展发展新空间。

三、切实做好组织实施

各省（区、市）人民政府要将自贸试验区改革试点经验复制推广工作列为本地区重点工作，完善领导机制和复制推广工作机制，积极创造条件、扎实推进，确保改革试点经验落地生根，产生实效。国务院各有关部门要按照规定时限完成复制推广工作，需报国务院批准的事项要按程序报批，需调整有关行政法规、国务院文件和部门规章规定的，要按法定程序办理。国务院自由贸易试验区工作部际联席会议办公室要适时督促检查改革试点经验复制推广工作进展情况及其效果。复制推广工作中遇到的重大问题，要及时向国务院报告。

附件：自由贸易试验区改革试点经验复制推广工作任务分工表

国务院

2016年11月2日

附件

自由贸易试验区改革试点经验复制推广工作任务分工表

序号	改革事项	负责部门	推广范围	时限
1	负面清单以外领域外商投资企业设立及变更审批改革	商务部	全国	2016年11月30日前
2	依托电子口岸公共平台建设国际贸易单一窗口，推进单一窗口免费申报机制	海关总署	全国	
3	国际海关经认证的经营者（AEO）互认制度	海关总署	全国	
4	出境加工监管	海关总署	全国	
5	企业协调员制度	海关总署	全国	
6	引入中介机构开展保税核查、核销和企业稽查	海关总署	全国	

续表

序号	改革事项	负责部门	推广范围	时限
7	海关企业进出口信用信息公示制度	海关总署	全国	2016年 11月30日前
8	税控发票领用网上申请	税务总局	全国	
9	企业简易注销	工商总局	全国	
10	原产地签证管理改革创新	质检总局 海关总署	全国	
11	国际航行船舶检疫监管新模式	质检总局	全国	
12	免除低风险动植物检疫证书清单制度	质检总局	全国	
13	入境维修产品监管新模式	商务部 海关总署 质检总局 环境保护部	全国海关特殊监管区域	
14	一次备案，多次使用	海关总署	全国海关特殊监管区域	
15	委内加工监管	海关总署	全国海关特殊监管区域	
16	仓储货物按状态分类监管	海关总署	全国海关特殊监管区域	
17	大宗商品现货保税交易	海关总署	全国海关特殊监管区域	
18	保税展示交易货物分线监管、预检验和登记核销管理模式	质检总局	全国海关特殊监管区域	
19	海关特殊监管区域间保税货物流转监管模式	海关总署	实行通关一体化的海关特殊监管区域	

国务院关于同意在天津等12个城市设立跨境电子商务综合试验区的批复

国函〔2016〕17号

天津市、辽宁省、上海市、江苏省、浙江省、安徽省、山东省、河南省、广东省、重庆市、四川省人民政府，商务部：

你们关于设立跨境电子商务综合试验区的请示收悉。现批复如下：

一、同意在天津市、上海市、重庆市、合肥市、郑州市、广州市、成都市、大连市、宁波市、青岛市、深圳市、苏州市等12个城市设立跨境电子商务综合试验区，名称分别为中国（城市名）跨境电子商务综合试验区，具体实施方案由城市所在地省级人民政府分别负责印发。

二、跨境电子商务综合试验区（以下简称综合试验区）建设要全面贯彻党的十八大和十八届二中、三中、四中、五中全会精神，认真落实党中央、国务院决策部署，按照“四个全面”战略布局要求，牢固树立并贯彻落实创新、协调、绿色、开放、共享的发展理念，以深化改革、扩大开放为动力，借鉴中国（杭州）跨境电子商务综合试验区建设“六大体系”“两个平台”的经验和做法，因地制宜，突出本地特色和优势，着力在跨境电子商务企业对企业（B2B）方式相关环节的技术标准、业务流程、监管模式和信息化建设等方面先行先试，为推动全国跨境电子商务健康发展创造更多可复制推广的经验，以更加便捷高效的新模式释放市场活力，吸引大中小企业集聚，促进新业态成长，推动大众创业万众创新，增加就业，支撑外贸优进优出、升级发展。

三、有关部门和省、直辖市人民政府要努力适应新型商业模式发展的要求，坚持深化简政放权、放管结合、优化服务等改革，大力支持综合试验区大胆探索、创新发展，同时控制好试点试验的风险。要在保障国家安全、网络安全、交易安全、国门生物安全、进出口商品质量安全和有效防范交易风险的基础上，坚持在发展中规范、在规范中发展，为综合试验区各类市场主体公平参与市场竞争创造良好的营商环境。试点工作要循序渐进，适时调整。

四、有关省、直辖市人民政府要切实加强对综合试验区建设的组织领导，健全机制、明确分工、落实责任，有力有序有效推进综合试验区建设发展。要在商务部等部门的指导下，尽快修改完善具体实施方案并抓好组织实施。要进一步细化先行先试任务，突出重点，创新驱动，充分发挥市场配置资源的决定性作用，有效引导社会资源，合理配置公共资源，扎实推进综合试验区建设。要建立健全跨境电子商务信息化管理机制，根据有关部门的管理需要，及时提供相关电子信息。各综合试验区建设涉及的重要政策和重大建设项目要按规定程序报批。

五、国务院有关部门要按照职能分工，加强指导和服务。要加强部门之间的沟通协作和相关政策衔接，深入调查研究，及时总结经验，指导和帮助地方政府切实解决综合试验区建设发展中遇到的困难和问题，进一步为综合试验区发展营造良好的环境。商务部要加强综合协调、跟踪分析和督促检查，适时对各综合试验区试点成果进行评估，重大问题和情况及时报告国务院。

国务院

2016 年 1 月 12 日

国务院关于同意建立国务院贸易便利化工作部际联席会议制度的批复

国函〔2016〕59 号

商务部：

你部关于建立国务院贸易便利化工作部际联席会议制度的请示收悉。现批复如下：

同意建立由国务院领导同志牵头负责的国务院贸易便利化工作部际联席会议制度。联席会议不刻制印章，不正式行文，请按照国务院有关文件精神认真组织开展工作。

附件：国务院贸易便利化工作部际联席会议制度

国务院

2016 年 3 月 27 日

附件

国务院贸易便利化工作部际联席会议制度

为实施世界贸易组织《贸易便利化协定》（以下简称《协定》），提升我国贸易便利化水平，培育我国外贸竞争新优势，推动我国外贸持续、稳定和健康发展，经国务院同意，建立贸易便利化工作部际联席会议（以下简称联席会议）制度。《协定》生效后，联席会议对外名称为中国国家贸易便利化委员会。

一、主要职能

在国务院领导下，研究部署、统筹指导贸易便利化工作。围绕《协定》实施开展工作，加强对我国贸易便利化工作的宏观指导，研究确定提高我国贸易便利化水平的政策举措，协调各部门的贸易便利化政策；对《协定》实施提供工作指导，协调解决实施中遇到的重大问题；对实施情况进行监督，及时总结实施的成功典型经验并推广；统筹贸易便利化领域的对外交流与国际合作；完成国务院交办的其他事项。

二、成员单位

联席会议由商务部、发展改革委、公安部、财政部、环境保护部、交通运输部、农业部、人民银行、海关总署、税务总局、质检总局、食品药品监管总局、林业局、法制办、邮政局、外汇局等16个部门和单位组成，商务部为牵头单位。国务院分管贸易便利化工作的领导同志担任联席会议召集人，商务部、海关总署、质检总局主要负责同志和国务院分管副秘书长担任副召集人，其他成员单位有关负责同志为联席会议成员（名单附后）。根据工作需要，联席会议可邀请其他相关部门参加。联席会议成员因工作变动需要调整的，由所在单位提出，联席会议确定。联席会议办公室设在商务部，承担联席会议日常工作，商务部分管负责同志兼任办公室主任。联席会议设联络员，由各成员单位有关司局负责同志担任。

三、工作规则

联席会议根据工作需要定期或不定期召开会议，由召集人或召集人委托的副召集人主持。成员单位根据工作需要可以提出召开会议的建议。在全体会议之前，召开联络员会议，研究讨论联席会议议题和需提交联席会议议定的事项及其他有关事项。联席会议以纪要形式明确议定事项，印发有关方面并抄报国务院，重大事项按程序报批。

四、工作要求

各成员单位要按照职责分工，深入研究贸易便利化工作推进中特别是《协定》实施中的重大问题，制订相关配套政策措施或提出政策措施建议。认真落实联席会议确定的工作任务和议定事项。加强沟通，密切配合，相互支持，形成合力，充分发挥联席会议作用，共同推进贸易便利化工作，积极营造便利外贸发展的政策环境。联席会议办公室要及时向各成员单位通报情况。

国务院贸易便利化工作部际联席会议成员名单

召集人：	汪　洋	国务院副总理
副召集人：	高虎城	商务部部长
	于广洲	海关总署署长
	支树平	国家质检总局局长
	江泽林	国务院副秘书长
成　员：	钟　山	商务部国际贸易谈判代表兼副部长
	王晓涛	发展改革委副主任
	刘跃进	公安部反恐专员
	朱光耀	财政部副部长
	翟　青	环境保护部副部长
	刘小明	交通运输部党组成员
	屈冬玉	农业部副部长
	范一飞	人民银行副行长
	孙毅彪	海关总署副署长
	汪　康	税务总局副局长
	孙大伟	质检总局副局长
	焦　红	食品药品监管总局副局长
	谭光明	林业局党组成员
	甘藏春	法制办副主任
	刘　君	邮政局副局长
	邓先宏	外汇局副局长

中华人民共和国交通运输部

中华人民共和国交通运输部令 2016 年第 38 号

《交通运输部关于修改〈定期国际航空运输管理规定〉、〈民用航空国内航线经营许可规定〉和〈公共航空运输企业经营许可规定〉的决定》已于 2016 年 4 月 7 日经第 7 次部务会议通过，现予公布，自 2016 年 5 月 14 日起施行。

部长

2016 年 4 月 13 日

交通运输部关于修改《定期国际航空运输管理规定》、《民用航空国内航线经营许可规定》和《公共航空运输企业经营许可规定》的决定

交通运输部决定对《定期国际航空运输管理规定》（民航总局令第 36 号）、《公共航空运输企业经营许可规定》（民航总局令第 138 号）及《民用航空国内航线经营许可规定》（民航总局令第 160 号）作如下修改：

一、《定期国际航空运输管理规定》作如下修改：

将第三条修改为：

"第三条　申请国际航班经营范围的空运企业，应当具备以下条件：

1. 经营定期旅客、行李、货物、邮件的国内航空运输，年旅客运输量达到 150 万人次或 1 亿 5 千万吨公里；

2. 具有良好的飞行安全记录；

3. 具有与经营国际航班相适应的民用航空器及其附属设施；

4. 具有与经营国际航班相适应的专业人员和主要管理人员；

5. 有相应的经营国际航班的管理制度；

6. 增加必要的资产，足以承担国际航班经营中的民事责任。亏损的空运企业不能申请经营国际航班；

7. 中国民用航空局规定的其他条件。"

二、《公共航空运输企业经营许可规定》作如下修改：

1. 将第三十一条修改为：

"第三十一条　公共航空运输企业申请扩大经营许可证所载明的经营范围，应当向民航局提交下列文件、资料：

（一）申请报告；

（二）企业所在地民航地区管理局出具的初审意见；

（三）经营许可证复印件；

（四）法人营业执照复印件；

（五）民航局规定的其他文件、资料。"

2. 将第五十四条修改为：

"第五十四条　具有独立法人资格的公共航空运输企业不得共用企业名称、字号、二三字代码、客票、货运单、经营范围。但是公共航空运输企业与其绝对控股的公共航空运输企业签署商务合作协议并报民航局备案后，可以共用二三字代码，并应履行告知义务，保障消费者的合法权益。

未履行法定手续，公共航空运输企业之间不得共用服务标志。"

3. 将第六十五条修改为：

"第六十五条　公共航空运输企业违反本规定第五十三条的规定，未经批准实施联合、兼并、收购、变更投资人的，限期改正，给予警告。逾期不改正的，处以一万元以上三万元以下的罚款；情节严重的，吊销经营许可证。

公共航空运输企业违反本规定第五十四条的规定，

共用企业名称、字号、二三字代码、客票、货运单、经营范围，或者未经备案商务合作协议共用二三字代码，或者共用二三字代码未履行告知义务，或者未履行法定手续使用其他企业的服务标志的，限期改正，并可以根据情节单处或者并处警告、没收违法所得、处以违法所得一倍以上十倍以下的罚款，没有违法所得的，处以五十万元以下的罚款；情节严重的，责令停业整顿、吊销经营许可证。”

三、《民用航空国内航线经营许可规定》作如下修改：

将第十七条增加一款作为第二款：

“核准经营许可航线在运营中因航空安全原因出现异议的，航线许可申请人和利害关系人应当按程序向颁发《国内航线经营许可核准书》的民航行政机关提出，民航行政机关经重新评审后作出核准决定。”

本决定自2016年5月14日起施行。

中华人民共和国商务部

中华人民共和国商务部令
2016年第3号

《外商投资企业设立及变更备案管理暂行办法》已经商务部第83次部务会议审议通过，现予发布，自公布之日起施行。

部长

2016年10月8日

外商投资企业设立及变更备案管理暂行办法

第一章　总　则

第一条　为进一步扩大对外开放，推进外商投资管理体制改革，完善法治化、国际化、便利化的营商环境，根据《中华人民共和国中外合资经营企业法》《中华人民共和国中外合作经营企业法》《中华人民共和国外资企业法》《中华人民共和国公司法》及相关法律、行政法规及国务院决定，制定本办法。

第二条　外商投资企业的设立及变更，不涉及国家规定实施准入特别管理措施的，适用本办法。

第三条　国务院商务主管部门负责统筹和指导全国范围内外商投资企业设立及变更的备案管理工作。

各省、自治区、直辖市、计划单列市、新疆生产建设兵团、副省级城市的商务主管部门，以及自由贸易试验区、国家级经济技术开发区的相关机构是外商投资企业设立及变更的备案机构，负责本区域内外商投资企业设立及变更的备案管理工作。

备案机构通过外商投资综合管理信息系统（以下简称综合管理系统）开展备案工作。

第四条　外商投资企业或其投资者应当依照本办法真实、准确、完整地提供备案信息，填写备案申报承诺书，不得有虚假记载、误导性陈述或重大遗漏。外商投资企业或其投资者应妥善保存与已提交备案信息相关的证明材料。

第二章　备案程序

第五条　设立外商投资企业，属于本办法规定的备案范围的，在取得企业名称预核准后，应由全体投资者（或外商投资股份有限公司的全体发起人，以下简称全体发起人）指定的代表或共同委托的代理人在营业执照签发前，或由外商投资企业指定的代表或委托的代理人在营业执照签发后30日内，通过综合管理系统，在线填报和提交“外商投资企业设立备案申报表”（以下简称“设立申报表”）及相关文件，办理设立备案手续。

第六条　属于本办法规定的备案范围的外商投资企业，发生以下变更事项的，应由外商投资企业指定的代表或委托的代理人在变更事项发生后30日内通过综合管理系统在线填报和提交“外商投资企业变更备案申报表”（以下简称“变更申报表”）及相关文件，办理变更备案手续：

（一）外商投资企业基本信息变更，包括名称、注册地址、企业类型、经营期限、投资行业、业务类型、经营范围、是否属于国家规定的进口设备减免税范围、注册资本、投资总额、组织机构构成、法定代表人、外商投资企业最终实际控制人信息、联系人及联系方式变更；

（二）外商投资企业投资者基本信息变更，包括姓名（名称）、国籍/地区或地址（注册地或注册地址）、证照类型及号码、认缴出资额、出资方式、出资期限、资金来源地、投资者类型变更；

（三）股权（股份）、合作权益变更；

（四）合并、分立、终止；

（五）外资企业财产权益对外抵押转让；

（六）中外合作企业外国合作者先行回收投资；

（七）中外合作企业委托经营管理。

其中，合并、分立、减资等事项依照相关法律法规规定应当公告的，应当在办理变更备案时说明依法办理公告手续情况。

前述变更事项涉及最高权力机构作出决议的，以外商投资企业最高权力机构作出决议的时间为变更事项的发生时间；法律法规对外商投资企业变更事项的生效条件另有要求的，以满足相应要求的时间为变更事项的发生时间。

外商投资的上市公司及在全国中小企业股份转让系统挂牌的公司，可仅在外国投资者持股比例变化累计超过5%及控股或相对控股地位发生变化时，就投资者基本信息或股份变更事项办理备案手续。

第七条 外商投资企业或其投资者办理外商投资企业设立或变更备案手续，需通过综合管理系统上传提交以下文件：

（一）外商投资企业名称预先核准材料或外商投资企业营业执照；

（二）外商投资企业全体投资者（或全体发起人）或其授权代表签署的“外商投资企业设立备案申报承诺书”，或外商投资企业法定代表人或其授权代表签署的“外商投资企业变更备案申报承诺书”；

（三）全体投资者（或全体发起人）或外商投资企业指定代表或者共同委托代理人的证明，包括授权委托书及被委托人的身份证明；

（四）外商投资企业投资者或法定代表人委托他人签署相关文件的证明，包括授权委托书及被委托人的身份证明（未委托他人签署相关文件的，无需提供）；

（五）投资者主体资格证明或自然人身份证明（变更事项不涉及投资者基本信息变更的，无需提供）；

（六）法定代表人自然人身份证明（变更事项不涉及法定代表人变更的，无需提供）。

前述文件原件为外文的，应同时上传提交中文翻译件，外商投资企业或其投资者应确保中文翻译件内容与外文原件内容保持一致。

第八条 外商投资企业的投资者在营业执照签发前已提交备案信息的，如投资的实际情况发生变化，应在营业执照签发后30日内向备案机构就变化情况履行变更备案手续。

第九条 经审批设立的外商投资企业发生变更，且变更后的外商投资企业不涉及国家规定实施准入特别管理措施的，应办理备案手续；完成备案的，其“外商投资企业批准证书”同时失效。

第十条 备案管理的外商投资企业发生的变更事项涉及国家规定实施准入特别管理措施的，应按照外商投资相关法律法规办理审批手续。

第十一条 外商投资企业或其投资者在线提交“设立申报表”或“变更申报表”及相关文件后，备案机构对填报信息形式上的完整性和准确性进行核对，并对申报事项是否属于备案范围进行甄别。属于本办法规定的备案范围的，备案机构应在3个工作日内完成备案。不属于备案范围的，备案机构应在3个工作日内在线通知外商投资企业或其投资者按有关规定办理，并通知相关部门依法处理。

备案机构发现外商投资企业或其投资者填报的信息形式上不完整、不准确，或需要其对经营范围作出进一步说明的，应一次性在线告知其在15个工作日内在线补充提交相关信息。提交补充信息的时间不计入备案机构的备案时限。如外商投资企业或其投资者未能在15个工作日内补齐相关信息，备案机构将在线告知外商投资企业或其投资者未完成备案。外商投资企业或其投资者可就同一设立或变更事项另行提出备案申请，已实施该设立或变更事项的，应于5个工作日内另行提出。

备案机构应通过综合管理系统发布备案结果，外商投资企业或其投资者可在综合管理系统中查询备案结果信息。

第十二条 备案完成后，外商投资企业或其投资者可凭外商投资企业名称预核准材料（复印件）或外商投资企业营业执照（复印件）向备案机构领取“外商投资企业设立备案回执”或“外商投资企业变更备案回执”（以下简称“备案回执”）。

第十三条 备案机构出具的“备案回执”载明如下内容：

（一）外商投资企业或其投资者已提交设立或变更备案申报材料，且符合形式要求；

（二）备案的外商投资企业设立或变更事项；

（三）该外商投资企业设立或变更事项属于备案范围；

（四）是否属于国家规定的进口设备减免税范围。

第三章 监督管理

第十四条 商务主管部门对外商投资企业及其投资者遵守本办法情况实施监督检查。

商务主管部门可采取抽查，根据举报进行检查，根据有关部门或司法机关的建议和反映的情况进行检查，以及依职权启动检查等方式开展监督检查。

商务主管部门与公安、国有资产、海关、税务、工商、证券、外汇等有关行政管理部门应密切协同配合，加强信息共享。商务主管部门在监督检查的过程中发现外商投资企业或其投资者有不属于本部门管理职责的违法违规行为，应及时通报有关部门。

第十五条 商务主管部门应当按照公平规范的要求，根据外商投资企业的备案编号等随机抽取确定检查对象，随机选派检查人员，对外商投资企业及其投资者进行监督检查。抽查结果由商务主管部门通过商务部外商投资信息公示平台予以公示。

第十六条 公民、法人或其他组织发现外商投资企业或其投资者存在违反本办法的行为的，可以向商务主管部门举报。举报采取书面形式，有明确的被举报人，并提供相关事实和证据的，商务主管部门接到举报后应当进行必要的检查。

第十七条 其他有关部门或司法机关在履行其职责的过程中，发现外商投资企业或其投资者有违反本办法的行为的，可以向商务主管部门提出监督检查的建议，商务主管部门接到相关建议后应当及时进行检查。

第十八条 对于未按本办法的规定进行备案，或曾有备案不实、对监督检查不予配合、拒不履行商务主管部门作出的行政处罚决定记录的外商投资企业或其投资者，商务主管部门可依职权对其启动检查。

第十九条 商务主管部门对外商投资企业及其投资者进行监督检查的内容包括：

（一）是否按照本办法规定履行备案手续；

（二）外商投资企业或其投资者所填报的备案信息是否真实、准确、完整；

（三）是否在国家规定实施准入特别管理措施中所列的禁止投资领域开展投资经营活动；

（四）是否未经审批在国家规定实施准入特别管理措施中所列的限制投资领域开展投资经营活动；

（五）是否存在触发国家安全审查的情形；

（六）是否伪造、变造、出租、出借、转让“备案回执”；

（七）是否履行商务主管部门作出的行政处罚决定。

第二十条 检查时，商务主管部门可以依法查阅或者要求被检查人提供有关材料，被检查人应当如实提供。

第二十一条 商务主管部门实施检查不得妨碍被检查人正常的生产经营活动，不得接受被检查人提供的财物或者服务，不得谋取其他非法利益。

第二十二条 商务主管部门和其他主管部门在监督检查中掌握的反映外商投资企业或其投资者诚信状况的信息，应记入商务部外商投资诚信档案系统。其中，对于未按本办法规定进行备案，备案不实，伪造、变造、出租、出借、转让“备案回执”，对监督检查不予配合或拒不履行商务主管部门作出的行政处罚决定的，商务主管部门应将相关诚信信息通过商务部外商投资信息公示平台予以公示。

商务部与相关部门共享外商投资企业及其投资者的诚信信息。

商务主管部门依据前二款公示或者共享的诚信信息不得含有外商投资企业或其投资者的个人隐私、商业秘密，或国家秘密。

第二十三条 外商投资企业及其投资者可以查询商务部外商投资诚信档案系统中的自身诚信信息，如认为有关信息记录不完整或者有错误的，可以提供相关证明材料并向商务主管部门申请修正。经核查属实的，予以修正。

对于违反本办法而产生的不诚信记录，在外商投资企业或其投资者改正违法行为、履行相关义务后3年内未再发生违反本办法行为的，商务主管部门应移除该不诚信记录。

第四章 法律责任

第二十四条 外商投资企业或其投资者违反本办法的规定，未能按期履行备案义务，或在进行备案时存在重大遗漏的，商务主管部门应责令限期改正；逾期不改正，或情节严重的，处3万元以下罚款。

外商投资企业或其投资者违反本办法的规定，逃避履行备案义务，在进行备案时隐瞒真实情况、提供误导性或虚假信息，或伪造、变造、出租、出借、转让“备案回执”的，商务主管部门应责令限期改正，并处3万元以下罚款。违反其他法律法规的，由有关部门追究相应法律责任。

第二十五条 外商投资企业或其投资者未经审批在国家规定实施准入特别管理措施所列的限制投资领域开展投资经营活动的，商务主管部门应责令限期改正，并处3万元以下罚款。违反其他法律法规的，由有关部门追究相应法律责任。

第二十六条 外商投资企业或其投资者在国家规定实施准入特别管理措施所列的禁止投资领域开展投资经营活动的，商务主管部门应责令限期改正，并处3万元以下罚款。违反其他法律法规的，由有关部门追究相应法律责任。

第二十七条 外商投资企业或其投资者逃避、拒绝或以其他方式阻挠商务主管部门监督检查的，由商务主管部门责令改正，可处1万元以下的罚款。

第二十八条 有关工作人员在备案或监督管理的过程中滥用职权、玩忽职守、徇私舞弊、索贿受贿的，依法给予行政处分；构成犯罪的，依法追究刑事责任。

第五章 附 则

第二十九条 本办法实施前商务主管部门已受理的外商投资企业设立及变更事项，未完成审批且属于备案范围的，审批程序终止，外商投资企业或其投资者应按照本办法办理备案手续。

第三十条 外商投资事项涉及反垄断审查的，按相关规定办理。

第三十一条 外商投资事项涉及国家安全审查的，按相关规定办理。备案机构在办理备案手续或监督检查时认为该外商投资事项可能属于国家安全审查范围，而外商投资企业的投资者未向商务部提出国家安全审查申请的，备案机构应及时告知投资者向商务部提出安全审查申请，并暂停办理相关手续，同时将有关情况报商务部。

第三十二条 投资类外商投资企业（包括投资性公司、创业投资企业）视同外国投资者，适用本办法。

第三十三条 香港特别行政区、澳门特别行政区、台湾地区投资者投资不涉及国家规定实施准入特别管理措施的，参照本办法办理。

第三十四条 香港服务提供者在内地仅投资《〈内地与香港关于建立更紧密经贸关系的安排〉服务贸易协议》对香港开放的服务贸易领域，澳门服务提供者在内地仅投资《〈内地与澳门关于建立更紧密经贸关系的安排〉服务贸易协议》对澳门开放的服务贸易领域，其公司设立及变更的备案按照《港澳服务提供者在内地投资备案管理办法（试行）》办理。

第三十五条 商务部于本办法生效前发布的部门规章及相关文件与本办法不一致的，适用本办法。

第三十六条 自由贸易试验区、国家级经济技术开发区的相关机构依据本办法第三章和第四章，对本区域内的外商投资企业及其投资者遵守本办法情况实施监督检查。

第三十七条 本办法自公布之日起施行。《自由贸易试验区外商投资备案管理办法（试行）》（商务部公告2015年第12号）同时废止。

中华人民共和国海关总署

中华人民共和国海关总署
第230号令

《〈中华人民共和国海关稽查条例〉实施办法》已于2016年9月22日经海关总署署务会议审议通过，现予公布，自2016年11月1日起施行。

署长

2016年9月26日

《中华人民共和国海关稽查条例》实施办法

第一章　总　则

第一条　为有效实施《中华人民共和国海关稽查条例》（以下简称《稽查条例》），根据《中华人民共和国海关法》以及相关法律、行政法规，制定本办法。

第二条　《稽查条例》第三条所规定的与进出口货物直接有关的企业、单位包括：

（一）从事对外贸易的企业、单位；

（二）从事对外加工贸易的企业；

（三）经营保税业务的企业；

（四）使用或者经营减免税进口货物的企业、单位；

（五）从事报关业务的企业；

（六）进出口货物的实际收发货人；

（七）其他与进出口货物直接有关的企业、单位。

第三条　海关对与进出口货物直接有关的企业、单位（以下统称进出口企业、单位）的下列进出口活动实施稽查：

（一）进出口申报；

（二）进出口关税和其他税、费的缴纳；

（三）进出口许可证件和有关单证的交验；

（四）与进出口货物有关的资料记载、保管；

（五）保税货物的进口、使用、储存、维修、加工、销售、运输、展示和复出口；

（六）减免税进口货物的使用、管理；

（七）其他进出口活动。

第四条　海关根据稽查工作需要，可以通过实地查看、走访咨询、书面函询、网络调查和委托调查等方式向有关行业协会、政府部门和相关企业等开展贸易调查，收集下列信息：

（一）政府部门监督管理信息；

（二）特定行业、企业的主要状况、贸易惯例、生产经营、市场结构等信息；

（三）特定商品的结构、成分、等级、功能、用途、工艺流程、工作原理等技术指标或者技术参数以及价格等信息；

（四）其他与进出口活动有关的信息。

有关政府部门、金融机构、行业协会和相关企业等应当配合海关贸易调查，提供有关信息。

第二章　账簿、单证等资料的管理

第五条　进出口企业、单位应当依据《中华人民共和国会计法》以及其他有关法律、行政法规的规定设置、编制和保管会计账簿、会计凭证、会计报表和其他会计资料，建立内部管理制度，真实、准确、完整地记录和反映进出口活动。

进出口企业、单位应当编制和保管能够反映真实进出口活动的原始单证和记录等资料。

第六条　进出口企业、单位应当在《稽查条例》第二条规定的期限内，保管报关单证、进出口单证、合同以及与进出口业务直接有关的其他资料或者电子数据。

第三章　海关稽查的实施

第七条　海关稽查由被稽查人注册地海关实施。被稽查人注册地与货物报关地或者进出口地不一致的，也可以由报关地或者进出口地海关实施。

海关总署可以指定或者组织下级海关实施跨关区稽查。直属海关可以指定或者组织下级海关在本关区范围内实施稽查。

第八条　海关稽查应当由具备稽查执法资格的人员实施，实施稽查时应当向被稽查人出示海关稽查证。

第九条　海关实施稽查3日前，应当向被稽查人制发“海关稽查通知书”。

海关不经事先通知实施稽查的，应当在开始实施稽查时向被稽查人制发“海关稽查通知书”。

第十条　海关稽查人员实施稽查时，有下列情形之一的，应当回避：

（一）海关稽查人员与被稽查人的法定代表人或者主要负责人有近亲属关系的；

（二）海关稽查人员或者其近亲属与被稽查人有利害关系的；

（三）海关稽查人员或者其近亲属与被稽查人有其他关系，可能影响海关稽查工作正常进行的。

被稽查人有正当理由，可以对海关稽查人员提出回避申请。但在海关作出回避决定前，有关海关稽查人员不停止执行稽查任务。

第十一条　海关稽查人员查阅、复制被稽查人的会计账簿、会计凭证、报关单证以及其他有关资料（以下统称账簿、单证等有关资料）时，被稽查人的法定代表人或者主要负责人或者其指定的代表（以下统称被稽查人代表）应当到场，按照海关要求如实提供并协助海关工作。

对被稽查人的账簿、单证等有关资料进行复制的，被稽查人代表应当在确认复制资料与原件无误后，在复制资料上注明出处、页数、复制时间以及“本件与原件一致，核对无误”，并签章。

被稽查人以外文记录账簿、单证等有关资料的，应当提供符合海关要求的中文译本。

第十二条　被稽查人利用计算机、网络通信等现代信息技术手段进行经营管理的，应当向海关提供账簿、单证等有关资料的电子数据，并根据海关要求开放相关系统、提供使用说明及其他有关资料。对被稽查人的电子数据进行复制的，应当注明制作方法、制作时间、制作人、数据内容以及原始载体存放处等，并由制作人和被稽查人代表签章。

第十三条　被稽查人所在场所不具备查阅、复制工作条件的，经被稽查人同意，海关可以在其他场所查阅、复制。

海关需要在其他场所查阅、复制的，应当填写“海关稽查调审单”，经双方清点、核对后，由海关稽查人员签名和被稽查人代表在“海关稽查调审单”上签章。

第十四条　海关稽查人员进入被稽查人的生产经营场所、货物存放场所，检查与进出口活动有关的生产经营情况和货物时，被稽查人代表应当到场，按照海关的要求开启场所、搬移货物，开启、重封货物的包装等。

检查结果应当由海关稽查人员填写“检查记录”，由海关稽查人员签名和被稽查人代表在“检查记录”上签章。

第十五条　海关稽查人员询问被稽查人的法定代表人、主要负责人和其他有关人员时，应当制作“询问笔录”，并由询问人、记录人和被询问人签名确认。

第十六条　海关实施稽查时，可以向与被稽查人有财务往来或者其他商务往来的企业、单位收集与进出口活动有关的资料和证明材料，有关企业、单位应当配合海关工作。

第十七条　经直属海关关长或者其授权的隶属海关关长批准，海关可以凭“协助查询通知书”向商业银行或者其他金融机构查询被稽查人的存款账户。

第十八条　海关实施稽查时，发现被稽查人有可能转移、隐匿、篡改、毁弃账簿、单证等有关资料的，经直属海关关长或者其授权的隶属海关关长批准，可以查封、扣押其账簿、单证等有关资料及相关电子数据存储介质。

海关实施稽查时，发现被稽查人的进出口货物有违反海关法或者其他有关法律、行政法规嫌疑的，经直属海关关长或者其授权的隶属海关关长批准，可以查封、扣押有关进出口货物。

海关实施查封、扣押应当依据《中华人民共和国行政强制法》以及其他有关法律、行政法规。

第十九条　被稽查人有《稽查条例》第三十条、第三十一条所列行为之一的，海关应当制发“海关限期改正通知书”，告知被稽查人改正的内容和期限，并对改正情况进行检查。

被稽查人逾期不改正的，海关可以依据海关相关规定调整其信用等级。

第二十条 稽查组发现被稽查人涉嫌违法或者少征、漏征税款的，应当书面征求被稽查人意见，被稽查人应当自收到相关材料之日起7日内提出书面意见送交稽查组。

第二十一条 稽查组实施稽查后，应当向海关报送稽查报告。海关应当在收到稽查报告之日起30日内作出“海关稽查结论”，并送达被稽查人。

第二十二条 有下列情形之一的，经直属海关关长或者其授权的隶属海关关长批准，海关可以终结稽查：

（一）被稽查人下落不明的；

（二）被稽查人终止，无权利义务承受人的。

第二十三条 海关发现被稽查人未按照规定设置或者编制账簿，或者转移、隐匿、篡改、毁弃账簿的，应当将有关情况通报被稽查人所在地的县级以上人民政府财政部门。

第二十四条 海关实施稽查时，可以委托会计师事务所、税务师事务所或者其他具备会计、税务等相关资质和能力的专业机构，就相关问题作出专业结论，经海关认可后可以作为稽查认定事实的证据材料。被稽查人委托专业机构作出的专业结论，可以作为海关稽查的参考依据。

海关委托专业机构的，双方应当签订委托协议，明确委托事项和权利义务等。

专业机构有弄虚作假、隐瞒事实、违反保密约定等情形的，海关应当如实记录，作出相应处置，并可以通报有关主管部门或者行业协会。

第四章　主动披露

第二十五条 进出口企业、单位主动向海关书面报告其违反海关监管规定的行为并接受海关处理的，海关可以认定有关企业、单位主动披露。但有下列情形之一的除外：

（一）报告前海关已经掌握违法线索的；

（二）报告前海关已经通知被稽查人实施稽查的；

（三）报告内容严重失实或者隐瞒其他违法行为的。

第二十六条 进出口企业、单位主动披露应当向海关提交账簿、单证等有关证明材料，并对所提交材料的真实性、准确性、完整性负责。

海关应当核实主动披露的进出口企业、单位的报告，可以要求其补充有关材料。

第二十七条 对主动披露的进出口企业、单位，违反海关监管规定的，海关应当从轻或者减轻行政处罚；违法行为轻微并及时纠正，没有造成危害后果的，不予行政处罚。

对主动披露并补缴税款的进出口企业、单位，海关可以减免滞纳金。

第五章　附　则

第二十八条 本办法所规定的“日”均为自然日。文书送达或者期间开始当日，不计算在期间内。期间届满的最后一日遇休息日或者法定节假日的，应当顺延至休息日或者法定节假日之后的第一个工作日。

第二十九条 被稽查人拒绝签收稽查文书的，海关可以邀请见证人到场，说明情况，注明事由和日期，由见证人和至少两名海关稽查人员签名，把稽查文书留在被稽查人的生产经营场所。海关也可以把稽查文书留在被稽查人的生产经营场所，并采用拍照、录像等方式记录全过程，即视为被稽查人已经签收。

第三十条 被稽查人代表对相关证据材料不签章的，海关稽查人员应当在相关材料上予以注明，并由至少两名海关稽查人员签名。

海关实施查阅、复制、检查时，被稽查人代表不到场的，海关应当注明事由和日期，并由至少两名海关稽查人员签名。

第三十一条 本办法所规定的签章，是指被稽查人代表签名或者加盖被稽查人印章。

第三十二条 本办法所规定使用的稽查文书由海关总署另行公布。

第三十三条 本办法由海关总署负责解释。

第三十四条 本办法自2016年11月1日起实施。2000年1月11日海关总署令第79号公布的《〈中华人民共和国海关稽查条例〉实施办法》同时废止。

国家质量监督检验检疫总局

国家质量监督检验检疫总局 第177号令

《进出境粮食检验检疫监督管理办法》已经2015年7月9日国家质量监督检验检疫总局局务会议审议通过，现予公布，自2016年7月1日起施行。

局长

2016年1月20日

进出境粮食检验检疫监督管理办法

第一章　总　则

第一条　根据《中华人民共和国进出境动植物检疫法》及其实施条例、《中华人民共和国食品安全法》及其实施条例、《中华人民共和国进出口商品检验法》及其实施条例、《农业转基因生物安全管理条例》、《国务院关于加强食品等产品安全监督管理的特别规定》等法律法规的规定，制定本办法。

第二条　本办法适用于进出境（含过境）粮食检验检疫监督管理。

本办法所称粮食，是指用于加工、非繁殖用途的禾谷类、豆类、油料类等作物的籽实以及薯类的块根或者块茎等。

第三条　国家质量监督检验检疫总局（以下简称国家质检总局）统一管理全国进出境粮食检验检疫监督管理工作。

国家质检总局设在各地的出入境检验检疫部门（以下简称检验检疫部门）负责所辖区域内进出境粮食的检验检疫监督管理工作。

第四条　国家质检总局及检验检疫部门对进出境粮食质量安全实施风险管理，包括在风险分析的基础上，组织开展进出境粮食检验检疫准入，包括产品携带有害生物风险分析、监管体系评估与审查、确定检验检疫要求、境外生产企业注册登记等。

第五条　进出境粮食收发货人及生产、加工、存放、运输企业应当依法从事生产经营活动，建立并实施粮食质量安全控制体系和疫情防控体系，对进出境粮食质量安全负责，诚实守信，接受社会监督，承担社会责任。

第二章　进境检验检疫

第一节　注册登记

第六条　国家质检总局对进境粮食境外生产、加工、存放企业（以下简称境外生产加工企业）实施注册登记制度。

境外生产加工企业应当符合输出国家或者地区法律法规和标准的相关要求，并达到中国有关法律法规和强制性标准的要求。

实施注册登记管理的进境粮食境外生产加工企业，经输出国家或者地区主管部门审查合格后向国家质检总局推荐。国家质检总局收到推荐材料后进行审查确认，符合要求的国家或者地区的境外生产加工企业，予以注册登记。

境外生产加工企业注册登记有效期为4年。

需要延期的境外生产加工企业，由输出国家或者地区主管部门在有效期届满6个月前向国家质检总局提出延期申请。国家质检总局确认后，注册登记有效期延长4年。必要时，国家质检总局可以派出专家到输出国家或者地区对其监管体系进行回顾性审查，并对申请延期的境外生产加工企业进行抽查。

注册登记的境外生产加工企业向中国输出粮食经检验检疫不合格，情节严重的，国家质检总局可以撤销其注册登记。

第七条 向我国出口粮食的境外生产加工企业应当获得输出国家或者地区主管部门的认可，具备过筛清杂、烘干、检测、防疫等质量安全控制设施及质量管理制度，禁止添加杂质。

根据情况需要，国家质检总局组织专家赴境外实施体系性考察，开展疫情调查，生产、加工、存放企业检查及预检监装等工作。

第二节 检验检疫

第八条 国家质检总局对进境粮食实施检疫准入制度。

首次从输出国家或者地区进口某种粮食，应当由输出国家或者地区官方主管机构向国家质检总局提出书面申请，并提供该种粮食种植及储运过程中发生有害生物的种类、为害程度及防控情况和质量安全控制体系等技术资料。特殊情况下，可以由进口企业申请并提供技术资料。国家质检总局可以组织开展进境粮食风险分析、实地考察及对外协商。

国家质检总局依照国家法律法规及国家技术规范的强制性要求等，制定进境粮食的具体检验检疫要求，并公布允许进境的粮食种类及来源国家或者地区名单。

对于已经允许进境的粮食种类及相应来源国家或者地区，国家质检总局将根据境外疫情动态、进境疫情截获及其他质量安全状况，组织开展进境粮食具体检验检疫要求的回顾性审查，必要时派专家赴境外开展实地考察、预检、监装及对外协商。

第九条 进境粮食应当从国家质检总局指定的口岸入境。指定口岸条件及管理规范由国家质检总局制定。

第十条 国家质检总局对进境粮食实施检疫许可制度。进境粮食货主应当在签订贸易合同前，按照《进境动植物检疫审批管理办法》等规定申请办理检疫审批手续，取得“中华人民共和国进境动植物检疫许可证”（以下简称“检疫许可证”），并将国家粮食质量安全要求、植物检疫要求及“检疫许可证”中规定的相关要求列入贸易合同。

因口岸条件限制等原因，进境粮食应当运往符合防疫及监管条件的指定存放、加工场所（以下简称指定企业），办理“检疫许可证”时，货主或者其代理人应当明确指定场所并提供相应证明文件。

未取得“检疫许可证”的粮食，不得进境。

第十一条 检验检疫部门按照下列要求，对进境粮食实施检验检疫：

（一）中国政府与粮食输出国家或者地区政府签署的双边协议、议定书、备忘录以及其他双边协定确定的相关要求；

（二）中国法律法规、国家技术规范的强制性要求和国家质检总局规定的检验检疫要求；

（三）“检疫许可证”列明的检疫要求。

第十二条 货主或者其代理人应当在粮食进境前向进境口岸检验检疫部门报检，并按要求提供以下材料：

（一）粮食输出国家或者地区主管部门出具的植物检疫证书；

（二）产地证书；

（三）贸易合同、信用证、提单、装箱单、发票等贸易凭证；

（四）“检疫许可证”及其他按规定应当提供的单证；

（五）双边协议、议定书、备忘录确定的和国家质检总局规定的其他单证。

进境转基因粮食的，还应当提供“农业转基因生物安全证书”等相关批准文件。

鼓励货主向境外粮食出口商索取由输出国家或者地区主管部门，或者由第三方检测机构出具的品质证书、卫生证书、适载证书、重量证书等其他单证。

第十三条 进境粮食可以进行随航熏蒸处理。

现场查验前，进境粮食承运人或者其代理人应当向进境口岸检验检疫部门书面申报进境粮食随航熏蒸处理情况，并提前实施通风散气。未申报的，检验检疫部门不实施现场查验；经现场检查，发现熏蒸剂残留物，或者熏蒸残留气体浓度超过安全限量的，暂停检验检疫及相关现场查验活动；熏蒸剂残留物经有效清除且熏蒸残留气体浓度低于安全限量后，方可恢复现场查验活动。

第十四条 使用船舶装载进境散装粮食的，检验检疫部门应当在锚地对货物表层实施检验检疫，无重大异常质量安全情况后船舶方可进港，散装粮食应当在港口继续接受检验检疫。

需直接靠泊检验检疫的，应当事先征得检验检疫部门的同意。

以船舶集装箱、火车、汽车等其他方式进境粮食的，应当在检验检疫部门指定的查验场所实施检验检疫，未经检验检疫部门同意不得擅自调离。

第十五条 检验检疫部门应当对进境粮食实施现

场检验检疫。现场检验检疫包括：

（一）货证核查。核对证单与货物的名称、数（重）量、出口储存加工企业名称及其注册登记号等信息。船舶散装的，应当核查上一航次装载货物及清仓检验情况，评估对装载粮食的质量安全风险；集装箱装载的，应当核查集装箱箱号、封识等信息。

（二）现场查验。重点检查粮食是否水湿、发霉、变质，是否携带昆虫及杂草籽等有害生物，是否有混杂粮谷、植物病残体、土壤、熏蒸剂残渣、种衣剂污染、动物尸体、动物排泄物及其他禁止进境物等。

（三）抽取样品。根据有关规定和标准抽取样品送实验室检测。

（四）其他现场查验活动。

第十六条 检验检疫部门应当按照相关工作程序及标准，对现场查验抽取的样品及发现的可疑物进行实验室检测鉴定，并出具检验检疫结果单。

实验室检测样品应当妥善存放并至少保留3个月。如检测异常需要对外出证的，样品应当至少保留6个月。

第十七条 进境粮食有下列情形之一的，应当在检验检疫部门监督下，在口岸锚地、港口或者指定的检疫监管场所实施熏蒸、消毒或者其他除害处理：

（一）发现检疫性有害生物或者其他具有检疫风险的活体有害昆虫，且可能造成扩散的；

（二）发现种衣剂、熏蒸剂污染、有毒杂草籽超标等安全卫生问题，且有有效技术处理措施的；

（三）其他原因造成粮食质量安全受到危害的。

第十八条 进境粮食有下列情形之一的，作退运或者销毁处理：

（一）未列入国家质检总局进境准入名单，或者无法提供输出粮食国家或者地区主管部门出具的“植物检疫证书”等单证的，或者无“检疫许可证”的；

（二）有毒有害物质以及其他安全卫生项目检测结果不符合国家技术规范的强制性要求，且无法改变用途或者无有效处理方法的；

（三）检出转基因成分，无“农业转基因生物安全证书”等相关批准文件，或者与证书、批准文件不符的；

（四）发现土壤、检疫性有害生物以及其他禁止进境物且无有效检疫处理方法的；

（五）因水湿、发霉等造成腐败变质或者受到化学、放射性等污染，无法改变用途或者无有效处理方法的；

（六）其他原因造成粮食质量安全受到严重危害的。

第十九条 进境粮食经检验检疫后，检验检疫部门签发入境货物检验检疫证明等相关单证；经检验检疫不合格的，由检验检疫部门签发“检验检疫处理通知书”、相关检验检疫证书。

第二十条 检验检疫部门对进境粮食实施检疫监督。进境粮食应当在具备防疫、处理等条件的指定场所加工使用。未经有效的除害处理或加工处理，进境粮食不得直接进入市场流通领域。

进境粮食装卸、运输、加工、下脚料处理等环节应当采取防止撒漏、密封等防疫措施。进境粮食加工过程应当具备有效杀灭杂草籽、病原菌等有害生物的条件。粮食加工下脚料应当进行有效的热处理、粉碎或者焚烧等除害处理。

检验检疫部门应当根据进境粮食检出杂草等有害生物的程度、杂质含量及其他质量安全状况，并结合拟指定加工、运输企业的防疫处理条件等因素，确定进境粮食的加工监管风险等级，并指导与监督相关企业做好疫情控制、监测等安全防控措施。

第二十一条 进境粮食用作储备、期货交割等特殊用途的，其生产、加工、存放应当符合国家质检总局相应检验检疫监督管理规定。

第二十二条 因科研、参展、样品等特殊原因而少量进境未列入国家质检总局准入名单内粮食的，应当按照国家质检总局有关规定提前申请办理进境特许检疫审批并取得“检疫许可证”。

第二十三条 进境粮食装卸、储存、加工涉及不同检验检疫部门的，各相关检验检疫部门应当加强沟通协作，建立相应工作机制，及时互相通报检验检疫情况及监管信息。

对于分港卸货的进境粮食，检验检疫部门应当在放行前及时相互通报检验检疫情况。需要对外方出证的，相关检验检疫部门应当充分协商一致，并按相关规定办理。

对于调离进境口岸的进境粮食，口岸检验检疫部门应当在调离前及时向指运地检验检疫部门开具进境粮食调运联系单。

第二十四条 境外粮食需经我国过境的，货主或者其代理人应当提前向国家质检总局或者检验检疫部门提出申请，提供过境路线、运输方式及管理措施等，由国家质检总局组织制定过境粮食检验检疫监管方案后，方可依照该方案过境，并接受检验检疫部门的监督管理。

过境粮食应当密封运输，杜绝撒漏。未经检验检疫部门批准，不得开拆包装或者卸离运输工具。

第三章　出境检验检疫

第一节　注册登记

第二十五条　输入国家或者地区要求中国对向其输出粮食生产、加工、存放企业（以下简称出境生产加工企业）注册登记的，直属检验检疫局负责组织注册登记，并向国家质检总局备案。

第二十六条　出境粮食生产加工企业应当满足以下要求：

（一）具有法人资格，在工商行政管理部门注册，持有“企业法人营业执照”；

（二）建立涉及本企业粮食业务的全流程管理制度并有效运行，各台账记录清晰完整，能准确反映入出库粮食物流信息，具备可追溯性，台账保存期限不少于2年；

（三）具有过筛清杂、烘干、检测、防疫等质量安全控制设施以及有效的质量安全和溯源管理体系；

（四）建立有害生物监控体系，配备满足防疫需求的人员，具有对虫、鼠、鸟等的防疫措施及能力；

（五）不得建在有碍粮食卫生和易受有害生物侵染的区域。仓储区内不得兼营、生产、存放有毒有害物质。库房和场地应当硬化、平整、无积水。粮食分类存放，离地、离墙，标志清晰。

第二节　检验检疫

第二十七条　装运出境粮食的船舶、集装箱等运输工具的承运人、装箱单位或者其代理人，应当在装运前向检验检疫部门申请清洁、卫生、密固等适载检验。未经检验检疫或者检验检疫不合格的，不得装运。

第二十八条　货主或者其代理人应当在粮食出境前向储存或者加工企业所在地检验检疫部门报检，并提供贸易合同、信用证、发票、自检合格证明等材料。

贸易方式为凭样成交的，还应当提供成交样品。

第二十九条　检验检疫部门按照下列要求对出境粮食实施现场检验检疫和实验室项目检测：

（一）双边协议、议定书、备忘录和其他双边协定；

（二）输入国家或者地区检验检疫要求；

（三）中国法律法规、强制性标准和国家质检总局规定的检验检疫要求；

（四）贸易合同或者信用证注明的检疫要求。

第三十条　对经检验检疫符合要求的，或者通过有效除害或者技术处理并经重新检验检疫符合要求的，检验检疫部门按照规定签发“出境货物通关单”或者“出境货物换证凭单”。输入国家或者地区要求出具检验检疫证书的，按照国家相关规定出具证书。输入国家或者地区对检验检疫证书形式或者内容有新要求的，经国家质检总局批准后，方可对证书进行变更。

经检验检疫不合格且无有效除害或者技术处理方法的，或者虽经过处理但经重新检验检疫仍不合格的，检验检疫部门签发“出境货物不合格通知单”，粮食不得出境。

第三十一条　出境粮食检验有效期最长不超过2个月；检疫有效期原则定为21天，黑龙江、吉林、辽宁、内蒙古和新疆地区冬季（11月至次年2月底）可以酌情延长至35天。超过检验检疫有效期的粮食，出境前应当重新报检。

第三十二条　产地与口岸检验检疫部门应当建立沟通协作机制，及时通报检验检疫情况等信息。

出境粮食经产地检验检疫合格后，货主或者其代理人应当在“出境货物换证凭单”或者电子转单有效期内向出境口岸检验检疫部门申报查验。按照出境货物换证查验相关规定，出境口岸检验检疫部门对出境粮食实施口岸查验，重点检查货证是否相符、是否感染有害生物等。查验合格的，口岸检验检疫部门凭产地检验检疫部门出具的“出境货物换证凭单”或者电子转单，签发“出境货物通关单”。查验不合格的，不予放行。

出境粮食到达口岸后拼装的，应当重新报检，并实施检疫。出境粮食到达口岸后因变更输入国家或者地区而有不同检验检疫要求的，应当重新报检，并实施检验检疫。

第四章　风险及监督管理

第一节　风险监测及预警

第三十三条　国家质检总局对进出境粮食实施疫

情监测制度，相应的监测技术指南由国家质检总局制定。

检验检疫部门应当在粮食进境港口、储存库、加工厂周边地区、运输沿线粮食换运、换装等易洒落地段等，开展杂草等检疫性有害生物监测与调查。发现疫情的，应当及时组织相关企业采取应急处置措施，并分析疫情来源，指导企业采取有效的整改措施。相关企业应当配合实施疫情监测及铲除措施。

根据输入国家或者地区的检疫要求，检验检疫部门应当在粮食种植地、出口储存库及加工企业周边地区开展疫情调查与监测。

第三十四条 国家质检总局对进出境粮食实施安全卫生项目风险监控制度，制定进出境粮食安全卫生项目风险监控计划。

第三十五条 国家质检总局及检验检疫部门建立粮食质量安全信息收集报送系统，信息来源主要包括：

（一）进出境粮食检验检疫中发现的粮食质量安全信息；

（二）进出境粮食贸易、储存、加工企业质量管理中发现的粮食质量安全信息；

（三）检验检疫部门实施疫情监测、安全卫生项目风险监控中发现的粮食质量安全信息；

（四）国际组织、境外政府机构、国内外行业协会及消费者反映的粮食质量安全信息；

（五）其他关于粮食质量安全风险的信息。

第三十六条 国家质检总局及检验检疫部门对粮食质量安全信息进行风险评估，确定相应粮食的风险级别，并实施动态的风险分级管理。依据风险评估结果，调整进出境粮食检验检疫管理及监管措施方案、企业监督措施等。

第三十七条 进出境粮食发现重大疫情和重大质量安全问题的，国家质检总局及检验检疫部门依照相关规定，采取启动应急处置预案等应急处置措施，并发布警示通报。当粮食安全风险已不存在或者降低到可接受的水平时，国家质检总局及检验检疫部门应当及时解除警示通报。

第三十八条 国家质检总局及检验检疫部门根据情况将重要的粮食安全风险信息向地方政府、农业和粮食行政管理部门、国外主管机构、进出境粮食企业等相关机构和单位进行通报，并协同采取必要措施。粮食安全信息公开应当按照相关规定程序进行。

第二节 监督管理

第三十九条 拟从事进境粮食存放、加工业务的企业可以向所在地检验检疫部门提出指定申请。

检验检疫部门按照国家质检总局制定的有关要求，对申请企业的申请材料、工艺流程等进行检验评审，核定存放、加工粮食种类、能力。

从事进境粮食储存、加工的企业应当具备有效的质量安全及溯源管理体系，符合防疫、处理等质量安全控制要求。

第四十条 检验检疫部门对指定企业实施检疫监督。

指定企业、收货人及代理人发现重大疫情或者公共卫生问题时，应当立即向所在地检验检疫部门报告，检验检疫部门应当按照有关规定处理并上报。

第四十一条 从事进出境粮食的收发货人及生产、加工、存放、运输企业应当建立相应的粮食进出境、接卸、运输、存放、加工、下脚料处理、发运流向等生产经营档案，做好质量追溯和安全防控等详细记录，记录至少保存2年。

第四十二条 进境粮食存在重大安全质量问题，已经或者可能会对人体健康或者农林牧渔业生产生态安全造成重大损害的，进境粮食收货人应当主动召回。采取措施避免或者减少损失发生，做好召回记录，并将召回和处理情况向所在地检验检疫部门报告。

收货人不主动召回的，由直属检验检疫局发出责令召回通知书并报告国家质检总局。必要时，国家质检总局可以责令召回。

第四十三条 国家质检总局及检验检疫部门根据质量管理、设施条件、安全风险防控、诚信经营状况，对企业实施分类管理。针对不同级别的企业，在粮食进境检疫审批、进出境检验检疫查验及日常监管等方面采取相应的检验检疫监管措施。具体分类管理规范由国家质检总局制定。

第五章 法律责任

第四十四条 有下列情形之一的，由检验检疫部门按照《进出境动植物检疫法实施条例》规定处5000元以下罚款：

（一）未报检的；

（二）报检的粮食与实际不符的。

有前款第（二）项所列行为，已取得检疫单证的，予以吊销。

第四十五条 进境粮食未依法办理检疫审批手续或者未按照检疫审批规定执行的，由检验检疫部门按照《进出境动植物检疫法实施条例》规定处5000元以下罚款。

第四十六条 擅自销售、使用未报检或者未经检验的列入必须实施检验的进出口商品目录的进出境粮食，由检验检疫部门按照《进出口商品检验法实施条例》规定，没收非法所得，并处商品货值金额5%以上20%以下罚款。

第四十七条 进出境粮食收发货人生产、加工、存放、运输企业未按照本办法第四十一条的规定建立生产经营档案并做好记录的，由检验检疫部门责令改正，给予警告；拒不改正的，处3000元以上1万元以下罚款。

第四十八条 有下列情形之一的，由检验检疫部门按照《进出境动植物检疫法实施条例》规定，处3000元以上3万元以下罚款：

（一）未经检验检疫部门批准，擅自将进境、过境粮食卸离运输工具，擅自将粮食运离指定查验场所的；

（二）擅自开拆过境粮食的包装，或者擅自开拆、损毁动植物检疫封识或者标志的。

第四十九条 列入必须实施检验的进出口商品目录的进出境粮食收发货人或者其代理人、报检人员不如实提供进出境粮食真实情况，取得检验检疫部门有关证单，或者不予报检，逃避检验，由检验检疫部门按照《进出口商品检验法实施条例》规定，没收违法所得，并处商品货值金额5%以上20%以下罚款。

第五十条 伪造、变造、买卖或者盗窃检验证单、印章、标志、封识、货物通关单或者使用伪造、变造的检验证单、印章、标志、封识、货物通关单，尚不够刑事处罚的，由检验检疫部门按照《进出口商品检验法实施条例》规定，责令改正，没收违法所得，并处商品货值金额等值以下罚款。

第五十一条 有下列违法行为之一，尚不构成犯罪或者犯罪情节显著轻微依法不需要判处刑罚的，由检验检疫部门按照《进出境动植物检疫法实施条例》规定，处2万元以上5万元以下的罚款：

（一）引起重大动植物疫情的；

（二）伪造、变造动植物检疫单证、印章、标志、封识的。

第五十二条 依照本办法规定注册登记的生产、加工、存放单位，进出境的粮食经检疫不合格，除依照本办法有关规定作退回、销毁或者除害处理外，情节严重的，由检验检疫部门按照《进出境动植物检疫法实施条例》规定，注销注册登记。

第五十三条 擅自调换检验检疫部门抽取的样品或者检验检疫部门检验合格的进出境粮食的，由检验检疫部门按照《进出口商品检验法实施条例》规定，责令改正，给予警告；情节严重的，并处商品货值金额10%以上50%以下罚款。

第五十四条 提供或者使用未经检验检疫部门适载检验的集装箱、船舱、飞机、车辆等运载工具装运出境粮食的，由检验检疫部门按照《进出口商品检验法实施条例》规定，处10万元以下罚款。

提供或者使用经检验检疫部门检验不合格的集装箱、船舱、飞机、车辆等运载工具装运出境粮食的，由检验检疫部门按照《进出口商品检验法实施条例》规定，处20万元以下罚款。

第五十五条 有下列情形之一的，由检验检疫部门处3000元以上1万元以下罚款：

（一）进境粮食存在重大安全质量问题，或者可能会对人体健康或农林牧渔业生产生态安全造成重大损害的，没有主动召回的；

（二）进境粮食召回或者处理情况未向检验检疫部门报告的；

（三）进境粮食未在检验检疫部门指定的查验场所卸货的；

（四）进境粮食有本办法第十七条所列情形，拒不做有效的检疫处理的。

第五十六条 有下列情形之一的，由检验检疫部门处3万元以下罚款：

（一）进出境粮食未按规定注册登记或者在指定场所生产、加工、存放的；

（二）买卖、盗窃动植物检疫单证、印章、标志、封识，或者使用伪造、变造的动植物检疫单证、印章、标志、封识的；

（三）使用伪造、变造的输出国家或者地区官方检疫证明文件的；

（四）拒不接受检验检疫部门检疫监督的。

第五十七条 检验检疫部门工作人员滥用职权，故意刁难，徇私舞弊，伪造检验检疫结果，或者玩忽职守，延误检验出证，依法给予行政处分；构成犯罪的，依法追究刑事责任。

第六章 附 则

第五十八条 进出境用作非加工而直接销售粮食的检验检疫监督管理，由国家质检总局另行规定。

第五十九条 以边贸互市方式的进出境小额粮食，参照国家质检总局相关规定执行。

第六十条 本办法由国家质检总局负责解释。

第六十一条 本办法自 2016 年 7 月 1 日起施行。国家质检总局 2001 年 12 月发布的《出入境粮食和饲料检验检疫管理办法》（国家质检总局令第 7 号）同时废止。此前进出境粮食检验检疫监管规定与本办法不一致的，以本办法为准。

国家质量监督检验检疫总局 第 180 号令

《进出口商品检验鉴定机构管理办法》已经 2015 年 11 月 6 日国家质量监督检验检疫总局局务会议审议通过，并经商务部、国家工商行政管理总局审议通过，现予公布，自 2016 年 5 月 1 日起施行。

国家质量监督检验检疫总局局长

商务部部长

国家工商行政管理总局局长

2016 年 1 月 26 日

进出口商品检验鉴定机构管理办法

第一章 总 则

第一条 为加强对进出口商品检验鉴定机构的管理，维护进出口商品检验鉴定市场秩序，保护进出口贸易各方的合法权益，促进对外贸易的发展，根据《中华人民共和国进出口商品检验法》及其实施条例等法律法规规定，制定本办法。

第二条 本办法适用于在中华人民共和国境内从事进出口商品检验鉴定业务机构的许可和监督管理。

第三条 本办法所称进出口商品检验鉴定机构，是指依据我国有关法律法规以及本办法规定，经国家质量监督检验检疫总局（以下简称国家质检总局）许可，接受对外贸易关系人或者国内外检验机构及其他有关单位的委托，办理进出口商品检验鉴定业务的中资进出口商品检验鉴定机构及其分支机构和中外合资、中外合作、外商独资进出口商品检验鉴定机构及其分支机构（以下简称外商投资进出口商品检验鉴定机构）。

第四条 中资进出口商品检验鉴定机构应当经国家质检总局的许可，方可办理进出口商品检验鉴定业务。

外商投资进出口商品检验鉴定机构应当经国家质检总局和省级商务主管部门许可，方可办理进出口商品检验鉴定业务。

未经工商登记注册和许可的进出口商品检验鉴定机构不得承担委托的进出口商品检验鉴定业务。

第五条 进出口商品检验鉴定机构应当遵守我国法律法规和国家质检总局的有关规定，以第三方的身份独立、公正地从事业务范围内的进出口商品检验鉴定业务，并承担相应的法律责任。

第六条 国家质检总局、商务部、国家工商行政管理总局根据各自职责分工，依法对进出口商品检验鉴定机构实施管理。

国家质检总局设在各地的直属出入境检验检疫局（以下简称直属检验检疫局）接受国家质检总局委托受理设立进出口商品检验鉴定机构的许可申请。直属检验检疫局应当对接受委托实施行政许可的有关内容予以公开。

第二章 中资进出口商品检验鉴定机构的设立

第七条 申请设立中资进出口商品检验鉴定机构应当符合下列条件：

（一）投资者或者投资一方应当是以第三方身份，依法在国内专门从事检验鉴定业务 3 年以上的法人或者自然人；

（二）具有与从事检验鉴定业务相适应的检测条件和技术资源；具有固定的住所/办公地点、检测场所和相应规模；

（三）具有符合相关通用要求的质量管理体系；

（四）法律、行政法规规定的其他条件。

第八条 申请设立中资进出口商品检验鉴定机构，应当向所在地直属检验检疫局提出申请。

第九条 申请设立中资进出口商品检验鉴定机构应当提交下列材料：

（一）设立进出口商品检验鉴定机构的申请文件；

（二）工商营业执照；

（三）住所/办公地点、检测场所的使用权或者所有权的证明文件；

（四）检测条件、技术能力材料；

（五）质量管理文件；

（六）以第三方身份依法在国内从事检验鉴定业务3年以上的证明；

（七）法定代表人身份证明（复印件）；

（八）法律、行政法规规定的其他文件。

第十条 国家质检总局应当自直属检验检疫局受理申请之日起20个工作日内完成审核，作出许可或者不予许可的书面决定；经审核许可的签发“进出口商品检验鉴定机构资格证书”，不予许可的应当说明理由。20个工作日内不能作出决定的，经国家质检总局负责人批准，可以延长10个工作日，并应当将延长期限的理由告知申请人。

国家质检总局应当对提交的材料组织进行专家评审，必要时可以进行现场审核，专家评审及现场审核所需时间不计算在本条规定的期限内。

第三章 外商投资进出口商品检验鉴定机构的设立

第十一条 申请设立外商投资进出口商品检验鉴定机构应当符合下列条件：

（一）外商投资进出口商品检验鉴定机构的外方投资者应当是在所在国独立注册从事检验鉴定业务3年以上的合法机构或者自然人；

（二）中外合资、中外合作进出口商品检验鉴定机构的中方投资者或投资一方应当是以第三方身份，在我国国内专门从事检验鉴定业务3年以上的法人或者自然人；

（三）具有与从事检验鉴定业务相适应的检测条件和技术资源，具有固定的住所/办公地点、检测场所；

（四）具有符合相关通用要求的质量管理体系；

（五）法律、行政法规规定的其他条件。

第十二条 申请设立外商投资进出口商品检验鉴定机构的申请人应当向工商行政管理部门申请办理机构名称预先核准。

第十三条 设立外商投资进出口商品检验鉴定机构的申请人应当向省级商务主管部门提出设立申请，并提交以下材料：

（一）工商行政管理部门核发的机构名称预先核准通知书；

（二）设立进出口商品检验鉴定机构申请文件；

（三）地方商务主管部门或者大型企业的国务院主管部门同意申请设立外商投资进出口商品检验鉴定机构的意见；

（四）董事会成员名单及任命书；

（五）申请设立外商投资进出口商品检验鉴定机构的项目建议书；

（六）投资各方的资信证明、注册登记证明（复印件）、法定代表人身份证明（复印件）；

（七）投资各方签署的可行性研究报告、合同和章程；

（八）法律、行政法规规定的其他文件。

第十四条 省级商务主管部门对所提交的材料进行审核，并于20个工作日内作出许可或者不予许可的书面决定，同意的，颁发外商投资企业批准证书；不同意的，应当说明理由。

第十五条 外商投资进出口商品检验鉴定机构申请人凭省级商务主管部门颁发的许可文件及相关资料向工商行政管理部门登记注册。

第十六条 申请设立外商投资进出口商品检验鉴定机构的，应当向所在地直属检验检疫局提出申请并提交下列材料：

（一）设立进出口商品检验鉴定机构申请文件；

（二）工商营业执照；

（三）投资各方签署的可行性研究报告；

（四）检测条件、技术能力材料；

（五）质量管理文件；

（六）住所/办公地点、检测场所使用权或者所有权的证明文件；

（七）投资各方在所在国提供检验鉴定业务3年以上当地政府或者有关部门的证明；

（八）法定代表人身份证明（复印件）；

（九）法律、行政法规规定的其他文件。

第十七条 国家质检总局应当自受理申请之日起20个工作日内完成审核，作出许可或者不予许可的书面决定；经审核许可的签发“进出口商品检验鉴定机构资格证书”，不予许可的应当说明理由。20个工作日内不能作出决定的，经国家质检总局负责人批准，可以延长10个工作日，并应当将延长期限的理由告知申请人。

国家质检总局应当对提交的材料组织进行专家评审，必要时可以进行现场审核，专家评审及现场审核所需时间不计算在本条规定的期限内。

第四章 监督管理

第十八条 进出口商品检验鉴定机构发生合并、分立或转让股权等重大事项的，应当按照本办法重新提出申请。

第十九条 进出口商品检验鉴定机构涉及“进出口商品检验鉴定机构资格证书”事项变更的，应当向国家质检总局申请换发资格证书；进出口商品检验鉴定机构破产、解散和关闭的，应当向国家质检总局办理注销资格证书手续。

第二十条 进出口商品检验鉴定机构设立分支机构的审批按照设立程序办理。

外国检验鉴定机构和境内进出口商品检验鉴定机构设立的常驻代表机构、办事机构，一律不得在境内从事进出口商品检验鉴定业务。

第二十一条 国家质检总局设在各地的出入境检验检疫部门（以下简称检验检疫部门）负责对进出口商品检验鉴定机构的日常监督管理工作。必要时，可会同地方商务主管部门和工商行政管理部门或者其他有关部门进行监督检查。

第二十二条 对进出口商品检验鉴定机构实施日常监督管理的主要内容包括：

（一）机构的设立、变更事项的报批手续；

（二）业务经营状况；

（三）检测条件和技术能力；

（四）管理和内部控制；

（五）是否按照有关法律法规和本办法规定开展业务活动。

第二十三条 “进出口商品检验鉴定机构资格证书”有效期6年。进出口商品检验鉴定机构应当在证书有效期满前3个月内向国家质检总局换发证书。

第二十四条 进出口商品检验鉴定机构应当在每年5月30日前如实向所在地直属检验检疫局提供上一年度的业务报告、财务报告、年审报告等资料。报送的资料应当真实、完整、准确。

第二十五条 国家质检总局和直属检验检疫局在对进出口商品检验鉴定机构实施监督检查时，可以对进出口商品检验鉴定机构管理文件的建立及执行情况、检验鉴定工作质量实施检查；可以对其检验鉴定的商品实施抽查检验；可以查阅和复制当事人有关资料，被检查的进出口商品检验鉴定机构必须予以配合。

第二十六条 进出口商品检验鉴定机构的检验鉴定结果应当真实、客观、公正。对经举报、投诉或者其他途径发现涉嫌违法违规行为的，检验检疫部门可以进行调查，并可以对其检验鉴定结果进行复查。

第二十七条 国家质检总局和检验检疫部门人员对履行进出口商品检验鉴定机构许可及监督管理职责时知悉的商业及技术秘密负有保密义务。

第二十八条 国家质检总局及检验检疫部门人员不得滥用职权，谋取私利。

第二十九条 国家质检总局及直属检验检疫局应当建立进出口商品检验鉴定机构监督管理信息通报制度。

第五章 法律责任

第三十条 违反本办法规定，未经国家质检总局许可，擅自从事进出口商品检验鉴定业务的，由检验检疫部门责令停止非法经营，没收违法所得，并处违法所得一倍以上三倍以下的罚款。

第三十一条 进出口商品检验鉴定机构超出其业务范围，或者有下列违反有关规定扰乱检验鉴定秩序行为的，由检验检疫部门按照《进出口商品检验法实施条例》的规定责令改正，可以并处10万元以下罚款，国家质检总局或者检验检疫部门可以暂停其6个月以内检验鉴定业务；情节严重的，由国家质检总局吊销行政许可：

（一）提供虚假的有关年度文件和资料的；

（二）出具虚假的检验结果和证明或者提供的报告有重大失误的；

（三）机构有关事项发生变更时，未按照本办法规定办理有关变更手续的；

（四）未经许可擅自设立分支机构的；

（五）进出口商品检验鉴定机构的常驻代表机构、办事机构擅自从事进出口商品检验鉴定业务的；

（六）以合作、委托、转让等方式将其空白检验鉴定证书或者报告交由其他检验鉴定机构使用以及将相关业务交由未经国家质检总局许可设立的检验鉴定机构承担的；

（七）其他扰乱检验鉴定秩序的行为。

第三十二条 进出口商品检验鉴定机构有其他违反法律法规行为的，按照相关规定处理。

第六章 附 则

第三十三条 香港特别行政区、澳门特别行政区、台湾地区的投资者在中国其他地区投资设立进出口商品检验鉴定机构，参照本办法对外商投资进出口商品检验鉴定机构的规定执行。

第三十四条 本办法由国家质检总局、商务部和国家工商行政管理总局按照职责分工负责解释。

第三十五条 本办法自2016年5月1日起施行，国家质检总局、商务部、国家工商行政管理总局2003年9月4日公布的《进出口商品检验鉴定机构管理办法》同时废止。

国家质量监督检验检疫总局第181号令

《出入境检疫处理单位和人员管理办法》已经2015年11月6日国家质量监督检验检疫总局局务会议审议通过，现予公布，自2016年7月1日起施行。

局长

2016年3月31日

出入境检疫处理单位和人员管理办法

第一章 总 则

第一条 为规范出入境检疫处理单位和人员的管理，根据《中华人民共和国进出境动植物检疫法》及其实施条例、《中华人民共和国国境卫生检疫法》及其实施细则等相关法律法规规定，制定本办法。

第二条 本办法适用于对出入境检疫处理单位和人员的核准以及监督管理。

第三条 本办法所称：

“出入境检疫处理”是指利用生物、物理、化学的方法，对出入境货物、交通工具、集装箱及其他检疫对象采取的消除疫情疫病风险或者潜在危害，防止人类传染病传播、动植物病虫害传入传出的措施。

“出入境检疫处理单位”（以下简称检疫处理单位）是指经直属出入境检验检疫局（以下简称直属检验检疫局）核准从事出入境检疫处理工作的单位。

“出入境检疫处理人员”（以下简称检疫处理人员）是指经直属检验检疫局核准，在检疫处理单位从事出入境检疫处理工作的人员。

第四条 国家质检总局主管全国检疫处理单位和人员管理工作。

国家质检总局设在各地的出入境检验检疫部门（以下简称检验检疫部门）负责所辖地区检疫处理单位和人员的日常监督管理。

第五条 出入境检疫处理按照实施方式和技术要求，分为A类、B类、C类、D类、E类、F类和G类。

（一）A类，熏蒸（出入境船舶熏蒸、疫麦及其他大宗货物熏蒸）；

（二）B类，熏蒸（A类熏蒸除外）；

（三）C类，消毒处理（熏蒸方式除外）；

（四）D类，药物及器械除虫灭鼠（熏蒸方式除外）；

（五）E类，热处理；

（六）F类，辐照处理；

（七）G类，除上述类别外，采用冷处理、微波处理、除污处理等方式实施的出入境检疫处理。

检疫处理单位和人员可以申请从事一类或者多类出入境检疫处理工作。

第六条 检疫处理单位和人员应当在核准范围内从事出入境检疫处理工作；未经核准，不得从事或者超范围从事出入境检疫处理工作。

检验检疫部门根据相关法律法规或者输入国家（地区）要求，对需要实施检疫处理的对象，向货主或者其代理人签发检验检疫处理通知书。货主或者其代理人应当委托有资质的检疫处理单位实施检疫处理。

第二章　检疫处理单位申请条件

第七条　申请从事出入境检疫处理工作的单位（以下简称申请单位），应当具备下列基本条件：

（一）具有独立法人资格；

（二）具有满足条件的办公场所；

（三）申请从事的检疫处理类别需要使用危险化学品的，其从业人员及危险化学品的运输、储存、使用应当符合国家有关规定；

（四）使用的出入境检疫处理器械、药剂以及计量器具应当符合国家有关规定；

（五）具有必要的出入境检疫处理安全防护装备、急救药品和设施；

（六）建立有效的质量控制、效果评价、安全保障以及突发事件应急机制等管理制度；

（七）建立完整的出入境检疫处理业务档案、技术培训档案和职工职业健康档案管理制度；

（八）配备经直属检验检疫局核准的检疫处理人员；

（九）配备专职或者兼职安全员，法律法规有规定的，还应当具备相应的资质。

第八条　申请从事A类出入境检疫处理工作的单位，除应当具备本办法第七条所列条件以外，还应当符合下列条件：

（一）具有B类出入境检疫处理资质3年以上，近3年无安全和质量事故；

（二）药品、仪器、设备、材料、专用药品库及操作规范符合法律法规、标准和技术规范的要求；

（三）配备检疫处理熏蒸气体浓度测定仪器、残留毒气检测仪器、大气采样仪器等设备。

第九条　申请从事B类出入境检疫处理工作的单位，除应当具备本办法第七条所列条件以外，还应当符合下列条件：

（一）处理场所、药品、仪器、设备、材料、专用药品库及操作规范符合法律法规、标准和技术规范的要求；

（二）配备检疫处理熏蒸气体浓度测定仪器、残留毒气检测仪器、大气采样仪器等设备。

第十条　申请从事C类出入境检疫处理工作的单位，除应当具备本办法第七条所列条件以外，还应当符合下列条件：

（一）药品、仪器、设备、材料、专用药品库及操作规范符合法律法规、标准和技术规范的要求；

（二）配备消毒效果评价相关检测设备。

第十一条　申请从事D类出入境检疫处理工作的单位，除应当具备本办法第七条所列条件以外，还应当符合下列条件：

（一）药品、仪器、设备、材料、专用药品库及操作规范符合法律法规、标准和技术规范的要求；

（二）配备除虫灭鼠试验室相关检测设备等。

第十二条　申请从事E类出入境检疫处理工作的单位，除应当具备本办法第七条所列条件以外，还应当符合下列条件：

（一）处理场所、库房、处理设备及操作规范符合法律法规、标准和技术规范的要求；

（二）使用特种设备的，持有特种设备许可证。

第十三条　申请从事F类出入境检疫处理工作的单位，除应当具备本办法第七条所列条件以外，还应当符合下列条件：

（一）处理场所、仪器、设备、放射性物品购置及存放、操作规范符合法律法规、标准和技术规范的要求；

（二）持有放射性设备使用许可证。

第十四条　申请从事G类出入境检疫处理工作的单位，除应当具备本办法第七条所列条件以外，还应当符合下列条件：

（一）处理场所、库房、处理设备及操作规范符合法律法规、标准和技术规范的要求；

（二）使用特种设备的，持有特种设备许可证。

第三章　检疫处理单位

第十五条　申请单位应当向所在地直属检验检疫局提出申请并提交下列材料：

（一）“出入境检疫处理单位核准申请表”；

（二）工商营业执照复印件并同时交验原件；

（三）申请单位所在地地方政府对检疫处理单位实施职业卫生安全许可的，提交职业卫生安全许可证复印件并同时交验原件；

（四）申请单位章程、质量管理体系、安全保障体系、突发事件应急机制、检疫处理操作规范等文件材料；

（五）申请单位所属检疫处理人员“检疫处理人员从业资格证”（以下简称“从业证”）的复印件并同时交验原件。

第十六条 直属检验检疫局对申请单位提出的申请，应当根据下列情况分别作出处理：

（一）申请材料存在可以当场更正的错误的，应当允许申请单位当场更正；

（二）申请材料不齐全或者不符合法定形式的，应当当场或者在5日内一次告知申请单位需要补正的全部内容，逾期不告知的，自收到申请材料之日起即为受理；

（三）申请材料齐全、符合法定形式，或者申请单位按照要求提交全部补正申请材料的，应当受理申请。

直属检验检疫局受理或者不予受理申请，应当出具加盖本单位专用印章和注明日期的书面凭证。

第十七条 受理申请后，直属检验检疫局应当自受理申请之日起5日内组成评审专家组，并将评审所需时间书面告知申请单位，评审所需时间不计算在行政许可办理的期限内。

专家组应当按照国家质检总局的规定，对申请单位进行现场考核评审，并提交书面评审报告。

第十八条 直属检验检疫局应当自受理申请之日起20日内作出是否核准的决定。

20日内不能作出决定的，经直属检验检疫局负责人批准，可以延长10日，并将延长期限的理由书面告知申请单位。

第十九条 直属检验检疫局作出核准决定的，应当自作出决定之日起10日内颁发并送达“出入境检疫处理单位核准证书”（以下简称“核准证书”）。

不予核准的，应当书面通知申请单位并说明理由。

直属检验检疫局作出的核准决定，应当予以公开。

第四章　检疫处理人员

第二十条 年满十八周岁，身体健康，具有完全民事行为能力，具备检疫处理基本知识，掌握检疫处理操作技能的人员，可以参加检疫处理人员从业资格考试。

第二十一条 检疫处理人员资格分为两类，即熏蒸处理类（A类、B类）、其他类（C类、D类、E类、F类、G类）。

第二十二条 国家质检总局负责制定考试大纲，直属检验检疫局负责考试的组织实施工作。

直属检验检疫局每年至少组织一次检疫处理人员从业资格考试，同时可根据本辖区市场和业务需求，适当增加考试频次。

第二十三条 检疫处理人员从业资格考试内容包括出入境检疫处理基础知识和操作技能。

基础知识包括法律法规、标准、技术规范等。

操作技能包括药品、仪器、设备的操作运用，出入境检疫处理现场操作、安全防护、应急处理等。

第二十四条 通过检疫处理人员从业资格考试的人员，由直属检验检疫局颁发“从业证”。

第二十五条 “从业证”有效期3年，有效期内全国通用。检疫处理人员需要延续“从业证”有效期的，应当在有效期届满3个月前向颁发“从业证”的直属检验检疫局提出延续申请。直属检验检疫局应当在有效期届满前作出是否准予延续的决定。

第二十六条 检疫处理人员应当严格按照法律法规、标准、技术规范以及检疫处理单位制定的工作方案实施检疫处理，做好安全防护，保证处理效果。

第五章　监督管理

第二十七条 直属检验检疫局应当建立检疫处理单位和人员管理档案，将检疫处理单位纳入企业信用管理，并针对不同信用等级的检疫处理单位制定差异化的监管措施。

检验检疫部门应当定期组织对所辖地区检疫处理单位和人员及其操作进行监督检查，对检疫处理单位的检疫处理效果进行监督和评价，并将监督检查结果向直属检验检疫局报告。

检疫处理单位和人员应当配合检验检疫部门的监督检查工作。

第二十八条 检验检疫部门按照“安全、高效、环保”的原则，定期开展检疫处理药品、器械等口岸适用性评价工作，确定适用于口岸使用的药品、器械名录。检疫处理单位实施口岸检疫处理工作时应选用目录内药品、器械，按照有关要求科学规范用药。

第二十九条 检验检疫部门对未取得相应“核准证书”的单位、未获得相应“从业证”的人员及未按照法律法规、标准和技术规范实施的检疫处理结果不予认可。

第三十条 检疫处理单位应当在“核准证书”核

准范围内，根据出入境检验检疫处理通知书要求，严格按照法律法规、标准和技术规范实施检疫处理。

实施处理前，检疫处理单位应当根据不同类型的处理任务制定具体的实施方案并留档备查。处理期间，检疫处理单位应当在现场设置明显的警示标志，对处理过程进行记录。处理完毕后，检疫处理单位应当准确填写检疫处理结果报告单，交检验检疫部门。

第三十一条 检疫处理单位应当开展处理控制和处理效果评价，保证检疫处理效果，保护环境和生态安全，并承担相应的法律责任。

第三十二条 检疫处理单位应当建立检疫处理业务档案，真实完整地记录其检疫处理业务。

第三十三条 检疫处理单位应当于每年 1 月底前向其所在地直属检验检疫局提交上一年度检疫处理情况工作报告。

第三十四条 有下列情形之一的，检疫处理单位应当自变更之日起 30 日内向颁发“核准证书”的直属检验检疫局申请办理变更手续：

（一）法定代表人变更；

（二）检疫处理人员变更；

（三）其他重大事项变更。

符合规定要求的，直属检验检疫局应当在收到相关资料后 20 日内完成变更手续。

第三十五条 检疫处理单位“核准证书”有效期 6 年。检疫处理单位需要延续“核准证书”有效期的，应当于有效期届满 3 个月前向颁发“核准证书”的直属检验检疫局申请延续。直属检验检疫局应当在有效期届满前作出是否准予延续的决定，准予延续的，换发“核准证书”。

第三十六条 有下列情形之一的，直属检验检疫局根据利害关系人的请求或者依据职权，可以撤销“核准证书”或者“从业证”：

（一）检验检疫部门人员滥用职权、玩忽职守颁发“核准证书”或者“从业证”的；

（二）超越法定职权颁发“核准证书”或者“从业证”的；

（三）违反法定程序颁发“核准证书”或者“从业证”的；

（四）对不具备申请资格或者不符合法定条件的申请人颁发“核准证书”或者“从业证”的；

（五）检疫处理单位或者检疫处理人员以欺骗、贿赂等不正当手段取得“核准证书”或者“从业证”的；

（六）依法可以撤销“核准证书”或者“从业证”的其他情形。

第三十七条 有下列情形之一的，直属检验检疫局应当依据职权注销“核准证书”或者“从业证”：

（一）检疫处理单位“核准证书”或者检疫处理人员“从业证”有效期届满未申请延续的；

（二）检疫处理单位依法终止的；

（三）检疫处理人员死亡或者丧失行为能力的；

（四）“核准证书”或者“从业证”依法被撤销、撤回或者吊销的；

（五）因不可抗力导致许可事项无法实施的；

（六）法律、法规规定的应当注销的其他情形。

第三十八条 申请从事检疫处理的单位或者人员隐瞒有关情况或者提供虚假申请材料的，直属检验检疫局不予受理或者不予颁发“核准证书”或者“从业证”，申请单位或者人员 1 年内不得再次申请。

以欺骗、贿赂等不正当手段取得“核准证书”或者“从业证”的，申请单位或者人员 3 年内不得再次申请。

第六章　法律责任

第三十九条 检疫处理单位有下列情形之一的，检验检疫部门可以给予警告，并可以并处 3 万元以下罚款：

（一）未按照技术要求和操作规程进行操作的；

（二）出入境检疫处理质量未达到检验检疫技术要求的；

（三）发生安全、质量事故并负有管理责任的；

（四）聘用未取得“从业证”人员或者检疫处理人员超出“从业证”核准范围实施出入境检疫处理工作的；

（五）超出“核准证书”核准范围从事出入境检疫处理工作的；

（六）出入境检疫处理业务档案、安全事故档案或者职工职业健康监护档案不完整、填写不规范，情节严重的；

（七）存在本办法第三十四条所列情形，未办理变更手续的。

第四十条 检疫处理单位有下列情形之一的，由直属检验检疫局吊销其《核准证书》：

（一）有本办法第三十九条第（一）至第（五）项所列情形，情节严重或者造成严重后果的；

（二）伪造、变造、恶意涂改出入境检疫处理业务档案、安全事故档案或者职工职业健康监护档案的；

（三）涂改、倒卖、出租、出借“核准证书”，或者以其他方式非法转让“核准证书”的；

（四）转委托其他单位进行检疫处理的；

（五）检疫处理单位和人员拒绝接受检验检疫部门监管或者整改不力的；

（六）检疫处理单位和人员拒不履行相关义务或者未按照相关规定实施检疫处理，处理效果评价多次不达标的。

第四十一条 检疫处理人员未按照技术要求和操作规程进行操作的，由检验检疫部门给予警告或者处以2000元以下罚款。有下列行为之一的，由直属检验检疫局吊销其“从业证”：

（一）造成重大安全、质量事故的；

（二）超出核准范围从事出入境检疫处理工作的。

第四十二条 尚未取得或者已被吊销“核准证书”“从业证”和营业执照，擅自从事出入境检疫处理工作的，由检验检疫部门责令改正，处以3万元以下罚款。

第四十三条 检验检疫人员徇私舞弊、滥用职权、玩忽职守，违反相关法律法规和本办法规定的，依法给予行政处分；情节严重，构成犯罪的，依法追究刑事责任。

第七章 附 则

第四十四条 检疫处理单位应当将检疫处理收费的依据、项目、标准等对外公布，并严格遵守。

第四十五条 检疫处理单位和检疫处理人员核准以及监管等信息应当及时录入有关信息化管理系统。

第四十六条 检疫处理单位信用管理按照国家企业信用信息管理的有关规定执行。

第四十七条 本办法施行前已经获得出入境检疫处理单位资质许可的检疫处理单位，应当依照本办法规定重新获得核准。申请从事A类检疫处理工作的，其此前从事检疫处理资质年限可连续计算。

第四十八条 出境木质包装标识企业对出境木质包装的检疫处理及进出境货物生产企业在生产过程中进行的检疫处理不适用本办法。

第四十九条 “核准证书”“从业证”“出入境检疫处理单位核准申请表”由国家质检总局统一监制。

第五十条 本办法由国家质检总局负责解释。

第五十一条 本办法自2016年7月1日起施行。原国家检验检疫局于1998年12月24日发布的《熏蒸消毒监督管理办法（试行）》同时废止。

国家质量监督检验检疫总局
第182号令

《国境口岸卫生许可管理办法》已经2015年11月6日国家质量监督检验检疫总局局务会议审议通过，现予公布，自2016年7月1日起施行。

局长

2016年4月28日

国境口岸卫生许可管理办法

第一章 总 则

第一条 为规范国境口岸卫生许可工作，加强口岸卫生监督管理，保护出入境人员健康，维护口岸卫生安全，根据《中华人民共和国国境卫生检疫法》及其实施细则、《中华人民共和国食品安全法》及其实施条例、《公共场所卫生管理条例》、《中华人民共和国国境口岸卫生监督办法》等法律法规的规定，制定本办法。

第二条 本办法适用于国境口岸从事食品生产（含航空配餐）、食品销售（含入/出境交通工具食品供应）、餐饮服务（食品摊贩除外）、饮用水供应、公共场所经营的单位或者个人（以下统称生产经营者）。

第三条 国家质量监督检验检疫总局（以下简称国家质检总局）统一管理全国国境口岸卫生许可管理工作。

国家质检总局设在各地的出入境检验检疫部门（以下简称检验检疫部门）负责所辖区域内的国境口岸卫生许可及监督管理工作。

第四条 生产经营者对其生产经营食品的安全、公共卫生安全负责，应当依照法律、法规以及食品和公共卫生安全标准从事生产经营活动。

第五条 生产经营者应当向所在地检验检疫部门申请国境口岸卫生许可（以下简称卫生许可），取得国境口岸卫生许可证（以下简称卫生许可证）后方可从事相关经营或者服务活动，并依法接受检验检疫部门监督。

第六条 检验检疫部门实施卫生许可应当符合法律、法规和规章规定的权限、范围、条件和程序，遵循公开、公平、公正、便民的原则。

第七条 检验检疫部门应当加强对卫生许可过程的监督检查，建立卫生许可档案管理制度及行政许可结果公示制度。

第八条 任何单位和个人有权监督、举报卫生许可实施过程中的违法行为，检验检疫部门应当及时核实、处理。

第二章 许可要求

第九条 从事国境口岸食品生产、食品销售、餐饮服务的，应当符合国家食品安全标准及下列要求：

（一）具有与生产经营的食品品种、数量相适应的食品原料处理和食品加工、包装、贮存、销售等场所，保持该场所环境整洁，并与有毒、有害场所以及其他污染源保持规定的距离；使用的原、辅材料等应当符合相应的国家标准、行业标准及有关规定；

（二）具有与生产经营的食品品种、数量相适应的生产经营设备或者设施，有相应的消毒、更衣、盥洗、采光、照明、通风、防腐、防尘、防蝇、防鼠、防虫、洗涤以及处理废水、存放垃圾和废弃物的设备或者设施；

（三）具有合理的设备布局和工艺流程，防止待加工食品与直接入口食品、原料与成品交叉污染，避免食品接触有毒物、不洁物；

（四）贮存、运输和装卸食品的容器、工具和设备应当安全、无害、保持清洁，防止食品污染，并符合保证食品安全所需的温度等特殊要求，不得将食品与有毒、有害物品一同贮存、运输；

（五）具有经过食品安全培训、符合相关条件的食品安全管理人员，以及与本单位实际相适应的保证食品安全的规章制度；

（六）用水应当符合国家规定的生活饮用水卫生标准。

第十条 从事饮用水供应的，应当符合下列要求：

（一）建立生活饮用水卫生管理制度；

（二）水质应当符合国家规定的生活饮用水卫生标准；

（三）供水设备应当运转正常，并按照规定的期限清洗、消毒；

（四）供水设施在规定的卫生防护距离内不得有污染源，生活饮用水水箱必须专用，与非饮用水不得相通，必须安全密闭、有必要的卫生防护设施；

（五）与生活饮用水直接接触的供水设备及用品，应当符合国家相关产品标准，无毒无害，不得污染水质；

（六）具备感官指标和余氯、pH 值等常用理化指标检测能力；

（七）自备水源供水设施与城镇公共供水管网不得有任何连接；

（八）二次供水设施与城镇公共供水管网不得直接连接，在特殊情况下需要连通时必须设置不承压水箱；

（九）集中式供水应当有水质消毒设备。

第十一条 从事国境口岸公共场所经营的，应当符合下列要求：

（一）有固定的营业场所，根据经营规模、项目设置清洗、消毒、保洁、盥洗等设施设备和公共卫生间，并保证各项设施运转正常，禁止挪作他用；

（二）设立卫生管理人员，具体负责本公共场所的卫生工作，建立卫生管理档案和卫生管理制度；

（三）水质符合国家规定的要求；

（四）应当配备有效的医学媒介生物控制措施及废弃物存放专用设施；

（五）室内空气质量和微小气候及提供的用品、用具应当符合国家卫生标准和要求，采用集中空调通风系统的，应当符合集中空调通风系统相关规定的要求；

（六）应当设置醒目的禁止吸烟警语和标志。

第十二条 生产经营者还应当符合法律、法规规定的其他要求。

第三章 许可程序

第一节 申 请

第十三条 每个具有独立固定经营场所的国境口

岸食品生产、食品销售、餐饮服务、饮用水供应、公共场所经营单位应当作为一个卫生许可证发证单元，单独申请卫生许可。

第十四条 从事国境口岸食品生产、食品销售、餐饮服务的，申请卫生许可时，应当提供以下材料：

（一）卫生许可证申请书；

（二）营业执照复印件；

（三）法定代表人（负责人或者经营者）资格及身份证明（委托他人代为办理的，应当同时提交委托书及受委托人身份证明）；

（四）与本单位实际相适应的保证食品安全的卫生管理制度，包括环境清洁卫生管理制度、食品安全自查管理制度、食品进货查验记录制度、从业人员健康管理制度等有关资料；

（五）其他材料：

从事食品生产的，应当提交场所及其周围环境平面图、生产加工各功能区间布局平面图、生产工艺流程图、设备布局图；食品生产设备设施清单；食品生产的执行标准；具备资质的检测机构出具的生产用水卫生检验报告等。生产加工过程食品安全管理制度、出厂检验记录制度、不合格产品管理制度。航空配餐企业还应当提供符合冷链运输要求的专用食品运输车辆、冷冻冷藏设施的证明材料。

从事食品销售，应当提交与食品销售相适应的经营设施空间布局平面图、经营设施设备清单。从事入/出境交通工具食品供应的，还应当提供符合冷链运输要求的专用食品运输车辆、冷冻冷藏设施的证明材料。利用自动售货设备进行食品销售的，申请人还应当提交自动售货设备的产品合格证明、具体放置地点，经营者名称、住所、联系方式、食品经营许可证的公示方法等材料。

从事餐饮服务的，应当提交经营场所和设备布局、加工流程、卫生设施等示意图；具备资质的检测机构出具的用水卫生检验报告；设施设备卫生管理制度、清洗消毒制度、加工操作规程、食品添加剂的管理制度；有送餐服务的，应当提供符合保温或者冷链运输要求的专用食品运输设施的证明材料。

集中用餐的非盈利性食堂可免予提供营业执照，但应当提供场所合法使用证明。

第十五条 从事饮用水供应的，申请卫生许可时，应当提供以下材料：

（一）卫生许可证申请书；

（二）营业执照复印件；

（三）法定代表人（负责人或者经营者）资格及身份证明（委托他人代为办理的，应当同时提交委托书及受委托人身份证明）；

（四）本单位卫生管理制度，包括从业人员卫生培训，专（兼）职卫生管理人员，供水设备设施维护，卫生管理档案等有关内容；

（五）涉及饮用水卫生安全产品的卫生许可批件；

（六）设计图纸及相关文字说明，如平面布局图、设备布局图、管网平面布局图、管网系统图等；

（七）具备资质的检测机构出具的一年内水质检测合格报告；

（八）自备水源的应当提供制水工艺流程文件。

第十六条 从事国境口岸公共场所经营的，申请卫生许可时，应当提供以下材料：

（一）卫生许可证申请书；

（二）营业执照复印件；

（三）法定代表人（负责人或者经营者）资格及身份证明（委托他人代为办理的，应当同时提交委托书及受委托人身份证明）；

（四）本单位卫生管理制度，包括从业人员卫生培训，专（兼）职卫生管理人员，卫生设施设备维护，公共场所危害健康事故应急，卫生管理档案等内容；

（五）营业场所平面图和卫生设施平面布局图；

（六）公共场所卫生检测或者评价报告；

（七）使用集中空调通风系统的，应当提供集中空调通风系统卫生检测或者评价报告。

第十七条 法律、法规有其他要求的，应当按照要求提交相应的材料。

第十八条 申请国境口岸卫生许可的申请人（以下简称申请人）可以当面提交或者通过信函、电报、电传、传真、电子数据交换和电子邮件等方式提交材料，并对材料的真实性负责。

第二节 受 理

第十九条 检验检疫部门对申请人提出的卫生许可申请，应当分别作出下列处理：

（一）申请事项依法不需要取得行政许可的，应当即时告知申请人不受理；

（二）申请事项依法不属于检验检疫部门职权范围的，应当即时作出不予受理的决定，并告知申请人向有关行政机关申请；

（三）申请材料存在可以当场更正的错误的，应当允许申请人当场更正；

（四）申请材料不齐全或者不符合法定形式的，应当当场或者自收到申请材料之日起 5 日内一次性告知申请人需要补正的全部内容。逾期不告知的，自收到申请材料之日起即为受理；

（五）申请事项属于检验检疫部门职权范围，申请材料齐全、符合法定形式，或者申请人按照检验检疫部门的要求提交全部补正申请材料的，应当受理卫生许可申请。

第二十条 检验检疫部门应当以书面形式决定是否受理卫生许可申请。

（一）检验检疫部门受理卫生许可申请的，应当向申请人出具质量监督检验检疫行政许可申请受理决定书；

（二）不属于检验检疫部门职权范围的，出具质量监督检验检疫行政许可不予受理决定书；

（三）申请材料不齐全或者不符合法定形式的，出具质量监督检验检疫行政许可申请材料补正告知书。

第二十一条 检验检疫部门不得要求申请人重复提供申请材料。

第三节 审 查

第二十二条 检验检疫部门应当对申请人提交的申请材料内容的完整性、有效性进行审查。

第二十三条 申请材料经审查合格，确有必要需现场审查的，受理的检验检疫部门应当在 5 个工作日内成立由 2 名以上经培训合格的检验检疫部门卫生监督工作人员组成的卫生许可现场审查组，依据相应的法律法规及卫生安全标准，对企业的卫生状况、设备设施以及质量安全控制能力等进行现场审查，并填写现场审查监督笔录。

第二十四条 现场审查不合格且无法整改的，现场审查组应当提出不予许可意见；现场审查不合格且可以整改的，现场审查组可以要求申请人限时整改。

现场审查最长不超过 1 个月，且应当告知企业。

第四节 决定与送达

第二十五条 检验检疫部门应当根据申请材料审查和现场审查结果，对符合条件的，作出准予行政许可的决定，应当向申请人颁发卫生许可证；对不符合条件的，作出不予行政许可的决定，检验检疫部门应当向申请人送达质量监督检验检疫不予行政许可决定书，同时说明理由，告知申请人享有依法申请行政复议或者提出行政诉讼的权利。

第二十六条 对送达申请人的各种文书，应一式二份，一份送申请人，一份由检验检疫部门存档。送达应填写送达回证，多个文书可用一个送达回证。

第二十七条 对于已办结的卫生许可事项，检验检疫部门应当将有关卫生许可材料及时归档。

第五节 期限与公示

第二十八条 检验检疫部门应当自受理申请之日起 20 个工作日内作出行政许可决定（现场审查和整改时间不计在内）。因特殊原因需要延长许可期限的，经本机构负责人批准，可以延长 10 个工作日，并应当将延长期限的理由告知申请人。对准予行政许可决定的，检验检疫部门应当自作出决定之日起 10 个工作日内向申请人颁发卫生许可证。

第二十九条 检验检疫部门应当将许可事项、依据、条件、程序、期限以及需提交材料的目录和卫生许可证申请书示范文本等在受理办公现场公示，并定期公示卫生许可结果。

第六节 变更、延续、补发

第三十条 有以下情形之一的，生产经营者应当向作出行政许可决定的检验检疫部门（以下称原发证机构）提出变更申请：

（一）名称、法定代表人（负责人或者经营者）、经营范围或者地址门牌号改变（实际经营场所未改变）；

（二）功能布局、工艺流程、设施设备改变，可能影响食品安全的。

原发证机构应当对申请变更内容进行审核。准予变更的，颁发新的卫生许可证，原卫生许可证号及有效期限不变。

第三十一条 生产经营者需要延续卫生许可证的，应当在卫生许可证有效期届满 30 日前向原发证机构书面提出延续申请。逾期提出延续申请的，按照新申请卫生许可证办理。

第三十二条 申请延续卫生许可证应当提供以下材料：

（一）卫生许可证申请书；

（二）原卫生许可证复印件；

（三）原申请提交材料是否发生变化的说明材料（有变化的，应当补充相关材料）。

第三十三条 原发证机构受理卫生许可证延续申请后，应当对原许可的经营场所、功能布局、工艺流程、设施设备等是否有变化，以及是否符合相关规定进行审核。准予延续的，颁发新的卫生许可证。

第三十四条 生产经营者在领取变更、延续后的新卫生许可证时，应当将原卫生许可证交回原发证机构。

第三十五条 生产经营者遗失、毁损卫生许可证的，应当于遗失、毁损后60日内公开声明，并向原发证机构申请补发。

第七节 终止、撤销、注销

第三十六条 检验检疫部门受理行政许可申请后，作出行政许可决定前，有下列情形之一的，应当终止办理卫生许可：

（一）申请事项依法不需要取得卫生许可的；

（二）申请事项依法不属于本检验检疫部门职权范围的；

（三）申请人未在规定期限内补正有关申请材料的；

（四）申请人撤回卫生许可申请的；

（五）其他依法应当终止办理卫生许可的。

第三十七条 有下列情形之一的，检验检疫部门应当依法撤销被许可人取得的卫生许可：

（一）检验检疫部门工作人员滥用职权、玩忽职守作出准予卫生许可决定的；

（二）超越法定职权作出卫生许可决定的；

（三）违反法定程序作出卫生许可决定的；

（四）对不具备申请资格或者不符合法定条件的申请人准予卫生许可的；

（五）申请人以欺骗、贿赂等非法手段骗取卫生许可证的；

（六）依法可以撤销卫生许可的其他情形。

第三十八条 有下列情形之一的，检验检疫部门应当依法办理卫生许可的注销手续，并予以公示：

（一）卫生许可有效期届满未延续的；

（二）法人或者其他组织依法终止的；

（三）被许可人申请注销卫生许可的；

（四）卫生许可依法被撤销、撤回，或者卫生许可证件依法被吊销的；

（五）因不可抗力导致卫生许可事项无法实施的；

（六）法律、法规规定的应当注销卫生许可的其他情形。

第三十九条 因卫生许可所依据的法律、法规、规章修改或者废止，或者准予行政许可所依据的客观情况发生重大变化等原因，确需变更或者撤回被许可人取得的行政许可，由准予行政许可的检验检疫部门作出变更或者撤回行政许可的决定。

第四章 监督管理

第四十条 卫生许可证样式由国家质检总局统一规定，有效期为4年。

第四十一条 在国境口岸范围内开展临时性生产经营活动的应当申请办理临时卫生许可，临时卫生许可证有效期不超过半年。

第四十二条 卫生许可证统一使用电脑打印，卫生许可证统一15位数字编号，格式为：发证机构代码（4位）＋年份号（后2位）＋分类号（5位）＋证书流水号（4位）。

分类号第一位数字代表食品生产，第二位代表食品流通（含交通工具食品供应），第三位代表餐饮服务，第四位代表生活饮用水供应，第五位代表公共场所，从事的经营类别以数字“1”表示，不从事的经营类别以数字“0”表示。证书流水号是指不分类的证书流水号。

第四十三条 卫生许可证不得涂改、出租、出借、非法转让、倒卖。

生产经营者应当按照许可范围依法经营，并在经营场所醒目位置悬挂或者摆放卫生许可证。

第四十四条 上级检验检疫部门发现下级检验检疫部门违反规定实施卫生许可的，应当责令下级检验检疫部门限期纠正或者直接予以纠正。

第四十五条 检验检疫部门及其工作人员履行卫生许可职责，应当自觉接受生产经营者以及社会的监督。

检验检疫部门接到有关违反规定实施卫生许可的举报，应当及时进行核实；情况属实的，应当立即纠正。

第五章 法律责任

第四十六条 食品生产经营者有违反食品安全法

律法规行为的，由检验检疫部门依照《食品安全法》及其实施条例的规定进行处罚。

食品生产经营者超范围从事生产经营活动的，由检验检疫部门依据情节轻重处以两千元以上三万元以下罚款。

第四十七条 食品生产、食品流通、餐饮服务、饮用水供应经营者有下列行为的，应当承担以下法律责任：

（一）申请人提供虚假材料或者隐瞒真实情况的，检验检疫部门不予受理或者不予许可，并给予警告，申请人在一年内不得再次申请卫生许可。

（二）申请人以欺骗、贿赂等不正当手段取得卫生许可的，检验检疫部门应当依法给予行政处罚，申请人在三年内不得再次申请卫生许可；涉嫌构成犯罪的，移交司法机关追究刑事责任。

（三）对涂改、出租、出借、非法转让、倒卖有效卫生许可证的，直接吊销卫生许可证，负责的主管人员自处罚决定做出之日起五年内不得从事食品生产、食品流通、餐饮服务、饮用水供应经营单位的管理工作。

第四十八条 公共场所经营者有下列行为的，实施相应的处罚：

（一）对未依法取得卫生许可证擅自营业或者超范围经营的，由检验检疫部门责令限期改正，给予警告，并处以五百元以上五千元以下罚款；有下列情形之一的，处以五千元以上三万元以下罚款：

1. 擅自营业曾受过检验检疫部门处罚的；

2. 擅自营业时间在3个月以上的；

3. 以涂改、出租、出借、非法转让、倒卖、伪造的卫生许可证擅自营业的；

4. 提供虚假材料、隐瞒经营活动真实情况或者拒绝提供真实材料的。

（二）有下列情形之一的，由检验检疫部门责令限期改正，给予警告，并可处以二千元以下罚款；逾期不改正，造成公共场所卫生质量不符合卫生标准和要求的，处以二千元以上二万元以下罚款；情节严重的，可以依法责令停业整顿，直至吊销卫生许可证：

1. 未按照规定对公共场所的空气、微小气候、水质、采光、照明、噪声、顾客用品用具等进行卫生检测的；

2. 未按照规定对顾客用品用具进行清洗、消毒、保洁，或者重复使用一次性用品用具的。

（三）经营者对发生的危害健康事故未立即采取处置措施，导致危害扩大，或者隐瞒、缓报、谎报的，由检验检疫部门处以五千元以上三万元以下罚款；情节严重的，可以依法责令停业整顿，直至吊销卫生许可证。构成犯罪的，依法追究刑事责任。

第四十九条 检验检疫部门及其工作人员违反本办法规定，在卫生许可工作中滥用职权、玩忽职守、徇私舞弊的，依法追究相关法律责任。

第六章 附 则

第五十条 本办法所称的国境口岸，是指人员、行李、货物、集装箱、交通工具、物品和邮包入境或出境的国际关口，以及为入境或出境的人员、行李、货物、集装箱、交通工具、物品和邮包提供服务的单位和区域。

本办法所称入/出境交通工具食品供应，是指除航空配餐食品供应以外，为其他国际通行交通工具（如船舶、列车等）供应食品的行为。

第五十一条 本办法自2016年7月1日起施行。生产经营者在本办法施行前已经取得《国境口岸食品生产经营单位卫生许可证》《国境口岸服务行业卫生许可证》的，该许可证在有效期内继续有效。此前相关规定与本办法不一致的，以本办法为准。

国家质量监督检验检疫总局
第183号令

《进境水生动物检验检疫监督管理办法》已经2016年2月3日国家质量监督检验检疫总局局务会议审议通过，现予公布，自2016年9月1日起施行。

局长

2016年7月26日

进境水生动物检验检疫监督管理办法

第一章　总　则

第一条　为了防止水生动物疫病传入国境，保护渔业生产、人体健康和生态环境，根据《中华人民共和国进出境动植物检疫法》及其实施条例、《中华人民共和国进出口商品检验法》及其实施条例、《中华人民共和国农产品质量安全法》、《国务院关于加强食品等产品安全监督管理的特别规定》等法律法规的规定，制定本办法。

第二条　本办法适用于进境水生动物的检验检疫监督管理。

第三条　国家质量监督检验检疫总局（以下简称国家质检总局）主管全国进境水生动物检验检疫和监督管理工作。

国家质检总局设在各地的出入境检验检疫部门（以下简称检验检疫部门）负责所辖地区进境水生动物的检验检疫和监督管理工作。

第四条　国家质检总局和检验检疫部门对进境水生动物在风险分析基础上实施检验检疫风险管理，对进境有关企业实施分类管理和信用管理。

第五条　进境水生动物企业应当按照法律法规和有关标准从事生产经营活动，对社会和公众负责，保证进境水生动物的质量安全，接受社会监督，承担社会责任。

第二章　检疫准入

第六条　国家质检总局对进境水生动物实施检疫准入制度，包括产品风险分析、安全卫生控制体系评估与审查、检验检疫要求确定、境外养殖和包装企业注册登记。

第七条　国家质检总局分类制定、公布进境水生动物的检验检疫要求。根据检验检疫要求，对首次向中国输出水生动物的国家或者地区进行产品风险分析和安全卫生控制体系评估，对曾经或者正在向中国输出水生动物的国家或者地区水生动物安全卫生控制体系进行回顾性审查。

国家质检总局可以派出专家组到输出国家或者地区对其水生动物安全卫生控制体系进行现场审核评估。

第八条　国家质检总局根据风险分析、评估审查结果和检验检疫要求，与向中国输出水生动物的国家或者地区官方主管部门协商签订有关议定书或者确定检验检疫证书。

国家质检总局制定、调整并公布允许进境水生动物种类及输出国家或者地区名单。

第九条　国家质检总局对向中国输出水生动物的养殖和包装企业实施注册登记管理。

向中国输出水生动物的境外养殖和包装企业（以下简称注册登记企业）应当符合输出国家或者地区有关法律法规，输出国家或者地区官方主管部门批准后向国家质检总局推荐。推荐材料应当包括：

（一）企业信息：企业名称、地址、官方主管部门批准编号、养殖、包装能力等；

（二）水生动物信息：养殖和包装的水生动物品种学名、用途等；

（三）监控信息：企业最近一次疫病、有毒有害物质的官方监控结果。

第十条　国家质检总局应当对推荐材料进行审查。审查不合格的，通知输出国家或者地区官方主管部门补正；审查合格的，国家质检总局可以派出专家组对申请注册登记企业进行抽查。对抽查不符合要求的企业不予注册登记；对抽查符合要求的及未被抽查的其他推荐企业，结合水生动物安全卫生控制体系评估结果，决定是否给予注册登记。

国家质检总局定期公布、调整注册登记企业名单。

第十一条　境外养殖和包装企业注册登记有效期为3年。

需要延期注册登记的企业，应当在有效期届满前至少6个月，由输出国家或者地区主管部门向国家质检总局提出延期申请。国家质检总局可以派出专家组到输出国家或者地区对其安全卫生控制体系进行回顾性审查，并对申请延期的境外养殖和包装企业进行抽查。

对回顾性审查符合要求的国家或者地区，抽查符合要求的及未被抽查的其他申请延期的注册登记企业，注册登记有效期延长3年。

第十二条　逾期未提出注册登记延期申请的，国家质检总局注销其注册登记。

第十三条 注册登记企业向中国输出的水生动物检验检疫不合格，情节严重的，国家质检总局可以撤销其注册登记。

第三章 境外检验检疫

第十四条 注册登记企业和相关捕捞区域应当符合输出国家有关法律法规，并处于输出国家或者地区官方主管部门的有效监管之下。

种用、养殖和观赏水生动物的注册登记企业，应当由输出国家或者地区官方主管部门按照世界动物卫生组织推荐的方法和标准，按照输出国家或者地区的规定和双边检验检疫协定规定连续监测两年以上，未发现有关疫病。

食用水生动物的注册登记企业，应当经过输出国家或者地区官方主管部门有关水生动物疫病、有毒有害物质和致病微生物监测，结果符合双边检验检疫协定规定、中国强制性标准或者国家质检总局指定标准的要求。

第十五条 向中国输出水生动物的国家或者地区发生重大水生动物疫病，或者向中国输出水生动物的注册登记企业、捕捞区域发生水生动物不明原因的大规模死亡时，输出国家或者地区官方主管部门应当主动停止向中国出口并向国家质检总局通报相关信息。

第十六条 向中国输出的水生动物精液和受精卵，必须来自健康的亲代种群。种用、养殖和观赏水生动物输出前，应当在输出国家或者地区官方主管部门认可的场所实施隔离检疫。隔离检疫期间，不得与其他水生动物接触。

国家质检总局可以派遣检疫官员赴输出国家或者地区协助开展出口前隔离检疫。

第十七条 向中国输出水生动物的注册登记企业和隔离检疫场所应当具备适当的生物安全防护设施和防疫管理制度，能有效防止其他水域的水生动物入侵，确保输出水生动物的安全卫生。

第十八条 不同养殖场或者捕捞区域的水生动物应当分开包装，不同种类的水生动物应当独立包装，能够满足动物生存和福利需要。包装容器应当是全新的或者经消毒处理，能够防止渗漏，内包装应当透明，便于检查。

第十九条 向中国输出水生动物的包装用水或者冰及铺垫材料应当符合安全卫生要求，不能含有危害动植物和人体健康的病原微生物、有毒有害物质以及可能破坏水体生态环境的水生生物。

第二十条 向中国输出的水生动物在运输前48小时内，不得有动物传染病和寄生虫病的临床症状。必要时，应当使用输出国家或者地区官方主管部门批准的有效药物进行消毒和驱虫。

第二十一条 输出国家或者地区官方主管部门应当按照与国家质检总局确认的检验检疫证书格式和内容对向中国输出的水生动物出具检验检疫证书。

第四章 进境检验检疫

第二十二条 进境水生动物应当符合下列要求：

（一）中国法律法规规定和强制性标准要求；

（二）国家质检总局分类制定的检验检疫要求；

（三）双边检验检疫协定确定的相关要求；

（四）双方确认的检验检疫证书规定的相关要求；

（五）进境动植物检疫许可证（以下简称检疫许可证）列明的要求；

（六）国家质检总局规定的其他检验检疫要求。

第二十三条 食用水生动物应当从国家质检总局公布的指定口岸进境。国家质检总局定期考核指定口岸，公布指定口岸名单。

进境食用水生动物指定口岸相关要求由国家质检总局另行制定。

第二十四条 进境水生动物收货人或者其代理人应当按照相关规定办理检疫许可证。

进境水生动物自输出国家或者地区出境后中转第三方国家或者地区进境的，收货人或者其代理人办理检疫许可证时应当详细填写运输路线及在第三方国家或者地区中转处理情况，包括是否离开海关监管区、更换运输工具、拆换包装以及进入第三方国家或者地区水体环境等。

进境种用、养殖和观赏水生动物收货人或者其代理人，应当在指定隔离场所在地检验检疫部门办理检疫许可证，办理前应当按照《进境动物隔离检疫场使用监督管理办法》的规定取得隔离场使用证；进境食用水生动物的，应当在进境口岸检验检疫部门办理检疫许可证。

第二十五条 水生动物进境前或者进境时，收货人或者其代理人应当持检疫许可证、输出国家或者地区官方主管部门出具的检验检疫证书正本、贸易合同、提单、装箱单、发票等单证向进境口岸检验检疫部门报检。

检疫许可证上的申请单位、国外官方主管部门出具的检验检疫证书上的收货人和货运提单上的收货人应当一致。

第二十六条 检验检疫部门对收货人或者其代理人提交的相关单证进行审核，符合要求的受理报检，并按照有关规定对检疫许可证批准的数量进行核销。

第二十七条 进境口岸检验检疫部门按照下列规定对进境水生动物实施现场查验：

（一）开箱查验比例：进境种用、养殖和观赏水生动物，低于10件的全部开箱，10件以上的每增加10件，开箱数增加2件，最高不超过20件；进境食用水生动物，开箱比例不高于10%，最低不少于3件。发现问题的，适当增加开箱查验比例。

国家质检总局有分类管理规定的，按照有关规定开箱查验；

（二）核对货证：品名、数（重）量、包装、输出日期、运输工具信息、输出国家或者地区、中转国家或者地区等是否相符；

（三）包装和标签检查：包装容器是否完好；包装容器上是否有牢固、清晰易辨的中文或者英文标志，标明水生动物的品名、学名、产地、养殖或者包装企业批准编号等内容。活鱼运输船、活鱼集装箱等难以加贴标签的除外；

（四）临床检查：水生动物的健康状况，主要包括游动是否异常，体表有无溃疡、出血、囊肿及寄生虫感染，体色是否异常，鱼类腹部有无肿胀、肛门有无红肿，贝类闭壳肌收缩有无异常，甲壳类体表和头胸甲是否有黑斑或者白斑、鳃部发黑等；

（五）包装用水或者冰、铺垫材料：是否带有土壤及危害动植物和人体健康的有害生物等法律法规规定的禁止进境物。

第二十八条 检验检疫部门应当按照有关规定对装载进境水生动物的外包装、运输工具和装卸场地进行防疫消毒处理。

第二十九条 现场查验发现有下列情形的，检验检疫部门按照有关规定进行处理：

（一）发现内包装容器损坏并有装载水洒漏的，要求货主或者其代理人对包装容器进行整理、更换包装或者对破损包装内的水生动物作销毁处理，并对现场及包装容器等进行消毒；

（二）现场需要开拆包装加水或者换水的，所用水必须达到中国规定的渔业水质标准，并经消毒处理，对废弃的原包装、包装用水或者冰及铺垫材料，按照有关规定实施消毒处理；

（三）对发现的禁止进境物进行销毁处理；

（四）临床检查发现异常时可以抽样送实验室进行检测；

（五）对已经死亡的水生动物，监督货主或者其代理人作无害化处理。

第三十条 受理报检或者现场查验发现有下列情形之一的，检验检疫部门签发《检验检疫处理通知书》，由收货人或其代理人在检验检疫部门的监督下，作退回或者销毁处理：

（一）未被列入允许进境水生动物种类及输出国家或者地区名单的；

（二）无有效检疫许可证的；

（三）无输出国家或者地区官方主管部门出具的有效检验检疫证书的；

（四）检疫许可证上的申请单位、检验检疫证书上的收货人和货运提单上的收货人不一致的；实际运输路线与检疫许可证不一致的；

（五）来自未经注册登记企业的；

（六）货证不符的，包括品种不符、进境水生动物数（重）量超过检验检疫证书载明数（重）量、谎报用途、无标签、标签内容不全或者与检验检疫证书载明内容不符的；

（七）临床检查发现异常死亡且出现水生动物疫病临床症状的；

（八）临床检查发现死亡率超过50%的。

第三十一条 进境食用水生动物的，进境口岸检验检疫部门按照有关标准、监控计划和警示通报等要求对其实施采样，对下列项目进行检验或者监测：

（一）水生动物疫病病原、食源性致病微生物、寄生虫；

（二）贝类毒素等生物毒素；

（三）重金属、农兽药残留；

（四）其他要求的项目。

第三十二条 进境食用水生动物，经检验检疫部门现场查验合格后予以放行；查验不合格的，作退回或者销毁处理。监控计划和警示通报有要求的，按照要求实施抽样检测。

第三十三条 实验室检测不合格的，进境食用水生动物收货人或其代理人应当主动召回不合格食用水生动物并采取有效措施进行处理。

第三十四条 根据风险监控不合格发生频次和危害程度，经风险评估，对国家质检总局采取扣留检测措施的进境食用水生动物，收货人或者其代理人应当将进境食用水生动物调运至检验检疫部门指定扣检暂存场所，实验室检测合格后方可放行。实验室检测不合格的，作退回或者销毁处理。

第三十五条 进境种用、养殖和观赏水生动物应当在指定隔离场进行至少 14 天的隔离检疫。现场查验合格后，由进境口岸检验检疫部门出具“入境货物调离通知单”，运抵指定隔离场所在地后，收货人或其代理人应当向检验检疫部门申报。指定隔离场所在地检验检疫部门应当核对货证，并实施以下检验检疫措施：

（一）对已经死亡的水生动物作无害化处理；

（二）对原包装、装载用水或者冰和铺垫材料做消毒处理；

（三）隔离检疫期间，检验检疫部门按照年度水生动物疫病监测计划、检疫许可证要求和其他有关规定抽样，实施水生动物疫病检测。

隔离检疫合格的，签发“入境货物检验检疫证明”，予以放行；不合格的，签发“检验检疫处理通知书”，对同一隔离设施内全部水生动物实行扑杀或者销毁处理，并对隔离场所进行消毒。

第五章　过境和中转检验检疫

第三十六条 运输水生动物过境的，承运人或者押运人应当按照规定办理检疫审批手续，并持货运单、检疫许可证和输出国家或者地区官方主管部门出具的证书，向进境口岸检验检疫部门报检。

第三十七条 装载过境水生动物的包装容器应当完好，无散漏。经进境口岸检验检疫部门检查，发现包装容器在运输过程中可能存在散漏的，承运人或者押运人应当按照检验检疫部门的要求进行整改。无法有效整改的，不准过境。

第三十八条 经香港或者澳门中转运输到内地的，发货人或者其代理人应当向国家质检总局指定的检验机构申请中转检验。未经中转检验或者中转检验不合格的，不得转运内地。

经第三方国家或者地区中转的，须由第三方国家或者地区官方主管部门按照国家质检总局有关要求出具中转证明文件，无有效中转证明文件的，不得进境。

第六章　监督管理

第三十九条 国家质检总局对进境水生动物实施安全风险监控和疫病监测，制定进境水生动物年度安全风险监控计划和水生动物疫病监测计划，编制年度工作报告。

直属检验检疫局结合本地实际情况制订实施方案并组织实施。

第四十条 检验检疫部门应当按照有关规定将进境水生动物检验检疫不合格信息上报国家质检总局，国家质检总局应当向输出国家或者地区官方主管部门通报不合格信息。

第四十一条 国家质检总局根据进境水生动物检验检疫不合格情况、国内外相关官方主管部门或者组织通报的风险信息以及国内外市场发现的问题等，在风险分析的基础上按照有关规定发布警示通报，采取提高监控比例、扣留检测直至暂停进口等风险控制措施。

第四十二条 检验检疫部门按照《出入境检验检疫企业信用管理办法》的规定对进境水生动物收货人实施信用管理。

第四十三条 检验检疫部门对进境食用水生动物收货人实施备案管理。

第四十四条 进境食用水生动物收货人应当建立进境水生动物经营档案，记录进境水生动物的报检号、品名、数/重量、输出国家或者地区、境外注册养殖和包装企业及注册号、进境水生动物流向等信息，经营档案保存期限不得少于 2 年。

第四十五条 检验检疫部门对进境食用水生动物收货人的经营档案进行定期审核，审核不合格的，责令整改。

第四十六条 进境种用、养殖和观赏水生动物收货人应当按照《进境动物隔离检疫场使用监督管理办法》的规定做好进境水生动物隔离期间的养殖和防疫工作，并保存相关记录。检验检疫部门按照有关规定对指定隔离场进行监督管理。

第四十七条 进境水生动物存在安全卫生问题的，收货人应当主动采取召回、销毁等控制措施并立即向检验检疫部门报告，同时报告地方政府主管部门。收货人拒不履行召回义务的，检验检疫部门可以责令收货人召回。

第七章　法律责任

第四十八条　有下列情形之一的，由检验检疫部门按照《中华人民共和国进出境动植物检疫法实施条例》的规定处5000元以下的罚款：

（一）未报检或者未依法办理检疫审批手续或者未按检疫审批的规定执行的；

（二）报检的进境水生动物与实际不符的。

有前款第（二）项所列行为，已取得检疫单证的，予以吊销。

第四十九条　有下列情形之一的，由检验检疫部门按照《中华人民共和国进出境动植物检疫法实施条例》的规定处3000元以上3万元以下罚款：

（一）未经检验检疫部门许可擅自将进境、过境水生动物卸离运输工具或者运递的；

（二）擅自调离或者处理在检验检疫部门指定的隔离场所中隔离检疫的进境水生动物的；

（三）擅自开拆过境水生动物的包装，或者擅自开拆、损毁检验检疫封识或者标志的；

（四）擅自抛弃过境水生动物的尸体、铺垫材料或者其他废弃物，或者未按规定处理包装用水的。

第五十条　有下列情形之一的，依法追究刑事责任；尚不构成犯罪或者犯罪情节显著轻微依法不需要判处刑罚的，由检验检疫部门按照《中华人民共和国进出境动植物检疫法实施条例》的规定处2万元以上5万元以下的罚款：

（一）引起重大动物疫情的；

（二）伪造、变造检疫单证、印章、标志、封识的。

第五十一条　有下列情形之一的，由检验检疫部门按照《国务院关于加强食品等产品安全监督管理的特别规定》予以处罚：

（一）明知有安全隐患，隐瞒不报，拒不履行事故报告义务继续进口的；

（二）拒不履行产品召回义务的。

第五十二条　有下列情形之一的，由检验检疫部门处3万元以下罚款：

（一）使用伪造、变造的检疫单证、印章、标志、封识的；

（二）使用伪造、变造的输出国家或者地区官方主管部门检疫证明文件的；

（三）使用伪造、变造的其他相关证明文件的；

（四）未建立经营档案或者未按照规定记录、保存经营档案的；

（五）擅自调离或者处理在检验检疫部门指定场所中扣留的进境食用水生动物的；

（六）拒不接受检验检疫部门监督管理的。

第五十三条　进境水生动物收货人或者其代理人、检验检疫部门及其工作人员有其他违法行为的，按照相关法律法规的规定处理。

第八章　附　则

第五十四条　本办法中下列用语的含义是：

水生动物：指人工养殖或者天然水域捕捞的活的鱼类、软体类、甲壳类、水母类、棘皮类、头索类、两栖类动物，包括其繁殖用的精液、受精卵。

养殖场：指水生动物的孵化、育苗、养殖场所。

包装场：指水生动物出境前短期集中、存放、分类、加工整理、包装的场所。

输出国家或者地区：指对进境水生动物出具官方检验检疫证书的官方主管部门所属的国家或者地区。

中转：指因运输原因，水生动物自输出国家或者地区出境后须途经第三方国家或者地区，在第三方国家或者地区期间货物离开海关监管区等特殊监管区域并变换运输工具后运输到中国内地的运输方式。

包装用水：指与水生动物直接接触的水，不包括密封的、用于调节温度的冰块或者水袋。

扣留检测：指进境食用水生动物因存在安全卫生隐患，进境口岸查验合格后调运至检验检疫部门指定暂存场所，待抽样检测合格后允许放行的检验检疫措施。

第五十五条　进境龟、鳖、蛇、鳄鱼等爬行类动物的检验检疫和监督管理参照本办法执行。

第五十六条　边境贸易进境水生动物检验检疫和监督管理参照本办法执行。

第五十七条　本办法由国家质检总局负责解释。

第五十八条　本办法自2016年9月1日起施行。国家质检总局2003年11月1日实施的《进境水生动物检验检疫管理办法》（国家质检总局令第44号）同时废止。

国家质量监督检验检疫总局
第 185 号令

《出入境邮轮检疫管理办法》已经 2016 年 9 月 30 日国家质量监督检验检疫总局局务会议审议通过，现予公布，自 2017 年 1 月 1 日起施行。

局长

2016 年 10 月 25 日

出入境邮轮检疫管理办法

第一章　总　则

第一条　为了规范出入境邮轮检疫监管工作，防止疫病疫情传播，促进邮轮经济发展，根据《中华人民共和国国境卫生检疫法》及其实施细则、《中华人民共和国动植物检疫法》及其实施条例、《中华人民共和国食品安全法》及其实施条例、《中华人民共和国传染病防治法》及其实施办法、《突发公共卫生事件应急条例》、《国际航行船舶进出中华人民共和国口岸检查办法》等法律法规的规定，制定本办法。

第二条　本办法适用于对进出中华人民共和国国境口岸的外国籍邮轮和航行国际航线的中华人民共和国籍邮轮及相关经营、服务单位的检疫监督管理。

第三条　国家质量监督检验检疫总局（以下简称国家质检总局）统一管理全国出入境邮轮检疫监管工作。

国家质检总局设在各地的出入境检验检疫部门（以下简称检验检疫部门）负责所辖口岸的出入境邮轮检疫监管工作。

第二章　风险管理

第四条　国家质检总局及检验检疫部门对出入境邮轮实施风险管理。

第五条　国家质检总局根据邮轮卫生状况、运营方及其代理人检疫风险控制能力、信用等级、现场监管情况及其他相关因素，制定邮轮检疫风险评估技术方案，确定邮轮检疫风险等级划分标准。

第六条　邮轮运营方负责建立并运行邮轮公共卫生安全体系，包括：

（一）食品安全控制计划；

（二）饮用水安全控制计划；

（三）娱乐用水安全控制计划；

（四）医学媒介生物监测计划；

（五）邮轮公共场所卫生制度；

（六）废弃物管理制度；

（七）胃肠道疾病的监测与控制体系；

（八）突发公共卫生事件应对工作机制。

第七条　邮轮运营方负责建立邮轮有害生物综合管理措施（IPM）计划，开展相关监测、防治和报告工作，控制有害生物扩散。

第八条　邮轮运营方或者其代理人按照自愿原则，可以向母港所在地检验检疫部门提出风险评估申请，申请时应当提交以下资料：

（一）邮轮检疫风险评估申请书；

（二）公共卫生安全体系文件；

（三）邮轮的通风系统、生活用水供应系统、饮用水净化系统、污水处理系统的结构图以及其他相关资料。

第九条　国家质检总局负责组织邮轮风险评估工作，确定邮轮检疫风险等级，并对外公布。

检验检疫部门根据风险等级确定邮轮检疫方式、卫生监督内容及频次并实施动态分类管理。

第三章　入境检疫查验

第十条　在邮轮入境前 24 小时或者离开上一港口后，邮轮负责人或者其代理人应当向入境口岸检验检疫部门申报，提交沿途寄港、靠泊计划、人员健康情况、“船舶免予卫生控制措施/卫生控制措施证书”等信息。

如申报内容有变化，邮轮负责人或者其代理人应当及时向检验检疫部门更正。

第十一条　入境邮轮应当依法接受检疫查验。

邮轮负责人或者其代理人应当向最先到达的入境口岸检验检疫部门申请办理入境检疫手续，经检验检疫部门准许，方可入境。

接受入境检疫的邮轮，在检疫完成以前，未经检验检疫部门许可，不准上下人员，不准装卸货物、行李、邮包等物品。

第十二条 入境邮轮应当按照规定悬挂检疫信号，在指定地点等候检疫。在检验检疫部门签发入境检疫证书或者通知检疫完毕之前，不得解除检疫信号。

检验检疫人员登轮检疫时，邮轮负责人或者其代理人应当配合开展工作。

第十三条 检验检疫部门根据入境邮轮申报信息及邮轮检疫风险等级确定检疫方式，及时通知邮轮负责人或者其代理人，检疫方式有：

（一）靠泊检疫；

（二）随船检疫；

（三）锚地检疫；

（四）电讯检疫。

第十四条 有下列情形之一的，检验检疫部门可以对入境邮轮实施随船检疫：

（一）首次入境，且入境前4周内停靠过国家质检总局公告、警示通报列明的发生疫情国家或者地区；

（二）首次入境，且公共卫生体系风险不明的；

（三）为便利通关需要，邮轮负责人或者其代理人申请，检验检疫部门认为有必要的。

参加随船检疫人员应当为邮轮检疫在岗人员，且具有医学专业背景或者接受过系统性船舶卫生检疫业务培训的。

第十五条 有下列情形之一的，检验检疫部门应当对入境邮轮实施锚地检疫：

（一）来自检疫传染病受染地区，邮轮上报告有疑似检疫传染病病例，且根据要求需对密切接触者采取集中隔离观察的；

（二）国家质检总局公告、警示通报有明确要求的；

（三）国家质检总局评定检疫风险较高的；

（四）有本办法第十四条第一款第（一）、（二）项规定的情形而未实施随船检疫的；

（五）邮轮负责人或者其代理人申请，检验检疫部门认为有必要的。

第十六条 邮轮经风险评估，检疫风险较低的，经邮轮负责人或者其代理人申请，检验检疫部门可以实施电讯检疫。

第十七条 有本办法第十四条、第十五条、第十六条规定以外的其他情形或者在紧急情况下，检验检疫部门对邮轮实施靠泊检疫。

第十八条 检验检疫部门工作人员对入境邮轮实施的检疫查验内容包括：

（一）在登轮前，检查邮轮是否悬挂检疫信号；

（二）核“船舶免于卫生控制措施证书/船舶卫生控制措施证书”、食品从业人员健康证明、来自黄热病疫区交通工具上船员和旅客的预防接种证书；

（三）检查邮轮医疗设施、航海日志、医疗日志，询问船员、旅客的健康监测情况，可以要求邮轮运营方或者其代理人签字确认；

（四）检查食品饮用水安全、医学媒介生物控制、废弃物处置和卫生状况；

（五）检查公共卫生安全体系其他相关内容。

第十九条 完成入境检疫后，对未发现染疫的邮轮，检验检疫人员应当立即签发“船舶入境卫生检疫证”；对需要实施检疫处理措施的邮轮，经检疫处理合格后，予以签发“船舶入境检疫证”。

邮轮负责人收到“船舶入境卫生检疫证”或者“船舶入境检疫证”，方可解除入境邮轮检疫信号，准予人员上下、货物装卸等。

第二十条 入境旅客、邮轮员工及其他人员应当接受检疫。

入境邮轮在中国境内停留期间，旅客、邮轮员工及其他人员不得将动植物、动植物产品和其他检疫物带离邮轮；需要带离时，应当向口岸检验检疫部门申报。

第四章　出境检疫查验

第二十一条 出境邮轮在离港前4个小时，邮轮负责人或者其代理人应当向出境口岸检验检疫部门申报邮轮出境检疫信息。

第二十二条 检验检疫部门对出境邮轮实施检疫，未完成检疫事项的邮轮不得出境。

出境检疫完毕后，检验检疫部门工作人员对出境邮轮应当签发“交通工具出境卫生检疫证书”。

检验检疫部门可以根据风险评估情况确定是否实施登轮检疫。

第二十三条 对邮轮实施出境检疫完毕后，除引航员和经检验检疫部门许可的人员外，其他人员不得上下邮轮，不准装卸行李、邮包、货物等物品。违反上述规定，该邮轮必须重新实施出境检疫。

出境检疫完毕后超过24小时仍未开航的出境邮轮，应当重新实施出境检疫。

第五章 检疫处理

第二十四条 有下列情形之一的，邮轮运营方应当按照检验检疫部门要求，组织实施检疫处理：

（一）国家质检总局发布公告或者警示通报等有明确要求的；

（二）发现存在与人类健康有关的医学媒介生物或者有毒有害物质的；

（三）发现有《中华人民共和国进出境动植物检疫法》第十八条规定的名录中所列病虫害的；

（四）法律、法规规定的其他应当实施检疫处理的情形。

邮轮上泔水、动植物性废弃物及其存放场所、容器应当实施检疫处理。

检疫处理工作应当由获得许可的检疫处理单位实施并接受检验检疫部门监督。

第二十五条 邮轮上有禁止进境的动植物、动植物产品和其他检疫物的，在中国境内停留期间，不得卸离或者带离邮轮。发现有害生物扩散风险或者潜在风险的，邮轮运营方应当主动采取防范措施，并及时向检验检疫部门报告。

第二十六条 经检疫处理合格的，且需下一港跟踪的邮轮，出发港检验检疫部门应当及时将有关信息报送至下一港检验检疫部门。

第六章 突发公共卫生事件处置

第二十七条 发生下列情形之一，邮轮负责人或者其代理人应当及时采取有效的应急处置措施，立即向口岸检验检疫部门进行突发公共卫生事件报告：

（一）航行途中有人员发生疑似传染病死亡或者不明原因死亡的；

（二）发现传染病受染人或者疑似受染人，且可能构成公共卫生风险的；

（三）航行过程中6小时内出现6例及以上的消化道疾病病例，或者邮轮上有1%及以上的船员或者旅客患消化道疾病的；

（四）邮轮航行途中24小时内出现2‰以上的船员或者旅客患呼吸道传染病的；

（五）发生群体性不明原因疾病的；

（六）邮轮负责人或者其代理人认为应当报告的其他情形。

第二十八条 突发公共卫生事件报告内容应当包括：

（一）事件的基本情况，包括启运港、靠泊港和沿途寄港、停靠日期、病名或者主要症状、总人数、患病人数、死亡人数等；

（二）患病人员的监测日志、医疗记录和调查记录等；

（三）邮轮上所采取的应急处置措施及所取得的效果；

（四）法律法规要求的其他信息和资料。

第二十九条 邮轮发生突发公共卫生事件时，应当遵循统一指挥、职责明确、科学高效、反应及时、优先救治的原则。检验检疫部门应当对人员医疗救治工作给予检疫便利。

第三十条 邮轮运营方应当建立完善的突发公共卫生事件处置能力，包括配备具有处置突发事件能力的专业人员、建立应急处置预案、定期开展培训和演练等。

发生突发公共卫生事件时，邮轮运营方及其代理人应当配合检验检疫部门做好应急处置工作。

第三十一条 检验检疫部门应当建立突发公共卫生事件的应急处置机制，做好联防联控工作，定期开展培训和演练，指导、协调邮轮运营方做好邮轮突发公共卫生事件的现场处置工作。

第三十二条 邮轮发生突发公共卫生事件时，应当依法对受染人员实施隔离，隔离期限根据医学检查结果确定；对疑似受染人员依法实施就地诊验或者留验，就地诊验或者留验期限自该人员离开感染环境的时候算起，不超过该传染病的最长潜伏期。

邮轮上发生突发公共卫生事件时，邮轮运营方可以提出申请，经检验检疫部门同意，在邮轮上实施隔离留验；对不具备隔离留验条件的，应当转送至指定医疗机构。

第七章 监督管理

第三十三条 国家质检总局可以根据邮轮检疫风险等级确定监督管理的重点、方式和频次。

检验检疫部门可以以抽查、专项检查、全项目检查等方式进行监管。必要时，可以实施采样检测。

第三十四条　检验检疫人员按照下列要求对出入境邮轮实施卫生监督：

（一）公共卫生安全管理制度是否完善；

（二）食品饮用水安全；

（三）客舱、甲板、餐厅、酒吧、影剧院、游泳池、浴池等公共场卫生状况是否保持良好；

（四）是否保持无感染源或者污染源，包括无医学媒介生物和宿主，并确保医学媒介生物控制措施的有效运行；

（五）保持废弃物密闭储存，或者具备无害化处理能力；

（六）保留完整规范的医疗记录、药品消耗及补充记录；

（七）是否建立完善的压舱水排放报告机制。

第三十五条　中国籍邮轮上的食品生产经营单位、公共场所应当取得检验检疫部门颁发的国境口岸卫生许可证后方可从事生产经营活动。

第三十六条　检验检疫人员按照下列要求对出入境邮轮食品安全实施监督管理：

（一）邮轮上的食品从业人员应当持有有效的健康证明，并经过职业培训，能够按照食品安全控制要求进行操作；

（二）邮轮运营方应当向持有有效国境口岸卫生许可证的食品生产经营单位采购食品或者餐饮服务；

（三）应当建立食品进货查验制度，并保存相关档案。

第三十七条　检验检疫部门对境外直供邮轮的进境食品，可以参照过境检疫模式进行监管：

（一）境外直供邮轮的动植物源性食品和水果的入境口岸、运输路线、出境口岸等相关事项，应当向配送地直属检验检疫局备案；

（二）境外直供邮轮的动植物源性食品和水果应当使用集装箱装载，按照规定的路线运输，集装箱在配送邮轮前不得开箱；

（三）境外直供邮轮食品在配送时应当接受开箱检疫。开箱时，应当由检验检疫人员现场监督，经查验铅封、核对货物种类和数量、实施检疫后方可配送邮轮。

境外直供邮轮食品不得用于其他用途。

第三十八条　对经监督管理不合格的邮轮，检验检疫部门应当通知邮轮负责人或者其代理人进行整改，整改符合要求后，邮轮方可出入境。

第八章　法律责任

第三十九条　根据《中华人民共和国国境卫生检疫法》及其实施细则所规定的应当受行政处罚的行为是指：

（一）应当接受入境检疫的船舶，不悬挂检疫信号的；

（二）入境、出境的交通工具，在入境检疫之前或者在出境检疫之后，擅自上下人员，装卸行李、货物、邮包等物品的；

（三）拒绝接受检疫或者抵制卫生监督，拒不接受卫生处理的；

（四）伪造或者涂改检疫单、证、不如实申报疫情的；

（五）未经检疫的入境、出境交通工具，擅自离开检疫地点，逃避查验的；

（六）隐瞒疫情或者伪造情节的；

（七）未经检疫处理，擅自排放压舱水，移下垃圾、污物等控制的物品的；

（八）未经检疫处理，擅自移运尸体、骸骨的；

（九）未经检验检疫部门检查，从交通工具上移下传染病病人造成传染病传播危险的。

具有第（一）至第（四）项行为的，由检验检疫部门处以警告或者100元以上5000元以下的罚款。

具有第（五）至第（八）项行为的，处以1000元以上1万以下的罚款。

具有第（九）项行为的，处以5000元以上3万元以下的罚款。

第四十条　违反本办法，有下列情况之一的，由检验检疫部门视情节轻重给予警告，或者处以3万元以下罚款。

（一）邮轮负责人或者其代理人未按照本办法第十条、第二十一条规定履行申报义务；

（二）邮轮运营方或者邮轮上食品生产经营单位向未持有有效国境口岸卫生许可证的食品生产经营单位采购食品的；

（三）中国籍邮轮上食品生产经营单位、公共场所未取得有效国境口岸卫生许可证，从事生产经营活动的；

（四）食品、饮用水及公共场所不符合相关法律法规及卫生标准要求，邮轮运营方拒不整改的；

（五）发生突发公共卫生事件时，邮轮运营方或者其代理人未按照检验检疫部门要求及时报告或者未按照本办法第二十九条、第三十条规定实施卫生处理、除害处理、封存或者销毁处理的；

（六）邮轮运营方或者其代理人、邮轮上的食品从业人员违反本办法第二十七条、第二十八条规定的。

第四十一条 违反国境卫生检疫规定，引起检疫传染病传播或者有引起检疫传染病传播严重危险，构成犯罪的，依法追究刑事责任；尚不构成犯罪或者犯罪情节显著轻微依法不需要判处刑罚的，由检验检疫部门处5000元以上3万以下罚款。

第四十二条 有下列违法行为之一的，依法追究刑事责任；尚不构成犯罪或者犯罪情节显著轻微依法不需要判处刑罚的，由检验检疫部门处2万元以上5万元以下的罚款：

（一）引起重大动植物疫情的；

（二）伪造、变造动植物检疫单证、印章、标志、封识的。

引起重大动植物疫情危险，情节严重的依法追究刑事责任。

第九章 附 则

第四十三条 定班客轮可以参照本办法实施管理。

第四十四条 本办法由国家质检总局负责解释。

第四十五条 本办法自2017年1月1日起施行。

第六篇

全国口岸运行主要数据

第六篇

[illegible]

进出口商品总值表

单位：百万美元

年份	进出口总值	出口总值	进口总值	差额 （+出超、-入超）	同比（%）	
					出口	进口
1981年	44 022	22 007	22 015	-8	-	-
1982年	41 606	22 321	19 285	3 036	1.4	-12.4
1983年	43 616	22 226	21 390	836	-0.4	10.9
1984年	53 549	26 139	27 410	-1 271	17.6	28.1
1985年	69 602	27 350	42 252	-14 902	4.6	54.1
1986年	73 846	30 942	42 904	-11 962	13.1	1.5
1987年	82 653	39 437	43 216	-3 779	27.5	0.7
1988年	102 784	47 516	55 268	-7 752	20.5	27.9
1989年	111 678	52 538	59 140	-6 602	10.6	7.0
1990年	115 436	62 091	53 345	8 746	18.2	-9.8
1991年	135 634	71 843	63 791	8 052	15.7	19.6
1992年	165 525	84 940	80 585	4 355	18.2	26.3
1993年	195 703	91 744	103 959	-12 215	8.0	29.0
1994年	236 621	121 006	115 615	5 391	31.9	11.2
1995年	280 864	148 780	132 084	16 696	23.0	14.2
1996年	289 881	151 048	138 833	12 215	1.5	5.1
1997年	325 162	182 792	142 370	40 422	21.0	2.5
1998年	323 949	183 712	140 237	43 475	0.5	-1.5
1999年	360 630	194 931	165 699	29 232	6.1	18.2
2000年	474 297	249 203	225 094	24 109	27.8	35.8
2001年	509 651	266 098	243 553	22 545	6.8	8.2
2002年	620 766	325 596	295 170	30 426	22.4	21.2
2003年	850 988	438 228	412 760	25 468	34.6	39.8
2004年	1 154 554	593 326	561 229	32 097	35.4	36.0
2005年	1 421 906	761 953	659 953	102 001	28.4	17.6
2006年	1 760 438	968 978	791 461	177 517	27.2	19.9
2007年	2 176 175	1 220 060	956 115	263 944	25.9	20.8

续表

年份	进出口总值	出口总值	进口总值	差额（+出超、-入超）	同比（%）	
					出口	进口
2008 年	2 563 255	1 430 693	1 132 562	298 131	17.3	18.5
2009 年	2 207 535	1 201 612	1 005 923	195 689	-16.0	-11.2
2010 年	2 974 001	1 577 754	1 396 247	181 507	31.3	38.8
2011 年	3 641 864	1 898 381	1 743 484	154 897	20.3	24.9
2012 年	3 867 119	2 048 714	1 818 405	230 309	7.9	4.3
2013 年	4 158 993	2 209 004	1 949 989	259 015	7.8	7.2
2014 年	4 301 527	2 342 293	1 959 235	383 058	6.0	0.4
2015 年	3 953 033	2 273 468	1 679 564	593 904	-2.9	-14.1
2016 年	3 685 557	2 097 631	1 587 926	509 705	-7.7	-5.5

2016 年进出口商品国别（地区）总值表

单位：千美元

进口原产国（地） 出口最终目的国（地）	2016 年			2015 年		
	出　口	进　口	出入超	出　口	进　口	出入超
总　值	2 097 631 193	1 587 926 219	509 704 974	2 273 468 224	1 679 564 498	593 903 727
亚　洲	1 041 116 851	905 793 436	135 323 415	1 140 099 751	954 309 357	185 790 394
阿富汗	431 293	4 534	426 759	361 820	11 771	350 049
巴林	790 798	63 723	727 075	1 011 846	111 543	900 303
孟加拉国	14 302 228	869 398	13 432 831	13 894 708	816 845	13 077 862
不丹	4 845	132	4 713	8 116	350	7 766
文莱	511 026	221 546	289 479	1 407 409	101 156	1 306 253
缅甸	8 188 681	4 097 709	4 090 972	9 650 911	5 449 295	4 201 616
柬埔寨	3 930 155	830 513	3 099 642	3 763 391	666 595	3 096 795
塞浦路斯	462 357	47 787	414 570	589 669	49 906	539 762
朝鲜	3 080 540	2 572 455	508 085	2 942 917	2 567 685	375 233
中国香港	287 253 021	16 700 667	270 552 354	330 462 787	12 745 813	317 716 974
印度	58 415 344	11 764 125	46 651 219	58 228 027	13 368 553	44 859 474
印度尼西亚	32 126 127	21 414 036	10 712 091	34 341 965	19 886 194	14 455 771
伊朗	16 418 661	14 827 192	1 591 468	17 770 107	16 057 447	1 712 660
伊拉克	7 548 176	10 663 271	-3 115 095	7 909 229	12 674 630	-4 765 401
以色列	8 181 055	3 172 903	5 008 152	8 615 949	2 802 031	5 813 918
日本	129 410 003	145 670 688	-16 260 686	135 616 443	142 902 573	-7 286 130
约旦	2 954 825	211 161	2 743 664	3 424 403	287 521	3 136 881
科威特	3 001 785	6 370 284	-3 368 499	3 772 671	7 497 065	-3 724 394
老挝	987 098	1 359 608	-372 509	1 225 758	1 547 341	-321 583
黎巴嫩	2 100 714	17 673	2 083 041	2 285 530	17 323	2 268 208
中国澳门	3 141 175	140 338	3 000 838	4 590 578	185 360	4 405 218
马来西亚	37 671 775	49 269 637	-11 597 862	43 980 387	53 277 331	-9 296 944
马尔代夫	320 940	238	320 702	172 648	177	172 471
蒙古国	988 637	3 622 601	-2 633 964	1 570 701	3 795 377	-2 224 675
尼泊尔联邦民主共和国	866 269	22 406	843 864	832 705	32 002	800 703
阿曼	2 148 090	12 041 024	-9 892 934	2 116 393	15 047 420	-12 931 027

续表 1

进口原产国（地） 出口最终目的国（地）	2016 年			2015 年		
	出　口	进　口	出入超	出　口	进　口	出入超
巴基斯坦	17 234 464	1 912 593	15 321 871	16 441 888	2 474 764	13 967 124
巴勒斯坦	59 309	309	59 000	69 245	443	68 802
菲律宾	29 842 666	17 395 891	12 446 775	26 670 791	18 965 654	7 705 137
卡塔尔	1 516 365	4 012 374	-2 496 009	2 275 641	4 614 366	-2 338 725
沙特阿拉伯	18 655 281	23 626 019	-4 970 738	21 612 928	30 021 051	-8 408 123
新加坡	44 511 667	26 014 249	18 497 418	51 942 440	27 580 763	24 361 676
韩国	93 728 954	158 974 531	-65 245 577	101 286 384	174 506 083	-73 219 699
斯里兰卡	4 288 329	273 444	4 014 884	4 304 045	258 516	4 045 529
叙利亚	915 346	3 264	912 082	1 022 573	3 588	1 018 986
泰国	37 195 084	38 532 343	-1 337 259	38 290 804	37 168 745	1 122 059
土耳其	16 689 511	2 785 415	13 904 096	18 607 841	2 943 638	15 664 203
阿拉伯联合酋长国	30 072 526	9 994 363	20 078 164	37 020 164	11 514 032	25 506 132
也门共和国	1 692 407	166 028	1 526 379	1 429 968	898 138	531 830
越南	61 104 128	37 171 604	23 932 524	66 017 020	29 831 745	36 185 274
中华人民共和国	-	128 029 931	-128 029 931	-	143 369 309	-143 369 309
中国台湾	40 241 203	138 847 225	-98 606 022	44 892 469	143 204 215	-98 311 746
东帝汶	164 316	292	164 024	104 530	725	103 805
哈萨克斯坦	8 292 589	4 805 079	3 487 510	8 441 241	5 848 947	2 592 294
吉尔吉斯斯坦	5 605 455	71 235	5 534 220	4 282 123	58 571	4 223 552
塔吉克斯坦	1 725 097	31 245	1 693 852	1 795 388	52 035	1 743 353
土库曼斯坦	338 479	5 563 295	-5 224 816	815 469	7 827 661	-7 012 192
乌兹别克斯坦	2 007 551	1 607 058	400 493	2 228 761	1 267 064	961 697
亚洲其他国家（地区）	506	2	504	969	-	969
非　洲	92 272 001	56 689 897	35 582 104	108 540 503	70 258 273	38 282 230
阿尔及利亚	7 648 112	331 886	7 316 226	7 583 347	767 363	6 815 984
安哥拉	1 680 651	13 966 117	-12 285 466	3 717 146	16 001 611	-12 284 466
贝宁	2 039 497	55 392	1 984 104	2 989 073	77 849	2 911 223
博茨瓦那	209 728	62 142	147 586	224 841	138 735	86 106
布隆迪	45 064	2 737	42 328	40 089	2 816	37 273
喀麦隆	1 557 250	402 230	1 155 020	1 833 295	781 615	1 051 679
加那利群岛	4 024	12	4 011	3 440	-	3 440
佛得角	48 698	83	48 615	43 300	23	43 278
中非	15 473	31 565	-16 092	13 518	26 532	-13 014

续表 2

进口原产国（地） 出口最终目的国（地）	2016 年			2015 年		
	出　口	进　口	出入超	出　口	进　口	出入超
塞卜泰（休达）	987	–	987	833	–	833
乍得	93 587	114 908	–21 321	123 550	90 692	32 858
科摩罗	48 397	13	48 384	45 703	22	45 681
刚果（布）	740 682	2 333 002	–1 592 320	1 035 422	2 623 858	–1 588 436
吉布提	2 148 438	134	2 148 304	1 980 816	898	1 979 917
埃及	10 437 281	553 212	9 884 068	11 958 577	917 844	11 040 733
赤道几内亚	148 292	631 852	–483 560	261 390	1 166 496	–905 107
埃塞俄比亚	3 214 689	419 420	2 795 269	3 440 867	380 350	3 060 518
加蓬	377 240	1 439 079	–1 061 839	665 415	1 100 194	–434 779
冈比亚	315 106	90 095	225 012	330 097	55 789	274 308
加纳	4 667 031	1 309 650	3 357 381	5 308 878	1 296 471	4 012 407
几内亚	1 144 498	630 057	514 441	1 277 089	25 933	1 251 156
几内亚比绍	21 253	161	21 092	17 483	17 812	–330
科特迪瓦共和国	1 584 685	101 381	1 483 304	1 554 437	144 109	1 410 327
肯尼亚	5 588 003	97 135	5 490 868	5 914 316	98 743	5 815 573
利比里亚	1 592 693	48 171	1 544 522	1 356 880	172 168	1 184 712
利比亚	1 184 755	345 620	839 135	1 892 017	951 550	940 467
马达加斯加	943 141	160 793	782 347	865 235	171 132	694 103
马拉维	228 283	26 117	202 166	245 962	29 605	216 357
马里	366 727	98 701	268 026	270 428	92 989	177 439
毛里塔尼亚	869 739	747 559	122 180	801 373	718 070	83 303
毛里求斯	758 766	19 708	739 059	841 103	15 335	825 768
摩洛哥	3 079 180	553 457	2 525 723	2 897 184	521 521	2 375 663
莫桑比克	1 308 711	479 357	829 354	1 938 023	452 616	1 485 407
纳米比亚	268 686	165 785	102 902	489 915	211 634	278 281
尼日尔	100 803	124 236	–23 433	173 348	140 993	32 355
尼日利亚	9 715 328	907 008	8 808 320	13 701 240	1 240 701	12 460 539
留尼汪	173 017	6	173 011	172 043	11	172 032
卢旺达	108 603	33 140	75 463	122 274	43 536	78 739
圣多美和普林西比	6 405	18	6 387	5 957	33	5 924
塞内加尔	2 194 498	161 589	2 032 909	2 190 532	111 660	2 078 872
塞舌尔	55 728	75	55 653	57 626	100	57 527
塞拉利昂	242 195	239 556	2 640	276 561	164 822	111 738

续表 3

进口原产国（地） 出口最终目的国（地）	2016 年			2015 年		
	出　口	进　口	出入超	出　口	进　口	出入超
索马里	391 958	10 958	381 000	298 118	24 712	273 407
南非	12 853 522	22 228 894	-9 375 371	15 857 922	30 151 410	-14 293 489
西撒哈拉	189	0	189	397	-	397
苏丹	2 129 842	504 706	1 625 136	2 394 503	728 394	1 666 109
坦桑尼亚	3 567 117	315 827	3 251 290	4 278 865	377 844	3 901 020
多哥	1 919 298	105 332	1 813 967	2 180 166	214 713	1 965 453
突尼斯	1 296 127	138 847	1 157 280	1 237 429	183 799	1 053 629
乌干达	823 901	37 617	786 284	553 400	85 583	467 817
布基纳法索	141 093	13 999	127 094	123 837	44 065	79 772
刚果（金）	992 583	2 084 962	-1 092 379	1 408 678	2 627 427	-1 218 749
赞比亚	490 217	2 183 501	-1 693 284	552 069	1 786 476	-1 234 407
津巴布韦	387 722	726 880	-339 158	543 323	761 401	-218 078
莱索托	54 719	19 644	35 075	83 180	12 003	71 178
梅利利亚	10 519	0	10 519	7 711	0	7 711
斯威士兰	42 462	328	42 133	30 567	289	30 278
厄立特里亚	69 334	175 475	-106 141	134 304	178 730	-44 427
马约特岛	38 264	0	38 263	38 153	0	38 152
南苏丹	46 274	1 459 751	-1 413 477	155 445	2 326 887	-2 171 441
非洲其他国家（地区）	40 935	15	40 920	1 814	307	1 507
欧　洲	389 916 553	287 846 806	102 069 747	403 240 612	293 065 077	110 175 536
比利时	14 736 124	6 874 055	7 862 068	16 208 313	7 005 805	9 202 508
丹麦	5 413 208	4 238 154	1 175 054	6 151 125	4 095 454	2 055 671
英国	55 720 793	18 681 447	37 039 347	59 567 065	18 933 744	40 633 322
德国	65 259 048	86 109 030	-20 849 982	69 154 834	87 623 363	-18 468 529
法国	24 686 156	22 503 324	2 182 832	26 748 404	24 621 651	2 126 753
爱尔兰	2 780 372	5 296 977	-2 516 605	2 823 161	4 286 453	-1 463 291
意大利	26 388 353	16 713 185	9 675 168	27 834 410	16 819 825	11 014 585
卢森堡	1 255 661	305 565	950 096	2 323 178	309 070	2 014 108
荷兰	57 459 370	9 809 798	47 649 572	59 453 380	8 777 761	50 675 619
希腊	4 202 690	283 106	3 919 585	3 664 980	285 501	3 379 480
葡萄牙	4 004 283	1 582 818	2 421 464	2 894 923	1 461 543	1 433 380
西班牙	21 320 431	6 135 750	15 184 681	21 852 371	5 587 169	16 265 202
阿尔巴尼亚	506 720	128 596	378 124	430 191	127 861	302 329

续表 4

进口原产国（地） 出口最终目的国（地）	2016 年			2015 年		
	出　口	进　口	出入超	出　口	进　口	出入超
安道尔	1 307	108	1 199	1 285	11	1 274
奥地利	2 242 873	5 026 544	-2 783 671	2 497 729	4 968 042	-2 470 313
保加利亚	1 056 536	590 108	466 427	1 043 259	748 307	294 953
芬兰	2 878 581	3 455 047	-576 467	3 541 291	3 484 951	56 340
直布罗陀	7 226	2	7 225	196 911	239	196 672
匈牙利	5 425 165	3 464 230	1 960 934	5 197 452	2 875 551	2 321 901
冰岛	134 725	94 391	40 334	125 022	66 067	58 955
列支敦士登	37 250	111 771	-74 521	28 174	103 832	-75 657
马耳他	1 566 021	400 127	1 165 894	2 379 971	441 092	1 938 879
摩纳哥	13 263	7 595	5 668	8 087	10 026	-1 939
挪威	2 605 624	3 230 674	-625 051	2 856 797	4 146 063	-1 289 266
波兰	15 100 019	2 537 722	12 562 297	14 344 872	2 741 951	11 602 920
罗马尼亚	3 448 715	1 455 221	1 993 494	3 162 240	1 294 952	1 867 288
圣马力诺	4 792	6 654	-1 861	4 301	4 155	146
瑞典	6 319 279	6 157 692	161 587	7 098 551	6 416 705	681 846
瑞士	3 169 300	39 833 667	-36 664 367	3 167 159	41 096 334	-37 929 175
爱沙尼亚	964 174	211 791	752 383	953 288	234 964	718 324
拉脱维亚	1 062 724	132 205	930 519	1 022 506	144 586	877 920
立陶宛	1 291 670	164 011	1 127 659	1 210 903	138 785	1 072 118
格鲁吉亚	745 437	53 564	691 872	768 675	43 785	724 890
亚美尼亚	111 194	280 618	-169 424	112 400	208 972	-96 572
阿塞拜疆	346 002	412 082	-66 080	439 145	222 904	216 241
白俄罗斯	1 090 173	435 189	654 984	748 901	1 010 821	-261 920
摩尔多瓦	76 812	24 372	52 441	99 955	21 471	78 485
俄罗斯联邦	37 355 767	32 260 148	5 095 619	34 756 877	33 258 663	1 498 214
乌克兰	4 220 229	2 490 795	1 729 434	3 515 713	3 555 798	-40 085
斯洛文尼亚	2 270 258	436 858	1 833 399	2 091 735	289 507	1 802 228
克罗地亚	1 017 239	161 440	855 799	985 562	111 789	873 773
捷克	8 061 749	2 951 543	5 110 205	8 226 132	2 780 453	5 445 679
斯洛伐克	2 862 340	2 410 166	452 174	2 794 468	2 237 316	557 152
马其顿	90 138	46 705	43 432	86 532	132 698	-46 166
波黑	64 132	43 546	20 586	59 978	53 729	6 249
梵蒂冈城国	288	25	263	2	0	2

续表 5

进口原产国（地） 出口最终目的国（地）	2016 年			2015 年		
	出　口	进　口	出入超	出　口	进　口	出入超
法罗群岛	1 740	103 107	-101 367	59 157	127 349	-68 192
塞尔维亚	432 242	162 696	269 545	415 097	133 737	281 360
黑山	108 350	32 582	75 768	134 147	24 274	109 873
欧洲其他国家（地区）	10	1	9	-	-	-
拉丁美洲	113 936 135	103 071 229	10 864 906	132 096 604	103 796 643	28 299 961
安提瓜和巴布达	133 449	37	133 412	53 070	7	53 063
阿根廷	7 203 701	5 118 096	2 085 605	8 805 106	5 717 476	3 087 630
阿鲁巴岛	25 292	378	24 913	48 278	6	48 272
巴哈马	359 556	51 603	307 953	1 585 372	24 365	1 561 007
巴巴多斯	72 431	18 636	53 794	65 197	18 830	46 368
伯利兹	89 994	935	89 059	78 497	1 786	76 711
多民族玻利维亚国	610 554	326 089	284 465	568 846	443 825	125 021
博内尔	669	0	669	347	0	347
巴西	21 979 270	45 855 047	-23 875 777	27 412 225	44 089 358	-16 677 133
开曼群岛	169 105	18	169 088	60 944	1	60 943
智利	12 806 741	18 604 964	-5 798 223	13 290 323	18 438 962	-5 148 638
哥伦比亚	6 756 118	2 544 629	4 211 489	7 580 793	3 545 141	4 035 652
多米尼克	33 769	985	32 784	30 756	654	30 101
哥斯达黎加	1 495 296	697 413	797 883	1 330 677	825 960	504 718
古巴	1 783 105	273 752	1 509 353	1 886 372	330 003	1 556 369
库腊索岛	23 147	3	23 144	27 609	137	27 471
多米尼加共和国	1 567 206	130 263	1 436 943	1 557 428	208 014	1 349 414
厄瓜多尔	2 258 026	939 922	1 318 104	2 891 416	1 238 449	1 652 967
法属圭亚那	13 137	46	13 091	14 438	5	14 433
格林纳达	7 341	9	7 333	9 927	12	9 915
瓜德罗普岛	33 584	9	33 575	33 164	1	33 164
危地马拉	1 855 606	100 066	1 755 540	2 052 663	201 104	1 851 559
圭亚那	178 361	28 255	150 106	158 948	49 373	109 575
海地	454 034	6 385	447 649	434 224	10 466	423 758
洪都拉斯	720 673	27 847	692 827	853 792	35 485	818 307
牙买加	506 143	15 725	490 418	625 374	31 309	594 066
马提尼克岛	23 638	23	23 615	24 551	6	24 545
墨西哥	32 367 422	10 324 736	22 042 686	33 791 755	10 027 517	23 764 238

续表 6

进口原产国（地） 出口最终目的国（地）	2016 年			2015 年		
	出　口	进　口	出入超	出　口	进　口	出入超
蒙特塞拉特	340	9	331	493	5	487
尼加拉瓜	624 214	17 887	606 327	666 245	34 733	631 511
巴拿马	6 344 086	37 654	6 306 432	8 518 883	315 212	8 203 671
巴拉圭	1 169 706	22 380	1 147 325	1 267 967	41 778	1 226 189
秘鲁	5 991 563	9 490 808	-3 499 245	6 354 974	7 949 920	-1 594 946
波多黎各	596 160	674 991	-78 831	765 347	883 984	-118 637
萨巴	55	-	55	75	-	75
圣卢西亚	16 949	38	16 910	18 292	69	18 224
圣马丁岛	6 817	0	6 817	12 687	0	12 686
圣文森特和格林纳丁斯	17 480	62	17 418	37 118	49	37 068
萨尔瓦多	772 331	45 831	726 500	726 685	53 761	672 924
苏里南	136 732	29 293	107 439	199 205	50 848	148 358
特立尼达和多巴哥	346 364	174 937	171 427	478 310	39 207	439 103
特克斯和凯科斯群岛	909	0	909	745	2	743
乌拉圭	1 773 254	1 948 101	-174 848	1 960 565	2 410 540	-449 975
委内瑞拉	2 519 536	5 562 819	-3 043 283	5 315 772	6 777 714	-1 461 942
英属维尔京群岛	37 131	9	37 122	424 177	8	424 169
圣其茨和尼维斯	4 204	444	3 760	10 852	338	10 514
圣皮埃尔和密克隆	8	-	8	121	-	121
荷属安地列斯群岛	49 372	96	49 276	63 676	159	63 517
拉丁美洲其他国家（地区）	1 556	0	1 556	2 322	65	2 257
北美洲	412 840 937	152 883 285	259 957 653	439 001 698	174 113 038	264 888 659
加拿大	27 338 848	18 336 834	9 002 014	29 422 642	26 213 749	3 208 894
美国	385 271 005	134 445 142	250 825 863	409 213 897	147 809 072	261 404 826
格陵兰	571	101 199	-100 628	81	89 898	-89 818
百慕大群岛	230 249	74	230 175	364 827	2	364 826
北美洲其他国家（地区）	263	36	228	250	318	-68
大洋洲	47 548 707	80 613 571	-33 064 864	50 489 056	82 864 736	-32 375 680
澳大利亚	37 327 401	70 895 013	-33 567 611	40 306 509	73 510 105	-33 203 596
库克群岛	3 215	1 204	2 011	14 289	1 601	12 688
斐济	384 053	17 181	366 872	326 746	21 385	305 361

续表 7

进口原产国（地） 出口最终目的国（地）	2016 年			2015 年		
	出　口	进　口	出入超	出　口	进　口	出入超
盖比群岛	4	–	4	49	3	47
马克萨斯群岛	–	–	–	–	–	–
瑙鲁	1 405	17	1 388	1 808	91	1 717
新喀里多尼亚	85 655	503 534	–417 880	102 920	465 449	–362 529
瓦努阿图	63 739	5 012	58 726	70 309	12 007	58 302
新西兰	4 768 283	7 140 629	–2 372 345	4 919 060	6 583 778	–1 664 718
诺福克岛	2 611	3	2 608	648	–	648
巴布亚新几内亚	648 053	1 630 694	–982 641	986 997	1 774 645	–787 648
社会群岛	2 807	–	2 807	3 751	–	3 751
所罗门群岛	86 556	376 273	–289 717	80 605	460 109	–379 504
汤加	30 327	24	30 303	27 012	23	26 989
土阿莫土群岛	–	1	–1	–	–	–
土布艾群岛	–	0	0	–	–	–
萨摩亚	69 588	799	68 789	62 266	984	61 281
基里巴斯	24 868	9 493	15 375	42 463	4 006	38 457
图瓦卢	5 627	26	5 602	11 874	994	10 879
密克罗尼西亚联邦	14 182	6 892	7 290	12 111	1 344	10 767
马绍尔群岛共和国	3 950 783	20 084	3 930 699	3 403 159	24 971	3 378 188
帕劳共和国	19 178	38	19 140	19 029	5	19 024
法属波利尼西亚	51 752	6 653	45 099	90 894	2 670	88 224
瓦利斯和浮图纳	772	0	771	755	–	755
大洋洲其他国家（地区）	7 849	0	7 849	5 805	567	5 238
国别（地区）不详	9	1 027 995	–1 027 986	–	1 157 373	–1 157 373
东南亚国家联盟	256 068 407	196 307 136	59 761 271	277 290 875	194 474 820	82 816 055
欧洲联盟	339 256 188	208 135 704	131 120 485	355 815 772	208 766 194	147 049 578
亚太经济合作组织	1 337 470 737	1 081 371 315	256 099 422	1 447 951 932	1 129 105 992	318 845 940

注：一、东南亚国家联盟包括文莱、缅甸、柬埔寨、印度尼西亚、老挝、马来西亚、菲律宾、新加坡、泰国、越南。

二、欧洲联盟包括比利时、丹麦、英国、德国、法国、爱尔兰、意大利、卢森堡、荷兰、希腊、葡萄牙、西班牙、奥地利、芬兰、瑞典、塞浦路斯、匈牙利、马耳他、波兰、爱沙尼亚、拉脱维亚、立陶宛、斯洛文尼亚、捷克、斯洛伐克、保加利亚、罗马尼亚、克罗地亚。

三、亚太经济合作组织包括文莱、中国香港、印度尼西亚、日本、马来西亚、菲律宾、新加坡、韩国、泰国、越南、中华人民共和国、中国台湾、俄罗斯、智利、墨西哥、秘鲁、加拿大、美国、澳大利亚、新西兰、巴布亚新几内亚。

2016年进出口商品构成表

单位：千美元

商　品	出　口		进　口	
	金　额	比重（%）	金　额	比重（%）
总　值	2 097 631 193	100.0	1 587 926 219	100.0
一、初级产品	105 186 792	5.0	441 054 916	27.8
0类　食品及活动物	61 097 646	2.9	49 156 371	3.1
00章　活动物	646 738	0.0	394 452	0.0
01章　肉及肉制品	2 550 962	0.1	10 133 100	0.6
02章　乳品及蛋品	266 286	0.0	3 432 211	0.2
03章　鱼、甲壳及软体类动物及其制品	19 999 551	1.0	7 086 947	0.4
04章　谷物及其制品	1 388 800	0.1	6 683 393	0.4
05章　蔬菜及水果	23 662 363	1.1	8 834 440	0.6
06章　糖、糖制品及蜂蜜	2 231 607	0.1	1 548 929	0.1
07章　咖啡、茶、可可、调味料及其制品	3 943 904	0.2	1 774 527	0.1
08章　饲料（不包括未碾磨谷物）	2 770 517	0.1	3 601 465	0.2
09章　杂项食品	3 636 919	0.2	5 666 906	0.4
1类 饮料及烟类	3 539 152	0.2	6 095 989	0.4
11章　饮料	2 161 685	0.1	4 368 319	0.3
12章　烟草及其制品	1 377 467	0.1	1 727 670	0.1
2类　非食用原料（燃料除外）	13 101 670	0.6	202 544 710	12.8
21章　生皮及生毛皮	22 984	0.0	3 015 588	0.2
22章　油籽及含油果实	975 130	0.0	37 047 518	2.3
23章　生橡胶（包括合成橡胶及再生橡胶）	541 985	0.0	8 752 540	0.6
24章　软木及木材	826 871	0.0	18 264 602	1.2
25章　纸浆及废纸	109 685	0.0	17 229 611	1.1
26章　纺织纤维及其废料	3 086 469	0.1	6 272 120	0.4
27章　天然肥料及矿物（煤、石油及宝石除外）	2 574 842	0.1	4 829 904	0.3
28章　金属矿砂及金属废料	280 188	0.0	105 460 387	6.6
29章　其他动、植物原料	4 683 516	0.2	1 672 439	0.1
3类　矿物燃料、润滑油及有关原料	26 873 185	1.3	176 525 620	11.1
32章　煤、焦炭及煤砖	2 130 823	0.1	14 185 242	0.9

续表1

商　品	出　口		进　口	
	金　额	比重（%）	金　额	比重（%）
33章　石油、石油产品及有关原料	21 776 939	1.0	139 018 488	8.8
34章　天然气及人造气	1 563 095	0.1	23 002 120	1.4
35章　电流	1 402 328	0.1	319 770	0.0
4类　动植物油、脂及蜡	575 138	0.0	6 732 226	0.4
41章　动物油、脂	174 634	0.0	305 665	0.0
42章　植物油、脂	249 111	0.0	6 228 467	0.4
43章　已加工的动植物油、脂及动植物蜡	151 393	0.0	198 094	0.0
二、工业制品	1 992 444 401	95.0	1 146 871 303	72.2
5类　化学成品及有关产品	121 928 761	5.8	164 116 528	10.3
51章　有机化学品	35 999 804	1.7	44 483 374	2.8
52章　无机化学品	12 070 948	0.6	8 152 529	0.5
53章　染料、鞣料及着色料	5 921 393	0.3	4 161 844	0.3
54章　医药品	13 604 808	0.6	22 094 915	1.4
55章　精油、香料及盥洗、光洁制品	6 590 945	0.3	7 232 253	0.5
56章　制成肥料	6 512 962	0.3	2 404 724	0.2
57章　初级形状的塑料	12 105 546	0.6	45 061 003	2.8
58章　非初级形状的塑料	12 414 758	0.6	11 255 594	0.7
59章　其他化学原料及产品	16 707 597	0.8	19 270 292	1.2
6类　按原料分类的制成品	351 244 676	16.7	121 919 980	7.7
61章　皮革、皮革制品及已鞣毛皮	1 757 004	0.1	4 030 927	0.3
62章　橡胶制品	17 658 418	0.8	4 818 089	0.3
63章　软木及木制品（家具除外）	12 741 720	0.6	1 404 176	0.1
64章　纸及纸板；纸浆、纸及纸板制品	16 982 908	0.8	3 736 594	0.2
65章　纺纱、织物、制成品及有关产品	104 637 992	5.0	16 675 960	1.1
66章　非金属矿物制品	43 259 316	2.1	19 236 600	1.2
67章　钢铁	55 336 251	2.6	18 265 839	1.2
68章　有色金属	20 800 707	1.0	39 400 294	2.5
69章　金属制品	78 070 359	3.7	14 351 502	0.9
7类　机械及运输设备	984 212 264	46.9	657 825 457	41.4
71章　动力机械及设备	35 815 925	1.7	20 612 076	1.3
72章　特种工业专用机械	35 895 982	1.7	34 764 623	2.2
73章　金工机械	6 425 956	0.3	10 605 251	0.7
74章　通用工业机械设备及零件	100 052 034	4.8	42 524 911	2.7

续表 2

商　品	出　口		进　口	
	金　额	比重（%）	金　额	比重（%）
75 章　办公用机械及自动数据处理设备	171 930 173	8. 2	45 806 362	2. 9
76 章　电信及声音的录制及重放装置设备	279 748 569	13. 3	67 251 447	4. 2
77 章　电力机械、器具及其电气零件	263 083 098	12. 5	339 099 407	21. 4
78 章　陆路车辆（包括气垫式）	62 754 792	3. 0	71 379 521	4. 5
79 章　其他运输设备	28 505 735	1. 4	25 781 858	1. 6
8 类　杂项制品	529 488 414	25. 2	126 141 241	7. 9
81 章　活动房屋；卫生、水道、供热及照明装置	36 273 743	1. 7	915 369	0. 1
82 章　家具及其零件；褥垫及类似填充制品	55 520 047	2. 6	2 558 571	0. 2
83 章　旅行用品、手提包及类似品	25 119 638	1. 2	1 886 020	0. 1
84 章　服装及衣着附件	158 194 536	7. 5	6 471 942	0. 4
85 章　鞋靴	47 208 070	2. 3	3 062 800	0. 2
87 章　专业、科学及控制用仪器和装置	53 224 199	2. 5	73 930 219	4. 7
88 章　摄影器材、光学物品及钟表	16 819 035	0. 8	16 042 969	1. 0
89 章　杂项制品	137 129 146	6. 5	21 273 350	1. 3
9 类　未分类的商品	5 570 285	0. 3	76 868 097	4. 8

2016 年进出口商品类章总值表

单位：千美元

类　　章	出　口		进　口	
	金　额	比重（%）	金　额	比重（%）
总　值	2 097 631 193	100.0	1 587 926 219	100.0
第一类　活动物；动物产品	17 617 673	0.8	21 613 594	1.4
01 章　活动物	646 738	0.0	394 452	0.0
02 章　肉及食用杂碎	902 452	0.0	10 262 578	0.6
03 章　鱼、甲壳动物、软体动物及其他水生无脊椎动物	13 706 352	0.7	6 917 637	0.4
04 章　乳品；蛋品；天然蜂蜜；其他食用动物产品	589 717	0.0	3 516 726	0.2
05 章　其他动物产品	1 772 413	0.1	522 201	0.0
第二类　植物产品	24 405 107	1.2	53 889 651	3.4
06 章　活树及其他活植物；鳞茎、根及类似品叶	330 155	0.0	226 363	0.0
07 章　食用蔬菜、根及块茎	10 546 712	0.5	1 864 236	0.1
08 章　食用水果及坚果；甜瓜或柑橘属水果的果皮	5 499 186	0.3	5 864 967	0.4
09 章　咖啡、茶、马黛茶及调味香料	2 982 477	0.1	666 895	0.0
10 章　谷物	429 188	0.0	5 661 089	0.4
11 章　制粉工业产品；麦芽；淀粉；菊粉；面筋	565 488	0.0	892 278	0.1
12 章　含油子仁及果实；杂项子仁及果实；工稻草、秸秆及饲料	2 673 698	0.1	38 295 395	2.4
13 章　虫胶；树胶、树脂及其他植物液、汁	1 257 519	0.1	214 138	0.0
14 章　编结用植物材料；其他植物产品	120 686	0.0	204 289	0.0
第三类　动、植物油、脂及其分解产品；精制的物蜡	599 962	0.0	7 040 708	0.4
15 章　动、植物油、脂及其分解产品；精制的物蜡	599 962	0.0	7 040 708	0.4

续表 1

类　章	出　口		进　口	
	金　额	比重（%）	金　额	比重（%）
第四类　食品；饮料、酒及醋；烟草、烟草及烟草代用品的制品	28 546 877	1.4	19 609 497	1.2
16 章　肉、鱼、甲壳动物、软体动物及其他水品	7 941 755	0.4	182 969	0.0
17 章　糖及糖食	1 706 940	0.1	1 460 104	0.1
18 章　可可及可可制	426 122	0.0	685 521	0.0
19 章　谷物、粮食粉、淀粉或乳的制品；糕饼点	1 579 089	0.1	4 559 059	0.3
20 章　蔬菜、水果、坚果或植物其他部分的制品	7 337 742	0.3	981 531	0.1
21 章　杂项食品	3 206 996	0.2	2 164 101	0.1
22 章　饮料、酒及醋	2 203 206	0.1	4 786 505	0.3
23 章　食品工业的残渣及废料；配制的动物饲料	2 767 559	0.1	3 062 038	0.2
24 章　烟草、烟草及烟草代用品的制品	1 377 467	0.1	1 727 670	0.1
第五类　矿产品	30 133 149	1.4	275 689 703	17.4
25 章　盐；硫黄；泥土及石料；石膏料、石灰及水泥	2 986 708	0.1	4 674 375	0.3
26 章　矿砂、矿渣及矿灰	270 480	0.0	94 479 438	5.9
27 章　矿物燃料、矿物油及其蒸馏产品；沥青物质；矿物蜡	26 875 961	1.3	176 535 890	11.1
第六类　化学工业及其相关工业的产品	99 317 803	4.7	109 790 766	6.9
28 章　无机化学品；贵金属、稀土金属、放射的有机及无机化合物	12 136 550	0.6	9 024 583	0.6
29 章　有机化学品	42 165 325	2.0	43 905 780	2.8
30 章　药品	7 011 890	0.3	20 771 374	1.3
31 章　肥料	6 556 922	0.3	2 407 917	0.2
32 章　鞣料浸膏及染料浸膏；鞣酸及其他衍生物着色料；油漆及清漆；油灰及其他类似胶粘剂；墨水、油墨	6 089 866	0.3	4 235 846	0.3
33 章　精油及香膏；芳香料制品及化妆盥洗品	4 288 683	0.2	5 506 877	0.3

续表2

类　章	出　口		进　口	
	金　额	比重（%）	金　额	比重（%）
34章　肥皂、有机表面活性剂、洗涤剂、润滑蜡、光洁剂、蜡烛及类似品、塑型用膏、“牙科用蜡”及牙科用熟石膏制剂	3 234 128	0.2	3 938 751	0.2
35章　蛋白类物质；改性淀粉；胶；酶	2 494 362	0.1	3 088 114	0.2
36章　炸药；烟火制品；火柴；引火合金；易燃材料制品	822 122	0.0	178 187	0.0
37章　照相及电影用品	1 070 745	0.1	2 227 804	0.1
38章　杂项化学产品	13 447 210	0.6	14 505 533	0.9
第七类　塑料及其制品；橡胶及其制品	81 107 159	3.9	74 762 377	4.7
39章　塑料及其制品	62 373 665	3.0	61 048 503	3.8
40章　橡胶及其制品	18 733 494	0.9	13 713 874	0.9
第八类　生皮、皮革、毛皮及其制品；鞍具及挽提包及类似品；动物肠线（蚕胶丝除外）制品	31 397 979	1.5	9 188 657	0.6
41章　生皮（毛皮除外）及皮革	626 961	0.0	5 758 923	0.4
42章　皮革制品；鞍具及挽具；旅行用品、手动物肠线（蚕胶丝除外）制	27 368 550	1.3	2 202 477	0.1
43章　毛皮、人造毛皮及其制品	3 402 468	0.2	1 227 258	0.1
第九类　木及木制品；木炭；软木及软木制品；或其他编结材料制品；篮筐及柳条编结品	15 050 195	0.7	19 681 315	1.2
44章　木及木制品；木炭	13 547 309	0.6	19 627 360	1.2
45章　软木及软木制品	21 282	0.0	41 417	0.0
46章　稻草、秸秆、针茅或其他编结材料制品	1 481 604	0.1	12 538	0.0
第十类　木浆及其他纤维状纤维素浆；纸及纸板及其制品	21 339 645	1.0	22 818 691	1.4
47章　木浆及其他纤维状纤维素浆；纸及纸板的废碎品	109 685	0.0	17 229 611	1.1
48章　纸及纸板；纸浆、纸或纸板制品	17 616 975	0.8	3 947 371	0.2
49章　书籍、报纸、印刷图画及其他印刷品；计图纸	3 612 984	0.2	1 641 709	0.1
第十一类　纺织原料及纺织制品	253 263 036	12.1	28 396 341	1.8

续表 3

类　　章	出　口		进　口	
	金　额	比重（%）	金　额	比重（%）
50 章　蚕丝	1 158 020	0. 1	57 158	0. 0
51 章　羊毛、动物细毛或粗毛；马毛纱线及其机织物	2 141 387	0. 1	3 145 878	0. 2
52 章　棉花	14 967 180	0. 7	7 743 516	0. 5
53 章　其他植物纺织纤维；纸纱线及其机织物	1 054 563	0. 1	795 159	0. 1
54 章　化学纤维长丝	16 569 220	0. 8	2 913 084	0. 2
55 章　化学纤维短纤	12 116 066	0. 6	2 039 600	0. 1
56 章　絮胎、毡呢及无纺织物；特种纱线；线制品	4 910 541	0. 2	1 170 973	0. 1
57 章　地毯及纺织材料的其他铺地制品	2 522 987	0. 1	136 941	0. 0
58 章　特种机织物；簇绒织物；花边；装饰毯；装饰带；刺绣品	4 485 976	0. 2	542 901	0. 0
59 章　浸渍、涂布、包覆或层压的纺织物；工业用纺织制品	6 900 832	0. 3	1 721 413	0. 1
60 章　针织物及钩编织物	14 420 763	0. 7	1 704 356	0. 1
61 章　针织或钩编的服装及衣着附件	74 422 282	3. 5	2 388 621	0. 2
62 章　非针织或非钩编的服装及衣着附件	72 069 166	3. 4	3 587 641	0. 2
63 章　其他纺织制成品；成套物品；旧衣着及旧纺织品；碎织物	25 524 053	1. 2	449 102	0. 0
第十二类　鞋、帽、伞、杖、鞭及其零件；已加工人造花；人发制品	59 442 908	2. 8	3 355 627	0. 2
64 章　鞋靴、护腿和类似品及其零件	47 208 070	2. 3	3 062 800	0. 2
65 章　帽类及其零件	4 404 552	0. 2	62 991	0. 0
66 章　雨伞、阳伞、手杖、鞭子、马鞭及其零件	2 717 811	0. 1	12 366	0. 0
67 章　已加工羽毛、羽绒及其制品；人造花；人发制品	5 112 475	0. 2	217 471	0. 0
第十三类　石料、石膏、水泥、石棉、云母及类似产品；玻璃及其制品	44 272 181	2. 1	9 184 317	0. 6
68 章　石料、石膏、水泥、石棉、云母及类似材料的制品	10 738 479	0. 5	1 566 154	0. 1

续表 4

类　　章	出　口		进　口	
	金　额	比重（%）	金　额	比重（%）
69 章　陶瓷产品	18 267 623	0.9	789 658	0.0
70 章　玻璃及其制品	15 266 079	0.7	6 828 504	0.4
第十四类　天然或养殖珍珠、宝石或半宝石、贵金制品；仿首饰；硬币	21 731 194	1.0	79 327 271	5.0
71 章　天然或养殖珍珠、宝石或半宝石、贵金制品；仿首饰；硬币	21 731 194	1.0	79 327 271	5.0
第十五类　贱金属及其制品	154 411 524	7.4	78 957 547	5.0
72 章　钢铁	43 256 784	2.1	16 918 311	1.1
73 章　钢铁制品	51 901 087	2.5	9 576 174	0.6
74 章　铜及其制品	5 795 133	0.3	33 258 729	2.1
75 章　镍及其制品	325 479	0.0	4 956 999	0.3
76 章　铝及其制品	21 210 455	1.0	5 946 234	0.4
78 章　铅及其制品	72 779	0.0	52 808	0.0
79 章　锌及其制品	271 937	0.0	1，171 410	0.1
80 章　锡及其制品	66 491	0.0	307 011	0.0
81 章　其他贱金属、金属陶瓷及其制品	2 499 830	0.1	1 804 134	0.1
82 章　贱金属工具、器具、利口器、餐匙、餐叉及其零件	13 342 169	0.6	3 210 724	0.2
83 章　贱金属杂项制品	15 669 379	0.7	1 755 013	0.1
第十六类　机器、机械器具、电气设备及其零件；电视图像、声音的录制和重放设备及其零件、附件	896 974 872	42.8	560 544 778	35.3
84 章　核反应堆、锅炉、机械器具及零件	343 790 219	16.4	147 659 933	9.3
85 章　电机、电气设备及其零件；录音机及放声音的录制和重放设备及其零件、附件	553 184 652	26.4	412 884 845	26.0
第十七类　车辆、航空器、船舶及有关运输设备	92 887 205	4.4	97 333 636	6.1
86 章　铁道及电车道机车、车辆及其零件；铁定装置及其零件、附件；各种机械（包括电动机械）交通信号设备	6 858 980	0.3	1 062 881	0.1

续表5

类　章	出口		进口	
	金　额	比重（%）	金　额	比重（%）
87章　车辆及其零件、附件，但铁道及电车道车辆除外	60 148 722	2.9	71 506 000	4.5
88章　航空器、航天器及其零件	3 364 512	0.2	22 840 343	1.4
89章　船舶及浮动结构体	22 514 991	1.1	1 924 412	0.1
第十八类　光学、照相、电影、计量、检验、医疗设备、精密仪器及设备；钟表；乐器；上述物品的零件、附件	74 389 974	3.5	96 192 695	6.1
90章　光学、照相、电影、计量、检验、医疗设备、精密仪器及设备；上述物品的零件、附件	67 488 326	3.2	92 688 922	5.8
91章　钟表及其零件	5 331 184	0.3	3 127 680	0.2
92章　乐器及其零件、附件	1 570 464	0.1	376 093	0.0
第十九类　武器、弹药及其零件、附件	139 259	0.0	13 461	0.0
93章　武器、弹药及其零件、附件	139 259	0.0	13 461	0.0
第二十类　杂项制品	146 061 353	7.0	7 517 784	0.5
94章　家具；寝具、褥垫、弹簧床垫、软坐垫；未列名灯具及照明装置；发光标志、发光名牌及类似品；活动房屋	87 514 428	4.2	3 219 059	0.2
95章　玩具、游戏品、运动用品及其零件、附件	43 707 086	2.1	1 910 039	0.1
96章　杂项制品	14 839 839	0.7	2 388 686	0.2
第二十一类　艺术品、收藏品及古物	215 430	0.0	137 057	0.0
97章　艺术品、收藏品及古物	215 430	0.0	137 057	0.0
第二十二类　特殊交易品及未分类商品	4 326 708	0.2	12 880 746	0.8
98章　特殊交易品及未分类商品	4 326 708	0.2	12 880 746	0.8

2016年进出口商品贸易方式总值表

单位：千美元

贸易方式	进出口总值		出　口		进　口	
	金　额	比重（%）	金　额	比重（%）	金　额	比重（%）
总　值	3 685 557 412	100.0	2 097 631 193	100.0	1 587 926 219	100.0
一般贸易	2 032 008 955	55.1	1 131 368 524	53.9	900 640 431	56.7
国家间、国际组织无偿援助和赠送的物资	491 602	0.0	472 232	0.0	19 369	0.0
其他捐赠物资	14 543	0.0	6 159	0.0	8 384	0.0
来料加工贸易	161 090 399	4.4	75 904 960	3.6	85 185 439	5.4
进料加工贸易	950 679 033	25.8	639 426 125	30.5	311 252 908	19.6
寄售、代销贸易	238	0.0	238	0.0	–	–
边境小额贸易	33 447 379	0.9	26 410 568	1.3	7 036 811	0.4
加工贸易进口设备	463 829	0.0	–	–	463 829	0.0
对外承包工程出口货物	13 302 857	0.4	13 302 857	0.6	–	–
租赁贸易	3 052 370	0.1	191 960	0.0	2 860 410	0.2
外商投资企业作为投资进口的设备、物品	4 085 920	0.1	–	–	4 085 920	0.3
出料加工贸易	485 778	0.0	220 883	0.0	264 895	0.0
易货贸易	9 718	0.0	1 793	0.0	7 925	0.0
免税外汇商品	22 496	0.0	–	–	22 496	0.0
保税监管场所进出境货物	134 692 699	3.7	38 365 563	1.8	96 327 136	6.1
海关特殊监管区域物流货物	251 584 103	6.8	93 970 204	4.5	157 613 899	9.9
海关特殊监管区域进口设备	4 893 384	0.1	–	–	4 893 384	0.3
其他	93 504 152	2.5	77 989 126	3.7	15 515 026	1.0
免税品	1 727 955	0.0	–	–	1 727 955	0.1

2016 年出口商品贸易方式企业性质总值表

单位：千美元

企业性质 贸易方式	合　计	国有企业	中外合作	中外合资	外商独资	集体企业	私营企业	其　他
	金 额／ ±%	金 额／ ±%	金 额／ ±%	金 额／ ±%	金 额／ ±%	金 额／ ±%	金 额／ ±%	金 额／ ±%
总　值	2 097 631 193	215 477 827	9 851 420	254 166 250	652 749 234	46 827 031	914 581 702	3 977 729
	(−7.7)	(−11.1)	(−13.4)	(−10.0)	(−8.2)	(−8.2)	(−6.0)	(33.7)
一般贸易	1 131 368 524	123 805 313	4 953 803	97 514 019	163 692 752	40 203 962	699 482 587	1 716 088
	(−6.9)	(−13.3)	(−12.2)	(−7.8)	(−2.2)	(−8.1)	(−6.4)	(−25.2)
国家间、国际组织无偿援助和赠送的物资	472 232	421 470	−	804	−	16 236	25 530	8 193
	(−4.2)	(−1.9)	−	(−73.9)	−	(113.5)	(−31.2)	(−46.7)
其他捐赠物资	6 159	5 480	−	238	−	−	29	413
	(−3.7)	(76.6)	−	(−66.8)	−	−	(−98.3)	(−55.1)
来料加工贸易	75 904 960	15 423 053	792 606	10 565 601	35 937 811	1 105 154	12 060 470	20 264
	(−9.7)	(9.6)	(15.2)	(−19.8)	(−13.2)	(−14.7)	(−10.0)	(−12.0)
进料加工贸易	639 426 125	29 039 677	3 787 405	128 365 799	414 555 590	3 805 430	59 742 312	129 911
	(−10.4)	(−11.9)	(−19.2)	(−10.7)	(−10.6)	(−14.2)	(−6.3)	(142.7)
寄售、代销贸易	238	−	−	−	217	−	22	−
	(35.6)	−	−	−	−	−	−	−
边境小额贸易	26 410 568	1 180 898	−	−	−	125 362	25 104 150	158
	(−13.3)	(−4.5)	−	−	−	(103.2)	(−13.9)	(229.0)
对外承包工程出口货物	13 302 857	11 809 219	3 379	146 750	207 597	130 557	1 004 427	929
	(−17.6)	(−20.1)	(−58.1)	(−17.5)	(147.7)	(34.0)	(2.3)	(−76.3)

续表

企业性质 贸易方式	合　计	国有企业	中外合作	中外合资	外商独资	集体企业	私营企业	其　他
	金 额 / ±%	金 额 / ±%	金 额 / ±%	金 额 / ±%	金 额 / ±%	金 额 / ±%	金 额 / ±%	金 额 / ±%
租赁贸易	191 960	70 643	–	4 753	2 518	19	114 027	–
	(–27.6)	(–30.9)	–	(–67.6)	(56.1)	(–99.6)	(–19.8)	–
出料加工贸易	220 883	41 414	–	95 397	50 512	–	33 559	–
	(7.7)	(–3.7)	–	(–13.1)	(33.2)	–	(131.0)	–
易货贸易	1 793	37	–	–	–	–	1 757	–
	(–7.0)	–	–	–	–	–	(–8.9)	–
保税监管场所进出境货物	38 365 563	16 721 272	304 039	7 706 900	2 518 616	1 391 015	9 634 959	88 762
	(–22.1)	(–7.5)	(–11.4)	(–10.4)	(–26.4)	(5.4)	(–44.5)	(–21.8)
海关特殊监管区域物流货物	93 970 204	16 195 391	9 312	9 497 807	35 544 457	35 531	32 682 560	5 145
	(–14.1)	(–6.7)	(5.1)	(–11.2)	(3.2)	(18.8)	(–30.3)	(56.7)
其他	77 989 126	763 961	876	268 183	239 163	13 764	74 695 313	2 007 865
	(42.0)	(45.8)	(–52.3)	(104.8)	(65.9)	(130.7)	(39.2)	(329.7)

2016 年进口商品贸易方式企业性质总值表

单位：千美元

企业性质 贸易方式	合　计 金额／±%	国有企业 金额／±%	中外合作 金额／±%	中外合资 金额／±%	外商独资 金额／±%	集体企业 金额／±%	私营企业 金额／±%	其　他 金额／±%
总　值	1 587 926 219	361 192 219	4 287 559	223 857 849	542 624 214	24 634 130	417 785 064	13 545 184
	(－5.5)	(－11.3)	(－31.2)	(－8.7)	(－6.0)	(0.0)	(1.7)	(71.0)
一般贸易	900 640 431	279 021 288	2 272 296	112 800 866	218 677 898	20 100 595	266 288 654	1 478 834
	(－2.4)	(－11.9)	(－37.6)	(－4.9)	(1.1)	(0.4)	(8.0)	(187.0)
国家间、国际组织无偿援助和赠送的物资	19 369	6 298	－	－	－	－	3 256	9 815
	(28.7)	(－45.4)	－	－	－	－	(131.2)	(367.0)
其他捐赠物资	8 384	1 624	－	－	－	－	664	6 096
	(－82.5)	(－96.1)	－	－	－	－	(－38.7)	(9.0)
补偿贸易	－	－	－	－	－	－	－	－
	－	－	－	－	－	－	－	－
来料加工贸易	85 185 439	21 576 915	939 470	12 559 526	40 059 822	483 271	9 554 823	11 612
	(－6.9)	(－2.4)	(－14.0)	(－4.3)	(－10.1)	(－21.4)	(－4.5)	(－29.0)
进料加工贸易	311 252 908	11 960 867	1 009 539	69 026 791	197 479 997	968 633	30 796 339	10 742
	(－12.3)	(－14.1)	(－19.5)	(－13.5)	(－11.2)	(－20.7)	(－15.4)	(－24.0)
寄售、代销贸易	－	－	－	－	－	－	－	－
	－	－	－	－	－	－	－	－
边境小额贸易	7 036 811	135 176	－	－	－	28 863	6 870 969	1 804
	(－1.8)	(－83.4)	－	－	－	(－43.2)	(9.1)	(－55.0)

续表

企业性质 贸易方式	合计	国有企业	中外合作	中外合资	外商独资	集体企业	私营企业	其他
	金额／±%	金额／±%	金额／±%	金额／±%	金额／±%	金额／±%	金额／±%	金额／±%
加工贸易进口设备	463 829	43 257	493	145 426	252 303	3 068	19 282	–
	(–26.9)	(40.2)	(30.4)	(54.1)	(–46.6)	(77.0)	(–45.1)	–
租赁贸易	2 860 410	518 476	12 407	852 744	45 559	1 166 739	264 485	–
	(–65.4)	(–90.4)	–	(–28.8)	(–46.4)	(208.2)	(–78.2)	–
外商投资企业作为投资进口的设备、物品	4 085 920	–	12 711	1 418 769	2 654 441	–	–	–
	(–33.6)	–	(–47.1)	(–49.2)	(–20.6)	–	–	–
出料加工贸易	264 895	61 879	–	95 672	61 599	–	45 745	–
	(–11.6)	(–11.5)	–	(–45.2)	(63.1)	–	(161.9)	–
易货贸易	7 925	–	–	–	–	–	7 925	–
	(144.1)	–	–	–	–	–	(144.2)	–
免税外汇商品	22 496	22 496	–	–	–	–	–	–
	(54.0)	(54.0)	–	–	–	–	–	–
保税监管场所进出境货物	96 327 136	31 946 105	10 260	12 291 970	6 004 579	1 011 042	44 974 638	88 543
	(8.7)	(5.2)	(–94.0)	(–7.8)	(–12.2)	(–9.7)	(22.7)	(–46.0)
海关特殊监管区域物流货物	157 613 899	14 266 526	22 130	12 911 163	72 410 930	617 828	57 364 658	20 666
	(–13.3)	(–11.9)	(–49.0)	(–6.4)	(–6.6)	(–48.9)	(–21.3)	(–66.0)
海关特殊监管区域进口设备	4 893 384	26 431	2 008	995 615	3 765 546	74	103 710	–
	(–25.2)	(–69.9)	(404.0)	(–37.3)	(–20.5)	(54.1)	(–20.7)	–
其他	15 515 026	276 822	6 244	407 914	1 164 310	254 017	1 488 646	11 917 073
	(65.6)	(48.0)	(–16.7)	(28.8)	(9.6)	(720.6)	(132.3)	(67.0)
免税品	1 727 955	1 328 061	–	351 395	47 230	–	1 269	–
	(6.7)	(6.7)	–	(9.2)	(–11.9)	–	–	–

2016 年进出口商品经营单位所在地总值表

单位：千美元

收发货人所在地	进出口		出　口		进　口	
	金　额	比重(%)	金　额	比重(%)	金　额	比重(%)
总　值	3 685 557 412	100.0	2 097 631 193	100.0	1 587 926 219	100.0
北京市	282 348 960	7.7	52 022 843	2.5	230 326 117	14.5
中关村国家自主创新示范区	5 533 217	0.2	2 035 836	0.1	3 497 381	0.2
北京经济技术开发区	16 264 629	0.4	4 955 687	0.2	11 308 942	0.7
天津市	102 655 947	2.8	44 278 694	2.1	58 377 253	3.7
天津滨海新区	68 662 469	1.9	25 520 779	1.2	43 141 690	2.7
天津经济技术开发区	34 748 589	0.9	16 752 275	0.8	17 996 313	1.1
河北省	46 675 380	1.3	30 575 538	1.5	16 099 842	1.0
石家庄市	11 636 821	0.3	7 020 926	0.3	4 615 895	0.3
石家庄高新技术产业开发区	15 811	0.0	6 412	0.0	9 399	0.0
唐山市	10 741 427	0.3	7 107 866	0.3	3 633 561	0.2
秦皇岛市	4 393 388	0.1	2 958 345	0.1	1 435 043	0.1
秦皇岛经济技术开发区	3 018 393	0.1	1 813 868	0.1	1 204 525	0.1
保定市	4 063 774	0.1	2 937 566	0.1	1 126 208	0.1
保定高新技术产业开发区	347 275	0.0	266 270	0.0	81 005	0.0
山西省	16 661 411	0.5	9 932 190	0.5	6 729 222	0.4
太原市	13 317 238	0.4	8 329 144	0.4	4 988 094	0.3
太原经济技术开发区	9 704 169	0.3	6 222 761	0.3	3 481 408	0.2
太原高新技术产业开发区	36 339	0.0	16 375	0.0	19 965	0.0

续表 1

收发货人所在地	进出口		出口		进口	
	金额	比重(%)	金额	比重(%)	金额	比重(%)
大同市	357 039	0.0	292 889	0.0	64 150	0.0
大同经济技术开发区	208 771	0.0	208 196	0.0	576	0.0
晋中市	210 706	0.0	181 804	0.0	28 902	0.0
内蒙古自治区	11 640 301	0.3	4 395 988	0.2	7 244 313	0.5
呼和浩特市	1 309 544	0.0	682 221	0.0	627 323	0.0
包头市	1 632 378	0.0	1 145 031	0.1	487 348	0.0
包头高新技术产业开发区	15 604	0.0	15 597	0.0	7	0.0
二连浩特市	846 926	0.0	264 704	0.0	582 222	0.0
满洲里市	2 383 839	0.1	554 906	0.0	1 828 932	0.1
辽宁省	86 556 895	2.3	43 062 765	2.1	43 494 130	2.7
沈阳市	11 329 983	0.3	4 246 009	0.2	7 083 974	0.4
沈阳经济技术开发区	2 612 968	0.1	1 430 128	0.1	1 182 840	0.1
沈阳高新技术产业开发区	1 074 291	0.0	643 587	0.0	430 705	0.0
大连市	52 374 604	1.4	24 857 810	1.2	27 516 793	1.7
大连经济技术开发区	12 992 919	0.4	6 092 835	0.3	6 900 084	0.4
大连市高新技术产业园区	721 061	0.0	466 373	0.0	254 689	0.0
鞍山市	2 730 631	0.1	1 752 396	0.1	978 236	0.1
鞍山高新技术产业开发区	121 456	0.0	109 249	0.0	12 207	0.0
丹东市	3 978 929	0.1	2 494 436	0.1	1 484 493	0.1
吉林省	18 452 886	0.5	4 202 011	0.2	14 250 875	0.9
长春市	14 157 462	0.4	1 904 910	0.1	12 252 552	0.8
长春经济技术开发区	1 064 408	0.0	220 011	0.0	844 397	0.1
长春高新技术产业开发区	964 779	0.0	282 982	0.0	681 797	0.0

续表 2

收发货人所在地	进出口		出　口		进　口	
	金　额	比重(%)	金　额	比重(%)	金　额	比重(%)
吉林市	739 061	0.0	427 854	0.0	311 207	0.0
吉林高新技术产业开发区	65 900	0.0	49 861	0.0	16 039	0.0
珲春市	1 349 977	0.0	505 430	0.0	844 547	0.1
黑龙江省	16 539 178	0.4	5 035 529	0.2	11 503 649	0.7
哈尔滨市	3 944 847	0.1	1 680 482	0.1	2 264 365	0.1
哈尔滨经济技术开发区	1 288 245	0.0	223 393	0.0	1 064 853	0.1
哈尔滨高技术开发区	131 148	0.0	80 914	0.0	50 234	0.0
大庆市	5 635 030	0.2	447 454	0.0	5 187 576	0.3
大庆高新技术产业开发区	137 835	0.0	57 220	0.0	80 615	0.0
黑河市	610 183	0.0	288 032	0.0	322 151	0.0
绥芬河市	3 248 537	0.1	422 720	0.0	2 825 817	0.2
上海市	433 768 191	11.8	183 352 132	8.7	250 416 059	15.8
上海漕河泾浦江高科技园	8 276 655	0.2	5 024 613	0.2	3 252 042	0.2
上海经济技术开发区	5 815	0.0	1 669	0.0	4 146	0.0
上海闵行经济技术开发区	2 480 656	0.1	1 300 544	0.1	1 180 112	0.1
上海浦东新区	224 447 410	6.1	69 920 793	3.3	154 526 617	9.7
江苏省	509 296 406	13.8	319 053 086	15.2	190 243 320	12.0
南京市	50 167 402	1.4	29 536 895	1.4	20 630 507	1.3
南京高新技术外向型开发区	532 488	0.0	442 967	0.0	89 521	0.0
无锡市	46 269 517	1.3	27 970 105	1.3	18 299 412	1.2
无锡高新技术产业开发区	34 677 471	0.9	18 486 181	0.9	16 191 290	1.0
常州市	26 999 541	0.7	20 317 112	1.0	6 682 429	0.4
常州高新技术产业开发区	2 152 354	0.1	1 248 365	0.1	903 989	0.1

续表 3

收发货人所在地	进出口		出　口		进　口	
	金　额	比重(%)	金　额	比重(%)	金　额	比重(%)
苏州市	273 529 843	7.4	163 777 616	7.8	109 752 227	6.9
苏州工业园	53 894 676	1.5	23 258 973	1.1	30 635 704	1.9
苏州高新技术产业开发区	20 307 249	0.6	13 452 639	0.6	6 854 610	0.4
南通市	30 860 184	0.8	23 011 804	1.1	7 848 380	0.5
南通经济技术开发区	5 316 076	0.1	3 073 831	0.1	2 242 244	0.1
连云港市	7 039 770	0.2	3 683 883	0.2	3 355 887	0.2
连云港经济技术开发区	2 666 727	0.1	1 152 001	0.1	1 514 727	0.1
浙江省	336 575 909	9.1	267 863 753	12.8	68 712 156	4.3
杭州市	68 004 834	1.8	50 256 322	2.4	17 748 512	1.1
杭州经济技术开发区	6 677 216	0.2	3 785 598	0.2	2 891 618	0.2
杭州高新技术产业开发区	1 198 400	0.0	946 448	0.0	251 952	0.0
宁波市	94 895 072	2.6	66 079 351	3.2	28 815 720	1.8
宁波经济技术开发区	15 535 582	0.4	7 994 306	0.4	7 541 276	0.5
宁波高新技术产业开发区	1 296 804	0.0	886 618	0.0	410 186	0.0
温州市	18 085 722	0.5	16 076 048	0.8	2 009 674	0.1
温州经济技术开发区	1 168 261	0.0	1 133 949	0.1	34 312	0.0
金华市	48 313 997	1.3	47 173 141	2.2	1 140 857	0.1
金华经济技术开发区	371 600	0.0	356 352	0.0	15 248	0.0
安徽省	44 412 861	1.2	28 446 682	1.4	15 966 179	1.0
合肥市	18 677 099	0.5	12 629 045	0.6	6 048 054	0.4
合肥经济技术开发区	5 978 807	0.2	4 034 012	0.2	1 944 795	0.1
合肥高新技术产业开发区	2 870 531	0.1	1 853 882	0.1	1 016 650	0.1
芜湖市	5 676 204	0.2	4 047 502	0.2	1 628 701	0.1

续表 4

收发货人所在地	进出口		出口		进口	
	金额	比重(%)	金额	比重(%)	金额	比重(%)
芜湖经济技术开发区	3 135 779	0.1	2 342 507	0.1	793 272	0.0
芜湖高新技术产业开发区	90 820	0.0	75 471	0.0	15 349	0.0
蚌埠市	1 755 271	0.0	1 191 353	0.1	563 918	0.0
蚌埠高新技术产业开发区	316 796	0.0	279 713	0.0	37 083	0.0
淮南市	270 276	0.0	234 094	0.0	36 182	0.0
淮南经济技术开发区	32 016	0.0	31 308	0.0	708	0.0
马鞍山市	3 188 451	0.1	1 509 017	0.1	1 679 434	0.1
马鞍山经济技术开发区	143 433	0.0	57 935	0.0	85 498	0.0
马鞍山慈湖高新技术产业开发区	9 978	0.0	9 714	0.0	264	0.0
铜陵市	4 702 094	0.1	656 126	0.0	4 045 968	0.3
铜陵经济技术开发区	124 144	0.0	67 145	0.0	57 000	0.0
安庆市	1 776 982	0.0	1 463 933	0.1	313 048	0.0
安庆经济技术开发区	42 420	0.0	34 395	0.0	8 025	0.0
滁州市	2 316 872	0.1	1 671 200	0.1	645 672	0.0
滁州经济技术开发区	769 177	0.0	459 020	0.0	310 157	0.0
六安市	536 468	0.0	508 909	0.0	27 560	0.0
六安经济技术开发区	120 275	0.0	112 225	0.0	8 050	0.0
宣城市	1 503 824	0.0	1 377 350	0.1	126 474	0.0
宁国经济技术开发区	256 505	0.0	231 207	0.0	25 298	0.0
池州市	622 569	0.0	184 004	0.0	438 565	0.0
池州经济技术开发区	102 114	0.0	13 178	0.0	88 936	0.0
福建省	156 826 190	4.3	103 677 985	4.9	53 148 206	3.3
福州市	31 650 643	0.9	21 420 367	1.0	10 230 276	0.6

续表 5

收发货人所在地	进出口		出口		进口	
	金额	比重(%)	金额	比重(%)	金额	比重(%)
福州经济技术开发区	3 581 809	0.1	2 338 397	0.1	1 243 412	0.1
福州市科技园区	23 564	0.0	23 549	0.0	15	0.0
厦门市	77 144 060	2.1	46 928 807	2.2	30 215 253	1.9
厦门火炬高技术产业开发区	2 451 321	0.1	1 032 510	0.0	1 418 811	0.1
平潭	443 849	0.0	113 137	0.0	330 713	0.0
平潭综合实验区	443 579	0.0	113 137	0.0	330 442	0.0
江西省	40 028 407	1.1	29 798 398	1.4	10 230 009	0.6
南昌市	9 380 000	0.3	5 789 762	0.3	3 590 238	0.2
南昌经济技术开发区	1 018 344	0.0	312 933	0.0	705 411	0.0
南昌高新技术产业开发区	3 347 991	0.1	1 575 214	0.1	1 772 777	0.1
景德镇市	665 994	0.0	645 284	0.0	20 710	0.0
景德镇高新技术产业开发区	2 958	0.0	2 958	0.0	1	0.0
萍乡市	1 390 484	0.0	1 373 744	0.1	16 740	0.0
九江市	4 890 621	0.1	3 987 573	0.2	903 048	0.1
九江经济技术开发区	1 015 103	0.0	622 833	0.0	392 270	0.0
新余市	1 879 548	0.1	1 271 509	0.1	608 039	0.0
新余高新技术产业开发区	340 496	0.0	323 321	0.0	17 175	0.0
鹰潭市	3 540 322	0.1	803 608	0.0	2 736 714	0.2
鹰潭高新技术产业开发区	72 245	0.0	71 900	0.0	345	0.0
赣州市	4 118 614	0.1	3 397 275	0.2	721 339	0.0
赣州经济技术开发区	424 056	0.0	356 512	0.0	67 544	0.0
宜春市	2 627 895	0.1	2 355 854	0.1	272 040	0.0
宜春经济技术开发区	510 090	0.0	508 597	0.0	1 493	0.0

续表 6

收发货人所在地	进出口		出口		进口	
	金额	比重(%)	金额	比重(%)	金额	比重(%)
上饶市	4 310 565	0.1	3 832 950	0.2	477 615	0.0
吉安市	5 033 681	0.1	4 225 299	0.2	808 382	0.1
井冈山经济技术开发区	588 503	0.0	547 216	0.0	41 287	0.0
山东省	234 355 852	6.4	137 096 088	6.5	97 259 763	6.1
济南市	10 865 823	0.3	7 345 615	0.4	3 520 208	0.2
济南市高技术产业开发区	3 061 059	0.1	1 481 926	0.1	1 579 133	0.1
青岛市	65 580 741	1.8	42 449 254	2.0	23 131 488	1.5
青岛经济技术开发区	8 984 007	0.2	5 800 276	0.3	3 183 731	0.2
青岛高新技术产业开发区	20 821	0.0	5 876	0.0	14 945	0.0
烟台市	43 785 340	1.2	24 795 782	1.2	18 989 558	1.2
烟台经济技术开发区	14 957 677	0.4	7 747 813	0.4	7 209 863	0.5
潍坊市	18 838 972	0.5	12 350 321	0.6	6 488 651	0.4
潍坊高技术产业开发区	1 307 454	0.0	907 676	0.0	399 778	0.0
威海市	17 793 474	0.5	11 666 977	0.6	6 126 497	0.4
威海火炬高技术产业开发区	1 677 480	0.0	1 362 175	0.1	315 304	0.0
河南省	71 213 099	1.9	42 805 509	2.0	28 407 590	1.8
郑州市	55 025 706	1.5	31 697 087	1.5	23 328 619	1.5
郑州航空港经济综合实验区	49 224 811	1.3	27 608 000	1.3	21 616 811	1.4
郑州高新技术产业开发区	540 769	0.0	455 595	0.0	85 174	0.0
洛阳市	1 754 979	0.0	1 534 575	0.1	220 404	0.0
洛阳高技术产业开发区	36 431	0.0	32 298	0.0	4 133	0.0
湖北省	39 388 773	1.1	26 039 342	1.2	13 349 431	0.8
武汉市	23 801 904	0.6	13 722 734	0.7	10 079 170	0.6

续表 7

收发货人所在地	进出口		出　口		进　口	
	金　额	比重(%)	金　额	比重(%)	金　额	比重(%)
武汉经济技术开发区	2 763 299	0.1	1 246 092	0.1	1 517 207	0.1
武汉吴家山经济技术开发区	0	0.0	0	0.0	0	0.0
武汉东湖新技术开发区	14 464 990	0.4	8 492 112	0.4	5 972 878	0.4
黄石市	2 438 075	0.1	1 396 452	0.1	1 041 624	0.1
黄石经济技术开发区	46 475	0.0	32 239	0.0	14 236	0.0
襄阳市	1 872 442	0.1	1 603 524	0.1	268 919	0.0
襄阳经济技术开发区	21 817	0.0	11 454	0.0	10 364	0.0
襄阳高新技术产业开发区	454 978	0.0	264 991	0.0	189 986	0.0
荆州市	2 289 620	0.1	1 974 737	0.1	314 883	0.0
荆州经济技术开发区	187 148	0.0	166 244	0.0	20 904	0.0
湖南省	26 243 470	0.7	17 692 536	0.8	8 550 934	0.5
长沙市	10 351 765	0.3	6 733 442	0.3	3 618 323	0.2
长沙经济技术开发区	1 142 953	0.0	408 208	0.0	734 745	0.0
长沙高新技术产业开发区	1 899 407	0.1	1 461 307	0.1	438 100	0.0
株洲市	1 348 077	0.0	848 153	0.0	499 923	0.0
株洲高新技术产业开发区	235 293	0.0	196 206	0.0	39 087	0.0
湘潭市	2 116 128	0.1	1 335 389	0.1	780 739	0.0
湘潭经济技术开发区	188 965	0.0	183 931	0.0	5 034	0.0
湘潭高新技术产业开发区	23 302	0.0	22 927	0.0	375	0.0
衡阳市	2 683 811	0.1	1 615 683	0.1	1 068 129	0.1
衡阳高新技术产业开发区	43 198	0.0	43 187	0.0	11	0.0
岳阳市	1 365 315	0.0	1 017 019	0.0	348 296	0.0
常德市	708 070	0.0	486 103	0.0	221 967	0.0

续表 8

收发货人所在地	进出口		出　口		进　口	
	金　额	比重(%)	金　额	比重(%)	金　额	比重(%)
常德经济技术开发区	37 331	0.0	11 348	0.0	25 983	0.0
益阳市	638 547	0.0	541 147	0.0	97 400	0.0
益阳高新技术产业开发区	69 766	0.0	69 681	0.0	85	0.0
浏阳市	589 979	0.0	574 668	0.0	15 311	0.0
浏阳经济技术开发区	267 194	0.0	257 137	0.0	10 056	0.0
广东省	955 298 007	25.9	598 601 986	28.5	356 696 021	22.5
广州市	129 312 481	3.5	78 182 403	3.7	51 130 078	3.2
广州经济技术开发区	18 209 737	0.5	9 036 718	0.4	9 173 019	0.6
广州高新技术产业开发区	14 395 673	0.4	7 110 322	0.3	7 285 351	0.5
广州南沙新区	25 582 827	0.7	15 989 307	0.8	9 593 520	0.6
深圳市	398 471 839	10.8	237 370 562	11.3	161 101 277	10.1
深圳科技工业园	453 447	0.0	238 277	0.0	215 170	0.0
珠海市	41 730 184	1.1	27 329 590	1.3	14 400 594	0.9
珠海横琴新区	720 639	0.0	604 187	0.0	116 453	0.0
汕头市	8 526 839	0.2	6 425 691	0.3	2 101 148	0.1
佛山市	62 144 538	1.7	46 976 839	2.2	15 167 699	1.0
湛江市	4 556 403	0.1	2 947 061	0.1	1 609 342	0.1
湛江经济技术开发区	1 201 770	0.0	536 751	0.0	665 018	0.0
惠州市	46 144 088	1.3	29 878 131	1.4	16 265 957	1.0
惠州高新技术产业开发区	28 946 391	0.8	17 628 548	0.8	11 317 843	0.7
东莞市	172 491 989	4.7	99 014 298	4.7	73 477 691	4.6
东莞松山湖高新技术产业开发区	237 155	0.0	214 176	0.0	22 979	0.0
中山市	33 848 474	0.9	26 660 975	1.3	7 187 499	0.5

续表 9

收发货人所在地	进出口		出　口		进　口	
	金　额	比重(%)	金　额	比重(%)	金　额	比重(%)
中山火炬高技术产业开发区	8 314	0.0	3 646	0.0	4 668	0.0
广西壮族自治区	47 627 431	1.3	22 926 413	1.1	24 701 018	1.6
南宁市	6 159 862	0.2	3 067 359	0.1	3 092 503	0.2
南宁高新技术产业开发区	69 268	0.0	64 450	0.0	4 818	0.0
桂林市	894 907	0.0	787 236	0.0	107 671	0.0
桂林新技术产业开发区	353 320	0.0	289 504	0.0	63 816	0.0
北海市	3 107 428	0.1	1 670 067	0.1	1 437 361	0.1
崇左市	18 383 772	0.5	10 859 629	0.5	7 524 143	0.5
防城港市	8 780 746	0.2	1 693 219	0.1	7 087 527	0.4
海南省	11 348 430	0.3	2 125 799	0.1	9 222 631	0.6
海口市	3 916 561	0.1	791 148	0.0	3 125 412	0.2
海南国际科技工业园	193 805	0.0	161 761	0.0	32 045	0.0
海南洋浦经济开发区	5 764 103	0.2	863 460	0.0	4 900 643	0.3
重庆市	62 753 637	1.7	40 654 379	1.9	22 099 258	1.4
重庆高新技术产业开发区	157 794	0.0	82 198	0.0	75 595	0.0
重庆两江新区	23 363 039	0.6	13 549 225	0.6	9 813 814	0.6
万州经济技术开发区	28 533	0.0	23 355	0.0	5 178	0.0
长寿经济技术开发区	671	0.0	671	0.0	0	0.0
四川省	49 306 252	1.3	27 947 617	1.3	21 358 634	1.3
成都市	40 845 031	1.1	21 831 921	1.0	19 013 110	1.2
成都经济技术开发区	1 424 507	0.0	351 536	0.0	1 072 971	0.1
成都高新技术产业开发区	29 724 654	0.8	14 855 316	0.7	14 869 338	0.9
绵阳市	1 717 868	0.0	1 031 038	0.0	686 830	0.0

续表 10

收发货人所在地	进出口		出口		进口	
	金额	比重(%)	金额	比重(%)	金额	比重(%)
绵阳经济技术开发区	140 731	0.0	130 730	0.0	10 001	0.0
绵阳高新技术产业开发区	425 053	0.0	362 775	0.0	62 278	0.0
广元市	22 612	0.0	18 645	0.0	3 967	0.0
广元经济技术开发区	1 156	0.0	1 156	0.0	-	-
宜宾市	931 206	0.0	552 262	0.0	378 944	0.0
宜宾临港经济技术开发区	83 754	0.0	83 326	0.0	428	0.0
贵州省	5 699 617	0.2	4 742 792	0.2	956 825	0.1
贵阳市	4 000 947	0.1	3 315 800	0.2	685 146	0.0
贵阳高新技术产业开发区	188 243	0.0	163 084	0.0	25 159	0.0
云南省	19 902 360	0.5	11 490 314	0.5	8 412 046	0.5
昆明市	6 616 574	0.2	4 059 289	0.2	2 557 286	0.2
昆明经济技术开发区	931 318	0.0	811 958	0.0	119 360	0.0
昆明嵩明杨林经济技术开发区	931 318	0.0	811 958	0.0	119 360	0.0
红河哈尼族彝族自治州	1 084 250	0.0	439 319	0.0	644 931	0.0
蒙自经济技术开发区	30 795	0.0	30 795	0.0	-	-
畹町市	163 318	0.0	25 089	0.0	138 229	0.0
瑞丽县	3 307 412	0.1	1 675 835	0.1	1 631 577	0.1
河口县	899 405	0.0	513 639	0.0	385 766	0.0
曲靖市	631 755	0.0	628 659	0.0	3 095	0.0
曲靖经济技术开发区	147 469	0.0	147 468	0.0	1	0.0
西藏自治区	781 922	0.0	471 725	0.0	310 197	0.0
拉萨市	625 055	0.0	427 707	0.0	197 348	0.0
拉萨经济技术开发区	182 662	0.0	443	0.0	182 219	0.0

续表11

收发货人所在地	进出口		出　口		进　口	
	金　额	比重(%)	金　额	比重(%)	金　额	比重(%)
陕西省	29 947 223	0.8	15 837 561	0.8	14 109 662	0.9
西安市	27 729 953	0.8	14 353 003	0.7	13 376 950	0.8
陕西航天经济技术开发区	848 500	0.0	442 008	0.0	406 492	0.0
西安新技术产业开发区	2 657 246	0.1	1 665 578	0.1	991 668	0.1
宝鸡市	964 654	0.0	692 077	0.0	272 577	0.0
汉中市	105 780	0.0	72 635	0.0	33 145	0.0
甘肃省	6 832 980	0.2	4 062 563	0.2	2 770 418	0.2
兰州市	4 170 751	0.1	3 336 985	0.2	833 766	0.1
兰州新技术产业开发区	20 475	0.0	18 752	0.0	1 723	0.0
青海省	1 529 204	0.0	1 370 061	0.1	159 143	0.0
西宁市	1 295 613	0.0	1 151 608	0.1	144 006	0.0
西宁经济技术开发区	112 851	0.0	91 084	0.0	21 767	0.0
宁夏回族自治区	3 252 489	0.1	2 486 748	0.1	765 741	0.0
银川市	2 466 849	0.1	1 974 922	0.1	491 927	0.0
银川经济技术开发区	175 200	0.0	127 108	0.0	48 092	0.0
新疆维吾尔自治区	17 637 744	0.5	15 582 165	0.7	2 055 579	0.1
乌鲁木齐市	4 799 172	0.1	4 098 857	0.2	700 316	0.0
乌鲁木齐经济技术开发区	1 708 144	0.0	1 542 254	0.1	165 891	0.0
乌鲁木齐高新技术产业开发区	1 084 463	0.0	1 019 467	0.0	64 996	0.0
博乐市	1 323 924	0.0	777 879	0.0	546 045	0.0
伊宁市	3 689 495	0.1	3 591 186	0.2	98 309	0.0
石河子市	373 103	0.0	355 470	0.0	17 633	0.0
石河子经济技术开发区	358 262	0.0	342 887	0.0	15 375	0.0

2016 年进出口商品境内目的地/货源地总值表

单位：千美元

境内目的地/货源地	进出口		出　口		进　口	
	金　额	比重(%)	金　额	比重(%)	金　额	比重(%)
总　值	3 685 557 412	100.0	2 097 631 193	100.0	1 587 926 219	100.0
北京市	122 322 321	3.3	25 455 827	1.2	96 866 494	6.1
中关村国家自主创新示范区	2 278 846	0.1	614 848	0.0	1 663 997	0.1
北京经济技术开发区	14 728 699	0.4	4 256 460	0.2	10 472 239	0.7
天津市	106 973 694	2.9	41 657 015	2.0	65 316 679	4.1
天津滨海新区	66 053 747	1.8	20 855 995	1.0	45 197 752	2.8
天津经济技术开发区	31 667 134	0.9	15 315 489	0.7	16 351 645	1.0
河北省	74 991 455	2.0	43 998 270	2.1	30 993 185	2.0
石家庄市	11 324 601	0.3	6 486 682	0.3	4 837 919	0.3
石家庄高新技术产业开发区	15 918	0.0	6 327	0.0	9 591	0.0
唐山市	25 410 637	0.7	9 759 416	0.5	15 651 221	1.0
曹妃甸经济技术开发区	4 155	0.0	2 982	0.0	1 174	0.0
秦皇岛市	5 157 699	0.1	3 152 492	0.2	2 005 207	0.1
秦皇岛经济技术开发区	2 424 549	0.1	1 254 088	0.1	1 170 460	0.1
保定市	5 295 261	0.1	4 286 178	0.2	1 009 084	0.1
保定高新技术产业开发区	332 772	0.0	254 242	0.0	78 530	0.0
山西省	18 839 342	0.5	12 527 310	0.6	6 312 032	0.4
太原市	12 894 851	0.3	8 027 510	0.4	4 867 341	0.3
太原经济技术开发区	9 662 658	0.3	6 188 258	0.3	3 474 400	0.2

续表 1

境内目的地/货源地	进出口		出口		进口	
	金额	比重(%)	金额	比重(%)	金额	比重(%)
太原高新技术产业开发区	10 064	0.0	2 077	0.0	7 987	0.0
大同市	348 852	0.0	279 275	0.0	69 577	0.0
晋中市	264 558	0.0	236 508	0.0	28 050	0.0
内蒙古自治区	13 224 718	0.4	5 195 695	0.2	8 029 024	0.5
呼和浩特市	1 309 833	0.0	664 826	0.0	645 007	0.0
包头市	1 496 270	0.0	971 092	0.0	525 178	0.0
包头高新技术产业开发区	34 104	0.0	15 107	0.0	18 997	0.0
二连浩特市	862 924	0.0	241 506	0.0	621 418	0.0
满洲里市	1 880 731	0.1	40 648	0.0	1 840 083	0.1
辽宁省	96 128 240	2.6	44 813 626	2.1	51 314 614	3.2
沈阳市	12 178 872	0.3	4 797 132	0.2	7 381 740	0.5
沈阳经济技术开发区	2 419 804	0.1	1 223 471	0.1	1 196 332	0.1
沈阳高新技术产业开发区	826 373	0.0	493 962	0.0	332 411	0.0
大连市	53 030 055	1.4	24 056 588	1.1	28 973 467	1.8
大连经济技术开发区	15 728 738	0.4	5 929 322	0.3	9 799 416	0.6
大连市高新技术产业园区	885 739	0.0	637 193	0.0	248 546	0.0
鞍山市	2 127 775	0.1	1 903 931	0.1	223 844	0.0
鞍山高新技术产业开发区	158 674	0.0	140 555	0.0	18 119	0.0
丹东市	4 339 219	0.1	2 711 766	0.1	1 627 453	0.1
吉林省	19 241 341	0.5	4 907 255	0.2	14 334 086	0.9
长春市	14 109 157	0.4	1 785 208	0.1	12 323 949	0.8
长春经济技术开发区	1 006 717	0.0	185 883	0.0	820 834	0.1
长春高新技术产业开发区	799 809	0.0	189 467	0.0	610 342	0.0

续表 2

境内目的地/货源地	进出口		出　口		进　口	
	金　额	比重(%)	金　额	比重(%)	金　额	比重(%)
吉林市	1 112 056	0.0	678 331	0.0	433 725	0.0
吉林高新技术产业开发区	35 906	0.0	24 867	0.0	11 039	0.0
珲春市	1 587 896	0.0	705 484	0.0	882 412	0.1
黑龙江省	13 941 687	0.4	4 919 552	0.2	9 022 135	0.6
哈尔滨市	3 812 062	0.1	2 625 338	0.1	1 186 723	0.1
哈尔滨经济技术开发区	226 289	0.0	103 162	0.0	123 127	0.0
哈尔滨高技术开发区	100 877	0.0	58 608	0.0	42 269	0.0
大庆市	5 239 349	0.1	176 601	0.0	5 062 747	0.3
大庆高新技术产业开发区	98 130	0.0	20 870	0.0	77 260	0.0
黑河市	371 780	0.0	48 128	0.0	323 652	0.0
绥芬河市	1 591 252	0.0	164 391	0.0	1 426 861	0.1
上海市	404 613 805	11.0	166 380 768	7.9	238 233 037	15.0
上海漕河泾浦江高科技园	7 515 035	0.2	4 427 818	0.2	3 087 216	0.2
上海经济技术开发区	26 570	0.0	8 686	0.0	17 884	0.0
上海闵行经济技术开发区	2 199 974	0.1	1 096 093	0.1	1 103 881	0.1
上海浦东新区	176 558 179	4.8	52 628 644	2.5	123 929 536	7.8
江苏省	547 135 749	14.8	330 958 749	15.8	216 177 000	13.6
南京市	44 275 525	1.2	21 210 810	1.0	23 064 715	1.5
南京高新技术外向型开发区	2 664 563	0.1	957 873	0.0	1 706 690	0.1
无锡市	46 643 891	1.3	28 357 235	1.4	18 286 655	1.2
无锡高新技术产业开发区	33 247 143	0.9	17 134 288	0.8	16 112 854	1.0
常州市	28 847 348	0.8	21 726 943	1.0	7 120 405	0.4
常州高新技术产业开发区	2 043 029	0.1	1 143 617	0.1	899 412	0.1

续表 3

境内目的地/货源地	进出口		出　口		进　口	
	金　额	比重(%)	金　额	比重(%)	金　额	比重(%)
苏州市	282 302 601	7.7	165 969 753	7.9	116 332 848	7.3
南通市	37 679 088	1.0	25 625 713	1.2	12 053 374	0.8
南通经济技术开发区	4 610 869	0.1	2 110 805	0.1	2 500 064	0.2
连云港市	11 093 129	0.3	3 587 966	0.2	7 505 163	0.5
连云港经济技术开发区	1 081 583	0.0	773 259	0.0	308 323	0.0
浙江省	343 449 195	9.3	273 449 699	13.0	69 999 496	4.4
杭州市	47 897 827	1.3	34 812 476	1.7	13 085 351	0.8
杭州经济技术开发区	6 210 780	0.2	3 323 766	0.2	2 887 013	0.2
杭州高新技术产业开发区	1 306 694	0.0	1 064 164	0.1	242 530	0.0
宁波市	93 675 517	2.5	60 832 710	2.9	32 842 807	2.1
宁波经济技术开发区	8 159 366	0.2	2 295 834	0.1	5 863 532	0.4
宁波高新技术产业开发区	188	0.0	175	0.0	13	0.0
温州市	17 244 565	0.5	15 930 996	0.8	1 313 569	0.1
温州经济技术开发区	342 871	0.0	317 925	0.0	24 946	0.0
金华市	53 394 960	1.4	52 130 859	2.5	1 264 101	0.1
金华经济技术开发区	32 220	0.0	12 505	0.0	19 715	0.0
安徽省	40 968 838	1.1	25 966 290	1.2	15 002 548	0.9
合肥市	13 588 176	0.4	8 822 315	0.4	4 765 861	0.3
合肥经济技术开发区	5 735 819	0.2	3 747 808	0.2	1 988 010	0.1
合肥高新技术产业开发区	1 557 666	0.0	879 330	0.0	678 336	0.0
芜湖市	5 626 667	0.2	4 071 263	0.2	1 555 404	0.1
芜湖经济技术开发区	3 157 719	0.1	2 307 875	0.1	849 844	0.1
芜湖高新技术产业开发区	68 834	0.0	53 985	0.0	14 849	0.0

续表 4

境内目的地/货源地	进出口		出　口		进　口	
	金　额	比重(%)	金　额	比重(%)	金　额	比重(%)
蚌埠市	1 036 746	0.0	743 761	0.0	292 985	0.0
蚌埠高新技术产业开发区	94 840	0.0	66 642	0.0	28 198	0.0
淮南市	194 779	0.0	150 983	0.0	43 796	0.0
马鞍山市	2 768 883	0.1	1 176 792	0.1	1 592 091	0.1
马鞍山经济技术开发区	65 175	0.0	7 703	0.0	57 472	0.0
铜陵市	4 821 493	0.1	539 990	0.0	4 281 503	0.3
铜陵经济技术开发区	57 061	0.0	19 634	0.0	37 427	0.0
安庆市	1 516 164	0.0	1 187 109	0.1	329 056	0.0
安庆经济技术开发区	15 238	0.0	8 606	0.0	6 632	0.0
滁州市	2 389 459	0.1	1 623 345	0.1	766 114	0.0
滁州经济技术开发区	569 356	0.0	255 335	0.0	314 022	0.0
六安市	714 835	0.0	663 843	0.0	50 992	0.0
六安经济技术开发区	2	0.0	0	0.0	1	0.0
宣城市	1 337 999	0.0	1 183 012	0.1	154 987	0.0
宁国经济技术开发区	27	0.0	25	0.0	2	0.0
池州市	915 497	0.0	291 324	0.0	624 173	0.0
池州经济技术开发区	221 806	0.0	2 456	0.0	219 350	0.0
福建省	136 803 679	3.7	87 229 746	4.2	49 573 932	3.1
福州市	22 044 051	0.6	14 429 851	0.7	7 614 201	0.5
福州经济技术开发区	1 578 001	0.0	909 591	0.0	668 410	0.0
福州高新技术产业开发区	23 560	0.0	23 544	0.0	17	0.0
厦门市	51 952 316	1.4	29 658 984	1.4	22 293 332	1.4
厦门火炬高技术产业开发区	2 437 363	0.1	960 713	0.0	1 476 650	0.1

续表 5

境内目的地/货源地	进出口		出口		进口	
	金额	比重(%)	金额	比重(%)	金额	比重(%)
平潭	171 201	0.0	18 929	0.0	152 272	0.0
平潭综合实验区	170 946	0.0	18 791	0.0	152 154	0.0
江西省	35 362 246	1.0	24 149 472	1.2	11 212 774	0.7
南昌市	7 894 717	0.2	3 951 891	0.2	3 942 827	0.2
南昌经济技术开发区	1 022 281	0.0	314 766	0.0	707 515	0.0
南昌高新技术产业开发区	2 848 460	0.1	1 072 363	0.1	1 776 097	0.1
景德镇市	619 487	0.0	575 294	0.0	44 194	0.0
景德镇高新技术产业开发区	7 612	0.0	6 388	0.0	1 224	0.0
萍乡市	383 371	0.0	338 397	0.0	44 975	0.0
萍乡经济技术开发区	5 417	0.0	5 003	0.0	414	0.0
九江市	3 655 739	0.1	2 469 902	0.1	1 185 837	0.1
九江经济技术开发区	966 180	0.0	586 140	0.0	380 040	0.0
新余市	1 731 066	0.0	1 109 577	0.1	621 490	0.0
新余高新技术产业开发区	260 055	0.0	242 693	0.0	17 362	0.0
鹰潭市	3 370 807	0.1	621 975	0.0	2 748 831	0.2
鹰潭高新技术产业开发区	2 422	0.0	2 042	0.0	379	0.0
赣州市	3 962 134	0.1	3 141 760	0.1	820 374	0.1
赣州经济技术开发区	94 296	0.0	44 373	0.0	49 923	0.0
宜春市	2 660 580	0.1	2 360 663	0.1	299 917	0.0
宜春经济技术开发区	67 419	0.0	66 522	0.0	897	0.0
上饶市	2 656 296	0.1	2 159 272	0.1	497 024	0.0
上饶经济技术开发区	1 882	0.0	544	0.0	1 337	0.0
吉安市	2 468 426	0.1	1 616 036	0.1	852 389	0.1

续表 6

境内目的地/货源地	进出口		出口		进口	
	金额	比重(%)	金额	比重(%)	金额	比重(%)
井冈山经济技术开发区	191 750	0.0	148 711	0.0	43 039	0.0
山东省	273 396 221	7.4	144 313 261	6.9	129 082 960	8.1
济南市	8 464 323	0.2	5 293 370	0.3	3 170 953	0.2
济南市高技术产业开发区	2 327 676	0.1	981 192	0.0	1 346 484	0.1
青岛市	74 383 645	2.0	38 107 292	1.8	36 276 353	2.3
青岛经济技术开发区	12 695 536	0.3	5 686 476	0.3	7 009 060	0.4
青岛高新技术产业开发区	28 966	0.0	13 941	0.0	15 025	0.0
烟台市	43 681 306	1.2	23 437 121	1.1	20 244 185	1.3
烟台经济技术开发区	14 920 376	0.4	7 776 201	0.4	7 144 175	0.4
潍坊市	18 403 626	0.5	12 314 449	0.6	6 089 177	0.4
潍坊高技术产业开发区	1 422 041	0.0	865 631	0.0	556 410	0.0
威海市	10 896 555	0.3	7 909 471	0.4	2 987 084	0.2
威海火炬高技术产业开发区	1 496 407	0.0	1 268 067	0.1	228 340	0.0
河南省	74 113 830	2.0	45 322 734	2.2	28 791 097	1.8
郑州市	54 192 232	1.5	30 888 822	1.5	23 303 410	1.5
郑州航空港经济综合实验区	49 159 629	1.3	27 592 235	1.3	21 567 395	1.4
郑州高新技术产业开发区	394 595	0.0	331 282	0.0	63 314	0.0
洛阳市	1 815 793	0.0	1 573 599	0.1	242 194	0.0
洛阳高技术产业开发区	43 116	0.0	39 669	0.0	3 447	0.0
湖北省	39 015 438	1.1	24 763 261	1.2	14 252 178	0.9
武汉市	22 119 039	0.6	12 486 566	0.6	9 632 473	0.6
武汉东湖新技术开发区	12 794 766	0.3	7 977 793	0.4	4 816 972	0.3
黄石市	2 436 355	0.1	1 214 213	0.1	1 222 141	0.1

续表 7

境内目的地/货源地	进出口		出口		进口	
	金额	比重(%)	金额	比重(%)	金额	比重(%)
黄石经济技术开发区	104 764	0.0	29 414	0.0	75 350	0.0
襄阳市	1 821 205	0.0	1 087 183	0.1	734 022	0.0
襄阳经济技术开发区	12 815	0.0	2 449	0.0	10 366	0.0
襄阳高新技术产业开发区	287 917	0.0	123 061	0.0	164 856	0.0
荆州市	2 462 658	0.1	1 804 648	0.1	658 010	0.0
荆州经济技术开发区	61 503	0.0	37 029	0.0	24 474	0.0
湖南省	23 153 962	0.6	14 274 999	0.7	8 878 963	0.6
长沙市	7 519 402	0.2	4 161 490	0.2	3 357 912	0.2
长沙经济技术开发区	823 659	0.0	134 484	0.0	689 175	0.0
长沙高新技术产业开发区	598 783	0.0	225 203	0.0	373 581	0.0
株洲市	1 371 063	0.0	846 957	0.0	524 106	0.0
株洲高新技术产业开发区	173 541	0.0	134 940	0.0	38 601	0.0
湘潭市	1 175 872	0.0	490 880	0.0	684 992	0.0
湘潭经济技术开发区	14 028	0.0	9 095	0.0	4 933	0.0
湘潭高新技术产业开发区	1 467	0.0	1 120	0.0	347	0.0
衡阳市	2 753 566	0.1	1 619 468	0.1	1 134 098	0.1
衡阳高新技术产业开发区	128	0.0	127	0.0	1	0.0
岳阳市	1 107 813	0.0	465 824	0.0	641 989	0.0
常德市	871 621	0.0	532 013	0.0	339 608	0.0
常德经济技术开发区	52 289	0.0	5 695	0.0	46 595	0.0
益阳市	606 402	0.0	531 262	0.0	75 140	0.0
益阳高新技术产业开发区	23 026	0.0	23 026	0.0	–	–
浏阳市	299 895	0.0	284 957	0.0	14 938	0.0

续表 8

境内目的地/货源地	进出口		出口		进口	
	金额	比重(%)	金额	比重(%)	金额	比重(%)
浏阳经济技术开发区	13 350	0.0	9 261	0.0	4 089	0.0
广东省	1 060 123 561	28.8	654 136 517	31.2	405 987 043	25.6
广州市	164 121 342	4.5	106 920 995	5.1	57 200 347	3.6
广州经济技术开发区	16 276 219	0.4	7 679 137	0.4	8 597 083	0.5
广州高新技术产业开发区	13 189 451	0.4	6 049 057	0.3	7 140 394	0.4
广州南沙新区	15 227 822	0.4	6 996 958	0.3	8 230 863	0.5
深圳市	434 453 731	11.8	246 597 362	11.8	187 856 369	11.8
深圳科技工业园	44 616	0.0	13 409	0.0	31 207	0.0
珠海市	33 947 805	0.9	20 530 554	1.0	13 417 250	0.8
珠海横琴新区	135 365	0.0	82 443	0.0	52 921	0.0
汕头市	10 331 543	0.3	8 110 015	0.4	2 221 528	0.1
佛山市	56 949 077	1.5	41 846 572	2.0	15 102 505	1.0
湛江市	8 692 405	0.2	3 270 489	0.2	5 421 916	0.3
湛江经济技术开发区	539 624	0.0	409 244	0.0	130 380	0.0
惠州市	53 052 362	1.4	33 167 467	1.6	19 884 895	1.3
惠州高新技术产业开发区	28 766 785	0.8	17 226 602	0.8	11 540 183	0.7
东莞市	178 403 944	4.8	104 607 484	5.0	73 796 460	4.6
东莞松山湖高新技术产业开发区	10 127	0.0	1 661	0.0	8 466	0.0
中山市	33 993 063	0.9	26 646 332	1.3	7 346 731	0.5
中山火炬高技术产业开发区	49 277	0.0	37 382	0.0	11 895	0.0
广西壮族自治区	43 905 059	1.2	12 626 172	0.6	31 278 887	2.0
南宁市	5 882 834	0.2	3 348 202	0.2	2 534 632	0.2
南宁高新技术产业开发区	443 077	0.0	194 810	0.0	248 266	0.0

续表 9

境内目的地/货源地	进出口		出口		进口	
	金额	比重(%)	金额	比重(%)	金额	比重(%)
桂林市	1 154 369	0.0	1 012 754	0.0	141 615	0.0
桂林新技术产业开发区	164 974	0.0	112 514	0.0	52 460	0.0
北海市	5 784 993	0.2	1 662 901	0.1	4 122 092	0.3
崇左市	8 836 150	0.2	1 661 475	0.1	7 174 675	0.5
防城港市	9 756 409	0.3	534 360	0.0	9 222 050	0.6
海南省	12 174 435	0.3	3 468 793	0.2	8 705 643	0.5
海口市	2 458 871	0.1	578 766	0.0	1 880 104	0.1
海南国际科技工业园	132 928	0.0	107 842	0.0	25 086	0.0
海南洋浦经济开发区	8 106 461	0.2	2 298 157	0.1	5 808 304	0.4
重庆市	51 850 663	1.4	33 555 244	1.6	18 295 419	1.2
重庆高新技术产业开发区	106 631	0.0	75 103	0.0	31 529	0.0
重庆两江新区	16 804 364	0.5	9 351 923	0.4	7 452 441	0.5
万州经济技术开发区	7 849	0.0	2 753	0.0	5 096	0.0
四川省	48 056 738	1.3	26 201 508	1.2	21 855 230	1.4
成都市	38 349 099	1.0	19 110 117	0.9	19 238 982	1.2
成都经济技术开发区	1 675 677	0.0	342 397	0.0	1 333 280	0.1
成都高新技术产业开发区	28 683 483	0.8	14 351 701	0.7	14 331 782	0.9
绵阳市	1 388 398	0.0	835 349	0.0	553 048	0.0
绵阳高新技术产业开发区	271 224	0.0	205 655	0.0	65 569	0.0
广元市	43 898	0.0	31 369	0.0	12 529	0.0
宜宾市	895 693	0.0	503 022	0.0	392 671	0.0
贵州省	5 204 057	0.1	3 992 114	0.2	1 211 943	0.1
贵阳市	3 201 398	0.1	2 489 711	0.1	711 686	0.0

续表 10

境内目的地/货源地	进出口		出　口		进　口	
	金　额	比重(%)	金　额	比重(%)	金　额	比重(%)
贵阳高新技术产业开发区	44 102	0.0	32 261	0.0	11 841	0.0
云南省	17 414 015	0.5	8 855 170	0.4	8 558 845	0.5
昆明市	7 179 440	0.2	3 202 792	0.2	3 976 648	0.3
红河哈尼族彝族自治州	2 280 830	0.1	996 380	0.0	1 284 450	0.1
蒙自经济技术开发区	485	0.0	485	0.0	-	-
畹町市	78 350	0.0	803	0.0	77 547	0.0
瑞丽县	473 189	0.0	119 035	0.0	354 154	0.0
河口县	314 922	0.0	4 357	0.0	310 564	0.0
曲靖市	508 658	0.0	481 329	0.0	27 329	0.0
曲靖经济技术开发区	52 333	0.0	52 324	0.0	9	0.0
西藏自治区	592 093	0.0	471 825	0.0	120 268	0.0
拉萨市	534 154	0.0	429 513	0.0	104 641	0.0
拉萨经济技术开发区	4 637	0.0	35	0.0	4 601	0.0
陕西省	29 468 674	0.8	15 803 357	0.8	13 665 316	0.9
西安市	26 013 240	0.7	13 621 805	0.6	12 391 435	0.8
陕西航天经济技术开发区	456 304	0.0	378 290	0.0	78 015	0.0
西安新技术产业开发区	1 149 217	0.0	635 048	0.0	514 169	0.0
宝鸡市	1 133 219	0.0	825 637	0.0	307 582	0.0
宝鸡高新技术产业开发区	7 898	0.0	7 613	0.0	285	0.0
汉中市	184 929	0.0	113 312	0.0	71 617	0.0
甘肃省	4 469 599	0.1	1 915 678	0.1	2 553 921	0.2
兰州市	1 727 499	0.0	997 541	0.0	729 958	0.0
兰州新技术产业开发区	11 048	0.0	8 523	0.0	2 525	0.0

续表 11

境内目的地/货源地	进出口		出　口		进　口	
	金　额	比重(%)	金　额	比重(%)	金　额	比重(%)
青海省	520 478	0.0	358 394	0.0	162 084	0.0
西宁市	379 015	0.0	271 921	0.0	107 095	0.0
西宁经济技术开发区	24 588	0.0	14 812	0.0	9 775	0.0
青海高新技术产业开发区	1 134	0.0	289	0.0	846	0.0
宁夏回族自治区	3 103 413	0.1	2 052 592	0.1	1 050 821	0.1
银川市	1 431 262	0.0	711 362	0.0	719 900	0.0
银川经济技术开发区	79 051	0.0	38 715	0.0	40 336	0.0
新疆维吾尔自治区	24 998 866	0.7	13 910 298	0.7	11 088 568	0.7
乌鲁木齐市	16 775 545	0.5	7 372 958	0.4	9 402 587	0.6
乌鲁木齐经济技术开发区	746 770	0.0	690 702	0.0	56 068	0.0
乌鲁木齐高新技术产业开发区	9 204 767	0.2	450 143	0.0	8 754 624	0.6
博乐市	730 314	0.0	75 522	0.0	654 792	0.0
伊宁市	2 851 276	0.1	2 723 249	0.1	128 026	0.0
石河子市	424 344	0.0	347 080	0.0	77 264	0.0
石河子经济技术开发区	132 133	0.0	120 453	0.0	11 680	0.0

2016 年进出口商品关别总值表

单位：千美元

关　别	进出口		出　口		进　口	
	金　额	比重（%）	金　额	比重（%）	金　额	比重（%）
总　值	3 685 557 412	100.0	2 097 631 193	100.0	1 587 926 219	100.0
北京海关	79 559 666	2.2	22 538 559	1.1	57 021 107	3.6
天津海关	170 337 084	4.6	87 427 135	4.2	82 909 949	5.2
石家庄海关	34 955 416	0.9	7 544 568	0.4	27 410 848	1.7
太原海关	1 916 494	0.1	24 172	0.0	1 892 322	0.1
满洲里海关	4 834 818	0.1	1 709 021	0.1	3 125 797	0.2
呼和浩特海关	6 175 132	0.2	1 009 892	0.0	5 165 240	0.3
沈阳海关	7 444 496	0.2	1 700 298	0.1	5 744 198	0.4
大连海关	97 029 580	2.6	48 557 853	2.3	48 471 727	3.1
长春海关	9 437 720	0.3	1 383 169	0.1	8 054 551	0.5
哈尔滨海关	9 422 594	0.3	2 248 645	0.1	7 173 949	0.5
上海海关	792 587 519	21.5	479 760 680	22.9	312 826 840	19.7
南京海关	301 408 970	8.2	148 578 272	7.1	152 830 698	9.6
杭州海关	88 478 628	2.4	54 169 186	2.6	34 309 442	2.2
宁波海关	176 960 558	4.8	133 444 733	6.4	43 515 825	2.7
合肥海关	21 026 778	0.6	8 438 161	0.4	12 588 617	0.8
福州海关	27 558 476	0.7	15 859 608	0.8	11 698 868	0.7
厦门海关	113 051 567	3.1	78 622 793	3.7	34 428 774	2.2
南昌海关	13 311 196	0.4	4 841 091	0.2	8 470 105	0.5
青岛海关	256 113 261	6.9	134 180 634	6.4	121 932 627	7.7
济南海关	35 583 360	1.0	16 866 017	0.8	18 717 343	1.2
郑州海关	61 835 320	1.7	35 237 471	1.7	26 597 850	1.7
武汉海关	22 228 000	0.6	11 594 776	0.6	10 633 225	0.7
长沙海关	11 790 753	0.3	5 573 840	0.3	6 216 913	0.4
广州海关	151 534 307	4.1	96 255 946	4.6	55 278 361	3.5
黄埔海关	218 688 100	5.9	112 255 867	5.4	106 432 234	6.7
深圳海关	634 875 502	17.2	404 424 037	19.3	230 451 465	14.5
拱北海关	59 567 308	1.6	39 733 897	1.9	19 833 411	1.2

续表

关　别	进出口		出　口		进　口	
	金　额	比重（%）	金　额	比重（%）	金　额	比重（%）
汕头海关	16 063 347	0.4	11 455 384	0.5	4 607 963	0.3
海口海关	11 813 064	0.3	3 243 424	0.2	8 569 640	0.5
湛江海关	17 972 633	0.5	3 456 995	0.2	14 515 638	0.9
江门海关	16 905 952	0.5	12 099 633	0.6	4 806 319	0.3
南宁海关	51 900 550	1.4	23 333 467	1.1	28 567 083	1.8
成都海关	37 726 474	1.0	17 786 524	0.8	19 939 950	1.3
重庆海关	47 576 439	1.3	30 187 768	1.4	17 388 671	1.1
贵阳海关	2 159 813	0.1	1 523 358	0.1	636 455	0.0
昆明海关	13 797 775	0.4	7 080 512	0.3	6 717 263	0.4
拉萨海关	685 588	0.0	538 991	0.0	146 597	0.0
西安海关	24 594 478	0.7	11 655 792	0.6	12 938 686	0.8
乌鲁木齐海关	33 570 993	0.9	20 660 898	1.0	12 910 095	0.8
兰州海关	2 303 454	0.1	433 293	0.0	1 870 161	0.1
银川海关	662 299	0.0	182 085	0.0	480 214	0.0
西宁海关	111 948	0.0	12 749	0.0	99 199	0.0

2016年进出口商品运输方式总值表

单位：千美元

运输方式	进出口		出　口		进　口	
	金　额	比重（%）	金　额	比重（%）	金　额	比重（%）
总　值	3 685 557 412	100.0	2 097 631 193	100.0	1 587 926 219	100.0
水路运输	2 273 602 570	61.7	1 420 631 608	67.7	852 970 962	53.7
铁路运输	36 351 740	1.0	20 259 316	1.0	16 092 424	1.0
公路运输	632 125 214	17.2	335 951 853	16.0	296 173 361	18.7
航空运输	696 164 963	18.9	305 566 828	14.6	390 598 136	24.6
邮件运输	3 602 422	0.1	3 342 151	0.2	260 271	0.0
其他运输	43 710 502	1.2	11 879 437	0.6	31 831 065	2.0

2016年进出口商品前40位国别（地区）总值表

单位：千美元

最终目的国（地区）	出口	名　次	原产国（地区）	进口	名　次
总　值	2 097 631 193	–	总 值	1 587 926 219	–
美国	385 271 005	1	韩国	158 974 531	1
中国香港	287 253 021	2	日本	145 670 688	2
日本	129 410 003	3	中国台湾	138 847 225	3
韩国	93 728 954	4	美国	134 445 142	4
德国	65 259 048	5	中华人民共和国	128 029 931	5
越南	61 104 128	6	德国	86 109 030	6
印度	58 415 344	7	澳大利亚	70 895 013	7
荷兰	57 459 370	8	马来西亚	49 269 637	8
英国	55 720 793	9	巴西	45 855 047	9
新加坡	44 511 667	10	瑞士	39 833 667	10
中国台湾	40 241 203	11	泰国	38 532 343	11
马来西亚	37 671 775	12	越南	37 171 604	12
俄罗斯联邦	37 355 767	13	俄罗斯联邦	32 260 148	13
澳大利亚	37 327 401	14	新加坡	26 014 249	14
泰国	37 195 084	15	沙特阿拉伯	23 626 019	15
墨西哥	32 367 422	16	法国	22 503 324	16
印度尼西亚	32 126 127	17	南非	22 228 894	17
阿拉伯联合酋长国	30 072 526	18	印度尼西亚	21 414 036	18
菲律宾	29 842 666	19	英国	18 681 447	19
加拿大	27 338 848	20	智利	18 604 964	20
意大利	26 388 353	21	加拿大	18 336 834	21
法国	24 686 156	22	菲律宾	17 395 891	22
巴西	21 979 270	23	意大利	16 713 185	23
西班牙	21 320 431	24	中国香港	16 700 667	24
沙特阿拉伯	18 655 281	25	伊朗	14 827 192	25
巴基斯坦	17 234 464	26	安哥拉	13 966 117	26
土耳其	16 689 511	27	阿曼	12 041 024	27
伊朗	16 418 661	28	印度	11 764 125	28

续表

最终目的国（地区）	出口	名　次	原产国（地区）	进口	名　次
波兰	15 100 019	29	伊拉克	10 663 271	29
比利时	14 736 124	30	墨西哥	10 324 736	30
孟加拉国	14 302 228	31	阿拉伯联合酋长国	9 994 363	31
南非	12 853 522	32	荷兰	9 809 798	32
智利	12 806 741	33	秘鲁	9 490 808	33
埃及	10 437 281	34	新西兰	7 140 629	34
尼日利亚	9 715 328	35	比利时	6 874 055	35
哈萨克斯坦	8 292 589	36	科威特	6 370 284	36
缅甸	8 188 681	37	瑞典	6 157 692	37
以色列	8 181 055	38	西班牙	6 135 750	38
捷克	8 061 749	39	土库曼斯坦	5 563 295	39
阿尔及利亚	7 648 112	40	委内瑞拉	5 562 819	

2016年出口商品排序表（前100位）

单位：美元

商品编号	商品名称	计量单位	数 量	金 额
	总 值	–	2 097 631 193	
85171210	手持（包括车载）式无线电话机	台	1 271 829 723	115 535 849
84713090	其他重量不超过10千克的便携式自动数据处理设备	台	133 039 926	58 342 151
85177030	手持式无线电话机的零件（天线除外）	千克	107 792 994	33 157 259
85423100	处理器及控制器	个	72 519 521 237	26 221 071
		千克	13 752 250	–
90138030	液晶显示板	个	1 904 027 736	25 726 040
		千克	500 856 206	–
84733090	品目8471所列其他机器的零件、附件	千克	472 253 641	23 137 053
85423200	存储器	个	15 820 500 259	23 014 998
		千克	3 506 963	–
84713010	平板电脑	台	135 941 283	21 245 456
94054090	未列名电灯及照明装置	千克	1 367 885 592	16 431 776
84717010	硬盘驱动器	台	263 551 242	15 430 239
64029929	未列名塑料制鞋面的鞋靴	千克	1 397 109 556	14 363 828
		双	3 342 464 231	–
85177090	品目8517所列设备用其他零件	千克	221 564 821	11 449 226
85414020	太阳能电池	个	772 075 211	11 318 682
		千克	1 674 386 089	–
85176299	其他接收、转换并且发送或再生声音、图像或其他数据用的设备	台	457 686 261	11 266 964
64041990	橡胶或塑料制外底，纺织材料制鞋面的其他鞋靴	千克	949 770 434	10 954 131
		双	2 055 573 893	–
84715040	微型机的处理部件	台	26 211 955	9 721 312
39269090	未列名塑料制品	千克	1 905 647 135	9 635 518
61103000	化纤制针织钩编套头衫、开襟衫、外穿背心等	件	1 671 613 976	9 624 430
		千克	538 542 015	–

续表 1

商品编号	商品名称	计量单位	数　量	金　额
72283090	其他条、杆，除热轧、热拉拔或热挤压外未经进一步加工	千克	29 181 813 309	9 195 825
85423900	其他集成电路	个	86 389 875 736	9 158 421
		千克	10 641 854	-
42021290	以塑料或纺织材料作面的提箱、小手袋、公文箱、公文包、书包及类似容器	千克	1 246 624 856	8 864 161
		个	1 790 171 258	-
85285910	其他彩色监视器	台	63 754 096	8 635 677
73089000	其他钢铁结构体；钢结构体用部件及加工钢材	千克	5 344 898 756	8 074 501
85340090	四层及以下的印刷电路	块	26 583 313 372	7 881 835
		千克	204 258 061	-
71131919	其他黄金制首饰及其零件	克	136 953 313	7 733 560
95045019	与电视接收机配套使用的视频游戏控制器及设备	台	41 687 086	7 633 565
		千克	109 302 677	-
62046200	棉制女裤	条	1 232 618 419	7 587 574
		千克	472 763 939	-
85287222	液晶显示器彩色数字电视接收机	台	43 600 233	7 324 288
85437099	未列名具有独立功能的电气设备及装置	台	2 043 444 025	6 872 150
84439990	品目 8443 所列设备用其他零件及附件	千克	424 181 391	6 821 689
85076000	锂离子蓄电池	个	1 495 536 355	6 778 831
40112000	客车或货运机动车辆用新的充气橡胶轮胎	千克	3 311 888 685	6 670 323
		条	84 439 059	-
94036099	未列名木家具	件	151 881 365	6 630 249
		千克	2 212 279 137	-
27101923	柴油，不含生物柴油	千克	15 402 474 921	6 485 774
		升	18 113 281 642	-
94051000	枝形吊灯及天花板或墙壁上的电气照明装置	个	835 648 478	6 395 476
		千克	665 935 763	-
84433110	有打复印及传真两种及以上功能静电感光机器	台	11 025 188	6 388 627
85044099	未列名静止式变流器	个	1 924 743 511	6 300 259
94032000	其他金属家具	件	278 619 734	6 248 355
		千克	2 452 389 022	-
95030089	其他玩具	个	30 044 060 775	6 196 953
		千克	1 154 534 119	-

续表 2

商品编号	商品名称	计量单位	数 量	金 额
27101911	航空煤油，不含有生物柴油	千克	13 099 330 502	6 074 948
		升	16 322 334 692	–
61102000	棉制针织钩编的套头衫、开襟衫、外穿背心等	件	955 318 750	5 971 114
		千克	316 424 298	–
89019041	载重量≤15 万吨的机动散货船	艘	293	5 826 388
62034290	棉制其他男裤	条	910 795 054	5 776 755
		千克	408 648 855	–
85258013	非特种用途的其他类型电视摄像机	台	511 280 305	5 765 268
42022200	以塑料片或纺织材料作面的手提包	千克	556 414 753	5 721 322
		个	6 388 761 807	–
64039900	其他橡、塑或再生皮革外底，皮革鞋面的鞋靴	千克	293 439 361	5 646 420
		双	424 747 778	–
85371090	其他电气控制或电力分配盘板台等，电压≤1000伏	个	321 300 766	5 256 643
		千克	143 449 668	–
54075200	聚酯变形长丝≥85%染色布	米	5 003 928 535	5 063 926
		千克	966 488 488	–
85340010	四层以上的印刷电路	块	2 529 544 762	4 928 547
		千克	57 167 709	–
72253000	其他合金钢热轧卷材，宽≥600 毫米	千克	13 787 848 821	4 797 793
94016190	其他带软垫的木框架坐具	个	53 372 062	4 795 051
		千克	1 095 447 437	–
39241000	塑料制餐具及厨房用具	千克	1 216 176 037	4 791 475
84818040	其他阀门	套	1 478 325 817	4 768 881
		千克	657 794 365	–
40111000	机动小客车用新的充气橡胶轮胎	千克	1 857 306 625	4 621 399
		条	192 436 738	–
94035099	其他卧室用木家具	件	36 103 274	4 559 894
		千克	1 148 784 588	–
69111019	其他瓷制餐具	千克	1 664 053 118	4 515 787
63079000	品目 6301 ~ 6307 的未列名制成品，包括服装裁剪样	千克	723 350 369	4 409 523
85414010	发光二极管	个	382 247 781 313	4 379 184
		千克	8 547 840	–
73269090	未列名非工业用钢铁制品	千克	1 778 002 262	4 376 156

续表 3

商品编号	商品名称	计量单位	数　量	金　额
72104900	其他镀或涂锌普通钢铁板材	千克	9 024 302 040	4 368 267
61099090	未列名纺材制针织或钩编 T 恤衫、汗衫、背心	件	1 471 776 618	4 330 115
		千克	231 572 111	–
84718000	自动数据处理设备的其他部件	台	106 815 873	4 286 330
61091000	棉制针织或钩编的 T 恤衫、汗衫、背心	件	1 442 905 002	4 281 693
		千克	228 667 754	–
71131911	镶嵌钻石的黄金制首饰及其零件	克	30 184 715	4 197 266
27101210	车用汽油和航空汽油，不含有生物柴油	千克	9 692 878 946	4 181 480
		升	13 453 715 970	–
42029200	以塑料片或纺织材料作面的其他类似容器	千克	520 848 501	4 169 148
		个	3 408 446 590	–
98040000	低值简易通关商品	千克	89 522 794 510	4 167 755
94049040	化纤棉填充的其他寝具及类似用品	千克	695 077 361	4 035 961
84818090	龙头、旋塞及类似装置	套	635 193 383	3 928 485
		千克	346 251 924	–
87087091	铝合金制的未列名机动车辆用车轮及其零件、附件	千克	837 437 448	3 868 349
85287221	液晶显示器彩色模拟电视接收机	台	29 366 172	3 806 184
87082990	车身（包括驾驶室）的未列名零件、附件	千克	395 615 530	3 778 804
69089000	其他上釉的陶瓷砖、瓦、块及类似品	千克	10 297 924 886	3 724 271
		平方米	626 781 470	–
85369011	工作电压不超过 36 伏的接插件	千克	57 897 766	3 707 460
85176232	以太网络交换机	台	34 235 298	3 687 048
62029390	未列名化纤女式带风帽防寒短上衣、防风衣等	件	256 430 981	3 661 799
		千克	173 841 369	–
85183000	耳机、耳塞（无线耳机、耳塞除外），不论是否装有传声器，由传声器及一个或多个扬声器组成的组合机	个	1 801 149 460	3 550 824
84151021	制冷≤4000 大卡/时分体窗式或壁式空调	台	20 556 989	3 550 435
		千克	715 530 967	–
85176239	未列名有线数字通讯设备	台	52 045 582	3 528 824
62121010	化纤制胸罩	件	2 332 025 108	3 497 104
		千克	138 855 831	–

续表 4

商品编号	商品名称	计量单位	数　量	金　额
62043300	合成纤维制女式上衣	件	477 868 779	3 425 940
		千克	155 362 959	-
85444219	其他有接头电导体，额定电压≤80 伏	千克	169 443 297	3 409 621
85044014	其他功率 <1 千瓦直流稳压电源，精度低于万分之一	个	615 964 705	3 407 200
60063200	合成纤维制染色其他针织或钩编织物	米	2 701 738 596	3 341 003
		千克	664 744 452	-
85182200	多喇叭音箱	个	91 140 451	3 314 349
62043200	棉制女式上衣	件	647 172 467	3 292 455
		千克	197 451 662	-
44123210	其他薄板制胶合板至少一表层是温带木，厚≤6 毫米	千克	4 361 659 892	3 271 525
		立方米	8 500 794	-
62019390	未列名化纤男式带风帽防寒短上衣、防风衣等	件	240 968 537	3 264 044
		千克	183 671 337	-
94017190	其他带软垫的金属框架坐具	个	120 879 453	3 260 389
		千克	805 262 075	-
85176110	移动通信基站	台	1 368 115	3 212 797
94039000	家具的零件	千克	1 028 971 908	3 157 501
85412900	耗散功率≥1 瓦的晶体管	个	30 909 471 134	3 131 917
		千克	19 028 555	-
85389000	品目 8535、8536 或 8537 所列装置的其他零件	千克	222 568 250	3 083 011
72279090	不规则盘卷的未列名合金钢热轧条、杆	千克	9 229 298 696	3 071 453
85081100	电动真空吸尘器功率≤1500 瓦，集尘器容积≤20 升	台	97 407 309	3 001 886
		千克	400 259 392	-
39264000	塑料制小雕塑品及其他装饰品	千克	578 481 261	2 985 187
95051000	圣诞节用品	千克	418 154 696	2 975 515
87089999	品目 8701～8704 所列其他车辆用未列名零、附件	千克	472 609 281	2 968 546
72107010	厚度小于 1.5 毫米的涂漆或涂塑的铁或非合金钢平板轧材，宽≥600 毫米	千克	4 732 100 731	2 958 985
69101000	瓷制固定卫生设备	千克	1 224 206 043	2 956 583
		件	69 620 709	-

2016 年进口商品排序表（前 100 位）

单位：千美元

商品编号	商品名称	数量单位	数　量	金　额
	总　值		-	1 587 926 219
27090000	石油原油及从沥青矿物提取的原油	千克	381 006 947 967	116 660 748
85423100	处理器及控制器	个	96 146 529 978	104 749 178
		千克	20 817 047	-
85423200	存储器	个	33 213 577 608	63 713 868
		千克	9 936 359	-
71081200	其他未锻造金，非货币用	克	1 504 437 624	60 601 570
85423900	其他集成电路	个	186 965 134 884	48 513 105
		千克	24 298 326	-
26011120	0.8 毫米＜平均粒度＜6.3 毫米未烧结铁矿砂及精矿	千克	739 262 838 265	40 001 854
12019010	黄大豆，种用除外	千克	83 912 238 879	33 980 298
90138030	液晶显示板	个	2 404 944 684	31 759 370
		千克	371 276 359	-
85177030	手持式无线电话机的零件（天线除外）	千克	41 782 635	30 643 882
26030000	铜矿砂及其精矿	千克	16 958 995 963	20 888 054
84717010	硬盘驱动器	台	289 607 336	16 954 055
74031111	未锻轧铜含量＞99.993 5%的精炼铜阴极	千克	3 250 179 389	16 107 884
87032362	汽油越野车（4 轮驱动）2500 毫升＜排量≤3000 毫升	辆	245 635	13 450 329
98040000	低值简易通关商品	千克	95 516 530 483	12 672 059
26011190	平均粒度≥6.3 毫米未烧结铁矿砂及其精矿	千克	178 045 107 717	11 292 324
88024010	15000 千克＜空载重量≤45000 千克的飞机等航空器	架	243	10 331 440
85423300	放大器	个	25 981 199 271	9 952 682
		千克	3 371 880	-
29024300	对二甲苯	千克	12 361 283 051	9 693 643
84733090	品目 8471 所列其他机器的零件、附件	千克	63 994 567	9 691 994
88024020	空载重量＞45 000 千克的飞机等航空器	架	118	9 451 462

续表 1

商品编号	商品名称	数量单位	数　量	金　额
30049090	未列名混合或非混合产品构成的药品	千克	29 828 946	9 428 694
27111100	液化天然气	千克	26 057 868 700	8 935 078
27112100	天然气	千克	27 974 842 318	7 553 916
87084091	小轿车用自动换挡变速箱及其零件	个	354 159 799	7 007 028
		千克	380 308 554	-
71023900	其他非工业用钻石	克拉	7 661 339	6 992 644
85369011	工作电压不超过 36 伏的接插件	千克	77 646 324	6 785 588
27075000	其他芳烃混合物，T = 25℃，蒸馏出芳烃≥65%	千克	11 725 193 357	6 546 312
74040000	铜废碎料	千克	3 348 095 042	6 175 252
39012000	初级形状的聚乙烯，比重≥0. 94	千克	5 278 455 810	5 996 589
85414010	发光二极管	个	144 562 387 990	5 988 474
		千克	5 679 689	-
87032341	汽油小轿车，1500 毫升 < 排量≤2000 毫升	辆	196 874	5 828 547
38249099	未列名化学工业及相关工业化学产品及配制品	千克	1 350 357 152	5 810 479
26011110	平均粒度 <0. 8 毫米未烧结铁矿砂及其精矿	千克	91 947 069 109	5 571 433
85340090	四层及以下的印刷电路	块	36 485 957 550	5 399 179
		千克	59 906 812	-
85322410	片式多层瓷介电容器	千克	17 390 545	5 195 514
		千个	2 253 990 670	-
84798999	未列名具有独立功能的机器及机械器具	台	184 464 641	5 005 391
85177090	品目 8517 所列设备用其他零件	千克	27 064 282	5 000 294
85340010	四层以上的印刷电路	块	3 315 820 779	4 906 175
		千克	31 548 140	-
30021000	抗血清、其他血份及免疫制品，不论是否修饰或通过生物工艺加工制得	千克	8 078 286	4 897 826
29053100	1，2 - 乙二醇	千克	7 517 539 940	4 850 774
47032100	半漂白或漂白的针叶木烧碱木浆或硫酸盐木浆	千克	8 035 094 048	4 770 310
87032361	汽油小轿车，2500 毫升 < 排量≤3000 毫升	辆	65 458	4 754 988
85412900	耗散功率≥1 瓦的晶体管	个	36 958 529 307	4 715 277
		千克	18 623 104	-
27011210	炼焦煤	千克	59 232 342 070	4 703 966
27111200	液化丙烷	千克	11 601 713 100	4 402 030
90318090	其他未列名测量或检验仪器、器具及机器	台	2 158 315 063	4 393 087

续表 2

商品编号	商品名称	数量单位	数　量	金　额
87032342	汽油越野车（4 轮驱动）1500 毫升＜排量≤2000 毫升	辆	105 976	4 327 957
85299042	非特种用途的取像模块	千克	566 377	4 290 922
84439990	品目 8443 所列设备用其他零件及附件	千克	142 248 372	4 275 049
47032900	半漂白或漂白非针叶木烧碱木浆或硫酸盐木浆	千克	8 332 190 489	4 256 369
90139020	编号 9013．8030（液晶显示板）所列货品的零件、附件	千克	17 063 149	4 244 778
87084099	未列名机动车辆用变速箱及其零件	个	279 032 040	4 184 133
		千克	215 926 070	–
87032343	汽油小客车，1500 毫升＜排量≤2000 毫升	辆	126 457	4 160 692
27011290	其他烟煤	千克	72 134 699 418	4 114 533
85419000	品目 8541 所列货品的零件	千克	9 665 758	4 052 839
87082990	车身（包括驾驶室）的未列名零件、附件	千克	414 710 643	3 836 003
85416000	已装配的压电晶体	个	34 221 119 945	3 769 073
		千克	2 017 363	–
85258013	非特种用途的其他类型电视摄像机	台	377 718 448	3 753 846
29025000	苯乙烯	千克	3 498 544 368	3 650 064
33049900	其他美容品或化妆品及护肤品	千克	94 870 861	3 578 144
		件	1 093 471 500	–
90328990	其他自动调节或控制仪器及装置	台	44 018 829	3 546 865
39021000	初级形状的聚丙烯	千克	3 021 261 274	3 525 937
39074000	初级形状的聚碳酸酯	千克	1 320 129 759	3 522 289
74020000	未精炼铜；电解精炼用的铜阳极	千克	706 861 451	3 455 279
85389000	品目 8535、8536 或 8537 所列装置的其他零件	千克	81 002 992	3 445 662
71081300	其他半制的金，非货币用	克	85 837 838	3 381 907
75021090	其他未锻轧非合金镍	千克	353 648 415	3 350 073
85411000	二极管，但光敏二极管或发光二极管除外	个	183 286 648 164	3 295 039
		千克	15 903 283	–
90012000	偏振材料制的片及板	千克	58 710 768	3 245 011
85371090	其他电气控制或电力分配盘板台等，电压≤1000 伏	个	98 755 823	3 195 578
		千克	28 921 568	–
39019020	初级形状的线型低密度聚乙烯	千克	2 607 991 030	3 140 812
85076000	锂离子蓄电池	个	1 701 605 844	3 062 734
47071000	回收（废碎）的未漂白牛皮纸或瓦楞纸及纸板	千克	16 736 014 912	3 059 415

续表 3

商品编号	商品名称	数量单位	数　量	金　额
84733010	大、中、小型计算机及其部件的零件、附件	千克	20 306 663	3 050 527
19011010	供婴幼儿食用的零售包装配方奶粉，全脱脂可可含量低于 5% 的乳品制	千克	221 331 455	3 008 523
85045000	其他电感器	个	189 894 662 818	2 796 836
27101220	石脑油，不含有生物柴油	千克	6 698 463 014	2 748 816
		升	9 277 371 284	-
85437099	未列名具有独立功能的电气设备及装置	台	455 567 407	2 721 304
27101922	5 ~ 7 号燃料油，不含有生物柴油	千克	11 604 050 324	2 643 909
		升	11 778 111 091	-
27021000	褐煤，不论是否粉化，但未制成型	千克	72 103 497 153	2 641 617
90314990	其他测量或检验用光学仪器及器具	台	175 495 793	2 536 868
84099199	其他点燃式活塞内燃发动机的零件	千克	151 361 839	2 523 985
39011000	初级形状的聚乙烯，比重 <0.94	千克	2 052 314 846	2 514 998
26060000	铝矿砂及其精矿	千克	51 741 346 983	2 497 146
84111210	涡轮风扇喷气发动机，推力 >25 千牛	台	352	2 491 722
40028000	4001 所列产品与本编号所列产品的混合物	千克	1 817 534 048	2 451 640
02064900	其他冻猪杂碎	千克	1 337 038 673	2 446 971
85171210	手持（包括车载）式无线电话机	台	13 943 351	2 434 963
39033090	其他初级形状的丙烯腈 - 丁二烯 - 苯乙烯（ABS）共聚物	千克	1 523 401 010	2 419 611
72024100	铬铁，按重量计含碳量 >4%	千克	2 782 752 014	2 330 309
39269090	未列名塑料制品	千克	122 029 814	2 317 488
85412100	耗散功率 <1 瓦的晶体管	个	80 343 692 957	2 307 225
		千克	5 754 071	-
71039100	经其他加工的红宝石、蓝宝石、祖母绿	克拉	8 163 981	2 300 393
90019090	未列名未装配的光学元件	千克	52 638 725	2 279 635
40012200	技术分类天然橡胶（TSNR）	千克	1 657 752 506	2 233 488
39199090	未列名塑料胶粘板、片、膜、箔等	千克	97 965 841	2 232 046
28046190	其他含硅量≥99.99% 的硅	千克	141 022 452	2 230 112
02032900	其他冻猪肉	千克	1 088 521 376	2 217 676
76020000	铝废碎料	千克	1 917 435 394	2 201 243
29012200	丙烯	千克	2 902 939 617	2 198 286

第七篇

附录

全国对外开放口岸分地区一览表

截至 2016 年 12 月 31 日

序号	省份	数量	水运口岸	航空口岸		铁路	公路口岸	
				对中外飞机全开放	限制性	口岸	（国际）	（双边）
1	北京	2		北京		北京		
2	天津	3	天津、渤中	天津				
3	河北	4	秦皇岛、唐山、黄骅	石家庄				
4	山西	1		太原				
5	内蒙古	18		呼和浩特、海拉尔满洲里、鄂尔多斯		二连浩特、满洲里	珠恩嘎达布其、满洲里 二连浩特、阿尔山、	阿日哈沙特、额布都格、甘其毛都、满都拉、策克、黑山头、室韦、乌力吉
6	辽宁	13	大连、营口、丹东、庄河、葫芦岛、旅顺新港、锦州、长兴岛、盘锦	沈阳、大连	丹东	丹东		
7	吉林	16	（大安）	长春、延吉		集安、图们、珲春	珲春、集安圈河	临江、开山屯、三合、南坪、长白、古城里、沙坨子
8	黑龙江	25	（哈尔滨、富锦、佳木斯、桦川、绥滨、同江、黑河、漠河、呼玛、逊克、抚远、孙吴、萝北、嘉荫 、饶河）	哈尔滨、佳木斯、齐齐哈尔、牡丹江	绥芬河、哈尔滨	绥芬河	东宁 、密山、虎林	
9	上海	3	上海	上海		上海		
10	江苏	25	连云港（张家港、南通、南京、镇江、江阴、扬州、泰州、常熟、太仓、常州、如皋、靖江）大丰、如东、启东	南京、盐城、徐州、常州、淮安、无锡、扬泰、南通	连云港#			
11	浙江	9	温州、宁波、舟山、台州、嘉兴	杭州、宁波、温州、义乌				

续表 1

序号	省份	数量	水运口岸	航空口岸		铁路	公路口岸	
				对中外飞机全开放	限制性	口岸	（国际）	（双边）
12	安徽	7	（芜湖、铜陵、安庆、池州、马鞍山）	合肥、黄山				
13	福建	11	福州、厦门、泉州、漳州、宁德、秀屿、平潭	厦门、福州、泉州	武夷山#			
14	江西	2	（九江）	南昌				
15	山东	17	青岛 烟台、威海、龙口、石臼、石岛、岚山、东营、蓬莱 、莱州、龙眼、潍坊、董家口	青岛、济南、烟台、威海				
16	河南	3		郑州	洛阳#	郑州		
17	湖北	4	（武汉、黄石 ）	武汉	宜昌#			
18	湖南	3	（城陵矶）	长沙、张家界				
19	广东	58	广州、湛江、汕头、汕尾、九州、广海、蛇口、莲花山、赤湾、惠州、妈湾、东角头、盐田、水东、阳江、大亚湾、南澳、珠海、潮州、万山、南沙、潮阳、（虎门、新会）、深圳、揭阳、湾仔#、梅沙#、西冲#（三埠#、江门#、肇庆#、南海#、斗门#、鹤山#、中山#、容奇#、高明#、新塘#）	广州、深圳、揭阳	湛江#、梅州#	深圳、广州、佛山、肇庆、东莞	文锦渡、拱北、沙头角、皇岗、罗湖、横琴、深圳湾、珠澳、福田	
20	海南	7	海口、三亚、八所、洋浦、清澜	三亚、海口				
21	广西	18	防城、北海、钦州、江山、企沙（梧州#、柳州#、贵港#）	南宁、桂林	北海#	凭祥	友谊关、东兴、水口	龙邦、平孟、爱店
22	四川	1		成都				
23	重庆	2	（重庆#）	重庆				
24	贵州	1		贵阳				

续表 2

序号	省份	数量	水运口岸	航空口岸		铁路	公路口岸	
				对中外飞机全开放	限制性	口岸	（国际）	（双边）
25	云南	18	（思茅、景洪）	昆明、西双版纳丽江、芒市	河口	瑞丽、磨憨、打洛、河口、天保、都龙	金水河、畹町、腾冲、孟定、勐康	
26	西藏	4		拉萨		吉隆	普兰、樟木	
27	陕西	1		西安				
28	甘肃	3		兰州、敦煌			马鬃山	
29	新疆	19		乌鲁木齐、喀什、伊宁		阿拉山口霍尔果斯	红其拉甫、霍尔果斯、巴克图、伊尔克什坦、吉木乃、卡拉苏、都拉塔、吐尔尕特、塔克什肯、老爷庙	红山嘴、乌拉斯台、木扎尔特、阿黑土别克
30	宁夏	1		银川				
31	青海	1		西宁				
合计		300	136（其中内河 55）	66	7	20	38	33

表注：1. 口岸名称后带“#”的为限中国籍（飞机、船舶）出入境口岸。

2. 水运口岸中加括号的为内河口岸。